GABLER
BANK
LEXIKON

GABLER
BANK
LEXIKON

Bank, Börse, Finanzierung

herausgegeben von
Wolfgang Grill
Ludwig Gramlich
Roland Eller

11., vollständig neu bearbeitete und
erweiterte Auflage

E–J

GABLER

Die Deutsche Bibliothek – CIP-Einheitsaufnahme

Gabler-Bank-Lexikon : Bank – Börse – Finanzierung / hrsg.
von Wolfgang Grill ... – [Taschenbuch-Ausg. in 4 Bd.]. –
Wiesbaden : Gabler.
ISBN 3-409-46147-7
NE: Grill, Wolfgang [Hrsg.]

[Taschenbuch-Ausg. in 4 Bd.]
Bd. 2. E–J – 11., vollst. neu bearb. und erw. Aufl., unveränd.
Nachdr. – 1996
ISBN 3-409-46149-3

Schriftleitung: Prof. Dr. Ludwig Gramlich, Wolfgang Grill (†), Uwe-Peter Egger
Redaktion: Ute Arentzen, Gabriele Bourgon, Ulrike Lörcher, Karlheinz Müssig

1. Auflage 1953	7. Auflage 1975
2. Auflage 1959	8. Auflage 1978
3. Auflage 1961	9. Auflage 1983
4. Auflage 1961	10. Auflage 1988
5. Auflage 1963	11. Auflage 1995
6. Auflage 1969	

Ungekürzte Wiedergabe der Originalausgabe 1995

Der Gabler Verlag ist ein Unternehmen der Bertelsmann Fachinformation.

© Betriebswirtschaftlicher Verlag Dr. Th. Gabler GmbH, Wiesbaden 1996

Das Werk einschließlich aller seiner Teile ist urheberrechtlich geschützt. Jede Verwertung außerhalb der engen Grenzen des Urheberrechtsgesetzes ist ohne Zustimmung des Verlags unzulässig und strafbar. Das gilt insbesondere für Vervielfältigungen, Übersetzungen, Mikroverfilmungen und die Einspeicherung und Verarbeitung in elektronischen Systemen.

Höchste inhaltliche und technische Qualität unserer Produkte ist unser Ziel. Bei der Produktion und Verbreitung unserer Bücher wollen wir die Umwelt schonen: Dieses Buch ist auf säurefreiem und chlorarm gebleichtem Papier gedruckt. Die Einschweißfolie besteht aus Polyäthylen und damit aus organischen Grundstoffen, die weder bei der Herstellung noch bei der Verbrennung Schadstoffe freisetzen.

Die Wiedergabe von Gebrauchsnamen, Handelsnamen, Warenbezeichnungen usw. in diesem Werk berechtigt auch ohne besondere Kennzeichnung nicht zu der Annahme, daß solche Namen in Sinne der Warenzeichen- und Markenschutz-Gesetzgebung als frei zu betrachten wären und daher von jedermann benutzt werden dürften.

Umschlaggestaltung: Schrimpf und Partner, Wiesbaden
Satz: Druck- und Verlagsanstalt Konrad Triltsch, Würzburg
Druck und Bindung: Presse-Druck- und Verlags-GmbH, Augsburg
Printed in Germany

2. Band · ISBN 3-409-46149-3
Taschenbuch-Kassette mit 4 Bänden · ISBN 3-409-46147-7

Verzeichnis der Abkürzungen

ABlEG	– Amtsblatt der Europäischen Gemeinschaften	BGBl	– Bundesgesetzblatt
Abs.	– Absatz	BGH	– Bundesgerichtshof
Abschn	– Abschnitt	BHO	– Bundeshaushaltsordnung
AbwAG	– Abwasserabgabengesetz	BImSchG	– Bundesimmissionsschutzgesetz
AdK	– Arbeitsgemeinschaft deutscher Kassenvereine	BiRiLiG	– Bilanzrichtlinien-Gesetz
		BMBW	– Bundesminister für Bildung und Wissenschaft
AdVermiG	– Adoptionsvermittlungsgesetz	BMF	– Bundesminister der Finanzen
AEG	– Allgemeines Eisenbahngesetz	BMWi	– Bundesminister für Wirtschaft
a. F.	– alte Fassung	BOKraft	– Betriebsordnung für den Kraftverkehr
AFG	– Arbeitsförderungsgesetz	BörsG	– Börsengesetz
AG	– Aktiengesellschaft	BPersVG	– Bundespersonalvertretungsgesetz
AGB	– Allgemeine Geschäftsbedingungen	BpO (St)	– Betriebsprüfungsordnung (Steuer)
AGBG	– Gesetz zur Regelung des Rechts der Allgemeinen Geschäftsbedingungen	BRRG	– Beamtenrechtsrahmengesetz
		BSchG	– Binnenschiffsverkehrsgesetz
Aggl.	– Agglomeration	BSG	– Bundessozialgericht
AktG	– Aktiengesetz	BSHG	– Bundessozialhilfegesetz
AMG	– Arzneimittelgesetz	BSpkG	– Bausparkassengesetz
AnfG	– Anfechtungsgesetz	BStBl	– Bundessteuerblatt
AnzV	– Anzeigenverordnung	BtmG	– Betäubungsmittelgesetz
AO	– Abgabenordnung	BUrlG	– Bundesurlaubsgesetz
ArbGG	– Arbeitsgerichtsgesetz	BVerfGG	– Bundesverfassungsgerichtsgesetz
Art.	– Artikel	BVerwG	– Bundesverwaltungsgericht
AStG	– Außensteuergesetz	BVG	– Bundesversorgungsgesetz
AtG	– Atomgesetz	BZBl	– Bundeszollblatt
AÜG	– Arbeitnehmerüberlassungsgesetz	BZRG	– Bundeszentralregistergesetz
AuslG	– Ausländergesetz	BZÜ	– Belegloser Zahlschein-/Überweisungsverkehr
AVB	– Allgemeine Versicherungsbedingungen		
		DepotG	– Depotgesetz
AVG	– Angestelltenversicherungsgesetz	d. h.	– das heißt
AWG	– Außenwirtschaftsgesetz	DRiG	– Deutsches Richtergesetz
AWV	– Außenwirtschaftsverordnung	DV (DVO)	– Durchführungsverordnung
AZO	– Allgemeine Zollordnung	EDV	– Elektronische Datenverarbeitung
AZO	– Arbeitszeitordnung	EGAktG	– Einführungsgesetz zum Aktiengesetz
BaföG	– Bundesausbildungsförderungsgesetz	EGBGB	– Einführungsgesetz zum Bürgerlichen Gesetzbuch
BAnz	– Bundesanzeiger		
BAT	– Bundesangestelltentarif	EGGVG	– Einführungsgesetz zum Gerichtsverfassungsgesetz
BBankG	– Gesetz über die Deutsche Bundesbank		
BBankSatzung	– Satzung der Deutschen Bundesbank	EGHGB	– Einführungsgesetz zum Handelsgesetzbuch
BBiG	– Berufsbildungsgesetz		
BauGB	– Baugesetzbuch	EGStGB	– Einführungsgesetz zum Strafgesetzbuch
BbG	– Bundesbahngesetz		
BBG	– Bundesbeamtengesetz	EnWG	– Energiewirtschaftsgesetz
BBergG	– Bundesberggesetz	ErbbRVO	– Erbbaurechtsverordnung
BdF	– Bundesminister der Finanzen	ErbStG	– Erbschaftsteuer- und Schenkungsteuergesetz
BDSG	– Bundesdatenschutzgesetz		
BefrV	– Befreiungsverordnung	EStDV	– Einkommensteuer-Durchführungsverordnung
BetrAVG	– Gesetz zur Verbesserung der betrieblichen Altersversorgung (Betriebsrentengesetz)		
		EStG	– Einkommensteuergesetz
		EStR	– Einkommensteuer-Richtlinien
BetrVG	– Betriebsverfassungsgesetz	EuWG	– Europawahlgesetz
BewG	– Bewertungsgesetz	e. V.	– eingetragener Verein; einstweilige Verfügung
BfA	– Bundesversicherungsanstalt für Angestellte		
		EVO	– Eisenbahnverkehrsordnung
BFH	– Bundesfinanzhof	ff.	– folgende
BFStrG	– Bundesfernstraßengesetz	FGG	– Gesetz über die Angelegenheiten der freiwilligen Gerichtsbarkeit
BGB	– Bürgerliches Gesetzbuch		

FGO	– Finanzgerichtsordnung		LStR	– Lohnsteuer-Richtlinien
FStrG	– Bundesfernstraßengesetz		LZB	– Landeszentralbank
FVG	– Finanzverwaltungsgesetz		MHG	– Gesetz zur Regelung der Miethöhe
GBl	– Gesetzblatt		MitbG	– Mitbestimmungsgesetz
GBO	– Grundbuchordnung		(MitbestG)	
GebrMG	– Gebrauchsmustergesetz		m. spät. Änd.	– mit späteren Änderungen
GenG	– Genossenschaftsgesetz		MOG	– Marktordnungsgesetz
GeschmMG	– Geschmacksmustergesetz		MoMitbestG	– Montan-Mitbestimmungsgesetz
GewO	– Gewerbeordnung		MSchG	– Mutterschutzgesetz
GewStDV	– Gewerbesteuer-Durchführungsverordnung		MünzG	– Münzgesetz
			Nr.	– Nummer
GewStG	– Gewerbesteuergesetz		o. ä.	– oder ähnlich
GewStR	– Gewerbesteuer-Richtlinien		OHG	– offene Handelsgesellschaft
GG	– Grundgesetz für die Bundesrepublik Deutschland		OLG	– Oberlandesgericht
			OWiG	– Ordnungswidrigkeitengesetz
GKG	– Gerichtskostengesetz		PatG	– Patentgesetz
GmbH	– Gesellschaft mit beschränkter Haftung		PBefG	– Personenbeförderungsgesetz
GmbHG	– Gesetz, betreffend die Gesellschaften mit beschränkter Haftung		PfandBG	– Pfandbriefgesetz
			PflVG	– Pflichtversicherungsgesetz
GMBl	– Gemeinsames Ministerialblatt		PolG	– Polizeigesetz
GoB	– Grundsätze ordnungsmäßiger Buchführung		PostG	– Postgesetz
			PostVerfG	– Postverfassungsgesetz
GO-BT	– Geschäftsordnung des Bundestages		ProdHaftG	– Produkthaftungsgesetz
GrEStG	– Grunderwerbsteuergesetz		PublG	– Publizitätsgesetz
GrStG	– Grundsteuergesetz		PVG	– Polizeiverwaltungsgesetz
GüKG	– Güterkraftverkehrsgesetz		RechKredV	– Verordnung über die Rechnungslegung der Kreditinstitute
GVG	– Gerichtsverfassungsgesetz			
GWB	– Gesetz gegen Wettbewerbsbeschränkungen (Kartellgesetz)		RGBl	– Reichsgesetzblatt
			RPfG	– Rechtspflegergesetz
GwG	– Geldwäschegesetz		RVO	– Reichsversicherungsordnung
HandwO	– Handwerksordnung		SchG	– Scheckgesetz
HGB	– Handelsgesetzbuch		(ScheckG)	
HGrG	– Haushaltsgrundsätzegesetz		SchiffsG	– Schiffsgesetz
h. M.	– herrschende Meinung		SchiffsBankG	– Schiffsbankgesetz
HypBankG	– Hypothekenbankgesetz		SchwbG	– Schwerbehindertengesetz
i. a.	– im allgemeinen		SGB	– Sozialgesetzbuch
i. d. F.	– in der Fassung		SGG	– Sozialgerichtsgesetz
i. d. R.	– in der Regel		SolZG	– Solidaritätszuschlagsgesetz
i. e. S.	– im engeren Sinne		StabG	– Stabilitätsgesetz
i. S.	– im Sinne		StBerG	– Steuerberatungsgesetz
i. V. m.	– in Verbindung mit		StGB	– Strafgesetzbuch
i. w. S.	– im weiteren Sinne		StPO	– Strafprozeßordnung
JGG	– Jugendgerichtsgesetz		str.	– strittig
KAGG	– Gesetz über Kapitalanlagegesellschaften (Investmentgesetz)		StVG	– Straßenverkehrsgesetz
			StVO	– Straßenverkehrsordnung
KartellG	– Kartellgesetz (Gesetz gegen Wettbewerbsbeschränkungen)		StVollzG	– Strafvollzugsgesetz
			StVZO	– Straßenverkehrs-Zulassungs-Ordnung
KG	– Kommanditgesellschaft		TVG	– Tarifvertragsgesetz
KGaA	– Kommanditgesellschaft auf Aktien		u. a.	– unter anderem
KJHG	– Kinder- und Jugendhilfegesetz		u. ä.	– und ähnliches
KO	– Konkursordnung		UBGG	– Gesetz über Unternehmensbeteiligungsgesellschaften
KostO	– Kostenordnung			
KSchG	– Kündigungsschutzgesetz		UmwG	– Umwandlungsgesetz
KStDV	– Verordnung zur Durchführung des Körperschaftsteuergesetzes		UrhG	– Urheberrechtsgesetz
			UStDB	– Durchführungsbestimmungen zum Umsatzsteuergesetz
KStG	– Körperschaftsteuergesetz			
KUG	– Kunsturhebergesetz		UStG	– Umsatzsteuergesetz
KSVG	– Künstlersozialversicherungsgesetz		UStDV	– Umsatzsteuer-Durchführungsverordnung
KVStDV	– Kapitalverkehrsteuer-Durchführungsverordnung		UStR	– Umsatzsteuer-Richtlinien
			u. U.	– unter Umständen
KVStG	– Kapitalverkehrsteuergesetz		UVPG	– Gesetz über die Umweltverträglichkeitsprüfung
KWG	– Kreditwesengesetz			
LAG	– Gesetz über den Lastenausgleich		UWG	– Gesetz gegen den unlauteren Wettbewerb
LHO	– Landeshaushaltsordnung			
LMBGG	– Lebensmittel- und Bedarfsgegenständegesetz		v. a.	– vor allem
			VAG	– Versicherungsaufsichtsgesetz
LohnFG	– Lohnfortzahlungsgesetz		VerbrkrG	– Verbraucherkreditgesetz
LStDV	– Lohnsteuer-Durchführungsverordnung		VerglO	– Vergleichsordnung

VerlG	– Verlagsgesetz	WBauG	– Wohnungsbaugesetz
VermG	– Vermögensgesetz	WEG	– Wohnungseigentumsgesetz
(5.) VermBG	– (Fünftes) Vermögensbildungsgesetz	WeinG	– Weingesetz
vgl.	– vergleiche	WG	– Wechselgesetz
v. H.	– von Hundert	WPO	– Wirtschaftsprüferordnung
VO	– Verordnung	WiStG	– Wirtschaftsstrafgesetz
VSF	– Vorschriftensammlung der Bundes-Finanzverwaltung nach Stoffgebieten gegliedert	WuSt	– Wirtschaft und Statistik
		WZG	– Warenzeichengesetz
		z. T.	– zum Teil
VStG	– Vermögensteuergesetz	z. Z.	– zur Zeit
VStR	– Vermögensteuer-Richtlinien	ZG	– Zollgesetz
VVG	– Versicherungsvertragsgesetz	ZGB	– Zivilgesetzbuch (der DDR)
VwGO	– Verwaltungsgerichtsordnung	ZPO	– Zivilprozeßordnung
VwVfG	– Verwaltungsverfahrensgesetz	ZVG	– Zwangsversteigerungsgesetz

Erläuterungen für den Benutzer

1. Die zahlreichen Gebiete des Gabler Bank-Lexikons sind nach Art eines Konversationslexikons in mehr als 8 000 Stichwörter aufgegliedert. Unter einem aufgesuchten Stichwort ist die nur speziell diesen Begriff erläuternde, gründliche Erklärung zu finden, die dem Benutzer sofort erforderliches Wissen ohne mehrmaliges Nachschlagen vermittelt. Die zahlreichen, durch das Verweiszeichen (→) gekennzeichneten Wörter erlauben es dem Leser, der sich umfassend unterrichten will, sich nicht nur über weitere, ihm wesentlich erscheinende Begriffe, sondern auch über die Hauptfragen an Hand größerer Abhandlungen ohne Zeitverlust zu orientieren.

2. Die alphabetische Reihenfolge ist – auch bei zusammengesetzten Stichwörtern – strikt eingehalten. Dies gilt sowohl für Begriffe, die durch Bindestriche verbunden sind, als auch für solche, die aus mehreren, durch Leerzeichen getrennten Wörtern bestehen. In beiden Fällen erfolgt die Sortierung, als wäre der Bindestrich bzw. das Leerzeichen nicht vorhanden. So steht z. B. „Nettoinvestition" vor „Netto-Rendite" und „Gesetzliche Rücklage" vor „Gesetzliches Pfandrecht".

3. Zusammengesetzte Begriffe, wie „Allgemeine Bankrisiken", „Internationale Finanzmärkte" und „Neue Aktien", sind in der Regel unter dem Adjektiv alphabetisch eingeordnet. Wird das gesuchte Wort unter dem Adjektiv nicht gefunden, empfiehlt es sich, das Substantiv nachzuschlagen.

4. Substantive sind in der Regel im Singular aufgeführt.

5. Die Umläute ä, ö, ü wurden bei der Einordnung in das Abc wie die Grundlaute a, o, u behandelt. ß wurde in ss aufgelöst.

6. Mit Ziffern, Zahlen und griechischen Buchstaben beginnende Stichwörter werden durch das jeweilige „Wort" bestimmt (z. B. „1992er Rahmenvertrag" entspricht „Neunzehnhundertzweiundneunziger Rahmenvertrag").

7. Geläufige Synonyme und anglo-amerikanische Termini werden jeweils am Anfang eines Stichwortes aufgeführt. Dabei werden Synonyme in Kursivschrift wiedergegeben. Querverweise gewährleisten auf jeden Fall das Auffinden der Begriffserläuterung.

8. Die häufigsten Abkürzungen, insbesondere von Gesetzen, sind im Abkürzungsverzeichnis enthalten. Allgemeingebräuchliche Textabkürzungen (wie z. B.) wurden in der Regel in das Abkürzungsverzeichnis nicht aufgenommen. Im Bankgeschäft übliche Abkürzungen anderer Art (wie DAX, LIFFE, POS) sind im Lexikon selbst erläutert.

E

EAG
Abk. für Europäische Atomgemeinschaft (→ Europäische Gemeinschaften).

E. A. R. N.-Optionsscheine
Abk. für Expected to Accrue Return on Nominal; → exotische Optionsscheine, bei denen der Anleger für jeden Tag, an denen der → Basiswert (z. B. → LIBOR) unter einer bestimmten Grenze notiert, einen feststehenden Betrag erhält. Bei den E. A. R. N.-O. von Bankers Trust erhält der Anleger für jeden Tag, den der DM-LIBOR für Sechs-Monats-Gelder den Satz von 5,5% nicht übersteigt, DM 0,01 bei Fälligkeit des Optionsscheines ausbezahlt. E. A. R. N.-O. sind für Anleger interessant, die erwarten, daß der Basiswert nicht über eine bestimmte Grenze steigt.
(→ Hamster-Optionsscheine, → Single Barrier Accrual, → Dual Barrier Accrual)

EBRD
Abk. für → European Bank for Reconstruction and Development.

EBWE
Abk. für Europäische Bank für Wiederaufbau und Entwicklung (→ European Bank for Reconstruction and Development).

ec
Abk. für → eurocheque.

ec-Geldautomat
→ Geldausgabeautomat, der mit dem ec-Logo ausgewiesen ist. Die → eurocheque-Karte mit Magnetstreifen ermöglicht die Benutzung jedes ec-G. Der Inhaber einer Automatenkarte ist berechtigt, im Rahmen des institutsübergreifenden Geldausgabe-Automatensystems (→ GAA-System) eine täglich einmalige Auszahlung vorzunehmen, im Inland bis zu einem bestimmten Höchstbetrag, im Ausland bis zu dem jeweiligen im Land geltenden ec-Garantiehöchstbetrag. Bei der Kartenausgabe wird dem Kunden eine persönliche Geheimzahl (→ PIN) bekanntgegeben, die als Berechtigungsmerkmal bei der Benutzung des ec-G. einzugeben ist.
(→ edc)

Echt/360, → Euro-Zinsmethode.

Echt/365
Englische Methode; Variante der → Tageberechnungsmethoden, bei der jeder Monat mit echten Tagen und das Jahr mit 365 Tagen angesetzt wird. Oftmals wird diese Methode auch als Echt/Echt bezeichnet. In einem Schaltjahr wird das Jahr mit 366 Tagen angesetzt. Sterling → Commercial Paper oder belgische → Geldmarktpapiere werden beispielsweise nach dieser Methode quotiert.

ec-Karte, → eurocheque-Karte.

ec-Karten-Sperrmeldung
Meldung über Verlust oder Diebstahl von → eurocheque-Karten an die Evidenzzentrale des deutschen institutsübergreifenden → GAA-Systems über Telefon (NotteIefon, das zur Verkürzung der Meldezeiten von Sperren bei Verlust der ec-Karte dienen soll). Mit der Meldung wird die Sperre der ec-Karte veranlaßt.

ec-Kasse
Kasse in Einzelhandels- und Dienstleistungsunternehmen, an der im Rahmen des → POS-Banking mit der → eurocheque-Karte bargeldlos bezahlt werden kann. Die Installation von ec-K. wird durch das ec-Logo mit Piktogramm ausgewiesen.
„ec-Kasse" ist auch die Bezeichnung für ein Pilotprojekt in München und Berlin, in dem das POS-System des deutschen Kreditgewerbes bekannt gemacht wurde.
(→ EFTPOS-System)

ECOSOC

ECOSOC
Abk. für United Nations Economic and Social Council, → Wirtschafts- und Sozialrat der Vereinten Nationen.

ECP
Abk. für → Euro Commercial Paper.

ec-Service
Angebot von → Banken und → Sparkassen, bei dem der Kunde seine Umsätze im Handel und bei Dienstleistern per → eurocheque-Karte begleichen kann. Außerdem umfaßt der ec-S. die Abhebung von Geldbeträgen an → ec-Geldautomaten.

ECU
Abk. für European Currency Unit, → Europäische Währungseinheit.

ECU-Anleihe
→ Anleihe, bei der → Nominalzins und → Rückzahlung in der → Europäischen Währungseinheit (ECU) erfolgen. (→ Währungskorb-Anleihe)

ECU-Clearing- und Abrechnungssystem
Einrichtung der SWIFT Service Partners SA (→ SWIFT) und der → Bank für Internationalen Zahlungsausgleich (BIZ) zur Verrechnung von ECU-Forderungen und -Verpflichtungen zwischen den dem System angeschlossenen Banken (→ Clearing Banks). Die Clearingbanken unterhalten bei der BIZ ECU-Clearingkonten, über welche die Verrechnung erfolgt. Ihre Zahlungsaufträge erteilen sie über SWIFT an die SWIFT Service Partners SA. Diese errechnet hieraus die jeweiligen Nettopositionen und teilt diese Positionen jeder Clearingbank und der BIZ mit. Die Clearingbanken bestätigen der BIZ die Richtigkeit des Saldos. Banken mit einer Schuldnerposition aus dem → Clearing müssen diese entweder zu Lasten eines auf ihrem → ECU-Konto bestehenden Guthabens oder durch Kreditaufnahme bei einer ECU-Gläubigerbank ausgleichen. Ist diese Voraussetzung gegeben, nimmt die BIZ den Zahlungsausgleich vor. Sollte eine Nettoschuldnerbank nicht in der Lage sein, ihre Zahlungen zu finanzieren, wird der Zahlungsausgleich des betreffenden Tages rückgängig gemacht. Aufgrund dieser Konstruktion ist das ECU-Clearingsystem als System der multilateralen → Positionenaufrechnung und nicht als ein System des → Netting durch Novation anzusehen (→ Europäische Währungseinheit).

ECU-Konto
→ Bankkonto, das in ECU (→ Europäische Währungseinheit) geführt wird. Auch → Gebietsansässige können auf diesen Konten → Verbindlichkeiten eingehen (→ Fremdwährungsschulden).

ECU-Leitkurs
→ Leitkurs einer EWS-Währung gegenüber der (→ Europäische Währungseinheit [ECU]). Der Wert der ECU in einer → Währung entspricht der jeweiligen Summe der Gegenwerte der Währungsbeträge, die zu dieser Währung im Währungskorb enthalten sind. Die Währung jedes am → Europäischen Währungssystem teilnehmenden Landes hat einen ECU-bezogenen Leitkurs. Aus diesen ECU-L. kann ein Gitter → bilateraler Leitkurse (→ Paritätengitter) errechnet werden. Um diese bilateralen Leitkurse werden → Bandbreiten festgelegt; seit August 1993 betragen diese ±15 Prozent. ECU-L. dienen auch der Bestimmung von → Forderungen und Verpflichtungen der Mitgliedstaaten der → Europäischen Union (z. B. EG-Haushalt). Geänderte bilaterale Leitkurse (z. B. durch → Aufwertung oder → Abwertung) führen zu Veränderungen der ECU-L.

ECU-Reisescheck
→ Reisescheck, der in ECU (European Currency Unit, → Europäische Währungseinheit) von der Euro Traveller Cheque International (ETCI) in Verbindung mit Thomas Cook Traveller Cheques Ltd. herausgegeben wird.

ECU-Tageskurs, → Europäische Währungseinheit.

ECU-Warrant
→ Optionsschein, der als → Basiswert die → Europäische Währungseinheit (ECU) hat.

edc
Akzeptanzsymbol für die unter der Brüsseler Europay zusammengeschlossenen europäischen → Debit-Karten – in Deutschland ist das im wesentlichen die → eurocheque-Karte. Das edc-Symbol wird zusätzlich zu den nationalen Symbolen (z. B. das

S-Card-Symbol der →Sparkassen) auf die Debit-Karte aufgedruckt und ist an allen →EFTPOS-Terminals zu finden. Bis zum Jahr 2000, so Schätzungen, werden rund 100 Mio. Karten und mehr als eine halbe Mio. Terminals unter dem edc-Signet vereint sein. Die *Grundfunktionen* sind ähnlich wie beim →Electronic cash. Alle Transaktionen werden on-line vom Kartenemittenten autorisiert. Der Karteninhaber legitimiert sich durch seine Persönliche Identifikations-Nummer (→PIN). In einigen Ländern (Frankreich und Großbritannien) wird die PIN-Eingabe durch den Unterschriftsvergleich ersetzt, da die installierten Terminals nicht alle mit einem PIN-Eingabemodul nachgerüstet werden konnten.

Edelmetall-Future
Edelmetall-Terminkontrakt, Precious Metal Future; vertragliche Verpflichtung, zu einem bestimmten Zeitpunkt eine bestimmte Menge eines Edelmetalls (Gold, Silber, Platin, Palladium) zu einem festgelegten Preis zu kaufen bzw. zu verkaufen (→Future). Verpflichtungen dieser Art werden an →Terminbörsen in Form von →Kontrakten gehandelt, die hinsichtlich Menge, Preis und →Laufzeit standardisiert sind.
E.-F. werden von Anlegern ge- und verkauft, um erwartete Veränderungen der Marktpreise gewinnbringend zu nutzen oder Bestände gegen Preisänderungsrisiken abzusichern. Die Notierungen für Gold-, Silberoder Platin-Futures werden durch die Bewegungen der entsprechenden →Kassamärkte bestimmt, d. h. schwankende Förder- und Angebotsmengen oder steigende bzw. fallende Beliebtheit der Edelmetalle als Anlagemedium spiegeln sich in den Preisen der Kontrakte wider.

Edelmetall-Option
Recht, nicht aber die Verpflichtung, eine bestimmte Menge eines Edelmetalls zu einem festgelegten Zeitpunkt und zu einem vereinbarten Preis zu kaufen (→Call) oder zu verkaufen (→Put). Im Gegenzug verpflichtet sich der →Stillhalter der Option, diese Menge gegen Zahlung der →Optionsprämie bereitzustellen bzw. zu übernehmen, wenn der Optionsinhaber sein Optionsrecht ausübt. Neben den auf einen effektiven →Basiswert, beispielsweise auf eine bestimmte Menge Feinunzen, ausgerichteten Optionen werden an mehreren →Terminbörsen auch Gold- und Silberoptionen angeboten, die auf korrespondierenden →Futures basieren (→Optionen auf Futures).

Edelmetall-Optionsscheine
→Optionsscheine, die als →Basiswert Edelmetalle (z. B. Gold, Silber) haben.

Edelmetallposition
Bestand (→Position) an Gold, Silber und Platinmetallen.

Edelmetallpreisrisiko
→Preisrisiko, das in der Gefahr der negativen Abweichung zwischen tatsächlichem und erwartetem Erfolg aus Geschäften besteht, die auf Edelmetalle (Gold, Silber oder Platinmetalle) lauten. Entscheidend für das bestehende Preisrisiko ist die für → Erträge oder → Aufwendungen aus diesen Geschäften mögliche negative Entwicklung der Marktpreise der Edelmetalle. Dem →Währungsrisiko vergleichbar, treten E. bei →offenen Positionen auf. Die offenen Edelmetallpositionen ergeben sich als Unterschiedsbeträge zwischen auf Gold, Silber oder Platinmetalle lautenden Aktiv- und Passivpositionen. Solche Positionen können bilanzwirksam sein (eigene Bestände an Edelmetallen, →Forderungen oder →Verbindlichkeiten in Edelmetallen), sie können aber auch aus →bilanzunwirksamen Geschäften resultieren (z. B. Liefer- und Zahlungsansprüche bzw. Liefer- und Zahlungsverpflichtungen aus Goldtermin- oder Goldoptionsgeschäften).

Edelmetall-Terminkontrakt, →Edelmetall-Future.

E30/360, →Deutsche Zinsmethode.

EDSP
Abk. für →Exchange Delivery Settlement Price.

EFFAS
Abk. für European Federation of Financial Analyst Societies.

Effective Duration
→Duration einer Anleihe mit Schuldnerkündigungsrecht.
(→Option Adjusted Duration)

Effekten
Vertretbare (fungible), ertragbringende →Wertpapiere, die am organisierten →Ka-

Effektenbörse

pitalmarkt (→ Börse) gehandelt werden. E. dienen der → Kapitalbeschaffung (→ Finanzierung) und der Kapitalanlage. Sie verbriefen Forderungsrechte (→ Schuldverschreibungen), Teilhaber- oder Mitgliedschaftsrechte (→ Aktien) oder Miteigentumsrechte (→ Investmentzertifikate), haben einen unbedingten bzw. bedingten Ertragsanspruch und sind innerhalb einer Gattung austauschbar, ohne daß der Inhaber eine Änderung des Wertes bzw. der Rechtsansprüche erfährt (→ Fungibilität als Voraussetzung für die Börsenfähigkeit).

Die *Begriffe „Effekten" und „Wertpapiere"* werden in der Praxis häufig gleichbedeutend verwandt. Der Wertpapierbegriff ist jedoch umfassender. Nicht zu den E. zählen die → Geldmarktpapiere (→ Schatzwechsel, → unverzinsliche Schatzanweisungen), die → Geldwertpapiere, wie z. B. → Banknoten, → Schecks (wegen des Fehlens laufender Erträge), die → Warenwertpapiere (→ Ladeschein, → Konnossement, → Lagerschein) und die nicht vertretbaren → Kapitalwertpapiere (z. B. → Sparbrief/Sparkassenbrief, → Hypothekenbrief, → Grundschuldbrief, → Namensschuldverschreibung).

Merkmale: E. bestehen aus → Mantel (Verbriefung des Hauptrechts) und → Bogen (Verbriefung des Nebenrechts). Dem Bogen ist meist ein → Talon (Erneuerungsschein) beigefügt. E. sind börsen- und sammelverwahrfähig (einfache und zuverlässige Bewertung, bequemer und schneller → Kauf bzw. Verkauf, kostengünstige → Verwahrung und Verwaltung).

Effektenarten und -bezeichnungen bei Verwendung bestimmter Einteilungskriterien: Vgl. Übersicht unten.

Effektenbörse

Organisierter Markt für den Handel in vertretbaren → Wertpapieren und Rechten auf Wertpapieren (daher auch als → Wertpapierbörse bezeichnet), von anderen Geschäftszweigen einer → Börse zumindest organisatorisch getrennt. An der E. werden nur → Verpflichtungsgeschäfte über Gattung, Art, Menge und Preis des Handelsgegenstands (→ Effekten) abgeschlossen, die → Erfüllungsgeschäfte werden außerhalb der E. abgewickelt. Die Rechtsgrundlage für alle acht deutschen E. bildet das → Börsengesetz. Mit Ausnahme der → Deutschen Terminbörse (DTB) und des an der Frankfurter Wertpapierbörse bestehenden Handels- und Informationssystems → IBIS handelt es sich nicht um Computer-, sondern um Präsenzbörsen. Für den börslichen und außerbörslichen Handel mit Wertpapieren und → derivativen (Finanz-)Instrumenten gilt seit August 1994 das → Wertpapierhandelsgesetz (WpHG). Wichtige → Organe der E. sind der Börsenrat (§§ 3, 3a BörsenG) als Aufsichtsgremium, die Börsengeschäftsführung als Leitung der E. (§ 3c BörsenG), ferner die Zulassungsstelle (→ Börsenzulassung). Die → Börsenaufsicht ist bei E.

Effekten – Arten und Bezeichnungen

Gewährtes Recht	Ertrag	Verbriefung	Währung	Emittent		Übertragung
				Art	Sitz	
– Forderungs- oder Gläubigerpapiere (Schuldverschreibungen) – Mitgliedschafts-, Teilhaber- oder Beteiligungspapier (Aktien) – Miteigentumspapiere (Investmentzertifikate)	– Verzinsliche Wertpapiere (Schuldverschreibungen) – festverzinsliche Wertpapiere – variabel verzinsliche Wertpapiere – Dividendenpapiere (Aktien, Genußscheine)	– Effekten im eigentl. Sinne (Urkunden) – Wertrechte (sog. Bucheffekten)	– DM-Wertpapiere – Fremdwährungswertpapiere (einschl. auf Rechnungseinheiten lautende)	– Wertpapiere von Unternehmen – Wertpapiere von staatlichen Stellen	– Inländische Wertpapiere – Ausländische Wertpapiere	– Inhaberpapiere – Orderpapiere

Effektengiroverkehr

auf verschiedene Stellen verteilt; neben den je zuständigen Landesministern muß das 1994 neu errichtete Bundesaufsichtsamt für den Wertpapierhandel (BAW) gegen Mißstände bei der Durchführung des Wertpapierhandels (→Effektenhandel) vorgehen, und eine Selbst-Kontrolle findet durch die an jeder E. einzurichtende Handelsüberwachungsstelle (§ 1b BörsenG) statt.

Effekteneigengeschäfte

→Effektengeschäfte, die im Gegensatz zu →Kommissionsgeschäften der Kreditinstitute im Namen und für Rechnung und i.d.R. aufgrund eigener Initiative des →Kreditinstituts ausgeführt werden und keine →Bankgeschäfte im Sinne von § 1 Abs. 1 KWG sind. Zu unterscheiden sind aktivische Effekteneigengeschäfte (Geldanlage in Effekten) und passivische Effekteneigengeschäfte (Mittelbeschaffung durch Emission eigener Schuldverschreibungen, →Bankschuldverschreibungen).

E. können auch in Anlagegeschäfte i.e.S., Geschäfte zur Mittelbeschaffung und Handelsgeschäfte unterschieden werden.

Die *Geldanlage in Effekten* kann erfolgen, um nicht benötigte liquide Mittel verzinslich anzulegen oder um →Liquiditätsreserven zu schaffen oder um →Beteiligungen aufzubauen (→Bankbeteiligungen). Darüber hinaus können auch die →Kurspflege und nicht abgesetzte Restposten aus →Emissionsgeschäften zu Effektenbeständen führen. Für Geldanlagen in Effekten haben die Kreditinstitute neben den Anlagevorschriften des KWG die Eigenkapital- und Liquiditätsvorschriften des BAK (→Eigenkapitalgrundsätze, →Liquiditätsgrundsätze) zu beachten. Im Eigenkapitalgrundsatz I ist die Deckung von Beteiligungen (Bankbeteiligungen) durch Eigenkapital geregelt, im Liquiditätsgrundsatz II die Deckung von Beteiligungen und Anlagen in nicht börsengängigen Wertpapieren durch bestimmte langfristige Finanzierungsmittel und im Liquiditätsgrundsatz III die Deckung von börsengängigen →Anteilen und →Investmentanteilen durch bestimmte kurz- und mittelfristige Finanzierungsmittel.

Effektengeschäft

1. *Im rechtlichen Sinne:* →Bankgeschäft i.S. von § 1 Abs. 1 KWG, das die „Anschaffung und die Veräußerung von Wertpapieren für andere" umfaßt (§ 1 Abs. 1 Satz 2 Nr. 4). Der Begriff →„Wertpapier" wird im KWG nicht näher erläutert, läßt sich jedoch aus der zusammenfassenden Bezeichnung „E." erkennen. →Effekten sind vertretbare →Kapitalmarktpapiere. Zu den Wertpapieren in diesem Sinne zählen auch die →Wertrechte, insbes. →Schuldbuchforderungen sowie in einer →Sammelurkunde verbriefte Effekten. Die Anschaffung und Veräußerung von Wertpapieren für andere beinhaltet das →Kommissionsgeschäft (§§ 383–406 HGB), das im eigenen Namen für Rechnung eines anderen betrieben wird. Eigene Geschäfte (Geschäfte für eigene Rechnung) werden nicht erfaßt; sie zählen nach § 1 Abs. 3 zu den Haupttätigkeiten eines →Finanzinstituts i.S. des KWG. Ebenfalls lassen sich die →Eigenhandelsgeschäfte, bei denen die Kreditinstitute ihren Kunden nicht als →Kommissionär, sondern als Käufer oder Verkäufer gegenübertreten, nicht unter diese Vorschrift des KWG subsumieren (Handel nicht für andere, sondern mit anderen).

2. *In bankbetrieblicher Sicht:* Bankgeschäfte in diesem Sinne können unterteilt werden in →Eigengeschäfte und →Dienstleistungsgeschäfte der Kreditinstitute mit Effekten (Provisionsgeschäfte) sowie in Effektenhandelsgeschäfte, →Depotgeschäfte und →Emissionsgeschäfte.

Effektengiroverkehr

Wesen und Zweck: Ermöglicht die buchmäßige Übertragung/stückelose Lieferung von sammelverwahrten, vertretbaren →Wertpapieren (Effekten) und →Wertrechten zwischen Teilnehmern (=→Kreditinstitute, die der →Depotprüfung unterliegen) am E. →Wertpapiersammelbanken (Kassenvereine) verwalten im wirtschaftlichen Verbund einen einheitlichen Sammelbestand und ermöglichen platzüberschreitenden E. Überträge sind unter bestimmten Voraussetzungen auch zwischen inländischen und ausländischer Wertpapiersammelbank auf der Grundlage direkter Kontoverbindung möglich. Auch über den →Deutschen Auslandskassenverein sind (buchmäßige) Wertpapierüberträge im E. bei Auslandsverwahrung z.T. möglich.

Aufgabe der an Börsenplätzen vertretenen *Wertpapiersammelbanken* (Rechtsform AG) ist es, die →Sammelverwahrung durchzu-

479

Effektengiroverkehr

führen, E. abzuwickeln und Geldausgleich vorzunehmen, auf der Grundlage der AGB Kassenvereine/Auslandskassenverein.
Besonderheit: Mit ausländischen Zentralverwahrern sind im Rahmen direkter Kontoverbindung z. Zt. nur Wertpapierlieferungen, aber kein Geldausgleich möglich.
Die Kooperation der Wertpapiersammelbanken erfolgt über die Arbeitsgemeinschaft deutscher Kassenvereine (AdK); als →Gesellschaft bürgerlichen Rechts regelt die AdK die einheitliche technische Abwicklung und vertragliche Ausgestaltung des E., z. B. die Herausgabe von: Geschäftsbedingungen der Kassenvereine, Bedingungen für die Teilnahme am Geldverrechnungsverkehr, Mitteilungsblätter deutscher Kassenvereine, Verzeichnis zur Girosammelverwaltung zugelassener Wertpapiere, Teilnehmerverzeichnis am E. Besondere Aufgabe der AdK war die Erfüllung des Wertpapierbereinigungsgesetzes.

Girosammelverwahrung: Erstreckt sich auf Verwahrung und Verwaltung zum Sammelbestand geeigneter, zugelassener Wertpapiere/Wertrechte. Zur Verwahrung eingelieferte Wertpapiere werden in Sammelbestand genommen; es entsteht →Miteigentum nach Bruchteilen; bei Auslieferung bzw. Einlösung sammelverwahrter Wertpapiere ergibt sich eine umgekehrte Wirkung. Die Verwaltung des Sammelbestandes entspricht der →Depotverwaltung (Prüfung der Lieferbarkeit bei Zugängen, Trennen der Ertragsscheine und Einzug bei Fälligkeit, Besorgung neuer →Bogen und Stimmkarten, Einrichten von Bezugs- und Teilrechtekonten, →Depotabstimmung mit Kontoinhaber); allgemeine Informationen an den Kontoinhaber werden im Mitteilungsblatt der AdK veröffentlicht.
Für die Verwahrung der Wertpapiere beim Kassenverein gilt grundsätzlich Fremdvermutung; es ist kein ausdrücklicher Hinweis auf „Depot B" vorgesehen (Argum. nach § 14 AGB/KV).
Besonderheit: Die Einlieferung von →Sammelurkunden (§ 9a DepotG) und die (teilweise) Einbeziehung →vinkulierter Namensaktien (z. B. Allianz, Springer) in Girosammelverwahrung ist möglich.

Durchführung des Giroverkehrs: Nach dem Vorbild des →bargeldlosen Zahlungsverkehrs aufgebaut. Verfügungen über Sammelbestandsanteile sind nur mit Anweisungen (Wertpapierscheck, Lieferliste, Datenträger mit Begleitzettel) möglich (vgl. Übersicht S. 481).
Der E. wird überwiegend getragen von der Erfüllung der Börsengeschäfte (→ Einkaufskommission); über die zentrale Geschäftsabwicklung wird ein Verbund zwischen Börse (Makler), Kassenvereinen und Kontoinhabern (Börsenbanken) hergestellt. Die Belieferung von Wertpapiergeschäften geschieht durch Einigung und Anweisung (Wertpapierscheck bzw. Lieferliste) an den Kassenverein, das Miteigentum am Girosammelbestand auf die Käuferbank zu übertragen; der Übergang des Mitbesitzes erfolgt mit Aushändigung des Depotauszuges. Überträge mit Zahlungsklausel werden erst wirksam, wenn der Geldverrechnungsverkehr über →LZB-Girokonten erfüllt ist; dabei handelt es sich um eine Zug-um-Zug-Regelung zwischen Lieferung und Geldverrechnung, um Insolvenzrisiken für Beteiligte auszuschalten. Der Ferngiroverkehr zur Übertragung von Anteilsrechten bei verschiedenen Kassenvereinen erfolgt für Auftraggeber und Begünstigten ebenfalls zeitgleich. Die → Verpfändung von Girosammelanteilen ist mit dem (grünen) Wertpapierscheck möglich. Der Pfandgläubiger erhält eine Gutschrift auf das Pfandkonto; der Pfandgeber ist dabei i. d. R. weiter zur Ausübung des Nutzungsrechts befugt. Der Kassenverein prüft nicht, ob der Pfandgeber zur Verpfändung der Papiere ermächtigt ist; dies ist Aufgabe des Pfandnehmers (z. B. Erklärung auf grüner Gutschriftsanzeige). Die Auslieferung von Sammelbestandsanteilen (weißer Scheck) führt zur Umwandlung von Miteigentumsanteilen in Alleineigentum an Wertpapieren beim Empfänger; der Kassenverein leistet dabei mit befreiender Wirkung.

Jungscheingiroverkehr: Verfügungen über Jungscheinkonto sind mit Wertpapierscheck und Lieferliste möglich; der Hinweis auf Jungscheinkonto ist erforderlich. Die Wertpapierverwaltung ist auf die Ertragsscheineinlösung und Depotabstimmung beschränkt. Nach Lieferung der Stücke erfolgt die Umbuchung in regulären Sammelbestand.
Sammeldepotfähig sind vertretbare Wertpapiere einschließlich Wertrechte und Sammelurkunden. Von der Girosammelverwah-

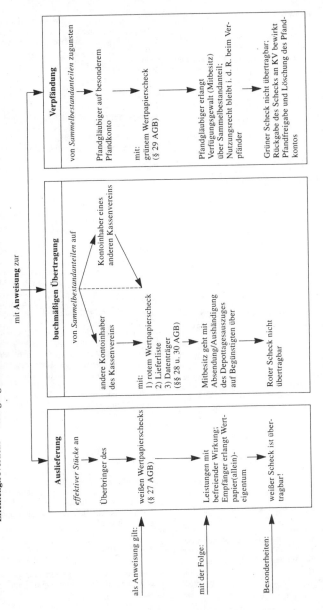

Effektenhandel

rung sind (teilweise noch) vinkulierte und nicht voll eingezahlte Namensaktien sowie bereits einzeln auslosbare Wertpapiere ausgeschlossen.
Der Kassenverein entscheidet über die Zulassung von Wertpapieren zur Girosammelverwahrung; als Mindestanforderung gilt eine Laufzeit von 1 Jahr und 1 Mio. DM je Wertpapiergattung. Die Mitteilung darüber wird in der Liste der zur Girosammelverwahrung zugelassenen Wertpapiere veröffentlicht.
(→ Sammelverwahrung)

Effektenhandel

Der börsenmäßige Handel mit → Effekten (als Teil des → Effektengeschäfts, → Wertpapiergeschäft) erfolgt als Kassa- oder als Terminhandel. Zum ersten Bereich gehören der → amtliche (Börsen-)Handel (→ Kursfeststellung als → Einheitskursermittlung oder fortlaufende Notierung), der → geregelte Markt und der → Freiverkehr sowie der Handel über → IBIS, zum letzteren der Handel mit → Optionen und → Finanzterminkontrakten (→ Futures). Optionen auf Aktien werden auch an der Frankfurter → Effektenbörse gehandelt, Futures an der → Deutschen Terminbörse (DTB). Zum E. der → Kreditinstitute zählen Geschäfte im Auftrag von Kunden (Kundengeschäfte) sowie → Effekteneigengeschäfte. Gemäß § 10 BörsenG sind Aufträge für den → Kauf und Verkauf von Wertpapieren, die zum Handel an einer inländischen → Wertpapierbörse zugelassen oder in den Freiverkehr einbezogen sind, über den Handel an der → Börse auszuführen, wenn der Auftraggeber keine andere Weisung erteilt. Gebietet dessen Interesse keine andere Ausführungsart, so ist der Auftrag im Präsenzhandel, nicht im elektronischen Handel auszuführen. Dieser „Börsenzwang" gilt nicht für festverzinsliche → Schuldverschreibungen, die Gegenstand einer → Emission mit einem Gesamtnennbetrag von weniger als zwei Mrd. DM sind.

Effektenkredit, → Effektenlombard(kredit).

Effektenlombard

Der Rahmen für das Lombardgeschäft der Deutschen Bundesbank mit Kreditinstituten (→ Deutsche Bundesbank, Kreditgeschäfte; → Deutsche Bundesbank, Geschäfte mit Kreditinstituten) ergibt sich aus § 19 Abs. 1 Nr. 3 und Abs. 2 BBankG. Dabei werden nur die in ihrem → Lombardverzeichnis aufgeführten Papiere beliehen, wofür der je festgesetzte → Lombardsatz gilt, der stets höher als der → Diskontsatz liegt (→ Lombardpolitik der Deutschen Bundesbank).

Effektenlombard(kredit)

Effektenkredit; Kreditgewährung gegen → Verpfändung von → Effekten, regelmäßig in Form des unechten → Lombardkredits bzw. Kredit zum Kauf von → Wertpapieren, wobei bereits vorhandene, sich im → Depot des kreditgebenden Instituts befindliche Effekten oder die zu erwerbenden Wertpapiere als → Kreditsicherheiten dienen.
Börsengängige Wertpapiere sind grundsätzlich leicht zu verwerten. Die Höhe eines E. ist von der Bonität der verpfändeten Wertpapiere abhängig. Praxisusance ist, → Aktien grundsätzlich bis zu 50 Prozent und → Schuldverschreibungen bis zu 75 Prozent ihres Kurswertes zu beleihen. Sparkassen dürfen nach den Bestimmungen der Sparkassenverordnung bzw. -ordnung bzw. Mustersatzung (→ Sparkassenrecht) mündelsichere (→ Mündelsicherheit) oder lombardfähige (→ Lombardfähigkeit) Schuldverschreibungen bis zu 80 Prozent des Kurswertes, sonstige börsenfähige Werte (Aktien, → Industrieobligationen und → Inhaberschuldverschreibungen) bis zu 60 Prozent des Kurswertes, → Investmentzertifikate bis zu 60 Prozent des Rückkaufpreises (Anteilscheine an reinen → Rentenfonds bis zu 80 Prozent) und → Sparbriefe/Sparkassenbriefe und → Sparkassenobligationen bis zum → Nennwert bzw. bis zum Laufzeitwert beleihen.

Effektive Lieferung

effektive Erfüllung; im Hinblick auf → Börsentermingeschäfte in §§ 55 und 57 BörsenG vorgesehene Modalität, die die erbrachten Leistungen rechtswirksam werden läßt, in der Regel aber nicht erfolgt, da der → Terminkontrakt durch ein Gegengeschäft glattgestellt wird.

Effektive Marge, → Simple Margin.

Effektiver Jahreszins, → Effektivverzinsung von Krediten, → Preisangabenverordnung.

Effektive Stücke
Physisch vorhandene →Wertpapiere, d. h. ausgedruckte →Urkunden.
Gegensatz: →Wertrechte.

Effektivvermerk
Vereinbarung (Vermerk, Klausel), nach der eine →Geldschuld, die in fremder →Währung (→ Fremdwährungsschuld) im Inland zu zahlen ist, tatsächlich in fremder Währung geleistet wird (Wegfall der Berechtigung nach § 244 BGB zum Umrechnen in D-Mark). Ein E. kann auch auf einem →Scheck oder einem →Wechsel angebracht werden.

Effektivverzinsung
Begriff: (1) Tatsächlicher Ertrag eines →Investments (Geldanlage), der in einem Jahr mit einem bestimmten Kapitaleinsatz in Form von laufenden →Erträgen (→Zinsen o. ä.) und einmaligen Erträgen (→Disagio, →Aufgeld) unter Berücksichtigung von →Laufzeit, Zinszahlungs- und Tilgungsterminen erzielt wird. (2) Tatsächliche Kostenbelastung für eine Kreditinanspruchnahme durch laufende →Kosten (Zinsen) und einmalige Kosten (→Provisionen, Gebühren, Disagio, Agio) unter Berücksichtigung von Zinszahlungs- und Tilgungsterminen.

Zweck: Die E. dient zum Vergleich mehrerer alternativer Anlage- bzw. Finanzierungsangebote mit unterschiedlichen Konditionen.

Effektivverzinsung von Krediten
Zum Zweck eines zuverlässigen Preis- und Konditionenvergleichs nötige (Zahlen-)Angaben, für deren Mitteilung an den Kreditnehmer in bestimmten Fällen (des →Privatkundengeschäfts) eine Rechtspflicht besteht. Nach § 4 Abs. 1 der →Preisangabenverordnung sind bei→Krediten als Preis die Gesamtkosten als jährlicher Prozentsatz des Kredits anzugeben und als effektiver Jahreszins zu bezeichnen. Wenn – gemäß § 1 Abs. 4 PAngV bei →Dauerschuldverhältnissen zulässigerweise – eine Änderung des Zinssatzes (Zinsanpassungsklausel) oder anderer preisbestimmender Faktoren vorbehalten ist, muß der anfängliche effektive Jahreszins angegeben werden. Zugleich ist darauf hinzuweisen, wann preisbestimmende Faktoren (wie →Nominalzins, Bearbeitungsgebühren, →Disagio und Agio (→Aufgeld), Kreditvermittlungskosten, Zinssollstellungstermine, Tilgungshöhe, Zahlungs- und Verrechnungstermine für →Zins und →Tilgung) geändert werden können und auf welchen Zeitraum Belastungen verrechnet werden, die sich aus einer nicht vollständigen Auszahlung des Kreditbetrags oder aus einem Zuschlag hierzu ergeben. Sonderregelungen gelten bei Baudarlehen (→Bau- und Immobilienfinanzierung; § 4 Abs. 8 PAngV) und bei →Kontokorrentkrediten (§ 4 Abs. 9). Die anzugebende Effektivverzinsung muß den Zinssatz beziffern, mit dem sich der Kredit bei regelmäßigem Kreditverlauf, ausgehend von den tatsächlichen Zahlungen des Kreditgebers und des Kreditnehmers, auf der Grundlage taggenauer Verrechnung aller Leistungen und nachschüssiger Zinsbelastung gemäß § 608 BGB staffelmäßig abrechnen läßt; beim anfänglichen effektiven Jahreszins sind die zum Zeitpunkt des Angebots oder der Werbung geltenden preisbestimmenden Faktoren zugrunde zu legen (§ 4 Abs. 2 PAngV). Nach dem →Verbraucherkreditgesetz ist sowohl bei →Kreditverträgen i. a. (§ 4 Abs. 1 S. 1 Nr. 1e VerbrKrG) als auch bei →finanzierten Abzahlungsgeschäften (§ 4 Abs. 1 S. 1 Nr. 2 d VerbrKrG) der (anfängliche) effektive Jahreszins anzugeben. Dies braucht nur dann nicht zu erfolgen, wenn der Kreditgeber nur gegen Teilzahlungen →Sachen liefert oder Leistungen erbringt (§ 4 Abs. 1 S. 2 VerbrKrG). Effektiver Jahreszins meint hier die in einem Prozentsatz des Nettokreditbetrags angegebene jährliche Gesamtbelastung des Barzahlungspreises (§ 4 Abs. 2 S. 1 VerbrKrG); die Berechnung erfolgt nach § 4 PAngV (§ 4 Abs. 2 S. 2 VerbrKrG). Bei →Überziehungskrediten muß der Verbraucher hingegen nur über den jeweils geltenden (nominalen) Jahreszins unterrichtet werden.

Effektivzins
Yield; in Prozent ausgedrückter →Zins, der in einem Jahr mit einem bestimmten Kapitaleinsatz erzielt wird (tatsächlicher Zins im Gegensatz zum →Nominalzins).

Effektivzins und Rendite: Beide Begriffe werden i. a. synonym verwendet. Bei Geldanlagen wird i. d. R. von →Rendite, bei Krediten von effektivem Jahreszins (i. S.

Effektivzins-Angaben

des → Verbraucherkreditgesetzes) gesprochen.

Effektivzins-Angaben
Beim Angebot von und bei der Werbung mit → Krediten an Letztverbraucher – die die Leistung nicht in ihrer selbständigen beruflichen oder gewerblichen oder in ihrer behördlichen oder dienstlichen Tätigkeit verwenden (§ 7 Abs. 1 Nr. 1 PAngV) – ist als Preis die Gesamtbelastung pro Jahr in einem Prozentsatz des Kredites anzugeben und als „effektiver Jahreszins" zu bezeichnen. Bei → Darlehen mit veränderbaren Konditionen (etwa vollvariabler Zinssatz oder Zinsbindungsfrist [Zinsfestschreibung] für einen bestimmten Zeitraum) ist der „anfängliche effektive Jahreszins" anzugeben; zusammen damit ist anzugeben, wann preisbestimmende Faktoren geändert werden können und auf welchen Zeitraum Belastungen, die sich aus einer nicht vollständigen Auszahlung des Kreditbetrags oder aus einem Zuschlag hierzu ergeben, zum Zweck der Preisangabe verrechnet worden sind (§ 4 Abs. 1 PAngV). Zur Ermittlung der (anfänglichen) effektiven Jahreszinses sind alle preisbestimmenden Faktoren zu berücksichtigen, die sich unmittelbar auf den Kredit und seine Vermittlung beziehen und bei regelmäßigem Kreditverlauf anfallen (§ 4 Abs. 2 PAngV), wie z.B. → Nominalzins, Zinssollstellungstermine, jährliche Tilgungshöhe bei planmäßiger → Laufzeit, tilgungsfreie Zeiträume, → Disagio und Agio (→ Aufgeld), Bearbeitungsgebühr, Kreditvermittlungskosten, Zahlungstermine und hiervon abweichende Tilgungsverrechnungszeiträume (vgl. § 4 Abs. 1 VerbrKrG). Angenommen sind nur die in § 4 Abs. 3 PAngV aufgeführten Kosten. Bei → Bauspardarlehen ist für die Berechnung des Effektivzinses die Abschlußgebühr entsprechend dem Darlehensanteil der → Bausparsumme zu berücksichtigen (§ 4 Abs. 8 PAngV). Bei → Kontokorrentkrediten kann nach § 4 Abs. 9 PAngV auf die Angabe des effektiven Jahreszinses verzichtet werden, wenn keine zusätzlich zur nominalen Verzinsung keine weiteren Kreditkosten anfallen und die Zinsbelastungsperiode (Kontoabschluß) nicht kürzer als drei Monate ist; es genügt dann Angabe des Nominalzinssatzes und der Rechnungsperiode. Bei → Überziehungskrediten an Verbraucher verlangt § 5 Abs. 1 VerbrKrG vor der Inanspruchnahme eine besondere Unterrichtung durch das → Kreditinstitut.

Berechnung des effektiven Jahreszinses: Nach § 4 Abs. 2 PAngV beziffert der anzugebende (anfängliche) effektive Jahreszins den Zinssatz, mit dem sich der Kredit bei regelmäßigem Kreditverlauf auf der Grundlage taggenauer Verrechnung aller Leistungen und nachschüssiger Zinsbelastung gemäß § 608 BGB staffelmäßig abrechnen läßt (360-Tage-Methode, vgl. § 4 Abs. 5 Nr. 2 PAngV). Der Prozentsatz ist mit der im Kreditgewerbe üblichen Genauigkeit, also mit einer Stelle hinter dem Komma, anzugeben.

Efficient Frontier
Synonym für → Effizienzkurve.

Effizientes Portefeuille, → Portfolio Selection.

Effizienzgrenze
Synonym für → Effizienzkurve.

Effizienzkriterien
Auswahlkriterien zur Bestimmung von effizienten Portefeuilles. Die E. → Erwartungswert E (Rendite) und → Varianz (Variance) können als Grundmodell von Markowitz, Harry zur Darstellung und Beurteilung von Anlageentscheidungen unter Ungewißheit zurückgeführt werden. Portefeuilles, die den E. entsprechen, liegen auf der → Effizienzkurve. Nach Markowitz ist beispielsweise ein Portefeuille im Sinne des → Mean-Variance-Approach effizient, wenn es zu einem gegebenen Portefeuille kein anderes Portefeuille gibt, das (1) für die gleiche erwartete → Portefeuille-Rendite eine geringere → Portefeuillevarianz oder (2) für die gleiche Portefeuillevarianz eine größere Portefeuille-Rendite oder (3) eine niedrigere Portefeuillevarianz und eine größere Portefeuille-Rendite besitzt.
Neben diesem Mean-Variance-Approach kann die Ermittlung von Effizienzkurven auch nach dem → Mean-Average Shortfall-Approach erfolgen.
(→ Moderne Portfolio-Theorie, → Asset Allocation)

Effizienzkurve
→ zulässige Portefeuilles, für die die → Effizienzkriterien gelten. Nach → Markowitz ist z.B. ein Portefeuille im Sinne des

Effizienzkurve – Unzulässige, zulässige und effiziente Portefeuilles

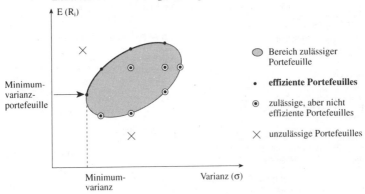

→ Mean-Variance-Approach effizient, wenn es gemäß gewisser Nebenbedingungen zulässig ist und es zu einem gegebenen Portefeuille kein anderes Portefeuille gibt, das (1) für die gleiche erwartete → Portefeuille-Rendite ($E(R_i)$) eine geringere → Portefeuille-Varianz (σ) oder (2) für die gleiche Portefeuille-Varianz eine größere Portefeuille-Rendite oder (3) eine niedrigere Portefeuille-Varianz und eine größere Portefeuille-Rendite besitzt. Alle Portefeuilles, die in der Abbildung durch ein x markiert sind, sind unzulässige Portefeuilles. Alle Portefeuilles, die durch einen Kreis markiert sind, sind zulässige, aber nicht effiziente Portefeuilles. Für den Anleger sind nur diejenigen Portefeuilles interessant, die auf der E. liegen.
Neben diesem Mean-Variance-Approach kann die Ermittlung von E. auch nach dem → Mean-Average Shortfall-Approach erfolgen.
(→ Moderne Portfolio-Theorie, → Asset Allocation)

Effizienzlinie
Synonym für → Effizienzkurve.

EFTA
Abk. für European Free Trade Association, → Europäische Freihandelszone.

EFTPOS-System
(EFTPOS = Electronic Fund Transfer at the Point of Sale). Seit Mitte der achtziger Jahre wird in der BRD die Entwicklung von EFT-POS-S. von den → Banken und → Kreditkartengesellschaften vorangetrieben. Bekanntestes EFTPOS-S. hierzulande: das Electronic-Cash-System der → Kreditinstitute und des Handels (→ Electronic cash). Den Kreditkartenanbietern geht es dabei in erster Linie um die Automatisierung der Autorisierungsfrage. Das Kreditgewerbe dagegen suchte nach einer Lösung, um die Legitimationsprüfung des Karteninhabers, die Autorisierung und Umsatzerfassung des Kaufs sowie die elektronische Verrechnung zwischen → Bankkonto des Händlers und dem des Kunden zu integrieren.

Kreditkartengesellschaften: Die ersten → EFTPOS-Terminals in der BRD waren die der Kreditkartengesellschaften. Grund: Der Servicevertrag zwischen Kartenunternehmen und Händler besagt, daß letzterer eine telefonische Genehmigung beim Kartenausgeber einzuholen hat, wenn der Kaufbetrag ein bestimmtes Limit (→ Floor-Limit) übersteigt. Verzichtet der Händler auf dieses Genehmigungsverfahren, bleibt er bei festgestelltem Mißbrauch (nach Diebstahl usw.) auf seiner Forderung sitzen. Bei Beträgen unterhalb des Floor-Limits muß der Händler dagegen in eine gedruckte Sperrliste einsehen, die ihm von der Kartengesellschaft in laufend aktualisierter Fassung zur Verfügung gestellt wird. Mit steigenden → Bonitätsrisiken und Mißbrauchsrisiken sanken auch die Floor-Limits auf immer geringere Beträge mit der Folge, daß der Händler heute häufiger telefonisch rückfragen muß. Zur

EFTPOS-Terminal

Verbesserung des Kundenservices (insbes. Vermeidung langer Wartezeiten) empfehlen die Kartenanbieter daher den Einsatz von EFTPOS-Terminals, die v. a. für die automatische Bonitäts- und Diebstahlsprüfung sorgen. Außerdem autorisieren sie jede einzelne Transaktion – Anrufe werden somit die Ausnahme. Schließlich sorgt die elektronische Umsatzerfassung dafür, daß der Händler die Belege nicht mehr sammeln muß, um sie nach Ablauf einer bestimmten Frist bei der Kartenorganisation zur Gutschrift einzureichen.

Kreditinstitute: Unabhängig von den Kreditkartenanbietern hatten Kreditinstitute ihre eigenen Vorstellungen zu EFTPOS entwickelt. Erklärtes Ziel des Kreditgewerbes war es, das elektronische Zahlen gemeinsam aufzubauen und möglichst wettbewerbsneutral, also ohne Diskriminierung für Dritte, zu gestalten. Der Anmeldung beim →Bundeskartellamt 1981 folgten sehr bald erste Feldversuche in München (1983), Berlin/München (1984), ein bundesweiter Versuch POS-Kassen (1988) und 1990 das Electronic-Cash-System. Alle Rahmenvereinbarungen basieren dabei auf der →eurocheque-Karte. →Kreditkarten sind in diesen Vereinbarungen nicht enthalten.

EFTPOS-Terminal
Telefonähnliches Gerät zur Erfassung der Kundendaten von →eurocheque-Karten oder →Kreditkarten und automatische Autorisierung durch den Kartenausgeber beim Zahlen von Waren oder Dienstleistungen an den Kassen des Handels. In der einfachsten Form beinhaltet das Terminal eine Tastatur, einen Magnetstreifenleser, einen Drucker, einen Bildschirm, verschiedene Datenspeicher, einen Anschluß zu einer Datenkommunikationsleitung und bei Karten mit Persönlicher Identifikations-Nummer (→PIN) ein PIN-Eingabemodul.
Beim Electronic-Cash-System der →Banken und →Sparkassen (→Electronic cash) muß das Terminal mindestens die Autorisierung und Storno ausführen können. Das PIN-Modul dagegen muß durch geeignete Maßnahmen gegen Manipulation geschützt sein. Schließlich muß sichergestellt sein, daß die Karte bei Stromausfall automatisch freigegeben wird.
Bedienungsreihenfolge aus Sicht des Karteninhabers: (1) Karte einschieben; (2) Geheimzahl eingeben; (3) Betrag eingeben und bestätigen; (4) Karte entnehmen.
(→EFTPOS-System)

EG, →Europäische Gemeinschaften.

EG-Bankenvereinigung
Vereinigung der Bankenverbände der →Kreditbanken (→Verbände und Arbeitsgemeinschaften der Kreditwirtschaft) in den Staaten der →Europäischen Gemeinschaften bzw. der →Europäischen Union.

EG-Bankrecht
Zusammenfassende Bezeichnung für eine Vielzahl unterschiedlicher →EG-Rechtsakte, die einen einheitlichen Bankenmarkt (→Europäischer Bankenmarkt) in der →Europäischen Gemeinschaft (EG) bzw. der →Europäischen Union (EU) schaffen sollen. Ein enger Zusammenhang besteht dabei mit der weiteren Verwirklichung der →Europäischen Wirtschafts- und Währungsunion, zumal der →Europäischen Zentralbank auch Zuständigkeiten im Bereich der →Bankenaufsicht übertragen werden können und das →Europäische System der Zentralbanken (ESZB) zur reibungslosen Durchführung der nationalen →bankaufsichtlichen Maßnahmen beitragen soll (Art. 105 Abs. 5, 6 EG-Vertrag). Der Erlaß der Rechtsvorschriften geschieht insbesondere durch Richtlinien (des Rates der EU), die von den Mitgliedstaaten sodann in ihr nationales Recht umgesetzt werden müssen. Sie betreffen zum einen das → Europäische Bankenaufsichtsrecht (→Bankrechtskoordinierungs-Richtlinie, →Eigenmittel-Richtlinie, →Solvabilitäts-Richtlinie, → Großkredit-Richtlinie, →Konsolidierungs-Richtlinie, →Einlagensicherungs-Richtlinie; ferner →Kapitaladäquanz-Richtlinie). Eine notwendige Ergänzung hierzu bildeten die Rechtsakte zur Liberalisierung des Kapital- und Zahlungsverkehrs in der EG, die seit Anfang 1994 in ihrem Kern in Bestimmungen des EG-Vertrags (Art. 73 b ff.) eingegangen sind. Daneben wird die Angleichung des Bankbilanzrechts (→Bankbilanz-Richtlinie), des Wertpapierhandels- und →Börsenrechts (z.B. durch die EG-Prospektrichtlinie [→Wertpapier-Verkaufsprospektgesetz], und die → Wertpapierdienstleistungs-Richtlinie) sowie des Kapitalmarktrechts (→Hypothekarkredit-Richtlinie, →Pfandbrief-Richtlinie) vorangetrieben. Von Ausnahmen wie dem →Verbrau-

cherkredit (→ Verbraucherkreditgesetz) abgesehen, ist hingegen die Harmonisierung des Rechts der Bankdienstleistungen („Finanzprodukte"), also vor allem des Bankvertragsrechts und des Verbraucherschutzrechts, noch nicht weit gediehen (→ Verbraucherschutz im Kredit- und Versicherungswesen). Den verbindlichen Richtlinien sind des öfteren Empfehlungen vorausgegangen, etwa bei der → Einlagensicherung.

EG-Rechtsakte
Die Organe der → Europäischen Gemeinschaften bzw. → Europäischen Union können verschiedene Rechtsakte mit unterschiedlicher Bindungswirkung und unterschiedlichem Adressatenkreis erlassen. Die Ermächtigung dazu findet sich in den Gründungsverträgen (EGKS-Vertrag, EAG- und EWG-Vertrag).
Zu unterscheiden: (1) *Verordnungen* werden vom Rat (unter Beteiligung des Europäischen Parlaments) oder von der Kommission erlassen. Sie sind in allen Teilen verbindlich und in jedem Mitgliedstaat unmittelbar geltendes Recht, so daß sie für den einzelnen Marktbürger direkt Rechte und Pflichten begründen.
(2) *Richtlinien* des Rates oder der Kommission wenden sich an die Mitgliedstaaten und sind nur hinsichtlich der zu erreichenden Ziele verbindlich, so daß Form und Mittel der Umsetzung in nationales Recht dem einzelnen Mitgliedsland überlassen bleibt. Im Wege eines zweigestuften Rechtsetzungsverfahrens erlangen sie daher i. d. R. nur innerstaatliche Geltung, wenn sie in nationale Bestimmungen umgesetzt sind. Der Europäische Gerichtshof hat jedoch entschieden, daß auch Richtlinien bei entsprechend konkreter Fassung einklagbare Ansprüche dadurch begünstigter Marktbürger zu begründen vermögen, wenn sie ein Mitgliedstaat nicht rechtzeitig oder fehlerhaft umgesetzt hat. Demgegenüber bedarf die Auferlegung von Pflichten immer der einzelstaatlichen Regelung.
(3) *Empfehlungen* werden nach dem EGKS-Vertrag von der Kommission erlassen und entsprechen in ihrer Bindungswirkung den Richtlinien. Im Unterschied zu diesen können sie sich aber sowohl an die Mitgliedstaaten als auch Unternehmen bzw. Unternehmensverbände wenden. Im Rahmen des EAG- und des EWG-Vertrags stellen Empfehlungen demgegenüber nicht rechtsverbindliche Akte dar und gehen zuweilen einer Richtlinie voraus.
(4) *Entscheidungen* ergehen durch die Kommission und beziehen sich auf den Einzelfall; sie können sich an Mitgliedstaaten, Unternehmen und Einzelpersonen richten. In ihrer Rechtswirkung bezogen auf die staatliche Ebene entsprechen sie dem → Verwaltungsakt.

Keine Rechtsakte, sondern unverbindliche Meinungsäußerungen der Kommission oder anderer Organe sind die Stellungnahmen.

EG-Richtlinien, → EG-Rechtsakte, → Europäischer Bankenmarkt.

Ehe
Mit entsprechendem Bindungswillen eingegangene, staatlich anerkannte Lebensgemeinschaft zwischen Mann und Frau. Sie bringt auch für außenstehende Dritte, wie → Banken, bedeutsame Rechtswirkung mit sich.

Geschäftsfähigkeit der Ehegatten: Wird durch die Eheschließung nicht berührt (→ Geschäftsfähigkeit). Bei dem Vertragsschluß mit verheirateten ausländischen Kunden bemißt sich dies nach ihrem Heimatrecht (Art. 7 Abs. 1 EinführungsG zum BGB), so daß namentlich für Angehörige islamisch geprägter Staaten häufig die Zustimmung des Ehemanns einzuholen ist.

Vertretung des Ehegatten: Durch die Eheschließung erhalten die Ehegatten kein allgemeines gegenseitiges Vertretungsrecht, so daß regelmäßig hierfür eine → Vollmacht erforderlich ist (→ Stellvertretung). Lediglich für Geschäfte zur angemessenen Deckung des Lebensbedarfs besteht nach § 1357 eine gegenseitige → Schlüsselgewalt.

Vollstreckungsmaßnahmen gegenüber Ehegatten: Besitzt ein → Kreditinstitut eine titulierte Forderung (→ Vollstreckungstitel) nur gegenüber einem Ehegatten, ohne daß daraus auch der andere Ehegatte verpflichtet ist, so kann es nach §§ 1362 BGB, 739 ZPO alle beweglichen Sachen, sowie → Inhaberpapiere und blankoindossierte → Orderpapiere, die sich im gemeinschaftlichen Besitz der Ehegatten befinden, ohne Rücksicht auf die Eigentumsverhältnisse pfänden lassen. Sollten diese Sachen dem nicht verpflichteten Ehegatten gehören, muß er gegen die sachlich nicht gerechtfertigte

Ehevertrag

→Zwangsvollstreckung im Wege der →Drittwiderspruchsklage vorgehen.

Güterstände: Die wichtigsten Konsequenzen einer Eheschließung für Kreditinstitute ergeben sich aus den Besonderheiten der ehelichen →Güterstände, welche die Vermögensverhältnisse der Ehegatten regeln.

Ehevertrag

Vertrag zwischen den Eheleuten (→Ehe) über ihre güterrechtlichen Verhältnisse (→Güterstände), der zu seiner Formwirksamkeit der →notariellen Beurkundung bedarf (§§ 1408, 1410 BGB). Die dort getroffenen Vereinbarungen haben allerdings nur Wirkung gegenüber Dritten, z. B. einem →Kreditinstitut, wenn sie diesen bekannt sind, oder der E. im →Güterrechtsregister des zuständigen Amtsgerichts eingetragen worden ist (§ 1412 BGB). Öffentliche →Sparkassen brauchen solche Regelungen nach ihren →Allgemeinen Geschäftsbedingungen nur gegen sich gelten zu machen, wenn der verheiratete Kunde sie ihnen schriftlich angezeigt hat (Nr. 4 Abs. 1 AGB Sparkassen).

Ehreneintritt

Beim →Wechsel kann der →Aussteller sowie jeder →Indossant oder Wechselbürge (→Wechselbürgschaft) eine Person angeben, die im Notfall den Wechsel annehmen oder bezahlen soll (Art. 55–63 WG). Der E. erfolgt zugunsten eines bestimmten Rückgriffschuldners (→Wechselrückgriff) entweder als Ehrenannahme, die nur vor Verfall des Wechsels geleistet werden kann (Art. 56–58 WG), oder Ehrenzahlung, die auch nach →Fälligkeit des Wechsels möglich ist (Art. 59–60 WG). Der E. kommt in der Praxis kaum noch vor.

EIB

Abk. für →Europäische Investitionsbank.

Eidesstattliche Versicherung

Versicherung des →Schuldners über die Richtigkeit und Vollständigkeit eines nach § 807 ZPO vorzulegenden Vermögensverzeichnisses. Zu einer e. V. ist der Schuldner auf Antrag des →Gläubigers verpflichtet, falls eine →Pfändung erfolglos geblieben ist oder der Gläubiger glaubhaft machen kann, daß durch die eingeleitete Pfändung eine vollständige Befriedigung nicht zu erlangen ist. Die e. V. kann grundsätzlich durch Anordnung von Haft erzwungen werden (§ 901 ZPO). Nach Abgabe der e. V. oder nach Anordnung der Haft wird der Schuldner in ein beim Amtsgericht geführtes öffentliches →Schuldnerverzeichnis eingetragen. Die Eintragung ist nach Befriedigung des Gläubigers, sonst nach drei Jahren zu löschen (§ 915 a ZPO). Auskünfte, Abdrucke o. ä. dürfen nur für gesetzlich bestimmte Zwecke (§ 915 Abs. 2 ZPO) erteilt werden.

Eigenbetrieb

Form eines öffentlichen Unternehmens, in der Gemeinden kommunale Versorgungsaufgaben wahrnehmen (Elektrizitäts-, Gas- und Wasserwerke).

Gegensatz: →Regiebetrieb.

(→Unternehmensrechtsformen)

Eigendepot

Synonym für →Depot A.

Eigene Aktien

→Aktien, die sich im Eigentum der ausgebenden →Aktiengesellschaft befinden. Grundsätzlich darf eine AG e. A. nicht erwerben, weil dies für die Gesellschaft, für die →Gläubiger und für die →Aktionäre mit Gefahren verbunden sein kann. Der Erwerb e. A. bedeutet eine Rückgewähr von →Einlagen.

Ausnahmen sind nach § 71 Abs. 1 AktG unter bestimmten Voraussetzungen zulässig: (1) Wenn der Erwerb notwendig ist, um einen schweren, unmittelbar bevorstehenden Schaden von der Gesellschaft abzuwenden (z. B. außergewöhnlicher Kurssturz im Zusammenhang mit anderen, die Gesellschaft unmittelbar bedrohenden Ereignissen), (2) wenn die Aktien den →Arbeitnehmern der Gesellschaft oder den Arbeitnehmern eines mit ihr →verbundenen Unternehmens angeboten werden sollen (→Belegschaftsaktien), (3) wenn der Erwerb geschieht, um außenstehende →Minderheitsaktionäre eines →Konzerns (§ 305 Abs. 2 AktG) oder ausscheidende Aktionäre bei Eingliederung gemäß § 320 Abs. 5 AktG (→eingegliederte Gesellschaft) abzufinden, (4) wenn der Erwerb unentgeltlich geschieht (so z. B. in Familienunternehmen), (5) wenn eine Aktienbank mit dem Erwerb eigener Aktien eine →Einkaufskommission für ihre Kunden ausführt, (6) wenn der Erwerb durch →Gesamtrechtsnachfolge (z. B. bei →Fusion) erfolgt, (7) wenn der Erwerb aufgrund eines Beschlusses der →Hauptversammlung zwecks →Kapitalherabsetzung durch →Aktieneinziehung erfolgt. Umgehungsgeschäfte sollen durch die §§ 71a und 71d AktG verhindert werden. In den Fällen (1), (2), (4) und (5) ist der Erwerb e. A. nur zulässig, wenn die volle Einzahlung auf die Aktien geleistet ist. Aktien, die gemäß den unter Ziffer (1) bis (3) genannten Regelungen erworben werden, dürfen zusammen 10% des →Grundkapitals nicht übersteigen. Dabei sind nach § 71d AktG Anteile, die ein von der AG abhängiges oder ein in ihrem Mehrheitsbesitz stehendes Unternehmen von der herrschenden oder beteiligten Gesellschaft besitzt (verbundene Unternehmen), mit einzubeziehen. Der Erwerb e. A. ist auch nur zulässig, wenn die Gesellschaft eine Rücklage für eigene Aktien in Höhe des Bilanzwertes bildet (→Rücklagen für eigene Anteile). Aus e. A. stehen der Gesellschaft keine Rechte, wie z. B. →Stimmrechte und Recht auf →Dividende, zu (Ausnahme: →Bezugsrecht bei →Kapitalerhöhung aus Gesellschaftsmitteln).

Bilanzierung: E. A. sind in der →Bilanz gesondert auszuweisen. Für die Bewertung gilt das →Niederstwertprinzip (§ 253 HGB). Für e. A. hat die Gesellschaft im →Anhang Berichtspflicht.

Eigener Wechsel, →Solawechsel.

Eigenes Akzept (der Bank)
Entsteht im Zusammenhang mit der Gewährung von →Akzeptkredit. E. A. der Bank im Umlauf werden in der →Bankbilanz in der Passivposition „eigene Akzepte und Solawechsel" ausgewiesen. Erwirbt die kreditgebende Bank ihr e. A., erlischt ihre wechselrechtliche Verpflichtung. Bei der Berechnung der bankmäßigen Liquiditätskennzahlen sind e. A. nicht zu berücksichtigen.
(→Akzept)

Eigene Schuldverschreibungen
Unterposten c) zu Aktivposten-Nr. 5 in der Bankbilanz (→Aktivposten der Bankbilanz). Es werden selbst ausgegebene und danach zurückerworbene →Schuldverschreibungen, soweit sie börsenfähig sind, hier ausgewiesen. Zurückerworbene nichtbörsenfähige Schuldverschreibungen eigener →Emission sind von dem Unterposten a) zum Passivposten →„Verbriefte Verbindlichkeiten" abzusetzen. Eigene Schuldverschreibungen sind nach dem strengen →Niederstwertprinzip zu bewerten.

Eigenfinanzierung (der Kreditinstitute)
Form der →Finanzierung, bei der einer Bank oder Sparkasse →Eigenkapital im Wege der →Außenfinanzierung zugeführt wird (→Beteiligungsfinanzierung) oder bei der ein Kreditinstitut Eigenkapital im Wege der →Selbstfinanzierung (→Innenfinanzierung) bildet.

Beteiligungsfinanzierung: Externe Eigenfinanzierungsmöglichkeiten sind in erster Linie geeignet für →Aktienbanken (→Groß- und →Regionalbanken), da sie Zugang zu den →Wertpapiermärkten haben und →Aktien, →Genußscheine sowie →Wandelanleihen und →Optionsanleihen emittieren können. Aktienbanken haben dafür die Vorschriften der § 182 bis 221 AktG über Maßnahme der →Kapitalbeschaffung zu beachten. Externe Finanzierung ist wenig geeignet für Kreditinstitute in der Rechtsform der Einzelfirma, der OHG und der KG (→Privatbankiers) und auch wenig geeignet für Kreditinstitute in der Rechtsform der GmbH, da diesen Instituten kein organisierter Markt für Gesellschaftsanteile zur Verfügung steht. Ebenfalls kaum geeignet ist eine externe Finanzierung für →Sparkassen, da ihnen i. d. R. kein Dotationskapital zur Verfügung steht (Ersatz ist die →Gewährträgerhaftung und die →Anstaltslast). Eine Ausnahme bildet die Finanzierung über die Ausgabe von Genußscheinen. Kreditinstitute, die wenig oder keine Möglichkeiten einer Beteiligungsfinanzierung haben, sind in verstärktem Maße auf Selbstfinanzierung (interne Finanzierung) angewiesen.

Selbstfinanzierung: Die interne Finanzierung der Kreditinstitute kann offene Selbstfinanzierung oder stille Selbstfinanzierung sein. Bei offener Selbstfinanzierung werden die →Rücklagen der Kreditinstitute (oder des Geschäftskapitals von Privatbankiers) aus erwirtschafteten und nicht ausgeschütteten →Gewinnen erhöht (→Gewinnthesaurierung). Damit wird das bilanziell ausgewiesene →Eigenkapital verstärkt. Bei stiller Selbstfinanzierung werden →stille Reserven gebildet, d.h. das bilanziell nicht ausgewiesene Eigenkapital wird verstärkt. Rechtsgrundlagen waren bis Ende 1992 § 26a KWG (für Aktienbanken und Sparkassen), die §§ 253, 254 HGB (für Privatbankiers) und § 336 Abs. 2 HGB für →Kreditgenossenschaften. Nach Inkrafttreten des →Bankbilanzrichtlinien-Gesetzes sind auf

Eigengeschäfte

den →Jahresabschluß und den →Lagebericht für das nach dem 31.12.1992 beginnende Geschäftsjahr die Vorschriften des § 340 a–f HGB über Vorsorgereserven anzuwenden. Trotz der für Aktienbanken bestehenden Möglichkeiten zur Beteiligungsfinanzierung nutzen diese Institute den Weg, durch offene Selbstfinanzierung Eigenkapital zu bilden. Ihre Abhängigkeit vom →Kapitalmarkt setzt eine vorsichtige Gewinnausschüttungspolitik sowie eine stetig betriebene Verstärkung des Eigenkapitals im Wege der Rücklagenbildung voraus. Außerdem muß für Eigenkapital in Form von Rücklagen keine →Dividende aufgebracht werden. Ein weiterer Grund ist die durch das AktG vorgeschriebene Bildung einer →gesetzlichen Rücklage (→Rücklagen der Kreditinstitute).

Inwieweit ein Kreditinstitut offene Selbstfinanzierung betreibt, hängt neben verschiedenen Überlegungen (Gewinnausschüttungspolitik, Eigenkapitalverstärkung usw.) auch von der steuerlichen Belastung der einbehaltenen Gewinne ab, wobei in erster Linie die →Körperschaftsteuer bzw. die →Einkommensteuer sowie die Gewerbeertragsteuer (→Gewerbesteuer) von Bedeutung sind.

(→Finanzierung, →Eigenfinanzierung, →Eigenkapital der Kreditinstitute, →Haftendes Eigenkapital der Kreditinstitute, →Rücklagen der Kreditinstitute)

Eigengeschäfte

Geschäfte, die →Kreditinstitute für eigene Rechnung, aufgrund eigener Initiative oder der. Initiative anderer Kreditinstitute abschließen. I. d. R. sind es Geschäfte mit anderen Kreditinstituten oder der →Deutschen Bundesbank, ggf. auch mit →Kapitalsammelstellen oder mit großen, international operierenden Unternehmen des nichtfinanziellen Sektors. E. werden initiiert durch Ertragsüberlegungen, sie können der Absicherung oder Steuerung →bankbetrieblicher Risiken (→Treasurymanagement, →Risikomanagement) dienen, im Interesse des →Bilanzstrukturmanagements oder zur Erfüllung bankaufsichtsrechtlicher Vorschriften (KWG, →Eigenkapitalgrundsätze und →Liquiditätsgrundsätze) erfolgen. E. der Kreditinstitute sind Arbitragegeschäfte (→Arbitrage, →Arbitragehandel, →Arbitrage auf Futures- und Optionsmärkten), Kurssicherungsgeschäfte (→Hedging) bzw. Anlagegeschäfte auf →Devisenmärkten, →Geldmärkten und →Kapitalmärkten sowie auf Edelmetallmärkten. Zu den E. zählen auch der Erwerb und die Verwaltung von →Beteiligungen.

Eigenhandel

→Eigengeschäfte der Kreditinstitute (Geschäfte im eigenen Namen und für eigene Rechnung) mit →Effekten (→Effekteneigengeschäfte), →Geld (→Geldhandel) und →Devisen (→Devisenhandel). Das →Eigenhandelsergebnis im Sinne von § 340c Abs. 1 HGB wird im Posten „Nettoertrag oder Nettoaufwand aus Finanzgeschäften" in der →Gewinn- und Verlustrechnung ausgewiesen.

Eigenhandelsergebnis

→Saldo aus →Erträgen und →Aufwendungen aus Finanzgeschäften, der nach § 340c Abs. 1 HGB als Nettobetrag in der →Gewinn- und Verlustrechnung der Kreditinstitute auszuweisen ist. Der →Nettoertrag/Nettoaufwand aus Finanzgeschäften ist der Unterschiedsbetrag der Erträge und Aufwendungen aus Geschäften mit →Wertpapieren des Handelsbestandes, bestimmten Finanzinstrumenten (→Futures, →Optionen, →Swaps usw.), →Devisen und Edelmetallen sowie der Erträge aus Zuschreibungen und der Aufwendungen aus →Abschreibungen sowie der Aufwendungen für die Bildung von →Rückstellungen für drohende Verluste aus schwebenden Finanzgeschäften und der Erträge aus der Auflösung dieser Rückstellungen.

(→Betriebsergebnis der Kreditinstitute)

Eigenhandelsgeschäft

→Eigengeschäft von →Kreditinstituten oder →Wertpapierhäusern („Wertpapierdienstleistungsunternehmen" gemäß § 1 Abs. 1 WpHG), dessen Gegenstand die Anschaffung und Veräußerung von →Wertpapieren und →derivativen (Finanz-)Instrumenten für andere ist (→Effektengeschäft, →Effekteneigengeschäft). Hierfür gelten nach § 32 WpHG spezifische Wohlverhaltensregeln.

Gegensatz: Kommissionsgeschäft (→Kommissionsgeschäfte der Kreditinstitute).

Eigenkapital

Auf der Passivseite der →Bilanz ausgewiesenes →Kapital der Eigentümer einer Unternehmung. Das E. umfaßt die Mittel, die die Eigentümer dem Unternehmen zur Ver-

Eigenkapitaldeckung des Anlagevermögens

fügung gestellt haben (in Form der → Beteiligungsfinanzierung bei Gesellschaftsunternehmungen) oder der Unternehmung durch Verzicht auf Gewinnausschüttungen belassen haben (→ Selbstfinanzierung). Im Gegensatz zum → Fremdkapital, bei dem die Kapitalgeber einen Anspruch auf → Zinsen haben, gewährt das E. bestimmte Herrschaftsrechte, wie z. B. den Anspruch auf Teilhabe am → Gewinn, bzw. bestimmte Pflichten, wie z. B. die Pflicht zur Übernahme von Verlusten.

Zu unterscheiden sind das nominelle E. (Nominalkapital) und das tatsächlich vorhandene E., auch als → Haftungskapital bezeichnet. Nominelles E. ist das in der Bilanz ausgewiesene → Grundkapital der AG, → Stammkapital der GmbH und das → Geschäftsguthaben der → Genossenschaft. Das Haftungskapital als Gesamteigenkapital ist die Summe aus Nominalkapital und → Rücklagen.

Eigenkapital in der Bilanz: E. in der Bilanz bezeichnet die Differenz zwischen → Vermögen und Schulden. Bei Überschuß des Vermögens wird es als Reinvermögen bezeichnet. Sind die Verbindlichkeiten größer als das Vermögen, liegt ein negatives E. vor (→ Überschuldung). Bei → Kapitalgesellschaften ist Überschuldung ein Konkursgrund. Das nominelle E. wird in den Bilanzen der verschiedenen → Unternehmensrechtsformen mit unterschiedlichen Bezeichnungen angegeben. Kapitalgesellschaften müssen nach § 272 Abs. 1 HGB das Grundkapital (AG, KGaA) bzw. das → Stammkapital (GmbH) als → gezeichnetes Kapital in der Bilanz ausweisen.

In der Bilanz einer Kapitalgesellschaft ist nach dem → Bilanzschema der Kapitalgesellschaft (§ 266 Abs. 3 HGB) die Gruppenposition E. auf der Passivseite mit folgenden Positionen auszuweisen: Gezeichnetes Kapital, → Kapitalrücklage, → Gewinnrücklagen (mit weiterer Aufgliederung), → Gewinnvortrag, → Verlustvortrag, → Jahresüberschuß, → Jahresfehlbetrag. Das in § 266 Abs. 2 und 3 HGB für Kapitalgesellschaften vorgeschriebene Bilanzschema geht von der Aufstellung der Bilanz vor Gewinnverwendung aus. Wird der Jahresabschluß nach teilweiser oder vollständiger Ergebnisverwendung aufgeführt, tritt an die Stelle des Jahresüberschusses und des Gewinnvortrags der Posten → Bilanzgewinn. Ein vorhandener Gewinnvortrag ist in den Posten „Bilanzgewinn/Bilanzverlust" einzubeziehen und in der Bilanz oder im → Anhang gesondert anzugeben (§ 268 Abs. 1 Satz 2 HGB). Wird die Bilanz unter Berücksichtigung der teilweisen oder vollständigen Verwendung des → Jahresergebnisses aufgestellt, so sind Entnahmen aus Gewinnrücklagen sowie Einstellungen in Gewinnrücklagen bereits bei Aufstellung der Bilanz zu berücksichtigen (§ 270 Abs. 1 HGB). Ist das E. einer Kapitalgesellschaft durch Verluste aufgebraucht und ergibt sich ein Überschuß der Passivposten über die Aktivposten, so ist dieser Betrag am Schluß der Bilanz auf der Aktivseite gesondert unter der Bezeichnung „Nicht durch E. gedeckter Fehlbetrag" auszuweisen (§ 268 Abs. 3 HGB).

(→ Kapital, → Finanzierung, → Eigenkapital der Kreditinstitute, → Rücklagen)

Eigenkapitalausstattung von Kreditinstituten

→ Haftendes Eigenkapital der Kreditinstitute, das bei → Erlaubniserteilung für Kreditinstitute durch das → Bundesaufsichtsamt für das Kreditwesen gemäß § 33 Abs. 1 Nr. 1 KWG bzw. nach bestimmten Spezialgesetzen (HypBankG, SchiffsbankG) gefordert wird bzw. nach Aufnahme des Geschäftsbetriebs nach den → Eigenkapitalgrundsätzen (→ Grundsätze über das Eigenkapital und die Liquidität der Kreditinstitute) verlangt wird.

Kreditinstitutsgruppen: Gruppenangehörige Kreditinstitute müssen insgesamt ein angemessenes haftendes Eigenkapital haben (§ 10a Abs. 1 KWG, → Kreditinstitutsgruppen i. S. des KWG). § 10 KWG über die Eigenkapitalausstattung einzelner Kreditinstitute gilt entsprechend.

Eigenkapitaldeckung des Anlagevermögens bei Kreditinstituten

Die Anlagen eines → Kreditinstituts in → Grundstücken, Gebäuden, Betriebs- und Geschäftsausstattung, → Schiffen, Anteilen an Kreditinstituten und an sonstigen Unternehmen sowie in → Forderungen aus Vermögenseinlagen als stiller Gesellschafter, aus → Genußrechten und aus → nachrangigen Verbindlichkeiten nach § 10 Abs. 5a KWG (→ Ergänzungskapital) an andere Kreditinstitute ohne die nach § 10 Abs. 6a Satz 1 Nr. 4 oder 5 KWG vom → haftenden Eigenkapital der Kreditinstitute abzuzie-

Eigenkapital der Kreditinstitute

henden Anlagen dürfen, nach den Buchwerten gerechnet, zusammen das haftende Eigenkapital nicht übersteigen. § 12 Abs. 1 KWG liegt die Vorstellung zugrunde, daß schwer veräußerbare Anlagen durch Eigenkapital der Bank gedeckt sein sollen. Einbezogen wird jeglicher, unmittelbarer wie mittelbarer Anteilsbesitz. Bei Nichtbanken („sonstigen Unternehmen") geschieht dies aber nur, wenn der Anteilsbesitz 10% des Kapitals des Unternehmens übersteigt (§ 12 Abs. 2 Nr. 1 KWG).

Ausgenommen von der Anlagenbegrenzung sind ferner folgende Aktivwerte: (1) Ein → Handelsbestand an Wertpapieren (zum Eigenhandel und zur → Kurspflege bestimmt) bis zu 5% des Kapitals eines Unternehmens, wenn dieser vom übrigen Anteilsbesitz getrennt erfaßt und verwaltet wird. (Das Dienstleistungsangebot der Banken soll nicht eingeschränkt werden.) (2) Anteilsrechte, die dem → Paketbesitz dienen (im eigenen Namen für Rechnung eines Dritten erworben), solange das Kreditinstitut sie nicht länger als zwei Jahre behält. (3) „Rettungserwerb" (zur Verhütung von Verlusten im → Kreditgeschäft) von Grundstücken, Gebäuden, Schiffen und Unternehmensanteilen, solange das Kreditinstitut sie nicht länger als fünf Jahre behält (nach Fristablauf gilt die schwere Veräußerbarkeit als erwiesen). (4) Die warengeschäftliche Betriebs- und Geschäftsausstattung der → Kreditgenossenschaften (§ 1 Abs. 1 Nr. 1 GenG), weil auf die in diesem Bereich gewachsenen Strukturen Rücksicht genommen wird. Nicht erfaßt werden die von einer Bank als Leasinggeber bilanzierten Leasinggegenstände, es sei denn, es handelt sich um Grundstücke bzw. Gebäude. Der Gesetzgeber wollte das Leasinggeschäft der Banken (→ Leasing) nicht erschweren. Leasinggeschäfte werden jedoch vom → Kreditbegriff des KWG erfaßt. Das → Bundesaufsichtsamt für das Kreditwesen kann auf Antrag vorübergehende Abweichungen (i.d.R. für höchstens fünf Jahre) zulassen (§ 12 Abs. 3 KWG).

Die Bestimmungen des § 12 KWG und deren bankaufsichtliche Auslegung lassen nicht eindeutig darauf schließen, ob die Finanzierungs- bzw. ob die Haftungsfunktion des Eigenkapitals angesprochen wird. Einerseits kann im § 12 KWG eine den → Liquiditätsgrundsatz II ergänzende Fristenkongruenzregel gesehen werden, andererseits wird dem besonderen Risiko schwer veräußerbarer Anlagen Rechnung getragen, so daß eine Risikobegrenzungsregel (Solvabilitätsregel) vorläge. Der → Haftsummenzuschlag bei Kreditgenossenschaften bleibt jedenfalls außer Betracht.

Ergänzende Regeln für den Anteilsbesitz von Kreditinstituten enthält seit 1993 § 12 Abs. 5 KWG; Übergangsfristen für die Anlagenbegrenzungen bei bestehenden Unternehmen legt § 64a KWG fest. Neu sind die Obergrenzen für → bedeutende Beteiligungen i.S. des KWG, die durch die Zweite → Bankrechts-Koordinierungsrichtlinie veranlaßt wurden. Hiernach darf der Nennbetrag einer Beteiligung im Einzelfall 15%, zusammen 60% des haftenden Eigenkapitals des Kreditinstituts nicht übersteigen. Angerechnet werden aber zum einen nur Anteile an Unternehmen, die weder Kreditinstitut, → Finanzinstitut i.S. des KWG noch Versicherungsunternehmen sind, noch Hilfsgeschäfte für die betroffene Bank betreiben. Ausgespart bleiben auch diejenigen Beteiligungen, die nicht dazu bestimmt sind, durch die Herstellung einer dauernden Verbindung dem eigenen Geschäftsbetrieb zu dienen; die Begrenzung erfaßt so nur → Finanzanlagen. Einem Kreditinstitut ist es ferner möglich, den jeweils höheren Überschreitungsbetrag durch haftendes Eigenkapital abzudecken; damit wird dem bankaufsichtlichen Interesse Genüge getan, ausreichende → Liquidität sicherzustellen. Durch § 12 Abs. 5 Satz 5 KWG wird freilich ausgeschlossen, daß solch zusätzliches haftendes Eigenkapital zu erweiterten Spielräumen in den Grundsätzen I und Ia (→ Eigenkapitalgrundsätze) führt.

(→ Bankenaufsicht)

Eigenkapital der Kreditinstitute
Begriff: Die von den Eigentümern der Unternehmung aufgebrachten, ihnen gehörenden Mittel. Es stellt den Überschuß des → Vermögens (Aktiva) über die → Schulden (Passiva) dar. Überdecken die Schulden das Vermögen, spricht man auch von negativem E.d.K. Es besteht aus dem Nominalkapital (nominelles Eigenkapital) und den → Rücklagen mit Eigenkapitalcharakter (versteuerte Rücklagen). Es kann danach eingeteilt werden, ob es voll oder teilweise eingezahlt ist. Eine gesetzliche Begriffsbestimmung ist im § 10 KWG als → haftendes Eigenkapital der Kreditinstitute zu finden. Nach § 10 Abs. 1

Eigenkapital der Kreditinstitute

KWG heißt es dazu, daß die → Kreditinstitute im Interesse der Erfüllung ihrer Verpflichtungen gegenüber ihren → Gläubigern, insbes. zur Sicherheit der ihnen anvertrauten Vermögenswerte, ein angemessenes haftendes Eigenkapital haben sollen. Das → Bundesaufsichtsamt für das Kreditwesen (BAK) stellt dabei im Einvernehmen mit der → Deutschen Bundesbank entsprechende Grundsätze auf, wobei zuvor die → Spitzenverbände der deutschen Kreditwirtschaft anzuhören sind. Nach § 10 Abs. 2 KWG sind als haftendes Eigenkapital anzusehen:
(1) bei Einzelkaufleuten das Geschäftskapital und (unter bestimmten in dem Gesetz beschriebenen Voraussetzungen) die Rücklagen sowie bei der OHG und der KG nur das eingezahlte Geschäftskapital;
(2) bei der AG, KGaA und der GmbH das eingezahlte → Grund- oder → Stammkapital und die Rücklagen (unter bestimmten in dem Gesetz beschriebenen Voraussetzungen);
(3) bei eingetragenen → Genossenschaften die → Geschäftsguthaben und die Rücklagen (unter bestimmten in dem Gesetz beschriebenen Voraussetzungen);
(4) bei → öffentlich-rechtlichen Sparkassen sowie Sparkassen des privaten Rechts, die als öffentliche Sparkasse anerkannt sind, die Rücklagen;
(5) bei Kreditinstituten des öffentlichen Rechts, die nicht unter Nummer 4 erfaßt sind, das eingezahlte → Dotationskapital und die Rücklagen;
(6) bei Kreditinstituten in einer anderen Rechtsform das eingezahlte Kapital und die Rücklagen.
Generell ist dem haftenden Eigenkapital laut § 10 Abs. 3 KWG der Reingewinn zuzurechnen, soweit seine Zuweisung zum Geschäftskapital, zu den Rücklagen oder den Geschäftsguthaben beschlossen ist. Vermögenseinlagen stiller Gesellschafter sind dem haftenden Eigenkapital nach den unter § 10 Abs. 4 KWG festgelegten Bestimmungen zuzurechnen. Dem haftenden Eigenkapital können nach den im § 10 Abs. 4a KWG festgeschriebenen Voraussetzungen ferner Vorsorgereserven nach § 340 f HGB, Sonderposten für allgemeine Bankrisiken nach § 340 g HGB, Aktien, nicht realisierte Reserven und Rücklagen nach § 6 b EStG hinzugefügt werden. § 10 Abs. 4 b KWG regelt die Ermittlung des → Beleihungswertes von Grundstücken, grundstücksgleichen Rechten und Gebäuden und § 10 Abs. 4 c KWG den Kurswert der notierten → Wertpapiere. Kapital, das gegen Gewährung von → Genußrechten oder das aufgrund der Eingehung → nachrangiger Verbindlichkeiten eingezahlt ist, zählt nur unter den Voraussetzungen des § 10 Abs. 5 und 5 a KWG zum haftenden Eigenkapital.
Abzuziehen vom haftenden Eigenkapital sind dagegen (wobei die Bestimmungen des § 10 Abs. 6 a KWG zu berücksichtigen sind) Verluste, → immaterielle Vermögenswerte, 3 Prozent des Gesamtbetrages der jeweiligen → Emission in Wertpapieren verbriefter eigener Genußrechte und nachrangiger Verbindlichkeiten (Marktpflegepositionen) sowie bestimmte Beteiligungen, → Forderungen aus nachrangigen Verbindlichkeiten und Genußrechten sowie → Vorzugsaktien.
Maßgebend für die Bemessung des haftenden Eigenkapitals ist die letzte für den Schluß eines → Geschäftsjahres festgestellte → Bilanz.

Funktionen: (1) Begrenzung des Geschäftsvolumens (Bremsfunktion) bedeutet, daß bestimmte → Bankgeschäfte nur bis zu einer festgelegten Grenze, die abhängig vom Eigenkapital formuliert ist, zulässig sind. Als derartige Linie sind zu nennen die gemäß § 10 KWG erlassenen → Grundsätze über das Eigenkapital und die Liquidität der Kreditinstitute, dann § 7 HypBankG, in dem der Pfandbriefumlauf auf den sechzigfachen Betrag des haftenden Eigenkapitals beschränkt wird, und auch § 13 KWG (→ Großkredite), wonach alle Großkredite zusammen das Achtfache und der einzelne Großkredit 50 Prozent des haftenden Eigenkapitals nicht übersteigen darf. (2) Garantie- oder Haftungsfunktion sagt aus, daß Eigenkapital dem Einlegerschutz und auch zum Auffangen von Verlusten dienen soll. (3) Funktion der Schaffung von Vertrauen (Werbe- und Repräsentationsfunktion) beinhaltet, daß über die Höhe des Eigenkapitals z. B. in Relation zur Bilanzsumme oder zum → Geschäftsvolumen Schlüsse auf die Qualität des Kreditinstituts möglich sind. Danach kann einem Institut mit relativ hohem Eigenkapital mehr Vertrauen entgegengebracht werden als einem Kreditinstitut mit einem relativ niedrigen Eigenkapital. Es ist darauf hinzuweisen, daß das Eigenkapital nur ein Faktor unter mehreren ist, um Vertrauen zu werben. (4) Funktion der Errichtungsgrundlage besagt, daß ausreichende haftende Eigenmittel zur Gründung eines

Eigenkapital der Kreditinstitute

Eigenkapital der Kreditinstitute – Arten

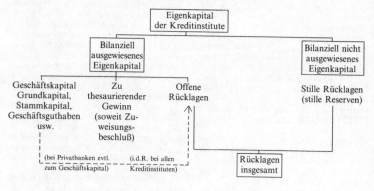

Eigenkapitel der Kreditinstitute – Bilanzposten

Kreditinstitute in der Rechtsform der AG, KGaA und GmbH	Genossenschaften	Sparkassen
Genußrechtskapital	Genußrechtskapital	Genußrechtskapital
Gezeichnetes Kapital	Geschäftsguthaben + Einlagen stiller Gesellschafter	Einlagen stiller Gesellschafter
Kapitalrücklage	Kapitalrücklage	–
Gewinnrücklagen – Gesetzliche Rücklage (bei AG und KGaA) – Rücklagen für eigene Anteile – Satzungsmäßige Rücklagen – Andere Gewinnrücklagen	Ergebnisrücklagen – Gesetzliche Rücklage – Andere Ergebnisrücklagen	Gewinnrücklagen – Sicherheitsrücklage – Andere Rücklagen

Kreditinstituts nachweisbar vorhanden sein müssen. Vgl. hierzu § 33 KWG, § 2 SchiffsBG, § 2 HypBG. Das BAK beurteilt im Einzelfall, ob die Eigenmittel ausreichend sind zur Erteilung der Erlaubnis, Bankgeschäfte zu betreiben (→ Erlaubniserteilung für Kreditinstitute. (5) Finanzierungsfunktion sagt aus, daß Eigenmittel in Vermögensteile investiert werden können, die dauernd im Geschäftsbetrieb verbleiben sollen. Vgl. § 12 KWG: Anlagen in Grundbesitz, Anteilsbesitz, Forderungen aus Vermögenseinlagen als stille Gesellschafter und aus Genußrechten, → Anlagevorschriften des KWG für Kreditinstitute. (6) Funktion des intertemporären Verlustausgleichs ist im Hinblick auf eine Politik der Dividendenkontinuität notwendige Funktion. Die tatsächlichen Schwankungen des Jahreserfolges können durch Bildung oder Auflösung → stiller Reserven mehr oder minder ausgeglichen werden, so daß sie im veröffentlichten Jahresabschlußbericht nicht im vollen Umfang in Erscheinung treten müssen. Die stillen Reserven sind als für Unternehmensfremde nicht sichtbares Eigenkapital zu verstehen. Sie sind im Bankgewerbe zur Stärkung und Erhaltung des Vertrauens

Eigenkapital der Kreditinstitute

Eigenkapital der Kreditinstitute – Funktionen

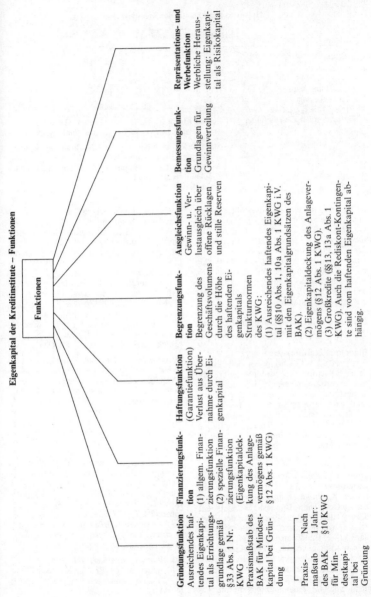

Funktionen

- **Gründungfunktion**
  Ausreichendes haftendes Eigenkapital als Errichtungsgrundlage gemäß §33 Abs. 1 Nr. KWG
  Praxismaßstab des BAK für Mindestkapital bei Gründung
  - Praxismaßstab des BAK für Mindestkapital bei Gründung
  - Nach 1 Jahr: §10 KWG

- **Finanzierungsfunktion**
  (1) allgem. Finanzierungsfunktion
  (2) spezielle Finanzierungsfunktion (Eigenkapitaldeckung des Anlagevermögens gemäß §12 Abs. 1 KWG)

- **Haftungsfunktion**
  (Garantiefunktion)
  Verlust aus Übernahme durch Eigenkapital

- **Begrenzungsfunktion**
  Begrenzung des Geschäftsvolumens durch die Höhe des haftenden Eigenkapitals
  Strukturnormen des KWG:
  (1) Ausreichendes haftendes Eigenkapital (§§10 Abs. 1, 10a Abs. 1 KWG i.V. mit den Eigenkapitalgrundsätzen des BAK).
  (2) Eigenkapitaldeckung des Anlagevermögens (§12 Abs. 1 KWG).
  (3) Großkredite (§§13, 13a Abs. 1 KWG). Auch die Rediskont-Kontingente sind vom haftenden Eigenkapital abhängig.

- **Ausgleichsfunktion**
  Gewinn- u. Verlustausgleich über offene Rücklagen und stille Reserven

- **Bemessungsfunktion**
  Grundlagen für Gewinnverteilung

- **Repräsentations- und Werbefunktion**
  Werbliche Herausstellung; Eigenkapital als Risikokapital

Eigenkapitalersetzendes Gesellschafterdarlehen

Haftendes Eigenkapital der Kreditinstitute

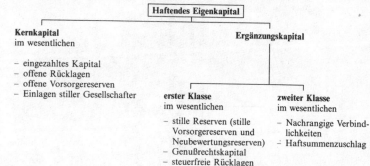

besonders wichtig. Deshalb ist ihre Legung und Auflösung vom Gesetzgeber begünstigt worden (→ Bankbilanz). (7) Funktion der Gewinnverteilungsbasis ist eine rein rechnerische Funktion. Der erwirtschaftete Gewinn wird in einen einzubehaltenden und in einen auszuschüttenden Teil gespalten. Der auszuschüttende Gewinn wird meist nach den Kapitalanteilen der Eigenkapitalinhaber am Nominalkapital verteilt.

Eigenkapitalersetzendes Gesellschafterdarlehen, → kapitalersetzendes Darlehen.

Eigenkapitalgrundsätze
§ 10 Abs. 1 KWG schreibt vor, daß das einzelne → Kreditinstitut zur Sicherheit für die ihm anvertrauten Vermögenswerte ein angemessenes haftendes Eigenkapital haben muß, und definiert in Abs. 2 bis 7 diese Größe, die sich aus den Bestandteilen → Kernkapital und → Ergänzungskapital zusammensetzt (→ Haftendes Eigenkapital der Kreditinstitute). Was angemessen ist, also die Höhe der Unterlegung mit Eigenmitteln und die Gewichtung der → Risikoaktiva, beurteilt sich dann (für den Regelfall) nach Grundsätzen, die das → Bundesaufsichtsamt für das Kreditwesen im Einvernehmen mit der → Deutschen Bundesbank nach Anhörung der → Spitzenverbände der deutschen Kreditwirtschaft aufstellt. Sie werden im → Bundesanzeiger veröffentlicht (→ Grundsätze über das Eigenkapital und die Liquidität der Kreditinstitute). Die E. (I und Ia) beziehen sich in erster Linie auf die Haftungs- und Garantiefunktionen und nicht auf die Finanzierungsfunktion des → Eigenkapitals. Sie stellen Risikobegrenzungsregeln auf und werden so auch als Risiko- bzw. Sicherheitsgrundsätze bezeichnet. → Grundsatz I gilt nicht nur für einzelne Kreditinstitute, sondern auch für → Kreditinstitutsgruppen i. S. des KWG. Die Grundsätze I und Ia gelten seit 1.1.1993 nicht mehr für Zweigstellen aus anderen EG-Mitgliedstaaten, die den → Europäischen Paß besitzen, da die Eigenkapitalausstattung dieser Zweigstellen von der Aufsichtsbehörde des Sitzlandes überwacht wird. Sie gelten aber weiterhin für Zweigstellen von Banken aus Drittstaaten (§ 53 KWG).

1. *Grundsatz I:* Nach der zusammen mit der Vierten Novelle zum → Kreditwesengesetz Anfang 1993 in Kraft getretenen Neufassung des Grundsatzes I ist der → Solvabilitätskoeffizient auf mindestens 8% festgelegt worden, d. h. die Risikoaktiva eines Kreditinstituts werden auf höchstens das 12,5fache des haftenden Eigenkapitals begrenzt (gegenüber dem früheren 18fachen). Umfaßt von dieser Relation werden nicht nur Bilanzaktiva, sondern auch außerbilanzielle Geschäfte (→ bilanzunwirksame Geschäfte) einschl. Finanz-Swaps (→ Währungsswap, → Zinsswap), → Finanz-Termingeschäfte (→ Termingeschäfte) und Optionsrechte (→ Optionen), also die gesamten → Adressenausfallrisiken. Nicht betroffen werden nur → Wertpapiersammelbanken und → Kapitalanlagegesellschaften.

a) *Bilanzaktiva:* Hierzu zählen
- Guthaben bei → Zentralnotenbanken und → Postgiroämtern (→ Deutsche Postbank AG),

Eigenkapitalgrundsätze

- Schuldtitel öffentlicher Stellen und →Wechsel, die zur →Refinanzierung bei Zentralnotenbanken zugelassen sind,
- im Einzug befindliche Werte, für die entsprechende Zahlungen bereits bevorschußt wurden,
- →Forderungen an Kreditinstitute und an Kunden (einschl. der Warenforderungen von Banken mit Warengeschäft),
- →Schuldverschreibungen, →Aktien und andere →festverzinsliche Wertpapiere, soweit sie keine Rechte aus Finanz-Termingeschäften und Optionsrechte verbriefen,
- Warenbestand von →Kreditgenossenschaften, die das Warengeschäft betreiben,
- →Beteiligungen,
- →Anteile an verbundenen Unternehmen,
- →Sachanlagen,
- Gegenstände, über die ein Kreditinstitut oder ein als nachgeordnetes Kreditinstitut geltendes ausländisches Unternehmen als Leasinggeber Leasingverträge (→Leasing) abgeschlossen hat,
- sonstige Vermögensgegenstände,
- →Rechnungsabgrenzungsposten.

Risikogewichtung: Regelmäßig sind – außer im Einzug befindliche Werte (20%) – Bilanzaktiva mit 100% ihrer Bemessungsgrundlage, d.h. ihres Buchwerts abzüglich der passiven Rechnungsabgrenzungsposten aus Gebührenabgrenzung, anzurechnen. Dabei bleiben lediglich solche Aktiva unberücksichtigt, die nach § 10 Abs. 6a KWG vom haftenden Eigenkapital abzuziehen sind. Praktisch bedeutsam sind jedoch die verschiedenen Stufen niedrigerer Gewichtung (0, 10, 20, 50 und 70%).

(1) Mit 0% gewichtet werden:
- Risikoaktiva, deren Erfüllung entweder geschuldet oder ausdrücklich gewährleistet wird
 vom Bund, einem seiner →Sondervermögen, einem Bundesland, einer Gemeinde oder einem Gemeindeverband (Kreis) im Inland, einer ausländischen Zentralregierung oder Zentralnotenbank der „Zone A", d.h. aller EG-Mitgliedstaaten und aller anderen Vollmitglieder der OECD sowie der Länder, die mit dem →Internationalen Währungsfonds besondere Kreditabkommen im Zusammenhang mit dessen Allgemeinen Kreditvereinbarungen (General Agreements to Borrow, GAB) getroffen haben (z. Z. nur Saudi-Arabien),
 oder von einer ausländischen Zentralregierung oder Zentralnotenbank der „Zone B", d.h. der Definition der →Solvabilitäts-Richtlinie zufolge aller übrigen Staaten, sofern die Risikoaktiva auf die Währung des jeweiligen →Schuldners oder →Emittenten lauten und in dieser finanziert sind,
 oder von einer Regionalregierung oder örtlichen Gebietskörperschaft (z. B. Gemeinde) in einem anderen EG-Mitgliedstaat, wenn derartige Risikoaktiva in diesem Staat nicht berücksichtigt werden, er die Kommission der EG hierüber unterrichtet und die Kommission diesen Umstand bekannt gemacht hat,
 sowie Risikoaktiva, deren Erfüllung von der EG geschuldet wird. Ferner sind nicht zu berücksichtigen Risikoaktiva, soweit ihre Erfüllung nachweislich gesichert ist durch Sicherheiten in Form von
- Wertpapieren einer Zentralregierung oder Zentralnotenbank der „Zone A" oder der EG,
- Einlagenzertifikaten (→Certificate of Deposit) oder ähnlichen Papieren, die von dem kreditgewährenden Institut ausgegeben wurden und bei diesem hinterlegt sind,
- Bareinlagen bei dem kreditgewährenden Institut.

(2) Mit 10% zu berücksichtigen sind:
- vor dem 1.1.1998 begebene Schuldverschreibungen mit einer Deckung, die nach den Vorschriften des →Hypothekenbankgesetzes, des →Schiffsbankgesetzes oder des Gesetzes über die Pfandbriefe und verwandten Schuldverschreibungen öffentlich-rechtlicher Kreditanstalten (→Pfandbriefgesetz) zu bilden ist. Bei späterer Begebung gilt dann ein Satz von 20%.

(3) Mit 20% des Buchwertes anzusetzen sind:
- Risikoaktiva, deren Erfüllung entweder geschuldet oder ausdrücklich gewährleistet wird
  - von einer inländischen →juristischen Person des öffentlichen Rechts, die keine Erwerbszwecke verfolgt, oder einem Unternehmen ohne Erwerbscharakter in deren Besitz,
  - von einer ausländischen Regionalregierung oder örtlichen Gebietskörper-

Eigenkapitalgrundsätze

schaft der Zone A, soweit für sie nicht der Satz von 0% gilt,
- von der → Europäischen Investitionsbank,
- von multilateralen Entwicklungsbanken (→ Weltbank, → Internationale Finanz-Corporation, → Interamerikanische Entwicklungsbank, → Asiatische Entwicklungsbank, → Afrikanische Entwicklungsbank, → Karibische Entwicklungsbank, Nordische Investitionsbank, Wiedereingliederungsfonds des Europarats, Europäische Bank für Wiederaufbau und Entwicklung [EBWE]),
- von einem inländischen Kreditinstitut (einschl. einer Zweigstelle gem. § 53 KWG) und von ausländischen Kreditinstituten der „Zone A", sofern die Risikoaktiva bei dem Institut nicht Eigenmittel im Sinne der → Eigenmittel-Richtlinie darstellen, sowie von sonstigen ausländischen Kreditinstituten (der „Zone B"), sofern die Ursprungslaufzeit der Risikoaktiva ein Jahr nicht übersteigt und soweit es sich nicht um Eigenmittel handelt.

Der Gewichtungsfaktor 20 gilt ferner für:
- Risikoaktiva, soweit deren Erfüllung nachweislich gesichert ist durch Sicherheiten in Form von
  Wertpapieren der Europäischen Investitionsbank, einer multilateralen Entwicklungsbank, einer Regionalregierung oder örtlichen Gebietskörperschaft der „Zone A",

oder Bareinlagen, die bei einem anderen Kreditinstitut der „Zone A" als dem kreditgebenden Institut hinterlegt worden sind,

oder Einlagenzertifikaten oder ähnlichen Papieren eines anderen Kreditinstituts der „Zone" als dem kreditgebenden Institut.

(4) Mit 50% zu berücksichtigen sind:
- bis zum 1.1.1996 Ausleihungen, die den Erfordernissen des § 12 Abs. 1 und 2 HypBankG entsprechen (→ Realkredite), soweit sie 60% des Wertes des → Grundstücks nicht übersteigen (→ Beleihungswert bei langfristigen Krediten); danach Ausleihungen, die durch → Grundpfandrechte auf → Wohnungseigentum, das von dem Kreditnehmer gegenwärtig oder künftig selbst genutzt oder vermietet wird, gesichert sind und den Erfordernissen des § 12 Abs. 1 und 2 HypBankG entsprechen, soweit sie 60% des Grundstückswertes nicht übersteigen,
- Rechnungsabgrenzungsposten, wenn der Schuldner, an den die Forderung gerichtet ist, nicht bestimmt werden kann.

(5) Der Faktor 70 gilt für Forderungen aus Krediten der → Bausparkassen an Bausparer, die nicht wegen der Adresse des Schuldners überhaupt nicht (v.a. die → öffentliche Hand) oder nur mit 20% (insbes. Kreditinstitute) zu berücksichtigen sind, bei
- Bauspardarlehen aus Zuteilungen (einschließlich der Ausleihungen bei Realkrediten),
- Darlehen zur → Vorfinanzierung und Zwischenfinanzierung (Bausparfinanzierung) von Leistungen der Bausparkassen auf → Bausparverträge ihrer Bausparer, wenn mindestens 60% dieser Darlehen unter Einhaltung der Beleihungsgrenze gem. § 7 Abs. 1 Satz 3 BauSpkG grundpfandrechtlich gesichert sind.

Die wesentlichste Änderung der Neufassung des Grundsatzes I (Fassung 1993) besteht dabei darin, daß die bisherige Inlandspräferierung durch günstige Gewichtungen für die „Zone A", d.h. die OECD-Mitgliedstaaten, ersetzt wurde.

b) *Außerbilanzielle Geschäfte:* Anders als bei Bilanzaktiva blieben die Regeln hierfür im Grundsatz I bei dessen Neufassung 1993 weithin unverändert, da diesbezügliche Bestimmungen bereits 1990 nach Maßgabe der Solvabilitäts-Richtlinie eingefügt worden waren. Auch bilanzunwirksame Geschäfte sind in vier Risikoklassen eingeteilt, und ihre Bemessungsgrundlage bildet wie bei Bilanzaktiva der Buchwert.

(1) Zunächst sind mit 100% anzurechnen
- den Kreditnehmern abgerechnete eigene Ziehungen im Umlauf,
- Indossamentsverbindlichkeiten aus weitergegebenen → Wechseln,
- → Bürgschaften und → Garantien für Bilanzaktiva (→ Aktiva),
- Bestellung von Sicherheiten für fremde Verbindlichkeiten,
- unbedingte Verpflichtungen der Bausparkassen zur Ablösung fremder Vorfinanzierungs- und Zwischenkredite an Bausparer,
- Terminkäufe auf Bilanzaktiva, bei denen eine unbedingte Verpflichtung zur Abnahme des Liefergegenstandes besteht,
- Plazierung von → Termineinlagen auf Termin,

Eigenkapitalgrundsätze

- Verkäufe von Bilanzaktiva auf Rückgriff, bei denen das → Kreditrisiko beim verkaufenden Kreditinstitut verbleibt,
- beim Pensionsgeber vom Bestand abgesetzte Bilanzaktiva, die dieser mit der Vereinbarung auf einen anderen übertragen hat, daß er sie auf Verlangen zurücknehmen muß (→ Pensionsgeschäft).

(2) Mit einem Prozentsatz von 50 zählen
- Eröffnung und Bestätigung von → Akkreditiven,
- Erfüllungsgarantien und andere → Garantien/→ Gewährleistungen, die nicht → Bürgschaften oder Garantien für Bilanzaktiva sind,
- Verpflichtungen aus → Note Issuance Facilities (NIFs) und → Revolving Underwriting Facilities (RUFs),
- noch nicht in Anspruch genommene Kreditzusagen, welche eine Ursprungslaufzeit von mehr als einem Jahr haben und nicht fristlos und vorbehaltlos von dem Kreditinstitut gekündigt werden können.

(3) Mit 20% des Buchwerts sind anzurechnen
- Eröffnung und Bestätigung von → Dokumentenakkreditiven, die durch → Warenwertpapiere gesichert werden.

(4) Danach werden die Kreditäquivalenzbeträge der Geschäfte zur Berechnung des anrechnungspflichtigen Betrags mit dem Bonitätsgewicht des Vertragspartners oder des Vertragsgegenstandes abgeglichen. Hieraus kann sich dann (wie bei Bilanzaktiva) ein niedrigerer Anrechnungsfaktor von 20 oder sogar von 0% ergeben.

c) *Spezielle Regeln für Finanz-Swaps, Finanz-Termingeschäfte und Optionsrechte:* Bei diesen bilanzunwirksamen Geschäften wird das Eindeckungsrisiko auch von der → Volatilität (Schwankungsbreite) der maßgeblichen Preise (Zinsen, → Wechselkurse, Aktienkurse o. ä.) und der Kontraktlaufzeit bestimmt. Um die Geschäfte mit Bilanzaktiva vergleichbar zu machen, ist zuerst von besonderen Bemessungsgrundlagen auszugehen. Diese bildet bei Finanz-Swaps und den bei ihnen übernommenen Gewährleistungen der Kapitalbetrag, bei Finanz-Termingeschäften und Optionsrechten sowie dafür übernommenen Gewährleistungen der unter der Annahme tatsächlicher Erfüllung bestehende Anspruch des Kreditinstituts auf Lieferung oder Abnahme des Geschäftsgegenstands. Sodann erfolgt eine Umrechnung in Kreditäquivalenzbeträge, entweder nach einer Laufzeit- oder einer Marktbewertungsmethode. Erst diese Beträge werden dann einer Adressengewichtung (ähnlich wie bei Bilanzaktiva) unterzogen. Generell gilt für diese speziellen bilanzunwirksamen Geschäfte ein Höchstsatz von 50%. Überhaupt nicht zu berücksichtigen sind sie, wenn der Eindeckungsaufwand ausschließlich oder teilweise auf der Änderung von Wechselkursen beruht, sofern die Ursprungslaufzeit des Geschäfts weniger als 15 Kalendertage beträgt. Mit 0% zählen ferner Finanz-Termingeschäfte und Optionsrechte, deren Erfüllung von einer Börseneinrichtung (z. B. → Clearingstelle einer → Terminbörse) geschuldet oder gewährleistet wird.

Anwendung des Grundsatzes I auf eine Kreditinstitutsgruppe: § 10a KWG begrenzt den Aufbau von Kreditpyramiden über Bank-an-Bank-Beteiligungen durch ein bankaufsichtliches Konsolidierungsverfahren (quotales Zusammenfassungsverfahren), denn hiernach beurteilt sich, ob gruppenangehörige Kreditinstitute insgesamt ein angemessenes haftendes Eigenkapital haben (§ 10a Abs. 3 KWG). Erfahrungsgemäß beschränken sich die dem Mutterinstitut drohenden Risiken auch bei → Kapitalgesellschaften nicht auf den Buchwert der → Beteiligungen. Vielmehr wird im Geschäftsverkehr davon ausgegangen, daß im Krisenfall die Mutter zur Wahrung des eigenen geschäftlichen Ansehens für die Verbindlichkeiten einer Tochtergesellschaft eintreten werde. Diesem „Haftungsverbund" soll das quotale Zusammenfassungsverfahren weitgehend Rechnung tragen.

Zusammensetzung einer Kreditinstitutsgruppe: Nach § 10a Abs. 2 KWG gehören Kreditinstitute einer Kreditinstitutsgruppe an, wenn ein „übergeordnetes" Kreditinstitut bei einem anderen, „nachgeordneten" Kreditinstitut mindestens 40% der Kapitalanteile unmittelbar oder mittelbar hält (→ „erhebliche Beteiligung" i. S. des KWG) oder direkt oder indirekt beherrschenden Einfluß ausüben kann (sog. Konsolidierungsschwelle). Eine Einbeziehung entfällt, wenn der von dem übergeordneten Institut unmittelbar oder mittelbar gehaltene Anteil an dem nachgeordneten Institut nicht mindestens 10% ausmacht (Bagatellgrenze, § 10a Abs. 6 Satz 2 KWG). Hinsichtlich der

Eigenkapitalgrundsätze

Konsolidierungsschwelle sind schon 40% maßgeblich, weil sich sonst bereits zwei kooperierende Mutterinstitute den Pflichten aus einer bankaufsichtlichen Zusammenfassung entziehen könnten. Zudem wird dem Fall Rechnung getragen, daß nur wenige Anteile bei einem Dritten plaziert werden. Die Einbeziehung mittelbarer Beteiligungen soll Umgehungsversuchen vorbeugen; andernfalls hätte eine Bankbeteiligung in eine → Holding-Gesellschaft eingebracht werden können, die selbst nicht Kreditinstitut und daher nicht zusammenfassungspflichtig ist. Die BRD hat hiermit ihren Verpflichtungen aus der → Konsolidierungs-Richtlinie der EG von 1983 genügt.

Um eine Mehrfachbelegung des haftenden Eigenkapitals ganz auszuschließen, wäre es nötig, unabhängig von der Höhe einer Beteiligung zusammenzufassen. Bei der 40-%-Grenze hat sich der Gesetzgeber nicht nur von den Einstandspflichten des Mutterinstituts, sondern auch von den Möglichkeiten der Informationsbeschaffung leiten lassen. Die Grenze wurde angesichts der zur Grundsatz-I-Berechnung benötigten globalen Zahlen niedriger angesetzt (§ 10a Abs. 5 KWG) als bei der Beschaffung von Einzeldaten für → Großkredite, wo sie bei 50% liegt.

Bei Einbeziehung der Kreditinstitute, auf die ein beherrschender Einfluß ausgeübt werden kann, hat der Gesetzgeber berücksichtigt, daß bei einer mehrgliedrigen Beteiligungskette die 40-%-Grenze rasch unterschritten wird. Selbst wenn zwischen den einzelnen Kettengliedern Mehrheitsbeteiligungen bestehen, ist dann das Mutterinstitut noch in der Lage, bis zum letzten Kettenglied zu steuern. Für die übergeordnete Bank besteht hier ebenfalls eine erhebliche Mitverantwortung und folglich ein entsprechendes Beistandsrisiko.

Kreis konsolidierter Institute: Neben allen inländischen Kreditinstituten (außer Kapitalanlagegesellschaften, da diese ausschließlich das → Investmentgeschäft betreiben) werden einbezogen die → Auslandsbanken (außer Versicherungs- und Pfandleihunternehmen) sowie in- und ausländische → Factoring-Institute und → Leasing-Gesellschaften. Bausparkassen und → private Hypothekenbanken unterliegen zwar eigenständigen Geschäftsbeschränkungs- und Risikobegrenzungsregeln, werden aber in das bankaufsichtliche Konsolidierungsverfahren einbezogen, denn sie bauen ein Risikovolumen auf, welches das bei dem Mutterinstitut vorhandene haftende Eigenkapital zusätzlich belastet. Zudem wird dem risikoärmeren Geschäft von Hypothekenbanken bei Anwendung des (konsolidierten) Grundsatzes I Rechnung getragen, indem → Kommunalkredite mit 0% und → Realkredite mit 50% angerechnet werden. Leasing- und Factoringgesellschaften werden erfaßt, obwohl es sich dabei nicht um bankaufsichtlich überwachte Kreditinstitute handelt. Betreibt jedoch eine Bank diese Geschäfte, so werden sie vom → Kreditbegriff des KWG umfaßt. Da es sich hierbei um Finanzierungsgeschäfte handelt, die → Bonitätsrisiken (der Leasingnehmer), Verwertungsrisiken (bei Leasingobjekten) oder Ausfallrisiken (beim Factoringgeschäft) beinhalten, sind wegen der faktischen Einstandsverpflichtung auch diese Unternehmen ins quotale Zusammenfassungsverfahren einzubeziehen. Wertpapiersammelbanken sind nur in der Anwendung des Grundsatzes I auf die Gruppe einzubeziehen, wenn sie dieser als übergeordnetes Kreditinstitut angehören.

Quotales Zusammenfassungsverfahren: Entsprechend der unmittelbaren oder mittelbaren Beteiligungs-Quote werden bisher die risikobehafteten Aktiva der nachgeordneten Institute mit den risikohaltigen Aktiva des übergeordneten Instituts zusammengefaßt. Gruppeninterne Kredite werden weggelassen, da nur das Risiko aus Kreditvergaben an Außenstehende erfaßt werden soll. Das so ermittelte Gesamtvolumen der risikobehafteten Aktiva wird dem quotal zusammengefaßten Eigenkapital der Gruppe gegenübergestellt. Der Grundsatz I ist dann sowohl von jedem inländischen Kreditinstitut als auch von der Kreditinstitutsgruppe insgesamt einzuhalten. Die Quotenkonsolidierung trägt dem Umstand Rechnung, daß bei der restlichen Beteiligung die anderen Anteilseigner ebenfalls ein Risiko übernommen haben, das ggf. sogar über den Beteiligungsbetrag hinausgeht.

Inländische Tochterinstitute (einschl. Leasing- und Factoringgesellschaften) sind verpflichtet, dem Mutterinstitut die für die Konsolidierung erforderlichen Angaben zu machen. Falls diese Angaben von einem ausländischen Tochterinstitut, das der Pflicht aus § 10a Abs. 5 KWG nicht unterliegt, nicht zu beschaffen sind, wird ein Abzugs-

Eigenkapitalgrundsätze

verfahren durchgeführt. Dabei ist der Buchwert der Beteiligung vom haftenden Eigenkapital des übergeordneten Kreditinstituts abzuziehen. Das so berechnete Eigenkapital ist dann den Aktiva im Sinne des Grundsatzes I gegenüberzustellen, wobei der Beteiligungsbuchwert nicht einbezogen wird. Nach § 10a Abs. 4 KWG ist für die angemessene Eigenkapitalausstattung der Kreditinstitutsgruppe das übergeordnete Institut verantwortlich, selbst wenn es dem Tochterinstitut keine Anweisungen geben kann. Mit Inkrafttreten der 5. KWG-Novelle Ende 1995 gilt künftig eine → Vollkonsolidierung für alle nachgeordneten Unternehmen, die im Mehrheitsbesitz stehen oder auf die beherrschender Einfluß ausgeübt werden kann. Die Quotenkonsolidierung bleibt nur für Minderheitsbeteiligungen bestehen (§ 10a KWG n. F.).

2. *Grundsatz Ia:* Seit Freigabe der Wechselkurse gegenüber dem US-$ (→ Floating) 1973 haben sich die Risiken in den → Devisenpositionen der Banken erheblich vergrößert. Das Wechselkursrisiko aus offenen Devisenpositionen soll der 1974 eingeführte Grundsatz Ia begrenzen. Edelmetalle (Gold, Silber, Platin) wurden 1980 einbezogen, weil die Edelmetallgeschäfte der Kreditinstitute erheblich an Bedeutung gewonnen hatten und offene → Edelmetallpositionen aufgrund der kurzfristigen Preisschwankungen auf diesem Gebiet ein beträchtliches Risiko beinhalten. 1990 wurden weitere Preisrisiken aus nicht bilanzwirksamen Geschäften erfaßt mit dem Ziel, offene → Positionen aus Sicherungszwecken dienenden Transaktionen zu begrenzen. Grundsatz Ia stellt auf → Preisrisiken (Marktrisiken) ab, nicht auf Adressenausfallrisiken. Preisrisiken bestehen auch bei dauerhaft erstklassiger Bonität der Geschäftspartner. Insbes. werden auch Risiken umfaßt, die wegen des geringen oder überhaupt nicht erforderlichen Kapitaleinsatzes besonders schwer wiegen.

Täglich einzuhaltende Obergrenzen:
– insgesamt gemäß Abs. 1: Die Risikopositionen (bestimmte mit Preisrisiken behaftete Positionen) des Kreditinstituts sollen 42% des haftenden Eigenkapitals täglich bei Geschäftsschluß nicht übersteigen.
– für die einzelnen Risikopositionen (in % des haftenden Eigenkapitals) gemäß Abs. 2:

Fremdwährungsrisiken (→ Währungsrisiken) und Edelmetall-Preisrisiken aus Bilanzpositionen, Termingeschäften, Finanz-Swaps und Optionen, 21%,
Zinsrisiken (Zinssatzänderungsrisiken) aus Zinstermin- und → Zinsoptionsgeschäften, soweit sie das Risiko anderer offener Positionen, insbes. aus dem Bilanzbereich, erweitern, 14%,
sonstige Preisrisiken aus Termin- und Optionsgeschäften, insbes. aus → Aktienindex-Futures und Index-Kontrakten, 7%.

Da die Obergrenzen nicht nach Geschäftsarten unterscheiden, sondern auf Risikoarten abstellen, kann ein einzelnes Geschäft mehrere der Kennziffern des Grundsatzes Ia belasten (z.B. beim Kauf von → Treasury Bonds das Fremdwährungs- und das Zinsrisiko). Um das Fremdwährungsrisiko zutreffend zu erfassen, wird bei standardisierten Formen von Termingeschäften, z.B. → Devisen-Futures, von einer fiktiven Lieferung des Kontraktgegenstandes ausgegangen. Im Falle der Ausübung fremder Optionsrechte werden nur die einem Kreditinstitut als → Stillhalter zustehenden Ansprüche berücksichtigt; eigene Optionsrechte werden nur in dem Maße belastungsmindernd erfaßt, wie sie eine offene Position mindern oder schließen (Hedgewirkung). Für Optionen gilt generell ein einheitliches methodisches Verfahren für die Ermittlung von Mindestanrechnungssätzen im Rahmen der jeweiligen Risikoposition. Dies darf aus einem vom jeweiligen Kreditinstitut ständig verwendeten EDV-gestützten Optionspreismodell abgeleitet werden oder ist, entsprechend einem sog. Stufenraster, mit bestimmten Mindestprozentsätzen in den Grundsatz Ia einzustellen. Das Stufenraster basiert (erheblich vereinfacht) auf der Methode des → Delta Hedging (→ Hedge). Bei Erfassung der Zinsrisiken werden auf der Grundlage einer Zinsablaufbilanz getrennt nach Währungen Risikomeßzahlen festgestellt. Als besonders risikoreiche Geschäfte werden vom Grundsatz Ia erfaßt bei Zinstermingeschäften Einlagentermingeschäfte (→ Forward Forward Deposits/Loan (FFD), → Forward Rate Agreements (FRA)), Zinsterminkontrakte (Interest Rate Futures), Termingeschäfte mit → festverzinslichen Wertpapieren und Terminvereinbarungen auf den Abschluß von Finanz-Swaps (→ Forward Swaps), sowie bei Zinsoptionsgeschäften kassageschäftsbezogene → Zins-

501

Eigenkapitalkosten

optionen, insbesondere → Zinsbegrenzungsverträge (→ Caps, → Floors, → Collars), terminngeschäftsbezogene Zinsoptionen, z. B. börsenmäßig gehandelte → Optionen auf Zinsterminkontrakte, und Swap Optionen (→ Swaptions).

3. *Fristen:* Für die Grundsätze I und Ia sind bis zum fünften Geschäftstage des folgenden Monats Meldungen bei der zuständigen → Landeszentralbank (LZB) einzureichen (→ Melde- und Anzeigepflichten der Kreditinstitute).
(→ Bankenaufsicht)

Eigenkapitalkosten

→ Kosten, die kalkulatorisch für die Verzinsung des → Eigenkapitals (Nominalkapital, → Rücklagen) einschl. der steuerlichen Belastung in Ansatz gebracht werden (→ Margenkalkulation, → Mindestmargenkalkulation).

Eigenkapitalquote

Kennzahl der → Bilanzanalyse, bei der das → Eigenkapital zum Gesamtkapital in Beziehung gesetzt wird. Die E. dient zur Beurteilung der finanziellen Stabilität eines Unternehmens. Da keine allgemeine Normung über das optimale Verhältnis von Eigenkapital zu → Fremdkapital existiert, läßt sich lediglich generell feststellen, daß bei größerem Eigenkapitalanteil die finanzielle Stabilität höher ist. Daraus folgt, daß bei größerem Ertragsrisiko der Eigenkapitalanteil höher sein sollte. Dem Sicherheitsaspekt steht jedoch der Rentabilitätsaspekt entgegen. Unter Rentabilitätsaspekten kann es lohnend sein, durch die Aufnahme zusätzlichen Fremdkapitals die → Eigenkapitalrentabilität zu steigern (→ Leverage-Effekt). Die Aufgabe der Unternehmensleitung ist es daher, das Verhältnis von Eigen- und Fremdkapital unter gleichzeitiger Beachtung des Sicherheits- und des Rentabilitätsaspektes zu optimieren.
Die E. von Kreditinstituten (→ Eigenkapital der Kreditinstitute) liegt i. d. R. nur bei rund 5 Prozent. Sie gibt gleichzeitig Auskunft über den → Verschuldungsgrad.

Eigenkapitalrentabilität

Kennzahl der → Bilanzanalyse, bei der der → Gewinn des Jahres (→ Jahresüberschuß vor Ertragsteuern) zum → Eigenkapital in Beziehung gesetzt wird (→ Gesamtkapitalrentabilität). Die E. gibt an, wie sich das von den Unternehmern bzw. Eigentümern eingesetzte → Kapital verzinst hat. Grundsätzlich besteht der Anspruch, daß mindestens eine der Anlage auf dem langfristigen → Kapitalmarkt entsprechende Verzinsung des Kapitals erreicht werden sollte und darüber hinaus das eingegangene Risiko verzinst wird.

Eigenkonto

→ Bankkonto, welches Vermögenswerte des Kontoinhabers oder der Kontoinhaber unterhält. Es dient eigenen Zwecken des bzw. der Kontoinhaber. Denjenigen → Personen, die in der Kontobezeichnung als Berechtigte aufgeführt sind, steht auch wirtschaftlich die Spar- oder sonstige Einlagenforderung zu. Nur sie sind grundsätzlich allein verfügungsberechtigt, sofern nicht eine → Kontovollmacht erteilt worden ist. Ein E. kann als → Einzelkonto oder als → Gemeinschaftskonto geführt werden.
Gegensatz: → Fremdkonto.

Eigenmittel

Basiert auf dem → substantiellen Eigenkapital und impliziert die von den Gesellschaftern über das → Eigenkapital und die → Rücklagen hinaus zur Verfügung gestellten Mittel, unbeschadet ihres Haftungscharakters. Dient vorwiegend zur Ermittlung der → Haftmittel eines Unternehmens.

Eigenmittel-Richtlinie

Die Konzeption der am 17. 4. 1989 vom Rat der → Europäischen Gemeinschaften erlassenen „Richtlinie über die Eigenmittel von Kreditinstituten" lehnt sich an Empfehlungen des Cooke Committee (→ Baseler Ausschuß für Bankenaufsicht) an. In Übereinstimmung mit diesen werden zwei Arten von Eigenmitteln (i. S. der Ersten → Bankrechtskoordinierungs-Richtlinie) unterschieden: Basiseigenmittel (→ „Kernkapital") und ergänzende Eigenmittel. Der Eigenmittelbegriff ist weiter gefaßt als der Begriff → haftendes Eigenkapital der Kreditinstitute in § 10 KWG. Zu den Basiseigenmitteln gehören v. a. eingezahltes → Eigenkapital und → offene Rücklagen. Das → „Ergänzungskapital" (das gleichermaßen dem Auffangen von Verlusten wie Zwecken der → Bankenaufsicht, nicht zuletzt bei der Zulassung von → Kreditinstituten/→ Zweigstellen ausländischer Banken dienen soll) bilden versteuerte → stille Reserven, → Genußrechtskapital, ein →Fonds für allgemeine Bankrisiken (gemäß der →Bankbilanz-Richtlinie), ferner der →Haftsummenzuschlag bei Kreditgenossenschaften, →kumulative stimmrechtslose Vorzugsaktien sowie bestimmte nachrangige Darlehens-Verbindlichkeiten, nicht jedoch →Wertberichtigungen auf →Länderrisiken. Die letztgenannten Bestandteile dürfen nur bis zu 50% der Basiseigenmittel einbezogen werden; das Ergänzungskapital darf seiner anderen Qualität wegen insgesamt nicht 100% des Kernkapitals übersteigen. Minimalanforderungen an alle Eigenmittel sind Nachrang im →Konkurs, Einzahlung und Verfügbarkeit sowie eine gewisse Dauerhaftigkeit. Von der Summe von Basis- und ergänzenden Eigenmitteln sind noch einige Posten abzuziehen, insbes. Bestand an →eigenen Aktien, →immaterielle Vermögenswerte, Verluste des laufenden →Geschäftsjahrs, aber auch mehr als 10%ige →Beteiligungen an anderen Kreditinstituten i. S. des KWG/→Finanzinstituten.

Umsetzung in nationales Recht: Bei der Umsetzung dieses →EG-Rechtsakts in das nationale Recht wurden stille Beteiligungen (→stille Gesellschaft) als Basiseigenmittel eingeordnet. Auch das freie Vermögen von Privatbankiers kann als haftendes Eigenkapital berücksichtigt werden (§ 10 Abs. 6 KWG). →Neubewertungsreserven wurden gemäß § 10 Abs. 4a KWG begrenzt als ergänzende Eigenmittel akzeptiert. Solange ein EG-Mitgliedstaat sich um eine stärkere Konvergenz im Hinblick auf eine gemeinsame Definition der Eigenmittel bemüht, ist es ihm freigestellt, nicht alle vom →EG-Bankrecht aufgelisteten Eigenkapital-Bestandteile zu übernehmen.

Eigentum

Im Unterschied zum →Besitz die rechtliche Herrschaft einer Person über eine →Sache (→dingliches (Voll-)Recht). E. gibt als umfassendes →Recht (absolutes Recht) dem Eigentümer die Möglichkeit, mit der Sache nach Belieben zu verfahren und jede Einwirkung auf die Sache durch andere Personen auszuschließen (§ 903 BGB).

Arten des E.: E. kann Alleineigentum, →Gesamthandseigentum (E. einer →Gesamthandsgemeinschaft) oder →Miteigentum nach Bruchteilen sein. Sicherungseigentum (Sicherungseigentum) bildet einen Fall von →Treuhandeigentum. →"Wirtschaftliches Eigentum" liegt dann vor, wenn ein →Wirtschaftsgut einem anderen als dem bürgerlich-rechtlichen Eigentümer zugerechnet wird.

1. *Eigentumserwerb (Eigentumsverlust) an beweglichen Sachen:*
a) *Eigentumserwerb durch Einigung:* E. an →beweglichen Sachen wird erworben durch →Einigung zwischen Erwerber und Veräußerer über den Eigentumsübergang sowie Übergabe der Sache an den Erwerber (§ 929 BGB). Ist der Erwerber bereits im →Besitz der Sache, z. B. als →Verwahrer, so genügt die Einigung (§ 929 Satz 2 BGB). Ist der veräußernde Eigentümer im Besitz der Sache, so kann die Übergabe ersetzt werden durch die Vereinbarung, daß der Veräußerer unmittelbarer Besitzer bleiben soll (→Besitzkonstitut). In diesem Fall wird der Erwerber nur mittelbarer Besitzer (§ 930 BGB). Ist ein Dritter im Besitz der Sache (z. B. der →Deutsche Kassenverein AG [DKV] bei →Sammelverwahrung von →Effekten), so kann die Übergabe dadurch ersetzt werden, daß der Veräußerer dem Erwerber seinen Herausgabeanspruch gegen den Besitzer der Sache abtritt (§ 931 BGB). Für eine wirksame Übereignung ist nicht notwendig Voraussetzung, daß der Veräußerer auch Eigentümer ist. Vielmehr genügt es, wenn der Erwerber in gutem Glauben an dessen E. handelt i. S. von § 932 Abs. 2 BGB. →Gutgläubiger Erwerb ist jedoch ausgeschlossen an solchen Sachen, die dem Eigentümer gestohlen, verloren oder ohne seinen Willen abhanden gekommen sind, es sei denn, daß es sich um Geld, →Inhaberpapiere oder in öffentlicher Versteigerung erworbene Sachen handelt (§ 935 BGB). Soll das E. nach § 930 BGB durch Vereinbarung eines Besitzmittlungsverhältnisses (Besitzkonstitut) übertragen werden, so wird der Erwerber erst dann Eigentümer, wenn er den unmittelbaren Besitz der Sache vom Veräußerer erlangt hat und zu dieser Zeit noch in gutem Glauben ist (§ 933 BGB). Wird einem →Kreditinstitut eine unter →Eigentumsvorbehalt gelieferte Sache durch Vereinbarung eines Besitzmittlungsverhältnisses sicherungsweise übereignet, so erwirbt es trotz guten Glaubens mit Abschluß des Vertrages noch kein Sicherungseigentum. Allerdings erwirbt das Kreditinstitut schon vor Übergabe des Sicherungsgutes E., wenn der Sicherungsgeber zwischenzeitlich Eigentümer des Sicherungsguts geworden ist

Eigentümergrundpfandrecht

(§ 185 Abs. 2 BGB). Soll das Eigentum gemäß § 931 BGB durch →Abtretung des Herausgabeanspruchs übertragen werden und ist der Veräußerer mittelbarer Besitzer (z. B. Vermieter, Hinterleger), so wird nur dann E. erworben, wenn der Erwerber bei der Abtretung des Herausgabeanspruchs in gutem Glauben ist. Wenn der Veräußerer nicht mittelbarer Besitzer ist (z. b. weil er die Sache verloren hat), wird der Erwerber erst dann Eigentümer, wenn er den Besitz der Sache von dem Dritten erlangt und zu dieser Zeit noch in gutem Glauben ist (§ 934 BGB). →Nießbrauch oder →Pfandrechte an der erworbenen Sache erlöschen gemäß § 936 BGB, wenn der Erwerber rechtswirksam E. erlangt hat und die Belastungen nicht kennt bzw. seine Unkenntnis nicht auf grober → Fahrlässigkeit beruht.

b) *Eigentumserwerb durch Ersitzung:* Das E. kann auch durch Ersitzung erworben werden (§ 937 BGB).

c) *Eigentumserwerb durch Verbindung oder Vermischung:* Wird eine bewegliche Sache mit einem →Grundstück so verbunden, daß sie zum →wesentlichen Bestandteil eines Grundstücks wird, so geht das E. an der Sache unter, und das Eigentum am Grundstück erstreckt sich gemäß § 946 BGB auch hierauf. Werden hingegen bewegliche Sachen so miteinander verbunden, daß sie wesentliche Bestandteile einer einheitlichen Sache werden, so entsteht Miteigentum, wenn keine der bisherigen Sachen als Hauptsache anzusehen ist (§ 947 Abs. 1 BGB). Ist dagegen eine der bisherigen selbständigen Sachen als Hauptsache anzusehen, so wird der Eigentümer der Hauptsache auch Eigentümer der neuen Sache (§ 947 Abs. 2 BGB). Ist eine Vermischung von Sachen erfolgt und ist die Trennung möglich, so verändern sich die Eigentumsverhältnisse nicht. Ist eine Trennung nicht möglich, so tritt Miteigentum ein, wenn keine der vermischten Sachen als Hauptsache anzusehen ist. Stellt sich hingegen eine der Sachen als Hauptsache dar, so ist der Eigentümer der Hauptsache auch Eigentümer der vermischten Sache (§ 948 BGB).

d) *Eigentumserwerb durch Verarbeitung oder Umbildung:* Wer durch →Verarbeitung oder Umbildung eines oder mehrerer Stoffe eine neue bewegliche Sache herstellt, erwirbt das E. an der neuen Sache. Dies gilt auch dann, wenn er Material verarbeitet oder umbildet, das ihm nicht gehört. Durch die Verarbeitung oder Umbildung zu einer neuen beweglichen Sache verliert der Eigentümer des Vormaterials das E. hieran. Ob eine neue bewegliche Sache hergestellt wird, bestimmt sich nach der Verkehrsanschauung. Der Verarbeiter erwirbt jedoch dann nicht das E. an der neuen beweglichen Sache, wenn der Wert der Verarbeitung erheblich geringer ist als der Wert des Stoffes (§ 950 BGB).

e) *Eigentumserwerb durch Aneignung einer herrenlosen Sache:* Ein Eigentumserwerb an beweglichen Sachen kann auch durch Aneignung einer herrenlosen Sache erfolgen (§ 958 BGB). Der Finder verlorener Sachen erwirbt unter den Voraussetzungen des § 973 BGB E. an der gefundenen Sache (Ausnahme: § 978 BGB).

2. *Eigentumserwerb (Eigentumsverlust) an Grundstücken:* Der Eigentumserwerb an Grundstücken (Immobilien) erfolgt durch →Rechtsgeschäft, d. h. durch Einigung zwischen Veräußerer und Erwerber (→Auflassung) und Eintragung in das →Grundbuch (§§ 873, 877 BGB).

Verlust des Grundstückseigentums kann erfolgen durch Aufgabe, d. h. Verzichtserklärung gegenüber dem →Grundbuchamt und Eintragung des Verzichts im Grundbuch. Der Fiskus hat dann ein Aneignungsrecht gemäß § 928 BGB. Auch kann ein Ausschluß eines unbekannten Eigentümers im Aufgebotsverfahren (§ 927 BGB) herbeigeführt werden. Darüber hinaus erlischt das E. auch durch gutgläubigen Erwerb eines Dritten (§ 892 BGB), durch Buch-Ersitzung unter den Voraussetzungen des § 900 BGB sowie durch Zuschlag in der →Zwangsversteigerung (§§ 52, 90, 91 ZVG).

Eigentümergrundpfandrecht
→Grundpfandrecht, das dem Eigentümer zusteht (→Eigentümergrundschuld als Regelfall und →Eigentümerhypothek als Sonderfall; →Grundpfandrecht, Bestellung).

Eigentümergrundschuld
→Grundschuld, die dem Eigentümer zusteht mit der Besonderheit, daß der Eigentümer als Gläubiger nicht aus der Grundschuld die →Zwangsversteigerung seines eigenen →Grundstücks betreiben und grundsätzlich

Eigentumsvorbehalt

auch keine →Zinsen beanspruchen kann (§ 1197 Abs. 1, 2 BGB).

Kraft Bestellung: Zur Beschaffung einer leicht einsetzbaren Kreditunterlage oder zur Freihaltung einer besseren Rangstelle (→ Rang) kann der Eigentümer sein eigenes Grundstück (im Unterschied zur → Hypothek) mit einer abstrakten Grundschuld belasten (§ 1196 BGB), die durch Eintragung in das → Grundbuch aufgrund seiner einseitigen Erklärung gegenüber dem →Grundbuchamt entsteht. Dabei können auch Zinsen und eine Unterwerfungserklärung (→ vollstreckbare Urkunde) eingetragen werden, die allerdings nur für den Fall der → Abtretung, d. h. die Umwandlung in eine Fremdgrundschuld (→ Grundpfandrecht, Übertragung), Bedeutung haben.

Kraft Gesetzes: Dies sieht das Gesetz im wesentlichen in drei Fällen vor: Eintragung einer Hypothek, obwohl (noch) keine → Forderung des → Gläubigers gegen den → Schuldner besteht (keine Auszahlung bzw. Rückzahlung des → Darlehens; vgl. § 1163 Abs. 1 BGB; Hypothek); ein eingetragenes Briefrecht, soweit der Eigentümer dem eingetragenen Gläubiger den Brief noch nicht ausgehändigt hat und zwischen beiden auch keine Vereinbarung gemäß § 1117 Abs. 2 BGB getroffen worden ist (§ 1163 Abs. 2 BGB; → Grundpfandrecht, Bestellung); Verzicht des Grundpfandrechtsgläubigers auf seine dingliche Sicherung, ohne die Forderung selbst aufzugeben (vgl. §§ 1168, 1177 BGB; in der Praxis sehr selten). Fehlt es bereits an einer rechtswirksamen → Einigung zwischen dem Gläubiger und dem Eigentümer, so entsteht bei der bloßen Eintragung einer Hypothek oder Grundschuld überhaupt kein Grundpfandrecht.

Umwandlung: Neben dem Fall der Abtretung an einen anderen wird die E. auch zur Fremdgrundschuld bei einer → Übereignung des Grundstücks an einen anderen (→ Auflassung), ist doch das → Grundpfandrecht kein Bestandteil des Grundstücks und bedarf daher keiner gesonderten Übertragung. Eine komplizierte rechtliche Regelung besteht für den Fall, daß die nach der → Tilgung der Hypothek enstandene E. wiederum als Hypothek zugunsten eines anderen Gläubigers verwendet werden soll. Dabei bedarf es zunächst einer Umwandlung nach § 1198 BGB, d. h. einer Einigung über die Inhaltsänderung sowie einer Eintragung dieses Umstandes in das Grundbuch (§ 877 BGB), und danach einer Abtretung des Grundpfandrechts an den neuen Gläubiger. Wegen der zwischenzeitlichen Vereinigungslage hinsichtlich des Eigentums am Grundstück und der Inhaberschaft des Grundpfandrechts ist dabei stets an Löschungsanspruch bzw. Löschungsvormerkung nachrangiger Grundpfandrechtsgläubiger zu denken (→ Grundpfandrecht, Löschung).

(→ Eigentümergrundpfandrecht)

Eigentümerhypothek

→ Hypothek, die ausnahmsweise dem Eigentümer zusteht, wenn er nicht der persönliche → Schuldner ist und an dessen Stelle den → Gläubiger befriedigt (§§ 1143 Abs. 1, 1153, Abs. 1 BGB) oder sonst die hypothekarisch gesicherte → Forderung erwirbt (z. B. durch → Abtretung oder durch → Erbfolge).

Soll das → Grundpfandrecht als → Kreditsicherheit für eine andere Forderung herangezogen werden, wird es zweckmäßigerweise vor der Abtretung in eine → Grundschuld umgewandelt, was durch einseitige Erklärung des Eigentümers gegenüber dem → Grundbuchamt und Eintragung im → Grundbuch geschieht (vgl. § 1198 BGB).

(→ Eigentümergrundpfandrecht)

Eigentumsvorbehalt

Wichtiges Kreditsicherungsmittel von Lieferanten, die sich bis zur vollständigen Bezahlung des Kaufpreises durch ihre Kunden (→ Lieferantenkredit) das → Eigentum an der Kaufsache vorbehalten (vgl. § 455 BGB). Kommt der Käufer mit der Zahlung in Verzug (→ Schuldnerverzug), ist der Verkäufer ohne die in § 326 Abs. 1 BGB vorgesehene Nachfrist berechtigt, vom Vertrage zurückzutreten. Der E. ist auch von großer Bedeutung bei → finanzierten Abzahlungsgeschäften. Erst mit vollständiger Kaufpreiszahlung wird der Käufer Volleigentümer. Bis dahin steht ihm lediglich ein → Anwartschaftsrecht zu, das wie das Eigentum übertragbar und vererblich ist: Während der Kaufvertrag unbedingt abgeschlossen wird, erfolgt die → Übereignung unter der Bedingung, daß der Eigentumsvorbehaltskäufer bereits mit der Lieferung den → Besitz an der → beweglichen Sache erhält, das Eigentum daran aber erst mit der vollständigen Bezahlung des Kaufpreises

Eigenwechsel

erwerben soll (§§ 158 Abs. 1, 929 BGB). Mit Zahlung der ersten Kaufpreisrate erhält der Käufer an dem Vorbehaltsgut ein Anwartschaftsrecht, das ihm gegenüber dem Eigentumsvorbehaltsverkäufer, sofern er sich vertragstreu verhält, eine unentziehbare Rechtsposition verschafft (§ 161 Abs. 1 S. 1 BGB). Der → gutgläubige Erwerb eines Interessenten im Falle einer nochmaligen Veräußerung scheitert an dem fehlenden Besitz des Verkäufers (§§ 162 Abs. 3, 932 ff. BGB). Allerdings kann ein E. mit einer → Sicherungsübereignung oder einer → Globalzession kollidieren.

Formen: einfacher Eigentumsvorbehalt, → verlängerter Eigentumsvorbehalt, → erweiterter Eigentumsvorbehalt, → nachgeschalteter Eigentumsvorbehalt, → weitergeleiteter Eigentumsvorbehalt.

Eigenwechsel, → Solawechsel.

Eileinzugsverfahren

Entsprechend dem Eilüberweisungsverfahren (→ Überweisungsverkehr) entwickelte Beschleunigungsverfahren im → Einzugsverkehr. Im → Gironetz der → Sparkassen wird zwischen dem E. B (unmittelbarer Versand der → Einzugspapiere an die Girostelle 2) und dem E. A (unmittelbarer Versand an die → Girozentrale 2) unterschieden. E. kommen im → Scheckinkasso und → Wechselinkasso in Frage.

Eiliger Zahlungsverkehr der Deutschen Bundesbank, → Fernüberweisungsverkehr der Deutschen Bundesbank.

Eiliger Zahlungsverkehr (Eil-ZV), → Fernüberweisungsverkehr der Deutschen Bundesbank.

Eilige Telefax-Anweisung

Ist bei der Deutschen Postbank AG jetzt in viele Länder möglich. Die E.T.-A. wurde zunächst nur von und nach USA, Großbritannien und Kanada getestet. Nun können Bankkunden ihr Geld auch in solche Länder versenden, bei denen die Postbank bislang nur Barzahlungen mit sehr langer → Laufzeit oder Scheckzahlung anbieten konnte. Partner der Postbank ist das amerikanische Unternehmen Western Union. Das Unternehmen arbeitet weltweit mit verschiedenen Agenturen zusammen, die → Geld im Auftrag der Western Union auszahlen. Zum Beispiel sind das Banken, Reisebüros, Drogerien, Apotheken und Supermärkte.

Bei der E.T.-A. wird Geld bar ein- und ausgezahlt – und zwar ausschließlich an → natürliche Personen. Der Empfänger kann das Geld dann wenige Minuten nach der Einzahlung bei einer autorisierten Agentur in Empfang nehmen.

Eilüberweisung, → eilige Telefax-Anweisung.

Eilüberweisungsverfahren, → Überweisungsverkehr.

Einarbeitung

Einweisung eines neuen Bankmitarbeiters in die Aufgaben des Arbeitsplatzes und anfängliche beratende Begleitung durch Kollegen und/oder Vorgesetzte bei der Lösung und Bewältigung der am Arbeitsplatz anfallenden Arbeitsvorgänge. Übliche Vorgehensweise: a) Information der Mitarbeiter über den neuen Kollegen, b) (ggf.) Einrichtung des Arbeitsplatzes vor Dienstantritt des neuen Mitarbeiters, c) Festlegung einer Bezugsperson, die die anfängliche Beratung und Begleitung des „Neuen" übernimmt, d) Erstellung eines Vorstellungs-, Einführungs- und Ablaufplanes für die ersten Arbeitstage, e) Erstellung eines Controllingplanes zwecks periodischer Erfolgskontrolle des neuen Mitarbeiters bis zur Entscheidung über die endgültige Einstellung zum Ablauf der Probezeit.

Eindecken

→ Glattstellung einer Leerposition im Effekten- oder → Devisenhandel. Eine Leerposition entsteht durch Verkauf von → Effekten oder → Devisen, die der Verkäufer sich selbst erst noch beschaffen muß (Leerverkauf).

Eindeckungsrisiko

Glattstellungsrisiko; Risiko erhöhter Wiederbeschaffungskosten (Replacement Costs) bei Ausfall des Geschäftspartners von Finanzswaps, → Termingeschäften und → Optionsgeschäften und erneuter Schließung von dadurch wieder → offenen Positionen (→ Bankbetriebliche (Erfolgs-) Risiken des liquiditätsmäßig-finanziellen Bereichs). Die Höhe der Eindeckungsrisiken bestimmt sich nicht nur nach der Bonität des Geschäftspartners, sondern auch nach der Schwankungsbreite (→ Volatilität) der in Frage kommenden Preise (→ Zinsen, → Wechselkurse, Aktienkurse u. ä.) und der Kontraktlaufzeit.

Einfaches derivatives Absicherungsinstrument

Absicherungsinstrument (Absicherungsstrategie), dessen aktueller Wert u. a. von einem Kassainstrument abhängt, z. B. ⇄ Zinsfutures, → Aktienindex-Futures. Im Gegensatz zu e. d. A. bezeichnet man beispielsweise Optionen auf Optionen (Captions, Floortions), → Optionsscheine auf Optionsscheine, Optionen auf Swaps und → Optionen auf Futures als → zweifache derivative Absicherungsinstrumente, da der → Basiswert dieser Absicherungsinstrumente ebenfalls ein → derivatives (Finanz-)Instrument ist.
(→ Exotische Option)

Einfach gleitender Durchschnitt
Synonym für → gleitender Durchschnitt.

Einfuhr
Nach der Begriffsbestimmung des → Außenwirtschaftsrechts (§ 4 Abs. 2 AWG) das Verbringen von → Sachen und Elektrizität aus fremden Wirtschaftsgebieten in das Wirtschaftsgebiet einschl. des Verbringens aus einem Zollfreigebiet, Zollausschluß oder Zollverkehr in den freien Verkehr des Wirtschaftsgebietes (→ Import).

Einfuhrbeschränkung
Auf die Verringerung der → Einfuhr bestimmter Waren und/oder aus bestimmten Ländern abzielende staatliche Maßnahme, wie z. B. → Zoll, → Kontingentierung, → Devisenbewirtschaftung. Die E. soll vorwiegend bestehende bzw. im Aufbau befindliche Industrien sowie die Landwirtschaft vor ausländischer Konkurrenz schützen, zur Sicherung von Arbeitsplätzen oder zur Beschleunigung des Wachstums dienen. Kurzfristig können E. diesen Zielen förderlich sein. Der insbes. bei Gegenmaßnahmen anderer Länder drohende Rückgang des internationalen Handels und (damit verbunden) der internationalen Arbeitsteilung geht aber langfristig auch zu Lasten des die Einfuhr beschränkenden Landes. Im Rahmen des → Allgemeinen Zoll- und Handelsabkommens (GATT) wird ein weltweiter Abbau der E. angestrebt. Gelegentlich werden E. im Zusammenhang mit der Verwirklichung des → außenwirtschaftlichen Gleichgewichts zur Verringerung eines Defizits der → Leistungsbilanz ergriffen.
Extreme Form der E. ist ein Einfuhrverbot. Auf bestimmte Güter bezogene Einfuhrverbote werden auch z. B. aus Gründen der Sicherheit (bei Waffen), der Gesundheit (bei Rauschgift) oder des Umweltschutzes erlassen. Statt eines Einfuhrverbotes kann ein Prohibitivzoll erhoben werden (Zoll, der die Einfuhr vollständig verhindert).

Einfuhrumsatzsteuer
Beim Import von Produkten vom Einfuhrland in Höhe der inländischen → Umsatzsteuer erhobene Verbrauchsteuer (→ Steuern). Durch diese auf dem → Bestimmungslandprinzip beruhende Besteuerungspraxis sollen steuerlich bedingte Wettbewerbsvorteile neutralisiert werden.

Eingang vorbehalten (E. v.)
Klausel, mit der → Kreditinstitute die Gutschrift von → Einzugspapieren (z. B. → Schecks, → Lastschriften, → Wechsel) unter dem Vorbehalt des Eingangs vornehmen. Die Gutschrift erfolgt unter der auflösenden Bedeutung (§ 158 Abs. 1 BGB), daß das Einzugspapier eingelöst wird.

Eingegliederte Gesellschaft
→ Aktiengesellschaft, deren → Aktien von einer anderen Aktiengesellschaft übernommen werden, ohne daß dadurch die rechtliche Selbständigkeit einbüßt (Eingliederung, §§ 319–327 AktG).
Wegen der damit verbundenen Leitungsmacht bilden Hauptgesellschaft und eingegliederte Unternehmen zwingend einen Unterordnungskonzern (§ 18 Abs. 1 S. 2 AktG; → Konzern) und damit auch eine Kreditnehmereinheit i. S. des KWG (→ Kreditnehmerbegriff des KWG). Dabei sind zwei Fälle zu unterscheiden: a) *Reguläre Eingliederung:* Diese setzt gemäß § 319 AktG voraus, daß die zukünftige Hauptgesellschaft alle Aktien der abhängigen Gesellschaft hält (§ 319 Abs. 1 Satz 1 AktG) und die → Hauptversammlung der einzugliedernden Gesellschaft anschließend über diesen Vorgang einen entsprechenden Beschluß faßt. Dieser Eingliederungsbeschluß bedarf der Zustimmung der Hauptversammlung der zukünftigen Hauptgesellschaft mit → qualifizierter Mehrheit. b) *Eingliederung durch Mehrheitsbeschluß:* Eine Eingliederung durch Mehrheitsbeschluß ist zulässig, sofern die Hauptgesellschaft an dem einzugliedernden Unternehmen mindestens 95% der Aktien hält. Nachdem beide Hauptversammlungen der Eingliederung zugestimmt haben und die Eingliederung in das → Handelsregister

eingetragen ist, gehen alle Aktien kraft Gesetzes auf die Hauptgesellschaft über. Gleichzeitig wird eine Pflicht zur → Abfindung außenstehender Aktionäre begründet (§ 320 Abs. 4 AktG).

Eingesetztes Kapital, → Barwert.

Eingetragene Genossenschaft, → Genossenschaft.

Eingliederung, → eingegliederte Gesellschaft.

Einheitliche Kartenländer
Länder, in denen → Kreditinstitute an ihre Kunden einheitliche → eurocheques (ec) und → eurocheque-Karten ausgeben.

Einheitliche Richtlinien für Inkassi (ERI)
International (weitgehend) anerkanntes Regelwerk der → Internationalen Handelskammer (ICC) Paris zur einheitlichen Abwicklung von Inkassoaufträgen. Die Revision 1978 (ICC-Broschüre 322) ist am 1.1.1979 in Kraft getreten. Der Rechtscharakter der ERI (Handelsbrauch oder AGB) ist umstritten. Auch nach Streichung der Nr. 28 AGB Banken Anfang 1993 kann ihre Geltung jedoch als Vertragsinhalt mit Kunden vereinbart werden.

Einheitliche Richtlinien und Gebräuche für Dokumenten-Akkreditive (ERA)
International (weitgehend) anerkanntes Regelwerk der → Internationalen Handelskammer (ICC) Paris zur einheitlichen Abwicklung von → Dokumentenakkreditiven. Die „Revision 1983" (ICC-Broschüre Nr. 400) ist am 1.10.1984 in Kraft getreten, die Revision 1993 (ICC Broschüre Nr. 500) am 1.1.1994.
Die ERA fassen bestehende Handelsbräuche (Usancen) zusammen; sie dienen einer einheitlichen Handhabung in der Abwicklung von Dokumentenakkreditiven. Der Rechtscharakter der ERA (Handelsbrauch oder AGB) ist umstritten. Die ERA werden nach Nr. 16 AGB Sparkassen im Geschäftsverkehr mit der Kundschaft angewandt; die inhaltlich dem entsprechende Nr. 28 AGB Banken wurde Anfang 1993 gestrichen, doch kann die Geltung der ERA vertraglich vereinbart werden. Die Eröffnung eines Dokumentenakkreditivs gemäß ERA wird dadurch dokumentiert, daß in das Akkreditiv ein entsprechender Hinweis auf die Anwendung der ERA aufgenommen wird. Wichtigste Änderungen der Revision 1993: Eine Bank kann ein Akkreditiv auch im eigenen Namen und für eigene Rechnung eröffnen (Art. 2 ERA). Wenn das Akkreditiv keine andere Angabe enthält, gilt es als unwiderruflich (Art. 6). Für die → Dokumentenprüfung ist eine maximale Frist von sieben Bankarbeitstagen vorgesehen (Art. 13b). Bei übertragbaren Akkreditiven muß der Erstbegünstigte vor Übertragung die Bank davon informieren, ob er sich das Recht vorbehält, Änderungen nicht weitergeben zu lassen (Art. 48d).

Einheitsbilanz
Jeder → Vollkaufmann ist nach HGB verpflichtet, eine → Handelsbilanz aufzustellen. Nach dem → Maßgeblichkeitsprinzip ist die → Steuerbilanz aus der Handelsbilanz abzuleiten. Werden bereits bei der Erstellung der Handelsbilanz die strengeren steuerrechtlichen Vorschriften beachtet, sind Handels- und Steuerbilanz identisch; das Unternehmen hat eine E. erstellt. Einzelunternehmen und → Personengesellschaften, die ihren → Jahresabschluß nicht veröffentlichen müssen, wählen fast ausschließlich diesen Weg. → Kapitalgesellschaften, die ihre Handelsbilanz veröffentlichen müssen, erstellen i. d. R. getrennte Handels- und Steuerbilanzen.

Einheitskursermittlung
→ Kursmakler setzen täglich für jedes Papier des Einheitsmarkts (→ amtlicher [Börsen-] Handel) durch Berechnung einen offiziellen Kurs fest, zu dem alle → Umsätze der zum amtlichen Handel zugelassenen betroffenen Papiere tatsächlich abgerechnet werden (kein Durchschnittskurs). Amtliche E. erfolgt durch den → Börsenvorstand gemeinsam mit den → Maklern oder durch Kursmakler unter Aufsicht der Maklerkammer auf Grund vorliegender Kauf- und Verkauf-Orders, wobei als Einheitskurs derjenige Kurs festgesetzt wird, zu dem der maximale Umsatz abgewickelt werden kann.

Einheitspapier
Vordruck, der am 1.1.1988 im grenzüberschreitenden Warenverkehr anstelle der früher verwendeten Zollvordrucke sowohl für die → Ausfuhr, die Beförderung und die → Einfuhr im Warenverkehr mit Gemeinschaftswaren innerhalb der EU (Binnenhandel) als auch im Warenverkehr mit Drittländern (→ Außenhandel) sowie mit Dritt-

landswaren innerhalb der EU (→ Europäische Union) anzuwenden ist.

Einheitswert
Begriff des Bewertungsgesetzes für eine einheitliche, d. h. für mehrere → Steuern bedeutsame Bemessungsgrundlage. Der E. gilt bei der → Vermögensteuer, der → Grundsteuer, der → Gewerbesteuer, der → Grunderwerbsteuer und der → Erbschaft- und Schenkungsteuer (§ 18 Abs. 1, 2 BewG). E. werden durch → Steuerbescheid, den sog. → Einheitswertbescheid, festgestellt für inländischen Grundbesitz und für inländische → Gewerbebetriebe (§§ 19 ff. BewG).

Einheitswertbescheid
→ Feststellungsbescheid zur gesonderten Feststellung von Besteuerungsgrundlagen (§ 179 Abs. 1 AO), hier nach § 180 Abs. 1 Nr. 1 AO des → Einheitswertes nach Maßgabe von §§ 19 ff. BewG.

Einigung
Beim Erwerb von → Eigentum und von (anderen) → dinglichen Rechten stellt die E. den für die Rechtsübertragung erforderlichen → Vertrag zwischen Veräußerer und Erwerber dar. Neben der E. (in Gestalt zweier übereinstimmender → Willenserklärungen) ist zur Begründung des Eigentums regelmäßig noch die → Übergabe (Einräumung des → Besitzes) bzw. bei → Grundstücken die Eintragung im → Grundbuch nötig (§§ 929 ff., 873 BGB). Die E. (als → Erfüllungsgeschäft) ist grundsätzlich formfrei; bei der → Übereignung von Grundstücken ist sie aber gemäß § 925 BGB bei gleichzeitiger Anwesenheit beider Vertragsparteien vor einem Notar (→ Auflassung) oder in einem gerichtlichen Vergleich abzugeben. Die E. ist von dem ihr regelmäßig zugrundeliegenden → Verpflichtungsgeschäft unabhängig (→ Abstraktionsprinzip).

Einkaufskommission
Unterfall eines Kommissionsvertrages (→ Kommissionsgeschäfte der Kreditinstitute), bei dem es der → Kommissionär gewerbsmäßig übernimmt, → Waren oder → Wertpapiere für Rechung einer anderen Person (→ Kommittent), aber im eigenen Namen zu kaufen. Es liegt hier eine verdeckte → Stellvertretung vor. Allgemeine Bestimmungen über die E. enthalten §§ 383 ff. HGB, z. B. zur → Delkrederehaftung, spezielle Regeln finden sich in §§ 18 ff. DepotG (→ Depotgeschäft).

Einkommen
Der Betrag, den ein Wirtschaftssubjekt ausgeben könnte, ohne am Ende der Periode schlechter gestellt zu sein als am Anfang (Hicks). E. ist ein wirtschaftlicher und steuerrechtlicher Begriff.
Die E. der privaten Haushalte bilden den größten Teil der im Produktionsprozeß entstandenen E.: (1) → Einkommen aus unselbständiger Arbeit, (2) E. aus Unternehmertätigkeit (E. aus unselbständiger Arbeit und E. aus Unternehmertätigkeit werden zusammengefaßt als Erwerbseinkommen bezeichnet), (3) Vermögenseinkommen (→ Einkommen aus Unternehmertätigkeit und Vermögen werden in der Verteilungsrechnung des → Sozialprodukts [→ Volkswirtschaftliche Gesamtrechnung] dem E. aus unselbständiger Arbeit gegenübergestellt). Diese drei Einkommensarten stellen E. aus dem Produktionsprozeß dar und werden daher auch als Faktoreinkommen oder Erwerbs- und Vermögenseinkommen (E. aus → Produktionsfaktoren) bezeichnet. Zusätzlich zu Erwerbs- und Vermögenseinkommen können private Haushalte E. aus staatlichen → Transferzahlungen oder Transfers aus dem Ausland haben (Transfereinkommen). Die Summe aller Erwerbs- und Vermögenseinkommen, die Inländern zugeflossen sind, ergibt das → Volkseinkommen. Das verfügbare E. der privaten Haushalte als wichtiger Bestimmungsfaktor der Konsumgüternachfrage ergibt sich aus dem erhaltenen Faktoreinkommen, erhöht um empfangene und vermindert um geleistete Transfers.

Einkommen aus unselbständiger Arbeit
→ Einkommen aus Löhnen, Gehältern und Beamtenbezügen. Das Bruttoeinkommen enthält Sozialabgaben und direkte → Steuern, die zur Ermittlung des Nettoeinkommens abgesetzt werden. Das Bruttoeinkommen aus unselbständiger Arbeit ergibt zusammen mit den → Einkommen aus Unternehmertätigkeit und Vermögen das → Volkseinkommen. Diese Aufteilung wird in der Verteilungsrechnung des → Sozialprodukts ausgewiesen (→ volkswirtschaftliche Gesamtrechnung).

Einkommen aus Unternehmertätigkeit und Vermögen
→ Einkommen der privaten Haushalte, der Unternehmen und des Staates aus → Kapitalerträgen, → Mieten, → Pachten und → Gewinnen.

Einkommenspolitik

Das Bruttoeinkommen enthält direkte → Steuern, die zur Ermittlung des Nettoeinkommens abgesetzt werden. Das Bruttoeinkommen aus Unternehmertätigkeit und Vermögen ergibt zusammen mit dem → Einkommen aus unselbständiger Arbeit das → Volkseinkommen. Diese Aufteilung wird in der Verteilungsrechnung des → Sozialprodukts ausgewiesen (→ Volkswirtschaftliche Gesamtrechnung).

Einkommenspolitik

Begriff: Maßnahmen der → Wirtschaftspolitik, die auf die Beeinflussung der Entgelte (→ Einkommen) für die am Produktionsprozeß beteiligten Faktoren Arbeit, Boden und → Kapital (→ Produktionsfaktoren) abzielen.

Bedeutung: Einkommen haben hinsichtlich ihrer Entstehung (→ Kosten der Unternehmen) und ihrer Verwendung (→ Konsum oder → Sparen) eine besondere Bedeutung im → Wirtschaftskreislauf. In enger Begriffsfassung wird E. häufig mit Lohnpolitik gleichgesetzt, worunter alle Maßnahmen verstanden werden, die die Entgelte für die wirtschaftlich bewerteten Leistungen des Produktionsfaktors Arbeit (Löhne, Gehälter) in der gesamten Wirtschaft, in Regionen oder in einzelnen Wirtschaftszweigen, für alle Arbeitskräfte oder für Untergruppen beeinflussen sollen. Lohnpolitik ist eng mit der → Sozialpolitik als Ausgleichspolitik verknüpft. Nach dem *liberalen Leitbild* einer möglichst weitgehenden Trennung von Staat und Wirtschaft und dem Subsidiaritätsprinzip (→ Soziale Marktwirtschaft) ist sie in der BRD so ausgestaltet, daß → Arbeitgeber und Gewerkschaften im Rahmen der → Tarifautonomie die Arbeitsbedingungen und -entgelte frei und in eigener Verantwortung regeln.

Diese Form der E. ist von direkter *staatlicher Einflußnahme* auf die Einkommensgestaltung zu unterscheiden, wie sie in einer Zentralverwaltungswirtschaft (→ Wirtschaftsordnung) die Regel, in → Marktwirtschaften aber (z. B. im Wege von Lohnstopps und verbindlichen Lohnleitlinien) die Ausnahme ist. Direkte staatliche E. verstößt in Marktwirtschaften gegen das Prinzip der → Ordnungskonformität. Ordnungskonform sind jedoch eine Verhaltensbeeinflussung der Tarifvertragsparteien durch Appelle (moral suasion) und unverbindliche Lohnleitlinien. In der BRD ist dies zwar nach § 3 des → Stabilitätsgesetzes vorgesehen, aber ohne Angaben darüber, in welcher Form eine solche sog. Konzertierte Aktion zu institutionalisieren ist. Diese Gesprächsrunde unter Beteiligung von Vertretern der staatlichen Wirtschaftspolitik, der → Gewerkschaften und der Unternehmerverbände, die der einkommenspolitischen Absicherung der staatlichen → Finanzpolitik sowie der → Geldpolitik der Bundesbank dienen sollte und 1967 ins Leben gerufen wurde, ist seit 1976 faktisch aufgelöst.

Einkommensteuer

→ Steuer auf das → Einkommen → natürlicher Personen. Die E. ist eine Besitzsteuer vom Einkommen, eine direkte Steuer, eine Personensteuer, eine Gemeinschaftsteuer.

Steuersubjekte sind natürliche Personen. Dagegen sind nicht → Personengesellschaften selbst, sondern ihre Gesellschafter einkommensteuerpflichtig. → Kapitalgesellschaften unterliegen als → juristische Personen der → Körperschaftsteuer.

Steuerpflicht: Unbeschränkte Steuerpflicht gilt im wesentlichen für Personen, die im Inland einen Wohnsitz oder ihren gewöhnlichen Aufenthalt haben (§ 1 Abs. 1 EStG). Hierbei unterliegen gem. § 2 Abs. 1 EStG sämtliche sowohl im Inland (Einkünfte i. S. des EStG) als auch im Ausland erzielte Einkünfte der inländischen Einkommensteuerung (Welteinkommensprinzip), soweit nicht für bestimmte Einkünfte abweichende Regelungen bestehen (→ Doppelbesteuerungsabkommen). Beschränkte Steuerpflicht gilt für natürliche Personen, die im Inland weder einen Wohnsitz noch ihren gewöhnlichen Aufenthaltsort, aber inländische Einkünfte haben (§ 1 Abs. 4 EStG). Bei ihnen unterliegen nur die in § 49 EStG genannten, im Inland erzielten Einkünfte der E.: Dazu gehören Einkünfte aus einer im Inland betriebenen Land- und Forstwirtschaft (§§ 13, 14 EStG), aus → Gewerbebetrieb, etwa wenn dort für diesen im Inland eine → Betriebsstätte unterhalten wird oder ein ständiger Vertreter bestellt ist, aus selbständiger oder nichtselbständiger Arbeit, die im Inland ausgeübt oder verwertet wird (einschließlich der Einkünfte aus inländischen öffentlichen Kassen) etc. Bei der Berechnung der inländischen Einkünfte gelten Sondervorschriften (§ 50 EStG).

Einkommensteuerermäßigung

Umfang der Besteuerung: Der E. unterliegen die in § 2 Abs. 1 Satz 1 EStG aufgezählten sieben Einkunftsarten. Einkünfte sind nach § 2 Abs. 2 EStG der → Gewinn bei Land- und Forstwirtschaft, Gewerbebetrieb und selbständiger Arbeit (§§ 4–7 g EStG, → Gewinneinkunftsarten) sowie der Überschuß der Einnahmen über die → Werbungskosten bei nichtselbständiger Arbeit, Kapitalvermögen, Vermietung und Verpachtung und sonstigen Einkünften (§§ 8–9 a EStG, → Überschußeinkunftsarten).

Die Summe der Einkünfte, vermindert insbesondere um einen → Altersentlastungsbetrag, ergibt den Gesamtbetrag der Einkünfte; nach Abzug der → Sonderausgaben, der → außergewöhnlichen Belastungen und ggf. eines → Verlustabzugs nach § 10 d EStG, verbleibt das Einkommen (§ 2 Abs. 3, 4 EStG). Weitere Abzugspositionen bilden vor allem der → Kinderfreibetrag, der → Haushaltsfreibetrag und (bis 1994) der Tariffreibetrag. Damit steht das letztlich → zu versteuernde Einkommen fest, als Bemessungsgrundlage für die tarifliche E. (§ 2 Abs. 5 EStG).

Bemessungsgrundlage der E. ist das zu versteuernde Einkommen (zur Ermittlung vgl. Übersicht „Einkommensteuer – Ermittlung des zu versteuernden Einkommens", S. 512).

Steuersatz (Tarif): Im Regelfall ergibt sich die tarifliche E. als Grundlage der festzusetzenden E. (§ 2 Abs. 6 EStG) oberhalb des aufgrund der Rechtsprechung des Bundesverfassungsgerichts anzuhebenden Grundfreibetrags (von 5.616 DM) je nach der Höhe des zu versteuernden Einkommens aus den in § 32 a Abs. 1 EStG niedergelegten Formeln, wobei die Berechnung bis zum Betrag von 120.041 DM dem EStG als Anlage 2 beigefügt ist (E.-Grundtabelle). Werden Ehegatten nach §§ 26, 26 b EStG zusammen zur E. veranlagt, so gilt aufgrund des Splitting-Verfahrens die E.-Splittingtabelle (§ 32 a Abs. 5 EStG; → Splitting). Besonderheiten ergeben sich aus dem → Progressionsvorbehalt, im Falle außerordentlicher Einkünfte (§§ 34, 34 b EStG), ferner im Hinblick auf die → Einkommensteuerermäßigung bei ausländischen Einkünften unbeschränkt steuerpflichtiger Personen (§ 34 c) sowie bei gewerblichen Einkünften (§ 32 c EStG).

Veranlagung: Sofern nicht bei Bezug von → Einkünften aus nichtselbständiger Arbeit eine Veranlagung nach § 46 EStG unterbleibt, erfolgt sie nach dem Ablauf des Kalenderjahres nach dem Einkommen, das der Steuerpflichtige in diesem Zeitraum bezogen hat. § 25 Abs. 3 EStG verpflichtet zur Abgabe einer Einkommensteuererklärung. Ehegatten, die beide unbeschränkt einkommensteuerpflichtig sind und nicht dauernd getrennt leben, können zwischen getrennter Veranlagung (§ 26 a EStG) und Zusammenveranlagung (§ 26 b EStG) wählen (§ 26 EStG). Bei Zusammenveranlagung werden die Einkünfte, die die Ehegatten erzielt haben, zusammen- und ihnen gemeinsam zugerechnet, sodann beide gemeinsam als Steuerpflichtiger behandelt. (→ Veranlagungsarten bei der Einkommensteuer).

Veranlagungszeitraum: (§ 2 Abs. 7 EStG) Grundsätzlich ist dies das Kalenderjahr, für Land- und Forstwirte gilt ein vom Kalenderjahr abweichendes Wirtschaftsjahr, für Gewerbetreibende kann auf Antrag ein vom Kalenderjahr abweichendes Wirtschaftsjahr von der → Finanzbehörde genehmigt werden. Die E. ist eine Jahressteuer; sie entsteht für die veranlagte Steuer in der Regel mit Ablauf des Veranlagungszeitraums (§ 36 Abs. 1 EStG), für Vorauszahlungen mit Beginn des Kalendervierteljahres, in dem die Vorauszahlungen zu entrichten sind (§ 37 Abs. 1 EStG).

Steuererhebung: Bei Einkünften aus nichtselbständiger Arbeit erfolgt die Steuererhebung regelmäßig durch Abzug vom Arbeitslohn; der → Arbeitgeber behält die → Lohnsteuer bei jeder Lohnzahlung ein (§ 38 EStG). Bei anderen Einkünften werden zunächst Vorauszahlungen auf die E. angerechnet, und nach Bekanntgabe des → Steuerbescheids muß der Steuerpflichtige noch eine Abschlußzahlung leisten (§ 36 Abs. 4 EStG), oder er erhält eine Rückerstattung.

Rechtliche Grundlagen: Einkommensteuergesetz (EStG), Einkommensteuer- und Lohnsteuer-Durchführungsverordnungen (EStDV, LStDV), Einkommen- und Lohnsteuerrichtlinien (EStR, LStR).

Einkommensteuerermäßigung bei ausländischen Einkünften

Arten: E. b. a. E. kann entweder aufgrund von → Doppelbesteuerungsabkommen mit einem fremden Staat (i. V. m. § 34 c Abs. 6 EStG) oder einseitig durch das nationale

Einkommensteuerermäßigung

Einkommensteuer – Ermittlung des zu versteuernden Einkommens

Einkünfte aus Land- und Forstwirtschaft + Einkünfte aus Gewerbebetrieb + Einkünfte aus selbständiger Arbeit	} jeweils Gewinn
+ Einkünfte aus nichtselbständiger Arbeit	**Bruttolohn** ./. **Versorgungsfreibetrag** (40% der Pensionsbezüge, höchstens 6000 DM) ./. **Werbungskosten** (Arbeitnehmer-Pauschbetrag von 2000 DM je Arbeitnehmer oder nachweislich höhere Werbungskosten)
+ Einkünfte aus Kapitalvermögen	**Einnahmen** ./. **Werbungskosten** (Pauschbetrag von 100 DM/zusammenveranlagte Ehegatten 200 DM oder nachweislich höhere Werbungskosten) ./. **Sparer-Freibetrag** (6000 DM/zusammenveranlagte Ehegatten 12000 DM)
+ Einkünfte aus Vermietung und Verpachtung	**Einnahmen** ./. **Werbungskosten**
+ Sonstige Einkünfte – Wiederkehrende Bezüge und Unterhaltsleistungen (z.B. Leibrenten)	**Einnahmen (bei Renten Ertragsanteil)** ./. **Werbungskosten** (200 DM oder nachweislich höhere Werbungskosten)
– Einkünfte aus Spekulationsgeschäften	**Einnahmen** ./. **Werbungskosten**
= Summe der Einkünfte aus den Einkunftsarten	
./. **Altersentlastungsbetrag** (§ 24a EStG)	bei Vollendung des 64. Lebensjahres 40% des Arbeitslohnes und der positiven Summe der übrigen Einkünfte, höchstens 3720 DM
= Gesamtbetrag der Einkünfte (§ 2 Abs. 3 EStG)	
./. **Sonderausgaben** **(ohne Vorsorgeaufwendungen)** (§§ 10, 10b, 10c EStG)	Unbeschränkt abzugsfähig: z.B. Renten, Kirchensteuer, Steuerberatungskosten. Beschränkt abzugsfähig: z.B. Ausbildungskosten, Spenden (mindestens Pauschbetrag 108 DM/zusammenveranlagte Ehegatten 216 DM)
./. **Vorsorgeaufwendungen** (§§ 10 Abs. 1, 10c EStG)	Sozialversicherungsbeitrag Beschränkt abzugsfähig: Versicherungs- und Bausparbeiträge
./. **Verlustabzug** (§ 10d EStG) ./. **Steuerbegünstigung der zu eigenen Wohnzwecken genutzten Wohnung nach § 10e EStG** ./. **Außergewöhnliche Belastungen** (§§ 33, 33a, 33b, 33c EStG) = Einkommen (§ 2 Abs. 4 EStG) ./. **Kinderfreibetrag** (§ 32 Abs. 6 EStG) ./. **Haushaltsfreibetrag für Alleinstehende mit Kindern** (§ 32 Abs. 7 EStG)	
= Zu versteuerndes Einkommen (§ 2 Abs. 5 EStG)	

Einkünfte aus Kapitalvermögen

(deutsche) Einkommensteuergesetz erfolgen. Durchgeführt wird sie entweder im Wege eines Anrechnungs- oder eines Abzugsverfahrens. Gem. § 34c Abs. 1 EStG ist bei unbeschränkt → Steuerpflichtigen, die mit ausländischen Einkünften in dem Staat, aus dem die Einkünfte stammen, zu einer der deutschen → Einkommensteuer entsprechenden → Steuer herangezogen werden, die dort festgesetzte und gezahlte Steuer auf die deutsche Einkommensteuer anzurechnen, soweit sie auf die im Veranlagungszeitraum bezogenen Einkünfte entfallen. Statt solcher Anrechnung kann auf Antrag die ausländische Steuer bei der Ermittlung der Einkünfte abgezogen werden (§ 34c Abs. 2 EStG).

Ausländische Einkünfte: Hierunter fallen gem. § 34d EStG Einkünfte aus einer in einem ausländischen Staat betriebenen Land- und Forstwirtschaft, → Einkünfte als Gewerbebetrieb, die durch eine in einem ausländischen Staat belegene → Betriebsstätte erzielt werden, → Einkünfte aus selbständiger Arbeit, die in einem ausländischen Staat ausgeübt oder verwertet wird, Einkünfte aus der Veräußerung von → Wirtschaftsgütern, die zum → Anlagevermögen eines Betriebs gehören, wenn die Wirtschaftsgüter in einem ausländischen Staat belegen sind, Einkünfte aus der Veräußerung von → Anteilen an → Kapitalgesellschaften, wenn die Gesellschaft Geschäftsleitung oder Sitz in einem ausländischen Staat hat, → Einkünfte aus nichtselbständiger Arbeit, die in einem ausländischen Staat ausgeübt oder verwertet wird, → Einkünfte aus Kapitalvermögen, wenn der → Schuldner Wohnsitz, Geschäftsleitung oder Sitz in einem ausländischen Staat hat oder das Kapitalvermögen durch ausländischen Grundbesitz gesichert ist, → Einkünfte aus Vermietung und Verpachtung, soweit das unbewegliche Vermögen oder die Sachinbegriffe in einem ausländischen Staat belegen oder die Rechte zur Nutzung in einem ausländischen Staat überlassen worden sind sowie gewisse → sonstige Einkünfte im Sinne des § 22 EStG, wenn der zur Leistung der wiederkehrenden Bezüge Verpflichtete Wohnsitz, Geschäftsleitung oder Sitz in einem ausländischen Staat hat, bei → Spekulationsgeschäften die veräußerten Wirtschaftsgüter in einem ausländischen Staat belegen sind.

Bei unbeschränkt Steuerpflichtigen, die mit solchen ausländischen Einkünften in dem Staat, aus dem die Einkünfte stammen, zu einer der deutschen Einkommensteuer entsprechenden Steuer herangezogen werden, ist die festgesetzte und gezahlte und keinem Ermäßigungsanspruch mehr unterliegende ausländische Steuer auf die deutsche Einkommensteuer anzurechnen, die auf die Einkünfte aus diesem Staat entfällt (§ 34c Abs. 1 Satz 1 EStG). Die auf diese ausländischen Einkünfte entfallende deutsche Einkommensteuer ist in der Weise zu ermitteln, daß die sich bei der Veranlagung des → zu versteuernden Einkommens (einschließlich der ausländischen Einkünfte) nach den §§ 32a, 32b, 34, 34b EStG ergebende deutsche Einkommensteuer im Verhältnis dieser ausländischen Einkünfte zum Gesamtbetrag der Einkünfte aufgeteilt wird (§ 34c Abs. 1 Satz 2 EStG). Die ausländischen Steuern sind nur insoweit anzurechnen, als sie auf die im Veranlagungszeitraum bezogenen Einkünfte entfallen (→ Progressionsvorbehalt, § 32b Abs. 1 Nr. 2 EStG).

Einkünfte aus Gewerbebetrieb

Einkünfte aus Einzelunternehmerschaft (§ 15 Abs. 1 Ziff. 1 EStG), Einkünfte aus → Mitunternehmerschaft, d.h. Gewinnanteile der Gesellschafter einer OHG, KG und die Vergütungen der Gesellschaften an den Gesellschafter (§ 15 Abs. 1 Ziff. 2 EStG), Gewinnanteile der → persönlich haftenden Gesellschafter einer KGaA (§ 15 Abs. 1 Ziff. 3 EStG) → Gewinne aus der Veräußerung des ganzen Betriebs oder eines Teilbetriebs (§ 16 Abs. 1 Ziff. 1 EStG), Gewinne aus der Veräußerung des Anteils eines Gesellschafters, der als Unternehmer (Mitunternehmer) anzusehen ist (§ 16 Abs. 1 Ziff. 2 EStG), Gewinne aus der Veräußerung des Anteils eines persönlich haftenden Gesellschafters einer KGaA (§ 16 Abs. 1 Ziff. 3 EStG) sowie → Veräußerungsgewinne betr. Anteile an → Kapitalgesellschaften bei wesentlicher Beteiligung (§ 17 EStG). Der Gewinn wird bei buchführungspflichtigen sowie freiwillig buchführenden Gewerbetreibenden durch Betriebsvermögensvergleich (§ 5 EStG), ansonsten durch (betriebliche) Überschußrechnung (§ 4 Abs. 3 EStG) ermittelt (→ Gewinnermittlungsmethoden nach EStG).

Einkünfte aus Kapitalvermögen

Erträge aus Kapitalanlagen, sofern diese nicht als Einkünfte aus Land- und Forstwirtschaft, als → Einkünfte aus Gewerbebe-

Einkünfte aus Kapitalvermögen

trieb, als →Einkünfte aus selbständiger Arbeit oder als →Einkünfte aus Vermietung und Verpachtung zu erfassen sind (§ 20 Abs. 3 EStG). E. a. K. sind Einnahmen (Kapitalerträge) abzüglich →Werbungskosten (mind. Werbungskostenpauschbetrag von 100 DM bei Einzelveranlagung bzw. 200 DM bei Zusammenveranlagung von Ehegatten; § 9a Satz 1 Ziff. 2 EStG) und abzüglich →Sparerfreibetrag (6.000 DM bei Einzelveranlagung bzw. 12.000 DM bei Zusammenveranlagung; § 20 Abs. 4 EStG).

Werbungskosten sind beispielsweise → Depotgebühren; →Schuldzinsen, die für einen zum Erwerb von →Wertpapieren aufgenommenen →Kredit gezahlt werden; Kosten eines →Aktionärs für die Teilnahme an →Hauptversammlungen; Beiträge an die →Deutsche Schutzvereinigung für Wertpapierbesitz; Prozeßkosten, soweit sie für die Erlangung der Kapitalerträge aufgebracht werden; Beratungs- und Vermögensverwaltungskosten, soweit sie mit steuerpflichtigen Einnahmen im Zusammenhang stehen; →Kosten für Fachliteratur, wenn sie wegen der Wertpapierhaltung bezogen wird; Bürokosten, Porto und Telefongebühren, soweit diese auf die Verwaltung der Wertpapiere entfallen.
Kosten, die mit dem Erwerb von Wertpapieren im Zusammenhang stehen (Ankaufsspesen und -gebühren), sind →Anschaffungskosten und damit keine Werbungskosten. Wertminderungen und Veräußerungsverluste im Rahmen privaten Wertpapierbesitzes sind der Vermögensebene zuzurechnen und so nur im Rahmen von →Spekulationsgeschäften steuerlich relevant (→Sonstige Einkünfte i. S. des § 22 EStG); dasselbe gilt für Wertsteigerungen und →Veräußerungsgewinne im Privatvermögen.

Zu E. a. K. gehören insbesondere: (1) *Gewinnanteile aus* →*Aktien* (→*Dividenden), Bezüge aus GmbH-Anteilen und aus Anteilen an Erwerbs- und Wirtschaftsgenossenschaften* (§ 20 Abs. 1 Ziff. 1 EStG). Hierzu rechnen auch→verdeckte Gewinnausschüttungen. Die Körperschaftsteuer-Gutschrift (→Anrechnungsverfahren bei der Körperschaftsteuer) gilt als zusammen mit den Einnahmen bezogen (§ 20 Abs. 1 Ziff. 3 EStG). Zuflußzeitpunkt ist der Tag, der in der Beschlußfassung der Körperschaft als Tag der Ausschüttung bestimmt worden ist. Wer jeweils Anteilseigner ist, ergibt sich aus § 20 Abs. 2a EStG und §§ 39 AO.

(2) *Einnahmen aus der Beteiligung an einem* →*Handelsgewerbe als typisch stiller Gesellschafter* (→stille Gesellschaft) *und aus* →*partiarischen Darlehen,* es sei denn, daß der Gesellschafter oder Darlehensgeber als Mitunternehmer (→Mitunternehmerschaft) anzusehen ist (§ 20 Abs. 1 Ziff. 4 EStG). Zuflußzeitpunkt ist der im Beteiligungsvertrag genannte Zeitpunkt.

(3) →*Zinsen aus* →*Hypotheken und* →*Grundschulden sowie*→*Renten aus Rentenschulden* (§ 20 Abs. 1 Ziff. 5 EStG): Bei →Tilgungsdarlehen ist nur der Teil der Zahlungen anzusetzen, der als Zins auf den jeweiligen Kapitalrest entfällt.

(4) *Außerrechnungsmäßige und rechnungsmäßige Zinsen aus den Sparanteilen, die in den Beiträgen zu Versicherungen auf den Erlebens- oder Todesfall enthalten sind* (§ 20 Abs. 1 Ziff. 6 EStG).

(5) *Zinsen aus sonstigen Kapitalforderungen jeder Art unabhängig von der Bezeichnung oder zivilrechtlichen Gestaltung der Kapitalüberlassung* (§ 20 Abs. 1 Ziff. 7 EStG): Darunter fallen Zinsen aus →Spareinlagen, →Bauspareinlagen und Guthaben auf→Girokonten sowie aus→Darlehen und →Anleihen aus →Sparbriefen/Sparkassenbriefen sowie →Bundesschatzbriefen und anderen Wertpapieren. Zu den steuerpflichtigen Einnahmen rechnen auch das vereinnahmte →Disagio, Verzugszinsen, Diskonterträge (§ 20 Abs. 1 Ziff. 8) und ähnliche besondere Entgelte oder Vorteile (§ 20 Abs. 2 Satz 1 Ziff. 1 EStG). Unter § 20 Abs. 2 EStG fallen ferner:

(6) Einnahmen aus der *Veräußerung von* →*Dividendenscheinen und sonstigen Ansprüchen durch den Inhaber des Stammrechts,* wenn die dazugehörigen Anteile nicht mitveräußert werden (anstelle einer Besteuerung nach § 20 Abs. 1), sowie aus der isolierten Veräußerung von →Zinsscheinen und -forderungen durch den Inhaber oder ehemaligen Inhaber der zugehörigen →Schuldverschreibungen und aus deren Einlösung (§ 20 Abs. 2 Satz 1 Ziff. 2 EStG).

(7) Einnahmen aus der *Veräußerung von Zinsscheinen und -forderungen,* wenn die dazugehörigen Schuldverschreibungen mitveräußert werden und das Entgelt für die →Stückzinsen besonders in Rechnung gestellt ist (§ 20 Abs. 2 Satz 1 Ziff. 3 EStG).

Einlagen

(8) Einnahmen aus der *Veräußerung oder →Abtretung von weiteren verbrieften und sonstigen Kapitalforderungen*, soweit sie der rechnerisch auf die Besitzzeit entfallenden →Emissionsrendite entsprechen. Bei fehlendem Nachweis gilt der Unterschied zum Entgelt für den Erwerb als Kapitalertrag (§ 20 Abs. 2 Satz 1 Ziff. 4 EStG).

Einkünfte aus nichtselbständiger Arbeit
Einnahmen aus Gehältern, Löhnen, →Tantiemen, Wartegeldern, Ruhegeldern, Versorgungsbezügen usw. (§ 20 Abs. 1 EStG) minus Arbeitnehmer-Pauschalbetrag von 2.000 DM (→Arbeitnehmer, deren tatsächliche →Werbungskosten [Fahrten zwischen Wohnung und Arbeitsstätte, Arbeitszimmer, Arbeitsmittel, Reisekosten, Fortbildungskosten usw. – § 9 EStG] den Arbeitnehmerpauschbetrag [§ 9a EStG] übersteigen, können diese steuerlich geltend machen).

Einkünfte aus selbständiger Arbeit
Einkünfte aus freiberuflicher Tätigkeit, Einkünfte aus sonstiger selbständiger Arbeit (→Testamentsvollstrecker, →Vermögensverwaltung, Aufsichtsratsmitglied) i.S. des § 18 Abs. 1 EStG, auch bei vorübergehender Tätigkeit (§ 18 Abs. 2), →Gewinne, die bei der Veräußerung des →Vermögens, eines selbständigen Teils oder Anteils erzielt werden, das der selbständigen Arbeit dient usw. (§ 18 Abs. 3 EStG). Da Freiberufler keiner Buchführungspflicht unterliegen, wird der Gewinn i.d.R. durch Überschußrechnung (§ 4 Abs. 3 EStG), bei freiwillig buchführenden Freiberuflern durch Betriebsvermögensvergleich (§ 4 Abs. 1 EStG) ermittelt.
(→Gewinnermittlungsmethoden)

Einkünfte aus Vermietung und Verpachtung
Zu diesen Einkünften zählen gemäß § 21 Abs. 1 EStG (1) E.a.V.u.V. von unbeweglichem →Vermögen (d.h. von →Grundstücken, Gebäuden, Gebäudeteilen, →Schiffen, die in ein →Schiffsregister eingetragen sind, und →Rechten, wie z.B. →Erbbaurecht); (2) E.a.V.u.V. von Sachinbegriffen, insbes. von beweglichen →Betriebsvermögen; (3) Einkünfte aus zeitlich begrenzter Überlassung von Rechten, insbesondere von schriftstellerischen, künstlerischen und gewerblichen Unterrechten; (4) Einkünfte aus der Veräußerung von Miet- und Pachtzinsforderungen (→Miete, →Pacht).

Die *Ermittlung der Einkünfte* erfolgt durch Einnahmenüberschußrechnung. Sie sind anderen Einkunftsarten zuzurechnen, soweit sie zu diesen gehören (§ 21 Abs. 3 EStG).

Abzugsfähige →*Werbungskosten:* z.B. →Schuldzinsen, →Renten, →dauernde Lasten, Geldbeschaffungskosten (→Damnum, Kreditvermittlungsgebühren, Notariatsgebühren), →Aufwendungen für kleinere Instandhaltungen und Instandsetzungen sowie Absetzungen für Abnutzung (→AfA, →Grundsteuer, Entgelte für Wasserversorgung, Abfall- und Abwasserentsorgung, Kosten für Heizung, Beiträge zur Hausratversicherung, →Abschreibungen).

Einkünfte im Sinne des Einkommensteuergesetzes
Nach § 2 Abs. 2 EStG der →Gewinn bei Land- und Forstwirtschaft, bei →Gewerbebetrieb und bei selbständiger Arbeit sowie der Überschuß der Einnahmen über die →Werbungskosten bei unselbständiger Arbeit, bei Kapitalvermögen sowie bei Vermietung und Verpachtung und bei sonstigen Einkünften. Zu unterscheiden sind daher →Gewinneinkunftsarten und →Überschußeinkunftsarten.
(→Einkommensteuer)

Einlagen
(genauer: Einlagenwerte). →Zahlungsmittel aus dem Nichtbankenbereich, die bei →Banken deponiert werden (Zahlungsmittel aus dem Bankenbereich, →aufgenommene Gelder und Darlehen). Die Begründung einer E., deren Begriff gesetzlich nicht definiert ist, setzt einen schuldrechtlichen Vertrag in Form eines →Darlehensvertrages gemäß § 607 BGB oder eines unregelmäßigen Verwahrungsvertrages gemäß § 700 BGB (auch als „Summenverwahrung" oder „depositum irregulare" bezeichnet) voraus. Im einen wie im anderen Falle erlangt das →Kreditinstitut das uneingeschränkte Eigentumsrecht am eingezahlten Geld (dingliches Vollzugsgeschäft gemäß § 929 BGB). Das der E. entgegennehmende Kreditinstitut ist lediglich verpflichtet, das Empfangene in →Sachen von gleicher Art, Güte und Menge zurückzuerstatten (§§ 607 Abs. 1, 700 Abs. 1 BGB).

Einlagenfinanzierung

Rechtsnatur: Nach herrschender Auffassung weisen → Spareinlagen die Rechtsnatur des → Darlehens auf. Für → Sichteinlagen, soweit sie – was praktisch nicht vorkommt – nicht auf → Kontokorrentkonten, sondern auf echten Depositenkonten (→ Depositen) geführt werden, ist dagegen die → unregelmäßige Verwahrung typisch. Die rechtliche Qualifizierung der → Termineinlage ist dagegen strittig. Es ist aber die Annahme gerechtfertigt, daß eine Termineinlage mit zunehmende Fristigkeit eher dem Darlehen als der unregelmäßigen Verwahrung zuzurechnen ist, weil dann der Anlagecharakter gegenüber dem Verwahrungsgedanken stärker in den Vordergrund rückt. Das → Kreditwesengesetz gibt keine genaue Definition des Einlagenbegriffs. Lediglich in § 1 Abs. 1 Satz 2 Nr. 1 KWG wird als → Einlagengeschäft die Annahme fremder Gelder als E. definiert, ohne Rücksicht darauf, ob → Zinsen vergütet werden (→ Bankgeschäfte). Nach einer Konkretisierung durch das → Bundesaufsichtsamt für das Kreditwesen außerhalb des Gesetzes liegen E. i. S. des KWG dann vor, wenn jemand von einer Vielzahl von Geldgebern, die keine Kreditinstitute i. S. des Kreditwesengesetzes sind, fremde Gelder aufgrund typisierter Verträge als Darlehen (§ 607 BGB) oder zur unregelmäßigen Verwahrung (§ 700 BGB) ohne Bestellung banküblicher Sicherheiten laufend annimmt. Mit den aufgelisteten Merkmalen schränkt das Bundesaufsichtsamt für das Kreditwesen E. auf die Annahme fremder Gelder vom breiten Publikum ein. Das entspricht dem Schutzzweck des Kreditwesengesetzes, nämlich Sparer vor Verlusten zu schützen, wenn diese ihre Gelder Kreditinstituten anvertrauen. Insofern bedarf ein Kreditinstitut, welches das Einlagengeschäft betreiben will, der schriftlichen Erlaubnis durch das Bundesaufsichtsamt (§ 32 KWG). Nicht dem Erlaubnisvorbehalt durch das Bundesaufsichtsamt für das Kreditwesen unterliegt dagegen die Annahme fremder Mittel in Form aufgenommener Gelder und aufgenommener Darlehen (→ Nostroverbindlichkeiten). Die vom Bundesaufsichtsamt für das Kreditwesen aufgeführten Merkmale einer E. dienen vornehmlich der Abgrenzung zu den aufgenommenen Geldern und Darlehen. Damit gibt das Bundesaufsichtsamt für das Kreditwesen auch die sog. Initiativtheorie auf, derzufolge man den Einlagencharakter bejaht, wenn die Initiative zur Geldbereitstellung vom Geldgeber und nicht vom Geldnehmer ausgeht. Gleichzeitig wird auch die Unterteilung fremder Gelder in Hol- und Bringgelder überflüssig, wobei E. i. a. als gebrachtes Geld bezeichnet werden. Der vom Bundesaufsichtsamt für das Kreditwesen definierte Einlagenbegriff ist für verschiedene KWG-Vorschriften von Bedeutung. So beziehen sich die in § 3 KWG aufgeführten → verbotenen Bankgeschäfte nach dem KWG (z. B. das Betreiben von → Werksparkassen) lediglich auf den kreditwesenrechtlichen Einlagenbegriff, nicht dagegen auf aufgenommene Gelder und Darlehen. Daneben sehen die → Grundsätze II und III des Bundesaufsichtsamts für das Kreditwesen (→ Grundsätze über das Eigenkapital und die Liquidität der Kreditinstitute, → Liquiditätsgrundsätze) für E. andere Liquiditätshaltungsvorschriften vor als für aufgenommene Gelder und Darlehen.

Arten der E. von Nichtbanken: vgl. Abbildung S. 517.

E. von Kreditinstituten: Abweichend vom kreditwesenrechtlichen Einlagenbegriff des Bundesaufsichtsamts für das Kreditwesen wird im wirtschaftlichen Sinne zwischen E. von Nichtbanken und E. von Kreditinstituten unterschieden, so auch die → Deutsche Bundesbank im statischen Teil der → Monatsberichte. E. von Kreditinstituten, die Sichteinlagen oder Termineinlagen sein können, werden i. S. der Initiativtheorie von den aufgenommenen Geldern bzw. den aufgenommenen Darlehen abgegrenzt.
(→ Passivgeschäft, → Einlagengeschäft)

Einlagenfinanzierung
Synonyme Bezeichnung für → Beteiligungsfinanzierung.

Einlagengeschäft
1. *Im rechtlichen Sinne:* → Bankgeschäft i. S. von § 1 KWG, das nach Auffassung des → Bundesaufsichtsamt für das Kreditwesen (BAK) i. d. R. dann vorliegt, wenn „jemand von mehreren Geldgebern, die keine Kreditinstitute i. S. des § 1 KWG sind, fremde Gelder aufgrund typisierter Verträge als → Darlehen oder zur → unregelmäßigen Verwahrung (§ 700 BGB) ohne Bestellung banküblicher Sicherheiten und ohne schriftliche Vereinbarung im Einzelfall laufend annimmt". In § 1 Abs. 1 Satz 2 Nr. 1 KWG selbst wird lediglich gesagt, daß unter Ein-

Einlagengeschäft auf Termin

Einlagen – Arten der Einlagen von Nichtbanken

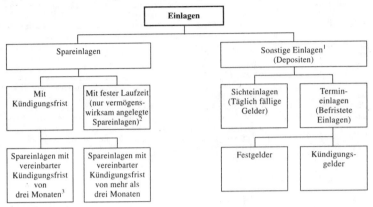

[1] Im Sparkassenrecht auch als „Andere Einlagen" bezeichnet.
[2] Mit Ablauf der im 5. VermBG geregelten Festlegungsfristen sind zwar vermögenswirksame Spareinlagen zur Rückzahlung fällig. Sie verlieren aber – soweit nichts anderes vereinbart ist – nicht ihren Spareinlagencharakter.
[3] Definition der Spareinlage ab 1. 7. 1993 gem § 21 Abs. 4 RechKredV.

Quelle: Platz, S., Fachwissen Passivgeschäft, Teil 1, Stuttgart 1994, S. 32

lagen „die Annahme fremder Gelder als Einlagen ohne Rücksicht darauf, ob Zinsen vergütet werden", zu verstehen sind. Damit wird klargestellt, daß hierunter nur Einlagen, durch die ein Forderungsrecht begründet wird, nicht jedoch gesellschaftsrechtliche Einlagen, wie z. B. Einlagen stiller Gesellschafter, fallen.

Das Betreiben des E. bedarf der schriftlichen Erlaubnis durch das BAK (§ 32 KWG), sofern dafür ein in kaufmännischer Weise eingerichteter Geschäftsbetrieb erforderlich ist (§ 1 Abs. 1 Satz 1 KWG). Letzteres nimmt das BAK an, wenn der Gesamtbestand an Einlagen nach Anzahl und Gesamtvolumen bestimmte Grenzwerte überschreitet. Die Annahme von → aufgenommenen Geldern und Darlehen stellt weder ein Einlagen- noch überhaupt ein Bankgeschäft i. S. des KWG dar. Der Betrieb derartiger → Passivgeschäfte ist mithin erlaubnisfrei.

Da → Einlagen ebenso wie aufgenommene Gelder und aufgenommene langfristige Darlehen unter → Verbindlichkeiten bilanziert werden, ist der Umfang des E. aus der → Bankbilanz nicht genau erkennbar.

2. *Im betriebswirtschaftlichen Sinne:* Bankgeschäft, das die Hereinnahme von fremden Mitteln auf Initiative der Einleger beinhaltet („Bringgelder" im Gegensatz zu „Holgeldern", wie z. B. aufgenommene Gelder und aufgenommene langfristige Darlehen). Das E. (→ Sichteinlagen, → Termineinlagen, → Spareinlagen) ist ein wichtiger Teil des → Passivgeschäfts der Kreditinstitute.

Zu den wirtschaftlichen Funktionen des E. zählen die → Verwahrung und Verwaltung fremder Gelder. Das zeigt sich insbesondere darin, daß bestimmte Einlagen (Sichteinlagen) auf Girokonten unterhalten werden und damit die Grundlage für die Abwicklung des → bargeldlosen Zahlungsverkehrs darstellen. Daneben hat das E. Vermögensbildungsfunktion, was insbes. für Spareinlagen zutrifft, da diese der „Anlage und Ansammlung von Vermögen" dienen (so Definition in § 21 Abs. 4 der → Verordnung über die Rechnungslegung der Kreditinstitute i. d. F. vom 18. 6. 1993). Für die Kreditinstitute besitzt das E. Gewinnerzielungsfunktion. Das zeigt sich im Zinsüberschuß, wenn Einlagen (genauer: Einlagengegenwerte) zinsbringend im → Kreditgeschäft ausgeliehen werden.

Einlagengeschäft auf Termin, → Forward Forward Deposit/Loan.

Einlagenpolitik der Deutschen Bundesbank

Einlagenpolitik der Deutschen Bundesbank

Bis Ende 1993 Teilbereich der →Liquiditätspolitik der Deutschen Bundesbank. Der Bund, das →Sondervermögen „Ausgleichsfonds", das →ERP-Sondervermögen und die Länder hatten ihre flüssigen Mittel bei der Deutschen Bundesbank auf →Girokonten zinslos (§ 19 Abs. 1 Nr. 4, § 20 Abs. 1 Nr. 2 BBankG) einzulegen. Eine anderweitige Einlegung oder Anlage bedurfte der Zustimmung der Bundesbank. Diese hatte das Interesse der Länder an der Erhaltung ihrer Staats- und →Landesbanken zu berücksichtigen (§ 17 BBankG). Zusammen mit dem Wegfall des →Kassenkredits wurde auch § 17 BBankG aufgehoben.

Einlagenpolitik der Geschäftsbanken

Teilbereich der bankbetrieblichen Geschäftspolitik, der das →Einlagengeschäft, d.h. die Gewinnung von →Einlagen der Nichtbankenkundschaft als Finanzierungsmittel steuert. Wichtigstes Instrument ist extern die Setzung von Anreiz- bzw. Abwehrkonditionen (→Konditionenpolitik) und intern (bei Nichtanwendung der →Marktzinsmethode) die Zugrundelegung entsprechender Verrechnungszinssätze.

Einlagensicherung

Schutz der →Gläubiger von →Kreditinstituten vor Verlust von →Einlagen. In der BR Deutschland wird der Gläubigerschutz durch Sicherungseinrichtungen der →Spitzenverbände der deutschen Kreditwirtschaft getragen. Er soll verhindern, daß Gläubiger bei →Zahlungsunfähigkeit von Kreditinstituten Verluste erleiden. Motive für die Schaffung der E. sind sozialpolitische Erwägungen (Schutz der Ersparnisse und der Vermögensanlagen) sowie die Sicherung der Funktionsfähigkeit der Kreditwirtschaft. Aufgrund der verbandseigenen Sicherungseinrichtungen konnte in der BR Deutschland auf eine gesetzliche für alle Kreditinstitute einheitlich geltende E. verzichtet werden.

Die Sicherungseinrichtungen existieren bei →Sparkassen und →Kreditgenossenschaften in Form der Institutssicherung (Existenzsicherung der einzelnen Kreditinstitute: Die Sicherungseinrichtungen schützen die angeschlossenen Institute davor, zahlungsunfähig zu werden. Hierdurch sind mittelbar auch die Gläubiger geschützt) und im Bereich des →Bundesverbandes deutscher Banken als Einlegersicherung (direkte Sicherung der Einleger bei finanziellen Schwierigkeiten einer Mitgliedsbank).

Gemeinsame Merkmale der E.: Bei allen Sicherungseinrichtungen bestehen Fonds, die aus Umlagen gebildet werden. Die Einlagensicherungssysteme beziehen bei den angeschlossenen Kreditinstituten alle Zweigstellen, auch die im Ausland, mit ein. Geschützt sind Einlagen ohne Rücksicht darauf, in welcher →Währung sie unterhalten werden. Der Schutz besteht für inländische und für ausländische Einleger. Weder die geschützten Gläubiger noch die angeschlossenen Kreditinstitute haben einen Rechtsanspruch auf die Leistungen der Sicherungssysteme.

1. *Bundesrepublik Deutschland:* Es sind für die einzelnen Bankgruppen spezifische Systeme vorhanden.
Die Bundesbank hat als Liquiditätshilfseinrichtung die →Liquiditäts-Konsortialbank

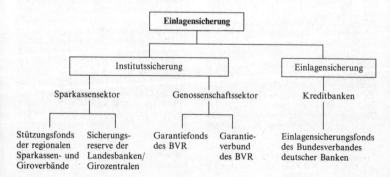

Einlagensicherung

GmbH zusammen mit anderen Bankengruppen gegründet.

a) *Privates Bankgewerbe:* Innerhalb des Bundesverbandes deutscher Banken besteht ein Einlagensicherungsfonds. Geschützt sind die unter der Bilanzposition „Verbindlichkeiten aus dem Bankgeschäft gegenüber anderen Gläubigern" ausgewiesenen Fremdmittel. Die → Verbindlichkeiten pro Gläubiger werden bis zu einem Betrag garantiert, der 30 Prozent des → haftenden Eigenkapitals der Kreditinstitute gemäß § 10 KWG des letzten veröffentlichten → Jahresabschlusses entspricht (Sicherungsgrenze). An die Mitgliedschaft sind von den privaten Banken zu erfüllende Voraussetzungen gebunden, die auf die Sicherstellung einer ordnungsgemäßen → Geschäftsführung abzielen, wie zum Beispiel haftendes Eigenkapital mindestens in der Höhe, die Voraussetzung für die Erteilung der Erlaubnis zum Betreiben eines Bankgeschäftes (→ Erlaubniserteilung für Kreditinstitute) ist, mindestens zwei Geschäftsführer, Mitgliedschaft im → Prüfungsverband deutscher Banken e. V. Der Einlagensicherungsfonds wird gespeist durch eine Umlage, die i. d. R. 0,3 Promille p. a. (Stichtag 31.12.) der „Verbindlichkeiten aus dem Bankgeschäft gegenüber anderen Gläubigern" beträgt.

b) *Sparkassenbereich:* Der Einlagenschutz ist mehrstufig ausgerichtet. Die Institute der Sparkassenorganisation sind regionalen Sparkassenstützungsfonds angeschlossen, wobei der wesentliche Unterschied zur E. des privaten Bankgewerbes darin zu sehen ist, daß es sich hierbei um eine vorbeugende Institutssicherung handelt, die vorrangig nicht die einzelne Einlage des Kunden sichert als vielmehr den Bestand des Kreditinstitutes. Die Sparkassen zahlen regelmäßig einen bestimmten Beitrag auf das in der → Satzung bestimmte „Haftungsvolumen" (Gesamtvolumen) in den Stützungsfonds ein. Das Haftungsvolumen entspricht 3 Promille der Bilanzposition → „Forderungen an Kunden" der angeschlossenen Sparkassen nach dem Jahresendstand des jeweiligen Vorjahres. Die Sparkassen bringen jährlich 10 Prozent dieses Gesamtvolumens, also 0,3 Promille der Bilanzposition als Beitrag auf.

Die Beitragspflicht endet, sobald der Stützungsfonds die Hälfte des „Gesamtvolumens" erreicht hat; die andere Hälfte besteht als Garantievolumen, das im Rahmen einer Nachschußpflicht nur im Bedarfsfalle aufzubringen ist. Die → Landesbanken/Girozentralen unterhalten einen selbständigen Fonds, dessen Rechtsgrundlage die „Satzung für die Sicherungsreserve der Landesbanken/Girozentralen" bildet. Diese Sicherungsreserve dient unbeschadet der bestehenden → Gewährträgerhaftung und im Hinblick auf Sicherungseinrichtungen anderer Kreditinstitute mit den dort üblichen Maßstäben als Zusatzsicherheit für die Einlagen von Nichtbankenkunden bei den Mitgliedsinstituten. Die Sicherungsreserve bezweckt somit keinen Bestandsschutz für die Mitgliedsinstitute, sondern die aus Gleichheitsgründen geforderte Beteiligung an einem ganzheitlichen Sicherungssystem.

Die Bedeutung des Fonds liegt in der Teilnahme am Haftungsverbund der Sparkassenorganisation und der Möglichkeit, Sondermaßnahmen vor allem im Rahmen des überregionalen Ausgleichs durchführen zu können. Das System von Haftungsvolumen, Barauffüllungs- und Nachschußpflicht entspricht dem der Sparkassenstützungsfonds. Jedoch wurde gemäß der Konzeption als Einlagensicherungsfonds eine andere Bemessungsbasis für Haftungsvolumen und Beitragspflicht gewählt – nämlich die „Einlagen von Nichtbankenkunden". Das Haftungsvolumen (Gesamtvolumen) ist auf 1 Prozent der Bemessungsgrundlage festgesetzt. Die jährliche Beitragspflicht beträgt 10 Prozent davon, also 1 Promille der Einlagen von Nichtbankenkunden und endet, sobald die Hälfte des Fondsvolumens erreicht ist.

Die Nachschußpflicht ist wie bei den Sparkassenstützungsfonds geregelt. Obwohl die Sparkassenstützungsfonds als selbständige regionale Einrichtungen errichtet sind, steht in einem Notfall das Gesamtvolumen aller Fonds gemeinschaftlich zur Verfügung. Der überregionale Ausgleich tritt ein, wenn die für einen Stützungsfall notwendigen Aufwendungen die vorhandenen Mittel des zuständigen Regionalfonds (ohne Nachschußpflicht) übersteigen. Aufgrund der „Satzung für den Haftungsverbund zwischen den Sparkassenstützungsfonds und der Sicherungsreserve der Landesbanken/Girozentralen" bilden die Stützungsfonds und die Sicherungsreserve eine freiwillige Haftungsgemeinschaft. Danach können die Mittel des einen Systems für Stützungs- und Sicherungsmaßnahmen im Bereich des anderen Systems eingesetzt wer-

Einlagensicherung

den. Da bei öffentlich-rechtlichen Kreditinstituten die →Anstaltslast der Träger ebenfalls den Bestand des Instituts sichert, erfolgen Stützungsmaßnahmen i. d. R. im Zusammenwirken mit dem →Gewährträger.

c) *Genossenschaftsbereich:* Die Kreditgenossenschaften waren die ersten, die in Deutschland den Gedanken einer Sicherungseinrichtung verwirklichten. Bereits 1930 hatten Volksbanken vereinzelt regionale Garantiegemeinschaften gebildet. Die heutige Sicherungseinrichtung des →Bundesverbandes der Deutschen Volksbanken und Raiffeisenbanken geht über die bloße E. hinaus; sie schützt praktisch den Bestand der durch wirtschaftliche Schwierigkeiten gefährdeten Bank als solcher, sofern diese ihre Sorgfaltspflichten nicht verletzt hat. Sie besteht aus einem Garantiefonds und einem Garantieverbund: (1) Der Garantiefonds gibt →Bürgschaften, →Garantien, →Darlehen und Barzuschüsse. Er wird durch Beiträge der Verbandsmitglieder gespeist: Kreditgenossenschaften leisten Beiträge bis maximal 2 Promille p. a. ihrer Ausleihungen. 10 Prozent der Beiträge werden auf einem Konto des BVR angesammelt und verwaltet, 90 Prozent verbleiben auf Konten bei den regionalen Prüfungsverbänden, die diese Mittel treuhänderisch für den BVR verwalten. (2) Der Garantieverbund dient dazu, Bilanzierungshilfen in Form von Bürgschaften und Garantien zu geben, soweit bereits diese Form der Unterstützung ausreicht. Er ist als Alternative zum Garantiefonds gedacht.

Jeder Prüfungsverband kann selbst entscheiden, ob er zur Deckung von Bürgschaften oder Garantien Mittel seines Garantiefonds binden will, oder ob er solche Unterstützungsmaßnahmen zu Lasten des Garantieverbundes vornimmt. Das notwendige Garantievolumen wird dadurch gebildet, daß die in den Garantieverbund einbezogenen Banken sich dem BVR gegenüber verpflichten, zur Deckung solcher Bürgschaften oder Garantien erforderlichenfalls bis zur Höhe eines bestimmten Prozentsatzes ihrer Sammelwertberichtigung zu haften.

2. *USA:* →Federal Deposit Insurance Corporation (FDIC), 1934 aufgrund des Banking Act von 1933 (Änderungen 1950) als Bundesinstitution für die Depositenversicherung in den USA errichtet. Pflichtversicherung für alle Mitgliedsbanken des →Federal Reserve Systems, für Nicht-Mitgliedsbanken und Sparkassen freiwillig. Die FDIC arbeitet nach versicherungsgeschäftlichen Prinzipien. Der Deckungsfonds wird gebildet: aus dem Kapital von 150 Mio. $ (vom Schatzamt gezeichnet), einem von den Federal-Reserve-Banken bereitgestellten Betrag von 139,3 Mio. $ und aus dem jährlichen Beitrag der angeschlossenen Banken maximal 0,31% der gesicherten Einlagen. Gegebenenfalls kann das Institut Kredit beim Schatzamt bis 3 Mrd. $ nehmen, was noch nie erforderlich wurde. Versichert ist jeder Einleger (Nichtbank) bis zum Betrag von 100.000 $. Die FDIC sitzt in Washington und hat mehrere Zweigstellen. An der Spitze steht ein Board, dem der Comptroller of the Currency (→Bankwesen USA) und zwei vom Präsidenten der USA ernannte Mitglieder angehören. Die FDIC hat weitgehende Kontrollbefugnisse über die versicherten Institute, kann einschränkende Bestimmungen treffen und sogar Banken liquidieren.

3. *Japan:* Gemäß dem Deposit Insurance Law (zuletzt im Mai 1986 überarbeitet) gibt es seit 1971 die Deposit Insurance Organisation (DIO). Beteiligte sind die japanische Regierung, die Bank von Japan und das private Bankgewerbe zu je 1/3. Pro Einleger werden maximal 10 Mio. Yen erstattet.

4. *Schweiz:* Es gibt eine Garantie zur bevorrechtigten Befriedigung von Sparkonten bis zu 5.000 Franken im Einzelfall.

5. *Frankreich:* Die französische Bankenvereinigung, der nahezu alle Banken des Landes angehören, hat auf freiwilliger Basis einen Einlagensicherungsfonds geschaffen, durch den Sichteinlagen und Termineinlagen im Einzelfall bis zu 200.000 FF garantiert werden. Die Beitragsbemessung geht im wesentlichen von der Bilanzsumme des jeweiligen Kreditinstituts aus.

6. *Großbritannien:* Der Einlagenschutz sieht Entschädigungsleistungen im Einzelfall bis zu höchstens 75% von bis zu 20.000 £ vor. Der Fonds wird von der Bank von England verwaltet.

7. *Spanien:* Anfang 1978 haben die Bank von Spanien und mehrere private Banken eine Rettungsgesellschaft (Fondo de Garantia) gegründet, um in Schwierigkeiten gera-

tene Banken zu sanieren. Im März 1980 ist vom Ministerrat des Landes ein Dekret erlassen worden, das dem Schutz von Einlagen bei spanischen Banken dient. Gemäß diesem Dekret werden für die Garantiefonds jährlich etwa 12 Mrd. Ptas. zu 50 Prozent von den Fondsmitgliedern und zur anderen Hälfte von der Bank von Spanien eingezahlt. Kundeneinlagen sind im Einzelfall bis zu 750.000 Ptas. pro Konto abgesichert.

8. Die EU-Mitgliedstaaten müssen aufgrund der →Einlagensicherungs-Richtlinie 1994 Systeme der E. einführen. Wesentliche Punkte dieses Rechtsaktes sind:
(1) Anerkennung der privatrechtlichen Systeme,
(2) Pflichtmitgliedschaft aller Kreditinstitute,
(3) Mindestsicherung von 20.000 ECU (→Europäische Währungseinheit [ECU]) mit der Möglichkeit des Selbstbehalts,
(4) Zulässigkeit höherer Sicherung,
(5) Herkunftslandprinzip im Hinblick auf Mindestsicherung,
(6) Gastlandprinzip hinsichtlich ergänzender Sicherung.
Die Umsetzungsfrist endete am 1. Juli 1995.

Einlagensicherungsfonds, →Einlagensicherung.

Einlagensicherungs-Richtlinie
→EG-Rechtsakt, der 1992 von der Kommission vorgeschlagen und 1994 vom Rat und dem Europäischen Parlament erlassen wurde, nachdem eine Kommissions-Empfehlung von 1986, in allen EU-Mitgliedstaaten Systeme der →Einlagensicherung für →Kreditinstitute zu schaffen, seitens Griechenland und Portugal keine Folge geleistet wurde. Nach der E.-R. muß jeder Mitgliedstaat in seinem Gebiet für die Errichtung eines oder mehrerer Einlagensicherungssysteme sorgen, und regelmäßig hängt das Betreiben des →Einlagengeschäfts davon ab, daß ein Kreditinstitut einem dieser Systeme angeschlossen ist. Gehören diese bereits einem System an, das Institutsschutz gewährleistet, so können diese vom jeweiligen Mitgliedsland von der Pflichtmitgliedschaft in einem Einlagensicherungssystem befreit werden. Die Systeme umfassen auch den Schutz von Einlegern der Zweigniederlassungen der Kreditinstitute in anderen Mitgliedstaaten; ob diese Regelung angemessen ausgefallen ist, wird vor allem von der BRD bezweifelt. Jedoch ist ein ergänzender Beitritt zu einem System des Aufnahmemitgliedstaates zulässig. Auch für Zweigniederlassungen von Kreditinstituten mit Hauptsitz außerhalb der →Europäischen Union kann eine Pflichtmitgliedschaft eingeführt werden. Wer seine Obliegenheiten als Mitglied nicht erfüllt, kann mit Zustimmung der für die →Bankenaufsicht zuständigen Behörde nach erfolgloser Mahnung oder Sanktion und Ablauf einer Kündigungsfrist ausgeschlossen werden.

Der Sicherungsfall tritt ein, wenn eine Finanzkrise des Kreditinstituts dazu führt, daß die →Einlagen (der breit definierte Begriff der Einlagen umfaßt nicht →Verbindlichkeiten gegenüber anderen Kreditinstituten und nachrangige →Darlehen) nicht mehr verfügbar sind, etwa Zahlungen länger als zehn aufeinanderfolgende Tage ausgesetzt werden. Geschützt bis zu einem Betrag von 20.000 ECU ist der Inhaber des →Kontos, in Zweifelsfällen allerdings der „wirtschaftliche Eigentümer". Die Mitgliedstaaten dürfen jedoch auch künftig einen vollständigeren Schutz der Einleger beibehalten oder neu schaffen wie umgekehrt bestimmte Einleger oder Einlagen – etwa von Versicherungsgesellschaften oder von staatlichen Stellen – (teilweise) von der Sicherung ausnehmen.

Ob sich aus der E.-R. ein Recht auf Sicherung bzw. ein Anspruch auf Entschädigung ergeben, ist unklar; dies würde zu einer grundlegenden Umgestaltung des bisher geltenden deutschen Systems führen. Ansonsten zwingt der EG-Rechtsakt nicht dazu, nunmehr eine staatliche Einlagensicherung zu errichten. Wesentlicher Bestandteil des Einlegerschutzes ist eine korrekte Information über Art und Ausmaß. § 23 a KWG trägt diesbezüglichen Anforderungen der Richtlinie noch nicht vollständig Rechnung.

Einlagentermingeschäft, →Forward Forward Deposit/Loan.

Einlagenzertifikat, →Certificate of Deposit.

Einlassungsfrist
Frist im →Zivilprozeß zwischen →Zustellung der Klageschrift und dem Verhandlungstermin. Sie beträgt bei Prozessen mit Anwaltszwang zwei Wochen (§ 274 ZPO), ansonsten entspricht sie – auch wegen der

Einlinien-System

Folgen ihrer Nichteinhaltung – der →Ladungsfrist.

Einlinien-System
Im Rahmen der →Aufbauorganisation die Festlegung der rangmäßigen Verknüpfung von Stellen (Leitungs- und Weisungssystem) in der Form, daß jede Stelle mit einer direkten Weisungs-, aber auch Berichtslinie verbunden ist. Von der Spitze der Hierarchie bis zur untersten Ausführungsebene läuft eine eindeutige und ununterbrochene Linie der Kompetenzen und Verantwortlichkeiten. Dies gilt sowohl für Weisungen von oben nach unten, als auch für Vorschläge und Rückmeldungen von unten nach oben.
Gegensatz: →Mehrlinien-System.

Einlösen von Lastschriften und Schecks
→Lastschriften und von Kunden ausgestellte →Schecks sind erst eingelöst, wenn die Belastung nicht spätestens am zweiten Buchungstag nach der Belastungsbuchung storniert wird (Nr. 9 Abs. 2 AGB Banken, Nr. 9 Abs. 2 AGB Sparkassen). Diese →Stornoklausel (→Stornierung von Buchungen) berücksichtigt, daß Einlösungspapiere bei automatisierter Bearbeitung und Buchung erst nach der Buchung bei der kontoführenden Stelle disponiert werden können (Nachdisposition).

Einmalemission
Wertpapieremission, die nur einmal oder nur sporadisch begeben wird.
Gegensatz: →Daueremission.

Einmalemittent
→Aussteller von →Wertpapieren, der nur einmal oder sporadisch in größeren Zeitabständen mit →Emissionen an den →Kapitalmarkt herantritt. Zu den E. gehören Industrieunternehmen (→Aktien, →Industrieobligationen, →Optionsanleihen, →Wandelanleihen), →Banken (Aktien, Optionsanleihen, Wandelschuldverschreibungen, →Bankschuldverschreibungen) sowie der Bund (mit den →Bundesanleihen), die Länder und andere Gebietskörperschaften.
Gegensatz: →Dauerremittent.

Einmanngesellschaft
Nur aus einem Gesellschafter bestehende →Kapitalgesellschaft. Sie entsteht dadurch, daß eine →natürliche oder →juristische Person alle →Aktien einer AG oder alle →Geschäftsanteile einer GmbH erwirbt. Auch bei der Gründung der AG müssen seit 1994 nicht mehr mindestens fünf Gesellschafter beteiligt sein (§ 2 AktG); eine nachträgliche Vereinigung der Anteile in einer Hand war schon bisher nicht ausgeschlossen. Eine GmbH kann gemäß § 1 GmbHG von vornherein als eine E. errichtet werden. Die Anmeldung zur Eintragung in das →Handelsregister darf dann nur unter der Voraussetzung des § 7 Abs. 2 S. 3 GmbHG erfolgen.
Bei →Personengesellschaften dagegen ist eine E. nicht möglich.

Einrede
Kann einem an sich rechtlich begründeten →Anspruch entgegengesetzt werden. Zu unterscheiden sind:
(1) *E. der Arglist*: Wenn der Anspruch auf arglistige Weise erworben ist oder seine Geltendmachung aufgrund der besonderen Umstände des Falles eine sittenwidrige Schädigung des Verpflichteten darstellt.
(2) *E. der Verjährung*: →Verjährung.
(3) *E. der Vorausklage*: →Bürgschaft.
(4) *E. des nicht erfüllten Vertrages*: Bei einem gegenseitigen →Vertrag jedem Vertragsteil eingeräumtes Recht, seine Leistung bis zur Bewirkung der Gegenleistung zu verweigern, sofern er nicht vorleistungspflichtig ist.

Einreicherobligo
Summe der Verpflichtungen eines Wechseleinreichers aus seiner →Haftung als Kreditnehmer und als Mitverpflichteter aus dem →Wechsel (meist als →Aussteller) beim →Diskontkredit.
Die Bank führt ein E., in dem alle eingereichten Wechsel nach Kunden geordnet geführt werden, um jederzeit Gesamthöhe und auch Qualität der diskontierten Wechsel jedes einzelnen Einreichers feststellen zu können.
(→Obligo)

Einstellungsgespräch
Im Rahmen der →Personaleinstellung stattfindendes Informationsgespräch mit Bewerbern, die aufgrund der vorgelegten Bewerbungsunterlagen von der einstellenden Bank in die engere Auswahl einbezogen wurden. Ziel: Gewinnung eines persönlichen Eindruckes vom Bewerber, um festzustellen, ob dieser in die bestehenden Strukturen des →Kreditinstitutes eingegliedert werden

kann. Daneben werden im E. aus den Bewerbungsunterlagen offene Fragen geklärt sowie Fragen nach dem Grund der Bewerbung, dem Gesundheitszustand und nach Vorstrafen zu stellen sein. Außerdem sind die Einstellungsbedingungen (Arbeitsplatz, Eingruppierung usw.) abzuklären.

Einstweilige Verfügung
Im →Zivilprozeß vorgesehene, das Verfahren des →Arrests ergänzende Form des vorläufigen Rechtsschutzes (§§ 935 ff. ZPO). Eine e.V. soll entweder eine vorläufige Regelung treffen oder den Rechtsfrieden sichern; sie kommt nur bei →Ansprüchen in Betracht, die nicht aus einer Geldforderung entspringen. Im Wege der e.V. kann z. B. die Eintragung einer →Auflassungsvormerkung herbeigeführt (§ 885 BGB) oder ein Widerspruch gegen die Richtigkeit einer Eintragung im →Grundbuch (→Grundbuchberichtigung) eingetragen werden, der den →gutgläubigen Erwerb des →Eigentums durch eine dritte Person verhindert.

Eintragungsbewilligung
Wird ein Antrag, z. B. auf Eintragung einer →Grundschuld, beim →Grundbuchamt eingereicht, ist die Eintragung nur möglich, wenn der Grundstückseigentümer dies bewilligt. Die E. muß i.d.R. öffentlich beglaubigt sein. Eine →notarielle Beurkundung ist erforderlich, wenn sich der Eigentümer der sofortigen →Zwangsvollstreckung aus der Grundschuld oder der persönlichen →Haftung unterwirft. Der Notar hat eine Belehrungspflicht.

Eintrittswahrscheinlichkeit
Sicherheit bzw. Unsicherheit des Eintreffens eines bestimmten Ereignisses bei einem Zufallsexperiment (→Wahrscheinlichkeit P [E]).

Einwandbeantwortung
Technik im Verkaufsgespräch zur Beantwortung von Kundeneinwänden. Beispiel: Einwände werden überhört, zunächst zurückgestellt oder ihnen wird bedingt zugestimmt. Seitens des Kunden zu erwartende Einwände können auch in den Ausführungen des Verkäufers vorweggenommen werden.

Einwilligung
Gemäß § 183 BGB die vorherige Zustimmung eines Dritten, insbesondere zu einer →Willenserklärung oder zur Vornahme eines →Rechtsgeschäftes (z. B. E. der Eltern [als →gesetzliche Vertreter] zum Abschluß eines →Girovertrages durch ein minderjähriges Kind [§ 107 BGB]).
Nachträgliche Zustimmung: →Genehmigung.

Einzelabtretung
→Abtretung einer bestimmten, bereits bestehenden →Forderung. Eine E. kommt vor beim →Factoring und bei der →Forfaitierung sowie als →Sicherungsabtretung bei Zwischen- und →Vorfinanzierungen von →Bausparverträgen und Lebensversicherungsverträgen.

Einzelbankier
Alleiniger Inhaber eines →Kreditinstituts (Einzelunternehmer).
(→Erlaubniserteilung für Kreditinstitute)

Einzelkaufmann
→Kaufmann, der sein Unternehmen ohne Gesellschafter oder nur mit Stillem Gesellschafter betreibt (→Stille Gesellschaft). Der Familienname mit mindestens einem ausgeschriebenen Vornamen ist in der →Firma zu führen. Zusätze, die ein Gesellschaftsverhältnis andeuten, sind unzulässig (§ 18 Abs. 2 HGB). Gemäß Novellierung des →Kreditwesengesetzes 1976 ist die Rechtsform des E. bei der Neuzulassung von →Kreditinstituten untersagt (§ 2a KWG, →Erlaubniserteilung für Kreditinstitute).

Einzelkonto
→Bankkonto, bei dem nur ein Kontoinhaber als Vertragspartner dem →Kreditinstitut gegenüber in Erscheinung tritt. In der Kontobezeichnung wird der alleinige Kontoinhaber namentlich zum Ausdruck gebracht. Kontoinhaber kann eine →natürliche Person, eine →juristische Person, eine einzelne Unternehmung sein.
Gegensatz: →Gemeinschaftskonto.

Einzelkosten
→Kosten, die einem Leistungsobjekt, z. B. einer →Bankleistung oder einer Geschäftsstelle der Bank, direkt zugerechnet werden können.
Gegensatz: →Gemeinkosten.

Einzelschuldbuchforderung
Im →Bundesschuldbuch oder im →Schuldbuch eines Bundeslandes auf den Namen eines →Gläubigers eingetragene →Schuld-

Einzelunternehmung

buchforderung (im Gegensatz zu → Sammelschuldbuchforderungen, die für die → Deutscher Kassenverein AG eingetragen sind). Für jede → Bundesanleihe (bei → Bundesobligationen, → Finanzierungsschätzen und → Bundesschatzbriefen für jede Ausgabe) wird ein eigenes Schuldbuch angelegt. Eine E. wird auf Antrag des Erwerbers eingetragen. Zur Legitimation des Gläubigers bei der Eröffnung eines → Schuldbuchkontos genügt, daß dessen Angaben zur Person und seine Unterschrift durch sein Kreditinstitut bestätigt werden. Schuldbuchkonten können als → Gemeinschaftskonten bzw. auch für → Minderjährige, sofern die Zustimmung der → gesetzlichen Vertreter vorliegt, eingerichtet werden. Für jede E. wird ein gesondertes Schuldbuchblatt angelegt, auf dem u. a. die Höhe der → Forderung sowie der Name und die Anschrift des Gläubigers eingetragen werden. Die Eintragungen unterliegen dem Schuldbuchgeheimnis, das dem → Bankgeheimnis entspricht. Über E. kann jederzeit mittels eines Auftrages, der die bei der → Bundesschuldenverwaltung hinterlegte Unterschrift des Verfügungsberechtigten tragen muß, verfügt werden. Die Übertragung einer E. auf einen anderen Gläubiger geschieht durch → Abtretung des Rechts und Umschreibung im Schuldbuch.
E. können jederzeit in Sammelschuldbuchforderungen umgewandelt werden, so daß dann auch die Vorteile der Verwahrung von Girosammelanteilen und der Teilnahme am → Effektengiroverkehr genutzt werden können.
(→ Festverzinsliches Wertpapier)

Einzelunternehmung
→ Gewerbebetrieb, dessen → Eigenkapital von einer → natürlichen Person aufgebracht wird, die → Vollkaufmann oder auch → Minderkaufmann ist. Der Inhaber der E. leitet das Unternehmen verantwortlich und trägt das Risiko alleine. Er haftet unbeschränkt für alle Verbindlichkeiten. Die → Firma der E. muß den Familiennamen des Inhabers mit mindestens einem ausgeschriebenen Vornamen enthalten (§ 18 Abs. 1 HGB).
(→ Einzelkaufmann)

Einzelvertretung bei Gesellschaften
Ein Gesellschafter oder → Geschäftsführer kann → Willenserklärungen im Namen der → Gesellschaft abgeben und empfangen. Ist die Vertretungsmacht kraft Gesetzes mehreren Gesellschaftern gemeinsam übertragen,

so kann er zur Einzelvertretung durch die zur → Gesamtvertretung bei Gesellschaften Berechtigten im Hinblick auf bestimmte Geschäfte oder bestimmte Arten von Geschäften ermächtigt werden (§ 125 Abs. 2 HGB; § 78 Abs. 4 AktG). Nach § 78 Abs. 3 AktG kann jedoch auch von vorneherein ein Vorstandsmitglied zur Einzelvertretung befugt werden. Zur wirksamen Entgegennahme von Willenserklärungen ist ein Gesellschafter oder Geschäftsführer regelmäßig befugt (passive Stellvertretung).
(→ Stellvertretung)

Einzelvollmacht, → Handlungsvollmacht, → Vollmacht.

Einzelwertberichtigungen
Bilanzielle Vorsorge für akute, bereits erkennbare Ausfallrisiken (→ bankbetriebliche Risiken, → Kreditrisiken). Sie ist notwendig für → Forderungen aller Art, für Kontokorrentforderungen, Darlehensforderungen, Wechselforderungen, Forderungen aus → Schuldverschreibungen und Avalforderungen. Gesetzliche Grundlage: §§ 252 Abs. 1 Nr. 4 HGB und 253 Abs. 3 Satz 3 HGB (Vorsichts- und Imparitätsprinzip).
E. werden von den entsprechenden Aktivposten der → Bilanz abgesetzt. E. auf Avalforderungen werden als → Rückstellungen passiviert.
E. kommen auch als Korrekturpositionen zu Gegenständen des → Anlagevermögens vor, so z. B. als E. auf Sachanlagen und immaterielle Anlagewerte, auf Gebäude, auf Betriebs- und Geschäftsausstattung. Sie werden ebenfalls aktivisch abgesetzt.

Einzelzession, → Einzelabtretung.

Einziehungsermächtigung
Einzugsermächtigung; Ermächtigung, durch die der Inhaber einer → Forderung oder eines → Rechts einem Dritten die Befugnis einräumt, die Forderung bzw. das Recht im eigenen Namen geltend zu machen (§ 185 BGB).
Die Forderung bzw. das Recht erlischt mit der Leistung des → Schuldners an den ermächtigten Dritten (§§ 362 Abs. 2, 185 BGB). Die E. hat innerhalb des Zahlungsverkehrs gegenüber → Kreditinstituten (→ Inkasso, → Inkassovertrag) sowie bei der → Sicherungsabtretung in Form der → stillen Zession Bedeutung.

Einzugsermächtigung
Besondere Ermächtigung im → Lastschriftverkehr, die dem Zahlungsempfänger vom Zahlungsverpflichteten erteilt wird.

Einzugspapiere
→ Schecks, → Lastschriften, → Wechsel, → Zins- und → Dividendenscheine, Dokumente sowie andere Papiere, für die → Kreditinstitute den Gegenwert einziehen (→ Inkasso).

Einzugsscheck
Inkassoscheck; → Scheck, der von → Kreditinstituten und → Postgiroämtern zur Gutschrift und zum Einzug des Scheckgegenwertes hereingenommen wird (→ Scheckinkasso). Sie werden regelmäßig → Eingang vorbehalten (E. v.) gutgeschrieben.

Einzugsverkehr
Teilbereich des → Zahlungsverkehrs; er umfaßt den Lastschrifteinzug (→ Lastschriftinkasso), den Scheckeinzug (→ Scheckinkasso) und den Wechseleinzug (→ Wechselinkasso). I. w. S. zählen zum E. sämtliche Inkassogeschäfte, wie z. B. der Einzug von → Zins- und → Dividendenscheinen, fälligen → Schuldverschreibungen und Dokumenten. (→ Inkasso)

Either-or Option, → Alternative Option.

EK 45, EK 30, → verwendbares Eigenkapital.

EL
Abk. für → Equivalent Life.

Electronic Banking
Ausübung des → Bankgeschäfts unter Nutzung neuer (elektronischer) Technologien. Die EDV wird genutzt, um Daten zu erfassen, zu verarbeiten, zu transportieren und wieder zur Verfügung zu stellen, etwa über Terminals, Computer, Leitungsnetze etc., um diese Funktionen beleglos und automatisch zu erfüllen.
Je nachdem, ob der geschäftspolitisch-strategische Aspekt oder/und der technisch-organisatorische Aspekt betrachtet wird, zählen dazu: EDV-gestützte Kundenselbstbedienung (Bargeldbeschaffung mit → eurocheque-Karten oder Kundenkarten von → Kreditinstituten wie z. B. → Bank-Card oder → S-Card, Erstellung eines → Kontoauszugs mit ec-Karte oder Bank-Card); Telekontenservice (→ Btx-Service der Kreditinstitute); → POS-Banking (Electronic-Cash-System); → Cash-Management-Systeme; → Finanz- und Erfolgsplanungs-Service-Systeme; Systeme der Bilanzanalyse; → Datenbank-Service der Kreditinstitute; Datenträgeraustausch; → Datenfernübertragung. Kreditinstitute bieten vielfach auch weitere elektronische Bankleistungen in Form von EDV-Programmen an, so z. B. Mikroverfilmungsservice.

Electronic cash
Von der deutschen Kreditwirtschaft und der → Deutschen Postbank AG geschaffene Verfahren, bei dem die Kunden an automatisierten Kassen (E.-C.-Terminals) von Einzelhandels- und anderen Dienstleistungsunternehmen bargeldlos Zahlungen zu Lasten ihres → Kontos vornehmen können. Neben den von den → Kreditinstituten und der Postbank emittierten ec-Karten sind an E.-C.-Terminals auch die → Bank-Card der Volksbanken und → Raiffeisenbanken und die → S-Card der → Sparkassen und → Girozentralen einsetzbar. Das E.-C.-System ist offen für andere → Zahlungskarten, z. B. für → Kreditkarten.

POS-Banking: Das bargeldlose Bezahlen mittels einer Bankkarte (ec-Karte, Bank-Card, S-Card) wird auch als → POS-Banking bezeichnet (v. a. vor Inkrafttreten des E.-C.-Systems im April 1990). Die → GZS Gesellschaft für Zahlungssysteme hatte sogenannte POS-Pilotprojekte in Großstädten durchgeführt. Ab Herbst 1989 wurde in Regensburg mit einem Großversuch das „E.-C."-System unter Einsatz von → Chipkarten erprobt.

Rechtliche Grundlagen und Organisation: Um in Abstimmung mit dem Handels- und Dienstleistungsgewerbe ein automatisiertes, bargeldloses Zahlungssystem zu entwickeln, hatten die → Spitzenverbände der deutschen Kreditwirtschaft und die → Deutsche Bundespost eine Rahmenvereinbarung über die Abwicklung bargeldloser Zahlungen an automatisierten Kassen von Handels- und Dienstleistungsunternehmen mit institutsübergreifender Nutzung geschlossen. Sie wurde als POS-Rahmenvereinbarung bezeichnet. Die Spitzenverbände der Kreditwirtschaft und die Postbank haben zur Regelung des POS-Banking ein Vertragswerk geschaffen. Es umfaßt: (1) eine Ver-

Electronic cash

einbarung zwischen den Kreditinstituten über ein institutsübergreifendes System zur bargeldlosen Zahlung an automatisierten Kassen (E.-C.-System); (2) einen Vertrag über die Zulassung als Netzbetreiber im E.-C.-System der deutschen Kreditwirtschaft (Netzbetreiber-Vertrag); (3) Bedingungen für die Teilnahme am E.-C.-System der deutschen Kreditwirtschaft (Händlervertrag). Dieses gesamte Vertragswerk gilt für die vom deutschen Kreditgewerbe ausgegebenen ec-Karten und für andere Bankkarten. Mit Inkrafttreten des Vertragswerkes ist die POS-Rahmenvereinbarung außer Kraft getreten. Das Vertragswerk beinhaltet Abreden der deutschen Kreditwirtschaft und der Postbank zum Aufbau und Betrieb des E.-C.-Systems. Die im Rahmen des Betriebes dieses Zahlungssystems anfallenden Aufgaben sind dabei auf die Kreditwirtschaft und die Netzbetreiber verteilt. Der Kreditwirtschaft obliegt die Überwachung des Gesamtsystems, die Autorisierung sowie die Abgabe eines Garantieversprechens gegenüber den Unternehmen, die bargeldlose Zahlungen mittels der Bankkarten entgegennehmen. Die Autorisierung der E.-C.-Umsätze (POS-Umsätze) erfolgt in den vier Bereichen des → Bundesverbandes deutscher Banken, des → Bundesverbandes der Deutschen Volksbanken und Raiffeisenbanken, des → Deutschen Sparkassen- und Giroverbandes und der Postbank. Diese Institutsbereiche haben nach Maßgabe ihrer Datenverarbeitungsstrukturen eigene Autorisierungssysteme errichtet.

Autorisierung: Durch Eingabe seiner persönlichen Geheimzahl (→ PIN) in die Kundeneinheit des E.-C.-Terminals (POS-Kasse) veranlaßt der Karteninhaber die Autorisierungsanfrage, die mehrere Prüfungsvorgänge umfaßt (Kontrolle der eingegebenen PIN, der Echtheit der Karte, einer möglichen Sperre, der Einhaltung des Verfügungsrahmens). Bei On-line-Autorisierung („Autorisierung am Konto") werden die Daten nach Erfassung in der Händlereinheit und in der Kundeneinheit an das Autorisierungssystem (z. B. über Datex-L) übermittelt. Die Antwort „Zahlung genehmigt" erfolgt im Display der POS-Kasse. Das E.-C.-System basiert auf einer On-line-Autorisierung. Bei Off-line-Autorisierung findet ein Dialog zwischen dem Chip in der Bankkarte und der POS-Kasse statt. Geprüft werden: Verfügungsbetrag des Kunden, Anzahl der Tagestransaktionen, Datum der letzten POS-Verfügung. Verläuft die Prüfung (bestimmter, von der Bonität des Kunden abhängiger Richtwerte) positiv, wird off-line autorisiert. Andernfalls wird eine On-line-Autorisierung vorgenommen. Der Verkäufer kann seine Forderungen aus den POS-Umsätzen beleglos (→ Datenfernübertragung oder Datenträgeraustausch) über sein Kreditinstitut einziehen. Er erhält den Gesamtbetrag gutgeschrieben. Das Kreditinstitut zieht die einzelnen Forderungsbeträge im Lastschrifteinzugsverfahren ein.

Teilnehmer: Die Netzbetreiber haben die Verbindung zu den am Zahlungssystem teilnehmenden Unternehmen durch Bereitstellung eines E.-C. Terminalnetzes herzustellen. Nach Zulassung kann jeder Interessent Netzbetreiber werden. Betreiber können Einzelhandels- und andere Dienstleistungsunternehmen selbst, Kreditinstitute, Rechenzentren oder sonstige Dritte sein. Die Aufgabe eines Betreibers besteht darin, ein funktionsfähiges und sicheres Netz aufzubauen und zu betreiben, das die Verbindung zwischen den E.-C.-Terminals und der Schnittstelle zu den Autorisierungssystemen der Kreditwirtschaft herstellt.

Teilnahmebedingungen: Die Bedingungen, die Einzelhandels- und andere Dienstleistungsunternehmen für die Teilnahme am E.-C.-System anzuerkennen haben (Händlervertrag), regeln die Berechtigung zur Teilnahme an diesem bargeldlosen Zahlungssystem, die Entrichtung von Entgelten an die Kreditinstitute, die Sicherheit und den ordnungsmäßigen Ablauf des E.-C.-Systems. Der Einzug der E.-C.-Umsätze erfolgt aufgrund gesonderter Vereinbarungen zwischen dem Unternehmen und dem Kreditinstitut des Unternehmens und ist nicht Gegenstand des Händlervertrages.

Die Vertragsbeziehungen zwischen Kreditinstitut und Kunden sind in den Sonderbedingungen für den organisationseigenen institutsübergreifenden Bank-Card-Service und den Sonderbedingungen für die S-Card geregelt (→ Electronic Banking). Nach den → Sonderbedingungen für den ec-Service stellt das Kreditinstitut dem Karteninhaber für Bezahlungen an E.-C.-Terminals für einen bestimmten Zeitraum einen Verfügungsrahmen bereit, den es ihm bekanntgibt. Dieser Verfügungsrahmen bezieht auch die Abhebungen an → ec-Geldautomaten ein. Eine solche Regelung sehen auch die

Sonderbedingungen für die Bank-Card und die S-Card vor.

Varianten: a) *Bezahlen mit Persönlicher Identifikations-Nummer (PIN),* wobei das jeweilige Kreditinstitut die Zahlung garantiert (ursprünglich angedachte Alleinlösung): Die Transaktionen sind über die Eingabe der Persönlichen Identifikations-Nummer (PIN) abgesichert und werden on-line an die Autorisierungszentrale der Kreditinstitute weitergeleitet. Die elektronischen → Umsätze werden dann dezentral zwischen dem Händler und seiner → Hausbank verrechnet.

b) *Elektronisches Lastschriftverfahren (ELV):* Bekanntester Nutzer dieses Verfahrens ist der Bekleidungsfilialist Peek & Cloppenburg, der die Karte durch hauseigene → EFTPOS-Terminals führt und den Kunden den ausgedruckten Beleg unterschreiben läßt. (Grund: Die Kunden vergaßen oft ihre PIN.) Schließlich wird die Unterschrift mit der auf der Karte verglichen. Eine Autorisierung oder On-line-Abfrage einer Sperrdatei bei der Kreditwirtschaft unterbleibt. Nachteil aus Sicht des Handels: Die Zahlung wird von den Banken nicht garantiert.

c) *On-line-Lastschriftverfahren (OLV):* Hier unterschreibt der Kunde einen Beleg. Der Händler dagegen greift gleichzeitig auf eine Negativdatei der Kreditwirtschaft zurück. Allerdings geben die Geldhäuser auch hier keine Garantie für die tatsächliche Zahlung ab.·

Electronic-Funds-Transfer
Bereich des → elektronischen Zahlungsverkehrs. Der Geldbetrag für erhaltene → Waren oder Dienstleistungen wird zum Zeitpunkt der Zahlung automatisch vom → Konto des Zahlungspflichtigen (Kunde, Käufer) auf das Konto des Zahlungsempfängers (Händler, Dienstleister) übertragen. (→ POS-Banking, → EFTPOS-System)

Elektronische Abrechnung mit Filetransfer (EFA), → Abrechnungsverkehr der Deutschen Bundesbank.

Elektronischer Schalter (ELS), → Fernüberweisungsverkehr der Deutschen Bundesbank, → Platzüberweisungsverkehr der Deutschen Bundesbank.

Elektronischer Zahlungsverkehr
Belegloser Zahlungsverkehr; Verfahren, bei denen bargeldlose Zahlungen auf elektronischen Medien im Wege des → beleglosen Datenträgeraustauschs oder unbare Zahlungen im Wege der → Datenfernübertragung (DFÜ) weitergeleitet werden. E. Z. findet statt zwischen Kunden der → Kreditinstitute und den → Banken und → Sparkassen und der → Deutschen Bundesbank. Beleghaft erteilte Individualzahlungsaufträge von → Bankkunden werden gemäß → EZÜ-Abkommen, → BSE-Abkommen und EZL-Abkommen in den e. Z. übergeleitet. Auch der Zusatz → Debit-Karte bewirkt einen e. Z.

Elterliche Sorge
Gemeinschaftliches Recht und gemeinschaftliche Pflicht von Vater und Mutter, für das minderjährige Kind (→ Geschäftsfähigkeit) zu sorgen (§ 1626 Abs. 1 BGB, Art. 6 Abs. 2 GG).

Inhalt: Das elterliche Sorgerecht umfaßt die Sorge für das persönliche und leibliche Wohl des Kindes (Personensorge) und Regelungen seiner Vermögensangelegenheiten (Vermögenssorge). Dabei haben die Eltern das ihrer Verwaltung unterliegende Geld des Kindes nach den Grundsätzen der wirtschaftlichen Vermögensverwaltung anzulegen, soweit es nicht zur Bestreitung von Ausgaben bereitzuhalten ist (§ 1642 BGB). Aus dem Vermögensrecht ergibt sich das (gemeinschaftliche) → elterliche Vertretungsrecht.

Einzelsorgerecht: Das elterliche Sorgerecht eines Elternteils endet kraft Gesetzes durch dessen Tod oder Todeserklärung (§§ 1681 Abs. 1, 1677 BGB); es ruht kraft Gesetzes, wenn ein Elternteil geschäftsunfähig oder beschränkt geschäftsfähig oder einen Pfleger (→ Pflegschaft) erhalten hat (§ 1673 BGB) oder (aufgrund einer Feststellungsverfügung des Vormundschaftsgerichts) wenn es infolge eines tatsächlichen Hindernisses das Sorgerecht auf längere Zeit nicht ausüben kann (§ 1674 BGB). In diesen Fällen steht dem anderen Elternteil das Sorgerecht allein zu (§ 1678 Abs. 1 BGB). Gleiches gilt, wenn einem Elternteil das Sorgerecht infolge Scheidung oder nicht nur vorübergehenden Getrenntlebens durch das Vormundschaftsgericht allein übertragen worden ist (§§ 1671 f. BGB). Bei Gefährdung des Kindes kann das Sorgerecht insgesamt (§ 1666 BGB), bei Gefährdung des Kindesvermögen das Vermögenssorgerecht (§ 1669 BGB) entzogen werden. Die Befugnis zur Verwaltung des Kindesvermögens endet auch mit der Eröffnung des →Konkurses über das Vermögen des betreffenden Elternteils (§ 1670 Abs. 1 BGB). In diesen Fällen hat das Vormundschaftsgericht das alleinige Sorgerecht bzw. Vermögenssorgerecht grundsätzlich dem anderen Elternteil zu übertragen (§ 1680 BGB).

Einschränkung der Vermögenssorge durch Dritte: Hat das minderjährige Kind Vermögensgegenstände von einem Dritten unentgeltlich durch Erbschaft (→Nachlaß, →Erbe) oder →Schenkung erhalten und dieser bestimmt, daß die Eltern oder nur ein Elternteil darüber keine Verwaltungsbefugnis besitzen sollen, so erstreckt sich den bzw. dessen Vermögenssorge nicht auf den entsprechenden Vermögensteil (§ 1638 BGB).

Elterliches Vertretungsrecht

Recht der Eltern zur rechtsgeschäftlichen Regelung (→Rechtsgeschäft) der Angelegenheiten des Kindes. Es steht den Eltern grundsätzlich gemeinschaftlich zu (§ 1629 BGB) und ist Teil der →elterlichen Sorge. Das Prinzip der Gesamtvertretung verbietet nicht, daß Vater und Mutter sich für den Einzelfall oder sogar generell bevollmächtigen können, gleichzeitig im Namen des anderen zu handeln. Auf eine derartige →Vollmacht ist bei der Eröffnung der Geschäftsverbindung mit →Minderjährigen hinzuwirken. Hat ein Elternteil das alleinige Sorgerecht, so besitzt er auch die entsprechende Vertretungsbefugnis. Kraft Gesetzes sind die Eltern von der Vertretung des Kindes ausgeschlossen, wenn ein Gegensatz zwischen den Interessen der Eltern und des Kindes möglich ist (§§ 1629 Abs. 2, 1795 BGB, beim sogenannten Insichgeschäft).

Die Genehmigung des Vormundschaftsgerichts benötigen die Eltern zusätzlich: Bei Verfügungen – im Namen des Kindes – über ein →Grundstück oder über ein →Grundstücksrecht (§ 1822 Nr. 1 BGB), Verfügungen über eingetragene →Schiffe und Schiffsbauwerke (§ 1822 Nr. 4 BGB). Verfügungen sind vor allem die →Übereignungen oder Belastungen eines Grundstückes, insbes. mit einem →Grundpfandrecht im Zusammenhang mit der Aufnahme eines →Kredites sowie die Bewilligung einer →Vormerkung. Außerdem ist eine Genehmigung des Vormundschaftsgerichts erforderlich bei der Aufnahme eines Kredites (§ 1822 Nr. 8 BGB), bei Eingehen einer Wechsel- oder Scheckverbindlichkeit (§ 1822 Nr. 9 BGB), bei Übernahme einer fremden →Verbindlichkeit (→Bürgschaft, Schuldmitübernahme), bei →Verpfändung und →Sicherungsübereignung oder bei →Sicherungsabtretung von Vermögenswerten des Kindes (§ 1822 Nr. 10 BGB) und bei Erteilung einer →Prokura (§ 1822 Nr. 10 BGB). Genehmigungspflichtig ist dabei jedes einzelne Geschäft. Das Vormundschaftsgericht kann den Eltern in den Fällen des § 1822 Nr. 8 bis 10 BGB eine allgemeine Ermächtigung erteilen, sofern dies zum Zweck der Vermögensverwaltung, insbes. zum Betrieb eines Erwerbsgeschäfts, erforderlich ist (§§ 1643 Abs. 1 und 3, 1825 BGB).

Embargo

Verbot der →Ausfuhr bestimmter →Waren, vor allem Rohstoffe oder Waffen. Ein E. kann sich auch auf die Ausfuhr von →Kapital beziehen.

Embedded Exotic Option

→Exotische Option, die komplexen →Zinsinstrumenten angehängt ist. Sowohl Kassazinsinstrumente als auch →derivative (Finanz-)Instrumente können mit E. E. O. ausgestattet sein. →Basiswert der Option können sowohl →Zinsinstrumente, →Aktien, →Währungen als auch Edelmetalle und Rohstoffe sein. Beispielsweise sind einige →Koppelanleihen mit Knock-Out-Optionen (→Barrier Warrant) ausgestattet.
(→Accrual Note, →Embedded Option)

Embedded Option

→Option, die komplexen →Zinsinstrumenten angehängt ist. Sowohl Kassazinsinstrumente als auch →derivative (Finanz-)Instrumente (z. B. Callable →Swaps) können mit E. O. ausgestattet sein. →Basiswert der Optionen können sowohl →Zinsinstrumente, →Aktien, →Währungen als auch Edelmetalle und Rohstoffe sein. Beispiele für Zinsinstrumente mit E. O. sind →Anleihen mit Schuldnerkündigungsrecht, →Anleihen mit Gläubigerkündigungsrecht, →Equity Index Participation Notes, →MEGA-Zertifikate, →Koppelanleihen, →Aktienindex-Anleihen, →GROI-Optionsscheine, →Bunny Bonds usw.
(→Embedded Exotic Option)

Embeddo
Kurzbezeichnung für → Embedded Option.

Emerging Market-Fonds
→ Investmentfonds, die in → Schwellenländer (z. B. Indonesien, Philippinen, Taiwan, Indien, Pakistan) investieren.

Emerging Markets, → Schwellenländer.

Emission
Ausgabe von → Wertpapieren, wozu die Ausstellung, die Unterbringung auf dem → Kapitalmarkt und die Einführung in den Verkehr zählt (→ Primärmarkt, → Sekundärmarkt); Zweck ist die Beschaffung von → Eigenkapital oder → Fremdkapital. Die E. erfolgt entweder direkt (Selbstemission, bei eigenen Wertpapieren der → Banken) oder durch Vermittlung von → Kreditinstituten (Fremdemission bei Wertpapieren von Staaten, Internationalen Organisationen oder Unternehmen), meist in Gestalt eines → Emissionskonsortiums. Bei der Fremdemission übernimmt das Konsortium das Emissionsrisiko und die technische Abwicklung der E. Sie vollzieht sich in drei Stufen: (1) Vorbereitung der E. (insbes. Verhandlung mit dem → Emittenten über Art, Umfang und Bedingungen der E., Abschluß des Konsortial- und Übernahmevertrages), (2) Übernahme der E. (im Wege des → Kaufes – „feste Übernahme" –, kommissionsweise oder als Geschäftsbesorgung), (3) Unterbringung der E. (durch öffentliche → Plazierung oder → Privatplazierung). Bei einer E. von → Aktien sind die Vorschriften über die Gründung bzw. eine → Kapitalerhöhung der AG zu beachten.
(→ Bundesanleihekonsortium, → Öffentliche Emission von Euro-Anleihen, → Privatplazierung von Euro-Anleihen, → Tenderverfahren).

Emissionserlös
Das gesamte, dem → Emittenten bei einer → Emission von → Wertpapieren zufließende → Kapital. Bei der Emission von → Aktien beispielsweise setzt sich der E. zusammen aus → Nominalwert und → Emissionskurs jeweils multipliziert mit der Anzahl der plazierten Aktien.

Emissionsgeschäft
→ Bankgeschäft, bei dem → Kreditinstitute entweder die Selbstemission eigener → Wertpapiere oder die Fremdemission für Wertpapiere von Staaten, Internationalen Organisationen oder Unternehmen durchführen (→ Emission). Hierzu bilden die Beteiligten meist ein → Emissionskonsortium in Form einer → Gesellschaft bürgerlichen Rechts (BGB-Gesellschaft, GbR).

Emissionskonsortium
→ Konsortium, regelmäßig als → Gesellschaft bürgerlichen Rechts (BGB-Gesellschaft, GbR) organisiert (§§ 705 ff. BGB), welches entweder nur für den jeweiligen Fall (→ Emission eines → Wertpapiers) oder dauerhaft (wie das → Bundesanleihekonsortium) gebildet wird. Der → Gesellschaftsvertrag (Konsortialvertrag) regelt insbes. den Zweck des E., die Zusammensetzung, den → Konsortialführer sowie Fragen der → Haftung. Außer Übernahme und Unterbringung einer Emission obliegt dem E. auch die Börseneinführung und die → Kurspflege. In der Bundesrepublik Deutschland sind E. üblich, die sowohl die Wertpapiere vom → Emittenten übernehmen als auch die Emission vertreiben („Einheitskonsortium"); die Funktionen ergeben sich aus dem mit dem Emittenten geschlossenen Emissionsvertrag, der auch die Emissionskosten und den → Emissionskurs regelt. Auf den → internationalen Finanzmärkten sind Übernahme- und Begebungskonsortium häufig getrennt (→ Underwriting bzw. Selling).

Emissionskurs
Kurs, zu dem ein Finanzinstrument (z. B. → Aktie, → festverzinsliches [Wert-]Papier) vom → Emittenten emittiert wird.

Emissionsmarkt, → Primärmarkt.

Emissions-Rating
Rating-Verfahren, die speziell auf die Bonitätsbeurteilung (→ Kreditwürdigkeit) bestimmter → Emissionen von → Wertpapieren ausgerichtet sind. E.-R. ist auf die Wahrscheinlichkeit der pünktlichen Erfüllung von Zins- und Tilgungsverpflichtungen des → Emittenten abgestellt (→ Rating).

Emissionsrendite
→ Rendite einer → Anleihe (→ Schuldverschreibung) im Zeitpunkt ihrer Ausgabe (Rendite bis → Fälligkeit). Die Bundesbank veröffentlicht in der Reihe 2 (Wertpapierstatistik) der Statistischen Beihefte zu den → Monatsberichten E. (Renditen der im Berichtszeitraum erstmalig abgesetzten → fest-

Emissionsstatistik

Anteile am Gesamtweltvolumen des Rentenmarktes

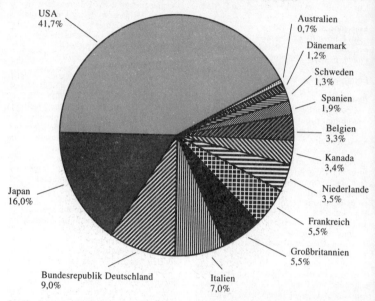

Quelle: Salomon Brothers

verzinslichen [Wert-]Papiere), geordnet nach Arten der Schuldverschreibungen. E. werden auch von → Kreditinstituten und Zeitungen errechnet bzw. veröffentlicht.

Emissionsstatistik
Statistische Erhebung der → Deutschen Bundesbank bei inländischen → Kreditinstituten über die Ausgabe → festverzinslicher (Wert-)Papiere. Gegenstand der Erhebung sind vor allem Auflegung und Emissionsbedingungen von eigenen → Schuldverschreibungen der Kreditinstitute und Schuldverschreibungen inländischer Nichtbanken, bei deren Ausgabe Kreditinstitute mitgewirkt haben, sowie Schuldverschreibungen ausländischer → Emittenten, die unter Federführung eines deutschen Kreditinstituts oder unter Beteiligung deutscher Kreditinstitute an → Konsortien (bei ausländischer Federführung) begeben sind. Es sind die „Richtlinien zur Emissionsstatistik für festverzinsliche Wertpapiere" zu beachten.

(→ Melde- und Anzeigepflichten der Kreditinstitute, → Deutsche Bundesbank, statistische Erhebungen)

Emission von Aktien, → Aktienemission.

Emission von Schuldverschreibungen, → Schuldverschreibung.

Emittent
1. → Juristische Person oder öffentlich-rechtliche Körperschaft, die → Wertpapiere (z. B. → Anleihen, → Aktien) ausgibt. Am deutschen → Kapitalmarkt sind → Kreditinstitute die bedeutendste Emittentengruppe festverzinslicher (Wert-)Papiere (→ Emittentengruppen am deutschen Rentenmarkt).

2. Handels- und Dienstleistungsunternehmen sowie Kreditinstitute, die → Kreditkarten, → Zahlungskarten, → Debit-Karten oder → Kundenkarten von Kreditinstituten ausgeben.

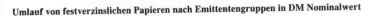

Emittentengruppen am deutschen Rentenmarkt

Umlauf von festverzinslichen Papieren nach Emittentengruppen in DM Nominalwert

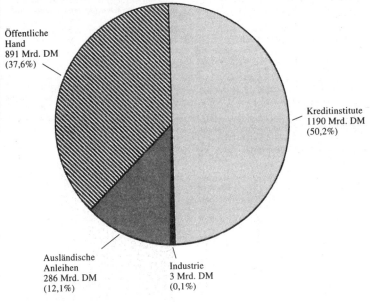

Öffentliche Hand 891 Mrd. DM (37,6%)

Kreditinstitute 1190 Mrd. DM (50,2%)

Ausländische Anleihen 286 Mrd. DM (12,1%)

Industrie 3 Mrd. DM (0,1%)

Quelle: Monatsbericht der Deutschen Bundesbank

Emittentengruppen am deutschen Rentenmarkt

Im Salomon Brothers World Government Bond Index stellt der deutsche →Rentenmarkt nach dem amerikanischen und japanischen Rentenmarkt den drittgrößten Markt der Welt dar. Der Anteil deutscher →Staatsanleihen beträgt neun Prozent am Gesamtweltvolumen (vgl. Abbildung S. 530).

Mit seinen gesetzlichen Vorschriften und Regularien übernimmt der deutsche Rentenmarkt in der Welt eine Spitzenstellung. Trotz dieses hohen Sicherheitsstandards zählt der deutsche Rentenmarkt zu den liberalsten Märkten, da ausländische Investoren beispielsweise keinen Restriktionen beim Erwerb von Rentenwerten unterliegen. Es können vier große Emittentengruppen unterschieden werden: (1) →Öffentliche Haushalte, (2) Industrieunternehmen, (3) →Kreditinstitute und (4) ausländische →Emittenten (vgl. Abbildung oben).

Anleihen der öffentlichen Haushalte, der Kreditinstitute und Industrieunternehmen werden zu →Inlandsanleihen (Domestic-Anleihen) gezählt, da der Emittent im Inland seinen Geschäftssitz hat. Im Gegensatz hierzu stehen die Papiere ausländischer Emittenten. Hier sitzt der →Schuldner im Ausland und begibt eine Anleihe in D-Mark. Die Heimatwährung des Emittenten ist deshalb auch nicht mit der Währung, in der die Anleihe notiert, identisch. Diese Papiere werden als →Euroanleihen oder →DM-Auslandsanleihen bezeichnet.

Die öffentlichen Haushalte gehören mit zu den größten Emittenten am deutschen Kapitalmarkt. Die mit Abstand immer noch bedeutendste Emittentengruppe sind Kreditinstitute. Das deutsche Kreditgewerbe begibt zur →Finanzierung von →Krediten →Bankschuldverschreibungen. Darunter versteht man insbes. →Pfandbriefe, →Kommunalobligationen (Öffentliche Pfandbriefe), →Kassenobligationen und Schuldverschreibungen von →Kreditinstituten mit Sonderaufgaben. Im Gegensatz zu den Kreditinstituten spielen Papiere von Industrieunternehmen am deutschen →Kapitalmarkt eine untergeordnete Rolle.

An Bedeutung gewinnen konnten in den letzten Jahren ausländische Emittenten. Mit der Einführung der kleinen →Kapitalertragsteuer 1989 wurden von Privatanlegern vor allem Papiere ausländischer Emittenten gekauft, da auf diese Papiere keine →Quellensteuer erhoben wurde.

1. Öffentliche Hand: Zur öffentlichen Hand zählt man den Bund und seine →Sondervermögen, die Bundesländer, die Gemeinden und Kommunalverbände und die →Staatsbank Berlin.

a) *Bund/ Sondervermögen des Bundes*: Größter Emittent der öffentlichen Hand ist der Bund. Zu den Sondervermögen des Bundes rechnet man das Bundeseisenbahnsondervermögen, den Fonds Deutsche Einheit und das →ERP-Sondervermögen.

Folgende Papiere begibt der Bund zur Finanzierung der Ausgaben:
- →Finanzierungsschätze;
- →Bundesschatzbriefe;
- →Bundesschatzanweisungen;
- →Bundesobligationen;
- →Bundesanleihen;
- →variabel verzinsliche Anleihen.

Die Sondervermögen begeben:
- Post- und Bahnanleihen (ersteres bis Ende 1994);
- Anleihen Fonds „Deutsche Einheit";
- →variabel verzinsliche Anleihen.

Am deutschen Rentenmarkt hat die Bedeutung der Bundesländer in den letzten Jahren stark zugenommen. Die Bundesländer begeben vor allem mittel- und langfristige Anleihen. Die größten Schuldner sind, gemessen am Umlaufvolumen, Nordrhein-Westfalen, Bayern, Niedersachsen, Hamburg und Schleswig-Holstein.

b) *Gemeinden und Kommunalverbände* bevorzugen bei der Form der Kreditaufnahme vor allem Banken und Nichtbanken in Form von →Bankkrediten oder →Schuldscheindarlehen. Diese Finanzierungsmöglichkeit ist im Vergleich zur Ausgabe von Anleihen preisgünstiger, da Emissions- und Kurspflegekosten eingespart werden. Gemeinden und Kommunalverbände treten damit nicht direkt als Emittenten am Kapitalmarkt auf.

c) Die *Staatsbank Berlin*, bei der der Bund eine Gewährträgerhaftung übernommen hat, finanziert den Kreditbedarf v. a. über variabel verzinsliche Papiere. Erst in der jüngsten Vergangenheit wurden auch einige festverzinsliche Papiere von der Staatsbank emittiert.

2. →*Realkreditinstitute*: Unter Realkreditinstituten versteht man Banken, die sich auf die Vergabe von langfristigen Krediten spezialisiert haben. Die Kredite sind durch →Grundpfandrechte oder Schiffspfandrechte gesichert. Ein weiterer wesentlicher Geschäftszweig ist die Gewährung von →Kommunalkrediten.

Zu unterscheiden sind:

a) *Private Realkreditinstitute*:
(1) In der Bundesrepublik Deutschland gibt es ungefähr 20 →*private Hypothekenbanken*. Zu diesen Banken gehören beispielsweise die Allgemeine Hypothekenbank, Bayerische Handelsbank, Bayerische Hypotheken- und Wechsel-Bank, Bayerische Vereinsbank, Frankfurter Hypothekenbank, Rheinboden Hypothekenbank und Rheinhyp. Diese Banken gewähren langfristige Kredite, die zur Finanzierung des Wohnungsbaus und für gewerbliche und landwirtschaftliche Investitionen verwendet werden. Die Besicherung dieser Kredite erfolgt durch Grundpfandrechte. Deshalb bezeichnet man diese Kredite auch als →Realkredite. Die von diesen Banken emittierten Anleihen zur Finanzierung der Kredite bezeichnet man als Pfandbriefe und Kommunalobligationen (Synonym: Öffentliche Pfandbriefe). Die privaten Hypothekenbanken kann man unterscheiden in die reinen Hypothekenbanken (z. B. Münchner Hypothekenbank), die nur Realkredite geben, und in die gemischten Hypothekenbanken, die darüber hinaus auch die übrigen Bankgeschäfte anbieten (z. B. Bayerische Vereinsbank). Die privaten Hypothekenbanken sind stets →Aktiengesellschaften.
(2) →*Schiffspfandbriefbanken* (z. B. Deutsche Schiffsbank) haben sich spezialisiert auf die Vergabe von Krediten, die durch →Schiffe abgesichert sind. Zur Finanzierung dieser Kredite emittieren diese Banken →Schiffspfandbriefe. Schiffspfandbriefe sind hinsichtlich Ausstattung und Besicherung den Pfandbriefen gleichzusetzen.
(3) Die *Deutsche Genossenschaftsbank (DG-Bank)*, das Spitzeninstitut der →Raiffeisen- und Volksbanken, hat ebenfalls das

Recht, über ihre Tochter, die Deutsche Genossenschafts-Hypothekenbank AG (DG HYP) in Hamburg, Pfandbriefe zu emittieren.

b) *Öffentlich-rechtliche Banken* spielen in der Bundesrepublik Deutschland eine große Rolle. Darunter fallen vor allem → Sparkassen und → Landesbanken-Girozentralen. Landesbanken-Girozentralen dienen den regional organisierten Sparkassen ihres Bereichs als Zentralinstitute. Eigentümer der Landesbanken sind i. d. R. die einzelnen Bundesländer und die regionalen Sparkassen. Ebenfalls über die privaten Hypothekenbanken refinanzieren sich die Landesbanken über Pfandbriefe.

(1) Die ersten Pfandbriefe führte Friedrich der Große 1769 in Schlesien ein, um den im Siebenjährigen Krieg geschädigten Landgütern zu Krediten zu verhelfen. *Pfandbriefe* sind neben den Papieren der öffentlichen Hand mit die sichersten Wertpapiere, die der deutsche Rentenmarkt zu bieten hat. Sie sind – wie bereits angedeutet – nicht durch Eigenkapitalien, sondern durch → Hypotheken oder Grundschulden gedeckt. Hierbei gilt z. B. eine → Beleihungsgrenze bei Grundstücken von 60% des → Beleihungswertes. Einzige Ausnahmen dieser Sicherheitsregeln sind sogenannte Ersatzdeckungen bis maximal 10% des Pfandbriefumlaufs, die in Form von Bargeld, Landeszentralbank-Guthaben oder Schuldverschreibungen von Bund, Ländern oder Sondervermögen erbracht werden können. Als zusätzliche Sicherheitsmaßnahme wurde der Umlauf von Pfandbriefen für Hypothekenbanken auf das 60-fache, bei gemischten Hypothekenbanken auf das 48-fache des → haftenden Eigenkapitals begrenzt. Schuldverschreibungen dürfen unter dem Namen Pfandbriefe nur von privaten Hypothekenbanken, Schiffspfandbriefbanken und öffentlich-rechtlichen Kreditinstituten emittiert werden, wenn sie den gesetzlichen Vorschriften entsprechen. Aufgrund ihrer hohen Sicherheitsmerkmale sind Pfandbriefe mündelsicher und deckungsstockfähig (→ Mündelsicherheit, → Deckungsstockfähigkeit).

(2) *Kommunalobligationen* (oder Kommunalschuldverschreibungen) sind festverzinsliche Papiere ähnlich wie Pfandbriefe. Auch Kommunalobligationen sind mündelsicher und deckungsstockfähig. Die Emission erfolgt durch öffentlich-rechtliche Banken, vor allem Landesbanken, und private Hypothekenbanken. Die Emissionserlöse werden als → Darlehen an Länder, Gemeinden usw. weitergegeben. Die Sicherung dieser Wertpapiere ist nicht wie bei Pfandbriefen durch Eintragung von Rechten auf → Grundstücken gewährleistet, sondern durch die allgemeine Leistungs- und Steuerkraft der darlehensnehmenden bzw. -verbürgenden öffentlichen Körperschaft. Kommunalschuldverschreibungen dürfen ebenfalls wie Pfandbriefe nur unter diesem Namen emittiert werden, wenn sie bestimmte gesetzliche Vorschriften erfüllen. Damit soll gewährleistet sein, daß der Käufer solcher Papiere Schuldverschreibungen mit besonderer Sicherheit erhält.
(Synonym: Öffentliche Pfandbriefe)

3. → *Geschäftsbanken*: In der Bundesrepublik Deutschland zählen dazu → Großbanken (z. B. Deutsche Bank, Dresdner Bank), → Regionalbanken, → Privatbanken (z. B. Bankhaus Maffei, Bankhaus Schilling), Sparkassen mit den Landesbanken-Girozentralen und Genossenschaftsbanken (z. B. Volks- und Raiffeisenbanken). Geschäftsbanken emittieren v. a. → Bankschuldverschreibungen und → Sparbriefe/Sparkassenbriefe.

(1) *Bankschuldverschreibungen* sind festverzinsliche Papiere, die von Banken ausgegeben werden. Als Sicherheit für diese Papiere dient das → Vermögen der jeweiligen Bank. Bei öffentlich-rechtlichen Banken haftet zudem der Eigentümer. Bankschuldverschreibungen werden mit → Laufzeiten zwischen zwei und zehn Jahren emittiert.

(2) *Sparbriefe* werden von Banken und Sparkassen mit unterschiedlicher Ausstattung angeboten. Bei normalen Sparbriefen wird jährlich ein → Nominalzins gezahlt. Es werden aber auch abgezinste bzw. aufgezinste Sparbriefe ausgegeben, bei denen die Zinszahlung erst bei Endfälligkeit erfolgt.

4. Kreditinstitute mit Sonderaufgaben: Zu den Kreditinstituten mit Sonderaufgaben zählt man Spezialkreditinstitute mit besonderen Finanzierungsaufgaben. Kreditinstitute mit Sonderaufgaben kann man unterteilen in Institute mit privater und Institute mit öffentlich-rechtlicher Rechtsform. Zur erstgenannten Gruppe zählen neben regionalen Instituten v. a. die → Industriekreditbank AG (IKB). Zur Gruppe mit öffentlich-rechtlicher Rechtsform zählen u. a. die → Kreditanstalt für Wiederaufbau (KfW), die

Emittentenrisiko

→ Deutsche Ausgleichsbank und die → Landwirtschaftliche Rentenbank.

(1) Die *Industriekreditbank AG – Deutsche Industriebank (IKB)* Düsseldorf-Berlin wurde 1949 von der gewerblichen Wirtschaft gegründet. Die Aufgabe der Industriekreditbank besteht in der Vergabe von Krediten an Unternehmen, die sich nicht direkt am Kapitalmarkt finanzieren können. Zur Finanzierung begibt die Industriekreditbank Anleihen und Kassenobligationen. Die Anleihen haben eine Laufzeit zwischen vier und zehn Jahren, die Kassenobligationen zwei bis vier Jahre.

(2) Die öffentlich-rechliche *Kreditanstalt für Wiederaufbau (KfW)* in Frankfurt gehört zu 80% dem Bund und zu 20% den Bundesländern. Ziel der Kreditanstalt für Wiederaufbau ist, die deutsche Wirtschaft durch Vergabe von Investitions- und Exportkrediten, aber auch durch die Übernahme von → Bürgschaften zu fördern. Seit 1969 wickelt die KfW auch die → Entwicklungshilfe der Bundesrepublik Deutschland ab. Zur Finanzierung des Kapitalbedarfs emittiert die KfW vor allem Anleihen und Kassenobligationen. Die Anleihen besitzen eine Laufzeit von sechs bis acht Jahren. Die Laufzeit der Kassenobligationen beträgt i. d. R. zwei bis fünf Jahre.

(3) Die *Deutsche Ausgleichsbank* in Bonn ist ebenfalls eine → Anstalt des öffentlichen Rechts. Sie befindet sich vollständig im Besitz des Bundes. Ihre Aufgabe besteht in der wirtschaftlichen Eingliederung und Förderung der durch den Krieg und seine Folgen betroffenen Personen. Außerdem fördert die Deutsche Ausgleichsbank kleine und mittlere Betriebe sowie deren Gründung und gewährt Kredite für umweltschützende Investitionen von Gemeinden und Unternehmen. Auch die Deutsche Ausgleichsbank finanziert sich über Anleihen mit einer Laufzeit von vier bis zehn Jahren und Kassenobligationen mit Laufzeiten zwischen zwei und vier Jahren.

(4) Die *Landwirtschaftliche Rentenbank* beschafft und gewährt Kredite für die Land-, Forst- und Ernährungswirtschaft. Sie wurde 1949 gegründet und dient der gesamten Kreditwirtschaft als Refinanzierungsquelle für agrarbezogene Kredite. Die Landwirtschaftliche Rentenbank emittiert vor allem Landwirtschaftsbriefe und Kassenobligationen. Landwirtschaftsbriefe sind Anleihen der Landwirtschaftlichen Rentenbank mit einer Laufzeit von ungefähr fünf bis zehn Jahren.

Die Kassenobligationen haben eine Laufzeit von zwei bis fünf Jahren.

5. *Ausländische Schuldner*: Ausländische Emittenten, die am deutschen Kapitalmarkt Anleihen aufnehmen, sind insbes. ausländische Töchter inländischer Unternehmen, ausländische Unternehmen, supranationale Institutionen sowie ausländische Staaten, Provinzen und Städte.
Folgende Anleihevarianten können von ausländischen Emittenten gekauft werden:
– normale festverzinsliche Anleihen (→ Straight Bonds);
– → Annuitätenanleihen;
– variabel verzinsliche Anleihen (Floater);
– → Nullkupon-Anleihen (Zero Bonds);
– → Doppelwährungsanleihen.

6. *Nichtbanken*: Unter Nichtbanken versteht man Industrieunternehmen, Handels- sowie Dienstleistungsunternehmen. Nichtbanken finanzieren den Kapitalbedarf durch die Ausgabe von:
– normalen festverzinslichen Papieren (Straight Bonds);
– → Optionsanleihen;
– → Wandelanleihen;
– → Genußscheinen.

Emittentenrisiko
Variante des → Bonitätsrisikos, daß ein → Emittent eines → Zinsinstrumentes (z. B. → Straight Bond) Zinszahlungen und/oder Tilgungszahlungen nicht oder nicht rechtzeitig erfüllt. Das E. ist ein → unsystematisches Risiko, das durch → Diversifikation verringert werden kann.
(→ Counterpart-Risiko)

Empfänger
Vertragspartner in einem Kuponswap, der den → Swapsatz vom → Zahler empfängt. Der Empfänger zahlt an den Zahler den variablen Satz (z. B. → LIBOR, → FIBOR).

Empirical Volatility, → historische Volatilität.

EMS
Abk. für European Monetary System, → Europäisches Währungssystem.

EMTN
Abk. für → Euro Medium Term Note.

Endfällige Anleihe, → gesamtfällige Anleihe.

Endwertformel bei gemischter Zinsrechnung

Endfälligkeit, → Fälligkeit.

Endorsed Bond
→ Anleihe, die nicht vom → Emittenten, sondern (meist) von einer → Bank garantiert wird.

Endvermögensrisiko
Risiko, daß ein ermitteltes Endkapital am Ende des → Planungshorizontes nicht erreicht werden kann. Das E. wird durch das → zinsinduzierte Kursrisiko, → Wiederanlagerisiko oder → variable Zinsrisiko determiniert. Das E. kann hinsichtlich der Unterscheidung in Zeitpunkt- bzw. Zeitraumbezogenheit eine gewisse Zwischenstellung einnehmen, da sowohl die zeitraumbezogenen → Zinsen und → Zinseszinsen als auch zeitpunktbezogene Kursveränderungen bei Papieren, die länger als der Planungshorizont laufen, berücksichtigt werden.
(→ Endwertansatz, → Wiederanlageprämisse, → Bond Research)

Endwertansatz
Wiederanlage aller zukünftigen → Cashflows eines → Zinsinstrumentes zur → Rendite bis zur → Fälligkeit. Beim E. wird im Gegensatz zum → Barwertansatz unterstellt, daß alle zukünftigen Cash-flows mit der gleichen Rendite angelegt werden (→ Wiederanlageprämisse). Da die Wiederanlageprämisse in der Praxis nicht erfüllt werden kann, wird im modernen → Bond Portfolio Management der → (erwartete) Total Return (→ Total Return Management festverzinslicher Papiere) ermittelt, um die Schwächen einer Renditebetrachtung zu umgehen.
(→ Bond Research, → Endvermögensrisiko)

Endwert des Kapitals, → zukünftiger Wert.

Endwertfaktor
Finanzmathematischer Faktor. Er zinst die Glieder g einer Zahlungsreihe unter Berücksichtigung von → Zins und → Zinseszins auf und addiert gleichzeitig die Endwerte (verwandelt Zahlungsreihe in „Einmalzahlung nach n Jahren"). Vgl. Abbildung und Formel rechts oben.
(→ Investitionsrechnung)

Endwertformel
Finanzmathematische Formel zur Ermittlung des → zukünftigen Wertes eines investierten → Kapitals. Anwendungsfälle: → Endwertformel bei einfacher Zinsrechnung, → Endwertformel bei gemischter

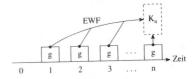

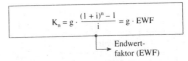

Zinsrechnung, → Endwertformel bei stetiger Verzinsung, → Endwertformel bei Zinseszinsrechnung, → Endwertformel einer Rente.

Endwertformel bei einfacher Zinsrechnung
Wird das eingesetzte → Kapital, d. h. der → Barwert, bei Berechnung einfacher → Zinsen auf mehrere Jahre ausgeliehen, sind die Jahreszinsen immer gleich groß, da sie vom Barwert zu berechnen sind. Die → Endwertformel zur Ermittlung des → zukünftigen Wertes bei einfachen Zinsen lautet:

$$K_n = K_0 \cdot (1 + i \cdot n)$$

wobei:
K_n = Kapital zum Zeitpunkt n, d. h. zukünftiger Wert
K_0 = Kapital zum Zeitpunkt 0, d. h. Barwert
i = Zinssatz, d. h. p/100
p = Zinsfuß
n = → Restlaufzeit.
Die Berechnung des Endwertes bei einfacher Zinsrechnung wird u. a. bei → Geldmarktpapieren verwendet.

Endwertformel bei gemischter Zinsrechnung
Wird das eingesetzte → Kapital, d. h. der → Barwert, bei → Zinseszinsrechnung auf mehrere Jahre ausgeliehen und umfaßt die → Restlaufzeit nicht nur eine Anzahl ganzer Jahre, sondern auch eine Teilperiode, wird der Endwert mit folgender Formel ermittelt:

$$K_n = K_0 \cdot (1 + i)^n \cdot (1 + i \cdot t)$$

wobei:
K_n = Kapital zum Zeitpunkt n, d. h. zukünftiger Wert
K_0 = Kapital zum Zeitpunkt 0, d. h. Barwert

Endwertformel bei stetiger Verzinsung

i = Zinssatz, d. h. p/100
p = Zinsfuß
n = Anzahl ganzer Jahre
t = Teilperiode

Diese Formel kann verkürzt werden, wenn $(1 + i)$ durch das Symbol r ersetzt wird. r wird als → Aufzinsungsfaktor bezeichnet:

$$K_n = K_0 \cdot r^n \times (1 + i \cdot t)$$

wobei:
K_n = Kapital zum Zeitpunkt n, d. h. zukünftiger Wert
K_0 = Kapital zum Zeitpunkt 0, d. h. Barwert
r = Aufzinsungsfaktor
n = Restlaufzeit
t = Teilperiode

Die Berechnung des Endwertes bei gemischter Zinsrechnung wird u. a. bei der →Moosmüller-Rendite, Breaß/Fangmeyer-Rendite und → WestLB-Rendite unterstellt.

Endwertformel bei stetiger Verzinsung

Wird die Anzahl der →Zinsperioden pro Jahr unendlich groß, wird der →zukünftige Wert des → Kapitals mit folgender Formel ermittelt:

$$K_n = K_0 \cdot e^{in}$$

wobei:
K_n = Kapital zum Zeitpunkt n, d. h. zukünftiger Wert
K_0 = Kapital zum Zeitpunkt 0, d. h. →Barwert
e = Eulersche Zahl 2,71828182 ..... (Basis des natürlichen → Logarithmus)
i = Zinssatz, d. h. p/100
p = Zinsfuß
n = →Restlaufzeit.

Endwertformel bei Zinseszinsrechnung

Wird das eingesetzte → Kapital, d. h. der → Barwert, bei → Zinseszinsrechnung auf mehrere Jahre ausgeliehen, sind die Jahreszinsen nicht gleich groß, da die → Zinsen am Ende der → Zinsperiode (z. B. nach einem Jahr) zum eingesetzten Kapital zugeschlagen werden und im nächsten Jahr mitverzinst werden. Die → Endwertformel zur Ermittlung des → zukünftigen Wertes bei Anwendung der Zinseszinsrechnung lautet:

$$K_n = K_0 \cdot (1 + i)^n$$

wobei:
K_n = Kapital zum Zeitpunkt n, d. h. zukünftiger Wert
K_0 = Kapital zum Zeitpunkt 0, d. h. Barwert
i = Zinssatz, d. h. p/100

p = Zinsfuß
n = → Restlaufzeit.

Diese Formel kann verkürzt werden, wenn $(1 + i)$ durch das Symbol r ersetzt wird. r wird als → Aufzinsungsfaktor bezeichnet:

$$K_n = K_0 \cdot r^n$$

wobei:
K_n = Kapital zum Zeitpunkt n, d. h. zukünftiger Wert
K_0 = Kapital zum Zeitpunkt 0, d. h. Barwert
r = Aufzinsungsfaktor
n = Restlaufzeit.

Die Berechnung des Endwertes bei Zinseszinsrechnung wird u. a. bei → Kapitalmarktpapieren im → Total Return-Management festverzinslicher Papiere bei → Rolling-Yield und bei → Break-even-Renditen verwendet.

Endwertformel einer Rente

Bei → Straight Bonds erfolgen die Zinszahlungen stets im Abstand einer →Zinsperiode, und der → Nominalzins ist gleich groß. Man bezeichnet diese Eigenschaft mehrerer → Cash-flows als finanzmathematische → Rente. Der → zukünftige Wert einer Rente wird als → Rentenendwert bezeichnet. Der zukünftige Wert einer Rente kann mit folgender Formel ermittelt werden:

$$s_n = [[(1 + i)^n - 1] : i] \cdot R$$

wobei:
s_n = → Kapital einer nachschüssigen Rente zum Zeitpunkt n, d. h. zukünftiger Wert
i = Zinssatz, d. h. p/100
p = Zinsfuß
R = Rentenrate
n = → Restlaufzeit.

R wird als Rentenrate bezeichnet und entspricht bei Straight Bonds dem Nominalzinssatz.
Der Wert in der äußeren eckigen Klammer gibt den zukünftigen Wert einer jährlichen nachschüssigen Rente von 1 DM an (Rentenendwertfaktor). Wird dieser Wert mit der Rentenrate (z. B. Zinszahlung) multipliziert, erhält man den zukünftigen Wert.
Die Formel kann wiederum vereinfacht werden, wenn $(1 + i)^n$ durch r^n ersetzt wird:

$$s_n = (r^n - 1) : i \cdot R$$

wobei:
s_n = Kapital einer nachschüssigen Rente zum Zeitpunkt n, d. h. zukünftiger Wert
r = → Aufzinsungsfaktor
i = Zinssatz, d. h. p/100

p = Zinsfuß
R = Rentenrate
n = Restlaufzeit.
(→ Renditeberechungsmethoden für Geld- und Kapitalmarktpapiere, → Rendite, Interpretation)

Englische Buchungsmethode
Die →Bank belastet den auszuzahlenden Kreditbetrag zum Zeitpunkt der erstmaligen Verfügbarkeit in voller Höhe einem Kreditsonderkonto. Der Gegenwert wird dem laufenden Konto des Kreditnehmers, das auf Guthabenbasis zu führen ist, gutgeschrieben. Eine Zinskompensation zwischen Kreditkonto und laufendem Konto kann, muß aber nicht stattfinden.

Compensating balances: Es besteht für den Kunden die Verpflichtung, einen bestimmten Anteil des Kreditbetrages als Guthaben in laufender Rechnung zu unterhalten. Im Fall der Kompensation zahlt der Kreditnehmer lediglich →Zinsen auf den in Anspruch genommenen Kreditbetrag. Bei Nichtkompensation erhöhen sich die Effektivkosten der Kreditaufnahme, da Zinsen stets auf den vollen vereinbarten Kreditbetrag gerechnet und andererseits (geringere) →Habenzinsen auf das auf dem laufenden Konto gehaltene Guthaben vergütet werden.

Englische Methode, → Echt/365.

Entflechtung, → Dekonzentration.

Entlastung des Vorstands und des Aufsichtsrats der AG
Billigung der Verwaltung der AG durch die Mitglieder des →Vorstands und des →Aufsichtsrats. Über die Entlastung beschließt die →Hauptversammlung gemäß § 120 Abs. 1 AktG alljährlich in den ersten acht Monaten des →Geschäftsjahres.

Entscheidungsbaum, → Binomial-Baum.

Entschuldungsgrad
Kennzahl der →Bilanzanalyse, bei der der →Cash-flow auf die Nettoverschuldung (kurz- und mittelfristige →Schulden abzüglich liquide Mittel) bezogen wird. Der E. ist der reziproke Wert des →Verschuldungsgrades. Er beantwortet die hypothetische Frage, welcher Teil der Nettoschulden getilgt werden könnte, wenn der Cash flow allein für die Schuldentilgung verwendet würde.

Entwicklungshilfe

Kreditinstitute arbeiten teilweise mit folgender Werteskala: E. bis 0,20 = nicht ausreichend, bis 0,25 = ausreichend, bis 0,40 = befriedigend, bis 1,00 = gut, über 1,00 = sehr gut.
(→ dynamischer Verschuldungsgrad)

Entwicklungsbank
Spezialinstitut zur Förderung der wirtschaftlichen und sozialen Förderung der Mitgliedsstaaten, insbes. zur →Finanzierung öffentlicher Entwicklungsprojekte. Im internationalen Bereich sind dies vor allem die →Weltbank sowie die regionalen Entwicklungsbanken für Asien (→Asiatische Entwicklungsbank), Lateinamerika (→Interamerikanische Entwicklungsbank), Afrika (→Afrikanische Entwicklungsbank) und die Karibik (→Karibische Entwicklungsbank). In der BRD ist die →Kreditanstalt für Wiederaufbau (KfW) Entwicklungsbank des Bundes; in der →Europäischen Union erfüllt die →Europäische Investitionsbank diese Aufgabe (→Internationale Entwicklungsbanken mit regionalem Tätigkeitsbereich).

Entwicklungshilfe
Gesamtheit der Maßnahmen der Industrieländer und internationalen Organisationen (z.B. →Weltbankgruppe, →Internationale Entwicklungsbanken mit regionalem Tätigkeitsbereich) zur Förderung der →Entwicklungsländer auf wirtschaftlichem, sozialem, kulturellem und politischem Gebiet. Die Hilfe von Land zu Land wird als bilaterale, diejenige einer internationalen Organisation an ein Land als multilaterale E. bezeichnet. Die bilaterale Hilfe kann sowohl von der privaten Wirtschaft als auch von öffentlichen Stellen gewährt werden.
Die wichtigsten Formen der E. sind:
(1) *Kapitalhilfe*: Auf bilateraler Ebene zählen hierzu zum einen die öffentlichen Leistungen durch Zuschüsse und →Kredite, zum anderen private Leistungen durch →Direktinvestitionen und Export- bzw. →Lieferantenkredite. (Bei den Krediten sind von der Bruttosumme die →Rückzahlungen der Entwicklungsländer abzuziehen.) Darüber hinaus sind die Bedingungen der Kredite (Zinssatz, →Laufzeit, tilgungsfreier Zeitraum) für deren Charakterisierung als Hilfe entscheidend. Die Direktinvestitionen und Export- bzw. Lieferantenkredite werden im allgemeinen nicht zur E. im engeren Sinne gerechnet. Sie können jedoch

537

Entwicklungshilfeausschuß der OECD

durchaus entwicklungsfördernd sein. Die Geberländer leisten multilaterale Kapitalhilfe durch Zuschüsse an Organe der Vereinten Nationen (UN) sowie durch Kapitalzeichnungen bei anderen multilateralen Stellen und Zuschüsse an diese. Die internationalen Organisationen und Institutionen gewähren den Entwicklungsländern aus diesen Summen u. a. Kapitalhilfe.
(2) *Technische Hilfe:* Durch die technische Hilfe soll vor allem der → Produktionsfaktor Arbeit qualitativ gefördert werden.
(3) *Handelshilfe:* Durch Abbau von Handelshemmnissen bzw. Einführung einer besonderen Handelsförderung (→ Präferenzzölle) sollen die Exporte der E. in die Industrieländer gesteigert werden. Da in vielen Entwicklungsländern der Exportsektor der wichtigste Wirtschaftsbereich ist, können Exportsteigerungen zum gesamtwirtschaftlichen Wachstum beitragen. Darüber hinaus helfen sie, die chronische Devisenknappheit der Entwicklungsländer, die u. a. auf den hohen Importbedarf, die hohe → Auslandsverschuldung und die teilweise gesunkenen Exportpreise zurückzuführen ist, zu mildern.
(4) *Förderung privater Investitionen:* Private Kapitalanlagen in Entwicklungsländern können nach dem Entwicklungsländer-Steuergesetz von 1974 gefördert werden (Beispiel: Begünstigung durch Bildung steuerfreier → Rücklagen).

Entwicklungshilfeausschuß der OECD

Development Assistance Committee (DAC); 1961 im Rahmen der → Organisation für wirtschaftliche Zusammenarbeit und Entwicklung (OECD) gegründeter Ausschuß. Seine Aufgaben sind die Erarbeitung von Empfehlungen über Volumen und Bedingungen der → Entwicklungshilfe sowie die statistische Erfassung und Überprüfung der Entwicklungshilfe der Geberländer. Bezüglich des Ausmaßes und der Bedingungen der Entwicklungshilfe werden im wesentlichen die Forderungen der Welthandels- und Entwicklungskonferenz der Vereinten Nationen (UNCTAD) übernommen.

Entwicklungsland

Land mit niedrigem durchschnittlichen Pro-Kopf-Einkommen und folgenden Kennzeichen: hoher Anteil der Landwirtschaft bzw. Rohstoffgewinnung am Bruttosozialprodukt, kleiner Industriesektor, der zum Teil keine Verbindungen zu anderen Wirtschaftsbereichen aufweist, geringe Ersparnisse und damit geringer Anteil der → Investitionen am → Sozialprodukt, geringe Beschäftigungsmöglichkeiten, die sich in hoher → Arbeitslosigkeit äußern; zudem geringe Arbeitsproduktivität, niedriger Stand des technischen Wissens und des Bildungsniveaus (z. T. hohe Analphabetenquote), hoher Geburtenüberschuß. Es gibt verschiedene Definitionen, z. B. von der → UNO und der → Weltbank. Die Hemmnisse bei der Beschleunigung der Entwicklung liegen u. a. auf wirtschaftlicher Ebene in der einseitigen Wirtschaftsstruktur, insbes. in der Exportabhängigkeit von wenigen Rohprodukten, deren Weltmarktpreise im Vergleich zu denen der Industriegüter sinken (Verschlechterung der → Terms of Trade), aber auch auf sozialer Ebene.

Enumerationsprinzip

Grundsatz, nach dem → öffentlich-rechtliche Sparkassen nur die in der Sparkassenverordnung bzw. Mustersatzung oder → Satzung erlaubten Geschäfte durchführen dürfen (→ Sparkassenrecht).

EOB

Abk. für Europäische Optionsbörse (→ European Options Exchange).

EOE

Abk. für → European Options Exchange.

Epsilon, → Vega.

Equipment-Leasing, → Mobilien-Leasing.

Equity/Equities

Angelsächsischer Begriff für → Anteile an einer → Gesellschaft, insbesondere für → Aktien.

Equity Index Participation Note

Variante einer → Indexanleihe, deren → Nominalzins an die Entwicklung eines → Aktienindexes (z. B. → Deutscher Aktienindex [DAX]) oder einer einzelnen → Aktie gebunden ist.
(→ MEGA-Zertifikat, → Aktienindex-Anleihe, → Embedded Option)

Equity-Linked Issue

→ Anleihe mit → Optionsscheinen (→ Optionsanleihe) oder → Wandelanleihe, die zum Erwerb von → Aktien zu festgelegten Bedingungen berechtigt. Ferner zählen hierzu

Anleihen, deren Rückzahlungsbetrag oder Zinsen an → Aktienindices gekoppelt sind (→ Indexanleihe).

Equity-Methode

Konsolidierungsmethode in der Konzernrechnungslegung. Wird von einem in die → Konsolidierung einbezogenen Unternehmen ein maßgeblicher Einfluß (im Unterschied zum Konzerntatbestand des beherrschenden Einflusses) auf die Geschäfts- und Finanzpolitik eines nicht in die Konsolidierung einbezogenen Unternehmens (weder → Tochter- noch Gemeinschaftsunternehmen), an dem eine → Beteiligung nach § 271 Abs. 1 HGB besteht (→ assoziiertes Unternehmen), tatsächlich ausgeübt, ist diese Beteiligung gemäß § 311 Abs. 1 HGB in der Konzernbilanz unter einem gesonderten Posten mit entsprechender Bezeichnung auszuweisen. Die widerlegbare Vermutung lautet, daß ein maßgeblicher Einfluß bei einer Beteiligung von 20 Prozent oder mehr vorliegt. Die E.-M. begründet keine originäre Pflicht zur Aufstellung eines → Konzernabschlusses. Sie stellt lediglich eine spezielle Form der Beteiligungsbewertung innerhalb des nach § 290 HGB oder § 11 PublG aufzustellenden Konzernabschlusses eines Mutterunternehmens. Bei der E.-M. werden anders als bei der → Vollkonsolidierung die Vermögenswerte des assoziierten Unternehmens nicht in die Konsolidierung übernommen.

Unter die Pflicht zur Bewertung „at equity" fallen nicht nur assoziierte Unternehmen, auf die lediglich ein maßgeblicher Einfluß ausgeübt wird, sondern auch (1) alle nach §§ 295 und 296 Abs. 1 HGB nicht vollsolidierten, aber einheitlich geleiteten Unternehmen und alle aufgrund der Nichtausübung des Wahlrechts nach § 310 HGB nicht quotal konsolidierten, aber gemeinsam geleiteten Unternehmen sowie (2) alle nur vom Control-Konzept erfaßten, aber aufgrund der §§ 295, 296 Abs. 1 HGB nicht vollkonsolidierten Tochterunternehmen, wenn zwischen dem → Mutterunternehmen und dem Tochterunternehmen ein → Beherrschungsvertrag abgeschlossen worden ist (§ 290 Abs. 2 Nr. 3 HGB). Der Gesetzgeber begründet dies damit, daß hier gleichzeitig eine tatsächliche Ausübung der einheitlichen Leitung unwiderlegbar zu vermuten sei (§ 290 Abs. 1 HGB und § 18 Abs. 1 Satz 2 AktG). Für die anderen nicht vollkonsolidierten Tochterunternehmen, die unter das Control-Konzept fallen, ist jeweils im Einzelfall zu prüfen, ob eine Beteiligung im obigen Sinne vorliegt und der rechtlich gesicherte maßgebliche Einfluß auch tatsächlich ausgeübt wird.

Die Einbeziehung eines assoziierten Unternehmens „at equity" kann ausnahmsweise dann unterbleiben, wenn die Beteiligung für die Vermittlung eines den tatsächlichen Verhältnissen entsprechenden Bildes der Vermögens-, Finanz- und Ertragslage des Konzerns von untergeordneter Bedeutung ist (→ Konzernrechnungslegung der Kreditinstitute).

Equity Optionsschein, → Aktien-Optionsschein.

Equity Swap

Ähnlich wie beim → Zinsswap und → Währungsswap werden auch beim E.S. → Cash-flows getauscht. Beim E.S. verpflichten sich zwei Vertragspartner, → variable Zinssätze gegen die prozentuale Veränderung (entweder auf Basis des historischen Total Returns oder auf Basis von Kursveränderungen) einer → Aktie, eines → Aktienkorbes oder → Aktienindex (z.B. → Deutscher Aktienindex [DAX]) zuzüglich eines vereinbarten → Spreads bezogen auf einen bestimmten Nennwert zu tauschen. Im Gegensatz zu Zins- und Währungsswaps ist beim E. S. eine Besonderheit zu berücksichtigen. Die prozentuale Veränderung des Aktienindex kann sowohl positiv (Gewinn) als auch negativ (Verlust) sein.

E. S. können sowohl in → Arbitragestrategien, → Tradingstrategien als auch → Hedgingstrategien eingesetzt werden.

Anstatt variabler Zinsen kann auch ein anderer Aktienindex getauscht werden (z.B. CAC-40 versus DAX).

Equity Warrant, → Warrant auf Aktien.

Equivalent Life

Durchschnittliche gewichtete → Laufzeit (→ gewichtetes arithmetisches Mittel) der Tilgungszeitpunkte von → Zinsinstrumenten mit → Tilgungsplänen (z.B. → Ratenanleihen, Annuitätenpapiere, → Vorsorgeanleihen). Die E. L. wird im Gegensatz zur → mittleren Laufzeit mit den → Barwerten der Rückzahlungsbeträge ermittelt. Die Rückzahlungsbeträge werden mit der → Yield-to-equivalent-Life diskontiert. Die

Equivalent Yield

E. L. wird mit folgender Formel ermittelt:

$$E.\,L. = \sum_{i=1}^{n} \text{Barwert}_i \cdot \text{Laufzeit}_i : $$

$$\sum_{i=1}^{n} \text{Barwert}_i$$

wobei:
Barwert$_i$ = Barwert des i-ten Tilgungsbetrages
Laufzeit$_i$ = → Laufzeit des i-ten Tilgungsbetrages
n = Anzahl der → Tilgungen.
Die E. L. ist immer geringer als die mittlere Laufzeit, da die E. L. mit Barwerten ermittelt wird. Nahe liegende → Cash-flows haben deshalb ein größeres Gewicht als weiter in der Zukunft liegende Cash-flows.
(→ Duration)

Equivalent Yield
→ Rendite eines → Zinsinstrumentes, um das Zinsinstrument mit Zinsinstrumenten eines anderen Marktsegmentes vergleichbar machen zu können. Beispielsweise wird die → Geldmarktrendite in eine → Bond Equivalent Yield (BEY) umgerechnet, damit kurzfristige → Geldmarktpapiere mit → Tageberechnungsmethode Echt/360 und kurzlaufende → Kapitalmarktpapiere mit Tageberechnungsmethode 360/360 verglichen werden können.

ERA
Abk. für → „Einheitliche Richtlinien und Gebräuche für Dokumentenakkreditive"; auch Abk. für Exchange Rate Agreement (→ SAFE).

Erbbaugrundbuch
Dem → Grundbuch entsprechendes → öffentliches Register für das → Erbbaurecht. Wird gleichzeitig mit der Eintragung des Erbbaurechts im Grundbuch angelegt und wie ein gewöhnliches Grundbuch beim → Grundbuchamt (zuständiges Amtsgericht) geführt.

Inhalt: Das Erbbaurecht selbst und seine Dauer mit Bezeichnung des zugunsten des Erbbaurechts belasteten → Grundstückes ergeben sich aus dem Bestandsverzeichnis (Grundbuch). Der Erbbauberechtigte ist in Abteilung I eingetragen. Der Erbbauzins ist aus Abteilung II des E. ersichtlich. → Grundpfandrechte werden in Abteilung III eingetragen.

Erbbaurecht
Grundstücksgleiches, veräußerliches und vererbliches → Recht, auf oder unter der Oberfläche eines fremden → Grundstücks (Grundeigentümer zumeist die Gemeinden oder sonstigen → Körperschaften des öffentlichen Rechts) ein Bauwerk, wie z. B. Gebäude, Garagen etc., zu haben (§ 1 Abs. 1 ErbbRVO).

Gesetzliche Grundlagen: Neben dem materiellen Grundstücksrecht des BGB gilt die Erbbaurechtsverordnung von 1919.

Gegenstand: Zunächst ist dies das Bauwerk als → wesentlicher Bestandteil des E., nicht etwa des Grundstücks. Das Bauwerk fällt deshalb in das → Eigentum des Erbbauberechtigten. Das E. kann auch den nicht bebauten Teil eines Grundstücks (z. B. Garten oder Hof) erfassen, sofern das Bauwerk wirtschaftlich betrachtet die Hauptsache bildet (§ 1 Abs. 2 ErbbRVO).

Entstehung: Sie erfolgt wie bei jedem anderen → Grundstücksrecht durch Einigung und Eintragung in der II. Abteilung des → Grundbuches (§ 873 Abs. 1 BGB) mit der Besonderheit, daß es nur an erster Rangstelle bestellt werden kann (§ 10 ErbbRVO) und daher bei einer → Zwangsversteigerung des Grundstücks bestehen bleibt. Im Falle bereits vorhandener Belastungen ist ein Rangrücktritt (→ Rang der Grundstücksrechte) dieser Rechte erforderlich. Zusätzlich wird für das grundstücksgleiche E. (§ 11 ErbbRVO) von Amts wegen ein besonderes Grundbuchblatt (→ Erbbaugrundbuch) angelegt (§ 14 ErbbRVO). Es kann genau wie das Eigentum mit → Grundpfandrechten belastet werden, wobei auch hier die zwangsweise Befriedigung des Grundpfandgläubigers durch Zwangsversteigerung oder → Zwangsverwaltung des E. erfolgt.

Besondere Verpflichtung des Erbbauberechtigten: Bestimmte dem Erbbauberechtigten auferlegte Verpflichtungen können die Verwertbarkeit des Rechts erheblich beeinträchtigen (vgl. § 2 ErbbRVO); insoweit ist für die → Kreditinstitute vor allem der Zustimmungsvorbehalt des Eigentümers für den Fall der Grundstücksveräußerung oder Belastung mit einem Grundpfandrecht von Bedeutung (§§ 5, 6 ErbbRVO).

Erlöschen des E.: Als zeitlich begrenztes Recht (Bestellung auf 99, 60 oder 50 Jahre) erlischt es mit Zeitablauf automatisch, so daß dann das Bauwerk in das Eigentum des Grundeigentümers fällt. Dem Erbbauberechtigten steht als Ausgleich ein abdingbares Recht auf Entschädigung zu, dessen Höhe sich nach dem Wert des Bauwerks im Zeitpunkt des Erlöschens des E. bemißt (§ 27 ErbbRVO). Ist das E. noch zu diesem Zeitpunkt mit Grundpfandrechten belastet, so haftet diesen nicht mehr das Bauwerk, sondern nur noch der Entschädigungsanspruch (§ 29 ErbbRVO).

Heimfall des E.: Zwischen den Beteiligten kann eine Verpflichtung des Erbbauberechtigten zur Rückübertragung des Rechts an den Eigentümer für bestimmte Fälle begründet werden (z. B. →Konkurs des Erbbauberechtigten, →Zwangsvollstreckung in das E., etc.; § 2 Nr. 4 ErbbRVO). Mit dem sogenannten Heimfall geht das E. nicht unter, sondern verwandelt sich in ein Eigentümererbbaurecht, ohne daß dadurch aber bereits bestellte Grundpfandrechte berührt werden (§ 33 ErbbRVO).

Erbbauzins: Üblicherweise hat der Erbbauberechtigte dem Eigentümer für die Bestellung eines Rechts ein Entgelt in wiederkehrenden Leistungen (sogenannter Erbbauzins) zu zahlen, der im voraus nach Zeit und Höhe bestimmt sein muß und dinglich auch als →Reallast zugunsten des jeweiligen Eigentümers gesichert werden kann (§ 9 ErbbRVO). Wegen der Zukunftsbezogenheit einer solchen Abrede ist die Vereinbarung einer Anpassungsklausel, wonach der Erbbauzins im Falle des Anstiegs der allgemeinen Lebenshaltungskosten und sonstiger relevanter Indizes erhöht werden soll (→Wertsicherungsklausel), möglich, die sich durch die Eintragung einer →Vormerkung bestandsfest machen läßt (§ 9a ErbbRVO). Solche Reallastenvormerkungen gehen später bestellten Grundpfandrechten im Rang vor, soweit nicht ein Rangrücktritt vorgenommen wird.

Grundpfandrechte an einem E. als mündelsichere Anlage: Nur eine →Tilgungshypothek gilt als mündelsichere Anlage (→Mündelsicherheit), sofern sie nicht die Hälfte des Wertes des E. übersteigt (§§ 18 ff. ErbbRVO). →Grundschulden fallen nicht darunter. Das hat Bedeutung nicht nur für die Anlage von →Mündelgeld in →Hypotheken (sogenannte Mündelhypothek) i. e. S., sondern darüber hinaus immer dort, wo das geltende Recht allgemein eine mündelsichere Hypothekenanlage fordert.

E. als Belastung: Die Bestellung eines E. an einem Grundstück setzt dessen Verkehrsfähigkeit so herab, daß es grundsätzlich als Kreditunterlage ausscheidet.

E. als Kreditsicherheit: Bei der Bestellung eines Grundpfandrechts an einem E. müssen insbes. das Erbbaugrundrecht und die eventuell gegebenen besonderen Vereinbarungen zwischen dem Eigentümer und Erbbauberechtigten (vor allem Zustimmungsvorbehalt und Ausschluß der Entschädigung nach Zeitablauf) geprüft werden. Weiter ist darauf zu achten, daß der Kredit vor Erlöschen des E. jedenfalls dann zurückgeführt ist, wenn ein Entschädigungsanspruch ausgeschlossen worden ist. Im Falle der dinglichen Absicherung des Erbbauzinsanspruchs des Grundeigentümers sollte schließlich auf einen Rangrücktritt hingewirkt werden.
(→Grundstücksrechte)

Erbbauzins, →Erbbaurecht.

Erbe
→Natürliche Personen oder →juristische Personen, welchen der→Erblasser sein Vermögen hinterlassen hat.

Erbfähigkeit: E. kann jede natürliche und juristische Person sein sowie aufgrund von § 124 HGB auch die quasi rechtsfähigen →Personenhandelsgesellschaften. Wird ein nicht rechtsfähiger Verein als E. eingesetzt, so erben die zur Zeit des Erbfalls dem Verein angehörigen Mitglieder für diesen, so daß der →Nachlaß Teil des Vereinsvermögens wird. In Abweichung von den sonstigen Grundsätzen des →Bürgerlichen Rechts kann eine natürliche Person nicht erst mit →Geschäftsfähigkeit, sondern bereits E. werden, falls sie zur Zeit des Erbfalls erzeugt war (§ 1923 Abs. 2 BGB). Würde sie von dem Erblasser mangels Kenntnis ihrer Existenz in einer →Verfügung von Todes wegen übergangen, so kann sie diese durch ihren →gesetzlichen Vertreter anfechten (§§ 2079, 2285 BGB).

Die Bestimmung des E. erfolgt durch eine willentliche Äußerung des Erblassers in Form einer Verfügung von Todes wegen (sog. gewillkürte →Erbfolge, §§ 1937, 1941 BGB). Fehlt es an einer solchen wirksamen →Willenserklärung des Erblassers, so ergibt sich aus dem Gesetz, wer erbt (gesetzliche Erbfolge, §§ 1924 ff. BGB).

Rechtsstellung des E.: Mit dem Tode des Erblassers geht dessen Vermögen kraft Geset-

Erbengemeinschaft

zes durch →Gesamtrechtsnachfolge (Prinzip der Universalsukzession, § 1922 Abs. 1 BGB) über. Der E. kann binnen sechs Wochen nach Kenntnis dieses Vorgangs durch eine Mitteilung an das Nachlaßgericht die Erbschaft ausschlagen, wodurch rückwirkend seine Erbeinsetzung hinfällig wird (§§ 1942 ff. BGB). Diese Möglichkeit hat aber besondere Bedeutung bei einem überschuldeten Nachlaß, da der E. für Verbindlichkeiten des Erblassers haftet (→Erbenhaftung). Der E. wird Inhaber des gesamten →Vermögens des Erblassers. Damit erhält er auch die prinzipiell unbegrenzte Verfügungsbefugnis für alle →Nachlaßkonten und Nachlaßdepots und über sonstige bei einem →Kreditinstitut verwahrten Nachlaßgegenstände. Mehrere E. können dieses Recht nur gemeinschaftlich ausüben (→Erbengemeinschaft). Verfügungsbeschränkungen können aber auch die Folge von Anordnungen des Erblassers (→Vor- und Nacherbschaft, →Testamentsvollstreckung) sowie einer getrennten Vermögensverwaltung (→Nachlaßverwaltung, →Nachlaßkonkurs und in beschränktem Umfang Nachlaßvergleich) sein. Sofern der E. noch nicht ermittelt oder benachrichtigt werden konnte, ist zur Verwaltung des Nachlasses ggf. ein Nachlaßpfleger (→Nachlaßpflegschaft) einzusetzen.

Ausweis des E. gegenüber einem Kreditinstitut: Der E., der gegenüber einem Kreditinstitut Rechtshandlungen in bezug auf den Nachlaß vornehmen will, hat sich durch die Vorlage eines →Erbscheins (§§ 2365 ff. BGB) oder einer Ausfertigung oder beglaubigten Abschrift einer Verfügung von Todes wegen nebst zugehöriger Eröffnungsniederschrift (Nr. 5 AGB Banken, Nr. 5 Abs. 1 AGB Sparkassen) auszuweisen. Auf die Richtigkeit dieser →Legitimationsurkunden nach dem AGB kann sich das Kreditinstitut verlassen. Im Geschäftsverkehr mit E. hat das Kreditinstitut stets auf die sich aus einer Erbengemeinschaft, Vor- und Nacherbschaft oder Testamentsvollstreckung ergebende Verfügungsbeschränkung zu achten (welche aber ausdrücklich in einem Erbschein aufzunehmen sind, aus dem Inhalt eines →Testaments oder →Erbvertrags aber ebenfalls hervorgehen müssen).

Erbengemeinschaft

Mehrheit von →Erben, denen der →Erblasser sein →Vermögen hinterlassen hat. Der →Nachlaß wird gemeinschaftliches Vermögen der Erben und es entsteht eine Gesamthandgemeinschaft (→Gesamthandseigentum; § 2032 BGB).
Über die einzelnen Nachlaßgegenstände können die Erben bis zur Teilung nur gemeinschaftlich verfügen (§ 2040 Abs. 1 BGB; z.B. →Sicherungsabtretung). Leistungen auf zum Nachlaß gehörende Rechte, wie z.B. die Auszahlung von auf →Nachlaßkonten gehaltenen Bankguthaben können nur für alle Erben gemeinschaftlich erbracht werden (§ 2039 BGB). Eine Ausnahme gilt nur für den gesamten Erbanteil, über den ein notariellen →Vertrag (→Notarielle Beurkundung) verfügen kann (§ 2033 Abs. 1 BGB). Ein →Kreditinstitut darf einen einzelnen Miterben über ein Nachlaßkonto nur verfügen lassen, wenn die Zustimmung sämtlicher Miterben (sei es auch in Form einer →Vollmacht) vorliegt, oder diesem bereits vom Erblasser eine →Kontovollmacht bzw. →Bankvollmacht erteilt worden ist.
Zugelassen werden können auch Rechtshandlungen einzelner Miterben, durch die unbezweifelbare Nachlaßverbindlichkeiten erfüllt werden sollen. Dazu gehören die (unbare) Bezahlung von Beerdigungskosten und die dem Erblasser obliegenden Unterhaltsverpflichtungen, für die alle Erben ohnehin einzutreten hätten (§§ 1968 f. BGB). Die Kenntnis des Vorhandenseins mehrerer Erben kann das Kreditinstitut dem einzelnen oder gemeinschaftlichen →Erbschein entnehmen (§§ 2353, 2357 BGB). Besitzt die Bank unverschuldet keine Kenntnis, daß es sich um einen Nachlaßgegenstand handelt bzw. E. besteht, so wird sie wegen ihres guten Glaubens mit Blick auf Verfügung eines einzelnen Miterben über Nachlaßsachen nach den allgemeinen Vorschriften geschützt (→gutgläubiger Erwerb vom Nichtberechtigten). Sie muß stets den Erbnachweis der mit ihr in Kontakt tretenden Personen prüfen, auf dessen Richtigkeit sie sich (in hohem Maße) verlassen kann (→Testament, →Legitimationsurkunde nach dem AGB).
(→Erbenhaftung)

Erbenhaftung

Begriff: Verpflichtung des →Erben, für die Schuld des →Erblassers einzustehen (§ 1967 Abs. 1 BGB). Für diese Nachlaßverbindlichkeiten haftet der Erbe grundsätzlich nicht nur mit dem →Nachlaß, sondern auch mit seinem gesamten eigenen Privatvermögen. Er kann sich jedoch diesen Verpflichtungen entziehen, indem er die Erbschaft ausschlägt. Die Frage der E. ist für ein →Kreditinstitut bei debitorischen →Nachlaßkonten von Bedeutung.

Grundsatz: Vor der Annahme der Erbschaft bzw. vor Ablauf der Ausschlagungsfrist kann aber der Erbe von den Nachlaßgläubigern nicht in Anspruch genommen werden. Danach haftet er für →Verbindlichkeiten des Erblassers unbeschränkt; er kann jedoch seine →Haftung auf den Nachlaß beschränken.

Beschränkung der Haftung: Gegenüber allen Nachlaßgläubigern kann der Erbe diese durch eine Vermögenstrennung herbeiführen, indem er den Nachlaß gesondert von seinem Privatvermögen verwalten läßt, bei nicht überschuldetem Nachlaß durch →Nachlaßverwaltung (§ 1975 BGB), bei überschuldetem Nachlaß entweder durch →Nachlaßkonkurs bzw. Nachlaßvergleich (§§ 1975 BGB, 214 ff. KO, 113 VerglO). Deckt die Vermögensmasse nicht die Verfahrenskosten ab, so bleibt ihm nur die Möglichkeit, die Erschöpfungseinrede zu erheben (§§ 1990 ff. BGB). Danach vermag er die Befriedigung eines Nachlaßgläubigers zu verweigern.

Nachlaßinventar: Um die Höhe des Nachlasses feststellen zu können, kann der Erbe auf eigenen Antrag oder Antrag eines Gläubigers vom Nachlaßgericht (Amtsgericht) aufgefordert werden, innerhalb einer bestimmten Frist ein Nachlaßinventar zu erstellen, in das alle zu dem Nachlaß gehörenden Gegenstände und Verbindlichkeiten aufzunehmen sind (§ 1993 ff. BGB). Nach Ablauf der Frist haftet der Erbe ohne Inventaraufstellung unbeschränkt für die Nachlaßverbindlichkeiten.

Aufschiebende →Einrede: Unabhängig von einer Haftungsbeschränkung verfügt der Erbe über die sog. Dreimonatseinrede (§ 2014 BGB), wonach er die Berichtigung einer Nachlaßverbindlichkeit innerhalb der ersten drei Monate nach der Annahme bzw. Ablauf der Ausschlagungsfrist verweigern kann. Dies versetzt den Erben und sonstige Verwalter des Nachlasses in die Lage, den Bestand des Nachlasses zu ermitteln und, falls erforderlich, eine Haftungsbegrenzung durchzuführen.

Besonderheiten bei der Erbengemeinschaft: Alle Miterben haften dem Gläubiger als →Gesamtschuldner (§ 2058 BGB). Bis zur Auseinandersetzung schuldet jeder Miterbe nur Leistung aus dem ungeteilten Nachlaß, die Befriedigung von Nachlaßverbindlichkeiten aus seinem Privatvermögen kann er verweigern (§ 2059 BGB). Nach der Teilung haftet der einzelne Miterbe grundsätzlich voll und unbeschränkt. Eine Haftungsbegrenzung bis zur Höhe seiner Erbquote ist dann nur noch gegenüber →Gläubigern, die im gerichtlichen →Aufgebotsverfahren ausgeschlossen worden sind oder ihre Forderungen nach der Fünf-Jahresfrist geltend gemacht haben, sowie im Falle des Nachlaßkonkurses (§ 2060 BGB) möglich.

Erbfallmeldung, →Anzeigepflichten des Kreditinstituts beim Tode eines Kunden.

Erbfolge

1. *Gewillkürte E.:* Die auf einer wirksamen →Willenserklärung des →Erblassers in Form einer →Verfügung von Todes wegen beruhende Erbeinsetzung. Im Gegensatz zur gesetzlichen E. ist er nicht an eine Reihenfolge gebunden, so daß er andere Erbquoten festlegen oder andere Personen als →Erben einsetzen kann (§ 1938 BGB).

2. *Gesetzliche E.:* Die auf →Gesetz beruhende Erbeinsetzung, sofern eine entsprechende wirksame Willenserklärung des Erblassers fehlt. Gesetzliche Erben sind die Verwandten (z. B. Kinder, Geschwister) des Erblassers (§§ 1924–1930 BGB) sowie der überlebende Ehegatte (§ 1931 BGB).

Erblasser
Verstorbene, →natürliche Person, deren →Vermögen auf den →Erben übergeht (§ 1922 Abs. 1 BGB).

Erblastentilgungsfonds
Im Rahmen des Föderalen Konsolidierungsprogramms durch Bundesgesetz vom 23. 6. 1993 als Rechtsnachfolger des →Kreditabwicklungsfonds errichtetes, nicht rechtsfähiges →Sondervermögen des Bundes, das vom Bundesministerium der Finanzen verwaltet wird. Der E. übernimmt zum 1. 1. 1995 nicht nur die bis zu diesem Zeitpunkt aufgelaufenen und sich hernach noch ergebenden →Verbindlichkeiten des Kreditabwicklungsfonds aus dessen anfänglicher

Aufgabenstellung, sondern auch die Verbindlichkeiten aus von diesem aufgenommenen →Krediten. Ab diesem Zeitpunkt wird der E. auch Mitschuldner der bis dahin aufgelaufenen Verbindlichkeiten der →Treuhandanstalt; im Innenverhältnis zu dieser haftet der Fonds allein. Vom 1.7.1995 an wird der E. ferner bei der →Altschuldenhilfe tätig, indem er einen Teil der Altverbindlichkeiten mit befreiender Wirkung gegenüber dem bisherigen →Gläubiger übernimmt. Die Mittel für die Erfüllung seiner Aufgaben erhält der E. zum einen aus Kreditaufnahmen, zum anderen durch Zuführungen aus dem Bundeshaushalt. Der E. soll erst nach →Tilgung aller Verbindlichkeiten aufgelöst werden.

Erbrecht
1. Im objektiven Sinne die Gesamtheit der Rechtsnormen, welche die vermögensrechtlichen Folgen des Todes eines Menschen regeln (5. Buch des BGB).
2. Im subjektiven Sinne die rechtliche Stellung des →Erben, der mit dem Tode des →Erblassers dessen →Vermögen (→Nachlaß) erhält.

Erbschaft
Synonym für →Nachlaß.

Erbschaft- und Schenkungsteuer
Die ErbSt erfaßt den steuerpflichtigen Erwerb beim einzelnen →Erben (Erbanfallsteuer), soweit die Bereicherung nicht sachlich oder persönlich steuerbefreit ist (§ 10 Abs. 1 Satz 1 ErbStG). Es handelt sich um eine direkte →Steuer, eine Besitzsteuer vom Vermögen, eine Ländersteuer. Die Schenkungsteuer ist ihrem Wesen nach eine Ergänzung zur ErbSt, damit letztere nicht durch →Schenkungen unter Lebenden umgangen werden kann (§ 1 ErbStG). Die Besteuerungsmaßstäbe sind identisch.

Persönlicher und räumlicher Anwendungsbereich: Unbeschränkte Steuerpflicht erstreckt sich auf den gesamten in- und ausländischen Erbanfall, wenn der →Erblasser zur Zeit seines Todes oder der Erwerber zur Zeit der Entstehung der Steuer ein Inländer ist (§ 2 Abs. 1 Ziff. 1 ErbStG). Beschränkte Steuerpflicht erstreckt sich nur auf das Inlandsvermögen i.S. des § 121 BewG oder auf das Nutzungsrecht an solchem Vermögen (§ 2 Abs. 1 Ziff. 3 ErbStG). Bei Erwerbern, die in einem ausländischen Staat mit ihrem Auslandsvermögen zu einer der deutschen ErbSt entsprechenden ausländischen Steuer herangezogen werden, gelten die Vorschriften des jeweiligen →Doppelbesteuerungsabkommens (DBA). Ist ein solches nicht anzuwenden, kann auf Antrag die festgesetzte, auf den Erwerber entfallende, gezahlte und keinem Ermäßigungsanspruch unterliegende ausländische Steuer insoweit auf die deutsche ErbSt angerechnet werden, als das Auslandsvermögen auch der deutschen ErbSt unterliegt (§ 21 ErbStG).

Steuersubjekt (Steuerschuldner): Der Erwerber bei Erwerb von Todes wegen, der Erwerber und der Schenker als →Gesamtschuldner bei einer Schenkung, der mit der Zuführung der Zuwendung Beschwerte bei einer Zweckzuwendung, in den Fällen des § 1 Abs. 1 Nr. 4 ErbStG die →Stiftung oder der →Verein. Der Vorerbe hat die durch die Vorerbschaft veranlaßte Steuer aus den Mitteln der Vorerbschaft zu entrichten. Der Nacherbe hat den Erwerb als vom Vorerben stammend zu versteuern.

Steuergegenstand: Als Erwerb von Todes gilt gemäß § 3 Abs. 1 und 2 ErbStG: (1) die unentgeltliche Bereicherung von Todes wegen, insbesondere der Erwerb durch Erbanfall (§ 1922 BGB), aufgrund Erbersatzanspruch (§§ 1934 a ff. BGB), durch →Vermächtnis (§ 2147 BGB), aufgrund eines geltend gemachten Pflichtteilsanspruchs (§ 2303 ff., BGB), durch Schenkung auf den Todesfall (§ 2301 BGB), aufgrund eines vom Erblasser geschlossenen →Vertrags, insbes. der Anfall einer Lebensversicherungssumme; (2) Schenkungen unter Lebenden (jede freigebige Zuwendung unter Lebenden, soweit der Bedachte durch sie auf Kosten des Zuwendenden bereichert wird); (3) Zweckzuwendungen; (4) (unter bestimmten Voraussetzungen) Vermögen einer Stiftung bzw. eines Vereins.

Bemessungsgrundlage: Wert der Bereicherung des Erwerbers (§ 10 ErbStG). Vom Wert des Vermögensanfalls sind die Nachlaßverbindlichkeiten, insbes. außerbetriebliche →Schulden des Erblassers, testamentarisch verfügte Belastungen mit Vermächtnissen, geltend gemachte Pflichtteilsansprüche, Erbersatzansprüche, →Auflagen gegenüber Dritten, Bestattungskosten usw. abzuziehen. Nicht abzugsfähig sind Schulden und Lasten, soweit sie in wirtschaftlichem Zusammenhang mit Vermögensgegenständen stehen, die nicht der Besteuerung nach diesem Gesetz unterliegen. Die Bewertung des Erwerbs richtet sich nach den Vorschriften des ersten Teils des Bewertungsgesetzes. Mehrere innerhalb von zehn Jahren von derselben Person anfallende Vermögensvorteile werden zur Ermittlung der Steuer zusammengerechnet. Von der so ermittelten E. wird die Steuer abgezogen, welche für frühere Erwerbe angefallen ist. Somit könnten alle zehn Jahre die → Freibeträge erneut ausgenutzt werden.

Erbschaftsteuerklassen: Nach dem persönlichen Verhältnis des Erwerbers zum Erblasser oder Schenker werden vier Steuerklassen unterschieden (§ 15 ErbStG). Diese sind maßgeblich für die Höhe der Freibeträge und des Steuersatzes. Als Erwerber gehören (1) in Steuerklasse I: Ehegatte, Kinder, Stiefkinder; (2) in Steuerklasse II: Abkömmlinge der in Steuerklasse I genannten Kinder und Stiefkinder; soweit sie nicht zu den in Steuerklasse I genannten Kindern verstorbener Kinder und Stiefkinder gehören (insbes. Enkel, Urenkel); (3) in Steuerklasse III: Eltern und Voreltern, soweit sie nicht zu Steuerklasse II gehören, Geschwister, Abkömmlinge ersten Grades (Kinder) von Geschwistern, Stiefeltern, Schwiegerkinder, Schwiegereltern, der geschiedene Ehegatte; (4) in Steuerklasse IV: alle übrigen Erwerber und die Zweckzuwendungen (insbes. alle → juristischen Personen).

Erbschaftsteuerermäßigungen: Jedem Erwerber steht ein *persönlicher Freibetrag* zu, der für Erwerb von Todes wegen und für Schenkungen unter Lebenden der Höhe nach gestaffelt ist. Daneben erhält der überlebende Ehegatte einen besonderen Versorgungsfreibetrag von 250.000 DM, seine überlebenden Kinder und Stiefkinder einen solchen zwischen 50.000 DM (Kinder bis zu 5 Jahren) und 10.000 DM (Kinder zwischen 20 und 27 Jahren). Jedem Erwerber steht ein *sachlicher Freibetrag* für den Erwerb von Hausrat, Kunstgegenständen und Sammlungen zu. Er beträgt 40.000 DM für Personen der Steuerklasse I und II und 10.000 DM für Personen der übrigen Steuerklassen. Für den Erwerb anderer beweglicher körperlicher Gegenstände beträgt der Freibetrag 5.000 DM für Personen der Steuerklasse I und II sowie 2.000 DM für Personen der übrigen Steuerklassen (dies gilt nicht für → Zahlungsmittel, → Wertpapiere, → Münzen, Edelmetalle und Perlen).

Erbschaftsteuersatz: Die E. wird vom Wert des steuerpflichtigen Erwerbs in einem Vomhundertsatz berechnet und erhoben. Er ist doppelt progressiv gestaltet, d. h. er steigt mit dem Wert des steuerpflichtigen Erwerbs und zum anderen mit abnehmendem Verwandtschaftsgrad, ausgedrückt in den Steuerklassen.

Besteuerungsverfahren: Ein der E. unterliegender Erwerb ist binnen drei Monaten dem Finanzamt anzuzeigen. Der Anzeige bedarf es nicht, wenn der Erwerb auf einer von einem deutschen Gericht, einem deutschen Notar oder einem deutschen Konsul eröffneten → Verfügung von Todes wegen beruht und sich aus der Verfügung das Verhältnis des Erwerbers zum Erblasser unzweifelhaft ergibt. Das gleiche gilt, wenn eine Schenkung unter Lebenden oder eine Zweckzuwendung gerichtlich oder notariell beurkundet ist. Nach §§ 33, 34 ErbStG bestehen Anzeigepflichten von Vermögensverwahrern (insbes. Versicherungsunternehmen, Kreditinstituten [→ Anzeigepflichten des Kreditinstituts beim Tod eines Kunden], Notaren, Behörden usw.). Das Finanzamt kann eine Erbschaftsteuererklärung verlangen.

Gesetzliche Grundlagen: ErbStG, ErbStDV.

Erbschein

Gesetzliche, vom Nachlaßgericht erteilte → Legitimationsurkunde nach dem AGB, in der die Rechtsstellung des → Erben, einschließlich Erbteil und Verfügungsbeschränkungen ausgewiesen wird (§§ 2353 ff. BGB). Neben den sich aus der → Erbengemeinschaft ergebenden rechtlichen Begrenzungen des einzelnen Erben können aus dieser Urkunde auch die aus der Anordnung einer → Vor- und Nacherbschaft und → Testamentsvollstreckung folgenden Verfügungsbeschränkungen ersehen werden.

Rechtswirkung: Von besonderer Bedeutung für den Rechtsverkehr und damit auch für die → Kreditinstitute sind die rechtlichen Eigenschaften des E. Angaben über die rechtliche Stellung des Erben im E. gelten bis zum Beweis des Gegenteils als richtig (§ 2365 BGB). Derjenige, der die Unrichtigkeit dieser Angaben behauptet, trägt hierfür die Beweislast (Richtigkeitsvermutung). Der E. genießt darüber hinaus gemäß §§ 2366 f. BGB öffentlichen Glauben.

Öffentliche Glaubenswirkung: Danach kann eine Bank von der im E. als Erbe ausgewiesenen Person ohne Risiko Nachlaßgegenstände oder Rechte an solchen erwerben (Beispiel: Ankauf von zum →Nachlaß gehörigen →Wertpapieren, Bestellung einer →Grundschuld an einem Nachlaßgrundstück), selbst wenn sich später ergeben sollte, daß die betreffende Person, etwa wegen wirksamen Widerrufs des →Testaments, niemals Erbe war. Dem richtigen Erben gegenüber sind nämlich diese Verfügungen der vermeintlichen Erben wirksam, falls Kreditinstitute diesen Rechtsmangel nicht gekannt haben (§ 2366 BGB). Gleiches gilt für Leistungen des →Geldinstituts aus dem Nachlaß an den Scheinerben (§ 2367 BGB; Beispiel: Auszahlungen aus →Nachlaßkonten). Dagegen erfaßt die öffentliche Glaubenswirkung keine reinen Verpflichtungsgeschäfte des vermeintlichen Erben, mag dessen Erbenstellung auch für die Beurteilung seiner →Kreditwürdigkeit entscheidend gewesen sein. Aus solchen Verträgen wird der richtige Erbe nicht persönlich verpflichtet (Beispiel: Kreditaufnahme durch Scheinerben). Gegen dieses drohende Ausfallrisiko kann sich aber die Bank durch eine wirksame →Verpfändung von Nachlaßgegenständen schützen.

Die öffentliche Glaubenswirkung des E. entfällt aber gänzlich, wenn die →Urkunde für kraftlos erklärt worden ist (§ 2361 BGB). Die Kreditinstitute haben sich gegen dieses Veränderungsrisiko in ihren →Allgemeinen Geschäftsbedingungen abgesichert. Auch wird dort die beglaubigte Abschrift einer →Verfügung von Todes wegen nebst gerichtlichem Eröffnungsprotokoll mit gleichen Rechtswirkungen versehen. Die Geschäftsbanken bestehen aber in Zweifelsfällen auf der Beibringung des E., da dessen Erteilung eine Prüfung der erbrechtlichen Situation durch das Nachlaßgericht vorangeht.

Erbvertrag
→Verfügung von Todes wegen in Form eines →Vertrages zwischen dem →Erblasser und einer anderen Person, durch den ein →Erbe eingesetzt (gewillkürte →Erbfolge) oder →Vermächtnisse und →Auflagen angeordnet werden können (§§ 2276, 2278 BGB). Dabei kann der Vertragspartner oder ein Dritter als Erbe oder Vermächtnisnehmer bedacht werden. Zu seiner Wirksamkeit bedarf der E. der →notariellen Beurkundung. Beide Vertragsteile können Erbeinsetzung treffen, Vermächtnisse und Auflagen aussprechen. Die dadurch eintretenden vertraglichen Bindungen können gegen den Willen des Vertragspartners nur unter erschwerten Voraussetzungen der §§ 2281, 2293 ff. BGB durch →Anfechtung oder Rücktritt wieder beseitigt werden, sofern sich nicht der Erblasser einen Rücktritt vom Vertrag vorbehalten hat (§ 2293 BGB): Dagegen kann der Erblasser zu seinen Lebzeiten jederzeit durch →Rechtsgeschäfte unter Lebenden über sein Vermögen verfügen (§ 2286 BGB). Zusätzlich ist jede Vertragspartei berechtigt, im E. einseitig, also ohne vertragliche Bindung, jede Verfügung zu treffen, die durch →Testament (z.B. →Testamentsvollstreckung) getroffen werden kann (§ 2299 BGB).

Erfolgsanalyse der Unternehmung
Die →Gewinn- und Verlustrechnung (GuV) informiert durch die Gegenüberstellung von →Ertrag und →Aufwand über die Höhe des Erfolgs. Ziel der E. ist es, zu erfahren, wie sich der Erfolg zusammensetzt (Erfolgsspaltung) und welche Ertragskraft das Unternehmen hat (Rentabilitätsanalyse). Übersicht zur Erfolgsspaltung: vgl. S. 547.
Als Erfolgskennzahlen dienen die Rentabilitätskennziffern. Sie sollen Informationen über die Wirtschaftlichkeit des unternehmerischen Kapitaleinsatzes geben.

Erfolgsrechnung,
→Jahresabschluß.

Erfolgsrisiko
Gefahr, daß wegen möglicher Ertragsminderungen und/oder Aufwandserhöhungen gegenüber erwarteten →Erträgen und →Aufwendungen der zukünftig realisierte →Gewinn (Erfolg) vom erwarteten Erfolg negativ abweicht. Bei enger betriebswirtschaftlicher Definition des Risikobegriffs können „Risiko" und „Erfolgsrisiko" synonym verwendet werden, bei weiterer Definition ist das Erfolgsrisiko von anderen bankbetrieblichen Risikoarten, insbes. dem →Liquiditätsrisiko, abzugrenzen (→Bankbetriebliche Risiken).

Erfüllung
Bewirken der geschuldeten Leistung an den →Gläubiger, z.B. Erfüllung eines →Inkasso(auftrags) durch Gutschrift auf dessen →Konto. Durch das →Erfüllungsgeschäft oder tatsächliche E. erlischt das einzelne

Erfolgsanalyse der Unternehmung – Erfolgsspaltung

Posten*	Bezeichnung
1	Umsatzerlöse
2	+/− Bestandsveränderungen bei unfertigen und fertigen Erzeugnissen
3	+ andere aktivierte Eigenleistungen
	= **Gesamtleistung**
5	− Materialaufwand
	= **Rohertrag/Rohaufwand**
6	− Personalaufwand
7	− Abschreibungen
8	− sonstige betriebliche Aufwendungen (einschl. Aufwendungen aus Verlustübernahme)
19	− sonstige Steuern
	= **Betriebserfolg (= ordentliches Betriebergebnis)**
4	sonstige betriebliche Erträge
9	+ Erträge aus Beteiligungen (+ Erträge aus Gewinnabführung)
10	+ Erträge aus anderen Wertpapieren
11	+ sonstige Zinsen und ähnliche Erträge
12	− Abschreibungen auf Finanzanlagen
13	− Zinsen und ähnliche Aufwendungen
	= **Finanzerfolg (= ordentliches betriebsfremdes Ergebnis)**
15	außerordentliche Erträge
16	− außerordentliche Aufwendungen
	= **außerordentlicher Erfolg**

* Die Postenbezeichnung entspricht der Anordnung der Aufwendungen und Erträge in § 275 Abs. 2 HGB.

→ Schuldverhältnis (§ 362 Abs. 1 BGB), aber nicht notwendig der gesamte → Vertrag. Das Schuldverhältnis erlischt auch, wenn der Gläubiger eine andere als die geschuldete Leistung an Erfüllungs Statt annimmt (§ 364 Abs. 1 BGB), wozu er nicht verpflichtet ist, nicht jedoch bei einer → Leistung erfüllungshalber (z. B. Zahlung per → Scheck).

Erfüllungsgehilfe
→ Person oder Unternehmen, deren sich der → Schuldner zur → Erfüllung einer → Verbindlichkeit bedient, z. B. Mitarbeiter eines → Kreditinstituts im Rahmen des → allgemeinen Bankvertrages. Nach § 278 Satz 1 BGB muß sich der Schuldner das in Erfüllung der Verbindlichkeit erfolgte (Fehl-)Verhalten eines E. zurechnen lassen; dessen fremdes → Verschulden hat er in gleichem Umfang zu vertreten wie eigenes.

→ Gesetzliche Vertreter (im weiten Sinn, also nicht nur Eltern, sondern z. B. auch → Konkursverwalter) stehen insoweit E. gleich. § 278 BGB ist nicht anwendbar bei verfassungsmäßig berufene Vertreter einer → juristischen Person. Diese sind → Organe, für deren → Verschulden §§ 31, 89 BGB gelten. Eine → Haftung für E. setzt eine Sonderverbindung zwischen Schuldner und → Gläubiger, einen → Vertrag oder vorvertragliche Beziehungen, voraus. Für Handlungen außerhalb einer solchen Sonderverbindung haftet der Geschäftsherr nur, wenn ihn bei Auswahl oder Überwachung des Verrichtungsgehilfen ein Verschulden trifft (§ 831 BGB). Nach §§ 278 Satz 2, 276 Abs. 2 BGB kann der Schuldner seine Haftung selbst für vorsätzliches Verhalten von E. ausschließen. Dies kann jedoch nicht durch → Allgemeine Geschäftsbedingungen erfolgen (§ 11 Nr. 7 AGBG).

Erfüllungsgeschäft

Erfüllungsgeschäft
Nach dem im deutschen →Privatrechtgeltenden →Abstraktionsprinzip vom →Verpflichtungsgeschäft zu unterscheidendes →Verfügungsgeschäft, etwa die →Übereignung einer (verkauften) →Sache oder die →Abtretung eines veräußerten →Rechts (z. B. aufgrund von Transaktionen an der →Effektenbörse).

Erfüllungshalber, →Leistung erfüllungshalber.

Erfüllungsort
(für Geschäfte mit Kreditinstituten)
E. (§ 29 ZPO) ist der Ort, an dem der →Schuldner seine Leistung zu erbringen hat (Leistungsort). Er wird i. d. R. durch →Vertrag seitens der Parteien vereinbart. Ist jedoch ein Ort für die Leistungshandlung weder bestimmt noch aus den Umständen zu entnehmen, so hat gemäß § 269 Abs. 1 BGB die Leistung des Schuldners an dem Ort zu erfolgen, an dem er zum Zeitpunkt der Entstehung des →Schuldverhältnisses seinen Wohnsitz oder seine gewerbliche Niederlassung hat (Holschuld).
Während in den AGB Banken seit 1993 nicht mehr näher auf den E. eingegangen wird, verlautet Nr. 6 Abs. 2 AGB Sparkassen, der E. für die Sparkasse und den Kunden sei der Sitz der Sparkasse.
(→Gerichtsstand der Kreditinstitute)

Erfüllungsrisiko
1. Gefahr, daß eine Bank nach erbrachter Leistung für ein Geschäft, z. B. Anschaffung eines Fremdwährungsbetrages im Ausland, die Gegenleistung des Partners nicht erhält. Eine bedeutsame Form des E. stellt das →Eindeckungsrisiko aus →bilanzunwirksamen Geschäften dar, so wie es im →Eigenkapitalgrundsatz I des →Bundesaufsichtsamts für das Kreditwesen erfaßt wird (→Bankbetriebliche Erfolgsrisiken des liquiditätsmäßig-finanziellen Bereichs).

2. Möglichkeit, daß der Verkäufer eines Kassapapiers (z. B. →Aktie, →festverzinsliches [Wert]-Papier) die Stücke nicht rechtzeitig liefern kann.
(→Wertpapierleihe, →Wertpapierpensionsgeschäfte)

Ergänzungskapital
Aufgrund der →Eigenmittel-Richtlinie der EG in das →Kreditwesengesetz (KWG) eingefügte, im deutschen Recht bisher weithin nicht übliche Bestandteile des →haftenden Eigenkapitals der Kreditinstitute. Je nachdem, ob die Summe der einzelnen Komponenten bis zu 100% oder nur bis zu 50% des →Kernkapitals anerkannt wird (gem. § 10 Abs. 6 b Sätze 1 und 2 KWG), gibt es E. erster und zweiter Klasse.
(1) Zur *Klasse 1* gehören:
– Vorsorgereserven (nach § 340 f HGB),
– →Vorzugsaktien mit Nachzahlungsverpflichtung;
in beschränktem Umfang:
– nicht realisierte Reserven (→Neubewertungsreserven) als „sonstige Bestandteile" und
– in Rücklagen nach § 6 b EStG eingestellte, realisierte stille Reserven (§ 10 Abs. 4 a Satz 1 Nr. 1, 3 bis 5 KWG);
unter bestimmten Voraussetzungen:
– gegen Gewährung von →Genußrechten eingezahltes Kapital (§ 10 Abs. 5 KWG).
(2) Zur *Klasse 2* zählen:
– aufgrund der Eingehung →nachrangiger Verbindlichkeiten eingezahltes Kapital (§ 10 Abs. 5 a KWG),
– der →Haftsummenzuschlag gem. § 10 Abs. 2 Satz 1 Nr. 3 KWG.
Das →Bundesaufsichtsamt für das Kreditwesen kann einem →Kreditinstitut oder einer →Kreditinstitutsgruppe i. S. des KWG gestatten, die Obergrenzen von 100 bzw. 50% des Kernkapitals unter außergewöhnlichen Umständen zeitweise zu überschreiten (§ 10 Abs. 6 b Satz 3 KWG).
(→Haftendes Eigenkapital)

Ergänzungsverträge zwischen Kreditinstitut und dem Kunden
→Verträge, die (in Ergänzung zum →allgemeinen Bankvertrag) den einzelnen →Bankgeschäften zugrunde liegen (z. B. →Girovertrag, →Scheckvertrag, →Kreditvertrag). Ihr rechtlicher Rahmen wird durch die →Allgemeinen Geschäftsbedingungen der Kreditinstitute abgesteckt. Die konkrete rechtliche Ausprägung erfahren die Ergänzungsverträge erst durch die jeweils einbezogenen →Sonderbedingungen der Kreditinstitute bzw. durch die herangezogenen →Formularverträge.

Ergebnisabführungsvertrag, →Gewinnabführungsvertrag.

Ergebnis der gewöhnlichen Geschäftstätigkeit, →Jahresüberschuß.

Ergebnis der normalen Geschäftstätigkeit
Im Formblatt für die Staffelform der → Gewinn- und Verlustrechnung der Kreditinstitute (→ Formblätter) verwendete Bezeichnung für den Posten, der sämtliche → Aufwendungen und → Erträge mit Ausnahme der → außerordentlichen Erträge sowie der → Steuern (soweit sie nicht als sonstige betriebliche Steuern ausgewiesen werden) zusammenfaßt (→ Steueraufwand in der Gewinn- und Verlustrechnung der Kreditinstitute).

Ergebnis je Aktie
Bezeichnung für →Gewinn je Aktie, berechnet nach einem besonderen Verfahren der → Deutschen Vereinigung für Finanzanalyse und Anlageberatung (DVFA) (→ DVFA-Ergebnis). Der Gewinn je → Aktie wird zur Berechnung des → Kurs-Gewinn-Verhältnisses benötigt.
Das E. j. A. kann auch kapitalisiert werden. Als kapitalisiertes E. j. A. wird der → Barwert des E. j. A. ausgewiesen. Es wird nach der Formel ermittelt:

$$\frac{\text{Gewinn je Aktie} \cdot 100}{\text{Kapitalzins}}.$$

Das kapitalisierte E. j. A. wird mit dem aktuellen → Börsenkurs der Aktie verglichen. Liegt es über dem Börsenkurs, zeigt dies eine Unterbewertung der Aktie an. Liegt es unter dem Börsenkurs, zeigt es eine Überbewertung der Aktie an.

Ergebnisrücklagen
Bezeichnung für → Gewinnrücklagen in → Bilanzen der → Genossenschaften (§ 337 Abs. 2 HGB). Sie sind aufzugliedern in die → gesetzliche Rücklage und andere E. (→ Rücklagen der Kreditinstitute, → Eigenkapital der Kreditinstitute)

Erhebliche Beteiligung i. S. des KWG
→ Beteiligung eines → Kreditinstituts (übergeordnetes) innerhalb einer → Kreditinstitutsgruppe i. S. des KWG an einem anderen Kreditinstitut (nachgeordnetes Kreditinstitut) in Höhe von mindestens 40% der Kapitalanteile (unmittelbar oder mittelbar gehalten) (§ 10a Abs. 2 KWG).

Erhöhte Absetzungen, → Abschreibungen.

ERI
Abk. für → Einheitliche Richtlinien für Inkassi.

Erlaubniserteilung für Kreditinstitute
Das Betreiben von → Bankgeschäften im Inland in vollkaufmännischem Umfange (→ Kreditinstitut) bedarf der vorherigen schriftlichen Erlaubnis (Betriebserlaubnis) durch das → Bundesaufsichtsamt für das Kreditwesen (BAK) (§ 32 KWG). Die Erteilung wird (ebenso wie die Aufhebung nach § 38 Abs. 3 KWG) im → Bundesanzeiger bekanntgemacht. Zum Schutz der → Gläubiger vor ungeeigneten Personen oder finanziell nicht fundierten Unternehmen müssen für eine Erlaubnis bestimmte personelle und kapitalmäßige Voraussetzungen erfüllt sein. Diese sind in § 33 KWG als Versagungsgründe formuliert, deren Vorliegen vom BAK zu überprüfen ist. Ist keiner der dort genannten Gründe gegeben, hat der Antragsteller einen Rechtsanspruch auf Erlaubniserteilung (§ 33 Abs. 1 Satz 3 KWG). Eine (volkswirtschaftlich oder wettbewerbspolitisch motivierte) Bedürfnisprüfung ist nicht vorgesehen.

Kapitalausstattung: Um den ordentlichen Geschäftsbetrieb in Gang zu setzen und ggf. Anfangsverluste auffangen zu können, muß ein ausreichendes → haftendes Eigenkapital der Kreditinstitute zur Verfügung stehen. Sein Umfang richtet sich nach der Art der Bankgeschäfte.
Ein Mindestbetrag war bisher nur in einigen Sonderaufsichtsgesetzen vorgesehen (z. B. § 2 Abs. 2 HypBankG, § 2 Abs. 2 SchiffsBankG: 8 Mio. DM); die erste Vorschrift wurde durch die Vierte KWG-Novelle wegen Bedeutungslosigkeit gestrichen. In Umsetzung der Zweiten → Bankrechts-Koordinierungsrichtlinie verlangt seit 1993 § 33 Abs. 1 Satz 1 Nr. 1 KWG bei Unternehmen, die erstmals das → Einlagengeschäft und das → Kreditgeschäft betreiben wollen (→ Euro-Kreditinstitute), daß ihnen mindestens der Gegenwert von 5 Mio. ECU an eingezahltem Kapital, → Geschäftsguthaben oder → Rücklagen, abzüglich des Gesamtnennbetrages der → Vorzugsaktien (→ Ergänzungskapital), zur Verfügung stehen muß. Bisher legte das BAK für eine das Einlagengeschäft umfassende Erlaubnis nur eine Eigenkapitalforderung von 6 Mio. DM zugrunde. Weitere spezielle Anforderungen des BAK, die von der Gesetzesänderung nicht unmittelbar berührt werden sind: 1 Mio. DM für die das → Garantiegeschäft ausschließlich mit → Rückbürgschaften der öffentlichen Hand umfassende Erlaubnis, 5

Erlaubniserteilung für Kreditinstitute

Mio. DM für die Erlaubnis für → Kapitalanlagegesellschaften, 30 Mio. DM für die Erlaubnis für → Bausparkassen, 50 Mio. DM für die Erlaubniserteilung an → private Hypothekenbanken. Nach der Aufnahme des Geschäftsbetriebs sind insoweit dann die Vorschriften der Spezialgesetze bzw. die → Eigenkapitalgrundsätze einzuhalten; das spätere Unterschreiten der anfangs nötigen Kapitalausstattung bildet einen Grund für die Aufhebung der Betriebserlaubnis (§ 35 Abs. 2 Nr. 3 b) KWG).

Zuverlässigkeit der Geschäftsleiter und anderer Personen: Wegen der Vertrauensempfindlichkeit des Kreditgewerbes müssen die → Geschäftsleiter zuverlässig sein, also ihrer Persönlichkeit nach eine solide Geschäftsführung erwarten lassen. Nachgewiesen wird dies gemäß § 9 Abs. 1 → Anzeigenverordnung durch das Einreichen eines lückenlosen Lebenslaufs und einer Straffreiheits-Erklärung. Unzuverlässigkeit kann sich nur aus tatsächlich gezeigtem Verhalten ergeben; es genügt aber, wenn sich aus den Tatsachen (z. B. begangene Vermögensdelikte) mit erheblicher Wahrscheinlichkeit mangelnde Zuverlässigkeit für das Kreditgewerbe ergibt. Dieses Merkmal muß auch bei denjenigen → persönlich haftenden Gesellschaftern vorliegen, die von der Geschäftsleitung ausgeschlossen sind (→ Offene Handelsgesellschaft [OHG]). Zuverlässigkeit wird ferner gefordert von den Erwerbern bzw. Inhabern einer → bedeutenden Beteiligung i. S. des KWG (§ 2 b Abs. 1 Satz 2, Abs. 2 Satz 1 Nr. 2 KWG). Handelt es sich bei ihnen um eine → juristische Person oder eine → Personenhandelsgesellschaft, so muß diese Eigenschaft bei deren → gesetzlichem Vertreter oder persönlich haftendem Gesellschafter vorhanden sein (§ 2 b Abs. 1 Satz 3 KWG).

Fachliche Eignung: Diese Qualifikation wird nur von Geschäftsleitern gefordert, die eine solche Funktion auch tatsächlich ausüben, also nicht von persönlich haftenden Gesellschaftern, die hiervon ausgeschlossen sind. Die fachliche Eignung muß für das einzelne Kreditinstitut bestehen. Alle Geschäftsleiter müssen hinreichende theoretische und praktische Kenntnisse in Bankgeschäften sowie Leitungserfahrung haben. Fachliche Eignung ist gemäß § 33 Abs. 2 Satz 2 KWG regelmäßig anzunehmen, wenn eine dreijährige leitende Tätigkeit bei einem Kreditinstitut von vergleichbarer Größe und Geschäftsart nachgewiesen wird. Als leitend sind auch solche Tätigkeiten anzusehen, die unmittelbar unter der Ebene der eigentlichen Geschäftsleiter liegen und mit annähernd gleichen Verantwortlichkeiten verbunden sind (unterstellte Geschäftsbereiche und Entscheidungsbefugnisse insbes. im Kreditgeschäft).

Vieraugenprinzip: Für ein Kreditinstitut müssen mindestens zwei geeignete Geschäftsleiter, die nicht nur ehrenamtlich tätig sind, vorhanden sein. Bei nur einem einzigen Geschäftsführer kann eine Bank erfahrungsgemäß nicht verantwortlich geführt werden. Das Vieraugenprinzip erschwert zudem Verhalten unsolider, zweifelhafter oder gar krimineller Art. Korrespondierend hierzu bestimmt § 2 a KWG, daß ein Kreditinstitut nicht in der Rechtsform des → Einzelkaufmanns betrieben werden darf. Der Besitzstand der bereits vor 1976 zugelassenen → Einzelbankiers bleibt jedoch gewahrt.

Verfahren: Aufgrund von § 32 Abs. 1 Satz 2 KWG muß ein Antrag auf Erlaubnis nicht nur einen geeigneten Nachweis der zum Geschäftsbetrieb erforderlichen Mittel (Nr. 1), die Angabe mindestens zweier Geschäftsleiter (Nr. 2) sowie die erforderlichen Informationen zu Zuverlässigkeit und fachlicher Eignung (Nr. 3 und 4) enthalten, sondern auch, nach den Vorgaben des → EG-Bankrechts, einen Geschäftsplan, aus dem die Art der geplanten Geschäfte und der organisatorische Aufbau des Kreditinstituts hervorgehen (Nr. 5). Sofern an dem Kreditinstitut bedeutende Beteiligungen gehalten werden, müssen auch hierzu nähere Angaben gemacht werden (Nr. 6). Reichen diese nicht aus oder sind sie unvollständig, so bildet auch dieser Mangel, wenn er nicht behoben werden kann, einen Grund, die beantragte Betriebserlaubnis zu versagen (§ 33 Abs. 1 Satz 1 Nr. 5 KWG).

Erlaubnis für Unternehmen mit Sitz außerhalb des Bundesgebiets: Zwar benötigen Zweigstellen von Kreditinstituten mit Sitz in anderen EG-Mitgliedstaaten keine neue Erlaubnis durch das BAK, wenn sie im Bundesgebiet Bankgeschäfte betreiben (§ 53 b KWG). Jedoch muß das Bundesaufsichtsamt die zuständigen Behörden eines EG-Herkunftmitgliedstaates (§ 1 Abs. 4 KWG) anhören, bevor es die nach wie vor notwendige Erlaubnis erteilt, wenn ein → Tochterunternehmen (§ 1 Abs. 7 KWG) eines in ei-

nem anderen EG-Land ansässigen und zugelassenen Unternehmens oder ein Tochterunternehmen des → Mutterunternehmens (§ 1 Abs. 6 KWG) eines derartigen Unternehmens errichtet werden soll oder das die Erlaubnis beantragende Unternehmen durch dieselben → natürlichen Personen oder juristischen Personen wie ein solches ausländisches Unternehmen kontrolliert wird (§ 33 b KWG). Eine Kontrolle liegt dann vor, wenn ein Unternehmen im Verhältnis zu einem anderen als Mutterunternehmen gilt oder wenn zwischen einer natürlichen oder einer juristischen Person und einem Unternehmen ein gleichartiges Verhältnis besteht (§ 1 Abs. 8 KWG).
Im Hinblick auf Unternehmen mit Sitz außerhalb eines EG-Mitgliedslandes und deren Tochterunternehmen muß das BAK die Entscheidung über den Antrag auf Erlaubnis bis zu drei Monaten aussetzen oder beschränken, wenn der Rat der die Kommission der EG einen entsprechenden Beschluß nach Art. 22 der zweiten Bankrechts-Koordinierungsrichtlinie gefaßt hat. Dadurch soll die Position der EG-Kommission bei Verhandlungen mit dritten Ländern über gleiche Wettbewerbsbedingungen auf deren Märkten für Kreditinstitute mit Sitz innerhalb eines EG-Mitgliedstaates verbessert werden (§ 33 a KWG).
Vor Erteilung der Erlaubnis zum Betreiben des Einlagengeschäfts hat das BAK den zuständigen Verband (→ Verbände und Arbeitsgemeinschaften der Kreditwirtschaft) zu hören (§ 32 Abs. 3 KWG). Dieser soll Gelegenheit erhalten, auf Tatsachen hinzuweisen, die einer Aufnahme in die → Einlagensicherung entgegenstehen, da das BAK von der Mitgliedschaft dort die Erlaubniserteilung abhängig macht.

Teilkonzession und Vollkonzession: Das BAK kann die Erlaubnis unter Auflagen erteilen oder auf einzelne Bankgeschäfte beschränken. Eine solche, inhaltlich beschränkte Erlaubnis (Teilkonzession) kommt z. B. bei → Bürgschaftsbanken und vielfach bei Ratenkreditbanken (→ Teilzahlungskreditinstitute) in Betracht. Auch eine Vollkonzession umfaßt niemals alle in § 1 Abs. 1 Satz 2 KWG aufgeführten Bankgeschäfte, da das → Investmentgeschäft nach § 2 Abs. 2 lit. c) KAGG den Kapitalanlagegesellschaften vorbehalten ist.

Aufhebung der Erlaubnis: → Bankaufsichtliche Maßnahmen.

Nicht zugelassene Bankgeschäfte: Bestimmte Bankgeschäfte sind generell verboten (§ 3 KWG, → Verbotene Bankgeschäfte nach dem KWG). Das unerlaubte Betreiben von Bankgeschäften entgegen § 3 oder § 32 KWG ist strafbar (§ 54 KWG); das BAK kann gegen die Fortführung solcher Geschäfte unmittelbar einschreiten (§ 37 KWG).
Für → Spezialbanken sind nur bestimmte Rechtsformen zulässig: für Hypothekenbanken und → Schiffspfandbriefbanken: → Aktiengesellschaft und → Kommanditgesellschaft auf Aktien (§ 2 HypBankG, § 2 SchiffsbankG), für Bausparkassen: AG (§ 2 BSpkG), für Kapitalanlagegesellschaften: AG und → Gesellschaft mit beschränkter Haftung (§ 1 Abs. 2 KAGG).
(→ Bankenaufsicht)

Erlaubnisrücknahme, → bankaufsichtliche Maßnahmen.

Erlös
Entgelt für die aus der betrieblichen Leistungserstellung hervorgegangenen, an den Markt abgegebenen Güter und Dienstleistungen.
Abgrenzung zwischen Ertrag und Erlös vgl. Abbildung S. 552.

Erneuerungsschein, → Talon.

Eröffnen
Opening Transaction; Geschäft, das eine → Position entstehen läßt, z. B. → Long Position durch Kauf bzw. → Short Position durch Verkauf.
Gegensatz: → Glattstellung.

Eröffnungsphase
Zweite Phase der Börsenzeit an einer → Terminbörse (z. B. → Deutsche Terminbörse [DTB]). In der E. werden die in der Pre-Trading-Periode eingegebenen Aufträge verglichen und abgewickelt. Es wird ein Eröffnungskurs festgelegt, zu dem die meisten Aufträge ausgeführt werden können. Während dieser Phase ist keine Auftragseingabe möglich.
(→ Handelsphase, → Post-Trading-Periode)

ERP
Abk. für European Recovery Program (Europäisches Wiederaufbauprogramm).

ERP-Anleihe
→ Anleihe der Bundesrepublik Deutschland für das → ERP-Sondervermögen. ERP-A.

ERP-Darlehen

Erlös – Abgrenzung zwischen Ertrag und Erlös

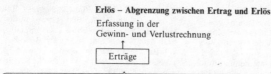

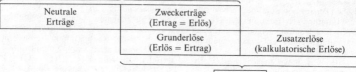

sind →Straight Bonds und können nicht in den →Bund-Future geliefert werden.
(→Emittenten am deutschen Rentenmarkt)

ERP-Darlehen
→Durchgeleiteter Kredit, der von der →Kreditanstalt für Wiederaufbau und von der →Deutschen Ausgleichsbank über zwischengeschaltete →Kreditinstitute an Endkreditnehmer gewährt wird. Der Schwerpunkt der Förderung durch ERP-Kreditmittel liegt in der →Finanzierung bestimmter Investitionsvorhaben kleinerer und mittlerer Unternehmen der gewerblichen Wirtschaft (ERP-Regionalprogramm, ERP-Existenzgründungsprogramm, ERP-Standortprogramm usw.), in der Finanzierung von Struktur- und Anpassungsmaßnahmen (z. B. ERP-Seehafenprogramm), in der Finanzierung von Umweltschutzinvestitionen (ERP-Abwasserreinigungsprogramm, ERP-Luftreinhaltungsprogramm usw.), in der Finanzierung von Existenzgründungen in den neuen Bundesländern (ERP-Existenzgründungsprogramm Ost) und in der Finanzierung von Modernisierungen, Erweiterungen und Produktivitätssteigerungen in den neuen Bundesländern (ERP-Modernisierungsprogramm Ost).
(→ERP-Sondervermögen)

ERP-Programm
→Öffentliches Kreditprogramm (öffentliches Förderungsprogramm), für das Mittel aus dem →ERP-Sondervermögen zur Verfügung gestellt werden. Die aus dem ERP-P. bereitgestellten →ERP-Darlehen sind →durchgeleitete Kredite.

ERP-Sondervermögen
→Sondervermögen des Bundes, welches aus den DM-Gegenwerten für die →Einfuhren im Rahmen des Marshall-Plans (European Recovery Program, Europäisches Wiederaufbauprogramm) nach dem Zweiten Weltkrieg entstand. Aus dem ERP-S. werden heute diverse →ERP-Darlehen, auch im Bereich der →Entwicklungshilfe, gewährt.

Errichtungsinvestition, →Sachinvestition, →Investition.

Ersatzaussonderung
Anspruch eines Aussonderungsberechtigten im →Konkurs (→Aussonderung) auf →Abtretung des Rechts auf Gegenleistung, wenn Gegenstände, für die ein Aussonderungsanspruch hätte geltend gemacht werden können, vor Konkurseröffnung von dem →Gemeinschuldner oder nach Konkurseröffnung vom →Konkursverwalter veräußert worden sind. Derjenige, der Anspruch auf E. hat, kann die Gegenleistung aus der →Konkursmasse beanspruchen, soweit sie nach Konkurseröffnung zur Konkursmasse einbezogen worden ist (§ 46 KO).

Ersatzdeckung, →Pfandbriefdeckung.

Ersatzinvestition
Reinvestition; →Anlageinvestition, die vorgenommen wird, um den Wegfall dauerhafter Produktionsmittel infolge Abnutzung auszugleichen (→Sachinvestition, →Investition).

Ersatzsicherheit im Kreditgeschäft
Als Ersatzformen für bankmäßige → Kreditsicherheiten haben sich → Patronatserklärung, → Organschaftserklärungen sowie → Negativerklärungen und → Positiverklärungen herausgebildet. Als Ersatz für Kreditsicherheiten kommen u. U. auch in Frage der sogenannte → Kommanditrevers und das Zurücktreten mit → Forderungen.

Erscheinungsbild
Begriff: Spezifische Darstellung des → Kreditinstitutes nach außen, um sich einprägsam von den Mitbewerbern abzusetzen.
Arten: (1) *Sachliches E.*: Einrichtung/Ausstattung von Bankgebäude, Schalterhalle; Aufmachung der Geschäftsberichte, Werbemittel; Vorgehensweise in der Öffentlichkeitsarbeit. (2) *Leistungsspezifisches E.*: Darstellung/Aufmachung des individuellen und standardisierten Produkt- und Dienstleistungsangebots, Schnelligkeit, Modernität und Zuverlässigkeit der Bankleistungen. (3) *Humanes E.*: Erscheinung und Qualifikation der Bankmitarbeiter, Struktur und Qualität der Kunden.

Ersparnis
Teil des → verfügbaren Einkommens, das nicht für Konsumzwecke (→ Investition) verbraucht wird (→ Sparen). Gesamtwirtschaftliche E. (i. S. der → Volkswirtschaftlichen Gesamtrechnung) ist die Differenz von verfügbarem Einkommen und Konsum.
I. S. der → Vermögensrechnung (Volksvermögensrechnung) entspricht die E. der Bildung des → Reinvermögens aus dem laufenden Einkommen. E. können private Haushalte, Unternehmungen (→ Selbstfinanzierung) und der Staat haben.
I. S. des Kreislaufkonzeptes (→ Wirtschaftskreislauf) entspricht die E. dem Nettozuwachs an → Sachvermögen in einer Volkswirtschaft innerhalb eines bestimmten Zeitraumes (Nettozuwachs an Realkapitalbildung = Nettoinvestition). Diese ex-post-Größengleichheit von → Nettoinvestitionen und gesamtwirtschaftlicher E. gilt in der geschlossenen Volkswirtschaft. In der offenen Volkswirtschaft entspricht die gesamtwirtschaftliche E. der Summe aus Nettoinvestitionen, → Außenbeitrag und Nettoübertragungen (→ Übertragungsbilanz). Eine Erhöhung der gesamtwirtschaftlichen E. ist gleich der Erhöhung der Nettoinvestition plus Erhöhung der → Nettoauslandsposition (Überschuß in der → Leistungsbilanz).

Erste Hypothek
Bezeichnung für ein an erster Rangstelle (→ Rang) im → Grundbuch abgesichertes → Hypothekendarlehen, aber auch Bezeichnung für einen → Realkredit, d. h. für ein durch ein → Grundpfandrecht abgesichertes, im Rahmen der → Beleihungsgrenze von 60 Prozent des → Beleihungswertes gewährtes → Darlehen.

Erste Inkassostelle
Im → Einzugsverkehr das erste mit dem Einzug einer → Lastschrift, eines → Schecks oder eines → Wechsels beauftragte → Kreditinstitut. Pflichten und Rechte der e. I. werden maßgeblich durch die → Abkommen zum bargeldlosen Zahlungsverkehr bestimmt. E. I. für → eurocheques, die in Deutschland eingezahlt werden, ist das Kreditinstitut, das die Auszahlung an den Scheckkartenvorleger vorgenommen hat.

Ertrag
Periodisierte Einnahmen. Der E. kann nach Ertragsquellen (bankbetriebliche Leistungsbereiche) gegliedert werden (Zinserträge, Provisionserträge usw.)
Gegensatz: → Aufwand.

Erträge aus Aktien, steuerliche Behandlung,
→ Dividendenbesteuerung.

Erträge aus Investmentanteilen, steuerliche Behandlung
Um eine Gleichstellung der Investmentsparer mit Direktanlegern zu erreichen, hat die → Kapitalanlagegesellschaft bei Ausschüttungen mit → Erträgen aus → Dividenden deutscher → Aktien die → anrechenbare Körperschaftsteuer in Höhe von drei Siebtel der → Bardividende einzubehalten und an das Bundesamt für Finanzen abzuführen.
Bei Investmentsparern ist der Teil der Ertragsausschüttungen, der aus Dividenden und → Zinsen bzw. bei → offenen Immobilienfonds aus Mieten stammt, steuerpflichtig (→ ordentliche Erträge eines Investmentfonds). → Veräußerungsgewinne sowie Erlöse aus der Verwertung von → Bezugsrechten werden vom Anteilsscheininhaber steuerfrei vereinnahmt (→ außerordentliche Erträge eines Investmentfonds). Veräußerungsgewinne bei → Anteilsscheinen im → Betriebsvermögen sind als → Betriebseinnahmen zu versteuern.

553

Werbungskosten und Freibeträge: Vor Ermittlung der Einkommensteuerbelastung des Anteilsscheininhabers sind die persönlichen → Werbungskosten zu berücksichtigen, wie z. B. → Depotgebühren sowie Schuldzinsen für → Kredite für den Erwerb von Anteilsscheinen bis zur Höhe der aus Anteilsscheinen zufließenden Erträge. Bei Verzicht des Nachweises bestimmter Werbungskosten wird ein sog. Werbungskostenpauschbetrag gewährt (bei Ledigen 100 DM, bei zusammenveranlagten Ehegatten 200 DM). Zusätzlich ist ein → Sparerfreibetrag in Höhe von 6.000 DM für Ledige bzw. 12.000 DM für zusammenveranlagte Ehegatten anzusetzen. Dieser → Freibetrag ist bei der Ermittlung der → Einkünfte aus Kapitalvermögen nach Abzug der Werbungskosten bzw. des Werbungskostenpauschalbetrages abzuziehen. Es bleiben daher unter Berücksichtigung der Freibeträge Einnahmen aus Kapitalvermögen bis zu 6.100 DM bei Ledigen und 12.200 DM bei zusammen veranlagten Ehegatten steuerfrei.

Körperschaftsteuerguthaben: Bei Dividendenzahlung deutscher → Aktiengesellschaften wird ein → Körperschaftsteuerguthaben (→ Anrechnungsverfahren bei der Körperschaftsteuer) als Teil der Dividendenzahlung (immer drei Siebtel der Bardividende) ausgeschüttet. Investmentfonds, in deren → Vermögen sich inländische Aktien befinden, gliedern daher ihre Gesamtausschüttung in eine Barausschüttung und eine Steuergutschrift und leiten so das → Körperschaftsteuerguthaben an den → Steuerpflichtigen weiter. Auch → Thesaurierungsfonds müssen das Körperschaftsteuerguthaben an den Anteilseigner weitergeben. Inländische unbeschränkt Steuerpflichtige mit Investmentanteilsscheinen im Privatvermögen erhalten das Körperschaftsteuerguthaben sofort ausgezahlt, wenn sie ihrem Kreditinstitut eine → Nichtveranlagungs-Bescheinigung einreichen. Im anderen Fall wird die Gutschrift über das Körperschaftsteuerguthaben bei der Einkommensteuerveranlagung auf die Steuerschuld angerechnet.

Zinsabschlag nach dem Zinsabschlaggesetz: Als Einkünfte aus Kapitalvermögen sind ordentliche Erträge aus → Wertpapierfonds, → Beteiligungsfonds und → Immobilienfonds steuerpflichtig. Die Kapitalerträge aus den Anteilsscheinen dieser Investmentfonds unterliegen seit dem 1. Januar 1993 für Steuerinländer einem Steuerabzug vom Kapitalertrag in Höhe von 30% (→ Zinsabschlag). Dies gilt nicht für Erträge, die aus Aktienbesitz der Investmentfonds stammen, weil diese Erträge bereits mit Körperschaftsteuer in Höhe von 30% vorbelastet sind. Verfahren: (1) Für ausgeschüttete Erträge wird die → Kapitalertragsteuer von der auszahlenden Stelle (Kreditinstitut) einbehalten. (a) In Fällen der Verwahrung im → offenen Depot wird bei Steuerausländern keine Kapitalertragsteuer einbehalten. (b) In Fällen der Verwahrung im offenen Depot wird bei Steuerinländern in sog. Freibetragsfällen (bei Vorliegen eines → Freistellungsauftrags) oder in sog. NV-Fällen (bei Vorliegen einer Nichtveranlagungs-Bescheinigung) vom Steuerabzug Abstand genommen. (c) In Nichtdepot-Fällen wird die Kapitalertragsteuer bei Steuerausländern unter den Voraussetzungen des § 50d EStG vom Bundesamt für Finanzen erstattet und bei Steuerinländern bei der Veranlagung auf die Einkommensteuer angerechnet. (2) Werden die Erträge teils ausgeschüttet, teils thesauriert, gilt das unter (1) dargestellte Verfahren mit der Besonderheit, daß die auf die thesaurierten Erträge entfallende Kapitalertragsteuer ebenfalls abgezogen wird. (3) Werden sämtliche Erträge thesauriert, nimmt die KAG den Steuerabzug vor. (a) Bei Thesaurierungsfonds ist eine Abstandnahme vom Steuerabzug nicht möglich. In Depot-Fällen wird die Kapitalertragsteuer an Steuerausländer oder an Steuerinländer mit Freistellungsauftrag oder NV-Bescheinigung von der KAG erstattet. In Nichtdepot-Fällen wird die Kapitalertragsteuer bei Steuerausländern unter der Voraussetzung des § 50d EStG vom Bundesamt für Finanzen erstattet und bei Steuerinländern bei der Veranlagung auf die Einkommensteuer angerechnet. (4) Ausschüttungen auf Anteile an ausländischen Investmentfonds unterliegen ab 1. 7. 1993 dem Zinsabschlag.
Vgl. auch Tabelle S. 555.
(→ Zinsbesteuerung)

Ertragsanalyse

Die E. gliedert die Umsatzerlöse nach Tätigkeitsbereichen sowie nach geographisch bestimmten Märkten auf (Anhangangabe nach § 285 Nr. 4 HGB). Dadurch läßt sich die Entwicklung der einzelnen Produktgruppen auf den verschiedenen Märkten erkennen und ermöglicht, die Stabilität der Umsatz-

Erträge aus Investmentanteilen – Besteuerung

Fondsart	Depot im Inland	Tafelgeschäft	Depot im Ausland
Deutscher ausschüttender Fonds	30% Zinsabschlag auf den steuerpflichtigen (zinsabschlagpflichtigen) Teil der Ausschüttung (bei Aktienfonds beträgt dieser Teil der Ausschüttung im Durchschnitt 30% der Erträge, bei offenen Immobilienfonds im Durchschnitt 50% der Erträge) Anrechnung des Zinsabschlags bei der Einkommensteuerveranlagung kein Zinsabschlag bei Freistellungsauftrag bzw. NV-Bescheinigung	35% Zinsabschlag auf den steuerpflichtigen (zinsabschlagpflichtigen) Teil der Ausschüttung Anrechnung des Zinsabschlags bei der Einkommensteuerveranlagung	kein Zinsabschlag
Ausländischer ausschüttender Fonds	Handhabung wie bei deutschem ausschüttenden Fonds (30% Zinsabschlag)	Handhabung wie bei deutschem ausschüttenden Fonds (35% Zinsabschlag)	kein Zinsabschlag
Deutscher thesaurierender Fonds	30% Zinsabschlag auf die steuerpflichtigen (zinsabschlagpflichtigen) Erträge Anrechnung des Zinsabschlags bei der Einkommensteuerveranlagung kein Zinsabschlag bei Freistellungsauftrag bzw. NV-Bescheinigung	–	30% Zinsabschlag auf die steuerpflichtigen (zinsabschlagpflichtigen) Erträge Anrechnung bei der Einkommensteuerveranlagung Freistellungsauftrag bzw. NV-Bescheinigung nicht möglich
Ausländischer thesaurierender Fonds	kein Zinsabschlag	–	kein Zinsabschlag

entwicklung differenzierter einzuschätzen. Zur E. gehört auch die Analyse der Bestandsveränderungen. Sie zeigt u. a. auf, welchen Einfluß der Abbau von Beständen an Halb- und Fertigfabrikaten auf den →Umsatz hatte.

Ertragsausschüttung

Auszahlung bzw. Gutschrift von →Erträgen eines →Investmentfonds gegen Einreichung des entsprechenden →Ertragsscheins. Soweit es sich nicht um →Thesaurierungsfonds handelt, die sämtliche →Gewinne einbehalten und reinvestieren, bestimmen die Vertragsbedingungen, ob alle Erträge oder nur →ordentliche Erträge ausgeschüttet werden.

Ertragskennzahlen festverzinslicher Wertpapiere, →Kennzahlen von Zinsinstrumenten.

Ertragskomponenten von Zinsinstrumenten

Im Rahmen des →Portfolio-Managements werden die zur Verfügung stehenden Mittel auf verschiedene →Assetklassen aufgeteilt. Diese Tätigkeit wird als Strategische →Asset Allocation bezeichnet. Die Asset Allocation unterscheidet ne-

Ertragsschein

Ertragskomponenten von Zinsinstrumenten – Ertrags- und Risikoaspekte

Zinszahlung in Form einer Kuponzahlung	Zinszahlung in Form eines Zinsabschlages	Kursveränderungen aufgrund eines veränderten Renditeniveaus	Wiederanlage
		Kursgewinn bzw. -verlust	Kuponzahlungen und/oder Tilgungsbetrag
– Festgeld – Pari-Papiere	– Bulis – Unterpari-Papiere – Zerobonds	Alle Zinsinstrumente, die gehandelt werden	Alle Zinsinstrumente

ben → Equities u. a. → Zinsinstrumente. Die Unterscheidung der Zinsinstrumente erfolgt bei der Asset Allocation unter den in der Tabelle oben dargestellen Ertrags- und Risikoaspekten.
Zinsinstrumente sind → Gläubigerpapiere. Für die Überlassung des → Kapitals an den → Emittenten erhält der Investor die vertraglich vereinbarte Verzinsung, die entweder als laufende Zinszahlung (z. B. → Straight Bonds) oder als → Abschlag vom → Nennwert (z. B. Bulis, Zero Bonds [→ Nullkupon-Anleihe]) erfolgen kann. Auch eine Mischform zwischen beiden Formen der Zinszahlung ist möglich (z. B. → Deep Discount Bond, → unterpari Papiere). Hier erhält der Anleger einen → Nominalzins, der unter dem Marktniveau liegt. Als Ausgleich für die geringere Verzinsung notieren diese Papiere unter pari. Ein Teil des Zinsertrages wird erzielt aus der Differenz zwischen dem Kaufkurs und dem höheren Rückzahlungskurs (→ Rückzahlungsgewinn). Bei Zinsinstrumenten, die → über pari notieren, erzielt der Anleger einen → Rückzahlungsverlust. Darüber hinaus können Kursgewinne bzw. Kursverluste aufgrund veränderter → Renditen den Ertrag erhöhen bzw. verringern, wenn die Papiere periodisch bewertet (z. B. Bilanzstichtag) oder vor → Fälligkeit verkauft werden. Auch die Wiederanlage der Kuponzahlungen und/oder Tilgungszahlungen beeinflussen den Ertrag von Zinsinstrumenten (→ Wiederanlagerisiko).

Ertragsschein
Nebenpapier zu einem → Investmentzertifikat. Der E. verbrieft einen → Anspruch auf die Ertragsausschüttung aus dem Fondsvermögen einer → Kapitalanlagegesellschaft. Zusätzlich zu den numerierten E. enthält der Ertragscheinbogen einen Erneuerungsschein (→ Talon).

Ertragsspanne
Von der → Deutschen Bundesbank im Rahmen der → Ertragsanalyse der → Kreditinstitute (→ Gesamtbetriebskalkulation) errechnete Rentabilitätskennziffer (→ Betriebsergebnis in Prozent vom jahresdurchschnittlichen → Geschäftsvolumen.

Ertragssteuern
Im finanzwissenschaftlichen Sinne → Steuern, die an den aus Objekten (→ Grundstück, Gebäude, → Gewerbebtrieb) fließenden → Erträgen ansetzen. Häufig gleichbedeutend mit Gewinnsteuer gebraucht (→ Einkommensteuer, → Körperschaftsteuer, → Gewerbesteuer).
(→ Steueraufwand in der Gewinn- und Verlustrechnung der Kreditinstitute)

Ertragswert
Durch Kapitalisierung zukünftiger → Erträge errechneter Gegenwartswert. Der E. hat Bedeutung für die Ermittlung des Wertes einer → Aktie, einer Unternehmung (Unternehmenswert), für die Ermittlung des Wertes eines → Grundstücks im Rahmen einer Beleihung (→ Beleihung von Grundstücken) sowie für die Einheitswertermittlung von land- und forstwirtschaftlichen Betrieben.
Bei der Beleihung eines Grundstücks hat der E. gegenüber dem → Sachwert vorrangige Bedeutung. Zugrunde gelegt wird der voraussichtlich nachhaltig erzielbare Ertrag. Dazu wird die Differenz zwischen dem Jahresmietrohertrag und den Bewirtschaftungskosten gezogen. Die Kapitalisierung des Mietreinertrages zu einem angemessenen Zinssatz führt zum E.

Der Jahresrohertrag errechnet sich aus den jährlichen Mieteinnahmen des Beleihungsobjekts. Hierbei sind nicht in erster Linie die tatsächlich gezahlten Mieterträge, sondern die nachhaltig erzielbaren Erträge zugrunde zu legen. Die Höhe der vom Rohertrag abzusetzenden Bewirtschaftungskosten bzw. → Betriebsausgaben richtet sich in erster Linie nach den tatsächlichen Verhältnissen. In der Praxis wird überwiegend ein Pauschalisierungsverfahren angewendet, das auf langjährigen Erfahrungen beruht. Nach Art und Zustand des jeweiligen Objektes sowie den ortsüblichen Erfahrungswerten beträgt der abzusetzende Pauschalbetrag i. a. zwischen 25 und 40 Prozent. Gedeckt werden damit Verwaltungskosten, → Betriebskosten, Instandhaltungskosten, Mietausfallwagnis und → Abschreibung. Bei gewerblich genutzten Objekten erfolgt vor der Kapitalisierung des Reinertrages ein Risikoabschlag. Der Jahresreinertrag stellt betriebswirtschaftlich die Verzinsung des investierten Gesamtkapitals dar. Als maßgebender Kapitalisierungszinssatz wird i. a. der sogenannte Landeszinsfuß (→ landesüblicher Zinsfuß) herangezogen. Bei Ermittlung des E. auf der Grundlage der Wertermittlungsvorschriften des Bundes (Wertermittlungsverordnung und Wertermittlungs-Richtlinien) wird das → gespaltene Ertragswertverfahren angewendet.
(→ Beleihungswert)

(Erwarteter) Total Return
Gesamtertrag eines → Wertpapiers ins Verhältnis gesetzt zum eingesetzten → Kapital und umgerechnet auf eine jährliche prozentuale Verzinsung. Der T.R. eines → festverzinslichen (Wert-)Papiers setzt sich aus dem → Nominalzins, den Zinseszinserträgen und Kursverlusten bzw. Kursgewinnen zusammen. Der T.R. für → Aktien wird aus den Dividendenerträgen (→ Dividende) und Kursveränderungen ermittelt. Der T.R. kann auf Basis von Vergangenheitszahlen (historischer T.R.) oder auf Basis von erwarteten Zahlen für die Zukunft ermittelt werden. Der erwartete, prognostizierte T.R. wird oftmals auch als Horizon Return bezeichnet.
(→ Total Return Management)

Erwartungswert
→ Arithmetisches Mittel einer Wahrscheinlichkeitsverteilung (→ Wahrscheinlichkeit P [E]), z. B. → Erwartungswert E(Rendite) der Portefeuille-Rendite.

Erwartungswert E (Rendite) der Portefeuille-Rendite
Der E. der → Portefeuille-Rendite (= erwartete Ertrag) wird festgelegt durch die Höhe der Erwartungswerte der Einzelrenditen sowie durch das in die jeweilige Wertpapierart investierte → Kapital. Somit ist der E. E(Rendite) der Portefeuille-Rendite ein gewichtetes → arithmetisches Mittel der Einzelrenditen, wobei als Gewichtungsfaktor das investierte Kapital verwendet wird. Die → Korrelation zwischen den → Renditen braucht bei der Ermittlung des E. E(Rendite) der Portefeuille-Rendite nicht berücksichtigt zu werden.

Erwartungswert E(X)
Der E. ist ein Parameter, der die Lage der → Verteilungsfunktion F(X) einer → Zufallsgröße beschreibt. Er berechnet sich als Mittelwert aller Werte, die die Zufallsgröße annehmen kann, gewichtet mit der jeweiligen → Wahrscheinlichkeit P(E). Damit ist der E. ein → gewichtetes arithmetisches Mittel. Der E. gibt Auskunft, welchen Wert die Zufallsgröße im Durchschnitt annimmt, und wird oftmals auch als Mittelwert bezeichnet. Der Mittelwert braucht nicht unter den Werten der Zufallsgröße X vorkommen.

Erwartungswert-Varianz-Regel
Synonym für → Mean-Variance-Approach.

Erweiterte Geldmenge M 3
Neben den inländischen → Geldmengenaggregaten wird seit 1990 in den Monatsberichten der Deutschen Bundesbank als weiterer wichtiger Faktor für die → Geldmengensteuerung die e. G. M 3 erfaßt. Der Erläuterung in den Bankstatistischen Gesamtrechnungen zufolge kommen dabei zur Geldmenge M 3 (→ Geldmengenbegriffe) → Einlagen inländischer Nichtbanken bei → Auslandsfilialen (und Auslandstöchtern) deutscher Kreditinstitute sowie → Inhaberschuldverschreibungen im Umlauf bei inländischen Nichtbanken (börsenfähige Papiere bis April 1986 mit → Laufzeit bis zu einem Jahr einschl., ab Mai 1986 mit Laufzeit bis unter zwei Jahren) hinzu.
Die Abbildung auf S. 558 zeigt die Geldmenge M 3, Geldmenge M 3 erweitert und Komponenten.

Erweiterter Eigentumsvorbehalt
→ Eigentumsvorbehalt, der durch einen → Kontokorrentvorbehalt oder Konzernvor-

Erweiterungsinvestition

Geldmenge M3, Geldmenge M3 erweitert und Komponenten

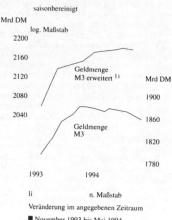

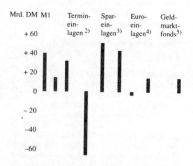

1 Geldmenge M3 plus Euroeinlagen, kurzfristige Bankschuldverschreibungen und Anteile an Geldmarktfonds, errechnet als Mittel aus 2 Monatsendständen. – 2 Inländischer Nichtbanken im Inland. – 3 Mit dreimonatiger Kündigungsfrist. – 4 Verbindlichkeiten von Auslandstöchtern und Auslandsfilialen inländischer Banken gegenüber inländischen Nichtbanken gemäß Bilanzstatistik, alle Währungen; einschl. kurzfristige Bankschuldverschreibungen mit einer Laufzeit bis unter 2 Jahren. – 5 Anteile an in- und ausländischen Geldmarktfonds in Händen inländischer Nichtbanken abzüglich der Bankeinlagen inländischer Fonds im In- und Ausland sowie ihrer Bestände an kurzfristigen Bankschuldverschreibungen; Ursprungswerte.

Quelle: Deutsche Bundesbank, Monatsbericht Februar 1995

behalt ausgedehnt wird. Häufig ist eine Kombination mit dem → verlängerten Eigentumsvorbehalt anzutreffen.

Erweiterungsinvestition, → Sachinvestition, → Investition.

Erwerber, → Bauherrenerlaß.

Erwerbermodell
Konzept zum steuerbegünstigten Erwerb eines bereits fertiggestellten Immobilienobjekts (Wohnung). Das E. ist eine Variante zum → Bauherrenmodell.
Der steuerliche Abzug von → Werbungskosten richtet sich nach dem → Bauherrenerlaß von 1990.

Erwerbsquote
Prozentualer Anteil aller Erwerbspersonen (Erwerbstätige und Erwerbslose) an der Gesamtbevölkerung.

Erwerbs- und Vermögenseinkommen, → Einkommen.

Erwerbswirtschaftliches Prinzip
Unter marktwirtschaftlichen Bedingungen vorherrschendes Prinzip von → Betrieben bzw. Unternehmungen. Es handelt sich dabei um eine Verschärfung des Wirtschaftlichkeitsprinzips, die am deutlichsten in dem Bestreben zum Ausdruck kommt, bei Leistungserstellung und Leistungsverwertung das Gewinnmaximum (→ Gewinnmaximierung) zu erreichen.
(→ Zielkonzeptionen von Kreditinstituten)

Erzeugnis
Von der Unternehmung hergestelltes, am Markt oder im → Betrieb verwertbares Gut.

ESZB
Abk. für → Europäisches System der Zentralbanken.

Eta, → Vega.

ETC
Abk. für → Euro-Traveller-Cheque.

ET-Instruments
Abkürzung für Exchange Traded Instruments, d. h. Produkte, die an einer → Börse (z. B. → Deutsche Terminbörse [DTB], → LIFFE) gehandelt werden.
Gegensatz: → OTC-Instruments.

EU
Abk. für → Europäische Union.

EU-Bankrecht, → EG-Bankrecht.

EU-Investmentanteil, → ausländischer Investmentanteil.

EU-Kapitaladäquanzrichtlinie
Synonym für → Kapitaladäquanzrichtlinie.

EUREX
Abk. für Europäischer Rentenindex. Ähnlich wie der → REX soll der EUREX die Kursentwicklung der europäischen → Rentenmärkte darstellen.

Euro-Anleihe
Euro Bond; → Inhaberschuldverschreibung, die auf nicht an die Emissionsländer gebundene → Währungen ausgestellt ist, deren → Emission durch ein international zusammengestelltes → Konsortium in einem anderen Land als dem des → Schuldners erfolgt und die keinen Heimatmarkt für Handel und Börsennotierung aufweist (supra-nationale → Wertpapiere). Als *Anleihewährung* werden nur solche verwandt, die jederzeit frei in andere Währungen umtauschbar (Konvertibilitätsbedingung) und in beliebigem Volumen verfügbar sind (Verfügbarkeitsbedingung). Das betreffende Währungsland muß politisch und wirtschaftlich stabil sein. Praktisch werden nur Währungen von internationaler Bedeutung herangezogen, d. h. Währungen, in denen internationale Geld- und Kapitaltransaktionen regelmäßig abgewickelt werden. Es sind dies in erster Linie US-$, DM, sfr, Kanadische $, £, Yen und die auf einem standardisierten Währungskorb basierenden künstlichen (synthetischen) Währungseinheiten ECU und → SZR (Sonderziehungsrechte).

Abgrenzung: Die E.-A. sind abzugrenzen von den → *Auslandsanleihen* (Foreign Bonds), die von ausländischen Schuldnern auf einem einzelnen nationalen Markt emittiert werden und von → *Euronotes*, bei denen es sich um am → Euro-Markt begebene kurzfristige Schuldtitel (z. B. Promissory Notes), d. h. → Solawechsel bzw. → Certificates of Deposits handelt.

Ausstattung: Die → Laufzeiten der E.-A. liegen i. a. unter denen vergleichbarer → Anleihen auf den nationalen → Kapitalmärkten (zwischen fünf und 15 Jahren). Der Zinssatz kann marginal unter oder über dem Niveau vergleichbarer Anleihen auf Inlandsmärkten liegen, das hängt vom kleineren Kreis der Anleger, einer eventuellen Währungsspekulation, der Bonität (→ Kreditwürdigkeit) des Schuldners und den herrschenden Marktverhältnissen ab. Für den Fall, daß während der Anleihelaufzeit die Steuerfreiheit durch Gesetzesänderung fortfällt, sehen die Anleihebedingungen i. a. vor, daß der Schuldner einen entsprechenden Ausgleich zu zahlen hat. → Sachsicherheiten (mortgage) werden für E.-A. nicht bestellt; zuweilen werden staatliche Garantien gegeben bzw. → Garantien von Muttergesellschaften übernommen; ferner kann eine Besicherung in Form von → Negativklauseln in Anleihebedingungen erfolgen. Die übliche → Stückelung beträgt 1.000 US-$, 1.000 DM usw.; aus Kostengründen häufig größere Beträge (5.000 oder 10.000 US-$ bzw. DM).

→ *Emittenten:* Erstklassige, bonitätsmäßig als einwandfrei beurteilte große, internationale Unternehmen, Staaten, öffentlich-rechtliche Körperschaften, supranationale Institutionen (z. B. → Weltbank, → Europäische Investitionsbank) und → Entwicklungsbanken.
Als Motive der Kapitalnehmer kommen in Frage: gesamtwirtschaftliche Überlegungen (Aufstockung von → Währungsreserven, Ausgleich der → Zahlungsbilanz), Prestige- und Imageüberlegungen (Bekanntheitsgrad), Erschließung neuer Finanzquellen, → Zinsarbitrage (Kostenminimierung aufgrund des internationalen Zinsgefälles), Paritätsgefälle (das Ausnutzen von Kursschwankungen einzelner Währungen bzgl. der Zins- und Tilgungszahlungen), schließlich rechtliche, administrative und steuerliche Gründe.

Investoren: → Kreditinstitute, Unternehmen, private und institutionelle Anleger (z. B. Versicherungs-, Treuhand- und Vermögensverwaltungsgesellschaften, → Rentenfonds.
Motive der Anleger können das Zinsmotiv (Ausnutzung unterschiedlicher Zinsniveaus in verschiedenen Ländern), das Währungsmotiv (Auf- und Abwertungsspekulation in den entsprechenden Währungen), das Steuervermeidungsmotiv (Kapital- und Steuerflucht) und das Vorsichtsmotiv (Risikostreuung durch eine geographische Verteilung des Vermögens, → Diversifikation) sein.

Euro-Banken

Typen: Die unterschiedlichen Interessen von Emittenten, Anlegern und Vermittlern und der Wettbewerb hat eine Reihe von *Typen* hervorgebracht, die sich nach folgenden Kriterien systematisieren lassen:
(1) *Verzinsungsform:*
- → Straight Bond (Fixed Rate Bond, Festzinsanleihe)
- → Floating Rate Note (FRN, Floater) und deren besondere Ausgestaltungen:
  - Extendable Floater
  - → Perpetual Floating Rate Note
  - → Flip-Flop Floating Rate Note
  - → Mismatched Floating Rate Note
  - → Capped Floating Rate Note
  - → Minimax Floater
  - → Convertible Floating Rate Note
  - → Droplock Floating Rate Note
  - → Floating Rate Note (FRN) with Warrants
- Zero Coupon Bond (Zero, Zero Bond, → Nullkupon-Anleihe) und dessen besondere Ausgestaltungen:
  - Capital Growth Bond (→ Aufzinsungsanleihe)
  - Stripped Bond (→ Stripping)
  - Step Down
  - → Roly Poly.

(2) → *Laufzeit:*
- → Ewige Anleihe (Perpetuals)
- Anleihe mit Kündigungsrecht
- Call-Option (→ Callrecht, → Anleihe mit Schuldnerkündigungsrecht, → Call)
- → Put-Option (→ Anleihe mit Gläubigerkündigungsrecht, → Put)
- → Extendible Bond (Laufzeitverlängerung)
- → Retractible Bond (Laufzeitverkürzung).

(3) *Anleihewährung:*
- nationale Währungen
- → Doppelwährungsanleihe (Dual Currency Bond)
- → Währungsoptions-Anleihe (Currency Option Bond)
- → Währungskorbanleihe (Composite Currency Bond)
- → Indexanleihe (Indexierte Anleihe, Indexed Issue, Commodity-Backed Bond).

(4) *Besondere Rechte:*
- Convertible Bond (→ Wandelanleihe)
- Warrant Bond (→ Optionsanleihe).

(5) *Tilgungsform:*
- fixierte Ratentilgung
- → Sinking Fund
- → Purchase Fund
- → Option-to-Double
- Bullet Issue (→ gesamtfällige Anleihe).

(6) *Einzahlungsmodus:*
- → Partly Paid Bond (Deferred Purchase Bond, Teilzahlungsanleihe).

(7) *Festlegung des Emissionsvolumens:*
- → Tap Issue.

(8) *Übertragbarkeit:*
- → Bearer Bond
- → Registered Bond.

Beim Emissionsverfahren (→ Syndizierung) von E.-A. werden bei der öffentlichen Emission internationale Konsortien mit einem dreistufigen Aufbau – der Konsortialführung (Management Group), der Garantiegruppe (Underwriting Group) und der Verkaufsgruppe (Selling Group) – gebildet (→ öffentliche Emission von Euro-Anleihen), aber auch die → Privatplazierung ist nicht unüblich. Funktionsträger des → *Sekundärmarktes* sind die → Börse, aber in erster Linie der → Over-the-Counter-Markt.
(→ Euro-Kapitalmarkt)

Euro-Banken

International operierende → Kreditinstitute, die an den → Euro-Finanzplätzen vertreten sind und Geschäfte am → Euro-Geldmarkt, → Euro-Kreditmarkt und → Euro-Kapitalmarkt tätigen. E.-B. können die Standortvorteile der Euro-Zentren (v. a. geringere Spanne zwischen Einlagenzinsen und Kreditzinsen aufgrund der fehlenden Pflicht zur Haltung von → Mindestreserven) nutzen. Weitere Standortvorteile können z. B. in geringeren Eigenkapitalanforderungen (→ Eigenkapitalgrundsätze) eines Euro-Finanzplatzes und anders gestalteten Liquiditätsvorschriften (→ Liquiditätsgrundsätze) liegen. Auch in steuerlicher Hinsicht sowie durch die Größe und die Bedeutung eines Platzes (z. B. Finanzplatz Luxemburg) können sich Standortvorteile ergeben.

Euro Bond, → Euro-Anleihe.

Euro-Bonds-Markt, → Euro-Kapitalmarkt.

Eurocard
→ Kreditkarte des deutschen Kreditgewerbes.

Entwicklung: 1976 übernahmen deutsche → Kreditinstitute unter Beteiligung der Sparkassenorganisationen, des privaten Bankgewerbes und der → Kreditgenossenschaften die bestehende Deutsche Eurocard-Gesellschaft. Ziel war, das Dienstleistungsangebot im Reisezahlungsverkehr (→ Reisezahlungsmittel) um eine deutsche Kreditkarte zu ergänzen. Die Eurocard Deutschland GmbH ist Mitglied des Eurocard-Kreditkarten-Verbundsystems in Europa, so daß den deutschen Karteninhabern und Vertragsunternehmen sämtliche Vertragsunternehmen in den europäischen Ländern zur Verfügung stehen. 1973 war die E. bereits dem amerikanischen Bankkreditkarten-System Master-Charge/Interbank angeschlossen. Deutschen E.-Inhabern ist es damit möglich, die E. weltweit einzusetzen. E. Deutschland ist heute ein Unternehmensbereich der → GZS Gesellschaft für Zahlungssysteme, über die die E.-Zahlungen abgewickelt werden und die Mitglied in Eurocard International ist.

E.-Produkte: E. war zunächst eine → T&E-Karte. Sie konkurriert mit den Kreditkarten von → American Express und → Diners Club und auch mit Visa, die eine → Bankkreditkarte ist. Seit 1989 gibt es eine neu gestaltete E. und die Variante E. Gold. Beide Karten werden sowohl von der GZS Gesellschaft für Zahlungssysteme als auch von Kreditinstituten ausgegeben, wobei die Karten Logo und Namen der Kreditinstitute tragen. E., Master Card und Access haben weltweit gemeinsame Akzeptanzstellen (Verbund). Für Familienmitglieder kann zu ermäßigtem Jahresbeitrag eine Privatzusatzkarte ausgegeben werden. Eine E.-Firmenkarte wird von der GZS als E. BUSINESS ausgegeben. E. und E. Gold ermöglichen das bargeldlose Bezahlen von → Waren und Dienstleistungen. Beide Karten bieten als → Zusatzleistungen u. a. einen Bargeldservice und Versicherungsleistungen, wobei die Leistungen bei E. Gold der Art und im Umfang nach höher sind. Bonitätskriterien für die Ausgabe von E. und E. Gold sind ordnungsmäßige Kontoführung des Karteninhabers, einwandfreie Auskunft der → SCHUFA und eine bestimmte → Kreditwürdigkeit (Bonität), die von dem Kreditinstitut, das den Kartenantrag entgegennimmt, betragsmäßig festgesetzt wird.

Vorteile: Weltweit bequeme Zahlungsweise bei Vertragsunternehmen; stets passende → Währung; finanzieller Spielraum und Zinsvorteile; keine Anzahlung bei Hotelbuchungen; weltweiter Bargeldservice bei Auszahlungsstellen; Bargeldbeschaffung an → Geldausgabeautomat (GAA) mit → PIN, Verkehrsmittel-Unfall-Versicherung.
Zusätzlich bei E. Gold: Auslandsreise-Kranken-Versicherung; Auslands-Auto-Schutzbrief-Versicherung; Reise-Service-Versicherung.

eurocheque (ec)
Einheitlich gestalteter → Scheck der → eurocheque-Gemeinschaft, die in Verbindung mit der → eurocheque-Karte zur Förderung der Scheckzahlung eingeführt wurde. Der ec kann als → Barscheck und als → Verrechnungsscheck ausgestellt werden. ec können in → Kartenländern und → Akzeptländern begeben werden. In den einheitlichen Kartenländern geben → Banken an ihre Kunden einheitliche ec und ec-Karten aus. Der ec-Vordruck ist durch das ec-Symbol auf der Vorderseite und durch die Leerzeile für die Kartennummer auf der Rückseite gekennzeichnet. Das bezogene → Kreditinstitut garantiert dem Schecknehmer die Einlösung der ec bis zu einem festgelegten Höchstbetrag unter Beachtung bestimmter Bedingungen (→ Scheckkartengarantie, → Zahlungsgarantie).

eurocheque-Geldautomat, → ec-Geldautomat.

eurocheque-Gemeinschaft
Zusammenschluß derjenigen Länder, die einheitliche → eurocheques (ec) und einheitliche → eurocheque-Karten ausgeben, um durch Vereinheitlichung ihrer nationalen Zahlungsinstrumente und -modalitäten den → internationalen Zahlungsverkehr zu fördern. Der einheitliche eurocheque und die einheitliche eurocheque-Karte sind in ihrem Erscheinungsbild, ihren technischen Eigenschaften, gemeinsamen Inhalten und Funktionen sowie ihrer Behandlung identisch. Damit wird ihnen ein hohes Maß an Vertrauen und Bekanntheit verschafft, um eine breite Akzeptanz sicherzustellen.

eurocheque-Karte
Multifunktionskarte, die auf den Namen des Kontoinhabers oder eines Kontobevollmächtigten lautet und nach den → Sonderbedingungen für den ec-Service (Bedingungen für die Verwendung der ec-K.) drei Funktionen hat: (1) Scheckgarantiekarte für den → eurocheque; (2) → Debit-Karte zur Benutzung von → Geldausgabeautomaten (→ ec-Geldautomaten); (3) Debit-Karte zur

bargeldlosen Bezahlung von Waren und Dienstleistungen an automatisierten Kassen (→ POS-Terminals), die für den ec-Service zugelassen sind (→ ec-Kasse), d. h. zum Betreiben von → POS-Banking; (4) Service-Karte zur Nutzung besonderer Serviceleistungen (z. B. Abfrage und Ausdrucke von Auszugsdaten an → Kontoauszugsdruckern).

Scheckgarantiekarte: Mit der ec-K. garantiert das → Kreditinstitut die Zahlung eines Scheckbetrags auf seinen eurocheque-Vordrucken ausgestellten → Schecks jedem Schecknehmer in Europa und in an das Mittelmeer grenzenden Ländern bis zu einem bestimmten Betrag (z. Zt. 400 DM) oder bis zur Höhe des in dem jeweiligen Land geltenden ec-Garantiehöchstbetrages. Garantievoraussetzungen: Name des Kreditinstituts, Konto- und Kartennummer sowie die Unterschrift auf eurocheque und ec-K. stimmen überein. Das bezogene Kreditinstitut nimmt nach den Sonderbedingungen in jedem Fall zumindest eine Teileinlösung bis zur Höhe des im Lande des Schecknehmers geltenden Garantiehöchstbetrages vor, wenn eurocheques den Garantiehöchstbetrag übersteigen. Unabhängig hiervon ist das Kreditinstitut aufgrund des → Scheckvertrages verpflichtet, den Scheck insgesamt einzulösen, wenn auf dem Konto des → Ausstellers Deckung vorhanden ist.

Die Einlösungspflicht für einen eurocheque besteht für das bezogene Kreditinstitut immer dann, wenn die genannten Garantiebedingungen erfüllt sind und die Unterschrift auf dem eurocheque-Vordruck nach ihrem äußeren Gesamtbild den Eindruck der Echtheit erweckt. Dies gilt auch dann, wenn die Unterschrift gefälscht worden ist.

Fristen für die Scheckkartengarantie: Acht Tage für in der BRD ausgestellte eurocheques, 20 Tage für in anderen Staaten ausgestellte eurocheques. Die Garantiefrist ist der Zeitraum zwischen Ausstellungsdatum des eurocheques und seiner Vorlage beim bezogenen Institut oder einer inländischen Inkassostelle. Im Gegensatz zur Garantiefrist beginnt der Vorlegungsfrist (→ Scheck, Vorlegungsfristen) mit dem Tag nach der Ausstellung des Schecks.

Debit-Karte: Für Abhebungen an ec-Geldautomaten und für Bezahlungen an POS-Kassen (ec-Kassen) stellt das Kreditinstitut dem Karteninhaber einen Verfügungsrahmen bereit. Dieser Rahmen ist dem Karten-

inhaber bekannt und beträgt an institutseigenen Geldautomaten meist 1.000 DM oder mehr. An ec-Geldautomaten fremder Kreditinstitute im Inland sind nach der „Vereinbarung über das deutsche ec-Geldautomatensystem" vom 1. Juli 1993 Mehrfachverfügungen bis zu maximal 1000 DM täglich möglich und im Ausland bis zur Höhe des in dem jeweiligen Land geltenden ec-Garantiehöchstbetrages.

Schadensregelungen: Zu unterscheiden sind (1) Regelungen der Schäden aufgrund mißbräuchlicher Verwendung von ec-K. und eurocheque-Vordrucken (d.h. Einsatz der ec-K. als Scheckgarantiekarte) und (2) Regelung der Schäden durch mißbräuchliche Verwendung der ec-K. an ec-Geldautomaten oder Bezahlung an POS-Kassen (d.h. Einsatz der ec-K. als Debit-Karte).

eurocheque-System

Internationales Zahlungssystem, das auf der Verwendung von zwei Instrumenten basiert: dem → Scheck (→ eurocheque [ec]) und der → Scheckgarantiekarte (→ eurocheque-Karte). Dem System gehören die Mehrheit aller → Kreditinstitute von 40 europäischen und an das Mittelmeer angrenzenden Ländern an. Die meisten Kreditinstitute geben im eurocheque-S. verwendbare Scheckgarantiekarten aus.

eurocheque-Versammlung

Beschluß-, Lenkungs- und Überwachungsorgan der → eurocheque-Gemeinschaft, das sich aus den Delegationen seiner Mitgliedsländer zusammensetzt.

Euroclear

Neben → CEDEL wichtigstes und mit dieser Einrichtung verbundenes, bereits 1968 von der Morgan Guaranty Trust Company entwickeltes internationales Wertpapier-Clearinginstitut; Partner des → Deutschen Auslandskassenvereins (AKV) im Rahmen des → Depotgeschäfts bei der → Sammelverwahrung (→ Effektengiroverkehr).

Euro Commercial Paper

Kurzfristige Schuldtitel (v. a. Promissory Notes, also → Solawechsel), die erstklassige → Adressen am → Euro-Markt begeben. Vorbild sind die → Commercial Papers des US-Marktes.

Die → Laufzeiten liegen zwischen 7 und 365 Tagen. Die Verzinsung ergibt sich durch einen Abschlag (→ Disagio) vom → Nennwert (→ Abzinsungspapiere) und ist abhängig von der Bonität (→ Kreditwürdigkeit) des → Emittenten.

Die → *Plazierung* der Titel erfolgt über eine oder mehrere Händlerfirmen (Dealers); im Gegensatz zu den → Euronote-Fazilitäten wird keine Übernahmeverpflichtung durch eine → Bank bzw. Bankengruppe abgegeben. Der Abgabepreis wird durch den Emittenten und/oder die Händlerfirma festgesetzt. Ein → Rating wird bislang relativ selten praktiziert. Aufgrund des fehlenden Rating und der fehlenden Übernahmeverpflichtung haben nur Adressen mit erstklassigem Standing Marktzugang. Im Vergleich zum US-Markt ist die Aufnahmebereitschaft außerhalb des Bankensektors noch verhältnismäßig gering (begrenzter → Sekundärmarkt); die Attraktivität des E.-C.-P.-Marktes hängt jedoch auch vom Zinsgefälle zum US-Commercial-Paper-Markt ab.

Euro Commercial Paper Programm
→ Commercial Paper Programm für → Euro Commercial Papers.

Euro-DM-Einlage
→ Einlage in Deutscher Mark, die auf dem → Euro-DM-Markt (d. h. als → Euro-Einlage auf dem → Euro-Geldmarkt) unterhalten wird.

Euro-DM-Future
→ Geldmarktfuture, der sich auf eine dreimonatige Euro-DM-Geldmarktanlage bezieht. E.-DM-F. werden an der → LIFFE, → MATIF und der → Chicago Mercantile Exchange gehandelt. Der → FIBOR-Future hat im Gegensatz zum E.-DM-F. als → Basiswert eine dreimonatige Domestic-Geldmarktanlage und wird an der → Deutschen Terminbörse (DTB) gehandelt.

Euro-DM Futures Implied Yield
→ Forward Rate des → Euro-DM-Futures.

Euro-DM-Future-Strip
→ Long Position bzw. → Short Position in mehreren → Euro-DM-Future-Kontrakten mit aufeinander folgenden → Fälligkeiten (z. B. März-Fälligkeit, Juni-Fälligkeit, September-Fälligkeit). Werden mehrere Euro-DM-Futures mit unterschiedlicher Fälligkeit gekauft (verkauft), bezeichnet man diese Position als Long Strip (Short Strip).

Die Verzinsung eines E.-DM-F.-S. wird als → Strip-Yield bezeichnet.
(→ FRA-Kette)

Euro-DM-Kredit
→ Kredit, der auf Euromarkt-Liquidität in DM gewährt wird. → Laufzeiten zumeist ein, zwei, drei, sechs oder auch zwölf Monate, maximale Laufzeit bis zu zehn Jahren.

Als *Eurofestsatzkredit mit Zinsfestschreibung* während der Kreditlaufzeit wegen fehlender Mindestreservebestimmungen günstiger als Inlandskredit. Festsatzkredit muß bis zur vereinbarten → Rückzahlung in der festgelegten Höhe in Anspruch genommen werden. Bei Laufzeiten von mehr als zwölf Monaten ist die Vereinbarung gestaffelter Rückzahlungen möglich. Wird vom Kreditnehmer ganz oder teilweise vorzeitige Rückzahlung gewünscht, ist i. a. eine Vorfälligkeitsentschädigung (Payment Fee oder Termination Fee) zu entrichten. Der vereinbarte → Zins ist stets am Ende der Kreditlaufzeit zu entrichten. Bei über sechs Monaten hinausgehende Kreditvereinbarungen wird nach Ablauf von jeweils sechs Monaten eine Zinsbelastung vorgenommen. Die Mindesthöhe eines Euro-Festsatzkredites mit einer Laufzeit von bis zu einschließlich zwölf Monaten beträgt üblicherweise 250 TDM, bei Laufzeiten von mehr als einem Jahr gilt ein Mindestbetrag von 1 Mio. DM.

→ *Roll-over-Kredit*: Mittel- oder langfristiger Kredit, bei dem die Zinsanpassung streng periodisch entsprechend der am → Eurogeldmarkt darstellbaren Fristen von ein bis zwölf Monaten erfolgt. Der Zins wird von Refinanzierungsperiode zu Refinanzierungsperiode neu festgelegt. Deren Länge kann der Kreditnehmer jeweils bei Ablauf einer Roll-over-Periode entsprechend seiner Einschätzung der künftigen Zinsentwicklung selbst festlegen. Die Zinszahlung erfolgt am Ende der jeweiligen Refinanzierungsperiode. Kreditlaufzeit und → Tilgungen werden weitgehend entsprechend dem Verwendungszweck und der Risikobetrachtung des kreditgewährenden Institutes festgelegt.

Euro-DM-Markt
Teil des → Euro-Marktes, auf dem die D-Mark gehandelt wird. Es ist ein Außenmarkt der D-Mark, der unabhängig von einer bestimmten Region besteht und nicht der Kon-

Euro-DM-Markt

trolle der →Deutschen Bundesbank unterliegt (→Offshore-Märkte).
Aufgrund der Präsenz der Tochterbanken deutscher →Kreditinstitute ist Luxemburg (Finanzplatz Luxemburg) ein besonders wichtiges Zentrum für Euro-DM-Geschäfte (→Euro-Banken). Der Schwerpunkt des Euro-DM-Marktes liegt in Europa, es werden jedoch gleichartige DM-Geschäfte auch von Banken in sog. Offshore-Zentren außerhalb Europas getätigt (z. B. in der Karibik, Singapur und Hongkong). Seit Dezember 1981 können D-Mark auch in den USA bei →International Banking Facilities zu Euro-Marktbedingungen angelegt werden.

Marktstruktur: Die am Euro-Markt gehaltenen DM-Einlagen, in denen sich auch →Interbankgeschäfte niederschlagen, haben überwiegend kurzfristigen Charakter. Es handelt sich vor allem um »tägliches Geld, Geld für sieben Tage sowie für einen bis zwölf Monate (→Geldhandel). Dabei dominieren die Fristen bis zu drei Monaten. Daneben werden teilweise auch längerfristige, d. h. über ein Jahr befristete →Einlagen gehalten, doch der Umfang solcher Mittel sehr gering ist. Statistische Angaben über die Fristenstruktur der Euro-DM-Einlagen gibt es nicht. Ein weiteres wichtiges Merkmal der Euro-Märkte ist ihr Großhandelscharakter, d. h. i. a. werden Einlagen nur in sehr großen, standardisierten Beträgen gehandelt. Anders als am →Euro-Dollar-Markt gibt es im DM-Bereich des Euro-Marktes keine übertragbaren Einlagenzertifikate (→Certificates of Deposit), so daß Einlagen vor →Fälligkeit nicht auf andere Marktteilnehmer übertragen werden können. Zwar sind die von Nichtbanken gehaltenen kurzfristigen Euro-DM-Einlagen sehr geldnah (tägliches Geld und Geld mit ganz kurzen Fristigkeiten), doch müssen die Euro-Guthaben zu Zahlungszwecken (wie inländische →Termineinlagen) erst in DM-Sichtguthaben in der Bundesrepublik umgewandelt werden, die das eigentliche →Zahlungsmittel des Euro-DM-Marktes darstellen. Wirtschaftlich gesehen handelt es sich dabei aber nur um Buchungsvorgänge. DM-Guthaben von Nichtbanken bei Euro-Banken sind also zumindest als →Quasigeld zu betrachten.
Das Aktivgeschäft der Euro-Banken ist auf die besondere Struktur ihres →Passivgeschäftes mit seinem hohen Anteil sehr kurzfristiger Einlagen zugeschnitten. Angesichts der knappen Margen auf dem wettbewerbsintensiven Euro-Markt werden →Zinsänderungsrisiken von den Banken durch entsprechende Konditionengestaltung weitgehend ausgeschaltet. Die Zinssätze für kurzfristige Ausleihungen an Nichtbanken oder im Interbankhandel orientieren sich deshalb unmittelbar an den Kosten der Geldaufnahme für gleiche Fristen (wobei die Marge im echten Interbankgeschäft sehr gering ist). Für das langfristige Kreditgeschäft mit Nichtbanken ist der →Roll-over-Kredit typisch, bei dem der Zinssatz im Abstand von drei oder sechs Monaten an die jeweiligen Kosten der Refinanzierung durch Aufnahme solcher Gelder angepaßt wird. Damit liegt das Zinsänderungsrisiko beim Kreditnehmer, doch trägt die Euro-Bank das Risiko der Anschlußfinanzierung, also der Fristentransformation. Euro-Banken betreiben üblicherweise →Aktivgeschäfte und Passivgeschäfte in verschiedenen →Währungen; dabei gilt aber das Prinzip der währungskongruenten Refinanzierung. DM-Aktiva werden grundsätzlich durch DM-Passiva refinanziert, so daß die Banken kein Wechselkursrisiko (→Devisenkursrisiko) eingehen. Kommen die benötigten D-Mark nicht aus dem Inland, so können sie dem Euro-Markt letztlich nur dadurch zufließen, daß Ausländer (insbesondere Nichtbanken und →Zentralbanken) D-Mark kaufen.

Marktteilnehmer: Als Marktteilnehmer treten am Euro-Markt insbesondere die Euro-Banken auf, die zur Ausnutzung von Zinsdifferenzen und Regulierung ihrer Liquiditätsposition in großem Umfang Interbankgeschäfte tätigen. Der Anteil dieser Geschäfte zwischen den Euro-Banken ist erheblich, läßt sich aber mangels spezieller Statistiken für den DM-Teil des Euro-Marktes nur annäherungsweise feststellen. Für die jeweiligen nationalen →Bankensysteme ist der Euro-Markt in der eigenen Währung (sofern keine →Kapitalverkehrskontrollen bestehen) eine Erweiterung des inländischen →Geldmarktes. Da es in der BRD keine Beschränkungen des Kapitalverkehrs gibt, können die deutschen Banken einzelwirtschaftliche Liquiditätsüberschüsse jederzeit am E.-D.-M. plazieren. Ebenso unterliegt die Aufnahme von Euro-DM durch die Banken keinerlei Beschränkungen. Sie ist allerdings i. d. R. mit →Mindestreserve belastet, während Geldaufnahmen am inländischen Interbankenmarkt nicht der Mindestreserve unterliegen (wohl aber die Mittelaufnahme dieser Banken bei inländischen Nichtbanken). Wichtige Geldgeber des E.-D.-M. sind außerdem ausländische Zentralbanken, die bei der Anlage von →Währungsreserven (anders als →Geschäftsbanken) Wechselkursrisiken nicht vermeiden können und sie durch Diversifizierung zu streuen suchen. Neben Geschäftsbanken und Zentralbanken aus den verschiedensten Währungsgebieten fungieren als Geldgeber des E.-D.-M. aber auch Nichtbanken aus Deutschland und dem Ausland, die größere DM-Beträge anzulegen haben. Aufgrund des Interesses der Euro-Banken an Nichtbankengeldern (da diese weniger schwanken als Interbankeinlagen) werden solche Einlagen auch in geringeren Beträgen hereingenommen als im Interbankgeschäft üblich, obgleich die Mindestbeträge immer noch wesentlich höher sind als am Inlandsmarkt für →Termingelder. Als Geldnehmer des E.-D.-M. haben die Nichtbanken (sowohl deutsche als auch ausländische) ein größeres Gewicht als auf der Einlegerseite. Die Nichtbanken werden in vielen Ländern durch Devisenkontrollen davon abgehalten, DM-Anlagen zu tätigen; die Verschuldung in D-Mark ist ihnen dagegen eher gestattet. Von öffentlichen und halböffentlichen Stellen werden →Euro-DM-Kredite zur Finanzierung von Zahlungsbilanzdefiziten aufgenommen. Dabei spielt die entscheidende Rolle, daß der E.-D.-M. für Nichtbanken i. d. R. die billigste Quelle von kurzfristigen DM-Festsatzkrediten oder Roll-over-Krediten ist. Kurzfristige Geldaufnahmen inländischer Banken am E.-D.-M. sind zwar grundsätzlich mindestreservepflichtig, doch sind wegen zahlreicher Ausnahmeregelungen die gesamten auf D-Mark lautenden Auslandsverbindlichkeiten der Banken nur zu etwa einem Viertel tatsächlich mit Mindestreserve belastet. Vor allem können den deutschen Banken längerfristige Mittel vom Euro-Markt auch ohne Belastung durch Mindestreserve zufließen, wenn die vereinbarte →Laufzeit mindestens vier Jahre beträgt. Darüber hinaus ist der Kapitalimport über Verkäufe von →Inhaberschuldverschreibungen der Banken mindestreservefrei, selbst wenn diese Papiere nur kurze Laufzeiten aufweisen. Beim Erwerb solcher festverzinslicher Aktiva gehen allerdings die Euro-Banken gewisse Zinsänderungsrisiken ein. Die Möglichkeit mindestreservefreier Geldaufnahmen am E.-D.-M. erklärt auch, weshalb die deutschen Banken in erheblichem Umfang Geldnehmer des E.-D.-M. sind.

Zinsverbund zwischen E.-D.-M. und Inlandsmarkt: Da die Kapitalbewegungen zwischen In- und Ausland keinen Beschränkungen unterliegen, kann sich das am E.-D.-M. herrschende Zinsniveau nicht unbeschränkt von den im Inland geltenden Zinssätzen für vergleichbare DM-Anlagen bzw. DM-Kredite entfernen. Dieser Zinsverbund besteht wegen der Marktgegebenheiten und nicht aufgrund geldpolitischer Maßnahmen – wie der Mindestreservepflicht und der Begrenzung des Zugangs zum Zentralbankkredit (durch →Rediskont-Kontingente usw.). Solche Regulative werden im Euro-Geschäft nicht wirksam, da sie in den Domizilländern der Euro-Banken entweder fehlen oder weil das Euro-Geschäft davon freigestellt ist. Der enge Zinsverbund zwischen E.-D.-M. und Inlandsmarkt wird durch die →Arbitrage der verschiedenen Marktteilnehmer hergestellt, die als Geldgeber oder Kreditnehmer zumeist zwischen E.-D.-M. und Inlandsmarkt wählen können und sich grundsätzlich für den jeweils günstigeren Teilmarkt entscheiden, ohne dabei die Währung wechseln zu müssen. Dies gilt für in- und ausländische Banken ebenso wie für Nichtbanken, die direkten Zugang zum E.-D.-M. haben. Besonders eng ist dabei der Verbund zwischen dem E.-D.-M. und dem deutschen Geldmarkt. Auf beiden Märkten unterscheiden sich die gehandelten Interbankeinlagen nur sehr wenig. Zudem werden die Auslandstöchter bzw. →Auslandsfilialen deutscher Kreditinstitute als wichtige ausländische Marktpartner in ihrer Bonität den Muttergesellschaften im Inland gleichgesetzt (was im grenzüberschreitenden Geldhandel sonst nicht die Regel ist). Der Euro-DM-Satz bewegt sich damit immer innerhalb eines Korridors, der nach oben durch den inländischen Geldmarktsatz, nach unten durch diesen Zinssatz abzüglich der Kosten der Mindestreserve begrenzt wird. Größere Abweichungen nach oben und unten sind nur möglich, wenn neben der Mindestreserve noch weitere Arbitragehemmnisse wirksam sind, z. B. eine besondere Mindestreserve auf den Zuwachs an Auslandsverbindlichkeiten, oder wenn am Inlandsmarkt aufgrund von Unsicherheiten über die Zinsentwicklung kein Marktausgleich zustande kommt.

Euro-Dollar Bond
→Euroanleihe, bei der Zinszahlungen und →Rückzahlung in US-Dollar erfolgt. E. B. werden nicht von der →Securities and Exchange Commission (SEC) registriert. E.B. werden in den Salomon Brothers Eurodollar Bond Index aufgenommen, sofern E. B. bestimmte Kriterien erfüllen.

Euro-Dollar-Future
→Geldmarktfuture, der sich auf eine dreimonatige Euro-Dollar-Geldmarktanlage bezieht. Der E.-F. wird u. a. an der →LIFFE gehandelt.

Euro-Dollar-Markt
→Euro-Markt, auf dem der US-Dollar gehandelt wird. Es ist ein Außenmarkt der US-Währung, der unabhängig von einer bestimmten Region besteht und nicht der Kontrolle der amerikanischen →Zentralbank unterliegt. Aus dem US-Dollar-Markt ist der heutige gesamte →Euro-Markt entstanden.

Euro-Einlagen
→Einlagen in einer auf dem →Euro-Markt gehandelten →Währung (→Euro-Währung) außerhalb des Heimatlandes der Währung. I. d. R. handelt es sich um kurzfristig fällige →Termineinlagen von →Banken und Nichtbanken am Euro-Markt. Die Bedeutung, die E.-E. inländischer Nichtbanken (Unternehmen und private Haushalte) besitzen, hat die →Deutsche Bundesbank veranlaßt, neben der →Geldmenge M 3 auch die Entwicklung einer sog. →erweiterten Geldmenge M 3 zu verfolgen. In die erweiterte Geldmenge M 3 bezieht die Bundesbank die E.-E. sowie die Bestände an kurzfristig laufenden →Bankschuldverschreibungen ein.

Euro-Equity
→Aktie, die außerhalb des Sitzlandes des →Emittenten begeben und gehandelt wird (→Equity). Durch die Inanspruchnahme ausländischer Kapitalmärkte erhöhen die emittierenden Unternehmen ihren Bekanntheitsgrad im Ausland und erschließen sich neue Eigenkapitalquellen. Den Anlegern wird durch E.-E.-Emissionen die Möglichkeit zur weiteren Diversifizierung ihrer Wertpapierbestände geboten.

EuroFed
Abk. für →Europäisches System der Zentralbanken (in Anlehnung an FED als Abk. für das Zentralbanksystem [→Federal Reserve System] der USA).

Euro-Finanzplätze
Im →Euro-Markt entstandene →Finanzplätze, die aufgrund der bestehenden Rahmenbedingungen eine besondere Bedeutung erlangt haben, so z. B. London als bedeutendster E.-F., Luxemburg als Euro-DM-Platz (→Euro-DM-Markt).

Euro-Geld
Kurzfristig fällige →Einlagen (Bankguthaben) in einer ausländischen →Währung außerhalb des Geltungsbereichs dieser Währung. E.-G. ist Gegenstand des →Euro-Geldmarktes.

Euro-Geldmarkt
Markt für kurzfristig fällige Bankguthaben (→Einlagen) und →Geldmarktpapiere in →Währungen außerhalb des Geltungsbereichs der verwendeten Währungen. Der E.-G. ist ein →Außengeldmarkt. Ein Teil des nationalen →Geldmarktes wanderte wegen (nicht marktkonformer) nationaler geld- und währungspolitischer Maßnahmen vom Ursprungsmarkt dorthin ab, wo sich Handel und Zinsbildung frei von Beschränkungen nationaler Währungsbehörden vollziehen konnten. (Zu den Entstehungsursachen des E.-G.: →Euro-Markt.) Von →Devisengeschäften unterscheiden sich Euro-Geldmarktgeschäfte u. a. dadurch, daß erstere Geschäfte sind, bei denen eine Währung gegen eine andere ohne Übernahme eines →Bonitätsrisikos getauscht wird, während bei letzteren der Handel in einer Währung mit einer zeitlichen Überlassung von Geld (Kreditwährung) stattfindet. Der E.-G. ist neben dem →Euro-Kreditmarkt und dem →Euro-Kapitalmarkt ein Teilmarkt des Euro-Marktes. Auf dem E.-G. werden alle Abschlüsse in konvertiblen Währungen (→Konvertibilität), in den wichtigsten Mitgliedswährungen des Europäischen Währungssystems (EWS) und in der →Europäischen Währungseinheit (ECU) getätigt. Der E.-G. unterliegt nicht den monetären Bestimmungen der Heimatländer (Besteuerung, Mindestreserveerfordernisse, Eigenkapitalanforderungen). Die Aktivitäten deutscher→Kreditinstitute werden z. T. von den bankaufsichtlichen Strukturnormen

Euro-Kapitalmarkt

durch die → Konsolidierung aufgrund des → Eigenkapitalgrundsatzes I und der Konsolidierung der → Großkredite erfaßt. Die Zinssätze bilden sich frei nach Angebot und Nachfrage. Es sind Interbankensätze, z. B. → LIBOR, → FIBOR.

Teilnehmer: V. a. → Geschäftsbanken, → Zentralbanken, Währungsbehörden und institutionelle Anleger, aber auch große, bekannte, bonitätsmäßig erstklassige multinationale Produktions-, Handels- und Versicherungsunternehmen, Regierungen, regionale öffentlich-rechtliche Gebietskörperschaften und internationale Organisationen. Eine wichtige Rolle spielen die Money Broker (→ Broker), die Geldnachfrage und Geldangebot zusammenführen. Sie stützen sich auf ein weltweites Netz von Geschäftspartnern und müssen ständig in der Lage sein, marktgerechte Angebots- und Nachfragekurse zu stellen und zu diesen Kursen auch zu handeln. Die Broker beschränken sich auf die Vermittlung von Geldhandelsgeschäften (→ Geldhandel). Kleineren Banken, die nur vereinzelt Geschäfte abschließen, verschaffen sie einen Marktüberblick, größere Banken können durch sie Geldbeträge zunächst anonym im Markt plazieren oder aufnehmen.

Wenige, einheitliche Einlagen- und Kreditfristen (die Standardlaufzeiten reichen vom → Tagesgeld, Wochengeld, Zweiwochengeld bis zu → Termingeldern mit Laufzeiten von über drei bis zu zwölf Monaten (2 Jahre;→ Geldhandel), Verzicht auf Sicherheiten, unbedingte Termineinhaltung.

Gründe für die Teilnahme am E.-G. sind für Banken der → Liquiditätsausgleich und die betrags-, währungs- und laufzeitkongruente Refinanzierung des Euro-Kreditgeschäfts (kurzfristige Festsatzkredite bzw. → Rollover-Kredite), auch als Instrumente der →Außenhandelsfinanzierung; darüber hinaus die grenzüberschreitende ertragsorientierte Verlagerung von → Liquiditätsreserven internationaler Konzerne und die Umlegung von → Währungsreserven von Zentralbanken (→ Zinsarbitrage, Erzielung von Währungsgewinnen und Vermeidung von Währungsverlusten). Im Interbankhandel spielt außerdem die Zins- und Tendenzarbitrage eine Rolle (Ausnutzen ungleicher Zinssätze auf Nehmerseite und Geberseite bzw. der Zinsschwankungen eines Arbeitstages).

Zu den wichtigsten → *Geldmarktpapieren des Euro-Marktes* mit einem tragfähigen → Sekundärmarkt zählen die → Certificates of Deposit (CD) und die → Commercial Papers (CP). Mit den CDs (Einlagezertifikate), Inhaberschuldscheinen über Euro-Festgelder, werden diese handelbar. CPs sind ungesicherte, verzinsliche, wechselähnliche Papiere euromarktfähiger Unternehmen mit → Laufzeiten von einem bis neun Monaten. (→ Euro-Markt)

EUROGIRO, → Postbank-EUROGIRO.

Euro-Guthaben
Synonym für → Euro-Einlage; Guthaben in → Euro-Währungen auf → Euro-Konten bei → Euro-Banken.

Euro-Kapitalmarkt
Euro Bonds-Markt; Markt, auf dem → Euro-Anleihen (Euro Bonds) in bestimmten → Währungen (z. B. US-$, DM, £, sfr, Yen, ECU) emittiert und gehandelt werden.
Der E.-K. ist neben dem → Euro-Geldmarkt und dem → Euro-Kreditmarkt ein Teilmarkt des → Euro-Marktes. Die für verschiedene Währungen bestehenden E.-K. entziehen sich der Kontrolle nationaler Behörden und Aufsichtsorgane. Auswahl der teilnehmenden Banken und Festlegung der Konditionen beruhen allein auf Vereinbarungen und sind lediglich beeinflußt von den Marktverhältnissen. Regeln und Empfehlungen für den E.-K. hat die Association of International Bond Dealers (AIBD) (Neue Bezeichnung: International Securities Market Association (→ ISMA)) aufgestellt. Die E.-K. zählen (neben den nationalen → Kapitalmärkten für Ausländer, an denen → Auslandsanleihen (Foreign Bonds) gehandelt werden) zu den sich über Staatsgrenzen hinweg erstreckenden → internationalen Kapitalmärkten.

Entstehung: Zur Entwicklung der E.-K. haben die Schaffung des Euro-Dollars und das Entstehen der Euro-Geldmärkte beigetragen. Der Beginn des E.-K. wird auf die Einführung der Zinsausgleichsteuer (Interest Equalisation Tax, IET) in den USA im Jahre 1963 datiert, die die Kapitalbeschaffung in den USA verteuerte und zu → Finanzierungen am Euro-Markt führte.

Funktionen: Der E.-K. führt einen Ausgleich zwischen den nationalen Kapitalmärkten mit einem Kapitalüberschuß und denjenigen mit einem Kapitaldefizit herbei (Finanzierungs- bzw. Ausgleichsfunktion). Hierbei wird auch die Selektionsfunktion (produktivste Verwendung des → Kapitals) erfüllt. Alle Funktionen werden über den Zinsmechanismus gesteuert.

Emissions- und Handelsmärkte: Als Emissionsmarkt wird der Markt für Neuemissionen bezeichnet, dessen → Syndizierung sich unterteilen läßt in den Markt für öffentliche Emissionen (→ öffentliche Emission von Euro-Anleihen) und in den Markt für Privatplazierungen (→ Privatplazierung von Euro-Anleihen). Am Handelsmarkt (→ Sekundärmarkt) werden bereits emittierte → Wertpapiere gehandelt, als deren Funktionsträger der offizielle Börsenmarkt und der freie → Over-the-counter-Markt anzusehen sind.

Der größte Teil der Euro-Anleihen wird an einer → Börse oder mehreren Börsen eingeführt (London, Luxemburg, New York, Frankfurt, Brüssel, Paris, Schweiz, Singapur, Hongkong). Die Börsennotierung hat aufgrund der Veröffentlichungen einen hohen Informationswert und ist ein Indiz für die → Fungibilität der Anleihen.

Über die Börsen wird i. a. jedoch nur der erforderliche Minimalumsatz geleitet, da bei diesen supranationalen Wertpapieren die Marktteilnehmer aus den verschiedensten Kontinenten stammen und somit eine räumliche und zeitliche Konzentration an einer Börse umständlich ist.

Die *Verrechnung und Buchung* der Transaktionen des Sekundärmarktes erfolgt über die Clearing-Systeme → Euroclear in Brüssel und → Cedel in Luxemburg, die die Funktionen von → Wertpapiersammelbanken übernommen haben.

Weil am E.-K. offizielle Zugangsbeschränkungen fehlen, ist die *Bonitätseinstufung* der Emittenten von entscheidender Bedeutung. Die → Emissionsrenditen variieren zwar mit der Bonitätseinstufung. Werden jedoch (nirgendwo allgemein festgelegte) banktypische Mindestanforderungen (die von der Wettbewerbsintensität abhängig sind) unterschritten, ist eine → Emission am Markte nicht unterzubringen. Die Kreditwürdigkeitsprüfung durch die Anleger wird durch landesspezifische Rechnungslegungsvorschriften erschwert. Neben der Beurteilung der Ertragssituation, des Vermögensstatus, des Managements usw., kann auch die Beurteilung der bereitgestellten Sicherheiten aufgrund der rechtsspezifischen Besonderheiten problembehaftet sein und die Bewertung des → Länderrisikos bei → Staatsanleihen bzw. staatlich garantierten Anleihen hinzukommen (Entwicklungsstand, → Verschuldungsgrad, → Inflation, Wirtschaftswachstum, → Zahlungsfähigkeit, Zahlungswilligkeit, politisches Risiko usw.). Die Risikobeurteilung wird den Anlegern durch ein → Rating erleichtert.

Eurokonsortialkredit
Transferable Loan Facility; → Konsortialkredit auf Eurobasis, bei dem die Übertragung der Kreditforderungen vorgesehen und im → Darlehensvertrag vereinbart ist. Mit der Übertragung der Kreditforderung, die registermäßig erfaßt wird, erwirbt der Käufer unmittelbare Rechte gegen den Kreditnehmer. *Grundidee:* → Eurokredite werden handelbar.

Euro-Konto
→ Konto, das ein → Gebietsansässiger bei einem → Kreditinstitut außerhalb des Gebietes der → Währung seines Heimatlandes in einer → Euro-Währung unterhält. Auf E.-K. werden → Euro-Einlagen oder → Euro-Kredite erfaßt.

Eurokredit
Wird aus Euromarkt-Liquidität in DM oder fremder → Währung gewährt.

Verfahren: → Euro-DM-Kredit, → Eurodollarmarkt, → Roll-over-Kredit.

Euro-Kreditgeschäft,
→ Eurokredit, → Kreditgeschäft.

Euro-Kreditinstitut
Bezeichnung für ein → Kreditinstitut, das sowohl das → Einlagengeschäft als auch das → Kreditgeschäft betreibt. Die in Art. 1 der ersten → Bankrechts-Koordinierungsrichtlinie enthaltene Definition liegt dem gesamten → EG-Bankrecht zugrunde. Im nationalen Recht ergibt sich hieraus vor allem die Anforderung, sowohl bei der Zulassung (→ Erlaubniserteilung für Kreditinstitute) als auch während des Geschäftsbetriebs ein → haftendes Eigenkapital der Kreditinstitute in der Höhe des Gegenwertes von mindestens 5 Mio. ECU nachzuweisen.

Euro-Kreditmarkt
Markt für → Einlagen (→ Euro-Einlagen) und → Kredite in → Euro-Währungen mit

→ Laufzeiten zwischen ein und zehn Jahren. Teilnehmer am E.-K. sind die international tätigen → Geschäftsbanken (→ Euro-Banken), Großunternehmen, insbes. → multinationale Unternehmen, sowie Staaten. Dominierende Währung ist der US-Dollar.

Euro-Mark-Future, → Euro-DM-Future.

Euro-Markt
→ Internationaler Finanzmarkt, auf dem → Währungen außerhalb des Währungsgebietes der Inlandswährung gehandelt werden und auf dem es keine unmittelbare geldpolitische Steuerung oder bankaufsichtliche Kontrolle gibt.
Der E.-M. ist als Außenmarkt durch seinen exterritorialen Status gekennzeichnet (→ Offshore-Markt). Ein Teil des nationalen Finanzmarktes wanderte wegen (nichtmarktkonformer) nationaler geld- und währungspolitischer Maßnahmen vom Ursprungsland dorthin ab, wo sich Handel und Zinsbindung frei von Beschränkungen nationaler Währungsbehörden vollziehen konnten. Seit 1981 gibt es in den USA die → International Banking Facilities (IBF), eine Art monetärer Freihandelszone, in der US-Dollar gehandelt werden.

Entstehung: Die Initialzündung des E.-M. (der zunächst ausschließlich ein US-Dollar-Markt war) reicht in den fünfziger Jahre zurück, als die Staaten des damaligen Ostblocks eine Beschlagnahmung ihrer Dollarguthaben befürchteten und diese zu europäischen (insbes. Londoner) Banken transferierten. Die Pfundkrise 1957 war ein weiterer Anstoß. Für die englischen Banken wurde die Verwendung des Pfund Sterling zur Finanzierung von internationalen Handelstransaktionen auf den englischen → Außenhandel begrenzt. Die Banken waren veranlaßt, den Außenhandel verstärkt in Dollar abzuwickeln, und festigten somit dessen internationale Bedeutung. Eine wesentliche Voraussetzung für den Aufschwung der Außenmärkte war 1957/58 die Einführung der → Konvertibilität (Austauschbarkeit) der wichtigsten europäischen Währungen, wodurch die Verwendung des Dollar als internationale Handelswährung weiteren Auftrieb erhielt. Die amerikanischen Leistungsbilanzdefizite trugen wesentlich zur Ausdehnung des E.-M. bei, denn sie führten zu ausländischen Dollarguthaben und versorgten den Markt. Begünstigt wurde der E.-M. auch durch die amerikanischen Habenzinsbeschränkungen (→ Regulation Q) des → Federal Reserve Board. Die Dollarguthaben wurden auf den E.-M. verlagert.
Abwehrmaßnahmen gegen Kapitalzuflüsse in den Hartwährungsländern Bundesrepublik Deutschland, Schweiz und Japan (z. B. deutsche Bardepotregelung (→ Bardepot), schweizerische Negativzinsen) drängten → Kreditgeschäfte und Anlagegelder auf den E.-M. ab. Die Entwicklung und der Ausbau der Kommunikationsmöglichkeiten schufen die technische Infrastruktur. Steuerliche Vorteile und Mindestreservefreiheit begünstigten den E.-M. wesentlich. Auch wenn einzelne Maßnahmen inzwischen fortgefallen sind, hat der E.-M. eine sich inzwischen selbst tragende Eigendynamik entwickelt.

Teilmärkte: Aufgrund unterschiedlicher Bonitätsmerkmale, Besicherungen, Fristigkeiten, Handelsusancen, vertraglicher Ausgestaltungen, Mittelaufnahmeverfahren, Zinsstrukturen, Teilnehmerkreise, Verwendungszwecke, Motive usw. werden der → Euro-Geldmarkt, der → Euro-Kreditmarkt und der → Euro-Kapitalmarkt unterschieden. Zwischen diesen Teilmärkten bestehen Zusammenhänge (die Refinanzierung des Euro-Kreditmarktes erfolgt am Euro-Geldmarkt; der Erwerb von (Euro-) → Kapitalmarktpapieren geschieht teilweise mit Euro-Geldmarkttiteln; der Emissionserlös aus Euro-Kapitalmarktpapieren kann vorübergehend am Euro-Geldmarkt angelegt werden usw.).

Euro-Plätze: Der Wortteil „Euro" kennzeichnet keine geographische Abgrenzung, sondern ergab sich aufgrund des europäischen Ursprungs dieser Finanztransaktionen (als sprachliche Alternative wurde der Begriff „Xeno-Markt" vorgeschlagen). Da als Standortfaktor auch die Überschneidung mit den Zeitzonen der Finanzzentren von Bedeutung ist, wird eine regionale Aufteilung der E.-M. vorgenommen: Westeuropa mit den Zentren in London und Luxemburg; Cayman Islands and Panama; Asien (Asian-Euro-Markt) mit den Zentren Tokyo, Singapur und Hongkong.

Euro-Währungen: Nimmt man eine währungsbezogene Unterteilung vor, so spricht man z. B. vom → Euro-Dollar-Markt oder vom → Euro-DM-Markt. Nach dem do-

Euro-Mark-Terminkontrakt

minanten US-Dollar sind besonders die frei konvertierbaren Währungen (DM, Schweizer Franken, Yen) wichtige Kontrakt-(Euro-)Währungen, daneben auch das Pfund Sterling und andere EWS-Währungen sowie die → Europäische Währungseinheit (ECU). Marktteilnehmer sind: → Geschäftsbanken, → Zentralbanken, Währungsbehörden, institutionelle Anleger und internationale bzw. supranationale Finanzinstitutionen, wie z. B. → Bank für Internationalen Zahlungsausgleich (BIZ), → Europäische Investitionsbank (EIB) und die → Weltbank, → multinationale Unternehmen und Staaten. Die international operierenden Banken (→ Euro-Banken) sind die eigentlichen Träger des Marktes.

Zinsbildung: Diese vollzieht sich weitgehend frei von administrativen Restriktionen mit dem Ergebnis, daß normalerweise die Einlagenzinsen über und die Kreditzinsen unter den jeweiligen Sätzen im Heimatland der Währung liegen. Die → Zinsspanne ist gegenüber dem nationalen Markt geringer, weil zum einen der Vorteil der Mindestreservefreiheit zumindest teilweise in höheren Einlagenzinsen weitergegeben wird und zum anderen der Kreditzins aufgrund von geringeren Betriebskosten, dem Großhandelscharakter des Euro-Bankgeschäfts, der Risikoeinschätzung (die Zinssätze werden jedoch nach der Bonität differenziert), der Transparenz des Marktes und des intensiven Wettbewerbs niedriger liegt. Aufgrund der Arbitragemöglichkeiten kommt es zu einem mehr oder weniger engen Zinsverbund zum nationalen Finanzmarkt. Soweit im Heimatland der Währung alternative Geldanlage- bzw. Kreditmöglichkeiten bestehen, stellen die dortigen Sätze i. d. R. die Zinsunter- bzw. Zinsobergrenze dar. Aber auch das → Wechselkurssystem, die aktuellen → Wechselkurse, die Devisenterminkurse sowie die erwarteten Zins- und Wechselkursentwicklungen sind von Einfluß.

Der E.-M. hat eine Reihe von → Finanzinnovationen hervorgebracht, um Zins-, → Kredit- und → Währungsrisiken abzusichern bzw. zu verlagern. Vielfach verwischen sich die traditionellen Grenzen zwischen Geld-, Kredit- und Kapitalmarkt.

Bedeutung: Der E.-M., Prototyp eines liberalen Marktes, hat sich als sehr effizient erwiesen (wirksames Bindeglied zwischen den großen Gläubiger- und Schuldnergruppen, Recycling der → „Petro-Dollars", d. h.

der Geldüberschüsse der OPEC-Staaten, Entwicklung des Welthandels, Finanzierung von Leistungsbilanzdefiziten, Realisierung von Vorhaben in → Entwicklungsländern, jedoch hat seine Leistungsfähigkeit auch bewirkt, daß problembehafteten internationalen Entwicklungen, wie z. B. der Verschuldungskrise nicht rechtzeitig entgegengewirkt wurde. Die weitgehende → Liberalisierung (2. Stufe der → Europäischen Wirtschafts- und Währungsunion) kann dazu führen, daß das Engagement auf den E.-M. geringer wird.

E.-M. und nationale Geldpolitik: Stabilitätspolitische Maßnahmen nationaler Währungsbehörden können unterlaufen werden (zumindest wird eine autonome nationale → Geld- und → Kreditpolitik erschwert), da der E.-M. außerhalb des direkten Einflußbereiches nationaler Währungsbehörden liegt. Der E.-M. hat zu einer Erhöhung sowohl der primären → internationalen Liquidität (→ Währungsreserven bei Zentralbanken) als auch zu einer Erhöhung der sekundären internationalen Liquidität (privater Devisenbesitz) beigetragen. Die überdurchschnittliche Mobilität der sekundären internationalen Liquidität kann zu einer Verstärkung der Wechselkursschwankungen und zu einer Vergrößerung der Zahlungsbilanzungleichgewichte führen. Die Gefahr einer unkontrollierten multiplen Schöpfung von → Giralgeld dürfte aufgrund ihres geringen Umfangs von marginaler Bedeutung sein.

Euro-Mark-Terminkontrakt, → Euro-DM-Future.

Euro Medium Term Note
→ Medium Term Note, die am → Euromarkt emittiert wird. E.M.T.N. werden am Euromarkt seit etwa Mitte der 80er Jahre aufgelegt. Hauptwährung für E. M.T.N. ist der US-Dollar.

Euro Medium Term Note Programm
Zeitlich nicht begrenztes Programm (→ Daueremission) von → Euro Medium Term Notes.

Euro MTN, → Euro Medium Term Note.

Euro-Note
Kurzfristiger, ungesicherter → Schuldschein (Promissory Note → Solawechsel), der in In-

haberform ausgegeben wird und dessen Verzinsung entweder in Form eines → Abschlages (Diskont) erfolgt oder dem Papier beigegeben ist. Die →Laufzeit beträgt gewöhnlich ein, drei oder sechs Monate. Die Höhe der Verzinsung ist abhängig von der Bonität (→ Kreditwürdigkeit) des →Emittenten. Die → Rendite liegt meist zwischen → LIBID abzüglich 15 Basis Points (→ Basispunkt) und →LIBOR zuzüglich 25 Basis Points. Die Ausgabe erfolgt im Rahmen besonderer Vereinbarungen (→ Note Issuance Facility). Der Handel im → Sekundärmarkt ist begrenzt, jedoch breiter als derjenige für → Euro-Commercial Paper.

Euronote-Fazilitäten

Bonitätsmäßig erstklassige, kapitalmarktfähige → Schuldner (Staaten, staatliche Institutionen, internationale Organisationen, Unternehmen, → Banken) erhalten die Möglichkeit, nicht börsennotierte, kurzfristige, unbesicherte → Euro-Notes revolvierend bis zu einem bestimmten Gesamtbetrag am → Euro-Markt unterzubringen. Die gebräuchlichste → Währung ist der US-Dollar; weniger bedeutend sind die → Europäische Währungseinheit (ECU), Australische Dollar und Hongkong-Dollar. Die E.-F. gibt es seit 1980.

Arten/Bezeichnungen: Es werden verschiedene Bezeichnungen in Anlehnung an die konzeptionellen Besonderheiten der Führungsbank (Arranger), hierfür verwandt. Am gebräuchlichsten sind die Bezeichnungen → Revolving Underwriting Facility (RUF) und → Note Issuance Facility (NIF); weitere Bezeichnungen sind Short Term Note Issuance Facility (SNIF), → Transferable Revolving Underwriting Facility (TRUF), PUF (Prime Underwriting Facility), GUN (Grantor Underwriting Notes) oder GRUF (Global Revolving Underwriting Facility), BONUS (Borrower Options for Notes and Underwritten Stand-bys), REIF (Revolving Euronote Issuance Facility) und MOFF (Multioption Funding Facility). In der Grundstruktur gibt es kaum Unterschiede zwischen den Finanzkonstruktionen.

Charakteristika: Die Kreditnehmer beziehen die Fremdmittel nicht mehr – zumindest nicht mehr direkt – von → Euro-Banken, sondern über Depositenzertifikate (→ Certificate of Deposit) von institutionellen Investoren (Unternehmen, Pensionsfonds, Versicherungsgesellschaften, Banken). Die revolvierende → Plazierung wird von → Geschäfts- und → Investmentbanken organisiert. Vielfach verpflichtet sich eine Gruppe von Banken (→ Underwriter), die Euro-Note zu übernehmen, wenn sie sich nicht plazieren lassen bzw. → Buchkredite zu gewähren (→ „Stand-by"-Line oder → „Back-up"-Line). Wenngleich i. d. R. nicht börsennotiert, ist durch die Verbriefung in Notes (→ Securitization) jedoch eine Handelbarkeit gegeben. Sie werden vielfach auch über die Euro-Bond-Clearing-Systeme (→ Cedel, → Euroclear) übertragen.

Bei der Unterbringung der Euro-Notes wird i. a. eine *Funktionsteilung* vorgenommen (wenngleich eine Bank bei derselben E.-F. mehrere Funktionen wahrnehmen kann):
(1) *Arranger:* Er erstellt die Dokumentation, stellt die Gruppe der „Underwriter" und der „Placement Agents" zusammen, handelt die Konditionen aus und erhält hierfür eine → Provision („arrangement fee", Führungsprovision).
(2) *Underwriter* (Garantiesyndikat): Internationale Geschäftsbanken, die die Refinanzierungszusage übernehmen, am Markte (zu einem vereinbarten Höchstzinssatz) nicht absetzbare Euro-Notes zu einem zuvor fest vereinbarten Zinssatz („cap rate"=→ Libor bzw. → Libid+→ Spread, diese → Marge ist für die gesamte →Laufzeit fest vereinbart und ist abhängig von der Bonität und der Laufzeit der Fazilität) anzukaufen bzw. Buchkredit zu gewähren. Hierfür erhalten sie eine Bereitstellungsprovision („commitment fee", „underwriting fee" bzw. „facility fee").
(3) *Placing Agent* (verschiedene Methoden):
– *Sole Placing Agent:* Die Plazierung wird lediglich durch ein Institut durchgeführt.
– *Multiple Placing Agency:* Interessierte Underwriter erhalten einen ihrer Quote entsprechenden Plazierungsanteil.
– *Tender Panel:* Die „Placement Agents" (nicht notwendigerweise Underwriter, auch andere Investment-Banken) werden vom Tender Panel Agent aufgefordert, Zinsgebote zu nennen, was sie nach Rücksprache mit den Investoren tun. Die niedrigsten Zinsgebote erhalten den Zuschlag. Ein nicht zu plazierendes Restkontingent wird von den Underwritern ihrer Quote entsprechend übernommen. Für die Mitglieder des Tender Panel ergibt sich die

Vergütung aus der Spanne zwischen dem Gebotssatz und der im Markt erzielbaren Plazierungsrendite.

Umfassendere Fazilitäten sind mit den *Multiple Component Facilities* (→ Multiple Option Facility [MOF]; Multiple Option Financing Facilities) entwickelt worden. Hier wird der Schuldnern eine Rahmenkreditlinie für die Inanspruchnahme unterschiedlicher Finanzierungsinstrumente (Euro-Notes, kurzfristige → Bankkredite, [→ Bankers' Acceptances], US-Commercial-Papers usw.) eingeräumt. I. d. R. wird eine Inanspruchnahme dieser Paketfinanzierung auch in unterschiedlichen Währungen vereinbart und bietet dem Kreditnehmer damit ein Maximum an Flexibilität.

Bankaufsichtliche Beurteilung: Für die am Arrangement der E.-F. beteiligten Banken liegt ein Nutzen darin, daß es sich (sofern die Euro-Notes nicht in den eigenen Bestand übernommen werden) um bilanzneutrale Geschäfte (bilanzunwirksame, nicht über dem Bilanzstrich auszuweisende, „Off-Balance-Sheet-Geschäfte") handelt. Die Rückgriffsmöglichkeit auf die Underwriter wird im → Eigenkapitalgrundsatz I mit 50% erfaßt (20%, sofern die Underwriting-Verpflichtung für ein inländisches → Kreditinstitut erbracht wird). Das → Kreditrisiko liegt darin, daß eine Übernahme der Euro-Notes erfolgt, wenn der Markt die Papiere nicht mehr innerhalb der festgelegten Spanne aufnimmt, was bei Überbeanspruchung der Märkte und/oder Verschlechterung der Schuldnerbonität der Fall ist. Werden Euro-Notes in den Eigenbestand übernommen, so ist entscheidend, ob es sich um Buchforderungen oder (börsengängige) → Wertpapiere i. S. d. Grundsatzes I handelt. Im → Eigenkapitalgrundsatz I a sind sämtliche auf fremde Währung lautende Euro-Notes als Aktiv- bzw. Passivkomponente zu erfassen. Für die Einbeziehung in die → Liquiditätsgrundsätze als Refinanzierungsmittel ist die Laufzeit maßgeblich, für die aktivische Anrechnung kommt es darauf an, ob es sich um börsengängige Euro-Notes handelt oder nicht. Bei der Errechnung der → Großkredite erfolgt ebenfalls eine hälftige Anrechnung.

Finanzmarktzuordnung: Die E.-F. werden als Hybrid (Mischform) bezeichnet, da sie Elemente des → Kreditmarktes (die Finanzierungszusage der Underwriter hat Ähnlichkeit mit dem syndizierten Euro[konsortial]kredit), des → Geldmarktes (Finanzierungskosten, kurzfristige Beanspruchung) und des → Kapitalmarktes (Plazierung von → Schuldverschreibungen; Überbrückung der Kluft zwischen mittel- und langfristiger Finanzmittelnachfrage und kurzfristigem Geldangebot) miteinander kombinieren.

Europackage

Europaweite Produktfamilie, die den → internationalen Zahlungsverkehr revolutionieren soll. Basiselemente sind die → Eurocard der → Banken und → Sparkassen, der → eurocheque (ec) und → Euro Travellers Cheque. Diese Basiselemente sollen künftig durch weitere Bausteine laufend ergänzt werden. Im Vordergrund stehen Sicherung und Ausbau vorhandener Angebote sowie Nutzung von Synergieeffekten durch Zusammenfassung der einzelnen Autorisierungsnetze und EDV-Anlagen. Eine Kartenflut wie in den USA soll durch E. vermieden werden.

Unterscheidungskriterium: Der Zeitpunkt, zu dem der Kunde (Karteninhaber) zahlt.
(1) zahle vorher (pay before) = → Reiseschecks und Wertkarten
(2) zahle gleich (pay now) = Karten für → Geldausgabeautomaten, → Kundenkarten mit Debit-Kartenfunktion, → eurocheque-Karten im EFTPOS-Einsatz
(3) zahle später (pay later) = → Kreditkarten (Eurocard/Mastercard)

Dachorganisation ist die in Brüssel ansässige Europay, gleichzeitig Dachgesellschaft von Eurocard und eurocheque. Eigentümer dieser Gesellschaft sind alle angeschlossenen Banken und Bankenverbände sowie Maestro International, elektronische Debitorentochter des US-Kreditkartenriesen Mastercard.

Europäische Agrarmarktordnung

Eine der im Vertrag über die → Europäische Wirtschaftsgemeinschaft (EWG) angeführten Organisationsformen für die Schaffung gemeinsamer Agrarmärkte. Am 1.7.1967 traten die ersten Marktordnungen in Kraft.

Grundkonzeption: (1) Der gemeinsame Agrarmarkt dokumentiert sich durch jährliche Festlegung der Richt- bzw. Orientierungspreise in → Europäischen Währungseinheiten (ECU). Allerdings entspricht der Wert dieser Europäischen Währungseinheiten nicht den →ECU-Leitkursen und ECU-Tageskursen. Der Gegenwert in Landeswährung wird jeweils vom Ministerrat als spezielle Agrarumrechnungskurse (→Grüner Kurs) festgelegt. Von den Richt- bzw. Orientierungspreisen werden wiederum die Interventions- bzw. Rücknahmepreise abgeleitet. Letztere liegen um einen bestimmten Prozentsatz unter den Richtpreisen. Sinkt der tatsächliche Preis aufgrund eines Überschußangebotes bis zum Interventionspreis, sind die staatlichen Interventionsstellen zur Abnahme dieses Überschußangebotes verpflichtet. Für den Erzeuger landwirtschaftlicher Produkte innerhalb der →Europäischen Union (EU) besteht somit eine Preis- und Abnahmegarantie.

(2) Das gemeinsame Agrarpreisniveau wird gegenüber dem Weltmarkt durch →Zölle, Kontingente (→Kontingentierung) und Abschöpfungen abgeschirmt. Bei der →Einfuhr in die EU wird ein niedrigerer Weltmarktpreis bis zum Schwellenpreis, der in etwa dem Richtpreis entspricht, „hochgeschleust" und der sich dabei ergebende Differenzbetrag „abgeschöpft". Bei sinkendem Weltmarktpreis steigt die Abschöpfung; damit verhindert diese variable Einfuhrabgabe bei jedem niedrigeren Weltmarktpreisniveau einen preisbedingten Wettbewerbsvorteil der Erzeuger in Drittländern. Umgekehrt wird bei der →Ausfuhr in Drittländer der hohe EU-Binnenpreis auf das niedrigere Weltmarktpreisniveau „heruntergeschleust" und der Exporteur durch eine (variable) Ausfuhrerstattung subventioniert.

(3) Die Finanzierung der Preisstützung auf dem EG-Binnenmarkt und des Systems variabler Ausfuhrerstattungen erfolgt durch den Europäischen Ausrichtungs- und Garantiefonds für die Landwirtschaft-Abteilung Garantie (EAGFL).

Die mit der Errichtung der E. A. einhergehende Zunahme der Agrarproduktion aufgrund von Produktivitätssteigerungen der Landwirtschaft hat zwar einerseits den Selbstversorgungsgrad der EG erhöht, aber andererseits auch auf einigen Märkten zu einem permanenten Überschußangebot geführt, wodurch wiederum die Ausgaben des EAGFL ständig gestiegen sind. Ein zweites Problem ist die Aufrechterhaltung der gemeinsamen Agrarpreise. Gelang dies bei den ursprünglich →festen Wechselkursen relativ gut, so ist seit Beginn schwankender Wechselkurse das gemeinsame Agrarpreisniveau aufgrund von Eingriffen in Form des Währungsausgleichs nur noch eine Fiktion. So müßten z. B. bei einer →Aufwertung die Importpreise sinken, was wiederum zur Senkung der Inlandspreise des aufwertenden Landes führen müßte, wenn gemeinsame Preise weiterhin gelten sollen. Dieser Weg wurde nicht gewählt, weil sich sinkende Agrarpreise nicht durchsetzen lassen. Vielmehr werden niedrigere Importpreise durch eine Art Zoll – hier als Währungsausgleich bezeichnet – erhöht (→Agrargrenzausgleich). Für die BRD gilt ein positiver Grenzausgleich, d. h. Agrarimporte werden belastet, Agrarexporte werden entlastet.

Da die gemeinsame Agrarpolitik an die Grenzen der Finanzierbarkeit gestoßen war (und als dringlich angesehene Aufgaben blockierte), ist eine begrenzte Reform eingeleitet worden. Sie ist gekennzeichnet durch Einschränkungen der Preis- und Abnahmegarantien, mengenmäßige Begrenzungen von Produktion und Faktoreinsatz, direkte Einkommensbeihilfen sowie Obergrenzen der Ausgaben für die gemeinsame Agrarpolitik.

Europäische Aktiengesellschaft
Societas Europaea (SE). Auf der Grundlage von EG-Recht (→EG-Rechtsakte) vorgesehene Rechtsform für eine →Aktiengesellschaft im Binnenmarkt (→Gemeinsamer Markt), deren endgültige Schaffung aussteht. Der Vorschlag der EG-Kommission stellt für die Verfassung der SE die Wahl zwischen einem dualistischen Modell (Leitungs- und Aufsichtsorgan) und einem monistischen Modell (einheitliches Verwaltungsorgan) zur Wahl. Die Wahl kann aber durch nationales Recht ausgeschlossen und die Verfassung auf ein bestimmtes Modell beschränkt werden. Hinsichtlich der →Mitbestimmung der →Arbeitnehmer an wirtschaftlichen Entscheidungen sind vier Grundmodelle vorgesehen, woran sich die jeweilige nationale Gesetzgebung orientieren kann.
(→Europäisches Gesellschaftsrecht)

Europäische Atomgemeinschaft, →Europäische Gemeinschaften.

Europäische Banken- und Sparkassenverbände
Zusammenschlüsse nationaler Verbände der →Banken und →Sparkassen auf EG-Ebene, so z. B. →EG-Bankenvereinigung (Kreditbanken), →Europäische Sparkassenvereini-

gung und →Vereinigung der Genossenschaftsbanken der EU.

Europäische Bank für Wiederaufbau und Entwicklung (EBWE)
→Entwicklungsbank zur Förderung des Aufbaus marktwirtschaftlicher Systeme in Osteuropa (→European Bank for Reconstruction and Development).

Europäische Freihandelsassoziation, →Freihandelszone.

Europäische Freihandelszone
European Free Trade Association (EFTA); 1960 von acht europäischen Staaten außerhalb der →Europäischen Gemeinschaften (EG) gegründete Internationale Organisation, als eine →Integration in Form einer →Freihandelszone, nicht auch einer →Zollunion. Zwischen EG und EFTA-Staaten wurden zahlreiche bilaterale Abkommen abgeschlossen, ferner das Abkommen über den →Europäischen Wirtschaftsraum (EWR). Die meisten Mitgliedstaaten der EFTA gehören inzwischen der →Europäischen Union an; übrig geblieben sind nur Island, Norwegen und die Schweiz.

Europäische Fusionskontrolle, →Zusammenschlußkontrolle.

Europäische Gegenseitigkeitsgesellschaft
Nach einem Verordnungsvorschlag der EG-Kommission geplante einheitliche Rechtsform für eine Gesellschaft mit dem Ziel, spezielle Tätigkeiten, wie Fürsorge, Versicherung, Hilfe im Gesundheitsbereich und →Kredit im grenzüberschreitenden Bereich zu ermöglichen und zu fördern.
(→Europäisches Gesellschaftsrecht)

Europäische Gemeinschaften (EG)
Sammelbezeichnung für drei Internationale Organisationen, nämlich die →Europäische Gemeinschaft für Kohle und Stahl (Montanunion/EGKS, 1952 errichtet), die →Europäische Wirtschaftsgemeinschaft (EWG) und die Europäische Atomgemeinschaft (Euratom/EAG, beide 1958 gegründet). Die EG besteht auch nach Inkrafttreten des Maastrichter Vertrags über die →Europäische Union (zum 1.11.1993) als eine der beiden Säulen der Union fort. Seitdem wird auch die EWG offiziell als EG, also Europäische Gemeinschaft, bezeichnet.

Mitglieder: Gründerstaaten der EG sind die BRD, Frankreich, Italien und die drei →Benelux-Länder. Eine erste Erweiterung erfolgte 1973 um Großbritannien, Irland und Dänemark. 1981 kam Griechenland, 1986 Spanien und Portugal hinzu. 1995 sind Österreich, Schweden und Finnland Mitglied geworden. Kern der EG ist die Europäische Wirtschaftsgemeinschaft. Für alle drei Gemeinschaften (EGKS nur z.T.) besteht ein gemeinsamer Haushalt, der vor allem aus Eigenmitteln finanziert wird, nämlich durch →Zölle, Abschöpfungen (→Europäische Agrarmarktordnung), einen Anteil an den Mehrwertsteuereinnahmen der Mitgliedstaaten (→Umsatzsteuer [USt]) sowie eine Abführung auf deren (Brutto-) →Sozialprodukt.

Organe: Seit 1967 haben die drei Gemeinschaften einheitliche Organe. Wichtigstes Entscheidungsgremium ist der (Minister-) Rat der Europäischen Union. Ihm gehört je ein Vertreter der mitgliedstaatlichen Regierungen an (i.d.R. der jeweilige Fachminister). Bis zum Inkrafttreten der Einheitlichen Europäischen Akte (EEA) zum 1.7.1987 war zumeist Einstimmigkeit praktiziert. Seither sind vielfach Mehrheitsentscheidungen üblich, zumal im Zusammenhang mit der Schaffung des Binnenmarktes. Der Rat erläßt die zentralen Rechtsvorschriften – z.T. im Zusammenwirken mit dem Europäischen Parlament – in Form von Verordnungen (mit unmittelbarer Geltung in jedem Mitgliedstaat) und Richtlinien (für die Mitgliedstaaten bindend, für deren Bürger aber i.d.R. erst nach Umsetzung durch den nationalen Gesetzgeber); er kann ferner unverbindliche Empfehlungen treffen. Die Europäische Kommission setzt sich aus 20 Mitgliedern zusammen, die im gegenseitigen Einvernehmen von den Regierungen der Mitgliedstaaten mit Zustimmung des Europäischen Parlaments ernannt werden. Während ihrer (nunmehr) fünfjährigen Amtszeit werden sie in voller Unabhängigkeit zum allgemeinen Wohl der EG tätig. Die Kommission hat das Vorschlagsmonopol für →EG-Rechtsakte; sie ist das Exekutivorgan der EG mit primär vollziehenden und verwaltenden Aufgaben. Das erstmals 1979 direkt gewählte Europäische Parlament hatte zunächst weiterhin beratende Aufgaben, erlangte aber durch EEA und Maastrichter Vertrag erweiterte Mitwirkungsbefugnisse bei der Verabschiedung des Haushalts und dem Erlaß von Rechtsvorschriften. Zudem kann das Parlament den Rücktritt der Kommission erzwingen. Die Rechtsprechung obliegt dem Europäischen Gerichtshof, dem seit 1988 ein Gericht erster Instanz zugeordnet ist. Der Europäische Rechnungshof kontrolliert die Haushaltsführung.

Das Zusammentreffen der Staats- und Regierungschefs der Mitgliedstaaten („Europäischer Rat") erfolgt im Rahmen der Europäischen Politischen Zusammenarbeit, die erstmals durch die EEA näher geregelt wurde und seit 1993 die zweite Säule der Europäischen Union bildet.

Europäische Gemeinschaft für Kohle und Stahl (EGKS)
Montanunion; 1952 gegründete supranationale Organisation mit dem Hauptziel der Errichtung eines → Gemeinsamen Marktes für Kohle- und Stahlerzeugnisse. Seit dem Zusammenschluß der Organe der drei → Europäischen Gemeinschaften 1967 ist die EGKS nicht länger organisatorisch selbständig.

Europäische Genossenschaft
Nach einem Verordnungsvorschlag der EG-Kommission zu schaffende supranationale Rechtsform für eine → Genossenschaft zur Förderung der wirtschaftlichen Tätigkeit ihrer Mitglieder. Sie soll von → juristischen Personen aus verschiedenen EG-Ländern gegründet werden können.
(→ Europäisches Gesellschaftsrecht)

Europäische Investitionsbank (EIB)
Mit dem Vertrag über die → Europäische Wirtschaftsgemeinschaft (EWG) 1958 gegründetes öffentlich-rechtliches Kreditinstitut der Gemeinschaft mit Sitz in Luxemburg.

Aufgaben: (1) Förderung einer ausgewogenen Entwicklung innerhalb der → Europäischen Union (EU) durch Gewährung langfristiger → Darlehen und → Garantien an Unternehmen, Gebietskörperschaften und → Finanzinstitute für Entwicklungsvorhaben in wirtschaftsschwachen Regionen und für Vorhaben von gemeinsamem europäischen Interesse. (2) Förderung der mit der EU assoziierten (→ Assoziierung) sowie auch anderer Länder durch Kreditgewährung.

Im Gouverneursrat, dem obersten Organ der EIB, sind alle Mitgliedstaaten der → Europäischen Gemeinschaften (EG) mit ihren Finanzministern vertreten. Weitere Organe sind der Verwaltungsrat und das Direktorium. Das in → Europäische Währungseinheiten (ECU) ausgedrückte → Grundkapital der EIB wurde mehrfach erhöht. Die für die Darlehensgewährung notwendigen Mittel beschafft sich die EIB größtenteils durch öffentliche und private → Anleihen, die auf den → Kapitalmärkten der Mitgliedstaaten, aber auch der Schweiz sowie auf dem → Euro-Kapitalmarkt begeben werden.

Europäische Option
→ Option, die nur zu einem bestimmten Endfälligkeitstermin durch ihren Inhaber ausgeübt werden kann. Gegenüber den jederzeit während ihrer → Laufzeit ausübbaren → amerikanischen Optionen ist mit e. O. für den Verkäufer (→ Stillhalter) die Sicherheit verbunden, daß sie nicht vorzeitig ausgeübt werden können. Mit der Ausgestaltung als amerikanische oder europäische Kontraktart ist keine geographische Abgrenzung verbunden. E. O. werden weniger an den → Terminbörsen, sondern in erster Linie am → Over-the-Counter-Markt gehandelt (→ OTC-Optionen).
Gegensatz: → Amerikanische Option, → Bermuda Option.

Europäischer Bankenmarkt
Bezeichnung für einen einheitlichen → Finanzmarkt der → Europäischen Gemeinschaften (EG) bzw. → Europäischen Union (EU) auf der Grundlage EU-einheitlich geltender Rahmenbedingungen für Kreditinstitute (→ Europäisches Bankenaufsichtsrecht). Die in Art. 67 des EWG-Vertrages von 1957 verankerte Freiheit des grenzüberschreitenden Kapitalverkehrs ist zum 1.7.1990 erreicht worden (erste Stufe zur → Wirtschafts- und Währungsunion in Europa). Grundlage für einen einheitlichen Bankenmarkt in Europa sind → EG-Rechtsakte, die das Bankaufsichtsrecht harmonisieren sollen (→ EG-Bankrecht).
Vgl. Übersicht „Europäischer Bankenmarkt – Kreditwirtschaftlich wichtige Vorhaben der EG" auf S. 576/77.

Europäische Rechnungseinheiten
1. Alte Europäische Rechnungseinheiten (ER). In den Haushaltsrechnungen der → Europäischen Gemeinschaften (EG) und in den Veröffentlichungen des Statistischen Amtes der EG bis 1974 auf der Basis der alten Dollarparität (1 ER = 1 US-Dollar = 0,88867088 Gramm Feingold) oder

Europäische Rechnungseinheiten

Europäischer Bankenmarkt – Kreditwirtschaftlich wichtige Vorhaben der EG
(Stand: 1.1.1995)

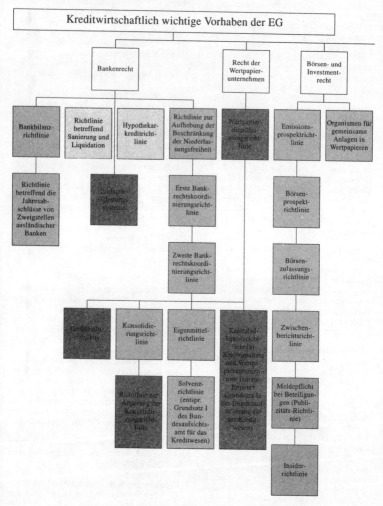

Europäische Rechnungseinheiten

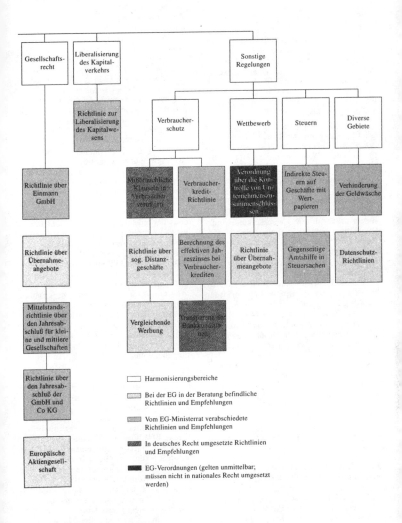

auf der Grundlage der dem → Internationalen Währungsfonds (IWF) erklärten → Leitkurse verwendete Umrechnung von Landeswährungen in eine gemeinsame → Rechnungseinheit.

2. „Grüne" Kurse. In der EU vom Ministerrat festgelegte Kurse für die Umrechnung der in den jeweiligen nationalen Währungseinheiten ausgedrückten Agrarpreise und der Ausgaben des Europäischen Ausrichtungs- und Garantiefonds für die Landwirtschaft in Europäische Währungseinheiten (→ Europäische Agrarmarktordnung, → Agrargrenzausgleich.

3. Neue Europäische Rechnungseinheit (ERE). Vom Ministerrat der EG 1975 beschlossene Rechnungseinheit, die mit Einführung des EWS von der ECU abgelöst wurde.

4. → Europäische Währungseinheit (→ European Currency Unit, ECU). Innerhalb des → Europäischen Währungssystems (EWS) seit 1979 geltende Recheneinheit, die als Bezugsgröße für die → Wechselkurse, Indikator für Wechselkursabweichungen, Rechengröße für → Forderungen und → Verbindlichkeiten im EWS sowie als → Zahlungsmittel und Reserveinstrument der → Zentralbanken der EU verwandt wird. Die ECU wird mit Hilfe eines Währungskorbs ermittelt, in dem die zwölf → Währungen der EU-Mitgliedstaaten, gewichtet u. a. nach dem Anteil im innereuropäischen Handel und dem → Sozialprodukt, enthalten sind. Überprüfungen der Korbzusammensetzung sind vorgesehen; Änderungen sind möglich (offener Korb).

Europäischer Finanzmarkt

Bezeichnung für den → Finanzmarkt als integraler Teil des Europäischen Binnenmarktes, der auf der Grundlage eines freien Kapitalverkehrs innerhalb der EU die Voraussetzungen für eine EU-weite optimale Nutzung des → Produktionsfaktors → Kapital schafft.

Europäischer Fonds für währungspolitische Zusammenarbeit (EFWZ)

Im Rahmen der Bemühungen um eine vertiefte währungspolitische Integration der Mitgliedstaaten der → Europäischen Gemeinschaften durch Verordnung des EG-Rates (→ EG-Rechtsakte) 1973 errichtete Einrichtung mit eigener Rechtspersönlichkeit unter der Leitung eines Verwaltungsrats (Mitglieder: die Präsidenten der → Zentralbanken der EG-Mitgliedsländer). Aufgabe des EFWZ sollte sein, zur stufenweisen Verwirklichung einer → Wirtschafts- und Währungsunion beizutragen. In diesem Rahmen oblag es dem Fonds, das Funktionieren der Verringerung der → Bandbreiten zwischen den Währungen im → Europäischen Wechselkursverbund und seit 1979 im → Europäischen Währungssystem zu fördern, die Interventionen in solchen Währungen auf den → Devisenmärkten zu erleichtern sowie die Verwaltung des → kurzfristigen Währungsbeistands im EWS zu führen. Im EWS war der Fonds zudem befugt, → Währungsreserven der Währungsbehörden der EG-Mitgliedsländer entgegenzunehmen (je 20 Prozent der Gold- und US-$-Reserven) und als Gegenwert für diese Anlagen (in der Form von revolvierenden Dreimonats-Swapgeschäften) → Europäische Währungseinheiten (ECU) auszugeben. (Offizielle) ECU konnten nicht nur zur Abrechnung sowie für Transaktionen zwischen den mitgliedstaatlichen Zentralbanken verwendet werden, sondern nach Bestimmung durch den EFWZ auch von „Sonstigen Haltern", etwa von der Schweizerischen Nationalbank oder der → Bank für Internationalen Zahlungsausgleich.

Mit der Errichtung des → Europäischen Währungsinstituts zu Beginn der zweiten Stufe der → Europäischen Wirtschafts- und Währungsunion 1994 übernahm diese Einrichtung die Aufgaben des EFWZ. Dieser wurde aufgelöst (Art. 109 f Abs. 2 EG-Vertrag); sämtliche → Aktiva und → Passiva gingen auf das EWI über.

„Europäischer Paß"

Gängige Umschreibung der wichtigsten Neuerung der Zweiten → Bankrechts-Koordinierungsrichtlinie: Unternehmen mit Sitz in einem Mitgliedstaat der → Europäischen Gemeinschaften (EG) bzw. → Europäischen Union (EU), die das → Einlagengeschäft und das → Kreditgeschäft betreiben (→ Kreditinstitute i. S. des → EG-Bankrechts, → Euro-Kreditinstitute), benötigen für diese beiden und eine Anzahl weiterer → Bankgeschäfte, die sich aus einer Liste im Anhang zur Zweiten Koordinierungsrichtlinie ergeben, nur eine einzige Betriebserlaubnis („single license") durch die zuständigen Behörden ihres „Herkunftsmitgliedstaates" (§ 1 Abs. 4 KWG). Nicht nur Banken, sondern auch gewisse → Finanzinstitute i. S. des KWG dürfen aufgrund der einmaligen Zulassung sowohl durch Errichtung von Zweigstellen in anderen EU-Mitgliedsländern als auch unmittelbar durch grenzüberschreitende Dienstleistungen im gesamten Gebiet der EU tätig werden, während rechtlich selbständige → Tochterunternehmen nach wie vor in jedem Staat einer gesonderten Erlaubnis bedürfen. § 53 b KWG regelt dabei nur die eine Seite des E. P., nämlich die Rechtsstellung solcher Unternehmen in der BRD als dem „Aufnahmemitgliedstaat" (§ 1 Abs. 5 KWG). Entsprechende Bestimmungen für die Auslandstätigkeit deutscher Kredit- oder Finanzinstitute müssen aber auch alle übrigen EU-Mitgliedsländer zur Umsetzung der → EG-Rechtsakte treffen. In § 53c Nr. 2 KWG ist des weiteren bereits eine räumliche Ausdehnung der Wirkung einer Betriebserlaubnis auf dritte Staaten außerhalb der EU, v. a. auf die Mitgliedsländer des → Europäischen Wirtschaftsraums, ermöglicht; sie kann durch → Rechtsverordnung des Bundesministers der Finanzen bewerkstelligt werden.

Europäischer Rat, → Europäische Gemeinschaften.

Europäischer Verein
Nach einem Verordnungsvorschlag der EG-Kommission vorgesehene Rechtsform für eine Vereinigung → natürlicher oder → juristischer Personen (→ Personenvereinigung), deren Mitglieder ihre Kenntnisse oder Tätigkeiten zu einem gemeinnützigen Zweck oder zur Förderung von (z. B.) beruflichen Interessen auf verschiedenen Gebieten zur Verfügung stellen.
(→ Europäisches Gesellschaftsrecht)

Europäischer Wechselkursverbund
Von April 1972 bis zum Inkrafttreten des → Europäischen Währungssystems (EWS) am 13.3.1979 bestehende Währungsgemeinschaft. Sie war insbes. durch Verengung der gemeinsamen → Bandbreite der am europäischen → Gruppenfloating gegenüber dem US-Dollar beteiligten → Währungen (Belgien, BRD, Dänemark, Luxemburg, Niederlande, Norwegen; bis 1977 auch Schweden; Frankreich nur mit Unterbrechungen) auf einen maximalen Abstand der → Wechselkurse zwischen zwei dieser Währungen vom Parikurs gekennzeichnet. Die im Zeitablauf erfolgten Abweichungen der in US-Dollar ausgedrückten EG-Währungen von dessen → Leitkurs ergaben ein Kursband, das als Währungsschlange bezeichnet wurde.

Europäischer Wirtschaftsraum (EWR)
Aufgrund eines Vertrages zwischen den → Europäischen Gemeinschaften (EG) und deren Mitgliedstaaten einerseits, sechs Staaten der EFTA (Europäische Freihandelsassoziation) andererseits Anfang 1994 gebildete Zone weitgehender wirtschaftlicher → Integration in Europa. Sie soll „binnenmarktähnliche" Beziehungen zwischen den Beteiligten herbeiführen. Der EWR-Vertrag enthält allerdings keine Bestimmungen über eine gemeinsame → Währung, und er sieht auch keine Teilnahme der Nicht-EG-Vertragsparteien am → Europäischen Währungssystem (EWS) oder der → Europäischen Wirtschafts- und Währungsunion vor. Jedoch entspricht die Freiheit des Dienstleistungs- und des Kapitalverkehrs weithin den Regelungen des EG-Vertrages. Nicht beteiligt ist nach negativem Ausgang einer Volksabstimmung die Schweiz. Im EWR wurden zahlreiche Vorschriften des EG-Rechts übernommen, auch im Hinblick auf das → EG-Bankrecht. Wichtigste Organe des EWR sind der EWR-Rat als höchstes politisches Gremium sowie ein Gemeinsamer EWR-Ausschuß aus hohen Beamten als ausführendes Gremium. Nach dem Beitritt von Finnland, Österreich und Schweden zur → Europäischen Union (EU) zum 1. 1. 1995 bilden Island, Liechtenstein und Norwegen den „Rest"-EWR.

Europäisches Bankaufsichtsrecht
Durch → EG-Rechtsakte geschaffene EU-einheitlich geltende Vorschriften, die in Form von Richtlinien und Empfehlungen für die → Bankenaufsicht in der → Europäischen Union erlassen worden sind. Zur Verwirklichung des → Europäischen Bankenmarkts hat die EU-Kommission zahlreiche das Bankenaufsichtsrecht betreffende Vorschläge vorgelegt (vgl. Übersicht „Europäisches Bankenaufsichtsrecht – EG-Vorschläge" S. 580–585).
Die EU-Kommission geht von dem Prinzip der gegenseitigen Anerkennung nationaler Vorschriften bei gleichzeitiger Mindestharmonisierung aus. Bei der Umsetzung der Richtlinien sind die EU-Mitgliedstaaten frei, national nicht nur zusätzliche, sondern auch strengere Normen einzuführen. Die europäischen Bankenaufsichtsvorschriften,

Europäisches Bankenaufsichtsrecht – EG-Vorschläge

I. Bereits in deutsches Recht umgesetzte Richtlinien

Bezeichnung	Inhalt	Beratungsstand	Weiteres Verfahren
1. Erste Richtlinie des Rates zur Koordinierung der Rechts- und Verwaltungsvorschriften über die Aufnahme und Ausübung der Tätigkeit der Kreditinstitute (1. Bankrechtskoordinierungs-Richtlinie) (77/780/EWG) ABl EG L 322/30 vom 17.12.1977	Mit der Richtlinie werden wesentliche Beschränkungen im Niederlassungsrecht und im Dienstleistungsverkehr der Banken aufgehoben. Die Richtlinie enthält Regelungen über – Zulassung – Bezeichnungsschutz – Zahlungsfähigkeit und Liquidität – Zusammenarbeit der zuständigen Behörden bei der Überwachung Geregelt ist ferner die Errichtung des „Beratenden Bankenausschusses" und seine Aufgaben.	17.12.1977: Verabschiedung der Richtlinie; Umsetzungspflicht bis 15.12.1979	Rechtslage in der Bundesrepublik Deutschland entsprach bereits der Richtlinie
2. Richtlinie des Rates über die Beaufsichtigung der Kreditinstitute auf konsolidierter Basis (Konsolidierungs-Richtlinie) (83/350/EWG) ABl EG L 193/18 vom 18.7.1983	Konsolidierungspflicht für Beteiligungen von mindestens 25 Prozent des Kapitals an anderen Kredit- oder Finanzinstituten. Für Mehrheitsbeteiligungen Wahlrecht zwischen Quoten- oder Vollkonsolidierung; für Beteiligungen unter 50 Prozent kann ein beliebiges Konsolidierungsverfahren angewandt werden.	13.6.1983: Verabschiedung der Richtlinie; Umsetzungspflicht bis 1.7.1985	Umsetzung in deutsches Recht durch 3. KWG-Novelle; in Kraft seit 1.1.1985.
3. Zweite Richtlinie des Rates zur Koordinierung der Rechts- und Verwaltungsvorschriften über die Aufnahme und Ausübung der Tätigkeit der Kreditinstitute und zur Änderung der Richtlinie 77/780 EWG (2. Bankrechtskoordinierungs-Richtlinie) (89/646/EWG) ABl EG L 386/1 vom 30.12.1989	Verankerung des Prinzips der Heimatlandkontrolle; Festlegung eines Anfangskapitals von 5. Mill. ECU; Bestandsschutz für bereits zugelassene Institute mit einem geringeren Eigenkapital. Überwachung der Anteilseigner von Kreditinstituten (ab 10 Prozent Beteiligung) durch die Bankenaufsicht; Meldepflicht für den Erwerb qualifizierter Beteiligungen (10 Prozent); Begrenzung des Anteilsbesitzes von Kreditinstituten an Nicht-Banken auf 60 Prozent des Eigenkapitals; bei der einzelnen Beteiligung auf 15 Prozent.	15.12.1989; Verabschiedung der Richtlinie; Umsetzungspflicht bis 1.1.1993	Umsetzung in deutsches Recht durch 4. KWG-Novelle; in Kraft seit 1.1.1993

Europäisches Bankenaufsichtsrecht – EG-Vorschläge (Fortsetzung)

I. Bereits in deutsches Recht umgesetzte Richtlinien (Fortsetzung)

Bezeichnung	Inhalt	Beratungsstand	Weiteres Verfahren
4. Richtlinie über einen Solvabilitätskoeffizienten für Kreditinstitute (Solvabilitäts-Richtlinie) (89/647/EWG) ABl EG L 286/14 vom 30.12.1989	Schaffung gemeinsamer Standards für das Verhältnis von haftendem Eigenkapital zu risikotragenden Aktiva und außerbilanzmäßigen Geschäften. Mindesteigenkapitalquote 8 Prozent: vorgesehene Risikogewichtungen der Aktiva von 0, 10, 20, 50, 100 Prozent.	18.12.1989: Verabschiedung der Richtlinie; Umsetzungspflicht bis 1.1.1991; Einhaltung des Mindestkoeffizienten von 8 Prozent ab 1.1.1993	Teilumsetzung durch die Neufassung des Grundsatzes I vom 15.5.1990; endgültige Umsetzung durch die Neufassung des Grundsatzes I von Dezember 1992; erstmalige Meldung zum 30.6.1993
5. Richtlinie des Rates über die Eigenmittel von Kreditinstituten (Eigenmittel-Richtlinie) (89/299/EWG) ABl EG L 124/16 vom 5.5.1989	Festlegung der Eigenkapital-Elemente eines Kreditinstituts (Aufteilung in Kernkapital und Ergänzungskapital) Kernkapital: – eingezahltes Geschäftskapital – Emissionsagio – ausgewiesene Rücklagen – einbehaltene Gewinne, einschl. Ergebnisvortrag – Freies Vermögen, stille Einlagen – Fonds für allgem. Bankrisiken (§ 340 g HGB) Ergänzungskapital: Klasse 1 (Anerkennung bis zu 100 %) – Neubewertungsrücklagen – Wertberichtigungen (§ 340 f HGB) – sonstige Bestandteile (z. B. stille Neubewertungsreserven, Genußrechtskapital) Klasse 2 (Anerkennung bis zu 50 %) – Haftsummenzuschlag für genossenschaftl. Kreditinstitute – nachrangige Darlehen – kumulative Vorzugsaktien mit festen Laufzeiten	17.4.1989: Verabschiedung der Richtlinie; Umsetzungspflicht bis spätestens 1.1.1993	Umsetzung in deutsches Recht durch 4. KWG-Novelle; in Kraft seit 1.1.1993

Europäisches Bankenaufsichtsrecht

Europäisches Bankenaufsichtsrecht – EG-Vorschläge (Fortsetzung)

II. Verabschiedete, aber noch nicht in deutsches Recht umgesetzte Richtlinien

Bezeichnung	Inhalt	Beratungsstand	Weiteres Verfahren
1. Richtlinie des Rates über die Beaufsichtigung von Kreditinstituten auf konsolidierter Basis (Konsolidierungs-Richtlinie) ABl EG C 332/6 vom 21.12.1991	Ausdehnung des Konsolidierungsbereiches auf alle Unternehmensgruppen, zu denen ein Kreditinstitut oder ein Finanzinstitut gehört. Senkung der für die Konsolidierungspflicht relevanten Beteiligungsschwelle auf 20 Prozent. Für Mehrheitsbeteiligungen Pflicht zur Vollkonsolidierung; für Beteiligungen zwischen 20 Prozent und 50 Prozent Mitgliedstaatenwahlrecht zwischen Voll- oder Quotenkonsolidierung	16.3.1992: Verabschiedung der Richtlinie Umsetzungstermin: 1.1.1993	Umsetzung im Rahmen der 5. KWG-Novelle
2. Richtlinie des Rates über die Überwachung und Kontrolle der Großkredite von Kreditinstituten (Großkredit-Richtlinie) ABl EG L 29/1 vom 5.2.1993	Richtlinie soll die Empfehlung aus dem Jahre 1986 ersetzen, die eine Schwelle von 40 Prozent der Eigenmittel für den einzelnen Großkredit vorsieht. Der Richtlinienvorschlag setzt diese Schwelle auf 25 Prozent herab; alle Großkredite zusammen dürfen das 8fache der Eigenmittel nicht übersteigen. Als Großkredite werden Kredite definiert, die 10 Prozent der Eigenmittel übersteigen.	21.12.1992: Verabschiedung der Richtlinie Umsetzungstermin: 1.1.1994	Umsetzung im Rahmen der 5. KWG-Novelle
3. Richtlinie des Rates über die angemessene Eigenkapitalausstattung von Wertpapierfirmen und Kreditinstituten (Kapitaladäquanz-Richtlinie) ABl EG L 141/1 vom 11.6.1993	Regelungen für das Marktrisiko (Zins-, Aktien- und Fremdwährungsrisiko) von Wertpapierfirmen und Kreditinstituten. Herausnahme der Wertpapierhandelsbestände (Tradingbook) vom Anwendungsbereich der Solvabilitäts-Richtlinie. Eigenkapitaldefinition für Wertpapierfirmen und Kreditinstitute.	15.3.1993: Verabschiedung der Richtlinie Umsetzungstermin: 31.12.1995	Umsetzung in deutsches Recht im Rahmen einer 6. KWG-Novelle
4. Richtlinie des Rates über Wertpapierdienstleistungen (Wertpapierdienstleistungs-Richtlinie) ABl EG L 141/27 vom 11.6.1993	Harmonisierung der Zulassungsbedingungen und Aufsichtsregeln für Wertpapierfirmen entsprechend der 2. Bankrechtskoordinierungs-Richtlinie.	10.5.1993: Verabschiedung der Richtlinie Umsetzungstermin: 1.7.1995 Inkrafttreten: 31.12.1995	Umsetzung in deutsches Recht vorausichtl. im Rahmen eines gesonderten Gesetzes: Art. 11 und 20 durch 2. FinMarktFördG

Europäisches Bankenaufsichtsrecht – EG-Vorschläge (Fortsetzung)

II. Verabschiedete, aber noch nicht in deutsches Recht umgesetzte Richtlinien (Fortsetzung)

Bezeichnung	Inhalt	Beratungsstand	Weiteres Verfahren
5. Vorschlag für eine Richtlinie des Rates über Einlagensicherungssysteme ABl EG C 163/6 vom 30.6.1992	Richtlinie ersetzt die Empfehlung aus dem Jahre 1986 und soll die Einlagensicherungssysteme der Mitgliedstaaten harmonisieren. Mindestschwelle für die Einlagensicherung: 20000 ECU; Möglichkeit für ausländische Zweigstellen, sich dem inländischen Einlagensicherungssystem anzuschließen.	16.5.1994: Verabschiedung der Richtlinie Umsetzungstermin: 1.1.1995	Umsetzungsbedarf in D noch nicht geklärt

III. Noch nicht verabschiedete Richtlinienvorschläge

Bezeichnung	Inhalt	Beratungsstand	Weiteres Verfahren
1. Geänderter Vorschlag für eine Richtlinie des Rates über die Sanierung und Liquidation der Kreditinstitute und die Einlagensicherungssysteme (Sanierungs- und Liquidations-Richtlinie) ABl EG C 36/1 vom 8.2.1988	Verbesserung der Zusammenarbeit zwischen den nationalen Bankaufsichtsbehörden bei grenzüberschreitenden Sanierungs- und Liquidationsfällen. Einbeziehung der inländischen Zweigstellen von EG-Instituten in die Einlagensicherung.	11.1.1988: Übermittlung des geänderten Kommissionsvorschlages an den Rat. Nach Aussetzung der Beratungen in der Rats-Arbeitsgruppe ist eine erneute Aufnahme der Beratungen noch nicht absehbar.	Die Beratungen sind im Hinblick auf die zu erwartende Richtlinie über die Einlagensicherung und wegen des Europäischen Konkursübereinkommens bis auf weiteres ausgesetzt worden.
2. Vorschlag für ein Gemeinschaftsinstrument betreffend die regelmäßigen Meldungen, die die Kreditinstitute den Bankaufsichtsbehörden übermitteln müssen. Dok. XV/35/89 Dok. XV/37/89	Vorschlag soll eine einheitliche Struktur für die Übermittlung grundlegender Daten an die Aufsichtsbehörden schaffen. EG-einheitlich erfaßt werden folgende fünf Gruppen: 1. Eigenmittel 2. Solvabilität 3. Großkredite 4. Beteiligungen im Nichtbankensektor 5. Liquidität	Im Juni 1988 erster Vorentwurf der Kommission.	Noch offen, ob endgültige Regulierung in Form einer Richtlinie erfolgen soll. Vorhaben derzeit bei der Kommission zurückgestellt.

Europäisches Bankenaufsichtsrecht – EG-Vorschläge (Fortsetzung)

III. Noch nicht verabschiedete Richtlinienvorschläge (Fortsetzung)

Bezeichnung	Inhalt	Beratungsstand	Weiteres Verfahren
3. Vorschlag für eine Richtlinie des Rates zur Änderung der Richtlinie 77/780/EWG und 89/646 EWG betreffend Kreditinstitute ... zur verstärkten Beaufsichtigung dieser Finanzunternehmen Dok. XV/1073/93	Vorschlag zieht Folgerungen aus der sog. BCCI-Affäre: – Sicherstellung effektiver Aufsicht über Kreditinstitute bei komplexen Unternehmensverbindungen; – Verpflichtungen der Kreditinstitute zur Information über Konzernstruktur; – Headoffice eines Kreditinstituts muß seinen Sitz im Zulassungsstaat haben; – besondere Informationspflichten für Abschlußprüfer. (Richtlinienvorschlag bezieht sich auch auf Wertpapierfirmen und Versicherungsunternehmen.)	17.7.1993: Übermittlung des Kommissionsvorschlages an den Rat; November 1993: politische Einigung des Rates. Verabschiedung in Kürze.	Die Rechtslage in Deutschland entspricht nach der 4. KWG-Novelle weitestgehend den Vorschlägen.
4. Vorschlag für eine Richtlinie des Rates über Anlegerentschädigungssysteme AB1 EG C 321/13 vom 27.11.1993	Vorschriften für Entschädigungssysteme, die eine Mindestentschädigung i.H. v. 20000 ECU für den Fall gewährleisten, daß Wertpapierfirmen (einschl. Kreditinstitute) zahlungsunfähig werden.	22.10.1993: Übermittlung des Kommissionsvorschlages an den Rat.	Beratungen in der Ratsarbeitsgruppe „Wirtschaftsfragen"
5. Vorschlag für eine Richtlinie des Europäischen Parlaments und des Rates zur Ergänzung der Richtlinie 89/647/EWG zur aufsichtlichen Anerkennung des Netting. Com(94) 105	Vorschläge für eine aufsichtsrechtliche Anerkennung des sog. bilateralen Netting.	27.4.1994: Übermittlung des Vorschlages an den Rat.	Beratungen in der Ratsarbeitsgruppe „Wirtschaftsfragen". Gesetzliche Voraussetzungen sollen in D im Rahmen der Insolvenzrechtsreform geschaffen werden.

Europäisches Bankenaufsichtsrecht – EG-Vorschläge (Fortsetzung)

IV. Empfehlungen der EG-Kommission

Bezeichnung	Inhalt	Beratungsstand	Weiteres Verfahren
1. Empfehlung der Kommission zur Einführung von Einlagensicherungssystemen in der Gemeinschaft (87/63/EWG) ABl EG L 33/16 vom 4.2.1987	Prüfungsauftrag an die Mitgliedstaaten, die über Einlagensicherungssysteme verfügen, ob – grundsätzlich eine Entschädigung der Einleger gewährleistet ist, – die Einleger aller Kreditinstitute geschützt sind, – klar definiert ist, welche Kriterien für die Entschädigung gelten und welche Formalitäten im Falle der Inanspruchnahme zu erfüllen sind. Die übrigen Mitgliedstaaten sollen entsprechende Systeme bis zum 1.1.1990 einführen. Gegebenfalls ist an eine Umwandlung in eine verbindliche umzusetzende Richtlinie gedacht.	Im Zusammenhang mit dem Richtlinienvorschlag zur Koordinierung der Rechts- und Verwaltungsvorschriften über die Sanierung und Liquidation von Kreditinstituten am 22.12.1986 Verabschiedung der Empfehlung über Einlagensicherungssysteme in der EG. Nähere Konkretisierung in einem Anwendungsschreiben zu der Empfehlung vom März 1990.	Empfehlung ist durch eine Richtlinie ersetzt worden (s.o. II 5.)
2. Empfehlung der Kommission über die Überwachung und Kontrolle der Großkredite (87/62/EWG) ABl EG L 33/10 vom 4.2.1987	Die Empfehlung sieht für den einzelnen Großkredit eine Grenze von 40 Prozent der Eigenmittel eines Kreditinstituts vor; alle Großkredite zusammen dürfen das 8fache der Eigenmittel nicht übersteigen. Als Großkredite werden Kredite definiert, die 15 Prozent der Eigenmittel übersteigen.	Verabschiedung der Empfehlung am 22.12.1986	Empfehlung ist durch eine Richtlinie ersetzt worden (s.o. II 2.)

Quelle: Die Bank 7/94, S. 430/431

Europäisches Bankenaufsichtsrecht – Vorschriften

I. Zulassungsbedingungen

Bis auf explizit aufgeführte Ausnahmen sind alle Unternehmen der Gemeinschaft, die Einlagen oder andere rückzahlbare Gelder des Publikums entgegennehmen und Kredite für eigene Rechnung gewähren, zulassungsbedürftig.

- Mindestanfangskapital von 5 Mill. ECU (Art. 3 der 2. BRKRL)
- das Vorhandensein von zwei Personen, welche die Geschäftstätigkeit des Kreditinstituts bestimmen (sog. „Vier-Augen-Prinzip", Art. 3 der 1. BRKRL)
- eine ausreichende Qualifikation der beiden Geschäftsführer in bezug auf die notwendige Zuverlässigkeit und angemessene Erfahrung (Art. 3 der 1. BRKRL)
- Vorlage eines Geschäftsplanes, der die Art der geplanten Geschäfte und den organisatorischen Aufbau des Kreditinstituts darlegt (Art. 3 der 1.BRKRL)
- die Mitteilung von Identität und des Beteiligungsbetrages aller direkten oder indirekten Anteilsinhaber oder Gesellschafter mit einer qualifizierten Beteiligung (10 Prozent oder mehr) an dem Kreditinstitut; die Zulassung kann verweigert werden, wenn der Aufsichtsbehörde nicht davon überzeugt ist, daß die betreffenden Personen den für die solide und umsichtige Führung des Kreditinstituts erforderlichen Ansprüchen genügen (Art. 5 der 2. BRKRL)
- das Vorhandensein rechtlich verselbständigter Eigenmittel, d. h. die Neuzulassung von Einzelbankiers, die mit ihrem jeweiligen Privatvermögen allein und unbegrenzt haften, ist ausgeschlossen (Art. 3 der 1. BRKRL)

II. Vorschriften für die laufende Beaufsichtigung

- die permanente Aufrechterhaltung von Eigenmitteln in Höhe des Mindestanfangskapitals von 5 Mill. ECU (Art. 10 der 2. BRKRL)
- die Mitteilungspflicht über die Erwerbsabsichten Dritter für eine direkte oder indirekte qualifizierte Beteiligung an dem Kreditinstitut oder der Übernahme als Tochtergesellschaft; die Bankaufsichtsbehörden müssen einschreiten, falls sich der durch diese Personen ausgeübte Einfluß auf das Kreditinstitut schädlich auswirken kann (Art. 11 der 2. BRKRL)
- die jährliche Information über die Identität der Aktionäre oder Gesellschafter, die eine qualifizierte Beteiligung an dem Kreditinstitut halten; die Bankaufsichtsbehörden müssen einschreiten, falls sich der durch diese Personen ausgeübte Einfluß auf das Kreditinstitut schädlich auswirken kann (Art. 11 der 2. BRKRL)
- die Begrenzung der qualifizierten Bankbeteiligung an Unternehmen im nichtfinanziellen Sektor auf 15 Prozent der Eigenmittel bzw. für den Gesamtbetrag dieser Beteiligungen auf 60 Prozent der Eigenmittel (Art. 12 der 2. BRKRL)
- das Vorhandensein einer ordnungsmäßigen Verwaltung und Buchführung sowie angemessener interner Kontrollverfahren (Art. 13 der 2. BRKRL)
- die Pflicht zur Aufstellung und Offenlegung eines Jahresabschlusses, bestehend aus der Bilanz, der Gewinn- und Verlustrechnung, dem Anhang zum Jahresabschluß und eines Lageberichts (BankBilRL)
- die Berechnung und Einhaltung eines Solvabilitätskoeffizienten von 8 Prozent (SolvRL; EMRL)
- die mindestens jährliche Meldepflicht der Großkredite (10 Prozent und mehr der Eigenmittel) und die Einhaltung der Obergrenzen von 25 Prozent der Eigenmittel für den einzelnen Großkredit und von 800 Prozent der Eigenmittel für den aggregierten Wert aller Großkredite (GroßKredRL)

1. BRKRL = Erste Bankrechtskoordinierungs-Richtlinie (77/780/EWG, ABl. L 322 v. 17.12.1977, S. 30); 2. BRKRL = Zweite Bankrechtskoordinierungs-Richtlinie (89/646/EWG, ABl. L 368 v. 15.12.1989, S. 2); BankBilRL = Bankbilanz-Richtlinie (86/635/EWG, ABl. L 372 v. 31.12.1986, S. 1); SolvRL = Solvabilitäts-Richtlinie (89/647/EWG, ABl. L 386 v. 30.12.1989, S. 14); EMRL = Eigenmittel-Richtlinie (89/299/EWG, ABl. L 124 v. 5.5.1989, S. 16); GroßKredRL = Großkredit-Richtlinie (92/121/EWG, ABl. 29 v. 5.2.1993, S. 1)

Quelle: Die Bank 7/91

wie sie sich insbesondere aus den beiden → Bankrechts-Koordinierungsrichtlinien, der → Solvabilitäts-Richtlinie, der → Eigenmittel-Richtlinie sowie der → Bankbilanz-Richtlinie ergeben, sind in der Übersicht „Europäisches Bankenaufsichtsrecht – Vorschriften" S. 586 zusammengestellt.

Europäisches Gesellschaftsrecht

Gegenstand ist die gegenseitige Anerkennung und Harmonisierung der nationalen Gesellschaftsrechtsformen der EG-Mitgliedstaaten mit dem Ziel, die Rahmenbedingungen im → Gemeinsamen Markt zu vereinheitlichen und einen negativen Wettbewerb bei Gründung und Niederlassung von Unternehmen zu verhindern. Zur Erreichung des Ziels werden in der → Europäischen Union (EU) zwei Wege beschritten. Neben dem Grundsatz der gegenseitigen Anerkennung nationaler Vorschriften gilt der Grundsatz der Harmonisierung mittels → EG-Rechtsakten.

Neben der Beibehaltung bestehender jeweils nationaler → Unternehmensrechtsformen, die durch Umsetzung von EG-Richtlinien in das jeweilige nationale → Gesellschaftsrecht angeglichen werden sollen, beabsichtigt die EG-Kommission, unmittelbar in allen Mitgliedstaaten geltendes einheitliches Recht durch EG-Verordnungen einzuführen. Bisher ist als einzige gesellschaftsrechtliche EG-Verordnung die Verordnung über die → Europäische wirtschaftliche Interessenvereinigung (EWIV) verabschiedet worden. Für eine → Europäische Aktiengesellschaft (Societas Europaea, abgekürzt SE) liegt seit 1989 bzw. 1991 ein neuer Vorschlag der EG-Kommission vor. Für die Gründung und die innere Struktur der Europäischen Aktiengesellschaft einerseits und für die Fragen der → Mitbestimmung andererseits sind zwei Rechtsakte unterschiedlicher Qualität (eine Verordnung und eine Richtlinie) vorgesehen. Besonders die Mitbestimmung steht einer Einigung über eine europäische Regelung im Wege, da das weitreichende deutsche Mitbestimmungsmodell keine Zustimmung bei den anderen EG-Staaten findet.

Die EG-Kommission hat außerdem drei Vorschläge für weitere supranationale Rechtsformen vorgelegt. Sie sehen die Schaffung EG-einheitlicher Statuten für einen → Europäischen Verein, für eine → Europäische Genossenschaft und eine → Europäische Gegenseitigkeitsgesellschaft vor.

Europäische Sparkassenvereinigung

Internationaler gemeinnütziger Verband belgischen Rechts mit Sitz in Brüssel, der die Interessen der → Sparkassen sowie deren Zentralinstitute und Einrichtungen gegenüber den Institutionen der → Europäischen Union (EU) vertritt. Die nationalen Sparkassenverbände sind ordentliche Mitglieder.

Europäisches System der Zentralbanken (ESZB)

Vom Delors-Komitee, einem vom Europäischen Rat (der Staats- und Regierungschefs der EG-Mitgliedstaaten eingesetzten, aus den nationalen Zentralbankpräsidenten und weiteren Mitgliedern bestehenden Gremium 1989 vorgeschlagene neue monetäre Einrichtung auf der Ebene der → Europäischen Gemeinschaften (EG), deren Errichtung in der Endstufe der → Europäischen Wirtschafts- und Währungsunion im Dezember 1991 vom Europäischen Rat beschlossen wurde. Wegen diverser Parallelen zum U.S. → Federal Reserve System wird das Europäische System der Zentralbanken (ESZB) auch als „EuroFed" bezeichnet.

Das ESZB wird aus der → Europäischen Zentralbank (EZB) und den → Zentralbanken der Mitgliedstaaten bestehen und von den Beschlußorganen der Europäischen Zentralbank (EZB) geleitet werden (Art. 106 Abs. 1 und 3 EG-Vertrag i. F.). Sein vorrangiges Ziel ist die Gewährleistung der Preisstabilität (→ Geldwertstabilität). Soweit ohne Beeinträchtigung dieses Ziels möglich, unterstützt das ESZB die allgemeinen → Wirtschaftspolitiken in der Gemeinschaft (Art. 105 Abs. 1 EGV). Es soll entsprechend dem Grundsatz einer offenen → Marktwirtschaft mit freiem → Wettbewerb handeln und sich dabei zudem an den Prinzipien gesunder öffentlicher Finanzen, gesunder monetärer Rahmenbedingungen und einer stabilen → Zahlungsbilanz ausrichten (Art. 3a Abs. 3 EGV). Nähere Bestimmungen für Aufgaben und Tätigkeiten des ESZB enthält dessen Satzung in einem Protokoll als Anhang zum EG-Vertrag. Nach Art. 3 der Satzung bestehen seine grundlegenden Aufgaben darin, die → Geldpolitik der Gemeinschaft festzulegen und auszuführen, → Devisengeschäfte durchzuführen, die offiziellen → Währungsreserven der Mitgliedstaaten zu halten und zu verwalten sowie das reibungslose Funktionieren der Zahlungssysteme zu unterstützen. Zur

Wahrnehmung seiner Aufgaben darf die EZB statistische Daten erheben (Art. 5). Zum Zeitpunkt der Errichtung des ESZB müssen auch seine nationalen Mitglieds-Zentralbanken Unabhängigkeit genießen (Art. 108 EGV). Als integraler Bestandteil des ESZB müssen diese gemäß den Richtlinien und Weisungen der EZB handeln (Art. 14.3. ESZB-Satzung). Das ESZB verfügt über die zentralbanktypischen währungspolitischen Instrumente und Befugnisse (→ Währungsbank). Seine Rechtsakte unterliegen einer gerichtlichen Kontrolle durch den Europäischen Gerichtshof (Art. 35 ESZB-Satzung). Daß die für das ESZB maßgeblichen Rechtsvorschriften teils im EG-Vertrag selbst (Art. 105 – Art. 109), teils in einem Protokoll (Satzung) geregelt wurden, erklärt sich daraus, daß für letzteres teilweise ein vereinfachtes Änderungsverfahren gilt und ergänzende Bestimmungen durch Beschluß des Rates der EG getroffen werden können (Art. 106 Abs. 5 und 6 EGV, Art. 41, 42 ESZB-Satzung).

Europäisches Währungsabkommen (EWA)

Am 27. 12. 1958 in Kraft getretenes, von den Mitgliedstaaten der → Organisation für Europäische Wirtschaftliche Zusammenarbeit (OEEC) bereits 1955 geschlossenes Abkommen, das aufgrund des Übergangs von Großbritannien, Belgien, der BRD, Frankreich, Italien, Luxemburg und der Niederlande zur → Konvertibilität ihrer Währungen die → Europäische Zahlungsunion (EZU) ablöste. Das EWA endete am 31..12. 1972. Zu den Hauptaufgaben des EWA gehörte die Aufrechterhaltung eines multinationalen Zahlungssystems, das durch kurzfristige Devisenkredite zwischen den → Zentralbanken der Mitgliedstaaten ohne wesentliche Schwankungen der → Wechselkurse abgesichert wurde.

Europäisches Währungsinstitut (EWI)

Zu Beginn der zweiten Stufe (1994) der → Europäischen Wirtschafts- und Währungsunion in Frankfurt/M. errichtete Einrichtung der → Europäischen Gemeinschaften (EG). Das EWI ist eine → juristische Person und steht unter der Leitung eines Rates, der sich aus einem Präsidenten, einem Vizepräsidenten sowie den Gouverneuren/Präsidenten der → Zentralbanken der EG-Mitgliedstaaten zusammensetzt (Art. 109f Abs. 1 EG-Vertrag n. F.). Seine Satzung bildet als Protokoll einen Anhang zum EG-Vertrag. Neben der Aufgabe, die Endstufe der Wirtschafts- und Währungsunion und die Errichtung des → Europäischen Systems der Zentralbanken (ESZB) vorzubereiten, ist das EWI damit betraut, die Zusammenarbeit der mitgliedstaatlichen Zentralbanken zu intensivieren, das Funktionieren des → Europäischen Währungssystems zu überwachen, die Verwendung der → Europäischen Währungseinheit (ECU) zu erleichtern und deren Entwicklung zu beaufsichtigen. Ihm obliegen auch Stellungnahmen oder Empfehlungen zur allgemeinen Orientierung der → Geldpolitik und der → Wechselkurspolitik der einzelnen Mitgliedstaaten sowie zu den von ihnen jeweils eingeführten Maßnahmen (Art. 109f Abs. 4). Daneben nimmt das EWI weitere beratende Funktionen wahr und tritt an die Stelle des → Europäischen Fonds für währungspolitische Zusammenarbeit. Nach Errichtung der → Europäischen Zentralbank übernimmt diese erforderlichenfalls die Aufgaben des EWI (Art. 109l Abs. 2 EG-Vertrag).

Europäisches Währungssystem (EWS)

System für eine engere währungspolitische Zusammenarbeit in den → Europäischen Gemeinschaften (EG) bzw. der → Europäischen Union (EU) mit dem Ziel, eine stabile Währungszone in Europa zu schaffen (Entschließung des Europäischen Rates vom 5. 12. 1978), d. h. vor allem die Wechselkursschwankungen zwischen den beteiligten Währungen zu verringern. Das EWS beruht auf verschiedenen Rechtsakten, vor allem auf einem Abkommen zwischen den Zentralbanken der EG-Mitgliedstaaten vom 13. 3. 1979. Im Vertrag über die → Europäische Wirtschaftsgemeinschaft wird es erst 1986 erwähnt (Art. 102a). Vorläufer war der 1972 geschaffene → Europäische Wechselkursverbund („Währungsschlange"). Starke Divergenzen zwischen dessen Mitgliedern im Hinblick auf wirtschaftliche Fundamentaldaten, in Verbindung mit dem Zusammenbruch des → Bretton-Woods-Systems und zwei Ölpreisschocks, führten dort zu Austritten. Das EWS bedeutete einen neuen, intensivierten Ansatz mit dem Ziel, den Übergang zu einer → Wirtschafts- und Währungsunion in der EG zu beschleunigen und zu erleichtern (→ Europäische Währungsintegration).

Hauptelemente des EWS sind der Wechselkurs- und Interventionsmechanismus, die

→ Europäische Währungseinheit (European Currency Unit [ECU]) und die Kreditmechanismen. Heute gehören alle EG-Mitgliedstaaten dem EWS an. Am Wechselkurs- und Interventionsmechanismus beteiligte sich Griechenland bislang nicht. Großbritannien und Italien nehmen seit 17.9.1992 (zeitweilig) nicht mehr daran teil. Bei der Definition der ECU als Summe von Währungsbeträgen eines Korbes sind jedoch alle Währungen der EG einbezogen. Einige Nachbarstaaten (und neue Mitglieder) der Europäischen Union richten ihre → Wechselkurspolitik am EWS, vornehmlich an der D-Mark als dessen → „Ankerwährung" aus und sind so „stille" Teilnehmer des EWS.

Wechselkurs- und Interventionsmechanismus: Zentrales Element des EWS ist ein System fester, aber anpassungsfähiger → Leitkurse von Währungen zueinander (→ bilaterale Leitkurse), z.B. 100 FF = 29,191 DM; gegenüber Währungen dritter Länder schwanken hingegen die Wechselkurse frei (Blockfloating, → Gruppenfloating). Die Festlegung der bilateralen Leitkurse (z.B. von der DM zu den anderen am Wechselkursmechanismus teilnehmenden Währungen) ergibt ein → Paritätengitter, und es werden so automatisch auch → ECU-Leitkurse fixiert (z.B. 1 ECU = 1,953 DM). Um die bilateralen Leitkurse bestanden bis zum 2.8.1993 Bandbreiten von ±2,25 Prozent als Regel und ±6 Prozent als Ausnahme; letzteres war zeitweise für die italienische sowie für die spanische und portugiesische Währung der Fall. Das Unterbleiben gesamtwirtschaftlich angezeigter Leitkursanpassungen führte im September 1992 zum Ausscheiden Großbritanniens und Italiens aus dem EWS-Wechselkursmechanismus. Erneute massive spekulative Attacken Mitte 1993 gaben dann Anlaß zu einer allgemeinen Erweiterung der Bandbreiten auf ±15 Prozent. Nach einer Sondervereinbarung halten jedoch die Niederlande und die BRD im bilateralen Verhältnis ihrer Währungen an der „alten" Marge von ±2,25 Prozent fest. Innerhalb der Bandbreiten dürfen die Wechselkurse der beteiligten Währungen am → Devisenmarkt schwanken, ohne daß die Zentralbanken zum Eingreifen verpflichtet sind. Erreichen die Marktkurse die oberen oder unteren Interventionspunkte zwischen zwei oder mehr EWS-Währungen, wird die Interventionspflicht der betroffenen Zentralbanken ausgelöst (→ Interventionen am Devisenmarkt).

Die Pflicht, in Gemeinschaftswährungen an den Interventionspunkten während der „Öffnungszeiten" der Devisenmärkte in Europa zu intervenieren, d.h. die schwache Währung anzukaufen und die starke Währung zu verkaufen, ist dem Volumen nach unbegrenzt. Zu diesem Zweck gewähren sich die am Wechselkursmechanismus beteiligten Zentralbanken gegenseitig kurzfristige Kreditfazilitäten („sehr kurzfristige Finanzierung"). In der Praxis finden die meisten Interventionen im EWS jedoch intramarginal, d.h. vor Erreichen der Interventionspunkte statt, um kurzfristige Angebots- oder Nachfrageschwankungen auszugleichen bzw. um einem vorübergehenden Vertrauensverlust in eine Währung vorzubeugen. Ob sich am Wechselkursmechanismus beteiligte Währungen deutlich anders entwickeln als andere, soll der → Abweichungsindikator im Europäischen Währungssystem anzeigen. Die für Interventionen benötigten Partner- oder Drittwährungen (vor allem US-Dollar) werden von den Zentralbanken i.d.R. während einer Stärkephase ihrer Währung am Markt erworben und gehalten. Solange die D-Mark eine sehr stabile Währung im EWS bleibt und zugleich eine große internationale Anlagewährung, → Reservewährung und Transaktionswährung bildet (→ Deutsche Mark, internationale Bedeutung), richten die anderen Mitgliedstaaten ihre → Wechselkurspolitik im EWS vornehmlich an der D-Mark aus; Interventionen im EWS werden daher vor allem in D-Mark getätigt.

Massive kurzfristige Kapitalabflüsse aus einem Land mit schlechten Fundamentaldaten führen zu einer Kursverschlechterung von dessen Währung. Spätestens bei Erreichen des unteren Interventionspunktes, oft aber schon vorher beeinflußt die Zentralbank des Schwachwährungslandes die Kursbildung, indem sie die von den Marktteilnehmern nachgefragte starke Währung verkauft und damit die eigene Währung ankauft. Dieses Verhalten bewirkt, daß das EWS-Mitgliedsland mit der schwachen Währung → Devisenreserven verliert und dadurch gleichzeitig die interne → Geldmenge verringert. Als Folge werden tendenziell kurzfristige Zinssteigerungen ausgelöst, die den Kapitalabfluß bremsen können. Das währungsstarke Land dagegen weitet, wenn es seine Währung bei oder schon vor Erreichen der

Europäisches Währungssystem

Interventionspunkte abgibt, seine Geldmenge aus und löst damit tendenziell eine Senkung der kurzfristigen → Zinsen aus. Soweit die Zentralbanken diesen Wirkungen auf die Geldmärkte durch geeignete geldpolitische Maßnahmen entgegenwirken (z. B. durch Offenmarktpolitik), wird die durch die Interventionen ausgelöste Geldmengenexpansion kompensiert (sog. „sterilisierte Interventionen").

Leitkursänderung (→ Realignment): Änderungen der bilateralen Leitkurse werden notwendig, wenn interne Anpassungsmaßnahmen in den am EWS beteiligten Mitgliedstaaten zur Korrektur von Ungleichgewichtssituationen entweder nicht angebracht sind oder ohne Erfolg bleiben. Dadurch sollen die Verschiebungen der „fundamentals" (insbes. der unterschiedlichen Preis- und Kostenentwicklungen) zwischen Mitgliedstaaten über das Scharnier der Wechselkurse ganz oder teilweise ausgeglichen werden. Durch Leitkursänderungen, also → Abwertungen und → Aufwertungen der beteiligten Währungen, entstehen wieder Spielräume, auf dem Devisenmarkt innerhalb der Bandbreite ein neues Gleichgewicht zu finden. Die Leitkursänderungen müssen von dem am Wechselkurssystem teilnehmenden Mitgliedstaaten einvernehmlich vorgenommen werden. Dabei ist der EG-Währungsausschuß anzuhören und die EG-Kommission zu beteiligen; die Entscheidung wird von den Finanzministern und Zentralbankgouverneuren getroffen. Eine Neufestlegung der Leitkursrelationen ist manchmal politisch leichter erreichbar, wenn nur eine Währung gegenüber allen anderen Währungen ab- bzw. aufwertet. Sind die bilateralen Leitkurse vereinbart, können daraus die ECU-Leitkurse errechnet werden. Dabei gleichen sich Auf- und Abwertungen der beteiligten Währungen gegenüber der ECU so aus, daß der ECU-Tageswert gegenüber Drittwährungen rechnerisch unverändert bleibt. Wenn sich durch die Änderung der bilateralen Leitkurses einer EWS-Währung zu den anderen am Wechselkurssystem teilnehmenden Währungen automatisch auch der ECU-Leitkurs dieser Währung ändert, dieser also einen höheren oder niedrigeren Wertanteil an der ECU bekommt, so ändern sich kompensierend die wertmäßigen Anteile aller übrigen EWS-Währungen im ECU-Korb. Auch für diese errechnen sich damit verbunden neue ECU-Leitkurse. Um zu verhindern, daß Anpassungen der Leitkurse im EWS unmittelbare Auswirkungen auf die nationalen landwirtschaftlichen Stützungspreise haben, die in ECU festgesetzt und in nationale Preise umgerechnet werden, wurden Währungsausgleichsbeträge eingeführt, die grundsätzlich der Differenz zwischen den geltenden Leitkursen und speziellen Agrarumrechnungskursen entsprechen (→ Grüne Kurse). Damit soll verhindert werden, daß für landwirtschaftliche Güter im EG-Binnenhandel Leitkursänderungen unmittelbar auf die nationalen Agrarpreise durchschlagen (→ Europäische Agrarmarktordnung, → Agrargrenzausgleich).

Die Europäische Währungseinheit (ECU): Die Europäische Währungseinheit ist bislang keine eigene Währung, sondern ein Währungskorb, der feste Mengenbeträge der Währungen aller EWS-Mitgliedsländer enthält. Bei der Festlegung der prozentualen Anteile der Mitgliedsländer am Korb (Gewichtung) werden deren Anteile am Sozialprodukt der EG und am innergemeinschaftlichen Handel sowie deren Quoten im → kurzfristigen Währungsbeistand im EWS berücksichtigt. Der ECU-Korb war zunächst ein offener, d. h. nicht unveränderbar festgelegter Korb, der regelmäßig im Abstand von fünf Jahren überprüft wurde. Änderungen konnten jedoch auch vorzeitig (bei Gewichtsverschiebungen um mehr als 25 Prozent) von Mitgliedstaaten beantragt werden. Bei Leitkursänderungen änderte sich somit nicht die Menge, aber der Wert der im Korb enthaltenen Währungen: Der wertmäßige Anteil der aufwertenden Währungen nahm zu, der der abwertenden Währungen ab. Mit Beginn der Verwirklichung der zweiten Stufe der → Europäischen Wirtschafts- und Währungsunion (1. 1. 1994) wird die Zusammensetzung des ECU-Währungskorbs nicht mehr geändert (Art. 109 g Abs. 1 EG-Vertrag).

Der jeweilige Tageswert (Tageskurs der ECU) – z. B. als Basis für private und öffentliche → Forderungen oder → Verbindlichkeiten – wird von der EG-Kommission in den Währungen der Mitgliedstaaten auf der Grundlage der „amtlich" festgestellten Wechselkurse täglich berechnet. Werden die im Korb enthaltenen Mengen jeder Währung zum Tageskurs zu einer bestimmten Währung umgerechnet und addiert, ergibt sich der Tageskurs der ECU (z. B. Umrech-

Europäisches Währungssystem

nung der Beträge anderer EWS-Währungen des Korbes in den DM-Gegenwert plus DM-Anteil im Korb ergibt DM-Gegenwert für 1 ECU).

Im EWS sind der ECU folgende vier Funktionen zugewiesen: (1) Bezugsgröße (numéraire) für den Wechselkursmechanismus (ECU-Leitkurse), (2) Grundlage für einen Abweichungsindikator, (3) Rechnungsgröße (Denominator) für Interventionen im Interventions- und im Kreditmechanismus, (4) Instrument für den Saldenausgleich zwischen den Währungsbehörden der EWS-Mitgliedstaaten.

Der Abweichungsindikator spiegelt die Abweichung des Tageskurses einer EWS-Währung vom Durchschnitt der anderen beteiligten Währungen wider. Als „Frühwarnindikator" soll er potentielle Spannungen im Wechselkurssystem aufzeigen. Länder mit Währungen, die die sog. Abweichungsschwelle (75 Prozent der maximalen Abweichung) überschreiten, sind aufgefordert, aber nicht rechtlich verpflichtet, Korrekturmaßnahmen einzuleiten. Der Abweichungsindikator hat in der Praxis nicht die Erwartungen erfüllt. Er hat technische Mängel. So zeigt er Gefährdungssituationen nicht immer rechtzeitig und hinreichend an, er wird durch intramarginale Interventionen „gehemmt" und durch Nichtteilnahme von (z. Z. drei) EWS-Währungen am Wechselkurs- und Interventionssystem in seiner Aussagekraft beeinträchtigt.

Als Rechnungsgröße wird die ECU für alle Operationen im Interventions- und Kreditmechanismus des EWS-Wechselkurssystems eingesetzt, die bis 1993 über den → Europäischen Fonds für währungspolitische Zusammenarbeit (EFWZ), nach dessen Auflösung über das → Europäische Währungsinstitut (EWI) gebucht und abgerechnet werden.

Als Reserveinstrument und → Zahlungsmittel zwischen den EWS-Zentralbanken finden „offizielle" ECU Verwendung, die vom EFWZ bzw. EWI geschaffen werden. Außer diesen sind sonstige Halter mehrere Zentralbanken anderer europäischer Staaten sowie die → Bank für Internationalen Zahlungsausgleich. Dagegen sind „private" ECU, auch wenn sie durch den gleichen Währungskorb definiert werden, eine Innovation der Märkte und kein Bestandteil des EWS. Verbreitung haben „private" ECU im internationalen Bankengeschäft und Anleihemarkt (→ ECU-Anleihen) gefunden.

Kreditmechanismen: Damit die einzelnen Zentralbanken ihrer Pflicht zu volumenmäßig unbegrenzten Interventionen bei Erreichen der Interventionspunkte jederzeit nachkommen können – auch wenn sie nicht im erforderlichen Umfang über die benötigten Partnerwährungen in ihren → Währungsreserven verfügen – haben sie sich gegenseitig unbegrenzte → Kreditlinien für 2,5 bis 3,5 Monate in Form der sehr kurzfristigen Finanzierung eingeräumt. Eine automatische Verlängerung um drei Monate ist möglich, allerdings volumenmäßig begrenzt auf 200 Prozent der Quote des kurzfristigen Währungsbeistands. Die Inanspruchnahme der Kreditlinie und ihre → Rückzahlung laufen über die in ECU geführten Konten des EFWZ/EWI. Für die Rückzahlung sollen – falls in den Währungsreserven der Schuldnerzentralbank enthalten – vorrangig die eingesetzten Gläubigerwährungen verwendet werden. Für den darüber hinausgehenden Schuldsaldo können ganz oder teilweise ECU eingesetzt werden. Soweit dann noch ein Schuldbetrag offen bleibt, wird dieser durch Übertragung anderer Reserveelemente (z. B. Dollar oder → Sonderziehungsrechte) entsprechend der Zusammensetzung der Reserven der Schuldnerzentralbank ausgeglichen. Mit Zustimmung der Gläubigerzentralbank kann deren Währung für intramarginale Interventionen auch im Rahmen der sehr kurzfristigen Finanzierung bis zu 200 Prozent der Schuldnerquote des kurzfristigen Währungsbeistands in Anspruch genommen werden.

Bei einem vorübergehenden Zahlungsbilanzdefizit, das auf zufälligen Schwierigkeiten oder unterschiedlichen Konjunkturentwicklungen beruht, kann jede beteiligte Zentralbank auf der Grundlage eines Abkommens der Zentralbanken der EG-Mitgliedsländer (von 1970/1985) den kurzfristigen Währungsbeistand in Anspruch nehmen. Das Volumen dieser Finanzierungsfazilität ist durch je nach Größe der Mitgliedstaaten unterschiedliche Schuldner- und Gläubigerquoten (von insgesamt 8,92 bzw. 17,84 Mrd. ECU) begrenzt. In Sonderfällen kann dieser Rahmen um weitere → Kredite (Schuldner-/Gläubigerrallongen) erweitert werden; diese betragen 8,8 Mrd. ECU. Die Kreditgewährung erfordert einen einstimmigen Beschluß, bis 1993 des Ausschusses der EG-Zentralbankpräsidenten, seither des Rates des EWI. Die → Laufzeit der Kredite, die ohne währungs- und wirtschaftspoliti-

Europäisches Währungssystem

sche Auflagen bis zur Höhe der Schuldnerquote quasi automatisch gewährt werden, beträgt drei Monate und kann zweimal um diesen Zeitraum verlängert werden. Die Verwaltung der Kredite, die zu Marktsätzen zu verzinsen sind, oblag zunächst dem EFWZ, seit 1994 dem EWI. Die → Fazilität wurde bislang kaum genutzt.

Mitgliedstaaten mit Zahlungsbilanzproblemen können im Rahmen eines gemeinschaftlichen Systems des mittelfristigen Beistands Kredite mit Laufzeiten zwischen zwei und fünf Jahren zur Verfügung gestellt werden. Dabei erfolgen wirtschaftspolitische Auflagen, etwa Reduzierung von Haushaltsdefiziten, Einschränkung der Kreditausweitung. Die → Finanzierung der → Darlehen erfolgt primär über → Anleihen der EG auf den → Kapitalmärkten; eine eventuelle Deckungslücke wird von den Mitgliedsländern direkt finanziert, im Falle der BRD durch die Bundesbank.

Erfahrungen mit dem EWS: Solange die Mitgliedstaaten noch unterschiedliche Kosten- und Preisentwicklungen haben, müssen die Leitkurse im EWS von Zeit zu Zeit geändert werden. Vor allem die Ereignisse der Jahre 1992 und 1993 zeigen, daß es nach wie vor notwendig ist, rechtzeitig und in geordneter Weise jene Wechselkursänderungen herbeizuführen, die angesichts der gesamtwirtschaftlichen Eckdaten notwendig sind. Stabilität durch verstärkte Interventionen am Devisenmarkt erzwingen zu wollen, bietet wenig Aussicht auf Erfolg, da Länder mit Devisenabflüssen sehr rasch an Finanzierungsgrenzen stoßen. Auch eine Erweiterung der Kreditmechanismen hilft dabei nur bedingt. Die im August 1993 erfolgte erhebliche Ausweitung der Bandbreiten bietet demgegenüber den Vorteil, daß die Geldpolitik von Starkwährungsländern gegenüber störenden Geldzuflüssen abgeschirmt wird und Währungsspekulanten entmutigt werden. Die Bandbreitenerweiterung bedeutet so keine Umorientierung der → Wechselkurspolitik in Europa. Ein Funktionieren des Binnenmarktes in der Europäischen Union setzt einen hohen Grad an → Wechselkursstabilität voraus.

Insgesamt verlief die Entwicklung der Wechselkurse zwischen den EWS-Währungen seit 1979 weithin in ruhigen Bahnen, im Gegensatz zu der Entwicklung floatender Drittwährungen (→ Floating), insbes. des US-Dollar. Die Devisenkurse der EWS-Währungen zeigten im allgemeinen wesentlich geringere Ausschläge als die Kurse anderer Währungen. Für den → Außenhandel ist dies ein nicht zu unterschätzender positiver Faktor. Die zunehmende Zusammenarbeit insbes. in der → Geld- und → Kreditpolitik, aber auch in der → Wirtschaftspolitik generell sowie die stärkere Stabilitätsorientierung in den meisten EG-Mitgliedsländern haben gerade in Zeiten hektischer Dollarkursausschläge die Vorteile einer Zone größerer (relativer) Wechselkursstabilität gezeigt. Mit der grundsätzlich erreichten Freiheit des Kapitalverkehrs zwischen den Mitgliedstaaten der Europäischen Union ergeben sich aber auch weiterhin Koordinierungsnotwendigkeiten, insbes. in der Geld- und Kreditpolitik, um störende kurzfristige Kapitalbewegungen größeren Ausmaßes zu vermeiden.

Fortentwicklung des EWS: Durch die Einheitliche Europäische Akte vom Februar 1986 wurde der EG-Vertrag um das Ziel einer Wirtschafts- und Währungsunion ergänzt. Dabei sollten nach Art. 102 a EG-Vertrag die Erfahrungen mit dem EWS und der ECU berücksichtigt werden. Institutionelle Änderungen, z. B. die Errichtung einer → Europäischen Zentralbank, blieben aber gem. Art. 236 EWG-Vertrag der Zustimmung der mitgliedstaatlichen Parlamente unterworfen. Ausdrücklich festgelegt war in Art. 104 EWG-Vertrag, daß „die für die Weiterentwicklung der Gemeinschaft erforderliche Konvergenz der Wirtschafts- und Währungspolitiken" einschl. der Preisniveaustabilität (→ Geldwertstabilität) zu sichern seien.

Mit dem Vertrag von Maastricht über die Errichtung einer Europäischen Union, vor allem aber mit dem Inkrafttreten der zweiten Stufe der Wirtschafts- und Währungsunion am 1.1.1994, ergaben sich auch Änderungen für das EWS. Dem neu errichteten Europäischen Währungsinstitut wurde die Aufgabe übertragen, „das Funktionieren des Europäischen Währungssystems zu überwachen", ferner „die Verwendung der ECU zu erleichtern und deren Entwicklung einschl. des reibungslosen Funktionierens des ECU-Verrechnungssystems zu überwachen" (Art. 109f Abs. 2 EG-Vertrag). Zudem übernimmt das EWI die Aufgaben des aufgelösten EFWZ. Die hieraus resultierenden operationellen und technischen Aufgaben sind in Art. 6 der EWI-Satzung näher beschrieben. Auf das EWS bezogen sind auch zwei Konvergenzkriterien, die vor dem Übergang in die Endstufe der Wirtschafts- und Währungsunion erfüllt sein müssen: „Einhaltung der normalen Bandbreiten des Wechselkursmechanismus des EWS seit mindestens zwei Jahren ohne Abwertung gegenüber der Währung eines anderen Mitgliedstaates" sowie „Dauerhaftigkeit der von dem Mitgliedstaat erreichten Konvergenz und seiner Teilnahme am Wechselkursmechanismus des EWS, die im Niveau der langfristigen Zinssätze zum Ausdruck kommt" (Art. 109j Abs. 1 EG-Vertrag). Bis zum Beginn der dritten Stufe behandelt jeder Mitgliedstaat seine Wechselkurspolitik noch als Angelegenheit von gemeinsamem Interesse (Art. 109m Abs. 1 EG-Vertrag). Zu einer eigenständigen Währung wird die ECU erst nach dem Verfahren des Art. 1091 Abs. 4 EG-Vertrag in der Endstufe der Wirtschafts- und Währungsunion. Im Zusammenhang mit der dann erfolgenden Liquidation des EWI wird auch das EWS beendet werden (gem. Art. 23 EWI-Satzung).

Europäisches Wettbewerbsrecht

Zweck des E. W. ist es, → Wettbewerbsbeschränkungen auf europäischer Ebene zu verhindern. Es ergänzt das nationale GWB und betrifft primär grenzüberschreitende Sachverhalte.

Das E. W. besteht zunächst aus zwei Regelungen im EG-Vertrag: Die eine verbietet alle Vereinbarungen zwischen Unternehmen und Beschlüsse von Unternehmensvereinigungen und aufeinander abgestimmte Verhaltensweisen, die den Handel zwischen den Mitgliedstaaten zu beeinträchtigen geeignet sind, und eine Behinderung, Einschränkung oder Verfälschung des Wettbewerbs innerhalb des gemeinsamen Marktes bezwecken oder bewirken (Art. 85 Abs. 1). Sie wendet sich damit gegen → Kartelle und → vertikale Wettbewerbsbeschränkungen. Zusätzlich wird einzelnen bzw. mehreren Unternehmen die mißbräuchliche Ausnutzung einer beherrschenden Stellung im → Gemeinsamen Markt oder in einem wesentlichen Teil desselben untersagt (Art. 86). Das entspricht im deutschen Recht der besonderen Mißbrauchsaufsicht gegenüber → marktbeherrschenden Unternehmen.

Den wettbewerbsbeschränkenden Auswirkungen von Zusammenschlüssen zwischen Unternehmen auf europäischer Ebene wird durch die *EG-Fusionskontrollverordnung* begegnet (→ Zusammenschlußkontrolle).

Bankensektor: Auf Europäischer Ebene besteht keine ausdrückliche gesetzliche Freistellung für die Kreditwirtschaft im Bereich der Kartelle und vertikalen Wettbewerbsbeschränkungen. Deswegen will die für die Einhaltung der Wettbewerbsregeln zuständige EG-Kommission nicht nur Artikel 86, sondern auch Artikel 85 Abs. 1 auch auf den Bankensektor anwenden. Der Europäische Gerichtshof hat sich (jedenfalls für den innergemeinschaftlichen → Zahlungsverkehr) dieser Meinung angeschlossen. Was die anderen Geschäftsfelder der Kreditwirtschaft angeht, spricht manches dafür, die Geschäftsbanken unter die Ausnahmetatbestände des Art. 90 Abs. 2 einzuordnen, soweit sie im öffentlichen Interesse zur Sicherung der → Zahlungsbilanz und Umsetzung der staatlichen → Wirtschafts- und → Währungspolitik im weitesten Sinne tätig werden. Damit ließe sich allerdings nur eine teilweise Herausnahme des Bankensektors rechtfertigen. Bankfunktionen und Einzelleistungsangebote der → Kreditinstitute, die sich nicht durch ein entsprechendes öffentliches Interesse rechtfertigen lassen, blieben dann den Wettbewerbsregeln in vollem Umfang unterworfen. Eine endgültige Klarstellung kann hier nur eine ergänzende Regelung im EG-Vertrag bringen.

Europäische Union (EU)

Nach den Beschlüssen des Maastrichter Gipfeltreffens der Staats- und Regierungschefs der Mitgliedstaaten der → Europäischen Gemeinschaften (EG) vom Dezember 1991 am 7.2.1992 vertraglich vereinbarte, am 1.11.1993 errichtete internationale Organisation, deren Grundlage die weiterhin bestehenden drei Europäischen Gemeinschaften bilden (Art. A des EU-Vertrags). Diese „supranationalen" Einrichtungen werden ergänzt durch zwischenstaatliche Politiken und Formen der Zusammenarbeit, nämlich eine Gemeinsame Außen- und Sicherheitspolitik von Union und Mitgliedstaaten sowie eine Zusammenarbeit in den Bereichen Justiz und Inneres. Die für die Entwicklung der EU erforderlichen allgemeinen politischen Zielvorstellungen legt der Europäische Rat fest. In ihm kommen die Staats- und Regierungschefs der Mitgliedstaaten und der Präsident der Kommission mindestens zweimal jährlich zusammen.

Europäische Währungseinheit

Ziele der EU sind vor allem die Förderung eines ausgewogenen und dauerhaften wirtschaftlichen und sozialen Fortschritts, insbesondere durch Schaffung eines Binnenmarkts (→ Gemeinsamer Markt) und durch Errichtung einer → Europäischen Wirtschafts- und Währungsunion, eine enge außen-, sicherheits-, innen- und justizpolitische Kooperation, die Einführung einer Unionsbürgerschaft zur Stärkung der Rechte der Angehörigen der Mitgliedstaaten sowie die Wahrung und Weiterentwicklung des gemeinschaftlichen Besitzstandes. Im Verhältnis von EU und Mitgliedstaaten gilt das Subsidiaritätsprinzip (Art. B des EU-Vertrags). Die Durchführung der Politiken der EU stellen Rat und Kommission der EU jeweils in ihrem Zuständigkeitsbereich sicher.

Europäische Währungseinheit (ECU)

European Currency Unit; Währungseinheit des → Europäischen Währungssystems (EWS), das am 13.3.1979 in Kraft getreten ist. Sie wird seit dem 1.1.1981 in allen Bereichen der → Europäischen Gemeinschaften als → Rechnungseinheit, Bezugsgröße im EWS, Reservemedium und Instrument des Saldenausgleichs zwischen den → Zentralbanken verwendet (offizielle Verwendung der ECU). Die zunächst begrenzte Annahmepflicht im EWS-Saldenausgleich für diese „offizielle" ECU ist 1987 gelockert worden.
Seit 1989 (Aufnahme der Peseta und des Escudo in den Währungskorb) ist die ECU als Summe aller EG-Währungen definiert (sog. Standardkorb-Technik): 0,6242 DM, 0,08784 £, 1,332 FF, 151,8 Lit, 0,2198 hfl, 3,301 bfrs, 0,130 lfr, 0,1976 dkr, 0,008552 Ir£, 1,440 Dr, 6,885 Ptas, 1,393 Esc.

ECU-Leitkurs und ECU-Tageskurs: Der Wert der ECU in einer Währung entspricht der jeweiligen Summe der Gegenwerte der angegebenen Beträge (in den anderen Währungseinheiten) umgerechnet in diese Währung (→ ECU-Leitkurs).
Bei der Ermittlung der ECU-Tageswerte (ECU-Tageskurs) geht die EG-Kommission von den repräsentativen US-Dollar-Kursen um 14.15 Uhr aus, die ihr die Zentralbanken der im ECU-Währungskorb vertretenen Länder mitteilen. Unter Zugrundelegung dieser Kurse wird zunächst der Gegenwert der ECU in US-Dollar und dann in allen ECU-Korbwährungen ermittelt. Der Tageswert der ECU, ausgedrückt in den Währungen der Gemeinschaft (und einigen anderen Währungen), wird mit sechs geltenden Stellen errechnet und in der Reihe des Amtsblatts der Europäischen Gemeinschaften laufend veröffentlicht. Er kann auch täglich telefonisch in Brüssel abgefragt werden.

Rechtsnatur der ECU: Die ECU ist keine → Währung. Wird die ECU in privaten → Verträgen als Verrechnungsbasis vereinbart (private Verwendung der ECU), ist sie ein Erfüllungssurrogat. Die Vertragspartner kontrahieren in ECU, weil sie jederzeit den Gegenwert in nationaler Währung erhalten können. Seit Änderung der währungsrechtlichen Genehmigungspraxis durch die → Deutsche Bundesbank (16.6.87 und 5.1.90) ist die private Verwendung der ECU in der BRD im gleichen Umfang möglich wie die Verwendung fremder Währungen (→ Fremdwährungsschuld). Die ECU wird insoweit faktisch wie eine Fremdwährung behandelt.

Private Verwendung der ECU: Seit dem 16.6.87 und 5.1.90 ist die Führung von → ECU-Konten für → Gebietsansässige bei → Kreditinstituten im Inland und auch die Aufnahme von ECU-Krediten mit einer → Laufzeit bis zu zwölf Monaten möglich. Schon vorher war der Erwerb von ECU-Forderungen gegenüber → Gebietsfremden unbeschränkt möglich, z.B. Erwerb von → ECU-Anleihen und ECU-Schatzwechseln sowie ECU-Festgeldanlagen. Auch Fakturierungen in ECU kommen vor, z.B. bei Ausfuhren nach → Weichwährungsländern, die die ECU als „Kompromiß-Währung" akzeptieren. Die private Verwendung der ECU beruht auf ihrer relativen Wertstabilität (weitgehender Ausgleich der Wertänderungen der ECU-Tageskurse gegenüber der ECU). Im Gegensatz zu der durch den → Europäischen Fonds für währungspolitische Zusammenarbeit (EFWZ), seit 1994 durch das → Europäische Währungsinstitut aufgrund eingebrachter mitgliedstaatlicher Gold- und Dollarreserven (→ Währungsreserven) geschaffenen „offiziellen" ECU ist die „private" ECU eine Innovation der Märkte und kein Bestandteil des EWS. Die „private" ECU ist durch den gleichen Währungskorb definiert wie die „offizielle" ECU. Größere Verbreitung hat sie in den letzten Jahren im internationalen Bankengeschäft und Anleihemarkt gefunden.

ECU-Clearing: Durch die „ECU Banking Association (EBA)" ist 1987 ein →ECU-Clearing- und Abrechnungssystem geschaffen worden. Diese Vereinigung von europäischen Banken (einschl. der →Europäischen Investitionsbank) hat sich vertraglich die Hilfe der →Bank für Internationalen Zahlungsausgleich (BIZ) gesichert, die als Buchungszentrale fungiert, aber nicht verpflichtet ist, bei Liquiditätsknappheit als →Lender of last resort tätig zu werden (→Europäische Rechnungseinheiten).

Europäische Währungsintegration

Ziel der in Europa angestrebten →Wirtschafts- und Währungsunion: einheitliche →Währungspolitik, uneingeschränkte →Konvertibilität, feste →Wechselkurse ohne →Bandbreiten (bzw. eine europäische →Währung) sowie ein gemeinsames →Zentralbanksystem (→Europäische Zentralbank). Kernstück der europäischen Währungsintegration ist seit 1979 das →Europäische Währungssystem. Einen weiteren wichtigen Baustein bildet die Mitte 1990 erfolgte →Liberalisierung der →Finanzmärkte. Im Unionsvertrag (→Europäische Union) wird diese Aufgabenstellung der →Europäischen Gemeinschaften (EG) sachlich und zeitlich präzisiert.

Europäische Währungsunion

Im Rahmen der →Europäischen Union (EU) zusammen mit einer Wirtschaftsunion schrittweise angestrebte enge, institutionalisierte Form währungspolitischer Zusammenarbeit, seit 1987 in der Kapitel-Überschrift vor Art. 102a E(W)G-Vertrag genannt.
Dem „Werner"-Bericht (1970) wie dem „Delors"-Bericht (1989) zufolge meint →Währungsunion die endgültige Fixierung von (festen) →Wechselkursen (ohne →Bandbreiten) zwischen den beteiligten →Währungen der EG-Mitgliedstaaten, mit einer möglichen späteren Ablösung durch eine einheitliche Währung (ECU). Eine Währungsunion setzt zudem vollständig und dauerhaft garantierten freien Kapitalverkehr sowie volle →Integration der →Finanzmärkte voraus, dazu uneingeschränkte und irreversible →Konvertibilität der Währungen. Damit geht notwendig der Verzicht auf eigenständige nationale →Geldpolitiken und →Währungspolitiken einher; die Kompetenzen hierfür werden auf die Unions-, d.h. Gemeinschaftsebene übertragen.

Eine Währungsunion ohne eine weitergehende Bindung der beteiligten Staaten in Gestalt politischer Union ist kaum vorstellbar.
Nachdem die erste Stufe der →Europäischen Wirtschafts- und Währungsunion zum 1.7.1990 in Kraft trat, legte eine von Dezember 1990 bis Dezember 1991 tagende Regierungskonferenz den Inhalt der beiden weiteren Stufen fest. Die vom Europäischen Rat gebilligten Änderungen des EG-Vertrags wurden im Februar 1992 unterzeichnet und traten nach Ratifizierung durch sämtliche Mitgliedstaaten am 1.11.1993 in Kraft. In der spätestens 1999 zu verwirklichenden Endstufe wird nach Art. 3a, 4a EGV n.F. die einheitliche, verbindliche Festlegung der Geldpolitik durch eine Einrichtung der Gemeinschaft, das →Europäische System der Zentralbanken (ESZB), erfolgen. Die wesentlichen Merkmale der gemeinschaftlichen Währungspolitik werden die vorrangige Verpflichtung auf die →Geldwertstabilität (Art. 105 Abs. 1 EGV n.F.) und, zu deren Gewährleistung, eine in institutioneller, funktioneller und personeller Hinsicht gesicherte Unabhängigkeit des ESZB – der →Europäischen Zentralbank wie der nationalen →Zentralbanken – von Stellen der Mitgliedstaaten wie der Gemeinschaft sein.

Europäische Wirtschaftliche Interessenvereinigung (EWIV)

Durch EG-Verordnung (→EG-Rechtsakte) geschaffene supranationale →Unternehmensrechtsform, die nicht dem Zusammenschluß von Unternehmen dienen, sondern eine Zusammenarbeit in Teilbereichen bezwecken soll. Ihr Ziel ist es, die wirtschaftliche Tätigkeit der Mitglieder zu erleichtern. Die bisher in Deutschland gegründeten Vereinigungen verteilen sich auf die Bereiche Unternehmensberatung, gemeinsamer Einkauf und gemeinsames Marketing, gemeinsame Forschung, Durchführung eines Pilotprojekts im Technologiebereich und gemeinsame Filmproduktionen. Die EWIV hat besonders bei rechtsberatenden Berufen Anklang gefunden.
Rechtliche Grundlage in Deutschland ist das Gesetz zur Ausführung der EG-Verordnung über die EWIV vom 14. April 1988 (BGBl. 1988 I S. 514). Danach gelten ergänzend zu der EG-Verordnung die Vorschriften über die →Offene Handelsgesellschaft (OHG). Gründungsmitglieder können →natürliche

Europäische Wirtschaftsgemeinschaft

und →juristische Personen und →Gesellschaften aus EG-Staaten sein.
(→Europäisches Gesellschaftsrecht)

Europäische Wirtschaftsgemeinschaft (EWG)
Wichtigste der →Europäischen Gemeinschaften (EG). Die EWG – seit dem Vertrag über die →Europäische Union (EU) vom 7.2.1992 nur „Europäische Gemeinschaft" (EG) – wurde 1957 gegründet („Römischer Vertrag") und am 1.1.1958 errichtet. Ihre Organe sind mit denen der anderen Gemeinschaften (EGKS, EAG) identisch. Die →Integration im Rahmen der EWG stellt sich als weithin verwirklichter →Gemeinsamer Markt und als koordinierte, teilweise vereinheitlichte →Wirtschaftspolitik dar.
Das Ziel, bis Ende 1992 einen freien EG-Binnenmarkt zu errichten, wurde im wesentlichen erreicht; dieser ist durch freien Waren-, Dienstleistungs-, Personen-, Kapital- und Zahlungsverkehr innerhalb der EWG gekennzeichnet.
Im Bereich des Warenverkehrs (→Zollunion) wurde der gemeinsame Markt durch Abbau der →Zölle und Kontingente (→Kontingentierung) zwischen den EWG-Mitgliedstaaten und Errichtung eines gemeinsamen Außenzolltarifs bereits 1968 realisiert. Auch beim Personenverkehr ist Freizügigkeit für →Arbeitnehmer und Niederlassungsfreiheit weitgehend verwirklicht. Weitere Schritte sind noch im Bereich der Dienstleistungen (Kreditwesen, Verkehr usw.) sowie auf dem →Kapitalmarkt erforderlich. Hier beschloß der EG-Ministerrat im Juni 1988 die völlige Liberalisierung des Kapitalverkehrs, die ab Mitte 1990 wirksam wurde, mit Übergangsfristen für einige Länder. Der Vertrag über die Europäische Union hat diese Regelungen bekräftigt und sie grundsätzlich auch auf das Verhältnis zu Drittstaaten erstreckt. Damit mußten insbes. noch bestehende Devisenbeschränkungen aufgehoben werden. Wesentlicher Bestandteil des EG-Binnenmarktes ist auch ein →Europäischer Bankenmarkt, wofür insbes. das Bank(aufsichts)recht der Mitgliedstaaten durch Richtlinien des Rates (→EG-Rechtsakte) schon weitgehend harmonisiert wurde (→EG-Bankrecht).
Der Unionsvertrag legte auch die weiteren Stufen für eine Wirtschafts- und Währungsunion fest (→Europäische Währungsintegration).

Gemeinsamer Markt: Über den Abbau der Binnenzölle hinaus wurde auch das Zollrecht großteils vereinheitlicht. Die Herstellung eines gemeinsamen und dann eines Binnenmarkts intensivierte den Handel zwischen den EG-Ländern; die Hälfte des Gesamthandels verbleibt im Gemeinsamen Markt. Die bislang noch unterschiedlichen, nationalen →Währungen stellen vor allem auf den Agrarmärkten ein Hemmnis dar, weil hier einheitliche Agrarpreise gelten sollen (→Europäische Agrarmarktordnung). Bei der Angleichung rechtlicher Vorschriften sowie von technischen Normen und Standards wurden Teilerfolge erzielt.
Die Steuerharmonisierung kommt nur langsam voran. Nach der Einführung eines Mehrwertsteuersystems (→Umsatzsteuer [USt]) ist das Problem der Verringerung der erheblichen Bandbreiten der Erhebungssätze noch nicht gelöst, ebensowenig die Vereinheitlichung der Verbrauchsteuersätze.

Koordinierung der Wirtschaftspolitik: Die Wirtschaftspolitiken der einzelnen EU-Länder sollen nicht völlig vereinheitlicht, aber stärker koordiniert werden. Die Hauptschwierigkeiten dabei liegen in der unterschiedlichen wirtschaftlichen Stärke der EU-Staaten, in ihrer unterschiedlichen Wirtschaftsentwicklung sowie in Meinungsverschiedenheiten über die Rangfolge der anzustrebenden Ziele. Aus diesen Gründen, aber auch wegen anhaltender weltwirtschaftlicher Probleme konnten lange Zeit kaum Fortschritte in Richtung einer Wirtschafts- und Währungsunion erzielt werden. Einen wichtigen Schritt dorthin stellt aber das seit 1979 funktionierende →Europäische Währungssystem (EWS) dar. Zur Förderung des →Wettbewerbs innerhalb des Gemeinsamen Marktes ist die EU-Kommission befugt, gegen Absprachen zur horizontalen und vertikalen Marktabriegelung sowie gegen den Mißbrauch marktbeherrschender Stellungen einzuschreiten (→Europäisches Wettbewerbsrecht).

Assoziierungs- und Freihandelspolitik: Assoziierungsabkommen bezwecken oft einen späteren Beitritt des Vertragspartners und wurden auch mit mittel-/osteuropäischen Ländern geschlossen; im Verhältnis zu →Entwicklungsländern in Afrika, der Karibik und dem Pazifik (AKP-Staaten) sollen sie hingegen deren Entwicklung vorantreiben helfen. Mit den in der →Europäischen

Freihandelsassoziation (EFTA) verbliebenen Staaten wurden bilaterale Freihandelsabkommen geschlossen, die zu einem vollständigen Zollabbau für gewerbliche → Waren in Westeuropa führen sollten. Seit 1994 wurden diese weithin durch das Abkommen über den → Europäischen Wirtschaftsraum ersetzt und ergänzt. Vor allem mit Ländern des Mittelmeerraums bestehen weitere Assoziierungs-, Kooperations- oder Präferenzabkommen, die vor allem Zollsenkungen bewirkten.

Die EWG räumt allgemein einer Vielzahl von Entwicklungsländern, insbes. aber den AKP-Staaten (in den sog. Lomé-Abkommen) Zollfreiheiten und -vergünstigungen für bestimmte Waren ein, im Rahmen des Systems Allgemeiner Präferenzen (→ Präferenzzoll). Sie kommt damit einer Forderung der → Konferenz der Vereinten Nationen für Handel und Entwicklung (UNCTAD) nach. Mit dem Vertrag über die Europäische Union ist die Entwicklungszusammenarbeit mit einer gestärkten Rechtsbasis versehen worden.

Europäische Wirtschafts- und Währungsunion

Dem „Werner-Bericht" von 1970 zufolge wird eine → Wirtschafts- und Währungsunion (WWU) es ermöglichen, eine Zone zu schaffen, in der sich der Güter-, Dienstleistungs-, Personen- und Kapitalverkehr frei und ohne Wettbewerbsverzerrungen vollzieht, ohne daß dadurch neue strukturelle und regionale Unterschiede verursacht werden. An institutionellen Reformen innerhalb der Europäischen Gemeinschaften (EG) erfordert die WWU die Schaffung oder Umformung einer Reihe von Gemeinschaftsorganen – insbes. eines wirtschaftspolitischen Entscheidungsgremiums und einer → Europäischen Zentralbank (EZB) –, denen Kompetenzen übertragen werden müssen, die bisher von nationalen Stellen ausgeübt worden sind. Diesem Plan Rechnung tragende Entschließungen des EG-Rates von 1971/1972 über eine stufenweise Verwirklichung der WWU bis 1980 wurden jedoch in ihren wesentlichen Elementen nicht verwirklicht. In einem der Rechtsakte zur Errichtung des → Europäischen Währungssystems (EWS) sei nurmehr erwähnt, die Einführung der → Europäischen Währungseinheit (ECU) für die Transaktionen des → Europäischen Fonds für währungspolitische Zusammenarbeit sei auch für die Schaffung der WWU notwendig (VO (EWG) Nr. 3181/78).

In den 80er Jahren erlebte der Plan einer WWU eine Renaissance. Art. 20 der Einheitlichen Europäischen Akte führte Art. 102a EWGV ein, welcher mit eigenem Kapitel mit der Überschrift „Die Zusammenarbeit in der Wirtschafts- und Währungspolitik (Wirtschafts- und Währungsunion)" bildet. Der „Bericht zur Wirtschafts- und Währungsunion in der Europäischen Gemeinschaft", vom „Delors-Ausschuß" 1989 unterbreitet, versteht WWU als ein Ganzes, dessen beide Bestandteile parallel zueinander realisiert werden müßten. Eine Wirtschafts-Union kennzeichnen hiernach: (1) ein einheitlicher (Binnen-)Markt mit freiem Personen-, Waren-, Dienstleistungs- und Kapitalverkehr, (2) eine Wettbewerbspolitik und sonstige Maßnahmen zur Stärkung der Marktmechanismen, (3) gemeinsame Politiken zur Strukturanpassung und Regionalentwicklung, (4) eine Koordinierung der makroökonomischen Politiken einschl. verbindlicher Regeln für die Haushaltspolitik, Obergrenzen für mitgliedstaatliche Etat-Defizite unter Ausschluß aller Formen monetärer Finanzierung solcher Fehlbeträge.

Zur Entscheidung und Durchsetzung der relevanten Politiken auf EG-Ebene hielt der „Delors-Bericht" eine neue monetäre Institution, eine föderal organisierte Europäische Zentralbank für erforderlich. Auf ökonomischem Gebiet müßte dagegen die Rolle der bestehenden Organe durch Änderungen des EG-Vertrags erweitert und umgestaltet werden, etwa indem der EG-Rat die Grundzüge der Wirtschaftspolitik festlegt, während die nationalen Regierungen und die EG-Kommission in ihren jeweiligen Kompetenzbereichen für die Umsetzung dieser Beschlüsse sorgen. Der einheitliche Prozeß hin zur WWU soll in drei Phasen verlaufen. Trotz der Betonung auf uneingeschränkter Beteiligung aller EG-Mitgliedstaaten sprach sich der „Delors-Bericht" für eine gewisse Flexibilität hinsichtlich des Zeitpunkts und der Bedingungen aus, zu denen sich einzelne Mitgliedsländer (später) bestimmten Mechanismen anschließen können.

Die 1. Phase hat planmäßig (aufgrund eines Beschlusses des Europäischen Rats der EG-Staats- und Regierungschefs) am 1.7.1990 begonnen. Sie brachte eine (fast) völlige Liberalisierung des innergemeinschaftlichen Kapitalverkehrs, ferner eine Rats-Ent-

Europäische Wirtschafts- und Währungsunion

schließung (90/141/EWG) zur Erreichung einer schrittweisen Konvergenz der Politiken und der wirtschaftlichen Ergebnisse sowie einen Beschluß dieses EG-Organs (90/142/EWG) über die Zusammenarbeit zwischen den Zentralbanken der EWG-Mitgliedstaaten.

Von Dezember 1990 bis Dezember 1991 berieten eine Regierungskonferenz über die europäische WWU und eine weitere über die Politische Union. Eine in deren Vorfeld veröffentlichte Stellungnahme der → Deutschen Bundesbank erachtet es für die Gestaltung der dritten, der Endstufe, als unabdingbar vertraglich abzusichern, daß als Grundlage der → Währungsunion ein auch nach außen möglichst offener Wirtschaftsraum ohne Binnengrenzen mit einer marktwirtschaftlich ausgerichteten effizienten → Wettbewerbsordnung geschaffen werde, wobei eine hinreichende Verpflichtung aller Mitgliedstaaten zu einer dauerhaften Stabilitätsorientierung ihrer → Finanzpolitik durch Vorkehrungen auf Gemeinschaftsebene einschl. bindender Regeln und Sanktionen für eine wirksame Haushaltspolitik gewährleistet ist.

Am 9./10. 12. 1991 genehmigte der Europäische Rat in Maastricht die von einer Regierungskonferenz erarbeiteten Änderungsvorschläge zum EWG-Vertrag. Dessen am 7. 2. 1992 unterzeichnete Neufassung, die nach Ratifizierung durch alle EWG-Mitgliedstaaten am 1. 11. 1993 in Kraft trat, enthält vor allem eine neue Bestimmung über die Zielsetzung der Tätigkeit der Mitgliedstaaten und der Gemeinschaft, nämlich eine Wirtschaftspolitik, die auf einer engen Koordinierung der nationalen Wirtschaftspolitiken, dem Binnenmarkt und der Festlegung gemeinsamer Ziele beruht und dem Grundsatz einer offenen → Marktwirtschaft mit freiem → Wettbewerb verpflichtet ist (Art. 3 a Abs. 1 EG-Vertrag n. F.). Parallel dazu soll diese Tätigkeit „die unwiderrufliche Festlegung der Wechselkurse im Hinblick auf die Einführung einer einheitlichen Währung, der ECU, sowie die Festlegung und Durchführung einer einheitlichen Geld- sowie Wechselkurspolitik" beinhalten, die beide vorrangig das Ziel der → Preisstabilität verfolgen (Art. 3 a Abs. 2). Weiter wird in einem neuer Abschnitt „Wirtschafts- und Währungspolitik" in den EWG-Vertrag eingefügt (Art. 102 a–109 m n. F.). In den Vertrag ergänzenden Protokollen werden die Satzungen des → Europäischen Systems der Zentralbanken (ESZB) und der Europäischen Zentralbank sowie des → Europäischen Währungsinstituts (EWI) festgelegt. Für die Wirtschaftspolitik sieht Art. 104 EGV ein Verbot von Zentralbankkrediten an Stellen der Gemeinschaft oder der Mitgliedstaaten vor. Art. 104 c EGV untersagt den Mitgliedstaaten übermäßige öffentliche Defizite. Die → Geldpolitik wird in der Endstufe der WWU dem ESZB übertragen (Art. 105 Abs. 1 EGV), welches unabhängig ist. Im Bereich der → Wechselkurspolitik kann der Rat der EG zwar allgemeine Orientierungen festlegen; vorrangig bleibt aber auch hier das Ziel der → Geldwertstabilität (Art. 109).

Übergangsbestimmungen haben den Beginn der zweiten Stufe auf den 1. 1. 1994 festgelegt. Zu diesem Zeitpunkt wurde auch das Europäische Währungsinstitut (EWI) errichtet (Art. 109 f EGV), und die Zusammensetzung des ECU-Währungskorbes darf fortan nicht mehr geändert werden (Art. 109 g). Erst in der Endstufe wird die ECU aber zu einer eigenständigen → Währung werden (Art. 109 l Abs. 4 EGV). Dann soll es auch zunächst neben, später an Stelle der mitgliedstaatlichen → Banknoten solche geben, die von der EZB ausgegeben werden und auf ECU lauten.

Für die *Aufnahme in die Europäische Währungsunion* (3. Stufe) haben die europäischen Staats- und Regierungschefs in Maastricht Konvergenzkriterien festgelegt: (1) Die jährliche Neuverschuldung des Staates darf nicht mehr als 3% des → Bruttoinlandsprodukts ausmachen. (2) Die Gesamtverschuldung des Staates darf nicht höher als 60% des Bruttoinlandsprodukts betragen. (3) Die jährliche Inflationsrate (Preissteigerungsrate) darf nicht mehr als 1,5% höher sein als der Durchschnitt der drei Mitgliedstaaten mit den relativ besten Ergebnissen. (4) Das langfristige Zinsniveau darf nicht mehr als 2% über dem langfristigen Zinsniveau der drei Mitgliedstaaten mit den niedrigsten Inflationsraten liegen. (5) Die nationale Währung soll mindestens zwei Jahre lang nicht abgewertet worden sein. Das Mitgliedsland muß während dieser Zeit die (engen) → Bandbreiten des EWS eingehalten haben. 1996 werden die EG-Finanzminister überprüfen, welche Mitgliedstaaten diese Kriterien erfüllen. Wenn mehr als die Hälfte der Mitgliedstaaten den Bedingungen genügt, soll beschlossen werden, daß für diese Länder 1997 die 3. Stufe der Währungsunion beginnt. Ist der Übergang in die 3. Stufe dann noch nicht möglich, erfolgt er *automatisch* zum 1.1.1999 für die Staaten, die 1998 die Kriterien erfüllen. Für Großbritannien und Dänemark bestehen Sonderregelungen.

Europäische Zahlungsunion (EZU)
European Payments Union (EPU); von den Mitgliedstaaten der → Organisation für Europäische Wirtschaftliche Zusammenarbeit (OEEC) 1950 gegründete und 1958 aufgelöste internationale Organisation, deren Aufgabe die Errichtung eines multilateralen Zahlungssystems zwischen den → Zentralbanken der Mitgliedstaaten war, um den Übergang zur vollständigen → Konvertibilität der → Währungen zu erleichtern. Die Tätigkeit der EZU erstreckte sich auf eine monatliche multilaterale Verrechnung der gegenseitigen → Forderungen und Verpflichtungen der Mitgliedstaaten aus dem Waren- und Dienstleistungsverkehr sowie aus gewissen Kapitaltransaktionen, auf eine kurzfristige automatische Kreditgewährung im Rahmen der jeweiligen Quote und auf die Abstimmung währungspolitischer Maßnahmen.

Europäische Zentralbank (EZB)
Teil des → Europäischen Systems der Zentralbanken (ESZB) mit eigener Rechtspersönlichkeit (→ juristische Person). Seine Beschlußorgane sind der Rat der EZB, dem die Mitglieder des Direktoriums sowie die Gouverneure/Präsidenten der mitgliedstaatlichen → Zentralbanken angehören (Art. 106 Abs. 1–3 EG-Vertrag n. F.). Das Direktorium besteht nach Art. 11 der ESZB-Satzung (Protokoll als Anhang zum EG-Vertrag) aus dem Präsidenten, dem Vizepräsidenten und vier weiteren Mitgliedern; es führt die laufenden Geschäfte, während der Rat die → Geldpolitik der Gemeinschaft festlegt und die für ihre Ausführung notwendigen Richtlinien erläßt (Art. 12.1. ESZB-Satzung). Die EZB und die Mitglieder ihrer Beschlußorgane dürfen keine Weisungen von → Organen oder Institutionen der Gemeinschaft, Regierungen der Mitgliedstaaten oder anderen Stellen einholen oder entgegennehmen (Art. 107 EGV n. F.).
Nach Art. 105a Abs. 1 EG-Vertrag fungiert die EZB auch als → Notenbank. Im Hinblick auf die Ausgabe von → Münzen durch die Mitgliedstaaten steht ihr eine Genehmigungsbefugnis zu. Die EZB unterbreitet jährlich dem Europäischen Parlament, dem Rat und der Kommission (→ Europäische Gemeinschaften [EG], → Europäische Union [EU]) einen Bericht über die Tätigkeit des ESZB sowie über die Geldpolitik. Die EZB wird erst in der Endstufe der → Europäischen Wirtschafts- und Währungsunion errichtet werden, wobei zunächst die Regierungen der beteiligten EWG-Mitgliedstaaten das Direktorium einsetzen werden (Art. 109I Abs. 1 EGV n. F.). Sie wird erforderlichenfalls die Aufgaben des → Europäischen Währungsinstituts [EWI] übernehmen.

Europay, → Europackage.

European Bank for Reconstruction and Development (EBRD)
Europäische Bank für Wiederaufbau und Entwicklung, Osteuropabank, Osteuropäische Entwicklungsbank. 1990 von der → Europäischen Wirtschaftsgemeinschaft (EWG), der → Europäischen Investitionsbank und einer Vielzahl von europäischen und außereuropäischen → Banken gegründete und seit 1991 als → Entwicklungsbank für Osteuropa tätige Bank mit Sitz in London. Sie hat die Aufgabe, die ost- und mitteleuropäischen Länder durch Bereitstellung von → Investitionskrediten und Kapital-→ Beteiligungen sowie durch Übernahme von → Garantien beim Aufbau einer marktwirtschaftlichen Ordnung zu unterstützen. Hauptkapitalgeber sind die G7-Länder (→ Siebener-Gruppe). Ihre Geschäftstätigkeit soll sich überwiegend auf private Projekte konzentrieren.

European Committee for Banking Standards
Zusammenschluß der → europäischen Banken- und Sparkassenverbände zur Entwicklung technischer Standards, insbes. im → Zahlungsverkehr (Datenübertragung, Sicherheitsfragen, Verschlüsselungsmethoden).

European Currency Unit, → Europäische Währungseinheit.

European Options Exchange (EOE)
Optionsbörse in Amsterdam, die im April 1978 gegründet wurde.

European Payment System Service (EPSS)
Europäisches Netzwerk zur Übertragung von Daten aus der Nutzung von → eurocheque und → Eurocard.

Euro Travellers Cheque

Euro Travellers Cheque
Einheitlicher europäischer → Reisescheck, der von der Euro Traveller Cheque International (ETCI), einem Zusammenschluß europäischer Großbanken, in Verbindung über Thomas Cook Travellers Cheques Limited herausgegeben wird. E. T. C. gibt es als DM-E. T. C., als → Fremdwährungs-Reiseschecks und als ECU-E. T. C. (→ ECU-Reiseschecks). Der E. T. C. wird in der BRD von deutschen → Kreditinstituten (mit Ausnahme der Sparkassen, die den Amexco-Reisescheck anbieten) kommissionsweise verkauft.

Euro-Überweisungsauftrag
Institutsindividuell getroffene Vorkehrung zur Erleichterung von → Überweisungen in das europäische Ausland (Mitgliedstaaten der → Europäischen Union [EU] und der Europäischen Freihandelsassoziation [EFTA]), welche bis zu einem bestimmten Höchstbetrag (z. Z. 5.000,– DM) an die Stelle des förmlichen → Zahlungsauftrags im Außenwirtschaftsverkehr tritt (→ Zahlung im Ausland, → internationaler Zahlungsverkehr).

Euro-Währung
→ Währung, die am → Euro-Markt geldmarktmäßig gehandelt wird (vor allem US-Dollar, Yen, D-Mark, Schweizer Franken, englische Pfunde, französische Francs und holländische Gulden) (→ Euro-Geldmarkt).

Euro-Zinsmethode
Echt/360, französische Methode; Variante der → Tageberechnungsmethoden, bei der jeder Monat mit echten Tagen bzw. das Jahr mit 360 Tagen gerechnet wird.
Die E.-Z. wird in der Bundesrepublik Deutschland insbes. für kurzfristige → Zinsinstrumente, d. h. → Geldmarktpapiere, angewandt. Um Zinsinstrumente, die auf Basis der E.-Z. kalkuliert werden, mit Zinsinstrumenten, die auf Basis der deutschen Zinsmethode kalkuliert werden, vergleichen zu können, wird die → Equivalent Yield errechnet.

E. v.
Abk. für → Eingang vorbehalten.

Eventualverbindlichkeit
→ Haftungsverhältnisse gemäß § 251 HGB wie z. B. → Verbindlichkeiten aus der Begebung und Übertragung von → Wechseln, aus → Bürgschaften, → Wechselbürgschaften, → Scheckbürgschaften, Verbindlichkeiten aus Gewährleistungsverträgen sowie Haftungsverhältnisse aus der Bestellung von Sicherheiten für fremde Verbindlichkeiten. Haftungsverhältnisse sind unter der Bilanz zu vermerken, sofern sie nicht auf der Passivseite auszuweisen sind. In der → Bankbilanz sind als E. auszuweisen: E. aus weitergegebenen abgerechneten Wechseln, Verbindlichkeiten aus Bürgschaften und Gewährleistungsverträgen sowie Haftung aus der Bestellung von Sicherheiten für fremde Verbindlichkeiten.

Evidenzzentrale
Einrichtung zur Erfassung (Sammeln, Bearbeiten, Auswerten) von Millionenkreditanzeigen (→ Kreditanzeigen nach KWG, → Anzeigenverordnung [AnzV]) und Rückmeldung von → Millionenkrediten an die Kreditinstitute. Das KWG weist der → Deutschen Bundesbank die Aufgabe einer E. zu. Grundlage der Millionenkreditevidenz ist § 14 KWG i. V. mit § 2 Abs. 2 Satz 2 KWG sowie § 6 AnzV, § 3 BefrV.
Inhaltlich handelt es sich bei der Bestimmung des § 14 KWG um ein Verfahren zu gegenseitiger Unterrichtung der → Kreditinstitute (und auch der Bundesbank sowie des → Bundesaufsichtsamts für das Kreditwesen) bei der Verschuldung eines Kreditnehmers gegenüber mehreren Instituten (Mehrfachverschuldung). Hier werden lediglich Informationen vermittelt, vor allem Informationen der Kreditinstitute untereinander. Insofern besteht eine Verbindung zu § 18 KWG (→ Offenlegung der wirtschaftlichen Verhältnisse). Die Kreditinstitute haben der Bundesbank alle drei Monate Kredite anzuzeigen, die zu irgendeinem Zeitpunkt der Referenzperiode mit 3 Mio. DM oder mehr beansprucht waren; dabei haben sie den Kreditbestand am Ende der Periode anzugeben. Eine Anzeige muß auch für Kredite nachgeordneter Institute i. S. des § 13a Abs. 2 KWG erfolgen (Auslandstöchter deutscher Banken).
Stellt die E. eine Mehrfachverschuldung fest, so unterrichtet sie die an der Kreditgewährung beteiligten Institute. In dem Verfahren nach § 14 KWG liegt eine gesetzliche Durchbrechung des → Bankgeheimnisses, die so eng wie möglich gehalten werden muß. Daher wird die Unterrichtung der Institute auf wenige Angaben beschränkt. Die

Gesamtverschuldung nach Kreditarten wird aufgegliedert sowie die Anzahl (nicht die Namen) der beteiligten Institute angegeben. Freigestellt von der Meldepflicht sind auch nach der 5. KWG-Novelle Kredite an die öffentliche Hand sowie gewisse Inter-Bank-Geschäfte (§ 20 KWG). Das Meldesystem nach § 14 KWG ist insofern unvollständig, als die Verschuldung von Kreditnehmern bei Kreditinstituten mit Sitz in einem anderen Staat (ausgenommen →Tochtergesellschaften deutscher Institute) nicht erfaßt wird. § 14 Abs. 4 KWG ermächtigt aber die Bundesbank, nach dem Abschluß zwischenstaatlicher Vereinbarungen bzw. einer EG-Richtlinie über Kreditmeldungen (→EG-Bankrecht) die Millionenkreditanzeigen an die entsprechenden Stellen dieser Länder weiterzuleiten.

EWA
Abk. für →Europäisches Währungsabkommen.

EWG
Abk. für →Europäische Wirtschaftsgemeinschaft.

EWI
Abk. für →Europäisches Währungsinstitut.

Ewige Anleihe
1. →Anleihe ohne Laufzeitbegrenzung (Fälligkeitstermin), die sowohl bei →Festzinsanleihen (→Straight Bonds) als auch bei →Floating Rate Notes (→Perpetual Floating Rate Notes) vorkommt. Bei Straight Bonds wird manchmal der Zinssatz in Zeitabständen (z. B. alle zehn Jahre in Anlehnung an einen →Referenzzinssatz) neu festgelegt (Refixing). Häufig haben e. A. ein Schuldner- oder Gläubigerkündigungsrecht.

2. Die von britischen Banken emittierten Perpetual Floaters (bzw. Notes) werden von der →Bank of England als Quasi-Eigenmittel (primary capital) bis zu 50% des →Grundkapitals anerkannt.

Ewiger Floater, →Perpetual Floating Rate Note.

EWR
Abk. für →Europäischer Wirtschaftsraum.

EWS
Abk. für →Europäisches Währungssystem.

Excess Return
Synonym für →Überrendite.

Existenzgründungsdarlehen

Exchange Delivery Settlement Price (EDSP)
Abrechnungskurs am letzten Handelstag für →Optionen und →Futures, die an →Terminbörsen (z. B. →Deutsche Terminbörse [DTB], →LIFFE) gehandelt werden.

Exchange Traded Option, →börsengehandelte Option.

Ex Dividende
Kurszusatz im →Amtlichen Kursblatt, der bei →Aktien am Börsentag nach dem Beschluß der →Hauptversammlung über die Ausschüttung der →Dividende vermerkt wird.

Execution-Risk
Risiko, daß sich die Kursrelation beim Eingehen oder Schließen eines →Spreads (z. B. →Bull-Spread, →Intermarket Spread) oder einer →Arbitragestrategie (z. B. →Conversion) zwischen den→Legs ändert, so daß die geplante Strategie mit einem geringeren Gewinnpotential verbunden ist. Um das E.-R. für beispielsweise Spread-Trader zu verringern, bieten →Terminbörsen (z. B. →Deutsche Terminbörse [DTB], →LIFFE) →kombinierte Aufträge an.

Existenzgründungsdarlehen
Kreditmittel zur Gründung selbständiger Existenzen im Rahmen der →öffentlichen Kreditprogramme. Neben zinsgünstigen →Darlehen aus dem ERP-Existenzgründungsprogramm (→ERP-Darlehen), dem Existenzgründungsprogramm der →Deutschen Ausgleichsbank oder aus Mittelstandskreditprogrammen der Länder, die unter dem →Obligo der →Banken an Existenzgründer ausgeliehen werden, ist das Eigenkapitalhilfe-Programm (EKH) der Deutschen Ausgleichsbank von großer Bedeutung. EKH-Mittel werden ohne Mithaftung der Banken direkt an Existenzgründer zur Verstärkung der Eigenkapitalbasis gewährt. Die Mittel haben eigenkapitalähnlichen Charakter und haften im Konkursfall Dritten gegenüber unbeschränkt und erleichtern so den →Kreditinstituten die Mitfinanzierung von Existenzgründungen. Die Laufzeit beträgt 20 Jahre, außer der persönlichen →Haftung der Existenzgründer werden keine weiteren Sicherheiten verlangt. Die Vergabebedingungen (Antragsberechtigte, Kredithöhe usw.) ändern sich von Zeit zu Zeit. Anträge müssen vor Beginn der Grün-

Existenzgründungssparen

dung bzw. der →Investition über die →Hausbank mit deren Stellungnahme an die Deutsche Ausgleichsbank, Bonn, gestellt werden. Eine Stellungnahme der zuständigen Kammern (IHK, HK) zum voraussichtlichen Gründungserfolg wird von der Ausgleichsbank eingeholt.

Existenzgründungssparen
Eine zum 1.8.1985 in Kraft getretene und vom Staat geförderte Form des →Sparens für Existenzgründungen, die heute nicht möglich ist und sich lediglich in der Abwicklung befindet. Grundlage dieses Sparprogramms war die „Richtlinie des Bundesministers für Wirtschaft für die Gewährung von Ansparzuschüssen zur Förderung der Gründung selbständiger Existenzen im Bereich der gewerblichen Wirtschaft (Ansparförderung)". Die Bereitstellung erfolgte über ein zweistufiges Verfahren. In der ersten Stufe beantragte der Existenzgründungssparer bereits bei Abschluß des Gründungssparvertrages eine Zusage für die spätere Gewährung des Ansparzuschusses; dies ist seit Ende 1993 nicht mehr möglich.
In der zweiten Stufe war dann der Antrag auf Gewährung des Ansparzuschusses zu stellen und spätestens sechs Monate nach Aufnahme der Geschäftstätigkeit über ein →Kreditinstitut bei der →Deutschen Ausgleichsbank einzureichen. Sind seit Abschluß des Gründungssparvertrages mehr als zwölf Jahre verstrichen, kann ein Ansparzuschuß nicht mehr beantragt werden. Daraus folgt: Existenzgründungssparer, die die erste Stufe noch vor Auslaufen Ende 1993 abgeschlossen haben, müssen den Antrag auf Gewährung des Ansparzuschusses spätestens Ende des Jahres 2005 gestellt haben.

Exit Bond
Von Schuldnerländern zur Ablösung ihrer Kreditverbindlichkeiten begebene →Anleihe. Durch den Tausch verschlechtert sich zwar die Stellung des →Gläubigers (längere →Laufzeit, unter Marktniveau liegender →Zins, mehr tilgungsfreie Jahre), er braucht dafür aber bei Umschuldungen keine Neukredite bereitzustellen.

Exotic Option, →exotische Option.

Exotic Swaps
→Zinsswaps oder →Währungsswaps, die keine →Generic Swaps sind. Generic Swaps haben folgende Merkmale:

– Konstanter Kapitalbetrag (z.B. 10 Mio DM)
– Austausch eines →Festsatzes gegen einen →variablen Zinssatz (z.B. 6-Monats-LIBOR)
(Bei →Currency Swaps werden Festsatzzinsen getauscht)
– Konstanter Festsatz
– Variabler Satz ohne →Auf- bzw. →Abschlag, d.h. LIBOR flat
– Feststellung des variablen Zinssatzes am Beginn der variablen Periode und Zahlung am Ende der →Zinsperiode (nachschüssig)
– Regelmäßige Zahlung der festen bzw. variablen Zinsen
– Beginn bei Abschluß des →Vertrages
– Keine anhängenden →Optionen (z.B. Callable Swaps)
– Kein Kapitalaustausch bei Abschluß des Vertrages (Par Value Swap)
(Bei Currency Swaps werden die Nominalbeträge mit dem aktuellen Devisenkurs umgerechnet).
E.S. können unterschieden werden in Composite Non-generic Swaps und Swap Derivatives. Composite Non-generic Swaps sind eine Kombination verschiedener Generic Swaps. Swap Derivatives sind dagegen eine Kombination mit anderen Instrumenten (z.B. Optionen). Die Abbildung auf S. 603 zeigt die wichtigsten E.S.
(→Exotische Option, →exotischer Optionsschein)

Exotic Warrant, →exotischer Optionsschein.

Exotische Option
→Option, die nicht durch die Kombination von Standard-Optionen, d.h. →Calls und/oder →Puts, kreiert werden kann. Durch den Einsatz von Standard-Optionen mit verschiedenen →Basispreisen und →Fälligkeiten können Anleger eine Vielzahl von →Kombinierten Optionsstrategien verfolgen. Beispielsweise können →Time Spreads, →Vertical Spreads und →Diagonal Spreads hergestellt werden. Im Gegensatz zu e.O. wird die Ausgleichszahlung (→Cash Settlement) bei Standard-Optionen bei Fälligkeit (→Europäische Optionen) oder vorzeitiger Ausübung (→Amerikanische Optionen) nur von der Höhe des Kurses des →Basiswertes bestimmt.

Einsatzmöglichkeiten: E.O. werden kreiert, um Investmentprobleme zu lösen, die mit

Exotischer Optionsschein

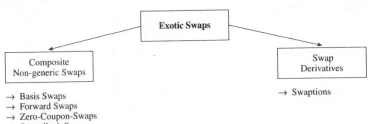

→ Basis Swaps
→ Forward Swaps
→ Zero-Coupon-Swaps
→ Spreadlock Swaps
→ LIBOR in arrears-Swaps
→ Amortising Swaps
→ Accreting Swaps
→ Roller-Coater Swaps
→ Premium Swaps
→ Discount Swaps
→ Deferred-Coupon Swaps
→ Deferred-Coupon FRN Swaps
→ Yield Curve Swaps

→ Swaptions

Standard-Optionen nicht effizient genug gelöst werden können. E. O. können sowohl in → Trading-Strategien, → Hedging-Strategien als auch → Arbitrage-Strategien eingesetzt werden.

Folgende *Ziele* können mit e. O. verfolgt werden:
(1) Verringerung der → Optionsprämie: Viele e. O. bieten Anlegern den Vorteil, daß die die zu zahlende Optionsprämie geringer ist als bei Standard-Optionen. Beispiele hierfür sind → Average Rate-Optionen und → Average Strike Optionen.
(2) Timing: Durch den Kauf von e. O., wie beispielsweise Average Rate Optionen oder → Look-back-Optionsscheine, können Verluste, die durch falsches Timing entstehen, vermieden werden.
(3) → Asset Allocation: Bestimmte e. O. (z. B. → Outperformance Optionen, → Alternative Optionen) können effizient in der Asset Allocation eingesetzt werden.
(4) Directional Trades: → Barrier Optionen können eingesetzt werden, um von bestimmten Kursveränderungen des Basiswertes profitieren zu können.
(5) Währungsabsicherung: → Quanto Optionen können eingesetzt werden, um ungünstige Wechselkursveränderungen zu eliminieren.

Arten: (1) → *Path-dependent Optionen* sind e. O., bei denen nicht nur der Kurs bei → Fälligkeit bzw. vorzeitiger Ausübung für die Ermittlung der Ausgleichszahlung maßgeblich ist, sondern auch die historischen Kurse. Bei europäischen Standard-Optionen kann der Optionsinhaber trotz der richtigen Einschätzung der Kursentwicklung bei plötzlichen starken Kursveränderungen (z. B. bei einem Crash) kurz vor Fälligkeit einen Verlust erleiden. Viele e. O. wurden kreiert, bei denen die Ausgleichszahlung von der historischen Kursentwicklung des Basiswertes abhängig ist. Die bekanntesten sind Asian Option, → Barrier Option, Capped Option, → Deferred Payment American Option, → Deferred Strike-Option, Look-back-Option und → Resetting Strike-Option.
(2) → *Optionen mit mehreren Basiswerten* sind e. O., bei denen eine eventuelle Ausgleichszahlung von den Kursen von mindestens zwei Basiswerten abhängig ist. Die am weit verbreitetsten Optionen mit mehreren Basiswerten sind zum einen Outperformance Optionen und zum anderen alternative Optionen.
(3) E. O., deren Basiswert in einer Fremdwährung notiert, allerdings Wechselkursveränderungen die Ausgleichszahlung nicht beeinflußen, werden als *währungsgesicherte Optionen* (Quanto-Optionen) bezeichnet.
(4) *Compound Optionen* sind Optionen auf Optionen (z. B. Captions).

Exotischer Optionsschein
→ Exotische Option, die als → Optionsschein verbrieft wird. E. O. sind beispielsweise → Ladder-Warrants, → Barrier

Expected to Accrue Return on Nominal

Warrants, → E. A. R. N.-Optionsscheine, → Hamster-Optionsscheine und Sky-Optionsscheine.

Expected to Accrue Return on Nominal

Bezeichnung für → E. A. R. N.-Optionsscheine.

Expected Total Return

Synonym für → (erwarteter) Total Return.

Exponential Moving Averages

Synonym für → exponentiell gewichteter Durchschnitt.

Exponential Weighted Average, → exponentiell gewichteter Durchschnitt.

Exponentielle Verzinsung, → Zinsrechnung, → Zinseszinsen.

Exponentiell gewichteter Durchschnitt

→ Gewichteter Durchschnitt der → technischen Analyse, der den aktuellen Kurs stärker gewichtet als ältere Werte. E. g. D. sind Trendfolgesysteme. E. g. D. werden auch in → technischen Studien wie z. B. der → MACD/Signal-Studie verwendet und nach folgender Formel ermittelt:

$$egD_t = (1-a) \cdot egD_{t-1} + a \cdot K_t,$$

wobei gilt:
egD$_t$ = aktueller Wert des e. g. D.,
a = Gewichtungsfaktor,
egD$_{t-1}$ = Wert des e. g. D. vor einer Periode,
K$_t$ = aktueller Kurs.

Durch Umstellung ergibt sich folgende alternative Formel:

$$egD_t = egD_{t-1} + (K_t - egD_{t-1}) \cdot a.$$

Die Anzahl der Handelsperioden geht nicht direkt in die Ermittlung des e. g. D. ein, sondern nur indirekt über den Gewichtungsfaktor, der mit folgender Formel ermittelt wird: a = 2/(n+1), mit n = Anzahl von Kursen, die in die Berechnung des e. g. D. eingehen.

Export

1. I. S. des → Außenwirtschaftsrechts der Übergang von → Waren vom Inland in das Ausland (→ Ausfuhr).

2. I. S. der → Zahlungsbilanz wird E. als Übergang von Waren, Dienstleistungen („unsichtbare Ausfuhr", → Dienstleistungsbilanz) und Kapital (Kapitalexport [ohne Devisentransaktionen der → Zentralbanken, die in der → Gold- und Devisenbilanz erfaßt werden], → Kapitalbilanz) verstanden.
Gegensatz: → Import.

Exportakkreditiv

→ Dokumentenakkreditiv zur Abwicklung eines Exportgeschäftes (→ Exportfinanzierung durch Kreditinstitute). Das Akkreditiv kann als Grundlage für einen → Exportvorschuß oder für einen Ankauf (Negoziierung) der Akkreditivdokumente dienen.

Exportfactoring

Form der Exportfinanzierung durch Ankauf von kurzfristigen → Forderungen aus Ausfuhrgeschäften durch → Factoring-Institute. Beim E. handelt es sich um eine auf den Ankauf von Exportforderungen (bis 180 Tage → Laufzeit) zugeschnittene Form des → Factoring unter Einschaltung eines Korrespondenzfactors im Schuldnerland.
Der Exporteur schließt mit dem Exportfactor (im eigenen Land) einen Factoring-Rahmenvertrag auf der Basis von → Globalzessionen ab (i. d. R. → offene Zessionen). Der Exportfactor verpflichtet sich gegenüber dem Exporteur, Exportforderungen bis zu einer schuldnerindividuellen Höhe anzukaufen und das Delkredererisiko (Ausfallrisiko) zu übernehmen. Die Limite richten sich nach der währungs-, wirtschafts- und allgemeinpolitischen Situation der jeweiligen Schuldnerländer und der Bonität der Importeure. Um diese beurteilen zu können, schaltet der Exportfactor einen im jeweiligen Importland domizilierenden Korrespondenzfactor ein und läßt sich Zusagen bezüglich Bereitschaft zum Forderungsankauf und zur Delkredereübernahme geben. Kommt es aufgrund dieser Vereinbarungen zum konkreten Forderungsankauf durch den Exportfactor, so werden die Forderungen an den Korrespondenzfactor weiterverkauft, der auch das → Inkasso und das Mahnwesen übernimmt.
Das E. wird in aller Regel in Form des echten E. durchgeführt, wobei der Exporteur sowohl die Dienstleistungs- und Finanzierungsfunktion als auch die Delkrederefunktion in Anspruch nimmt. Das unechte E., bei dem das → Delkredere beim Exporteur verbleibt, stellt die Ausnahme dar.
Factoring wird überwiegend von Factoring-Gesellschaften betrieben, die → Tochterunternehmen von → Kreditinstituten sind. Interessenvertretung der Factoring-Gesellschaften ist der Deutsche Factoring-Verband

Exportfactoring

e. V. (Mainz). Factoring ist kein → Bankgeschäft (i. S. des Kreditwesengesetzes); es bildet aber eine typische Haupttätigkeit von → Finanzinstituten i. S. des KWG. § 18 Satz 3 KWG (Offenlegung der wirtschaftlichen Verhältnisse) gilt für das echte Factoring. Die Forderungsabtretungen beim echten Factoring sind nicht umsatzsteuerpflichtig.

Funktionen: Durch Übernahme der Dienstleistungsfunktion (Servicefunktion) wird der Exporteur von der Debitorenbuchhaltung und dem Mahn- und Inkassowesen freigestellt. Auch können Sonderleistungen, wie die Erstellung von Statistiken über den Auslandsmarkt, Provisionsabrechnungen, usw. für den Exporteur übernommen werden. Der Exportfactor ist für alle Kontakte mit dem Exporteur zuständig (Deckungszusage für das Delkredererisiko, Abrechnung der Zahlungseingänge, Debitorenbuchhaltung). Die Kosten der Dienstleistungsfunktion für den Exporteur sind abhängig von der durchschnittlichen Rechnungshöhe, von der Höhe des Exportumsatzes, der Zahl der Importeure und der Umschlagshäufigkeit. Bei Übernahme der Delkrederefunktion trägt der Exportfactor gegenüber dem Exporteur und der Korrespondenzfactor wiederum gegenüber dem Exportfactor das Ausfallrisiko (Risiko der → Zahlungsunfähigkeit des Importeurs). Der Delkrederefall gilt als eingetreten, wenn der Importeur innerhalb einer bestimmten Nachfrist (i. a. 120 Tage) nicht zahlt. Das Risiko aus → Einreden aus dem Handelsgeschäft, wie Mängelrügen, Rücksendungen u. a. (Gewährleistungsrisiko), und auch das politische Risiko verbleiben beim Exporteur. Soweit für Exportforderungen ein Delkredererisiko vom Factor nicht übernommen wird, kann ein (treuhänderisches) Inkasso vereinbart werden.

Die Finanzierungsfunktion wird von den Factoring-Gesellschaften in zwei Varianten übernommen: 1. Beim Fälligkeitsfactoring erfolgt die Auszahlung des Forderungsgegenwertes zum durchschnittlichen Fälligkeitstermin der eingereichten Forderungen („unechte Finanzierungsfunktion"). 2. Beim Vorfälligkeitsfactoring erfolgt die Auszahlung der Gegenwerte nach Forderungseinreichung unter Abzug eines Sperrbetrages von ca. 10 Prozent. In der Bevorschussung bis zum Fälligkeitstage liegt die eigentliche Finanzierungsfunktion. Der Sperrbetrag dient der Abdeckung von Zahlungsabzügen des Importeurs (Skonti und Boni), wird aber auch für die vom Factor nicht übernommenen Gewährleistungsrisiken herangezogen. Der verbleibende Sperrbetrag wird nach Forderungseingang bzw. wenn die Zahlungsunfähigkeit des Importeurs feststeht (Eintritt des Delkrederefalls) dem Exporteur zur Verfügung gestellt. Die → Kosten der → Finanzierung für den Exporteur richten sich nach den banküblichen Kontokorrentkreditzinsen im Lande des Exporteurs bzw. des Importeurs.

Beurteilung des E. aus der Sicht des Exporteurs: Ob das E. für den Exporteur vorteilhaft ist, kann nur betriebsindividuell festgestellt werden. Es sind die zu zahlenden Gebühren den Einsparungen gegenüberzustellen (Kosten-Nutzen-Kalkulation). Von Einfluß darauf wird vor allem sein, daß ein Korrespondenzfactor im Lande des Importeurs eingeschaltet wird (Bonitätsprüfung des Importeurs, Hinwirken auf pünktliche Zahlung [Reduzierung der Kapitalbindungsfrist]).

Wird vom Vorfälligkeitsfactoring Gebrauch gemacht, so kann – sofern das Grundgeschäft in der → Währung des Importeurs abgeschlossen wird – ein Wechselkursrisiko (→ Devisenkursrisiko) weitgehend ausgeschlossen werden. Denn die Gegenwerte werden unmittelbar nach Forderungsankauf Zug-um-Zug zur Verfügung gestellt und können zu → Devisenkassakursen abgerechnet werden.

Der Exporteur kann auch an einer Bilanzentlastung interessiert sein; er wird in die Lage versetzt, die „Forderungen aus Lieferungen und Leistungen" und die → Verbindlichkeiten zu vermindern. Würde der Exporteur alternativ von einer Finanzierung auf Wechselbasis Gebrauch machen (→ D/A-Inkasso), wären → Eventualverbindlichkeiten unter dem Strich der Bilanz zu vermerken. Einem Zessionskredit (→ Kontokorrentkredit gegen → Abtretung von Forderungen) wären nach wie vor „Forderungen aus Lieferungen und Leistungen" auszuweisen. Gegenüber dem Zessionskredit resultieren zudem Vorteile aus dem regreßlosen Forderungsverkauf; beim Zessionskredit erfolgt die Abtretung sicherungshalber (Sicherungszession). Im Vergleich zur → Warenkreditversicherung (→ Kreditversicherung) wird der Exporteur berücksichtigen, daß kein spezifischer Nachweis des Forderungsausfalls (→ Konkurs, → Zwangsvollstreckung oder ähnliches)

Exportfinanzierung durch Kreditinstitute

notwendig ist, die Kosten der Rechtsverfolgung vom Korrespondenzfactor getragen werden und keine Selbstbeteiligungsquote auf den Exporteur entfällt.

Exportfinanzierung durch Kreditinstitute
→ Finanzierung von Exportgeschäften (→ Export) durch → Banken und → Sparkassen, wobei zwischen kurzfristiger Exportfinanzierung (Finanzierung bis zu einem Jahr) sowie mittel- und langfristiger Exportfinanzierung unterschieden wird. Von Exporteuren können → Kredite zur → Vorfinanzierung eines Ausfuhrgeschäftes (finanzielle Überbrückung von Einkauf bzw. Herstellung, Transport usw.) oder/und zur Finanzierung der Abwicklung eines Ausfuhrgeschäftes (Zielgewährung an ausländischen Käufer) benötigt werden.

Kurzfristige Exportfinanzierungen: Die Zurverfügungstellung und Abwicklung von kurzfristigen Ausleihungen erfolgt grundsätzlich in den vom Inlandsgeschäft her bekannten Kreditformen (→ Kontokorrent-Kredite, → Diskontkredite, → Darlehen, → Akzeptkredite einschl. → Privatdiskonten). Exportgeschäfte mit ihren speziellen Risiken bedingen jedoch besondere, auch die → Zahlungsbedingungen im Außenhandel berücksichtigende Finanzierungsformen und auf die Abwicklungsinstrumente des Exportes (→ Dokumente im Außenhandel bzw. → Dokumenteninkasso und → Dokumentenakkreditiv) abgestellte Kredite. So haben sich Spezialformen von → Bankkrediten herausgebildet (→ Dokumentenbevorschussung [→ Exportvorschüsse], Dokumentenankauf [Negoziierung von Dokumenten], → Währungsbarkredite, → Rembourskredite, → Negoziierungskredite, → Bankers' Acceptances), die durch das → Exportfactoring und durch Eurofinanzierungen (→ Euro-Kredite) ergänzt werden. Kredite werden in D-Mark oder in Fremdwährung (→ Währungskredite) zur Verfügung gestellt.

Mittel- und langfristige Exportfinanzierungen: Mittelfristige Exportfinanzierung (1–4 Jahre) und langfristige Exportfinanzierungen (länger als 4 Jahre) erfolgen als → Lieferantenkredite (Kredit einer deutschen Bank an den deutschen Lieferer, der seinerseits dem ausländischen Abnehmer Zahlungsziele einräumt [Exporteurrefinanzierung]), als → Bestellerkredite (Finanzkredite einer deutschen Bank an den ausländischen Abnehmer eines deutschen Lieferers zur Ablösung von Verbindlichkeiten [Abnehmerfinanzierung]) und in Form von → Forfaitierungen. Träger dieser Finanzierungen sind (mit unterschiedlichen Schwerpunkten) die → AKA Ausfuhrkreditgesellschaft mbH, die → Kreditanstalt für Wiederaufbau (als → Kreditinstitute mit Sonderaufgaben) und die → Universalbanken.

Mittel- und langfristige Exportfinanzierungen werden von Exporteuren in Anspruch genommen, wenn sie bei der → Ausfuhr von Investitionsgütern den ausländischen Abnehmern die Zahlung des Kaufpreises in feststehenden Tilgungsraten zu bestimmten Terminen zugestehen müssen (Kreditvereinbarungen in → Kauf- bzw. → Werklieferungsverträgen) und ihrerseits dafür eine weitgehend fristenkongruente Refinanzierung benötigen. In der BRD werden mittel- und langfristige Exportgeschäfte durch zinsgünstige Finanzierungsmaßnahmen und durch → Ausfuhrgewährleistungen des Bundes (→ Exportkreditversicherung) gefördert.

Exportinkasso
→ Dokumenteninkasso zur Abwicklung eines Exportgeschäftes; → Inkasso nach ERI.

Exportkartell
Zusammenschluß von rechtlich und im allg. auch wirtschaftlich selbständigen Unternehmen zur Sicherung und Förderung der → Ausfuhr, wobei die Produktion oder die Marktverhältnisse durch Beschränkung des → Wettbewerbs mittels → Vertrag oder Beschluß beeinflußt werden können. Sofern sich die Regelung des Wettbewerbs auf die Auslandsmärkte beschränkt, ist das E. durch Anmeldung beim → Bundeskartellamt wirksam. Sind dagegen Inlandswirkungen festzustellen, ist das E. erlaubnispflichtig. In jedem Fall ist es in bezug auf Konflikte mit zwischenstaatlichen Abkommen zu überprüfen.

Exportkredit,
→ Außenhandelsfinanzierung.

Exportkreditversicherung
Abdeckung von → Kreditrisiken im Exportgeschäft durch → Kreditversicherung, die in der BRD (1) privatwirtschaftlich durch die Allgemeine Kreditversicherungs AG, Mainz, die Gerling-Konzern Speziale Kreditversicherungs-AG, Köln, und durch die

Zürich Kautions- und Kreditversicherungs-AG, Frankfurt am Main, zur Abdeckung des wirtschaftlichen Risikos und (2) staatlich durch → Ausfuhrgewährleistungen des Bundes mit Geschäftsbesorgung durch privatrechtliche Mandatare (→ Hermes Kreditversicherungs-AG, → Treuarbeit) wahrgenommen wird.

Exportquote
Verhältnis zwischen dem Wert der Warenausfuhr (→ Ausfuhr, → Export) und dem → Nettosozialprodukt zu Marktpreisen eines Landes in einem bestimmten Zeitraum.
Gegensatz: → Importquote.

Exportvorschuß
Kreditgewährung an Exporteure in Form der → Dokumentenbevorschussung, die zur → Finanzierung eines Ausfuhrgeschäftes (Zielgewährung an ausländische Käufer) dient (→ Exportfinanzierung durch Kreditinstitute). Bevorschussung kann bei → D/P-Inkassi und → Exportakkreditiven in Form von → Zahlungsakkreditiven (→ Sichtakkreditive und → Deferred-Payment-Akkreditive) erforderlich sein. Sie erfolgt in Form von Einzel- oder Globalvorschüssen bis zu ca. 80–85 Prozent des Dokumentengegenwertes. Alternativ wäre eine Negoziierung (Ankauf) von D/P-Inkassodokumenten bzw. die Diskontierung von D/A-Akzepten möglich. Der Exporteur erhält sofort den vollen Gegenwert.

Besicherung: Die Exportsicherungsverträge (Einzel- oder Mantelverträge) sehen → Sicherungsübereignung der Exportware, → Abtretung der Ansprüche aus dem Inkasso bzw. Akkreditiv und offene Abtretung der Ansprüche aus staatlichen → Ausfuhrgarantien und → Ausfuhrbürgschaften (→ Ausfuhrgewährleistungen des Bundes) vor.

Extendible Bond
Extendibles; → Euro-Anleihe, bei der der Anleger zu festgelegten Zeitpunkten das Recht hat, die ursprünglich vereinbarte → Laufzeit für eine bestimmte Anzahl von Jahren nachträglich zu verlängern, während der Anleihenehmer seinerseits für diesen Fall den Zinssatz neu festsetzen kann. Der Zweck ist eine flexible Anpassungsmöglichkeit der → Emission an veränderte Marktverhältnisse. Laufzeitverlängerungen sind sowohl bei → Straight Bonds als auch bei → Floating Rate Notes anzutreffen.

Gegensatz: → Retractible Bond (Retractibles).

Externes Rechnungswesen
Teil des → Rechnungswesens, dem die Aufgabe zukommt, gegenüber Kunden, Gesellschaften, Staat und Publikum Rechnung zu legen (Dokumentations- und Rechenschaftsfunktion). Dazu zählen der → Jahresabschluß, einschl. → Anhang, sowie der → Lagebericht und die → Finanzbuchführung.
Gegensatz: → internes Rechnungswesen.
(→ Rechnungslegung der Kreditinstitute)

EXW
Ex works... (named place) = ab Werk... (benannter Ort); aus der Sicht des Verkäufers günstigste Lieferklausel der → Incoterms, da er die → Ware lediglich auf seinem Betriebsgelände oder einem üblichen Ort zur Verfügung stellen muß (sog. Abholklausel). Verladung ist grundsätzlich Sache des Käufers; dieser trägt auch die Verpackungskosten.

EZB
Abk. für → Europäische Zentralbank.

EZL
→ Elektronischer Zahlungsverkehr mit → Lastschriften, der auf der Grundlage des „Abkommens für die Umwandlung beleghaft erteilten Lastschriftaufträge in Datensätze und deren Bearbeitung" (→ EZL-Abkommen) durchgeführt wird.
Beleghaft erteilte Einzugsaufträge für Lastschriften werden auf EDV-Medien erfaßt und im Verrechnungsverkehr zwischen → Kreditinstituten beleglos abgewickelt (Überleitung beleghafter Zahlungsaufträge in den beleglosen Zahlungsverkehr). Bei der Weiterleitung und Bearbeitung gilt das → Lastschriftabkommen.

EZL-Abkommen
Abkommen über die Umwandlung beleghaft erteilter Lastschriftaufträge in Datensätze und deren Bearbeitung, das die → Spitzenverbände der deutschen Kreditwirtschaft, die → Deutsche Bundesbank und die → Deutsche Bundespost zur Abwicklung des zwischenbetrieblichen → Lastschriftverkehrs auf elektronischem Wege geschlossen haben.
(→ Abkommen zum beleglosen Zahlungsverkehr)

EZÜ

→Elektronischer Zahlungsverkehr für Individualüberweisungen auf der Grundlage des „Abkommens für die Umwandlung beleghaft erteilter Überweisungsaufträge in Datensätze und deren Bearbeitung" (→EZÜ-Abkommen), welches einheitliche Verfahrensregeln für die Realisierung und Abwicklung des EZÜ in den verschiedenen Institutsbereichen enthält. Auch Überweisungsträger (Gutschriften) unter 1000 DM werden nur noch bis zum Eintritt der vollständigen EZÜ-Pflicht am 1. Juli 1997 beleghaft weitergeleitet. Ab diesem Zeitpunkt sind alle →Überweisungen nach dem 1995 neugefaßten EZÜ-Abkommen auszuführen.

Verfahren: Die von Kunden beleghaft erteilten Überweisungsaufträge werden in Datensätze umgewandelt und auf elektronischem Wege weitergeleitet. Dazu ist es erforderlich, daß das erstbeteiligte (in den EZÜ überführende) →Kreditinstitut über Standleitungen der Deutschen Telekom AG mit seinem Rechenzentrum on-line in Verbindung steht. Es erfolgt Datenfernverarbeitung, bei der Datenerfassung, Datenübertragung und Datenverarbeitung sowie -rückübertragung im Rechenzentrum unmittelbar aufeinanderfolgend ablaufen. Das Rechenzentrum leitet die EZÜ-Zahlungen nach einer Reihe interner Kontrollen an das endbegünstigte Kreditinstitut bzw. (sofern es mit diesem nicht direkt in Verbindung steht) an das zuständige Rechenzentrum weiter. Dem Zahlungsempfänger stehen EZÜ-Zahlungen tagggleich bzw. am Folgetag zur Verfügung. Weitere Vorteile: Rationalisierung der Massenzahlungen durch beleglose Weiterleitung der Überweisungen. Übernahme von Prüfungen und Kontrollen für das erstbeteiligte Kreditinstitut durch das zuständige Rechenzentrum als „technische Dienstleistung".

EZÜ-Abkommen

Abkommen über die Umwandlung beleghaft erteilter Überweisungsaufträge in Datensätze und deren Bearbeitung. Nach der von den →Spitzenverbänden der deutschen Kreditwirtschaft, der →Deutschen Bundesbank und der →Deutschen Bundespost getroffenen Vereinbarung zur Abwicklung des zwischenbetrieblichen →Überweisungsverkehrs auf elektronischem Wege werden im →EZÜ →Überweisungen, die in Belegform eingereicht werden, auf EDV-Medien erfaßt und im Verrechnungsverkehr zwischen →Kreditinstituten beleglos abgewickelt.

Für die *Weiterleitung und Bearbeitung* gelten für die beteiligten Institute die für das jeweilige Verfahren (Datenträgeraustausch oder →Datenfernübertragung) gültigen Richtlinien. Für den EZÜ sind folgende Daten zu erfassen: →Bankleitzahl des endbegünstigten Kreditinstitutes; Name und Kontonummer des Empfängers, wobei Zuname (oder Firma) am Anfang stehen soll; Betrag; Verwendungszweck; Name und Kontonummer des Auftraggebers; Bankleitzahl des erstbeauftragten Kreditinstituts sowie der Textschlüssel. Das erstbeauftragte Kreditinstitut hat die richtige Erfassung der genannten Daten durch geeignete Kontrollen sicherzustellen. Für die Weiterleitung sind die Daten im Satz und Dateiaufbau nach Anlage 1 der „Richtlinien für den beleglosen Datenträgeraustausch" anzuordnen. Nr. 3 des Abkommens enthält Haftungsfragen, z. B. bei vollständiger und unveränderter Übernahme der Daten der Originalbelege in den EZÜ oder Nichtübereinstimmung der Bankleitzahl des endbegünstigten Kreditinstituts. Im übrigen begründet das Abkommen Rechte und Pflichten nur zwischen den beteiligten Kreditinstituten.

(→Abkommen zum bargeldlosen Zahlungsverkehr)

EZV

Abk. für →elektronischen Zahlungsverkehr.

F

F/A
Abk. für Zinstermine „Februar/August" bei → Schuldverschreibungen, d. h. Zinszahlung am 1. Februar und 1. August.

Fabrikationsrisikobürgschaft
Instrument der → Ausfuhrgewährleistungen des Bundes zur Absicherung von Fabrikationsrisiken deutscher Exporteure aus Ausfuhrverträgen über Lieferungen und Leistungen, wenn der ausländische Vertragspartner des deutschen Exporteurs oder ein für das Forderungsrisiko voll haftender Garant ein Staat, eine Gebietskörperschaft oder eine vergleichbare Institution ist.

Fabrikationsrisikogarantie
Instrument der → Ausfuhrgewährleistungen des Bundes zur Absicherung von Fabrikationsrisiken deutscher Exporteure aus Ausfuhrverträgen über Lieferungen und Leistungen an private ausländische → Schuldner.

Face Value, → Nennwert.

Fächer
Synonym für → Trendfächer.

Fachhochschule der Deutschen Bundesbank
Zentrale Weiterbildungsstätte der → Deutschen Bundesbank mit Sitz in Hachenburg (Westerwald). Hier werden Ausbildungslehrgänge für die Laufbahnausbildung des mittleren, gehobenen und höheren Bankdienstes durchgeführt.
(→ Laufbahnausbildung für Beamte bei der Deutschen Bundesbank)

Fachprüfungsverbände
Genossenschaftliche → Prüfungsverbände (§ 54 GenG), denen die gesetzlich vorgeschriebenen Prüfungen (→ Jahresabschlußprüfung, → Depotprüfung) von bestimmten Genossenschaftsgruppen obliegt: → Verbände der Sparda-Banken e. V. (Frankfurt a. M.) und → Verband der Post-Spar- und Darlehensvereine e. V.

Factoring
Ankauf von Geldforderungen gegen einen → Drittschuldner aus Warenlieferungen oder Dienstleistungen durch ein Finanzierungsinstitut (Factor). Das Factoringinstitut stellt dem verkaufenden Unternehmen sofort → Liquidität zur Verfügung und übernimmt i. d. R. das → Adressenausfallrisiko. Grundlage der Geschäftsbeziehungen zwischen Factor und F.-Kunde (Klient, Anschlußkunde) ist ein (gesetzlich nicht geregelter) F.-Vertrag, der rechtlich gesehen ein Kaufvertrag ist (§ 305 BGB). Der → Kauf wird durch → Abtretung der → Forderungen erfüllt (→ Globalzession).

Formen: a) Hinsichtlich der *Offenlegung der Forderungsabtretung* werden drei Formen unterschieden: (1) *Offenes F. (notifiziertes F.)*: Der Klient weist den Drittschuldner in der Rechnung auf die Abtretung der Forderung an den Factor hin. Der Drittschuldner kann mit befreiender Wirkung nur an den Factor leisten. (2) *Halboffenes F.*: Der Klient informiert den Drittschuldner durch einen Zahlungsvermerk auf der Rechnung über die Zusammenarbeit mit dem Factor. Der Drittschuldner kann mit befreiender Wirkung entweder an den Factor oder an den Klienten leisten. (3) *Stilles F. (nichtnotifiziertes F.)*: Dem Drittschuldner wird die Forderungsabtretung an den Factor nicht bekanntgegeben, so daß der Drittschuldner Zahlung an den Klienten leistet, der diese weiterzuleiten hat. Das Mahnwesen führt der Factor auf Firmenpapier des Klienten durch.

b) Hinsichtlich der *Funktionen*, die vom Factor übernommen werden, sind das echte und das unechte F. zu unterscheiden: (1)

Factoring

Beim *echten* F. übernimmt der Factor die Dienstleistungsfunktion (i. w. Debitorenbuchhaltung, Mahnwesen, Rechnungsinkasso), die Finanzierungsfunktion (i. a. Bevorschussung der angekauften Forderungen) und die Delkrederefunktion (→ Delkredere, Übernahme des Ausfallrisikos). (2) Beim *unechten* F. wird die Delkrederefunktion vom Factor nicht übernommen. Das echte F. wird im F.-Vertrag üblicherweise als offenes F. vereinbart; das unechte F. kommt häufig als stilles F. vor.

Funktionen des Factors: a) Die *Dienstleistungsfunktion (Servicefunktion)* des Factors kann als Leistungen die Debitorenbuchhaltung, das Mahn-, Inkasso- und Beratungswesen umfassen. So kann vereinbart sein, daß der Factor täglich Informationen über Kontenbewegungen, Skonti und sonstige Abzüge liefert; monatlich zusätzlich die Mehrwertsteuer (→ Umsatzsteuer [USt]) ermittelt, die Vertretungsprovisions-Abrechnung und eine Offene-Posten-Liste erstellt. Als beratender Service kommen die Analyse von Absatzmärkten, Umsatzstatistiken und -auswertungen in Frage. Dieses Angebot wird vor allem von mittelständischen Unternehmen in Anspruch genommen. Die Gebühren für die Dienstleistungsfunktion betragen i. a. 0,3 bis 3 Prozent vom Umsatz. Ihre Höhe ist abhängig vom Gesamtumsatz, dem Durchschnittsbetrag der Rechnungen, der durchschnittlichen → Laufzeit der Forderungen, von der Zahl und der Fluktuation der Kunden, von der Anzahl der versandten Rechnungen, vom Ausmaß der Rücksendungen und Mängelrügen, vom Zahlungsverhalten der Drittschuldner und von der Art und dem Umfang zusätzlicher Arbeiten.

b) Die *Finanzierungsfunktion* kann vom Factor in zwei Formen betrieben werden: (1) Beim *Fälligkeitsfactoring* erfolgt der bündelweise Ankauf der Forderungen zum durchschnittlichen Fälligkeitstag. Zu diesem Zeitpunkt werden 80 bis 90 Prozent der Rechnungsbeträge zur Verfügung gestellt. Die restlichen 10 bis 20 Prozent werden auf einem Sperrkonto des Klienten gutgeschrieben, womit der Factor sich gegen Mängelrügen, Warenrückgaben bzw. vom Drittschuldner genutzte Skonti und Boni absichert (Rückbelastungsrecht). Der verbleibende Sperrbetrag wird nach Forderungseingang bzw. wenn die Zahlungsunfähigkeit des Kunden feststeht (Eintritt des Delkrederefalls) überwiesen. Diese „unechte Finanzierungsfunktion" wählt ein Klient, wenn er über ausreichende Liquidität verfügt und es ihm vor allem auf die Dienstleistungs- und Delkrederefunktion ankommt. (2) Beim *Vorfälligkeitsfactoring* werden vom Factor die Rechnungsbeträge (abzüglich 10 bis 20 Prozent) dem Klienten unmittelbar nach Erstellung der Rechnungen bereitgestellt, also bis zum Fälligkeitstag bevorschußt, was die eigentliche Finanzierungsfunktion des Factors ausmacht. Die Bevorschussung beschränkt sich vornehmlich auf Forderungen mit Laufzeiten von nicht mehr als drei Monaten. Die Kapitalkosten für die Bevorschussung liegen etwa in Höhe der Zinsen für → Kontokorrentkredite und sind vom Tage der Inanspruchnahme des Vorschusses bis zum Zahlungseingang bzw. zum Eintritt des Delkrederefalls zu bezahlen.

c) Bei Übernahme der *Delkrederefunktion* hat der Factor das Ausfallrisiko zu 100 Prozent zu tragen. (Im Gegensatz zum F. deckt eine → Kreditversicherung [→ Delkredereversicherung] den Ausfall nur in einer im Vertrag festgelegten Höhe ab [Selbstbeteiligung]). Der Delkrederefall gilt als eingetreten, wenn nach Ablauf einer Karenzzeit, die i. d. R. 90 bis 120 Tage beträgt, der Drittschuldner seiner Verbindlichkeit nicht nachkommt. Die zwangsweise Geltendmachung notleidender Forderungen ist Aufgabe des Factors. Im F.-Vertrag wird vereinbart, daß alle oder zumindest geschlossene Forderungsgesamtheiten zum Kauf angeboten werden, nicht dagegen nur die „schlechten Risiken". Der Übernahme der Forderung geht eine bonitätsmäßige Überprüfung des Drittschuldners durch den Factor voraus. Bei negativer Einschätzung der Bonität erfolgt kein Ankauf und damit auch keine Bevorschussung der Forderung, ggf. wird jedoch deren Einzug treuhänderisch übernommen. Um das Ausfallwagnis im Einzelfall zu begrenzen, vereinbart der Factor mit dem Klienten für jeden Drittschuldner einen Höchstbetrag der jeweils anzukaufenden Forderungen (Limite). Oft wird nach einer gewissen Übergangsphase unechtes in echtes F. übergeleitet, da der Factor mit Durchführung des Inkasso- und Mahnwesens sich zunächst einen Einblick in die Risikostruktur der Forderungen verschaffen will. Die Gebühren für die Delkrederefunktion betragen i. a. 0,2 bis 1,2 Prozent vom Umsatz und sind abhängig von der Bonität der Drittschuldner, deren Zahlungsmoral, dem Anteil der Dubiosen am Gesamtumsatz und der Risikostreuung der Drittschuldner nach Größe und Branche.

Kollision von F.-Globalzession und → verlängertem Eigentumsvorbehalt: Hinsichtlich der abgetretenen Forderungen entsteht eine Konkurrenzsituation zwischen dem Vorbehaltslieferanten und dem Factor. Nach dem Prioritätsprinzip ist bei zweimaliger Abtretung der gleichen Forderung nur die zeitlich frühere wirksam. Der Zeitpunkt des Abschlusses des Globalzessionsvertrages bestimmt den Zeitpunkt des Forderungserwerbs durch den Factor, wohingegen die Vorausabtretung kraft verlängerten Eigentumsvorbehalts an die einzelne Lieferung knüpft. Mit Urteil vom 19.9.1977 hat der BGH entschieden, daß die Vorausabtretung aller künftigen Forderungen an den Factor – unter der aufschiebenden Bedingung des Forderungsankaufs – nicht sittenwidrig ist. Somit besitzt Vorrang des F. gegenüber dem verlängerten Eigentumsvorbehalt, falls die Globalabtretung zeitliche Priorität besitzt. Das Urteil gilt jedoch ausdrücklich nur für das echte F., hinsichtlich des unechten F. wurde die Rechtsunsicherheit nicht beseitigt. Auch *Abtretungsverbote* nach § 399 BGB können Schwierigkeiten bereiten. Marktstarke Unternehmen nehmen in ihre standardisierten Einkaufsbedingungen eine Klausel auf, wonach Forderungen, die sich gegen sie richten, nicht abgetreten werden dürfen; bei →Handelsgeschäften werden derartige Vereinbarungen aber durch § 354a HGB stark eingeschränkt. Auch wenn durch eine Abtretungsverbotsklausel die beiderseitigen Interessen i.S.d. § 9 AGB-Gesetz nicht ausgewogen berücksichtigt werden, kann eine solche Klausel unwirksam sein; der Verwender läuft Gefahr einer Doppelinanspruchnahme.

Rechtliche Einordnung: F. ist kein →Bankgeschäft (→Kreditgeschäft) i.S.d. § 1 KWG. F.-Institute sind keine →Kreditinstitute, jedoch vielfach deren Tochtergesellschaften. Wird F. im Rahmen einer Bank betrieben, so unterliegt auch dieses Geschäft den Vorschriften des KWG. Bezüglich des →Eigenkapitalgrundsatzes und der →Großkredite kommen die Konsolidierungsvorschriften des KWG zur Anwendung. Aufgrund der Vorschriften zum →Kreditnehmerbegriff des KWG ist der Drittschuldner als Kreditnehmer anzusehen, soweit der Klient nicht für die Erfüllung der veräußerten Forderung einzustehen und sie nicht auf Verlangen zurückzuerwerben hat (echtes F.). Hat der Klient jedoch diese Verpflichtung übernommen, so ist er Kreditnehmer i.S.d. §§ 13–18 KWG (so gemäß § 21 Abs. 4 KWG für §§ 15–18 ab 1996). Gemäß § 18 Satz 3 KWG ist die →Offenlegung der wirtschaftlichen Verhältnisse nicht erforderlich, wenn – wie beim echten F. praktiziert – Forderungen aus nicht bankmäßigen Geschäften gegen den jeweiligen Schuldner (Drittschuldner) laufend erworben werden, der Veräußerer der Forderung (Klient) nicht für die Erfüllung einzustehen hat (Delkredereübernahme durch den Factor) und die Forderung innerhalb von drei Monaten, vom Tage des Ankaufs an gerechnet, fällig wird. Rechtliche Abgrenzung des Factoring zur Kreditgewährung gegen Zession:

Factoring:	Kreditgewährung gegen Zession:
– Forderungsankauf geregelt durch Kaufvertrag	– Forderungsabtretung, geregelt durch Kreditsicherungsvertrag (→Sicherungsvertrag)
– Abtretung der Forderungen zur Erfüllung des Kaufvertrages	– Sicherungsweise Abtretung der Forderungen (Sicherungszession)
– Kein Anspruch auf Rückübertragung der abgetretenen Forderungen	– Anspruch auf Rückübertragung der abgetretenen Forderungen

Wirtschaftliche Einordnung: Beim F. handelt es sich um eine →Finanzierung durch Vermögensumschichtung (→Umfinanzierung).

F. aus der Sicht des Klienten: Der Klient wird die →Kosten für die Dienstleistungs-, die Delkredere- und die Finanzierungsfunktion des Factors seinen betriebsspezifischen Einsparungen gegenüberstellen. Kostenvorteile des Factors können über die Preisgestaltung auch dem Klienten zugute kommen. Die Dienstleistungsfunktion wird der Factor u.U. kostengünstiger durchführen, da er EDV-Anlagen mit standardisierten Programmen rationell einzusetzen vermag. Die relativ konstante Delkrederegebühr wird der Klient aus kalkulatorischen und bilanziellen

Factoring-Institute

Gründen ggf. einem stärker schwankenden Forderungsausfall vorziehen. Bei den Kosten, die durch die Eintreibung von Forderungen verursacht werden (Anwalts-, Gerichts- und sonstige Prozeßkosten), wird der Factor oft kostengünstiger operieren, weil Spezialisten diese Aufgaben wahrnehmen. Hinsichtlich der Finanzierungsfunktion paßt sich das F. dem finanziellen Rhythmus des Leistungsprozesses weitgehend an.

Der Klient kann auch einen Vorteil in der Bilanzentlastung sehen. Forderungen werden aus der → Bilanz des Klienten in die Bilanz des Factors übertragen. Beim Klienten findet entweder ein Aktivtausch oder – was die Regel ist – eine Bilanzverkürzung statt. Beim Aktivtausch werden anstelle der „Forderungen aus Lieferungen und Leistungen" Forderungen gegenüber dem Factor, ggf. einem Kreditinstitut, ausgewiesen (Beträge des Sperrkontos als „Sonstige Forderungen" bzw. als Vermerkposition). Werden die verfügbaren Mittel für eine Verminderung der Verbindlichkeiten genutzt, so kommt es zu einer Bilanzverkürzung. Beim Zessionskredit würden hingegen die Forderungen aus Lieferungen und Leistungen weiterhin ausgewiesen, bei Finanzierung auf Wechselbasis würde eine → Eventualverbindlichkeit unter dem Strich der Bilanz vermerkt. Der Klient könnte auch Funktionen des Factors verlagern, z. B. die Dienstleistungsfunktion auf Inkassobüros (jedoch geschieht dies erst nach Fälligkeit, wenn die Schuldner nicht termingerecht gezahlt haben oder wenn die Forderungen notleidend geworden sind); die Delkrederefunktion auf Kreditversicherungen (jedoch wird hier i.d. R. ein Selbstbehalt [Selbstbeteiligung] vereinbart, wobei der Versicherungsnehmer den Forderungsausfall gerichtlich nachzuweisen und die Prozeßlast zu tragen hat); die Finanzierungsfunktion durch Forderungsabtretung auf Kreditinstitute (jedoch erfolgt eine Finanzierung nicht in 100prozentiger Höhe der Forderungen).

Spezielle Ausprägung: → Exportfactoring.

Factoring-Institute
→ Absatzfinanzierungsinstitute, die den Ankauf von → Forderungen aus Warenlieferungen und Dienstleistungen (→ Factoring) betreiben. Sie sind keine → Kreditinstitute i.S. des KWG, da Factoring kein → Bankgeschäft i.S. von § 1 Abs. 1 KWG ist. Sie sind → Finanzinstitute i.S. des KWG. F. werden i.a. als → Kapitalgesellschaften geführt und sind → Tochtergesellschaften von → Banken und → Sparkassen.

Fahrlässigkeit
Eine Form des → Verschuldens.

Fail to deliver
Eine termingemäße Wertpapierlieferung ist durch einen Verzug des Lieferanten nicht möglich.

Fail to receive
Der Empfänger einer Wertpapierlieferung erhält aufgrund eines Verzuges seines Kontrahenten keine → Wertpapiere.

Fair Value
Preis eines Instrumentes (z. B. → Option, → Futures), bei dem das Finanzinstrument im Vergleich zu anderen Instrumenten weder zu teuer noch zu billig gehandelt wird, d. h. es kann nicht über eine → Arbitrage ein Vorteil erzielt werden. Der F. V. basiert auf dem → Law of one Price-Prinzip. Ein Produkt kann, unabhängig davon wie es konstruiert ist, nur einen Preis haben. Ist dies nicht der Fall können Arbitragegewinne erzielt werden. Bei der Bewertung von Optionen und Optionsscheinen wendet man beispielsweise die → Put-Call-Parity an, die besagt, daß eine Beziehung zwischen europäischen Calls und Puts mit gleicher Laufzeit bzw. gleichem Basispreis hergestellt werden kann.

Fair Value einer Option, → Black & Scholes-Modell, → Black-Modell, Cox, Ross, Rubinstein-Modell.

Faktor Bias
Wechsel der Cheapest to Deliver (→ CTD-Anleihe) bei → Zinsfutures mit Basket-Delivery bei einer → Parallelverschiebung der → Renditestrukturkurve, der auf die Berechnungsmethodik des → Preisfaktors zurückzuführen ist. Die Ermittlung von Preisfaktoren erfolgt durch Diskontierung (→ Abzinsen) der zukünftigen → Cash Flows der → lieferbaren Anleihen mit dem → Nominalzins der fiktiven Anleihe. Dieser beträgt beispielsweise beim → Bund-Future 6% und beim → Notional Bond Future 10%. Preisfaktoren sind für die Kontraktfälligkeit konstant und ändern sich auch nicht bei einer Veränderung der → Renditen am → Kassamarkt. Diese Berechnungsmethodik führt bei einer Parallelverschiebung zu einem Wechsel der CTD, da Preisfaktoren

Faktor Bias – Kurse bei unterschiedlichen Renditeniveaus

Kupon in %	Renditeniveau in %		
	5	6	7
4	92,27 (+8,20%)[2]	85,28[1]	78,931[1] (−7,45%)[2]
6	107,72 (+7,72%)[2]	100,00[1]	92,981 (−7,02%)[2]
8	123,171[1] (7,36%)[2]	114,72[1]	107,02 (−6,71%)[2]
Fair Value Future	107,36	100	92,553

[1] Cheapest-to-Deliver.
[2] Prozentuale Kursveränderung gegenüber dem Kurs bei einer Rendite von 6%.

Faktor Bias – Preisfaktoren

Kupon in %	Preisfaktor
4	0,852798
6	1
8	1,147201

die lieferbaren Anleihen falsch bewerten. Am Kassamarkt werden die Papiere mit der aktuellen Rendite bewertet, während für den →Terminmarkt z. B. beim Bund-Future mit einer theoretischen Rendite von 6% gerechnet wird. Nur für den Sonderfall, daß alle lieferbaren Anleihen auch am Kassamarkt eine Rendite von 6% erzielen, sind alle Anleihen gleich günstig zu liefern. Sofern aber alle Anleihen die gleiche Rendite erzielen, die aber nicht bei 6% liegt, wird eine bestimmte Anleihe CTD. Um diesen Effekt zu verdeutlichen, werden frei fiktive zehnjährige Anleihen mit einem Kupon von 4, 6 und 8 Prozent betrachtet, die in den Bund-Future geliefert werden können. Es wird unterstellt, daß die Anleihen die gleiche Rendite haben und die CTD bei Fälligkeit des →Kontraktes ermittelt werden soll. Die obenstehende Tabelle zeigt die Kurse dieser Anleihen bei verschiedenen Renditeniveaus.

Die Preisfaktoren dieser Anleihen bleiben unabhängig vom aktuellen Renditeniveau konstant und wurden wie oben gezeigt berechnet.

Am Liefertag des Futures ist immer jene Anleihe CTD, bei der das Verhältnis aus aktuellem Kassakurs und Preisfaktor am geringsten ist. Bei einem Renditeniveau unter 6% ist die 8%ige Anleihe CTD, während bei einer Rendite von 6% alle drei Papiere gleichzeitig CTD sind. Dividiert man die aktuellen Kurse der Papiere durch die Preisfaktoren, erhält man bei allen Papieren einen aktuellen Futureskurs von 100. Nur bei einer Rendite von 6% sind alle lieferbaren Anleihen gleich preisgünstig zu liefern. Die Auswahl der CTD entfällt. Der Bund-Futureskontrakt entspricht in dieser Situation dem Terminkurs einer Anleihe mit 6% und einer →Laufzeit von 10 Jahren. Bei einer aktuellen Rendite über 6% ist die 4%ige Anleihe CTD. In Abhängigkeit vom Renditeniveau werden also verschiedene Anleihen CTD. Damit hat auch das Zinsniveau einen bedeutenden Einfluß. – Steigt das Renditeniveau auf 7% (Parallelverschiebung), fallen die Kurse der drei Anleihen. Die 4%ige Anleihe fällt mit 7,45% am stärksten. Dieser starke Kursverfall kann über die →Modified Duration erklärt werden. Je höher die Modified Duration ist, desto höher sind die prozentualen Kursverluste. Die 4%ige Anleihe hat die höchste Modified Duration. Damit ist die 4%ige Anleihe im Vergleich zu den beiden anderen Anleihen am stärksten gefallen und wird damit CTD. Bei fallenden Renditen steigen die Kurse jener Anleihen überproportional, die ebenfalls eine hohe Modified Duration haben. Bei diesem Renditeniveau wird die 8%ige Anleihe CTD, da diese verglichen mit den beiden anderen Papieren die geringste Modified Duration und damit auch die geringsten prozentualen Kursgewinne erwirtschaftete. Deshalb ist diese Anleihe im Vergleich zu den anderen beiden Anleihen billiger und damit CTD.

Faktoreinkommen

Faktoreinkommen
Entgelt für die im Produktionsprozeß abgegebenen Faktorleistungen = → Einkommen aus → Produktionsfaktoren.

Faktura, → Handelsrechnung.

Fakultativklausel
Ehemalige, den → Kreditinstituten in den Überweisungsvordrucken formularmäßig eingeräumte Befugnis, den Überweisungsbetrag einem anderen Konto des Empfängers als dem angegebenen gutzuschreiben. Diese Klausel benachteiligte nach einem BGH-Urteil von 1986 den Überweisungsauftraggeber unangemessen und ist deshalb gemäß § 9 AGBG unwirksam.

Fallen Angel
→ Emittent, dessen → Rating sich deutlich verschlechtert hat.
Gegensatz: → Rising Star.

Fälligkeit
Bezeichnung für die Leistungszeit in einem → Schuldverhältnis. F. meint den Zeitpunkt, von dem an der → Gläubiger (Anleger) die Leistung (z. B. → Rückzahlung des → Kapitals, Zahlung von → Zinsen) fordern kann und der → Schuldner (z. B. → Emittent einer → Anleihe) sie demgemäß erbringen muß. Bei Gesamtfälligkeit etwa muß die Rückzahlung in einem Betrag erfolgen (→ Tilgungsanleihe, → gesamtfällige Anleihe); Endfälligkeit bezieht sich auf die letzte von mehreren Leistungspflichten (→ Laufzeit).

Falschgeld
In der Begriffsbestimmung des § 36 Abs. 1 BBankG nachgemachte oder verfälschte → Banknoten oder → Münzen.

Falsifikat
Gefälschtes → Geld oder → Wertpapier (→ Geld- und Wertzeichenfälschung).

Familiengesellschaften
Bezeichnung für → Gesellschaften, bei denen untereinander verwandte oder verschwägerte Personen Inhaber der Gesellschafterrechte sind. → Gesellschaftsverträge zwischen Familienangehörigen werden vielfach aus Steuerersparnisgründen geschlossen. Progressionsvorteile bei der → Einkommensteuer können sich durch Gewinnverteilung auf mehrere Personen ergeben. Auch die Vermeidung von Erbschaftsteuer (Erbschaft- und Schenkungsteuer) durch Gewinnbeteiligung der → Erben zu Lebzeiten des → Erblassers kann Motiv für eine F. sein. Die steuerliche Anerkennung von Familien-→ Personengesellschaften setzt das Vorliegen einer → Mitunternehmerschaft voraus.
→ Aktiengesellschaften sind dann F., wenn die → Aktien sich in den Händen von Familienangehörigen befinden. Für F. als → Kapitalgesellschaften gelten die Vorschriften des → Betriebsverfassungsgesetzes über die Beteiligung der → Arbeitnehmer im → Aufsichtsrat nicht (§ 76 Abs. 6 BetrVG 1952).

Familienrecht
Vor allem im → Bürgerlichen Gesetzbuch (Viertes Buch des BGB) enthaltene Vorschriften über → Ehe (einschließlich → Ehevertrag und → Güterstand) und Verwandtschaft, wobei das Verhältnis von Eltern (als → Gesetzliche Vertreter) zu ihren Kindern (→ Minderjährige) im Mittelpunkt steht (→ Elterliche Sorge, → Elterliches Vertretungsrecht). Das F. beinhaltet aber auch Bestimmungen über die → Vormundschaft (mit Regeln zur → Mündelsicherheit), die → Betreuung und die → Pflegschaft.

Fannie Mae
Abk. für Federal National Mortgage Association bzw. von dieser Einrichtung begebene → Anleihen.

FAS
free alongside ship ... (named point of shipment) = frei Längsseite Seeschiff .... (benannter Verschiffungshafen).
Bei FAS wie bei den beiden anderen F-Klauseln der → Incoterms erfüllt der Verkäufer seine Lieferpflicht, wenn er die → Ware dem → Frachtführer übergibt. Die Seetransportklausel kommt vor allem bei Verladung von Massengütern auf konventionelle → Schiffe in Betracht. Der Käufer trägt die → Kosten des Verladens und alle weiteren Kosten.

Fast Stochastics
Variante des → Stochastics, die aus der K%-Linie und der D%-Linie besteht. Die K%-Linie des F. S. wird auch als K%-Fast-Linie bzw. die D%-Linie als D%-Fast-Linie bezeichnet. F. S. sind äußerst schnell reagierende → Indikatoren, die insbesondere von → Tradern verwendet werden sollten, da sich häufig Handelssignale ergeben. Im Gegensatz zum → Slow Stochastics reagieren die beiden Linien des F. S. schneller auf eine Veränderung des Marktes.

Faustpfandrecht

→ Vertragspfandrecht an einer → beweglichen Sache (§§ 1204 ff. BGB), das gemäß § 1205 BGB dadurch entsteht, daß der Eigentümer (Verpfänder) die bewegliche Sache dem → Gläubiger übergibt und beide darüber einig sind, daß dem Gläubiger zur Sicherung einer → Forderung (→ akzessorische Sicherheit) das → Pfandrecht zustehen soll. Es wird auch als → Mobiliarpfandrecht berechnet.

Übergabesurrogate: Ein Ersatz der Übergabe kommt nur in Betracht, wenn durch Mitverschluß des Gläubigers diesem an der Pfandsache ein qualifizierter Mitbesitz eingeräumt wird (§ 1206 BGB) oder, sofern ein Dritter das Pfandobjekt besitzt, der Verpfänder seinen mittelbaren → Besitz dem Pfandgläubiger durch → Abtretung des Herausgabeanspruchs überträgt und dem Dritten die → Verpfändung anzeigt (§§ 1205 Abs. 2, 870 BGB). Im Unterschied zur → Übereignung ist aber wegen der Publizitätsgebundenheit des F. seine Bestellung durch Vereinbarung eines → Besitzkonstituts ausgeschlossen, so daß bei Gegenständen, die der Sicherungsgeber weiterhin selbst nutzen will, eine → Sicherungsübereignung erfolgt.

Einigung: Sie erfolgt entweder durch Verpfändungsvertrag oder durch Einbeziehung von Pfandklauseln in der → Allgemeinen Geschäftsbedingungen des Pfandgläubigers in den → Vertrag (→ AGB-Pfandrecht der Kreditinstitute). Im Falle der Nichtberechtigung des Verpfänders kann der Gläubiger unter den gleichen Voraussetzungen wie bei der Eigentumsübertragung gutgläubig ein Pfandrecht erwerben (§§ 1207, 932 ff. BGB, 366 HGB; → gutgläubiger Erwerb).

Gegenstände: Bewegliche Sachen, soweit diese nicht → wesentlicher Bestandteil einer anderen Sache sind (§§ 93, 94 BGB) mit Ausnahme von → Schiffen, Schiffsbauwerken und einzutragenden Luftfahrzeugen (→ Registerpfandrechte an Luftfahrzeugen); Forderungen, wobei künftige Forderungen zumindest bestimmbar sein müssen.

→ *Rang*: Bestehen an einer Sache mehrere Pfandrechte, so ist jeweils das früher bestellte dem später bestellten gegenüber vorrangig (§ 1209 BGB).

Haftung des Pfandes: Das Pfandobjekt haftet nicht nur für die Hauptforderung des Pfandgläubigers in ihrem jeweiligen Bestand, sondern auch für seine Nebenrechte (→ Zinsen, Vertragsstrafen) und → Kosten (§ 1210 BGB).

Verhältnis zwischen Verpfänder und Pfandgläubiger: Ist der Verpfänder nicht der persönliche → Schuldner, so kann er dem Pfandgläubiger gegenüber die dem persönlichen Schuldner gegen die Forderung sowie die nach § 770 BGB einem Bürgen (→ Bürgschaft) zustehenden → Einreden geltend machen (§ 1211 BGB). Befriedigt er den Pfandgläubiger, so geht die Forderung des Gläubigers auf ihn über (§ 1225 BGB).

Rechte des Pfandgläubigers: Nach der sogenannten Pfandreife, d. h. Fälligkeit der gesicherten Forderung (§ 1228 Abs. 2 BGB), kann er das Pfand durch Pfandverkauf (grundsätzlich öffentliche Versteigerung, § 1235; bei Pfändern mit Markt- oder Börsenpreis freihändiger Verkauf, § 1235, 1221 BGB) erwerben, wobei die zuvor erforderliche Verkaufsandrohung gegenüber dem Verpfänder (§ 1234 BGB) in der Praxis abbedungen werden kann. Den überschießenden Betrag aus der Pfandverwertung hat der Pfandgläubiger an den Verpfänder zu zahlen (§ 1247 BGB).

Übertragung: Mit Übertragung der durch ein Pfandrecht gesicherten Forderung geht das Pfandrecht als akzessorische Sicherheit automatisch auf den neuen Gläubiger über (§ 1250 BGB).

Erlöschen: Das Pfandrecht erlischt mit Pfandverwertung und bei Untergang der Forderung (§ 1252 BGB) sowie stets mit Rückgabe der Pfandsache an den Verpfänder (§ 1253 BGB). Weitere Erlöschenstatbestände: einseitige Aufhebenserklärung des Pfandgläubigers gegenüber dem Verpfänder (§ 1255 BGB), grundsätzlich bei Zusammenfall des Pfandrechts mit dem Eigentum in derselben Person (§ 1256 BGB).

FAZ
Abk. für Frankfurter Allgemeine Zeitung, → FAZ-Aktienindex.

FAZ-Aktienindex
→ Aktienindex, der aus den Einheitskursen (→ Einheitskursermittlung) von 100 an der Frankfurter → Börse gehandelten → Aktien berechnet wird. Basis ist das Kursniveau von Ende 1958 (= 100).
Der FAZ-Index ist ein reiner Kursindex. Für den FAZ-A. wird die Indexformel nach Paasche verwendet (→ Paasche-Index). Bei dieser Formel ergibt sich die jeweilige Bedeu-

Fazilität

tung eines Aktienkurses für die Indexberechnung (Gewicht) aus der Höhe des →Grundkapitals am Berechnungstag.

Fazilität
Bezeichnung für →Kreditlinie oder Kreditrahmen (insbes. von →Banken).

FAZ-Index, →FAZ-Aktienindex.

FCA
free carrier ... (named place) = frei Frachtführer ... (benannter Ort).
Diese Klausel der →Incoterms ist auf alle Transportarten anwendbar. Sie enthält eine umfangreiche Darstellung der Lieferpflichten des Verkäufers; ihre Erfüllung (mit Lieferung an den →Frachtführer) ist unterschiedlich ausgestaltet, je nachdem welche Transportart vereinbart ist. Der Verkäufer ist für die Exportabwicklung verantwortlich.

FCR
Abk. für Forwarding Agent's Certificate of Receipt, →Spediteurübernahmebescheinigung.

FDIC
Abk. für →Federal Deposit Insurance Corporation (staatliche Einlagenversicherung der USA, →Einlagensicherung).

FED
Abk. für →Federal Reserve System (→Zentralbanksystem der USA).

Federal Deposit Insurance Corporation (FDIC)
Staatliche Einlagenversicherung der USA, Versicherungsschutz pro Kunde und Bank: 100.000 US-$ (→Bankwesen USA).

Federal Funds Rate
Zinssatz am US-amerikanischen →Geldmarkt für kurzfristige Geldaufnahmen.

Federal Open Market Committee,
→Federal Reserve System.

Federal Reserve Banks, →Federal Reserve System.

Federal Reserve Board
Oberstes Organ im →Federal Reserve System der USA, welches die Grundlinien der →Geld- und →Kreditpolitik bestimmt.

Federal Reserve System (Fed)
→Zentralbanksystem der USA.

Mitglieder/Organe: Das Fed besteht aus zwölf Federal Reserve Banks, deren Anteilseigner die angeschlossenen →Commercial Banks (Member Banks) sind (mit obligatorischer Mitgliedschaft für National Banks und freiwilliger Mitgliedschaft für State Banks). Die Federal Reserve Banks sind für die Durchführung der Notenbankpolitik in ihrem jeweiligen Distrikt verantwortlich. Jede Bank unterliegt der Aufsicht eines neunköpfigen Verwaltungsrates (Board of Directors); sechs Mitglieder werden von den Mitgliedsbanken und drei vom Board of Governors of the F.R.S. ernannt. Der Board of Governors ist als oberstes Organ gegenüber den Federal Reserve Banks weisungsbefugt und bestimmt die Grundlinien der →Geld- und →Kreditpolitik. Er setzt sich aus sieben Mitgliedern zusammen, die vom Präsidenten der USA für 14 Jahre ernannt und vom Kongreß bestätigt werden, und ist eine von der Bundesregierung unabhängige Behörde.

Aufgaben: Mit Hilfe der geldpolitischen Instrumente soll das Zentralbanksystem →Preisstabilität, hohen Beschäftigungsgrad, langfristiges Zahlungsbilanzgleichgewicht (→Zahlungsbilanzausgleich) und angemessenes →Wirtschaftswachstum erreichen; welchem der Ziele Vorrang eingeräumt wird, liegt im Ermessen des Board of Governors.

Instrumente: Als Instrumente stehen die Mindestreservepolitik, die Refinanzierungspolitik sowie die Offenmarktpolitik zur Verfügung; ferner die Befugnis, den Eigenkapitalanteil bei Wertpapierkäufen festzulegen (margin requirements), mit Ermächtigung des Präsidenten vorübergehend eine →Kreditplafondierung einzuführen und (bis 1986) die Festlegung der Habenzinsbeschränkung (→Regulation Q). Die →Mindestreserve (reserve requirements) ist im Wochendurchschnitt als Einlage bei einer Federal Reserve Bank oder als Bargeld zu halten; sie ist z.T. verzinslich (sog. supplementary reserves, zusätzliche Mindestreserven auf →Sichteinlagen). Mit dem Depository Institutions Deregulation and Monetary Control Act von 1980 hat die Mindestreserve eine größere Bedeutung erhalten, da sie nach einer Übergangsfrist von acht Jahren auch alle Non-Member-Banks erfaßt. Im Rahmen der *Refinanzierungspolitik* kommt dem →Diskontkredit, der bis 1980 Privileg der Member Banks war, keine große Bedeutung zu, da die „advances"

(Kredite, die durch verpfändete → Wertpapiere oder Hypotheken gesichert werden) zinsgünstiger sind. Die Non-Member-Banks haben jedoch einen höheren Zins zu zahlen. Dem →Diskontsatz kommt kaum Bedeutung als Leitzins zu, da man sich an der → „Prime Rate", dem Zinssatz, den große Banken ihren besten Kunden berechnen, orientiert. Das mit Abstand wichtigste geldpolitische Instrument ist die *Offenmarktpolitik* (Kassa- und Pensionsgeschäfte in Bundespapieren, vom Bund garantierten Papieren sowie einigen →Geldmarktpapieren privater → Emittenten). Die Offenmarktpolitik wird vom Federal Open Market Committee, das sich aus den sieben Mitgliedern des Board of Governors und fünf weiteren Mitgliedern der Federal Reserve Banks zusammensetzt, festgelegt. Die Geschäfte werden allein von der Reserve Bank of New York durchgeführt. Die *Devisenmarktpolitik* wird ebenfalls vom Federal Open Market Committee in Abstimmung mit dem Schatzamt betrieben, denn der Treasury Stabilization Fund, der der Stabilisierung der → Wechselkurse dient, wird de jure vom Schatzamt verwaltet. Das Zentralbanksystem erfüllt vielfältige Funktionen als → „Fiscal Agent"; es besteht jedoch keine Verpflichtung zur Kreditgewährung an die Regierung. Ein Direkterwerb von Staatstiteln ist nur bis zu 5 Mrd. $ möglich.

Die Institute des Hypothekarkreditsektors haben mit dem Federal Home Loan Bank System, an dessen Spitze seit 1989 das Office of Thrift Supervision als Behörde des Schatzamtes steht, und diejenigen des Agrarkreditsektors mit dem Farm Credit System ihre eigenen Zentralbanksysteme, die jedoch nicht die Befugnisse und die Bedeutung des F. haben.

Feinsteuerung am Geldmarkt

Unter dem Aspekt der beabsichtigten Wirkungsdauer übliche Kennzeichnung von geldpolitischen Instrumenten der →Deutschen Bundesbank (→Geldpolitik der Deutschen Bundesbank). Hierzu zählen von der Bundesbank am offenen → Geldmarkt durchgeführte Geschäfte (→Offenmarktpolitik der Deutschen Bundesbank) mit → Laufzeiten von weniger als einer Woche bis zu zwei Monaten, insbes. → Pensionsgeschäfte, → Devisenswapgeschäfte und → Devisenpensionsgeschäfte, ferner der Verkauf von kurzfristigen →Schatzwechseln (i. d. R. drei Tage).

Fernsehwerbung

Form der elektronischen → Werbung mittels Fernsehspots. Entweder werden im Rahmen laufender Werbekampagnen bestimmte Produkte beworben oder die Fernsehspots dienen der allgemeinen Imagewerbung der → Kreditinstitute. (Z. B. „das grüne Band der Sympathie", „Wir machen den Weg frei", „Wenn's um Geld geht – Sparkasse".)

Fernstudium
→ berufsbegleitende Weiterbildungsmöglichkeiten, Kreditbanken, →berufsbegleitende Weiterbildungsmöglichkeiten, Sparkassen, →berufsbegleitende Weiterbildungsmöglichkeiten, Genossenschaftsbanken.

Fernüberweisungsverkehr der Deutschen Bundesbank

Die → Zweiganstalten der Deutschen Bundesbank nehmen Überweisungsaufträge von ihren Kontoinhabern im Fernüberweisungsverkehr zwischen verschiedenen Orten im Bundesgebiet im konventionellen → Überweisungsverkehr und telegrafischen Überweisungsverkehr sowie unter Einschaltung der LZB-Rechenzentren im automatisierten beleggebundenen Überweisungsverkehr und →beleglosen Datenträgeraustausch bis zu den durch Aushang in den Geschäftsräumen bekanntgegebenen Annahmeschlußzeiten herein. Servicezentren (Codier-, Sortier- oder Buchungsgemeinschaften als selbständige oder zu einem → Kreditinstitut gehörende Einrichtungen, ggf. also auch →Girozentralen, → genossenschaftliche Zentralbanken, Kopfstellen von Instituten u. ä.) können über Sondervereinbarungen ihre Aufträge im automatisierten beleggebundenen und beleglosen Zahlungsverkehr unmittelbar bei dem für sie zuständigen LZB-Rechenzentrum einliefern. Die Gegenwerte werden über ein →Girokonto bei der kontoführenden LZB-Zweiganstalt verrechnet. Außerdem können bei den LZB-Zweiganstalten beleggebundene → Überweisungen im *„Elektronischen Schalter (ELS)"* zur Ausführung als Eilüberweisung oder telegraphische Überweisung im „Eiligen Zahlungsverkehr (Eil-ZV)" eingereicht werden.

Im *automatisierten Überweisungsverkehr* wird (unter Einschaltung der LZB-Rechenzentren) die Masse der Fernüberweisungen abgewickelt. Soweit es sich um codierte Belege handelt, werden diese im Wege der maschinell-optischen Beleglesung bearbeitet.

Festdarlehen

Die nach Empfangskreditinstituten sortierten Überweisungsträger (Gutschriften) werden diesen entweder unmittelbar oder über Servicezentren zugeleitet.

Für die Abwicklung der auf Magnetbändern und auf Disketten im beleglosen Datenträgeraustausch (DTA) eingereichten Überweisungen gelten die „Besonderen Bedingungen der Deutschen Bundesbank für den beleglosen Datenträgeraustausch". Bei diesen beleglosen Überweisungen handelt es sich in erster Linie um die Ausführung von regelmäßig wiederkehrenden Massenzahlungen (Gehälter, Löhne, Prämienzahlungen usw.). Die in Form von genormten Datensätzen auf Magnetbändern aufgezeichneten Zahlungen werden in die DV-Anlage der LZB-Rechenzentren eingelesen und nach den verschiedenen Empfängern sortiert. Die Empfänger (Servicezentren, Kreditinstitute) erhalten die Daten grundsätzlich auf Magnetbändern.

Zur Beschleunigung der internen Abwicklung des Fernüberweisungsverkehrs hat die Deutsche Bundesbank ihre Rechenzentren mittels Datenfernübertragung miteinander verbunden, so daß auch die überregionalen beleglosen – nichtterminierten – Überweisungen wie im regionalen Verkehr (Bereich eines LZB-Rechenzentrums) innerhalb von 24 Stunden über das Gironetz der Bundesbank abgewickelt werden können.

Seit Mitte 1988 sind alle Zweiganstalten der Deutschen Bundesbank mit DV-Geräten ausgestattet, so daß ein unmittelbarer Datenfernübertragungsverkehr (wie schon im DTA-Verkehr zwischen den LZB-Rechenzentren) auch zwischen den LZB-Zweiganstalten möglich ist. Über dieses Datenfernübertragungsnetz werden im „Eiligen Zahlungsverkehr" der bisherige telegraphische Überweisungsverkehr und die bisher im konventionellen Überweisungsverkehr zwischen den LZB-Zweiganstalten mit Belegen weitergeleiteten Großbetrags-Zahlungen, deren Laufzeit bislang vom Postlauf zwischen den Zweiganstalten abhing, entsprechend den betrieblichen und technischen Möglichkeiten tagggleich ausgeführt. Bei den telegraphischen Überweisungen stellt die Bundesbank wie bisher sicher, daß die Gutschrift auf dem Girokonto des Empfängers am Tage der Auftragserteilung vorgenommen wird. Bei den in das neue Verfahren einbezogenen Eilüberweisungen wird sich die Bundesbank ebenfalls um eine taggleiche Gutschrift bemühen.

Nach Einführung der EZÜ-Pflicht (→ EZÜ) für Überweisungen über Beträge von 10 000 DM oder mehr im Kreditgewerbe – die Schwelle wurde im September 1994 auf 1000 DM abgesenkt; die Einführung einer vollständigen EZÜ-Pflicht soll Mitte 1997 erfolgen – müssen solche Überweisungen seit Anfang 1992 in Datensätze umgewandelt und können von Kreditinstituten nur noch im DTA-Verfahren oder als beleglose Eilüberweisungen eingeliefert werden. Gleichzeitig damit hat die Bundesbank zur Beschleunigung des Großbetrags-Überweisungsverkehrs die Möglichkeit der „Elektronischen Öffnung" der LZB-Zweiganstalten geschaffen. Girokontoinhaber können seitdem Überweisungsaufträge für telegraphische Überweisungen und Eilüberweisungen über Großbeträge mittels Datenübertragung oder per Diskette im „Elektronischen Schalter" (ELS) der LZB-Zweiganstalten erteilen. Die Zahlungen werden im „Eiligen Zahlungsverkehr" an die Empfangszweiganstalt weitergeleitet. Dort werden die Zahlungen entweder per Datenfernübertragung oder durch Aushändigung von Disketten ausgeliefert. Für Girokontoinhaber, die nicht am elektronischen Verkehr teilnehmen, werden Belege erstellt und ausgehändigt. Mit der inzwischen eingeführten Leitwegsteuerung – analog dem Verfahren für den Massenzahlungsverkehr über die Rechenzentren – besteht die Möglichkeit, im Interesse einer zentralen Liquiditätshaltung Überweisungen von der Bankleitzahl der Empfängerbank abweichend an ein Verrechnungsinstitut (z. B. Kopffiliale einer Filialbank oder ein Zentralinstitut im Sparkasse- bzw. Genossenschaftssektor) weiterleiten und über dieses verrechnen zu lassen.

Festdarlehen
→ Darlehen, das am Ende der → Laufzeit in einer Summe zurückgezahlt wird. Es wird auch als Fälligkeitsdarlehen bezeichnet (Darlehen mit Endfälligkeit). An die Stelle der → Tilgung kann eine Lebensversicherung treten (sogenanntes F. gegen Lebensversicherung).

Feste Leihprämie
Generelle Vereinbarung über eine f. L. im Rahmen eines Direktgeschäftes, mit einer offenen oder begrenzten Laufzeit, bei der → Wertpapierleihe i. e. S. Bei offenen Entleihgeschäften kann, unter Einbeziehung der Laufzeit, eine Prämienstaffelung vorab

geregelt werden. In Deutschland immer weniger gebräuchlich. Da die Wertpapierleihesätze immer stärker schwanken, wird es zunehmend für die Banken schwieriger, diese nutzungsunabhängige Grundgebühr zu kalkulieren. Aufgrund dieses Prämienrisikos wird die f. L. von immer weniger Banken gezahlt bzw. im voraus vereinbart.

Fester Wechselkurs

→ Wechselkurs, der durch Festlegung einer → Parität (z. B. Goldparität, Dollarparität) oder → Leitkurse (z. B. im → Europäischen Währungssystem) gegenüber anderen → Währungen fixiert ist und der sich i. d. R. nur innerhalb einer → Bandbreite am → Devisenmarkt durch Angebot und Nachfrage bildet und somit um die Parität bzw. den Leitkurs schwanken kann. Er kann durch → Aufwertung und → Abwertung verändert werden (fester, aber anpassungsfähiger Wechselkurs).
Als *Vorteile f. W.* werden vor allem die Verringerung des Wechselkursrisikos (→ Devisenkursrisiko) und die weitgehende Ausschaltung der → internationalen Devisenspekulation genannt. Dadurch soll nicht nur die Stabilisierung des → Außenwirtschaftsverkehrs, sondern auch die verstärkte Entwicklung der internationalen Arbeitsteilung gefördert werden. F. W. machen andererseits eine auf den Ausgleich der → Zahlungsbilanz gerichtete → Wirtschaftspolitik notwendig, was bei → flexiblen Wechselkursen zumindest tendenziell durch Veränderungen des Wechselkurses erreicht wird. Das Ziel eines → Zahlungsbilanzausgleichs wird bei f. W. beeinträchtigt, wenn erstens die Rangfolge der binnenwirtschaftlichen Ziele von derjenigen in anderen Ländern abweicht, d. h. wenn die → Konjunkturpolitik auf internationaler Ebene nicht koordiniert wird, und zweitens die wirtschaftliche Entwicklungen der Länder nicht parallel verlaufen, d. h. wenn z. B. Konjunkturschwankungen von Land zu Land übertragen werden. Das System f. W. erfordert also möglichst einheitliche, konjunkturelle und wachstumsmäßige Entwicklungen sowie eine möglichst enge Abstimmung der Wirtschaftspolitik.
(→ Wechselkurssystem, → Wechselkurspolitik)

Festgeld

Zu den → Termineinlagen zählende → Einlage (→ Einlagengeschäft), die aufgrund einer zwischen einem → Kreditinstitut und dem Kunden getroffenen Vereinbarung an einem genau vorherbestimmten Tag fällig wird. Übliche → Laufzeiten sind 30, 60, 90 oder 180 Tage. Nach Eintritt der Fälligkeit werden F. als → Sichteinlagen (täglich fällige Gelder) behandelt, soweit nicht eine andere Vereinbarung getroffen worden ist. Die Verzinsung ist neben anderen Faktoren i. a. abhängig von der Laufzeit und der Betragshöhe. Je länger die Laufzeit und je größer der angelegte Betrag ist, desto höher ist der Zinssatz. Abweichungen von dieser Regel können sich aber in Zeiten einer → inversen Zinsstruktur ergeben. Dann werden kürzerfristige Gelder im Vergleich zu längerfristigen Anlagen höher verzinst. F. ist im Vergleich zum → Kündigungsgeld (weitere Unterart der Termineinlage) die weitaus bedeutsamere Einlagenart.
(→ Einlagen)

Festgeldkonto

→ Konto, das zur Erfassung (Buchung) von → Festgeld dient (→ Termingeldkonto).

Festhypothek

→ Hypothek, bei der die persönliche → Forderung im Gegensatz zur → Tilgungshypothek durch eine einmalige Leistung getilgt wird.

Festkurssystem

→ Wechselkurssystem, in dem → feste Wechselkurse (meist mit Interventionspunkten aufgrund einer Schwankungsmarge (→ Bandbreite) beiderseits der → Leitkurse oder der → Paritäten) gegenüber anderen Währungen fixiert sind wie z. B. im → Europäischen Währungssystem. Bei Erreichen der Interventionspunkte müssen die → Zentralbanken durch sog. marginale Interventionen eingreifen, um das System aufrechtzuerhalten. Innerhalb der Bandbreite besteht die Möglichkeit, intramarginal zu intervenieren (→ Interventionen am Devisenmarkt). Bei einem F. ist i. d. R. die Möglichkeit der Paritätsänderung vorgesehen (→ Aufwertung, → Abwertung). Man spricht dann von festen, aber anpassungsfähigen Wechselkursen.

Festsatz

→ Zinssatz, der bis zur → Fälligkeit eines → Zinsinstrumentes konstant bleibt.
(→ Festzinsanleihe, → variabler Satz, → Kuponswaps)

Festsatzanleihe mit Gläubigerkündigungsrecht

Festsatzanleihe mit Gläubigerkündigungsrecht
Auch Putable Anleihen; → Zinsinstrument, das mit einem → Festsatz ausgestattet ist und bei dem der → Gläubiger das Recht hat, die Anleihe vor → Fälligkeit zu kündigen. Vgl. auch → Anleihen mit Schuldnerkündigungsrecht, → Anleihen mit Gläubigerkündigungsrecht.

Festsatzanleihe mit Wandlungsrecht in eine variabel verzinsliche Anleihe, → Anleihen mit Zinswahlrecht.

Festsatzdarlehen, → Festzinsdarlehen.

Festsatzempfänger, → Empfänger.

Festsatzkredit
Auch am → Euro-Kreditmarkt gebräuchlicher (relativ) kurzfristiger → Kredit mit einem → Festzinssatz (Festsatzdarlehen).

Feststellung des Jahresabschlusses
Der → Jahresabschluß wird nach Durchführung der → Jahresabschlußprüfung durch einen Wirtschaftsprüfer oder eine Wirtschaftsprüfergesellschaft festgestellt (§ 316 Abs. 1 Satz 2 HGB). Die ordnungsmäßig durchgeführte Prüfung wird durch den → Bestätigungsvermerk (Testat) dokumentiert (§ 322 HGB).

Feststellung des Jahresabschlusses bei Kreditinstituten
1. → *Kreditbanken:* Bei einer → Aktiengesellschaft ist der Jahresabschluß mit Billigung durch den → Aufsichtsrat festgestellt, sofern nicht → Vorstand und Aufsichtsrat beschließen, die Feststellung des Jahresabschlusses der → Hauptversammlung zu überlassen (§ 172 AktG). Bei einer GmbH haben die Gesellschafter über die Feststellung des Jahresabschlusses zu beschließen (§ 42a GmbHG). Bei → Privatbankiers (→ Personenhandelsgesellschaften und Einzelfirmen) wird der Jahresabschluß durch Gesellschafter bzw. durch den Inhaber aufgestellt und festgestellt.

2. Bei → *Sparkassen* fällt die Feststellung des Jahresabschlusses in die Zuständigkeit des → Verwaltungsrats.

3. Bei → *Kreditgenossenschaften* steht der → Generalversammlung (bzw. bei großen Genossenschaften der → Vertreterversammlung) das Recht zur Feststellung des Jahresabschlusses zu (§ 48 GenG).
(→ Jahresabschluß der Kreditinstitute)

Feststellungsbescheid
Ein (steuerlicher) F. (→ Verwaltungsakt) richtet sich nach § 179 AO gegen den → Steuerpflichtigen, dem der Gegenstand der Feststellung bei der Besteuerung zuzurechnen ist (§ 39 AO). Sind dies mehrere → Personen, so wird die gesonderte Feststellung ihnen gegenüber einheitlich vorgenommen (§ 180 AO). Dies gilt insbes. für → Einheitswerte und einkommen- und körperschaftsteuerpflichtige Einkünfte sowie mit ihnen im Zusammenhang stehende andere Besteuerungsgrundlagen, wenn an den Einkünften mehrere Personen beteiligt sind und die Einkünfte diesen Personen steuerlich zuzurechnen sind, oder wenn das für die Einkünfte aus Land- und Forstwirtschaft, Gewerbebetrieb oder aus einer freiberuflichen Tätigkeit zuständige Finanzamt ein anderes ist als das Finanzamt, das für die Steuern vom Einkommen bei den Steuerpflichtigen zuständig ist (§ 180 Abs. 1 Ziff. 1 u. 2 AO).

Wirkung der gesonderten Feststellung: Ein Feststellungsbescheid ist für Folgebescheide (Steuermeßbescheide, → Steuerbescheide, Steueranmeldungen) bindend, soweit die darin getroffenen Feststellungen für diese von Bedeutung sind (§ 182 Abs. 1 AO).

Festsetzung von Steuermeßbeträgen: Steuermeßbeträge, die nach den Einzelsteuergesetzen zu ermitteln sind, werden im Steuermeßbescheid (§ 184 AO) festgesetzt. Für die → Gewerbesteuer und → Grundsteuer erläßt das zuständige Finanzamt Steuermeßbescheide. Die Gemeinde erhält darüber Mitteilung und erläßt aufgrund dessen die Realsteuerbescheide.

Festverzinsliche (Wert-)Papiere
Fixed-interest Securities; → Schuldverschreibungen, die Forderungsrechte (Gläubigerrechte) verbriefen und deren Zins bei → Emission fest vereinbart wird. Die → Zinsen werden meist jährlich, z.T. auch halbjährlich (bei → Null-Kupon-Anleihen mit → Rückzahlung der Schuldverschreibung), gezahlt. Sowohl für den Gesamtbetrag einer Schuldverschreibung als auch für die einzelnen Stücke (→ Teilschuldverschreibungen) werden für f. W. auch die Begriffe Schuldverschreibung (bzw. → Anleihe und

Obligation) sowie →Rentenpapiere (bzw. Renten und Rentenwerte) verwendet.
Um einen Vergleichsmaßstab für die Bewertung bei unterschiedlichen →Nominalzinsen, Kursen, →Restlaufzeiten und Rückzahlungskursen zu haben, wird die →Rendite berechnet, die Ermittlung der →laufenden Verzinsung reicht hierzu nicht aus.
Den →Emittenten stehen durch Ausgabe f. W. mittel- bzw. langfristige Finanzierungsmittel (→Fremdkapital) zu kalkulierbaren festen Zinssätzen für →Investitionen zur Verfügung. Motive für den Erwerb von f. W. durch private Investoren sind die feststehende Verzinsung, die Möglichkeit steuerfreier Veräußerungs- bzw. Tilgungsgewinne, die Möglichkeit zum Verkauf über die →Börse, die Möglichkeit der →Verpfändung bei Aufnahme von →Bankkrediten und die Sicherheit der Papiere. Die Sicherheit festverzinslicher Inlandspapiere liegt in der Ertragskraft bzw. (bei öffentlichen Anleihen) der Steuerkraft der Anleiheschuldner, in der Bestellung von →Hypotheken und →Grundschulden, der →Negativklausel in Anleihebedingungen, in den besonderen gesetzlichen Regelungen bei →Pfandbriefen, →Kommunalobligationen, →Schiffspfandbriefen bzw. →Schiffskommunalschuldverschreibungen sowie bei →Bankschuldverschreibungen in der staatlichen Beaufsichtigung der Kreditinstitute (→Bankenaufsicht), in der →Gewährträgerhaftung bei öffentlich-rechtlichen Kreditinstituten. Auch die Pflicht zur Veröffentlichung der Emissionsprospekte und der Börseneinführungsprospekte und die →Prospekthaftung des →Emissionskonsortiums tragen zur Sicherung der Papiere bei. Nachteilig kann sich für f. W. die durch →Inflation verursachte Geldwertminderung auswirken.
Auf dem →Euro-Kapitalmarkt kommen f. W. (→Euro-Anleihen) in verschiedenen Ausprägungsformen vor, so u. a. als klassische, nicht wandelbare Festzinsanleihen (→Straight Bonds), als Null-Kupon-Anleihen, →Doppelwährungsanleihen, →Währungsoptionsanleihen, →Währungskorbanleihen, →Indexanleihen, →Partly Paid Bonds (Teilzahlungsanleihen), →Extendible Bonds, →Retractible Bonds, →Ewige Anleihen, →Bearer Bonds, →Registered Bonds.
(→Bond Research, →Risikomanagement festverzinslicher Papiere)

FIATA Combined Transport Bill of Lading

Festzinsanleihe
Mittel- bzw. langfristiges →Zinsinstrument, das mit einem festen →Nominalzins ausgestattet ist. Im Gegensatz zu F. sind Floater (→Floating Rate Note [FRN]) mit einem →variablen Zinssatz ausgestattet.

Festzinsanleihe mit getrennt handelbaren Zinsscheinen
Stripped Bond; →Bond Stripping.

Festzinsdarlehen
Festsatzdarlehen; →Darlehen mit Vereinbarung eines festen Zinssatzes für die gesamte →Laufzeit oder mit zeitlich begrenzter Bindung an einen festen Zinssatz (Zinsbindung, Zinsfestschreibung für einen bestimmten Zeitraum). Die Unterscheidung von F. und variabel verzinslichen Darlehen ist vor allem für die →Kündigung eines Kredites wichtig; sie hat außerdem bei den vom Kreditinstitut zu leistenden Preisangaben (→Preisangabenverordnung) Bedeutung (→Effektivverzinsung von Krediten).

Festzinslücke, →Zinsänderungsrisiko.

Festzinspositionen
Bezeichnung für Aktiv- bzw. Passivbestände, deren Verzinsung für ihre →Laufzeit oder für einen längeren Zeitraum festliegen. Eine offene F. (passiver oder aktiver Überhang) birgt ein Festzinsrisiko (→Zinsänderungsrisiko).

Festzinsrisiko, →Zinsänderungsrisiko.

Festzinssatz
Zinssatz eines →Darlehens, der für eine bestimmte Zeitspanne (Gesamtlaufzeit oder Teil der Gesamtlaufzeit [Zinsbindungsfrist]) nicht geändert werden darf (→Festzinsdarlehen).
Gegensatz: →variabler Zinssatz.

FIA
Abk. für -→Futures Industry Association.

FIATA
Fédération Internationale des Associations des Transporteurs et Assimilés = Internationale Spediteurorganisation.

FIATA Combined Transport Bill of Lading
Von der →Internationalen Handelskammer anerkanntes Durchkonnossement (→Konnossement), bei dem der ausstellende →Spediteur als Unternehmer im kombinier-

FIATA-FCR

ten Transport auftritt (siehe Art. 26 ERA);
→ Combined Transport Bill of Lading.

FIATA-FCR
Internationale →Spediteurübernahmebescheinigung (→ FIATA).

FIBOR
Abk. für Frankfurt Interbank Offered Rate. Durchschnittszinssatz, der aus den Briefsätzen von Domestic-Geldern verschiedener Frankfurter Banken für →Laufzeiten von einem Monat bis zwölf Monate errechnet wird. Das Gegenstück zum F. ist in London →LIBOR. F. dient als →Referenzzinssatz für viele →Zinsinstrumente des →Geldmarktes (z.B. →variabel verzinsliche Anleihe, →Zinsausgleichs-Zertifikat, →FIBOR-Future, →Zins-, →Währungs- und →Equity-Swap, →Forward Rate Agreement, →Floor, →Cap).

Berechnungsvarianten:
(1) *FIBOR Alt* wird aus den Zinssätzen von zwölf deutschen Banken gebildet. Die Tageberechnung erfolgt nach der deutschen Methode E30/360, d.h. jeder Monat wird mit 30 Tagen gerechnet, auch der Februar. Nach FIBOR Alt werden die →Zinsen bei allen Floatern (→ Floating Rate Note [FRN]) gerechnet, die vor dem 1. Juli 1990 emittiert worden sind.
(2) *FIBOR Neu* wird seit 1. Juli 1990 zusätzlich zu FIBOR Alt berechnet. Bei der Ermittlung von FIBOR Neu sind 19 Banken (BfG Bank AG, HYPO-Bank, Bayerische Landesbank, Bayerische Vereinsbank, Berliner Bank, BHF-Bank, BW-Bank, Chase Bank, Commerzbank, Deutsche Bank, Dresdner Bank, DG-Bank, Deutsche Girozentrale – Deutsche Kommunalbank, Hessische Landesbank, J.P. Morgan, Norddeutsche Landesbank, Société Générale, SGZ-Bank, Westdeutsche Landesbank) beteiligt. Ein zweiter wesentlicher Unterschied liegt in der Tageberechnung. Diese erfolgt nach der →Euro-Zinsmethode Echt/360, d.h. jeder Monat geht mit seiner tatsächlichen Tagesanzahl in die Rechnung ein. Nach FIBOR Neu werden Floater gerechnet, die nach dem 1. Juli 1990 (z.B. →Staatsbank Berlin) emittiert wurden.

FIBOR-Future
Begriff: Kurzfristiger →Zinsfuture, der an der →Deutschen Terminbörse (DTB) gehandelt wird. Im Gegensatz zum →Euro-DM-Future an der →LIFFE basiert der F.-F. nicht auf →LIBOR, sondern auf →FIBOR. → Basiswert für den F.-F. ist ein Zinssatz für Dreimonats-Termingelder in DM. Der Kontraktwert des F.-F. beträgt 1.000.000 DM. Die →Erfüllung erfolgt durch Differenzausgleich (→ Cash Settlement) am ersten Börsentag nach dem letzten Handelstag des F.-F. Für den Handel mit F.-F. stehen gleichzeitig fünf verschiedene →Delivery Month zur Verfügung. Dies sind die nächstfolgenden fünf Monate des →C-Zyklus (März, Juni, September und Dezember). Der letzte Handelstag liegt zwei Börsentage vor dem 3. Mittwoch im Delivery Month. Die maximale Laufzeit eines → Kontraktes beträgt somit 15 Monate. Der →Tick, also die kleinste Preisveränderung, beträgt 0,01 DM. Bei einem Kontraktvolumen von 1.000.000 DM entspricht das einem Tick-Wert von 25,00 DM. Der Tick-Wert ist zugleich identisch mit dem →Price Value of a Basis Point (PVBP). Der F.-F. wird börsentäglich zwischen 8.45 Uhr und 17.15 Uhr gehandelt. Vgl. auch Übersicht S. 623.

Kursnotierung: Im Gegensatz zu mittel- und langfristigen Zinsfutures (z.B. →Bobl-Future, →Bund-Future) erfolgt die Kursnotierung beim F.-F. auf einer Indexbasis. Der Kurs des F.-F. errechnet sich aus der Differenz zwischen 100 und der (Implied) Forward Rate. Je niedriger der Preis notiert, desto höher ist die Verzinsung oder vice versa. Die Formel für die Ermittlung des aktuellen Kurses des F.-F. lautet:

Fair Value F.-F. = 100–Zinsertrag,

wobei: Zinsertrag = Forward-Forward LIBOR (Implied Forward Rate, Implizierte Zinsterminsatz).

Vergleich F.-F. mit Forward Rate Agreements (FRA): Der F.-F. kann mit →Forward Rate Agreements verglichen werden. Der wesentliche Unterschied besteht darin, daß kurzfristige Zinsfutures standardisiert sind und damit an einer →Terminbörse gehandelt werden. Da der F.-F. im Grunde genommen ein standardisiertes FRA ist, erfolgt auch die Ermittlung des Fair Values nach der gleichen Formel wie für die FRA. Ein wesentlicher Unterschied besteht zwischen FRA und Futures: Während der Käufer (Verkäufer) eines FRA von steigenden (fallenden) Renditen profitiert, bezeichnet man die entsprechende Position in Futures als →Short (Long) Position, da die FRA auf Basis von

FIBOR-Future

Basiswert:
Zinssatz für Dreimonats-Termingelder in DM.

Kontraktwert:
1 000 000 DM

Preisermittlung: In Prozent auf zwei Dezimalstellen auf der Basis 100 abzüglich gehandeltem Zinssatz

Minimale Preisveränderung:
0,1 % dies entspricht einem Wert von 25 DM.

Laufzeiten:
Es stehen Laufzeiten bis zum Schlußabrechnungstag des nächsten, übernächsten, dritt-, viert- und fünftnächsten Quartalsmonats (März, Juni, September, Dezember) zur Verfügung. Die längste Laufzeit eines Kontraktes beträgt somit 15 Monate.

Erfüllung:
Erfüllung in bar, fällig am ersten Börsentag nach dem letzten Handelstag.

Letzter Handelstag, Schlußabrechnungstag:
Zwei Börsentage vor dem dritten Mittwoch des jeweiligen Erfüllungsmonats. Handelsschluß für den fälligen Kontraktmonat ist 11 Uhr.

Täglicher Abrechnungspreis:
Durchschnitt der Preise der letzten fünf zustande gekommenen Geschäfte, oder der Durchschnitt der Preise aller während der letzten Handelsminute zustande gekommenen Geschäfte sofern in diesem Zeitraum mehr als fünf Geschäfte zustande gekommen sind. Ist eine derartige Preisermittlung nicht möglich oder entspricht der so ermittelte Preis nicht den tatsächlichen Marktverhältnissen, legt die DTB den Abrechnungspreis fest.

Tägliche Abrechnung:
Für jeden Kontrakt werden Gewinne und Verluste aus offenen Positionen am betreffenden Börsentag im Anschluß an die Post-Trading-Periode ermittelt und dem internen Geldverrechnungskonto gutgeschrieben bzw. belastet. Für offene Positionen des Börsenvortages berechnet sich der Buchungsbetrag aus der Differenz zwischen den täglichen Abrechnungspreisen des Kontraktes vom Börsentag und Börsenvortag. Für Geschäfte am Börsentag ergibt sich der Buchungsbetrag aus der Differenz zwischen dem Preis des Geschäftes und dem täglichen Abrechnungspreis des Börsentages.

Schlußabrechnungspreis:
Der Schlußabrechnungspreis wird von der DTB nach dem Referenz-Zinssatz für Dreimonats-Termingelder Fibor (ermittelt von Telerate) festgelegt. Bei der Festlegung des Schlußabrechnungspreises wird der Fibor von der DTB kaufmännisch auf zwei Nachkommastellen gerundet und anschließend von 100 subtrahiert.

Margin:
Die Marginverpflichtung wird von der DTB mittels des „Risk-Based-Margining"-Verfahrens ermittelt.

Zinssätzen und Futures auf Basis von Kursen (Indexquotierung) quotiert werden. Demnach entspricht eine Long Position im Future der Verkäufer-Position in einem FRA bzw. eine Short Position im Future der Käufer Position in einem FRA.

Strategien mit F.-F.: Der F.-F. kann in → Trading-Strategien, → Hedging-Strategien und → Arbitragestrategien eingesetzt werden. In Trading-Strategien wird eine Long Position im F.-F. eingegangen, wenn fallende FIBOR-Sätze erwartet werden. Werden dagegen steigende FIBOR-Sätze erwartet, wird eine Short Position im F.-F. eingegangen. Ferner können F.-F. auch in → Yield Curve Spread Trading-Strategien mit Bobl-Futures und Bund-Futures eingesetzt werden, um von einer Veränderung der → Renditestrukturkurve zu profitieren. F.-F. können im Rahmen des → Zinsmanagements zur Absicherung von bereits vorhandenen oder geplanten kurzfristigen → Zinsinstrumenten des → Kassamarktes verwendet werden. Das Zinsmanagement mit F.-F. kann sich sowohl auf ein bestimmtes Zinsinstrument (→ Micro-Hedge) als auch auf mehrere Zinsinstrumente (→ Macro-Hedge) beziehen. Mit F.-F. können bestehende oder geplante Kapitalanlagen (Aktivseite) oder Kreditaufnahmen (Passivseite) gegen das → variable Zinsrisiko abgesichert (gehedgt) werden. Mit F.-F. sichert sich die Short Position einen → Festsatz für eine variable → Finanzierung bzw. die Long Position einen Festsatz für eine variable Geldanlage. Der Effekt dieser Hedging-Strategie besteht in der Vermeidung höherer Finanzierungskosten durch zwischenzeitliche Zinssteigerungen bzw. geringerer Anlageerträge aus zwischenzeitlichen Zinssenkungen. F.-F. können auch zur Absicherung anderer derivativer Zinsinstrumente (→ derivative [Finanz-]Instrumente) wie beispielsweise Forward Rate Agreements und →Zinsswaps eingesetzt werden. Aber auch in Arbitragestrategien zwischen Kassamarkt und Futuremarkt, FRA-Markt und Futuremarkt oder →Swapmarkt und Futuremarkt können F.-F. eingesetzt werden.

Basismanagement des F.-F.: Wurde der →Fair Value des F.-F. ermittelt, kann dieser mit dem aktuell gehandelten Kurs verglichen werden. Hieraus können Rückschlüsse auf das Hedge-Ergebnis gezogen werden. Insgesamt unterscheidet man bei kurzfristigen Zinsfutures drei verschiedene Arten der →Basis: →Value Basis, →Theoretical Basis, →Simple Basis.

FIBOR-Sparen

Sparformen, bei denen sich die Verzinsung in einem bestimmten Rhythmus (z. B. monatlich, vierteljährlich) nach dem aktuellen →FIBOR richtet. FIBOR-S. kann in drei Varianten unterschieden werden: →Spareinlagen, →Kündigungsgelder und tägliche fällige Gelder (→Call Money).
Die Angebote der →Banken unterscheiden sich im wesentlichen im Mindestanlagebetrag, in der Höhe des → Abschlages vom FIBOR-Satz sowie in der Festlegungsdauer und den zu beachtenden Kündigungsfristen. Darüber hinaus gewähren bei fallenden →Zinsen einige Anbieter einen garantierten Mindestzins.

FIBOR-S. als Anlagealternative: Verglichen mit dem klassischen Sparbuch, bei dem die· Verzinsung im langjährigen Durchschnitt ungefähr zwischen zwei und drei Prozent liegt, ist die Verzinsung des FIBOR-S. sehr hoch. Der Anleger hat hier die Möglichkeit, je nach Höhe des FIBOR-Satzes fast dreimal soviel an Zinsen zu kassieren, ohne hierbei nennenswerte Risiken einzugehen. Insbes. →zinsinduzierte Kursrisiken sind gänzlich ausgeschlossen. Selbst bei sinkenden Zinsen ist das Risiko für den Anleger begrenzt, da einige Banken einen →Mindestzinssatz garantieren. Welche Variante des FIBOR-S. der Anleger wählt, hängt insbes. davon ab, wie lange er sein Geld anlegen möchte. Dabei gilt tendenziell, daß je kürzer die Bindungsfrist für den Anleger ist, desto höher wird auch der Abschlag vom FIBOR-Satz sein, d. h. eine schnelle Verfügbarkeit des Geldes ist mit einer geringeren Verzinsung verbunden.

Fiduziarisches Eigentum, →Treuhandeigentum, →Treuhand.

Fiktive Quellensteuer bei DM-Auslandsanleihen

Bezeichnung für eine nicht gezahlte →Quellensteuer, die im Rahmen der Veranlagung zur →Einkommensteuer unter Bezugnahme auf § 34c EStG bzw. § 26 KStG geltend gemacht werden kann. Auf Grund der jeweiligen →Doppelbesteuerungsabkommen werden z. B. bestimmte DM-Anleihen ausländischer →Schuldner so behandelt, als wäre im Land des →Emittenten bereits eine Quellensteuer einbehalten worden. Die fiktive Quellensteuer soll für den Anleger ein Anreiz zum Erwerb bestimmter DM-Auslandsanleihen sein.

Filialen

1. Bezeichnung für rechtlich unselbständige Teile (Zweigstellen, [Zweig-]Niederlassungen) eines Unternehmens, bei →Kreditinstituten oft auch als →Geschäftsstelle bezeichnet (→Filialnetz, →Zweigstellennetz).

2. Von der →Deutschen Bundesbank aufgrund von § 25a Abs. 1 BBankG zum 1.7.1990 im Gebiet der damaligen DDR errichtete unselbständige Einheiten, die einer Vorläufigen Verwaltungsstelle in Berlin (Ost) unterstellt waren (→Deutsche Bundesbank, Organisationsstruktur). Im Zuge der vom Einigungsvertrag vorgeschriebenen Anpassung der Bundesbankorganisation an die Gegebenheiten des erweiterten Währungsgebiets der DM (→Währungsunion mit der ehemaligen DDR) wurden die F. wieder geschlossen und durch Haupt- oder Zweigstellen von →Landeszentralbanken ersetzt.

Filialkalkulation, →Geschäftsstellenkalkulation.

Filialnetz

Bezeichnung für die Gesamtheit der Niederlassungen eines →Kreditinstituts (→Bankstellennetz in Deutschland)

Fill-or-kill (FOK)

Ausführungsbeschränkung bei →kombinierten Aufträgen oder limitierten Aufträgen (→Auftragsarten an der DTB). Bei FOK erfolgt eine sofortige Gesamtausführung. Ist die sofortige Gesamtausführung nicht möglich, erlischt der Auftrag.
Gegensatz: →Immediate-or-cancel (IOC).

Final Settlement Price
Synonym für → Exchange Delivery Settlement Price.

Financial Coaching
Innovative Konzeption, um vermögende → Privatkunden durch persönliche Betreuung langfristig an die → Bank zu binden.

Financial Engineering
Bezeichnung für umfassende, auf den einzelnen Kunden „maßgeschneiderte" Finanzierungs-, Beratungs- und Betreuungsleistungen, die von → Banken im → Firmenkundengeschäft vornehmlich für Großkunden erbracht werden.

Financial Future, → Finanzterminkontrakt.

Financial Leasing
Finanzierungs-Leasing; → Leasing mit mittel- oder langfristigen Vertragszeiten, bei denen i. d. R. eine unkündbare Grundmietzeit vereinbart wird. Das F. L. bezweckt, einem Leasing-Nehmer das gesamte Potential eines Anlagegutes zur Nutzung zu überlassen; die Grundmietzeit ist aber kürzer als die betriebsgewöhnliche Nutzungsdauer. Die Objekte werden meist nach den Vorstellungen und Bedürfnissen der Leasing-Nehmer angekauft oder hergestellt. Der Mieter hat häufig ein Kaufrecht am Mietobjekt nach Beendigung der Mietverhältnisses.
Die Mietdauer ist regelmäßig so lange und die Miete so hoch, daß der Leasing-Geber den überwiegenden Teil seiner Investitionskosten für das Mietobjekt aus den Mieten· amortisieren (→ Full-pay-off-Leasing, → Non-full-pay-out-Leasing) kann. Entsprechend den steuerlichen Vorschriften liegen die Mietzeiten zwischen 40 und 90 Prozent der betriebsgewöhnlichen Nutzungsdauer. Bei einer Weiterverwertung des Objektes hat der Leasing-Geber damit ein betragsmäßig begrenztes Verwertungsrisiko. Die Verwertung kann durch Verkauf, Vermietung oder Eigennutzung erfolgen. Der Leasing-Nehmer trägt das volle Investitionsrisiko, insbes. also die Gefahr der technischen Überalterung oder der Einschränkung bzw. des Wegfalls der Verwendungsmöglichkeit des Mietobjekts während der Grundmietzeit. Außerdem trifft ihn das Risiko des zufälligen Untergangs (da die Verpflichtung zur Zahlung der noch fälligen Mietraten bestehen bleibt) und die Gefahr des vorzeitigen Verschleißes. Ferner hat der Leasing-Nehmer für alle Wartungs- und Instandhaltungskosten aufzukommen.
Gegensatz: → Operating Leasing.

Financial Services, → Finanzdienstleistungen.

Financial Swap
Oberbegriff für → Zinsswap, → Währungsswap und → Equity Swap.

Financial Times Indeces
Britische → Aktienindeces; dazu zählen FT-SE-All-Share, FT-SE 100, FT-SE Mid 250, FT-SE-A 350, FT-SE-A All Share, FT Ordinary Index (FT 30), FT Gold Mines Index.

Financial Times-Stock Index 250 (FT-SE Mid 250)
Britischer → Aktienindex, der 250 Unternehmen mit mittlerer Kapitalisierung umfaßt. Auf den FT-SE Mid 250 Index werden seit 25. Februar 1994 an der → LIFFE → Aktienindex-Futures gehandelt.

Finanzakzept, → Bankakzept.

Finanzanalyse
1. Analyse der finanziellen Stabilität einer Unternehmung auf der Grundlage der Analyse der → Bilanzstruktur und der Wachstums- und Finanzfluß-Analyse. Gegenstand sind (1) die Überprüfung der fristenkongruenten → Finanzierung der → Investitionen (finanzwirtschaftliche Investitionsanalyse), (2) die Überprüfung der Verschuldungssituation (Verschuldungsanalyse), (3) die (zusätzliche) Überprüfung der bilanzmäßig ausgewiesenen finanziellen Potentiale (Einhaltung der branchenüblichen Liquiditätskennzahlen). Die finanzwirtschaftliche Investitionsanalyse ist vorrangig Deckungsanalyse (horizontale Strukturprüfung: Kapital-/Vermögensstruktur, aber auch Finanzierungsanalyse (vertikale Strukturprüfung: Eigenkapital-Fremdkapital-Struktur unter Einbeziehung der Finanzierungsarten).

2. Methodische Erfassung historischer und aktueller Daten von Geld- und Kapitalanlageobjekten und von → Finanzmärkten zur Erarbeitung von Anlageentscheidungen. Dabei geht es um Selektions- und Timingprobleme. Ziel der F. ist es, eine bestmögliche Performance (→ Wertentwicklung) von → Investments zu erreichen.
(→ Aktienanalyse, → Bond Research)

Finanzanalyst

Investmentanalyst; Tätigkeitsbezeichnung für jemanden, der → Finanzanlagen (Geld- und Kapitalanlagen-Investments) untersucht, d. h. Ursachen für Erfolg bzw. Mißerfolg diagnostiziert und aufgrund dieser Diagnosen Prognosen bezüglich der zukünftigen Performance (→ Wertentwicklung) stellt.

(→ Chartist, → quantitative Analyse)

Finanzanlagen

Ausgerichtet auf die → Bilanz einer → Kapitalgesellschaft gliedern sich die F. laut § 266 HGB in sechs Positionen: → Anteile an → verbundenen Unternehmen, Ausleihungen an verbundene Unternehmen, → Beteiligungen, Ausleihungen an Unternehmen, mit denen ein Beteiligungsverhältnis besteht sowie → Wertpapiere des Anlagevermögens und sonstige Ausleihungen.

Finanzanlagen in der Bilanz von Kreditinstituten

I. S. der → Rechnungslegungsverordnung → Wertpapiere des Anlagevermögens, → Beteiligungen und → Anteile an verbundenen Unternehmen (→ Wertpapiere im Jahresabschluß der Kreditinstitute, → Aktivposten der Bankbilanz).

Finanzanlagevermögen

Der Teil des → Anlagevermögens, der sich aus i. w. S. monetären Objekten zusammensetzt: → Beteiligungen, → Wertpapiere, Darlehensforderungen, langfristige → Forderungen aus Lieferungen und Leistungen, sonstige langfristige Forderungen, z. B. Ausleihungen an → verbundene Unternehmen. Nicht zum F. gehören → Sachanlagen und → immaterielle Vermögenswerte.

Finanzausgleich

Regelungen zur Verteilung der Finanzgewalt zwischen mehreren Trägern öffentlicher Finanzwirtschaft, im nationalen Raum zwischen zentraler Ebene und Gliedstaaten, im internationalen Bereich zwischen verschiedenen Staaten und zwischen → internationalen Organisationen und ihren Mitgliedstaaten.

Nationaler F.: Der nationale F. beinhaltet Regelungen zur Verteilung von Aufgaben, Ausgaben und Einnahmen zwischen den Gebietskörperschaften. Der vertikale F. regelt Beziehungen zwischen Körperschaften unterschiedlicher Ebenen, und der horizontale solche der gleichen Ebene. Der F. zwischen Bund, Ländern und Gemeinden ist Ausdruck des Föderalismus. Er ist ein vertikaler F., der Länderfinanzausgleich ist horizontaler F.

Länderfinanzausgleich: Milderung von Unterschieden der Finanzausstattung zwischen den einzelnen Ländern der BRD, um eine gewisse Gleichmäßigkeit der Versorgung mit öffentlichen Leistungen zu sichern. Grundlage ist die Steuerverteilung. Landessteuern und Länderanteile an der → Einkommensteuer und der → Körperschaftsteuer fließen den einzelnen Ländern gemäß dem örtlichen Aufkommen zu. Die Umsatzsteueranteile werden nach der Einwohnerzahl verteilt und ein bestimmter Anteil finanzschwachen Ländern zugewiesen. Noch verbleibende Unterschiede werden durch einen horizontalen Einnahmeausgleich zwischen den Ländern verringert.– Die finanzstarken Länder leisten, die finanzschwachen erhalten Ausgleichszahlungen, so daß eine begrenzte Angleichung von Finanzkraft und Finanzbedarf erfolgt. Als nachgeordnetes Finanzausgleichsinstrument leistet der Bund Ergänzungszuweisungen an die Länder nach unterschiedlichen Kriterien, die im Zeitablauf gewechselt haben.

Finanzbehörden

1. *Sachliche Zuständigkeit:* Als örtliche Behörden die *Hauptzollämter* für die Verwaltung der → Zölle und der bundesgesetzlich geregelten Verbrauchsteuern sowie die zollamtliche Überwachung des Warenverkehrs über die Grenze (§ 12 Abs. 2 des Finanzverwaltungsgesetzes [FVG]); die *Finanzämter* für die Verwaltung der Besitz- und Verkehrsteuern, soweit diese nicht den Bundesfinanzbehörden oder den Gemeinden übertragen ist (§ 17 Abs. 2); als Mittelbehörden die *Oberfinanzdirektionen* für die Leitung der Bundes- und Landesverwaltung im Oberfinanzbezirk (§ 8 Abs. 1); als (Bundes-)Oberbehörde das *Bundesamt für Finanzen* (Bonn) für die Mitwirkung an Betriebsprüfungen und Aufgaben, deren zentrale Erledigung zweckmäßig ist (§ 5); als oberste Landesbehörde/Leiter der Landesfinanzverwaltungen die *Finanzminister der Länder* (§ 3 Abs. 2); als oberste Bundesbehörde/Leiter der Bundesfinanzverwaltung der *Bundesminister der Finanzen* (§ 3 Abs. 1). Weitere Bundesoberbehörden sind die → Bundesschuldenverwaltung (Bad Homburg v. d. H.), die Bundesmonopolverwaltung für Branntwein (Offenbach), das Zollkriminalamt (§ 5a FVG), insbes. im

Finanzgerichtsbarkeit

Hinblick auf →Geldwäsche, das Bundesamt zur Regelung offener Vermögensfragen (→Vermögensgesetz), das →Bundesaufsichtsamt für das Kreditwesen sowie das →Bundesaufsichtsamt für das Versicherungswesen, beide in Berlin (§ 1 Nr. 1). Die Länder können Rechenzentren als Landesoberbehörden einrichten (§ 2 Abs. 2). Die Oberfinanzdirektionen gliedern sich in eine Bundesabteilung (mit Zoll- und Verbrauchsteuerabteilung und Bundesvermögensabteilung) und eine Landesabteilung. Diese umfaßt eine Besitz- und Verkehrsteuerabteilung, ferner können dort eine Landesbau- oder Landesvermögens- und Bauabteilung sowie eine Landeszentralabteilung (für Organisations-, Personal- und Haushaltsangelegenheiten) eingerichtet werden (§ 8 Abs. 2). Die Zoll- und Verbrauchsteuerabteilung leitet die Durchführung der Aufgaben, für deren Erledigung die Hauptzollämter und die Zollfahndungsämter (§ 208 AO) zuständig sind (§ 8 Abs. 4 FVG), die Bundesvermögensabteilung vor allem die der Bundesvermögens- und Bundesforstämter (§ 8 Abs. 5, § 16). Die Besitz- und Verkehrsteuerabteilung ist für die ordnungsgemäße Erledigung der Aufgaben seitens der Finanzämter verantwortlich (§ 8 Abs. 6 FVG).

2. *Örtliche Zuständigkeit:* Hierfür gilt die →Abgabenordnung (§ 17 AO): Das *Wohnsitzfinanzamt* ist zuständig für die →Steuern vom →Einkommen und →Vermögen →natürlicher Personen, die in seinem Bezirk ihren Wohnsitz oder gewöhnlichen Aufenthaltsort haben (§ 19). Das *Geschäftsleitungsfinanzamt* ist zuständig für Steuern vom Einkommen und Vermögen der →Körperschaften, →Personenvereinigungen und Vermögensmassen, die in seinem Bezirk ihre Geschäftsleitung oder ihren Sitz haben (§ 20). Das *Betriebsfinanzamt* ist zuständig für die gesonderte Feststellung von Besteuerungsgrundlagen gewerblicher Betriebe mit Geschäftsleitung im Inland (§ 18 Abs. 1 Nr. 2). Dies bezieht sich z.B. auf →Einheitswerte des Bewertungsgesetzes und Einkünfte, an denen mehrere Personen beteiligt sind und die diesen steuerlich zuzuordnen sind. Das Betriebsfinanzamt ist auch für die Festsetzung und Zerlegung der Steuermeßbeträge für die →Gewerbesteuer zuständig (§ 22 Abs. 1). Das *Lagefinanzamt* ist für die gesonderten Feststellungen bei Betrieben der Land- und Forstwirtschaft, bei →Grundstücken, Betriebsgrundstücken und Mineralgewinnungsrechten zuständig, die sich in seinem Einzugsbereich befinden (§ 18 Abs. 1 Nr. 1), ferner für die Festsetzung und Zerlegung der Steuermeßbeträge bei der →Grundsteuer (§ 22 Abs. 1).

Finanzbuchführung
Teil des →externen Rechnungswesen des Bankbetriebs (→Bankbuchführung).

Finanzchart, →Chart.

Finanzdienstleistungen
Financial Services; Bezeichnung für Leistungen (Produkte), die von →Kreditinstituten und banknahen Instituten (→Near Banks) angeboten werden. Zum Teil bieten auch Nichtbanken (→Non Banks) derartige Dienstleistungen an, so z.B. Fluggesellschaften und Einzelhandelsunternehmen, wenn sie →Kreditkarten ausgeben, oder Automobilhersteller, wenn sie eigene Absatzbanken (→Autobanken) bzw. →Leasinggesellschaften gründen. Warenhäuser und Versandhäuser bieten über →Tochtergesellschaften oder in →Kooperation mit Near Banks F. an. Das Gesamtangebot an F. wird als Allfinanz-Angebot (→Allfinanz-Angebot von Kreditinstituten) bezeichnet.

Finanzergebnis
Der Teil des →Jahresüberschusses, der sich aus der Anlage (Zinserträge) und der Aufnahme von →Kapital (Zinsaufwendungen) ergibt.

Finanz-Future, →Finanzterminkontrakt.

Finanzgerichtsbarkeit
Gerichte der nur zweistufigen F. sind in den Ländern die Finanzgerichte als obere Landesgerichte, im Bund der Bundesfinanzhof (BFH) mit Sitz in München. Das Finanzgericht (FG) entscheidet im ersten Rechtszug über alle Streitigkeiten, für die der Finanzrechtsweg gegeben ist (§ 35 FGO). Gem. § 33 Abs. 1 FGO betrifft dies vor allem Abgabenangelegenheiten, soweit die Abgaben (→Steuern, →Zölle etc.) der Gesetzgebung des Bundes unterliegen (Art. 105 Abs. 1, 2 GG) und durch Bundes- oder Landesfinanzbehörden (→Finanzbehörden) verwaltet werden. Örtlich zuständig ist das Finanzgericht, in dessen Bezirk die Behörde, gegen welche Klage gerichtet ist, ihren Sitz hat (§ 38). Der Bundesfinanzhof entscheidet über die Rechtsmittel der Revision gegen Urteile der Finanzgerichte, deren Be-

Finanzgeschäfte

schwerde gegen andere Entscheidungen des Finanzgerichts, des Vorsitzenden oder des Berichterstatters eines FG-Senats (§ 36).

Finanzgeschäfte
→ Finanzdienstleistungen, Geschäfte mit → Finanztiteln bzw. an → Finanzmärkten.

Finanzgeschäfte i. S. der Rechnungslegungsverordnung
Geschäfte mit → Wertpapieren des Handelsbestands, mit Finanzinstrumenten (→ Futures, → Optionen, → Swaps usw.), → Devisen und → Edelmetallen.

Finanzholding-Gesellschaft
Aus der → Konsolidierungs-Richtlinie 1992 durch die 5. KWG-Novelle übernommene Bezeichnung für ein → Finanzinstitut i. S. des KWG, dessen → Tochterunternehmen (§ 1 Abs. 7 KWG) ausschließlich oder hauptsächlich → Kreditinstitute oder Finanzinstitute sind. Dabei muß mindestens ein Tochterunternehmen ein → Euro-Kreditinstitut sein (§ 1 Abs. 3a KWG). Steht eine F.-G. an der Spitze einer → Finanzholding-Gruppe, unterliegt diese künftig denselben Anforderungen bezüglich eines angemessenen haftenden Eigenkapitals wie eine → Kreditinstitutsgruppe i. S. des KWG (§ 10a KWG). Auch die Regelungen über → Großkredite sind entsprechend anzuwenden (§ 13a Abs. 1 KWG). § 45a KWG sieht erstmals → bankaufsichtliche Maßnahmen gegenüber anderen Unternehmen als Kreditinstituten, nämlich gegenüber einer F.-G. vor. Verstößt sie gegen Mitteilungspflichten aus § 10a oder § 13a KWG, so kann das → Bundesaufsichtsamt für das Kreditwesen erforderlichenfalls der F.-G. die Ausübung der → Stimmrechte an den nachgeordneten Unternehmen mit Sitz im Inland untersagen. Ähnlich wie im Falle einer → bedeutenden Beteiligung i. S. des KWG wird dann bis auf weiteres ein Treuhänder tätig, der bei der Ausübung der Stimmrechte den Interessen einer soliden und bankaufsichtskonformen Führung der betroffenen Unternehmen Rechnung zu tragen hat. Auch bei der Begründung von Unternehmensbeziehungen können eine F.-G. Pflichten nach § 12a KWG treffen. Ferner muß sie einmal im Jahr dem Bundesaufsichtsamt und der Deutschen Bundesbank eine Sammelanzeige der Kreditinstitute, Finanzinstitute und → Unternehmen mit bankbezogenen Hilfsdiensten einreichen, die ihr nachgeordnete Unternehmen i. S. d. § 10a Abs. 3, 4 KWG sind, sowie jede Begründung, Veränderung oder Aufgabe solcher Beteiligungen oder Unternehmensbeziehungen diesen Stellen unverzüglich anzeigen (§ 24 Abs. 3a KWG). Auch → bankaufsichtliche Auskünfte und Prüfungen können sich auf Tochterunternehmen einer F.-G. erstrecken (§ 44a Abs. 2a, 3 KWG). Schließlich muß eine F.-G. dem Bundesaufsichtsamt und der Bundesbank unverzüglich die Kreditinstitute, Finanzinstitute und Unternehmen mit bankbezogenen Hilfsdiensten anzeigen, die ihr nachgeordnete Unternehmen im Sinne des § 10a Abs. 3 und 4 KWG sind (§ 64e Abs. 1 KWG).

Finanzholding-Gruppe
Durch die → Konsolidierungs-Richtlinie 1992 vorgegebene, mit der 5. KWG-Novelle umgesetzte Definition mit Bedeutung vor allem für angemessene Eigenkapitalausstattung (§ 10a KWG) und für → Großkredite (§ 13a KWG). Eine F.-G. i. S. v. § 10a KWG besteht, (1) wenn eine → Finanzholding-Gesellschaft sowie mindestens ein nachgeordnetes → Kreditinstitut, das ein → Tochterunternehmen (§ 1 Abs. 7 KWG) sein muß, ihren Sitz im Inland haben. Jedoch darf die Finanzholding-Gesellschaft ihrerseits kein Tochterunternehmen einer anderen inländischen Finanzholding-Gesellschaft oder eines Kreditinstituts oder eines → Euro-Kreditinstituts mit Sitz in einem anderen EG-Mitgliedsland sein (§ 10a Abs. 3 Satz 1 KWG). Vorbehaltlich dieser Einschränkungen liegt eine der deutschen → Bankenaufsicht unterliegende F.-G. auch dann vor, (2) wenn einer Finanzholding-Gesellschaft mit Sitz im EG-Ausland mindestens ein inländisches Kreditinstitut, jedoch kein Euro-Kreditinstitut im Sitzstaat als Tochterunternehmen nachgeordnet ist und das inländische Kreditinstitut entweder eine höhere Bilanzsumme hat als jedes andere der Finanzholding-Gesellschaft als Tochterunternehmen nachgeordnete Euro-Kreditinstitut in EG-Mitgliedsländern oder bei gleich hoher Bilanzsumme zuerst die Zulassung erhalten hat (§ 10a Abs. 3 Satz 2 KWG). Diese Merkmale sind auch ausschlaggebend dafür, welches inländische Kreditinstitut als übergeordnetes Kreditinstitut gilt. Als nachgeordnete Unternehmen einer F.-G. (wie einer → Kreditinstitutsgruppe i. S. des KWG) gelten auch Kreditinstitute (außer → Kapitalanlagegesellschaften), → Finanzinstitute oder → Unternehmen mit bankbezogenen Hilfs-

Finanziertes Abzahlungsgeschäft

diensten mit Sitz im In- oder Ausland, wenn ein gruppenangehöriges Unternehmen an einem solchen Unternehmen mindestens 20 Prozent der Kapitalanteile (oder Stimmrechte) unmittelbar oder mittelbar hält, es gemeinsam mit anderen nicht gruppenangehörigen Unternehmen leitet und für die →Verbindlichkeiten dieses Unternehmens nach Maßgabe seines Kapitalanteils beschränkt haftet (§ 10a Abs. 4 KWG). Das in einer F.-G. nach § 10a Abs. 3 Satz·3 KWG als übergeordnet geltende Kreditinstitut ist für die angemessene Eigenkapitalausstattung der Gruppe verantwortlich (§ 10a Abs. 8, mit Ausnahme in Abs. 10). Jedoch ist auch die Finanzholding-Gesellschaft verpflichtet, dem Kreditinstitut die für die Zusammenfassung erforderlichen Angaben zu übermitteln (§ 10a Abs. 9 Satz 2 KWG).
Die Bestimmungen des § 10a Abs. 3 KWG über eine F.-G. sowie das übergeordnete Kreditinstitut gelten auch für die von deren Unternehmen gewährten →Großkredite (§ 13a Abs. 2 Satz 3 KWG). Dabei sind jedoch nur solche nachgeordneten Unternehmen (Kredit- und Finanzinstitute sowie Unternehmen mit bankbezogenen Hilfsdiensten) einzubeziehen, an denen entweder eine →maßgebliche Beteiligung i.S. des KWG besteht (Ermittlung entsprechend § 10a Abs. 5 KWG) oder das Tochterunternehmen sind. Ob Unternehmen einer F.-G. insgesamt einen Großkredit gewährt und die hierfür geltenden Grenzen (§ 13 Abs. 4 KWG) eingehalten haben, wird anhand einer Zusammenfassung ihres haftenden Eigenkapitals (einschl. der Anteile anderer Gesellschafter und der Kredite an einen Kreditnehmer) festgestellt, wenn für eines der gruppenangehörigen Unternehmen der von ihm gewährte Kredit mindestens 5 Prozent seines haftenden Eigenkapitals beträgt (§ 13a Abs. 3 KWG). Das übergeordnete Kreditinstitut hat die Anzeigepflichten zu erfüllen und ist auch hier verantwortlich dafür, daß die gruppenangehörigen Unternehmen insgesamt die Höchstgrenzen beachten (§ 13a Abs. 4). Übereinstimmung mit § 10a KWG besteht ferner hinsichtlich der Ausnahmen und der Pflichten der Finanzholding-Gesellschaft (§ 13a Abs. 5 KWG).

Finanzielle Sektoren
Gruppen von Unternehmen, die in ihren →Bilanzen nur Geldvermögen und Geldverbindlichkeiten ausweisen. Finanzielle Sektoren in der →gesamtwirtschaftlichen Finanzierungsrechnung der Bundesbank sind →Banken (→ Deutsche Bundesbank und →Kreditinstitute) sowie →Bausparkassen und →Versicherungen.
(→Funktionen und Struktur des Kreditwesens)

Finanzierter Abzahlungskauf
→Kauf, der mit einer →Finanzierung (in Form eines →Teilzahlungskredits) verbunden wird. Der f. A. unterlag, wenn er vor dem 31.12.1990 abgeschlossen wurde, dem →Abzahlungsgesetz, welches Anfang 1991 durch das →Verbraucherkreditgesetz abgelöst wurde. Nach § 9 Abs. 1 VerbrKrG bildet ein Kaufvertrag dann ein mit einem →Kreditvertrag verbundenes Geschäft, wenn der Kredit der Finanzierung des Kaufpreises dient und beide Verträge als wirtschaftliche Einheit anzusehen sind. Gemäß § 9 Abs. 4 VerbrKrG gilt auch für Kredite, die zur Finanzierung des Entgelts für eine andere Leistung als die Lieferung einer →Sache gewährt werden, daß ein Widerruf des Kreditvertrages auch den Kaufvertrag betrifft (§ 9 Abs. 2) und regelmäßig Einwendungen aus dem Kaufvertrag auch der Forderung auf →Rückzahlung des Kredits entgegengehalten werden können (§ 9 Abs. 3 VerbrKrG).

Finanziertes Abzahlungsgeschäft
Kombiniertes („verbundenes") Geschäft, meist bestehend aus einem →Kauf(vertrag) und einem →Kreditvertrag (→Teilzahlungskredit), wobei der Kredit der →Finanzierung des Kaufpreises dient und beide →Verträge als wirtschaftliche Einheit anzusehen sind. Handelt es sich bei dem Käufer/Kreditnehmer um einen Verbraucher i.S.d. →Verbraucherkreditgesetzes (§ 1 Abs. 1 VerbrKrG) und sind auch die übrigen Voraussetzungen dieses Gesetzes für einen →Verbraucherkredit erfüllt, erleidet der Verbraucher aus der rechtlichen Aufspaltung der beiden Verträge wegen § 9 VerbrKrG kaum Nachteile, wenn er auf Kredit →Waren kauft (→finanzierter Abzahlungskauf) oder andere Leistungen bezieht. § 9 VerbrKrG findet jedoch keine Anwendung auf Kreditverträge, die der Finanzierung des Erwerbs von →Wertpapieren, →Devisen oder Edelmetallen dienen (§ 3 Abs. 2 Nr. 4 VerbrKrG).

Merkmale wirtschaftlicher Einheit: Eine wirtschaftliche Einheit ist insbes. anzunehmen, wenn der Kreditgeber sich bei der Vor-

Finanzierung

bereitung oder dem Abschluß des Kreditvertrages der Mitwirkung des Verkäufers bedient (§ 9 Abs. 1 Nr. 2 VerbrKrG), dem Käufer also nur eine Person gegenübertritt, die im Besitz von Bestellschein und von Darlehensantrag ist, und beide → Urkunden gleichzeitig unterschrieben werden. Typisch ist ferner die Mithaftung des Verkäufers für die Darlehensschuld (in Form einer → Bürgschaft oder Schuldmitübernahme), die Zweckbindung und Zahlung der Kreditvaluta an den Verkäufer sowie eine → Sicherungsübereignung an den Kreditgeber. Fehlt eines dieser Merkmale, kann dennoch eine nach objektiven Kriterien zu bestimmende wirtschaftliche Einheit gegeben sein.

Schutzrechte des Verbrauchers: Im „verbundenen Geschäft" gemäß § 9 VerbrKrG sind Kauf- bzw. Leistungsvertrag und Kreditvertrag (in Weiterführung der bis 1991 im → Abzahlungsgesetz getroffenen Bestimmungen) miteinander verknüpft. Der Kaufvertrag wird erst (endgültig) wirksam, wenn der Verbraucher seine auf Abschluß des Kreditvertrags gerichtete → Willenserklärung nicht innerhalb einer Woche schriftlich widerruft, wobei die rechtzeitige Absendung des Widerrufs genügt (§ 9 Abs. 2 S. 1 i. V. m. § 7 Abs. 1 und Abs. 2 S. 1 VerbrKrG). Hierüber muß der Verbraucher durch Aushändigung einer entsprechenden Belehrung unterrichtet werden. Ist der Nettokreditbetrag (Auszahlungsbetrag) dem Verkäufer bereits zugeflossen, tritt der Kreditgeber im Verhältnis zum Verbraucher im Hinblick auf die Rechtsfolgen eines Widerrufs in die Rechte und Pflichten des Verkäufers aus dem Kaufvertrag ein; die Rückabwicklung erfolgt allein im Verhältnis Kreditgeber/Verbraucher (§ 9 Abs. 2 S. 4 VerbrKrG).

Kann sich der Verbraucher/Käufer auf Einwendungen aus dem Kaufvertrag berufen, die ihn dem Verkäufer gegenüber zur Verweigerung seiner Leistung (Zahlung des vollen Kaufpreises von mehr als 400 DM) berechtigen würden, so darf er die → Rückzahlung des Kredits verweigern. Stützt sich die Einwendung auf einen → Sachmangel bei der gelieferten Ware, so kommt jedoch zuerst eine Nachbesserung oder Ersatzlieferung in Betracht; erst wenn dies fehlschlägt, tritt der sogenannte Einwendungsdurchgriff gegenüber dem Kreditgeber ein (§ 9 Abs. 3 S. 1 und 3 VerbrKrG). Der Verbraucher/Käufer hat dann die gesetzlichen Gewährleistungsansprüche auf → Wandlung und Minderung (gemäß §§ 459 ff. und § 480 BGB). Wählt er Minderung, wirkt sich diese Entscheidung direkt auf die Rückzahlungspflicht gegenüber dem Kreditgeber aus; diese vermindert sich anteilig. Wählt der Verbraucher Wandlung, so kann er zunächst vom Verkäufer, der bereits vom Kreditgeber den Kaufpreis erhalten hat, gegen Rückgabe der Ware Rückzahlung dieser Summe abzüglich einer Nutzungsentschädigung verlangen (§§ 467, 346 BGB). Keine ausdrückliche Regelung trifft das VerbrKrG dazu, ob und ggf. unter welchen Voraussetzungen der Verbraucher darüber hinaus vom Kreditgeber die Rückzahlung bereits geleisteter Kreditraten fordern kann, so daß diese Entscheidung der Rechtsprechung überlassen bleibt. Will der Verbraucher einen Geldkredit vorzeitig zurückzahlen, so ergibt sich sein Kündigungsrecht aus § 609 a BGB; es kann vertraglich weder ausgeschlossen noch eingeschränkt werden. Zahlt er einen Teilzahlungskredit vorzeitig zurück, reduziert sich der Teilzahlungspreis um die → Zinsen und sonstigen laufzeitabhängigen Kosten für die ursprünglich vorgesehene → Restlaufzeit (§ 14 VerbrKrG); dies gilt jedoch im Hinblick auf eine Gleichbehandlung mit Geldkrediten nicht für die ersten neun Monate der → Laufzeit.

Finanzierung

In Literatur und Praxis existiert kein einheitlicher Begriff der F. Die Unterschiede zwischen den einzelnen Finanzierungsdefinitionen resultieren v. a. aus einer unterschiedlich weiten Ausdehnung des Finanzierungsbegriffes und einer uneinheitlichen Interpretation des Kapitalbegriffes (→ Kapital).

Folgt man einem extrem engen Finanzierungsbegriff, dann ist unter F. lediglich die Beschaffung von → Eigenkapital oder aber die Kapitalbeschaffung für → Anlageinvestitionen zu verstehen. Nach einer extrem weiten Auslegung des Finanzierungsbegriffes dagegen ist unter F. die Summe aller Kapitaldispositionen eines Unternehmens zu verstehen. Zwischen diesen Extremen findet sich ein häufig benutzter Finanzierungsbegriff, wonach F. mit → Kapitalbeschaffung und Kapitalverwendung gleichgesetzt wird. Vgl. hierzu auch die Abbildung S. 631 oben.

Mögliche Einteilungen: (1) Einteilung nach der *Häufigkeit des Vorkommens*: laufende F. und besondere F. Die laufende F. bezieht sich auf tägliche oder periodische Bedarfs-

Finanzierung

zunehmende Begriffsausdehnung

1. Finanzierung wird definiert als Kapitalbeschaffung.
2. Finanzierung umfaßt neben der Kapitalbeschaffung auch Kapitaltilgungen und Kapitalumschichtungen
3. Der Finanzierungsbegriff wird auf die Vermögenssphäre ausgedehnt. Finanzierung umfaßt Kapitalaufbringung und Kapitaldisposition
4. Der Finanzierungsbegriff wird monetär gesehen: Finanzierung ist die Gestaltung betrieblicher Zahlungsströme.

fälle. Die besondere F. dagegen hat einmaligen oder gelegentlichen Charakter. Sie tritt beispielsweise bei Gründungen, → Fusionen oder → Sanierungen auf. (2) Einteilung nach der *Finanzierungsdauer*: kurzfristige, mittelfristige und langfristige F. Die Frage, was kurz-, mittel- oder langfristig ist, kann von jedem Wirtschaftssubjekt anders beantwortet werden. Üblicherweise spricht man bei einer Finanzierungsdauer, die ein Jahr nicht übersteigt, von kurzfristiger F. Bei einem Zeitraum von ein bis vier Jahren liegt eine mittelfristige F. vor. Übersteigt der Zeitraum vier Jahre, so spricht man von langfristiger F. (3) Einteilung nach der *Rechtsstellung des Kapitalgebers*: → Eigenfinanzierung und → Fremdfinanzierung. Bei der Eigenfinanzierung wird einem Unternehmen zusätzliches Eigenkapital zugeführt. Dies kann einmal in der Weise geschehen, daß die alten Anteilseigner ihre Ansprüche (→ Beteiligungen) gegen die Unternehmung erhöhen (→ Beteiligungsfinanzierung). Möglich ist aber auch, daß neue Anteilseigner Eigenkapital zur Verfügung stellen und neue Ansprüche gegen die Gesellschaft erwerben. Bei der Fremdfinanzierung erfolgt eine Zuführung von → Fremdkapital. (4) Einteilung nach der *Herkunft der Finanzmittel*: → Außenfinanzierung (externe F.) und → Innenfinanzierung (interne F.). Außenfinanzierung liegt vor, wenn einer Unternehmung von außen zusätzliche Finanzmittel zugeführt werden. Dabei ist es gleichgültig, ob diese Finanzmittel von den bisherigen Gesellschaftern bzw. Eigentümern (Beteiligungsfinanzierung), weiteren (neuen) Anteilseignern (Beteiligungsfinanzierung) oder von Fremdkapitalgebern (Fremdfinanzierung) kommen. Entsprechend liegt Innenfinanzierung dann vor, wenn die Geldmittel intern aufgebracht werden, also von der Unternehmung selbst erwirtschaftet werden (→ Selbstfinanzierung). Dabei kann es sich entweder um offene (F. aus → Gewinn bzw. offene → Rücklagen; Selbstfinanzierung i. e. S.) oder stille Selbstfinanzierung (F. aus stillen Rücklagen durch überhöhte Abschreibungen oder überhöhte Rückstellungsbildung; Selbstfinanzierung i. w. S.) handeln.

Formen der F. im Überblick (Abbildung unten): Eine F. ist stets durch eine Kombination der angeführten Kriterien gekennzeichnet.
So ist die Selbstfinanzierung von der Kapitalherkunft (F. aus nicht ausgeschütteten Gewinnen) als Innenfinanzierung zu bezeichnen. Gleichzeitig stellt sie aber auch Eigenfinanzierung dar, wenn man nach der Rechtsstellung der Anteilseigner fragt. Bildet ein Betrieb → Pensionsrückstellungen, so erwerben die Mitarbeiter Anwartschaften auf spätere Pensionszahlungen. Diese

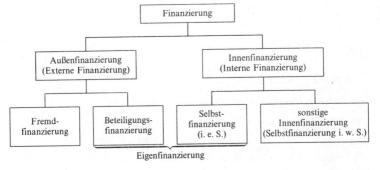

631

Finanzierung aus Abschreibungen

Kapitalherkunft / Rechtsstellung	Innenfinanzierung	Außenfinanzierung
Eigenfinanzierung	z. B. Selbstfinanzierung durch Gewinneinbehaltung	z. B. Kapitalerhöhung durch Ausgabe von Aktien
Fremdfinanzierung	z. B. Bildung von Pensionsrückstellungen	z. B. Fremdkapitalzuführung durch Ausgabe von Obligationen (Schuldverschreibungen)

→ Rückstellungen haben demnach Fremdkapitalcharakter; gleichzeitig erfüllen sie aber auch das Kriterium der Innenfinanzierung, da die durch die Rückstellungsbildung gebundenen Geldmittel intern aufzubringen sind. Werden →junge Aktien ausgegeben, so erhält der Betrieb zusätzliches Eigenkapital (Eigenfinanzierung). Die Geldmittel fließen dem Betrieb von außen zu (Außenfinanzierung). Entsprechend liegt bei der Ausgabe von Obligationen gleichzeitig Fremd- und Außenfinanzierung vor. Vgl. Abbildung oben.

→„*Umfinanzierung*": I. e. S. werden dazu Finanzierungsmaßnahmen gerechnet, die ohne Vermehrung des Gesamtkapitals eine Veränderung der Kapitalstruktur bewirken (Tausch von Passivpositionen = Umfinanzierung auf der Passivseite, z. B. Umwandlung von Fremdkapital in Eigenkapital). Mitunter werden dazu auch Maßnahmen der Vermögensumschichtung gezählt (Tausch von Aktivpositionen = Umfinanzierung auf der Aktivseite, z. B. Veränderung von Teilen des →Anlagevermögens).

Sonderformen der F.: Cash-flow-Finanzierung (→Cash-flow), →Factoring, →Leasing (→Exportfactoring).
(→Finanzierung der Kreditinstitute, →Sparen)

Finanzierung aus Abschreibungen,
→Selbstfinanzierung.

Finanzierung aus Rückstellungen,
→Selbstfinanzierung.

Finanzierung der Kreditinstitute
Bei →Kreditinstituten sind bankspezifische (bankgeschäftliche) und nichtbankspezifische (nichtbankgeschäftliche) Finanzierungsformen zu unterscheiden. Vgl. Abbildung S. 633.

Bankspezifische →*Finanzierung:* Eine solche Finanzierung liegt vor, wenn die Mittelbeschaffung im Zuge der Abwicklung von →Bankgeschäften erfolgt. Im Vordergrund steht die Mittelbeschaffung aus dem Bereich der Kundschaft (→Außenfinanzierung). Sie ist →Fremdfinanzierung, deren umfangmäßige Bedeutung durch die nur sehr geringe →Eigenkapitalquote von Kreditinstituten (ca. 5 Prozent) ersichtlich wird. Ein beträchtlicher Teil der bankgeschäftlichen Finanzierung ist →Refinanzierung durch Umschichtung von Vermögenspositionen (→Umfinanzierung durch Tausch von Aktivposten). Sie ist stets →Innenfinanzierung und wird auch als rechtlich indifferente Finanzierung bezeichnet, da eine Zuordnung zur Fremdfinanzierung oder zur →Eigenfinanzierung nicht möglich ist. Bankgeschäftliche Finanzierung schließt stets die Beschaffung von →Liquidität (→Zentralbankgeld) ein.

Nichtbankspezifische Finanzierung: Kreditinstituten stehen (wie anderen Wirtschaftsunternehmen auch) sowohl Maßnahmen der Außenfinanzierung als auch der Innenfinanzierung zur Verfügung.
(→Finanzierung)

Finanzierungsarten, →Finanzierung.

Finanzierungshilfen
Wirtschaftsförderung durch Hergabe zinssubventionierter →Kredite sowie Gewährung von Bundes- oder Landesbürgschaften, Investitionszulagen und -zuschüssen. Eingesetzt werden je nach Programm Bundes-, Landes-, EU- oder ERP-Mittel (→ERP-Darlehen). Gezielter Einsatz erfolgt in strukturschwachen Gebieten oder Krisenbranchen.

Finanzierungs-Leasing, →Financial Leasing.

Finanzierungspapier
→Schatzwechsel und →unverzinsliche Schatzanweisung (U-Schätze), die zur Kre-

Finanzierungspapier

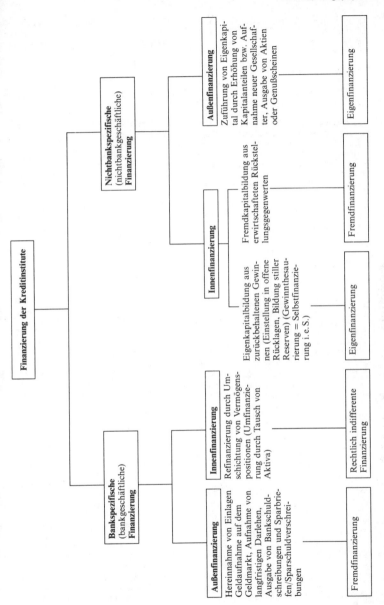

Finanzierungsregeln

ditaufnahme → öffentlicher Haushalte durch die → Deutsche Bundesbank begeben werden. F. sind von → Liquiditätspapieren zu unterscheiden.

Finanzierungsregeln
Normative Aussagen über Relationen von Kapitalteilen zueinander (vertikale F. = Kapitalstrukturregeln) oder bestimmter Kapitalteile zu bestimmten Vermögensteilen (horizontale F. = Kapital-Vermögensstrukturregeln). Durch die Einhaltung von F. soll die → Liquidität eines Unternehmens gewährleistet werden. Sie werden durch bestimmte Strukturkennzahlen (Bilanzkennzahlen, → Bilanzanalyse) ausgedrückt, die aus der → Handelsbilanz entwickelt werden. Trotz kritischer Einwendungen werden statische Kapitalstrukturregeln und Kapital-Vermögensstrukturregeln bei Kreditentscheidungen berücksichtigt.

Vertikale F. (Kapitalstrukturregeln): Sie sind abgestellt auf den Anteil des → Eigenkapitals am Gesamtkapital (→ Eigenkapitalquote) oder auf die Relation Eigenkapital zu → Fremdkapital oder auf die Relation Fremdkapital zu Eigenkapital (→ Verschuldungsgrad). Die Kapitalstrukturregeln gehen von der Vorstellung aus, daß eine hohe Eigenkapitalquote eine weitgehende Unabhängigkeit von → Gläubigern gewährleistet, die → Kreditwürdigkeit verbessert und damit die Möglichkeit, weiteres Fremdkapital aufzunehmen, erhöht würde, daß künftige mögliche Verluste aufgefangen werden könnten, das Risiko aus unerwartetem Abzug von Fremdkapital verringert würde und die Belastung des Unternehmens mit Zins- und Tilgungspflichten verringert werden könnte.

Die vertikalen Kapitalstrukturregeln lassen die Verwendung der finanziellen Mittel (Kapitalverwendung) unberücksichtigt. → Stille Reserven bleiben außer Ansatz. Auch die mögliche Ausnutzung des → Leverage-Effekts bleibt unbeachtet.

Horizontale F. (Kapital-Vermögensstrukturregeln): Diese Regeln basieren auf dem Versuch, aus den aktuellen Beständen an → Aktiva und → Passiva auf die Höhe und den Anfall künftiger Ein- und Auszahlungen zu schließen. Nach der sog. Goldenen Finanzierungsregel (auch → Goldene Bankregel genannt) soll die Dauer der Kapitalbindung im → Vermögen nicht länger sein als die Dauer der Kapitalüberlassung (Fristenkongruenz im Aktiv- und Passivgeschäft). Mit der sog. Goldenen Bilanzregel wird die geforderte Fristenübereinstimmung zwischen Kapital und Vermögen mit der Forderung nach bestimmten Finanzierungsarten verbunden (Grad der → Anlagendeckung). In der engeren Fassung fordert diese Regel die vollständige Finanzierung des → Anlagevermögens durch Eigenkapital: Eigenkapital zu Anlagevermögen ≥ 1. In der weiteren Fassung wird eine grundsätzlich langfristige Finanzierung des Anlagevermögens (bzw. des langfristig gebundenen → Umlaufvermögens) gefordert: Eigenkapital + langfristiges Fremdkapital zu Anlagevermögen ≥ 1 bzw. Eigenkapital + langfristig Fremdkapital zu Anlagevermögen + langfristig gebundenes Umlaufvermögen ≥ 1.

Kritik an den vertikalen und horizontalen F.:
Die konkreten Fälligkeitstermine der → Verbindlichkeiten und die Monetisierungstermine der Vermögensteile sind aus der → Bilanz grob erkennbar. Gleiches gilt für eingeräumte, aber nicht in Anspruch genommene → Kreditlinien. Die Bilanz kann zum Zwecke der Darstellung einer günstigen Liquiditätssituation beeinflußt sein (z. B. durch → Sale-and-lease-back bei Gegenständen des Anlagevermögens). Mögliches → Factoring läßt Kreditgewährung durch den Factor nicht erkennen. Ab- und Zuflüsse von Finanzmitteln (durch Löhne, Leasingraten, → Mieten, → Umsätze usw.) bleiben unberücksichtigt. Bei der Gegenüberstellung von Anlagevermögen und langfristigem Kapital wird unterstellt, daß die Abschreibungsgegenwerte tatsächlich über den Umsatzprozeß zurückfließen. Nicht berücksichtigt wird, daß Finanzierungsmittel für künftige Ersatzbeschaffungen benötigt werden. Auch die mögliche → Prolongation von Krediten bleibt unbeachtet. F., die auf bestandsorientierten (statischen) Liquiditätsanalysen fußen, haben nur eine beschränkte Aussagekraft. Sie sind daher um dynamische Liquiditätsanalysen (→ Kapitalflußrechnung, Analyse des → Cash-flow) zu ergänzen.

Finanzierungsschätze
Von der Bundesrepublik Deutschland als → Daueremissionen zur → Finanzierung ihrer Ausgaben ausgegebene → unverzinsliche Schatzanweisungen, d. h. F. werden mit einem Zinsabschlag verkauft und zum → Nennwert zurückgezahlt (→ Abzinsungspapier). Verkauf, → Verwahrung und Verwaltung er-

folgt durch →Kreditinstitute, →Bundesschuldenverwaltung und durch →Landeszentralbanken. Die Ausgabe von Wertpapierurkunden ist für die gesamte →Laufzeit von etwa einem Jahr oder etwa zwei Jahren ausgeschlossen. F. sind keine →Schuldbuchforderungen, stehen diesen jedoch sehr nahe. Je Ausgabe wird eine →Sammelurkunde bei der →Deutscher Kassenverein AG hinterlegt. Der Anleger erwirbt durch die Depotgutschrift →Miteigentum nach Bruchteilen am →Sammelbestand. Monatlich werden neue Ausgaben aufgelegt. F. werden nicht an der →Börse gehandelt. Sie können nicht vorzeitig zurückgegeben werden.

Käufer: F. können von jedermann erworben werden, ausgenommen Kreditinstitute. Der →Gläubiger kann F. jederzeit durch die depotführende Stelle auf Erwerbsberechtigte übertragen lassen. Der beim Weiterverkauf berechnete Zinsabschlag unterliegt der individuellen Vereinbarung. F. können im Nominalwert von 1.000 DM oder einem Mehrfachen erworben werden, pro Person und Geschäftstag jedoch nur bis zu einem Höchstbetrag von 500.000 DM. F. sind mündelsicher (→Mündelsicherheit) und deckungsstockfähig (→Deckungsstockfähigkeit).

Verzinsung: Die →Zinsen werden vom Bund von Zeit zu Zeit nach der Marktlage festgelegt. Kurzfristige Papiere (ein Jahr) sind bei hohen kurzfristigen Zinsen (insbes. bei →inverser Zinsstruktur) sehr attraktiv. Die Ausstattungsmerkmale neuer F. werden im →Bundesanzeiger bekanntgemacht. (→Bundeswertpapiere)

Finanzierungsstruktur der Unternehmung, →Bilanzstruktur.

Finanzierungsverbund
Bezeichnung für Gruppen von →Kreditinstituten, die bei der Bereitstellung von →Krediten zusammenarbeiten, wie →Sparkassen und Landesbausparkassen; →Kreditbanken, →private Hypothekenbanken (als →Tochtergesellschaften der Kreditbanken) und private →Bausparkassen sowie →Kreditgenossenschaften, →DG-Bank, Deutsche Genossenschaftsbank, Deutsche Genossenschafts-Hypothekenbank und Bausparkasse Schwäbisch Hall.

Finanzierung über Objektgesellschaften
Variante des →Immobilien-Leasing als Fonds-Leasing oder Fondsfinanzierung.

Finanzinnovation

Grund und Boden sowie die errichteten Gebäude werden in eine Objektgesellschaft (zumeist in Rechtsform der →GmbH & Co. KG) eingebracht und verleast. Die Leasinggeberin ist als Fonds-KG konzipiert. →Kommanditisten sind Fondszeichner, als →Komplementäre fungieren von den Initiatoren des Fonds ausgewählten Personen. Am →Kapital einer solchen Objektgesellschaft, das i. d. R. mindestens 25 Prozent des →Vermögens decken sollte, beteiligen sich private Anleger als Kommanditisten (meist ist ein Mindestzeichnungsbetrag vorgesehen). Attraktiv für den Kapitalanleger wegen der steuerlichen Verlustzuweisungen und der Ausschüttungsbeträge. Das Konzept erlaubt, dem Leasingnehmer geringfügig günstigere Mietkonditionen als beim traditionellen →Leasing anzubieten. Das Objekt kann nach Ablauf einer Grundmietzeit zu vorab festgelegten Bedingungen vom Nutzer erworben werden. F. ü. O. sind im Regelfall erst bei Investitionsbeträgen ab etwa 30 Mio. DM möglich.

Finanzinnovation
Neuartiges, früher an den →Finanzmärkten nicht verfügbares oder zumindest in dieser Kombination seiner Merkmale nicht verfügbares Anlageinstrument. F. werden sowohl am →Terminmarkt (→derivative [Finanz-]Instrumente i. e. S.) als auch am →Kassamarkt als strukturierte →Anleihen und Produkte (Derivative Instrumente i. w. S.) gehandelt. Derivative Instrumente werden oftmals auch nur als Derivative oder Derivate bezeichnet. Der Kassamarkt für elementare Produkte kann zum einen in →Zinsinstrumente, zum anderen auch in →Aktien unterteilt werden. An beiden Märkten werden die traditionellen →Geldmarktpapiere (z. B. →Commercial Paper), →festverzinsliche [Wert-]Papiere (z. B. →Pfandbrief, →Bundesanleihe) und Aktien (→Stamm- bzw. →Vorzugsaktien) gehandelt. Neben diesem traditionellen Kassamarkt existiert der Terminmarkt, der in bedingte bzw. unbedingte →Termingeschäfte unterschieden werden kann. Beide Märkte liefern die Bausteine für den dritten Markt, den Kassamarkt für strukturierte Anleihen und Produkte. Deshalb werden Instrumente, die an diesen Märkten gehandelt werden, auch als elementare Anlageformen bezeichnet. Am Terminmarkt bzw. Kassamarkt für strukturierte Anleihen und Produkte werden F. oder Derivative Instrumente gehandelt.

635

Finanzinnovation

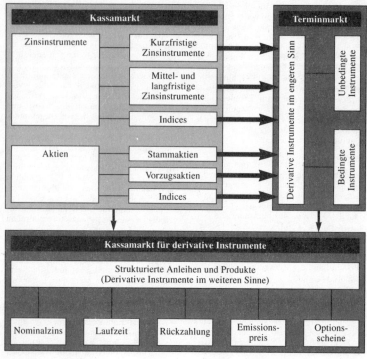

→ abgeleitet

In den letzten Jahren wurden den Anlegern zunehmend exotische F. angeboten wie z. B. →Leveraged Floater, →Capped Floating Rate Notes, →Condoranleihen, →Koppelanleihen, →Zinsphasenanleihen, →Fixed-Maxi-Floater, →Hamster-Optionsscheine, Digital Options, →Ladder-Warrants, →Capped Warrants. Eine nahezu unüberschaubare Vielfalt von neuen Anlageformen ermöglicht heute den Anlegern, auf jede erwartete Kurs- bzw. Renditeentwicklungen an den →internationalen Finanzmärkten zu setzen. Im Gegensatz zur Situation noch vor einigen Jahren gibt es heute F. für Anlegertypen jeder Risikoklasse, d. h. für den risikoscheuen Anleger ebenso wie für Spekulanten. Die Angebotspalette reicht von relativ risikolosen Floatern bis zu hochspekulativen Konstruktionen.

Strukturierte Anleihen und Produkte werden von Kreditinstituten oder →Wertpapierhäusern in den Finanzzentren wie New York, London, Düsseldorf oder Frankfurt kreiert und den Anlegern fast täglich in einer neuen Variante angeboten. Ausgehend von den Vereinigten Staaten und Großbritannien, drangen in den letzten Jahren verstärkt immer wieder neue Varianten der klassischen Anleihen auf den deutschen Finanzmarkt. Lockerung und Abbau von Restriktionen durch nationale Regierungen und Aufsichtsbehörden beeinflussen die Anlagemöglichkeiten an den internationalen Finanzmärkten in erheblichem Maße. Für den deutschen →Geld- und →Kapitalmarkt hat die →Deutsche Bundesbank im Rahmen der Restliberalisierung in den letzten Jahren zusätzlich Anleihevarianten geschaffen, die vor Jahren nicht möglich gewesen wären, z. B. DM-Zero Bonds (→ Nullkupon-Anleihe), → Floating Rate Notes (Floater) und → Reverse Floater.

Ziele von F.: Der → Emittent verfolgt mit F. häufig das Ziel, seine eigenen Emissionskosten und laufenden Zinsbelastungen zu senken und möglichst Risiken auf den Anleger zu verlagern. Nahezu alle F. – von wenigen Ausnahmen abgesehen – wurden von Emittenten nur deshalb ausgegeben, um im Vergleich zu normalen Anleihen – den sogenannten → Straight Bonds – günstiger Kapital aufnehmen zu können. Je komplexer eine F. konstruiert wurde, desto mehr Möglichkeiten hat der Emittent, möglichst billig Geld aufzunehmen, da der Anleger die Konstruktion nur sehr schwer analysieren kann. Auf der anderen Seite möchte der Anleger eine möglichst hohe → Rendite erwirtschaften. Deshalb werden nicht selten Anleihen mit einer hohen Verzinsung emittiert, um dem Anleger eine gewinnversprechende Anlage anzubieten. Allerdings sind mit dem Kauf von Papieren, die im Vergleich zu normalen Anleihen mit einem höheren → Nominalzins ausgestattet sind, zusätzliche Risiken verbunden. Denn: Der Emittent zahlt die hohe Verzinsung nicht, ohne hierfür einen Vorteil zu erlangen. Beispiele für solche Papiere sind Fixed-Maxi-Floater, Koppelanleihen und Condoranleihen.

Einige F. sind auch auf steuerliche Vorteile ausgerichtet. Ein klassisches Beispiel sind Zero Bonds: Sie führen zur Verlagerung von Zinseinkünften in spätere Jahre, für die der Anleger vermutet, daß sein → Einkommen niedriger als in der Gegenwart sein wird, (z. B. die Zeit, in der er nur seine Rente beziehen wird). Aufgrund der Progressivität des deutschen Steuertarifs können so → Steuern gespart werden. Auch Kombi- und Gleitzinsanleihen, → MEGA-Zertifikate und ähnliche Konstruktionen wurden aus diesem Grund den Anlegern angeboten. Allerdings sind viele dieser Papiere durch die neue Zinsbesteuerung uninteressant geworden.

Die fünf Basiselemente von F.: Die internationalen Finanzmärkte erlebten in den letzten 15 Jahren einen revolutionären Umbruch. Eine nahezu unüberschaubare Vielfalt von neuen, teilweise sehr komplizierten Anlageformen wurde den Anlegern angeboten. Bei diesen neuen Finanzinstrumenten werden im Grunde genommen nur ein oder mehrere „Bausteine" von klassischen festverzinslichen Papieren variiert. Klassische festverzinsliche Papiere sind Anleihen mit einem festen Nominalzins, einer bestimmten → Laufzeit und einer → Rückzahlung zu 100% des → Nennwertes. Klassische Anleihen sind → Bundesschatzanweisungen, → Bundesobligationen oder Bundesanleihen. Diese Papiere werden oftmals auch als Straight Bonds bezeichnet.

Ein Beispiel: Kauft ein Anleger die 9%ige Bundesanleihe mit Fälligkeit am 22. Januar 2001, so erhält er jedes Jahr 9 DM Zinsen für Nominal 100 DM und bei Endfälligkeit am 22. Januar 2001 Zins und → Tilgung in Höhe von 109 DM zurück.

Bei vielen F. ist beim Kauf nicht bekannt, wieviel der Anleger zurückerhält. Denn im Gegensatz zu normalen Anleihen wurden
– der Nominalzins,
– die Laufzeit,
– der Rückzahlungsbetrag und schließlich
– der Emissionspreis
bewußt verändert, um damit neue Instrumente, die strukturierten Anleihen und Produkte, zu kreieren.

Anhand einiger Beispiele soll gezeigt werden, wie diese Basiselemente bei verschiedenen Anleihetypen immer wieder verändert wurden, um daraus neue Finanzprodukte herzustellen (vgl. auch Tabelle S. 638).

Der Nominalzins ist ein Basiselement, das die Finanzingenieure besonders oft veränderten. Am bekanntesten sind Papiere, die einen festen Nominalzins haben. Bei den verschiedenen Varianten von → variabel verzinslichen Anleihen (Floater) wird der Kupon periodisch an die jeweils aktuellen → Geldmarktzinsen (z. B. → LIBOR, → FIBOR) angepaßt. Auch eine Kombination von Festsatzzinsen und variablen Zinsen (z. B. Reverse Floater, Zinsphasenanleihen, Fixed-Maxi-Floater) wird immer beliebter.

Die → Tilgung einer Anleihe kann bei → Fälligkeit zum Nennwert erfolgen (Bullet Issue). Bei Perpetuals (→ Ewige Anleihen) ist keine planmäßige Tilgung des Anleihebetrages vorgesehen. Häufig werden festverzinsliche Wertpapiere auch mit Call- und Putrechten ausgestattet, die eine vorzeitige → Kündigung des → Schuldners (z. B. → Anleihen mit Schuldnerkündigungsrecht), des Gläubigers (z. B. → Anleihen mit Gläubigerkündigungsrecht) oder von beiden (Anleihen mit einem Kündi-

Finanzinnovation

Finanzinnovation – Beispiele

Basiselement	Modalität	Beispiele
Nominalzins (Kupon)	Fest	Zero Bonds, Straight Bonds
	Variabel	Stufenkupon, Kombizinsanleihen
	Gewinnabhängig	Genußscheine
	Doppelwährungen	Reverse Dual Currency Bonds
	Indexabhängig	Retail Price Index (CRP)
	Floating Rate	Floating Rate Notes, Reverse Floater
	Kuponhäufigkeit	Jährlich, halbjährlich, vierteljährlich
	Optionen für den Anleger	Multiplier Bunny Bonds
	Optionen für den Emittenten	Unregelmäßige Kuponperioden
Laufzeit zwischen Emissionstag und Fälligkeit	Fest	Straight Bond
	Variabel, aber obligatorisch	Sinking Fund
	Optionen für den Emittenten	Call-Recht, Perpetuals
	Optionen für den Anleger	Put-Recht
	Optionen für den Emittenten und Anleger	Call- und Put-Recht
Rückzahlung	Fest	Bullet Bonds
	Variabel	Bull-Bear-Anleihe, Condoranleihe
	Optionen für den Emittenten	Callable über Pari
	Optionen für den Anleger	Wandelanleihen
Emissionspreis	Volleingezahlt	Zu Pari
	Teileingezahlt	Teileingezahlt
	Doppelwährungen	Emission in anderer Währung
Optionsscheine (Embeddos)	Aktien	Warrants auf Aktien
	Festverzinsliche	Warrants auf Bonds
	Option Warrant	Wahlweise auf Aktien oder Bonds
	Commodity Warrant	Warrants auf Gold und Silber
	Currency Warrant	Warrants auf Amerikanische Dollar

Quelle: Mason, R., Innovations in the Structure of International Securities, CSFB-Research, Sept. 1986, und eigene Ergänzungen

gungsrecht des Schuldners und →Gläubigers) verbriefen.
Die Modalitäten bei Rückzahlung des Kapitals sind in jeder möglichen Konstellation denkbar. Die Tilgung erfolgt entweder in einem Betrag (Bullet Bond) oder in mehreren (z. B. Ratenpapiere, →Vorsorgeanleihe) oder erfolgt zum Nennwert, über Nennwert oder unter Nennwert. Bei Koppelanleihen hängt die Höhe der Rückzahlung vom Stand eines →Aktienindex (z. B. DAX) ab. Anleihen, bei denen der →Rückzahlungskurs um so höher ist, je höher der Deutsche Aktienindex (DAX) ist, werden als Bull-Anleihen bezeichnet. Es gibt aber auch Rentenpapiere, bei denen man an fallenden Aktienkursen Geld verdienen kann, die sogenannten Bear-Anleihen. Besonders beliebt sind Anleihen mit Optionsrechten in Vermögensgegenständen, wie Aktien, Anleihen, →Devisen usw. Dieser Anleihetyp wird als →Optionsanleihe bezeichnet.
Die Einzahlung des →Kapitals bei →Emission erfolgt i.d.R. zum Nennwert. Allerdings kann die Einzahlung insbes. bei Zero Bonds und →Abzinsungspapieren (z. B.

Commercial Papers) auch weit unter pari erfolgen. Bei teileingezahlten Wertpapieren (→ Partly Paid Bond) zahlt der Anleger einen Teil des Gesamtbetrages bei Emission ein und die Restsumme später in einer oder mehreren Raten. Üblich sind auch Einzahlungen, die in einer anderen → Währung als der Rückzahlungs- und Zinswährung erfolgen (→ Doppelwährungsanleihe).

→ Optionsscheine (Warrants) verbriefen das Recht, einen bestimmten → Basiswert (Bezugsobjekt) zu einem bestimmten Bezugspreis (→ Basispreis) während einer bestimmten Optionsfrist (→ amerikanische Option) oder zu einem bestimmten Termin (→ europäische Option) in einem bestimmten Optionsverhältnis zu kaufen (Call-Optionsscheine) oder zu verkaufen (Put-Optionsscheine). Optionsscheine stellen im Gegensatz zu Aktien keine Teilhaberschaft an einer → Aktiengesellschaft dar, sondern ein Recht (Option). Wird dieses Recht bis zur Fälligkeit des Optionsscheines nicht ausgeübt, verfällt es. Der Optionsschein ist dann wertlos geworden und der Kapitaleinsatz des Anlegers verloren. Die Inhaber von Optionsscheinen erhalten keine Dividenden- oder Zinszahlungen, wie bei Aktien oder Zinsinstrumenten.

(→ Stripping von Finanzinnovationen, → Bond Research)

Finanzinstitute i. S. des KWG

1. Finanzinstitute unterscheiden sich von → Kreditinstituten i. S. von § 1 Abs. 1 Satz 1 KWG dadurch, daß sie keine → Bankgeschäfte betreiben, sondern ihre Haupttätigkeit darin besteht, folgende andere finanzielle Dienstleistungen zu erbringen (nach § 1 Abs. 3 Satz 1 KWG):
(1) → Beteiligungen zu erwerben,
(2) Geldforderungen entgeltlich zu erwerben,
(3) Leasingverträge (→ Leasing) abzuschließen,
(4) → Kreditkarten oder → Reiseschecks auszugeben oder zu verwalten,
(5) ausländische → Zahlungsmittel für eigene Rechnung oder im Auftrag von Kunden zu handeln oder zu wechseln (Sortengeschäft),
(6) mit → Wertpapieren für eigene Rechnung zu handeln,
(7) mit → Terminkontrakten, → Optionen, Wechselkurs- oder Zinssatzinstrumenten für eigene Rechnung oder im Auftrag von Kunden zu handeln,
(8) an Wertpapieremissionen teilzunehmen und damit verbundene Dienstleistungen zu erbringen,
(9) Unternehmen über die Kapitalstruktur, die industrielle Strategie und die damit verbundenen Fragen zu beraten sowie bei Zusammenschlüssen und Übernahmen von Unternehmen diese zu beraten und ihnen Dienstleistungen anzubieten,
(10) → Darlehen zwischen Kreditinstituten zu vermitteln (Geldmaklergeschäfte) oder
(11) in Wertpapieren oder in Instrumenten nach (7) angelegtes → Vermögen für andere zu verwalten oder andere bei der Anlage in diesen Vermögenswerten zu beraten.

Bei einer Änderung der zugrundeliegenden Definitionen der Zweiten → Bankrechts-Koordinierungsrichtlinie, aus der der Begriff ins deutsche Recht übernommen wurde, kann der Bundesminister der Finanzen durch → Rechtsverordnung dementsprechend weitere Unternehmen als F. bestimmen (§ 1 Abs. 3 Satz 2 KWG). Die Bedeutung im KWG deckt sich jedoch nicht völlig mit der im → EG-Bankrecht, da manche Tätigkeiten eines F. schon von den Definitionen der Bankgeschäfte in § 1 Abs. 1 Satz 2 KWG erfaßt werden, z. B. das → Depotgeschäft, das → Effektengeschäft oder das → Girogeschäft. Wenn und soweit ein F. als Folge oder im Zusammenhang mit seiner Haupttätigkeit zugleich Bankgeschäfte betreibt, etwa das → Garantiegeschäft, benötigt es hierfür eine Erlaubnis als Kreditinstitut (→ Erlaubniserteilung für Kreditinstitute).

Aufsicht: F. unterliegen bisher keiner Erlaubnispflicht nach dem KWG oder anderen Gesetzen. Ein Kreditinstitut muß, wenn es derartige Tätigkeiten aufnehmen oder Handelsauskünfte bzw. Schließfachvermietungen anbieten will, diese Absicht dem → Bundesaufsichtsamt für das Kreditwesen von einem anzeigen, wenn es derartige Dienstleistungen in einem anderen EG-Mitgliedstaat erbringen möchte (§ 24 Abs. 1 Nr. 10 KWG, → Anzeigen der Kreditinstitute über personelle, finanzielle und gesellschaftsrechtliche Veränderungen). Teilweise ist die Aufnahme und die Einstellung des Betriebes derartiger Geschäfte auch nach § 24 Abs. 1 Nr. 9 KWG einer Anzeigepflicht unterworfen. Kreditinstitute mit Sitz in einem anderen EG-Mitgliedsland dürfen ferner nach § 53b Abs. 1 KWG über eine Zweigstelle oder unmittelbar im Wege grenzüberschrei-

Finanzinstrument

tender Dienstleistungen auch die Haupttätigkeiten eines F. (außer dem Beteiligungserwerb) im Bundesgebiet vornehmen, wenn hierfür ein → „Europäischer Paß" ihres Herkunftsmitgliedstaates ausgestellt ist. Nach § 53 b Abs. 7 KWG besteht ein solches Zutrittsrecht auch für F., die mindestens 90%ige → Tochterunternehmen (§ 1 Abs. 7 KWG) eines oder mehrerer Kreditinstitute sind. Dann müssen aber die → Mutterunternehmen (§ 1 Abs. 6 KWG) ihrerseits als Kreditinstitut zugelassen sein, und im Hinblick auf die Tochterunternehmen muß eine Beaufsichtigung auf konsolidierter Basis bestehen (→ Kreditinstitutsgruppen i. S. des KWG).

2. *Finanzinstitute i. w. S.:* → Finanzintermediäre.

Finanzinstrument, → Finanztitel, → derivative (Finanz-)Instrumente.

Finanzintermediäre

1. Alle Institutionen, die im geldwirtschaftlichen Bereich einer Volkswirtschaft tätig sind (Finanzierungsinstitutionen, → Finanzinstitute).

2. Finanzinstitute (Finanzierungsinstitute), die keine → Geldschöpfung (→ Giralgeld) betreiben können (Near Banks). Zu unterscheiden sind: F. ohne Kreditinstitutseigenschaften (Versicherungen, → Immobilienfonds, → Leasinggesellschaften, → Factoring-Institute, → Kapitalbeteiligungsgesellschaften, Pensionsfonds, → Finanzmakler) und F. mit Kreditinstitutseigenschaft (→ Bausparkassen, → Kapitalanlagegesellschaften, → Wertpapiersammelbanken und → Bürgschaftsbanken). F. sind grundsätzlich nicht mindestreservepflichtig (→ Mindestreserve).

3. *Finanzinstitute i. S. des KWG:* Diese werden in § 1 Abs. 3 KWG aufgezählt. Sie betreiben keine → Bankgeschäfte i. S. von § 1 Abs. 1 KWG und sind daher keine Kreditinstitute i. S. des KWG.

Finanzinvestition

Hier sind der Erwerb von Forderungsrechten und von Beteiligungsrechten zu unterscheiden. Forderungsrechte sind dabei die verschiedenen Formen von Bankguthaben sowie Gläubigerrechte aus → Darlehen und → festverzinslichen Wertpapieren. Beteiligungsrechte umfassen vor allem → Aktien und → Investmentanteile. In der → Bilanzanalyse sind vor allem die Investitionen in → Finanzanlagen wichtig.

Finanzkonzept

Die Entwicklung von F. für die Kunden der → Bank soll dazu beitragen, den Kundenbedarf an Produkten und Dienstleistungen zu erkennen, ggf. auch zu beeinflussen. Durch die enge Zusammenarbeit zwischen Kundenbetreuer und → Bankkunde entsteht ein überdurchschnittliches Vertrauensverhältnis. Dieses führt zur Festigung der → Bankloyalität und erweitert und vertieft den Einblick der Bank in die Verhältnisse und Pläne des Kunden.

Finanzkredit an das Ausland

1. Finanzkredit, der an mittel- und langfristige deutsche Exportgeschäfte gebunden ist (gebundener F., auch als Käuferkredit bezeichnet) und ausländischen Kreditnehmern (Abnehmerfinanzierung, Gegensatz: Exporteurfinanzierung) im Interesse der deutschen Exportwirtschaft gewährt wird.
Beispiele dafür sind → Bestellerkredite der → AKA, Ausfuhrkredit-Gesellschaft mbH und der → Kreditanstalt für Wiederaufbau.

2. Finanzkredit, der ausländischen Kreditnehmern ohne Bindung an deutsche Exporte gewährt wird (ungebundener Finanzkredit).

Finanzkreditbürgschaft

Instrument der → Ausfuhrgewährleistungen des Bundes für Geldforderungen deutscher → Kreditinstitute aus → Kreditverträgen, die an Ausfuhrgeschäfte deutscher Exporteure gebunden sind (gebundene Finanzkredite), wenn der ausländische Vertragspartner des deutschen Kreditinstituts oder ein für das Forderungsrisiko voll haftender Garant ein Staat, eine Gebietskörperschaft oder eine vergleichbare Institution ist (→ Finanzkredit an das Ausland).

Finanzkreditgarantie

Instrument der → Ausfuhrgewährleistungen des Bundes für Geldforderungen deutscher → Kreditinstitute aus mit privaten ausländischen → Schuldnern geschlossenen → Kreditverträgen, die an Ausfuhrgeschäfte deutscher Exporteure gebunden sind (gebundene Finanzkredite).
(→ Finanzkredit an das Ausland)

Finanzlage der Unternehmung, → Finanzanalyse.

Finanzmakler
Berufsmäßige Vermittler von mittel- und langfristigen → Krediten (→ Schuldscheindarlehen, → Realkredite usw.), von → Beteiligungen und von Unternehmen. F. vermitteln z. T. auch Industriekredite aus Mitteln der → Kapitalsammelstellen (Versicherungsunternehmen, Sozialversicherungsträger usw.).

Finanzmarkt
Kreditmarkt, Finanzmittelmarkt, Finanzierungsmittelmarkt, monetärer Markt.
Aufgrund der traditionellen Einteilung nach der Fristigkeit der monetären Transaktionen wird zwischen → Geldmarkt und → Kapitalmarkt unterschieden. Gegenüber Geldmarkt und Kapitalmarkt wird der F. (nicht als monetärer Gesamtmarkt, sondern als monetärer Teilmarkt verstanden) abgegrenzt. Bei Einteilung nach räumlichen Gesichtspunkten kann zwischen dem inländischen F. (nationaler F.), dem ausländischen F. und dem (sich über Staatsgrenzen hinweg erstreckenden) → internationalen Finanzmarkt differenziert werden. Oft wird auch nur zwischen nationalem F. und internationalem F. unterschieden. Unter letzterem wird i. d. R. der Euro-Finanzmarkt verstanden (→ Euro-Markt). Hinsichtlich der Erfüllung von Finanzgeschäften wird zwischen → Kassamärkten und → Terminmärkten unterschieden, wobei die Terminmärkte im Hinblick auf die Art der → Termingeschäfte in weitere Teilmärkte aufgegliedert werden können (vgl. Abbildung unten).

Finanzmarktförderungsgesetze
Kurzbezeichnungen für (bisher) zwei Bundesgesetze mit Regelungen im Hinblick auf die nationalen → Finanzmärkte.
Das *„Gesetz zur Verbesserung der Rahmenbedingungen der Finanzmärkte"* ([Erstes] F.) vom 22.2.1990 (BGBl. I, S. 266) enthielt Änderungen des Gesetzes über → Kapitalanlagegesellschaften (KAGG), des Auslandinvestment-Gesetzes (→ Ausländische Investmentanteile) sowie die Aufhebung der Börsenumsatzsteuer ab 1991 und der Wechselsteuer (→ Kapitalverkehrsteuern) ab 1992.
Das *„Gesetz über den Wertpapierhandel und zur Änderung börsenrechtlicher und wertpapierrechtlicher Vorschriften* (Zweites F.)" vom 26.7.1994 (BGBl. I, S. 1749) bezweckt zum einen – in Umsetzung der → Insider-Richtlinie der → Europäischen Union – die Einführung eines Insider-Straftatbestandes sowie die Errichtung eines Bundesaufsichtsamtes für den Wertpapierhandel (mit Sitz in Frankfurt). Dessen Aufgaben werden – in Zusammenarbeit mit ausländischen Aufsichtsbehörden und Internationalen Organisationen – neben der Verfolgung und präventiven Bekämpfung von Insider-Geschäften darin bestehen, die Publizität der börsennotierten Unternehmen, vor allem bei Transaktionen über bedeutende Beteiligungen hieran, zu überwachen. Hiermit wird zugleich den Verpflichtungen aus der EG-Transparenz-Richtlinie vom 12.12.1988 Rechnung getragen. Außer diesen in einem → Wertpapierhandelsgesetz zusammengefaßten Gegenständen trifft das Zweite F. Regelungen über Anpassungen der Rahmenbedingungen im Börsenbereich und weitere Maßnahmen im Sinne einer → Deregulie-

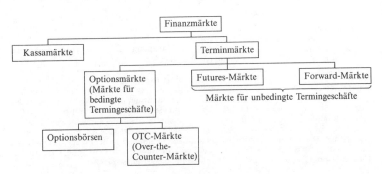

rung. Dies erfolgte vor allem durch Änderungen des →Börsengesetzes, des →Aktiengesetzes und des →Depotgesetzes. Ferner wurde das KAGG ergänzt um Regelungen über Geldmarkt-Sondervermögen (→Geldmarktfonds).

Finanzmathematik

Anwendung mathematischer Methoden zur Lösung von Problemen des Bankwesens. Die F. beschäftigt sich insbes. mit der einfachen Zinsrechnung, →Zinseszinsrechnung, →gemischter Zinsrechnung, Rentenrechnung und Annuitätenrechnung. Grundsätzlich kann man zwischen der Ermittlung von →Barwerten (z.B. Barwertformel bei einfacher Zinsrechnung, Barwertformel bei Zinseszinsrechnung) und Endwerten (z.B.→ Endwertformel bei einfacher Zinsrechnung, →Endwertformel bei Zinseszinsrechnung) unterscheiden. Auch beispielsweise die Berechnung von →Sensitivitätskennzahlen für Zinsinstrumente (z.B. →Modified Duration, →Price Value of a Basis Point), und →Optionspreisbewertungsmodelle basieren auf finanzmathematischen Grundlagen.
(→Renditeberechnungsmethoden für Geld- und Kapitalmarktpapiere, →Rendite, Interpretation)

(Finanzmathematische) Rente

→Cash-flow, der im Abstand einer →Zinsperiode und in gleicher Höhe fließt. Der →Nominalzins eines →Straight Bond kann als Rente interpretiert werden, da dieser bei →Jahreskupons immer jährlich und in konstanter Höhe (z.B. 6%) an den Anleger gezahlt wird.
(→Rentenbarwert, →Rentenendwert, →Endwertformel einer Rente)

Finanzmittelmarkt, →Finanzmarkt.

Finanzorganisation

Organisation zur Steuerung des Prozesses der Beschaffung und Verwaltung finanzieller Mittel im Rahmen der allgemeinen Geschäftspolitik der Unternehmung.

Finanzplan

Planungs-, Steuerungs- und Kontrollinstrument zur Sicherung der →Zahlungsfähigkeit (→Liquidität) i.S.d. kurzfristigen Finanzplanung. Im F. werden möglichst vollständig, betrags- und zeitpunktgenau diejenigen Größen erfaßt, die als Elemente der Liquiditätsgrundbedingung die Zahlungsfähigkeit eines Betriebes unmittelbar bestimmen: verfügbare Zahlungsmittelbestände sowie zukünftige kumulierte Einzahlungen und Auszahlungen des Planungszeitraums.
Zu berücksichtigen ist, daß sich die Prognose der fixen Einzahlungen und Auszahlungen nach Beträgen und Zeitpunkten tendenziell um so ungenauer gestaltet, je weiter entfernt vom Planungszeitpunkt die Zahlungen anfallen. Wegen dieser Problematik sollte der F. keine größere Planungsgenauigkeit vortäuschen, als tatsächlich gegeben ist. Folglich bleibt diese unmittelbar auf Zahlungsgrößen ausgerichtete Form der Planung auf den kurzfristigen Bereich mit einem →Planungshorizont von maximal einem Jahr beschränkt. Eine weitere Konsequenz ist, daß innerhalb des so abgesteckten Planungszeitraums keine taggenaue Planung erfolgt, sondern (im Rahmen einer im Zeitverlauf fortzuschreibenden Planung) z.B. das Quartal als Planungsperiode gewählt wird. Oft werden das erste Quartal des Gesamtplanungszeitraums zusätzlich nach Monaten und der dem Planungszeitpunkt folgende Monat zusätzlich nach Wochen unterteilt.
Bei der *Umsetzung des F.* im Sinne der täglichen Abstimmung von Einzahlungen und Auszahlungen ist zu beachten, daß dann nach einzelnen Zahlungsmittelarten (→Bargeld, →Zentralbankguthaben, →Devisen) bzw. →Konten (z.B. LZB-Konto, Postgirokonto, Konto bei der →Girozentrale mit Blick auf →Sparkassen) differenziert werden muß. Insoweit zerfällt die Liquiditätsgrundbedingung in einzelne miteinander vernetzte Zahlungsmittelbedingungen. Dabei ist z.B. die LZB-Guthabenbedingung täglich zum LZB-Buchungsschluß einzuhalten. Die Kassenhaltungsbedingung muß zu jedem beliebigen Zeitpunkt während der Geschäftszeit erfüllt sein.

Finanzplanung, →mittelfristige Finanzplanung.

Finanzplanungsrat

Beratungsgremium, das aus dem Bundesfinanzminister, je einem Vertreter eines jeden Bundeslandes und vier Vertretern der Gemeinden sowie der Gemeindeverbände besteht. Es hat die Aufgabe, Empfehlungen für die Koordinierung der Finanzplanungen der Gebietskörperschaften (Bund, Ländern, Gemeinden) auszusprechen.

Finanzplatz

Dem Begriff → Bankplatz nachempfundene Kennzeichnung eines Ortes, an dem eine Vielzahl von → Finanzdienstleistungen in großem Umfang abgewickelt werden. Beziehen sich diese Transaktionen auf → internationale Finanzmärkte, so wird von einem internationalen F. oder → Euro-Finanzplatz gesprochen (z.B. London, Luxembourg). F. wird auch im Zusammenhang mit einem Staat verwendet („Finanzplatz Deutschland").

Finanzpolitik

Teilbereich der allgemeinen → Wirtschaftspolitik mit der Aufgabe, finanzwirtschaftliche Entscheidungen im Hinblick auf die Ziele der Wirtschafts- und Gesellschaftspolitik auszugestalten (Steuerungsfunktion). Für marktwirtschaftliche Ordnungen ist die Aufteilung in Maßnahmen zur Förderung der Allokationsaufgabe, Verteilungsaufgabe und Stabilisierungsaufgabe des Staates (Musgrave) gebräuchlich.

Allokationsaufgabe: Die in einer Volkswirtschaft vorhandenen Ressourcen können zur Bereitstellung von privaten und öffentlichen Gütern verwendet werden. Aufgabe des Staates ist es, für die Bereitstellung von öffentlichen Gütern (Kollektivgüter) zu sorgen.

Verteilungsaufgabe: Ansatzpunkt staatlicher Verteilungspolitik ist v.a. die Einkommensverteilung (→ Einkommen). Die personelle Primärverteilung soll durch staatliche Umverteilung (Redistribution) beeinflußt werden i.S. einer gleichmäßigeren Sekundärverteilung. → Steuern sollen Tatbestände belasten, die mit steigendem Einkommen zunehmen. Staatsausgaben sollen Tatbestände begünstigen, die mit steigendem Einkommen rückläufig sind. Mittel sind insbes. direkte Steuern sowie staatliche Transfers an private Haushalte. Auch die Bereitstellung von öffentlichen Gütern des Gesundheits- und Bildungswesens kann verteilungspolitisch begründet sein.

Stabilisierungsaufgabe: Die Stabilisierungsaufgabe des Staates (→ Stabilisierungspolitik) hat ihre Begründung vor dem Hintergrund der Erfahrungen in der Zwischenkriegszeit mit ihren Problemen der Beschäftigung (→ Beschäftigungspolitik), der → Inflation und der außenwirtschaftlichen Beziehungen. Sie ist geprägt von den Vorstellungen vom → Wirtschaftskreislauf in seiner Weiterentwicklung zur modernen Kreislaufökonomik der → Keynes'schen Theorie und des gestiegenen quantitativen Umfangs der Staatstätigkeit. Die Erfahrung der Instabilität des Wirtschaftsgeschehens stellt die Vorstellung von den Selbstheilungskräften des Marktes in Frage. Aufgabe des Staates ist die Beeinflussung von → Konjunktur und → Wirtschaftswachstum. Das → gesamtwirtschaftliche Gleichgewicht soll durch → Globalsteuerung erreicht werden. Nach der Konzeption der → nachfrageorientierten Wirtschaftspolitik sollen insbes. mittels der antizyklischen F. Konjunktur- bzw. Wachstumsschwankungen verringert werden. Diese Vorstellungen haben sich in der Bundesrepublik Deutschland im → Stabilitätsgesetz niedergeschlagen. Mit dem Aufkommen von → Monetarismus und → angebotsorientierter Wirtschaftspolitik haben sie an Bedeutung verloren, nicht dagegen die Stabilisierungspolitik selbst.

Antizyklische F.: I.S. seiner Stabilisierungsaufgabe soll der Staat durch antizyklisches Ausgabe- und Einnahmeverhalten zur Glättung von Konjunktur- und Wachstumsschwankungen beitragen. Abweichungen zwischen → gesamtwirtschaftlicher Nachfrage und möglichem gesamtwirtschaftlichen Angebot soll durch die Beeinflussung der Nachfrage entgegengewirkt werden. Bei Unternachfrage sollen die öffentlichen Ausgaben steigen und/oder die öffentlichen Einnahmen sinken (bei Übernachfrage entgegengesetztes Verhalten). Damit einhergehende öffentliche Verschuldung wird hingenommen (→ Deficit Spending). Aufgrund der Liquiditätseffekte der öffentlichen Verschuldung ist eine Abstimmung mit der → Geldpolitik erforderlich. Durch die postkeynesianische Auffassung war in den 60er Jahren vor allem die diskretionäre antizyklische Fiskalpolitik bedeutungsvoll geworden. Sie forderte, daß im Bedarfsfall Maßnahmen ergriffen werden, um bestimmte konjunkturpolitisch erwünschte Wirkungen zu erreichen (→ Interventionismus). Probleme sind Diagnose- und Prognoseschwierigkeiten, die Ausgestaltung der Maßnahmen im einzelnen und zeitliche Verzögerungen (Time lags).

Potentialorientierte F.: Die staatliche Ausgaben-, Einnahmen- und Verschuldungspolitik soll durch eine mittelfristige Ausrichtung verstetigt werden. Zur Verstetigung wird analog zur Geldpolitik eine potentialorientierte Regelbindung für notwendig erachtet. Die → Staatsquote soll konstant bleiben, die Zuwachsrate der Staatsausgaben hat sich am → Produktionspotential zu orientieren. Die potentialorientierte F. ist also weder antizyklisch noch prozyklisch, sondern konjunkturneutral. Nach Auffassung des → Sachverständigenrats zur Begutachtung der gesamtwirtschaftlichen Entwicklung ist ein Staatshaushalt dann konjunkturneutral, wenn er für sich allein den Auslastungsgrad des gesamtwirtschaftlichen Produktionspotentials im Laufe der Haushaltsperiode weder erhöht noch senkt. Ein Budget ist im Prinzip dann konjunkturneutral, wenn der Staat seine realen Ausgaben in dem Maße erhöht, in dem das Produktionspotential wächst, und seine Einnahmen so gestaltet, daß die Inanspruchnahme des Produktionspotentials durch den privaten Sektor weder zusätzlich zurückgedrängt noch gefördert wird.

F. und Fiskalpolitik: Die Fiskalpolitik ist ein Teilbereich der F. mit der Betonung der Stabilisierungsaufgabe des Staates, wobei die wirtschaftspolitischen Maßnahmen des Staates zur Beeinflussung der gesamtwirtschaftlichen Nachfrage eine besondere Bedeutung haben (nachfrageorientierte Wirtschaftspolitik, Keynes'sche Theorie). Davon zu unterscheiden ist die fiskalische Zielsetzung, nämlich die Bereitstellung von Einnahmen, um die Staatsausgaben zu finanzieren, die aus Gründen der Allokation, Verteilung oder Stabilisierung erforderlich erscheinen.

Finanz-Swap, → Financial Swap.

Finanztermingeschäft
Geschäfte mit → Finanzterminkontrakten.

Finanzterminkontrakt
Financial Future, Finanz-Future; standardisierter, börsenmäßig handelbarer → Terminkontrakt; Instrument des → Finanzmarktes. F. sind in den siebziger Jahren als Sicherungsinstrumente (→ Hedging) gegen zunehmende Preisrisiken (aufgrund steigender → Volatilität der → Wechselkurse und Zinssätze) sowie als Handelsinstrumente für spekulativ eingestellte Anleger geschaffen worden (→ Terminkontrakthandel). – Arten und Basiswerte vgl. Abbildung S. 645.

Finanztitel
Zusammenfassende Bezeichnung für Beteiligungspapiere (Anteilspapiere) und → Gläubigerpapiere (→ Forderungspapiere) sowie andere verbriefte und unverbriefte → Rechte aus Anlagen an den → Finanzmärkten.

Finanz- und Erfolgsplanungs-Service-System
EDV-gestützter Planungsservice der → Kreditinstitute zur Analyse von Plandaten einer Unternehmung unter Einbeziehung von Planvarianten zum Zwecke einer optimalen Finanz-, Erfolgs-, → Investitions- und Liquiditätsplanung. Der Service soll Kunden alternative Investitionsüberlegungen (→ Investitionen) und unterschiedliche Finanzierungsmöglichkeiten (→ Finanzierung) transparent machen.
(→ Electronic Banking)

Finanzverwaltung, → Finanzbehörden.

Finanzwechsel
→ Wechsel, der im Unterschied zum → Handelswechsel ausschließlich Kreditzwecken (Geldbeschaffung) dient und nicht auf einem Waren- oder Dienstleistungsumsatz beruht. Mit Ausnahme von → Schatzwechseln der öffentlichen Hand sind F. nicht rediskontfähig (→ Rediskontierung). Als F. gelten in jedem Fall z. B. → Debitorenziehungen und Gefälligkeitswechsel (→ Gefälligkeitsakzept). → Bankakzepte, die aus → Akzeptkrediten stammen und privatdiskontfähig sind (→ Privatdiskonten), sind i. d. R. keine F.
Gegensatz: → Handelswechsel.

Finanzwirtschaft
Eine der wichtigsten Funktionen der finanzwirtschaftlichen Aktivität ist die Beschaffung von → Kaufkraft. Früher wurde diese Kaufkraftbeschaffung oftmals als die finanzwirtschaftliche Funktion schlechthin betrachtet. In den vergangenen Jahren wurde diese enge Sichtweise verlassen und immer mehr eine Verbindung der Beschaffungs- und Verwendungsfunktion unter dem Begriff der F. hergestellt.
Die F. bedient sich mehrerer Instrumente: der Planung, der → Finanzorganisation und der Kontrolle zur Überwachung der Planrealisation. Unter Planung versteht man die Investitionsplanung, die Finanzplanung und die → Budgetierung, die für die Beurteilung und Auswahl der → Investitionen sowie die Ermittlung des Bedarfs an finanziellen Mitteln eingesetzt werden.

Finanzterminkontrakte

Arten (mit synonymen Bez.)	Basiswerte
Zinsterminkontrakte (→ Zins-Futures, → Interest (Rate) Futures)	Zinstitel, z. B. Dreimonatseinlagen auf Dollar, DM oder Schweizer Franken, Schatzwechsel, Anleihen (→ Bundesanleihen, → Treasury Bonds usw.)
Devisenterminkontrakte (→ Devisen-Futures, → Währungs-Futures, → Currency Futures)	die wichtigsten Weltwährungen und die Europäische Währungseinheit (→ ECU)
Indexterminkontrakte (→ Index Futures), insbes. Aktienindex-Terminkontrakte (→ Stock Index Futures)	(insbes. marktrepräsentative Aktienindices, z. B. → DAX-Future)
Edelmetallterminkontrakte (→ Edelmetall-Futures, → Precious Metal Futures)	Gold, Silber, Platin, Palladium

Firma

Name, unter dem ein → Vollkaufmann seine Geschäfte betreibt und seine Unterschrift abgibt. Unter seiner F. kann ein Vollkaufmann klagen und verklagt werden (§ 17 HGB). Die Personenfirma besteht aus einem oder mehreren Personennamen, die Sachfirma aus dem Gegenstand des Unternehmens. Die gemischte Firma enthält Personennamen und zusätzlich den Gegenstand des Unternehmens.

F. des Einzelkaufmanns und der → Handelsgesellschaften: Die F. einer → Einzelunternehmung besteht aus dem bürgerlichen Namen und einem ausgeschriebenen Vornamen des → Kaufmanns (§ 18 HGB), die F. einer → Offenen Handelsgesellschaft (OHG) oder einer → Kommanditgesellschaft (KG) aus mindestens dem Namen eines → persönlich haftenden Gesellschafters sowie aus einem das Gesellschaftsverhältnis andeutenden Zusatz (§ 19 HGB). Die F. der GmbH kann eine Sachfirma oder eine Personenfirma sein. Sie muß den Zusatz GmbH enthalten (§ 4 GmbHG). Die F. einer → GmbH & Co. muß gemäß § 19 Abs. 5 HGB eine Bezeichnung erhalten, die die Haftungsbeschränkung kennzeichnet. Die F. einer → Aktiengesellschaft ist aus dem Gegenstand des Unternehmens zu entnehmen (§ 4 AktG). Sie ist im allgemeinen eine Sachfirma oder eine gemischte F. Leitende Grundsätze des Firmenrechtes sind Firmenwahrheit und -klarheit, Firmenausschließlichkeit und Firmenbeständigkeit.

Firmenwahrheit und -klarheit bedeutet, daß eine F. keine falschen oder irreführenden Angaben über die Rechtsform, die Art oder die Größenordnung des betriebenen → Gewerbes enthalten darf (§ 18 Abs. 2 HGB).

Firmenausschließlichkeit fordert gemäß § 30 HGB eine klare Unterscheidbarkeit der F. von bereits bestehenden F. an demselben Ort. Abzustellen ist dabei auf die Verkehrsanschauung. Bei Mißbrauch hat die betroffene F. einen Schutz gemäß § 37 Abs. 1 HGB, § 140 FGG dadurch, daß der Verletzer zur Unterlassung des Gebrauchs der F. durch Ordnungsgeld durch das Registergericht angehalten wird (→ Freiwillige Gerichtsbarkeit). Darüber hinaus besteht ein zivilrechtlicher Unterlassungsanspruch nach § 37 Abs. 2 HGB.

Firmenbeständigkeit bedeutet: Geht eine F. durch → Kauf, → Schenkung oder Erbschaft in andere Hände über, so darf der neue Inhaber die F. fortführen, wenn der bisherige Inhaber ausdrücklich zustimmt (§ 22 HGB). Wer die F. fortführt, haftet neben dem früheren Inhaber für die → Verbindlichkeiten, die vor dem Geschäftsübergang begründet worden sind (§§ 25, 26 HGB). Die F. muß zur Eintragung ins → Handelsregister angemeldet werden (§ 29 HGB), ebenso ihre Änderung, ihr Erlöschen sowie eine Änderung ihrer Inhaber und die Verlegung der Niederlassung an einen anderen Ort (§ 31 HGB).

Firmenkarte

→ Kreditkarte eines Firmenmitarbeiters; alle fälligen Kartenrechnungen werden vom → Konto des → Karteninhabers abgebucht. Die Zahl der im Unternehmen umlaufenden Kreditkarten verringern die Jahresgebühr für die Karte. Als Zusatzservice bieten die

Firmenkredit

Kartengesellschaften einen gesonderten Abrechnungsservice an, z. B. Aufgliederungen der Ausgaben der firmenangehörigen Karteninhaber nach Geschäftsbereich oder Auswertungen nach Nutzung bestimmter Fluglinien, Hotelketten oder Restaurants. → American Express nennt seine Firmenkarte „Corporate Card". → Diners Club bietet eine spezielle Variante als → Zusatzkarte zur persönlichen Hauptkarte an.

Firmenkredit
Bezeichnung für → Kredit an Unternehmen und Selbständige (Firmenkunden).

Formen: (1) Nach *Kreditarten:* Akkreditiv-, → Akzept-, Aval-, Diskont-, Euro-, → Kontokorrent-, Saisonkredit, Bau-, → Investitionskredit, → Hypothekendarlehen. (2) Nach → *Laufzeit* (insbes. angepaßt an die wirtschaftliche Nutzungsdauer des zu finanzierenden → Wirtschaftsgutes): kurz- (bis zu einem Jahr), mittel- (ein bis vier Jahre) und langfristige (über vier Jahre) Kredite.

Verwendungszweck: → Finanzierung von gewerblichen → Investitionen, auch → Beteiligungen an und Übernahme von Unternehmen sowie von Betriebsmitteln zur Sicherung der Liquidität der Unternehmen.

Verfahren: Der Gewährung des F. geht die Kreditwürdigkeitsprüfung voraus. Nach positiver Prüfung wird ein → Kreditvertrag oder → Darlehensvertrag geschlossen, und der Kreditnehmer hat die vereinbarten Sicherheiten zu stellen. Während seiner Laufzeit unterliegt der F. der → Kreditüberwachung. Nach dem → Kreditwesengesetz hat sich die Bank fortlaufend aktuell über die wirtschaftlichen und finanziellen Verhältnisse ihrer Kreditnehmer unterrichtet zu halten (§ 18 KWG). Darüber hinaus unterliegt der gesamte Entscheidungs- und Überwachungsprozeß einer nachfolgenden Überprüfung seitens der internen und externen → Kreditrevision. Das Firmenkreditengagement erledigt sich durch Rückzahlung oder im Falle der → Insolvenz des Kreditnehmers durch Abwicklung und teilweise oder volle Abschreibung des Kreditsaldos.

Firmenkunden
Geschäftskunden (i. S. von Nr. 2 Abs. 3 AGB Banken bzw. Nr. 3 Abs. 2 AGB Sparkassen); → juristische Personen und im → Handelsregister eingetragene Kaufleute (Vollkaufleute). Gruppe von → Bankkunden, die sich im Hinblick auf die beanspruchten Bankleistungen von → Privatkunden unterscheidet. F. (in erster Linie Unternehmen) fragen vorrangig Finanzierungsleistungen und weniger Geldanlageleistungen der → Kreditinstitute nach. (Wie die → gesamtwirtschaftliche Finanzierungsrechnung zeigt, haben Unternehmen und öffentliche Haushalte Netto-Schuldnerpositionen.) Das Geschäft mit F. wird dem Individualgeschäft zugerechnet, wobei allerdings auch hier Standardisierungen in der Abwicklung anzutreffen sind. Keine F., sondern → institutionelle Kunden sind → öffentliche Haushalte und Verbände.

Firmenkundenberater, → Firmenkundenbetreuer.

Firmenkundenbetreuer
Speziell ausgebildeter Bankmitarbeiter im Vertriebsbereich, der in der Lage ist, → Firmenkunden in → Bankgeschäften und oft darüber hinaus – umfassend und qualifiziert zu beraten. Bei Abschluß von → Kreditgeschäften wird der F. oft die Kreditkompetenz mit ausüben. *Werdegang:* Nach der Banklehre und einigen Jahren Sachbearbeitertätigkeit mit Schwerpunkt Firmen-Kreditgeschäft schließt sich eine mehrjährige Tätigkeit als „Junior-F." an. Bei Bewährung erfolgt danach Einsatz als F. Persönliche Anforderungen an den F.: Banklehre (zusätzlich wünschenswert: wirtschaftswissenschaftliches Studium, → Bankakademie), umfassende Berufserfahrung, insbes. im → Firmenkundengeschäft, Fähigkeit zur Kommunikation, Kontaktfreudigkeit, Überzeugungs- und Beharrungsvermögen, ganzheitliches Denken, analytisches und konzeptionelles Denkvermögen, verkaufspsychologisches Geschick und akquisitorische Fähigkeiten, persönliche Belastbarkeit und Streßstabilität, Beherrschung der Kundenkalkulation im Rahmen der Bankerfolgsrechnung. Schwerpunktaufgaben des F.: Kundenklassifikation, Festlegung von Betreuungszielen und -schwerpunkten, laufende Beobachtung der zugeordneten Kundenbeziehungen (→ Beziehungsmanagement) und die Fähigkeit, sich abzeichnende Risiken frühzeitig zu erkennen und entsprechende Maßnahmen zu ergreifen, effiziente Ausschöpfung aller Geschäftsmöglichkeiten durch gezielte → Akquisition und Betreuung.

Firmenkundenbetreuung
Fachbereich in der → Bank mit folgenden Aufgaben: Regelmäßige Betreuung und In-

tensivierung der Geschäftsverbindungen mit →Firmenkunden, planmäßige und gezielte Neukundenakquisition, permanente Konkurrenzbeobachtung, Beobachtung der Kreditengagements im Hinblick auf entstehende Risiken (Risikofrüherkennung), Koordination der Aktivitäten der F. mit den anderen Bankbereichen.
(→Firmenkundenbetreuer, →Kundenbetreuung)

Firmenkundengeschäft
Geschäftssparte der →Kreditinstitute, in der alle Aktivitäten im Geschäft mit Großunternehmen und der gewerblichen Wirtschaft gebündelt werden. Das F. umfaßt die →Akquisition, die laufende Betreuung und Beratung von →Firmenkunden in allen →Bankgeschäften. Die Intensität von Beratung und Betreuung richtet sich nach der Größenordnung des Firmenkunden und der bei ihm erzielbaren Deckungsbeiträge. Zumeist erfolgt eine Aufteilung in Vertrieb (→Firmenkundenbetreuer, Firmenkundenberater) und Bearbeitung (→Back Office). Im Rahmen des F. werden alle →Kredit- und →Einlagengeschäfte, auch das →Auslands- und →Devisengeschäft abgewickelt sowie auch ggf. sonstige Dienstleistungen (→Mergers & Acquisitions, →Unternehmensberatung usw.) erbracht.

Firmenkundenmarketing
Im →Firmenkundengeschäft notwendiges Instrument zur effizienten Ausschöpfung der Erfolgspotentiale, basierend auf einem fundierten und ganzheitlichen Marketingkonzept, das als →Bankmarketing gegenüber →Firmenkunden in eine in sich schlüssige Unternehmensphilosophie eingebettet ist.

Aufgaben: (1) Feststellung der eigenen Position des →Kreditinstitutes im Markt und des Potentials seiner Zielgruppe (einschließlich deren genauer Definition); (2) Festlegung konkreter Marketing- und Vertriebsziele; (3) Entwicklung der geeigneten Strategie zur Erreichung der Marketing- und Vertriebsziele; (4) Begleitung der Firmenkundensparte bei der praktischen Umsetzung der Marketing- und Vertriebsziele.

Firmenwert, →Geschäftswert.

Fiscal Agent
Bezeichnung für (in der Regel) →öffentliche Banken (→Zentralbank, →Landesbanken/Girozentralen), die als →Hausbank des Staates („Fiskus") tätig werden (→Hausbankfunktion).

Fiskalisten
Anhänger der →Keynes'schen Theorie.

Fiskalpolitik, →Finanzpolitik.

Fitch
→Rating Agency, die ungefähr 1.200 →Emittenten beurteilt.
(→Rating, →Emittentenrisiko, →Länder-Rating, →Standard & Poor's, →Moody's, →Duff & Phelps)

Fixed-Maxi-Floater
Langfristiges →Zinsinstrument, das in den ersten Jahren mit einem →Festzinssatz ausgestattet ist. Im Anschluß an diese Festzinsphase erhält der Anleger eine variable Verzinsung, die sich an einem →Referenzzinssatz (z. B. →LIBOR) orientiert. Der Zinssatz des Floaters (→Floating Rate Note [FRN]) ist mit einer Zinsobergrenze (z. B. 8%) ausgestattet, d. h. es handelt sich um einen Capped Floater (→Capped Floating Rate Note). Bei einem F.-M.-F. handelt es sich um ein →Composite Asset, das zum einen aus einem kurzlaufenden →Straight Bond (Festzinssatzperiode) und zum anderen aus einem Capped Floater (variabel verzinsliche Periode) besteht, in den automatisch nach Ablauf der Festzinssatzperiode getauscht wird.
(→Zinsphasenanleihe, →Zinsänderungsanleihe)

Fixed Rate Accrual Note, →Accrual Note.

Fixed Rate Bond, →Festzinsanleihe.

Fixed-to-Floating-Interest-Rate-Swap, →Kuponswap.

Fixes Termingeschäft, →symmetrische Risikoinstrumente.

Fixgeschäft
→Rechtsgeschäft, bei dem eine Vertragspartei ihre Leistung zu einer fest bestimmten Zeit oder innerhalb einer fest bestimmten Frist zu erbringen hat (§§ 361 BGB, 376 HGB). Die Leistungszeit muß eindeutig festgelegt sein. Das F. ist dadurch gekennzeichnet, daß nach der Vereinbarung der Parteien das gesamte Geschäft mit Einhaltung der Leistungszeit steht und fällt (→Börsentermingeschäfte, →Devisenter-

Fixing

mingeschäfte). Wenn es sich nicht schon aus der Art des Geschäftes ergibt, muß der Vereinbarung neben der genauen Angabe des Leistungszeitpunktes eine entsprechende Kennzeichnung wie „fix", „prompt" o. ä. aufweisen. Bei Nichteinhaltung der Leistungszeit kommt der → Schuldner ohne Mahnung in Verzug (→ Schuldnerverzug). Besteht der → Gläubiger nicht auf Erfüllung, wenn diese noch möglich ist, so kann er vom → Vertrag zurücktreten (als Nichtkaufmann nach § 361 BGB), als → Kaufmann nach § 376 Abs. 1 HGB wahlweise → Schadensersatz wegen Nichterfüllung verlangen.

Fixing

Preis- und Kursfestsetzung, z. B. → Fixing an der Devisenbörse (auch Quotierung genannt), Gold-Fixing.

Fixing an der Devisenbörse

Feststellung der → amtlichen Devisenkurse an den → Devisenbörsen. An allen großen Börsenplätzen wird an Bankarbeitstagen der → Wechselkurs der Landeswährung (sofern frei konvertierbar) gegen die wichtigsten Weltwährungen ermittelt. Die jeweiligen Geld- und Briefkurse ergeben sich durch Addition bzw. Subtraktion offizieller → Spannen (Geldkurs im Devisenhandel, Briefkurs im Devisenhandel). Mit diesem „offiziellen" Mittelkurs werden oft kleinere → Devisengeschäfte abgewickelt bzw. abgerechnet. (→ Mittelkurs im Devisenhandel). Der Kurs wird so ermittelt, daß die größtmögliche Zahl der bei den → Kursmaklern vorliegenden Orders ausgeführt werden kann. Aus den Mittelkursen gegenüber dem Dollar wird täglich der Wert der → Europäischen Währungseinheit (ECU) gegen die Mitgliedswährungen des Euroäischen Währungssystems (EWS) errechnet. Daneben wird der Fixing-Kurs zur Bewertung von Währungspositionen herangezogen.

Die *Kursnotierung* erfolgt je nach Währung für 1, 100 oder 1000 Währungseinheiten und seit 1. 1. 1994 auf vier Kommastellen genau. Die Übersicht auf S. 649 zeigt die Fixing-Kurse vom 20. 1. 94 mit den amtlichen Spannen, mit denen aus dem Mittelkurs die Geld- und Briefkurse berechnet werden.

Fixkosten

→ Kosten, die bei unterschiedlicher Ausbringungsmenge konstant bleiben und auch bei Nichtproduktion anfallen. Man müßte also genau von beschäftigungsfixen (beschäftigungsunabhängigen) Kosten sprechen.

F. sind keine absolut konstanten Kosten; andere Kosteneinflußfaktoren als die Beschäftigung können durchaus Schwankungen in der Höhe der F. bewirken. Die meisten → Betriebskosten im Bankbetrieb sind fixe Kosten.

Gegensatz: → variable Kosten.
(→ Kosten im Bankbetrieb)

Flat Curve

Flache → Renditestrukturkurve bzw. → Zinsstrukturkurve, d. h. unabhängig von der → Laufzeit erhält der Anleger immer die gleiche → Rendite. Eine flache Renditestrukturkurve wird bei der Renditeberechnung z. B. nach → ISMA und → Moosmüller unterstellt (→ ISMA-Rendite, → Moosmüller-Rendite).

Flat Price

Kurs einschl. der aufgelaufenen → Stückzinsen (z. B. bei → Genußscheinen).
(→ Dirty Price)

Flat Yield,

→ laufende Verzinsung.

Flex

Kurzbezeichnung für → Flexible Exchange Option.

Flexible Exchange Option

FLEX-Option; individuelle → Aktienindex-Option der CBOE und AMEX. Im Gegensatz zu traditionellen börsengehandelten Aktienindex-Optionen kann der Optionsinhaber bei FLEX-Optionen ähnlich wie bei → OTC-Optionen die Kontraktspezifikationen selbst festlegen. Beispielsweise kann der Optionsinhaber an der CBOE die → Laufzeit der Aktienindex-Option bis zu fünf Jahren wählen. Des weiteren kann er auch bestimmen, ob das → Callrecht bzw. die → Put-Option eine → Europäische Option, → Amerikanische Option oder → Capped European Option sein soll. Der → Basiswert der FLEX-Options an der CBOE kann entweder der S&P 100 oder S&P 500 Index sein (→ Standard & Poor's). Auch der → Basispreis der Option kann individuell festgelegt werden. Der Nominalwert der FLEX-Options liegt bei mindestens 10 Millionen Dollar. Am → Sekundärmarkt beträgt der Mindestnominalwert 1 Million Dollar. FLEX-Optionen verbinden die Vorteile von OTC-Optionen mit → börsengehandelten Optionen und sind deshalb eine Mischung aus OTC-Optionen und börsengehandelten Optionen. OTC-Optionen können individuell auf die Bedürfnisse des Anlegers zuge-

Flip-Flop Floating Rate Note

Fixing an der Devisenbörse

Währung	ISO-Code	Einheit	Spread
US-Dollar	USD	1	±0,0040
Britisches Pfund	GBP	1	±0,0070
Irisches Pfund	IEP	1	±0,0070
Kanada-Dollar	CAD	1	±0,0040
Holländische Gulden	NLG	100	±0,1100
Schweizer Franken	CHF	100	±0,1000
Belgischer Franc	BEF	100	±0,0100
Französischer Franc	FRF	100	±0,0600
Dänische Krone	DKK	100	±0,0600
Norwegische Krone	NOK	100	±0,0600
Schwedische Krone	SEK	100	±0,0600
Italienische Lira	ITL	1000	±0,0040
Österreichischer Schilling	ATS	100	±0,0200
Spanische Peseta	ESP	100	±0,0040
Portugisischer Escudo	PTE	100	±0,0030
Japanischer Yen	JPY	100	±0,0015
Finnische Mark	FIM	100	±0,0800

schnitten werden. Allerdings steht diesem Vorteil das erhöhte → Counterpart Risiko, hohe → Optionsprämien und ein fehlender Sekundärmarkt gegenüber. Diese Nachteile sind mit FLEX-Optionen nicht verbunden. Zum einen tritt das Clearing House der CBOE als Vertragspartner auf, so daß das Counterpart Risiko eliminiert wird. Des weiteren besteht ein Wettbewerb zwischen mehreren → Market Makern, die Preise für Optionen nennen. Über den Sekundärmarkt können Positionen glattgestellt oder verändert werden. An der AMEX werden FLEX-Options auf den → Major Market Index, Institutional Index und S&P MidCap 400 Index gehandelt.

Flexibler Wechselkurs

Freier → Wechselkurs, der sich am → Devisenmarkt ausschließlich aufgrund von Angebot und Nachfrage bildet. Das Schwanken der Wechselkurse wird auch als → Floating bezeichnet. Bei f. W. sind interventionsbedingte Änderungen der → Währungsreserven der → Zentralbanken grundsätzlich nicht erforderlich; sie kommen aber in der Realität vor (Beispiel: interventionsbedingte Änderungen der US-Dollar-Reserven der → Deutschen Bundesbank).

Das aufgrund der Schwankungsmöglichkeiten der f. W. bestehende Wechselkursrisiko (→ Devisenkursrisiko) wird als Erschwernis im → Außenwirtschaftsverkehr angesehen. Im → Außenhandel wie auch im Dienstleistungsverkehr (→ Dienstleistungsbilanz) ist die Kalkulation komplizierter. Die Absicherung des Wechselkursrisikos ist mit Kosten verbunden. Zwar können Devisenspekulanten Gewinne erzielen, eine destabilisierende Spekulation schadet jedoch der internationalen Arbeitsteilung. Da Ungleichgewichte der → Zahlungsbilanz zumindest im Grundsatz durch Veränderungen des Wechselkurses ausgeglichen werden, ist keine Ausrichtung der → Wirtschaftspolitik auf das Ziel des → Zahlungsbilanzausgleichs erforderlich. Vielmehr kann die Wirtschaftspolitik unabhängig von Außeneinflüssen ihre Zielrangfolge zu verwirklichen suchen. Die Grenzen einer autonomen nationalen Wirtschaftspolitik liegen jedoch bei starker Inflation in der Abnahme der Währungsreserven.

(→ Wechselkurssystem, → Wechselkurspolitik, → Zahlungsbilanzausgleichsmechanismus)

FLEX-Option, → Flexible Exchange Option.

Flip-Flop Floating Rate Note
→ Floating Rate Note, bei welcher der Investor eine langfristige → Anleihe (→ Per-

Floater

petual Floating Rate Note) zu bestimmten Zeitpunkten kündigen kann, um die → Laufzeit der Anleihe bei gleichzeitiger Verringerung der → Marge zu verkürzen. Er hat ferner die Möglichkeit, die Anleihe nach Ablauf einer bestimmten Frist unter Beibehaltung der alten Marge zu verlängern.

Floater

Kurzbezeichnung für → Floating Rate Note (variabel verzinsliche Anleihe).

Floating

Freies, den Marktkräften unterworfenes Schwanken eines → Wechselkurses. Seit der Aufgabe des festen Kursverhältnisses zum US-Dollar (mit Wirkung vom 19.3.1973) floatet die D-Mark, mit Ausnahme gegenüber den → Währungen des → Europäischen Wechselkursverbundes und dessen Nachfolger, des → Europäischen Währungssystems. Auch beim F. überlassen die → Zentralbanken die Kursbildung i.d.R. nicht ganz den Marktkräften, sondern intervenieren (→ Interventionen am Devisenmarkt), um die Ausschläge der Wechselkurse zu begrenzen. Anfangs wurde dies nicht offen getan, was zu der Bezeichnung „schmutziges" oder „dirty" F. führte. Die Notwendigkeit kursregulierender Eingriffe der Zentralbanken wurde jedoch bald allgemein anerkannt. Mit der zweiten Änderung des → Bretton-Woods-Abkommens (1978) über den → Internationalen Währungsfonds wurde diese Praxis auch institutionell sanktioniert. Der Artikel IV des neuen Abkommens fordert die Vornahme von Interventionen sogar, wenn diese erforderlich sind, um ungeordneten Verhältnissen am → Devisenmarkt entgegenzuwirken („Managed F.", kontrolliertes F.).
(→ Wechselkurssystem)

Floating-Floating Swap

Synonym für → Basisswap.

Floating Rate

→ Wechselkurs, der ohne festgesetzte → Bandbreite und ohne Interventionsverpflichtung der → Zentralbanken frei schwanken kann (→ Floating).

Floating Rate Certificates of Deposit (FRCD)

Von → Banken ausgegebene nicht börsennotierte → Wertpapiere, bei denen der Zinssatz drei- oder sechsmonatlich unter Bezugnahme auf den → Libor zuzüglich eines → Spreads festgesetzt wird. Die → Laufzeit beträgt drei bis fünf Jahre, das Emissionsvolumen i.a. 30–50 Mio. US-$. Gebräuchliche → Währung ist der US-$. Anleger sind insbes. Banken. Ein → Sekundärmarkt besteht, die FRCDs sind aber wegen des üblicherweise geringeren Emissionsvolumens nicht so liquide wie z.B. → Floating Rate Notes der gleichen → Emittenten, zum Ausgleich wird ein höherer Spread gewährt. Die FRCDs verknüpfen bestimmte Ausstattungsmerkmale der Floating Rate Notes (Zinsvereinbarung) mit denen der → Certificates of Deposit (nicht börsennotiert).
(→ Euro-Geldmarkt)

Floating Rate Note (FRN)

Floater; → variabel verzinsliche Anleihen (→ Schuldverschreibungen), bei denen der Zinssatz viertel- oder halbjährlich im voraus, unter Bezug auf einen → Referenzzinssatz des → Geldmarktes (aktueller Zinssatz, current coupon), z.B. → Libor, → Libid, Limean oder → Fibor, zuzüglich eines Aufschlags oder abzüglich eines Abschlags (→ Marge, Spanne, Spread) festgelegt wird. Die Höhe des Spreads richtet sich nach der Bonität (→ Kreditwürdigkeit) des → Emittenten, der → Laufzeit der Anleihe sowie der Marktlage; sie wird bei → Emission für die gesamte Laufzeit, die i.d.R. fünf bis zehn Jahre beträgt, festgelegt. Ein Kündigungsrecht des → Schuldners (call option) ist üblich, z.B. Kündigung zu Zinszahlungsterminen (Stepped Call) oder zu jedem Termin (Rolling Call). Floater werden am → Euro-Kapitalmarkt und (mit Bindung an den Fibor) am deutschen → Kapitalmarkt emittiert. Die Unterschiede zu den → Straight Bonds (Festzinsanleihen) liegen im variablen Zinssatz, in der Geldmarktausrichtung (anstelle der Kapitalmarktausrichtung) des Zinssatzes und der größeren Häufigkeit der Zinszahlungen. Durch die Variabilität des Zinssatzes (Zinsvariabilität) wird eine Verbindung zwischen Geld- und Kapitalmarkt hergestellt.

Als Schuldner treten im DM-Bereich vor allem → Kreditinstitute, Industrieunternehmen, Regierungen und supranationale Organisationen auf. Aus der Sicht der Schuldner handelt es sich (aufgrund der Nähe zur Geldmarktverzinsung) um preiswerte längerfristige Mittel, deren Zins (sofern keine → inverse Zinsstruktur vorliegt) unter dem

Kapitalmarktzinssatz liegt. Der Schuldner erhält den Vorteil, von einem evtl. fallenden Zinsniveau zu profitieren. Er muß aber grundsätzlich das →Zinsänderungsrisiko tragen. Werden Floater von Banken emittiert, so können diese hiermit langfristig zugesagte zinsvariable →Darlehen refinanzieren und damit eine entsprechende Konditionengestaltung vornehmen. Bankaufsichtlich haben deutsche Kreditinstitute den Vorteil, daß bei einer Ursprungslaufzeit von mindestens vier Jahren die Mittel als langfristige Refinanzierungskomponente voll im →Liquiditätsgrundsatz II angerechnet werden.

Anleger in FRNs sind überwiegend Banken. Erstklassige FRNs sind sehr liquide →Aktiva, soweit ein funktionsfähiger →Sekundärmarkt existiert; sie eignen sich daher auch für eine kürzerfristige Anlage. Als börsennotierte →Wertpapiere sind sie u. U. bei der →Deutschen Bundesbank lombardierbar (→Lombardfähigkeit); sie werden nicht in die Liquiditätsgrundsätze und den →Eigenkapitalgrundsatz I einbezogen, werden also für deutsche Kreditinstitute bankaufsichtlich als voll liquide Aktiva bzw. als nicht ausfallgefährdet angesehen. Das Kursrisiko ist begrenzt; es kommt bei einwandfreier Bonität des Schuldners nur zu geringen Abweichungen vom Nennwert, da die Zinssätze in relativ kurzen Zeitabständen den aktuellen Geldmarktkonditionen angepaßt werden (anders als bei festverzinslichen Schuldverschreibungen, deren Kurse aufgrund der längeren →Restlaufzeiten bei sich ändernden Marktsätzen stärker schwanken). Ist der Schuldner nicht in der Lage, steigende Zinsen zu zahlen, so erhöht sich das →Bonitätsrisiko für den Anleger. Erfolgt keine zinskongruente Refinanzierung bezüglich der erworbenen FRNs, so stellen sie in Zeiten steigender Zinssätze auch für den längerfristig investierenden Anleger eine attraktive Anlageform dar, da der Zinssatz laufend nach oben angepaßt wird; andererseits verzichtet der Anleger für den Fall eines sinkenden Zinstrends – verglichen mit Festzinsanleihen – auf die Festschreibung eines hohen Zinsniveaus bzw. auf Kurssteigerungen.

Varianten: FRNS gibt es mit besonderen Ausstattungsmerkmalen, z. B. als →Capped Floating Rate Notes (mit Zinsobergrenze), →Floor Floating Rate Notes (mit Zinsuntergrenze), →Perpetual Floating Rate Notes (ohne Laufzeitbegrenzung), →Droplock Floating Rate Notes, →Minimax Floater, →Reverse Floater, →Flip-Flop Floating Rate Notes, →Convertible Floating Rate Notes, →Mismatched Floating Rate Notes, →Floating Rate Notes (FRN) with Warrants. (→Euro-Anleihen, →Bond Research)

Floating Rate Notes (FRN) with Warrants
→Floating Rate Notes (variabel verzinsliche Anleihen), die mit →Optionsscheinen (Warrants) ausgestattet sind. Die Optionsscheine geben entweder ein Recht auf Bezug von →Aktien (Equity Warrants, →Optionsanleihen) zu einem (bei→Emission der FRNs) festgelegten Kurs oder auf Bezug von →festverzinslichen [Wert-]Papieren (Debt Warrants) zu einem (bei Emission der FRNs) festgelegten Zinssatz, der unter dem jeweiligen Marktzinssatz liegt. Für den Investor stellen die Optionsscheine spekulative Anlageinstrumente dar, da aus steigendem Aktienkurs bzw. bei sinkendem →Kapitalmarktzins Vorteile resultieren. Aus diesem Grunde ist der Investor bereit, u. U. eine Verzinsung unter Geldmarktniveau hinzunehmen, so daß der →Schuldner die Zinskosten der FRN unter die sonst üblichen Marktsätze senken kann.

Floating-to-Fixed-Interest-Rate-Swap,
→Kuponswap.

Floating-to-Floating-Interest-Rate-Swap,
→Indexswap.

Floor
Vereinbarung über die Mindestverzinsung einer Geldanlage. Der Käufer eines F. ist berechtigt, vom Verkäufer (regelmäßig ein →Kreditinstitut) einen Betrag zu erhalten, um den ein vereinbarter →Referenzzinssatz (z. B. →Libor oder Fibor) die vereinbarte Zinsuntergrenze (Floor rate) unterschreitet. Der Vereinbarung wird ein nomineller Anlagebetrag zugrunde gelegt. Die Erfüllung erfolgt durch Zahlung des Differenzbetrages, der sich bei Anwendung des Referenzzinssatzes und des Mindestzinssatzes bezogen auf die Kapitalanlage ergibt. Der Käufer eines F. kann einen passiven Festzinsüberhang gegen fallende →Zinsen absichern. Ein F. kann auch bei →Krediten und bei →Floating Rate Notes (→Floor Floating Rate Note) vereinbart werden.
Gegensatz: →Cap.

Floor Floating Rate Note

Floor Floating Rate Note
Floor Floater; → Floating Rate Note (variabel verzinsliche Anleihe) mit → Zinsuntergrenze (→ Floor).

Floorlet
Einzelne → Put-Option auf einen Zinssatz mit verzögerter Ausgleichszahlung (→ Cash Settlement) bei einem → Floor.
Gegensatz: → Caplet.

Floor-Limit
Autorisierungslimit; Rechnungsuntergrenze, von der an ein Vertragsunternehmen (→ Akzeptanzstellen) bei der Akzeptanz einer → Kreditkarte Kontakt zum → Emittenten aufnehmen muß, um sich den Kartenumsatz genehmigen zu lassen. Das F.-L. liegt je nach Kartenanbieter zumeist zwischen 500 und 1.000 DM.

Floor Put
Synonym für → Capped Put.

Floor Rate
Mindestzinssatz, z. B. bei einem → Darlehen oder bei einer → Floating Rate Note (→ Floor Floating Rate Note).

Floor-Zertifikat, Mindestzins-Zertifikat.

Flotten-Leasing, → Mobilien-Leasing.

Flugzeughypothek
Besitzloses, streng akzessorisches → Pfandrecht an einem in der Luftfahrzeugrolle verzeichneten Luftfahrzeug. Eintragung erfolgt nach dessen Bestellung in das Luftfahrzeugregister, das bei dem Amtsgericht geführt wird, in dessen Bezirk das Luftfahrt-Bundesamt (gegenwärtig Braunschweig) seinen Sitz hat. In Abteilung II werden der Geldbetrag der → Forderung, der → Gläubiger, ein eventueller Zinssatz sowie der Geldbetrag von Nebenleistungen eingetragen. Das Registerpfandrecht kann auch wie eine → Höchstbetragshypothek in der Weise bestellt werden, daß nur der Höchstbetrag, bis zu dem das Luftfahrzeug haften soll, bestimmt, im übrigen die Feststellung der Forderung vorbehalten wird. Das Recht des Pfandrechtsgläubigers bestimmt sich lediglich nach der persönlichen Forderung. Eine Übertragung des Registerpfandrechtes ist ausschließlich mit der Übertragung der zugrundeliegenden Forderung möglich. Anmeldeberechtigt zum Luftfahrzeugregister ist der in die Luftfahrtrolle eingetragene Eigentümer und derjenige, der aufgrund eines vollstreckbaren Titels Eintragung verlangen kann, sowie derjenige, zu dessen Gunsten ein Schutzvermerk nach § 77 des Gesetzes über die Rechte an Luftfahrzeugen einzutragen ist. Das Registerpfandrecht erlischt (§ 57 LuftfzRG) mit dem Erlöschen der Forderung, rechtsgeschäftlicher Aufhebung sowie Befriedigung des Gläubigers aus dem Luftfahrzeug oder den mithaftenden Gegenständen im Wege der → Zwangsvollstreckung. Eventuell bestehende Rechte aus → Sicherungsübereignung oder → Eigentumsvorbehalt an den Luftfahrzeugen sind bei der Bewertung der F. zu berücksichtigen.

FOB
free on board ... (named port of shipment)=frei an Bord ... (benannter Verschiffungshafen). Die neben → CIF bekannteste Klausel der → Incoterms unterscheidet sich von → FAS darin, daß der Gefahrenübergang an den Käufer erst in dem Moment eintritt, in dem die → Ware die Schiffsreling zum ersten Mal überschreitet. Bis einschl. der Verladung auf das Schiff (an Deck) trägt der Verkäufer die → Kosten.
In Zahlungsbilanzstatistiken (→ Zahlungsbilanz) werden unabhängig von den tatsächlich vereinbarten Lieferklauseln alle Exporte mit FOB-Werten angesetzt.

FOK
Abk. für → Fill-or-kill.

FOM
Abk. für Finnish Options Market; → Options- und Terminbörsen an den internationalen Finanzplätzen.

Fonds
→ Sondervermögen, insbes. Sondervermögen einer → Kapitalanlagegesellschaft (→ Investmentfonds).

Fonds „Deutsche Einheit", → Sondervermögen Fonds „Deutsche Einheit".

Fondsfinanzierung, → Finanzierung über Objektgesellschaften.

Fonds für allgemeine Bankrisiken
Passivposten Nr. 11 in der → Bankbilanz (→ Passivposten der Bankbilanz); Sonderposten nach § 340g HGB. Da die BRD von der Möglichkeit des Artikels 37 der → Bankbilanzrichtlinie Gebrauch gemacht hat, die Bildung von Vorsorgereserven für allge-

meine Bankrisiken zu gestatten, mußte sie auch die Bildung eines entsprechenden Sonderpostens zum offenen Ausweis in der Bankbilanz zulassen. Offen im „Fonds für allgemeine Bankrisiken" ausgewiesene Vorsorgereserven haben Eigenkapitalcharakter und werden bei der Feststellung des → haftenden Eigenkapitals der Kreditinstitute dem → Kernkapital zugerechnet, im Gegensatz zu den stillen Vorsorgereserven, die nur → Ergänzungskapital sind.

Fonds zum Ankauf von Ausgleichsforderungen

Durch das Gesetz über die Tilgung von Ausgleichsforderungen vom 14.7.1956 (BGBl. I, S. 507) geschaffene und nach § 8 des an seine Stelle getretenen Gesetzes vom 30.7.1965 (BGBl. I, S. 650) fortbestehende rechtlich unselbständige Einrichtung der → Deutschen Bundesbank, die jährlich nach § 27 Nr. 3 BBankG 30 Mio. DM aus deren Vorjahresgewinn erhält (→ Deutsche Bundesbank, Jahresabschluß). Ihr fließen zudem Zins- und Tilgungsleistungen der → Schuldner der → Ausgleichsforderungen sowie → Zinsen aus der vorübergehenden Anlage verfügbarer Mittel zu. Damit werden nach § 9 des Tilgungsgesetzes 1965 die Forderungen angekauft, die bei der → Währungsreform 1948 entstanden, weil Verbindlichkeiten des Deutschen Reichs nicht auf → Deutsche Mark (DM) umgestellt worden waren (→ Umstellungsgesetz). Voraussichtlich werden im Jahr 1995 die verbliebenen Ausgleichsforderungen von → Kreditinstituten, Versicherungsunternehmen und → Bausparkassen getilgt oder vom Ankaufsfonds übernommen sein. Nach § 24 BBankG darf die Bundesbank diesen Gläubigern → Lombardkredit gegen → Verpfändung der Ausgleichsforderungen gewähren (Abs. 1). Sie darf nach Abs. 2 diese → Forderungen auch endgültig ankaufen, soweit und solange die Mittel des Fonds hierfür nicht ausreichen. Im → Geschäftsbericht der Deutschen Bundesbank erstattet das → Direktorium der Deutschen Bundesbank über die Tätigkeiten des Fonds Bericht.

Footsie

Kurzbezeichnung für Financial Times-Stock Index 100 (FT-SE 100), → Financial Times Indeces.

FOR

free on rail ... (named departure point) = frei (franko) Waggon ... (benannter Abgangsort). In den → Incoterms 1990 nicht mehr enthaltene Lieferklausel, wonach → Kosten und Gefahren auf den Käufer übergehen, wenn der beladene Waggon oder die → Ware der Eisenbahn ausgehändigt wird. Synonym: FOT (free on truck).

Förderkreise, → berufsbegleitende Weiterbildungsmöglichkeiten, Kreditbanken.

Forderung

Nach § 241 BGB das Recht des → Gläubigers, vom → Schuldner eine → Leistung verlangen zu können. Eine F. erlischt durch → Erfüllung (§ 362 BGB) oder ein Erfüllungssurrogat (z.B. durch Annahme einer → Leistung an Erfüllungs Statt [§ 364 Abs. 1 BGB]). Sie beruht auf einem → Schuldverhältnis (Kaufvertrag, → Werkvertrag, → Dienstvertrag) und verkörpert den Gegenwert für die erbrachte Leistung. Eine F. entsteht in dem Augenblick, in dem die Lieferung erfolgt oder die Leistung erbracht ist; auf den Zeitpunkt der Rechnungserteilung kommt es nicht an. Ist ein → Vertrag abgeschlossen, aber noch von keiner Seite erfüllt, liegt ein schwebendes Geschäft vor, eine F. ist noch nicht zu bilanzieren.

Die F. ist abzugrenzen gegenüber der aktiven Rechnungsabgrenzung. F. beruhen auf einer Vorleistung, wobei die Zahlung noch aussteht. Der aktive → Rechnungsabgrenzungsposten ist eine Vorauszahlung, wobei die Leistung noch aussteht. Zweifelsfreie F. sind nach § 253 Abs. 1 HGB mit den → Anschaffungskosten (=→ Nennwert) zu bewerten, zweifelhafte F. mit dem niedrigeren Wert, der sich am Abschlußstichtag ergibt (§ 253 Abs. 3 HGB) und uneinbringliche F. mit Null. Valutaforderungen sind mit dem Kurswert im Zeitpunkt der Entstehung anzusetzen; ist der Kurswert am Bilanzstichtag niedriger, so muß dieser angesetzt werden.

Forderungen an Kreditinstitute

Aktivposten Nr. 3 der → Bankbilanz (→ Aktivposten der Bankbilanz); Ausweis von → Forderungen aus → Bankgeschäften mit inländische und ausländische → Kreditinstitute, unterteilt nach täglich fälligen und anderen Forderungen. Als „andere Forderungen an Kreditinstitute" sind sowohl Buchforderungen als auch bestimmte verbriefte Forderungen (z.B. → nichtnotenbankfähige Wechsel, nicht börsenfähige → Schuldverschreibungen und Namenswertpapiere) auszuweisen. Bis 1997 werden Forderungen im

Forderungen an Kunden

Anhang nach Ursprungslaufzeiten aufgegliedert, für → Geschäftsjahre, die nach dem 31.12.1997 beginnen, nach → Restlaufzeiten (→ Anhang zum Jahresabschluß der Kreditinstitute). Wertberichtigungen auf Forderungen sind abzusetzen.

Forderungen an Kunden

Aktivposten Nr. 4 der → Bankbilanz (→ Aktivposten der Bankbilanz), unter dem → Forderungen bankgeschäftlicher und nichtbankgeschäftlicher Art an inländische Nichtbanken ausgewiesen werden, wobei neben Buchforderungen auch bestimmte verbriefte Forderungen (wie z. B. → nichtnotenbankfähige Wechsel und nicht börsenfähige → Schuldverschreibungen sowie → Namensschuldverschreibungen) zu erfassen sind. Forderungen an Kunden werden bis 1998 im Anhang nach Ursprungslaufzeiten, für → Geschäftsjahre, die nach dem 1.1.1998 beginnen, nach → Restlaufzeiten aufgegliedert (→ Anhang zum Jahresabschluß der Kreditinstitute). → Wertberichtigungen auf Forderungen sind abzusetzen.

Förderungsauftrag der Kreditgenossenschaften

Als genossenschaftlicher Förderungsauftrag wird die Verpflichtung einer → Genossenschaft bezeichnet, ihre Mitglieder wirtschaftlich zu fördern. Nach § 1 Abs. 1 des „Gesetzes betreffend die Erwerbs- und Wirtschaftsgenossenschaften" (GenG) erwerben Gesellschaften von nicht geschlossener Mitgliederzahl nur dann die Rechte einer „eingetragenen Genossenschaft" nach Maßgabe dieses Gesetzes, wenn sie die Förderung des Erwerbes oder der Wirtschaft ihrer Mitglieder mittels gemeinschaftlichen Geschäftsbetriebes bezwecken.

Die Genossenschaft ist nach dieser gesetzlichen Bestimmung nicht Selbstzweck, sondern Mittel zum Zweck und erhält ihre Legitimation aus der Erfüllung der wirtschaftlichen Bedürfnisse ihrer Mitglieder bzw. Mitgliederwirtschaften. → Personengesellschaften und → Kapitalgesellschaften können jeden beliebigen Zweck verfolgen (vgl. z. B. § 3 AktG); der Zweck einer eingetragenen Genossenschaft ist dagegen zwingend auf die Förderung des Erwerbs oder der Wirtschaft ihrer Mitglieder festgelegt.

Das GenG legt nur den Grundsatz fest; Art und Umfang der Förderung ergeben sich aus der → Satzung der Genossenschaft, insbes. aus dem von der → Generalversammlung festgelegten Gegenstand des Unternehmens. Förderwirtschaftlich betätigt sich eine Genossenschaft daher nur dann, wenn sie dem Mitgliedernutzen und nicht etwa kapitalistischen oder gemeinnützigen Zwecken dient. Für Zwecke der bloßen Gewinnerzielung und -verteilung an die Teilhaber stehen andere Gesellschaftsformen bereit.

Formal wird der F. durch Leistungsbeziehungen zwischen der Genossenschaft und den Mitgliedern erbracht. Dieser Grundauftrag zur Förderung ist als Daueranspruch der Mitglieder an die Leitung der Genossenschaft zu verstehen. Damit dieser Dauerauftrag erfüllt werden kann, muß der → Vorstand sicherstellen, daß das genossenschaftliche Unternehmen auf Dauer gesichert ist. Die reale Durchführung des F. verlangt eine dynamische Ausprägung sowie ein bestimmtes Maß an Autonomie der Geschäftsführung und deren Verpflichtung zur Entfaltung eigener Initiative im Interesse der Mitglieder. Innovative Aktivitäten sind daher eine Verpflichtung aus dem F.

Die konkrete Messung der Förderleistung bei → Kreditgenossenschaften ist trotz vorhandener Ansätze in der Genossenschaftswissenschaft noch nicht befriedigend gelöst worden. Die heterogene Mitgliederstruktur einer Kreditgenossenschaft mit ihren unterschiedlichen Leistungserwartungen (Einleger, Kreditnehmer, Nutzer von Dienstleistungsangeboten) verhindert im Gegensatz zu Genossenschaften mit homogener Mitgliederstruktur (Landwirtschaftliche Bezugs- und Absatzgenossenschaften, Einkaufsgenossenschaften bestimmter Handwerks- oder Einzelhandelsbereiche) eine eindeutige Aussage über das Ausmaß der Förderleistung.

Bei einer Kreditgenossenschaft gewinnt daher der Unternehmenserfolg als Teilmaßstab für die Erfüllung des F. an Bedeutung. Erfolgsindikator für die Messung der Förderleistung (Zerche) kann die Intensität der Leistungsbeziehungen zwischen den Mitgliedern und der Genossenschaft sein, durch die die Akzeptanz des genossenschaftlichen Leistungsangebotes ihren Ausdruck findet. Auch → Betriebsvergleiche innerhalb der genossenschaftlichen Bankengruppe und zwischen Kreditgenossenschaften und ihren Wettbewerbern können Anhaltspunkte für die Erfüllung des mitgliederbezogenen Förderauftrages sein.

654

Forderungsausfallrisiko
Bonitätsrisiko; Gefahr des vollständigen oder teilweisen Ausfalls vertraglich vereinbarter Zins- und Tilgungszahlungen, die ein Finanzmittelnehmer als Gegenleistung für erhaltene schuldrechtliche monetäre Leistungen (verbriefte und unverbriefte Kreditgewährung) zu erbringen hat. Als Vorstufe der Gefahr des definitiven Ausfalls von Forderungen ist auch das → Terminrisiko im Sinne der Gefahr negativer Erfolgswirkungen wegen verspäteten Zuflusses von Zins- und Tilgungszahlungen einbezogen.

Die Gefahr der negativen Abweichung zwischen tatsächlichem und erwartetem Erfolg resultiert beim F. einerseits aus dem für Bankbetriebe klassischen Kreditausfallrisiko bei → Buchkrediten (→ Kreditrisiko) und andererseits aus dem Ausfallrisiko verbriefter → Forderungen, insbes. in Form von → Schuldverschreibungen. Bei börsennotierten Schuldverschreibungen zeigt sich ein derartiges Ausfallrisiko als → Kurswertrisiko, soweit dieses im Sinne des sogenannten → unsystematischen Risikos mit Bonitätsverschlechterung zu begründen ist.
(→ Bankbetriebliche (Erfolgs-)Risiken des liquiditätsmäßig-finanziellen Bereichs)

Forderungserlaß
Verzicht des → Gläubigers auf seine → Forderung (gemäß § 397 BGB durch formlosen, abstrakten Verfügungsvertrag); aus der Sicht des Schuldners: Schulderlaß. Die Wirkung eines Erlasses hat auch das sog. negative Anerkenntnis des Gläubigers (§ 397 Abs. 2 BGB).

Forderungspapier
→ Wertpapier, das Forderungsrechte verkörpert (schuldrechtliches Wertpapier), z. B. → Scheck, → Wechsel, → Schuldverschreibung.

Förderungswirtschaftliches Prinzip, → Förderungsauftrag der Kreditgenossenschaft, → Kreditgenossenschaften.

Foreign Bank, → Auslandsbank.

Foreign Bond, → DM-Auslandsanleihe.

Foreign Currency Future, → Devisen-Future.

Foreign Exchange, → Devisen.

Forex-Club
Vereinigung von Devisenhändlern, die der Verbesserung des persönlichen Kontaktes der Devisenhändler und der Fortbildung der jüngeren Mitglieder dient. Der Forex-Club gliedert sich in einzelne nationale Vereinigungen (z. B. Forex Club Deutschland e. V., Hamburg) und deren Dachorganisation (Association Internationale Cambiste).

Forfaiteur, → Forfaitierung.

Forfaitierung
Form der Exportfinanzierung durch regreßlosen Verkauf von mittel- und langfristigen Exportforderungen durch den Exporteur (Forfaitist) an ein in- oder ausländisches Finanzierungsinstitut (Forfaiteur). Der vom französischen „à forfait" abgeleitete Begriff der F. bedeutet „in Bausch und Bogen".

Gegenstand: Der F. können Wechsel- oder Buchforderungen zugrundeliegen. Der → Wechsel ist die häufigste Form der Verkörperung der verkauften → Forderung, da hierbei Einwendungen aus dem Grundgeschäft (→ Kauf) nicht geltend gemacht werden können und der Wechsel durch Indossierung (→ Indossieren) leicht übertragbar ist. Beim → gezogenen Wechsel (→ Tratte) bzw. → Bill of Exchange - vom Exporteur als → Aussteller auf den Importeur gezogen - kann ein Indossant durch ein → Angstindossament (Zusatz z. B. „ohne Regreß", „ohne Obligo", „without recourse") seine Haftung für Annahme oder Zahlung des Wechsels ausschließen (Art. 15 Abs. 1 WechselG). Der Aussteller kann jedoch durch derartige Vermerke einen Ausschluß der → Haftung für die Zahlung nicht herbeiführen (Art. 9 Abs. 2 WechselG). Die Praxis behilft sich damit, daß der Forfaiteur durch eine dem Aussteller gegenüber abgegebene Haftungsausschlußerklärung auf das ihm zustehende Recht zum Rückgriff (aus Art. 48, 49 WechselG) verzichtet. Für den Exporteur bleibt freilich das Verlustrisiko bestehen, wenn der Forfaiteur den Wechsel ohne Ausschluß des Rückgriffsrechts an den Forfaitisten weitergibt. Die geeignete Forderungsverkörperung stellt daher ein → Solawechsel (Promissory Note) dar. Wird dieser an die Order des Exporteurs ausgestellt, könnte dieser seine Haftung als Indossant durch eine Angstklausel ausschließen. Im Hinblick auf die Internationalität der F. entstehen aber Probleme, wenn ein beteiligtes Land die Angstklausel nicht

Forfaitierung

kennt. Günstiger ist es daher, den Solawechsel vom Importeur an eigene Order ausstellen und von ihm mit einem → Blankoindossament (Art. 14, Abs. 2 WechselG) versehen zu lassen, so daß der Name des Exporteurs nicht auf dem Wechsel erscheint. Grundsätzlich müssen sämtliche zur F. angebotenen Wechsel bankgarantiert sein (→ Bankgarantie), um eine eingehende Kreditwürdigkeitsprüfung des Importeurs zu vermeiden, die meist komplexer, schwieriger und kostenintensiver ist als bei Inlandsrisiken. Die avalierende Bank (→ Avalakzept) muß von einwandfreier Bonität (→ Kreditwürdigkeit) sein, damit der Forfaiteur bei seiner Kreditentscheidung im wesentlichen allein auf das → Länderrisiko abstellen kann. Die auf dem Wechsel abgegebene Avalverpflichtung (Art. 31 WechselG) begründet eine unwiderrufliche und unbedingte Zahlungspflicht des Wechselbürgen (Art. 32 WechselG). Der Avalist haftet in gleicher Weise wie der Schuldner, für den das Aval besteht. Bei Tratten muß diese Person bezeichnet werden; ansonsten gilt der → Wechselbürgschaft für den Aussteller. Ein bankavalierter Wechsel erhält unabhängig von der Kreditwürdigkeit des Schuldners durch das Bankaval seine Bonität und → Fungibilität.

Auch Buchforderungen sind forfaitierbar. Da hier → Einreden aus dem zugrundeliegenden Liefervertrag zwischen Ex- und Importeur gegen das rechtmäßige Bestehen der Forderung möglich sind, geben beide Vertragsparteien gegenüber dem Forfaiteur eine Erklärung ab, die (Geld-)Forderung bestehe zu Recht. Auch bei Buchforderungen ist der Forfaiteur bemüht, ein Bankaval (als Bankgarantie oder -bürgschaft) zu erhalten. Die → Garantie muß unbedingt unwiderruflich und unbeschränkt, die → Bürgschaft unwiderruflich und unbeschränkt übertragbar ausgestaltet sein, um die Möglichkeit des Weiterverkaufs offenzuhalten.

Die F. kann auch → Deferred-Payment-Akkreditive zum Gegenstand haben.

Währungen: Bevorzugt werden die gängigen → Euro-Währungen (US-Dollar, Schweizer Franken, D-Mark). Auf Wechseln ist das Wort „effektiv" einzufügen. Fehlt ein solcher → Effektivvermerk, kann sich der → Schuldner in vielen Ländern von seiner Verpflichtung durch Zahlung in Landeswährung befreien. Wechsel müssen in einem → Hartwährungsland zahlbar sein.

Kosten: Die → Kosten einer F. werden beim Forderungsverkauf als Diskont (→ Abschlag) abgezogen. Sie beziehen sich auf die gesamte → Laufzeit, bei Ratenzahlung auf die jeweilige → Restlaufzeit (im allgemeinen mindestens 50.000 DM je Fälligkeit). Der Forfaitierungsdiskontsatz ist abhängig von der Lage auf den → Geld- und → Kapitalmärkten der betreffenden Forfaitierungswährung, der Einschätzung der Länderbonität, der Forderungslaufzeit, dem Grad der Fungibilität der Forderung sowie der Gewinnmarge des Forfaiteurs. Einbezogen werden oftmals eine Vermittlungsprovision (bei Vermittlung des Forfaiteurs durch die Hausbank des Exporteurs) und die Avalprovision. Macht der Forfaiteur während der Vertragsverhandlungen eine feste Zusage für einen späteren Ankauf, fällt außerdem eine Bereitstellungsprovision an. I. d. R. wird ein fester → Diskontsatz für die gesamte Laufzeit vereinbart; es kommen aber auch Vereinbarungen mit → variablem Zinssatz vor. Bei Lieferungen in Länder mit hoher → Auslandsverschuldung und akuter Knappheit an → Währungsreserven ist die F. i. d. R. nur bei einer Ausfuhrdeckung durch die → Hermes Kreditversicherungs AG möglich, mit zusätzlichen Kosten wegen der hierfür anfallenden Prämien.

Laufzeit: Für Länder mit überschaubaren Risiken betragen die Laufzeiten i. a. zwischen fünf bis sieben Jahren. Die untere Grenze beträgt sechs Monate.

Forfaitierungsinstitute: Häufig treten → Tochtergesellschaften international tätiger → Kreditinstitute auf. Zunehmend werden die Forderungen aber auch „im eigenen Portefeuille der → Hausbanken belassen". Bedeutsame Bankplätze für F. sind Zürich, London, Luxembourg und New York.

Beurteilung der F. aus der Sicht des Forfaitisten: Die F. erfüllt nicht nur Finanzierungs-, sondern auch Delkredere- oder Sicherungsfunktionen. Der Forfaitist ist vom Ausfallrisiko befreit. Der Forfaiteur übernimmt das wirtschaftliche Risiko (kein Rückgriffsrecht auf den Forfaitisten bei → Zahlungsunfähigkeit, -unwilligkeit oder -verzug des Schuldners, Garanten oder Bürgen). Er trägt ferner das politische Risiko (kein Zahlungseingang aufgrund von Unruhen, Streiks, kriegerischen Auseinandersetzungen, Zahlungsverboten oder Moratorien) sowie das → Wäh-

rungsrisiko. Beim Forfaitisten bleibt das Gewährleistungsrisiko: Er haftet für den rechtlichen Bestand der Forderung und ist verpflichtet, für Mängelrügen des Importeurs einzustehen.
Sofern keine Selbstbehalte vereinbart werden, erfolgt durch die F. eine 100prozentige →Finanzierung, die beim Exporteur zu einer Bilanzentlastung führt und dessen Kreditwürdigkeit verbessert. Ihm ist eine genaue Kalkulation für das Warengeschäft möglich, da er dabei von festen Zinssätzen für die gesamte Laufzeit und eventuelle Vorlaufzeit ausgehen kann.

Forfaitist, →Forfaitierung.

Formation
Chartformation; Erscheinungsbild von Kurs- bzw. Preisverläufen auf →Finanzmärkten, die in ähnlicher Form immer wieder auftauchen, so daß sie als typisch angesehen und im Rahmen der →technischen Analyse in →Charts Verwendung finden. Aus F. sollen Prognosen für Kursentwicklungen und Kauf- bzw. Verkaufssignale erkannt werden.
Man unterscheidet dabei Trendbestätigungsformationen (Konsolidierungsformationen) und Trendumkehrformationen. Trendbestätigungsformationen sind Rechteck, Keile, Dreieck, Flagge und Wimpel usw. Beispiele für Trendbestätigungsformationen (jeweils schematisiert) vgl. Abbildung S. 658 oben. Trendumkehrformationen sind die M-Formation, die W-Formation, die Untertasse sowie die Kopf-Schulter-Formation usw. Beispiele für Trendumkehrformationen (jeweils schematisiert) vgl. Abbildung S. 658 Mitte.

Formblätter
Für die Gliederung der →Bilanz und der →Gewinn- und Verlustrechnung der Kreditinstitute anzuwendende Aufstellung über die Gliederung der Aktiv- und Passivposten (→Bankbilanz, Formblatt nach der Rechnungslegungsverordnung) bzw. von Aufwands- und Ertragsposten.
→Kreditinstitute haben anstelle der §§ 266 und 275 HGB die durch die →Rechnungslegungsverordnung vorgeschriebenen F. anzuwenden. Die Rechnungslegungsverordnung enthält drei F., und zwar für die Bilanz das Formblatt 1 und für die Gewinn- und Verlustrechnung die F. 2 (Kontoform) und 3 (Staffelform). Die Posten der F. werden weitgehend in der Rechnungslegungsverordnung erläutert.
(→Aktivposten der Bankbilanz, →Passivposten der Bankbilanz, →Posten in der Gewinn- und Verlustrechnung der Kreditinstitute)

Formblattverordnung
Auf vor dem 1.1.1993 beginnende →Geschäftsjahre anzuwendende Verordnung des Bundesministers der Justiz zur Regelung der Mindestgliederung von →Bilanz und →Gewinn- und Verlustrechnung sowie der besonderen Ausweispflichten der →Kreditinstitute. Auf Geschäftsjahre, die nach dem 31.12.1992 beginnen, ist die „Verordnung über die Rechnungslegung der Kreditinstitute" (→Rechnungslegungsverordnung) vom 10.2.1992 anzuwenden. Die F. stammt aus dem Jahre 1967 und wurde letztmalig 1987 auf Grund der Ermächtigungen des →Bilanzrichtlinien-Gesetzes geändert (BGBl. I S. 2170).
Bis 1992 stellte die F. die wichtigste Sondervorschrift für die Rechnungslegung der Kreditinstitute dar. Sie wurde ergänzt um die →Bilanzierungsrichtlinien. Die F. ist durch die Rechnungslegungsverordnung aufgehoben worden.

Formularverträge
Bezeichnung für (häufig von Verbänden) vorformulierte Vertragsklauseln, die als →Allgemeine Geschäftsbedingungen in eine Vielzahl einzelner →Verträge einbezogen werden. Diese können dabei als Vordrucke ausgestaltet sein. →Kreditinstitute verwenden F. im Sinne von § 1 Abs. 1 AGBG bei Geschäften mit Kunden, insbes. beim Abschluß von Bankverträgen, bei der Krediteinräumung (→Kreditvertrag) und -besicherung (→Kreditsicherheiten).

Formvorschriften
Grundsätzlich sind →Willenserklärungen formlos gültig; sie können sogar durch schlüssiges Handeln zum Ausdruck gebracht werden, soweit dieses Verhalten einen konkreten Erklärungsinhalt hat (Grundsatz der Formfreiheit). Das Gesetz schreibt jedoch für einzelne →Rechtsgeschäfte die Einhaltung bestimmter F. zwingend vor (z.B. §§ 313, 925 BGB). Außerdem ist es den Parteien eines →Vertrages auch freigestellt zu vereinbaren, daß die von ihnen abzugebenden Willenserklärungen ebenfalls nur in einer bestimmten Form gültig sein sollen (gewillkürte Form, § 125 Satz 2 i. V. m.

Forward

Trendbestätigungsformationen (schematisiert)

Quelle: Trenner, D., Aktienanalyse und Anlageverhalten, Wiesbaden 1988, S. 247

Trendumkehrformationen (schematisiert)

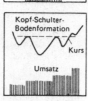

Quelle: Trenner, D., Aktienanalyse und Anlageverhalten, Wiesbaden 1988, S. 247

§ 127 BGB). Als gesetzliche F. sind zu berücksichtigen: → Schriftform, → öffentliche Beglaubigung und → notarielle Beurkundung. Die Nichteinhaltung der vorgeschriebenen oder vereinbarten Form führt zur Unwirksamkeit (Nichtigkeit) des Rechtsgeschäfts (§ 125 BGB).

Forward
Terminkauf, Terminverkauf, Geschäft mit späterer Valuta.
1. Englische Bezeichnung für Termin, die in Wortverbindungen vorkommt, z. B. Forward Exchange (→ Terminbörse), → Forward Rate Agreement (Zinsausgleichsvereinbarung).

2. Begriff im → Devisenhandel, der festlegt, daß die Erfüllung eines Devisenhandelsgeschäfts, vom Tag des Abschlusses an gerechnet, an einem späteren Termin als der Kassavalutierung (→ Devisenkassageschäft) erfolgt. F. bedeutet daher auch → Termingeschäft.

3. Vorgänger der standardisierten → Futureskontrakte. Bei F. verpflichten sich die Kontrahenten, entsprechend den individuell ausgehandelten Vertragsbedingungen, den spezifizierten → Basiswert (z. B. → Straight Bond) zu einem fest vereinbarten Preis (→ Terminkurs) an einem zukünftigen Termin (Terminvaluta) zu liefern bzw. abzu-

nehmen. Der Preis wird bereits bei Abschluß des Geschäftes kalkuliert und ändert sich während der →Laufzeit des →Vertrages nicht. Damit haben sowohl Käufer auch als Verkäufer des Geschäftes eine feste Kalkulationsbasis. Bei →Fälligkeit des Geschäftes erfolgt eine →physische Erfüllung, d. h. die effektive Lieferung bzw. Abnahme. Der Basiswert sind i. d. R. festverzinsliche →Inhaberpapiere und →Namenspapiere. F. werden v. a. abgeschlossen, um das beim Abschluß vorhandene Renditeniveau sichern zu können, obwohl die Refinanzierungsmittel erst später zur Verfügung stehen (z. B. in drei Monaten).

Forward Cover
Absicherung eines Wechselkursrisikos auf einen bestimmten Termin durch Abschluß einer Terminsicherung, wodurch die feste Verpflichtung zur Erfüllung des Termingeschäfts entsteht. Der Inhaber einer Devisenoption hat dagegen die Wahl, ob er die Option ausüben will oder nicht. Der →Terminkurs errechnet sich aus dem aktuellen Kassakurs und der Zinsdifferenz zwischen den beteiligten →Währungen. Die Währung mit dem höheren Zinssatz wird auf Termin mit einem →Abschlag vom Kassakurs gehandelt. (→Swapsatz)

Forward/Forward
1. Bezeichnung für den Abschluß zweier gegenläufiger →Devisentermingeschäfte mit unterschiedlicher →Laufzeit, z. B. Kauf von US-Dollar gegen D-Mark per drei Monate und Verkauf per vier Monate (→Swapgeschäft, →Zinsarbitrage).
2. Kontrahierung eines →Einlagengeschäfts (oder eines →Kreditgeschäfts) per Termin (→Forward Forward Deposit bzw. Forward Loan). Beispiel: Am 1. Februar wird eine →Einlage (oder eine Kreditausreichung) über 1 Mio US-Dollar zu 6 Prozent p. a. für die Zeit vom 1. Juni bis 1. September vereinbart.

Forward Forward Deposit/Loan
→Geldmarktgeschäft auf Termin (→Termingeschäft), bei dem zu bereits am Abschlußtag festgelegten Konditionen von einem späteren Zeitpunkt an für eine bestimmte Periode (z. B. drei Monate) eine →Einlage (Deposit) hereingenommen bzw. ein →Kredit (Loan) vergeben wird (Forward Forward Deposit, Einlagentermingeschäft, Einlagentermingeschäft auf Termin bzw. Forward Forward Loan, Kreditgeschäft auf Termin). Im Unterschied zu →Forward Rate Agreements (FRA) ist mit F. F. D./L. eine Kapitalbewegung verbunden.

Forward-Forward Rate, →Forward Rate.

Forward-Geschäft, →Forward.

Forward-Kontrakt
→Termingeschäft mit individuellem Vertragsinhalt und außerbörslicher Abwicklung. Beispiel: →Devisentermingeschäft, →Forward Rate Agreement, →Forward Forward Deposit Loan, →Forward Swap. *Gegensatz:* →Futures-Kontrakt.

Forward-Markt
Forward Market; →Terminmarkt, an dem →Termingeschäfte mit individuellen Vertragsinhalten geschlossen werden. Beispiel: →Devisentermingeschäft.
Gegensatz: →Futures-Markt.

Forward Price, →Terminkurs.

Forward Rate
Zinssatz, der in der Zukunft, z. B. in einem Jahr Gültigkeit hat. F.R. werden bei allen →Zinsinstrumenten ermittelt, die erst in der Zukunft erfüllt werden (z. B. →Forward Rate Agreement (FRA), →Forward-Swaps, →Swaptions). Der →FRA-Satz ist beispielsweise eine F.R. Die Ermittlung erfolgt aus der aktuellen →Zinsstrukturkurve (z. B. LIBOR-Zinsstrukturkurve). F.R. mit unterschiedlichem Starttermin werden in einer →Forward Yield Curve dargestellt.

Ermittlung: Die exakte Formel zur Ermittlung des FRA-Satzes für Laufzeiten bis zu einem Jahr lautet wie folgt:

$$\left[\frac{\left(1 + \dfrac{\text{Zinssatz Lange Periode}}{100} \cdot \dfrac{\text{Tage Lange Periode}}{360}\right)}{\left(1 + \dfrac{\text{Zinssatz Kurze Periode}}{100} \cdot \dfrac{\text{Tage Kurze Periode}}{360}\right)} - 1\right] \cdot \frac{360 \cdot 100}{\text{Differenz Tage}}$$

Forward Rate Agreement

Forward Rate Agreement (FRA)
Future Rate Agreement; Vereinbarung zwischen zwei Parteien, die Differenz zwischen einem vereinbarten Basiszinssatz (Contract Rate) und dem an einem bestimmten zukünftigen Termin geltenden Marktzins auf einen nominalen Kapitalbetrag untereinander auszugleichen. Derjenige Kontrahent, der sich gegen einen Zinsanstieg schützen will, wird Käufer genannt, derjenige, der sich gegen einen Rückgang schützen will, wird Verkäufer genannt.

Bedeutung: Mit einem FRA können kurzfristig laufende, in der Zukunft abzuwickelnde, heute aber bereits mit bestimmten Zinssätzen zugesagte → Kredit- oder → Einlagengeschäfte zinsmäßig abgesichert werden. Möglich ist die Absicherung auch durch die Kontrahierung zweier gegenläufiger Geldgeschäfte. Diese Sicherungsart belastet aber die Bilanzrelationen und die → Kreditlinien der Bank. Der gleiche Effekt wie mit einem FRA kann durch Kauf oder Verkauf eines → Zins-Futures (Interest Rate Future-Kontrakt) sowie durch Abschluß einer → Zinsoption erzielt werden (Vorteile der FRA: kein Unterhalten einer Sicherheitsleistung [→ Initial Margin], flexibles Instrument). Auch durch Kontrahierung eines → Forward/Forward-Kontraktes ist eine Zinssicherung möglich. Neben der Absicht, Verluste aus Zinssatzänderungen zu vermeiden (→ Hedging), kann mit FRA-Vereinbarungen die Absicht verfolgt werden, Gewinne zu erzielen (→ Tradingstrategie).

Forward Rate Agreement of the British Bankers' Association (FRABBA)
Standardvertrag für → Forward Rate Agreements, der von der → British Bankers' Association entwickelt wurde.

Forward Rate Strip, → Strip, → FRA-Kette, → Euro-DM-Future-Strip, → Strip Hedging.

Forward Start Option, → Deferred-start Option.

Forward Swap
Termin-Swap, Delayed Start Swap; → Kuponswap, der erst an einem späteren Termin zu bereits am Abschlußtag festgelegten Konditionen in Kraft tritt. Mit F. S. kann ein Finanzierungs- oder Anlagebedarf schon heute gegen das → Zinsänderungsrisiko abgesichert (gehedgt) werden. Möchte ein Unternehmen am → Kapitalmarkt Geld aufnehmen und rechnet mit steigenden → Zinsen, so kann das aktuelle Renditeniveau mittels eines F. S. festgeschrieben werden (→ Hedging von geplanten Kapitalaufnahmen). Das → Pricing von F. S. erfolgt mit → Forward Rates.
(→ Forward Yield Curve)

Forward Yield Curve
Zukünftige → Renditestrukturkurve (→ Forward Rates) von → Straight Bonds bzw. → Zinsstrukturkurve von Zero Bonds (→ Nullkupon-Anleihe), abgeleitet aus der aktuellen Rendite- bzw. Zinsstrukturkurve. F.Y.C. dienen beispielsweise zur Bestimmung des → Fair Values von → Forward Swaps, → Forward Rate Agreements, → Caps, → Floors, → Collars oder → Swaptions.

FRA
Abk. für → Forward Rate Agreement.

FRABBA
Abk. für → Forward Rate Agreement of the British Bankers' Association.

Frachtbrief
Beweisurkunde über Abschluß und Inhalt des → Frachtvertrages (§ 426 HGB) im Landfrachtverkehr (Eisenbahnfrachtgeschäft, Kfz-Güterfernverkehr) und im Luftfrachtverkehr.
Im Akkreditiv- und Inkassogeschäft sind von Bedeutung der Internationale Eisenbahnfrachtbrief (→ CIM-Frachtbrief), der Internationale Frachtbrief im Straßengüterverkehr (→ CMR-Frachtbrief) und der → Luftfrachtbrief (CIM = Convention Internationale concernant le Transport des Marchandises par Chemin de Fer [Internationales Übereinkommen über den Eisenbahnfrachtverkehr]; CMR = Convention relative au Contrat de Transport International des Marchandises par Route [Internationales Übereinkommen für den Straßengüterverkehr]).
Der F. ist kein → Traditionspapier und kein → Wertpapier, sondern nur Beweisurkunde. Er verkörpert weder die versandte → Ware noch einen Auslieferungsanspruch auf die Ware. Eine Ausfertigung verbrieft ein Dispositionsrecht über die Ware. Voraussetzung für die Ausübung des Dispositionsrechtes ist die Vorlage des → Frachtbriefdoppels (vierte Ausfertigung des CIM-Frachtbriefes, drittes Original des Luftfrachtbriefes) und die noch

nicht erfolgte Auslieferung der Ware an den Empfänger. Das Dispositionsrecht umfaßt das Recht, die Ware anzuhalten, zurückzurufen oder an einen anderen Empfänger ausliefern zu lassen (§ 433 HGB). Das Frachtbriefdoppel des CIM-Frachtbriefes bzw. das dritte Original des Luftfrachtbriefes kann als Inkasso- und Akkreditivpapier (→ Dokumentenakkreditiv, → Dokumenteninkasso) und als → Kreditsicherheit dienen. Als Inkasso- und Akkreditivpapier ist es geeignet, weil der Absender nicht mehr nachträglich über die Ware verfügen kann, wenn er es aus der Hand gibt. Als Kreditunterlage eignet es sich, wenn zur Sicherheit des → Kreditinstituts als Empfänger der Waren eine Korrespondenzbank oder ein der Bank bekannter → Spediteur angegeben sind.

Frachtbriefdoppel

Diejenige Ausfertigung des → Frachtbriefes, die dem Absender als Beweisurkunde dient und ihm ein nachträgliches Verfügungsrecht über die rollende Ware gibt (→ CIM-Frachtbrief, → CMR-Frachtbrief, → Luftfrachtbrief).

Frachtführer

Person, die es gewerbsmäßig übernimmt, die Beförderung von Gütern zu Lande oder auf Flüssen oder sonstigen Binnengewässern auszuführen (§ 425 HGB). Der F. ist → Kaufmann und betreibt ein Grundhandelsgewerbe (§ 1 Abs. 2 Nr. 5 HGB). Der Frachtführervertrag ist ein Unterfall des → Werkvertrages. Der F. unterscheidet sich vom → Spediteur dadurch, daß er tatsächlich transportiert, während der Spediteur Güterversendungen besorgt.

Frachtvertrag

→ Werkvertrag, der die Beförderung von Gütern zum Gegenstand hat. Er wird zwischen → Frachtführer bzw. → Verfrachter (→ Seefrachtvertrag) und Absender zugunsten des Empfängers geschlossen (→ Vertrag zugunsten Dritter, § 328 BGB). Beweisurkunde über Abschluß und Inhalt des F. ist der → Frachtbrief.

FRA-Kette

Aneinanderreihung mehrerer → Forward Rate Agreements (FRA's) mit unterschiedlichen → Vorlaufperioden (z. B. 3×6, 6×9, 9×12). Über eine F.-K. können kurzlaufende → Kuponswaps synthetisch hergestellt werden. Die Verzinsung einer FRA-Kette wird als → Strip-Yield bezeichnet.
(→ Euro-DM-Future-Strips, → Strip-Hedge)

Franc CFA

Franc de la Communauté Financière Africaine; CFA-Franc; gemeinsame → Währung der Staaten der Westafrikanischen Währungsunion und der Zentralafrikanischen Zoll- und Währungsunion mit uneingeschränkter → Konvertibilität des Franc CFA gegenüber dem französischen Franc. Benin, Burkina Faso, Côte d'Ivoire, Mali, Niger, Senegal und Togo sind in der Westafrikanischen Währungsunion (Union Monétaire Ouest Africaine) zusammengeschlossen. Emissionsinstitut ist die Banque Centrale des Etats de l'Afrique de l'Ouest, deren CFA-Franc-Geldzeichen (F.C.F.A. = Franc de la Communauté Financière Africaine) nur in ihrem Emissionsgebiet → gesetzliches Zahlungsmittel sind. Äquatorialguinea, Gabun, Kamerun, Kongo, Tschad und die Zentralafrikanische Republik bilden die Zentralafrikanische Zoll- und Währungsunion. Als gemeinsames Emissionsinstitut fungiert die Banque des Etats de l'Afrique Centrale, deren CFA-Franc-Geldzeichen (F.C.F.A. = Franc de la Coopération Financière en Afrique Centrale) nur in ihrem Emissionsgebiet gesetzliches Zahlungsmittel sind (→ Wechselkursregelung im IWF).

Franchising

(Erfolgreiche) Unternehmer, die mit einer Marktidee, einem Produkt und einer bestimmten Vertriebsform Erfolge erlangen, verkaufen als Franchise-Geber ihr bereits markterprobtes Konzept jeweils für ein bestimmtes Marktgebiet an andere Personen (Franchise-Nehmer), die sich damit eine Existenz aufbauen. Existenzgründer können ihre Kunden dadurch mit bekannten Markenartikeln oder Dienstleistungen versorgen. Gegen ein Entgelt (Eintrittsgeld oder Abschlußgebühr), zumeist ab 10000 DM, hilft der Franchise-Geber beim Aufbau des Geschäfts an einem erfolgversprechenden Standort, liefert ggf. auch nach einem einheitlichen Erscheinungsbild Pläne für den Laden und baut oft auch die Ladeneinrichtung auf. Wichtig ist auch die Mithilfe bei der Gründungsplanung, da der Franchise-Geber über umfangreiche Erfahrungen aus gleichartigen Eröffnungen verfügt und somit die Kundennachfrage und damit die → Umsätze, aber auch die Gründungs- und die laufenden → Kosten treffsicher einschätzen kann. Manchmal wird er auch bei der Beschaffung der Finanzierungsmittel eingeschaltet. Beispiele erfolgreicher Franchise-Systeme: McDonalds (Fast Food), Wienerwald (Gastronomie), Photo Porst, Quick Schuh, Mister Minit (Schuhreparaturen, Schlüsseldienst), Portas (Altbaurenovierung) oder Eismann (Tiefkühlkost). Nach der Eröffnung ist die wichtigste Leistung des Franchise-Gebers die überregional einheitliche → Werbung in den Medien, die Bereitstellung sonstiger Werbemittel und die fortlaufende Beratung des Franchise-Nehmers in allen betrieblichen Angelegenheiten sowie seine Einbindung in den → Betriebsvergleich mit den anderen Geschäften. Je nach Unternehmen und Branche gibt es auch eine noch weitergehende Verzahnung der betrieblichen Tätigkeiten durch zentralen Einkauf von → Waren und Dienstleistungen, bundeseinheitlich vorgegebene Kalkulation der Produktpalette, Verkaufsschulungen. Als Gegenleistung zahlt der Franchise-Nehmer laufende Gebühren, die ganz oder teilweise an die erzielten Umsätze gekoppelt sind. Die Vertragsdauer beträgt üblicherweise mindestens fünf Jahre. Vorteil des Kreditgebers bei einer Gründungsfinanzierung in einem Franchise-System: Die Gründungsrisiken sind erheblich geringer.

Franc-Zone
Währungsgebiet der Länder, deren → Währungen an den französischen Franc gebunden sind, d.h. die ein bestimmtes Wertverhältnis zum französischen Franc haben (→ Franc CFA, → Wechselkursregelungen im IWF).

Frankfurt Interbank Offered Rate, → FIBOR.

Französische Methode, → Euro-Zinsmethode.

FRA-Satz
Zinssatz, der bei Abschluß eines → Forward Rate Agreement festgelegt wird und während der → Laufzeit des FRA's nicht verändert wird. Der F.-S. ist eine → Forward Rate. Der F.-S. wird am Zinsfeststellungstermin mit dem aktuellen → Referenzzinssatz (z.B. → LIBOR, → FIBOR) verglichen. Ist der aktuelle Referenzzinssatz höher als der F.-S., erhält der Käufer vom Verkäufer des FRA's eine Ausgleichszahlung (→ Cash Settlement). Ist der aktuelle Referenzzinssatz dagegen niedriger, muß der Käufer an den Verkäufer eine Ausgleichszahlung leisten. Sind FRA-Zinssatz und Referenzzinssatz identisch, sind keine Ausgleichszahlungen zu leisten.
Die Formel zur Ermittlung der Ausgleichszahlung lautet wie folgt:

$$\left[\frac{\text{Nominalbetrag} \cdot (\text{FRA-Satz} - \text{Referenzzinssatz})}{100} \right.$$
$$\left. \cdot \frac{\text{Tage} \rightarrow \text{Abgesicherte Periode}}{360} \right] :$$
$$\left[1 + \frac{\text{Referenzzinssatz}}{100} \cdot \frac{\text{Tage Abgesicherte Periode}}{360} \right]$$

FRA-Serie, → FRA-Kette.

Free Floating Capital
Kapitalwert der → Aktien, die frei an der → Börse gehandelt werden, sich also nicht im Besitz von → Familiengesellschaften oder von Beteiligungsgesellschaften befinden.

Freibetrag
Steuerfreier Betrag, der von der Bemessungsgrundlage abgezogen wird, z.B. → Sparerfreibetrag.

Freie Aktionäre
Bezeichnung für → Minderheitsaktionäre (→ außenstehende Aktionäre).

Freie Liquiditätsreserven
→ Liquiditätsreserven einer → Bank (→ Bankenliquidität), welche über die Mittel hinausreichen, die zur Aufrechterhaltung ihrer Zahlungsfähigkeit gehalten werden (und jedenfalls zum Teil der Mindestreservepflicht [→ Mindestreserven] unterliegen). Diese frei verfügbaren Mittel möglichst rentabel anzulegen ist eine Hauptaufgabe des → Liquiditätsmanagements. Die Höhe dieser Mittel ist aus der Position „unausgenutzte Refinanzierungslinien" in den → Bankstatistischen Gesamtrechnungen der Bundesbank zu entnehmen.

Freie Marktwirtschaft, → Marktwirtschaft, → Wirtschaftsordnung.

Freie Rücklagen
Sammelbegriff für alle in der → Bilanz eines Unternehmens ausgewiesenen zweckfreien

→Rücklagen (Rücklagen, deren Verwendung nicht durch →Gesetz oder →Satzung festgelegt ist).

Freie Sparkassen
Privatrechtlich organisierte →Sparkassen (i. d. R. →wirtschaftliche Vereine oder →Stiftungen des privaten Rechts), die ebenso wie die (kommunalen) →öffentlich-rechtlichen Sparkassen mündelsichere und gemeinnützige →Universalbanken sind (→Mündelsicherheit, Gemeinnützigkeit). Sie sind keine auftragsgebundenen →Kreditinstitute, verfolgen i. a. aber die gleiche Geschäftspolitik wie die kommunalen Sparkassen. Die Rechtsverhältnisse der f. S. sind nicht in den Sparkassengesetzen der Länder (→Sparkassenrecht) geregelt (Ausnahme: Schleswig-Holstein, das den Oberbegriff „öffentliche" Sparkasse kennt und darunter die öffentlich-rechtlichen und die freien Sparkassen faßt). Daher unterliegen die f. S. nicht dem →Regionalprinzip. Auch andere typische Eigenschaften der öffentlich-rechtlichen Sparkassen fehlen: →Anstaltslast, →Gewährträgerhaftung. Die f. S. sind im Verband der Deutschen Freien Öffentlichen Sparkassen e. V., Bremen, zusammengeschlossen. Sie sind außerdem Mitglieder der →regionalen Sparkassen- und Giroverbände und somit in die →Deutsche Sparkassenorganisation integriert.

Freies Vermögen bei Privatbankiers
Nur bei dieser →Bankengruppe (→Privatbanken, →Privatbankier) als Teil des →haftenden Eigenkapitals der Kreditinstitute berücksichtigungsfähige Größe, bei Einzelkaufleuten gemäß § 10 Abs. 2 Satz 1 Nr. 1 KWG, darüber hinaus (fakultativ) im Hinblick auf freies →Vermögen des Inhabers oder eines →persönlich haftenden Gesellschafters bei →Personenhandelsgesellschaften bei entsprechendem Antrag und Anerkennung durch das →Bundesaufsichtsamt für das Kreditwesen (BAK) (§ 10 Abs. 6 KWG).

Freie Wechselkurse, →flexible Wechselkurse.

Freigabe von Sicherheiten
Falls der realisierbare Wert aller →Kreditsicherheiten die →Deckungsgrenze nicht nur vorübergehend übersteigt, hat die →Bank auf Verlangen des Kunden Sicherheiten nach ihrer Wahl freizugeben, und zwar in Höhe des die Deckungsgrenze übersteigenden Betrages; sie wird bei der Auswahl der freizugebenden Sicherheiten auf die berechtigten Belange des Kunden und eines dritten Sicherungsgebers, der für die Verbindlichkeiten der Kunden Sicherheiten bestellt hat, Rücksicht nehmen. In diesem Rahmen ist die Bank auch verpflichtet, Aufträge der Kunden über die dem →Pfandrecht unterliegenden Werte, wie z. B. Verkauf von →Wertpapieren, Auszahlung von Sparguthaben, auszuführen (Nr. 16 Abs. 2 AGB der Banken; Nr. 22 Abs. 2 AGB der Sparkassen).

Freigrenze
Betrag, der angibt, bis zu welcher Höhe die Bemessungsgrundlage steuerfrei bleibt, etwa bei einem →Spekulationsgewinn von weniger als 1.000 DM bei →Spekulationsgeschäften nach § 23 EStG. Wird die F. überschritten, wird die Bemessungsgrundlage ohne Abzug besteuert.

Freihandel
Autonome Gestaltung der Außenhandelsbeziehungen gemäß den Vorstellungen der privaten Wirtschaftssubjekte. Das Leitbild liberaler →Außenhandelspolitik wurde bereits im klassischen →Liberalismus befürwortet und entspricht der Grundidee von den Selbstheilungskräften des Marktes. Gewisse Einschränkungen der Handelsfreiheit sind durch den Schutz der Binnenwirtschaft sowie durch vorrangige außerökonomische Interessen (z. B. nationale Sicherheit) begründbar. In größerem Umfang bedeuten sie jedoch →Protektionismus. Die Konzeption des Freihandels liegt auch dem →Allgemeinen Zoll- und Handelsabkommen (GATT) zugrunde.

Freihandelszone
Im Unterschied zu einer →Zollunion (wie im Falle der →Europäischen Wirtschaftsgemeinschaft) beschränkt sich die F. als Form der wirtschaftlichen →Integration auf die →Liberalisierung des Warenverkehrs innerhalb eines mehrere Staaten umfassenden Gebiets, errichtet jedoch keine gemeinsamen Zollgrenzen gegenüber Drittländern. In ihr werden deshalb lediglich →Waren mit Ursprung in einem der Mitgliedsstaaten von →Zöllen und anderen Handelsbeschränkungen befreit (Art. XXIV Abs. 8 GATT). Zu den F. gehören z. B. die Europäische Freihandelsassoziation (EFTA) oder die

Frei konvertierbares DM-Konto

Nordatlantische Freihandelsassoziation (NAFTA).

Frei konvertierbares DM-Konto
Für Devisenausländer (→ Gebietsfremde) von 1954 bis zur Herstellung der → Konvertibilität der DM (1958/59) geführte Konten. Mit der Konvertibilität entstanden → Ausländer-DM-Konten.

Freimarktkurs
Von der → Deutschen Bundesbank verwendete Bezeichnung für einen → Devisenkurs, der weder offiziell festgesetzt (→ offizieller Devisenkurs) noch als amtlicher Börsenpreis (§§ 11, 29 BörsenG) festgestellt wird (→ amtlicher Devisenkurs).

Freistellung
Maßnahme des → Arbeitgebers, einem → Arbeitnehmer vorübergehend unter Fortzahlung des Arbeitsentgelts die Arbeitsleistung zu untersagen. Wird die F. mit einem Hausverbot verbunden, spricht man von Suspendierung. Da der Arbeitnehmer nicht nur eine arbeitsvertragliche Pflicht, sondern in diesem Rahmen auch ein Recht auf Beschäftigung hat (ggf. auch nach einer → Kündigung, § 102 Abs. 5 BetrVG), ist die F. nur zulässig, wenn sie durch besonders schutzwürdige Interessen des Arbeitgebers begründet werden kann, etwa durch den Verdacht einer Straftat oder ein anderes schwerwiegendes Fehlverhalten.

Freistellungsauftrag
Auftrag, den der → Gläubiger von → Kapitalerträgen an die auszahlende Stelle oder an den → Schuldner der Kapitalerträge richtet, um im Rahmen des ihm zustehenden Freistellungsvolumens Kapitaleinnahmen von der → Kapitalertragsteuer (KESt, KapESt) freizustellen, d. h. den → Zinsabschlag nach dem → Zinsabschlaggesetz zu vermeiden (Abstandnahme vom KESt-Abzug gemäß § 44a Abs. 1 Nr. 1 EStG).
Der F. bezieht sich nur auf private Kapitalerträge (→ Einkünfte aus Kapitalvermögen). Bei Kapitalerträgen aus einer anderen Einkunftsart ist Kapitalertragsteuer einzubehalten und abzuführen.
Mit dem F. wird erreicht, daß Kapitalerträge, die unterhalb des → Sparerfreibetrages und des Werbungskostenpauschbetrages liegen und infolgedessen einkommensteuerfrei sind, vom Abzug der Kapitalertragsteuer verschont bleiben. Damit wird berücksichtigt, daß die Kapitalertragsteuer lediglich eine Vorauszahlung auf die → Einkommensteuer ist. Ein F. kann daher nicht erteilt werden, wenn die Kapitalerträge → Betriebseinnahmen oder Einnahmen aus Vermietung und Verpachtung sind, da für diese Einkunftsarten der Sparerfreibetrag nicht gilt.

Inhalt des F.: Der auf amtlich vorgeschriebenem Vordruck schriftlich erfolgte F. bezieht sich auf den 30%igen Zinsabschlag (Kapitalertragsteuer als Zahlstellensteuer) und auf Kapitalerträge, die dem 25%igen Kapitalertragsteuerabzug unterliegen (Kapitalertragsteuer als → Quellensteuer). Ein F., der an ein Kreditinstitut als auszahlende Stelle gerichtet ist, soll bewirken, daß das → Kreditinstitut bei der Gutschrift von → Zinsen vom Zinsabschlag absieht und daß es bei → Dividenden und ähnlichen Kapitalerträgen die Erstattung von Kapitalertragsteuer und die Vergütung von → Körperschaftsteuer beim Bundesamt für Finanzen beantragt.

Wirkung des F.: Der Auftrag zur Freistellung und/oder zur Beantragung der Erstattung von bereits gezahlter Kapitalertragsteuer und Vergütung von Körperschaftsteuer bezieht sich auf alle Arten von Kapitalerträgen, die von Kreditinstituten gutgeschrieben werden, d. h. auch auf Erträge aus → Wertpapieren, die bei Kreditinstituten im → Depot verwahrt und verwaltet werden (→ Zinsscheine von Wertpapieren, die von Steuerpflichtigen selbst verwahrt werden, unterliegen beim Ankauf durch ein inländisches Kreditinstitut [→ Tafelgeschäft] oder bei Hereinnahme zum Einzug einem Zinsabschlag bzw. Kapitalertragsteuerabzug von 35%), für Kapitalerträge aus einer typischen stillen Beteiligung (→ Stille Gesellschaft), für Kapitalerträge aus einem → partiarischem Darlehen und für Kapitalerträge aus einer Lebensversicherung, die nicht steuerbegünstigt ist. Ein F. kann befristet oder unbefristet erteilt werden. Er kann widerrufen oder abgeändert werden. Er endet mit dem Tod des Auftraggebers. Unbeschränkt einkommensteuerpflichtige Eheleute, die nicht dauernd getrennt leben, können nur einen gemeinsamen F. erteilen (so die Auffassung der Finanzverwaltung). Nach Auflösung der Ehe oder bei dauerndem Getrenntleben ist der F. zu ändern, da der Höchstbetrag von 12.200 DM nur bei Zusammenveranlagung gilt.

Vergleich F. mit NV-Bescheinigung:
→ Nicht-Veranlagungsbescheinigung.

Freistellungsvolumen: Das Freistellungsvolumen ergibt sich aus dem Sparerfreibetrag in Höhe von 6.000 DM bei Alleinstehenden bzw. 12.000 DM bei zusammenveranlagten Ehegatten und dem Werbungskostenpauschbetrag von 100 bzw. 200 DM. Es beträgt also 6.100 DM für Alleinstehende bzw. 12.200 DM für zusammenveranlagte Eheleute. Der Auftraggeber kann darüber entscheiden, ob er bei einem F. über den gesamten, ihm zur Verfügung stehenden Freistellungsbetrag oder nur über einen Teil verfügen will. Im Rahmen des Freistellungsbetrages kann das Volumen auf mehrere auszahlende Stellen (Kreditinstitute, → Bausparkassen, Investmentgesellschaften, Lebensversicherungsunternehmen, → Bundesschuldenverwaltung, Landesschuldenverwaltung usw.) verteilt werden. Die Empfänger von F. haben die Ausnutzung der ihnen mitgeteilten Freistellungsgrenzen zu überwachen und bei voller Ausschöpfung die Pflicht, Kapitalertragsteuer einzubehalten, ggf. vom Betrag, der das Freistellungsvolumen überschreitet.

Kontrollen der Finanzverwaltung: Nach Ablauf eines jeden Kalenderjahres müssen die zum Kapitalertragsteuerabzug verpflichteten Stellen dem Bundesamt für Finanzen auf Verlangen Vor- und Zuname, Geburtsdatum sowie Anschrift von Personen mitteilen, die einen F. erteilt haben, und dabei die Anzahl der erteilten Aufträge, die Höhe der jeweiligen Freistellungsgrenze sowie Namen und Anschrift des Empfängers bekanntgeben, um zu verhindern, daß eine Freistellungsgrenze mehrfach beansprucht wird. Die Mitteilungen dürfen nach § 45d Abs. 2 EStG ausschließlich zur Prüfung der rechtmäßigen Inanspruchnahme des Sparerfreibetrages und des Werbungskostenpauschbetrages verwendet werden. Dem → Bankgeheimnis nach § 30a AO wird so hinreichend Rechnung getragen. Beträge von Zinsen, Kontostände und Depotwerte sind nicht zu melden. Es gibt weder stichprobenartige noch flächendeckende → Kontrollmitteilungen.

Nichtanwendung des F.: Körperschaften, → Personenvereinigungen oder Vermögensmassen, die ausschließlich und unmittelbar gemeinnützigen, mildtätigen oder kirchlichen Zwecken dienen, können keinen F. erteilen (§ 44a Abs. 4 EStG). Sie müssen eine Nicht-Veranlagungsbescheinigung vorlegen, die auf Abstandnahme vom Kapitalertragsteuerabzug und auf Erstattung von gezahlter KESt und Körperschaftsteuer lauten muß (§ 44c EStG).

Freiverkehr
Teilmarkt des → Effektenhandels auf der Grundlage des § 78 BörsenG („geregelter F.") sowie im außer- und nachbörslichen Bereich (→ Telefonverkehr). Der an der → Börse organisierte F. wird auch von den Börsenordnungen (→ Börsenrecht) erfaßt und bezieht sich auf → Wertpapiere, die weder zum → amtlichen (Börsen-)Handel noch zum → geregelten Markt zugelassen sind. Die Preise werden frei vereinbart, müssen aber den Anforderungen an einen Börsenpreis (§ 11 BörsenG) entsprechen. Preisfeststellungen durch freie → Makler werden im → amtlichen Kursblatt veröffentlicht.

Freiwillige Gerichtsbarkeit
Im Unterschied zur streitigen Gerichtsbarkeit (→ Zivilprozeß) Bereich der ordentlichen Gerichtsbarkeit, in dem materiell Verwaltungsangelegenheiten erledigt werden und nur wichtigere Entscheidungen dem Richter vorbehalten sind; im übrigen wird ein Rechtspfleger tätig. Die wesentlichen Verfahrensvorschriften sind im „Gesetz über die Angelegenheiten der freiwilligen Gerichtsbarkeit (FGG)" enthalten. Zu den Angelegenheiten der F.G. zählen insbes. Vormundschafts- und Betreuungssachen (→ Vormundschaft, → Betreuung), Handelssachen (→ Handelsregister, → Genossenschaftsregister), Vereinssachen (→ Verein). Generell werden auch andere → öffentliche Register, z.B. das → Güterrechtsregister, durch das FGG erfaßt. Für die → Bankenaufsicht wichtige „Registervorschriften", auch über die Stellung des → Bundesaufsichtsamts für das Kreditwesen, legt § 43 KWG fest.

Freizeichnungsklausel
Klausel in den → Allgemeinen Geschäftsbedingungen, nach der der Verwender die ihn aus der Geschäftsbeziehung treffenden Risiken auf den Vertragspartner abwälzt oder die ihn treffende vertragliche Haftung in gewissem Umfang beschränkt. Derartige Regelungen sind nur nach Maßgabe des AGB-Gesetzes (§§ 9–11) zulässig (→ Haftung, → Haftung der Kreditinstitute). Die Angstklausel im Wechselrecht ist ebenfalls eine F.

Freizügiger Sparverkehr

Freizügiger Sparverkehr
Von den → Kreditinstituten im Sparverkehr gebotene Möglichkeit, nicht nur bei der kontoführenden Stelle, sondern unter bestimmten Voraussetzungen auch bei fremden Kreditinstituten innerhalb einer Kreditinstitutsgruppe unter Vorlage des Sparbuches Verfügungen und Einzahlungen vornehmen zu können. Vereinbarungen über die Durchführung eines f. S. bestanden im deutschen Kreditwesen vor allem zwischen den Instituten des Sparkassensektors und des genossenschaftlichen Banksektors. Sie wurden zum 1. Juli 1993 im Hinblick auf die Streichung der §§ 21, 22 KWG a. F. aufgehoben. Bei der → Deutschen Postbank AG kann der Kunde mittels der blauen Ausweiskarte auch bei Postämtern in bestimmten anderen europäischen Ländern über sein Sparguthaben verfügen.

Fremddepot
Synonym für → Depot B.

Fremdfinanzierung
Form der → Finanzierung, bei der einem Unternehmen → Fremdkapital im Wege der → Außenfinanzierung zugeführt wird (Kreditfinanzierung) oder bei der das Unternehmen Fremdkapital im Wege der → Innenfinanzierung (Bildung von langfristigen → Rückstellungen: → Selbstfinanzierung i. w. S.) bildet.

Arten der F. (Außenfinanzierung): Im Bereich der kurzfristigen Finanzierung (Kreditlaufzeit bis zu einem Jahr) werden Handelskredite (→ Lieferantenkredit, Kundenkredit) und → Bankkredite unterschieden, im Bereich der mittel- bzw. langfristigen F. sind → Buchkredite (langfristiges → Darlehen), → Schuldscheindarlehen und → Schuldverschreibungen gängige Finanzierungsformen.

→ *Securitization:* Seit einigen Jahren hat wertpapiermäßige Unterlegung von kurzfristigen Bankkrediten durch handelbare, refinanzierbare Schuldtitel (→ Notes) weite Verbreitung gefunden.
(→ Finanzierung der Kreditinstitute, → Fremdfinanzierung der Kreditinstitute)

Fremdfinanzierung der Kreditinstitute
→ Finanzierung durch Aufnahme von → Fremdkapital. Die Art der Fremdfinanzierung ist abhängig von den geschäftsspartenmäßigen Schwerpunkten der einzelnen Institute bzw. → Bankengruppen. So finanzieren sich → Kreditbanken, → Sparkassen und → Kreditgenossenschaften überwiegend aus → Einlagen von Nichtbanken. → Realkreditinstitute (und auch → Landesbanken/Girozentralen sowie → Kreditinstitute mit Sonderaufgaben) finanzieren sich weitgehend oder überwiegend durch Ausgabe von → Bankschuldverschreibungen, insbes. durch Emission von → Pfandbriefen und → Kommunalobligationen. → Genossenschaftliche Zentralbanken erhalten Fremdkapital überwiegend aus Einlagen der Kreditgenossenschaften (Primärgenossenschaften). Neben diesen Arten der → Außenfinanzierung ist die Bildung von Fremdkapital im Wege der → Innenfinanzierung (z. B. durch langfristige → Rückstellungen) zu erwähnen.

Fremdkapital
→ Kapital, das von → Gläubigern der Unternehmung zur Verfügung gestellt wird. Die Summe des F. weist die Verschuldung der Unternehmung aus. Es wird auf der Passivseite der → Bilanz ausgewiesen.
Nach dem → Bilanzschema der → Kapitalgesellschaft (§ 266 Abs. 3 HGB) ist das F. nach → Rückstellungen und → Verbindlichkeiten zu unterscheiden. Die Beschaffung von F. ist → Fremdfinanzierung, wobei die Bildung von Rückstellungen im Wege der → Innenfinanzierung erfolgt und die Aufnahme von Verbindlichkeiten zur → Außenfinanzierung zählt.
Fremdkapitalgeber haben Anspruch auf Verzinsung und → Rückzahlung, unabhängig von der Ertragslage der Unternehmung. Sie sind grundsätzlich nicht am Verlust beteiligt. Daraus folgt, daß ihnen (theoretisch) kein Recht auf Beteiligung an den Entscheidungen der Unternehmensführung zusteht, was in der Realität aufgrund entstehender Abhängigkeitsverhältnisse vielfach anders geregelt sein kann.
Formen des F. sind → Buchkredite (→ Darlehen, → Kontokorrentkredit, → Lieferantenkredit) oder in → Wertpapieren verbriefte Kredite (→ Wechselkredit; Kredite, die in → Schuldverschreibungen verbrieft sind).
Bei der Verwendung von F. sind die → Finanzierungsregeln zu beachten.
(→ Finanzierung, → Fremdfinanzierung)

Fremdkapital der Kreditinstitute
Auf der Passivseite der → Bankbilanz ausgewiesenes → Kapital der → Gläubiger eines

Bankbetriebs (→ Fremdkapital). Fremdkapital ist die Hauptfinanzierungsquelle der → Kreditinstitute (die → Eigenkapitalquote beträgt i. a. nur ca. 5 Prozent). Im Interesse der Wahrung einer ausreichenden → Liquidität haben die Kreditinstitute die → Liquiditätsgrundsätze des Bundesaufsichtsamt für das Kreditwesen sowie die → Finanzierungsregeln zu beachten. Dem Gläubigerschutz dienen die → Anlagevorschriften des KWG für Kreditinstitute der §§ 12 bis 15 KWG, außerdem die Einlagensicherungssysteme (→ Einlagensicherung).

Arten: (1) Unterscheidung nach den *Kapitalgebern*: Fremdkapital von anderen Kreditinstituten (→ aufgenommene Gelder und Darlehen) und Fremdkapital von Nichtbanken (→ Einlagen). Ergänzend sind bei dieser Einteilung auch die bei → Kapitalsammelstellen aufgenommenen Gelder und Darlehen zu erwähnen; (2) Unterscheidung nach der *Beschaffungs- bzw. Überlassungsinitiative*: Fremdkapital, das sich Kreditinstitute vorwiegend auf eigene Initiative beschaffen (→ Bankschuldverschreibungen, aufgenommene Gelder und Darlehen) und Fremdkapital, das Kreditinstituten überwiegend auf Initiative der Kapitalgeber überlassen wird (Einlagen von Nichtbanken, Einlagen von Kreditinstituten); (3) Unterscheidung nach der *bankmäßigen Abwicklung*: Einlagen, → Sparbriefe/Sparkassenbriefe, → Sparkassenobligationen, Sparschuldverschreibungen, → Bankschuldverschreibungen, aufgenommene Gelder und Darlehen; (4) Unterscheidung nach *Märkten*: Fremdkapital von nationalen → Finanzmärkten, (→ Geldmarkt [Markt für → Tagesgeld, Markt für → Termingeld, Markt für → Geldmarktpapiere, insbes. für → Privatdiskonten], → Kapitalmarkt, insbes. → Wertpapiermärkte) und von internationalen Finanzmärkten (→ Euromärkte); (5) Unterscheidung nach dem *Ausweis in der → Bilanz*: F. v. K. (Passivposition „Verbindlichkeiten gegenüber Kreditinstituten"), Fremdkapital von Nichtbanken (Passivposition „Verbindlichkeiten aus dem Bankgeschäft gegenüber anderen Gläubigern"), Fremdkapital aus der Ausgabe von Schuldverschreibungen (Passivposition „Schuldverschreibungen"), Fremdkapital aus Wechseln (Passivposition „eigene → Akzepte und → Solawechsel im Umlauf"), Fremdkapital aus → durchlaufenden Krediten (Passivposition „durchlaufende Kredite nur Treuhandgeschäfte"), Fremdkapital aus der Bildung von → Rückstellungen (Passivposition „Rückstellungen"). Daneben kann Fremdkapital in weiteren Passivpositionen vorhanden sein (Bilanzschemata).

(→ Fremdfinanzierung der Kreditinstitute)

Fremdkapitalquote
Prozentualer Anteil des → Fremdkapitals am Gesamtkapital eines Unternehmens. Die F. gibt gleichzeitig Auskunft über die → Eigenkapitalquote und den → Verschuldungsgrad des Unternehmens.
(→ Finanzierungsregeln, → Bilanzanalyse)
(→ Jahresabschlußanalyse)

Fremdkonto
Es werden zwei Fassungen des Begriffs verwendet: (1) → Bankkonto, bei dem Gläubigereigenschaft und Verfügungsbefugnis nicht zusammenfallen. Die Einlageforderung aus einem solchen F. steht demnach einem anderen zu als demjenigen, der die Verfügungsbefugnis über das → Konto ausübt. Begründet wird ein solches F. dadurch, daß jemand für einen anderen ein Konto anlegt, selbst aber die Verfügungsberechtigung darüber behält, sei es nach § 164ff. BGB als Vertreter, sei es nach § 185 BGB als Verfügungsberechtigter. In Abgrenzung zu (2) auch als „echtes" F. bezeichnet.
(2) Bankkonto, auf dem treuhänderisch fremde Vermögenswerte unterhalten werden. Derartige Konten nehmen grundsätzlich keine Gelder des Kontoinhabers auf. Dieser Umstand wird nach außen hinreichend offenkundig gemacht (Offenkundigkeitsprinzip), etwa mit dem Zusatz „Sonderkonto für ..." zum Namen des jeweiligen Kontoeinrichters (→ Sonderkonto). Ein Konto dieser Art wird zutreffender als → Treuhandkonto bezeichnet. Zur Untergliederung von F. vgl. Abbildung S. 668.

Fremdwährungsanleihe
→ Anleihe, bei der aus Sicht des Anlegers → Nominalzinsen und → Rückzahlung in einer anderen → Währung (z. B. US-Dollar) als seiner Heimatwährung gezahlt werden.

Fremdwährungsklausel, → Währungsklausel.

Fremdwährungskonto
→ Bankkonto, das nicht auf DM, sondern auf eine fremde → Währung lautet. Für einen → Gebietsfremden kann ein inländisches

Fremdwährungskredit

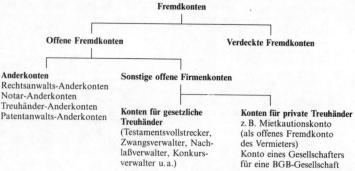

→ Kreditinstitut jederzeit ein F. einrichten (§ 3 S. 1 WährG i. V. m. § 49 Abs. 1 AWG), während die Einrichtung eines F. für einen → Gebietsansässigen genehmigungspflichtig ist (→ Fremdwährungsschuld). Die → Deutsche Bundesbank hat aber Gruppen, in denen generell von einem wirtschaftlichen Interesse an der Begründung von Fremdwährungsverbindlichkeiten zwischen Gebietsansässigen auszugehen ist, zusammengefaßt und allgemein genehmigt (Fremdwährungsschuld). Dazu gehört die Errichtung von F., die Gewährung von → Krediten in fremder Währung mit einer → Laufzeit bis zu zwölf Monaten und die Übernahme von → Garantien und → Bürgschaften für Fremdwährungsschulden durch Banken. Außerhalb der durch die allgemeine Genehmigung gezogenen Grenze ist eine Einzelgenehmigung erforderlich, mit der bei Vorhandensein eines wirtschaftlichen Interesses aber regelmäßig gerechnet werden kann. Auf ECU lautende Konten (→ Europäische Währungseinheit [ECU]) fallen nach Ansicht der Deutschen Bundesbank nicht unter diese allgemeine Genehmigung, weil diese keine fremde Währung darstellen (→ Währungsklausel). Dieser Unterschied ist ohne praktische Bedeutung, weil die Bundesbank die Führung von → ECU-Konten im gleichen Umfang wie F. genehmigt hat (Mitteilung 1010/87: Eingehung von Verbindlichkeiten, die in der Europäischen Währungseinheit ECU ausgedrückt sind; BAnz Nr. 112 vom 24. 6. 1987). Insoweit ist bei der Berechnung von → Mindestreserven der Fremdwährungsanteil aus ECU-Forderungen und ECU-Verbindlichkeiten gegenüber Gebietsfremden in die bestehende Kompensationsregelung für Fremdwährungsverbindlichkeiten einzubeziehen. Für die Rechtswirkung zwischen Kreditinstituten und Kontoinhaber sind die vertraglichen Regelungen (→ allgemeiner Bankvertrag) und die → Allgemeinen Geschäftsbedingungen maßgebend, insbes. Nr. 10 Abs. 1 AGB Banken bzw. Nr. 14 AGB Sparkassen (Währungskredite) sowie Nr. 10 Abs. 2 AGB Banken bzw. Nr. 14 AGB Sparkassen (Währungsguthaben).

Fremdwährungskredit
→ Kredit, der in ausländischer → Währung auf ein → Fremdwährungskonto ausgezahlt wird. Dient zur Begleichung von Verbindlichkeiten in der betreffenden Währung. Kreditabwicklung entspricht der bei Krediten in DM.

Fremdwährungsposition, → Devisenposition.

Fremdwährungs-Reisescheck
Travellers Cheque; → Reisescheck über fremde → Währungen oder über die → Europäische Währungseinheit (ECU), die von deutschen → Kreditinstituten kommissionsweise verkauft werden, so z. B. von der American Express Company und von Thomas Cook. Letztere werden auch als → Euro Travellers Cheques bezeichnet.

Fremdwährungsrisiko, → Währungsrisiko.

Fremdwährungsscheck
→ Scheck, der gem. Art. 36 Abs. 1 SchG auf eine → Währung lautet, die am Zahlungsort nicht gilt (→ Auslandsscheck). Die Schecksumme kann in der Landeswährung nach

dem Wert gezahlt werden, die sie am Tag der Vorlegung besitzt. Der → Aussteller kann im Scheck für die zu zahlende Summe einen Umrechnungskurs bestimmen und die Zahlung in einer bestimmten Währung vorschreiben. Er hat dann auf dem Scheck einen sog. → Effektivvermerk anzubringen (Art. 36 Abs. 3 SchG).

Fremdwährungsschuld
→ Geldschuld, die in einer ausländischen → Währung ausgedrückt und zu erfüllen ist (echte F.); Schuld- und Zahlungswährung sind hier die eines fremden → Währungsgebiets. Eine unechte F. darf dagegen kraft vertraglicher oder gesetzlicher Bestimmung auch durch Zahlung in inländischer Währung getilgt werden; fremd ist nur die Schuldwährung (→ Geldschuld, international). Zur Zahlung in D-Mark ist der Geldschuldner im Fall eines inländischen Zahlungsortes aufgrund von § 244 BGB berechtigt; die Umrechnung erfolgt zu dem am Zahlungstag maßgeblichen → Wechselkurs. Der Gläubiger kann dieses Recht des Schuldners durch einen → Effektivvermerk ausschließen.
Die Eingehung von F. gebietsfremden → Gläubigern (→ Gebietsfremde) gegenüber ist nicht (mehr) genehmigungspflichtig (§ 49 Abs. 1 AWG). Aufgrund von Allgemeinen Genehmigungen der nach § 49 Abs. 2 AWG zuständigen → Deutschen Bundesbank ist heute die Verschuldung in den → Rechnungseinheiten ECU (→ Europäische Währungseinheit [ECU]) und → SZR (→ Sonderziehungsrechte) zwischen → Gebietsansässigen in gleichem Umfang frei wie das Eingehen von Geldverbindlichkeiten in fremder Währung. Im weiterhin noch genehmigungspflichtigen Bereich ist die Praxis der Bundesbank darauf gerichtet, einer Verdrängung der D-Mark-Währung im Inland vorzubeugen. Daher sind Vorgänge, bei denen ein wirtschaftliches Bedürfnis für die Eingehung von F. auch unter Gebietsansässigen besteht, (allgemein) erlaubt, vor allem die Führung von → Fremdwährungskonten, die Aufnahme von → Fremdwährungskrediten mit einer Laufzeit bis zu einem Jahr und der Handel mit → Fremdwährungsanleihen. In gleicher Weise wie Kredite sind → Eventualverbindlichkeiten in fremder Währung, wie → Bürgschaften und → Garantien, zugelassen.
ECU und SZR sind keine Währungen. Soweit bei in diesen internationalen Währungseinheiten ausgedrückten Geldschulden die D-Mark als Zahlungswährung nicht ausgeschlossen ist, bleiben derartige kursabhängige D-Mark-Verbindlichkeiten (→ Wertsicherungsklausel) nach § 3 S. 2 Währungsgesetz genehmigungspflichtig. Die Bundesbank gestattet heute die Verwendung von ECU oder SZR auch insoweit in gleichem Umfang wie die Vereinbarung fremder (Schuld-/Zahlungs-)Währungen.

Fremdwährungswechsel
Nach Art. 41 WechselG ein → Wechsel, der auf eine → Währung lautet, die am Zahlungsort nicht gilt (→ Fremdwährungsschuld). Hat der → Aussteller nicht die Zahlung in einer bestimmten Währung vorgeschrieben (→ Effektivvermerk), kann die Wechselsumme in der Landeswährung nach dem Wert gezahlt werden, den sie am Verfalltag besitzt. Der F. ist ein → Auslandswechsel.

Frist
Nach dem BGB bestimmter (zumindest bestimmbarer) Zeitraum, innerhalb dessen zur Vermeidung von Rechtsnachteilen eine Handlung vorgenommen werden muß (Ausschlußfristen, wie z. B. nach §§ 121, 124, 864 BGB) oder nach deren Ablauf ein → Anspruch auf entsprechende → Einrede nicht mehr durchgesetzt werden kann (z. B. Verjährungsfristen, §§ 194, 196, 197 BGB). Eine F. kann auch zur Begründung von → Rechten dienen (z. B. Ersitzung, § 937 BGB). Für die Ermittlung des Fristbeginns und des Fristendes gelten §§ 187 und 188 BGB. Ist an einem bestimmten Tag oder innerhalb einer bestimmten F. eine → Willenserklärung abzugeben oder eine Leistung zu bewirken, und fällt der bestimmte Tag oder der letzte Tag der Frist auf einen Sonntag, einen am Erklärungs- oder Leistungsorte staatlich anerkannten allgemeinen Feiertag oder auf einen Sonnabend, so tritt an die Stelle eines solchen Tages der nächste Werktag (§ 193 BGB). §§ 187–193 BGB gelten, soweit nicht Sondervorschriften bestehen, für alle Rechtsgebiete.

Fristenablaufbilanz, → Zinsbindungsbilanz.

Fristengliederung in der Bankbilanz,
→ Anhang zum Jahresabschluß der Kreditinstitute, → Bankbilanz, → Bankbilanzrichtlinie-Gesetz.

Fristenkongruenz

Fristenkongruenz
Übereinstimmung der Fristen von Kapitalbindung und Kapitalüberlassung (Fristenentsprechung von → Aktiva und → Passiva). Der Grundsatz der F. findet seinen Niederschlag in der → goldenen Bankregel.
(→ Finanzierungsregeln)

FRN
Abk. für → Floating Rate Note.

Front Month Futures-Kontrakt
Nearby Contract; → Futures-Kontrakt einer Gattung (z. B. → Bund-Future) mit der kürzesten → Laufzeit bis zum letzten Handelstag.

Front Months
Die ersten vier → Delivery Months von → Optionen und → Futures, die an den internationalen Terminbörsen gehandelt werden.
(→ Red Months, → Green Months, → Blue Months, → Gold Months)

Front Office
Bezeichnung für den Bereich in der → Bank, in dem direkter Kundenkontakt besteht bzw. Geschäfte abgeschlossen werden (Verkaufsräume). Die Abwicklung der abgeschlossenen Geschäfte erfolgt i. d. R. im → Back Office.

Front Strip, → Front Month.

Fruchtlosigkeitsattest
Amtliche Bescheinigung, die der → Gläubiger im Rahmen der → Zwangsvollstreckung auf Antrag vom Gerichtsvollzieher nach ergebnisloser → Pfändung erhält. Danach kann der Gläubiger den → Schuldner durch → eidesstattliche Versicherung zur Offenlegung seiner Vermögensverhältnisse zwingen (§ 807 ZPO).

Frühindikator, → Konjunkturindikator.

FSP
Abk. für Final Settlement Price (→ Exchange Delivery Settlement Price).

FT 30
Abk. für Financial Times Ordinary Share Index (→ Financial Times Indeces).

FTA
Abk. für Financial Futures Market Amsterdam; → Options- und Terminbörsen an den internationalen Börsenplätzen.

FT Gold Mines Index
→ Aktienindex, der die → Aktien von Minengesellschaften beinhaltet, die über eine dauerhafte Goldproduktion von mindestens 300.000 Feinunzen im Jahr verfügen, mindestens 75% ihrer Erträge aus dem Verkauf ihrer Goldproduktion erzielen und mindestens zehn Prozent ihres Aktienkapitals Anlegern zur Verfügung stehen. Der FT G. M. I. wurde von der Financial Times konzipiert. Die Financial Times überprüft viermal im Jahr, welche Minengesellschaften die Kriterien erfüllen, und setzt danach den Index zusammen. Im FT G. M. I. sind Goldminen-Aktien aus Australien, Kanada, Amerika und Südafrika enthalten. Basis für den Index ist der 31. Dezember 1992 mit einem Stand von 1.000 Punkten. Der FT G. M. I. spiegelt die Marktkapitalisierung aller berücksichtigten Minengesellschaften ausgedrückt in Dollar wider.

FT-SE 100
Abk. für Financial Times-Stock Index 100 (→ Financial Times Indeces).

FT-SE Mid 250 Index
Abk. für → Financial Times-Stock Index 250 (→ Financial Times Indeces).

Führung durch Zielvereinbarung (Management by objectives)
Führungskonzept mit dem Schwerpunkt gemeinsamer Zielvereinbarungen zwischen Mitarbeiter und → Führungskraft, weitgehender Delegation von Entscheidungsbefugnissen an die Mitarbeiter, regelmäßiger Rückkopplung zum Grad der Zielerreichung sowie der Gewährung von Belohnungen nach dem Grad der Zielerreichung. Weit verbreitetes Führungsprinzip.

Führungsfehler
Fehlleistungen von Vorgesetzten in der Beurteilung und Führung unterstellter Mitarbeiter. F. sind insbes.: (1) Ein positiver oder negativer Anfangseindruck von Mitarbeitern wird auch bei deren Änderung nicht mehr korrigiert und führt so zu einer ungerechten Beurteilung und entsprechender Demotivation des Mitarbeiters. (2) Eigene Fehler des Vorgesetzten werden möglichst auf unterstellte Mitarbeiter abgeschoben, so daß zwischen → Führungskraft und Mitarbeitern kein Vertrauensverhältnis entstehen kann und letztere einen Teil ihrer Arbeitskraft auf ihre eigene Absicherung konzentrieren, statt

produktiv zu arbeiten. (3) Aufgrund innerer Unsicherheit der Führungskraft werden Mitarbeiter so mittelmäßig beurteilt, daß die Führungskraft nicht positiv oder negativ festgelegt ist. Gute Leistungen werden nicht anerkannt und unangenehme Diskussionen mit leistungsschwachen Mitarbeitern im Rahmen von →Beurteilungsgesprächen werden dadurch vermieden. (4) Mitarbeiter werden gezielt falsch positiv (z. B. Wegloben von einem Arbeitsplatz) oder negativ (um eine Unterbesetzung nicht erst entstehen zu lassen) beurteilt. (5) Es wird ein autoritärer unkooperativer Führungsstil gepflegt. (6) Mitarbeiter werden vom Vorgesetzten gar nicht oder lediglich mangelhaft über zur Aufgabenerfüllung relevante Sachverhalte unterrichtet. (7) Keine oder andererseits übermäßige Leistungskontrollen der Mitarbeiter durch den Vorgesetzten. (8) Zulassung der Rückdelegation seitens unterstellter Mitarbeiter oder fortlaufende Eingriffe in deren Kompetenz. Rückdelegation erfolgt zumeist aus Mangel an Selbstvertrauen, wegen fehlender Informationen oder aus Angst vor Kritik. (9) Das Treffen „einsamer" Entscheidungen ohne Konsultation der zuständigen unterstellten Mitarbeiter. (10) Vereinbarung falscher, unkonkreter oder unrealistischer Ziele zwischen Führungskraft und Mitarbeiter. Ziele müssen meßbar, erreichbar, akzeptabel und herausfordernd sein.

Führungsinstrument
Im Rahmen einer erfolgreichen Personalführung werden als F. eingesetzt: Führungs-, →Beurteilungsgespräch, Kritik- und Motivationsgespräche, der fachliche Rat, Auftrag oder Anweisung, das Vormachen geforderter Leistungen, rechtzeitige und umfassende Information, Anerkennung erbrachter Leistungen, angemessene Delegation von Aufgaben mit entsprechendem →Controlling, Durchführung von Mitarbeiterbefragungen.

Führungskraft
Vorgesetzter, der die Willensbildung und Willensdurchsetzung gegenüber →Arbeitnehmern unter Übernahme der hiermit verbundenen Verantwortung wahrnimmt. F. besitzen die Befugnis, ihren Mitarbeitern Weisungen zu erteilen, denen diese zu folgen verpflichtet sind.

Führungsnachwuchs, →Bankakademie.

Führungsspanne
Anzahl der Mitarbeiter, die einer →Führungskraft im Bankbetrieb direkt unterstellt und von dieser zu führen sind.

Führungsstil
Begriff: Art und Weise des Umganges von Vorgesetzten mit unterstellten Mitarbeitern. F. können mehr aufgaben- bzw. leistungsorientiert oder mehr mitarbeiterorientiert sein.

Arten: Die verbreitetsten F. sind: (1) *Autoritärer F.* beruht auf einem Befehls- und Gehorsamsverhältnis zwischen →Führungskraft und Untergebenen. (2) Beim *demokratischen F.* sind die unterstellten Mitarbeiter aktiv am Entscheidungsprozeß beteiligt. Gemeinsam werden die Schritte zur Erreichung des Gruppenziels geplant, wobei der Vorgesetzte die Rolle des Moderators übernimmt und sich ansonsten an den Handlungen der Gruppe beteiligt und sich in sie einfügt. (3) Beim *kooperativen F.* treten die Führenden einen Teil ihrer Kompetenzen an die unterstellten Mitarbeiter ab, wobei die Delegationsbereiche nach sachlichen, nicht nach persönlichen Gesichtspunkten festzulegen sind. (4) *Laissez-faire-F.:* Der Vorgesetzte läßt seinen Mitarbeitern weitgehende Verhaltensfreiheit, vermittelt sein Wissen nur auf Anfrage, nimmt aber sonst keinen Anteil an den Tätigkeiten seiner Mitarbeiter. Entscheidungen bleiben mit sehr geringer Beteiligung der Führungskraft einzelnen oder der Gruppe überlassen. Da der Vorgesetzte nicht mit seinen Untergebenen zusammenarbeitet und wenig Interesse an deren Arbeitsergebnissen zeigt, ist die Arbeitsleistung solcherart geführter Gruppen zumeist unterdurchschnittlich.

Führungsverhalten
Äußert sich entweder mehr mitarbeiterorientiert oder mehr aufgaben- bzw. leistungsorientiert. Merkmale der *Mitarbeiterorientierung:* Persönliche Besorgtheit und Anteilnahme, Wertschätzung gegenüber den Geführten, Zugänglichkeit der →Führungskraft. Merkmale der *Leistungsorientierung:* Vorgabe präziser Ziele, Kontrolle, Ansporn oder Antreiben. In jeder Führungskraft finden sich Mitarbeiterorientierung und Leistungsorientierung in gemischter und unterschiedlich ausgeprägter Form.

Full-pay-off-Leasing
Leasing-Form (→Leasing, →Financial-Leasing), bei der der Leasing-Geber

Full Price

während der Grundmietzeit aus den vereinbarten Leasing-Raten seine Investitionskosten (→ Anschaffungs- oder → Herstellungskosten, Finanzierungs- und Verwaltungskosten sowie Risiko- und Gewinnzuschläge) voll amortisieren kann (Vollamortisationsvertrag).

Full Price, → Dirty Price.

Full-Service-Leasing
→ Leasing mit Übernahme aller Service-Leistungen (z. B. Wartung, Reparatur, Versicherung des Leasinggegenstandes) durch den Leasing-Geber.
Gegensatz: → Teil-Service-Leasing, → Net-Leasing.

Fundamentalanalyse von Aktien
Methode der → Aktienanalyse, mit welcher der Wert einer → Aktie bestimmt wird, um darauf fußend eine Aktienkursprognose zu stellen. Die F. gliedert sich, ebenso wie die → technische Aktienanalyse, in eine Globalanalyse und eine Einzelwertanalyse.
Die *Globalanalyse* hat den Zweck, Aussagen über das gesamtwirtschaftliche und branchenmäßige Umfeld zu machen. Sie analysiert gesamtwirtschaftliche Daten, insbes. im Hinblick auf die volkswirtschaftliche Konjunktur-, Liquiditäts- und Zinssituation, und bestimmt Branchentrends.
Die *Einzelwertanalyse* analysiert einzelne Aktien mit dem Ziel, diejenigen Papiere festzustellen, die aufgrund der Ertragskraft der Unternehmen (→ Ertragswert, → innerer Wert einer Aktie) über ein entsprechendes Kurssteigerungspotential verfügen. Gegenstand der Einzelwertanalyse sind quantitative und qualitative Faktoren. Gegenstand quantitativer Betrachtungen sind aktienbezogene Daten und unternehmensbezogene Daten und ihre Veränderungen im Zeitablauf (Zeitvergleich). Im Mittelpunkt der Untersuchung aktienbezogener Daten stehen Rentabilitätskennziffern, wie z. B. → Gewinn je Aktie, → Gesamtgewinnrendite, → Kurs-Gewinn-Verhältnis. Aktienbezogene Daten werden ergänzt durch unternehmensbezogene Daten, wie z. B. Zahlenangaben über die Entwicklung des Umsatzes, der → Investitionen, der → Abschreibungen sowie Angaben weiterer wichtiger Unternehmenszahlen und Strukturkennziffern. In qualitativer Hinsicht sind Kenntnisse über das Management des Unternehmens, die Marktstellung und die Produkte des Unternehmens von Bedeutung.

Fundamentalanalyse von Währungsentwicklungen
Untersuchung wichtiger wirtschaftlicher Faktoren der beteiligten Länder mit dem Ziel, die künftige Wechselkursentwicklung zu prognostizieren. Im Mittelpunkt der Analyse stehen insbes. kursbestimmende Faktoren wie die Zins- und Inflationsdifferenz, die → Salden der → Handels- und → Leistungsbilanz, die Arbeitslosenquote und das Wirtschaftswachstum.
Das Problem bei der Anwendung von Erkenntnissen aus der F. besteht darin, daß es mehrere Jahre dauern kann, bis sich die wirtschaftlichen Eckdaten in fundamental „richtigen" Kursen niederschlagen, weil sie von anderen Einflußfaktoren überlagert werden. Während dieses Anpassungszeitraumes treten ständig neue wirtschaftliche und politische Ereignisse ein, die ihrerseits wiederum die Kursbildung beeinflussen, so daß man es mit einem nie endenden dynamischen Prozeß zu tun hat. Eine weitere Schwierigkeit ergibt sich daraus, daß die Auswirkungen einzelner Faktoren auf die → Wechselkurse nicht isoliert werden können.
Die F. beschränkt sich aber nicht auf die Auswertung historischer Daten, sondern leitet daraus Schätzungen für die künftige Wirtschaftsentwicklung ab. Die hier zwangsläufig auftretenden Prognosefehler erschweren zusammen mit den bereits genannten Kausalitätsproblemen treffsichere Kursprognosen ganz erheblich.

Fundamentale Analyse
Methode zur Erstellung von Diagnosen und Prognosen über → Investments (Geld- und Kapitalanlagen), die sich im Gegensatz zur → technischen Analyse nicht an Kurs- und Umsatzverläufen der Vergangenheit ausrichtet, sondern ihre Urteile aus der Deutung und Abwägung allgemeinwirtschaftlicher und anlageobjektbezogener Daten zu gewinnen sucht. Die f. A. wird, ebenso wie die technische Analyse, zur Beurteilung von Entscheidungen über Wertpapieranlagen eingesetzt (→ Wertpapieranalyse, → Fundamentalanalyse von Aktien) sowie von Wechselkursrisiken (→ Fundamentalanalyse von Währungsentwicklungen).

Fundamentale Faktoren
Gesamtwirtschaftliche branchenspezifische und unternehmensbezogene Daten, die im Rahmen der → Aktienanalyse als Einflußgrößen untersucht werden.

Fundamentales Beta
Im Gegensatz zum → Betafaktor, der auf Basis historischer Kurse errechnet wird, wird das F. B. aus den fundamentalen Charakteristika der → Aktie abgeleitet (z. B. → Bilanzsumme, DVFA, → Gewinn je Aktie, → Dividendenrendite). Das Konzept des F. B. wurde 1976 von B. Rosenberg und J. Guy entwickelt.

Fundamentalist
→ Finanzanalyst, der sich der → fundamentalen Analyse bedient.

Fundieren
Im wirtschaftlichen Sinne das finanzielle Sicherstellen von Zins- und Tilgungszahlungen, v. a. bei → Staatsanleihen (→ Fundierungsschuldverschreibungen).

Fundierungsschuldverschreibungen
→ Schuldverschreibungen des Bundes mit 20jähriger → Laufzeit, zu denen sich die BRD aufgrund des → Londoner Schuldenabkommens von 1953 im Falle der Wiedervereinigung Deutschlands verpflichtet hat. F. betreffen Zinsrückstände (Schattenquoten) der Jahre 1937 bzw. 1945 bis 1952 aus einigen → Anleihen des Deutschen Reichs und Preußens, die außer auf DM von 7 ausländische → Währungen lauten und ab 3.10.1990 mit 3% jährlich verzinst werden. Den Schuldverschreibungen kommt → Lombardfähigkeit zu. Sie sind auch für → Wertpapierpensionsgeschäfte mit der Bundesbank geeignet und werden in den → Amtlichen (Börsen-)Handel an der Frankfurter → Wertpapierbörse eingeführt.

Fünfer-Gruppe (G 5)
Informeller Zusammenschluß der Länder USA, Japan, Bundesrepublik Deutschland, Großbritannien und Frankreich.

Fünftes Vermögensbildungsgesetz, Anlageformen
Gesetz in der Neufassung vom 4.3.1994, das (neben § 19a EStG) der Förderung der Vermögensbildung der → Arbeitnehmer dient, wobei die Regelungen auf Vermögensbeteiligungen i. S. der Beteiligung am Produktivkapital (→ Realkapital) der Unternehmen abgestellt sind.

Anlageformen nach § 2 Abs. 1 Nr. 1 a) bis l) 5. VermBG: → Vermögenswirksame Leistungen als Geldleistungen, die der → Arbeitgeber für den Arbeitnehmer anlegt, können für folgende Zwecke angelegt werden: (1) Erwerb von → Aktien des Arbeitgebers oder Aktien von inländischen Unternehmen oder Aktien, die an einer deutschen → Börse zum → amtlichen (Börsen-)Handel oder zum → geregelten Markt zugelassen oder in den → Freiverkehr einbezogen sind; (2) Erwerb von Wandelschuldverschreibungen, die vom Arbeitgeber ausgegeben werden oder an einer deutschen Börse zum amtlichen Handel oder zum geregelten Markt zugelassen oder in den Freiverkehr einbezogen sind (Erwerb von → Namensschuldverschreibungen unter im Gesetz näher bezeichneten Voraussetzungen möglich); (3) Erwerb von Anteilscheinen an einem → Wertpapierfonds, die von → Kapitalanlagegesellschaften ausgegeben werden, wenn der Wert der in diesem Wertpapier-Sondervermögen enthaltenen Aktien 70 Prozent des Wertes der im Wertpapier-Sondervermögen enthaltenen Wertpapiere nicht unterschreitet (→ Aktienfonds); (4) Erwerb von Anteilscheinen an einem → Beteiligungsfonds, die von Kapitalanlagegesellschaften (unter Beachtung der unter c) genannten Voraussetzungen) ausgegeben werden; (5) Erwerb von Anteilscheinen an einem ausländischen Recht unterstehenden Vermögen aus Wertpapieren; (6) Erwerb von → Genußscheinen, die vom Arbeitgeber als Wertpapiere ausgegeben werden oder an einer deutschen Börse zum amtlichen Handel oder zum geregelten Mark zugelassen oder in den Freiverkehr einbezogen sind und von inländischen Unternehmen ausgegeben werden, die keine → Kreditinstitute sind (weitere Voraussetzungen: Mit den Genußscheinen muß das Recht am Gewinn einer Unternehmens verbunden sein, der Arbeitnehmer darf nicht als Mitunternehmer i. S. des Einkommensteuergesetzes (→ Mitunternehmerschaft) anzusehen sein); (7) Begründung oder Erwerb eines → Geschäftsguthabens bei einer inländischen → Genossenschaft; (8) Übernahme einer → Stammeinlage oder Erwerb eines → Geschäftsanteils an einer inländischen Gesellschaft mit beschränkter Haftung, wenn die Gesellschaft das Unternehmen des Arbeitgebers ist; (9) Begründung einer stillen Beteiligung (→ stille Gesellschaft) an einem inländischen Unternehmen des Arbeitgebers, wenn der Arbeitnehmer nicht als Mitunternehmer i. S. des § 15 Abs. 1 Nr. 2 EStG anzusehen ist; (10) Begründung oder Erwerb einer Darlehensforderung gegen den

Fünftes Vermögensbildungsgesetz

Arbeitgeber, wobei auf Kosten des Arbeitgebers die Ansprüche des Arbeitnehmers aus dem → Darlehensvertrag durch ein Kreditinstitut verbürgt oder durch ein Versicherungsunternehmen privatrechtlich gesichert wird (das Kreditinstitut oder das Versicherungsunternehmen muß in der BRD zum Geschäftsbetrieb befugt sein); (11) Begründung oder Erwerb eines → Genußrechts an einem inländischen Unternehmen des Arbeitgebers, wobei bestimmte Voraussetzungen (Recht am Gewinn, keine Mitunternehmerschaft des Arbeitnehmers i. S. des EStG, keine Ausgabe eines Genußscheines) erfüllt sein müssen. Generelle Auswirkungen der Neufassung vom 4. 3. 1994: zum Schutz der Arbeitnehmer, die vermögenswirksame Leistungen anlegen, sind die Möglichkeiten eingeschränkt worden, vermögenswirksame Leistungen i. S. dieses Gesetzes außerbetrieblich in Vermögensbeteiligungen anzulegen.

Vertragsformen: Nach dem 5. VermBG können nen vermögenswirksame Leistungen angelegt werden (1) als *Sparbeträge,* wie sie vorstehend gemäß § 2 Abs. 1 Nr. 1 a) bis l) 5. VermBG aufgeführt sind, in → Wertpapier-Sparverträgen nach dem Fünften VermBG (Sparverträgen über Wertpapiere oder andere Vermögensbeteiligungen [§ 4 5. VermBG]); (2) *Aufwendungen des Arbeitnehmers aufgrund eines → Wertpapier-Kaufvertrags* nach dem Fünften VermBG (§ 5 5. VermBG); Kaufvertrag zwischen Arbeitnehmer und Arbeitgeber zum Erwerb von Wertpapieren i. S. von § 2 Abs. 1 Nr.·1 a) bis f), Abs. 2 S. 1, Abs. 3 und 4 VermBG durch den Arbeitgeber mit der Vereinbarung, den vom Arbeitnehmer geschuldeten Kaufpreis mit vermögenswirksamen Leistungen zu verrechnen oder mit anderen Beträgen zu zahlen. Die Sperrfrist beträgt sechs Jahre und beginnt am 1. 1. des Kalenderjahres, in dem das Wertpapier erworben worden ist; (3) *Aufwendungen des Arbeitnehmers aufgrund eines → Beteiligungs-Vertrags* nach dem Fünften VermBG oder eines → Beteiligungs-Kaufvertrags nach dem Fünften VermBG: Vertrag zwischen Arbeitnehmer und Arbeitgeber über die Begründung von Rechten i. S. von § 2 Abs. 1 Nr. 1 g) bis l) für den Arbeitnehmer am Unternehmen des Arbeitgebers mit der Vereinbarung, die vom Arbeitnehmer für die Begründung geschuldete Geldsumme mit vermögenswirksamen Leistungen zu verrech- nen oder mit anderen Beträgen zu zahlen (auch zwischen Arbeitnehmer und Dritten möglich). Die Sperrfrist beträgt sechs Jahre und beginnt am 1. 1. des Kalenderjahres, in dem das Recht begründet worden ist; (4) *Aufwendungen des Arbeitnehmers nach den Vorschriften des → Wohnungsbau-Prämiengesetzes,* wobei die Voraussetzungen für die Gewährung einer Prämie nach dem Wohnungsbau-Prämiengesetz nicht vorzuliegen brauchen; die Anlage vermögenswirksamer Leistungen als Aufwendungen nach § 2 Abs. 1 Nr. 2 des Wohnungsbau-Prämiengesetzes für den ersten Erwerb von Anteilen an Bau- und Wohnungsgenossenschaften ist an bestimmte, im § 2 Abs. 1 Nr. 4 VermBG bezeichnete Voraussetzungen geknüpft. (5) *Aufwendungen des Arbeitnehmers:* (a) zum Bau, zum Erwerb, zum Ausbau oder zur Erweiterung eines im Inland belegenen Wohngebäudes oder einer im Inland belegenen Eigentumswohnung, (b) zum Erwerb eines → Dauerwohnrechts i. S. des Wohnungseigentumsgesetzes an einer im Inland belegenen Wohnung, (c) zum Erwerb eines im Inland belegenen → Grundstücks zum Zwecke des Wohnungsbaus, (d) zur Erfüllung von Verpflichtungen, die im Zusammenhang mit den vorstehend bezeichneten Vorhaben eingegangen wurden; (6) *Sparbeiträge des Arbeitnehmers aufgrund eines Sparvertrags* i. S. von § 8 des 5. VermBG: Sparvertrag zwischen Arbeitnehmer und einem Kreditinstitut (→ Kontensparvertrag nach dem Fünften VermBG). Der Arbeitnehmer verpflichtet sich, einmalig oder für die Dauer von sechs Jahren seit Vertragsabschluß laufend, mindestens aber einmal im Kalenderjahr, als Sparbeträge vermögenswirksame Leistungen einzahlen zu lassen oder andere Beträge einzuzahlen und diese Beträge bei einem Kreditinstitut bis zum Ablauf einer Frist von sieben Jahren (Sperrfrist) festzulegen und die Rückzahlungsansprüche aus dem Vertrag weder abzutreten noch zu beleihen. Vor Ablauf der Sperrfrist können mit den eingezahlten vermögenswirksamen Leistungen Wertpapiere i. S. von § 2 Abs. 1 Nr. 1 a) bis f) VermBG erworben werden, ferner bestimmte Schuldverschreibungen, Genußscheine, Anleiheforderungen, Anteilscheine und ausländische → Investmentanteile. Die Sperrfrist ist zu beachten (Wegen Einzahlung auf einen abgeschlossenen → Bausparvertrag bestehen Sonderregelungen); (7) *Beiträge des Arbeitnehmers aufgrund eines → Kapitalversicherungsver-*

trags nach dem Fünften VermBG: Vertrag über eine Kapitalversicherung auf den Erlebens- oder Todesfall gegen laufenden Beitrag, der für die Dauer von mindestens zwölf Jahren zwischen dem Arbeitnehmer und einer Versicherungsgesellschaft abgeschlossen ist, die im Geltungsbereich des 5. VermBG zum Geschäftsbetrieb befugt ist. Der Arbeitnehmer ist verpflichtet, als Versicherungsbeiträge vermögenswirksame Leistungen einzahlen zu lassen oder andere Beträge einzuzahlen; (8) → *Aufwendungen des Arbeitnehmers, der die Mitgliedschaft in einer Genossenschaft oder einer Gesellschaft mit beschränkter Haftung gekündigt hat*: Aufwendungen zur Erfüllung von Verpflichtungen aus der Mitgliedschaft, die nach dem 31. 12. fortbestehen oder entstehen.

50%-Reaktion

Gann's 50%-Regel. An den → Finanzmärkten ist bei Trendbewegungen (z. B. Aufwärtstrend) größeren Ausmaßes (manchmal) zu beobachten, daß eine nachfolgende Reaktion etwa 50% der Trendbewegung zunichte macht. Nach dieser Reaktion setzt der Trend seine ursprüngliche Bewegungsrichtung fort.
(→ Technische Studie, → Technische Analyse)

Fungibilität

Vertretbarkeit (→ vertretbare Sachen). Als fungibel bezeichnet man → Sachen, die von so gleichmäßiger Beschaffenheit sind, daß einzelne Stücke oder Mengen ohne weiteres untereinander ausgetauscht werden können. Dies trifft v. a. auf → Effekten und → Devisen zu. → Schuldverschreibungen, → Aktien und → Investmentzertifikate sind fungibel, weil jedes Papier mit gleichem → Nennwert bzw. mit gleicher → Stückelung die gleichen Rechte verkörpert. Aufgrund der F. können sie börsenmäßig gehandelt werden. Um bei Waren die Voraussetzung für einen börsenmäßigen Handel zu schaffen, werden sie durch Typisierung fungibel gemacht (z. B. Getreide, Baumwolle, Kaffee).

Funktionen und Struktur des Kreditwesens

Der *Begriff des Kreditwesens* wird in Deutschland maßgeblich geprägt durch das → Kreditwesengesetz von 1961 und die vorausgegangenen Regelungen des Jahres 1934 und 1939. Das „Gesetz über das Kreditwesen" überträgt nicht nur dem → Bundesaufsichtsamt für das Kreditwesen die Aufgabe der → Bankenaufsicht und ermächtigt diese Behörde, die zu deren zweckentsprechender Wahrnehmung erforderlichen → bankaufsichtlichen Maßnahmen zu treffen, in enger Zusammenarbeit mit der → Deutschen Bundesbank (§ 7 KWG). Vielmehr obliegt es nach § 6 Abs. 2 KWG dem BAK darüber hinaus auch, „Mißständen im Kreditwesen entgegenzuwirken, die die Sicherheit der den Kreditinstituten anvertrauten Vermögenswerte gefährden, die ordnungsgemäße Durchführung der Bankgeschäfte beeinträchtigen oder erhebliche Nachteile für die Gesamtwirtschaft herbeiführen können". Zwar ist die Bezeichnung als „Kreditinstitut" für einen → Bankbetrieb eher mißverständlich, indem sie nur auf sein regelmäßig wichtigstes Aktiv- → Bankgeschäft hindeutet. Jedoch erweist sich gerade in der besonderen Aufmerksamkeit der Staaten, deren sich die Banken in allen entwickelten Volkswirtschaften erfreuen, ihre besondere Position – als → Handelsgewerbe, das monetäre und finanzielle Grundbedürfnisse von Wirtschafts-Unternehmen, Privatpersonen und nicht zuletzt von staatlichen Einrichtungen befriedigt und für dessen reibungsloses Funktionieren (als „Drehscheibe von Geld und Kapital") unverzichtbar ist.
Im Bereich der *Bankenaufsicht*, d. h. der gesetzlichen Vorgabe allgemeiner Rahmenbedingungen für die Banktätigkeit und der administrativen Überwachung, ob diese auch beachtet werden, ist heute vor allem durch → EG-Rechtsakte eine Mindest-Harmonisierung innerhalb der Mitgliedstaaten der → Europäischen Union erreicht (→ EG-Bankrecht), teils auch darüber hinaus, durch Empfehlungen des bei der → Bank für Internationalen Zahlungsausgleich errichteten Cooke Committee für andere westliche Industrieländer. Davon wenig betroffen sind bisher die Regelungen der weithin durch → Allgemeine Geschäftsbedingungen ausgestalteten Rechtsverhältnisse zu den verschiedenen (Gruppen von) *Bankkunden* und auch der Beziehungen zwischen in- und ausländischen Banken und weiteren → Finanzinstituten. Andererseits sind Kreditinstitute nicht nur Adressaten besonderer staatlicher Regelungen, sondern sie werden auch in mancher Hinsicht in die Durchsetzung der allgemeinen staatlichen Politik eingebunden, z. B. bei der Bekämpfung der → Geldwäsche.

Funktionen und Struktur des Kreditwesens

Nicht nur zwischen einzelnen Kreditinstituten oder Bankgruppen, sondern zunehmend auch zwischen verschiedenen Feldern des finanziellen Sektors der Volkswirtschaft herrscht ein reger *Wettbewerb* (→ Wettbewerb in der Finanzwirtschaft). Dabei enthält die nationale → Wettbewerbsordnung speziell für das Kredit- und Versicherungswesen gewisse Bereichsausnahmen (in § 102 GWB) vom generellen Verbot von → Wettbewerbsbeschränkungen, um bei überwiegend positiven Auswirkungen einer Banken-Kooperation diese nicht unnötig zu behindern. Freilich führt dieser Umstand neben anderen dazu, daß die → Macht der Banken ein ständig kritisch beleuchtetes Thema bleibt und immer wieder gegensteuernde Maßnahmen in Erwägung gezogen werden.

Kreditinstitute bieten Problemlösungen vor allem für den Zahlungs-, Kredit- und Kapitalverkehr an, indem sie gewisse → *Bankleistungen* erbringen. Deren Kern bilden Zahlungsverkehrs-, Geldanlage- und Finanzierungsleistungen; darüber hinaus werden Nebenleistungen (z. B. Vermögensverwaltung) oder neutrale Leistungen (etwa Vermittlungen) vorgenommen. Die Vermittlung zwischen Angebot und Nachfrage nach Geldkapital, bei der die Banken als die wichtigsten → Finanzintermediäre tätig werden, setzt eine mehrfache Transformation voraus: Einmal ist der Ausgleich von Differenzen in den Fristigkeiten zwischen → Einlagen und → Krediten geboten (Fristentransformation); der Herstellung einer insgesamt angemessenen Fristenkongruenz dienen liquiditätspolitische Vorschriften (→ Liquiditätsgrundsätze). Bei der Risikotransformation ist das Spannungsverhältnis zwischen der Notwendigkeit, die Sicherheit von Einlagen zu gewährleisten, und den ebenso unvermeidlichen wie unterschiedlichen Ausfallrisiken bei Krediten betroffen; insoweit ist die → Eigenkapitalausstattung von Kreditinstituten von entscheidender Bedeutung (→ Eigenkapitalgrundsätze). Neben diesen beiden qualitativen *Transformationsfunktionen* obliegt dem Kreditgewerbe noch die (quantitative) Losgrößentransformation im Hinblick auf die unterschiedliche Stückelung von Angebot und Nachfrage nach Geldkapital, zwischen → Passiv- und Aktivgeschäften. Diese Funktionen übernimmt das Bankwesen nicht nur im Rahmen einer nationalen Volkswirtschaft, sondern auch auf internationaler Ebene; maßgeblich hierfür sind vor allem die politische und wirtschaftliche Stabilität eines Staates und von dessen → Währung sowie die Regelungen zum → Bankgeheimnis. Die Komplexität der Bankfunktionen erschöpft sich nicht in der Transformation von Einlagen in Kredite, den sog. → Differenzgeschäften; Kreditinstitute werden vielmehr, nicht zuletzt im Rahmen von → Allfinanz-Angeboten, in erheblichem Umfang auch anderweit als Service-Unternehmen der finanziellen Sphäre tätig (Indifferenzgeschäfte).

Banken fungieren des weiteren als institutioneller Hebel der staatlichen → *Geld- und* → *Währungspolitik*. Im Verhältnis zur → Zentralbank unterliegen sie allerdings nur in einigen Punkten strikten Verpflichtungen, vor allem bei der Haltung von → Mindestreserven. Überwiegend werden → Bankgeschäfte mit der Bundesbank aber durch Abschluß und Erfüllung von → Verträgen getätigt. Trotz der immer weiter fortschreitenden grenzüberschreitenden Ausdehnung der → Geldmärkte („Globalisierung") bleiben Kreditinstitute freilich faktisch nicht mehr oder weniger von der Refinanzierung bei einer Währungs- und Notenbank als dem „lender of last resort" abhängig (→ Refinanzierungspolitik der Deutschen Bundesbank).

Die deutsche „*Bankenlandschaft*" ist durch eine Vielzahl von Instituten und eine große inhaltliche Vielfalt gekennzeichnet. Im Unterschied zum Bankwesen in einigen anderen Industriestaaten (→ Bankwesen Japan, → Bankwesen USA) nimmt dabei der Typus der → Universalbank eine beherrschende Rolle ein; daneben agieren freilich diverse → Spezialbanken, im Hinblick auf ihr Leistungsprogramm, den räumlichen Wirkungsbereich wie auf den Kundenkreis. Das alle drei „Säulen" des deutschen Kreditwesens – private Banken, → öffentliche Banken und Genossenschaftsbanken – prägende → Universalbanksystem schließt jedoch bewußte Schwerpunktbildungen bzw. Funktionsspezialisierungen nicht aus. Vielmehr erfolgt dies vor allem innerhalb von Verbünden, z. B. zwischen (kommunalen) → Sparkassen und → Landesbanken/Girozentralen. Ungeachtet der rasch voranschreitenden Automatisierung auch der Bankdienstleistungen (z. B. durch Geldautomaten) ist auch das → Bankstellennetz in Deutschland nach wie vor recht dicht (→ Bankstellendichte).

Fusion

Begriff: (1) Im *gesellschaftsrechtlichen Sinne* der wirtschaftliche und rechtliche Zusammenschluß zweier oder mehrerer Unternehmungen zu einer Einheit. Durch die rechtliche Verschmelzung unterscheidet sich die F. vom → Konzern. (2) Im *wettbewerbsrechtlichen Sinne* der rechtliche oder wirtschaftliche Zusammenschluß marktbeherrschender Unternehmen, die deshalb der → Zusammenschlußkontrolle durch die Kartellbehörden unterliegen.

Formen der gesellschaftsrechtlichen F.: Bei der Verschmelzung von Unternehmen können Partner verschiedener Rechtsformen zusammengehen. Die F. von → Kapitalgesellschaften oder → Genossenschaften ist ein sehr aufwendiges Vorhaben. Die Verschmelzung von Personenunternehmen ist rechtlich relativ einfach. Die größte praktische Bedeutung besitzt die Verschmelzung zweier oder mehrerer → Aktiengesellschaften gemäß §§ 339 ff. AktG. Danach kann sich die Verschmelzung in zwei Grundformen vollziehen (§ 339): (1) Verschmelzung durch Aufnahme (eine AG bleibt rechtlich bestehen und bietet → Aktionären der zu übernehmenden AG → Aktien zum Umtausch an). (2) Verschmelzung durch Neubildung (Gründung einer neuen AG, in die das Vermögen der sich zusammenschließenden Gesellschaften gegen Gewährung von Aktien der neuen AG eingebracht wird). Die größte praktische Bedeutung besitzt die F. durch Aufnahme (§§ 340 ff.). Sie erfordert einen notariell zu beurkundenden Fusionsvertrag zwischen den → Vorständen der beteiligten AG (§§ 340, 341). Zudem muß eine Verschmelzungsprüfung die Angemessenheit des Umtauschverhältnisses beurteilen (§ 340 b). Wirksam wird dieser Vertrag, wenn die → Hauptversammlungen der betroffenen AG mit mindestens drei Viertel des vertretenen → Grundkapitals zugestimmt haben (§ 340 c). Zur Abwicklung bedarf es zumeist einer → Kapitalerhöhung der übernehmenden AG, sofern nicht genügend → eigene Aktien aus → bedingter Kapitalerhöhung oder als → genehmigtes Kapital vorhanden sind oder die übernehmende AG nicht bereits die Aktien der übertragenen AG besitzt (§§ 343, 344). Die Verschmelzung ist ins → Handelsregister einzutragen (§§ 345, 346). Mit der Eintragung erlischt die übertragene Gesellschaft. Ihr Vermögen geht als Ganzes auf die übernehmende Gesellschaft über, ohne daß die einzelnen Vermögensgegenstände gesondert übertragen werden müßten (→ Gesamtrechtsnachfolge). Gläubigern der beteiligten AG, vor allem der erloschenen Gesellschaft, die sich binnen sechs Monaten nach Bekanntmachung der Eintragung der Verschmelzung melden, muß auf Verlangen Sicherheit geleistet werden (§ 347). Die F. durch Neubildung darf erst erfolgen, falls die vereinigten AG mindestens zwei Jahre im Handelsregister eingetragen waren (§ 353). Damit soll eine versteckte Sachgründung verhindert werden.

Für die Verschmelzung von → Kommanditgesellschaften auf Aktien gelten dieselben Bestimmungen (§ 354). Die F. zwischen AG und einer → Gesellschaft mit beschränkter Haftung oder →bergrechtlichen Gewerkschaft geschieht durch Aufnahme seitens der AG gegen Gewährung von Aktien (§§ 355 f., 357 f.).

Die F. von GmbH untereinander bestimmt sich nach dem Kapitalerhöhungsgesetz. Danach ist ebenfalls ein notarieller Verschmelzungsvertrag erforderlich. In ihm ist für jeden Gesellschafter der Nennbetrag des → Geschäftsanteils zu bestimmen, den die übernehmende Gesellschaft ihm zu gewähren hat (§ 21). Wirksam wird der Fusionsvertrag erst, wenn drei Viertel der anwesenden Gesellschafter einer jeden Gesellschaft durch Beschluß zustimmen, der gleichfalls notariell zu beurkunden ist (§ 20). Anschließend wird der Vorgang mit den entsprechenden Rechtswirkungen wie bei der AG in das Handelsregister eingetragen (§§ 24, 25).

Eine F. besonderer Art stellt die Vermögensübertragung bei AG dar (§ 361 AktG). Die zu übertragende Gesellschaft wird hierbei auf der Basis eines Vertrages ohne Gesamtrechtsnachfolge gegen Barzahlung der aufnehmenden AG gekauft.

F. von Genossenschaften: Bei → Genossenschaften kann eine Verschmelzung entweder durch Aufnahme oder Neubildung erfolgen (§§ 93 a, 93 s GenG). Hierzu müssen aber die zu verschmelzenden Genossenschaften dieselbe Haftungsform besitzen (§ 93 a). Zur Durchführung reicht ein schriftlicher Fusionsvertrag aus, dem die → Generalversammlungen der beteiligten Genossenschaften mit drei Viertel Stimmenmehrheit zustimmen müssen (§§ 93 c, 93 b). Mit der

Fusionskontrolle

anschließenden Eintragung der Verschmelzung in das → Genossenschaftsregister erlischt bei der Aufnahmefusion die übertragene Genossenschaft, bei Neubildung erlöschen die sich vereinigenden Genossenschaften (§§ 93d, 93e). Gläubigern der übertragenen bzw. verschmelzenden Genossenschaft, die sich innerhalb von sechs Monaten seit Bekanntmachung der Eintragung melden, ist auf Verlangen Sicherheit zu leisten (§ 93f). Mit der Eintragung werden die Mitglieder der übertragenden bzw. zusammengehenden Genossenschaften ohne weiteres Mitglieder der übernehmenden bzw. neu entstandenen Genossenschaft (§ 93h). Sollte der einzelne Genosse in der Generalversammlung einen Widerspruch gegen die Verschmelzung zu Protokoll gegeben haben oder zu Unrecht zur Generalversammlung nicht zugelassen worden oder die Generalversammlung selbst nicht ordentlich einberufen worden sein, kann der Genosse die Mitgliedschaft schriftlich fristgerecht aufkündigen (§ 93k).

Besonderheiten bei → *Kreditinstituten:* Die geplante Verschmelzung von Kreditinstituten ist rechtzeitig gegenüber dem → Bundesaufsichtsamt für das Kreditwesen und der → Deutschen Bundesbank anzuzeigen (§ 24 Abs. 2 KWG).

Fusionskontrolle, → Zusammenschlußkontrolle.

Future
Standardisierter, börsenmäßig handelbarer → Terminkontrakt (→ Termingeschäft) auf → Finanztitel (→ Finanzterminkontrakt, Financial F.), wie → Aktienindex-Future, → Devisen-Future, → Zins-Future, oder auf tierische, pflanzliche oder mineralische Rohstoffe (Warenterminkontrakte, → Commodity Future). Ein Terminkontrakt verkörpert die vertragliche Verpflichtung, eine bestimmte Menge des jeweiligen → Basiswertes zu einem festgelegten Termin zu einem vereinbarten Preis zu kaufen oder zu verkaufen.

Abwicklung des Handels: In jeden Kauf und Verkauf ist als Kontrahent die → Clearing-Stelle der → Terminbörse zwischengeschaltet, die die Einhaltung und Abwicklung der Kontraktverpflichtungen überwacht. Käufer und Verkäufer der F. agieren nach Positionseröffnung völlig unabhängig voneinander. Obwohl die → Kontrakte die Lieferung bzw. Abnahme des zugrundeliegenden Basiswertes zum Fälligkeitstermin vorsehen, kommt es selten zur physischen Kontrakterfüllung, denn der Grundgedanke des F.-Handels ist nicht die Lieferung oder der Erwerb des Basiswertes, sondern die Nutzung von Kurs- oder Preisänderungen mit dem Ziel der Ertragsoptimierung oder Risikobegrenzung. Von einem ganz geringen Prozentsatz abgesehen, werden daher Kauf- und Verkaufspositionen (→ Position) vor ihrem Fälligkeitstermin durch den Verkauf gekaufter und Rückkauf verkaufter Kontrakte glattgestellt (→ Glattstellen). Im Falle der → Index-Futures ist eine physische Lieferung von vornherein ausgeschlossen. Hier sehen die Kontraktspezifikationen zum Fälligkeitstermin einen Barausgleich (→ Cash Settlement) vor.

Für die Übernahme der Kontrakterfüllungsgarantie und den sich daraus ergebenden Risiken fordert die Clearingstelle eine Sicherheitsleistung (→ Margin). Die an die Clearingstelle zu leistende Einschußzahlung, die sich für den Anleger noch um die von der Bank geforderte zusätzliche Sicherheitsleistung sowie um die Transaktionskosten erhöht, stellt den Kapitaleinsatz bei Eröffnung einer F.-Position dar. Käufer und Verkäufer müssen also nicht den gesamten Kontraktwert, sondern nur einen Bruchteil, der je nach Art und → Volatilität des Basiswertes sowie den Bestimmungen der jeweiligen Terminbörse zwischen 10 und 20% schwankt, bei Kontraktabschluß hinterlegen. Eingegangene Positionen werden täglich neu bewertet, d. h. die täglichen Preisschwankungen des F. werden während der → Laufzeit mit diesem Einschuß verrechnet. → Gewinne werden dem Margin-Konto gutgeschrieben, Verluste in Abzug gebracht. Sinkt die Margin unter eine bestimmte Grenze, müssen Nachschußzahlungen geleistet werden, andernfalls erfolgt die Zwangsliquidierung der Position.

Preisbildung: Grundsätzlich besteht eine enge Korrelation zwischen der Preisentwicklung an einem → Kassamarkt und dem korrespondierenden → Futures-Markt, d. h. bei einem steigenden Kassakurs des zugrundeliegenden Basiswertes steigt auch der Preis des F. Bildet sich umgekehrt der Kassakurs zurück, fällt auch die F.-Notierung. F.-Kontrakte werden grundsätzlich mit einem Auf- oder Abschlag gegenüber dem Kassakurs des zugrundeliegenden Basiswertes gehandelt. Dieser in der Terminbörsen-Terminologie als →Basis bezeichnete Unterschied zwischen Kassa- und Futurepreis resultiert aus der Tatsache, daß mit einem Kassageschäft Kosten (→ Cost of Carry oder Carrying Charges) verbunden sind, die beim Kauf oder Verkauf des korrespondierenden F. nicht anfallen. Zur Gewährleistung des Marktgleichgewichtes müssen sie jedoch bei der Berechnung des F.-Preises berücksichtigt werden. Ob ein Aufschlag (positive Basis) oder ein Abschlag (negative Basis) zum Tragen kommt, hängt von verschiedenen Faktoren ab. Bei Commodity F. wird die Basis grundsätzlich positiv sein, da bei Engagements am Kassamarkt im Gegensatz zu Termin-Engagements immer Lager- und Versicherungskosten anfallen.

Auch bei Finanz-F. (Financial F.) entstehen Cost of Carry, denen jedoch Einnahmen (→Zinsen, →Dividenden) aus dem Besitz des Kassatitels gegenüberstehen. Vereinfacht dargestellt, wird der Finanz-F. mit einem Aufschlag (positive Basis) gehandelt, wenn die Finanzierungskosten die Einnahmen übersteigen und umgekehrt mit einem Abschlag (negative Basis) notiert werden, wenn die Einnahmen über den Finanzierungskosten liegen. Daneben kann sich eine negative oder positive Basis auch aus anderen Faktoren ergeben, bei Zins-F. beispielsweise aus der →Zinsstruktur und bei Devisen-F. (Währungs-F.) aus dem Zinsgefälle zwischen den Vereinigten Staaten und dem Land der Kontraktwährung. Neben diesen theoretischen Determinanten bestimmen auch Marktfaktoren die Preisbildung bei F. Aktuelle Börseninformationen können zu einer sofortigen Neubewertung des F. führen, in der Notierung des Kassatitels aber erst später ihren Niederschlag finden. Die Basis kann sich demzufolge erweitern oder verengen. Zu größeren Ungleichgewichten wird es jedoch nicht kommen, da diese von Marktteilnehmern zu Arbitragegeschäften genutzt werden (→ Arbitrage).

Einsatzmöglichkeiten: Ausgehend von ihren Interessen werden die Marktteilnehmer in drei Gruppen unterteilt: Trader, Spreader/Arbitrageure, Hedger.

Unter Trader sind spekulativ ausgerichtete Marktteilnehmer zu verstehen, die Risiko-Positionen eingehen, um die von ihnen erwarteten Kursbewegungen gewinnbringend zu nutzen. Geht der Trader von einem steigenden Kassakurs bzw. Marktpreis des Basiswertes aus, wird er mit dem Erwerb von F.-Kontrakten eine →Long Position eröffnen (Future-Long-Position). Erwartet er hingegen eine Abwärtsbewegung, wird er eine →Short Position eingehen (Future-Short-Position). Tritt die erhoffte Kursentwicklung ein, können die Positionen durch den Verkauf der erworbenen bzw. Rückkauf der verkauften Kontrakte mit Gewinn liquidiert werden. Käufer und Verkäufer verfügen bei Bestätigung ihrer Markteinschätzung über ein theoretisch unbegrenztes Gewinnpotential, dem jedoch ein gleichhohes Verlustrisiko gegenübersteht, wenn sich der Markt konträr zu ihren Erwartungen entwickelt. Das hohe Gewinn- und Verlustpotential bei Engagements am F.-Markt resultiert aus der Tatsache, daß jeder Käufer und Verkäufer mit einem geringen Kapitaleinsatz voll an den kursbedingten Wertveränderungen einer wesentlich größeren Vermögensposition partizipiert. Aufgrund dieser Hebelwirkung (→ Leverage-Effekt) wirken sich wertmäßige Veränderungen des Basiswertes am Kassamarkt prozentual wesentlich stärker auf die F.-Position aus. Während Trader zur Erzielung von Differenzgewinnen auf steigende oder fallende Kurse setzen, versuchen Spread-Händler, eine bestehende oder erwartete Erweiterung bzw. Verengung der üblichen Preisunterschiedes (→ Spread) zwischen zwei Termin-Kontrakten zu nutzen. Üblicherweise wird zwischen den folgenden drei Spread-Alternativen unterschieden: Bei einem Intracontract Spread versuchen Spread-Händler, eine bestehende oder erwartete Veränderung zwischen zwei Liefermonaten ein und desselben F. durch den Aufbau gegenläufiger Positionen gewinnbringend zu nutzen, d. h. sie kaufen (verkaufen) Kontrakte mit einem nahen Liefermonat und verkaufen (kaufen) die gleiche Anzahl mit einem entfernteren Liefertermin. Alle Positionen werden gleichzeitig eröffnet und geschlossen. Werden Spreads mit gegenläufigen Positionen in zwei unterschiedlichen, aber korrelierenden F.-Kontrakten mit identischen Lieferterminen aufgebaut, spricht man von Intercontract Spreads. →Intermarket Spread bzw. Interexchange Spreads schließlich basieren auf dem Kauf und Verkauf ein und desselben F. an zwei verschiedenen Börsenplätzen.

Der zweiten Teilnehmergruppe können auch jene Arbitrageure zugerechnet werden, die Ungleichgewichte in der Bewertung von

Kassainstrumenten und korrespondierenden F. durch den Aufbau gegenläufiger Positionen an den beiden Märkten nutzen (→ Arbitrage auf Futures- und Optionsmärkten). Auch wenn es sich bei Spread-Händlern und Arbitrageuren um eine relativ kleine Teilnehmergruppe handelt, kommt ihnen eine besondere Bedeutung insofern zu, also sie mit ihren Transaktionen die Herausbildung größerer oder dauerhafter Ungleichgewichte an den Märkten verhindern. Hedger bilden die dritte Marktgruppe. Ihre Absicht ist es, bestehende oder künftige Anlagen an den → Devisenmärkten, → Geldmärkten und → Kapitalmärkten gegen Preisrisiken mit Hilfe von Terminkontrakten möglichst weitgehend abzusichern. Werden eine oder mehrere F.-Kontrakte erworben, spricht man von einem Long Hedge, werden sie verkauft von einem Short Hedge (→ Hedging).

Da Kassa- und F.-Märkte den gleichen Einflußfaktoren unterliegen, werden sie sich weitgehend gleichgerichtet entwickeln. Durch die Einnahme entgegengesetzter Positionen an den beiden Märkten läßt sich demzufolge eine kompensatorische Wirkung erzielen. Verluste, die sich aufgrund einer rückläufigen Kursentwicklung aus einer Vermögens-(Long-)Position am Kassamarkt ergeben, werden durch Gewinne aus einer Short-Futures-Position aufgefangen. Umgekehrt können Opportunitätsverluste aus einer Kassa-(Short-)Position (z. B. höhere Einstandspreise für ein späteres → Investment aufgrund zwischenzeitlich gestiegener Kurse) durch Gewinne aus einer korrespondierenden Long-Futures-Position kompensiert werden (→ Aktienindex-Future, Devisen-F., Zins-F.). Bei der Absicherung von Vermögens-Positionen mit F.-Kontrakten ist jedoch zu berücksichtigen, daß der kompensatorische Effekt in beide Richtungen wirkt. Kommt es konträr zu den Erwartungen zu einem Wertzuwachs am Kassamarkt bzw. Opportunitätsgewinn, wird die F.-Position entsprechend an Wert verlieren.

Eine vollständige Kompensation der Kassamarktverluste durch F.-Gewinne, ein sogenannter → Perfect Hedge, ist nicht zu realisieren. Voraussetzung wäre zum einen, daß sich die Basis während der → Laufzeit der Hedge-Position nicht verändert und sich die Notierungen an den beiden Märkten somit absolut gleich entwickeln können. Zum anderen wird sich die F.-Position aufgrund der hohen Standardisierung der Kontrakte nicht so zuschneiden lassen, daß sie absolut mit der zu sichernden Kassa-Position korreliert. Marktteilnehmern stehen jedoch verschiedene Hedging-Techniken zur Optimierung des Absicherungsergebnisses zur Verfügung.

Future auf Anleihen der schweizerischen Eidgenossenschaft
Offizielle Bezeichnung für den → CONF-Future.

Future auf den CRB-Rohstoff-Terminpreis-Index, → CRB-Future.

Future Rate, → Forward Rate.

Future Rate Agreement, → Forward Rate Agreement.

Futures-Arbitrage, → Arbitrage auf Futures- und Optionsmärkten.

Futures Fonds, → Futures Fund.

Futures Fund
→ Investmentfonds, der zufließende Mittel ausschließlich am → Futures-Markt (→ Terminbörse) anlegt.

Futures-Handel
Futures-Trading; Handel mit → Terminkontrakten (→ Futures).

Futures Industry Association (FIA)
Verband der amerikanischen Broker, die auch als Futures Commission Merchants (FCM) bezeichnet werden. FCM sind Broker, die als Makler Kundenaufträge durchführen.

Futures-Kontrakt
Standardisierter → Terminkontrakt („Futures" allein bezeichnet schon Terminkontrakte).
Gegensatz: → Forward-Kontrakt.

Futures-Markt
Futures Market, Terminbörse; Börse, an der standardisierte Warenterminkontrakte (→ Commodity Futures) und → Finanzterminkontrakte (Financial Futures) gehandelt werden.

Futures Option
→ Option auf → Futures-Kontrakt (z. B. → Option auf den Bobl-Future).

Futures Spread Margin
Spread Margin; Margin-Art (→ Margin), die von der → Deutschen Terminbörse (DTB) bei → Time-Spreads mit Financial Futures (→ Finanzterminkontrakt, z. B. → Bobl-Future, → Bund-Future, → DAX-Future) ermittelt wird. Im Gegensatz zur → Additional Margin, die u. a. bei Non-Spread Futurespositionen ermittelt wird, ist der Spread-Margin-Satz geringer, da sich die Risiken aus → Long- und → Short-Positionen in Financial Futures mit unterschiedlichen → Delivery Month gegenseitig kompensieren.
Die DTB unterscheidet Spot Month Spread Margin und Back Month Spread Margin. Dieses Verfahren berücksichtigt, daß → Futures-Kontrakte mit → physischer Erfüllung (z. B. Bobl-Futures, Bund-Futures), in den letzten Handelstagen vor Lieferung eine höhere → Volatilität haben.
Gegensatz: → Additional Margin.
(→ DTB-Margin-Arten)

Futures Style Premium Posting
Synonym für → Future-Style-Verfahren.

Futures-Trading, → Futures-Handel.

Future-Style-Verfahren
Abrechnungsverfahren bei → Optionen auf → Futures (z. B. → Optionen auf den Bobl-Future, Optionen auf Bund-Future), bei dem die → Prämie nicht einen Tag nach Geschäftsabschluß, sondern in voller Höhe erst bei Ausübung bzw. Verfall der Option zu zahlen ist. Während die Option gehalten wird, findet eine tägliche Verrechnung von Gewinnen und Verlusten (Daily Settlement, → Marked-to-Market) statt, ähnlich dem Gewinn- und Verlustausgleich bei → Futures-Kontrakten. Jede Optionsposition wird am Ende des Handelstages mit Hilfe des täglichen Abrechnungspreises (Tagesendwert der Option) bewertet. Gewinne bzw. Verlust werden auf dem Prämienkonto gebucht. Optionspreissteigerungen bedeuten für die → Long Position einen → Gewinn (Gutschrift) bzw. für die → Short Position in der Option einen Verlust (Belastung). Fällt dagegen die → Optionsprämie, bedeutet dies für die Short Position einen Gewinn (Gutschrift) bzw. für die Long Position einen Verlust (Belastung). Um bei Ausübung bzw. Verfall auf den ursprünglich vereinbarten Optionspreis zu kommen, muß die Long Position eine Prämienabschlußzahlung in Höhe des täglichen Abrechnungspreises vom Ausübungstag bzw. letzten Handelstag leisten. Die Long Position kann auch beim F.-S.-V. nie mehr als den vereinbarten Optionspreis verlieren bzw. die Short Position nie mehr als den vereinbarten Optionspreis erhalten. Im Vergleich zum → Stock-Style-Verfahren besteht somit nur ein Unterschied im Zeitpunkt der Prämienzahlung. Das Abrechnungsverfahren hat einen Einfluß auf die Höhe des Optionspreises. Da die Long Position beim Geschäftsabschluß → Liquidität schont, sind die Optionspreise beim F.S.-V. tendenziell teurer als beim Stock-Style-Verfahren.
(→ Black-Modell)

Future Value, → zukünftiger Wert.

FXA
Abk. für Foreign Exchange Agreement (→ SAFE).

FXNET
Abk. für Foreign Exchange Netting. Zusammenschluß mehrerer internationaler Großbanken zur gegenseitigen Verrechnung (Netting) von Devisenbeträgen (→ Netting durch Novation). Das Netting erfolgt rechtsgültig durch eine formelle Änderung des Vertragsverhältnisses zwischen jeweils zwei Geschäftspartnern, die zu diesem Zweck eine bilaterale Devisen-Netting-Vereinbarung abschließen. Die einzelnen → Devisengeschäfte gehen hierbei unter und werden durch den → Saldo ersetzt, der sich aus den gegeneinander verrechneten Transaktionen ergibt.

G

G 5, → Fünfer-Gruppe.

G7
Kurzbezeichnung für die sieben größten Industrienationen, d. h. Vereinigte Staaten von Amerika, Japan, Bundesrepublik Deutschland, Frankreich, Großbritannien, Italien und Kanada. Vgl. auch → Siebener-Gruppe.

G 10, → Zehner-Gruppe.

GAA
Abk. für → Geldausgabeautomat.

GAA-Pool
Institutsübergreifendes Geldausgabe-Automatensystem, in dem die deutschen → Kreditinstitute miteinander verbunden sind. Grundlage ist die → Vereinbarung für das institutsübergreifende Geldausgabe-Automatensystem, das die → Spitzenverbände der deutschen Kreditwirtschaft sowie die → Deutsche Bundespost geschlossen haben. → Geldausgabeautomaten (auch → ec-Geldautomaten genannt) können von → Bankkunden benutzt werden, die von ihren Instituten → eurocheque-Karten mit Kartenstreifen erhalten haben, die eine Benutzung der institutsübergreifenden Geldausgabeautomaten im nationalen wie im grenzüberschreitenden System ermöglichen, und die die → Sonderbedingungen für den ec-Service anerkannt haben.

GAA-System
Geldausgabe-Automatensystem, das von deutschen Kreditinstituten aufgrund einer → Vereinbarung für das institutsübergreifende Geldausgabe-Automatensystem errichtet wurde und in ein europäisches grenzüberschreitendes GAA-System eingebunden ist. Die der Vereinbarung angeschlossenen Institute sind berechtigt, an ihre Kunden → eurocheque-Karten mit Magnetstreifen auszugeben, die eine Benutzung der institutsübergreifenden Geldautomaten ermöglichen. Zur Förderung des grenzüberschreitenden Systems lassen die dem deutschen GAA-S. angeschlossenen Institute an ihren → Geldausgabeautomaten (GAA) Verfügungen mittels Karten mit Magnetstreifen zu, die von ausländischen → Emittenten im Rahmen des → eurocheque-Systems ausgegeben werden und die zur Benutzung von Geldausgabeautomaten zugelassen sind.

Gamma-Faktor
Der G.-F. mißt für eine → Option die Veränderung des → Delta-Faktor) bei einer Veränderung des → Basiswertes um eine Einheit. Bei einem Delta-Faktor von beispielsweise 0,50 und in einem Gamma von 0,01 wird bei einem Anstieg bzw. Rückgang des Kassakurses einer → Aktie um 1 DM, der Delta-Faktor auf 0,51 steigen bzw. auf 0,49 fallen. Die durch das Gamma ausgedrückte Variabilität des Delta ist insofern von besonderer Bedeutung, als der Optionspreis (→ Optionsprämie) über den Delta-Faktor auf Kursveränderungen des Basiswertes reagiert.

Gann's 50%-Regel, → 50%-Reaktion.

Ganzjähriger Kupon
→ Nominalzins, der im Gegensatz zum → Halbjahreskupon nur einmal jährlich an den Anleger gezahlt wird. Nahezu alle → festverzinslichen (Wert-)Papiere am deutschen → Rentenmarkt haben g. K.

GAO
Abk. für General Accounting Office.

Garantie
Bürgschaftsähnliche, aber abstrakte Sicherheit (→ nichtakzessorische Kreditsicherheit), durch die sich ein Dritter (Garant) vertraglich gegenüber dem Garantienehmer

Garantiefrist für eurocheques

verpflichtet, für einen bestimmten Erfolg einzustehen und insbes. den Schaden zu übernehmen, der sich aus einem bestimmten Handeln eines anderen ergeben kann.
Im Unterschied zur → Bürgschaft ist die G. nicht formgebunden und auch nicht wie diese von einer Hauptverbindlichkeit abhängig. Sie ist gesetzlich nicht geregelt (Grundsatz der → Vertragsfreiheit). Wie bei der Bürgschaft (aber im Gegensatz zum → abstrakten Schuldversprechen) haftet der Garant subsidiär. Bei Verwendung der Garantie als → Kreditsicherheit geht die Garantieforderung mit Überlagerung der Kreditforderung nicht kraft Gesetzes über; dazu ist eine besondere → Abtretung erforderlich.

Bedeutung: → Kreditinstitute nehmen einerseits G. als Sicherheiten für Kredite (→ Kreditsicherungsgarantien); sie stellen andererseits im Auftrage ihrer Kunden G. zugunsten von Dritten (→ Avalkredit). Diese → Bankgarantien kommen vor allem im Auslandsgeschäft vor (→ Bankgarantien im Außenhandel). Weitere wichtige Anwendungsbereiche sind die → Scheckkartengarantie der → Banken und → Sparkassen (→ Scheckkarte) sowie die G. von Muttergesellschaften für → Verbindlichkeiten von → Tochtergesellschaften.
Gegensatz: → Bürgschaft, → Schuldbeitritt. (→ Personensicherheit)

Garantiefrist für eurocheques, → eurocheque-Karte.

Garantiegeschäft
→ Bankgeschäft i.S. des KWG, das die „Übernahme von Bürgschaften, Garantien und sonstigen Gewährleistungen für andere" beinhaltet (§ 1 Abs. 1 Satz 2 Nr. 8 KWG). Hierunter fallen → Avalkredite, die Akkreditiveröffnung (→ Akkreditivauftrag) und → Akkreditivbestätigung, wechsel- oder scheckrechtliche → Indossamentsverbindlichkeit, Schuldmitübernahme (→ Schuldbeitritt), → Kreditauftrag, Scheckeinlösungszusage und jede Verpflichtung zum Einstehen für einen bestimmten Erfolg. Die Gewährleistungen müssen „für andere" übernommen werden, d.h. es wird auf das Vorhandensein einer fremden → Schuld abgestellt. Dies trifft nicht für die Händlerhaftung im Teilzahlungsfinanzierungsgeschäft zu. Hier ist die Gewährleistung wirtschaftlich ein Teil des Verkaufsgeschäfts und dient diesem unmittelbar.
Auch Versicherungsunternehmen gewähren → Garantien, gelten jedoch nicht als → Kreditinstitute (§ 2 Abs. 1 Nr. 5 KWG). Das *G. von Versicherungsunternehmen* unterliegt nicht der → Bankenaufsicht, weil es sich um ein „ihnen eigentümliches Geschäft" handelt (§ 2 Abs. 3 KWG, → Kreditversicherung).
Soweit *keine rechtliche Verpflichtung zur Leistung* besteht, wird kein G. betrieben (so z.B. die Einrichtungen der → Einlagensicherung der Kreditwirtschaft).

Garantiekapital
1. → Eigenkapital der → privaten Hypothekenbanken, das in gesetzlich festgelegtem Verhältnis (1:25) zu dem Betrag der ausstehenden → Pfandbriefe stehen muß; im Rahmen der Gesamtgrenze für Pfandbriefe und → Kommunalobligationen 1:60 (→ Eigenkapitaldeckung des Anlagevermögens bei Kreditinstituten).
2. → Haftungskapital.

GARCH
Abk. für Generalized Autoregressive Conditional Heteroskedasticy; statistisches Verfahren zur Beschreibung der Veränderung von → Zufallsgrößen (z.B. → Volatilität, → Beta-Faktor) im Zeitablauf.

Garman-Kohlhagen-Modell
Variante des → Black & Scholes-Modells, das von Mark Garman und Steven Kohlhagen 1983 für → Devisenoptionen (→ europäische Option) entwickelt wurde. Der Wert einer europäischen Devisenoption kann mit folgender Formel ermittelt werden:

$$C = S \cdot e^{-r_f t} \cdot N(d_1) - X \cdot e^{-r_d t} \cdot N(d_2)$$

wobei:
C = Kurs der Call-Option (→ Optionsprämie)
S = Devisenkassakurs
X = → Basispreis
e = Eulersche Zahl 2,71828182..... (Basis des natürlichen Logarithmus)
r_f = auf der Basis → stetiger Verzinsung berechneter annualisierter Zins in Auslandswährung
r_d = auf der Basis stetiger Verzinsung berechneter annualisierter Zins in Inlandswährung
v = → Volatilität

t = → Restlaufzeit der Call-Option
ln = → Logarithmus naturalis
N(d) = Funktionswert der kumulativen Normalverteilung (Normierte Gaußverteilung) an der Stelle d

$d_1 = [\ln(S/X) + (r_d - r_f + 0.5 \cdot v^2) \cdot t] : [v \cdot t^{0.5}]$

$d_2 = d_1 - v \cdot t^{0.5}$

GATS, → Allgemeines Abkommen über den Dienstleistungsverkehr.

GATT
Abk. für General Agreement on Tariffs and Trade, → Allgemeines Zoll- und Handelsabkommen.

Gattungsschuld
Im Gegensatz zur Stückschuld ist die Leistung des → Schuldners hier nicht konkret, sondern nur der Gattung nach bestimmt. Ihr Gegenstand sind → vertretbare Sachen. Auch die → Geldschuld ist regelmäßig eine, wenngleich spezielle G. Zur ordnungsgemäßen → Erfüllung genügt bei der G. die Leistung einer → Sache von mittlerer Art und Güte (§ 243 Abs. 1 BGB). Während bei einer Stückschuld im Fall eines vom Schuldner nicht zu vertretenden Untergangs der Sache (→ Verschulden, → Leistungsstörungen) die Leistungspflicht endet (§ 275 BGB), bleibt sie bei der G. bestehen; der → Gläubiger kann weiter Lieferung aus der Gattung verlangen. Der Schuldner muß sich je nach Inhalt des → Vertrags eine andere Sache zwecks Lieferung an den Gläubiger beschaffen (§ 279 BGB). Hat jedoch der Schuldner das zur Leistung einer Gattungssache seinerseits Erforderliche getan, sie z.B. zur Abholung bereitgestellt, so beschränkt sich das → Schuldverhältnis auf die ausgesonderte Sache („Konkretisierung"), und es gelten nunmehr die Regeln zur Stückschuld (§ 243 Abs. 2 BGB). Was zur Konkretisierung erforderlich ist, bestimmt sich nach der Art der Verpflichtung des Schuldners, insbesondere dem Leistungsort (§ 269 BGB).

Gauss'sche Normalverteilung N (;)
Gaussverteilung, Glockenkurve, Normalverteilung; eine der wichtigsten Verteilungen der Wahrscheinlichkeitsrechnung. Wurde von Carl Friedrich Gauss (1777–1855) im Zusammenhang mit dem Ausgleich von Meßergebnissen der Landesvermessung gefunden. Die Gauss'sche Normalverteilung beschreibt die → Dichtefunktion einer stetigen → Zufallsgröße. Die charakteristischen Größen zur Beschreibung der Dichtefunktion sind der Mittelwert μ sowie die → Standardabweichung σ. Die Kurve der Dichtefunktion der Normalverteilung ist symmetrisch um den Mittelwert. Die G.N. dient unter anderem zur Beschreibung der Kursentwicklung beim kontinuierlichen → Optionspreisbewertungsmodell nach Black & Scholes (→ Black & Scholes-Modell, → Black-Modell, → Garman-Kohlhagen-Modell).

GbR, → Gesellschaft bürgerlichen Rechts (BGB-Gesellschaft).

GC
Abk. für → Generals/General Collateral.

GCM
Abk. für General-Clearing-Mitglied (→ Deutsche Terminbörse [DTB]).

Gearing, → Hebel.

Gearing Faktor, → Hebel.

Gebietsansässiger
I.S. von § 4 Abs. 1 AWG: (1) → Natürliche Person mit Wohnsitz oder gewöhnlichem Aufenthalt im Inland („Wirtschaftsgebiet"). (2) → Juristische Personen und → Personenhandelsgesellschaften mit Sitz oder Ort der Leitung im Inland. (3) Zweigniederlassungen und → Betriebsstätten von → Gebietsfremden, wenn sich deren Leitung, Verwaltung und Buchführung im Inland befinden.

Gebietsfremder
I.S. von § 4 Abs. 1 AWG: (1) → Natürliche Person mit Wohsitz oder gewöhnlichem Aufenthalt im Ausland („fremdes Wirtschaftsgebiet"). (2) → Juristische Personen und → Personenhandelsgesellschaften mit Sitz oder Ort der Leitung im Ausland. (3) Zweigniederlassungen und → Betriebsstätten von → Gebietsansässigen, wenn sich deren Leitung, Verwaltung und Buchführung im Ausland befinden.

Gebietskörperschaft, → Körperschaft des öffentlichen Rechts.

Geborenes Orderpapier
→ Wertpapier, das kraft Gesetzes → Orderpapier ist, z.B. → Scheck, → Wechsel, → Namensaktie.

Gebrochene Periode
Zeitraum von →Zinsvaluta bis zum nächsten Zinstermin (→Moosmüller-Kursberechnung).

Gebrochener Termin
Broken date; nicht gängiger Fälligkeitszeitpunkt eines →Devisentermingeschäftes (→Devisenhandel). Gängige Fristen sind: eine Woche, zwei Wochen, ein, zwei, drei, sechs und zwölf Monate. →Fälligkeiten, die dazwischen liegen, sind g.T.

Gebühr
1. Im *engeren Sinn*: Die einer →juristischen Person des →öffentlichen Rechts geschuldete →Abgabe, die als Gegenleistung für eine Amtshandlung (Verwaltungs-G., etwa für die Erlaubnis, ein →Kreditinstitut zu betreiben)) oder für die Inanspruchnahme einer Einrichtung (Benutzungs-G.) zu entrichten ist.
2. In einem *weiteren Sinne* („Bank-G.", „Kontoführungs-G.", „Depot-G.") synonyme Bezeichnung für Entgelt (Preis).

Gebundener Finanzkredit,
→Finanzkredit an das Ausland.

Gebundenes Vermögen
Setzt sich zusammen aus dem →Deckungsstock (Prämienreservefonds privater Versicherungen aufgrund gesetzlicher und satzungsrechtlicher Bestimmungen) und dem übrigen gebundenen →Vermögen (Vermögenswerte außerhalb des Deckungsstocks in Höhe der versicherungstechnischen →Rückstellungen sowie der aus Versicherungsverhältnissen entstandenen →Verbindlichkeiten und →Rechnungsabgrenzungsposten). Zu den →Wertpapieren, die für das g. V. erworben werden dürfen: →Deckungsstockfähigkeit.

Gedeckter Optionsschein
Covered Warrant; →Banken, als Besitzer großer Aktienpakete, verpflichten sich, ihre Papiere (gesperrtes Eigendepot) bzw. die eines anderen →Stillhalters, auf dessen Papiere sie mittels →Option Zugriff haben, innerhalb eines festgelegten Zeitraums (Optionsfrist) zu einem im voraus vereinbarten Kurs (→Basispreis) zu verkaufen. Im Unterschied zu den gewöhnlichen →Optionsscheinen (→Optionsanleihe) sind die g. O. nicht mit einer Kapitalerhöhung verbunden. Verglichen mit den an den →Börsen handelbaren Kaufoptionen handelt es sich bei den g. O. um eine verbriefte Form, allerdings mit längeren →Laufzeiten (i. d. R. ein bis zwei Jahre) und der Möglichkeit, auch verschiedene Aktienwerte gleichzeitig zu erfassen. Die g. O. werden i. d. R. an der Börse gehandelt.
Die Optionierung von →Aktienpaketen mittels g. O. wurde 1989 in Deutschland (in einer Phase, als mit einem weiteren Aufschwungpotential der →Aktien vielfach gerechnet wurde) eingeführt, waren an ausländischen →Kapitalmärkten jedoch vorher bereits als Covered Warrants (CWs) bekannt.
Für die Stillhalter verringert sich durch die →Optionsprämie der Einstandspreis ihrer Papiere, was zur Reduzierung eines Verlustes bei fallenden Aktienkursen beiträgt. Für den Käufer der Optionsscheine ist der Erwerb lohnend, sofern innerhalb der Optionsfrist der Kurs der Aktie(n) unter den Basispreis plus dem Preis für den Optionsschein ansteigt. Liegt der Kurs zwischen dem Basispreis und der Summe aus Basispreis plus Preis für den Optionsschein, so befindet sich der Käufer in der Zone des begrenzten Verlustes, bei Kursen kleiner/gleich dem Basispreis erleidet der Käufer einen Totalverlust seines Einsatzes. Solange die g. O. an der Börse gehandelt werden, hängt der →Gewinn bzw. Verlust von dessen Kursentwicklung ab.

Gedeckte Stillhalter-Position,
→Covered Call Writing.

Gedenkmünzen
Vornehmlich für Münzsammler bestimmte Bundesmünzen, teils aus einer Silberlegierung (beim →Nennwert von 10 DM, § 1 Satz 2 MünzG), teils aus einer Kupfer-Nickel-Legierung hergestellt (so die 5-DM-G. ab 1980). Sie sind wie andere →Scheidemünzen (beschränkte) →gesetzliche Zahlungsmittel, als Sondermünzen jedoch zum Umlauf zwar geeignet, aber nicht gebräuchlich. Ihre Ausprägung erfolgt aus Anlaß bedeutsamer Jahrestage auf Beschluß der Bundesregierung.

Gefährdungshaftung
Außer im Falle von „Luxustieren" außerhalb des BGB geregelte →Haftung von →Personen für riskante, aber rechtmäßige Betätigungen. Tritt hierbei eine Schädigung einer anderen Person ein, indem sich das typische

"Betriebsrisiko" verwirklicht, so haftet z. B. der Halter eines Kraftfahrzeugs oder der Betreiber einer gefährlichen Anlage für die entstandenen Personen-, Sach- und sonstigen Vermögens-Schäden jeweils bis zu einem gesetzlich festgelegten Höchstbetrag. Darüber kann (oder muß, wie im Falle von Kraftfahrzeugen) eine Haftpflicht-Versicherung abgeschlossen werden. Anders als bei → unerlaubter Handlung spielt bei G. das → Verschulden keine Rolle.

Gefälligkeitsakzept

→ Finanzwechsel, den eine kreditunwürdige Person ausstellt und eine kreditwürdige Person gefälligkeitshalber annimmt, um dem → Aussteller Kredit zu verschaffen. Der Aussteller verpflichtet sich gegenüber dem → Bezogenen, die Wechselsumme bis zur Verfallzeit anzuschaffen. Bei dieser Gefälligkeitsabrede handelt es sich um eine persönliche Einwendung, so daß der Akzeptant nicht von seiner Zahlungsverpflichtung befreit ist (Art. 17 WG).

GEFI

Abk. für → Gesellschaft zur Finanzierung von Industrieanlagen mbH.

Gegenakkreditiv

Unterakkreditiv (Back to Back Credit) zu einem bestehenden → Dokumentenakkreditiv (Hauptakkreditiv). Der Begünstigte des Hauptakkreditivs ist der Auftraggeber des G. Ein G. kann eröffnet werden, wenn der Akkreditivauftraggeber seinem Zulieferer eine akkreditivmäßige Sicherheit geben muß, das Hauptakkreditiv aber nicht übertragbar ist oder der Zulieferer eine Übertragung ablehnt. Das Hauptakkreditiv ist wirtschaftliche Grundlage des G. und → Kreditsicherheit für die eröffnende Bank. Hauptakkreditiv und G. sind aber rechtlich selbständige Dokumentenakkreditive.

Gegenstand

Ein G. kann körperlich sein (→ Sache, § 90 BGB), muß dies aber nicht. Unkörperliche G. sind z. B. → Forderungen oder andere → Rechte. Im Unterschied zu → Personen als „Rechtssubjekten" werden G. auch als „Rechtsobjekte" bezeichnet.

Gegenswap

Schließen einer Swap-Position durch einen symmetrisch angelegten → Financial Swap.

Gekappte Call-Optionsscheine

Gegenwartswert, → Barwert.

Gehaltstarifvertrag im Kreditgewerbe

→ Tarifvertrag, der die Mindestmonatsgehaltssätze für die im → Manteltarifvertrag festgelegten Tarifgruppen (→ Tarifgruppensystem in der Kreditwirtschaft) festlegt. Die Mindestmonatsgehaltssätze richten sich nach der Zuordnung zu Tarifgruppen sowie nach der Einstufung in die Berufsjahre, wie sie im Gehaltstarifvertrag für die → Privatbanken und die → öffentlichen Banken festgelegt sind. Im Gehaltstarifvertrag werden auch die Ausbildungsvergütungen festgelegt.

Geheimzahl, → PIN.

GEISCO

Abk. für General Electric Information Service Co.; Unternehmen, das → Banken, die an dem „GEISCO Mark III" teilnehmen, den „Automated Confirmation Matching and Advisory Netting Service" (ACMN) anbietet. Das System stimmt die Bestätigungen ab, die bei jedem → Kontrakt im Zusammenhang mit Devisenhandelsgeschäften oder Geldmarktkrediten und -einlagen zwischen den Geschäftspartnern ausgetauscht werden. Darüber hinaus berechnet es laufend für jeweils zwei Banken die zwischen ihnen fälligen Brutto- und Nettobeträge für die einzelnen → Währungen und Erfüllungstage. Das System beinhaltet keine Netting-Vereinbarung (→ Netting durch Novation), sondern nur eine bilaterale → Positionenaufrechnung.

Geisha Bond

Synonym für → Shogun Bond.

Gekappte Call-Optionsscheine

→ Optionsscheine, bei denen eine Ausgleichszahlung (→ Cash Settlement) bei → Fälligkeit des Optionsscheines maximal auf die Differenz zwischen → Basispreis (z. B. 98%) und → Cap (z. B. 105%) des → Basiswertes (z. B. → Bundesanleihe) begrenzt ist. Beispielsweise sind Capped Call Zins-Optionsscheine eine → kombinierte Optionsstrategie, die als → Bull-Spread bezeichnet wird. Ein Capped Call Zins-Optionsschein besteht aus einer → Long Position in einem → Call-Optionsschein und gleichzeitig aus einer → Short Position im gleichen Call-Optionsschein. Der Basispreis der Short Position ist das Cap. Die Options-

Gekappte Floating Rate Note

prämie von Capped Call Zins Optionsscheinen ist im Vergleich zu normalen Call Zins-Optionsscheinen geringer, da zusätzlich eine → Short Position eingegangen worden ist, die die Optionsprämie der Long Position teilweise finanziert.
(→ Low-Cost-Optionen, → Capped Warrants, → CAPS, → Capped Chooser Warrants)

Gekappte Floating Rate Note

→ Floating Rate Note (FRN) (→ variabel verzinsliche Anleihe) mit einem Höchstzinssatz (→ Cap). Der → Spread liegt höher als bei einer FRN ohne Cap, um dem Anleger einen Ausgleich für das Risiko, daß er nicht mehr als den Höchstzins bekommen kann, zu gewähren. Der → Schuldner schränkt das → Zinsänderungsrisiko ein und ist bereit, dafür den höheren Spread zu zahlen.

Gekappter Optionsschein, → Capped Warrant.

Gekappter Währungsoptionsschein

Variante eines → Capped Warrant, der als → Basiswert → Devisen (z. B. USD) hat (→ Devisen-Optionsscheine).
(→ Gekappte Call-Optionsscheine)

Gekapptes Darlehen

Variabel verzinsliches → Darlehen mit vereinbarter Zinsobergrenze (Zinsbegrenzung), auch als Darlehen mit Zinsdeckel oder Darlehen mit Kappe bezeichnet.
(→ Cap)

Gekorenes Orderpapier

→ Wertpapier, das durch eine positive → Orderklausel in der → Urkunde → Orderpapier wird. Hierzu zählen die → Warenwertpapiere (→ Konnossement, → Ladeschein, → Lagerschein).

Gekreuzter Scheck

→ Scheck, der durch zwei gleichlautende Striche auf der Vorderseite gekennzeichnet ist; die Kreuzung kann allgemein erfolgen, wenn zwischen den beiden Strichen keine Angabe oder die Bezeichnung „Bankier" oder ein gleichbedeutender Vermerk steht, oder auch besonders vorgenommen werden, wenn der Name des Bankinstituts zwischen die beiden Striche gesetzt wird (Art. 37 SchG). Die Wirkung der Kreuzung („Crossing") ist in Art. 38 SchG festgelegt. In Deutschland ist der g. Sch. gemäß Art. 1 Abs. 1 S. 2 EGSchG (Einführungsgesetz zum Scheckgesetz) nicht eingeführt, im Ausland, insbes. in England, den USA (crossed cheque), Frankreich (chèque barré) weit verbreitet. Im Ausland ausgestellte g. Sch. werden als → Verrechnungsscheck behandelt (Art. 3 EGSchG). Gleiches gilt für im Inland g. Sch.

Geld

1. *Allgemeines:* Vom Staat (als → gesetzliches Zahlungsmittel) bestimmtes und vom Verkehr allgemein (als Wertmaßstab und Recheneinheit) anerkanntes Tauschmittel. G. hat sich historisch gesehen vom Warengeld über das durch den Stoffwert der → Münzen bestimmte Metallgeld (→ Metallwährung) zu dem heutigen stoffwertlosen Papiergeld (→ Papierwährung) und dem immer mehr im Vordergrund stehenden → Buchgeld (→ Giralgeld) entwickelt. Im ökonomischen Sinne ist G. alles, was Geldfunktionen erfüllt.

2. *Geldfunktionen:* Eine hochentwickelte Volkswirtschaft benötigt ein Medium, das den Austausch von Gütern in jeder beliebigen Menge ermöglicht. G. hat daher zwei Primärfunktionen. Es ist allgemeines Tauschmittel, weil es den Naturaltausch ersetzt. G. ist ein abstrakter Wertmesser, der in zweckmäßige Recheneinheiten zerlegt ist. In G. kann der Wert von Sachgütern und Dienstleistungen ausgedrückt werden. Dies ist die entscheidende Voraussetzung dafür, daß einzel- und gesamtwirtschaftliche Rechnungen (→ Bilanzen, → Gewinn- und Verlustrechnungen, → Volkswirtschaftliche Gesamtrechnung) aufgestellt werden können. G. ist Wertübertragungs- und Wertspeicherungsmittel. Wirtschaftssubjekte können im Kreditwege → Kaufkraft durch G. auf andere Wirtschaftssubjekte übertragen. Sie können aber auch Kaufkraft für sich aufbewahren.

Die meisten Leistungsverpflichtungen werden in G. ausgedrückt (→ Geldschulden). G. ist ein Schuldtilgungsmittel. Es kann diese Tilgungsfunktion aber nur erfüllen, wenn es durch staatliche Anordnung mit Annahmezwang ausgestattet ist. Daraus leitet sich auch die Eigenschaft des G. als gesetzliches Zahlungsmittel ab.

Neben G. gibt es → Quasigeld (Near Money), wie z. B. die hochliquiden kurzfristigen → Termineinlagen und → Spareinlagen. In dieser Form der Wertaufbewahrung können sie der Optimierung der Kassenhaltung dienen. Sie sind jederzeit ohne große zeitliche Verzögerungen und Umwand-

Geldausgabeautomat

lungskosten in G. (→ Bargeld oder Buchgeld) umwandelbar. Sie werden daher auch in bestimmter Weise in die Geldmengenberechnungen einbezogen (→ Geldmengenaggregate).
Der Staat hat die Aufgabe sicherzustellen, daß G. seine Funktionen erfüllen kann. Er schafft eine Geldordnung (→ Währungsordnung bzw. Geldverfassung) kraft seiner Währungshoheit (in der BRD nach Art. 73 Nr. 4 GG). Dazu gehört die Regelung des → Notenausgabemonopols und die Regelung des → Münzregals.
Mit der gesetzlich geschaffenen Geldordnung wird auch die Geldeinheit (Währungseinheit) festgesetzt (z. B. Deutsche Mark als Geldeinheit der DM-Währung). Dem Staat fällt die Aufgabe zu, für eine ausreichende Geldversorgung der Wirtschaft zu sorgen (so z. B. in der BRD durch die → Deutsche Bundesbank, die nach § 3 BBankG mit Hilfe ihrer währungspolitischen Befugnisse den Geldumlauf und die Kreditversorgung der Wirtschaft regelt; → Deutsche Bundesbank, Aufgabe nach § 3 BBankG). Indem der Staat für die Wertbeständigkeit des G. sorgt (→ Geldwertstabilität), sichert er die Erfüllung der Geldfunktionen (→ Geldpolitik). Nach Hyperinflationen (→ Inflation) stellt sich für den Staat die Aufgabe, durch eine → Währungsreform für eine Neuordnung des Geldwesens zur Wiederherstellung der Geldfunktionen zu sorgen.

3. *Geldarten:* G. kann nach verschiedenen Kriterien eingeteilt werden.
(1) Nach dem Kriterium *„Geldproduzent"* wird zwischen → Zentralbankgeld und → Bankengeld unterschieden. Zentralbankgeld ist das durch die → Zentralnotenbank geschaffene G.: Bargeld und Giralgeld; nur ersteres ist gesetzliches Zahlungsmittel. Bankengeld ist das von → Kreditinstituten geschaffene Buchgeld.
(2) Nach dem Kriterium *„Annahmezwang"* wird zwischen obligatorischem G. und fakultativem G. unterschieden. Gesetzliche Zahlungsmittel sind obligatorisches G. Buchgeld als nichtgesetzliches Zahlungsmittel ist fakultatives G. Bei obligatorischem G. wird zwischen G. mit unbeschränktem Annahmezwang (→ Banknoten) und G. mit beschränktem Annahmezwang (in der BRD vom Bund ausgegebene Münzen) unterschieden. Dem Annahmezwang des → Gläubigers einer Geldschuld entspricht das Recht des → Schuldners, mit gesetzlichen Zahlungsmitteln eine Schuld mit schuldbefreiender Wirkung zu tilgen. Fakultativem G. kann ebenso wie den → Geldersatzmitteln durch → Vertrag eine Tilgungsfunktion zugesprochen werden.
Von wirtschaftlicher Bedeutung sind auch ausländisches Bargeld und (unter Inkaufnahme einer gewissen Einschränkung der Tauschmittelfunktion) internationale → Rechnungseinheiten, wie z. B. → Europäische Währungseinheiten (ECU) und → Sonderziehungsrechte.

4. *Schutz des Geldes durch die Rechtsordnung:* Da nur wertstabiles G. seine Funktionen erfüllen kann, enthält die Geldordnung Regelungen zum Schutz des G. In der BRD ist die Erhaltung der Geldwertstabilität durch § 3 BBankG als Hauptaufgabe der Bundesbank fixiert worden.
Geldvermögen genießt wie jedes → Vermögen verfassungsrechtlichen Eigentumsschutz (Art. 14 GG). Jedoch kann der einzelne Vermögensinhaber im Falle einer durch inflationäre Entwicklung bedingten Geldwertverschlechterung (Inflation) keine Entschädigung vom Staat nach Art. 14 Abs. 3 GG verlangen, da es sich um einen allgemeinen, alle Inhaber von Geldvermögen in gleicher Weise treffenden Nachteil handelt.
Das Vertrauen des → Zahlungsverkehrs in die Echtheit der umlaufenden → Zahlungsmittel wird geschützt, indem → Geld- und Wertzeichenfälschungen mit einer erheblichen Strafandrohung belegt sind. Kreditinstitute unterliegen ebenso wie die Bundesbank der Pflicht zum Anhalten von → Falschgeld (§ 36 BBankG).

5. → Bid.

Geldausgabeautomat (GAA)

Im Rahmen der Automation des Barverkehrs von → Kreditinstituten und der → Deutschen Bundespost „outdoor" installierte Geräte, die zur Abhebung von Geldbeträgen zu Lasten von → Bankkonten oder Postgirokonten auch außerhalb der Öffnungszeiten dienen (→ Electronic Banking). Auch die → Deutsche Postbank AG betreibt G. Um G. benutzen zu können, muß der Kunde eines Kreditinstituts eine → eurocheque-Karte mit Magnetstreifen und einer persönliche Geheimnummer (→ PIN) erhalten haben. Er muß die → Sonderbedingungen für den ec-Service anerkennen.

689

Geldbasis

Zwischen den → Spitzenverbänden der deutschen Kreditwirtschaft, der → Deutschen Bundesbank und der Deutschen Bundespost ist eine → Vereinbarung für das institutsübergreifende Geldausgabe-Automatensystem getroffen worden, so daß es den Inhabern von ec-Karten möglich ist, G. institutsübergreifend zu nutzen (→ GAA-System).

→ Sparkassen und Genossenschaftsbanken geben darüber hinaus institutseigene Karten (→ Kundenkarten von Kreditinstituten) aus (auch für Kunden, die keine ec-Karte besitzen, und für jugendliche Kontoinhaber unter 18 Jahren, → S-Card, → Bank-Card), um die Abhebungen an G. des eigenen Bereiches institutsübergreifend zu ermöglichen. Kreditinstitute stellen ihren Kunden für Abhebungen an ec-G. einen bestimmten Verfügungsrahmen bereit. An ec-G. fremder Kreditinstitute kann der Karteninhaber täglich einmal bis zu z. Zt. 400 DM, im Ausland bis zur Höhe des in dem jeweiligen Land geltenden ec-Garantiehöchstbetrages abheben. Für die eigenen Kundenkarten ist das Verfügungslimit höher, da eine On-line-Autorisierung am Konto möglich ist (→ Autorisierung von Zahlungsvorgängen).

Geldbasis

Begriff in der Theorie der → Geldpolitik zur Kennzeichnung des Geldangebots der → Zentralnotenbank (→ Geldmengenbegriffe 7).

Geldbearbeitungsautomaten

Banknotenbearbeitungsmaschinen und Sortier-, Zähl- und Verpackungsautomaten für → Münzen, die in Kombination mit einem Rechner Daten verarbeiten und Zählergebnisse ermittelt. G. dienen der internen rationellen Bearbeitung des Bargeldverkehrs. Die Entwicklung der automatischen Bargeldbearbeitung wird von der → Deutschen Bundesbank gefördert, indem sie → Banknoten nicht nur mit sichtbaren, sondern auch mit maschinell lesbaren Echtheits- und Zustandsmerkmalen ausstattet. So ist es möglich, Banknoten während des Zählvorgangs automatisch auf Echtheit und Umlauffähigkeit zu prüfen.

Geld-Brief-Spread

Differenz zwischen Kauf- und Verkaufskurs (→ Future, → Straight Bond). Bei Instrumenten, die auf Basis von Zinssätzen gehandelt werden (z. B. → Forward Rate Agreement, → Financial Swap), wird der G.-B.-S. nicht in einer Kursdifferenz, sondern in einer Zinsdifferenz (z. B. fünf → Basispunkte) ausgedrückt.

Gelddarlehen

In § 1 Abs. 1 Satz 2 Nr. 2 KWG für ein bestimmtes → Bankgeschäft (i.S. des Kreditwesengesetzes), nämlich das → Kreditgeschäft i.S. des KWG, verwendete Kennzeichnung für die Hingabe von → Bargeld oder → Buchgeld durch ein → Kreditinstitut an einen Kunden (→ Darlehensvertrag). Einbezogen wird auch die Umwandlung einer auf einer anderen Rechtsgrundlage bestehenden Verpflichtung in eine Darlehensschuld. Die Gewährung von G. kann auch von einer Privatperson an eine andere erfolgen; um → verbotene Bankgeschäfte nach dem KWG würde es sich hierbei erst handeln, wenn ohne Erlaubnis nach § 32 KWG G. in einem Umfang gewährt würden, der einen in kaufmännischer Weise eingerichteten Geschäftsbetrieb erfordert.

Gelddienste der Deutschen Bundespost

Dienstleistungen im → Zahlungsverkehr, die Unternehmen der → Deutschen Bundespost neben den eigentlichen → Postbankdiensten (→ Deutsche Postbank AG) erbringen. Hierzu zählten vor allem Bargeldübermittlungen mittels → Postanweisungen, die Durchführung von → Postprotestaufträgen, der Einzug von Geldbeträgen bei Nachnahmesendungen, Geldwechselgeschäfte (→ Sorten) und der Verkauf von → Reiseschecks, ferner der Rentendienst. Bei Gelddiensten arbeiteten die → Deutsche Bundespost POSTBANK und die Deutsche Bundespost POSTDIENST eng zusammen. Während dieser Verbund fortbestehen soll, brauchen bisher erbrachte (defizitäre) Dienstleistungen nach der zweiten Postreform ab 1995 nicht weitergeführt zu werden.

Gelddisponent

Verantwortlicher Mitarbeiter im Arbeitsbereich → Gelddisposition. Seine Aufgabe besteht in der Überwachung und Steuerung der → Liquidität des Bankbetriebs. Er hat auf die Erfüllung der Mindestreserveverpflichtungen (→ Mindestreserve) zu achten. Bei seinen Entscheidungen hat er bilanzstrukturelle Erfordernisse sowie Rentabilitätsüberlegungen zu berücksichtigen. Wegen der Erweiterung seiner Aufgaben wird er zunehmend als → Treasurer bezeichnet.

Gelddisposition
Arbeitsbereich in einem → Kreditinstitut, dem die Durchführungsmaßnahmen der Liquiditätspolitik, insbes. der Liquiditätssteuerung, anvertraut sind (→ Liquiditätsmanagement). Die G. hat für den Ausgleich zwischen den Zuflüssen und Abflüssen von → Zentralbankgeld unter Beachtung der gesetzlichen Vorschriften (→ Liquidität) zu sorgen. Aufgabe ist auch, das Mindestreserve-Ist entsprechend zu steuern (→ Mindestreserve, → Geldhandel). Mitarbeiter mit entsprechender Kompetenz werden als → Gelddisponenten bezeichnet. Zum Teil werden die Begriffe G. und → Geldhandel bzw. Gelddisponenten und → Geldhändler unterschiedlich, z.T. synonym verwendet. Zunehmend werden in Kreditinstituten Geldhandel, Liquiditätssteuerung, → Devisenhandel und Wertpapierhandel (→ Effekteneigengeschäfte) im → Treasury Department zusammengefaßt.
(→ Treasury Management)

§ 17-Gelder
Bezeichnung für vom Bund, den Ländern sowie dem → Sondervermögen Ausgleichsfonds und dem → ERP-Sondervermögen bei der → Deutschen Bundesbank auf → Girokonto zu haltende flüssige Mittel, die im Rahmen der → Einlagenpolitik der Deutschen Bundesbank ganz kurzfristig zu anderweitiger Ein-/Anlegung freigegeben wurden (→ Feinsteuerung am Geldmarkt). Die Zustimmung der Bundesbank erfolgte unter währungspolitischen Aspekten (→ Deutsche Bundesbank, währungspolitische Befugnisse und Geschäftskreis). Die Verpflichtung nach § 17 BBankG wurde im Zusammenhang mit der Anpassung des BBankG an die Anforderungen der künftigen → Europäischen Wirtschafts- und Währungsunion 1994 aufgehoben.

Geldersatzmittel
Geldsurrogat; sog. Hilfszahlungsmittel, die im Wirtschaftsverkehr → Bargeld oder → Buchgeld ersetzen sollen. I.w.S. gehören dazu bestimmte Wertmarken, Gutscheine, Briefmarken und → Schuldscheine, i.e.S. die → kaufmännische Anweisung und der → Wechsel. Der → Scheck ist kein G. Er ist Verfügungsmittel über Buchgeld, setzt also Buchgelddeckung (kreditorisch oder debitorisch) voraus. Der Wechsel ist dagegen G., weil er bei Weitergabe für die Dauer der → Laufzeit → Geld ersetzt; die Geldzahlung ist erst bei → Fälligkeit des Wechsels zu leisten.
(→ Zahlungsmittel)

Geldexport
Kurzfristiger → Kapitalexport (→ Kapitalbilanz).

Geldfunktionen, → Geld 2.

Geldhandel
Handel unter → Banken mit LZB-Guthaben (→ Zentralbankguthaben) in runden Beträgen (1 Mio. DM oder ein Vielfaches). Inländische → Kreditinstitute stellen auf diesem → Bankengeldmarkt (→ Geldmarkt) ihre überschüssigen Zentralbankguthaben anderen Banken zur Verfügung. Der G. findet ohne Beteiligung der → Deutschen Bundesbank statt. Er wird deshalb nach Deppe auch als „Liquiditätsausgleich unter Kreditinstituten ohne Veränderung der Zentralbankgeldmenge" definiert. Neben Kreditinstituten treten auch Nichtbanken, v.a. große Industrieunternehmen, in gewissem Umfang als Geber und Nehmer am Geldmarkt auf. Neben dem nationalen G. hat der internationale G. (→ Euro-Geldmarkt, → internationaler Geldhandel) große Bedeutung. Hier wird jedoch kein Zentralbankguthaben gehandelt, sondern Guthaben bei Kreditinstituten, sog. Bankengeld oder Bankenbuchgeld (→ Giralgeld). Usancen des Euro-Geldmarktes gelten seit dem 1.7.1990 auch im deutschen G.

Zweck: Über den Handel am G. vollzieht sich der horizontale → Liquiditätsausgleich innerhalb des → Bankensystems (im Gegensatz zum vertikalen Liquiditätsausgleich, den die Bundesbank durch Ausweitung und Einschränkung der gesamten → Bankenliquidität bewirkt). Der Interbankengeldmarkt soll sowohl den Ausgleich unvorhergesehener täglicher Schwankungen im Liquiditätsbedarf einzelner Banken bewirken als auch der Überbrückung von voraussehbaren und erwarteten Liquiditätsengpässen und -überschußpositionen in der Zukunft dienen. Der G. ist ein wesentlicher Teil der Umsetzung des → Liquiditätsmanagements eines Kreditinstituts. Er verhilft zur Erhaltung der jederzeitigen Zahlungsbereitschaft des Kreditinstituts bei gleichzeitiger Erfüllung der gesetzlichen Vorschriften zur Haltung der → Mindestreserve. Da der kalendertäglich zu haltende Betrag (Mindestreserve-Soll) so gehalten werden kann, daß er

Geldhandel

im Monatsdurchschnitt erreicht wird (Mindestreserve-Ist), ist es Aufgabe des G., das Mindestreserve-Ist so zu steuern, daß kein Unterschuß, aber auch nur ein kleiner Überschuß entsteht.

Der Unterschuß bedingt einen Sonderzins (§ 8 AMR) auf den Fehlbetrag pro Tag für 30 Tage in Höhe von 3% p.a. über dem → Lombardsatz der Deutschen Bundesbank. Ein Überschuß bedeutet einen Zinsverlust, da das Geld hätte ertragbringend angelegt werden können. Bei der Steuerung der Mindestreserve kann der G. versuchen, Tage, an denen Liquiditätsknappheit besteht (Ultimo, → Steuertermin, Rententermin), für Ausleihungen zu nutzen. Umgekehrt kann der Handel an Tagen, an denen auf dem Markt genügend Zentralbankgeld vorhanden ist, „Mindestreserven machen". Außerdem wird „zur Abschätzung des kurzfristigen Trends bis zum nächsten Monatsultimo beispielsweise das Mindestreserve-Soll aller Kreditinstitute sowie gehaltene Mindestreserve, das Mindestreserve-Ist, mit besonderer Aufmerksamkeit verfolgt. Sind die Banken mit ihrer Mindestreservehaltung deutlich „voraus", so deutet das auf ein Absinken der Tagesgeldsätze zum Monatsende hin. Bei einem zu niedrigen Mindestreserve-Ist kann man viel mit steigenden Tagesgeldzinsen rechnen. Der G. hat auch die → Grundsätze über das Eigenkapital und die Liquidität der Kreditinstitute zu berücksichtigen (→ Eigenkapitalgrundsätze, → Liquiditätsgrundsätze). Bei den KWG-Vorschriften über das Kreditgeschäft ist zu beachten, daß nach § 20 KWG die §§ 13 bis 18 KWG nicht gelten für „ungesicherte Forderungen an andere Kreditinstitute aus bei diesen unterhaltenen, nur der Geldanlage dienenden Guthaben, die spätestens in drei Monaten fällig sind; Forderungen eingetragener Genossenschaften an ihre Zentralkassen, von Sparkassen an ihre Girozentralen sowie von Zentralkassen und Girozentralen an ihre Zentralkreditinstitute können später fällig gestellt sein" (ab 1996: § 21 Abs. 2 KWG im Hinblick auf §§ 15 – 18). Der G. dient vorrangig der eigenen → Gelddisposition. Zum G. vieler Kreditinstitute zählt aber auch das Durchhandeln, d.h. das Weitergeben von aufgenommenem Geld mit einem Zinsaufschlag.

Informationsbeschaffung und Planung: Die Bundesbank veröffentlicht jeden Nachmittag die Mindestreserve-Zahlen vom Vorabend; sie dienen den geldhandelnden Instituten zur Information über die Liquiditätslage aller Banken. Die kumulierten Guthaben aller Banken bei der Bundesbank zeigen, ob die Banken in der Mindestreservehaltung bereits genügend Vorsorge getroffen haben oder nicht. Hieraus können Rückschlüsse auf die weitere Entwicklung des G. gezogen werden. Die Bundesbank veröffentlicht außerdem bereits am Vormittag die Lombardinanspruchnahme aller Banken nach dem Stand des Vortages.

Schlüsse über die Entwicklung der → Zentralbankgeldmenge kann der G. aus dem → Wochenausweis der Deutschen Bundesbank ziehen. Von Bedeutung sind v.a. die Veränderungen bei folgenden Positionen: Nettowährungsreserven (→ Währungsreserven), → Kredite an inländische Kreditinstitute, → Wertpapiere, → Banknotenumlauf, → Einlagen von → öffentlichen Haushalten, → Verbindlichkeiten gegenüber Kreditinstituten und Verbindlichkeiten aus → Geldmarktpapieren. Die → Monatsberichte der Deutschen Bundesbank dienen dem G. als Grundlage für längerfristige Dispositionen. Insbes. interessieren die Berichte über die monetäre Entwicklung, die eine monetäre Analyse sowie Aussagen über die Entwicklung der Zentralbankgeldmenge enthalten (→ Bankstatistische Gesamtrechnungen [der Deutschen Bundesbank]). In den letzten Jahren haben verschiedene Nachrichtendienste (Reuters, vwd) ein umfangreiches Informationssystem aufgebaut. Neben Wirtschaftsnachrichten werden Kurse und Preise aus allen wichtigen Bereichen des → Geld- und → Kapitalmarktes veröffentlicht. Den Gelddisponenten interessieren vor allem die aktuellen Zinssätze am Geldmarkt. Wichtige Informationslieferanten sind auch die am Geldmarkt operierenden → Geldhändler der Kreditinstitute. An den wichtigsten → Finanzplätzen in der Bundesrepublik haben sich Geldhandelskreise gebildet, die der Kontaktpflege und dem Meinungsaustausch unter den Geldhändlern dienen. In Frankfurt a. M. ist dies die „Gesellschaft zur Förderung des Geldmarktes". Der Gesellschaft gehören etwa 100 Gelddisponenten an, die sich einmal im Monat treffen und auch größere Diskussionsveranstaltungen durchführen.

Tägliche Dispositionsgrundlagen des G. sind Informationen der Stellen und Abteilungen der Bank, deren Tätigkeit die Liquidität des Instituts beeinflußt. So sind z. B.

Geldhandel

die Dispositionen der Kasse (Ein- und Auszahlungen bei der zuständigen →Landeszentralbank) für das Mindestreserveguthaben relevant. Durch die Abwicklung bargeldloser Zahlungen verursachen →Überweisungen Geldausgänge, für die der G. einen Ausgleich suchen muß. Von Bedeutung für die Planung des G. sind alle zahlenmäßigen Informationen, die dem G. bereits frühzeitig an einem Handelstag Planungsgrundlagen liefern können (z. B. Informationen über Scheckeinreichungen bei der Landeszentralbank, Wechselankäufe von Kunden und damit Veränderungen beim Bestand →bundesbankfähiger Wechsel). Wichtig für den G. sind auch Schätzungen zum →Kredit- und →Einlagengeschäft, insbes. über offene Kreditzusagen, aber auch über Kreditinanspruchnahmen und Kreditrückzahlungen. Die Zusammenarbeit des G. mit dem Bereich Wertpapiere bezieht sich auch auf die Planung von Sekundärliquidität der Bank. Daneben ist für den G. interessant, in welchem Umfang Nostrowertpapiere der Bank bei der Landeszentralbank verpfändet sind (Inanspruchnahme von →Lombardkredit) bzw. im →Dispositionsdepot liegen und damit Grundlage für mögliche →Wertpapierpensionsgeschäfte sind. Aus dem Bereich des →Auslandsgeschäfts sind für den G. sowohl die Zahlen aus dem →Zahlungsverkehr mit dem Ausland als auch aus dem →Devisenhandel relevant. In Banken mit →Filialnetz haben die →Filialen dafür zu sorgen, daß voraussschaubare Geldbewegungen aus ihrem Bereich möglichst schnell der zentralen Geldstelle der Gesamtbank bekanntgegeben werden. Während die Tagesplanung der Einbeziehung aller kurzfristig zu erwartenden Zahlungsvorgänge dient, soll die längerfristige Planung die regelmäßig wiederkehrenden Geldein- und -ausgänge erfassen. So sind z. B. die Steuertermine zu berücksichtigen, zu denen erhebliche Geldbeträge von den Banken zur öffentlichen Hand fließen. Von Wichtigkeit sind auch die Rententermine, an denen die öffentlichen Versicherungsträger ihre Guthaben bei den Banken zur Auszahlung der Renten auf die →Postgiroämter verlagern. Einflüsse auf den G. ergeben sich auch durch die Gehaltszahlungstermine, insbes. durch die Termine der Zahlungen der öffentlichen Hand. Der Abschluß wird nachträglich beiderseits schriftlich bestätigt. Die Vereinbarung beinhaltet die Höhe des Betrages, die →Laufzeit (ggf. den Rückzahlungstermin), den Zinssatz und das →Konto, auf dem das Geld angeschafft werden soll.

Abwicklung: Der G. findet im wesentlichen über das Telefon statt, sehr selten über Telex/Telefax. Wie an der →Börse gilt das gesprochene Wort. Ein geschlossenes Geschäft ist nicht mehr rückgängig zu machen. Insoweit ist der Handel vom gegenseitigen Vertrauen der Geldhändler getragen. Es gilt allerdings nicht nur das Vertrauen zwischen den Personen, sondern auch das zur „Adresse" (→Geldhandelsadresse). Geldanlagen innerhalb des G. werden also ohne Sicherheiten vorgenommen. Die Leitung jeder Bank setzt jedoch interne Limite für die einzelnen Adressen fest (Geldhandelsrahmen). Innerhalb dieser Handelslinien kann der G. frei disponieren und Geld an andere Handelsteilnehmer ausleihen. Bei Adressen von nicht zweifelsfreier Bonität schützt man sich durch überlappende Laufzeiten, d. h. man nimmt →Termingelder herein, die später fällig sind als die Ausleihungen.
Im Gegensatz zum Devisenhandel findet der G. im wesentlichen ohne Einschaltung von →Maklern statt. Im Handel mit →Euro-Geld kommt es allerdings schon einmal zur Einschaltung von Maklern. Der G. wird entweder als Handel mit →Tagesgeld oder als Handel mit Termingeld abgewickelt. →Kündigungsgeld wird nicht gehandelt. Der Handel mit Tagesgeld bildet den wesentlichsten Teil des G. Tagesgeld wird i. d. R. „bis auf weiteres" (b.a.w.) gehandelt. Abschlußtag ist der Erfüllungstag. Das garantiert, daß innerhalb sehr kurzer Zeit der Zentralbankguthabenbestand verändert werden kann. In Frankfurt am Main, dem zentralen Platz im deutschen G., trägt vor allem die Elektronische Abrechnung mit Filetransfer (EAF) zur schnellen Abwicklung von Geldmarktgeschäften bei (→Abrechnungsverkehr der Deutschen Bundesbank). Neben Tagesgeld mit gleichtägiger →Valuta auf b.a.w.-Basis – wegen der kürzestmöglichen Laufzeit auch als →Overnight-Money bezeichnet – kommen am inländischen Geldmarkt (analog zu den Usancen des Euro-Geldmarktes) auch Tagesgeldgeschäfte mit vereinbarter Regulierung (Rückzahlung) vor. Es sind →TOM/NEXT-Geschäfte mit einwertägiger Valutierung (z. B. Abschluß 10.05., Laufzeitbeginn 11.05., Fälligkeit 12.05.) und →SPOT/NEXT-Geschäfte mit zweiwertägiger Valutierung (z. B. 10.05. – 12.05. –

693

Geldhandelsadresse

13.05.). Die früher übliche Form des → täglichen Geldes, das eine Kündigungsfrist von einem Tag hatte, kommt in der Praxis nicht mehr vor. Tagesgeld wird vormittags etwa zwischen 9.30 Uhr und 11 bis 11.30 Uhr abgesprochen, und zwar sowohl die Hergabe als auch die → Prolongation sowie die Rücknahme. Die Zinsen werden i.d.R. bei Betragsänderungen und/oder Zinssatzänderungen berechnet, ansonsten einmal wöchentlich. Wie beim → Lombardkredit der Bundesbank gilt jeder Kalendertag als Zinstag. Es gibt die sog. internationale Zinsrechnungsart (Echt/360 Tage), auch als → Eurozinsmethode bezeichnet. Termingeld unter Banken hat grundsätzlich eine Mindestlaufzeit von einem Monat, es wird aber auch Termingeld mit kürzerer Laufzeit als 30 Tage gehandelt. Im G. kommen auch Laufzeiten von drei Monaten, sechs Monaten und zwölf Monaten sowie dazwischenliegende Laufzeiten vor. Bei terminiertem Tagesgeld kann jede Frist, die den Geldhändlern genehm ist, vereinbart werden. Ausgehend vom Euro-Geldmarkt hat sich das Zehntagegeld eingebürgert (z.B. Geld vom 10. auf den 20. eines Monats). Ebenfalls vom Euro-Markt ausgehend findet man im deutschen G. Wochengeld (z.B. Geld von Mittwoch bis Mittwoch, d.h. sieben Tage) oder Zweiwochengeld (14 Tage). Eine besondere Bedeutung hat das → Ultimogeld, das z.B. als Monatsultimogeld eine Rolle für Zwischenausweise der Banken spielt und vor allem wichtig ist als Jahresultimogeld mit dem Zweck des „window dressing". Termingeld wird mit zweiwerktägiger Valuta (Spot-Valuta) angeschafft. Für die Verzinsung gilt ebenfalls die Eurozinsmethode. Kreditinstitute, die aktiv am G. teilnehmen, nennen i.d.R. zwei Sätze, z.B. „Tagesgeld 5,20 zu 5,30". 5,20% ist der Geldsatz, zu dem das Kreditinstitut bereit ist, Tagesgeld b.a.w. aufzunehmen; 5,30% ist der Briefsatz, zu dem das Kreditinstitut Tagesgeld b.a.w. ausleihen würde. Seit der Einführung der Euro-Usancen am 1.7.1990 sollen am deutschen Geldmarkt regelmäßig Geld- und Briefsätze genannt werden. Gleichzeitig genannte Geld- und Briefsätze erleichtern es, Geld mit einem Zinsaufschlag „durchzuhandeln". Zinssätze werden auf dem Inlandsgeldmarkt als Dezimalbrüche genannt; im internationalen G. werden echte Brüche angegeben.

Teilnehmer: Am G. i.w.S. nehmen alle Kreditinstitute teil. I.e.S. zählen zu den Geldhandelsadressen allerdings nur die Teilnehmer, welche nicht über Zentralinstitute handeln. → Patronatserklärungen von übergeordneten Instituten sind selten. Die → DG Bank gibt seit 1975 eine Broschüre „Dispo-Partner" mit sämtlichen Geldhandelsteilnehmern heraus. Die → Großbanken und weitgehend auch die → Regionalbanken haben ihren G. stark zentralisiert. → Privatbanken betätigen sich in unterschiedlichem Umfang sowohl als Nehmer als auch als Geber im G. Die → öffentlich-rechtlichen Sparkassen kontrahieren im wesentlichen mit ihren (→ Landesbanken/Girozentralen); sie sind daher nicht im „Dispo-Partner" aufgeführt. Hierin erscheinen grundsätzlich nur die → freien Sparkassen. Auch die Volksbanken und → Raiffeisenbanken (→ Kreditgenossenschaften) kontrahieren nur mit ihren → genossenschaftlichen Zentralbanken. Als Geldhandelsteilnehmer treten nur diese Zentralbanken sowie die DG Bank auf. → Private Hypothekenbanken kontrahieren im G. im wesentlichen mit ihren übergeordneten Instituten. Auch → Kreditinstitute mit Sonderaufgaben nehmen z.T. aktiv am G. teil. Das Verhalten der → Bausparkassen am Geldmarkt hat sich gewandelt. Während sie früher fast nur als Geber im G. aufgetreten sind, sind sie jetzt, insbes. bei mittleren Laufzeiten, zu Nehmern geworden. Mit der Geldaufnahme vergrößern sie ihre Manövriermasse für die Zuteilung von → Bausparverträgen. Aktive Teilnehmer am deutschen Geldmarkt sind auch die → Auslandsbanken.

(→ Geldmarkt, → Treasury Management, → Liquiditätsmanagement)

Geldhandelsadresse

Geldmarktadresse; → Kreditinstitut, das im → Geldhandel ständig als Nehmer und Geber von → Zentralbankguthaben auftritt und bereit ist, sowohl Geld- als auch Briefsätze zu nennen. Kreditinstitute verfügen über Adressenlisten, in denen wichtige Angaben über Limite und Konditionen enthalten sind. Eine Liste mit sämtlichen Geldhandelsteilnehmern enthält die Broschüre „Dispo-Partner" der DG Bank.

Geldhändler

Mit entsprechender Kompetenz ausgestatteter Mitarbeiter im Arbeitsbereich → Geldhandel eines → Kreditinstituts. G. werden z.T. auch als → Gelddisponenten bezeichnet, die Begriffe werden aber nicht immer synonym verwendet.

Geldimport
Kurzfristiger → Kapitalimport (→ Kapitalbilanz).

Geldinstitute
Meist synonym verwendete Bezeichnung für → Kreditinstitute (z. B. in § 69 AWV) bzw. → Geschäftsbanken.

Geldkapital
In Geldwerten angelegtes → Vermögen, z. B. → Aktien (Beteiligungskapital), → Schuldverschreibungen, langfristige Anlagen bei → Kreditinstituten (→ Termineinlagen, → Spareinlagen mit vereinbarter Kündigungsfrist, → Sparbriefe/Sparkassenbriefe, → Bankschuldverschreibungen usw.). G. wird durch → Sparen gebildet (→ Kapital). Es kann zur → Finanzierung von → Sachinvestitionen (→ Investitionen) verwendet werden. Dann entsteht Produktivkapital (→ Realkapital). Im Rahmen der → Bankstatistischen Gesamtrechnungen schließt die → Deutsche Bundesbank bei der Berechnung der → Geldkapitalbildung bei → Banken Termineinlagen mit einer Befristung unter vier Jahren und Spareinlagen mit Kündigungsfrist von nicht mehr als drei Monaten aus. Eine Erhöhung des G. hat auf die Entwicklung der → Geldmenge eine kontraktive Wirkung, eine Verminderung eine expansive Wirkung.

Geldkapitalbildung
Veränderung der Höhe des → Geldkapitals, die für die Entwicklung der → Geldmenge expansive oder kontraktive Wirkung haben kann. Die G. ist innerhalb der → konsolidierten Bilanz des Bankensystems ein Bilanzgegenposten zur Geldmenge.
(→ Bankstatistische Gesamtrechnungen)

Geldkarte, → Zahlungskarte.

Geldkurs, → Bid.

Geldkurs im Devisenhandel
Kurs, zu dem eine → Bank bereit ist, eine Fremdwährung zu kaufen. Entsprechend bezeichnet man den Verkaufskurs als → Briefkurs im Devisenhandel. Zu unterscheiden ist zwischen den amtlichen Geld- und Briefkursen (→ Devisenbörse) und den Geld- und Briefkursen im Freiverkehr (→ Devisenhandel). Die amtlichen Geld- und Briefkurse haben eine vorgegebene → Spanne zum amtlichen → Mittelkurs im Devisenhandel (z. B. liegt der amtliche Geldkurs des Dollar um 0,0040 DM unter dem amtlichen Mittelkurs and der amtliche Briefkurs des Dollar um 0,0040 DM über dem amtlichen Mittelkurs). Gemäß besonderer Vereinbarung wenden die Banken mitunter einen → gespannten Kurs (die Hälfte der offiziellen Spanne) oder einen „doppelt gespannten" Geld- oder Briefkurs (ein Viertel der offiziellen Spanne) an. Für die Spanne zwischen den Geld- und Briefkursen im → Freiverkehr gibt es keine vorgegebene Größe. Sie hängt von der Größe des Marktes in der betreffenden → Währung und der jeweiligen Marktlage ab.

Geldleihe
Bezeichnung für → Kredite, bei denen → Bargeld oder Buchgeld zur Verfügung gestellt wird, z. B. in Form eines → Kontokorrentkredites. G. wird in der Bankpraxis häufig als → Barkredit bezeichnet; sie ist rechtlich gesehen immer ein → Darlehen.
Gegensatz: → Kreditleihe.

Geldmarkt
Markt, an dem → Zentralbankguthaben unter → Kreditinstituten kurzfristig (→ Laufzeit bis zu etwa einem Jahr, in Ausnahmefällen auch darüber) ausgeliehen, → Geldmarktpapiere von der → Deutschen Bundesbank den Kreditinstituten überlassen und von diesen an die Bundesbank zurückgegeben werden (einschl. des Handels von Geldmarktpapieren unter Kreditinstituten). Der G. ist ein Markt ohne festen Standort und ohne Einrichtung einer börsenähnlichen Zentralstelle (nichtorganisierter Markt).

G. i. w. und i. e. S.: Als G. i. w. S. wird der Markt für alle kurz- und mittelfristigen Finanzmittelbeschaffungen und Finanzmittelanlagen (Kredite und Geldanlagen) verstanden. Zu ihm wird auch der G. zwischen Unternehmen, insbes. der Industriegeldmarkt, gerechnet. Der G. i. e. S. umfaßt den Handel mit → Zentralbankguthaben zwischen Kreditinstituten, den Handel mit Geldmarktpapieren (v. a. zwischen der Bundesbank auf der einen und den Kreditinstituten auf der anderen Seite) sowie den Abschluß von kurzfristigen Offenmarktgeschäften mit Rückkaufsvereinbarung (→ Pensionsgeschäfte). Im engsten Sinne wird zum G. nur der Handel mit Zentralbankguthaben gerechnet; dieser Markt wird auch als → Ban-

Geldmarkt

kengeldmarkt (oder Interbankengeldmarkt) bezeichnet.

Objekte und Teilmärkte: Zu den am G. gehandelten Objekten gehören die Zentralbankguthaben (Primärliquidität) und die Geldmarktpapiere (→ Schatzwechsel, → unverzinsliche Schatzanweisung), die Sekundärliquidität darstellen (→ Liquiditätsgrade). Dementsprechend wird zwischen dem → Geldhandel und dem Handel mit Geldmarktpapieren unterschieden. Neben dem nationalen G. gibt es → internationale Geldmärkte (ausländische Geldmärkte und → Euro-Geldmarkt), die ebenfalls als Teilmärkte den G. (allerdings nicht mit Zentralbankguthaben, sondern mit Bankenbuchgeld (→ Buchgeld)) und den Handel mit Geldmarktpapieren umfassen.

Funktionen: Der G. hat bankbetriebliche und gesamtwirtschaftliche Funktionen zu erfüllen. Bankbetrieblich gilt es, das Liquiditätsproblem rentabilitätspolitisch optimal zu lösen. Die Banken suchen (vorübergehend) für überschüssige Mittel aus rentabilitätspolitischen Gründen Anlage und beschaffen sich fehlende Mittel aus liquiditätspolitischen Gründen (→ Liquiditätsmanagement des Bankbetriebs). Das Erfordernis der Sicherheit wird unter Geldmarktpartnern als erfüllt angesehen. Es kommt einer Bank, in Reaktion auf die unvorhergesehenen täglichen Schwankungen im Bedarf an → Liquidität, vor allem auf eine kostengünstige Erfüllung der monatlichen Mindestreserve-Verpflichtungen an. Im wesentlichen vollzieht sich daher über die Geldmarktgeschäfte der horizontale → Liquiditätsausgleich innerhalb des → Geschäftsbankensystems. Gesamtwirtschaftliche Bedeutung kommt dem G. zu, weil die Bundesbank im Rahmen der Geldpolitik über die Liquiditätslage der Banken (→ Bankenliquidität) das Kreditgewährungspotential bzw. das Geldmengenwachstum zu beeinflussen versucht. Die Ausweitung bzw. Einschränkung der Gesamtliquidität des Bankensektors bewirkt die Bundesbank durch den vertikalen Liquiditätsausgleich in Verbindung mit den Anforderungen an die Mindestreservehaltung (→ Mindestreserven, → Grobsteuerung am Geldmarkt).

→ *Zinsen:* Sowohl die Zinssätze für Zentralbankguthaben als auch für Geldmarktpapiere sind nach der Laufzeit abgestuft und liegen i. d. R. (sofern keine → inverse Zinsstruktur gegeben ist) bei zunehmender → Laufzeit höher. Die Zinssätze für unterschiedliche Fristigkeiten steigen oder sinken normalerweise gemeinsam, jedoch unterliegen die kurzfristigen Sätze stärkeren Schwankungen. Die Zinsen am G. hängen vom Spannungsverhältnis des Zentralbankguthabenbedarfs und des Zentralbankguthabenbestandes ab. Auf beide Größen kann die Bundesbank (zumindest mittelfristig) über ihre geldpolitischen Instrumente bestimmenden Einfluß ausüben, so daß sie die Satzbildung am G. kontrolliert. Ein wesentlicher Faktor für Zinsniveau und Zinsentwicklung ist die → Zinspolitik der Deutschen Bundesbank. Direkt beeinflußt sie mit ihrer Diskontsatz-, Lombardsatz- und Pensionssatzpolitik, indirekt mit ihrer Liquiditätspolitik die Geldmarktzinsen, v. a. den Tagesgeldsatz (→ Tagesgeld).

Der Zentralbankguthabenbedarf der Kreditinstitute hängt primär von den Mindestreserveanforderungen (Auswirkungen haben die von der Bundesbank festgelegten Mindestreservesätze und die Veränderung der reservepflichtigen Verbindlichkeiten durch die → Kredit- und → Einlagenpolitik der Banken) und von dem Bargeldbedarf der Nichtbanken ab (der Bargeldbestand der Banken erfährt eine Anrechnung auf die Mindestreservehaltung). Der Zentralbankguthabenbestand kann sich zwar auch ohne aktives Mitwirken der Bundesbank ändern (z. B. Zahlungen zugunsten der bei der Bundesbank geführten → Konten für Nichtbanken, die zu Belastungen bei Banken führen bzw. umgekehrt – soweit nicht durch die → Einlagenpolitik der Deutschen Bundesbank hervorgerufen), von entscheidendem Einfluß ist aber die → Geldpolitik der Deutschen Bundesbank. Zu einer Liquidisierung des G. (Lockerung, Verflüssigung) tragen Vorgänge bei, die die Zentralbankgeldbestände der Geschäftsbanken erhöhen; kontraktive Wirkungen (Versteifung, Austrocknung, Anspannung) gehen von Vorgängen aus, die die Zentralbankgeldbestände der Kreditinstitute verringern. Liquidisierende Vorgänge wirken zwar zinssenkend und kontraktive Vorgänge zinserhöhend; die absolute Höhe eines Geldmarktsatzes sagt jedoch nichts über die Lage am G. aus. Ob dieser flüssig oder angespannt ist, läßt sich erst durch einen Vergleich mit den relevanten Zentralbanksätzen feststellen. Wenn der Satz für Tagesgeld z. B. den → Lombardsatz übersteigt, ist der G. angespannt; liegt der

Geldmarkt

Tagesgeldsatz auf Höhe des → Abgabesatzes für kurzfristige Geldmarktpapiere oder tiefer, so ist der G. flüssig. Die Bundesbank versucht, ihre monetären Ziele nicht nur durch die Beeinflussung des Verhältnisses des Zentralbankgeldbedarfs zum Bestand an Zentralbankgeld, sondern auch durch ihre Refinanzierungssätze zu erreichen. Die Obergrenze der Geldmarktsätze werden durch den Lombardsatz, die → Rücknahmesätze für Geldmarktpapiere bzw. dem Zinssatz für → Wertpapierpensionsgeschäfte gezogen, weil die Banken, soweit diese Möglichkeiten offenstehen, eine alternative Zentralbankgeldbeschaffung bei der Bundesbank haben. Welche der Möglichkeiten vorzuziehen ist, hängt von der Zinsstruktur der Notenbank ab (sind z. B. Geldmarktpapiere im Bankensektor nicht vorhanden, → Rediskont-Kontingente und → Lombardlinien ausgeschöpft, werden sich auch die → Geldmarktzinsen am Zinssatz der Wertpapierpensionsgeschäfte orientieren). Eine Untergrenze der Geldmarktsätze liegt im Abgabesatz der Bundesbank für Schatzwechsel, weil die Banken alternativ zum G. zu diesem Zins Geld bei der Bundesbank anlegen können, indem sie Schatzwechsel erwerben (→ Liquiditätspapiere). Mit einer Laufzeit von drei bis zehn Tagen bietet die Bundesbank von Zeit zu Zeit Schatzwechsel an, um kurzfristige Liquiditätsüberschüsse der Banken zu absorbieren, damit ein übermäßiges Absinken des Tagesgeldsatzes innerhalb der monatlichen Mindestreserve-Erfüllungsperiode vermieden wird. Die Tagesgeldsätze können aber auch die genannten Obergrenzen überschreiten bzw. die Untergrenze unterschreiten. Der Grund liegt darin, daß z. B. für den Rediskont von → Wechseln Mindestlaufzeiten gelten (somit kann es auch bei freien Rediskont-Kontingenten lohnend sein, zu einem höheren Zins Geld am Bankengeldmarkt aufzunehmen). Im Verlauf eines Monats (Mindestreserve-Erfüllungsperiode) unterliegen die Spannungsverhältnisse am Tagesgeldmarkt regelmäßig mehr oder weniger starken Schwankungen. Zum einen ist die Liquiditätsposition der Kreditinstitute am Monatsanfang noch verhältnismäßig unsicher, zum anderen hängt dies auch von den zur Glättung der Zinsausschläge von der Bundesbank durchgeführten Ausgleichsoperationen am G. ab. Die Zinsbildung an den Termingeldmärkten verläuft stetiger als am Tagesgeldmarkt. Monats- bis Dreimonatssätze werden nicht wesentlich unter den → Diskontsatz sinken, weil dann die permanent im → Diskontkredit der Notenbank verschuldeten Banken im Rahmen der Wechselfälligkeiten ihre Rediskontverschuldung abbauen. Normalerweise werden diese längerfristigen Geldmarktsätze bei ausgeschöpften Rediskontkontingenten über dem Diskontsatz liegen, weil die Diskontkredite eine maximale Laufzeit von drei Monaten haben. Grundsätzlich hängen die Termingeldsätze wegen der Marktzusammenhänge in vielfältiger Weise von anderen Zinssätzen (Tagesgeldsatz, Diskontsatz, Abgabe- und Rücknahmesätze für Geldmarktpapiere, Zinsen an ausländischen Geldmärkten bzw. dem Euro-Geldmarkt, inländischem → Kapitalmarkt) und den Zinserwartungen ab. Grundsätzlich bestehen durch den Einfluß der Bundesbank nach Hermann und Jarchow folgende Wirkungszusammenhänge am G.:

(1) Bargeldumlauf im Nichtbankensektor: Zunahme/Abnahme →Anspannung/Verflüssigung

(2) → Währungsreserven der Bundesbank (einschl. der → Devisenswapgeschäfte): Zunahme/Abnahme→Verflüssigung/Anspannung

(3) Zentralbankeinlagen von Nichtbanken (einschl. → § 17-Gelder): Zunahme/Abnahme→Anspannung/Verflüssigung

(4) Zentralbankkredite an Nichtbanken (Bund, Länder usw.): Zunahme/Abnahme→Verflüssigung/Anspannung

(5) Schwebende Buchgeldverrechnungen (Float): Zunahme/Abnahme→Verflüssigung/Anspannung

(6) Mindestreservehaltung: Zunahme/Abnahme→Anspannung/Verflüssigung

(7) → Offenmarktgeschäfte der → Deutschen Bundesbank am Geldmarkt mit Banken bzw. Nichtbanken (einschl. Wertpapierpensionsgeschäfte): Käufe der Bundesbank/Verkäufe der Bundesbank→Verflüssigung/Anspannung

(8) Rediskontierungen und Lombardkredite der Banken: Zunahme/Abnahme→Verflüssigung/Anspannung

Interdependenz zwischen G. und Kapitalmarkt: Da alle Transaktionen auf den → Finanzmärkten mit Geld abgewickelt werden, ergibt sich eine mehr oder weniger große Verflechtung und Abhängigkeit der Märkte. Bei expandierender Geldmenge verbessert sich nicht nur die Bankenliquidität, sondern

Geldmarktadresse

auch die Liquiditätssituation der Nichtbanken. Ein entspannter G. bewirkt Anregungen auf dem Kapitalmarkt. Bei kontraktiver Geldpolitik bewirkt eine Verknappung der →Geldmenge i. d. R. eine Anspannung am Kapitalmarkt.
(→Finanzmarkt, →Internationale Finanzmärkte)

Geldmarktadresse, →Geldhandelsadresse.

Geldmarktbezogene Devisenpolitik
Liquiditätspolitik, die die →Deutsche Bundesbank im Rahmen ihrer Geldpolitik über den →Devisenmarkt ausführt (→Geldpolitik der Deutschen Bundesbank, →Liquiditätspolitik der Deutschen Bundesbank). Devisenpolitische Instrumente der Bundesbank sind →Swapgeschäfte, Outright-Operationen (→Outright) am Devisenterminmarkt (→Devisenmarkt) sowie →Devisenpensionsgeschäfte, § 19 Abs. 1 Nr. 8 und 9 BBankG.
Die von der Bundesbank heute praktizierten Swapgeschäfte dienen im Gegensatz zur früheren Swappolitik ausschließlich der Feinsteuerung am Geldmarkt. Kauft die Bundesbank im Rahmen von Swapgeschäften →Devisen, so stellt sie als Gegenwert für die →Laufzeit des Geschäfts →Zentralbankgeld zur Verfügung und erhöht damit die →Bankenliquidität. Gibt sie Devisen im Swapgeschäft ab, entzieht sie dem →Geldmarkt für die Laufzeit Liquidität. Die Transaktionen werden jeweils zu Marktsätzen abgewickelt. Unmittelbare über die Liquiditätswirkung hinausgehende Einflüsse auf den →Devisenkurs sind mit ihnen i. d. R. nicht verbunden. Um kurzfristige Liquiditätshilfen zu geben, hat die Bundesbank auch →Devisenswapgeschäfte über wenige Tage abgeschlossen.
Bei Devisenpensionsgeschäften tritt die Bundesbank ihren Herausgabeanspruch auf →Auslandsaktiva (z. B. auf →Treasury Bills, →Treasury Bonds) gegenüber ausländischen →Verwahrern für die Laufzeit des Pensionsgeschäftes an Kreditinstitute ab. Die Auslandsaktiva selbst bleiben im Eigentum der Bundesbank, die auch weiterhin die →Zinsen hierfür erhält. Mit der Zahlung des Gegenwertes nehmen die Zentralbankguthaben der →Kreditinstitute ab. Die Wirkung am Geldmarkt ist die gleiche wie beim Verkauf von Devisen im Swapgeschäft. Devisenpensionsgeschäfte sind Offenmarktgeschäfte auf Zeit (Offenmarktgeschäfte der Deutschen Bundesbank am Geldmarkt, →Pensionsgeschäfte); sie verringern während ihrer Laufzeit die Bankenliquidität.
Devisenswapgeschäfte und Devisenpensionsgeschäfte setzt die Bundesbank als besonders flexible Instrumente kurzfristig bei unerwarteten und unerwünschten Ausschlägen der Zentralbankguthaben innerhalb einer Mindestreserve-Erfüllungsperiode zur Feinsteuerung des Geldmarkts ein; entweder zur Liquiditätserhöhung (beim Kauf von Devisen im Wege des →Swaps) oder zur Liquiditätsabschöpfung (beim Verkauf von Devisen im Wege des Swaps und bei Devisenpensionsgeschäften).

Geldmarktfonds
Durch das Zweite →Finanzmarktförderungsgesetz 1994 zugelassene erweiterte Anlagemöglichkeit für →Kapitalanlagegesellschaften. Diese →Kreditinstitute (→Spezialbanken) können gemäß §§ 7a ff. KAGG Geldmarkt-→Sondervermögen errichten, als deren Bestandteile bestimmte →Geldmarktinstrumente sowie Bankguthaben mit →Laufzeiten von höchstens einem Jahr (§ 7d KAGG) in Betracht kommen. Solche G. und für die Ausschüttungen auf Anteilscheine hieran werden steuerlich wie Wertpapier-Sondervermögen behandelt (§ 37a KAGG). G. sind daher grundsätzlich von der →Körperschaftsteuer, der →Gewerbesteuer und der →Vermögensteuer befreit (§ 38 Abs. 1 KAGG). Die Ausschüttung unterliegt der →Kapitalertragsteuer (§§ 38b ff. KAGG).

Reine G. sind in Deutschland erst seit dem 1. 8. 1994 erlaubt. Reine G. sind solche Fonds, die ihre Mittel ausschließlich in liquiden Titeln anlegen können. Private Anleger haben damit einen (indirekten) Zugang zum →Geldmarkt, insbes. zu dem expandierenden Markt für →Commercial Papers. Bei →inverser Zinsstruktur kann der Anleger für kurzfristige Anlagen höhere →Zinsen als für langfristige Anlagen erzielen, ohne daß er auf →Festgeld (mit dem Nachteil einer Befristungsabsprache) ausweichen muß. Er kann seine Fondsanteile täglich verkaufen. G. bieten sich in einer Niedrigzinsphase als „Geldparkplatz" an. Institutionelle Anleger (→Kapitalsammelstellen, wie Versicherungen, Pensionsfonds und Kapitalanlagegesellschaften) haben den Vorteil der Anlagenstreuung und einer professionellen

Geldmarktinstrumente

Geldverwaltung zu relativ niedrigen Kosten. G. setzen leistungsfähige → Sekundärmärkte für → Geldmarktpapiere voraus. Nachteilig für die Anlage in G. sind der Ausgabeaufschlag und die Verwaltungsgebühren einschl. Depotbankvergütung. Gewisse Nachteile für Anleger liegen auch darin, daß keine → Einlagensicherung besteht und keine feste Verzinsung garantiert wird. Die → Bonitätsrisiken der Anleger halten sich jedoch in engen Grenzen, da die Fonds darauf bedacht sind, nur Papiere mit einem entsprechenden → Rating (allererste Schuldneradressen) zu erwerben.
G. gehören in anderen Ländern bereits seit langem zum Standardangebot von → Bankleistungen; sie bieten dem Anleger eine marktgerecht verzinste und zugleich flexible Anlageform, können freilich auch zu einer Verteuerung der Refinanzierung der Banken führen. In der Bundesrepublik Deutschland scheiterte ihre Zulassung lange am Widerstand der → Deutschen Bundesbank. G. wurden von ihr als Gefahr für eine wirksame → Geldpolitik erachtet, da sie nach der geltenden Fassung des § 16 BBankG nicht von der Pflicht zur Haltung von → Mindestreserven erfaßt werden. Nachdem die → Mindestreservepolitik der Deutschen Bundesbank im Rahmen der Geldmengensteuerung jedoch an Bedeutung verloren hat (→ Geldpolitik der Deutschen Bundesbank) und überdies die einzelnen Bestandteile von G. ihrerseits mindestreservepflichtig sind, erscheinen die Bedenken nicht (länger) maßgeblich.

Geldmarktnahe Fonds sind in Deutschland seit 1990 zugelassen und werden in einer Kombination aus Geldmarktpapieren und kürzer laufenden → Schuldverschreibungen aufgelegt (→ Kurzläuferfonds). Nach § 8 Abs. 3 des → Gesetzes über Kapitalanlagegesellschaften (KAGG) darf eine Kapitalanlagegesellschaft für ein Fondsvermögen (→ Sondervermögen) bis zu 49% der Mittel in Bankguthaben und in Einlagenzertifikaten von Kreditinstituten, in unverzinslichen Schatzanweisungen und → Schatzwechseln des Bundes oder der Bundesländer sowie in vergleichbaren Papieren anderer Staaten, die Mitglieder der OECD sind, anlegen. Die genannten Geldmarktpapiere dürfen im Zeitpunkt ihres Erwerbs für das Sondervermögen eine restliche Laufzeit von höchstens zwölf Monaten haben. In Kombination mit der Anlage in kürzerlaufenden Schuldverschreibungen (→ Kurzläufer) sind damit Quasi-G. möglich. Geldmarktnahe Wertpapierfonds erwerben auch Schuldverschreibungen, die mit innovativen Finanzinstrumenten verbunden, z. B. durch Hereinnahme von → Floating Rate Notes oder durch Abschluß eines → Zins-Swaps für den gesamten Papierbestand.

Geldmarkt-Future
→ Future, der sich auf kurzfristige → Geldmarktpapiere (z. B. → Treasury Bills), Geldmarktanlagen auf dem → Euromarkt (z. B. → Euro-DM-Future) oder Domestic-Geldmarktanlagen (z. B. → FIBOR-Future, → PIBOR-Future) bezieht. Im Gegensatz zu mittelfristigen Futures-Kontrakten (z. B. → Bobl-Future) und langfristigen Futures-Kontrakten (z. B. → Bund-Future, → Buxl-Future) werden G.-F. auf einer Indexbasis quotiert, d. h., der Kurs errechnet sich aus der Differenz zwischen 100 und der → Forward Rate. Je niedriger der Kurs notiert, desto höher ist die Forward Rate und vice versa.

G.-F. an der → LIFFE:
- 3-Monats-Termineinlage in Pfund Sterling (Short Sterling-Future);
- 3-Monats-Termineinlage in US-Dollar (→ Eurodollar-Future);
- 3-Monats-Termineinlage in D-Mark (Euro-DM-Future);
- 3-Monats-Termineinlage in Schweizer Franken (Euroswiss-Future);
- 3-Monats-Termineinlage in Italienischer Lira (Eurolira-Future);
- 3-Monats-Termineinlage in ECU (ECU-Future).

G.-F. an der → Deutschen Terminbörse (DTB):
- 3-Monats-Termineinlage in D-Mark (FIBOR-Future).

Geldmarktgeschäfte
Geschäfte zwischen → Kreditinstituten oder zwischen Kreditinstituten und der → Deutschen Bundesbank über → Zentralbankgeld, z. B. in Form von → Tagesgeld oder → Termingeld, bzw. über → Geldmarktpapiere. G. können unter Ertragsaspekten und/oder Liquiditätsaspekten durchgeführt werden (→ Geldmarkt). G. zählen zu den → Eigengeschäften der Kreditinstitute.

Geldmarktinstrumente
Verzinsliche → Wertpapiere und → Schuldscheindarlehen, die im Zeitpunkt ihres Er-

Geldmarktnaher Fonds

werbs für ein Geldmarkt-Sondervermögen (→ Geldmarktfonds) eine restliche → Laufzeit von höchstens zwölf Monaten haben oder deren Verzinsung nach den Ausgabebedingungen während ihrer gesamten Laufzeit regelmäßig, mindestens aber einmal pro Jahr, marktgerecht angepaßt wird (§ 7a Abs. 2 KAGG). Eine → Kapitalanlagegesellschaft darf für Geldmarktfonds nur G. erwerben, deren → Aussteller oder → Schuldner einem bestimmten Personenkreis angehört (§ 7b Abs. 1 Satz 1 Nr. 1 KAGG). Sind dies → juristische Personen des öffentlichen Rechts mit Sitz im Inland, in anderen EU-Mitgliedstaaten, aber auch (teilweise) im Bereich des → Europäischen Wirtschaftsraums (EWR) und der → Organisation für Wirtschaftliche Zusammenarbeit und Entwicklung (OECD) (§ 8 Abs. 2 Satz 2 Nr. 2 KAGG), so reicht es aus, wenn diese die Gewährleistung für Verzinsung und → Rückzahlung der G. übernommen haben. Zudem können auch → Schatzwechsel oder vergleichbare → Wechsel dieser Aussteller für G. erworben werden (§ 7b Abs. 2 KAGG). Nur als Aussteller oder Schuldner von G. kommen weiter in Betracht: (1) → Kreditinstitute, (2) Unternehmen, die an einer in- oder ausländischen → Börse zum → amtlichen (Börsen-)Handel zugelassene Wertpapiere ausgegeben haben, (3) (andere) Unternehmen mit einem → Eigenkapital von mindestens 10 Mio. DM sowie (4) Konzernunternehmen i. S. d. § 18 AktG, wenn ein anderes Unternehmen desselben → Konzerns Aussteller oder Schuldner sein könnte und die Gewährleistung für Verzinsung und → Tilgung der G. übernommen hat. Eine Anlage in → Forderungen aus Schuldscheindarlehen setzt voraus, daß diese nach dem Erwerb für das → Sondervermögen noch mindestens zweimal abgetreten werden können (§ 7b Abs. 1 Satz 2; → Abtretung).

Geldmarktnaher Fonds, → Geldmarktfonds.

Geldmarktpapier

→ Wertpapier mit relativ kurzer → Laufzeit, das üblicherweise am → Geldmarkt zwischen der → Deutschen Bundesbank und → Kreditinstituten gehandelt wird. Dazu zählen → Schatzwechsel, → unverzinsliche Schatzanweisungen (U-Schätze) und → Privatdiskonten. Mitunter werden als G. nur solche Papiere bezeichnet, die in die Geldmarktregulierung der Bundesbank einbezogen werden (Papiere mit Ankaufszusage der Bundesbank ohne Anrechnung auf → Rediskont-Kontingente).

Auch *Privatdiskonten* sind den G. zuzurechnen. Die Bundesbank handelt am Geldmarkt mit Privatdiskonten, allerdings direkt nur mit der Privatdiskont AG. Die Obergrenze für den Ankauf (Rediskont-Kontingent) von Privatdiskonten im → Offenmarktgeschäft der Deutschen Bundesbank ist zum 31. 12. 1991 aufgehoben worden. Im → Diskontgeschäft nimmt die Bundesbank Privatdiskonten unter Anrechnung auf die Rediskont-Kontingente von Kreditinstituten herein.

Die Bereitschaft der Bundesbank, jederzeit *Schatzwechsel und U-Schätze* – allerdings zu von ihr autonom festgesetzten Ankaufsätzen – anzukaufen, ermöglicht einen „quasi-automatischen" Zugang der Kreditinstitute zur Versorgung mit → Zentralbankguthaben. Die G. stellen potentielles → Zentralbankgeld dar („in die Geldmarktregulierung einbezogen").

Der Handel in G. stellt neben dem Handel mit Zentralbankgeld einen Teilmarkt des → Geldmarktes dar. Im Gegensatz zum horizontalen → Interbankenhandel von Zentralbankguthaben (Handel unter Kreditinstituten), an dem die Bundesbank nicht als Marktpartei beteiligt ist, findet ein Handel in G. v. a. zwischen Kreditinstituten und der Bundesbank statt. Daneben gibt es Transaktionen in G. zwischen der Bundesbank und ausländischen Anlegern sowie bestimmten öffentlichen Stellen, wie z. B. dem → ERP-Sondervermögen.

G. in Form von Schatzwechseln und U-Schätzen können aus einer Kreditaufnahme des Bundes und der Länder herrühren (→ *Finanzierungspapiere*). Bei den → *Liquiditätspapieren* (auf Initiative der Bundesbank herausgegebene Schatzwechsel und U-Schätze des Bundes) fließen die Gegenwerte aus den abgegebenen Papieren nicht dem Bund zu, sondern werden bei der Bundesbank stillgelegt, so daß eine Finanzierungsfunktion für den formellen Schuldner nicht erfüllt ist. Faktisch stellen die Liquiditätspapiere → Emissionen der Bundesbank dar. Sind U-Schätze nicht in die Geldmarktregulierung einbezogen, so werden sie als → N-Titel bezeichnet (es besteht kein Anspruch, diese U-Schätze vor → Fälligkeit an die Bundesbank zurückgeben zu können, obwohl die Bundesbank geldmarktsituationsbedingt zum Ankauf bereit sein kann). Bereits seit langem hat die Bundesbank abgegebene Titel (zum Zwecke der Reduzierung des potentiellen Zentralbankgeldes an Kreditinstitute) nicht mehr mit der Ankaufszusage ausgestattet. Zum Ausgleich für den geringeren Liquiditätsgrad weisen diese Papiere eine höhere Verzinsung auf. Um kurzfristige Liquiditätsüberschüsse der Banken zu absorbieren, bietet die Bundesbank von Zeit zu Zeit nicht vorzeitig zurückgebbare Schatzwechsel mit einer Laufzeit von drei bis zehn Tagen an, damit ein übermäßiges Absinken des Tagesgeldzinssatzes innerhalb der monatlichen Mindestreserve-Erfüllungsperioden vermieden wird.

Liquiditätspapiere mit Geldmarktregulierung werden seit Jahren nur noch an ausländische Stellen abgegeben, um z. B. ausländischen Zentralbanken eine verzinsliche Anlage ihrer →Währungsreserven zu ermöglichen.

G. ausländischer bzw. internationaler Geldmärkte (→Euro-Geldmärkte): Dies sind z. B. →Certificates of Deposit und →Commercial Papers.

Geldmarktpapiere, Handelsusancen

Für →Geldmarktinstrumente, d. h. →Abzinsungspapiere und zinstragende kurzfristige →Zinsinstrumente werden ebenfalls wie für →Kapitalmarktpapiere →Renditen veröffentlicht. Renditen werden immer auf Basis eines Jahres, also annualisiert, angegeben. Allerdings gibt es an den internationalen Märkten unterschiedliche Methoden, wie Renditen im einzelnen zu kalkulieren sind. Die annualisierten Renditen werden zum einen von der Methode der Tageberechnung und zum anderen von Methode der Umrechnung von →Periodenrenditen in Jahresrenditen beeinflußt.

Methoden der Tageberechnung: →Tageberechnungsmethoden unterscheiden sich zum einen in der Ermittlung der Jahrestage und zum anderen in der Berechnung der Tage je Monat. Die übliche Tageberechnung an den →Geldmärkten ist die →Euro-Zinsmethode Echt/360. Das bedeutet, daß das Zinsjahr 360 Tage hat. Allerdings wird jeder Monat mit den tatsächlichen Tagen gerechnet. Anwendungsbeispiele liegen bei →Commercial Paper, →Treasury Bill und →Floating Rate Notes in den USA. Auch in der Bundesrepublik Deutschland wird seit dem 1. Juli 1990 im →Interbankenhandel nach dieser Methode quotiert. →Bundesbank-Liquiditäts-U-Schätze und Floating Rate Notes werden ebenso nach dieser Methode kalkuliert wie Commercial Paper. Die Methode Echt/360 wird auch als internationale oder französische Methode bezeichnet, oftmals auch als Eurozinsmethode.

Alternativ wird an einigen Märkten auch nach der Methode →Echt/365 gehandelt. Oftmals wird diese Methode auch als Echt/Echt bezeichnet. Das Jahr wird mit 365 Tagen angesetzt und jeder Monat mit den tatsächlichen Tagen. In einem Schaltjahr wird das Jahr mit 366 Tagen angesetzt. Sterling Commercial Paper oder belgische Geldmarktpapiere werden beispielsweise nach dieser Methode quotiert, die auch als englische Methode bezeichnet wird.

Daneben gibt es vor allem im Handel mit kurzlaufenden →Anleihen und Obligationen die Methode E30/360. Hierbei wird unterstellt, daß das Jahr 360 Tage und jeder Monat 30 Tage hat. Am Euromarkt und in der Bundesrepublik Deutschland werden die Renditen von Obligationen und →Anleihen nach dieser →deutschen Zinsmethode kalkuliert.

Methoden der Umrechnung von Periodenin Jahresrenditen: Werden die Renditen für Geldmarktinstrumente ermittelt, die mehrmals im Jahr →Zinsen zahlen oder eine →Laufzeit haben, die geringer als ein Jahr ist, kann die Umrechnung in eine Jahresrendite (Annualisierung) mit Zinseszinseffekten oder ohne Zinseszinseffekte erfolgen. Renditen, die Zinseszinseffekte nicht berücksichtigen, werden als →nominale Renditen (Nominal Yield) bezeichnet. Diese Art der Renditeberechnung dominiert an den meisten Geldmärkten.

Geldmarktregulierung

Bezeichnung für die Beeinflussung der Knappheitsverhältnisse und der Zinssätze am →Geldmarkt. Der Begriff wird vor allem im Zusammenhang mit →Geldmarktpapieren verwendet (→Finanzierungspapiere). Die „Steuerungsgrößen am Geldmarkt" werden in den →bankstatistischen Gesamtrechnungen (der Bundesbank) dargestellt.

Geldmarktregulierung durch die Deutsche Bundesbank

Steuerung der Knappheitsverhältnisse am →Geldmarkt mit →Schatzwechseln und →unverzinslichen Schatzanweisungen

Geldmarktrendite

Geldmarktrendite

Instrument	Renditeberechnung	Tageberechnung
Treasury Bill	Discount Rate	Echt/360
DM-LIBOR	MMY	Echt/360
Buli	MMY	Echt/360
Commercial Paper in USD	Discount Rate	Echt/360
Commercial Paper in GBP	Discount Rate	Echt/360
Certificate of Deposit in USD	MMY	Echt/365
Finanzierungsschätze des Bundes	Abschlagszinssatz	Echt/360
		E30/360

(→ Geldmarktpapier), indem die Bundesbank entsprechend den geldpolitischen Erfordernissen → Abgabesätze und → Rücknahmesätze festsetzt.

Geldmarktrendite
Prozentualer Ertrag des eingesetzten → Kapitals von → Geldmarktpapieren unter Berücksichtigung der → Tageberechnungsmethode des Papiers. Die G., die auch als Money Market Yield (MMY) oder CD-equivalent Yield bezeichnet wird, wird in den USA für Geldmarktinstrumente errechnet, die Zinszahlungen haben. Ein Beispiel hierfür sind → Certificates of Deposit (CD's). In der Bundesrepublik Deutschland werden auch Papiere ohne laufende Zinszahlungen, wie beispielsweise Bulis (→ Bundesbank-Liquiditäts-U-Schätze) oder → Commercial Papers, auf Basis der G. gehandelt.

Merkmale einiger wichtiger Geldmarktinstrumente an internationalen Geldmärkten vgl. Übersicht oben.

Vergleichbarkeit: Um Geldmarktpapiere mit → Kapitalmarktpapieren vergleichen zu können, wird für Geldmarktpapiere die → Bond Equivalent Yield (BEY) ermittelt.

Geldmarktzins
Zinssatz für kurzfristige Geldanlagen, z. B. für → Dreimonatsgeld.

Geldmenge
Geldvolumen; Gesamtheit monetärer Forderungen von Nichtbanken gegen → Banken, die Zahlungsmittelfunktion erfüllen. → Zahlungsmittel sind streng genommen nur solche Geldaktiva inländischer Nichtbanken, die unmittelbar zur → Tilgung einer → Verbindlichkeit eingesetzt werden können. Das sind → Bargeld (→ Banknoten und → Münzen) sowie die → Sichteinlagen inländischer Nichtbanken bei Banken, über die jederzeit verfügt werden kann. In diesem Sinne umfaßt die G. den Teil der monetären Forderungen, der im Gegensatz zum → Geldkapital unverzinslich gehalten wird, mit jederzeitiger Verfügungsmöglichkeit.
Es sind verschiedene → Geldmengenbegriffe zu unterscheiden.

Geldmengenaggregate
Geldbestände, die als makroökonomische Größen durch Addition ermittelt werden (→ Geldmengenbegriffe).

Geldmengenbegriffe
Definitionen für Geldbestände in der Volkswirtschaft. Die Entwicklung der → Geldmenge ist von Bedeutung für die Beurteilung der monetären Entwicklung einer Volkswirtschaft: „Ein Inflationsprozeß (→ Inflation), der den → Binnenwert und → Außenwert der → Währung aushöhlt, kann sich auf die Dauer nicht ohne eine entsprechende Ausweitung der Geldmenge entwickeln." (Monatsbericht der Deutschen Bundesbank, Januar 1985, S. 14).

1. *Geldmenge i. S. einer Grunddefinition:* Summe aus → Bargeldumlauf (ohne Kassenbestände der → Kreditinstitute) und Sichtguthaben (→ Sichteinlagen) inländischer Nichtbanken bei Banken.

2. *Geldmenge M 1* (M steht als Abkürzung für Money und 1 zur Kennzeichnung der ersten engen Definition): Summe aus Bargeldumlauf (ohne Kassenbestände der Kreditinstitute) und Sichtguthaben inländischer Nichtbanken bei Banken (ohne → Zentralbankguthaben inländischer → öffentlicher Haushalte). M 1 in anderer Formulierung: Bargeldumlauf minus Kassenbestände der Kreditinstitute plus Sichtguthaben inländi-

scher Nichtbanken minus →Sichteinlagen der öffentlichen Haushalte bei der Bundesbank. Bei der Definition der Geldmenge M 1 wird davon ausgegangen, daß die Geldbestände im Besitz von Kreditinstituten und im Besitz von Ausländern nicht nachfragewirksam sind. Die Sichteinlagen der öffentlichen Haushalte bei der Bundesbank werden ausgeklammert, weil zwischen der Nachfrage der öffentlichen Haushalte und den von ihnen unterhaltenen Zentralbankguthaben kein funktionaler Zusammenhang unterstellt werden kann. In der Geldmenge M 1 sind die Bargeldbestände in den Händen von Ausländern enthalten, nicht aber die von Ausländern unterhaltenen Sichteinlagen. Die Geldmenge M 1 unterscheidet sich von der Geldmenge im Sinne der Grunddefinition durch die Nichtberücksichtigung der Zentralbankguthaben der öffentlichen Haushalte.

3. *Geldmenge M 2:* Nach der Definition der Bundesbank umfaßt die Geldmenge M 2 Geldmenge M 1 plus →Termineinlagen inländischer Nichtbanken mit einer →Laufzeit unter vier Jahren. Die Geldmenge M 2 umfaßt also neben den liquiden Mitteln für Transaktionszwecke auch Mittel zur Liquiditätsvorsorge, die auch als →Quasigeld bezeichnet werden. Hierzu rechnen →Einlagen bei Kreditinstituten, die zwar nicht unmittelbar für Zahlungszwecke eingesetzt werden können, sich aber rasch mobilisieren lassen.

4. *Geldmenge M 3:* Die Geldmenge M 3 enthält nach der Definition der Bundesbank die·Geldbestände in einer weiten Abgrenzung. M 3 gleich Geldmenge M 2 plus Sparguthaben inländischer Nichtbanken mit dreimonatiger Kündigungsfrist. Diese Definition berücksichtigt, daß auch die Sparguthaben mit dreimonatiger Kündigungsfrist zum Quasigeld zählen. Die →erweiterte Geldmenge M 3 ist noch umfassender.

5. *Zentralbankgeld:* Es ist die Menge an →Zentralbankgeld, also der Bargeldumlauf plus Sichteinlagen bei der Bundesbank (Zentralbankguthaben).

6. →*Zentralbankgeldmenge* = Bargeldumlauf minus Kassenbestände der Kreditinstitute plus Mindestreservesoll der Kreditinstitute auf Inlandsverbindlichkeiten (mit konstanten Reservesätzen berechnet). In dieser Definition der Bundesbank sind die →Mindestreserven auf Auslandsverbindlichkeiten nicht enthalten. Die Bundesbank zählt nicht das Mindestreserve-Ist, sondern das Mindestreserve-Soll zur Zentralbankgeldmenge.

Bis 1987 diente die Zentralbankgeldmenge als monetäre Zwischenzielgröße und als →monetärer Indikator. Ab 1988 verwendet die Bundesbank hierfür die Geldmenge M 3. Zweifel an deren Tauglichkeit als geldpolitischer Steuerungsgröße führten dazu, daß alternative Konzepte, wie etwa eine „transaktionskostenorientierte Geldmenge", untersucht werden. Diese besteht aus den gleichen Komponenten wie M 3, welche aber in ihrer Bedeutung danach gewichtet werden, wie sehr sie sich auch für nicht ausgabenwirksame (langfristige) Kapitalanlagen eignen. Bis auf weiteres hält aber die Bundesbank M 3 für eine geeignete Grundlage der →Geldmengensteuerung.

7. *Geldbasis:* Die Geldbasis umfaßt die aktuellen Bestände an Zentralbankgeld, die die Grundlage für die →Geldschöpfung der Kreditinstitute bilden (monetäre Basis). Geldbasis = Bargeldumlauf plus Sichtguthaben der Kreditinstitute bei der Bundesbank. Im Gegensatz zur Zentralbankgeldmenge in der Definition der Bundesbank enthält die Geldbasis auch das Mindestreserve-Ist auf Auslandsverbindlichkeiten sowie die Überschußguthaben der Kreditinstitute. Die Geldbasis stellt nach einer bestimmten geldtheoretischen Lehrmeinung das von der Bundesbank bereitgestellte Geldangebot dar. Demgegenüber ist die Zentralbankgeldmenge (ähnlich wie die Geldmengenaggregate M 1, M 2 und M 3) das Ergebnis des gesamten volkswirtschaftlichen Geldschöpfungsprozesses.

Geldmengensteuerung

Aus der Theorie der →Geldpolitik stammender Begriff, mit dem das Ziel der →Zentralnotenbank beschrieben wird, die insgesamt umlaufende →Geldmenge im Sinne ihrer geldpolitischen Zielvorstellungen zu kontrollieren. Für die G. werden Geldmengenziele (→Geldmengenbegriffe) benötigt. In der Geldpolitik der Deutschen Bundesbank ist dies die Geldmenge M 3, die wegen ihres engen Zusammenhanges mit dem Endziel der Geldpolitik (→Geldwertstabilität) als →monetärer Indikator verwendet wird (→Geldpolitik der Deutschen Bundesbank 4 und 5).

Geldmengenziele

Die Deutsche Bundesbank faßt ihr jährliches Geldmengenziel als ein mittelfristiges, vor allem an der Zunahme des →Produktionspotentials orientiertes Steuerungskonzept auf. Seine Grundlage ist die neue Interpretation der klassischen Quantitätstheorie. Danach kann die Geldpolitik zwar kurzfristig und vorübergehend auch die realen Größen der Volkswirtschaft beeinflussen, längerfristig wirkt die Geldmenge jedoch nur auf das Preisniveau. Eine Ausrichtung der Geldpolitik am Ziel der Konjunkturstabilisierung erscheint dieser Ansicht dagegen – vor allem wegen des nicht hinreichend vorhersehbaren Transmissionsmechanismus monetärer Impulse auf den realen Sektor sowie wegen der dabei zu beachtenden erheblichen (und zudem variablen) Wirkungsverzögerungen – wenig erfolgversprechend. Bei einer solchen Orientierung droht die Gefahr, daß die Geldpolitik die Konjunkturbewegung noch verstärkt, statt sie zu glätten.

Demgegenüber geht die Bundesbank von einer längerfristig zu verstehenden Regel aus, wonach die angestrebte Wachstumsrate der Geldmenge – um Preisstabilität zu erreichen bzw. zu sichern – nicht größer sein sollte als die voraussichtliche Zunahme der Produktionsmöglichkeiten der Volkswirtschaft, wie sie im Konzept des Produktionspotentials beschrieben werden. Bei der empirischen Ausformung dieser Regel wird ferner ein Zuschlag für die gesetzte Preisnorm („unvermeidliche" Preissteigerung) sowie ein Abschlag für die geschätzte langfristige Änderungsrate der Umlaufgeschwindigkeit des Geldes berücksichtigt.

Geldmengenziele, →Geldmengensteuerung, →Geldpolitik der Deutschen Bundesbank.

Geldordnung

Synonymer Begriff für →Währungsordnung.

Geldpolitik

Regelungen und Maßnahmen (bislang) von Staaten, insbes. seitens der →Zentralnotenbank als →Währungsbank, zur Gestaltung der monetären Rahmenbedingungen einer Volkswirtschaft. Mit der Bemessung des „Geldmantels" der Wirtschaft sollen die Grenzen für einen Anstieg des Preisniveaus (→Inflation, →Geldwertstabilität) gesteckt werden.

Geldpolitik der Deutschen Bundesbank

1. *Begriff:* Gesamtheit aller Maßnahmen der →Deutschen Bundesbank zur →Währungssicherung, die der Bundesbank als Ziel bei der Erfüllung ihrer Aufgaben durch § 3 BBankG vorgegeben ist. Währungssicherung wird auch mit →Geldwertstabilität (synonyme Bezeichnung Währungsstabilität) bezeichnet.

2. *Aufgabe, Grundlagen und Ziele:* § 3 BBankG regelt die Verantwortung der Bundesbank für ein geordnetes Geldwesen und zugleich für einen stabilen →Geldwert innerhalb der BRD und gegenüber dem Ausland (→Deutsche Bundesbank, Aufgabe nach § 3 BBankG). Nach Auffassung der Bundesbank sind äußere und innere Geldwertstabilität zwei unterschiedliche Aspekte des gleichen Ziels, sofern man die äußere Währungsstabilität als Kaufkraftstabilität definiert. Zusätzlich zur Aufgabe der Währungssicherung verpflichtet das BBankG die Bundesbank, mit ihrer Geldpolitik die allgemeine →Wirtschaftspolitik der Bundesregierung (Ziele gemäß § 1 StabG: Stabilität des Preisniveaus, hoher Beschäftigungsstand, → außenwirtschaftliches Gleichgewicht, stetiges und angemessenes →Wirtschaftswachstum) – „unter Wahrung ihrer Aufgabe" – zu unterstützen. Die Bundesbank ist in ihrer Geldpolitik von Weisungen der Bundesregierung unabhängig. In dieser Regelung des § 12 BBankG wird eine sinnvolle Rollenverteilung zwischen der Bundesbank und den anderen wirtschaftspolitischen Entscheidungsträgern gesehen.

3. *Geldpolitische Strategien:* a) *Diskretionäre Geldpolitik* (bis 1973): Die Bundesbank hat bis 1973 eine sog. diskretionäre Geldpolitik betrieben. Ihre Politik war konjunkturzyklusorientiert und darauf ausgerichtet, die gesamtwirtschaftliche Nachfrage antizyklisch zu stabilisieren (fallweises Eingreifen, →Interventionismus). Bei steigenden Preisen war ihre Geldpolitik (in erster Linie Zinspolitik) auf Konjunkturdämpfung gerichtet. Bei zu schwacher wirtschaftlicher Entwicklung waren ihre Maßnahmen darauf gerichtet, durch niedriges Zinsniveau die →Konjunktur zu stützen bzw. anzuregen. Die diskretionäre, zyklusorientierte Zinspolitik war von keynesianischen und postkeynesianischen Vorstellungen geprägt. Zur Erklärung der Wirkungsweise der diskretionären Geldpolitik be-

Geldpolitik der Deutschen Bundesbank – Kredittheoretischer Transmissionsmechanismus
(schematische Darstellung)

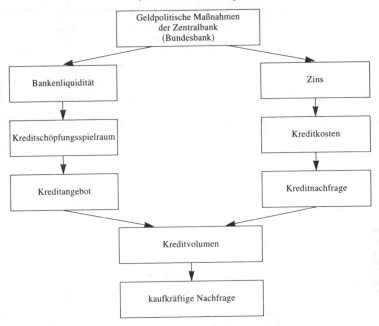

Quelle: Friedrich, H., Stabilisierungspolitik, Wiesbaden 1978, S. 136

diente man sich des sog. kredittheoretischen Ansatzes (kredittheoretischer Transmissionsmechanismus), dargestellt in Abbildung „Geldpolitik der Deutschen Bundesbank – Kredittheoretischer Transmissionsmechanismus".

Indikatoren und Zwischenzielgrößen der Geldpolitik der Bundesbank waren die → freien Liquiditätsreserven und das Zinsniveau. Restriktive Geldpolitik zielte auf Minderung der freien Liquiditätsreserven und steigendes Zinsniveau, expansive Geldpolitik auf steigende Liquiditätsreserven und sinkendes Zinsniveau. Die Wirkung der Geldpolitik war insbes. Anfang der siebziger Jahre aufgrund der Interventionspflicht der Bundesbank (→ Interventionen am Devisenmarkt) im Rahmen des → Festkurssystems (→ Bretton-Woods-System) sehr erschwert. Aufgrund des Zwangs zu Dollarankäufen stellte die Bundesbank den Kreditinstituten → Zentralbankgeld zur Verfügung, was die Möglichkeit zur verstärkten Ausdehnung des → Kreditvolumens gab.

b) *Potentialorientierte Geldpolitik:* Mit Übergang zum → Floating (März 1973) begann die Bundesbank mit einer Neuorientierung ihrer Geldpolitik. „Nach den Erfahrungen in den späten sechziger und frühen siebziger Jahren war überdies der Glaube geschwunden, daß die Geldpolitik zur kurzfristigen Konjunktursteuerung recht geeignet wäre" (Monatsbericht der Deutschen Bundesbank, Mai 1988, S. 20). An die Stelle der diskretionären Geldpolitik trat die potentialorientierte Geldpolitik. Anstelle fallweisen Eingreifens (Konjunkturzyklusorientierung) trat eine Trendorientierung mit Regelbindung in der Weise, daß eine mittel-

Geldpolitik der Deutschen Bundesbank

Geldpolitik der Deutschen Bundesbank – Vermögenstheoretischer Transmissionsmechanismus
(schematische Darstellung)

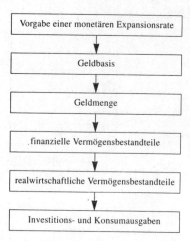

Quelle: Friedrich, H., Stabilisierungspolitik, Wiesbaden 1978, S. 148

fristige → Geldmengensteuerung betrieben wird. Für 1975 verkündete die Bundesbank erstmals ein Geldmengenziel. Trotz bestimmter technischer Änderungen und unterschiedlicher Ausformulierungen hat sie hieran festgehalten, um „mit Hilfe einer im voraus festgelegten Grundlinie der Geldpolitik einen hohen Stabilitätsstandard zu realisieren und eine stetige Wirtschaftsentwicklung von der monetären Seite her zu fördern" (Monatsbericht Mai 1988, S. 20). Die Konzeption der Geldmengensteuerung der Bundesbank ist von Überlegungen des → Monetarismus beeinflußt. Die Wirkung geldpolitischer Maßnahmen wird von den Monetaristen mit dem sog. vermögenstheoretischen Transmissionsmechanismus erklärt, dargestellt in Abbildung „Geldpolitik der Deutschen Bundesbank – Vermögenstheoretischer Transmissionsmechanismus".
Es wird – vereinfacht ausgedrückt – davon ausgegangen, daß eine Veränderung des Geldangebots durch die → Zentralnotenbank die → gesamtwirtschaftliche Nachfrage, insbes. die Investitionsgüternachfrage, beeinflußt. Stellt die Zentralnotenbank mehr Zentralbankgeld bereit, wird die → Liquidität der Wirtschaftssubjekte größer, was sich im Kauf von → Wertpapieren niederschlägt und über steigende Kurse und sinkende → Rentabilität die Investitionsgüternachfrage anregt (→ Investitionsfunktion, → Investitionsmultiplikator).
In Anlehnung an das Jahresgutachten 1974 des → Sachverständigenrates zur Begutachtung der gesamtwirtschaftlichen Entwicklung orientiert sich die Bundesbank mit der Entwicklung der Geldmenge nicht mehr ausschließlich an der tatsächlichen güterwirtschaftlichen Entwicklung (z.B. am → Bruttoinlandsprodukt bzw. → Bruttosozialprodukt (BSP) zu Marktpreisen), sondern am Wachstum des realen → Produktionspotentials, d.h. an den Produktionsmöglichkeiten. Darunter versteht man – vereinfacht ausgedrückt – das Wachstum der Produktionskapazitäten der Unternehmen. Die potentialorientierte Geldpolitik geht von der Erkenntnis aus, daß Geldnachfrage und Geldmenge mittelfristig im Einklang mit dem Produktionspotential wachsen. Sofern die Geldmenge mit den Kapazitäten wächst und nicht mit dem Sozialprodukt, auch wenn die Kapazitäten nicht ausgelastet sind (Unterbeschäftigung), regt der zusätzliche „Geldvorrat" die Nachfrage an; umgekehrt soll sich das Geldmengenwachstum nicht beschleunigen, wenn die Kapazitätsauslastung zunimmt und ggf. eine Überbeschäftigungssituation entsteht. Die Geldpolitik der Bundesbank ist in diesem Sinne eine mittelfristig orientierte → Stabilisierungspolitik.

4. *Geldmengensteuerung:* Das Geldvolumen (→ Geldmengenbegriffe) in einer Volkswirtschaft bestimmt und begrenzt den monetären Ausgabenspielraum der Wirtschaftssubjekte. Ohne eine übermäßige Ausweitung der Geldmenge sind allgemeine Preissteigerungen auf Dauer nicht möglich. Im Monatsbericht Januar 1992 bemerkt die Bundesbank dazu: „Bei allen angewendeten Beobachtungsverfahren bestätigt sich längerfristig ein recht enger Zusammenhang zwischen dem von der Bundesbank als Zwischenziel verwendeten Geldaggregat und dem Preisniveau. Eine geldpolitische Strategie, die versucht, das Geldmengenwachstum im Einklang mit den Produktionsmöglichkeiten der Wirtschaft zu halten, findet

Geldpolitik der Deutschen Bundesbank

hier ihre Rechtfertigung. Kürzer- und auch mittelfristig können die Preise aber durchaus von einem Pfad abweichen, wie ihn die Geldmengenentwicklung vorzeichnet. Die Ursachen dafür sind vielschichtig. Zins- und Wechselkurseinflüsse, die auf die Geldnachfrage einwirken, können die längerfristigen Zusammenhänge zwischen Geldmenge und Preisen zeitweilig ebenso verdecken wie nichtmonetäre Inflationsfaktoren (beispielsweise Ölpreisschocks, Verteilungskämpfe der Tarifpartner und Erhöhungen indirekter → Steuern). Vor diesem Hintergrund hat die Bundesbank ihre potentialorientierte Politik stets pragmatisch betrieben und neben der Geldmenge ein breites Spektrum monetärer und allgemeiner Wirtschaftsdaten ausgewertet, um die aus der Beobachtung der Geldmenge gewonnenen Erkenntnisse laufend abzusichern und zu ergänzen." Im Rahmen der Geldpolitik ist daher der Geldumlauf von der Bundesbank so zu bemessen, daß eine die Stabilität (Geldwertstabilität) gefährdende Überversorgung mit Geld ebenso wie eine die Kapazitätsauslastung der Unternehmen verringernde Unterversorgung mit Geld vermieden wird. Im Gegensatz zu früheren Währungssystemen (→ Währung), wie z. B. der → Goldwährung oder der Gold-Devisen-Währung (→ Gold-Devisen-Standard), hat die Bundesbank keine Deckungsvorschriften für den Geldumlauf zu beachten. Sie hat vielmehr die Aufgabe, eigenverantwortlich Maßstäbe und Steuerungsmöglichkeiten zu entwickeln, mit denen sie auf ein stabilitätsgerechtes Wachstum der Geldbestände einwirken kann. Zunächst muß sie ihre Geldschöpfung unter Kontrolle halten können. Dies ist ihr dadurch möglich, daß sie das → Notenausgabemonopol besitzt und die vom Bundesfinanzminister emittierten → Münzen in Umlauf bringt (→ Münzgeld). Darüber hinaus kann die Bundesbank von den → Kreditinstituten nach § 16 BBankG die Unterhaltung von → Mindestreserven verlangen. → Banknoten, Münzen und Mindestreserven bilden als Zentralbankgeld einen Teil der → Bankenliquidität. Die Bundesbank kann die Menge ihres umlaufenden Geldes nicht unmittelbar beschränken, indem sie die Nachfrage der Wirtschaft nach → Bargeld und speziell der Banken nach Zentralbankgeld unbefriedigt läßt; sie kann aber über die Zinskonditionen (→ Zinspolitik der Deutschen Bundesbank) und über die Veränderung der → Refinanzierungslinien bei der Deutschen Bundesbank als Zugriffsrechte auf Zentralbankgeld (→ Liquiditätspolitik der Deutschen Bundesbank) mittelbar auf die Banken einwirken, um zu erreichen, daß sich die Geldmenge (Geldmenge M 3 bzw. die → Zentralbankgeldmenge) in dem von ihr angestrebten Rahmen entwickelt. Ohne Einwirkung der Bundesbank hängt die Liquidität einzelner Banken vom Geldzufluß (Einlagenzufluß bzw. Kreditrückzahlung) und vom Geldabfluß (Kreditauszahlung bzw. Einlagenabzug) ab. Speziell die Kreditauszahlungen werden ausgelöst durch eine – möglicherweise preissteigernde – Zunahme der gesamtwirtschaftlichen Nachfrage, zu deren Befriedigung zunächst zusätzliche Kredite bei den Banken aufgenommen werden. Diese zusätzliche Kreditgewährung ist aber nur möglich, wenn die Banken über Zentralbankgeld verfügen. Im Gegensatz zu einer direkten Geldmengensteuerung, die von der Bundesbank nicht betrieben wird, wirkt sie mit ihren geldpolitischen Instrumenten indirekt auf die Geldmenge ein, indem sie die Bankenliquidität und/oder die Zinssätze am → Geldmarkt beeinflußt. Je nachdem, ob die Bundesbank mit ihren Maßnahmen die Bankenliquidität oder das Zinsniveau am Geldmarkt beeinflußt, unterscheidet man Instrumente der Liquiditätspolitik und Instrumente der Zinspolitik. Welche Geldmenge im gesamtwirtschaftlichen Umsatzprozeß benötigt wird, hängt von der Entwicklung des Produktionspotentials und des Preisniveaus und von der Umlaufgeschwindigkeit des Geldes ab. Je höher die → Geldumlaufgeschwindigkeit, desto weniger zusätzliches Geld wird benötigt, und umgekehrt. Bei der Bemessung des Geldmengenwachstums versucht die Bundesbank daher auch die Entwicklung der Geldumlaufgeschwindigkeit zu berücksichtigen.

1992 hat die Bundesbank die „Preislücke" als → Indikator für die Preisentwicklung vorgestellt.

5. *Geldmengenziel:* Die Bundesbank mißt die Ergebnisse ihrer Geldmengensteuerung am Erreichen der von ihr festgesetzten Geldmengenziele. Die Geldmengenziele sind Zwischenzielgrößen und sog. → monetäre Indikatoren, mit deren Hilfe die Bundesbank die Wirksamkeit ihrer Maßnahmen feststellt bzw. die sie zur Grundlage von geldpolitischen Entscheidungen macht. Ergebnisse empirischer Untersuchungen haben gezeigt,

daß sich die Geldmenge, insbes. die Geldmenge M 3 und die Zentralbankgeldmenge auf lange Sicht parallel zum Wachstum des Bruttosozialprodukts entwickeln. Die Bundesbank hat bis 1987 die Zentralbankgeldmenge als Zwischenzielgröße für ihre Geldpolitik gewählt. Seit 1988 stellt die Bundesbank ihre währungspolitischen Zielsetzungen auf die Entwicklung der Geldmenge M 3 ab. Sie beobachtet zudem eine → erweiterte Geldmenge M 3 in ihrem Verlauf und überprüft auch alternative Konzepte auf ihre Tauglichkeit hin. Bei der Zielformulierung verwendet die Bundesbank seit 1979 ausschließlich ein Verlaufsziel, indem sie den gewünschten Anstieg der Zentralbankgeldmenge bzw. der Geldmenge M 3 vom vierten Quartal des Vorjahres bis zum vierten Quartal des laufenden Jahres angibt, um die üblichen Zufallsschwankungen (Veränderung der Geldumlaufgeschwindigkeit), die sich innerhalb eines Jahres ergeben können, auszuschalten. Das Geldmengenziel kann die Bundesbank als Punktziel angeben oder als Zielkorridor (Bandbreite) formulieren. Die Bundesbank hat dabei immer betont, daß sie die jährlichen Geldmengenziele auf kurze Sicht nie als einzige Richtschnur für ihr zins- und liquiditätspolitisches Handeln betrachtet. Sie mißt den außenwirtschaftlichen Bedingungen ebenfalls erhebliches Gewicht bei und trägt somit auch den besonderen Erfordernissen Rechnung, die sich durch Liquiditätszu- und -abflüsse und aus Wechselkursinterventionen ergeben (→ Deutsche Mark, internationale Bedeutung).

6. *Geldpolitische Instrumente:* Die Teilbereiche der Geldpolitik sind die Liquiditätspolitik und die Zinspolitik. Entsprechend unterscheidet man die geldpolitischen Instrumente, die der Bundesbank aufgrund der im BBankG erwähnten währungspolitischen Befugnisse (→ Deutsche Bundesbank, währungspolitische Befugnisse und Geschäftskreis) zur Verfügung stehen, in liquiditätspolitische und zinspolitische Instrumente (Übersicht „Geldpolitik der Deutschen Bundesbank – Geldpolitische Instrumente"). Hierbei handelt es sich nur um eine systematische Unterscheidung, da Zins und Liquiditätsmengen in einem funktionalen Zusammenhang stehen. Mit ihren Instrumenten kann die Bundesbank die Zinsbedingungen und die Spannungsverhältnisse am Geldmarkt in vielfältiger Weise im Sinne ihrer geldpolitischen Zielsetzungen beeinflussen.

Nach der beabsichtigten Wirkungsdauer können die Instrumente der Bundesbank in Mittel der → Grobsteuerung am Geldmarkt und Mittel der → Feinsteuerung am Geldmarkt unterteilt werden. Diese Trennung ist allerdings nicht eindeutig zu ziehen, da vor allem die → Wertpapierpensionsgeschäfte nicht nur von ihrer Laufzeit her eine Mittelstellung einnehmen, sondern in der Praxis der Geldpolitik der Bundesbank bereits zu einem Instrument der Dauerfinanzierung des Zentralbankgeldbedarfs der Kreditinstitute geworden sind. Grobsteuerung setzt längerfristige Orientierungsdaten, insbes. für die Zinsbildung an den Geldmärkten. Dies gilt insbes. für Änderungen des → Diskontsatzes und des → Lombardsatzes. Maßnahmen der Feinsteuerung verfolgen dagegen in erster Linie den Zweck, zeitweise bestehende Schwankungen der Bankenliquidität auszugleichen und die Sätze am Geldmarkt ohne Signalwirkungen („geräuschlos") in die von der Bundesbank erwünschte Richtung zu lenken.

Expansive Liquiditätspolitik erhöht die Bankenliquidität, läßt die Zinssätze zurückgehen und ermöglicht den Kreditinstituten, ihr Kreditangebot zu erhöhen und zu verbilligen. Kontraktive Liquiditätspolitik verfolgt entgegengesetzte Zielsetzungen. Expansive Zinspolitik (z. B. Senkung des Diskontsatzes oder Senkung der Zinssätze bei Wertpapierpensionsgeschäften) verbilligt die → Refinanzierung der Kreditinstitute bei der Bundesbank. Die Refinanzierungskosten der → Banken und → Sparkassen und die Geldmarktzinsen können sinken. Die Kreditinstitute können die Zinsen für ihre Kredite an die Nichtbanken senken. Eine kontraktive Zinspolitik verfolgt entgegengesetzte Zielsetzungen.

7. *Geldpolitisches Endziel:* Geldpolitisches Endziel ist die Währungssicherung. Zwischenzielgröße ist die Geldmenge (M 3), die indirekt über die (direkt steuerbaren Größen) Bankenliquidität und Geldmarktzinsniveau von der Bundesbank gesteuert wird. Das Zwischenziel ist eine Ersatzgröße für das Endziel, wobei unterstellt wird, daß ein enger Zusammenhang zwischen Endziel und Zwischenziel besteht. Man geht davon aus, daß bei einem Erreichen des Zwischenziels auch ein Erreichen des Endziels erwartet werden kann. Neben den inländi-

Geldpolitik der Deutschen Bundesbank – Geldpolitische Instrumente

Liquiditätspolitische Instrumente		Zinspolitische Instrumente	
Grobsteuerung	Feinsteuerung	Grobsteuerung	Feinsteuerung
– Veränderung der Rediskontkontingente und der Ankaufbedingungen für Diskontwechsel (→ Diskontpolitik) – Einführung, Veränderung oder Aufhebung einer Lombardkreditobergrenze (→ Lombardpolitik) – Veränderung der Mindestreservesätze (→ Mindestreservepolitik)	– Pensionsgeschäfte mit Wertpapieren bzw. Wechseln (→ Offenmarktpolitik) – bei längerer Laufzeit ggf. auch zur Grobsteuerung eingesetzt – – Verlagerungen flüssiger Mittel von Bund, Sondervermögen des Bundes und der Länder in das Bankensystem (→ Einlagenpolitik) – Einsatz devisenpolitischer Instrumente (→ Geldmarktbezogene Devisenpolitik, Liquiditätspolitik über den Devisenmarkt)	– Änderungen des Diskontsatzes (→ Diskontpolitik) – Änderungen des Lombardsatzes (→ Lombardpolitik)	– Änderungen der Pensionssätze (→ Offenmarktpolitik) – Änderungen der Ababesätze für Geldmarktpapiere (→ Offenmarktpolitik)

– Bankenliquidität –   ⇄ Geldmarkt ⇄   – Zinsniveau –

Geldpolitische Instrumente

schen Geldmengenkomponenten beobachtet die Bundesbank auch die Geldhaltung inländischer Nichtbanken am → Euromarkt sowie deren Bestände an kurzlaufenden → Bankschuldverschreibungen, die sog. erweiterte Geldmenge M 3.

Geldpolitische Instrumente der Deutschen Bundesbank

Möglichkeiten, die der → Deutschen Bundesbank zur Beeinflussung der → Bankenliquidität und des Geldmarktzinsniveaus aufgrund des BBankG zur Verfügung stehen. Sie werden in liquiditätspolitische Instrumente und zinspolitische Instrumente einerseits und in Instrumente der Grobsteuerung und der Feinsteuerung andererseits eingeteilt. (Einzelheiten: → Geldpolitik der Deutschen Bundesbank 6.)

Geldschöpfung

Kreditschöpfung. Quellen der G.: In entwickelten Volkswirtschaften können zwei „Produzenten" von → Geld unterschieden werden: (1) Die → Notenbank (→ Zentralbank) schafft → Zentralbankgeld. (2) Die → Kreditinstitute (→ Geschäftsbanken) schaffen über den → Geldschöpfungsmultiplikator → Giralgeld (allerdings begrenzt durch die Notwendigkeit von → Barreserve und → Mindestreserve) und beeinflussen damit die Höhe der in einer Volkswirtschaft umlaufenden kaufkraftwirksamen → Geldmenge. Da die Steuerung der kaufkraftwirksamen Geldmenge eine zentrale Aufgabe der → Geldpolitik ist, werden von der Bundesbank die wichtigsten Einflußfaktoren der G. im Rahmen ihrer monetären Analyse näher aufgegliedert. Es wird dabei im wesentlichen wie in der Abbildung S. 711 unterschieden.

G. durch → *Kredite:* Es zeigt sich, daß im Zentrum des Geldangebotes der Kreditinstitute die G. durch Kreditgewährung (einschl. Krediteröffnung) steht. Dabei kann unterschieden werden in „Kredite des Bankensystems an inländische Unternehmen und Private" und „Kassendispositionen der öffentlichen Hand"; letztere Position erfaßt die Kredite des → Bankensystems an den Staat (→ Staatssektor).

G. durch Devisentransaktionen: Bedeutsamen Einfluß auf die G. haben darüber hinaus die Veränderungen der Devisenbestände (→ Gold- und Devisenbilanz, → Kapitalbilanz). Man bezeichnet dies auch als außenwirtschaftliche Komponente der G. So entsteht Zentralbankgeld bzw. Giralgeld, wenn Kreditinstitute (einschl. Notenbank) Nichtbanken ausländische → Währung (→ Devisen) gegen die Bereitstellung inländischer Währung abkaufen; umgekehrt tritt eine kontraktive Wirkung auf die kaufkraftwirksame → Geldmenge ein, wenn Inländer Devisen gegen inländische Währung kaufen. Beide Effekte sind bei der Erklärung von Veränderungen der kaufkraftwirksamen Geldmenge gegeneinander aufzurechnen.

→ *Geldkapitalbildung* bedeutet, daß die Wirtschaftssubjekte Geld in Formen anlegen, die nicht in die Abgrenzung der kaufkraftwirksamen Geldmenge M_3 einbezogen sind, weil man bei ihnen davon ausgeht, daß sie, wie z. B. → Spareinlagen mit Kündigungsfrist von mehr als drei Monaten, keine geldnahen Aktiva darstellen (→ Geldmengenbegriffe). Geldkapitalbildung wirkt somit kontraktiv auf die Geldmenge M_3, Geldkapitalauflösung wirkt expansiv.

Geldschöpfungsmultiplikator

→ Kreditinstitute können mit → Zentralbankgeld in einem mehrstufigen, von Bank zu Bank sich übertragenden Prozeß ein Vielfaches an → Giralgeld (→ Buchgeld) schaffen (→ Geldschöpfung).

Liquiditätsreserve, Überschußreserve und G.: Empfängt eine Bank z. B. durch Bareinzahlung auf ein bei ihr geführtes → Konto Zentralbankgeld, so kann sie dieses Geld abzüglich einer → Liquiditätsreserve (→ Barreserve bzw. → Mindestreserve) zur Kreditvergabe nutzen, indem sie dem Kreditnehmer Giralgeld bereitstellt. Man bezeichnet den für die Kreditvergabe zur Verfügung stehenden Überschuß als → Überschußreserven der Kreditinstitute. Gelangt das Geld vom Kreditnehmer durch → Überweisung zu einer anderen Bank, so kann diese wiederum nach Abzug der Überschußreserve → Kredit vergeben und Giralgeld schaffen. Die Summe des insgesamt im → Bankensystem befindlichen Giralgeldes bzw. die Größenordnung der multiplikativen Wirkung hängt wesentlich von der im Bankensystem gehaltenen Liquiditätsreserve und von möglichen Barabhebungen der Kunden („Absickerverlust") ab. Liquiditätsreserve und Barabhebungen verringern somit die G.

Mindestreserve: Durch die von der → Notenbank den Kreditinstituten vorgeschriebene Mindestreserve, die in Form von → Sichtein-

Geldschöpfungsmultiplikator

Geldschöpfung – Entwicklung der Geldmenge und wichtiger Bilanzgegenposten

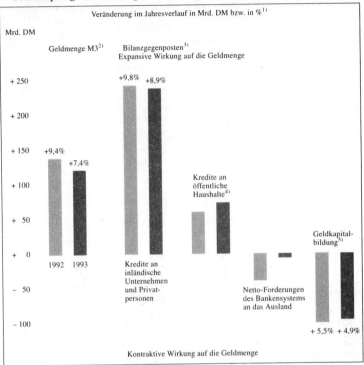

[1] Geldmenge M3: Veränderung im 4. Quartal des laufenden Jahres gegenüber dem entsprechenden Vorjahresquartal; Bilanzgegenposten: Veränderung Dezember gegen Vorjahr. – [2] Berechnet auf der Basis von Monatsdurchschnitten. – [3] Berechnet auf der Basis von Monatsendständen. – [4] Abzüglich deren Einlagen bei der Bundesbank. – [5] Geldkapitalbildung inländischer Nichtbanken bei inländischen Kreditinstituten.

Quelle: Deutsche Bundesbank, Geschäftsbericht 1993

lagen bei der → Zentralbank zu unterhalten ist (→ Geldpolitik der Deutschen Bundesbank), kann die Notenbank die Geldschöpfungsmöglichkeiten des Bankensystems beeinflussen. Mindestreservesatzvariationen verändern die zu haltende Liquiditätsreserve. Das gelingt jedoch nur, wenn die zu haltende Mindestreserve mindestens so hoch ist wie die freiwillige Liquiditätsreservehaltung der Banken. Mindestreservesatzerhöhungen verringern dann den G., Mindestreservesatzverringerungen erhöhen ihn.

Berechnung der G.:

$$\Delta G = \frac{1}{c + r \cdot (1-c)} \cdot \ddot{U}R$$

Geldschöpfungsmultiplikator
ΔG = zusätzlich geschaffenes Giralgeld,
$\ddot{U}R$ = erste Überschußreserve infolge eines Zentralbankgeldzuflusses (Bareinzahlung bei einer Bank),
r = Liquiditätsreservesatz,
c = Barabhebungssatz.

Geldschuld

Aufgrund einer Bareinzahlung von 1.000 DM kann eine Bank bei einem angenommenen Liquiditätsreservesatz (r) von $\frac{1}{10}$ (= 100 DM Liquiditätsreserve) 900 DM als Überschußreserve (ÜR) zur Kreditvergabe nutzen. Wird bei einem Barabhebungssatz (c) von $\frac{1}{3}$ gerechnet, ergibt sich:

$$\Delta G = \frac{1}{\frac{1}{3} + \frac{1}{10} \cdot \left(1 - \frac{1}{3}\right)} \cdot 900\,\text{DM}$$

$$= 2{,}5 \cdot 900\,\text{DM} = 2.250\,\text{DM}$$

2,5 = Geldschöpfungsmultiplikator
2.250 DM = ΔG

Anmerkungen zur Wirkungsweise: Die tatsächlich geschaffene Giralgeldmenge wird jedoch von dem formelmäßig errechneten Wert abweichen, weil es im Verlauf des Geldschöpfungsprozesses zu Unwägbarkeiten kommt, die das Konzept des G. nicht abdeckt. Das Konzept ist mechanistisch, weil es mit starren Verhaltensvorgaben operiert: (1) Der Barabhebungssatz wird als konstant angenommen. Dieser schwankt jedoch im Verlauf eines Jahres erheblich (z. B. Feiertage, Ferienzeiten). (2) Die Kreditvergabe und damit die Buchgeldschöpfung erfolgt stets nur in Höhe der Überschußreserve; d. h. es wird angenommen, daß die einzelne Bank nur in Höhe der Überschußreserve Giralgeld schöpfen kann. Auch diese Annahme muß nicht für jedes Kreditinstitut zutreffen. So kann ein Kreditinstitut durchaus in der Lage sein, über die errechnete Überschußreserve hinaus Kredite zu vergeben, wenn es anderweitig auf Zentralbankgeld zurückgreifen kann (z. B. unausgenutzte → Rediskontkontingente). (3) Es ist zudem nicht sicher, ob in Höhe der Überschußreserve stets Kreditnachfrage besteht bzw. ob die Kreditinstitute immer an einer Kreditvergabe in Höhe der Überschußreserve interessiert sind (Beispiel: Das durch Bareinzahlung erhaltene Zentralbankgeld wird nicht zur Kreditvergabe genutzt, sondern zum Abbau der Verschuldung bei der Zentralbank).

Das Konzept des G. vermittelt auch insofern kein völlig zutreffendes Bild von den auslösenden Faktoren einer Geldmengenexpansion, als am Anfang ein Zentralbankgeldzufluß unterstellt wird und damit der Eindruck entstehen könnte, als ob es in jedem Falle dieser Zufluß ist, der die monetäre Expansion in Gang setzt. Die Erfahrung mit der Geldmengensteuerung hat jedoch gezeigt: Entschließen sich die Kreditinstitute zur Kreditvergabe oder nutzen die → Bankkunden die ihnen von den Kreditinstituten eingeräumten Darlehenszusagen aus, wird der Geldschöpfungsprozeß zunächst auch ohne Zentralbankgeldzufluß und ohne Zutun der Notenbank in Bewegung gebracht. Damit entsteht – nachdem die zur Kredit- und Geldmengenexpansion führenden Entscheidungen von Wirtschaft und Banken bereits gefallen sind – unvermeidlich ein zusätzlicher Bedarf an Zentralbankgeld für das Bankensystem als Ganzes, da → Bargeldumlauf und Mindestreservesoll zunehmen. Wenn allzu starke Zinsschwankungen am → Geldmarkt vermieden werden sollen, kommt die Notenbank in die Lage, auf kurze Sicht den Zentralbankgeldbedarf der Kreditinstitute zu befriedigen. Danach muß sie (in einem eher indirekt ablaufenden) Steuerungsverfahren mit Hilfe ihrer Instrumente die Zinskonditionen und Knappheitsverhältnisse am Geldmarkt so beeinflussen, daß die monetäre Expansion ihren Zielvorstellungen entspricht.

Geldschuld

1. *Begriff:* Verpflichtung eines → Schuldners, einem → Gläubiger ein Quantum an Vermögensmacht zu verschaffen, das durch den Nennbetrag der → Verbindlichkeit ausgedrückt wird (Wertverschaffungsschuld). Die G. ist *nicht gesetzlich definiert*; in §§ 244 und 245 BGB sind nur Sonderformen wie die → Fremdwährungsschuld und die Geldsortenschuld geregelt. Letztere bezieht sich auf eine bestimmte Münzsorte, d. h. auf → Geldzeichen als → Geld i. e. S. (→ gesetzliches Zahlungsmittel). Sie ist, solange sich die betreffenden → Münzen im Umlauf befinden, eine Sachschuld, regelmäßig eine → Gattungsschuld.

Verzinsung einer G. kann sich aus → Vertrag oder aus → Gesetz (z. B. § 291 BGB) ergeben. Zahlungsort ist mangels anderer Regelung der Wohnsitz oder die gewerbliche Niederlassung des Schuldners (§§ 270 Abs. 4, 269 Abs. 1, 2 BGB): G. sind Schickschulden. Bei Leistung von Bargeld und Giralgeld trägt der Schuldner aber die Gefahr der Übermittlung (§ 270 Abs. 1–3 BGB), d. h. das Risiko des (zufälligen) Verlustes von Geldzeichen oder einer fehlerhaften → Überweisung, ebenso die → Kosten der Versendung. Hat der Schuldner seine Lei-

stungshandlung rechtzeitig (und ordnungsgemäß) vorgenommen, fallen die Folgen eines verspäteten Eintretens des Leistungserfolgs dem Gläubiger zur Last.
Unvermögen zur Leistung befreit den (Geld-)Schuldner auch nicht, wenn ihn hieran kein → Verschulden trifft. → Zahlungsunfähigkeit verhindert ebensowenig die Rechtsfolge des → Schuldnerverzugs.

Erfüllung: G. werden durch Verschaffung von → Besitz und → Eigentum des Gläubigers an Geldzeichen der geschuldeten Art und Menge erfüllt. DM-Scheidemünzen (→ Scheidemünzen) müssen nur bis zu bestimmten Beträgen angenommen werden; sie sind beschränkt gesetzliche Zahlungsmittel. → Erfüllung und nicht bloß → Leistung an Erfüllungs Statt (§ 364 Abs. 1 BGB) ist die Leistung von Giralgeld zugunsten eines → Kontos des Gläubigers zumindest bei größeren Beträgen (ab 1000 DM), sofern keine andere Art der Zahlung (mit Bargeld) vereinbart ist.

2 *Geschuldete Währung:* Es wird zwischen DM- und Fremdwährungsschulden unterschieden; die Festlegung kann Schuldinhalt (Schuldwährung) oder Art der Erfüllung (Zahlungswährung) betreffen. Bei Geldsummenschulden ist die Leistung des Geldschuldners von Beginn an dem Nennbetrag nach fixiert oder doch bestimmbar. Bei Geldwertschulden wird deren Umfang durch den Zweck der Verpflichtung und erst später bestimmt, etwa bei → Schadensersatz oder ungerechtfertigter Bereicherung. Für Geldsummenschulden gilt der Grundsatz des → Nominalismus. Gegen das Inflationsrisiko (→ Geldwertklauseln) kann sich der Gläubiger mit → Wertsicherungsklauseln behelfen. Geldwertschulden folgen dem Prinzip des → Valorismus. Veränderungen des → Geldwertes beeinflussen die Verpflichtung des Schuldners, solange deren Umfang noch nicht betragsmäßig festgelegt ist.

3. *G. im grenzüberschreitenden Verkehr:* → Geldschuld, international.

Geldschuld, international
→ Geldschuld, die eine im → Währungsgebiet ansässige → Person einem → Gebietsfremden gegenüber eingeht.
Aufgrund des Fehlens international rechtsverbindlich anerkannter Zahlungsmittel ist es Sache der Vertragsparteien, die → Währung(en) zu bestimmen, in der eine Geldverbindlichkeit fixiert wird (Schuldwährung) und/oder in der die → Erfüllung zu erfolgen hat (Zahlungswährung).
Im Interesse eines jeden → Kaufmanns oder Unternehmens liegt es nicht nur, dem allgemeinen Risiko einer Änderung des Binnenwertes der Währung (→ Kaufkraft, → Geldwertstabilität), sondern auch dem → Valutarisiko vorzubeugen. Verschlechterungen des → Außenwertes der Währung kann der Geldleistungsgläubiger durch Maßnahmen der → Wechselkurssicherung begegnen.
Für internationale Geldschulden typische Risiken liegen weiter in währungspolitisch motivierten Eingriffen des Heimatstaates des → Schuldners. Das → Transferrisiko bezieht sich auf Gefahren für die (Rück-)Übermittlung von Geld in das Währungsgebiet des → Gläubigers. Maßnahmen der → Devisenbewirtschaftung beschränken oder beseitigen die → Konvertibilität der Währung des Heimatstaates des Schuldners und machen diesem so die Beschaffung der für die Erfüllung seiner Verpflichtung benötigten → Zahlungsmittel unmöglich. Gegen aus solchen politischen Risiken herrührende → Leistungsstörungen können sich Unternehmen teilweise über eine staatliche → Exportkreditversicherung schützen.
Für die D-Mark bestehen gegenwärtig weder Konvertibilitäts- noch Transferbeschränkungen. Gegenüber Gebietsfremden ist sowohl die Begründung einer → Forderung in ausländischer Währung als auch das Eingehen einer → Fremdwährungsschuld gestattet.

Geldsortenschuld, → Geldschuld 1.

Geldstelle, → Gelddisposition.

Geldsubstitute
Synonyme Bezeichnung für → Quasigeld (bzw. Near Money).

Geldsummenschuld, → Geldschuld 2.

Geldsurrogat, → Geldersatzmittel.

Geldumlauf, → Bargeldumlauf.

Geldumlaufgeschwindigkeit
Von der → Deutschen Bundesbank im Rahmen ihrer → Geldmengensteuerung verwendeter → Faktor zur Bestimmung der Wachstumsrate der Geldmenge, die der voraussichtlichen Zunahme der Produktionsmöglichkeiten der Volkswirtschaft entspricht. Veränderungen der G. sind nicht nur ein

Geld- und Wertzeichenfälschung

bloßer Reflex des Konjunkturverlaufs in dem Sinne, daß im Aufschwung mit steigendem Auslastungsgrad des →Produktionspotentials eine Erhöhung, im Abschwung dagegen ein Rückgang eintreten kann. Vielmehr können trendbedingte und strukturelle Veränderungen der Geldnachfrage hinzukommen.
(→ Geldpolitik der Deutschen Bundesbank)

Geld- und Wertzeichenfälschung

Nachmachen oder Verfälschen (Hervorrufen des Anscheins eines höheren Wertes) von →Geld, geldähnlichen Wertzeichen (amtliche Wertzeichen, wie z. B. Briefmarken, Gerichtskostenmarken) und →Wertpapieren. Diese Handlungen sind durch verschiedene Rechtsvorschriften unter Strafe gestellt.

1. *Fälschungsdelikte nach dem StGB:* (1) das Nachmachen oder Verfälschen von inländischem oder ausländischem Geld (§ 146 Abs. 1 i. V. mit § 152), amtlichen inländischen oder ausländischen Wertzeichen (§ 148 Abs. 1 i. V. mit § 152) sowie bestimmten Wertpapieren (→Inhaberschuldverschreibungen und →Orderschuldverschreibungen, die Teile einer →Gesamtemission sind, →Aktien, →Investmentzertifikat, →Zinsscheine, →Dividendenscheine und Erneuerungsscheine (→Talons) sowie →Reiseschecks mit bestimmter Summenangabe schon im Wertpapiervordruck, § 151) in der Absicht, das Geld bzw. die Wertzeichen oder die Wertpapiere als echt in den Verkehr zu bringen oder ein solches Inverkehrbringen zu ermöglichen (§ 146 Abs. 1 Nr. 1), (2) das Sichverschaffen von falschem Geld, falschen Wertzeichen oder falschen Wertpapieren in der in Abs. 1 Nr. 1 genannten Absicht (§ 146 Abs. 1 Nr. 2), (3) das Inverkehrbringen von falschem Geld, falschen Wertzeichen oder falschen Wertpapieren als echt (§ 146 Abs. 1 Nr. 3, § 147), (4) das Verschaffen oder die Anfertigung von Fälschungsmitteln (Platten, Formen, Drucksätzen usw.) zur Vorbereitung von Fälschungen (§ 149), (5) das Wiederinverkehrbringen von Falschstücken nach Erkennung der Unechtheit (§ 147), (6) das Fälschen von Vordrucken von →eurocheques (ec) und →Eurocheque-Karten (§ 152a). In allen genannten Fällen sind die Falschstücke gemäß § 150 einzuziehen (§§ 74 ff. StGB).

2. *Bestimmungen des BBankG:* § 35 BBankG stellt (in Ergänzung zum StGB) auch die unbefugte Ausgabe und Verwendung geldähnlicher Zeichen (Marken, →Münzen und Scheine oder andere →Urkunden, die geeignet sind, im →Zahlungsverkehr anstelle der gesetzlich zugelassenen →Geldzeichen verwendet zu werden) sowie von unverzinslichen Inhaberschuldverschreibungen (auch wenn diese nicht auf DM lauten) unter Strafe. Damit soll verhindert werden, daß „Nebengeld" oder „Ersatzgeld" in den Zahlungsverkehr gelangt. Von großer praktischer Bedeutung ist die Pflicht zum Anhalten von →Falschgeld sowie unbefugt ausgegebenen Geldzeichen und Schuldverschreibungen (i. S. von § 35 BBankG). Diese Pflicht ist der →Deutschen Bundesbank und allen →Kreditinstituten auferlegt (§ 36 Abs. 1 BBankG). Die Falschstücke sind mit einem Bericht der Polizei zu übergeben. Kreditinstitute haben hiervon der Bundesbank Mitteilung zu machen (§ 36 Abs. 2 BBankG). Als Falschgeld verdächtigte →Banknoten und Münzen sind der Bundesbank zur Prüfung vorzulegen. Stellt diese die Unechtheit fest, so übersendet sie das Falschgeld mit einem Gutachten der Polizei und benachrichtigt das anhaltende Kreditinstitut (§ 36 Abs. 3 BBankG). Unbefugt ausgegebene Gegenstände i. S. von § 35 BBankG können eingezogen werden. Sie werden wie das nach § 150 StGB eingezogene Falschgeld von der Bundesbank mindestens zehn Jahre lang aufbewahrt (§ 37 BBankG). Die Bundesbank gibt in einem Merkblatt Hinweise zum Erkennen von Falschgeld.

3. *Ordnungswidrigkeiten:* Nach §§ 127, 128 des Gesetzes über Ordnungswidrigkeiten stellt die Herstellung oder Verwendung von Sachen, die zur Geld- oder Urkundenfälschung benutzt werden können, sowie das Herstellen oder Verbreiten von papiergeldähnlichen Drucksachen und Abbildungen eine Ordnungswidrigkeit dar, falls diese Abbildungen mit echtem Geld verwechselt werden können. Eine Ordnungswidrigkeit begeht auch, wer ungültig gewordene →Scheidemünzen oder →Medaillen nachmacht oder verfälscht oder derartige Münzen oder Medaillen zum Verkauf vorrätig hält, in den Verkehr bringt oder in das Gebiet der BRD einführt (§ 11a MünzG).

4. *Urheberrecht:* Der Bundesbank stehen die Urheberrechte an ihren Banknoten zu, so daß sie sich auf den Schutz des Urhebergesetzes berufen kann.

Geldverfassung, → Währungsordnung 1.

Geldvermögen
1. Begriff der → Volkswirtschaftlichen Gesamtrechnung für die Differenz zwischen → Forderungen und → Schulden (→ Verbindlichkeiten) einer Wirtschaftseinheit. Das G. einer *geschlossenen Volkswirtschaft* ist stets gleich null, da sich gesamtwirtschaftliche Forderungen und Verbindlichkeiten aufheben; das G. einer *offenen Volkswirtschaft* entspricht der → Netto-Auslandsposition.

2. In einzelwirtschaftlicher Sicht (nach der Begriffsverwendung durch die → Deutsche Bundesbank) das Bruttogeldvermögen eines Wirtschaftssubjekts, d. h. → Bargeld, → Sichteinlagen bei → Banken, → Forderungen gegen andere Wirtschaftssubjekte einschl. → Aktien und andere → Beteiligungen (→ Vermögen).
(→ Kapitalbildung)

Geldvolumen
Synonyme Bezeichnung für → Geldmenge.

Geldwäsche
Bei der Bekämpfung der weltweit verbreiteten Erscheinungsformen mafia-artiger „Organisierter Kriminalität" ist ein Aufdecken der an die eigentlichen Straftaten anschließenden Vorgänge, nämlich der Rückführung rechtswidrig erworbener Mittel in den legalen Finanzkreislauf (der „Wäsche schmutzigen → Geldes" bzw. „money laundering"), der erste und wichtigste Schritt. Durch den Zugriff auf das aus strafbaren Handlungen erlangte Vermögen wird ein zentrales Motiv des kriminellen Verhaltens getroffen, das Erzielen hoher finanzieller Vorteile. Seit 1991 bezweckt eine Richtlinie des Rates der EG bzw. EU (→ EG-Bankrecht) die „Verhinderung der Nutzung des Finanzsystems zum Zwecke der Geldwäsche". Im deutschen Recht gilt seit September 1992 ein spezielles Gesetz „zur Bekämpfung des illegalen Rauschgifthandels und anderer Erscheinungsformen der organisierten Kriminalität" (OrgKG). Es wird seit November 1993 ergänzt durch das Gesetz „über das Aufspüren von Gewinnen aus schweren Straftaten" (Geldwäschegesetz, GwG).

Straftatbestand G.: Neu durch § 261 StGB eingeführt. Danach wird mit Freiheits- oder Geldstrafe bestraft, wer vorsätzlich einen Gegenstand, der aus einem Verbrechen oder bestimmten Vergehen anderer → Personen herrührt, entweder verbirgt oder dessen Herkunft verschleiert oder die Ermittlung der Herkunft, das Auffinden, den Verfall, die Einziehung oder die Sicherstellung eines solchen Gegenstands vereitelt oder gefährdet oder dies versucht (Abs. 1, 3). Der Begriff „Gegenstand" schließt dabei nicht nur → Bargeld (→ Geldzeichen, → gesetzliche Zahlungsmittel), sondern auch → Buchgeld ein. Bestraft wird auch, wer einen solchen Gegenstand sich oder einem Dritten verschafft oder verwahrt oder für sich oder einen Dritten verwendet, wenn er dessen Herkunft aus einer Straftat beim Erwerb gekannt oder leichtfertig nicht erkannt hat (Abs. 2, 5); dies gilt jedoch nicht, wenn zuvor ein Dritter den Gegenstand erlangt hat, ohne hierdurch eine Straftat zu begehen (Abs. 6). Eine Freiheitsstrafe bis zu zehn Jahren droht in besonders schweren Fällen, die i. d. R. vorliegen, wenn ein Täter gewerbsmäßig oder als Mitglied einer Bande handelt, „die sich zur fortgesetzten Begehung einer G. verbunden hat" (Abs. 4). Reuigen Tätern kann Straffreiheit oder Strafmilderung zugutekommen (Abs. 9, 10). Gegenüber Mitgliedern von Geldwäsche-Banden kann zudem nach § 43 a StGB eine Vermögensstrafe verhängt werden, deren Höhe nur durch das gesamte (geschätzte) Vermögen des Täters begrenzt ist. Daneben verfallen Gegenstände, die für rechtswidrige Taten oder aus diesen erlangt wurden, dem Staat (gem. § 73 d StGB). Dies gilt nicht nur bei Geldwäscher-Banden, sondern auch dann, wenn zwar ein Einzelner, dieser aber gewerbsmäßig die Straftat G. begeht (§ 261 Abs. 7 StGB).

Verhinderung von G.: Zum andern soll das → Geldwäschegesetz ermöglichen, gegen die regelmäßig schwer erkennbare, weil gut getarnte G. effektiv vorgehen zu können, und so zugleich die EG-Richtlinie in nationale Vorschriften umsetzen. Staatsanwaltschaft und Kriminalpolizei sollen Anhaltspunkte für G.-Transaktionen geliefert und diesen soll im Zugriff auf Unterlagen verschafft werden, die finanzielle Vorgänge und die hieran beteiligten Personen dokumentieren. Schließlich werden Wirtschaftsunternehmen dazu veranlaßt, Vorkehrungen zum Schutz dagegen zu treffen, daß sie für G. mißbraucht werden. Kernstück des Gesetzes ist eine Verpflichtung für (in § 1 Abs. 1, 2 GwG übereinstimmend mit dem KWG definierte) →Kreditinstitute, →Finanzinstitute i. S. des KWG (einschl. Versicherungsunternehmen, die Lebensversicherungsverträge anbieten) sowie für die →Deutsche Postbank AG.

Geldwäschegesetz

Mit dem seit 25. Oktober 1993 rechtsgültigen Gesetz über das Aufspüren von Gewinnen aus schweren Straftaten (kurz Geldwäschegesetz – GwG) soll die Überführung von →Gewinnen aus Straftaten in den legalen Geldkreislauf verhindert werden. →Kreditinstitute (§ 1 Abs. 1), sonstige →Finanzinstitute i. S. des KWG (§ 1 Abs. 2 Nr. 1), im Inland gelegene Zweigstellen ausländischer Kreditinstitute oder Finanzinstitute (§ 1 Abs. 3) und die →Deutsche Bundespost (§ 1 Abs. 4) sowie Vermögensverwalter und Spielbanken (§ 3) sind nach § 2 GwG verpflichtet, bei Annahme oder Abgabe von →Bargeld, →Wertpapieren oder Edelmetallen im Wert von 20.000 DM oder mehr zuvor denjenigen zu identifizieren, der diesen Instituten gegenüber auftritt.

Identifizierungspflicht: Identifizieren ist nach § 1 Abs. 5 das Feststellen des Namens aufgrund eines Personalausweises oder Reisepasses sowie des Geburtsdatums und der Anschrift, soweit sie darin enthalten sind, und das Feststellen von Art, Nummer und ausstellender Behörde des amtlichen Ausweises. Die Identifizierungspflicht gilt auch dann, wenn mehrere Finanztransaktionen durchgeführt werden, die zusammen einen Betrag im Wert von 20.000 DM oder mehr ausmachen. Separat sind in § 4 (in Verbindung mit § 1 Abs. 2 Nr. 2) die Identifizierungspflichten für Lebensversicherungsgesellschaften geregelt. Danach ist eine solche Gesellschaft beim Abschluß eines Lebensversicherungsvertrages verpflichtet, ihren Vertragspartner zu identifizieren, wenn die Höhe der im Laufe eines Jahres zu zahlenden periodischen →Prämien 2000 DM übersteigt, wenn bei Zahlung einer einmaligen Prämie diese mehr als 5000 DM beträgt oder wenn mehr als 5000 DM auf ein Beitragsdepot gezahlt werden. Ausgenommen sind unter den Voraussetzungen des § 4 Abs. 2 Versicherungsbeträge, die zur betrieblichen Altersvorsorung aufgrund eines →Arbeitsvertrages oder der beruflichen Tätigkeit des Versicherten abgeschlossen werden. Kommt der Vertrag über einen Vermittler zustande oder wird er über diesen abgewickelt, so kann die Identifizierung auch durch den Vermittler erfolgen. Als erfüllt gilt die Identifizierungspflicht, wenn das Unternehmen bei Vertragsabschluß feststellt, daß die Prämienzahlung über ein →Konto des Versicherungsnehmers, dessen Eröffnung der Pflicht zur Feststellung der Identität nach Artikel 3 Abs. 1 der Richtlinie 91/308/EWG unterliegt, oder über ein in einer →Rechtsverordnung nach Abs. 5 bezeichnetes Konto des Versicherungsnehmers abzuwickeln ist.

In Verdachtsfällen (§ 6) werden die vorgenannten Bestimmungen außer Kraft gesetzt, dann ist eine Identifizierung auch bei kleineren Beträgen vorzunehmen. Nach den Bestimmungen des § 8 muß sich ein zur Identifizierung Verpflichteter auch danach erkundigen, ob der zu Identifizierende für eigene Rechnung handelt. Gibt dieser an, daß er nicht auf eigene Rechnung handelt, so ist nach dessen Angaben Namen und Anschrift desjenigen festzustellen, für dessen Rechnung dieser handelt. Dagegen kann von der Identifizierung abgesehen werden (§ 7), wenn der zu Identifizierende dem zur Identifizierung Verpflichteten persönlich bekannt ist und wenn er bei früherer Gelegenheit identifiziert worden ist.

Aufzeichnungs- und Aufbewahrungspflicht: Nach § 9 sind die im Rahmen der Identifizierung getroffenen Feststellungen aufzuzeichnen, wobei dies – wenn möglich – durch Kopie der zur Feststellung der Identität vorgelegten Dokumente erfolgen sollte. Wenn in den in § 7 beschriebenen Fällen von der Identifizierung abgesehen wird, sind Name des zu Identifizierenden sowie der Umstand der persönlichen Bekanntschaft aufzuzeichnen. Besteht die Pflicht zur Identifizierung nicht nach § 2 Abs. 4 (der Inhaber oder Mitarbeiter eines Unternehmens zahlen regelmäßig Gelder bar auf das Konto des Unternehmens ein oder heben Gelder ab oder Bargeld wird in einem Nachttresor deponiert), so hat das Institut den Namen des Einzahlenden oder Abhebenden auf dem Einzahlungs- oder Auszahlungsbeleg aufzuzeichnen, wobei der Einzahlende oder Abhebende dem Institut zusammen mit der Erklärung des Unternehmens bekanntgegeben worden sein muß, daß das Unternehmen durch ihn in Zukunft wiederholt Bargeld auf sein eigenes Konto einzahlen oder abheben wird. Diese Aufzeichnungen sind sechs Jahre aufzubewahren.

Anzeigepflicht in Verdachtsfällen: Bei der Feststellung von Tatsachen, die darauf schließen lassen, daß eine Finanztransaktion einer → Geldwäsche nach § 261 Strafgesetzbuch dient oder im Falle ihrer Durchführung dienen würde, hat das Institut nach § 11 diese unverzüglich mündlich, fernmündlich, fernschriftlich oder durch elektronische Datenübermittlung den zuständigen Strafverfolgungsbehörden anzuzeigen. Eine angetragene Finanztransaktion darf frühestens durchgeführt werden, wenn dem Institut die Zustimmung der Staatsanwaltschaft übermittelt ist oder wenn der zweite Werktag nach dem Abgangstag der Anzeige verstrichen ist, ohne daß die Durchführung der Transaktion strafprozessual untersagt worden ist. Ist ein Aufschub dagegen nicht möglich, so darf diese durchgeführt werden; die Anzeige ist dann unverzüglich nachzuholen.

Interne Sicherungsmaßnahmen: Nach § 14 GwG müssen die im Gesetz bezeichneten Unternehmen und Personen Vorkehrungen dagegen treffen, daß sie zur Geldwäsche mißbraucht werden können. Dazu zählen die Bestimmung einer leitenden Person als Ansprechpartner der Strafverfolgungsbehörden, die Entwicklung interner Grundsätze, Verfahren und Kontrollen zur Verhinderung der Geldwäsche, die Sicherstellung der Zuverlässigkeit der in Finanztransaktionen involvierten Beschäftigten sowie die regelmäßige Unterrichtung dieser Beschäftigten über die Methoden der Geldwäsche.

Bußgeldvorschriften: Wer nach den Bestimmungen des § 17 vorsätzlich oder leichtfertig gegen die Vorschriften des GwG verstößt, begeht eine Ordnungswidrigkeit, die mit einer Geldbuße von bis zu 200.000 DM geahndet werden kann.

Geldwert
→ Kaufkraft des → Geldes, die durch den reziproken Wert des Preisniveaus (Preisdurchschnitt bestimmter Sachgüter und Dienstleistungen) gemessen wird (inländischer G., *Binnenwert des Geldes*). Der G. ist gesunken, wenn für einen bestimmten Geldbetrag nach Ablauf einer bestimmten Zeit weniger Güter erworben werden können als bisher; er ist gestiegen, wenn mehr Güter erworben werden können (Realwert des Geldes). → Geldwertstabilität wird daher im allgemeinen mit Preisniveaustabilität gleichgesetzt. Geldwertveränderungen werden durch → Preisindizes gemessen. Eine anhaltende Abnahme des G. wird als → Inflation bezeichnet (anhaltende Preisniveausteigerungen), eine anhaltende Zunahme des G. als → Deflation (anhaltender Preisniveaurückgang).
Vom Binnenwert des Geldes (Kaufkraft im Inland) ist der *Außenwert des Geldes* zu unterscheiden, der die Kaufkraft der eigenen → Währung im Ausland ausdrückt (→ Außenwert der Währung).

Geldwertklauseln
Vereinbarungen, durch die der → Gläubiger einer Geldforderung den → Geldwert der ihm geschuldeten Leistung gegen Verschlechterung schützen will. Ein Gläubiger mit (Wohn-)Sitz im selben → Währungsgebiet wie sein → (Geld-)Schuldner kann dem Kaufkraftrisiko durch Vereinbarung einer → Wertsicherungsklausel begegnen, auch wenn die inländische → Währung Schuldwährung ist. Bei grenzüberschreitenden Geldverbindlichkeiten (→ Geldschuld, international) zwischen → Gebietsansässigen oder gegenüber → Gebietsfremden tritt das → Valutarisiko als weiteres Geldwertrisiko hinzu. Zu dessen Kompensierung können Kursklauseln verwendet werden: Neben → Währungsklauseln nehmen → Rechnungseinheiten, insbes. → Europäische Währungseinheit (ECU) und → Sonderziehungsrechte (SZR), diese Funktion wahr.

Geldwertpapier
→ Wertpapier, das → Forderungen ohne laufende → Erträge verkörpert, z. B. → Scheck, → Zinsschein.

Geldwertschulden, → Geldschuld 2.

Geldwertstabilität
Währungsstabilität; vorrangiges, durch § 3 BBankG aufgegebenes Ziel der → Geldpolitik der Deutschen Bundesbank. G. meint nicht den absoluten Ausschluß von Preis(niveau)steigerungen, sondern die Verpflichtung der → Währungsbank zur Eindämmung von → Inflation, um den Wert der DM-Währung auf Dauer zu erhalten. Die Erreichung dieser Zielsetzung wird mit Hilfe von → Preisindizes gemessen.
Die gebotene „Sicherung der Währung" (→ Deutsche Bundesbank, Aufgabe nach § 3

Geldzeichen

BBankG) hat vornehmlich das Ziel der G. im Innern (Kaufkraftstabilität, Stabilität des Binnenwerts der Währung, im allg. gleichgesetzt mit Preisniveaustabilität). Wird auch die Stabilität des →Außenwerts der Währung als Kaufkraftstabilität verstanden – die Entwicklung des →Wechselkurses der DM soll dem Maßstab der Kaufkraftparität der DM zum Ausland entsprechen –, sind innere und äußere Stabilität zwei unterschiedliche Aspekte des gleichen Ziels. Aus der Aufgabenstellung des § 3 BBankG kann sich für die Bundesbank eine Notwendigkeit zu →Interventionen am Devisenmarkt ergeben.

Geldzeichen

Als →gesetzliches *Zahlungsmittel* eines →*Währungsgebietes* herausgegebene →Banknoten und →Scheidemünzen. →Zahlungsmittel werden die G. mit dem Inverkehrbringen durch den →Emittenten. Das ist für DM-Banknoten die Auszahlung an den Kassen der →Deutschen Bundesbank oder bei den Scheidemünzen des Bundes deren Übereignung an die Bundesbank zum Zwecke der Weiterleitung in den →Zahlungsverkehr (§ 8 MünzG). Die Auszahlung von Banknoten hat eine zweifache Wirkung. Zum einen verschafft sie dem Empfänger das →Eigentum an den Noten, zum anderen erhalten die Noten damit ihre rechtliche Eigenschaft als gesetzliches Zahlungsmittel. Sollten unbefugterweise Banknoten aus den Beständen der Zentralbank entnommen werden, so fehlt es zwar an einem entsprechenden Auszahlungs-Akt. Der Verkehrsschutz erfordert jedoch, daß auch diese Noten für den gutgläubigen Erwerber gesetzliche Zahlungsmittel sind.

G. können ihre *Zahlungsmittelfunktion* durch tatsächliche Vorgänge oder durch rechtliche Maßnahmen einbüßen. Wird ein G. so stark beschädigt, daß seine Umlaufsfähigkeit beeinträchtigt ist, so ist es auch kein gesetzliches Zahlungsmittel mehr. Der Inhaber kann jedoch unter bestimmten Voraussetzungen Ersatz von dem Emittenten (Deutsche Bundesbank bzw. Bund) erlangen. Die typische Rechtshandlung für das Einbüßen der Zahlungsmitteleigenschaft ist die Rückübereignung an den Emittenten, das ist für DM-Banknoten die Einzahlung bei den Kassen der Bundesbank. Weitreichender wirkt der Notenaufruf zur Einziehung bzw. die Außerkurssetzung von Münzen (§ 14 BBankG, § 10 MünzG), durch die der Emittent generell bestimmte G. – z.B. alle 10 DM-Banknoten – nach dem Ablauf einer im →Bundesanzeiger, für Münzen auch im →Bundesgesetzblatt, bekanntgemachten Frist außer Kraft setzen kann. Zusätzlich hat der Emittent auch noch einen (späteren) Zeitpunkt bekanntzugeben, bis zu dem er die G. gegen gültiges Geld umtauschen muß. Nach Ablauf dieser zweiten Frist verkörpern die G. nur noch wertloses Papier: Die Bundesbank tauscht aber die aufgerufenen Banknoten ohne zeitliche Begrenzung um. Außerdem bleibt es dem Gesetzgeber unbenommen, umlaufenden Banknoten und Münzen ihre Zahlungsmitteleigenschaft unmittelbar abzusprechen, so z.B. bei einer →Währungsreform.

Übertragung: G. werden als →bewegliche Sachen durch →Einigung und →Übergabe übereignet (§ 929 BGB). G. genießen im Unterschied zu anderen beweglichen Sachen einen stärkeren Verkehrsschutz, weil beim →gutgläubigen Erwerb von einem Nichtberechtigten das Eigentum auch an gestohlenem Geld erworben werden kann (§ 935 Abs. 2 BGB). Diese Regelung gilt auch für ausländische Banknoten und Münzen.

Entschädigungsregelung: Um Mißbrauch vorzubeugen, ist die ausgebende Stelle grundsätzlich nicht verpflichtet, für vernichtete, verlorene, verfälschte oder ungültig gewordene G. Ersatz zu leisten. Die Bundesbank hat jedoch dem Inhaber beschädigte Banknoten zu ersetzen, wenn dieser entweder Teile davon vorlegt, die insgesamt größer sind als die Hälfte der Note, oder den Nachweis führt, daß der Rest der Note, von der er nur die Hälfte oder einen geringeren Teil vorlegt, vernichtet ist (§ 14 Abs. 3 BBankG).

Strafrechtlicher Schutz: →Geld- und Wertzeichenfälschung.

Gelegentliche Wertpapierleihe

Form der →Wertpapierleihe, bei der die →Bank als Entleiher auftritt und im Rahmen von Einzelgeschäften den Verleiher kontaktiert. Dies kann zu Verzögerungen bzw. zum Nichtabschluß eines →Wertpapierdarlehens führen, da der Entleiher u. U. die zugrundeliegenden →Wertpapiere in der Zwischenzeit anderweitig erhält. Bei diesen Verleihgeschäften ist keine systematische Nutzung eines Wertpapierdepots (→Depot) gewünscht.

Gegensatz: → automatische Wertpapierleihe.

Gemeinkosten
→ Kosten, die nur mittelbar, d. h. unter Verwendung bestimmter Schlüssel → Bankleistungen zugerechnet werden können. Wird eine andere Bezugsgröße gewählt, so z. B. statt der Bankleistung eine → Geschäftsstelle, so können die Kosten, die in bezug auf die Bankleistung G. sind, in bezug auf die Geschäftsstelle Einzelkosten sein.
Gegensatz: → Einzelkosten.

Gemeinnützigkeitsprinzip, → Sparkassen.

Gemeinsamer Markt
Wirtschaftliche → Integration von selbständigen Staaten, die in ihrem → Außenhandel untereinander → Zölle und andere Handelsbeschränkungen (→ Außenhandelspolitik) beseitigen, gegenüber Drittländern jedoch einen gemeinsamen Außenzoll aufweisen (→ Zollunion). Auch Arbeit und Kapital können sich innerhalb eines G. M. von mitgliedstaatlichen Eingriffen ungehindert bewegen (Beispiel: G. M. der → Europäischen Wirtschaftsgemeinschaft). Im Binnenmarkt ist die Integration noch intensiviert.

Gemeinschaftsdepot
Ein G. wird für gemeinsame Rechnung mehrerer Hinterleger eingerichtet, um gemeinsame Rechte an → Wertpapieren zu sichern. Es kann als Und-Depot (→ Und-Konto) bzw. Oder-Depot (→ Oder-Konto) geführt werden.
Zur Eröffnung eines G. ist eine → Legitimationsprüfung (§ 154 Abs. 2 AO) bei jedem einzelnen Depotmitinhaber durchzuführen. Die Art der G. wird im Zweifel (soweit nichts anderes vereinbart) von der Verfügungsberechtigung über das → Depot bestimmt; bei Einzelzeichnungsbefugnis der Depotmitinhaber gelten das Oder-Depot, bei nur gemeinschaftlicher Verfügungsbefugnis das Und-Depot als vereinbart.
Beim Oder-Depot sind Kontoinhaber jeweils → Gesamtgläubiger (§ 428 BGB); jeder → Gläubiger kann für sich den Gesamtdepotbestand pfänden lassen.
Beim Und-Depot wird das Gesamthandsgläubigerrecht (§§ 718 ff. BGB) begründet; Depotinhaber dürfen nur gemeinsam verfügen; dies ist geeignet für Sperrdepots. Keine → Haftung der Gesamtgläubiger besteht für → Verbindlichkeiten eines einzelnen Depotinhabers.
Und-Depots können außer durch → Rechtsgeschäft auch kraft → Gesetz entstehen, wenn z. b. das Einzeldepot des → Erblassers auf mehrere gemeinschaftlich verfügungsberechtigte → Erben übergeht und das Nachlaßdepot zum Und-Depot wird.
Beim Tod eines Mitinhabers des G. hat das → Kreditinstitut eine Anzeige gemäß § 33 Erbschaftsteuergesetz unter Angabe des (Gesamt-)Depotbestandes zu erstatten; evtl. Erklärungen zum Innenverhältnis müssen die Depotmitinhaber abgeben.

Gemeinschaftskonto
→ Konto mit mindestens zwei Kontoinhabern. Kontoinhaber sind mehrere → natürliche Personen gemeinsam. Aber auch → juristische Personen oder mehrere Unternehmungen können gemeinschaftlich als Kontoinhaber in Erscheinung treten. Die Bezeichnung „Gemeinschaftskonto" allein sagt noch nichts darüber aus, ob es sich gleichzeitig um ein → Eigenkonto oder ein → Fremdkonto handelt. Im → Einlagengeschäft der → Kreditinstitute überwiegt das Eigenkonto. Das G. kommt als → Kontokorrentkonto, → Girokonto, → Sparkonto, → Termingeldkonto und als → Darlehenskonto vor. Man unterscheidet – je nach der zwischen dem Kreditinstitut und den Kontomitinhabern getroffenen Abrede bzw. in Abhängigkeit von gesetzlichen Regelungen – zwei Arten von G.: das G. mit Einzelverfügungsberechtigung (→ Oder-Konto) und das G. mit gemeinschaftlicher Verfügungsbefugnis (→ Und-Konto). Die Kontoinhaber haften beim Und-Konto als → Gesamtschuldner (§ 421 BGB) für → Verbindlichkeiten aus dem G., die alle Kontoinhaber gemeinschaftlich eingehen, und beim Oder-Konto auch für Verbindlichkeiten, die ein Kontoinhaber allein eingeht. Auf einem G. können nicht nur Guthaben aus → Einlagen, sondern auch → Wertpapiere unterhalten werden. Es handelt sich dann um ein Gemeinschaftsdepot-Konto bzw. → Gemeinschaftsdepot.
Gegensatz: → Einzelkonto.

Gemeinschaftskredit
→ Kredit, insbes. → Bankkredit, bei dem die Kreditmittel gemeinschaftlich von mehreren Kreditgebern bereitgestellt werden. Der Kredit wird überwiegend als → Konsortialkredit bezeichnet. Die im Kreditkonsortium

Gemeinschaftssparkassen

(→ Konsortium) in Form einer → Gesellschaft bürgerlichen Rechts (BGB-Gesellschaft, GbR) verbundenen → Banken heißen Konsorten. G. (Konsortialkredite) sind → Großkredite an Unternehmen, → Konzerne oder → Körperschaften des öffentlichen Rechts.

Gemeinschaftssparkassen
→ Sparkassen, die mehrere → Gewährträger haben (Verbandssparkassen).

Gemeinschaft zum Schutz der deutschen Sparer
Zusammenschluß der → Spitzenverbände der deutschen Kreditwirtschaft und Versicherungswirtschaft mit dem Ziel, zum Schutz der Sparer für die → Geldwertstabilität einzutreten.

Gemeinschuldner
Nach § 1 KO der → Schuldner, über dessen → Vermögen der → Konkurs eröffnet worden ist.

Gemildertes Niederstwertprinzip
Besagt, daß bei Vermögensgegenständen des → Anlagevermögens eine außerplanmäßige → Abschreibung auf einen niedrigeren Wert am Bilanzstichtag unterbleiben kann, wenn die Wertminderung vorübergehend ist. Das g. N. wird zum strengen → Niederstwertprinzip, wenn die Wertminderung am Abschlußstichtag von Dauer ist.

Gemischte Ausgaben, → Betriebsausgaben.

Gemischte Hypothekenbanken
→ Private Hypothekenbanken, die nach § 46 Abs. 1 HypBankG neben dem Hypothekenbankgeschäft nach § 5 HypBankG auch → Bankgeschäfte einer → Universalbank betreiben dürfen (Bayerische Vereinsbank AG, Bayerische Hypotheken- und Wechselbank AG, Norddeutsche Hypotheken- und Wechselbank AG). Sie erhielten die Sonderstellung mit dem Inkrafttreten des Hypothekenbankgesetzes (1899), da sie bereits beide Geschäftsbereiche auf sich vereinigten. Der Gesamtbetrag der im Umlauf befindlichen → Hypothekenpfandbriefe und → Kommunalobligationen darf bei der g. H. den 48fachen Betrag des → haftenden Eigenkapitals der Kreditinstitute nicht übersteigen.

Gemischter Fonds
Mischfonds; → Investmentfonds, der die Mittel aus verkauften → Anteilsscheinen sowohl in → Aktien als auch in → Schuldverschreibungen anlegt (gemischter Aktien-/Rentenfonds). Die Gewinn- und Wachstumschancen aus den Aktien werden mit der festen Verzinsung der Rentenwerte kombiniert. Je nach Marktlage kann der Anlageschwerpunkt des Fonds von Aktien auf → Renten und umgekehrt verlagert werden.

Gemischte Unternehmen
Unternehmen, die weder → Kreditinstitute noch → Finanzholding-Gesellschaften sind, denen aber mindestens ein Kreditinstitut als → Tochterunternehmen (§ 1 Abs. 7 KWG) zugehört (§ 1 Abs. 3b KWG). Sie können zu Angaben im Rahmen der → Monatsausweise verpflichtet werden (§ 25 Abs. 4 Satz 2 KWG), ferner von → bankaufsichtlichen Auskünften und Prüfungen betroffen sein (§ 44 Abs. 1 Nr. 1a KWG).

Gemischte Zinsen, → gemischte Zinsrechnung.

Gemischte Zinsrechnung
Verbinden der linearen, d. h. einfachen Zinsrechnung mit der → Zinseszinsrechnung. Umfaßt die → Restlaufzeit eines → Zinsinstrumentes nicht nur eine Anzahl ganzer Jahre, sondern auch eine Teilperiode (gebrochene Periode), wird nach der → Moosmüller-Rendite und Breaß/Fangmeyer-Rendite mit gemischten Zinsen gerechnet, d. h. die ganzen Jahre mit → Zinseszinsen bzw. die Teilperiode mit linearen → Zinsen.
(→ Endwert, → Barwert)

Genehmigtes Kapital
Autorisiertes Kapital. Durch eine besondere Form der → Kapitalerhöhung bei einer → Aktiengesellschaft bereitgestelltes Aktienkapital (→ Grundkapital). Der → Vorstand einer AG kann durch → Satzung oder durch satzungsändernden Beschluß der → Hauptversammlung für höchstens fünf Jahre ermächtigt werden, das Grundkapital zu einem bestimmten Nennbetrag durch Ausgabe → neuer Aktien (→ junge Aktien) zu erhöhen (§§ 202–206 AktG). Das g. K. darf nicht höher sein als die Hälfte des Grundkapitals. Durch diese Finanzierungsform soll der Vorstand in der Lage sein, je nach Kapitalbedarf und nach Situation am → Kapitalmarkt und unabhängig von Beschlüssen der Hauptversammlung das Grundkapital zu erhöhen. Nach § 202 Abs. 4 AktG kann die Satzung vorsehen, daß die neuen Aktien an → Ar-

beitnehmer der AG (→ Belegschaftsaktien) ausgegeben werden.

Genehmigung
Gemäß § 184 BGB nachträgliche Zustimmung zu einem → Rechtsgeschäft, z. B. Genehmigung der Eltern (→ gesetzliche Vertreter) zu dem bereits erfolgten Abschluß eines → Girovertrages ihres beschränkt geschäftsfähigen Kindes (§ 108 BGB). Die G. wirkt grundsätzlich auf den Zeitpunkt der Vornahme des Rechtsgeschäftes zurück. Das Rechtsgeschäft ist dann von Anfang an gültig. Vorherige Zustimmung: → Einwilligung.

General Agreement on Tariffs and Trade (GATT), → Allgemeines Zoll- und Handelsabkommen.

Generals/General Collateral (GC)
Geschäfte, die durch den Verkäufer von → Wertpapieren initiiert werden, der Finanzierungs- oder Liquiditätsbedarf hat. Aus Sicht des Verkäufers dient das General-Geschäft durch vorübergehenden Verkauf der Papiere der → Refinanzierung seiner Wertpapierposition. Sein Kontrahent tätigt im Gegenzug ein → Investment, da er die Wertpapiere als Sicherheit für sein → Kapital erhält (→ Wertpapierleihe).

Generalversammlung
Mitgliederversammlung der → Genossenschaft.

Generalvollmacht
Bezeichnung für eine → Vollmacht, die nach den Vorschriften des Bürgerlichen Gesetzbuches (→ BGB-Vollmacht) erteilt wird und im Gegensatz zu einer Spezialvollmacht die Ermächtigung zur Vertretung bei allen Geschäften umfaßt.
In der Praxis des Wirtschaftslebens hat sich der Begriff der G., insbes. bei großen → Aktiengesellschaften, als Bezeichnung für eine besondere, umfassende und über den Umfang der → Prokura hinausgehende Vollmacht herausgebildet. Die Rechtsstellung des Generalbevollmächtigten liegt gewöhnlich zwischen der eines Vorstandsmitglieds (→ gesetzliche Vertreter) und eines → Prokuristen.
Der Begriff G. wird nur in wenigen Gesetzen, so z. B. im → Betriebsverfassungsgesetz zur Kennzeichnung der → leitenden Angestellten, erwähnt; sein Inhalt ist aber gesetzlich sonst nicht geregelt.

Generic Swap
Plain Vanilla Swap, Straight Swap; normaler endfälliger → Kuponswap ohne bestimmte Besonderheiten wie beispielsweise ein → Callrecht (→ Embedded Options) oder abnehmende → Tilgung.
Gegensatz: → Exotic Swaps.

Genossenschaft
Gesellschaft mit nicht geschlossener Mitgliederzahl, welche die Förderung des Erwerbs oder der Wirtschaft ihrer Mitglieder mittels gemeinschaftlichen Geschäftsbetriebes bezweckt (§ 1 GenG). Sie ist im Sinne des BGB keine Gesellschaft, sondern ein → Verein. Der Genossenschaftsgedanke kommt zum Ausdruck (1) in der Gleichberechtigung der Mitglieder unabhängig von der Höhe der Kapitalbeteiligung an der G., (2) in der Selbstverwaltung durch die Genossenschaftsorgane, (3) im gemeinschaftlich begründeten Geschäftsbetrieb. Die G. verfügt über kein vorgeschriebenes Mindestkapital. Ihr → Kapital ergibt sich aus den → Einlagen der Mitglieder.

Arten: Zu unterscheiden sind (1) nach dem wirtschaftlichen Zweck → Kreditgenossenschaften, Einkaufsgenossenschaften, Absatz- und Verwertungsgenossenschaften, Dienstleistungsgenossenschaften, Konsumgenossenschaften, Wohnungsbaugenossenschaften usw.; (2) nach der → Haftung in, G., bei denen die Mitglieder im Konkursfall zur Befriedigung der → Gläubiger mit ihrem gesamten → Vermögen einstehen und Nachschüsse in unbeschränkter Höhe leisten müssen, G., deren Genossen bis zu einer bestimmten Höhe haften – die Haftsumme darf nicht geringer sein als der Geschäftsanteil (§ 119 GenG), und G., deren Genossen von ihrer Nachschußpflicht befreit sind.
Unabhängig von der Art der Haftung hat die → Firma der G. den Zusatz „e. G.".

Organe: Organe der G. sind der → Vorstand, der → Aufsichtsrat und die → Generalversammlung. Der Vorstand übt die → Geschäftsführung und Vertretung der G. aus. Er besteht aus mindestens 2 Mitgliedern der G. (§§ 9 Abs. 2, 24 Abs. 2 GenG). Der Vorstand wird von der Generalversammlung gewählt. Jederzeitiger Widerruf ist möglich (§ 24 Abs. 3 GenG). Der Aufsichtsrat besteht, sofern nicht das Statut eine höhere Zahl festlegt, aus drei von der Generalversammlung zu wählenden Mitgliedern, die

Genossenschaftlicher Bankbetriebswirt

nicht Vorstandsmitglieder sein dürfen. Er hat die Geschäftsführung des Vorstandes zu überwachen und der Generalversammlung Bericht zu erstatten; er ist lediglich Aufsichtsorgan. Oberstes Organ der G. ist die Generalversammlung (Mitgliederversammlung), die ihre Beschlüsse mit Mehrheit der abgegebenen Stimmen faßt, wobei jeder Genosse ohne Rücksicht auf die Anzahl seiner →Geschäftsanteile eine Stimme hat (§ 43 GenG). Die Generalversammlung beschließt u. a. über die Änderung der →Satzung, die Feststellung des →Jahresabschlusses, die Verwendung des →Jahresüberschusses, die Entlastung von Vorstand und Aufsichtsrat sowie die Auflösung der Genossenschaft. Sie hat ferner die Beschränkungen festzusetzen, die bei Gewährung von →Kredit an einen Kreditnehmer eingehalten werden sollen (Kredithöchstgrenze § 49 GenG). Bei G. mit mehr als 1.500 Mitgliedern besteht die Generalversammlung aus Vertretern der Genossen (→Vertreterversammlung, § 43a GenG).

Gründung: Die G. wird gegründet durch →Vertrag (Statut), welcher der Schriftform bedarf (§ 5 GenG). Die Zahl der Mitglieder bei Gründung muß mindestens sieben betragen. Durch sie wird eine Satzung für die G. aufgestellt und Vorstand und Aufsichtsrat gewählt. Durch Eintragung in das →Genossenschaftsregister erlangt die G. ihre →Rechtsfähigkeit. Sie wird damit zur →juristischen Person (§ 17 GenG). Die Eintragung ist vom Vorstand anzumelden unter Einreichung der Satzung, einer Liste der Mitglieder, von →Urkunden über die Bestellung des Vorstandes und des Aufsichtsrates sowie des Zulassungsbescheides zu einem →genossenschaftlichen Prüfungsverband (→Genossenschaftsprüfung).

Die *Auflösung* der G. kann durch Beschluß mit →qualifizierter Mehrheit der Generalversammlung erfolgen (§ 78 GenG). Weitere Auflösungsgründe sind Zeitablauf, weniger als sieben Mitglieder, die Gefährdung des Gemeinwohls sowie Konkurseröffnung (§§ 79–81 GenG). Im Anschluß an die Auflösung findet die →Liquidation statt. Nach einem Sperrjahr kann das →Vermögen der G. verteilt werden (§ 90 GenG).

Beendigung der Mitgliedschaft: Jeder Genosse hat das Recht, durch →Kündigung seinen Austritt aus der G. zu erklären (§ 65 GenG). Auch eine zwangsweise Ausschließung ist möglich (§ 68 GenG).

Genossenschaftlicher Bankbetriebswirt,
→berufsbegleitende Weiterbildungsmöglichkeiten, Genossenschaftsbanken.

Genossenschaftlicher Prüfungsverband
Für die Prüfung des →Jahresabschlusses der Kreditgenossenschaften gemäß §§ 53 ff. GenG zuständiger Verband. Nach § 54 GenG müssen →Genossenschaften einem Verband angehören, dem das Prüfungsrecht verliehen ist (Prüfungsverband).

Genossenschaftlicher Verbund
Geschäftliche Zusammenarbeit der rechtlich und wirtschaftlich selbständigen →Kreditgenossenschaften, →genossenschaftlichen Zentralbanken (einschl. der →DG BANK – Deutsche Genossenschaftsbank) sowie anderer für den kreditgenossenschaftlichen Verbund arbeitender Finanzdienstleistungsunternehmen des bankgenossenschaftlichen Sektors (→Bausparkassen, →Kapitalanlagegesellschaften, →Leasing-Gesellschaften, →Factoring-Institute, zur Ergänzung des bankgeschäftlichen Leistungsangebots der Primärgenossenschaften sowie zur Abwicklung von →Bankgeschäften. Der g. V. ist keine institutionelle Einrichtung; er stellt vielmehr das Zusammenwirken der →Kreditinstitute mit organisationseigenen Unternehmen im bankgenossenschaftlichen Sektor dar. Zum Verbundangebot gehören u. a. auch Versicherungsleistungen zweier Gesellschaften.

Genossenschaftliche Zentralbanken
→Kreditinstitute, die als →Universalbanken tätig sind und insbes. für die angeschlossenen →Kreditgenossenschaften die Funktion einer →Zentralbank wahrnehmen. Im bankgenossenschaftlichen Bereich arbeiten fünf Institute auf regionaler Ebene. Ihr Tätigkeitsbereich ist (im Gegensatz zu dem der →Landesbanken/Girozentralen) nicht deckungsgleich mit einem Bundesland. Sie bilden den Mittelbau des Kreditgenossenschaftssektors, der in den betreffenden Regionen drei-, ansonsten zweistufig aufgebaut ist. Spitzeninstitut ist die →DG BANK – Deutsche Genossenschaftsbank. Die g. Z. besitzen im allg. die Rechtsform der →Aktiengesellschaft, wobei die Kapitaleigner i. d. R. die angeschlossenen Kreditgenossenschaften sind.

Genußrechte

Aufgaben: Die g. Z. haben die Primärgenossenschaften (Kreditgenossenschaften auf lokaler Ebene) bankgeschäftlich zu unterstützen und zu ergänzen. Sie sind im Rahmen des →bargeldlosen Zahlungsverkehrs Giroverkehrszentralen (Ringhauptstellen im Deutschen Genossenschaftsring), geben als Liquiditätsausgleichsstellen den Primärgenossenschaften Möglichkeiten zur Geldanlage sowie einen Refinanzierungs- und Liquiditätsrückhalt. Sie werden von den Kreditgenossenschaften zur Abwicklung von →Effektengeschäften und →Auslandsgeschäften eingeschaltet. Sie sind Durchleitstellen für →weitergeleitete Kredite. Auch im Rahmen der →Anlageberatung und Vermögensberatung stehen sie den Kreditgenossenschaften zur Seite, ebenso für die Beteiligung an →Meta-Krediten.

Geschäftsstruktur: Die Mittelbeschaffung der g. Z. erfolgt überwiegend bei den angeschlossenen Genossenschaftsbanken, insbes. in Form von →Termineinlagen. Sie finanzieren sich auch über langfristige →Darlehen von →Kapitalsammelstellen. Sie geben →Schuldverschreibungen (→Bankschuldverschreibungen) aus, haben aber im Gegensatz zu den Landesbanken kein Emissionsrecht für →Pfandbriefe und →Kommunalobligationen). Die Mittelverwendung zeigt, daß der größte Teil der entgegengenommenen Gelder wiederum an Banken ausgeliehen wird (→Refinanzierung der Primärgenossenschaften bzw. Anlage liquider Mittel bei der Deutschen Genossenschaftsbank). →Großkredite werden in Zusammenarbeit mit den Kreditgenossenschaften herausgelegt (Meta-Kredite).

Genossenschaftsbanken
→Kreditgenossenschaften.

Genossenschaftskredit
Bezeichnung in sparkassenrechtlichen Vorschriften (Sparkassenverordnungen, Mustersatzungen) für einen →Kredit, der als ungesicherter Kredit an →Genossenschaften gewährt wird, die einem →genossenschaftlichen Prüfungsverband angeschlossen sind (→Sparkassenkredite).

Genossenschaftsprüfung
Durch § 53 GenG wird für alle →Genossenschaften eine Pflichtprüfung vorgeschrieben. Die Prüfung erfolgt mindestens alle zwei Jahre, bei Genossenschaften mit mehr als 2 Mio. DM Bilanzsumme jährlich. Alleiniges Prüfungsrecht für alle Genossenschaften liegt bei den Genossenschaftsverbänden (§ 55 GenG) und wird durch die jeweils zuständigen obersten Landesbehörden, in deren Gebiet der Verband seinen Sitz hat, verliehen (§ 63 GenG). Jede Genossenschaft muß einem →genossenschaftlichen Prüfungsverband angeschlossen sein (§ 54 GenG). Die G. dient der Feststellung der wirtschaftlichen Verhältnisse und der Ordnungsmäßigkeit der →Geschäftsführung. Geprüft werden die Einrichtungen, die Vermögenslage und die Geschäftsführung; in diesem Rahmen auch der →Jahresabschluß unter Einbeziehung der Buchführung sowie der →Lagebericht.

→Kreditgenossenschaften unterliegen der Pflicht zur jährlichen Prüfung.

Genossenschaftsregister
Vom Amtsgericht geführtes →öffentliches Register, in das →Genossenschaften und ihre Rechtsverhältnisse (z.B. →Satzung, Besetzung des →Vorstandes und deren Änderungen) eingetragen werden. Aus der neben dem G. geführten Liste der Genossen ergibt sich der Mitgliederbestand sowie deren →Geschäftsanteile. Durch die Eintragung erlangt die neu gegründete Genossenschaft die Rechte einer eingetragenen Genossenschaft (§ 13 GenG, →juristische Person, →Vollkaufmann).

Genossenschaftsverbände
→Regionale Genossenschaftsverbände, →Bundesverband der Deutschen Volksbanken und Raiffeisenbanken e. V.

Gensaki
→Pensionsgeschäft mit japanischen →Staatsanleihen (→Wertpapierleihe).

Genüsse
Kurzbezeichnung für →Genußscheine und →Optionsgenußscheine.

Genußrechte
Gesetzlich nicht näher geregelte, aber in § 221 AktG erwähnte →Gläubigerrechte, die gemäß § 10 Abs. 5 KWG unter bestimmten Voraussetzungen dem →haftenden Eigenkapital der Kreditinstitute zugerechnet werden können (→Genußrechtskapital). Meist räumen sie ihren Inhabern eine Beteiligung am →Gewinn und am Liquidationserlös des sie emittierenden Unterneh-

Genußrechtskapital

mens ein, häufig auch →Bezugsrechte. Je nach Ausgestaltung haben G. überwiegend Eigenschaften einer →Anleihe oder einer →Aktie, jedoch können sie nicht als Mitgliedschaftsrecht (mit →Stimmrecht in der →Hauptversammlung einer →Aktiengesellschaft oder Befugnissen zur →Geschäftsführung) ausgestaltet werden, ähneln also dem →Partizipationsschein. Für →öffentlich-rechtliche Sparkassen sind G. bisher die einzige Möglichkeit der Beteiligung Privater am →Eigenkapital (→Genußrechtskapital bei Sparkassen).

Genußrechtskapital

→Kapital, das gegen Gewährung von →Genußrechten gebildet wird und bei →Kreditinstituten nach § 10 Abs. 5 KWG als →Ergänzungskapital dem →haftenden Eigenkapital der Kreditinstitute zuzurechnen ist, wenn bestimmte, im Gesetz aufgeführte Voraussetzungen erfüllt sind: volle Teilnahme am Verlust, Nachrangigkeit, Mindestdauer der Zurverfügungstellung fünf Jahre, Mindestrestlaufzeit zwei Jahre.

Genußrechtskapital bei Sparkassen

Werden über die →Genußrechte →Wertpapiere (→Genußscheine) begeben, müssen sie aufgrund sparkassenrechtlicher Bestimmungen (z. B. § 21a MuSa Niedersachsen) auf den Namen lauten. Sie können zusätzlich an Order gestellt werden. Darüber hinaus sieht das Sparkassenrecht auch vor, Genußrechte in Form von →Inhaberpapieren zu verbriefen. Das Verfahren zur →Emission von Genußrechten ist im →Sparkassenrecht der Bundesländer unterschiedlich geregelt. So bedarf z. B. der vom →Verwaltungsrat der Sparkasse gefaßte Emissionsbeschluß in Niedersachsen nach Anhörung des Niedersächsischen Sparkassen- und Giroverbandes der Genehmigung des →Gewährträgers und der →Sparkassenaufsichtsbehörde. Übereinstimmend wird sparkassenrechtlich festgelegt, daß den Genußrechtsinhabern keine Mitwirkungsrechte gegenüber der Sparkasse eingeräumt werden. Auch Ansprüche aus dem Liquidationserlös der Sparkasse werden ausgeschlossen. Genußrechte berechtigen im Falle eines →Jahresüberschusses zum Bezug einer jährlichen Vergütung, die im allgemeinen gewinnorientiert ist. Die Vereinbarung einer festen Grundverzinsung ist zulässig. Soweit im →Geschäftsjahr ein Bilanzverlust ausgewiesen wird, entfällt die Verzinsung. Zusätzlich muß das Genußrechtskapital am Verlust anteilsmäßig teilnehmen.
(→Haftendes Eigenkapital der Kreditinstitute)

Genußschein

Verbriefung von →Genußrechten, die von Unternehmen jeder Rechtsform ausgegeben und in den →amtlichen (Börsen-)Handel eingeführt werden kann. →Genußscheine von Kreditinstituten können als →Genußrechtskapital unter bestimmten Voraussetzungen dem →haftenden Eigenkapital der Kreditinstitute zugerechnet werden. Besondere Formen sind →Genußscheine mit Optionsrecht und →Genußscheine mit Wandlungsrecht sowie →Partizipationsscheine.

Genußschein-Fonds

→Investmentfonds, der die ihm zufließenden Mittel vorwiegend in →Genußscheinen anlegt.

Genußschein mit Optionsrecht

→Genußschein, der dem Anleger ein →Callrecht zum Bezug von →Stammaktien oder →Vorzugsaktien des emittierenden Unternehmens gewährt (→Genußschein mit Wandlungsrecht, →Genußschein von Kreditinstituten).

Genußschein mit Wandlungsrecht

→Genußschein, der dem Anleger ein →Recht gewährt, den Genußschein ab einem bestimmten Zeitpunkt in einem bestimmten Wandlungsverhältnis in →Stammaktien oder →Vorzugsaktien des emittierenden Unternehmens umzutauschen (→Genußschein mit Optionsrecht, →Genußschein von Kreditinstituten).

Genußschein von Kreditinstituten

→Genußschein, der von →Kreditinstituten emittiert wird.
Genußscheine erlebten, insbes. in den Jahren 1985–1987, in der Bundesrepublik Deutschland eine Renaissance. →Emittenten sind vor allem Institute des öffentlich-rechtlichen (z. B. Bremer Landesbank) und genossenschaftlichen Sektors (z. B. →DG-Bank) aber auch →Großbanken (z. B. Commerzbank, HYPO-Bank, Bayerische Vereinsbank). Während Genußscheine vor Jahren fast ausschließlich in Sanierungsfällen von den betroffenen Unternehmen ausgegeben wurden, wenn zwar mit weiteren →Gewinnen gerechnet wurde, deren Höhe oder

Zeitpunkt des Eintreffens aber noch nicht exakt festgestellt werden konnten, nutzen heute vor allem Banken die Möglichkeit, über Genußscheine Kapital zu beschaffen (Finanzierungsfunktion). In steuerlicher Hinsicht stellen Genußscheine → Fremdkapital dar, solange sie „ähnlich wie Fremdkapital" ausgestaltet sind. Dennoch wird das durch Genußscheine aufgenommene → Kapital unter bestimmten Voraussetzungen als → wirtschaftliches Eigenkapital anerkannt. Dies ermöglicht vor allem Banken, auf steuergünstige Weise ihr → haftendes Eigenkapital durch Genußscheinemissionen aufzustocken. Ungefähr 80% aller Genußschein-Emissionen werden von Banken begeben. Genußscheinkapital wird dann als → haftendes Eigenkapital der Kreditinstitute anerkannt, wenn unter anderem eine Beteiligung am Verlust vorgesehen ist, die Gesamtlaufzeit der Papiere mindestens fünf Jahre und die → Restlaufzeit mindestens zwei Jahre beträgt. Genußscheine haben bei Kreditinstituten eine besondere Bedeutung als Finanzierungsinstrument erlangt, da deren haftendes Eigenkapital nach dem → Kreditwesengesetz (KWG) unter den dort genannten Bedingungen bis zu 25% aus Genußscheinkapital bestehen darf. Seit 1.1.1993 werden Genußscheine nach der → Eigenmittelrichtlinie bis zur Hälfte des haftenden Eigenkapitals als → Ergänzungskapital anerkannt. Genußscheinkapital trägt somit sowohl zur potentiellen Ausweitung der → Aktivgeschäfte als auch zur Erreichung der von den verschiedenen Bankenrichtlinien vorgeschriebenen → Eigenkapitalquote bei.

Geometrisches Mittel

Durchschnittswert zur statistischen Berechnung eines → Lageparameters bzw. Mittelwertes. Das g. M. wird errechnet, indem jeder → Merkmalswert x_i (i=1, 2,..., n) mit dem folgenden multipliziert wird. Aus dem Produkt wird die n-te Wurzel gezogen, wobei n die Anzahl der Merkmalswerte angibt.
– Das g. M. wird verwendet, wenn diskrete Merkmalswerte z. B. → Aufzinsungsfaktoren, → Periodenrenditen oder Performancefaktoren (Performance) über mehrere Perioden vorliegen und ein Durchschnitt ermittelt werden soll. Werden dagegen stetige Aufzinsungsfaktoren, Periodenrenditen oder Performancefaktoren verwendet, erfolgt die Mittelwertbildung additiv, d. h. es muß das → arithmetische Mittel berechnet werden. – Konzeptionell wird beim g. M. unterstellt, daß die einzelnen Merkmalswerte wieder angelegt werden, d. h. jede Folgeperiode hat ein anderes Anfangskapital. Beim arithmetischen Mittel wird dagegen unterstellt, daß positive Periodenrenditen entnommen und negative Periodenrenditen eingezahlt werden. Das g. M. hat im Gegensatz zum arithmetischen Mittel den Vorteil, daß Extremwerte den Durchschnitt nicht so stark beeinflussen (→ Asset Allocation).

Geregelter Markt

Seit 1987 bestehendes Marktsegment („Börsenhandel mit nichtamtlicher Notierung", § 71 BörsenG) an deutschen → Wertpapierbörsen. → Wertpapiere werden hierbei unter im Vergleich zum amtlichen (Börsen-)Handel erleichterten Voraussetzungen zugelassen (§ 73 BörsenG); auch die aus dem → Börsenrecht resultierenden Pflichten für den → Emittenten sind geringer als dort. Jedoch erfolgt auch am g. M. eine Feststellung des Börsenpreises (§ 75 BörsenG) nach den Regeln der amtlichen → Kursfeststellung durch → Kursmakler oder freie → Makler unter der Aufsicht des → Börsenvorstands.

Gerichtliches Vergleichsverfahren, → Vergleichsverfahren.

Gerichtskassendepot, → Depotsonderformen.

Gerichtsstand (der Kreditinstitute)

Allgemein: G. einer → natürlichen Person, einer → juristischen Person oder eines öffentlich-rechtlichen → Sondervermögens ist der Ort, der die örtliche Zuständigkeit des (erstinstanzlichen) Gerichts für die Entscheidung über Ansprüche gegen die genannten Personengruppen bestimmt (§ 12 ZPO).

G. nach den AGB Banken: Nach Nr. 6 Abs. 2, 3 AGB Banken kann eine Bank in den Fällen, in denen der Kunde zu den Vollkaufleuten gehört oder eine → juristische Person des → öffentlichen Rechts oder ein öffentlich-rechtliches → Sondervermögen ist, nur am G. des → Erfüllungsortes verklagt werden, was nach §§ 29 Abs. 2, 38 Abs. 1 ZPO zulässig ist.

G. nach den AGB Postbank: Gemäß Nr. 6 Abs. 2, 3 ist bei besagtem Personenkreis der G. bei Streitigkeiten aus einem Giro- oder Sparverhältnis der Sitz der betreffenden Niederlassung (→ Postgiro- oder → Post-

Geringstes Gebot

sparkassenamt), wenn sich eine Klage gegen die → Deutsche Postbank AG richtet.

G. nach den AGB Sparkassen: In den Fällen, in denen der Kunde ein Vollkaufmann oder eine juristische Person des öffentlichen Rechts oder ein öffentlich-rechtliches Sondervermögen ist, kann die Sparkasse nach Nr. 6 Abs. 3 AGB an ihrem allgemeinen G. (§§ 12, 17 ZPO) klagen und nur an diesem G. verklagt werden.

Für Geschäfte mit Nichtkaufleuten und Minderkaufleuten enthalten die AGB Banken, die AGB Sparkassen bzw. die AGB Postbank keine Gerichtsstandvereinbarung; maßgeblich sind die gesetzlichen Regelungen in §§ 12 ff. ZPO.

Geringstes Gebot

Niedrigstes Gebot, das in der → Zwangsversteigerung abgegeben werden muß, um den Zuschlag zu erhalten. Es umfaßt die → Kosten des Verfahrens sowie die dem Anspruch des betreibenden → Gläubigers vorgehenden Rechte (§ 44 Abs. 1 ZVG). Der Ersteher eines zwangsversteigerten → Grundstücks muß aber nur einen Teil des g. G. bar zahlen (Bargebot, § 49 Abs. 1 ZVG), nämlich die Beträge zur Deckung der Kosten, der → Ansprüche der Gläubiger der ersten bis dritten Klassen sowie der Ansprüche auf wiederkehrende Leistungen und sonstige Nebenleistungen (§§ 10, 12 ZVG). Die dem betreibenden Gläubiger vorgehenden Rechte werden vom Ersteher übernommen; sie sind daher vom g.G. gedeckt, müssen aber wegen des Übernahmeprinzips nicht bar bezahlt werden (§ 52 ZVG). Außerhalb des geringsten Gebots bleiben bestehen: → Altenteil, → Erbbaurecht (§ 25 ErbbRVO), Heimstättenvermerk, Überbau- und Notwegrenten (§ 52 Abs. 2 ZVG). Vom geringsten und vom Bargebot ist das Mindestgebot zu unterscheiden: Werden sieben Zehntel des Grundstückswerts nicht erreicht, kann ein Zuschlag an den Meistbietenden von einem (teilweise) ausfallenden Gläubiger vorerst verhindert werden (§§ 74 a, b ZVG).

Geringwertige Wirtschaftsgüter

Nach § 6 Abs. 2 EStG können abnutzbare bewegliche → Wirtschaftsgüter des → Anlagevermögens, die einer selbständigen Nutzung fähig sind, im Jahr der Anschaffung (bzw. Herstellung) in vollem Umfang als → Betriebsausgabe abgesetzt werden, wenn die → Anschaffungskosten bzw. → Herstellungskosten, vermindert um einen darin enthaltenen Vorsteuerbetrag, für das einzelne Wirtschaftsgut 800 DM nicht übersteigen. Ohne Bedeutung ist dabei, ob es sich um die Anschaffung eines neuen oder gebrauchten Wirtschaftsgutes handelt.

Gesamtbetriebskalkulation

Ergebnisrechnung zur Ermittlung des Gesamterfolges (→ Betriebsergebnis).

Pagatorische Rechnung: Die → Deutsche Bundesbank und die → Kreditinstitute erstellen und veröffentlichen Ergebnisrechnungen, die sich auf die Zahlen der → Gewinn- und Verlustrechnungen der Kreditinstitute beziehen. Zugrunde gelegt werden Bruttozahlen, d. h. Zahlenwerte ohne die in den → Formblättern für externe Gewinn- und Verlustrechnungen vorgesehenen Kompensationen. Die Bundesbank stellt auf der Grundlage der → Jahresabschlüsse der zur → Monatlichen Bilanzstatistik berichtenden Kreditinstitute wichtige Zahlen der Gewinn- und Verlustrechnungen zusammen und ermöglicht im Zeit- und → Betriebsvergleich Einblick in die Ergebnisstruktur der Kreditinstitute und der Bankengruppen. Die zur G. zusammengestellten Ergebnisse werden in den → Monatsberichten der Deutschen Bundesbank veröffentlicht. Die Kreditinstitute benutzen ein im Rahmen ihrer Berichterstattung über die → Jahresabschlüsse und im Rahmen von → Zwischenberichten der Kreditinstitute seit 1993 ein Schema zur Darstellung des Betriebsergebnisses, ein Schema, das der Berechnung im Formblatt der Gewinn- und Verlustrechnung der Kreditinstitute entspricht (Abbildung „Gesamtbetriebskalkulation").

Kalkulatorische Rechnung: Sie enthält unter strikter Eliminierung der → neutralen Erträge auch (soweit sinnvoll) → kalkulatorische Kosten.

  Zinserlöse
− Zinskosten
= Zinsüberschuß
+ Provisions- und Gebührenerlöse (Betriebserlöse)
− Provisionskosten (Betriebskosten)
− Personalkosten, Sachkosten, Sachabschreibungen, Kostensteuern (Verwaltungskosten = Betriebskosten)
− Risikokosten
+ Kursgewinne − Kursverluste
= Betriebsergebnis

Gesamtgläubiger

Gesamtbetriebskalkulation (Schema)

– Zinserträge aus Kredit- und Geldmarktgeschäften, festverzinslichen Wertpapieren und Schuldbuchforderungen	....
– Laufende Erträge aus Aktien, anderen nicht festverzinslichen Wertpapieren, Beteiligungen und Anteilen an verbundenen Unternehmen [1])	....
– Zinsaufwendungen	....
Zinsüberschuß	....
– Provisionserträge	....
– Provisionsaufwendungen	....
Provisionsüberschuß	....
– Löhne und Gehälter	....
– Soziale Abgaben und Aufwendungen für Altersversorgung und Unterstützung	
– Andere Verwaltungsaufwendungen [2])	....
Verwaltungsaufwendungen	....
Teilbetriebsergebnis	....
– Nettoertrag/-aufwand aus Finanzgeschäften	....
– Saldo der sonstigen betrieblichen Erträge/Aufwendungen	....
– Risikovorsorge	....
Betriebsergebnis	....

[1]) einschließlich Erträge aus Gewinngemeinschaften, Gewinnabführungs- oder Teilgewinnabführungsverträgen
[2]) einschließlich Normalabschreibungen auf Sachanlagen

Bedeutung der G.: Als pagatorische Rechnung dient sie der Ermittlung des Periodenerfolgs, insbesondere der Zusammensetzung des → Teilbetriebsergebnisses und des Betriebsergebnisses. Sie ermöglicht Erkenntnisse über die Erfolgsentwicklung und ihre Ursachen (Zeitvergleich). Als kalkulatorische Rechnung ermöglicht sie Erkenntnisse über die Entwicklung der → Betriebskosten und → Wertkosten sowie der → Betriebserlöse und → Werterlöse.

Gesamtemission
→ Emission von im wesentlichen gleichartigen Stücken (z.B. von → Schuldverschreibungen) in größerer Zahl mit der Absicht, diese am → Kapitalmarkt zu plazieren.

Gesamtertrag, → (erwarteter) Total Return.

Gesamtfällige Anleihe
Bullet Issue, endfällige Anleihe; → Schuldverschreibung (Anleihe) ohne spezifische Tilgungsmodalitäten, d.h. die Schuldverschreibung wird am Ende der → Laufzeit in einer Summe zurückgezahlt, z.B. → Bundeswertpapiere. Die g. A. gehören zu den → Tilgungsanleihen.

Gesamtfälligkeit, → Fälligkeit.

Gesamtgewinnrendite

$$\frac{\text{Gesamtgewinn je} \rightarrow \text{Aktie (in DM)} \cdot 100}{\text{Börsenkurs der Aktie (in DM)}}$$

Die Gewinnrendite kann mit dem Kapitalzins verglichen werden. Ist die Gewinnrendite höher als der Kapitalzins, ist es (möglicherweise) noch lohnend, die entsprechende Aktie zu kaufen. Ist die Gewinnrendite niedriger als der Kapitalzins, erscheint die Aktie überbewertet und sollte aus analytischen Gründen nicht mehr gekauft, unter Umständen sogar verkauft werden.

Gesamtgläubiger
Mehrere → Gläubiger, die aufgrund eines → Schuldverhältnisses berechtigt sind, eine

Leistung in der Weise zu fordern, daß jeder die ganze Leistung verlangen kann, der → Schuldner die Leistung jedoch nur einmal an einen der Gläubiger zu bewirken verpflichtet ist (§ 428 BGB). Jeder der Gläubiger muß das Risiko tragen, nichts zu erhalten, wenn der Schuldner bereits an einen der Mitgläubiger voll geleistet hat (z. B. bei Auszahlung des Guthabens aus einem → Oder-Konto [→ Gemeinschaftskonto] an einen der Kontoinhaber). Im Innenverhältnis sind die G. zu gleichen Anteilen berechtigt, soweit nicht etwas anderes vereinbart ist (§ 430 BGB).

Gesamtgrundpfandrecht

→ Grundpfandrecht, das als einheitliches Recht an mehreren → Grundstücken oder mehreren → Miteigentumsanteilen an einem Grundstück (vgl. § 1114 BGB) besteht (§ 1132 BGB), sei es, daß mehrere Grundstücke gemeinschaftlich von Anfang an mit einem Grundpfandrecht belastet sind, daß ein Einzelrecht sich durch Teilung des belasteten Grundstücks in ein solches umwandelt oder ein bisher nur auf einem Grundstück ruhendes Einzelrecht nachträglich auf ein weiteres ausgedehnt wird. Diese Ausgestaltung kommt nicht nur bei einer → Hypothek, sondern auch bei der → Grundschuld in Betracht (§ 1192 Abs. 1 BGB).

Wegen der weitreichenden Folgewirkung ist die Mitbelastung der weiteren Grundstücke nach § 48 Abs. 1 GBO auf jedem Grundbuchblatt (→ Grundbuch) der haftenden Grundstücke zu vermerken.

Rechtsstruktur: Der Gläubiger erhält dadurch eine Vorzugsstellung, weil jedes der belasteten Grundstücke für den Gesamtbetrag haftet und der Gläubiger nach seinem Belieben Befriedigung aus jedem der Grundstücke ganz oder teilweise suchen kann (§ 1132 Abs. 1 BGB), wobei aber die Einstandspflicht der Grundstücke nicht über den geschuldeten Betrag hinausreicht. Das G. stellt demnach eine Art dinglicher → Gesamtschuld dar.

Zerlegung des Rechts: In der Praxis erweist sich die weitere → Beleihung der belasteten Grundstücke als schwierig, weil nachrangige Gläubiger nicht wissen, auf welche Grundstücke der Inhaber eines G. zurückgreift und in welcher Höhe dies geschieht. Der Gläubiger kann daher eine Zerlegung des Rechts nach § 1132 Abs. 2 S. 1 BGB vornehmen, wonach jedes belastete Grundstück dann nur noch zu den ihm vom Gläubiger zugeteilten Betrag haftet. Mangels abweichender Vereinbarung können die Eigentümer eine mit Blick auf den Grundstückswert angemessene Haftungsteilung verlangen (§ 1172 Abs. 2 BGB). Für die Zerlegung genügt eine Teilungserklärung des Gläubigers gegenüber dem → Grundbuchamt und die Eintragung in das Grundbuch. Durch die Verteilung erlischt die gemeinschaftliche Haftung der belasteten Grundstücke, und das G. zerfällt in mehrere selbständige Einzelrechte.

Pfandfreigabe: Der Gläubiger des G. kann aber auch einzelne Grundstücke oder Grundstücksteile aus der Haftung entlassen, falls ihm die anderen eine ausreichende Sicherheit bieten (§ 1175 Abs. 1 S. 2 BGB), ohne daß der Eigentümer dieser Maßnahme zustimmen muß. Bei einer → Sicherungsgrundschuld sollte aber die Zustimmung des Rückgewährberechtigten eingeholt werden, um sich diesem gegenüber nicht schadensersatzpflichtig zu machen.

Gesamthandseigentum

→ Eigentum an einer → Sache, die zum Vermögen einer → Gesamthandsgemeinschaft gehört (→ Gesamthandsvermögen).
Gegensatz: → Miteigentum nach Bruchteilen.

Gesamthandsgemeinschaft

Gemeinschaft, bei der mehreren Beteiligten ein → Vermögen nicht anteilig (keine ideellen und keine realen Anteile), sondern als → Sondervermögen „zur gesamten Hand" zusteht (→ Gesamthandsvermögen). Die Beteiligten (Gesamthänder) sind gemeinschaftlich Eigentümer (→ Gesamthandseigentum) der → Sachen des Gesamthandsvermögens. Die → Forderungen, die zum Gesamthandsvermögen gehören, sind Gesamthandsforderungen. Die → Verbindlichkeiten, für die die Gesamthänder gemeinschaftlich mit dem Sondervermögen haften, sind Gesamthandsschulden. Die Gesamthandsschuldner haften darüber hinaus noch persönlich als → Gesamtschuldner.

Arten: G. sind der nicht rechtsfähige → Verein (§ 54 BGB), die → Gesellschaft bürgerlichen Rechts (BGB-Gesellschaft, GbR) (§ 718 BGB), die → Offene Handelsgesellschaft (OHG) (§ 105 Abs. 2 HGB), die → Kommanditgesellschaft (KG) (§ 161 Abs. 2 HGB), die eheliche → Gütergemein-

schaft (§ 1416 BGB), die fortgesetzte Gütergemeinschaft (§ 1485 BGB) und die →Erbengemeinschaft (§ 2032 BGB). Die G. ist eine nichtrechtsfähige →Personenvereinigung (→Rechtsfähigkeit). Nicht die Gemeinschaft ist Rechtsträger, sondern alle Gesamthänder gemeinsam.
Gegensatz: →Bruchteilsgemeinschaft.

Gesamthandsvermögen
→Vermögen, das mehreren gemeinsam derart zusteht, daß ein einzelner über seinen Anteil an dem Vermögen und auch an den einzelnen dazugehörigen Gegenständen nicht frei verfügen kann (→Gesamthandsgemeinschaft). Über das Vermögen als Ganzes sowie über Teile des Vermögens können nur alle berechtigten →Personen gemeinsam verfügen (z. B. Gesellschafter von →Personengesellschaften (§§ 718, 719 BGB; Mitglieder einer ungeteilten →Erbengemeinschaft (§§ 2032 ff. BGB).

Gesamtkapitalrentabilität
Kennzahl der →Bilanzanalyse, bei der der →Jahresüberschuß vor →Steuern zuzüglich Zinsaufwand zum Gesamtkapital in Beziehung gesetzt wird. Die G. gibt an, wie sich das gesamte im Unternehmen eingesetzte →Kapital verzinst hat. Die G. ist zur Beurteilung der Leistungsfähigkeit des Unternehmens im Vergleich mit seinen Konkurrenten besser geeignet als die →Eigenkapitalrentabilität, weil dabei unterschiedliche Kapitalstrukturen den Vergleich nicht stören.

Gesamtkostenverfahren
Das G. ist in der *internen Erfolgsrechnung* (→Kostenrechnung) ein Verfahren zur Ermittlung des →Betriebsergebnisses im Rahmen einer kurzfristigen Erfolgsrechnung, bei dem den Gesamtleistungen des →Betriebes die →Gesamtkosten, gegliedert nach →Kostenarten, gegenübergestellt werden. Somit lautet die Grundgleichung:
Betriebserfolg = Nettoerlöse + Bestandserhöhungen an Halb- und Fertigerzeugnissen − Bestandsminderungen an Halb- und Fertigerzeugnissen − Gesamtkosten der Periode.

Das G. läßt keine Aussage darüber zu, in welchem Maße einzelne Produkte oder Produktgruppen zum Betriebserfolg beigetragen haben, da die Gesamtkosten nur nach Kostenarten aufgeteilt werden. Für eine Beurteilung der Gewinnträchtigkeit einzelner Produkte oder Produktgruppen wäre eine kostenträgerbezogene Kostengliederung vonnöten. Das G. mit seiner kostenartenbezogenen Kostenaufteilung bietet lediglich die Ermittlung des Betriebserfolges, und zwar pauschal. Deshalb ist das G. nur geeignet für Einprodukt-Unternehmungen oder solche mit einfacher Sortenfertigung. In allen anderen Fällen sollte man zum →Umsatzkostenverfahren greifen. In der *externen Erfolgsrechnung* kann der Jahresüberschuß entweder nach dem G. oder nach dem Umsatzkostenverfahren ermittelt werden (§ 275 Abs. 1 HGB). Beim G. werden sämtliche →Erträge einer Periode sämtlichen →Aufwendungen gegenübergestellt. Wenn Produktion und Absatz einer Periode nicht übereinstimmen, werden auf der Ertragsseite der →Gewinn- und Verlustrechnung (GuV) Bestandserhöhungen und auf der Aufwandseite Bestandsminderungen an Halb- und Fertigfabrikaten berücksichtigt. Die Aufwendungen werden beim G. nach Aufwandsarten gegliedert.

Gesamtlaufzeit
Zeitraum bei →Forward Rate Agreements zwischen Vertragsabschluß und →Fälligkeit des FRA's. Die Gesamtlaufzeit besteht aus →Vorlaufperiode und →abgesicherter Periode.

Gesamtrechtsnachfolge
Unmittelbarer Vermögensübergang mit allen Rechten und Pflichten auf den Gesamtnachfolger mit der Wirkung, daß dieser an die Stelle des Rechtsvorgängers tritt. Wichtige Fälle: Erbfall (→Erbe), →Fusionen von →Kapitalgesellschaften.

Gesamtrisiko
Besteht aus dem →systematischen Risiko und →unsystematischen Risiko.
(→Risikoarten von Aktien, →Asset Allocation)

Gesamtschuld
→Schuldverhältnis, bei dem einem →Gläubiger mehrere →Schuldner gegenüberstehen, die sich in einer besonderen Beziehung zueinander befinden (→Gesamtschuldner), etwa Geschäftsherr und Verrichtungsgehilfe bei einer →unerlaubten Handlung. Der Gläubiger kann die ganze Leistung zwar insgesamt nur einmal verlangen, aber von jedem der Schuldner in voller Höhe (§ 421

BGB). Intern besteht zwischen den Schuldnern eine (anteilige) Ausgleichspflicht (§ 426 BGB), die jedoch in bestimmten Fällen (etwa im Rahmen eines → Arbeitsvertrages oder nach § 840 BGB) nicht eingreift.

Gesamtschuldner

Mehrere → Personen, die jeder für sich zur vollen Leistung verpflichtet sind, jedoch so, daß der → Gläubiger die Leistung insgesamt nur einmal verlangen kann (→ Gesamtschuld). Die Leistung durch einen → Schuldner befreit daher auch die übrigen G. von ihren Verbindlichkeiten (§§ 421, 422 BGB). Im Innenverhältnis besteht unter den G. eine gesetzliche Ausgleichspflicht nach § 426 BGB, soweit nichts anderes bestimmt ist. Die Gesamtschuldnerschaft kann entstehen durch Gesetz (z. B. nach § 840 BGB) oder → Rechtsgeschäft (z. B. gemeinsame Kreditaufnahme durch Eheleute) [Antragsteller- und Mitantragstellerhaftung], Eingehen von → Verbindlichkeiten durch eine → Personenhandelsgesellschaft, Schuldmitübernahme durch einen Dritten als → Kreditsicherheit, → Haftung der Kontoinhaber für → Verbindlichkeiten aus einem → Gemeinschaftskonto, Haftung mehrerer Bürgen bei einer → Mitbürgschaft (§ 769 BGB).

Gesamtschuldnerische Haftung, → Gesamtschuldner, → Haftung.

Gesamtvertretung bei Gesellschaften

Gemeinschaftliche gerichtliche und außergerichtliche Vertretung einer → Gesellschaft durch alle oder mehrere Gesellschafter, Vorstandsmitglieder oder → Geschäftsführer (§§ 125 Abs. 2 HGB, 78 Abs. 2 AktG). Die G. wird im → Gesellschaftsvertrag bestimmt.
Gegensatz: → Einzelvertretung bei Gesellschaften.
(→ Stellvertretung)

Gesamtvollstreckungsordnung

Im Gebiet der ehemaligen DDR geltendes Gesetz, das im Kern der → Konkursordnung und der → Vergleichsordnung entspricht und das Insolvenzrecht einheitlich regelt.

Gesamtvollstreckungsverfahren

In der (nach dem Einigungsvertrag vom 31. 8. 1990 einstweilen für die neuen Bundesländer fortgeltenden) → Gesamtvollstreckungsordnung (GesO) geregeltes Verfahren, welches auf Antrag des → Schuldners oder jedes → Gläubigers bei → Zahlungsunfähigkeit einer → natürlichen oder → juristischen Person sowie bei Zahlungsunfähigkeit oder → Überschuldung einer nicht rechtsfähigen → Personenvereinigung oder eines → Nachlasses im Hinblick auf das gesamte pfändbare Schuldnervermögen durchgeführt wird. Nach Funktion und Ablauf entspricht das G. einem abgekürzten Konkursverfahren (→ Konkurs); ein vom Gericht bestellter Verwalter (§ 8 GesO) hat ähnliche Aufgaben wie ein → Konkursverwalter, und auch ein G. kann durch → Vergleich beendet werden (§ 16 GesO). Mit Inkrafttreten der → Insolvenzordnung Anfang 1999 wird das G. wegfallen.

Gesamtwirtschaftliche Finanzierungsrechnung

Nebenrechnung der → volkswirtschaftlichen Gesamtrechnung: Statistische Erfassung von Gläubiger- und Schuldnerpositionen der finanziellen und der nichtfinanziellen Sektoren der Volkswirtschaft einschl. der Veränderungen der Positionen.

Zweck: Sie liefert detaillierten Nachweis der Finanzierungsströme und der Bestände an → Forderungen und → Verbindlichkeiten als Ergänzung zur Darstellung der Stromgrößen in der Volkswirtschaftlichen Gesamtrechnung und der Bestandsgrößen in der Volksvermögensrechnung (→ Vermögensrechnungen). Die Aufzeichnung der Kreditbeziehungen bildet eine Grundlage zur Überprüfung von Theorien über Zusammenhänge zwischen dem geld- und dem güterwirtschaftlichen Bereich und die Transmission geldpolitischer Impulse (→ Geldpolitik der Deutschen Bundesbank). Sie liefert damit wichtige Informationen für die → Geldpolitik. Die g. F. gibt Einblicke in die gesamte Sachvermögensbildung, gegliedert nach Sektoren, und zeigt die Veränderungen der → Netto-Auslandsposition der Volkswirtschaft (Veränderungen der Nettoforderungen sowie der Nettoverbindlichkeiten des Landes gegenüber dem Ausland) als Differenz zwischen der gesamtwirtschaftlichen Vermögensbildung und der gesamtwirtschaftlichen → Ersparnis. Die g. F. zeigt die Vermögensbildung der einzelnen Sektoren und ihre Finanzierung sowie die Veränderungen im Zeitvergleich. Daraus können Rückschlüsse für gesamtwirtschaftliche

Entwicklungen gezogen werden, z. B. im Hinblick auf die Veränderung bei den Formen der Finanzierung. Von besonderer Bedeutung sind Einblicke in das Verhalten der Produktionsunternehmen im Hinblick auf ihre Investitionstätigkeit und ihre Investitionsbereitschaft (→ Investitionen).
Die Ergebnisse der g. F. werden in den → Monatsberichten der Deutschen Bundesbank veröffentlicht.

Gesamtwirtschaftliche Investitionsquote
Prozentualer Anteil der → Investitionen am → Sozialprodukt, z. B. Anteil der → Bruttoinvestitionen am → Bruttosozialprodukt zu Marktpreisen oder der → Nettoinvestitionen am → Nettosozialprodukt zu Marktpreisen.

Gesamtwirtschaftliche Konsumquote
Prozentualer Anteil des → Konsums am → Volkseinkommen (oder auch am → Bruttosozialprodukt zu Marktpreisen).

Gesamtwirtschaftliche Nachfrage
Gesamtwirtschaftliche Endnachfrage, gesamtwirtschaftliche Güternachfrage, letzte Güterverwendung; Nachfrage in der Volkswirtschaft, die sich aus der Konsumgüternachfrage, der Investitionsgüternachfrage, den Staatsausgaben und der Nachfrage des Auslands in bezug auf Inlandsgüter zusammensetzt. In ihre Berechnung gehen somit aggregierte Größen ein, die im Rahmen der → Volkswirtschaftlichen Gesamtrechnung ermittelt werden. Die Höhe der g. N. ist ein Einflußfaktor auf den Auslastungsgrad und auf die Beschäftigung in der Volkswirtschaft (→ Konjunktur). Sie wird in der → Keynes'schen Theorie als entscheidender Ansatzpunkt der staatlichen → Wirtschaftspolitik gesehen (→ Nachfrageorientierte Wirtschaftspolitik).

Gesamtwirtschaftliches Gleichgewicht
Als Ziel der → Wirtschaftspolitik soll das g. G. die Übereinstimmung von möglichem gesamtwirtschaftlichen Angebot und → gesamtwirtschaftlicher Nachfrage bei Vollbeschäftigung, Preisniveaustabilität (→ Geldwertstabilität) und → außenwirtschaftlichem Gleichgewicht herbeiführen. Der Bekämpfung von → Arbeitslosigkeit und → Inflation und dem Bemühen um → Zahlungsbilanzausgleich ist in der Nachkriegszeit die wachstumspolitische Zielsetzung hinzugefügt worden. In Art. 109 GG und § 1 StabG (→ Stabilitätsgesetz) wird das g. G. als eine für die Haushaltswirtschaft von Bund und Ländern geltende Norm aufgestellt.

Gesamtzinsspannenrechnung
Kalkulationsverfahren im Rahmen der → Kosten- und Erlösrechnung im Bankbetrieb, mit dem die Zinserlöse und die Zinskosten zum → Geschäftsvolumen in Beziehung gesetzt werden (→ Zinsspannenrechnung).

Gesamtzinsspanne/Bruttozinsspanne: Die Gesamtzinsspanne eines → Kreditinstituts ist die Differenz zwischen den Zinserlösen und den Zinskosten ausgedrückt in Prozent des → Geschäftsvolumens (→ Bruttozinsspanne). Die Gesamtzinsspanne gibt Auskunft über den Werterfolg des Bankbetriebs. Von ihr sind unter Einbeziehung der → Betriebserlöse sämliche → Kosten (→ Kosten im Bankbetrieb) zu decken. Um die Erfolge einzelner Produkte zu ermitteln, ist es notwendig, die Gesamtzinsspanne entsprechend zu differenzieren und Teilzinsspannen (→ Teilzinsspannenrechnung) zu ermitteln.

Die in der G. errechnete Bruttozinsspanne entspricht dem in der → Gesamtbetriebskalkulation ermittelten → Zinsüberschuß. Während in der Gesamtbetriebskalkulation der Zinsüberschuß als absolute Erfolgszahl errechnet wird, stellt die Bruttozinsspanne in der G. die Beziehung zwischen dem Zinsüberschuß und dem Volumen her, mit dem die Bank arbeitet (Wertvolumen). Die Bruttozinsspanne ist eine wichtige Rentabilitätskennziffer (→ Rentabilität). Eine im Zeitvergleich ermittelte Erhöhung/Verringerung der Bruttozinsspanne deutet eine steigende/ nachlassende Zinsertragskraft in der Beziehung zwischen → Aktiv- und → Passivgeschäft an. *Grundlage der G.* ist eine → Zinsertragsbilanz (unkompensierte → Bilanz); sie kann eine Stichtags-Zinsertragsbilanz oder eine Durchschnitts-Zinsertragsbilanz sein. Die Zinsertragsbilanz dient zur Ermittlung der Durchschnittsverzinsung der Aktivseite der Bilanz (durchschnittlicher Ertragszinssatz) und der Passivseite der Bilanz (durchschnittlicher Aufwandszinssatz).

Über Veränderungen der Bruttozinsspanne informieren die Kreditinstitute in ihrem Jahresabschluß bzw. durch ihre Zwischenberichte (→ Jahresabschluß der Kreditinstitute, → Zwischenberichte der Kreditinstitute). Starke Beachtung findet auch die jährliche Auflistung der Deutschen Bundesbank

Geschäftsanteil

im Monatsbericht August (→ Monatsberichte der Deutschen Bundesbank).
Nach Schierenbeck (1987, Seite 66 ff.) kann im Rahmen der G. eine schematische Aufspaltung der → Eigenkapitalrentabilität in einzelne bankenspezifische Spannen erfolgen, die bis zu einem gewissen Grade auch in der Rentabilitätsbedarfsrechnung im ROI-Konzept ihren Niederschlag finden (vgl. Abbildung S. 733).
Alle Spannen werden in % vom Geschäftsvolumen ausgedrückt.
Reingewinnspanne = Jahresüberschuß vor Steuern in % des Geschäftsvolumens
Nettozinsspanne = Betriebsergebnis in % des Geschäftsvolumens
Außerordentliche Spanne = außerordentliches Ergebnis in % des Geschäftsvolumens
Bruttozinsspanne = → Zinsüberschuß in % des Geschäftsvolumens
Durchschnittlicher Zinsertragssatz = Zinsertrag in % des Geschäftsvolumens
Durchschnittlicher Zinsaufwandssatz = Zinsaufwand in % des Geschäftsvolumens
Bruttobedarfsspanne = Verwaltungskosten in % des Geschäftsvolumens
Personalkostenspanne = Personalkosten in % des Geschäftsvolumens
Sachkostenspanne = Sachkosten in % des Geschäftsvolumens
Abschreibungsspanne = Sachabschreibungen in % des Geschäftsvolumens
Provisionsspanne (auch als Dienstleistungsspanne bezeichnet) = Provisionsüberschuß in % des Geschäftsvolumens
Nettobedarfsspanne = Verwaltungskosten – Provisionsüberschuß in % des Geschäftsvolumens
Bruttoertragsspanne = Zinsüberschuß+Provisionsüberschuß in % des Geschäftsvolumens
Diese Ertragskennzahlenhierarchie dient Analysezwecken; sie kann auch im Rahmen des Controlling (→ Bank-Controlling) als Grundlage ertragsorientierter Steuerung des Bankbetriebs eingesetzt werden.
(→ Nettozinsspannenrechnung)

Geschäftsanteil

Anteil eines Gesellschafters am → Vermögen einer → Gesellschaft (Gesellschaftsvermögen) oder eines Genossen am → Geschäftsguthaben der → Genossenschaft. Besteht → Gesamthandsvermögen, ist der Gesellschafter grundsätzlich nur mit Zustimmung der übrigen Gesellschafter befugt, über das Gesellschaftsvermögen im ganzen oder über Teile davon zu verfügen (z. B. § 719 BGB). Bei einer → Gesellschaft mit beschränkter Haftung hingegen ist der G. veräußerlich und vererblich (§ 15 GmbHG).

Geschäftsartenkalkulation

Geschäftsartenrechnung; → Profit-Center-Rechnung mit dem Ziel, den → Deckungsbeitrag zu ermitteln, den einzelne Bankprodukte oder Produktgruppen (→ Bankleistungen) zum Gesamterfolg des Bankbetriebs beitragen. Die G. bildet die Basis für die → Geschäftsstellenkalkulation und → Kundenkalkulation.
(→ Deckungsbeitragsrechnung im Bankbetrieb)

Geschäftsbanken

→ Banken, soweit sie nicht → Zentralbanken sind. Oft synonym gebrauchte Bezeichnungen: → Kreditinstitute, → Geldinstitute. Manchmal werden als G. nur die Kreditinstitute bezeichnet, die alle → Bankgeschäfte betreiben (→ Universalbanken).

Geschäftsbankensystem

Teilbereich des → Bankensystems, das außerdem das → Zentralbanksystem umfaßt. Bedeutsamstes Kriterium zur Charakterisierung des G. ist der Geschäftskreis der → Kreditinstitute. Danach wird zwischen dem → Universalbanksystem und dem Spezialbank- oder Trennbanksystem unterschieden.
→ *Universalbanken* betreiben alle → Bankgeschäfte mit Ausnahme derjenigen, die üblicherweise Spezialinstituten vorbehalten sind (→ Bausparhgeschäft, → Investmentgeschäft). → *Spezialbanken* haben sich auf bestimmte Geschäftsbereiche spezialisiert (z. B. auf das Hypothekenbankgeschäft, das Geschäft mit → Teilzahlungskrediten, die → Außenhandelsfinanzierung, auf Entwicklungshilfekredite [→ Entwicklungshilfe], auf das Geschäft mit → Leasing oder mit → Factoring. In der BRD ist mit den → Kreditbanken, den → Sparkassen und den → Kreditgenossenschaften der Typ der Universalbank vorherrschend. In diesem Universalbanksystem (→ Bankwesen Deutschland) sind auch Spezialbanken, wie z. B. → Realkreditinstitute, → Teilzahlungskreditinstitute, → Kreditinstitute mit Sonderaufgaben, tätig. Ein ähnliches Universalbanksystem weist die Schweiz auf (→ Bankwesen Schweiz).
Zur *Abgrenzung* des Spezialbanksystems vom Universalbanksystem wird vielfach auf die Abtrennung des Wertpapierbereichs

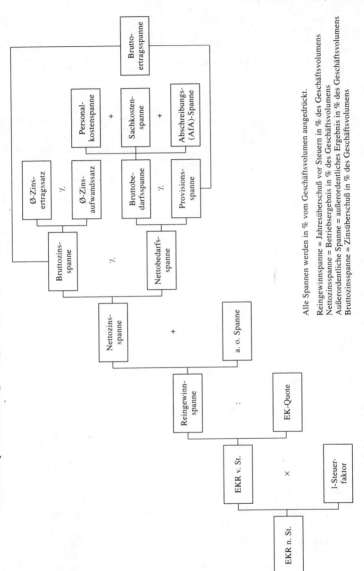

Geschäftsbankensysteme in der EU

(Wertpapieremission, Wertpapierhandel) vom übrigen Bankgeschäft zurückgegriffen. Spezialbanksysteme mit einer solchen institutionellen Arbeitsteilung (→ Trennbankensysteme) zwischen dem → Einlagengeschäft und → Kreditgeschäft auf der einen Seite (→ Commercial Banking) und dem → Wertpapiergeschäft sowie der Vermittlung von Unternehmen und → Beteiligungen (→ Mergers & Acquisitions) auf der anderen Seite (→ Investment Banking) finden sich vor allem in den USA (→ Bankwesen USA) und in Großbritannien (→ Bankwesen Großbritannien), in weniger ausgeprägter Weise auch in Frankreich (→ Bankwesen Frankreich).

Geschäftsbankensysteme in der EU

Die nach der Weltwirtschaftskrise 1929 vielerorts eingeführten Vorschriften, wonach sich Unternehmen (zwecks Eindämmung von Risiken für die Volkswirtschaft) für spezielle Banktätigkeiten entscheiden müssen, die dann organisatorisch/rechtlich von anderen zu trennen sind, befinden sich in Europa seit einigen Jahren in fortdauernder Auflösung. Die strikte Unterscheidung zwischen → Universalbanksystem und → Trennbankensystem kennzeichnet immer weniger die Bankenstrukturen in der EU. Das → EG-Bankrecht verlangt aber keine Änderungen, auch wenn dort für die meisten Rechtsakte ein enger Begriff des → Kreditinstituts maßgeblich ist (→ Bankrechts-Koordinierungsrichtlinien). Für Finanzinstitute oder für Wertpapierfirmen gelten teilweise besondere Regeln.

1. *Universalbanksysteme:* Die Berechtigung, alle typischen → Bankgeschäfte nach aufsichtsbehördlicher Erlaubnis „unter einem Dach" zu betreiben, wird derzeit in den meisten EU-Mitgliedstaaten anerkannt. Dieses Modell liegt dem deutschen Recht zugrunde (§ 32 i. V. mit § 1 KWG; → Erlaubniserteilung für Kreditinstitute (Betriebserlaubnis)). Seit 1984 gilt es auch in Frankreich („établissement de crédit"; → Bankwesen Frankreich). → Universalbanken existieren ferner in den Beneluxländern (Niederlande, Belgien, Luxembourg), in Dänemark und Spanien. In Portugal und Griechenland dominieren (noch) staatliche Banken, die jedoch eine breite Palette von Bankgeschäften tätigen dürfen. Auch in Irland bieten die vier lizenzierten (Clearing-) Banken eine Vielfalt finanzieller Dienstleistungen direkt oder durch → Tochtergesellschaften an.

2. *Trennbanksysteme:* Lediglich in Großbritannien gelten noch Besonderheiten. Die dort bestehende Arbeitsteilung, insbes. zwischen → Deposit Banks und → Merchant Banks (→ Bankwesen Großbritannien), war freilich – anders als in den USA (→ Bankwesen USA) oder Japan (→ Bankwesen Japan) – nicht gesetzlich vorgeschrieben, sondern historisch gewachsen. Seit dem Banking Act 1987 gibt es nur noch den einheitlichen Begriff der „authorized institution", zu deren Tätigkeit sowohl das → Einlagengeschäft als auch das → Kreditgeschäft gehören muß. → Wertpapiergeschäfte hingegen erfordern keine derartige Zulassung als Bank, sondern werden gesondert nach dem Financial Services Act 1986 überwacht. Auch in Großbritannien geht aber der Trend hin zu Universalbanken; als wichtigste Spezialbanken sind daneben die → Discount Houses und die → Building Societies tätig.

3. *Einlagensicherungssysteme:* 1993 bestanden (mit Ausnahme von Portugal und Griechenland) in allen EU-Ländern Systeme der → Einlagensicherung. Aufgrund der 1994 erlassenen → Einlagensicherungs-Richtlinie müssen → Einlagen bei allen Kreditinstituten innerhalb der EU geschützt werden (→ Europäisches Bankenaufsichtsrecht).

Geschäftsbedingungen der Banken und Sparkassen

Vorformulierte Vertragsbedingungen, die vertragliche, für die → Geschäftsverbindung zwischen Kreditinstituten und dem Kunden im ganzen geltende Regeln aufstellen. Neben den → Allgemeinen Geschäftsbedingungen der Kreditinstitute, die durch den → allgemeinen Bankvertrag Wirksamkeit erlangen, gelten → Sonderbedingungen der Kreditinstitute, die mit Zustandekommen der einzelnen Bankverträge (wie z. B. → Girovertrag, → Depotvertrag usw.) Wirksamkeit erlangen.

Geschäftsbedingungen der Deutschen Bundesbank

Vorformulierte Vertragsbedingungen der Bundesbank, die sie für den Geschäftsverkehr zugrunde legt. Neben den → Allgemeinen Geschäftsbedingungen der Deutschen Bundesbank gelten besondere Bedingungen, so z. B. Besondere Bedingungen der Deutschen Bundesbank für den → beleglosen Datenträgeraustausch, Besondere Bedingungen der Deutschen Bundesbank für die Hereinnahme von Dispositionsschecks von Kreditinstituten im vereinfachten Scheck- und Lastschrifteinzug, Bedingungen für Offenmarktgeschäfte mit Wertpapieren unter Rückkaufsvereinbarung, Allgemeine Bedingungen für den Verkauf von → Schatzanweisungen im Wege der Ausschreibung und Allgemeine Bedingungen für den Verkauf von → unverzinslichen Schatzanweisungen im Wege der Ausschreibung, Besondere Bedingungen der Deutschen Bundesbank für die elektronische Auftragserteilung, Datenauslieferung und Kontoinformation (EADK).

Geschäftsbericht

Wird erstellt aufgrund gesetzlicher Grundlagen und dient primär der Information der Kunden, → Aktionäre oder Anteilseigner der → Kreditinstitute. Darüber hinaus ist der G. Bestandteil der Informationspolitik des Instituts und dient ebenfalls zur → Akquisition sowie der → Öffentlichkeitsarbeit durch Unterrichtung von Firmen, Kammern, Verbänden, der Wirtschafts- und Lokalpresse. Ziel des G. ist eine optimale Selbstdarstellung des Kreditinstitutes zur Herstellung eines Klimas des Vertrauens und der positiven Einstellung gegenüber dem Institut, seinem Management und seinen Mitarbeitern.

Gestaltung: G. bestehen aus dem frei zu gestaltenden Erläuterungsteil und dem an Formvorschriften gebundenen → Lagebericht einschließlich → Jahresabschluß und → Anhang. Im Erläuterungsteil finden sich neben Inhaltsverzeichnis die Personalia, die Darstellung von Verwaltung und Organisation, Konjunkturrück- und -ausblick, Geschäftsziele der Bank, Bericht der Geschäftsleitung zum Geschäftsverlauf. Der Lagebericht enthält die Schilderung der wirtschaftlichen Lage des Kreditinstitutes einschließlich aktueller Vorgänge von Bedeutung sowie die Erläuterung der einzelnen Positionen des Jahresabschlusses und Erklärungen zu wesentlichen Abweichungen gegenüber dem Vorjahr.

Geschäftsbericht der Deutschen Bundesbank

Von der → Deutschen Bundesbank jährlich im Selbstverlag herausgegebener und gemäß § 18 BBankG veröffentlichter Bericht, der in mehrere Teile gegliedert ist, mit seit 1992 neuem Aufbau: (1) ein Abschnitt über „Währung und Wirtschaft" mit Erläuterungen und Stellungnahmen zu Internationalen Rahmenbedingungen, zur Wirtschaftsentwicklung in der BRD und zur Notenbankpolitik sowie zur internationalen geld- und währungspolitischen Zusammenarbeit, (2) ein Kapitel über die Tätigkeit der Bundesbank mit Ausführungen vor allem zur Abwicklung des baren und unbaren → Zahlungsverkehrs, zur Auslands-, Geldmarkt- und Refinanzierungsgeschäften, zur Mitwirkung bei der Begebung von → Bundeswertpapieren sowie bei der → Bankenaufsicht und zu währungsrechtlichen Genehmigungen (→ Währungsgesetz, → Wertsicherungsklauseln); (3) ein Teil mit Erläuterungen zum Jahresabschluß der Bundesbank (→ Deutsche Bundesbank, Jahresabschluß) sowie zum → Fonds zum Ankauf von Ausgleichsforderungen. Zudem finden sich in G. diverse Tabellen und Schaubilder sowie zwei wirtschaftspolitische Chroniken.

Geschäftsbesorgungsvertrag

Gemäß § 675 BGB → Dienstvertrag oder → Werkvertrag, der auf eine selbständige Tätigkeit wirtschaftlicher Art gerichtet ist, die für einen anderen und in dessen Interesse entgeltlich vorgenommen wird. Auf diesen Vertrag finden einige Vorschriften über den → Auftrag entsprechende Anwendung, so z. B. die Bestimmungen über die Anzeigepflicht bei Ablehnung des Auftrags, die Auskunfts- und Rechenschaftspflicht, die Pflicht zur Herausgabe des aus der Geschäftsbesorgung Erlangten sowie umgekehrt ein → Anspruch auf Ersatz für entstandene → Aufwendungen. Die Tätigkeit eines → Kreditinstituts für seine Kunden stellt regelmäßig eine Geschäftsbesorgung dar. Dies trifft z. B. zu für den → allgemeinen Bankvertrag, den → Girovertrag, den → Inkassovertrag (→ Einzugspapiere), die → Vermögensverwaltung und das → Dokumentenakkreditiv.

Geschäftsergebnis

Das G. gibt an, was das Unternehmen aus Transaktionen mit der Umwelt verdient hat. Das G. setzt sich aus dem → Betriebsergebnis und dem neutralen Ergebnis zusammen.

Geschäftsfähigkeit

Fähigkeit, ein → Rechtsgeschäft wirksam vornehmen zu können. Mit dem 18. Lebensjahr ist ein Mensch voll geschäftsfähig.

Geschäftsfähigkeit

Der G. entspricht auf prozessualer Ebene die →Prozeßfähigkeit. Der Gesetzgeber unterscheidet zwei Grade des Fehlens von G.: Geschäftsunfähigkeit und beschränkte G.

Geschäftsunfähigkeit: Geschäftsunfähige können keine Rechtsgeschäfte abschließen. Zu dieser Personengruppe gehören Kinder bis zum vollendeten siebten Lebensjahr sowie – natürliche Personen, die sich in einem Dauerzustand schwerer Störungen ihrer Geistestätigkeit befinden (§ 104 BGB). Ihre →Willenserklärungen sind gemäß § 105 Abs. 1 BGB nichtig. An ihrer Stelle handeln im Rechtsverkehr ihre →gesetzlichen Vertreter (so z.B. bei Kindern die Eltern.).

Beschränkte G.: Hierunter fallen →Minderjährige vom vollendeten siebten bis zum 18. Lebensjahr (§ 106 BGB). Der beschränkt Geschäftsfähige kann selbständig nur in begrenztem Umfange wirksame Willenserklärungen abgeben, ansonsten bedarf er zu einer wirksamen Willenserklärung der Zustimmung des gesetzlichen Vertreters. Diese kann vorher (→Einwilligung, § 183 BGB) und in den vom Gesetzgeber vorgesehenen Fällen auch nachträglich (→Genehmigung, § 184 BGB) erteilt werden. Bei einseitigen Rechtsgeschäften ist unter den Voraussetzungen des § 111 BGB immer eine Einwilligung erforderlich (z.B. Erteilen einer →Vollmacht gegenüber einer →Bank). Die gesetzliche Vertretung des Minderjährigen steht beiden Eltern gemeinsam zu (§ 1626 BGB). Schließt ein beschränkt Geschäftsfähiger ohne Zustimmung des gesetzlichen Vertreters einen →Vertrag ab, so ist dieser zunächst gemäß § 108 Abs. 1 BGB schwebend unwirksam. Der gesetzliche Vertreter hat die Möglichkeit, den Vertrag durch Genehmigung wirksam werden zu lassen. Wird die Genehmigung erteilt, ist der bis dahin schwebend unwirksame Vertrag von Anfang an wirksam (§ 184 BGB). Wird die Genehmigung nicht erteilt, so ist der von einem beschränkt Geschäftsfähigen geschlossene Vertrag ohne jede rechtliche Wirkung.

Der Vertragspartner kann seinerseits bis zur Genehmigung seine Erklärung entweder gegenüber dem beschränkt Geschäftsfähigen oder gegenüber dem gesetzlichen Vertreter widerrufen, wenn er die beschränkte Geschäftsfähigkeit bei Vertragsschluß nicht gekannt hat. Hat er sie gekannt, so ist er zum Widerruf nur berechtigt, wenn der beschränkt Geschäftsfähige der Wahrheit zuwider die Einwilligung seines gesetzlichen Vertreters behauptet hat. Allerdings kann der Vertragspartner auch in diesem Falle nicht widerrufen, wenn ihm beim Abschluß des Vertrages bekannt war, daß der gesetzliche Vertreter in Wirklichkeit nicht eingewilligt hatte. Um die Angelegenheit zu beschleunigen, kann der Vertragspartner den gesetzlichen Vertreter zu einer Erklärung über die Genehmigung auffordern. Damit wird eine vorher dem beschränkt Geschäftsfähigen gegenüber erklärte Genehmigung oder Verweigerung der Genehmigung unwirksam. Der gesetzliche Vertreter kann die Genehmigung nur noch gegenüber dem Vertragspartner und innerhalb einer →Frist von zwei Wochen nach Empfang der Aufforderung erklären. Genehmigt der gesetzliche Vertreter fristgemäß, so ist der Vertrag von Anfang an rechtswirksam (§ 184 Abs. 1 BGB). Wird die Genehmigung nicht fristgemäß erklärt, so gilt sie als verweigert. Schweigen gilt ausnahmsweise als (unterbliebene) Willenserklärung (§ 108 Abs. 2 BGB).

Rechtsgeschäfte von beschränkt Geschäftsfähigen: Ein beschränkt Geschäftsfähiger kann ohne Zustimmung seines gesetzlichen Vertreters eine rechtswirksame Willenserklärung abgeben, wenn sie ihm lediglich einen rechtlichen Vorteil bringt (z.B. →Schenkung). Bringt ein Rechtsgeschäft zwar wirtschaftliche Vorteile mit sich, aber auch rechtliche Nachteile, so ist die Zustimmung des gesetzlichen Vertreters erforderlich (z.B. ein wirtschaftlich sehr günstiger Kauf einerseits – Verpflichtung zur Zahlung des Kaufpreises andererseits). Dies gilt auch beim Abschluß eines →Girovertrages. Einen rechtlichen Vorteil erlangt der beschränkt Geschäftsfähige immer dann, wenn er durch das getätigte Rechtsgeschäft weder eine Verpflichtung eingeht noch ein Recht verliert. Ferner ist ein Vertrag eines beschränkt Geschäftsfähigen ohne Zustimmung des gesetzlichen Vertreters von Anfang an wirksam, wenn die vertragsmäßige Leistung mit Mitteln bewirkt wird, die dem beschränkt Geschäftsfähigen zu diesem Zweck oder zur freien Verfügung von dem Vertreter oder mit dessen Zustimmung von einem Dritten überlassen worden sind (Taschengeld, § 110 BGB). Nicht hierunter fallen Ratenzahlungsgeschäfte, selbst wenn sie

über geringe Beträge abgeschlossen werden. Verfügungen über ein Giro- oder Sparguthaben können hingegen im Rahmen des § 110 BGB wirksam sein.
Eine gegenüber dem beschränkt Geschäftsfähigen abgegebene Willenserklärung wird erst dann wirksam, wenn sie dem gesetzlichen Vertreter zugegangen ist. Bringt allerdings die Willenserklärung dem beschränkt Geschäftsfähigen lediglich einen rechtlichen Vorteil oder hat der gesetzliche Vertreter seine vorherige Zustimmung erklärt, so wird die Willenserklärung wirksam, sobald sie dem beschränkt Geschäftsfähigen selbst zugeht (§ 131 Abs. 2 BGB).

Erweiterte Geschäftsfähigkeit: (1) Ermächtigt der gesetzliche Vertreter den Minderjährigen mit Genehmigung des Vormundschaftsgerichtes (Amtsgericht) zum selbständigen Betrieb eines Erwerbsgeschäfts (kaufmännisch, handwerklich, landwirtschaftlich, freiberuflich), so ist der Minderjährige für solche Rechtsgeschäfte unbeschränkt geschäftsfähig, die der Geschäftsbetrieb mit sich bringt. Von dieser Erweiterung bleiben jedoch solche Rechtsgeschäfte unberührt, zu denen der gesetzliche Vertreter die Genehmigung des Vormundschaftsgerichts braucht (z.B. Grundstücksgeschäfte, Kreditaufnahme, §§ 1643 i.V.m. 1821, 1822 BGB).
(2) Ermächtigt der gesetzliche Vertreter den Minderjährigen, in ein Dienst- oder Arbeitsverhältnis zu treten, so ist der Minderjährige für solche Rechtsgeschäfte unbeschränkt geschäftsfähig, welche die Eingehung oder Aufhebung des Dienst- oder Arbeitsverhältnisses der gestatteten Art oder die Erfüllung der sich aus einem solchen Verhältnis ergebenden Verpflichtungen betreffen (§ 113 BGB). Hierzu zählt auch die Errichtung eines →Girokontos als Lohn- bzw. Gehaltskonto. Dies gilt nicht für den Abschluß eines Berufsausbildungsvertrages (→Auszubildender).

Vormundschaftsgerichtliche Genehmigung: Für bestimmte Rechtsgeschäfte beschränkt Geschäftsfähiger reicht die Zustimmung des gesetzlichen Vertreters für die Wirksamkeit nicht aus; die Wirksamkeit ist davon abhängig, daß das Vormundschaftsgericht seine Genehmigung erteilt und – bei der nachträglich erteilten Genehmigung – außerdem der gesetzliche Vertreter diese Genehmigung dem Geschäftspartner mitteilt (§§ 1643, 1829 BGB). Zu beachten ist, daß der Vormund (→ Vormundschaft) in allen Fällen der §§ 1821, 1822 BGB die Genehmigung des Vormundschaftsgerichtes benötigt, während die Eltern gemäß § 1643 Abs. 1 BGB lediglich in den Fällen der §§ 1821 und 1822 Ziff. 1, 3, 5, 8–11 BGB eine solche Genehmigung brauchen (z.B. Verfügung über ein →Grundstück, Kreditaufnahme, Eingehung einer Wechsel- oder Scheckverbindlichkeit).

Geschäftsführer
→ Organ der → Gesellschaft mit beschränkter Haftung (§ 6 GmbHG). Der G. ist sowohl gerichtlich als auch außergerichtlich der Vertreter der Gesellschaft (§ 35 Abs. 1 GmbHG). Nach allgemeinem Sprachgebrauch auch Leiter eines Unternehmens oder Verbandes.

Geschäftsführung
Die auf die Verfolgung des Gesellschaftszweckes gerichtete Tätigkeit der Gesellschafter (bei → Personengesellschaften) oder des →gesetzlichen Vertreters einer →juristischen Person. Die G. kann in tatsächlichem Handeln und in der Vornahme von →Rechtsgeschäften bestehen.

Geschäftsguthaben
Auf diese →Geschäftsanteile tatsächlich eingezahlte Beträge der Mitglieder einer →Genossenschaft. Die Beträge bilden zusammen mit den →Rücklagen das →Eigenkapital der Genossenschaft. Durch das G. wird der Abfindungsanspruch des Genossen bei dessen Ausscheiden oder bei Auflösung der Genossenschaft bestimmt.

Geschäftsjahr
Zeitraum, für den ein → Kaufmann Inventar und → Bilanz aufzustellen hat (i.d.R. Kalenderjahr). Nach § 240 Abs. 2 HGB darf das G. nicht länger als zwölf Monate dauern, wohl aber kürzer sein (Rumpfgeschäftsjahr). Den Beginn des G. kann der Kaufmann selbst bestimmen. Jedoch ist ein beliebiger und willkürlicher Wechsel des G. unzulässig. In steuerlicher Hinsicht ist eine Änderung des Stichtages zwar jederzeit zulässig, jedoch kann die Umstellung nach § 4a Abs. 1 EStG nur mit Zustimmung des Finanzamtes erfolgen.

Geschäftskreis der Deutschen Bundesbank, → Deutsche Bundesbank, währungspolitische Befugnisse und Geschäftskreis.

Geschäftskunden, → Firmenkunden.

Geschäftsleiter
I. S. des KWG (§ 1 Abs. 2) diejenigen → natürlichen Personen, die nach → Gesetz, → Satzung oder → Gesellschaftsvertrag zur → Geschäftsführung und zur Vertretung eines → Kreditinstituts berufen sind (sog. „geborene" G.; z. B. Vorstandsmitglieder einer AG, → persönlich haftende Gesellschafter einer → Personenhandelsgesellschaft und KGaA, Geschäftsführer einer GmbH, Vorstandsmitglieder einer eingetragenen → Genossenschaft, Vorstandsmitglieder einer Sparkasse) bzw. in Ausnahmefällen vom → Bundesaufsichtsamt für das Kreditwesen (BAK) (widerruflich) als solche bezeichnet werden (sog. gekorene G.; natürliche Personen, die kraft → Vollmacht zur Geschäftsführung und Vertretung eines Kreditinstituts ermächtigt sind). G. eines Kreditinstituts müssen zuverlässig und fachlich geeignet sein (→ Erlaubniserteilung für Kreditinstitute).

Geschäftspotential, → Potentialanalyse.

Geschäftsspartenkalkulation
Art der Kalkulation im Bankbetrieb, bei der anders als bei der → Geschäftsstellenkalkulation nicht räumlich-organisatorisch gesonderte Einheiten als Bezugspunkt dienen, sondern die von der jeweiligen → Bank betriebenen Arten von → Bankgeschäften (z. B. → Einlagengeschäft, → Wertpapiergeschäft) unter sachlichen Aspekten zusammengefaßt werden (→ Geschäftsartenkalkulation).

Geschäftsstelle
Synonym für → Filiale einer Bank.

Geschäftsstellenkalkulation
→ Profit-Center-Rechnung zur Ermittlung des Teilerfolgs einer Geschäftsstelle (→ Deckungsbeitrag der Geschäftsstelle zum Gesamterfolg des → Bankbetriebs). Die Geschäftsstellenerfolgsrechnung wird auch als Filialkalkulation bezeichnet.
(→ Deckungsbeitragsrechnung im Bankbetrieb)

Geschäftsverbindung (zwischen Kreditinstituten und dem Kunden)
Zwischen dem → Kreditinstitut und dem Kunden bestehende Dauerbeziehung, die grundsätzlich vom → allgemeinen Bankvertrag bestimmt und einzelvertraglich (durch Ergänzungsverträge) ausgeformt wird. Sie gewinnt als gesetzliches → Schuldverhältnis besondere Bedeutung, falls der allgemeine Bankvertrag fehlt (so beim seltenen Einmalgeschäft) oder nichtig sein sollte, etwa bei Geschäftsunfähigkeit (→ Geschäftsfähigkeit) des Kunden. Insoweit bildet sie die rechtliche Grundlage für die Vertrauensbeziehung und den daraus erwachsenden Sorgfaltspflichten. Nach Nr. 19 AGB Banken bzw. Nr. 26 AGB Sparkassen dürfen Kreditinstitute nur mangels anderweitiger Vereinbarungen nach freiem Ermessen die „Geschäftsverbindung im Ganzen" einseitig aufheben.

Geschäftsvolumen
Grundlage zur Berechnung des G. ist die Bilanzsumme einer unkompensierten → Bilanz, wobei → Eventualverbindlichkeiten in das G. eingerechnet werden, wenn es sich um zinstragende → Passiva handelt. Die → Deutsche Bundesbank errechnet das G. aus Bilanzsumme plus → Indossamentsverbindlichkeiten.

Geschäftsvolumen bei Kreditinstituten
Bilanzsumme (→ Bilanzsumme bei Kreditinstituten) zuzüglich von Posten, die „unter dem Strich" ausgewiesen werden, insbes. unter Einbeziehung von → Indossamentsverbindlichkeiten aus → Wechseln. Der Begriff wird unterschiedlich definiert. Zum Teil wird unter dem Geschäftsvolumen die Bilanzsumme plus Indossamentsverbindlichkeiten plus Bürgschaftsverpflichtungen, zum Teil nur Bilanzsumme plus Indossamentsverbindlichkeiten verstanden. Die Bundesbank errechnete das Geschäftsvolumen aus Bilanzsumme zuzüglich Indossamentsverbindlichkeiten aus rediskontierten Wechseln, den Kreditnehmern abgerechneten eigene Ziehungen im Umlauf sowie aus dem Wechselbestand vor Verfall zum Einzug versandte Wechsel.

Geschäftswert
Firmenwert; der G. ist ein Sammelwert für ideelle und immaterielle Einzelwerte. Er setzt sich u. a. zusammen aus dem vorhandenen Kundenstamm, den eingeführten Erzeugnissen, der Bonität und dem Ruf des

Unternehmens. Der G. entsteht im → Betrieb selber (originärer G.) oder bei Veräußerung des Betriebes (derivativer G.).
In der → Handels- und → Steuerbilanz besteht für den originären G. ein Bilanzierungsverbot (§ 248 Abs. 2 HGB). Der derivative G. kann in der Handelsbilanz aktiviert werden (§ 255 Abs. 4 HGB), er muß in der Steuerbilanz als immaterielles → Wirtschaftsgut (§ 5 Abs. 2 EStG) aktiviert werden. Die Höhe des G. ergibt sich im Zeitpunkt der Übernahme des Unternehmens aus der Differenz zwischen dem Kaufpreis des Unternehmens und dem Wert der einzelnen Vermögensgegenstände abzüglich der → Schulden. Die Abschreibung des G. kann in der Handelsbilanz beschleunigt (§ 255 Abs. 4 Satz 2 HGB) wie bei einer → Bilanzierungshilfe erfolgen (in jedem auf der Anschaffung folgenden → Geschäftsjahr zu mindestens einem Viertel), oder planmäßig (§ 255 Abs. 4 Satz 3 HGB) über die voraussichtliche Nutzungsdauer, so daß auch die betriebsgewöhnliche Nutzungsdauer von 15 Jahren, die in der Steuerbilanz gilt (§ 7 Abs. 1 EStG), als Abschreibungsdauer gewählt werden kann.

Geschlossene Position
→ Position, die kein Risiko bedeutet, weil einem Aktivum ein Passivum in entsprechender Höhe gegenübersteht bzw. umgekehrt.
Gegensatz: → offene Position.

Geschlossener Fonds
Synonym für → Closed-End-Fund.

Geschlossener Immobilienfonds
→ Investmentfonds, der das Fondsvermögen in → Immobilien investiert und als → Closed-End-Fund konzipiert wurde, d. h. ein Kauf von Fondsanteilen ist nur während einer bestimmten Frist möglich. Bei → Open-End-Funds führt der tägliche Verkauf von Fondsanteilen zu einem ständig wechselnden Anlegerkreis und Fondsvolumen und damit auch zu einer wechselnden Anzahl der Immobilien, in die der → Fonds investiert. Im Gegensatz hierzu g. I., der durch den Zusammenschluß vieler Einzelanleger in der Rechtsform einer → Kommanditgesellschaft (KG) oder der → Gesellschaft bürgerlichen Rechts (BGB-Gesellschaft, GbR) zur Finanzierung von i. d. R. gewerblichen Großimmobilien begründet wird. Die Planung und Realisierung übernimmt der Initiator. Bei Initiatoren handelt es sich um Gesellschaften, die zum einen die → Grundstücke beschaffen, die Bebauung und Nutzung planen und durchführen sowie andere Kapitalanleger suchen, die sich am Fonds beteiligen. Das vorab festgelegte Fondsvolumen wird nach Zeichnung des Emissionskapitals geschlossen und nicht mehr verändert. Durch diese Merkmale ist die wirtschaftliche und steuerliche Gleichstellung der Anleger mit einem Immobilieneigentümer gewährleistet. G. I. sind deshalb auch für Anleger interessant, die mit hohen Verlustzuweisungen in den ersten Jahren und weitgehend steuerfreien Ausschüttungen Steuerzahlungen verringern bzw. → Steuern sparen möchten. Allerdings liegt der Mindestanlagebetrag i. d. R. bei mehreren Zehntausend Mark, so daß g. I. nur für gehobene Anleger in Frage kommen. Die Anlage in g. I. ist, ähnlich wie ein Direktbesitz, immer langfristig zu sehen. Eine kurzfristige Spekulation wie bei → Aktien wird – von Ausnahmefällen abgesehen – nicht die Regel sein. Bei geschlossenen Fonds bestehen grundsätzlich zwei Möglichkeiten, die → Investition wieder aufzulösen. Zum einen kann die Gesellschafterversammlung beschließen, den Fonds aufzulösen und die Immobilien zu verkaufen. Der Anleger erhält dann seinen Anteil am Verkaufserlös. In der Praxis wird dies oftmals nicht durchgeführt, da es relativ schwierig ist, die Interessen aller Fondsinhaber zu berücksichtigen. Der zweite Weg besteht darin, die Anteile am → Sekundärmarkt zu verkaufen. Allerdings müssen die Fondsinitiatoren im Gegensatz zu offenen Fonds keine Anteile zurücknehmen. Hier bleibt dem Anleger nur die Suche nach einem Käufer. Viele Anbieter von g. I. haben jeweils für den Verkauf der Anteile ihrer Fonds einen Sekundärmarkt organisiert. Ob tatsächlich im konkreten Einzelfall ein geeigneter Käufer gefunden werden kann und zu welchem Preis der Fondsanteil verkauft wird, hängt von der Nachfrage ab. Eine Rücknahmegarantie wie bei offenen Immobilienfonds gibt es bei geschlossenen Fonds nicht.
Gegensatz: → offener Immobilienfonds.

Geschlossenes Depot
Form des → Depots; neben dem → offenen Depot Teil des → Depotgeschäfts eines → Kreditinstituts. Beim g.D. werden Gegenstände, z. B. → Urkunden oder Edelmetalle, in den feuer- und einbruchsicheren Tresorräumen eines → Kreditinstituts für

Gesellschaft

den →Bankkunden aufbewahrt. Das g.D. unterliegt nicht den Vorschriften des →Depotgesetzes (→Depotvertrag); maßgeblich ist das →Bürgerliche Gesetzbuch, d. h. der jeweilige →Vertrag (→Miete oder →Verwahrung gemäß §§ 688 ff. BGB).

Gesellschaft

Ein auf einem →Rechtsgeschäft beruhender Zusammenschluß von →Personen zur Verfolgung eines gemeinsamen Zwecks. Im engeren Sinne sind G. nur →Personengesellschaften (→Gesellschaft bürgerlichen Rechts [BGB-Gesellschaft, GbR], →Offene Handelsgesellschaft (OHG), →Kommanditgesellschaft (KG), →Stille Gesellschaft, →Partnerschaftsgesellschaft) und →Kapitalgesellschaften (→Gesellschaft mit beschränkter Haftung (GmbH), →Aktiengesellschaft (AG), →Kommanditgesellschaft auf Aktien (KGaA)).
Das Recht der G. (→Gesellschaftsrecht) ist geregelt im BGB, HGB und Spezialgesetzen, wie z. B. dem AktG, GmbHG und dem MitbestG von 1976.

Gesellschaft bürgerlichen Rechts (BGB-Gesellschaft, GbR)

Ein auf →Gesellschaftsvertrag beruhender Zusammenschluß mehrerer →Personen mit dem Ziel, durch gemeinsame Leistungen auf der Grundlage des persönlichen Zusammenwirkens der Mitglieder einen gemeinsamen Zweck zu erreichen (§ 705 BGB). Die G. ist die Rechtsform für den Zusammenschluß von Minderkaufleuten zu einem gemeinsamen Geschäftsbetrieb. Ist die Gesellschaft auf den Betrieb eines vollkaufmännischen →Handelsgewerbes gerichtet, so handelt es sich um eine →Offene Handelsgesellschaft (OHG).
Als sog. Gelegenheitsgesellschaft besteht sie häufig zur Durchführung von Geschäften auf gemeinsame Rechnung für eine bestimmte Zeit (z. B. Arbeitsgemeinschaft, →Konsortium, →Kartell). Durch formlosen Vertrag wird die →Gesellschaft gegründet. Eine Eintragung in das →Handelsregister erfolgt nicht. →Geschäftsführung und Vertretung stehen grundsätzlich allen Gesellschaftern gemeinsam zu (§ 709 BGB).
Es entsteht keine eigene Rechtspersönlichkeit. Alleinige Träger von Rechten und Pflichten bleiben die Gesellschafter, wenn auch in gesamthänderischer Verbundenheit. Für Gesellschaftsschulden gegenüber Dritten haftet zunächst das Gesellschaftsvermögen (§ 718 BGB). Dies ist ein →Gesamthandsvermögen, das u. a. durch die Beiträge der Gesellschafter (§ 706 BGB) entsteht. Alternativ haften für die →Verbindlichkeiten der Gesellschaft alle Gesellschafter persönlich unbeschränkt, wenn die Verpflichtung ausdrücklich im Namen aller Gesellschafter erklärt wurde. →Gewinn und Verlust werden nach Köpfen verteilt, abweichende Vereinbarungen sind zulässig und üblich.
Die BGB-Gesellschaft hat keine →Firma und ist daher von außen nicht immer erkennbar. Aufgelöst wird die Gesellschaft durch Erreichen des vereinbarten Zwecks, durch →Konkurs, Tod oder →Kündigung eines Gesellschafters.

Gesellschafterdarlehen

→Darlehen eines Gesellschafters an seine →Gesellschaft.
Sonderfall: →kapitalersetzendes Darlehen.

Gesellschaft mit beschränkter Haftung (GmbH)

Gesellschaft mit eigener Rechtspersönlichkeit (→juristische Person), bei der nur die →Gesellschaft mit ihrem →Vermögen haftet. Eine persönliche →Haftung der Gesellschafter scheidet somit aus, es sei denn, es liegt der Ausnahmefall einer →Durchgriffshaftung vor. Die GmbH kann zu jedem gesetzlich zulässigen Zweck errichtet werden. Sie gilt gemäß § 6 GmbHG als →Handelsgesellschaft (→Vollkaufmann), auch wenn der Gegenstand des Unternehmens nicht im Betrieb eines →Handelsgewerbes besteht.

Gründung: Die →Firma einer GmbH kann Sachfirma oder Personenfirma sein, muß aber gemäß § 4 GmbHG den Zusatz „GmbH" tragen. Die Gründung der Gesellschaft erfordert den Abschluß eines →Gesellschaftsvertrages in notarieller Form, der von sämtlichen Gesellschaftern zu unterzeichnen ist (§ 2 GmbHG). Er muß enthalten: Firma, Sitz und Gegenstand der GmbH, Betrag des →Stammkapitals und der einzelnen →Stammeinlagen; er kann enthalten: Regelungen über die →Abtretung der →Geschäftsanteile, über die Einziehung von Geschäftsanteilen, ferner über die Rechte der Gesellschafter. Die Gesellschaft kann errichtet werden durch eine oder mehrere →Personen. Sie entsteht als solche erst mit der Eintragung in das →Handelsregister (§ 11 GmbHG). Nach Abschluß des Gesell-

Gesellschaft mit beschränkter Haftung

schaftsvertrages und vor Eintragung in das Handelsregister besteht eine → Gesellschaft bürgerlichen Rechts (BGB-Gesellschaft, GbR). Ist jedoch vor der Eintragung im Namen der Gesellschaft gehandelt worden, so haften die Handelnden persönlich und solidarisch für die eingegangenen Verbindlichkeiten (§ 11 Abs. 2 GmbHG).

Kapital: Das Mindest-Stammkapital beträgt 50.000 DM. Das Stammkapital ist die Summe aller Stammeinlagen der Gesellschafter. Die Stammeinlage eines Gesellschafters beträgt mindestens 500 DM; der Betrag kann höher, muß jedoch immer durch 100 teilbar sein (§ 5 Abs. 3 GmbHG). Der Geschäftsanteil jedes Gesellschafters bestimmt sich nach dem Betrag der von ihm übernommenen Stammeinlage (§ 14 GmbHG). Kein Gesellschafter kann bei Errichtung der Gesellschaft mehrere Stammeinlagen übernehmen. Im Gesellschaftsvertrag kann bestimmt werden, daß die Gesellschafter über den Betrag der Stammeinlage hinaus die Anforderung von weiteren Einzahlungen (Nachschüssen) beschließen können. Die → Satzung kann eine beschränkte oder eine unbeschränkte Nachschußpflicht vorsehen (§ 26 GmbHG). Für den Fall, daß ein Gesellschafter seiner beschränkten Nachschußpflicht nicht nachkommt, kann er seines Geschäftsanteils für verlustig erklärt werden (→ Kaduzierung, § 28 GmbHG). Kommt ein Gesellschafter der unbeschränkten Nachschußpflicht nicht nach, kann er sich durch Preisgabe seines Geschäftsanteils von der Nachschußzahlung befreien (→ Abandon, § 27 GmbH). Außer im Falle der → Kapitalherabsetzung können die Anlagen den Gesellschaftern weder erlassen noch gestundet werden. Nach § 15 Abs. 1 GmbHG sind Geschäftsanteile veräußerbar und vererbbar. Zur Abtretung von Geschäftsanteilen bedarf es eines in notarieller Form geschlossenen Vertrages. Die → Verpfändung der Geschäftsanteile ist möglich, soweit die Abtretung zulässig ist (§ 1274 Abs. 2 BGB). Die Verteilung von → Gewinn und Verlust erfolgt nach dem Verhältnis der Geschäftsanteile, sofern im Gesellschaftsvertrag nichts anderes vereinbart ist (§ 29 GmbHG).

Organe der GmbH sind: → Geschäftsführer, Gesellschafterversammlung und → Aufsichtsrat. Die Gesellschaft muß einen oder mehrere Geschäftsführer haben (§ 6 Abs. 1 GmbHG). Die Bestellung der Geschäftsführer, die durch Mehrheitsbeschluß der Gesellschafter erfolgt, ist gemäß § 38 Abs. 1 GmbHG jederzeit widerruflich. Geschäftsführer kann nur sein, wer unbeschränkt geschäftsfähig ist. Mehrere Geschäftsführer sind gemeinschaftlich zur → Geschäftsführung und Vertretung berechtigt (§ 35 GmbHG). Der Gesellschaftsvertrag kann jedoch Einzelvertretungsbefugnis vorsehen. Gegen dritte Personen hat eine Beschränkung der Befugnis der Geschäftsführer, die Gesellschaft zu vertreten, keine rechtliche Wirkung. Die Geschäftsführer vertreten die Gesellschaft gerichtlich und außergerichtlich; u. a. sind sie verpflichtet, für die ordnungsgemäße Buchführung zu sorgen, in Angelegenheiten der Gesellschaft die Sorgfalt eines ordentlichen → Kaufmanns anzuwenden, Gesellschafterversammlungen einzuberufen und ggf. → Konkursantrag zu stellen (§§ 41, 43, 49, 64 Abs. 2 GmbHG). Geschäftsführer, die ihre Obliegenheit verletzen, haften der Gesellschaft solidarisch für den entstehenden Schaden (§ 43 Abs. 3 GmbHG). Jede Änderung bezüglich der personellen Besetzung oder der Vertretungsbefugnis der Geschäftsführung ist zur Eintragung in das Handelsregister anzumelden.

Die Beschlüsse der Gesellschafter werden in Versammlungen gefaßt. Einer solchen bedarf es nicht, wenn sämtliche Gesellschafter schriftlich oder mit der zu treffenden Bestimmung oder mit der schriftlichen Abgabe der Stimmen sich einverstanden erklären. Die Beschlüsse werden, soweit nichts anderes bestimmt ist, mit einfacher Mehrheit gefaßt, wobei jeweils 100 DM eines Geschäftsanteils eine Stimme gewähren. Nach § 46 GmbHG unterliegen der Bestimmung der Gesellschafter u. a. die Feststellung des → Jahresabschlusses und die Verwendung des sich ergebenden Gewinns, die Einforderung von Einzahlungen auf die Stammeinlagen, die Bestellung und die Abberufung von Geschäftsführern sowie die Entlastung, die Bestellung von → Prokuristen und Handlungsbevollmächtigten (→ Handlungsvollmacht).

Ein Aufsichtsrat ist bei der GmbH nur dann zu bilden, wenn dies im Gesellschaftsvertrag ausdrücklich vorgesehen ist oder sich diese Pflicht aus dem Gesetz ergibt. Nach § 77 Abs. 1 BetrVG 1952 muß bei der GmbH ein Aufsichtsrat gebildet werden, wenn regelmäßig mehr als 500 → Arbeitnehmer beschäftigt werden. Die Arbeitnehmer sind dann bei der Zusammensetzung des

Aufsichtsrates zu einem Drittel zu beteiligen. Werden im Durchschnitt mehr als 2.000 Arbeitnehmer beschäftigt, so ist nach § 7 MitbestG 1976 ein Aufsichtsrat von – je nach Größe des Unternehmens – 12 bis 20 Vertretern zu bilden, wobei die Hälfte aus Arbeitnehmervertretern (einschließlich Gewerkschaftsvertreter) besteht.

Die *Auflösung* einer GmbH richtet sich nach § 60 GmbHG. Diese ist möglich nach Ablauf der vereinbarten Vertragsdauer, durch Gesellschafterbeschluß (erforderlich Dreiviertelmehrheit der abgegebenen Stimmen), durch Gerichtsurteil oder durch Eröffnung des Konkursverfahrens. Die Auflösung der Gesellschaft ist, außer im Fall des Konkursverfahrens, zur Eintragung in das Handelsregister anzumelden (§ 65 Abs. 1 GmbHG). Die Liquidation erfolgt außer im Falle des → Konkurses durch die Geschäftsführer, wenn nicht durch den Gesellschaftsvertrag oder durch den Beschluß der Gesellschafter andere Personen zu Liquidatoren bestellt werden.

Gesellschaftsblätter
Publizierungsorgane (Zeitungen) für Veröffentlichungen von → Gesellschaften, insbes. von → Kapitalgesellschaften (AG, GmbH). → Aktiengesellschaften haben bestimmte gesetzliche oder satzungsmäßig festgelegte Bekanntmachungen im → Bundesanzeiger und in G. vorzunehmen.

Gesellschaftsrecht
Teilgebiet des → Privatrechts. Es enthält Regelungen über die zulässigen Organisationsformen von → Gesellschaften, die Gründung und Beendigung der Gesellschaften, die zulässige innere Struktur, insbes. über die Willensbildung und das Verhältnis der Gesellschafter zueinander, sowie die privatrechtlichen Beziehungen der Gesellschaft zu außenstehenden Dritten, insbes. die → Haftung und die Vertretungsmacht der Gesellschafter (→ Stellvertretung). Gesellschaftsrechtliche Vorschriften finden sich in BGB, HGB und in einer Reihe von Spezialgesetzen, wie z. B. dem → Aktiengesetz, GmbH-Gesetz, dem Genossenschaftsgesetz, dem Mitbestimmungsgesetz von 1976 und dem Montanmitbestimmungsgesetz. Das G. ist eng mit anderen Rechtsgebieten wie z. B. dem → Arbeitsrecht, dem → Wertpapierrecht oder dem Wettbewerbsrecht verbunden.

Gesellschaftsvertrag
→ Vertrag zur Gründung einer → Gesellschaft, in dem sich mehrere → Personen verpflichten, einen gemeinsamen Zweck zu erreichen (§ 705 BGB). Der Abschluß eines G. ist die Voraussetzung für das Entstehen einer Gesellschaft. Er regelt zu einem wesentlichen Teil das Verhältnis der Gesellschafter zueinander. Vertragspartner können sowohl → natürliche als auch → juristische Personen sein. Der Abschluß des Vertrages kann grundsätzlich formlos erfolgen; es gilt der Grundsatz der Privatautonomie (→ Vertragsfreiheit). Die Grenzen der Privatautonomie sind jedoch bei → Personengesellschaften weiter als bei juristischen Personen. So sind bei der → Gesellschaft bürgerlichen Rechts (BGB-Gesellschaft, GbR), der → offenen Handelsgesellschaft (OHG) und der → Kommanditgesellschaft (KG) nur die gesetzlichen Vorschriften zwingendes Recht, die das Außenverhältnis regeln, also das Verhältnis der Gesellschaft zu den → Gläubigern, → Schuldnern und anderen Außenstehenden. Im übrigen können die gesetzlichen Regelungen nach dem Willen der Gesellschafter abgeändert werden. Bei den juristischen Personen besteht im Hinblick auf ihre Beziehung zu Dritten ebenfalls keine Gestaltungsfreiheit. Zusätzlich sind aber die Freiheiten bei der Gestaltung des G. hinsichtlich des Innenverhältnisses erheblich beschränkt (z. B. → Satzung einer AG, § 23 Abs. 5 AktG).

Gesellschaft zur Finanzierung von Industrieanlagen mbH (GEFI)
Schwestergesellschaft der → AKA Ausfuhrkredit-Gesellschaft mbH, die 1967 mit gleicher Zusammensetzung des Gesellschafterkreises gegründet wurde. Zweck der GEFI war die Mitwirkung bei der mittel- und langfristigen Finanzierung von Lieferungen und Leistungen in das → Währungsgebiet der Mark der ehemaligen DDR.

Gesellschaft zur Förderung des Geldmarktes
Interessengemeinschaft Frankfurter → Gelddisponenten und ihrer assoziierten Mitglieder an den übrigen Geldhandelsplätzen in Deutschland (→ Geldhandel).

Gesetz
1. Im *weiteren Sinne* jede Rechtsvorschrift, d. h. eine sich an einen großen Personenkreis richtende, eine Vielzahl von Fällen betref-

fende („generell-abstrakte") staatliche Rechtsetzung („positives" bzw. „materielles" G. im Unterschied zum →Gewohnheitsrecht).
2. Im *engeren Sinn* nur das „formelle" G., welches in einem parlamentarischen Gesetzgebungsverfahren auf verfassungsgemäßem Wege zustandekommt (z. B. KWG oder BörsenG). Dieses G. geht im Range den →Rechtsverordnungen vor; diese müssen sich auf ein formelles G. stützen können (Art. 80 GG). „Wesentliche" Angelegenheiten unterliegen im demokratischen Rechtsstaat einem „Parlamentsvorbehalt", d. h. sie müssen durch formelles G. geregelt werden.

Gesetz gegen Wettbewerbsbeschränkungen (GWB)

Auch als Kartellgesetz bezeichnetes Bundesgesetz, das zum einen die Organisation der Kartellbehörden (→ Bundeskartellamt) und das behördliche und gerichtliche Verfahren in „Kartellsachen" regelt, zum andern durch das Kartellverbot (§ 1 GWB; → Kartell) Grenzen der →Vertragsfreiheit der Unternehmen aufrichtet und auch nicht durch →Vertrag vereinbare →Wettbewerbsbeschränkungen an enge Voraussetzungen knüpft. Auch die GWB-Bestimmungen über →marktbeherrschende Unternehmen bezwecken, Mißbräuche zu verhindern und einen funktionierenden →Wettbewerb im Interesse der Allgemeinheit aufrechtzuerhalten. Das GWB bezieht sich auf private wie auf staatliche Unternehmen (§ 98 GWB), sieht aber für bestimmte Wirtschaftszweige gewisse Bereichsausnahmen vor, nicht zuletzt für die Kredit- und Versicherungswirtschaft (§ 102 GWB).
Im Rahmen der →Europäischen Union (EU) beinhaltet der EG-Vertrag in Art. 85, 86 ähnliche Vorschriften, die sich aber (nur) auf grenzüberschreitende Wettbewerbsbeschränkungen beziehen und deren Anwendung der EU-Kommission obliegt.

Gesetzliche Rücklage

Teil der →Gewinnrücklagen (→Rücklagen). G. R. sind von →Aktiengesellschaften und →Kommanditgesellschaften auf Aktien nach § 150 Abs. 1 und 2 AktG zu bilden. Sie haben den 20. Teil des um einen →Verlustvortrag aus dem Vorjahr geminderten →Jahresüberschusses in die g. R. einzustellen, bis diese und die →Kapitalrücklage nach § 272 Abs. 2 Nr. 1 bis 3 HGB zusammen den 10. oder den in der→Satzung bestimmten höheren Teil des →Grundkapitals erreichen.
→Genossenschaften haben innerhalb der →Ergebnisrücklagen eine g. R. zu bilden. Die Höhe der Rücklagenbildung bestimmt nach § 7 GenG das Statut (Satzung) der jeweiligen Genossenschaft.
(→Eigenkapital)

Gesetzliches Pfandrecht

→Pfandrecht an einer →beweglichen Sache, das unabhängig von einer vertraglichen →Einigung zwischen →Schuldner und →Gläubiger entsteht und dabei entweder an den →Besitz des Gläubigers an der Pfandsache oder an der Einbringung der Pfandsache in den Herrschaftsbereich des Gläubigers anknüpft. Nach § 1257 BGB finden auf das g. P. die Bestimmungen des →Mobiliarpfandrechts entsprechende Anwendung.

Arten: G. P. sind die Besitzpfandrechte der Werkunternehmer (§ 647 BGB), →Kommissionäre (§ 397 HGB), →Spediteure (§ 410 HGB), →Frachtführer (§ 440 HGB) und Lagerhalter (§ 440 HGB) sowie die besitzlosen Pfandrechte (Einbringungspfandrechte) der Vermieter (§ 559 BGB), Verpächter (§§ 581 Abs. 2, 559 BGB) und Gastwirte (§ 704 BGB).

Besonderheiten: Der Schuldner muß Eigentümer der Pfandsache sein. Ein →gutgläubiger Erwerb des g. P. nach §§ 1207, 1257 BGB ist grundsätzlich nicht möglich. Für das besitzlose Pfandrecht folgt dies daraus, daß es an dem erforderlichen Besitz des Pfandgläubigers an der Pfandsache (§ 932 BGB) fehlt. Wegen des höheren Schutzbedürfnisses im Handelsverkehr gibt es aber den gutgläubigen Erwerb der g. P. des →Handelsrechts (→kaufmännische Pfandrechte, § 366 Abs. 3 HGB). Der →Rang mehrerer Pfandrechte an der gleichen Pfandsache bemißt sich grundsätzlich nach dem Prioritätsprinzip. Eine umgekehrte Reihenfolge gilt aber für die g. P. bestimmter Kaufleute wegen ihrer Forderungen aus Versendung und Transport (§ 443 Abs. 1 HGB).
Für die →Kreditinstitute spielen vor allem das →Vermieterpfandrecht, →Verpächterpfandrecht und →Unternehmerpfandrecht sowie die kaufmännischen Pfandrechte des HGB im Zusammenhang mit der →Sicherungsübereignung eine Rolle. Dort ist darauf zu achten, daß das Sicherungsgut nicht mit solchen der Sicherungsübereignung gegenüber vorrangigen g. P. belastet ist.

Gesetzliche Vertreter

Gegensatz: → Vertragspfandrecht.
(→ Pfandrecht)

Gesetzliche Vertreter
→ Personen, die aufgrund gesetzlicher Festlegung für andere rechtsverbindlich handeln (→ Stellvertretung).
G. V. für Personen, die keine volle → Geschäftsfähigkeit besitzen, sind bei → Minderjährigen die Eltern (→ elterliches Vertretungsrecht) oder der Vormund (→ Vormundschaft). Für Personen, die volle Geschäftsfähigkeit besitzen, kann auch ein Betreuer gesetzliche Vertretungsbefugnisse haben (→ Betreuung).
G. V. sind auch die vertretungsberechtigten Gesellschafter einer → Personenhandelsgesellschaft (OHG, KG). Die Organe der → juristischen Person (eingetragener → Verein, GmbH, AG, → Genossenschaft) haben die Stellung eines g. V. Sie handeln für die juristische Person, die selbst nicht handlungsfähig ist, und sind daher keine „echten" Stellvertreter.

Gesetzliche Zahlungsmittel
→ Geldzeichen, in der BRD die von der → Deutschen Bundesbank ausgegebenen und auf DM lautenden → Banknoten und die vom Bund emittierten, auf DM oder Pfennig lautenden → Scheidemünzen.
Arten: (1) *Unbeschränkt* g. Z. sind ausschließlich die DM-Banknoten (§ 14 Abs. 1 Satz 2 BBankG). Der → Gläubiger einer → Geldschuld muß DM-Banknoten vom → Schuldner annehmen, sofern er sich nicht den Rechtsfolgen eines Annahmeverzuges (→ Gläubigerverzug) aussetzen will. Die Zahlung mit → Bargeld muß aber beiden Vertragspartnern zumutbar sein (→ Treu und Glauben). (2) *Beschränkt* g. Z. sind die Scheidemünzen des Bundes. Nach § 3 MünzG (→ Münzgeld) sind sie mit beschränktem Annahmezwang ausgestattet. Auf Pfennig lautende Münzen müssen bis 5 DM, auf DM lautende Münzen bis 20 DM angenommen werden, bei gemischter Zahlung also höchstens 20 DM. Diese Einschränkung gilt allerdings nicht für Bundes- und Landeskassen einschl. der Kassen der → Deutschen Bundespost.

→ *Giralgeld* ist kein g. Z. Es hat Tilgungskraft nur bei Einverständnis des Gläubigers, das z. B. durch Angabe einer Kontoverbindung auf Rechnungen oder anderen Formularen erteilt wird. Danach stellt sich rechtlich betrachtet eine bargeldlose Zahlung nicht als → Erfüllung, sondern lediglich als → Leistung an Erfüllungs Statt im Sinne von § 364 Abs. 1 BGB dar.

Ausländisches Geld: Auf fremde → Währung lautendes Geld ist unabhängig von seiner Erscheinungsform im Inland kein g. Z., obwohl es wie inländisches Geld Zahlungsmittelfunktion haben kann. Banknoten anderer Länder nehmen auch an dem strafrechtlichen Schutz gegenüber → Geld- und Wertzeichenfälschungen teil. → Rechnungseinheiten, wie z. B. die → Europäische Währungseinheit (ECU) und die → Sonderziehungsrechte (SZR) des → Internationalen Währungsfonds, sind ebenfalls keine g. Z.
(→ Geld)

Gesetz über die Verwahrung und Anschaffung von Wertpapieren, → Depotgesetz.

Gesetz über Kapitalanlagegesellschaften (KAGG)
Gesetz, das 1957 zum Schutz der Sparer (→ Investmentsparen) und zur Regelung der Vermögensbildung (→ Vermögensbildungsgesetz) geschaffen wurde (Investmentgesetz). Es regelt im Interesse des Anlegerschutzes u. a. die Rechtsform der → Kapitalanlagegesellschaften (Investmentgesellschaften), die → Kreditinstitute i. S. des → Kreditwesengesetzes sind und damit der → Bankenaufsicht durch das → Bundesaufsichtsamt für das Kreditwesen unterliegen, die Anlagevorschriften der → Investmentfonds für Wertpapier-Sondervermögen (→ Wertpapierfonds), Beteiligungs-Sondervermögen (→ Beteiligungsfonds), Grundstücks-Sondervermögen (→ Immobilienfonds) und Geldmarkt- sowie die Rechtsverhältnisse zwischen der Kapitalanlagegesellschaft, den Inhabern der → Anteilsscheine (→ Investmentzertifikate), dem → Investmentfonds und der → Depotbank, die Prüfungs- und Veröffentlichungsvorschriften und die steuerliche Behandlung der Fonds.
Die Bildung von Beteiligungs-Sondervermögen wurde 1986 durch das 2. Vermögensbeteiligungsgesetz (→ Vermögensbildungsgesetz) zugelassen. 1990 und 1994 wurden die Anlagemöglichkeiten durch die → Finanzmarktförderungsgesetze erheblich erweitert.
Das KAGG enthält Vorschriften über den Bezeichnungsschutz (→ Bezeichnungsschutz der Kreditinstitute).

Gespaltenes Ertragswertverfahren
Verfahren zur Ermittlung des → Ertragswertes von → Grundstücken auf der Grundlage der Wertermittlungsvorschriften des Bundes (Wertermittlungsverordnung und Wertermittlungs-Richtlinien). Es wird getrennt zwischen dem Ertragswertanteil für den i. d. R. nicht abnutzbaren Grund und Boden (ewige → Rente) einerseits und dem Ertragswertanteil für die der Benutzung unterliegenden Gebäudeteile (Zeitrente) andererseits. Beide Werte bilden zusammen den Gesamtertragswert des Objektes, wobei für die Kapitalisierung unterschiedliche Vervielfältigungsfaktoren zugrunde gelegt werden. Das g. E. findet insbes. bei differenziert zu beurteilenden Objekten Anwendung. Einfachere Bewertungsfälle werden jedoch i. d. R. nach der herkömmlichen Methode der ewigen Verrentung behandelt.

Gespannter Kurs
Devisenabrechnungskurs einer → Bank beim → Kundengeschäft im Devisenhandel, bei dem nicht die volle → Spanne zwischen dem amtlichen Mittel- und dem amtlichen → Geldkurs im Devisenhandel bzw. → Briefkurs im Devisenhandel, sondern nur die Hälfte derselben zugrunde gelegt wird. Entsprechend wird bei einem „doppelt gespannten" Kurs nur der vierte Teil der offiziellen Spanne in den Kurs eingerechnet.

Gewährleistung
Auf Gesetz oder vertraglicher Vereinbarung beruhende Verpflichtung des → Schuldners einer Sach- oder Dienstleistung, für die Mangelfreiheit der gelieferten → Sache oder des hergestellten Werks einzustehen. So haftet etwa der Verkäufer einer Sache gemäß §§ 459 ff. BGB dem Käufer dafür, daß die Sache zu dem Zeitpunkt, in dem die Gefahr auf den Käufer übergeht (§ 446 BGB), nicht mit einem → Rechtsmangel oder mit einem → Sachmangel behaftet ist.
Die → Verjährung der Gewährleistungsansprüche erfolgt bei → beweglichen Sachen in sechs Monaten von der Ablieferung, bei → Grundstücken in einem Jahr von der Übergabe an (§ 477 Abs. 1 BGB). Auch im Werkvertragsrecht gelten gemäß § 638 BGB kurze → Fristen für die Verjährung. Außer in → Allgemeinen Geschäftsbedingungen (§ 11 Nr. 10 AGBG) können Gewährleistungsansprüche weitgehend ausgeschlossen oder beschränkt werden (§ 476 BGB).

Gewährleistungsgarantie
Guarantee for Warranty Obligations; → Bankgarantie, die den Käufer oder Besteller (Garantienehmer) für den Fall schützen soll, daß der Verkäufer oder Unternehmer vertraglich zugesagte → Gewährleistungen nicht erbringt. Häufig tritt eine Gewährleistungsgarantie an die Stelle einer abgelaufenen → Liefergarantie oder → Leistungsgarantie. Werden die genannten Garantien in einer Garantie zusammengefaßt, liegt eine Vertragserfüllungsgarantie vor (→ Bankgarantie im Außenhandel).

Gewährträger
Öffentlich-rechtliche → Körperschaft (Gemeinde, Kreis usw.), die für die Verbindlichkeiten einer Sparkasse oder einer → Landesbank/Girozentrale einsteht. Sparkassen oder Landesbanken können mehrere G. haben, so z. B. bei Gemeinschaftssparkassen (Verbandssparkassen).

Gewährträgerhaftung
Gesetzlich geregelte, uneingeschränkte → Haftung der → Gewährträger der → Sparkassen und der → Landesbanken/Girozentralen für → Verbindlichkeiten dieser Institute. → Gläubiger können die Gewährträger aber nur in Anspruch nehmen, soweit sie nicht aus dem → Vermögen der Institute befriedigt werden.
Von der G. ist die → *Anstaltslast* zu unterscheiden, wonach der Träger verpflichtet ist, die Sparkasse bzw. Landesbank mit den für die Funktionsfähigkeit notwendigen Mitteln auszustatten. Während die G. auf den äußeren Gläubigerschutz abstellt, sichert die Anstaltslast den Bestand der Sparkasse bzw. Landesbank.
Eine G. der Länder besteht auch bei den → öffentlich-rechtlichen Grundkreditanstalten (Organe der staatlichen Wohnungspolitik).

Gewerbe
In der Regel selbständig ausgeübte wirtschaftliche Betätigung, die allgemein erlaubt und auf Dauer angelegt ist, mit der Absicht, → Gewinn zu erzielen. Ein G. ist kennzeichnend für den → Gewerbebetrieb und das → Handelsgewerbe, auch das „Bankgewerbe". Der Grundsatz der Gewerbe(zulassungs)freiheit (§ 1 GewO) zeigt sich bei der → Erlaubniserteilung für Kreditinstitute darin, daß bei Vorliegen der gesetzlichen Voraussetzungen dem Antragsteller ein

Gewerbebetrieb

Rechtsanspruch auf einen positiven Bescheid eingeräumt ist. Nicht zum G. zählen vor allem die Land- und Forstwirtschaft sowie die Freien Berufe; auch für diese gilt aber „Berufsfreiheit" (Art. 12 GG).

Gewerbebetrieb

1. *Im Steuerrecht:* Eine gemäß § 2 Abs. 1 Satz 2 GewStG auch für die →Gewerbesteuer geltende Legaldefinition ist in § 15 EStG enthalten.

a) *Begriffsmerkmale sind danach* (1) selbständige Betätigung, d. h., daß eine →natürliche Person die Tätigkeit unter eigener Verantwortung, Zeit- und Arbeitseinteilung auf eigenes Risiko ausübt, (2) nachhaltige Betätigung, d. h. daß die Tätigkeit planmäßig wiederholt wird oder den Beginn einer gewerblichen Tätigkeit darstellt, (3) Gewinnerzielungsabsicht, d. h. das Bestreben, durch die Tätigkeit einen Vorteil in Form eines →Gewinnes zu erreichen. Fehlt diese Absicht (keine Erwartung eines Totalgewinns auf Dauer) zumindest als Nebenzweck, stehen statt dessen private Neigungen im Vordergrund, liegt kein G. vor. Die Folge ist, daß die Verluste einkommensteuerlich unbeachtet sind [kein →Verlustausgleich mit anderen Einkunftsarten bzw. Verlustrücktrag oder Verlustvortrag], keine Gewerbesteuerpflicht), (4) Beteiligung am allgemeinen wirtschaftlichen Verkehr (d. h., daß der Betrieb seine Leistungen der Allgemeinheit gegen Entgelt anbietet). Fehlt eines dieser Merkmale, so besteht keine Gewerbesteuerpflicht (§ 2 Abs. 2 Satz 1 GewStG), und Verluste sind einkommensteuerlich unbeachtlich.

b) *Kein G.* liegt vor, wenn es sich um Ausübung von Land- und Forstwirtschaft oder um freiberufliche Tätigkeit handelt. Eine gewerbliche Tätigkeit liegt außerdem nicht vor, wenn die Betätigung als eine andere selbständige Arbeit anzusehen ist, auch bei der Verwaltung eigenen →Vermögens. (Dies ist dann der Fall, wenn sich die Betätigung noch als Nutzung von Vermögen im Sinne einer Fruchtziehung aus den zu erhaltenen Substanzwerten darstellt und die Ausnutzung substantieller Vermögenswerte durch Umschichtung nicht entscheidend in den Vordergrund tritt).

c) *Arten des G.:* (1) jeder stehende G., soweit er im Inland betrieben wird, (2) stets und in vollem Umfange die mit der Absicht der Erzielung von →Einkünften im Sinne des EStG unternommene Tätigkeit der →Offenen Handelsgesellschaft (OHG), →Kommanditgesellschaft (KG) und anderer →Personengesellschaften (§ 15 Abs. 3 Nr. 1 EStG), soweit diese eine gewerbliche Tätigkeit ausüben, (3) die Tätigkeit gewerblich geprägter Personengesellschaften (i. S. v. § 15 Abs. 3 Satz 1 Nr. 2 EStG), (4) stets und in vollem Umfange die Tätigkeit der →Kapitalgesellschaften, der Erwerbs- und Wirtschaftsgenossenschaften (→Genossenschaften) und der →Versicherungsvereine auf Gegenseitigkeit (G. kraft Rechtsform, § 2 Abs. 2 GewStG), (5) die Tätigkeit der sonstigen →juristischen Personen des privaten Rechts (z. B. rechtsfähige →Vereine) und der nicht rechtsfähigen Vereine, soweit sie einen wirtschaftlichen Geschäftsbetrieb (ausgenommen Land- und Forstwirtschaft) unterhalten (G. kraft wirtschaftlichen Geschäftsbetrieb, § 2 Abs. 3 GewStG).

2. *In anderen Rechtsvorschriften:* Der Begriff des G. ist grundlegend für den Anwendungsbereich gewerberechtlicher Vorschriften (Gewerbe-, Handwerksordnung, Gaststättengesetz, →Kreditwesengesetz). Für den Betrieb eines stehenden Gewerbes wird in § 42 GewO das Vorhandensein einer „gewerblichen Niederlassung" gefordert. Auch das →Handelsrecht definiert den Kaufmann als eine natürliche oder →juristische Person, die einen in § 1 Abs. 2 HGB näher bezeichneten Handels-G. betreibt (§ 1 Abs. 1 HGB). Darunter fallen etwa Bankier- und Geldwechslergeschäfte (§ 1 Abs. 2 Nr. 4 HGB).

Gewerbesteuer (GewSt)

Eine Form der Objektsteuer (Realsteuer), die den →Ertrag (Gewerbeertragsteuer) und das →Kapital (Gewerbekapitalsteuer) von →Gewerbebetrieben besteuert. Die G. ist eine Gemeindesteuer, an der der Bund und die Länder mit einer Umlage beteiligt sind (Art. 106 Abs. 6 GG). Sie ist teils eine Besitzsteuer vom →Einkommen, teils eine Besitzsteuer vom →Vermögen (→Steuern). Die G. ist eine betriebliche Steuer, sie ist erfolgswirksam. Die gezahlte G. ist steuerrechtlich eine →Betriebsausgabe.

Steuergegenstand der G. ist der →Gewerbebetrieb (§ 2 GewStG).

Steuerbefreiungen: Von der G. sind insbes. befreit (§ 3 GewStG): die Post-Unternehmen (bis 1995) und die Deutsche Bundesbahn (ab 1994: das Bundeseisenbahn- →Sondervermögen), bestimmte →Kreditinstitute, die gesamtwirtschaftliche Aufgaben erfüllen (→Deutsche Bundesbank, →Kreditanstalt für Wiederaufbau, →Deutsche Ausgleichsbank, →Landwirtschaftliche Rentenbank und andere im Gesetz aufgezählte Institute); Unternehmen, die ausschließlich und unmittelbar gemeinnützigen, mildtätigen oder kirchlichen Zwecken dienen; gemeinnützige Wohnungs- und Siedlungsunternehmen; Erwerbs- und Wirtschaftsgenossenschaften sowie →Vereine i. S. des § 5 KStG, soweit sie von der→Körperschaftsteuer befreit sind, und andere in § 3 GewStG aufgezählte Einrichtungen und Unternehmen.

Bemessungsgrundlage (Abbildung S. 748): Die Steuermeßzahlen sind durch § 11 GewStG festgelegt. Die Höhe des Hebesatzes wird von jeder Gemeinde individuell bestimmt (§ 16 i. V. m. §§ 4, 35a GewStG). Die G. wird aufgrund des einheitlichen Steuermeßbetrages mit einem Hundertsatz ermittelt und festgesetzt.

Besteuerungsverfahren: Die →Finanzbehörde setzt die Besteuerungsgrundlagen in einem Gewerbesteuermeßbescheid fest. Die Gemeinde erhebt die Steuer in einem Gewerbesteuerbescheid (→Steuerbescheid). Der →Steuerschuldner hat am 15. Februar, 15. Mai, 15. August und 15. November Vorauszahlungen zu entrichten (§ 19 GewStG).

Rechtliche Grundlagen: GewStG, GewStDV, GewStR, EStG, EStDV, EStR, BewG, DV zum BewG, VStR.

Gewerblicher Ratenkredit
→Teilzahlungskredit an Selbständige und →Gewerbebetriebe, der in Raten zurückgezahlt wird. Verwendet wird der g. R. zur →Finanzierung der Beschaffung von Maschinen, Kraftfahrzeugen und Einrichtungen.

Gewerblicher Realkredit
→Hypothekarkredit an Selbständige, →Gewerbe- und Industriebetriebe. Verwendet wird der g. R. zur →Finanzierung des →Kaufes und der Errichtung sowie Erweiterung von gewerblichen →Immobilien. An die Beleihbarkeit gewerblicher Immobilien werden strenge Anforderungen hinsichtlich Lage und Zuschnitt sowie Vielseitigkeit der Verwendungs-/Nutzungsmöglichkeiten der Liegenschaften gestellt. Der Tilgungssatz liegt i. d. R. bei mindestens 2 Prozent p.a. vom Darlehensbetrag zuzüglich ersparter →Zinsen (bei neuen Objekten).

Gewerkschaft
Berufsverband der →Arbeitnehmer zur Vertretung der arbeitsrechtlichen und sozialpolitischen Interessen seiner Mitglieder, insbes. beim Abschluß von →Tarifverträgen mit den →Arbeitgeberverbänden, durch Stellungnahmen, Öffentlichkeitsarbeit sowie durch Beratung und Vertretung seiner Mitglieder.

Gewerkschaft Handel, Banken und Versicherungen (HBV)
Einzelgewerkschaft (→Gewerkschaft) im Deutschen Gewerkschaftsbund mit Sitz in Düsseldorf. Die HBV ist neben anderen Gewerkschaften (z. B. →Deutsche Angestellten-Gewerkschaft) Tarifpartei und handelt mit den →Arbeitgeberverbänden der Kreditwirtschaft →Tarifverträge für das private Bankgewerbe und die →öffentlichen Banken aus. (Im Bereich der öffentlich-rechtlichen Sparkassen [→kommunale Sparkassen] gilt der Bundesangestellten-Tarif [BAT], für den tarifpolitisch die Gewerkschaft ÖTV zuständig ist.)
Die HBV ist Interessenvertretung der Arbeitnehmer in den →Aufsichtsräten der Kreditwirtschaft im Rahmen der Unternehmensmitbestimmung (→Mitbestimmung). Sie berät ihre Mitglieder und vertritt sie vor Arbeits- und Sozialgerichten. Durch Stellungnahmen zu arbeitsrechtlichen und sozialpolitischen Fragen vertritt sie die Interessen der Gesamtheit ihrer Mitglieder.

Gewichteter Durchschnitt
Durchschnittswert der →technischen Analyse, der den aktuellen Kurs stärker gewichtet als ältere Werte. G. D. sind Trendfolgesysteme. Im Gegensatz zu g. D. wird bei dem →gleitenden Durchschnitt jeder Kurs, der zur Berechnung benutzt wird, gleichgewichtet. G. D. weisen deshalb eine stärkere Reaktion auf aktuelle Kursveränderungen auf als gleitende Durchschnitte. G. D. können entweder linear (z. B. 3/6, 2/6, 1/6) oder

Gewichtetes arithmetisches Mittel

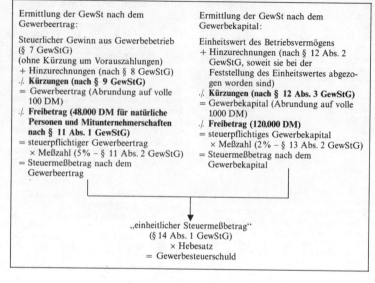

exponentiell (→ exponentiell gewichteter Durchschnitt) gewichtet werden.

Gewichtetes arithmetisches Mittel

Durchschnittswert zur statistischen Berechnung eines gewichteten →Lageparameters bzw. gewichteten Mittelwertes. Das g. a. M. ist eine Modifizierung des ungewichteten →arithmetischen Mittels. Das g. a. M. ist die Summe der Produkte aus den n Merkmalswerten x_i (i = 1, 2, ..., n) und ihren jeweiligen Gewichten g_i (i = 1, 2, ..., n), dividiert durch die Summe der Gewichte. Das g. a. M. wird in der modernen Finanzmarkttheorie häufig verwendet. Die klassischen Einsatzgebiete sind z. B. die Ermittlung der →Duration und der Kennzahlen für →Rentenportefeuilles (z. B. →durchschnittlicher Kupon, Portfolio-Rendite, Portfolio-Duration, Portfolio-Laufzeit, Portfolio-PVBP, Portfolio-Convexity), für Aktienportefeuilles (z. B. Portefeuille-Alpha, Portfolio-Beta) sowie Optionsportefeuilles (z. B. Portfolio-Delta, Portfolio-Vega).
(→ Asset Allocation)

Gewinn

G. (Erfolg) ist kein eindeutiger Begriff. Er ist erst dann klar umrissen, wenn die Art der jeweiligen Erfolgsrechnung genannt ist.

Ermittlung: (1) →Kostenrechnung: Betriebsgewinn = Leistung – → Kosten;
(2) handelsrechtliche Erfolgsrechnung: Unternehmensgewinn = →Ertrag – →Aufwand;
(3) steuerliche Erfolgsrechnung: Steuerlicher G. = →Betriebseinnahmen – →Betriebsausgaben.

Gewinnabführungsvertrag

→Unternehmensvertrag, durch den sich eine →Aktiengesellschaft oder →Kommanditgesellschaft auf Aktien verpflichtet, ihren gesamten →Gewinn an ein anderes Unternehmen abzuführen (§ 291 Abs. 1 Satz 1 AktG). Doch ist von der Gewinnabführung aus dem →Jahresüberschuß der Betrag in die →gesetzliche Rücklage einzustellen, der erforderlich ist, um sie innerhalb der ersten fünf →Geschäftsjahre, die während des Bestehens des →Vertrages beginnen, gleichmäßig auf den zehnten oder den in der →Satzung bestimmten höheren Teil des →Grundkapitals aufzufüllen (§ 300 AktG). Erfaßt die Verpflichtung nicht den ganzen Gewinn der abhängigen Gesellschaft, liegt lediglich ein Teilgewinnabführungsvertrag nach § 292 Abs. 1 Nr. 2 AktG vor, der dem herrschenden Unternehmen keine Abfindungs- und Verlustübernahmepflicht auferlegt.

Wegen der besonderen Gefahrenlage für die →Aktionäre (Minderheitsaktionäre, hier als →Außenstehende Aktionäre bezeichnet) und →Gläubiger der zur Gewinnabführung verpflichteten Gesellschaft legt das →Konzernrecht dem gewinnbeziehenden Unternehmen gegenüber diesem Personenkreis vergleichbare Verpflichtungen wie im Falle des →Beherrschungsvertrages auf (§§ 300 ff. AktG), so die Zahlung eines angemessenen Ausgleichs gemäß § 304 AktG oder die Abfindung gemäß § 305 AktG (Barabfindung oder Gewährung eigener Aktien bzw. Aktien einer anderen Gesellschaft gemäß § 305 Abs. 2 und 3 AktG) (→Abfindung außenstehender Aktionäre). Kredite an durch G. →verbundene Unternehmen sind stets zusammenzurechnen (Kreditmehreinheit). Der Abschluß eines G. begründet regelmäßig auch einen →Konzern (Unterordnungskonzern).

Gewinnanteilsschein, →Dividendenschein.

Gewinneinkunftsarten
Nach der Einteilung des § 2 Abs. 2 Nr. 1 EStG Einkünfte aus Land- und Forstwirtschaft (§ 13 EStG), →Einkünfte aus Gewerbebetrieb (§ 15 EStG) und →Einkünfte aus selbständiger Tätigkeit (§ 18 EStG).

Gewinnermittlung: Die Ermittlung der Einkünfte aus Land- und Forstwirtschaft erfolgt durch Betriebsvermögensvergleich nach § 4 Abs. 1 EStG, durch →Überschußrechnung nach § 4 Abs. 3 EStG oder nach Durchschnittssätzen gemäß § 13a EStG. Die Einkünfte aus Gewerbebetrieb werden durch Betriebsvermögensvergleich nach § 4 Abs. 1, § 5 EStG oder durch Überschußrechnung nach § 4 Abs. 3 EStG ermittelt. Die Einkünfte aus selbständiger (freiberuflicher) Tätigkeit werden durch Betriebsvermögensvergleich nach § 4 Abs. 1 EStG oder durch Überschußrechnung nach § 4 Abs. 3 EStG ermittelt (→Einkommensteuer, →Gewinnermittlungsmethoden nach EStG). Welche Gewinnermittlungsart jeweils infrage kommt, ist davon abhängig, ob eine →Buchführungspflicht besteht (bzw. freiwillig Bücher geführt werden) oder nicht.

Andere Einkunftsarten: →Überschußeinkunftsarten.
(→Einkommensteuer, →Einkünfte)

Gewinnermittlungsmethoden nach EStG
Vollkaufleute (→Kaufmann) sind nach →Handelsrecht buchführungspflichtig (→Buchführungspflichten). Bei ihnen erfolgt die Gewinnermittlung nach § 5 EStG. Für Minderkaufleute und für Nichtkaufleute (Kleingewerbetreibende, Land- und Forstwirte) besteht keine Buchführungspflicht nach § 238 HGB. Allerdings werden diese nach Steuerrecht dann buchführungspflichtig, wenn ihre →Umsätze mehr als 500.000 DM im Wirtschaftsjahr betragen oder das →Betriebsvermögen größer als 125.000 DM ist oder die selbstbewirtschafteten land- und forstwirtschaftlichen Flächen einen Wirtschaftswert (nach § 46 Bewertungsgesetz) von mehr als 40.000 DM haben oder der →Gewinn aus Gewerbebetrieb oder aus Land- und Forstwirtschaft (ab 1995) größer als 48.000 DM ist (§ 48 AO). Im letztgenannten Fall ermitteln Gewerbetreibende ihren Gewinn nach § 5 EStG, Land- und Forstwirte nach § 4 Abs. 1 EStG. Alle übrigen Land- und Forstwirte ermitteln ihren Gewinn nach § 13a EStG bzw. durch Überschußrechnung nach § 4 Abs. 3 EStG oder – bei freiwilliger Buchführung nach § 4 Abs. 1 EStG. Andere Kleingewerbebetreibende und Freiberufler ermitteln ihren Gewinn durch Überschußrechnung nach § 4 Abs. 3 EStG oder – bei freiwilliger Buchführung – nach § 4 Abs. 1 EStG.

Betriebsvermögensvergleich nach § 5 EStG: Die →Steuerpflichtigen, die unter diese Vorschrift fallen, sind nach →Handelsrecht und Steuerrecht zur Führung von Büchern und zur Durchführung von regelmäßigen Abschlüssen verpflichtet. Der →Jahresabschluß besteht aus →Bilanz und →Gewinn- und Verlustrechnung. →Kapi-

Gewinngemeinschaft

talgesellschaften haben den Jahresabschluß um einen → Anhang zu erweitern und einen → Lagebericht aufzustellen, wobei größenabhängige Erleichterungen bestehen.

Gewinn ist der Unterschiedsbetrag zwischen dem Betriebs-Reinvermögen (→ Eigenkapital) des Abschlußjahres und dem Betriebs-Reinvermögen des Vorjahres, vermehrt um den Wert der Entnahmen und vermindert um den Wert der → Einlagen im abzuschließenden Wirtschaftsjahr (§ 4 Abs. 1 Satz 1 EStG). Entnahmen und Einlagen werden in § 4 Abs. 1 Sätze 2 bis 5 EStG genauer abgegrenzt.

Das Betriebsvermögen wird in der → Bilanz nach dem *Stichtagsprinzip* ermittelt. Die Bestände werden zu diesem Stichtag durch Inventur ermittelt und nach handels- und steuerrechtlichen Grundsätzen bewertet. Die → Bewertung des → Vermögens weist Wertzugänge oder Wertabgänge in den Vermögenspositionen auf. → Aufwendungen und → Erträge werden in der Gewinn- und Verlustrechnung gesammelt, es gilt bei der Erfassung das *Prinzip der wirtschaftlichen Zugehörigkeit.*

Die Betriebsvermögensvergleiche nach § 4 Abs. 1 und § 5 EStG basieren auf dem selben Gewinnbegriff, sie werden jedoch von unterschiedlichen Personenkreisen angewendet. Während bei dem Betriebsvermögensvergleich nach § 5 EStG die Grundsätze des Handels- und Steuerrechts zu beachten sind, gelten für den Betriebsvermögensvergleich nach § 4 Abs. 1 EStG nur die Vorschriften des Steuerrechts. Dies hat Auswirkungen auf die Wertansätze bei → Wirtschaftsgütern des → Umlaufvermögens.

Überschußrechnung nach § 4 Abs. 3 EStG: Der Gewinn/Verlust wird durch Gegenüberstellung der → Betriebseinnahmen und der → Betriebsausgaben ermittelt. Betriebseinnahmen sind alle baren und unbaren Einnahmen, die dem Steuerpflichtigen im Rahmen seines → Betriebes zufließen. Sie gelten nach § 11 EStG als in dem Kalenderjahr bezogen, zu dem sie wirtschaftlich gehören. Betriebsausgaben sind nach § 4 Abs. 4 EStG die Aufwendungen, die durch den Betrieb veranlaßt sind. Sie sind für das Kalenderjahr abzusetzen, in dem sie geleistet wurden, d. h. abgeflossen sind. Regelmäßig wiederkehrende Einnahmen und Ausgaben, die dem Steuerpflichtigen bzw. vom Steuerpflichtigen kurze Zeit vor Beginn oder kurze Zeit nach Beendigung des Kalenderjahres, zu dem sie wirtschaftlich gehören, zugeflossen sind bzw. geleistet wurden, gelten als in diesem Kalenderjahr bezogen. Durchlaufende Posten, die im Namen und für Rechnung eines anderen vereinnahmt und verausgabt werden, kommen nicht zum Ansatz; → Forderungen und → Schulden finden keinen Ansatz. Bestände werden nicht erfaßt. Gewillkürtes Betriebsvermögen ist nicht zulässig. → Wertberichtigungen, → Rechnungsabgrenzungsposten und → Rückstellungen werden nicht beachtet. Einnahmen aus der Veräußerung von Wirtschaftsgütern des Betriebsvermögens sind Betriebseinnahmen, der bestehende Buchwert Betriebsausgabe. → Zinsen und andere Erträge des Betriebsvermögens sind Betriebseinnahmen. → Anschaffungs- und Herstellungskosten für nicht abnutzbares → Anlagevermögen, z. B. Grund und Boden, Firmenwert werden erst im Zeitpunkt der Veräußerung oder der Entnahme als Betriebsausgabe berücksichtigt. Anschaffungs- und Herstellungskosten für abnutzbare Wirtschaftsgüter, z. B. Einrichtungsgegenstände, dürfen nur im Wege der Absetzung für Abnutzung (→ AfA) auf die Nutzungsdauer des Wirtschaftsgutes verteilt werden. → Geringwertige Wirtschaftsgüter können im Jahr der Anschaffung oder Herstellung voll als Betriebsausgabe angesetzt werden (§ 6 Abs. 2 EStG). Dabei ist stets vom Nettowert der Anschaffungs- oder Herstellungskosten auszugehen. Einlagen und Entnahmen in Form von Geld beeinflussen den Gewinn nicht. Sacheinlagen müssen als Betriebsausgabe, Sachentnahmen als Betriebseinnahmen erfaßt werden, bei Sacheinlagen ggf. Verteilung auf die Nutzungsdauer. Geldzufluß aus der Aufnahme eines → Darlehens stellt keine Betriebseinnahme dar, → Tilgungen keine Betriebsausgaben. Vereinnahmte Umsatzsteuerbeträge (für den Umsatz geschuldete → Umsatzsteuer [USt] und vom Finanzamt erstattete Vorsteuer [→ Vorsteuerabzug]) gehören zu den Betriebseinnahmen. Verausgabte Umsatzsteuerbeträge (gezahlte Vorsteuer einschließlich → Einfuhrumsatzsteuer und an das Finanzamt abgeführte Umsatzsteuerbeträge) gehören zu den Betriebsausgaben.

Gewinngemeinschaft

→ Unternehmensvertrag gemäß § 292 Abs. 1 Nr. 1 AktG, in dem sich eine → Aktiengesellschaft oder eine → Kommanditgesellschaft auf Aktien verpflichtet, ihren → Gewinn oder den Gewinn einzelner ihrer → Betriebe ganz oder zum Teil mit dem Gewinn anderer Unternehmen oder einzelner Betriebe anderer Unternehmen zur Aufteilung eines gemeinschaftlichen Gewinns zusammenzulegen.

Gewinn je Aktie
Gesamtgewinn einer → Aktiengesellschaft (AG) (einschl. der Dotierung der → offenen Rücklagen und Aufstockung → stiller Reserven) bezogen auf eine → Aktie. Der G. j. A. wird zur Errechnung des → Kurs-Gewinn-Verhältnisses und der → Gesamtgewinnrendite im Rahmen der → Fundamentalanalyse von Aktien benötigt.

Gewinnmaximierung
Bezeichnung für das Streben von Unternehmungen nach dem höchstmöglichen Periodengewinn (klassische Verhaltensannahme im Rahmen des → erwerbswirtschaftlichen Prinzips).
(→ Zielkonzeptionen von Kreditinstituten)

Gewinnrealisierung
Nach § 252 Abs. 1 Nr. 4 HGB dürfen nur die am Abschlußstichtag realisierten Gewinne bilanziert werden. Das → Realisationsprinzip ist Ausdruck des handelsrechtlichen Vorsichtsprinzips, das neben den Prinzipien der Wahrheit, Klarheit und Wesentlichkeit zu den oberen Grundsätzen ordnungsmäßiger Buchführung gehört (→ Bewertungsgrundsätze).

Gewinnrendite, → Gesamtgewinnrendite.

Gewinnrücklage
1. Teil des → Eigenkapitals, der sich in die → gesetzliche Rücklage, die → Rücklage für eigene Anteile, die satzungsgemäßen Rücklagen und die anderen G. unterteilt.

2. Rücklagen werden aus dem Ergebnis gebildet (Rücklagenbildung durch → Gewinnthesaurierung, → Selbstfinanzierung). Nach § 272 Abs. 3 HGB zählen zu den G. u. a. die gesetzliche Rücklage, die Rücklage für eigene Anteile (für eigene → Aktien oder für eigene GmbH-Anteile), → satzungsmäßige Rücklagen und andere G. (zweckfreie Rücklagen). G. sind von → Kapitalgesellschaften zu bilden. Sie sind Teile des Eigenkapitals.

Bei → Genossenschaften sind anstelle der G. → Ergebnisrücklagen auszuweisen (§ 337 Abs. 2 und 3 HGB), bei → Sparkassen anstelle der gesetzlichen Rücklagen die → Sicherheitsrücklagen; an die Stelle der anderen G. treten → andere Rücklagen.

Gewinnschuldverschreibung
→ Schuldverschreibung, bei der die Rechte der → Gläubiger mit Gewinnanteilen von → Aktionären in Verbindung gebracht werden. Die meisten G. sind mit fester Grundverzinsung (Sicherheitselement, Mindestverzinsung in gewinnlosen Jahren) und dividendenabhängiger Zusatzverzinsung (spekulatives Element, z. B. nur zu gewähren, wenn die ausgeschüttete → Dividende eine in den Ausgabebedingungen festgesetzte Höhe überschritten hat; kann nach oben begrenzt oder unbegrenzt sein) ausgestattet; eine Grundverzinsung muß jedoch nicht zugesichert werden. Das Recht eines Gläubigers auf → Rückzahlung des Schuldbetrages wird mit dem Recht des Aktionärs auf Dividende verknüpft. Es handelt sich um → Gläubigereffekten. Der Vorteil für den → Emittenten liegt in einer minderen Belastung in ertragsschwachen Jahren.

G. können auch von Gesellschaften ausgegeben werden, die nicht die Rechtsform der AG oder der KGaA besitzen. Bei AG und KGaA stellt die Zusatzverzinsung eine Beteiligung am Bilanzgewinn dar, wodurch Aktionärsrechte berührt werden. Die Ausgabe bedarf daher eines Hauptversammlungsbeschlusses mit einer Mehrheit von mind. 75% des vertretenen → Grundkapitals. Die → Satzung kann eine andere Kapitalmehrheit bestimmen. Sind mehrere → Aktiengattungen vorhanden, ist die Zustimmung der Aktionäre einer jeden Gattung notwendig. Die Aktionäre haben ein → Bezugsrecht. Auch ist es möglich, eine G. mit einer → Wandelanleihe zu einer → Emission zu verknüpfen.

→ Sparkassen haben in Verbindung mit dem 936-DM-Gesetz (Vierten → Vermögensbildungs-Gesetz) G. als → Namenspapiere ausgegeben. Die Grundverzinsung richtet sich nach dem Zinssatz für → Spareinlagen mit dreimonatiger Kündigungsfrist, die Zusatzverzinsung nach dem → Bilanzgewinn des jeweils vorangegangenen → Geschäftsjahres.

(→ festverzinsliche (Wert-)Papiere)

Gewinnspanne

→ Jahresüberschuß vor → Steuern in Prozent vom jahresdurchschnittlichen → Geschäftsvolumen.

Gewinnsparen

Kombination aus Sparform und Lotteriespiel, wodurch die Spareigung unter Berücksichtigung der Spielleidenschaft gefördert werden soll (→ Sondersparformen). Angeboten wird das Gewinnsparen von den → Kreditbanken, den → Kreditgenossenschaften und insbes. von den → Sparkassen („PS-Sparen und Gewinnen").

Rechtlicher Rahmen: Es sind der Abschluß eines → Sparvertrages und eines Lotterievertrages erforderlich. Vertragspartner beim Sparvertrag ist die Sparkasse, die damit → Schuldner der vom PS-Sparer geleisteten Sparbeträge ist. Der Lottorievertrag wird dagegen mit dem zuständigen → regionalen Sparkassen- und Giroverband abgeschlossen, der Träger des Auslosungsverfahrens und Schuldner aller Gewinnforderungen ist.

Verfahren: Das PS-Sparen wird bei den Sparkassen über den Verkauf von Losen in den einzelnen Sparperioden, die je einen Kalendermonat umfassen, abgewickelt. Zwölf Sparperioden bilden ein Sparjahr. Der Losbetrag (z. B. 10 DM) setzt sich aus einem dem Sparer verbleibenden Sparbetrag (z. B. 8 DM) und einem Lotterieeinsatz (z. B. 2 DM) zusammen. Der Lotterieeinsatz, welcher der Bildung des Prämienfonds dient, erfährt noch Kürzungen um die Lotteriesteuer, die PS-Kosten sowie einem Zweckertrag für gemeinnützige und mildtätige Zwecke. Die dann im Prämienfonds verbleibenden Beträge werden nach Maßgabe eines regional festgelegten Auslosungsplans an die Prämiensparer ausgeschüttet. Der Sparer kann eine beliebige Zahl von Monatslosen entweder im Barlosverfahren oder im Wege des PS-Dauerauftragsverfahrens erwerben.

Bedeutung: Das „PS-Sparen und Gewinnen" der Sparkassen diente ursprünglich einer Wiederbelebung und Aktivierung der Spartätigkeit. Es hat in starkem Maße zur Verstetigung und Stabilisierung des Spareinlagenflusses beigetragen. Heute wird G. dagegen mehr und mehr in den Dienst der → Kundenbetreuung und der → Öffentlichkeitsarbeit gestellt. Das wird dadurch erreicht, daß Auslosungsveranstaltungen häufig öffentlich durchgeführt werden.

Gewinnthesaurierung

Bezeichnung für → Selbstfinanzierung i. e. S., d. h. für → Finanzierung aus einbehaltenen Gewinnen. Sie erfolgt durch Bildung → offener Rücklagen und → stiller Reserven.

Gewinn- und Verlustrechnung (GuV)

Die GuV ermittelt den Erfolg durch Saldierung aller → Erträge und → Aufwendungen der Abrechnungsperiode. Das in der GuV durchzuführende → Gesamtkostenverfahren oder → Umsatzkostenverfahren ist ablauftechnisch zwar mit den entsprechenden Verfahren der → Kostenrechnung vergleichbar, inhaltlich aber nicht identisch. Erstens stimmen die in der GuV verrechneten Werte als Aufwendungen nicht immer mit den Kosten überein. Zweitens wird die GuV jährlich aufgestellt, die kurzfristige Erfolgsrechnung aber monatlich benötigt. Nach § 275 HGB gilt für → Kapitalgesellschaften eine Gliederung in Staffelform, also ohne kontenmäßige Gegenüberstellung, wobei die Gesellschaften wahlweise das Gesamtkosten- oder Umsatzkostenverfahren verwenden können. Die gewählte Darstellungsform ist grundsätzlich beizubehalten. Dies gilt auch für die Postenbezeichnung und -folge, soweit sie bei → Einzelunternehmungen und → Personengesellschaften frei wählbar sind. Zur Gliederung der GuV vgl. Abbildung S. 753.

Gewinn- und Verlustrechnung der Kreditinstitute

Teil des → Jahresabschlusses der Kreditinstitute, der entsprechend der Generalklausel in § 264 Abs. 2 HGB ein den tatsächlichen Verhältnissen entsprechendes Bild der Ertragslage vermitteln soll. Nach der → Rechnungslegungsverordnung können Kreditinstitute zwischen der Staffelform und der Kontoform wählen (→ Gewinn- und Verlustrechnung der Kreditinstitute, Formblätter nach der Rechnungslegungsverordnung).

Die Ertragsseite der Gewinn- und Verlustrechnung wird im wesentlichen unter dem Gesichtspunkt der Zuordnung der → Erträge nach Geschäftsbereichen (→ Kredite, → Wertpapiere, → Beteiligungen usw.) und

Gewinn- und Verlustrechnung

Gewinn- und Verlustrechnung – Gliederung nach § 275 HGB

Gesamtkostenverfahren (§ 275 Abs. 2 HGB)	Umsatzkostenverfahren (§ 275 Abs. 3 HGB)
1. Umsatzerlöse	1. Umsatzerlöse
2. Erhöhung oder Verminderung des Bestandes an fertigen und unfertigen Erzeugnissen	2. Herstellungskosten der zur Erzielung der Umsatzerlöse erbrachten Leistungen
3. andere aktivierte Eigenleistungen	3. Bruttoergebnis vom Umsatz
4. sonstige betriebliche Erträge	4. Vertriebskosten
5. Materialaufwand a) Aufwendungen für Roh-, Hilfs- und Betriebsstoffe und für bezogene Waren b) Aufwendungen für bezogene Leistungen	5. allgemeine Verwaltungskosten
	6. sonstige betriebliche Erträge
6. Personalaufwand a) Löhne und Gehälter b) Soziale Abgaben und Aufwendungen für Altersversorgung und Unterstützung – davon für Altersversorgung	
7. Abschreibungen a) auf immaterielle Vermögensgegenstände des Anlagevermögens und Sachanlagen sowie auf aktivierte Aufwendungen für die Instandsetzung und Erweiterung des Geschäftsbetriebs b) auf Vermögensgegenstände des Umlaufvermögens, soweit diese die in der Kapitalgesellschaft üblichen Abschreibungen überschreiten	

8. (7.) sonstige betriebliche Aufwendungen

9. (8.) Erträge aus Beteiligungen

10. (9.) Erträge aus anderen Wertpapieren und Ausleihungen des Finanzanlagevermögens

11.(10.) sonstige Zinsen und ähnliche Erträge

12.(11.) Abschreibungen auf Finanzanlagen und auf Wertpapiere des Umlaufvermögens

13.(12.) Zinsen und ähnliche Aufwendungen

14.(13.) Ergebnis der gewöhnlichen Geschäftstätigkeit

15.(14.) außerordentliche Erträge

16.(15.) außerordentliche Aufwendungen

17.(16.) außerordentliches Ergebnis

18.(17.) Steuern vom Einkommen und vom Ertrag

19.(18.) sonstige Steuern

20.(19.) Jahresüberschuß/Jahresfehlbetrag

Gewinn- und Verlustrechnung

unter dem Gesichtspunkt der Unterscheidung in die beiden Leistungsbereiche „liquiditätsmäßig-finanzieller Bereich" und „technisch-organisatorischer Bereich" gegliedert (→ Bankbetrieb, Leistungsbereiche und Steuerungsbereich). Auch auf der Aufwandsseite werden die Posten nach diesen beiden Leistungsbereichen gegliedert.

Kennzeichnend für die Gewinn- und Verlustrechnung ist die Zulassung der Kompensation von Erträgen und → Aufwendungen bei den Posten → Abschreibungen und → Wertberichtigungen und Erträge aus Zuschreibungen (Posten 13 bis 16 der Staffelform) sowie die Bildung des durch Kompensation entstehenden Postens Nettoertrag oder Nettoaufwand aus Finanzgeschäften (Posten 7 der Staffelform). (Die Begriffe Abschreibungen und Wertberichtigungen werden synonym verwendet.)

Im Gegensatz zur Kontoform (Formblatt 2 der Rechnungslegungsverordnung) weist die *Staffelform* (Formblatt 3) als Zwischenposten das → „Ergebnis der normalen Geschäftstätigkeit" und das → „außerordentliche Ergebnis" aus. Im „Ergebnis der normalen Geschäftstätigkeit" schlagen sich alle betrieblichen Aufwendungen und Erträge nieder, auch sonstige und aperiodische. Das „außerordentliche Ergebnis" umfaßt Aufwendungen und Erträge, die „außerhalb der gewöhnlichen Geschäftstätigkeit anfallen" (§ 277 Abs. 4 HGB). Als Beispiele dafür sind → Gewinne bzw. Verluste aus der Veräußerung ganzer Betriebe oder wesentlicher Betriebsteile (bei Kreditinstituten z. B. Verkauf eines Zweigstellennetzes) sowie Aufwendungen aus außergewöhnlichen Schadensfällen zu nennen (Adler, Düring, Schmaltz, Tz. 79 zu § 277 HGB). Der Ausschuß für Bilanzierung des Bundesverbandes deutscher Banken führt als Beispiele u. a. auch Sozialplanaufwendungen und Gläubigerverzicht bei → Sanierung des bilanzierenden Kreditinstituts an (Bankbilanzrichtlinie-Gesetz, 1993, S. 73). Die Erfolgsspaltung in der Gewinn- und Verlustrechnung ist eine grundlegend andere als die Erfolgsspaltung, die aus betriebswirtschaftlicher Sicht in der → Kostenrechnung und Erlösrechnung durchgeführt wird.

Gewinn- und Verlustrechnung der Kreditinstitute, Formblätter nach der Rechnungslegungsverordnung

Die → Rechnungslegungsverordnung enthält für die → Gewinn- und Verlustrechnung der Kreditinstitute zwei Formblätter, nämlich das Formblatt für die Gewinn- und Verlustrechnung in Kontoform (Formblatt 2; dargestellt in „Gewinn- und Verlustrechnung der Kreditinstitute – Kontoform" S. 755–757) und das Formblatt für die Gewinn- und Verlustrechnung in Staffelform (Formblatt 3; dargestellt in „Gewinn- und Verlustrechnung der Kreditinstitute – Staffelform" S. 758/759). Das Formblatt 1 ist das einheitliche Bilanzformblatt (→ Bankbilanz, Formblatt nach der Rechnungslegungsverordnung). Die Staffelform erlaubt, innerhalb der Gewinn- und Verlustrechnung die Überleitung vom → Jahresüberschuß bzw. → Jahresfehlbetrag zum → Bilanzgewinn bzw. Bilanzverlust, was bei Anwendung der Kontoform nur außerhalb des Schemas möglich ist. Darüber hinaus läßt die Anwendung der Staffelform den Ausweis von → Zwischenergebnissen der Kreditinstitute (→ Ergebnis der normalen Geschäftstätigkeit und → außerordentliches Ergebnis) zu und erleichtert Saldierungen.

Gewinn- und Verlustrechnung der Kreditinstitute, Posten
Vgl. Abbildung S. 760–762.

Gewinnvergleichsrechnung

Statische → Investitionsrechnung, in deren Zentrum der erwartete Jahresgewinn steht. Vorteilhaft sind danach solche → Investitionen, die einen Jahresgewinn $g \geq 0$ abwerfen. Beim Vergleich von Investitionsalternativen gilt diejenige Alternative als die bessere, deren Jahresgewinn größer ist.

Die G. weist die Mängel aller statischen Investitionsrechnungsmethoden auf, nämlich fehlende finanzmathematische Basis (keine korrekte Erfassung zeitlicher Unterschiede mittels Auf- und Abzinsens) und unzweckmäßige Rechnungselemente (→ Kosten und Leistungen anstelle von Zahlungen). Häufig verwendet man bei der G. den → Gewinn der ersten Periode als Beurteilungsmaßstab, um so Prognoseprobleme zu umgehen; gerade das Erstjahr ist aber in aller Regel atypisch. Die G. beseitigt durch die Einbeziehung der Ertragsseite einen wesentlichen Mangel der → Kostenvergleichsrechnung. In der Praxis wendet man heute jedoch vermehrt dynamische Methoden an, die die Grundsatzfehler der statischen vermeiden.
(→ Investitionsrechnung)

Gewinnvergleichsrechnung

Gewinn- und Verlustrechnung der Kreditinstitute – Kontoform

der ....

Gewinn- und Verlustrechnung

für die Zeit vom .... bis ....

Aufwendungen					Erträge	
	DM	DM	DM		DM	DM
1. Zinsaufwendungen[1])			....	1. Zinserträge aus[2]) a) Kredit- und Geldmarktgeschäften b) festverzinslichen Wertpapieren und Schuldbuchforderungen	....	
2. Provisionsaufwendungen[4])			....	2. Laufende Erträge aus a) Aktien und anderen nicht festverzinslichen Wertpapieren b) Beteiligungen[3]) c) Anteilen an verbundenen Unternehmen	....	
3. Nettoaufwand aus Finanzgeschäften				3. Erträge aus Gewinngemeinschaften, Gewinnabführungs- oder Teilgewinnabführungsverträgen	....	
[6])				4. Provisionserträge[5])	....	
4. Allgemeine Verwaltungsaufwendungen a) Personalaufwand aa) Löhne und Gehälter ab) Soziale Abgaben und Aufwendungen für Altersversorgung und für Unterstützung darunter: für Altersversorgung .... DM b) andere Verwaltungsaufwendungen	....	....		5. Nettoertrag aus Finanzgeschäften [6]) 6. Erträge aus Zuschreibungen zu Forderungen und bestimmten Wertpapieren sowie aus der Auflösung von Rückstellungen im Kreditgeschäft	....	
5. Abschreibungen und Wertberichtigungen auf immaterielle Anlagewerte und Sachanlagen			....	7. Erträge aus Zuschreibungen zu Beteiligungen, Anteilen an verbundenen Unternehmen und wie Anlagevermögen behandelten Wertpapieren	....	
6. Sonstige betriebliche Aufwendungen				8. Sonstige betriebliche Erträge	....	
7. Abschreibungen und Wertberichtigungen auf Forderungen und bestimmte Wertpapiere sowie Zuführungen zu Rückstellungen im Kreditgeschäft						
8. Abschreibungen und Wertberichtigungen auf Beteiligungen, Anteile an verbundenen Unternehmen und wie Anlagevermögen behandelte Wertpapiere						

Gewinnvergleichsrechnung

Gewinn- und Verlustrechnung der Kreditinstitute – Kontoform (Fortsetzung)

Aufwendungen

	DM	DM	DM
9. Aufwendungen aus Verlustübernahme			……
10. Einstellungen in Sonderposten mit Rücklageanteil			
11. Außerordentliche Aufwendungen			
12. Steuern vom Einkommen und vom Ertrag		……	
13. Sonstige Steuern, soweit nicht unter Posten 6 ausgewiesen		……	
14. Auf Grund einer Gewinngemeinschaft, eines Gewinnabführungs- oder eines Teilgewinnabführungsvertrags abgeführte Gewinne			……
15. Jahresüberschuß			……
Summe der Aufwendungen			=====

Erträge

	DM	DM
9. Erträge aus der Auflösung von Sonderposten mit Rücklageanteil		……
10. Außerordentliche Erträge		……
11. Erträge aus Verlustübernahme		……
12. Jahresfehlbetrag		……
Summe der Erträge		=====

noch Gewinn- und Verlustrechnung

	DM	DM
1. Jahresüberschuß/Jahresfehlbetrag		
2. Gewinnvortrag/Verlustvortrag aus dem Vorjahr		
3. Entnahmen aus der Kapitalrücklage		
4. Entnahmen aus Gewinnrücklagen		
a) aus der gesetzlichen Rücklage	……	
b) aus der Rücklage für eigene Anteile	……	
c) aus satzungsmäßigen Rücklagen	……	
d) aus anderen Gewinnrücklagen	……	……

Gewinnvergleichsrechnung

Gewinn- und Verlustrechnung der Kreditinstitute – Kontoform (Fortsetzung)

	DM	DM
5. Entnahmen aus Genußrechtskapital		....
		....
6. Einstellungen in Gewinnrücklagen		
a) in die gesetzliche Rücklage	....	
b) in die Rücklage für eigene Anteile	....	
c) in satzungsmäßige Rücklagen	....	
d) in andere Gewinnrücklagen	_____	....
		....
7. Wiederauffüllung des Genußrechtskapitals		_____
8. Bilanzgewinn/Bilanzverlust		_____

[1]) Bausparkassen haben den Posten 1 Zinsaufwendungen in der Gewinn- und Verlustrechnung wie folgt zu untergliedern:
    a) für Bausparenlagen .... DM
    b) andere Zinsaufwendungen .... DM".

[2]) Bausparkassen haben im Ertragsposten 1 den Unterposten a Zinserträge aus Kredit- und Geldmarktgeschäften in der Gewinn- und Verlustrechnung wie folgt zu untergliedern:
    aa) Bauspardarlehen .... DM
    ab) Vor- und Zwischenfinanzierungskrediten .... DM
    ac) sonstigen Baudarlehen .... DM
    ad) sonstigen Kredit- und Geldmarktgeschäften .... DM".

[3]) Kreditgenossenschaften und genossenschaftliche Zentralbanken haben im Ertragsposten 2 den Unterposten b laufende Erträge aus Beteiligungen in der Gewinn- und Verlustrechnung um die Worte „und aus Geschäftsguthaben bei Genossenschaften" zu ergänzen.

[4]) Bausparkassen haben den Posten 2 Provisionsaufwendungen in der Gewinn- und Verlustrechnung wie folgt zu untergliedern:
    a) Provisionen für Vertragsabschluß und -vermittlung .... DM
    b) andere Provisionsaufwendungen .... DM".

[5]) Bausparkassen haben den Posten 4 Provisionserträge in der Gewinn- und Verlustrechnung wie folgt zu untergliedern:
    a) aus Vertragsabschluß und -vermittlung .... DM
    b) aus der Darlehensregelung nach der Zuteilung .... DM
    c) aus Bereitstellung und Bearbeitung von Vor- und Zwischenfinanzierungskrediten .... DM
    d) andere Provisionserträge .... DM".

[6]) Kreditgenossenschaften, die das Warengeschäft betreiben, haben nach dem Aufwandposten 3 Nettoaufwand aus Finanzgeschäften oder nach dem Ertragsposten 5 Nettoertrag aus Finanzgeschäften in der Gewinn- und Verlustrechnung folgenden Posten einzufügen:
    „3a./5a. Rohergebnis aus Warenverkehr und Nebenbetrieben .... DM".

Gewinnvergleichsrechnung

Gewinn- und Verlustrechnung der Kreditinstitute – Staffelform

der ....

für die Zeit vom .... bis ....

	DM	DM	DM

1. Zinserträge aus [1])
   a) Kredit- und Geldmarktgeschäften
   b) festverzinslichen Wertpapieren und Schuldbuchforderungen

2. Zinsaufwendungen [2])

3. Laufende Erträge aus
   a) Aktien und anderen nicht festverzinslichen Wertpapieren
   b) Beteiligungen [3])
   c) Anteilen an verbundenen Unternehmen

4. Erträge aus Gewinngemeinschaften, Gewinnabführungs- oder Teilgewinnabführungsverträgen

5. Provisionserträge [4])

6. Provisionsaufwendungen [5])

7. Nettoertrag oder Nettoaufwand aus Finanzgeschäften

[6])

8. Sonstige betriebliche Erträge

9. Erträge aus der Auflösung von Sonderposten mit Rücklageanteil

10. Allgemeine Verwaltungaufwendungen
    a) Personalaufwand
       aa) Löhne und Gehälter
       ab) Soziale Abgaben und Aufwendungen für Altersversorgung und für Unterstützung
           darunter:
           für Altersversorgung .... DM
    b) andere Verwaltungsaufwendungen

11. Abschreibungen und Wertberichtigungen auf immaterielle Anlagewerte und Sachanlagen

12. Sonstige betriebliche Aufwendungen

13. Abschreibungen und Wertberichtigungen auf Forderungen und bestimmte Wertpapiere sowie Zuführungen zu Rückstellungen im Kreditgeschäft

14. Erträge aus Zuschreibungen zu Forderungen und bestimmten Wertpapieren sowie aus der Auflösung von Rückstellungen im Kreditgeschäft

15. Abschreibungen und Wertberichtigungen auf Beteiligungen, Anteile an verbundenen Unternehmen und wie Anlagevermögen behandelte Wertpapiere

16. Erträge aus Zuschreibungen zu Beteiligungen, Anteilen an verbundenen Unternehmen und wie Anlagevermögen behandelten Wertpapieren

17. Aufwendungen aus Verlustübernahme

Gewinnvergleichsrechnung

Gewinn- und Verlustrechnung der Kreditinstitute – Staffelform (Fortsetzung)

18. Einstellungen in Sonderposten mit Rücklageanteil ....
19. Ergebnis der normalen Geschäftstätigkeit ....
20. Außerordentliche Erträge ....
21. Außerordentliche Aufwendungen ....
22. Außerordentliches Ergebnis ....
23. Steuern von Einkommen und vom Ertrag ....
24. Sonstige Steuern, soweit nicht unter Posten 12 ausgewiesen ....
25. Erträge aus Verlustübernahme ....
26. Auf Grund einer Gewinngemeinschaft, eines Gewinnabführungs- oder eines Teilgewinnabführungsvertrags abgeführte Gewinne ....
27. Jahresüberschuß/Jahresfehlbetrag ....
28. Gewinnvortrag/Verlustvortrag aus dem Vorjahr ....
29. Entnahmen aus der Kapitalrücklage ....
30. Entnahmen aus Gewinnrücklagen
    a) aus der gesetzlichen Rücklage ....
    b) aus der Rücklage für eigene Anteile ....
    c) aus satzungsmäßigen Rücklagen
    d) aus anderen Gewinnrücklagen ....
31. Entnahmen aus Genußrechtskapital ....
32. Einstellungen in Gewinnrücklagen
    a) in die gesetzliche Rücklage ....
    b) in die Rücklage für eigene Anteile ....
    c) in satzungsmäßige Rücklagen ....
    d) in andere Gewinnrücklagen ....
33. Wiederauffüllung des Genußrechtskapitals ....
34. Bilanzgewinn/Bilanzverlust ....

[1]) Bausparkassen haben im Ertragsposten 1 den Unterposten a Zinserträge aus Kredit- und Geldmarktgeschäften in der Gewinn- und Verlustrechnung wie folgt zu untergliedern:-
„aa) Bauspardarlehen .... DM
ab) Vor- und Zwischenfinanzierungskredite .... DM
ac) sonstigen Baudarlehen .... DM
ad) sonstigen Kredit- und Geldmarktgeschäften .... DM .... DM".
[2]) Bausparkassen haben den Posten 2 Zinsaufwendungen in der Gewinn- und Verlustrechnung wie folgt zu untergliedern:
„a) für Bauspareinlagen .... DM
b) andere Zinsaufwendungen .... DM .... DM".
[3]) Kreditgenossenschaften und genossenschaftliche Zentralbanken haben im Ertragsposten 3 den Unterposten b Laufende Erträge aus Beteiligungen in der Gewinn- und Verlustrechnung um die Worte „und aus Geschäftsguthaben bei Genossenschaften" zu ergänzen.
[4]) Bausparkassen haben den Posten 5 Provisionserträge in der Gewinn- und Verlustrechnung wie folgt zu untergliedern:
a) aus Vertragsabschluß und -vermittlung .... DM
b) aus der Darlehensregelung nach der Zuteilung .... DM
c) aus Bereitstellung und Bearbeitung von Vor- und Zwischenfinanzierungskrediten .... DM
d) andere Provisionserträge .... DM .... DM".
[5]) Bausparkassen haben den Posten 6 Provisionsaufwendungen in der Gewinn- und Verlustrechnung wie folgt zu untergliedern:
„a) Provisionen für Vertragsabschluß und -vermittlung .... DM
b) andere Provisionsaufwendungen .... DM .... DM".
[6]) Kreditgenossenschaften, die das Warengeschäft betreiben, haben nach dem Aufwand- oder Ertragsposten 7 Nettoertrag oder Nettoaufwand aus Finanzgeschäften in der Gewinn- und Verlustrechnung folgenden Posten einzufügen:
„7a. Rohergebnis aus Warenverkehr und Nebenbetrieben .... DM".

Gewinnvergleichsrechnung

Gewinn- und Verlustrechnung der Kreditinstitute – Posten

1. Zinserträge aus a) Kredit- und Geldmarktgeschäften b) festverzinslichen Wertpapieren und Schuldbuchforderungen (§ 28 RechKredV)	Ausweis von Zinserträgen und ähnlichen Erträgen aus dem Bankgeschäft einschl. des Factoring-Geschäfts, insbesondere aller Erträge aus den in den Posten der Bilanz „Barreserve" (Aktivposten Nr. 1), „Schuldtitel öffentlicher Stellen und Wechsel, die zur Refinanzierung bei Zentralnotenbanken zugelassen sind" (Aktivposten Nr. 2), „Forderungen an Kreditinstitute" (Aktivposten Nr. 3), „Forderungen an Kunden" (Aktivposten Nr. 4) und „Schuldverschreibungen und andere festverzinsliche Wertpapiere" (Aktivposten Nr. 5) bilanzierten Vermögensgegenständen ohne Rücksicht darauf, in welcher Form sie berechnet werden. Hierzu gehören auch Diskontabzüge, Ausschüttungen auf Genußrechte und Gewinnschuldverschreibungen im Bestand, Erträge mit Zinscharakter, die im Zusammenhang mit der zeitlichen Verteilung des Unterschiedsbetrages bei unter dem Rückzahlungsbetrag erworbenen Vermögensgegenständen entstehen, Zuschreibungen aufgelaufener Zinsen zu Null-Kupon-Anleihen im Bestand, die sich aus gedeckten Termingeschäften ergebenden, auf die tatsächliche Laufzeit des jeweiligen Geschäfts verteilten Erträge mit Zinscharakter sowie Gebühren und Provisionen mit Zinscharakter, die nach dem Zeitablauf oder nach der Höhe der Forderung berechnet werden.
2. Zinsaufwendungen (§ 29 RechKredV)	Ausweis von Zinsaufwendungen und ähnlichen Aufwendungen aus dem Bankgeschäft einschl. des Factoring-Geschäfts, insbesondere aller Aufwendungen für die in den Posten der Bilanz „Verbindlichkeiten gegenüber Kreditinstituten" (Passivposten Nr. 1), „Verbindlichkeiten gegenüber Kunden" (Passivposten Nr. 2), „Verbriefte Verbindlichkeiten" (Passivposten Nr. 3) und „Nachrangige Verbindlichkeiten" (Passivposten Nr. 9) bilanzierten Verbindlichkeiten ohne Rücksicht darauf, in welcher Form sie berechnet werden. Hierzu gehören auch Diskontabzüge, Ausschüttungen auf begebene Genußrechte und Gewinnschuldverschreibungen, Aufwendungen mit Zinscharakter, die im Zusammenhang mit der zeitlichen Verteilung des Unterschiedsbetrages bei unter dem Rückzahlungsbetrag eingegangenen Verbindlichkeiten entstehen, Zuschreibungen aufgelaufener Zinsen zu begebenen Null-Kupon-Anleihen, die sich aus gedeckten Termingeschäften ergebenden, auf die tatsächliche Laufzeit des jeweiligen Geschäfts verteilten Aufwendungen mit Zinscharakter sowie Gebühren und Provisionen mit Zinscharakter, die nach dem Zeitablauf oder nach der Höhe der Verbindlichkeiten berechnet werden.
5. Provisionserträge (§ 30 RechKredV)	Ausweis von Provisionen und ähnlichen Erträgen aus Dienstleistungsgeschäften wie dem Zahlungsverkehr, Außenhandelsgeschäft, Wertpapierkommissions- und Depotgeschäft, Erträge für Treuhandkredite und Verwaltungskredite, Provisionen im Zusammenhang mit der Veräußerung von Devisen, Sorten und Edelmetallen und aus der Vermittlertätigkeit bei Kredit-, Spar-, Bauspar- und Versicherungsverträgen. Zu den Erträgen gehören auch Bonifikationen aus der Plazierung von Wertpapieren, Bürgschaftsprovisionen und Kontoführungsgebühren.
6. Provisionsaufwendungen	Ausweis von Provisionen und ähnlichen Aufwendungen aus den unter Nr. 5 gekennzeichneten Dienstleistungsgeschäften.

Gewinnvergleichsrechnung

Gewinn- und Verlustrechnung der Kreditinstitute – Posten (Fortsetzung)

7. Nettoertrag oder Nettoaufwand aus Finanzgeschäften	Ausweis des Saldos aus Erträgen und Aufwendungen aus Geschäften mit Wertpapieren des Handelsbestands, Finanzinstrumenten, Devisen und Edelmetallen einschl. der Erträge und Aufwendungen aus Zuschreibungen und Abschreibungen bei diesen Vermögensgegenständen sowie Zuführung zu Rückstellungen für drohende Verluste aus Finanzgeschäften und Erträgen aus der Auflösung dieser Rückstellungen.
8. Sonstige betriebliche Erträge	Ausweis von Erträgen, die einem anderen Ertragsposten nicht zugeordnet werden können.

10. Allgemeine Verwaltungsaufwendungen
a) Personalaufwand
  aa) Löhne und Gehälter
  ab) Soziale Abgaben und Aufwendungen für Altersversorgung und Unterstützung
	Ausweis von gesetzlichen Pflichtabgaben, Beihilfen und Unterstützungen, die das Kreditinstitut zu erbringen hat, sowie Aufwendungen für die Altersversorgung.

b) Andere Verwaltungsaufwendungen (§ 31 RechKredV)	Ausweis aller Aufwendungen sachlicher Art, wie Raumkosten, Bürobetriebskosten, Kraftfahrzeugbetriebskosten, Porto, Verbandsbeiträge einschließlich der Beiträge zur Sicherungseinrichtung eines Verbandes, Werbungskosten, Repräsentation, Aufsichtsratsvergütungen, Versicherungsprämien, Rechts-, Prüfungs- und Beratungskosten und dergleichen auszuweisen.
11. Abschreibungen und Wertberichtigungen auf immaterielle Anlagewerte und Sachanlagen	Ausweis aller Abschreibungen bzw. Zuführungen zu den Wertberichtigungen auf die unter den Aktivposten 11 und 12 ausgewiesenen Vermögensgegenstände.
12. Sonstige betriebliche Aufwendungen	Ausweis von Aufwendungen, die einem anderen Aufwandsposten nicht zugeordnet werden können.
13. Abschreibungen und Wertberichtigungen auf Forderungen und bestimmte Wertpapiere sowie Zuführungen zu Rückstellungen im Kreditgeschäft	Ausweis aller Aufwendungen und Erträge aus der Bildung und der Auflösung von Einzelwertberichtigungen und Pauschalwertberichtigungen sowie von Vorsorgereserven auf Forderungen und Wertpapiere, die weder Handelsbestand sind noch als Anlagevermögen behandelt werden, von Rückstellungen für Eventualverbindlichkeiten und andere Verpflichtungen einschl. der Erträge aus einer Veräußerung von Wertpapieren, die weder Handelsbestand sind noch als Anlagevermögen behandelt werden, und der Erträge aus dem Eingang ganz oder teilweise abgeschriebener Forderungen.

Gewinnvergleichsrechnung

Gewinn- und Verlustrechnung der Kreditinstitute – Posten (Fortsetzung)

14. Erträge aus Zuschreibungen zu Forderungen und bestimmten Wertpapieren sowie aus der Auflösung von Rückstellungen im Kreditgeschäft (§ 32 RechKredV)	Ausweis entweder brutto oder als Saldo einer vollständigen Verrechnung (teilweise Verrechnung ist unzulässig.)
15. Abschreibungen und Wertberichtigungen auf Beteiligungen, Anteile an verbundenen Unternehmen und wie Anlagevermögen behandelte Wertpapiere	Unter den Posten 15 und 16 Ausweis der in § 340c Abs. 2 HGB bezeichneten Aufwendungen und Erträge. Ausweis entweder brutto oder als Saldo einer vollständigen Verrechnung (teilweise Verrechnung ist nicht zulässig). Bei Verzicht auf Verrechnung erfolgt Ausweis der Aufwendungen unter Sonstigen betrieblichen Aufwendungen und der Erträge unter Sonstigen betrieblichen Erträgen.
16. Erträge aus Zuschreibungen zu Beteiligungen, Anteilen an verbundenen Unternehmen und wie Anlagevermögen behandelten Wertpapieren (§ 33 RechKredV)	
20. Außerordentliche Erträge	Ausweis von solchen Erträgen und Aufwendungen, die gem. § 277 Abs. 4 HGB außerhalb der gewöhnlichen Geschäftstätigkeit anfallen.
21. Außerordentliche Aufwendungen	Mit außerordentlichen Erfolgen sind keine aperiodischen Erträge und Aufwendungen gemeint (diese fließen in das Ergebnis der normalen Geschäftstätigkeit ein), sondern ungewöhnliche und selten vorkommende Erträge und Aufwendungen.
23. Steuern vom Einkommen und vom Ertrag	Nur Ausweis der Körperschaftsteuer und der Gewerbeertragsteuer. (Bei Ausweis von außerordentlichen Erfolgen entsteht eine Angabepflicht für den Anhang nach § 285 Nr. 6 HGB, nämlich hinsichtlich des Umfangs, in dem die Steuern vom Einkommen und vom Ertrag das Ergebnis der normalen Geschäftstätigkeit und das außerordentliche Ergebnis beeinflussen.)

Gewinnvortrag
Bestandteil des bilanziellen → Eigenkapitals, der aus dem Teil des Bilanzgewinns des Vorjahres oder der Vorjahre besteht, über den erst später entschieden werden soll (→ Gewinn- und Verlustrechnung (GuV)).
Gegensatz: → Verlustvortrag.

Gewohnheitsrecht
Kraft langer und allgemeiner Übung als → Recht anerkannte Verhaltensregeln. G. ist ungeschriebenes Recht in dem Sinne, daß es nicht durch einen „positiven" Gesetzgebungsakt (→ Gesetz) entsteht, sondern auf dem allgemeinen Rechtsgeltungswillen der betroffenen Personengruppe beruht. Früheres G. ist zumeist durch spätere staatliche Rechtsetzung abgelöst worden; in der rechtlichen Wirkung besteht aber zwischen beiden → Rechtsquellen kein grundsätzlicher Unterschied (Art. 2 EGBGB). Zwar ist die Bildung neuen G. im Bereich von Regelungslücken und sogar im Widerspruch zu geltendem positiven Recht nicht ausgeschlossen; praktisch kommt dies aber nur selten vor, am ehesten noch bei der sog. richterlichen Rechtsfortbildung (§ 137 GVG, „Richterrecht").

Gewöhnliche Bürgschaft
→ Bürgschaft, bei der der Bürge gemäß § 771 BGB das Recht hat, von den → Gläubiger die Vorausklage gegen den Hauptschuldner zu verlangen (subsidiäre Haftung des Bürgen).
Gegensatz: → selbstschuldnerische Bürgschaft.

Gezeichnetes Kapital
→ Kapital in Form → Kapitalgesellschaft, auf das die → Haftung der Gesellschafter für die → Verbindlichkeiten der → Gesellschaft gegenüber den → Gläubigern beschränkt ist (§ 272 Abs. 1 Satz 1 HGB). Als g. K. wird in der → Bilanz der → Aktiengesellschaft das → Grundkapital ausgewiesen (§ 152 Abs. 1 Satz 1 AktG), bei der → Gesellschaft mit beschränkter Haftung das → Stammkapital (§ 42 Abs. 1 GmbHG).
Bei einer → Kommanditgesellschaft auf Aktien sind die Kapitalanteile der → persönlich haftenden Gesellschafter nach dem g. K. gesondert auszuweisen (§ 286 Abs. 2 AktG).
Bei → Genossenschaften ist hier der Betrag der → Geschäftsguthaben der Genossen auszuweisen (§ 337 Abs. 1 Satz 1 HGB) und gegebenenfalls auch Einlagen stiller Gesellschafter.

Gezogener Wechsel
→ Wechsel, durch den der → Aussteller (→ Trassant) einen anderen, nämlich den → Bezogenen (→ Trassat), anweist, an den Wechselnehmer (→ Remittent) eine bestimmte Geldsumme zu zahlen. Der g. W. (→ Tratte) ist die gebräuchliche Form des Wechsels.
Gegensatz: Eigener Wechsel (→ Solawechsel).

Gilt
→ Anleihe des britischen Staates, die vom U.K. Treasury emittiert wird. Ungefähr 90% der G. sind → Straight Bonds. 10% sind → Index-Anleihen, bei denen sowohl die laufenden Zinszahlungen als auch die → Rückzahlung an den Retail Price Index (RPI) gebunden ist.

Gilt-Edged Security
1. Synonyme Bezeichnung für → Gilts (Ausnahme: UK-→ Treasury Bills).

2. G.-E. S. (Goldgerändert) werden auch oftmals Papiere bezeichnet, die beste Bonität haben.

Gilts Warrant
→ Optionsschein, der als → Basiswert → Gilts hat.

Ginnie Mae
Kurzbezeichnung für → Anleihen der Government National Mortgage Association (GNMA), amerikanische Regierungsagentur. Garantierte → Pfandbriefe, die im Rahmen des National Housing Act begeben werden; sie sind bonitätsmäßig → Treasury Bonds mehr oder weniger gleichgestellt (→ Fannie Mae, → Sallie Mae).

Giralgeld
Buchgeld, Kreditgeld. Jederzeit fällige Guthaben (→ Sichteinlagen), die auf → Konten bei → Geld- und → Kreditinstituten (für Zahlungsverkehrszwecke) zur Verfügung stehen, einschließlich → Zentralbankguthaben (→ Bankengeld) und Guthaben auf → Postgirokonten. Zum G. rechnen auch die durch Kreditgewährung bereitgestellten Mittel. G. ist seiner Rechtsnatur nach eine → Forderung, nämlich der Auszahlungsanspruch des Kontoinhabers gegenüber einem Geld- oder

Girant

Kreditinstitut. G. ist kein →gesetzliches Zahlungsmittel, wohl aber ein allgemein akzeptiertes →Zahlungsmittel. →Spareinlagen und →Termineinlagen sind kein G.
G. stellt die heute bedeutendste Form von →Geld dar und bildet wegen der den Kreditinstituten zur Verfügung stehenden Kreditschöpfungsmöglichkeiten (→Geldschöpfung) ein wichtiges Geldaggregat. Entsprechend den international gebräuchlichen Abgrenzungen rechnet die →Deutsche Bundesbank die Summe aus →Bargeldumlauf (ohne Kassenbestände der Kreditinstitute) und Sichteinlagen von inländischen Nichtbanken bei Kreditinstituten zur sog. →Geldmenge M 1. Aus gesamtwirtschaftlicher Sicht bestehen die für die Wirtschaft relevanten Geldbestände also aus →Bargeld und G. Unter der Zielsetzung der →Geldwertstabilität muß die Bundesbank daher auch für die Knappheit des G. Sorge tragen.
Als nicht verkörperte Geldform bedarf das G. der Sichtbarmachung. Dies geschieht durch Erfassung der Zahlungsvorgänge auf Konten. Zur Übertragung von G. werden bestimmte Instrumente des →Zahlungsverkehrs benutzt, der →Scheck, die →Überweisung und die →Lastschrift. Auch die →Kreditkarte führt Giralgeldbewegungen herbei.

Girant, →Indossant.

Girieren.
Synonyme Bezeichnung für →Indossieren.

GIRO
Abk. für Guaranteed Investment Return Option (→GROI-Optionsschein).

Giroeinlagen
→Einlagen auf →Girokonten (→Sichteinlagen).

Girogeschäft
→Bankgeschäft i. S. von § 1 Abs. 1 KWG, das die Durchführung des →bargeldlosen Zahlungsverkehrs und des Abrechnungsverkehrs umfaßt (§ 1 Abs. 1 Satz 2 Nr. 9 KWG).

Girokonto
→Kontokorrentkonto (laufendes Konto), das unter der Bezeichnung „Girokonto" geführt wird (→Bankkontokorrente). Die Verbindung „Giro" und „Konto" deutet auf eine Hauptfunktion des →Kontos hin, nämlich Abwicklung des →Zahlungsverkehrs. G. haben bei den →Kreditinstituten grundsätzlich den Status eines Kontokorrentkontos (Nr. 7 AGB Banken; Nr. 7 Abs. 1 AGB Sparkassen). Dagegen werden bei der →Deutschen Bundesbank unterhaltene G. (→LZB-Girokonten) nicht als Kontokorrentkonten geführt (Nr. 2 Abs. 1 AGB Deutsche Bundesbank). Auf G. unterhaltene Guthaben werden als →Sichteinlagen oder Sichtguthaben bezeichnet.

Verbindlichkeit der →Allgemeinen Geschäftsbedingungen der Kreditinstitute: Die Allgemeinen Geschäftsbedingungen werden Vertragsbestandteil (§ 1 Abs. 1 AGBG). Demzufolge sind sie zwischen dem Kreditinstitut und dem Kontoinhaber zu vereinbaren. Nur dann erlangen sie Verbindlichkeit. Gemäß § 2 AGBG ist die wirksame Vereinbarung der AGB bei Vertragsabschlüssen mit →Privatkunden an folgende Voraussetzungen geknüpft: (1) Ausdrücklicher Hinweis auf die Einbeziehung der AGB (§ 2 Abs. 1 Nr. 1 AGBG). (2) Möglichkeit der Kenntnisnahme vom Inhalt der AGB in zumutbarer Weise (§ 2 Abs. 1 Nr. 2 AGBG). (3) Einverständniserklärung des Kunden mit der Einbeziehung der AGB in den Vertragsabschluß (§ 2 Abs. 1 AGBG). In Ergänzung der AGB kommen für einzelne Geschäftszweige (z. B. für den →Überweisungs-, →Lastschriftverkehr oder Scheckverkehr) →Sonderbedingungen der Kreditinstitute zur Anwendung (Nr. 1 Abs. 1 AGB Banken bzw. Nr. 1 Abs. 2 AGB Sparkassen). Auch für die Verbindlichkeiten der Sonderbedingungen ist der Bestimmung des § 2 AGBG Rechnung zu tragen. Im Verhältnis zu Kaufleuten, sofern der Vertrag zum Betrieb ihres →Handelsgewerbes gehört, gilt gemäß § 24 Satz 1 AGBG die Einbeziehungsregelung des § 2 AGBG nicht. Hier werden die AGB kraft Unterwerfung stillschweigend verbindlich. Das gleiche gilt im Verhältnis zu →juristischen Personen des →öffentlichen Rechts und im Verhältnis zu öffentlich-rechtlichen →Sondervermögen.

Verbindlichkeit der →SCHUFA-Klausel: Bei Einrichtung eines G. hat der Kunde die SCHUFA-Klausel zu unterzeichnen. Dadurch werden Kreditinstitute berechtigt, Daten ihrer Privatkundschaft an die Schutzgemeinschaft der Kreditwirtschaft (→SCHUFA) weiterzuleiten.

Grundsätze der Kontoführung: Sowohl in Nr. 7ff. AGB Banken als auch in Nr. 7ff.

Girokonto

AGB Sparkassen sind die Grundsätze der Kontoführung niedergelegt. In beiden Fällen ist in erster Linie der Giroverkehr angesprochen.

Rechnungsabschluß: In Nr. 7 Abs. 1 AGB Sparkassen ist die Kontokorrent-Vereinbarung grundsätzlich geregelt. Danach führt die Sparkasse Geschäfts- und Privatgirokonten als Kontokorrent im Sinne des § 355 HGB. Rechnungsabschlüsse werden nach festgesetzten Zeitabschnitten erstellt. Nr. 7 Abs. 1 AGB Banken präzisiert dahingehend, daß die Bank bei einem Kontokorrentkonto in der Regel jeweils zum Ende eines Kalenderquartals einen Rechnungsabschluß erteilt, wobei die in dieser Zeit entstandenen beiderseitigen Ansprüche verrechnet werden. Dabei kann die Bank → Zinsen, Entgelte und Auslagen berechnen. Einwendungen gegen einen Rechnungsabschluß muß der Kunde nach Nr. 7 Abs. 2 gewöhnlich spätestens innerhalb eines Monats nach dessen Zugang erheben. Das Unterlassen rechtzeitiger Einwendungen gilt als Genehmigung; auf diese wird die Bank auf dem Rechnungsabschluß besonders hinweisen (ähnlich Nr. 7 Abs. 3 AGB Sparkassen).

Storno-, Berichtigungs- und Korrekturbuchungen: Vor Rechnungsabschluß darf die Bank gemäß Nr. 8 Abs. 1 AGB Banken (ähnlich Nr. 8 Abs. 1 AGB Sparkassen) fehlerhafte Gutschriften bis zum nächsten Rechnungsabschluß durch eine Belastungsbuchung rückgängig machen, soweit ihr ein Rückzahlungsanspruch gegen den Kunden zusteht (Stornobuchung). Stellt die Bank eine fehlerhafte Gutschrift dagegen erst nach einem Rechnungsabschluß fest und steht ihr ein Rückzahlungsanspruch gegen den Kunden zu, so wird sie nach Nr. 8 Abs. 2 in Höhe ihres Anspruchs sein Konto belasten (Berichtigungsbuchung, gemäß Nr. 8 Abs. 2 AGB Sparkassen Korrekturbuchung). In beiden Fällen ist der Kunde unverzüglich zu unterrichten. Im Gegensatz zur Stornobuchung kann der Kunde jedoch gegen die Berichtigungsbuchung Einwendungen erheben. In diesem Falle wird die Bank den Betrag dem Konto wieder gutschreiben und ihren Rückzahlungsanspruch gesondert geltend machen.

Gutschrift: Die Erteilung von Gutschriften beispielsweise bei der Einreichung von → Schecks oder → Lastschriften gilt nach Nr. 9 Abs. 1 unter dem Vorbehalt, daß die Bank den Betrag auch erhält. Tritt dies nicht ein, macht die Bank diese Vorbehaltsgutschrift rückgängig. Lastschriften und Schecks gelten nach Nr. 9 Abs. 2 als eingelöst, wenn die Belastungsbuchung nicht spätestens am zweiten Bankarbeitstag nach ihrer Vornahme rückgängig gemacht wird; → Barschecks sind bereits mit Zahlung an den Scheckvorleger eingelöst (ähnlich Nr. 9 AGB Sparkassen).

Auftragsbestätigung vor Ausführung: In Nr. 10 AGB Sparkassen ist zusätzlich geregelt, daß sich die Sparkasse bei telefonischen, telegraphischen, drahtlosen, fernschriftlichen oder auf entsprechenden anderen technischen Wegen erteilten Aufträgen sowie bei nicht unterschriebenen Aufträgen die unverzügliche Einholung einer Bestätigung vor Auftragsausführung vorbehält.

Aufrechnung und Verrechnung: Der Kunde darf ferner gemäß Nr. 11 AGB Sparkassen → Forderungen gegen die Sparkasse nur dann aufrechnen, wenn diese unbestritten oder rechtskräftig sind. Dabei darf die Sparkasse bestimmen, auf welche von mehreren fälligen Forderungen Zahlungseingänge, die zur Begleichung sämtlicher Forderungen nicht ausreichen, zu verrechnen sind.

Fremdwährungskonten bzw. -guthaben: Um Zahlungen an den Kunden und Verfügungen des Kunden in fremder → Währung bargeldlos abzuwickeln, können nach den Vorschriften der Nr. 10 AGB Banken → Fremdwährungskonten eingerichtet werden. Verfügungen über Guthaben auf solchen Konten werden unter Einbeziehung von Banken im Heimatland der Währung abgewickelt, wenn sie die Bank nicht vollständig im eigenen Haus ausführt. Ihre Fremdwährungsverbindlichkeiten wird die Bank durch Gutschrift auf dem Konto des Kunden in dieser Währung erfüllen.

Vorübergehende Beschränkungen der Bank im Hinblick auf ein Fremdwährungsguthaben können nach Nr. 10 Abs. 3 AGB Banken eintreten bei politisch bedingten Maßnahmen oder anderen Ereignissen im Lande der Währung. Die Verpflichtung der Bank zur Ausführung einer Verfügung zu Lasten eines Fremdwährungsguthabens ist dagegen nicht ausgesetzt, wenn sie die Bank vollständig im eigenen Hause ausführen kann. Nach Nr. 12 AGB Sparkassen dagegen tragen die Inhaber von Guthaben in ausländischer Währung anteilig bis zur Höhe ihres

Gironetz der Kreditgenossenschaften

Guthabens alle wirtschaftlichen und rechtlichen Nachteile und Schäden, die das im In- und Ausland unterhaltene Gesamtguthaben der Sparkasse in der entsprechenden Währung durch Maßnahmen oder Ereignisse im Lande der Währung trifft.
Sofern die Sparkasse nicht für den Kunden ein Konto in der betreffenden Währung führt, darf sie Geldbeträge in ausländischer Währung nach Nr. 13 AGB Sparkassen mangels ausdrücklicher gegenteiliger Weisung des Kunden in D-Mark gutschreiben, wobei die Abrechnung zum amtlichen Geldkurs erfolgt. → Kredite in ausländischer Währung (→ Fremdwährungskredit) sind nach Nr. 14 AGB Sparkassen dagegen in der Währung zurückzuzahlen, in der sie gegeben worden sind. Unter bestimmten Voraussetzungen darf die Sparkasse den Kredit jedoch auch auf inländische Währung umstellen.

Gironetz der Kreditgenossenschaften
Zahlungsverkehrsnetz, das aus den Volksbanken und → Raiffeisenbanken sowie anderen → Kreditgenossenschaften (als Ringstellen auf örtlicher Ebene tätig), den → genossenschaftlichen Zentralbanken (als Ringhauptstellen auf regionaler Ebene) und der → DG-Bank Deutsche Genossenschaftsbank (Spitzeninstitut) besteht (Deutscher Genossenschaftsring).
Zusätzlich zu den Standardverfahren bestehen Eilverfahren zur Beschleunigung des Überweisungs- und Einzugsverfahrens. Die Eilüberweisungsverfahren haben mit Einführung und Ausbreitung des → EZÜ (Elektronischer Zahlungsverkehr für individuelle → Überweisungen) an Bedeutung verloren.

Gironetz der Sparkassen
Zahlungsverkehrsnetz, das aus den → Sparkassen (Girostellen auf örtlicher Ebene), den → Landesbanken/Girozentralen auf regionaler Ebene und der → Deutschen Girozentrale – Deutsche Kommunalbank (Spitzeninstitut) besteht (Spargironetz).
Im Spargironetz gibt es neben den Standardverfahren des → Überweisungs- und → Einzugsverkehrs auch Eilüberweisungs- und Eileinzugsmöglichkeiten. Die Eilverfahren A und B haben nach Einführung und Ausweitung des → EZÜ (Elektronischer Zahlungsverkehr für individuelle → Überweisungen) an Bedeutung verloren und sind bereits weitgehend durch den EZÜ ersetzt worden. Das Eilüberweisungsverfahren B ist zum 15.10.1989 eingestellt worden (Ausnahme bei besonderen Vereinbarungen).

Gironetze
Zahlungsverkehrsnetze, die von der → Deutschen Bundesbank, den → Kreditinstituten und der → Deutschen Postbank AG unterhalten werden. Von besonderer Bedeutung ist das G. der Deutschen Bundesbank (→ Zahlungsverkehrsabwicklung über die Deutsche Bundesbank), das aus den elf Rechenzentren bei den Hauptverwaltungen der Deutschen Bundesbank (→ Landeszentralbanken) und den → Zweiganstalten der Deutschen Bundesbank (Hauptstellen und Zweigstellen der Landeszentralbanken) besteht. Umfassende G. sind daneben das → Gironetz der Kreditgenossenschaften (auch als Deutscher Genossenschaftsring bezeichnet), das → Gironetz der Sparkassen, die G. der drei → Großbanken sowie das G. der → Postgiroämter. Über die G. wird der → Überweisungs- und → Einzugsverkehr abgewickelt. Das G. der Deutschen Bundesbank nimmt dabei eine besondere Stellung ein (→ Fernüberweisungsverkehr der Deutschen Bundesbank).

Girosammelverwahrung, → Sammelverwahrung.

Girostellen
→ Sparkassen als Teilnehmer (auf örtlicher Ebene) im Zahlungsverkehrsnetz (→ Gironetz der Sparkassen). Auch die → Landesbanken/Girozentralen und die → Deutsche Girozentrale – Deutsche Kommunalbank sind G.

Giroüberzugslombard
→ Lombardkredit, den die → Deutsche Bundesbank Banken und Sparkassen zur leichteren Abwicklung des Giroverkehrs und des Abrechnungsverkehrs gewährt. Das → Kreditinstitut kann die Bundesbank ermächtigen, für das Kreditinstitut diejenigen → Lombarddarlehen aufzunehmen, die zur Beseitigung eines unvorhergesehen entstandenen Girodebetsaldos erforderlich sind.

Girovertrag
Auf Dauer angelegter, gegenseitig berechtigender und verpflichtender → Vertrag (→ Geschäftsbesorgungsvertrag) zwischen einem → Kreditinstitut und einem Kunden, mit dem das Kreditinstitut verpflichtet wird,

nach Eröffnung eines →Girokontos für den Kontoinhaber dessen →Zahlungsverkehr zu erledigen. Der Kontoinhaber verpflichtet sich, dem Kreditinstitut dafür Vergütung zu zahlen. Der G. wird i. d. R. mit Eröffnung eines Girokontos (→Kontokorrentkonto) stillschweigend abgeschlossen. Oftmals wird gleichzeitig mit dem G. der Abschluß eines →Scheckvertrages vereinbart, um den Kunden mittels →Scheck über das Girokonto verfügen zu lassen. Die Verpflichtungen der Bank zur Erledigung des Zahlungsverkehrs für den Kunden umfaßt ein- und ausgehende Zahlungen. Das heißt, die Bank muß Überweisungsaufträge (→Überweisungen) nach Weisung des Kunden ausführen, soweit sein →Konto ausreichende Deckung (Guthaben oder →Kredit) ausweist.

Girozentrale
Zentrales →Kreditinstitut der →Sparkassen, das als Verrechnungsstelle für den →bargeldlosen Zahlungsverkehr dient, Liquiditätsguthaben der →Sparkassen verwaltet und Refinanzierungsstelle für die Sparkassen ist. Darüber hinaus ist die G. Partner der Sparkassen in anderen Verbundgeschäften, z. B. im →Auslands- sowie im →Wertpapiergeschäft.
(→Landesbanken/Girozentralen)

Giscard Bond
In der Ära Giscards begebene französische →Staatsanleihe, deren →Rückzahlungskurs an den Goldpreis gekoppelt war. Berühmtheit erlangte diese Anleihe, da der französische Staat bei →Fälligkeit im Jahre 1990 ein Vielfaches des aufgenommenen Betrages zurückzahlen mußte.

Glattstellung
Schließen einer →Devisenposition durch Kontrahierung eines Gegengeschäftes zu ihr (Closing Transaction).

Glattstellungsrisiko, →Eindeckungsrisiko.

Gläubiger
Person, die aufgrund eines →Schuldverhältnisses vom →Schuldner eine Leistung fordern kann (z. B. →Kreditinstitut vom Kreditnehmer, Sparer vom Kreditinstitut). In einem gegenseitig verpflichtenden →Vertrag ist der G. einer →Forderung zugleich auch Schuldner der Gegenforderung. Nicht immer ist der G. auch zugleich Vertragspar-

tei, so z. B. beim →Vertrag zugunsten Dritter.

Gläubigeranfechtung
Möglichkeit des →Gläubigers einer Geldforderung bei Erwirkung eines →Vollstreckungstitels und (wenigstens teilweise) erfolgloser →Zwangsvollstreckung, bestimmte, absichtlich den Gläubiger benachteiligende oder unentgeltliche Rechtshandlungen anzufechten (Regelung durch das →Anfechtungsgesetz). Bei erfolgreicher G. kann der Gläubiger von dem begünstigten Empfänger Rückgewähr verlangen. Die G. hat ihre Parallele in der →Konkursanfechtung.

Gläubigerbegünstigung
→Konkursstraftat i. S. von § 283 StGB.

Gläubigereffekten
→Effekten, d. h. börsenmäßig gehandelte →Wertpapiere, die →Gläubigerrechte verbriefen.

Gläubigerpapier
→Wertpapier, das →Gläubigerrechte (z. B. Geldforderungen oder Warenforderungen) verbrieft (etwa →Schuldverschreibung, →Konnossement).
Gegensatz: →Teilhaberpapiere (Anteilpapiere, Mitgliedschaftspapiere).

Gläubigerrecht
Forderungsrecht aus einem →Schuldverhältnis. Es kann sich dabei um Geldforderungen (z. B. →Forderung auf →Rückzahlung eines →Darlehens, Forderung auf Rückzahlung von →Einlagen, Forderung auf Zahlung von →Zinsen oder Forderung auf Zahlung des Kaufpreises) oder Warenforderungen handeln. Die Forderungsrechte können in →Urkunden, insbes. in →Wertpapieren, verbrieft (z. B. →Wechsel, →Scheck, →Schuldverschreibung, →Konnossement) oder unverbrieft sein.
Gegensatz: Teilhaberrechte.

Gläubigerschaft bei Spareinlagen
→Gläubiger ist derjenige, der einen →Anspruch gegen einen anderen, den →Schuldner, geltend machen kann. Zwischen Gläubiger und Schuldner besteht ein →Schuldverhältnis. Im Sparverkehr (→Spareinlagen) ist das der →Sparvertrag. Der Sparer ist der Gläubiger, während die Bank als Schuldner das eingezahlte Sparguthaben schuldet. Dem Gläubiger steht die →Forde-

Gläubigerversammlung

rung aus dem Sparvertrag zu. Regelmäßig ist davon auszugehen, daß der Einzahler (Antragsteller) auch Gläubiger und Kontoinhaber sein will.
Wird das →Konto (→Sparkonto) auf den Namen eines Dritten errichtet, ist nach dem erkennbaren Willen des Einzahlenden oder aus den besonderen Umständen des Einzelfalles die Gläubigerfrage zu entscheiden. Unerheblich ist dabei, aus wessen Mitteln die Spareinlage begründet wurde. Ebenso ist es nicht von entscheidender Bedeutung, wer in der Kontobezeichnung aufgeführt bzw. welchen Namen das Sparbuch trägt, obwohl im Streitfall diesem Tatbestand eine nicht unerhebliche Bedeutung zukommt. Der Einzahler hat eindeutig zu erklären, wer Gläubiger sein soll. Er kann sich das Gläubigerrecht vorbehalten, kann aber auch die Forderung auf →Rückzahlung der Spareinlage unmittelbar in der Person des Dritten entstehen lassen. Von Bedeutung für die Gläubigerfrage in einem Streitfall ist auch der →Besitz des Sparbuches. Behält der Einzahler das auf den Namen des Dritten eingerichtete Sparbuch ständig in seinem Besitz, spricht das für einen Forderungsvorbehalt des Einzahlers. Das gilt in besonderem Maße, wenn Eltern Sparkonten auf den Namen ihrer minderjährigen Kinder einrichten. Übergibt indessen der Einzahler der im Sparbuch benannten Person vorbehaltlos die Sparurkunde, so ist davon auszugehen, daß diese auch sofort Gläubiger der Sparforderung werden soll. Der Dritte hat dann das Forderungsrecht im Wege eines →Vertrages zugunsten Dritter gemäß § 328 BGB erlangt.

Gläubigerversammlung
Selbstverwaltungsorgan der →Konkursgläubiger, das der Vertretung ihrer Interessen im Konkursverfahren dient (→Konkurs). Die G. wird einberufen durch das Konkursgericht (Amtsgericht), wenn das Gesetz es vorsieht (Wahltermin, Prüfungstermin, Schlußtermin, Zwangsvergleichstermin), auf Antrag des →Konkursverwalters, des Gläubigerausschusses oder von mindestens fünf →Konkursgläubigern, deren →Forderungen nach Schätzung des Gerichts den fünften Teil der Schuldenmasse erreichen (§ 93 Abs. 1 Satz 2 KO). Die Aufgaben der G. sind u. a. Wahl eines endgültigen Konkursverwalters, Bestellung oder Abschaffung eines Gläubigerausschusses, Beschlußfassung über die nicht verwertbaren Vermögensstücke, Beschlußfassung über den Vorschlag auf Abschluß eines →Zwangsvergleichs sowie die Genehmigung in den Fällen des § 134 KO.

Gläubigerverzug
Annahmeverzug; in §§ 293 ff. BGB geregelter Fall der →Leistungsstörungen, bei dem im Unterschied zum →Schuldnerverzug der →Gläubiger die ihm vom →Schuldner zur richtigen Zeit, am richtigen Ort und in ordnungsgemäßer Form angebotene Leistung nicht annimmt. Auf →Verschulden des Gläubigers kommt es nicht an. Der G. beseitigt zwar nicht die Leistungspflicht des Schuldners im →Schuldverhältnis, überwälzt aber das Risiko, daß die Leistung später nicht mehr erbracht werden kann, weitgehend auf den Gläubiger (§ 300 BGB).

Gleichgewichteter Aktienindex, →Aktienindex.

Gleichgewichtsmodelle
Modelle zur Bestimmung des →Fair Value von →Optionen und →Optionsscheinen (Optionsbewertungsmodelle). Sie versuchen, den Gleichgewichtspreis einer Option abzuleiten, bei dem keine Arbitragegewinne möglich sind, d. h. wenn Marktpreis und Optionspreis identisch sind. Die Grundvoraussetzung aller G. ist die Kapitalmarkttheorie über effiziente Märkte. Je nachdem, ob Annahmen über die Risikoeinstellung der Marktteilnehmer getroffen werden oder nicht, unterscheidet man partielle (präferenzabhängige) und vollkommene (präferenzfreie) G. Das bekannteste vollkommene G. ist das →Black & Scholes-Modell (→Black-Modell, →Garman-Kohlhagen-Modell).

Gleitende Kupontrennung
Methode zur Trennung des →Kupons von →Anleihen, die u. a. seit Anfang 1994 auch vom →Deutschen Kassenverein AG (DKV) für girosammelverwahrte →Wertpapiere durchgeführt wird. Bei der g. K. wird am Abend des Bankarbeitstages vor dem Zinsbzw. Fälligkeitstermin der →Kupon getrennt. Mit der g. K. sind auch Anpassungen in der Stückzinsberechnung verbunden. Bei ganzjährigen Kupons werden →Stückzinsen für höchstens 359 Tage gezahlt. Negative Stückzinsen entstehen i. d. R. nicht mehr. Die folgende Tabelle zeigt in Abhängigkeit vom Schlußtag, ob der Käufer bzw. Verkäufer die Kupongutschrift erhält.

Global-Anleihe

Gleitende Kupontrennung

Regel	Kupongutschrift
Schlußtag = 3. Bankarbeitstag vor Fälligkeit	Käufer
Schlußtag = 2. Bankarbeitstag vor Fälligkeit	Verkäufer
Schlußtag = 1. Bankarbeitstag vor Fälligkeit	Verkäufer

Gleitender Durchschnitt

Hilfsmittel in der → technischen Aktienanalyse, um Aktienkursverläufe beurteilen zu können. Es handelt sich um Durchschnittswerte, die permanent fortgeschrieben werden, wobei der jeweils aktuelle Wert hinzugefügt und der jeweils zeitlich am weitesten zurückliegende Wert weggelassen wird. Nach der Anzahl der in die Durchschnittsbildung einbezogenen Kurswerte unterscheidet man z. B. den 50-Tage-Durchschnitt, den 100-Tage-Durchschnitt und den 200-Tage-Durchschnitt. Mit Tagen sind Börsentage gemeint, so daß die Durchschnittswerte einem Zeitraum von mehreren Monaten und einem ganzen Jahr entsprechen.

In der graphischen Darstellung der Durchschnittswerte-Kurve und der Kurve des → Aktienindex sollen Hinweise auf eine mögliche Trendumkehr abgeleitet werden. Eine Trendumkehr liegt vor, wenn die Indexkurve die Kurve der g. D. von oben nach unten oder von unten nach oben schneidet. Im erstgenannten Fall liegt ein Verkaufssignal, im zweitgenannten Fall ein Kaufsignal vor. Die Signale werden dann als gegeben angesehen, wenn die Kurve der g. D. nachhaltig durchbrochen wird.

Gleitzinsanleihe

Variante einer → Step-up-Anleihe, die in den ersten Jahren nur sehr geringe Zinszahlungen und bei → Fälligkeit sehr hohe Zinszahlungen hat. Die → Zinsen werden i. d. R. jährlich ausgezahlt. Während der → Laufzeit steigt der → Nominalzins jährlich nach einem festgelegten Plan, bis er im letzten Jahr den höchsten Zinssatz erreicht hat. Im Gegensatz zu → Kombizinsanleihen zahlen G. bereits in den ersten Jahren Zinsen.
(→ Bundesschatzbrief)

Gliederungsschema der Bilanz, → Bilanzschema.

Globalabschreibungen

Bezeichnung für → Aufwendungen zur Bildung versteuerter → Pauschalwertberichtigungen.

Globalaktie

Multishare Certificate, Sammelaktie; → Sammelurkunde über eine größere Anzahl von → Aktien. Beispiele: G. über 50 → Vorzugsaktien zu je 50 DM = 2.500 DM (Globalvorzugsaktie), G. über 100 → Stammaktien zu je 1.000 DM (Globalstammaktie) = 100.000 DM. G. können auch für → Großaktionäre geschaffen werden.

Global-Anleihe

Begriffsinterpretationen: (1) → Anleihe, die in allen wichtigen Zeitzonen, also Europa, Asien und USA, gehandelt wird, d. h. der weltumspannende Handel steht im Vordergrund.

(2) → Anleihe mit besonderen Abwicklungs- und Verwahrmodalitäten, die die Belieferung von → Wertpapiergeschäften zwischen verschiedenen Märkten erleichtern, d. h. das marktübergreifende → Clearing steht im Vordergrund.

(3) → Anleihe, die sowohl im → Primärmarkt des Heimatlandes als auch in mindestens einem anderen nationalen → Kapitalmarkt der Welt ohne zeitliche Verkaufsbeschränkungen verkauft werden kann, d. h. der weltumspannende Verkauf steht im Vordergrund.

Charakterisierung: Trotz dieser unterschiedlichen Definitionen können einige Gemeinsamkeiten von G.-A. genannt werden. Zum einen sind nationale (z. B. → Deutscher Kassenverein AG [DKV]) und internationale Abwicklungs- und Verwahrsysteme mit denen aus den USA (z. B. Depository Trust Company, New York) verbunden. Ein weiteres gemeinsames Merkmal ist die standardisierte Syndizierungstechnik. Im Primärmarkt wird unter der Federführung von mindestens zwei Emissionshäusern die Fixed Price Reoffered Syndizierungstechnik angewandt. Diese Syndizierungstechnik ist de facto von der SEC und NASD vorgeschrieben und Voraussetzung für eine → Plazierung in den USA. Die erste G.-A. wurde von der → Weltbank in US-Dollar im September 1989 emittiert. Die wichtigsten Emissionswährungen für G.-A. sind US-Dollar und kanadische Dollar. Am

769

Globalbürgschaft

20.10.1993 wurde die erste auf D-Mark lautende G.-A. von der Weltbank an den Markt gebracht. Anleger sind insbes. institutionelle Investoren. G.-A., denominiert in US-Dollar, werden in den → Salomon Brothers Eurodollar Bond Index aufgenommen, sofern diese G.-A. bestimmte Kriterien (z. B. Mindestanlage) erfüllen.

Globalbürgschaft

→ Bürgschaft, die eine Mehrheit von → Ansprüchen gegen denselben Hauptschuldner oder verschiedene Hauptschuldner sichert.

Globalkredit der AKA

→ Kredit aus dem AKA-Plafond (→ AKA-Kredit), der in einem vereinfachten Verfahren zur → Finanzierung diverser Einzelgeschäfte eines Exporteurs gegeben und abgewickelt wird.

Globalsteuerung

Auf der → Keynes'schen Theorie beruhende wirtschaftspolitische Konzeption, nach der der Staat zur Stabilisierung des Wirtschaftsablaufs globale, prozeßpolitische Eingriffe vornimmt. Die Maßnahmen zielen nicht auf die Beeinflussung einzelner Wirtschaftseinheiten oder auf Änderungen der Wirtschaftsstruktur, sondern auf die Veränderung der Höhe der → gesamtwirtschaftlichen Nachfrage und ihrer Bestandteile. Die G. bedient sich in erster Linie fiskalpolitischer Maßnahmen (→ Finanzpolitik).

Globalstücke, → Sammelurkunde.

Globalurkunde, → Sammelurkunde.

Globalzession

→ Abtretung (Zession) bestimmter bestehender → Forderungen, verbunden mit einer Abtretungsvereinbarung für künftig entstehende Forderungen, die bereits im Zeitpunkt ihrer Entstehung auf den Zessionar übergehen sollen. Wie die → Mantelzession ist die G. eine Rahmenabtretung von Forderungen mit der Vereinbarung einer Mindestdeckungsklausel. Bei der G. wird dem Erfordernis der Bestimmbarkeit dadurch Rechnung getragen, daß die → Schuldner gruppenweise durch Anfangsbuchstaben ihrer Namen bzw. → Firmen oder geographisch durch ihren Wohnsitz bzw. Firmensitz bestimmt werden.
Bei einer Kollision mit einem → verlängerten Eigentumsvorbehalt von Lieferanten würden unter Zugrundelegung des Prioritätsgrundsatzes in den meisten Fällen die Lieferanten benachteiligt werden, weil die Vereinbarung einer G. sich i. d. R. über Jahre erstreckt, der verlängerte Eigentumsvorbehalt dagegen erst mit Lieferung zum Tragen kommt. Die Rechtsprechung geht mit Rücksicht auf diese Lage von einem Vorrang des Sicherungsrechts der Lieferanten aus: Soweit die G. eines → Kreditinstituts auch Forderungen erfaßt, auf die sich gewöhnlich ein verlängerter Eigentumsvorbehalt erstreckt, ist die G. wegen Sittenwidrigkeit nichtig. Kreditinstitute müssen wissen, daß Unternehmen → Waren oder Rohstoffe nur unter Vereinbarung eines → Eigentumsvorbehalts erhalten, soweit sie Zahlungsziele bei ihren Lieferanten in Anspruch nehmen. Warengläubiger sind auf das Sicherungsrecht des Eigentumsvorbehalts angewiesen, während Kreditinstitute auch auf andere Vermögenswerte ihrer Kunden zurückgreifen können. Durch Einarbeitung einer dringlichen Teilverzichtsklausel in den → Formularverträgen der Kreditinstitute ist klargestellt, daß sich die G. auf die von den Lieferanten beanspruchten Forderungen erst erstrecken kann, wenn deren verlängerter Eigentumsvorbehalt erloschen ist. Kreditinstitute verpflichten daher ihre Kreditnehmer, mit dem zur Verfügung gestellten → Kredit Lieferantenverbindlichkeiten abzulösen.
Gegensatz: Mantelzession.

Globex

Elektronisches Handelssystem (Computerbörse), an das die → Chicago Board of Trade (CBOT) und die → Chicago Mercantile Exchange (CME) angebunden sind. G. wurde von der Nachrichtenagentur Reuters und der CBOT und CME entwickelt. Das elektronische Handelssystem wird im nachbörslichen Handel eingesetzt. Im börslichen Handel existiert sowohl an der CBOT als auch an der CME das Präsenzbörsen-System (→ Open Outcry).

GmbH

Abk. für → Gesellschaft mit beschränkter Haftung.

GmbH & Co. KG

Gesellschaftsrechtliche Mischform, Kombination von GmbH und KG. Rechtlich handelt es sich um eine → Personenhandelsgesellschaft. Sie muß ihren → Jahresabschluß nicht offenlegen und unterliegt nach dem

HGB keiner Pflichtprüfung. In der → Kommanditgesellschaft ist eine → Gesellschaft mit beschränkter Haftung → Komplementär, wodurch eine Einschränkung der → Haftung erfolgt ist. Zudem wird eine → Doppelbesteuerung durch die → Vermögensteuer (Besteuerung bei der Gesellschaft und den Anteilseignern) vermieden. Diese beiden Vorteile stellen neben der Nachfolgeregelung die wesentlichen Gründungsmotive bei der GmbH & Co. KG dar.
Voraussetzung für die Gründung einer GmbH & Co. KG ist, daß die GmbH bereits ins → Handelsregister eingetragen ist (§ 11 GmbHG). Die → Firma der GmbH & Co. KG muß eine Bezeichnung enthalten, die die Haftungsbeschränkung kennzeichnet (§ 19 Abs. 5 HGB). Die → Geschäftsführung obliegt der GmbH, also deren → Geschäftsführer. Für → Verbindlichkeiten haftet das Gesellschaftsvermögen der KG. Daneben haftet die Komplementär-GmbH unmittelbar und unbeschränkt mit ihrem → Vermögen. Die Kommanditisten müssen nur mit ihrer → Einlage einstehen (§ 171 HGB).
(→ Kapitalgesellschaft & Co.)

GmbH & Co. KG auf Aktien
Gesellschaftsrechtliche Mischform, bei der eine → Gesellschaft mit beschränkter Haftung oder → GmbH & Co. KG → Komplementär einer → Kommanditgesellschaft auf Aktien ist. Die Zulässigkeit der GmbH & Co. KG a. A. ist umstritten; es wurden aber bereits Unternehmen von verschiedenen Amtsgerichten in das → Handelsregister eingetragen. Die Vorteile der GmbH & Co. KG a. A. liegen in der Haftungsbeschränkung und der Nachfolgeregelung. Ihre Nachteile liegen in der Doppelstruktur, die z. B. eine zweifache Buchführung, zwei Gesellschafterversammlungen und zwei Firmennamen erfordert, und auch eine → Doppelbesteuerung bewirkt.

GmbH-Mantel
Bezeichnung für die gesamten Anteilsrechte (→ Geschäftsanteile) an einer → Gesellschaft mit beschränkter Haftung (→ Mantelkauf).

Go-go-Fund
→ Investmentfonds, bei dem durch Erwerb spekulativer Titel, durch Leerverkäufe und durch eine hohe Umschlagsgeschwindigkeit der Anlagewerte ein überdurchschnittlicher Vermögenszuwachs angestrebt wird. Diese Fondsart ist in Deutschland nicht zulässig.

Going-concern-Prinzip, → Bewertungsgrundsätze.

Going Long
Kauf von → Wertpapieren, Finanzinstrumenten oder → Waren auf Termin.
Going Long führt zu einer → Long Position.
Gegensatz: → Going Short.

Going Public-Anleihe
Traditionsgemäß gingen die Unternehmen zur Eigenkapitalbeschaffung zunächst an den → Aktienmarkt und bedienten sich ggf. danach der → Wandelanleihen bzw. → Optionsanleihen als börsengängige Finanzierungsformen. Seit 1987/88 wird mit den *Going Public-Optionsanleihen* bzw. den *Going Public-Wandelanleihen* auch der umgekehrte Weg beschritten. Sie dienen der Vorbereitung einer → Aktienemission.

Going Public-Optionsanleihe: → Laufzeit i. d. R. ca. fünf Jahre, Ausgabekurs i. d. R. 100%. Optionsrecht: Der beigefügte Optionscoupon berechtigt, → Warrants zu beziehen, falls das Unternehmen während der Anleihelaufzeit → Aktien an der → Börse plaziert (Going Public). Der Umtausch der Optionscoupons in Warrants hat i. d. R. während der Zeichnungsfrist für die neuen Aktien zu erfolgen. Aufgrund des Warrants können in Höhe eines von vornherein festgelegten Gegenwertes Aktien der Gesellschaft zum Emissionskurs erworben werden. Optionsfrist des Warrant z. B. zwei Jahre ab Liberierung (Bezahlung der emittierten Aktien) des Going Public. Der → Rückzahlungskurs liegt bei 100%, falls Option ausgeübt wird, und über 100% (von vornherein festgelegt), falls die Option nicht ausgeübt wird. Der → Nominal(Effektiv)-zins entspricht in etwa den marktgerechten Konditionen, wenn man davon ausgeht, daß kein Going Public erfolgt bzw. beim Going Public ein Bezug von Warrants nicht erfolgen wird (beim Going Public mit Bezug der Warrants reduziert sich der Rückzahlungskurs auf 100%, so daß die → Rendite aus der Anleihe entsprechend sinkt). Die → Emission erfolgt in Form einer öffentlichen → Plazierung i. d. R. mit Börsennotierung oder als → Privatplazierung i. d. R. mit Bildschirmkursen über die als → Market-Maker fungierenden Konsortialbanken.

Bedeutung: Dem Unternehmen stehen ohne Änderung des bisherigen Aktionärskreises sofort finanzielle Mittel zur Verfügung.

Going Short

Während der Anleihelaufzeit können günstige Kapitalmarktverhältnisse abgewartet werden, und es besteht ein zeitlicher Spielraum für eine gründliche Vorbereitung der Aktienplazierung. Mit der Präsenz am (internationalen) → Kapitalmarkt erhöht sich der Bekanntheitsgrad (das Finanz-Standing). Das Unternehmen behält die Entscheidungsfreiheit, an den Aktienmarkt zu gehen oder darauf zu verzichten. Werden die Börsenpläne nicht realisiert, hat man für die Anleihefinanzierung marktgerechte Konditionen zu zahlen, kommt es zum Going Public mit Bezug der Warrants, sinken die Finanzierungskosten durch Reduzierung des Rückzahlungskurses erheblich. Die Anleger sind im letzteren Falle zum Renditeverzicht bereit, weil die Warrants den überdurchschnittlichen Chancen und Risiken dieses Marktes unterliegen (→ Leverage-Effekt, → Aufgeld).

Bei *Going Public-Wandelanleihen* kann die frühzeitige Umwandlung von → Fremd- in → Eigenkapital durch im Zeitablauf ansteigende Zuzahlungen erreicht werden.

Deutsche → Emittenten gingen teilweise an → internationale Kapitalmärkte (z. B. Schweiz), weil dann die bis 1991 vorgeschriebene staatliche Genehmigung der Anleihen gemäß §§ 795, 808a BGB nicht erforderlich war.

Going Short

Leerverkauf; Verkauf von → Wertpapieren, Finanzinstrumenten oder → Waren auf Termin.
Going Short führt zu einer → Short Position.
Gegensatz: → Going Long.

Goldautomatismus

Die dem → Goldstandard (→ Goldwährung) bei einer → Goldumlaufwährung immanente Tendenz zum Abbau eines Zahlungsbilanzüberschusses (→ Zahlungsbilanz). Aufgrund der freien Ein- und Ausfuhr von Gold ist bei einer Goldumlaufwährung der Geldumlauf im → Währungsgebiet abhängig von der Entwicklung der Zahlungsbilanz. Goldabflüsse bei Zahlungsbilanzdefiziten verursachten eine Verminderung des inländischen Geldumlaufs und über die damit verbundene restriktive Wirkung eine Tendenz zur Wiederherstellung des Zahlungsbilanzgleichgewichts. Umgekehrt führten Goldzuflüsse bei Zahlungsbilanzüberschüssen zu einer Ausdehnung der → Geldmenge. Die daraus resultierenden expansiven Effekte trugen dazu bei, einen Zahlungsbilanzüberschuß abzubauen. Wegen der Goldeinlösungspflicht konnte sich ein Land „nur sehr bedingt Zahlungsbilanzdefizite und damit Goldabflüsse leisten". Die Regeln des Goldstandards verlangten eine grundsätzliche Ausrichtung der → Geldpolitik auf die „Wiederherstellung des Zahlungsbilanzgleichgewichts" (Issing, Einf. in die Geldpolitik, 1987, S. 4).

Gold Bond

→ Zinsinstrument, dessen → Nominalzins abhängig vom Goldpreis ist.
(→ Stripping)

Golddevisenstandard

Golddevisenwährung; Währungssystem auf nationaler oder internationaler Ebene, in dem neben dem Gold (→ Goldstandard) auch → Devisen als Deckung für die umlaufenden → Banknoten dienen.

Golddevisenwährung, → Golddevisenstandard.

Goldene Bankregel

→ Finanzierungsregel, nach der die Dauer der Kapitalbindung im → Vermögen nicht länger sein soll als die Dauer der Kapitalüberlassung (→ Fristenkongruenz im → Aktiv- und Passivgeschäft). Die Finanzierungsregel hat einen gewissen Niederschlag in den → Liquiditätsgrundsätzen des → Bundesaufsichtsamts für das Kreditwesen gefunden.

Gold-Fonds

→ Investmentfonds, der einen Großteil des Fondsvermögens in Gold, Silber, Platin oder Palladium investiert.

Gold-Future, → Edelmetall-Future.

Goldkarte

„Edle" Variante einer → Kreditkarte. G. kosten mehr und werden nur bei guter Bonität des → Karteninhabers ausgegeben. Außerdem sind die im Kartenpreis enthaltenen → Zusatzleistungen zahlen- und qualitätsmäßig umfangreicher als bei den Standardkarten. G. sind bei allen dem Eurocard-Verbund angeschlossenen Banken und Sparkassen im Angebot sowie beim US-Anbieter → American Express. Außerdem bei zahlreichen Instituten aus dem Visa-Verbund.
(→ Platinkarte)

Goldkernwährung
→ Goldwährung, bei der umlaufende → Banknoten eine bestimmte Mindestdeckung durch Gold (oder durch Gold und → Devisen, → Golddevisenstandard) haben und → gesetzliche Zahlungsmittel nur Banknoten sind (reine G.). Beispiel: → Reichsmark ab 1924.

Goldkonvertibilität
Bezeichnung für Goldeinlösungspflicht (Goldeintauschpflicht)
Beispiele: (1) Im Rahmen der → internationalen Währungsordnung kauften und verkauften die USA bis 1971 Gold zum Preis von 35 US-Dollar pro Feinunze (→ Goldparität des US-Dollar). (2) Im Rahmen der deutschen → Währungsordnung bestand für die → Reichsbank bis 1914 eine G. für → Banknoten (→ Goldumlaufwährung).

Goldminen-Aktien-Index, → FT Gold Mines Index.

Gold Months
Die ersten vier → Delivery Months von → Optionen und → Futures, die nach den → Blue Months an den internationalen → Terminbörsen gehandelt werden.
(→ Front Months, → Red Months, → Green Months)

Gold-Option, → Option.

Gold-Optionsschein
→ Optionsschein, der als → Basiswert Gold hat. G.-O. werden zu → Edelmetall-Optionsscheinen gezählt.

Goldparität
Wertverhältnis einer → Währung zu einer festgelegten Goldmenge, z.B. G. der → Mark: 1 M = 1/2790 kg Feingold. Über die G. konnte das Wertverhältnis zweier Währungen errechnet werden. Die G. ist nicht mit den am Markt ermittelten → Wechselkursen gleichzusetzen.
G. wurden (neben Dollarparitäten oder später neben SZR-Paritäten) im → Bretton-Woods-System festgesetzt. Beispiele: G. des US-Dollar von 35 US-$ = 1 Feinunze Gold (mit Goldeinlösungspflicht bis 1971), → Parität der DM (1952 beim Eintritt in den → Internationalen Währungsfonds bis 1961) von 0,211588 g Feingold = 0,238095 US-Dollar oder 4,20 DM = 1 US-Dollar.

Goldparitätswährung, → Goldparität, → Goldwährung.

Goldpool
Von 1961 bis 1968 bestehendes Verkaufskonsortium und Einkaufssyndikat der → Zentralbanken von Belgien, der BRD, Großbritannien, Italien, den Niederlanden, der Schweiz, den USA und (bis 1967) Frankreich zur Stabilisierung des Goldpreises auf dem Londoner Goldmarkt in Höhe der amtlichen → Parität von 35 US-Dollar je Unze Feingold.

Goldstandard
Währungssysteme (→ Währungsordnung) auf nationaler oder internationaler Ebene, in denen entweder das Gold als → gesetzliches Zahlungsmittel dient oder eine Eintauschverpflichtung der jeweiligen → Währung in Gold besteht (→ Goldkonvertibilität). Da die Knappheit des Goldes sich nur wenig ändert, garantiert eine → Goldwährung die → Geldwertstabilität. Die → Goldparität wird durch die Goldankaufs- und Geldeinlösepflicht der → Zentralbank aufrechterhalten.

1. *Nationaler Goldstandard:* (1) → Goldumlaufwährung: Das Geld wird durch vollwertige Goldmünzen repräsentiert, kann aber durch → Banknoten ergänzt werden (reine Goldumlaufwährung oder Mischumlaufwährung). (2) → Goldkernwährung: Es besteht keine Einlösemöglichkeit des Geldes in Gold, sondern lediglich eine Deckung der → Geldmenge durch Gold. (3) Golddevisenwährung: Zur Deckung der Geldmenge werden Gold, in Gold einlösbare und auch nicht einlösbare → Devisen verwendet (→ Golddevisenstandard).

2. *Internationaler Goldstandard:* Er setzt freie, internationale Beweglichkeit des Goldes voraus. Die → Parität (Goldparität) zwischen den Währungen entspricht dem unterschiedlichen Goldgehalt der nationalen Währungen. Der → Wechselkurs auf dem → Devisenmarkt kann nur so weit von der Parität abweichen, bis ein internationaler Goldtransfer lohnend wird. Die Folge sind → feste Wechselkurse zwischen den Goldwährungsländern. Die Höhe der Differenz zwischen Parität und dem sog. Goldpunkt wird durch Transportkosten, Versicherung, Zinsverluste bei der Goldversendung bestimmt.
Der internationale G. konnte sich nur um die Jahrhundertwende relativ frei entfalten. Mit

Goldumlaufwährung

der Bevorzugung nationaler wirtschaftspolitischer Ziele wurde er danach aufgegeben.
(→ Internationale Währungsordnung, → Goldautomatismus)

Goldumlaufwährung

→ Goldwährung, bei der umlaufendes → Zahlungsmittel vollwertig ausgeprägtes → Münzgeld ist (→ Goldstandard, → Kurantmünzen). Es gab nie eine reine G., sondern nur vollgedeckte oder teilgedeckte (Misch-)Umlaufwährungen (gemischte G.). Beispiel: → Mark nach 1871/1873.
(→ Metallwährung)

Gold- und Devisenbilanz

Teilbilanz der → Zahlungsbilanz, welche die Veränderung der Auslandsposition der → Zentralbank eines Landes in einer bestimmten Periode angibt.

Berechnung: In der Zahlungsbilanz der BRD wird der → Saldo der G.- u. D. als Veränderung der → Netto-Auslandsaktiva der Bundesbank geführt (→ Währungsreserve). Der Saldo ist das Ergebnis von Zunahmen oder Abnahmen in (1) den Währungsreserven, (2) den → Krediten und sonstigen → Forderungen an das Ausland (z. B. Kredite im Rahmen des mittelfristigen Währungsbeistandes der → Europäischen Gemeinschaften, Kredite an ausländische Währungsbehörden und an die → Weltbank), (3) der Neubewertung der Auslandsposition (Gegenposten zum → Ausgleichsposten zur Auslandsposition der Bundesbank).

Bedeutung: Der Saldo der G.- u. D. verändert die Bestände der Auslandsposition der Deutschen Bundesbank, die aber nicht in der Zahlungsbilanz, sondern auf der Aktivseite des → Wochenausweises der Deutschen Bundesbank und der → Bilanz der Bundesbank (→ Deutsche Bundesbank, Jahresabschluß) erscheinen. Je höher der positive Saldo der G.- u. D. eines Landes ist, um so stärker ist die internationale Position der → Währung (→ Außenwert der Währung). Der Saldo der G.- u. D. ist im Festkurssystem der zentrale Indikator für ein Gleichgewicht im gesamten → Zahlungsverkehr mit dem Ausland. Bei → festen Wechselkursen müssen an den Interventionspunkten (→ Interventionen am Devisenmarkt) entweder überschüssige → Devisen gegen inländische Währung aufgenommen oder fehlende Devisen zur Verfügung gestellt werden. Diese interventionsbedingten Veränderungen der Währungsreserven (von der Bundesbank als „Spannungsindikator" für das Zahlungsbilanzgleichgewicht bezeichnet) und der inländischen → Geldmenge können die binnenwirtschaftlichen Ziele des → gesamtwirtschaftlichen Gleichgewichts beeinträchtigen und die → Geldpolitik erschweren. Bei → flexiblen Wechselkursen „räumt" der Wechselkurs den Markt, ohne daß es zu interventionsbedingten Änderungen der Währungsreserven und der inländischen Geldmenge kommt.

Goldwährung

→ Metallwährung, bei der Gold monetärer Referenzpunkt ist. Der Grad der Anbindung ist unterschiedlich, so daß zwischen verschiedenen Arten zu trennen ist. Allen ist gemeinsam, daß der Wert der jeweiligen Währungseinheit in einer bestimmten Gewichtsmenge Feingold (→ Parität) definiert ist. Das Funktionieren einer G. setzt eine von den → Zentralbanken festgelegten garantierten Goldpreis (amtliche → Parität) voraus (→ Goldpool).

Arten: (1) *Goldumlaufwährung:* Bei einer reinen → Goldumlaufwährung läuft nur → Geld in Form von Goldmünzen um.
(2) Bei einer vollgedeckten Mischumlaufwährung zirkuliert neben Goldmünzen auch Papiergeld, wobei der Gesamtbetrag der umlaufenden → Banknoten durch die Goldbestände der Zentralbank gedeckt sein muß. Die G. des Deutschen Reiches nach 1871/1873 sah eine → Goldparität von 1 Mark = 1/2790 kg Feingold vor.
Häufiger war die teilgedeckte Mischumlaufwährung, für die das Währungsrecht eine bestimmte prozentuale Deckung der zirkulierenden Banknoten vorsah, z. B. 40% der Mark-Währung des Deutschen Reiches nach 1909 (→ Mark). Dieses Geldsystem wird allgemein auch als Goldumlaufwährung oder gemischte Goldumlaufwährung bezeichnet. Charakteristisches Merkmal der Mischumlaufwährung war eine allgemeine Goldeinlösungspflicht, die jeden Bürger in die Lage versetzte, Banknoten gegen Münzgold einzutauschen. Dieses Währungssystem, das weltweit bis zum Ersten Weltkrieg bestand, endete, als die kriegführenden Staaten gezwungen waren, aufgrund des erheblich gestiegenen Finanzbedarfs die → Goldkonvertibilität (Umtauschbarkeit in Gold) aufzuheben.

(3) Bei einer *Goldkernwährung* haben Banknoten als → gesetzliche Zahlungsmittel eine bestimmte Mindestgolddeckung. Die Geldordnung kann auch in bestimmtem Umfang Deckung durch → Devisen zulassen. Dieser sog. → Golddevisenstandard war das prägende Merkmal der Reichsmarkwährung in Deutschland nach 1924 (→ Reichsmark).
(4) Bei einer *Goldparitätswährung* besteht nur eine formale Bezugnahme auf Gold in Form einer Goldparität. Deckungsvorschriften existieren nicht. Die Zentralbank ist verpflichtet, Devisenbestände, die andere Notenbanken in ihrer → Währung halten, gegen Gold einzutauschen. Eine solche Goldparitätswährung war der US-Dollar bis zur Aufhebung der Goldeinlösungspflicht im Jahr 1971 (→ Bretton-Woods-System, → Internationale Währungsordnung).

Funktionsweise: Das Funktionieren der Goldumlaufwährung setzt die Einhaltung gewisser währungspolitischer Regeln durch die Zentralbanken voraus. Weist die → Leistungsbilanz eines Landes ein Defizit auf, so bewirkt der Ausgleich gegenüber dem Ausland ein Abschmelzen der nationalen Goldreserven. Dies zwingt die Zentralbank aufgrund der Deckungspflicht zu einer Einschränkung des Geldumlaufs (→ Goldautomatismus, → Goldstandard).

Gold-Warrant, → Gold-Optionsschein.

Goldwertklausel, → Wertsicherungsklauseln.

Good-till-cancelled (GTC)
Unlimitierte Aufträge und limitierte Aufträge mit Gültigkeitsbestimmung können entweder bis zur Ausführung oder bis auf Widerruf durch den Börsenteilnehmer gültig sein (→ Auftragsarten an der DTB).
Gegensatz: → Good-till-date (GTD).

Good-till-date (GTD)
Unlimitierte Aufträge und limitierte Aufträge mit Gültigkeitsbestimmung können entweder bis zu einem vorgegebenen Datum, bis zur Ausführung oder bis auf Widerruf durch den Börsenteilnehmer gültig sein (→ Auftragsarten an der DTB).
Gegensatz: → Good-till-cancelled (GTC).

Goodwill
Immaterieller Wert eines kaufmännischen Unternehmens (Firmenwert).

Government Bond, → Staatsanleihe.

Government Bond Yield, → Rendite von → Staatsanleihen (z.B. → Bundesanleihen, US-Treasury-Bonds).

GPO
Abk. für Going Public-Optionsanleihe (→ Going Public-Anleihe).

Gratisaktien
Fälschlich verwendete Bezeichnung für aus einer → Kapitalerhöhung aus Gesellschaftsmitteln stammende → Berichtigungsaktien.

Grauer Markt, → Grey Market.

Greeks
Sammelbezeichnung für Sensitivitätskennzahlen von → Optionen und → Optionsscheinen. Zu den G. bei Optionen zählt man Delta (→ Delta-Faktor), Gamma (→ Gamma-Faktor), → Theta, → Vega und → Rho bzw. bei Optionsscheinen → Optionsschein-Delta, → Optionsschein-Gamma, → Optionsschein-Theta, → Optionsschein-Vega und → Optionsschein-Rho. Diese Sensitivitätskennzahlen werden u. a. zur Quantifizierung und dem Management von Kursrisiken aus Optionsbüchern eingesetzt.

Greenback
Von der Farbgebung der → Banknoten herrührende, gängige Bezeichnung für den US-Dollar.

Green Clause, → Packing Credit.

Green Months
Erste vier → Delivery Months von → Optionen und → Futures, die nach den → Red Months an den internationalen → Terminbörsen gehandelt werden.
(→ Front Months, → Red Months, → Blue Months, → Gold Months)

GREEN Warrant
Abk. für Germany Restores Earth's Environment Now. → Aktienkorb-Optionsschein, der das Recht verbrieft, → Aktien von solchen deutschen Unternehmen zu kaufen (→ Call-Optionsscheine) bzw. verkaufen (→ Put-Optionsscheine), die in der Umwelttechnologie engagiert sind.

Grenzkosten
Die bei Vergrößerung der Produktionsmenge für die Herstellung der letzten Pro-

Grenzkostenrechnung

duktionseinheit verursachten Mehrkosten (→ Kosten, Grenzkostenrechnung).

Grenzkostenrechnung, → Direct Costing.

Grenzwertoption, → Barrier Option.

Grey Market
Grauer Markt. 1. Unreglementierter Handel in einer Neuemission vor ihrer offiziellen Begebung, in dem Transaktionen auf einer „If, as and when issued"-Basis durchgeführt werden (→ Primärmarkt, → Sekundärmarkt).

2. Bezeichnung für Markt, auf dem auch seriöse Vermittler und Finanzdienstleister tätig sind.

Grobsteuerung am Geldmarkt
Im Hinblick auf die beabsichtigte Wirkungsdauer übliche Kennzeichnung von → geldpolitischen Instrumenten der Deutschen Bundesbank (→ Geldpolitik der Deutschen Bundesbank). Sie werden in den Bereichen der Liquiditäts- und Zinspolitik eingesetzt (→ Liquiditätspolitik der Deutschen Bundesbank, → Zinspolitik der Deutschen Bundesbank). Zu jenen zählen die quantitative und qualitative Beeinflussung des → Geldmarktes über Diskont-, Lombard- und Mindestreservepolitik (→ Diskontpolitik der Deutschen Bundesbank, → Lombardpolitik der Deutschen Bundesbank, → Mindestreservepolitik der Deutschen Bundesbank); zinspolitischer Art sind Änderungen des Diskont- und Lombardsatzes (→ Diskontsatz, → Lombardsatz).

GROI-Optionsschein
(GROI = Abk. für Guaranteed Return-on-Investment). → Optionsschein, der dem Anleger eine Mindestverzinsung garantiert. GROI-Optionsscheine werden auch als Guaranteed Investment Return Options (GIRO) bezeichnet. Die Besonderheit von G.-O. gegenüber normalen Optionsscheinen liegt darin, daß der Anleger eine garantierte Mindestverzinsung erzielt. Im Gegensatz zu traditionellen Optionsscheinen ist deshalb das Verlustrisiko für den Anleger begrenzt, während die Kursgewinne – zumindest theoretisch – unbegrenzt sind. Ein Totalverlust des eingesetzten → Kapitals, wenn die erwartete Kursentwicklung nicht eintritt, ist ausgeschlossen. Während der Anleger im schlimmsten Fall nur eine Mindestverzinsung (z. B. 4,56%) erhält, hat er im besten Fall die Möglichkeit, überproportional an der erwarteten Kursentwicklung des → Basiswertes zu partizipieren. Insofern stellen G.-O. eine Spekulation mit Sicherheitsnetz dar. Allerdings liegt der Preis für diese Sicherheit in den im Vergleich zu normalen Optionsscheinen geringeren Kursgewinnen. G.-O. sind Europäische Optionsscheine (→ Europäische Option).

GROI-O. versus → *Money-Back-Optionsscheine*: Eine Alternative zu G.-O. sind Money-Back-Optionsscheine, bei denen der Anleger nur das eingesetzte Kapital zurückerhält. Im Gegensatz zu G.-O. liegt die Mindestverzinsung bei Money-Back-Optionsscheinen bei Null Prozent. Der Anleger hat somit nur eine Geld-zurück-Garantie.

GROI-O. versus → *MEGA-Zertifikate*: MEGA-Zertifikate sind Optionsscheine, die dem Anleger sowohl eine Mindest- als auch Maximalverzinsung versprechen (→ Embedded Options).

Grois, → GROI-Optionsschein.

Großaktionär
→ Aktionär, der über einen beträchtlichen Anteil am → Grundkapital einer → Aktiengesellschaft verfügt und deshalb u. U. Einfluß auf die Besetzung des → Aufsichtsrats nehmen kann bzw. selbst im Aufsichtsrat vertreten ist (insbes., wenn er → Mehrheitsaktionär ist). Auf Grund von Kapitalbeteiligungen bzw. Kapitalverflechtungen sind → Vorstände von Aktiengesellschaften, die ihrerseits G. bei einer anderen Gesellschaft sind, im Aufsichtsrat dieser Gesellschaft vertreten.

Großbanken
Nach der → Bankenstatistik der → Deutschen Bundesbank werden die Deutsche Bank AG, die Dresdner Bank AG und die Commerzbank AG zu den G. gerechnet. Sie sind eine → Bankengruppe innerhalb der → Kreditbanken.

Entstehung: Die Gründung der G. geht auf die Jahre 1870 bis 1873 zurück, als zunehmend große Industrie-, Handels- und Verkehrsbetriebe entstanden und die Finanzkraft der → Privatbankiers nicht ausreichte, den zunehmenden Kapitalbedarf großer Unternehmungen zu decken. Die → Aktienbanken ermöglichten aufgrund ihrer breiten Eigenkapitalbasis die Bereitstellung der benötigten hohen → Kredite. Nach dem Zweiten Weltkrieg führte in Westdeutsch-

Größenklassen der Kapitalgesellschaften

land die Dezentralisierung der G. zu 33 Nachfolgeinstituten. Die Dezentralisierung wurde 1957/58 mit der →Fusion der Nachfolgeinstitute rückgängig gemacht.

Rechtsform: Die G. werden als →Aktiengesellschaften geführt. Da es sich um börsennotierte →Publikumsgesellschaften handelt, sind Eigenkapitalgeberfunktion und Unternehmerfunktion getrennt. Die G. verfolgen das →erwerbswirtschaftliche Prinzip (→Zielkonzeptionen der Kreditinstitute). Sie müssen den Dividendenerwartungen der →Aktionäre Rechnung tragen und durch →Gewinnthesaurierung das für die bankaufsichtlichen Strukturnormen bedeutsame →haftende Eigenkapital der Kreditinstitute stärken (→Eigenkapitalgrundsätze). Als Publikumsgesellschaften haben sie gegenüber nicht börsennotierten Banken den Vorteil, durch →Kapitalerhöhungen das →Eigenkapital den wachsenden Anforderungen anzupassen.

Geschäftsstruktur: Die G. betreiben als →Universalbanken alle →Bankgeschäfte mit Ausnahme derjenigen, die ihnen aufgrund spezialgesetzlicher Regelungen vorenthalten sind (Pfandbriefgeschäft, →Investmentgeschäft, →Bausparcheschäfte). Über →Beteiligungen an →privaten Hypothekenbanken, →Kapitalanlagegesellschaften und →Bausparkassen haben sie sich auch Zugang zu diesen Bankgeschäften verschafft und können in Kooperation mit den Spezialkreditinstituten (→Spezialbanken) ein umfassendes Leistungsangebot zur Verfügung stellen. Über Bausparkassen, Versicherungsunternehmen, Unternehmensberatungsfirmen und Wagnisfinanzierungsgesellschaften bieten G. auch andere →Finanzdienstleistungen an. Mit Einbeziehung in ihre →Konzerne (im Wege der Gründung oder der Beteiligung) oder durch →Kooperation (z.B. in Form des wechselseitigen Vertriebs der Produkte) werden G. zu →Allfinanzunternehmen. G. sind auch an →Teilzahlungskreditinstituten, →Absatzfinanzierungsinstituten und →Leasinggesellschaften beteiligt. Sie haben Tochterinstitute im Ausland gegründet (ausländische →Tochtergesellschaften) und sind dort durch Niederlassungen (ausländische →Filialen, ausländische Zweigstellen) sowie durch →Repräsentanzen vertreten. Aufgrund eines flächendeckenden Zweigstellennetzes in der BRD spielen die G. in der Abwicklung des →Zahlungsverkehrs, der Sammlung von →Einlagen und der Nutzenziehung aus der Kreditschöpfung (→Geldschöpfung) eine bedeutende Rolle. Bei der Mittelbeschaffung sind die →Spareinlagen (einschl. →Sparbriefe/Sparkassenbriefe) die wichtigste Refinanzierungsquelle. Ebenfalls bedeutsam sind Fremdmittelaufnahmen über →Termineinlagen und →Sichteinlagen. Bei der Mittelverwendung ist die Vorrangstellung des kurzfristigen →Kreditgeschäfts kontinuierlich (analog zum →Passivgeschäft) zu Gunsten des mittel- und langfristigen Kreditgeschäfts zurückgegangen. Im →Emissionsgeschäft haben die G. eine dominierende Rolle.

Verbandszugehörigkeit: Die G. sind (mittelbar über Regionalverbände) im →Bundesverband deutscher Banken e. V., Köln, zusammengeschlossen (→Verbände und Arbeitsgemeinschaften der Kreditwirtschaft). Im Bereich dieses Verbandes sind sie dem Einlagensicherungsfonds angeschlossen, wonach die nicht in →Wertpapieren verbrieften Einlagen einer einzelnen Nichtbank bis zu 30% des haftenden Eigenkapitals gegen Verluste gesichert sind (→Einlagensicherung).

Gross Basis
Synonym für →Basis.

Großbausparvertrag
→Bausparvertrag, bei dem die →Bausparsumme den Betrag von 300.000 DM übersteigt. Innerhalb von zwölf Monaten abgeschlossene Bausparverträge eines →Bausparers gelten dabei als ein Vertrag (§ 2 Abs. 1 Bausparkassenverordnung).

Großbetrag-Scheckeinzugsverfahren (GSE-Verfahren), →Vereinfachter Scheck- und Lastschrifteinzug der Deutschen Bundesbank.

Große Kapitalgesellschaft, →Größenklassen der Kapitalgesellschaften.

Größenklassen der Kapitalgesellschaften
Zum Schutz der mittelständischen →Kapitalgesellschaften sind die Rechnungslegungspflichten größenabhängig geregelt. Für kleine und mittelgroße Kapitalgesellschaften gibt es Erleichterungen bei der Erstellung vor allem bei der Offenlegung des →Jahresabschlusses. Für die Einordnung einer Kapitalgesellschaft in eine Größenkategorie gelten Schwellenwerte bei

Großes Stück

Größenklassen der Kapitalgesellschaften

Merkmale für die Größeneinteilung*	klein	mittelgroß	groß
Bilanzsumme (in Mio. DM)	bis 5,31	über 5,31 bis 21,24	über 21,24
Umsatz (in Mio. DM)	bis 10,62	über 10,62 bis 42,48	über 42,48
Beschäftigte	bis 50	51 bis 250	über 250

* Gemäß § 267 Abs. 3 HGB gilt eine Kapitalgesellschaft stets als große, wenn Aktien oder andere von ihr ausgegebene Wertpapiere an einer Börse der EU zum amtlichen Handel zugelassen sind oder im geregelten Freiverkehr gehandelt werden oder die Zulassung zum amtlichen Handel beantragt ist.

der Bilanzsumme, beim Umsatz und bei der Beschäftigtenzahl. Nach dem „Gesetz zur Änderung des DM-Bilanzgesetzes und anderer handelsrechtlicher Bestimmungen" vom 8.7.1994 sind rückwirkend zum 1.1.1991 die Schwellenwerte erhöht worden (vgl. Abbildung oben).
Die Bilanzsumme ist nach Abzug eines auf der Aktivseite ausgewiesenen Fehlbetrages zu ermitteln. Für die Einordnung in eine Kategorie müssen 2 von 3 Kriterien erfüllt sein. Eine Änderung ergibt sich erst dann, wenn die neuen Kriterien an zwei aufeinanderfolgenden Stichtagen vorliegen.

Großes Stück, → Sammelurkunde.

Großkredit
→ Kredit eines → Kreditinstituts oder einer → Kreditinstitutsgruppe i. S. des KWG an einen Kreditnehmer, der insgesamt 15 v. H. (ab 1996: 10 v. H.) des → haftenden Eigenkapitals des Kreditinstituts bzw. der Kreditinstitutsgruppe übersteigt (§§ 13 Abs. 1, 13a Abs. 1 KWG). Zur Berechnung der Obergrenze gemäß § 13 Abs. 8 (und § 13a Abs. 1) KWG nicht alle, sondern nur die herkömmlichen Bestandteile des haftenden Eigenkapitals zu berücksichtigen.
Durch die Großkreditregelungen des KWG wird für ein einzelnes Kreditinstitut (§ 13) bzw. für eine Kreditinstitutsgruppe (§ 13a Abs. 2) die Größe des einzelnen Kredits und der Umfang aller Kredite begrenzt, die die Großkreditgrenze erreichen. Der → Grundsatz I beschränkt hingegen, unabhängig von der Höhe des einzelnen Kredits, das Gesamtkreditvolumen (→ Eigenkapitalgrundsätze).

1. *G. eines einzelnen Kreditinstituts:* Ein G. eines einzelnen Kreditinstituts liegt vor, wenn die Kredite (§ 19 Abs. 1 KWG, → Kreditbegriff des KWG) an einen Kreditnehmer

(§ 19 Abs. 2 KWG, → Kreditnehmerbegriff des KWG) insgesamt 15% des haftenden Eigenkapitals des Kreditinstituts übersteigen (Zusage bzw. Inanspruchnahme). Alle G. zusammen sind auf das Achtfache des haftenden Eigenkapitals begrenzt; auszugehen ist bei der Obergrenze von der Inanspruchnahme (§ 13 Abs. 3 Satz 1 Nr. 2, Satz 2 KWG). Der einzelne G. darf 50%, ab 1996 25 v. H. des haftenden Eigenkapitals nicht übersteigen (§ 13 Abs. 4 KWG).
G. sind unverzüglich der → Deutschen Bundesbank anzuzeigen; Art und Weise regeln §§ 4, 5 der → Anzeigenverordnung. Die Bundesbank leitet die Anzeigen mit ihrer Stellungnahme an das → Bundesaufsichtsamt für das Kreditwesen (BAK) weiter. Eine erneute Anzeigepflicht besteht bei Krediterhöhung um mehr als 20% bzw. falls der G. 50% des haftenden Eigenkapitals übersteigt. Jährlich ist der → Bankenaufsicht und der Bundesbank eine Sammelaufstellung der anzeigepflichtigen Großkredite einzureichen. Sie stellt eine aktualisierte Bestandsanzeige aller am Stichtag bestehenden Einzelanzeigen dar (→ Kreditanzeigen nach KWG). Außer Ansatz bleiben nach § 20 KWG insbes. → Kommunalkredite und → Geldmarktgeschäfte zwischen Banken sowie die abgeschriebenen Kredite. → Bürgschaften, → Garantien und sonstige Gewährleistungen sowie Kredite aus dem Ankauf → bundesbankfähiger Wechsel sind nach § 13 Abs. 6 KWG nur zur Hälfte anzusetzen (geringeres Ausfall- und → Liquiditätsrisiko). Gewährleistungen für Kredite (→ Kreditbürgschaften) werden hiervon jedoch ausgenommen.
G. dürfen nach § 13 Abs. 2 KWG nur aufgrund eines einstimmigen Beschlusses sämtlicher → Geschäftsleiter, der aktenkundig zu machen ist, gewährt werden. Der Beschluß soll vor der Kreditgewährung gefaßt werden. Ist dies im Einzelfall wegen der Eil-

bedürftigkeit nicht möglich, so ist der Beschluß unverzüglich nachzuholen und der → Bankenaufsicht anzuzeigen, ob und mit welchem Ergebnis dies geschehen ist.
Eine besondere Regelung ist in § 13 Abs. 7 KWG für Kreditrahmenkontingente getroffen, die Händlern für die Mithaftung (als Bürge bzw. Wechselmitverpflichteter) bei Abzahlungskäufen zugesagt werden. Kreditnehmer der Bank ist zwar der Kunde des Händlers, auf das Kreditrahmenkontingent finden aber die Beschlußfassungs- und Anzeigepflichten für G. Anwendung.

2. *G. von Kreditinstitutsgruppen:* Aufgrund der Vorschrift des § 13 a KWG haben übergeordnete Kreditinstitute anhand einer quotalen Zusammenfassung des haftenden Eigenkapitals der Kreditinstitutsgruppe und der an denselben Kreditnehmer gewährten Kredite festzustellen, ob die Gruppe insgesamt einen G. gewährt hat. Gruppeninterne Kredite sind wegzulassen. Die Kreditinstitutsgruppe hat – mit Ausnahme der Beschlußfassungsvorschriften – sämtliche Bestimmungen über G. einzuhalten. Die Bestimmung der Kreditinstitutsgruppe in § 13 a Abs. 2 KWG entspricht der Regelung des § 10 a Abs. 2 KWG, wonach ein inländisches Kreditinstitut mit anderen in- und ausländischen Kreditinstituten, → Factoringinstitut und → Leasinggesellschaften zusammengefaßt wird; jedoch beträgt die maßgebliche Beteiligungsschwelle bei unmittelbarer oder mittelbarer Beteiligung nicht 40%, sondern 50% der Kapital- oder Stimmrechtsanteile. Eine → Konsolidierung erfolgt ferner, falls ein beherrschender Einfluß ausgeübt werden kann.

Verantwortlich für die Einhaltung der Großkreditgrenzen durch die Gruppe ist das übergeordnete Institut. Dieses hat auch der Bankenaufsicht die für die Überwachung erforderlichen Angaben zu erteilen (Anzeigen, Sammelaufstellungen). Sind die notwendigen Informationen von Tochterunternehmen (nachgeordneten Kreditinstituten) nicht erhältlich, so kann anstelle des Quotenverfahrens hilfsweise das Abzugsverfahren angewandt werden. Verschärfungen der geltenden Vorschriften bringt die Umsetzung der → Großkredit-Richtlinie der EG mit sich (ab 1996).

Großkredit-Richtlinie
EG-Richtlinie vom 21.12.1992, die Kriterien für die Bestimmung von Kreditkonzentration auf der Ebene der → Europäischen Gemeinschaften aufstellt im Interesse einheitlicher Wettbewerbsbedingungen im Bereich der Kreditwirtschaft Vorschriften zur Überwachung und Kontrolle der → Großkredite regelt.
Die G.-R. gilt für alle → Kreditinstitute in der → Europäischen Union (EU). Bei der Umsetzung der Richtlinie in nationales Recht können die Mitgliedsstaaten jedoch bestimmen, daß Institute, die auf Dauer von der Anwendung der Ersten Bankrechtskoordinierungs-Richtlinie (→ Bankrechtskoordinierungs-Richtlinien) ausgenommen sind (z. B. → Zentralbanken; „Postscheckämter", → Deutsche Bundespost POSTBANK), aus dem Anwendungsbereich herausfallen.
Ein Großkredit i. S. der G.-R. liegt vor, wenn der Wert eines → Krediteszehn von Hundert der → Eigenmittel des Kreditinstituts (→ Eigenmittel-Richtlinie) erreicht oder überschreitet. Er ist bei der zuständigen Bankenaufsichts-Behörde meldepflichtig. Für das Meldesystem sieht die Richtlinie verschiedene Verfahren vor. Ein Kreditinstitut darf nach der Richtlinie einem Kunden oder einer Kundengruppe keinen Kredit einräumen, der einen Wert von 25 v. H. der Eigenmittel des Kreditinstituts übersteigt. Alle Großkredite eines Kreditinstituts zusammen dürfen das Achtfache des → haftenden Eigenkapitals der Kreditinstitute nicht überschreiten. Bei der Berechnung der Obergrenzen sollen bestimmte Kredite bzw. bestimmte → Aktiva herausgenommen werden können. Die Richtlinie sieht für bereits bestehende Kreditengagements eine Übergangsfrist von höchstens acht Jahren vor.

Übergangs- und Ausnahmeregelungen: (1) Bis zum 31. Dezember 1998 können die Mitgliedstaaten ihren Instituten noch gestatten, Großkredite bis zu 40 Prozent der haftenden Eigenmittel zu gewähren. Ende des Jahres 2001 müssen kündbare Kredite jedoch auf 25 Prozent zurückgeführt sein. (2) Für Institute, deren haftendes Eigenkapital weniger als 7 Mio. ECU beträgt, können die Mitgliedstaaten eine Übergangsfrist bis zum 31. Dezember 2003 vorsehen, wobei kündbare Kredite dann bis Ende 2006 auf 25 Prozent zurückgeführt werden müssen. (3) → Hypothekarkredite auf Wohneigentum können unbefristet bis zur Höhe von 50 Prozent des Grundstückswertes von der Großkreditrege-

Großkreditrisiko

lung ausgenommen werden; für Hypothekarkredite auf gewerbliche → Grundstücke ist eine entsprechende Ausnahmeregelung bis Ende 2001 vorgesehen.
Die Umsetzung der Richtlinie erfolgte im Rahmen der 5. Novelle des → Kreditwesengesetzes; die Übergangsvorschrift ist in § 64 d KWG enthalten.

Großkreditrisiko
Spezielle Form des Kreditausfallrisikos, das aus → Krediten an einen Kreditnehmer resultiert, deren Volumen (gemessen am → haftenden Eigenkapital der Kreditinstitute) relativ hoch ist (→ Kreditrisiko). Bankaufsichtsrechtlich stellen Kredite an einen Kreditnehmer nach § 13 Abs. 1 KWG dann → Großkredite dar, wenn sie insgesamt 15% bzw. – nach den Bestimmungen der 5. KWG-Novelle – 10% des haftenden Eigenkapitals des Kreditinstituts übersteigen. Der Risikobegrenzung bei Großkrediten dienen die §§ 13 und 13a KWG (→ bankbetriebliche (Erfolgs-)Risiken des liquiditätsmäßig-finanziellen Bereichs).

Großstück, → Sammelurkunde.

Group of Five (G 5), → Fünfer-Gruppe.

Group of Seven (G 7), → Siebener-Gruppe.

Group of Ten (G 10), → Zehner-Gruppe.

Group of Thirty
1978 gegründete, unabhängige internationale Gruppe (dreißig namhafte Experten aus Wirtschaft, Politik und Wissenschaft) zur Analyse grundsätzlicher weltwirtschaftlicher Fragestellungen unter besonderer Berücksichtigung monetärer Aspekte.

Grundbilanz
Zusammenfassung der → Leistungsbilanz und des langfristigen Kapitalverkehrs (→ Kapitalbilanz) innerhalb der → Zahlungsbilanz. Mit der G. sollen die dauerhaften, relativ stabilen außenwirtschaftlichen Transaktionen dargelegt werden. Der Aussagewert ist umstritten, da formal langfristige Posten des Kapitalverkehrs kurzfristig auf Zinsgefälle und Änderungen des → Wechselkurses reagieren (und etwa zu Wertpapiertransaktionen führen), während formal kurzfristige Positionen relativ stabil sein können.

Grundbuch
1. Das vom → Grundbuchamt geführte → öffentliche Register, in dem die Wirtschafts- und Rechtsverhältnisse von → Grundstücken betreffenden Tatsachen beurkundet werden.
Jedes Grundstück erhält in dem nach räumlichen Bezirken geordneten G. eine besondere Stelle, das Grundbuchblatt, welches als das G. für das betreffende Grundstück gilt (§ 3 GBO). Es können aber auch mehrere Grundstücke eines Eigentümers auf einem gemeinschaftlichen Grundbuchblatt geführt werden (§ 4 GBO).

Aufteilung des Grundbuchblattes:
(1) *Bestandsverzeichnis*: Es enthält das Verzeichnis der Grundstücke sowie der mit dem → Eigentum verbundenen Rechte, macht also erkennbar, was eigentlich beliehen werden kann (Belastungsgegenstand). Insoweit ist darauf zu achten, daß seine Grundstücksbezeichnungen mit den Katasterpapieren (→ Katasteramt) übereinstimmen.
(2) *Abteilung I*: Steht das Grundeigentum mehreren → Personen gemeinschaftlich zu (Miteigentum, → Gesamthandsgemeinschaft), müssen nicht nur die Eigentümer, sondern auch die Art des Gemeinschaftsverhältnisses ausgewiesen werden (§ 47 GBO).
(3) *Abteilung II und III*: Bei der Beurteilung der dort eingetragenen → Grundstücksrechte, namentlich der → Grundpfandrechte, ist zu prüfen, welche Grundstücke des Bestandsverzeichnisses hiervon erfaßt werden, was sich dort der Spalte 2 „laufende Nummer" entnehmen läßt.

EDV-Umstellung: Danach sollen die Grundbuchdaten künftig nur noch in drei Verzeichnissen festgehalten werden. Neben dem unveränderten Statusverzeichnis in Abteilung I soll ein einheitliches Belastungsverzeichnis eingeführt werden, das die Eintragungen der bisherigen Abteilung II und III zusammenfaßt (vgl. §§ 126ff. GBO).

Eintragung: Jede Rechtsveränderung an einem Grundstück bedarf wegen des in §§ 873 ff. BGB niedergelegten Buchungszwangs der Eintragung in das G., die vom Grundbuchamt nach den in der → Grundbuchordnung (GBO) verfahrensrechtlich niedergelegten Grundsätzen durchgeführt wird (→ Grundbuchverfahren) und über den

Grundbuch – Aufteilung des Grundbuchblattes

Aufschrift	Bestandsverzeichnis	Abteilungen		
		Abteilung I	Abteilung II	Abteilung III
1. Amtsgericht	1. Kennzeichnung des Grundstücks	1. Eigentum	1. Lasten	1. Grundpfandrechte
2. Grundbuchbezirk	– Vermessungsbezirk Flurstück usw.	2. Grundlage der Eintragung (z. B. Auflassung, Erbschein etc.)	– *Grundstücksrechte* (z. B. Nießbrauch, Wohnungsrecht)	– Hypothek
3. Bandnummer	– Wirtschaftsart (Ackerland, Bauernhof, Gewerbebetrieb usw.)		2. Beschränkungen (bezüglich Rechte in Abteilung I und II)	– Grundschuld
4. Grundbuchblattnummer			– Verfügungsbeschränkungen (z. B. Konkurs)	– Rentenschuld
	2. mit dem *Eigentum* am Grundstück *verbundene Rechte* (z. B. Wegerecht an fremdem Grundstück)		– Vormerkung	2. Beschränkungen (die Grundpfandrechte betreffend)
			– Widerspruch	

→ Rang der Grundstücksrechte entscheidet. Die Eintragung begründet zunächst eine Richtigkeitsvermutung (§ 891 BGB), so daß derjenige, der ihre Unrichtigkeit behauptet, dies nachzuweisen hat. Noch wichtiger als diese Beweiswirkung ist aber die Tatsache, daß in §§ 892, 893 BGB das Vertrauen auf die Richtigkeit im Zusammenhang mit → Rechtsgeschäften geschützt wird (→ Grundbuch, öffentlicher Glaube). Nur eintragungsfähige Rechtsverhältnisse, d. h. Verhältnisse, deren Eintragung gesetzlich vorgeschrieben oder wenigstens gesetzlich zugelassen ist, werden vermerkt. Einige für die Kreditgewährung wichtige Umstände wie vor allem → Geschäftsfähigkeit, eheliche → Güterstände, → Stellvertretung, Miet- und Pachtverträge sowie → Öffentliche Lasten sind nicht aus den Grundbucheintragungen zu entnehmen.

Einsichtsrecht: Wegen seines hohen Informationsgehaltes ist die Kenntnis des G. für die kreditgewährende Bank unverzichtbar. Die Einsicht in das G. und die Grundakten, d. h. → Urkunden, auf die sich eine Eintragung gründet oder bezieht (§ 10 GBO), und die noch nicht erledigte Eintragungsanträge enthalten, ist jedem gestattet, der ein berechtigtes Interesse dartun kann (§ 12 Abs. 1 GBO). Dieses Interesse besteht schon dann, wenn die Kenntnis des Grundbuchinhalts für die geschäftlichen Entscheidungen des → Kreditinstituts Bedeutung besitzt, etwa für die Gewährung eines ungesicherten → Kredits an den Grundeigentümer. Statt der Einsichtnahme kann auch eine allerdings gebührenpflichtige Abschrift des G. (Grundbuchauszug) gefordert werden, der auf Verlangen öffentlich zu beglaubigen (→ öffentliche Beglaubigung) ist (§ 12 Abs. 2 GBO).

2. Listen zur ersten, chronologisch geordneten Erfassung von Buchungen; auch als Primanote, Journal oder Memorial bezeichnet.
(→ Bankbuchführung)

Grundbuchamt
Staatliche Behörde, die mit der Führung der → Grundbücher beauftragt ist. Es handelt sich dabei meist um eine besondere Abteilung des Amtsgerichts, die Grundbücher für die in ihrem Bezirk liegenden → Grundstücke zu führen hat (§ 1 Abs. 1 GBO).
Die Amtsgerichte als Registergerichte nehmen diese Aufgabe im Rahmen der → Freiwilligen Gerichtsbarkeit wahr; intern ist mit der Bearbeitung der Grundbuchangelegenheiten der Rechtspfleger beauftragt (§ 3 Nr. 1 h (RPfG)). Gegen dessen Entscheidung (z. B. Zurückweisung des Antrags auf Eintragung einer → Grundschuld) kann beim Grundbuchrichter Erinnerung eingelegt werden (§ 11 RPfG), dagegen ist wiederum die Beschwerde zum Landgericht, unter Umständen die weitere Beschwerde zum Oberlandesgericht möglich (§§ 71 ff. GBO).

Grundbuchberichtigung

Erleidet ein Dritter durch eine schuldhafte Verletzung von Amtspflichten eines Bediensteten des G. einen Schaden (z. B. Inhaber einer Grundschuld bei der ungerechtfertigten Löschung seines Rechts und einer damit verbundenen Rangeinbuße), hat dieser einen Anspruch auf Ersatz eines Schadens gegen das Land, dessen Behörde das G. ist (Art. 34 GG i. V. m. § 839 BGB; → Amtshaftung). Das G. arbeitet eng mit dem → Katasteramt zusammen, das die tatsächlichen Verhältnisse der in dem Bezirk gelegenen Grundstücke zu erfassen hat.

Grundbuchberichtigung

Anspruch des Inhabers eines →Grundstücksrechts nach § 894 BGB, sofern sein Recht im →Grundbuch nicht richtig wiedergegeben wird, indem z. B. ein falscher Berechtigter eingetragen oder das ihm zustehende Recht zu Unrecht gelöscht worden ist.

Insoweit läuft der wahre Rechtsinhaber wegen der öffentlichen Glaubenswirkung des Grundbuchs (→Grundbuch, öffentlicher Glaube) und der Möglichkeit eines → gutgläubigen Erwerbs Dritter Gefahr, sein Recht zu verlieren. Kann er aber gegenüber dem →Grundbuchamt den Nachweis der Unrichtigkeit des Grundbuchs nicht durch öffentliche oder öffentlich beglaubigte →Urkunden erbringen (vgl. §§ 22, 29 GBO), hat er nach § 894 BGB einen → Anspruch auf Zustimmung zur Berichtigung des Grundbuchs gegen denjenigen, dessen unrichtig eingetragenes Recht von der Berichtigung betroffen wird. Weigert sich der Betreffende, die sogenannte Berichtigungsbewilligung abzugeben, ersetzt ein rechtskräftiges Urteil dessen Erklärung (§ 894 ZPO). Zu seiner einstweiligen Sicherung kann der wahre Berechtigte auch die Eintragung eines → Widerspruchs erwirken (§ 899 BGB). Der Grundbuchberichtigungsanspruch unterliegt keiner → Verjährung (§ 898 BGB). Er erfüllt bei →Grundstücken die gleiche Funktion, wie der Herausgabeanspruch des Eigentümers bei → beweglichen Sachen nach § 985 BGB. Liegt ein Mangel der Kausalbeziehung vor, ohne daß das Grundbuch unrichtig wird, z. B. Bestellung einer →Sicherungsgrundschuld ohne wirksamen → Darlehensvertrag, so hat der zu Unrecht belastete Grundeigentümer gleichfalls einen Anspruch auf Berichtigung, d. h. auf Herausgabe des sogenannten Buchbesitzes, unter dem Gesichtspunkt der → ungerechtfertigten Bereicherung nach § 812 BGB.

Grundbuch, öffentlicher Glaube

Rechtswirkung, wonach man beim Erwerb eines → Grundstücksrechts oder bei anderen → Rechtsgeschäften über ein eingetragenes Recht die Rechtsstellung nach Maßgabe des Inhalts des →Grundbuchs erlangt (§§ 892, 893 BGB). Sie schützt das Vertrauen des Wirtschaftsverkehrs auf die Verläßlichkeit der Eintragung.

Sachlicher Anwendungsbereich: Hierunter fallen alle Rechtsgeschäfte mit einem im Grundbuch eingetragenen Nichtberechtigten sowie mit dem Eigentümer/Inhaber, der einer nicht eingetragenen → Verfügungsbeschränkung unterliegt. Zu den Rechtsgeschäften gehören der Erwerb des →Eigentums oder sonstiger Grundstücksrechte, vor allem →Grundpfandrechte, sonstige Rechtsgeschäfte im Zusammenhang mit Grundstücksrechten wie Aufhebung, Inhaltsänderung, Rangänderung (§§ 875, 877, 880 BGB) sowie die Bewilligung einer → Vormerkung (§ 883 BGB).

Geschützt wird auch der → Schuldner, der eine Leistung an einen eingetragenen Nichtberechtigten oder den einer nicht eingetragenen Verfügungsbeschränkung unterliegenden Eigentümer/Inhaber erbringt, weil diese mit schuldbefreiender Wirkung gegenüber dem tatsächlichen Empfangsberechtigten erfolgt (§ 893 BGB).

Ausgeschlossene Umstände: Der öffentliche Glaube erstreckt sich nicht auf Tatsacheneintragungen im Grundbuch (Größe eines → Grundstücks, Bebauungs- und Bewirtschaftungsart) sowie nicht eintragungsfähige Rechtsverhältnisse. In diesen Fällen kann jedoch – mit Ausnahme der → öffentlichen Lasten – ein Schutz des guten Glaubens nach anderen Vorschriften in Betracht kommen.

Guter Glaube: Der gute Glaube des Erwerbers entfällt nur bei dessen Kenntnis von der Unrichtigkeit des Grundbuchs oder bei Eintragung eines → Widerspruchs (§ 892 Abs. 1 BGB). Das Fehlen des guten Glaubens hat der durch den → gutgläubigen Erwerb Benachteiligte nachzuweisen. Entscheidender Zeitpunkt für die Kenntnis des Erwerbers ist dabei grundsätzlich die Zeit der Stellung des Antrags auf Eintragung; nur wenn die → Einigung erst später zustande kommt, ist der

Grundbuchrecht

Einigungszeitpunkt maßgebend (§ 892 Abs. 2 BGB).

Eingrenzung auf rechtsgeschäftlichen Bereich: Der öffentliche Glaube erstreckt sich nur auf ein rechtsgeschäftliches Verkehrsgeschäft. Er gilt also nicht für den Erwerb im Wege der →Zwangsvollstreckung (z.B. Eintragung einer →Zwangshypothek oder durch staatlichen Hoheitsakt (z.B. Zuschlag bei der →Zwangsversteigerung) sowie nicht bei einer →Gesamtrechtsnachfolge (z.B. Ererbung eines Grundstücks). Mangels eines Verkehrsgeschäfts ist zudem ein gutgläubiger Erwerb bei sogenannten Innengeschäften und dem Rückerwerb des Nichtberechtigten ausgeschlossen.

Grundbuchordnung

Das formelles Grundstücksrecht enthaltende →Gesetz, in dem die verfahrensmäßigen Voraussetzungen für Eintragung und Löschung im →Grundbuch niedergelegt sind (→Grundbuchverfahren).

Grundbuchrecht, Besonderheiten in den neuen Bundesländern

Zwar gilt seit der Wiederherstellung der Einheit Deutschlands am 3.10.1990 gemäß Art. 8 des Einigungsvertrages im „Beitrittsgebiet", d.h. in den neuen Bundesländern, i.d.R. wieder das allgemeine Bundesrecht, d.h. auch die sachenrechtlichen Vorschriften der §§ 90ff., 854ff. BGB. Jedoch ergeben sich aus der Anlage I zum Einigungsvertrag vielfach Sonderregelungen, vor allem im Hinblick auf die Erstreckung des →Bürgerlichen Gesetzbuchs (nach Maßgabe der Art. 230–236 des Einführungsgesetzes zum BGB [EGBGB]) und auf die Bestimmungen des Grundbuchrechts (→Grundbuch). Zudem wurden nach Anlage II zum Einigungsvertrag diverse Vorschriften der DDR vorerst aufrechterhalten, insbes. das Gesetz über besondere Investitionen in der DDR (InvG), das Gesetz zur Regelung offener Vermögensfragen (VermG, →Vermögensgesetz), die Grundstücksverkehrsverordnung (GVO) und auch die →Gesamtvollstreckung(ver)ordnung. Feststellung und Nachweis der Eigentumsverhältnisse an →Grundstücken werfen daher spezifische Probleme auf.

Bodenrecht der DDR: Ähnlich wie im Falle von →Erbbaurecht und →Wohnungseigentum, jedoch in weitaus größerem Ausmaß sah das vom 1.1.1976 bis zum 2.10.1990 geltende Zivilgesetzbuch der DDR (ZGB) ein vom Grundeigentum getrenntes, selbständiges →Eigentum an Gebäuden, anderen Baulichkeiten und Einrichtungen vor. Hierfür galten dann die Bestimmungen über Grundstücke entsprechend (§ 295 Abs. 2 ZGB), d.h. die Gebäude usw. können unabhängig vom Schicksal des Grundstücks übertragen und belastet werden. Das selbständige Eigentum an Gebäuden und Anlagen konnte begründet werden: (1) aufgrund einer Verleihung eines Nutzungsrechts (durch staatliche Stellen) an einem volkseigenen Grundstück für den Bau und die persönliche Nutzung von Eigenheimen (§§ 287ff. ZGB); (2) aufgrund der Zuweisung genossenschaftlich genutzten Bodens durch eine →Genossenschaft für den Bau und die persönliche Nutzung von Eigenheimen (§§ 291ff. ZGB); (3) bei Gebäuden und Anlagen, die von volkseigenen Betrieben, staatlichen Organen oder Einrichtungen auf vertraglich genutzten Grundstücken errichtet wurden (§ 459 ZGB); (4) bei Wohngebäuden, die im genossenschaftlichen Wohnungsbau auf fremden Grundstücken errichtet wurden. Während für diese und einige weitere Fälle (Verkauf volkseigener Grundstücke nach Gesetz von 1990) ein gesondertes Gebäudegrundbuchblatt anzulegen war oder ist (Art. 233 § 2b EGBGB), galt diese Pflicht nicht, wenn →natürliche Personen Grundstücke aufgrund eines →Vertrages zur Nutzung von Bodenflächen zur Erholung innehatten (§§ 312ff. ZGB). Auch in diesem Zusammenhang errichtete Wochenendhäuser und ähnliche Baulichkeiten wurden zwar Eigentum des Nutzungsberechtigten, hierfür galten aber nicht die Bestimmungen über Grundstücke, sondern diejenigen über →bewegliche Sachen entsprechend (§ 296 Abs. 1 ZGB). Das auf diese Weise bis zum 2.10.1990 erlangte Eigentum blieb bestehen (Art. 232 § 4, Art. 233 §§ 4, 8 EGBGB). Es konnte sogar neu entstehen, wenn erst hernach etwa ein Gebäude aufgrund eines „alten" Nutzungsrechts errichtet wurde. Auch die Weiterübertragung blieb zulässig. Ausnahmen gelten nur bei Unredlichkeit des Nutzers (i.S. des § 4 Abs. 3 VermG). Die Nutzungsrechte konnten, mußten aber nicht ins Grundbuch eingetragen werden.

Anstelle von →Dienstbarkeiten sahen §§ 321, 322 ZGB Mitbenutzungsrechte an Grundstücken vor (Lager-, Wege-, Überfahrtsrechte). Ihre Bestellung bedurfte der Zustimmung des Eigentümers des belaste-

Grundbuchrecht

ten Grundstücks, wenn es sich entweder um eine dauernde Mitbenutzung handelte oder wenn durch sie die Rechte des Eigentümers beeinträchtigt wurden. In diesen Fällen gelten die Mitbenutzungsrechte auch nach dem 2.10.1990 weiter (Art. 233 § 5 EGBGB). Eine Eintragung ins Grundbuch war möglich, aber nicht notwendig. →Gutgläubiger Erwerb ist hier noch weitergehend ausgeschlossen als bei Nutzungsrechten. →Dingliche Rechte, die am 2.10.1990 bestanden haben, bleiben mit dem bisherigen Inhalt und Rang bestehen (Art. 233 §§ 3, 9 EGBGB). Grundstücke können demgemäß belastet sein: (1) mit →Grundpfandrechten im Sinne des BGB (→Hypothek, →Grundschuld, →Rentenschuld), die vor dem 1.1.1976 eingetragen waren; (2) mit Rechten i.S. des ZGB, die vom 1.1.1976 bis 2.10.1990 eingetragen wurden; (3) mit Rechten i.S. des ZGB, die vor dem 3.10.1990 beantragt und nachher eingetragen wurden; (4) mit Grundpfandrechten i.S. des BGB, die nach dem 2.10.1990 beantragt und eingetragen wurden. Fortgeltende Hypothekenarten sind vor allem die reguläre Sicherungshypothek (§ 452 ZGB) sowie die Aufbauhypothek (§ 456 ZGB). Diese wurde zur Sicherung von →Krediten, die von →Kreditinstituten für Baumaßnahmen gegeben wurden, bestellt. Erfolgte dies vor dem 1.7.1990, so hatte sie Vorrang vor anderen Hypotheken, auch wenn sie später eingetragen wurde. Nach der →Währungsreform aufgrund des Staatsvertrags vom 18.5.1990 wurden die →Verbindlichkeiten jedoch zum 1.7.1990 im Verhältnis 2 zu 1 auf DM umgestellt.
Sonderregelungen für die Abwicklung der Bodenreform zwischen jetzigem Eigentümer und Berechtigtem enthalten Art. 233 §§ 11 ff. EGBGB.

Verfahrensrecht: Die Grundbücher wurden in der DDR nicht von den Amtsgerichten, sondern von den Liegenschaftsdiensten (der Räte der Bezirke) geführt. Der Inhalt war durch das ZGB, die Grundstücksdokumentationsordnung von 1975 sowie weitere spezielle Vorschriften festgelegt (z.B. Grundbuchverfahrensordnung). Der Einigungsvertrag behielt die Zuständigkeit der Liegenschaftsdienste zunächst bei. Für nach dem 2.10.1990 gestellte Eintragungsanträge gilt zwar prinzipiell die →Grundbuchordnung (GBO) samt Ausführungsvorschriften, jedoch mit Ausnahmen. Nur in den neuen Bundesländern stellt die GVO Genehmigungserfordernisse bei Veräußerung von Grundstücken sowie bei Bestellung und Übertragung von Erbbaurechten auf; erst auf Vorlage eines Genehmigungsbescheids hin darf eine Grundbucheintragung erfolgen (§ 2 GVO). Bis Ende 1993 konnte im Falle besonderer Investitionszwecke (Sicherung oder Schaffung von Arbeitsplätzen, Deckung erheblichen Wohnbedarfs) statt dessen eine Investitionsbescheinigung gemäß § 2 InvG erteilt werden.

Rückübertragungsansprüche: Aufgrund des Vermögensgesetzes und der →Unternehmensrückgabeverordnung können sich für den Zeitraum vom 30.1.1933 bis 18.10.1989 →Ansprüche auf Rückübertragung von Grundstücken, Gebäuden, Nutzungsrechten und anderen Vermögenswerten auf die Berechtigten (Betroffene oder deren Rechtsnachfolger) ergeben; ausgenommen sind nur Enteignungen auf besatzungsrechtlicher oder besatzungshoheitlicher Grundlage zwischen 1945 und 1949. Wurden bis zum Ablauf des Anmeldezeitraums (Ende 1993) diesbezügliche Anmeldungen vorgenommen, so unterliegt der derzeit Verfügungsberechtigte i.d.R. bestimmten Beschränkungen (§ 3 VermG; Ausnahme: § 3a). Seine Rechte verliert er aber vollständig erst mit Unanfechtbarkeit der Entscheidung über die Rückübertragung. Ob Rückübertragungsansprüche angemeldet sind, ist aus dem Grundbuch nicht zu ersehen. Jedoch ist vor Erteilung der Grundstückverkehrsgenehmigung zu überprüfen, ob ein Grundstück betroffen ist, an dem frühere Eigentumsrechte ungeklärt sind. In solchen Fällen kann ein Genehmigungsbescheid nur ergehen, wenn der Berechtigte mit der Rechtsänderung oder Rechtsbegründung einverstanden ist. Ist eine Rückübertragung ausgeschlossen oder hat sie der Berechtigte nicht gewählt (§ 8 VermG), so besteht ein Anspruch auf Entschädigung (durch Zuteilung von übertragbaren →Schuldverschreibungen eines Entschädigungsfonds [als eines →Sondervermögens des Bundes]) nach Art. 1 des Entschädigungs- und Ausgleichsleistungsgesetzes vom 27.9.1994.

Neuregelungen 1993/1994: Gemäß § 144 GBO gilt seit 1.1.1995 wieder die Zuständigkeit der Amtsgerichte in Grundbuchsachen auch für die neuen Bundesländer. Jedoch sind die Vorschriften über Gebäude-

grundbuchblätter weiter anzuwenden. Insbes. ist auch künftig die Anlegung eines Gebäudegrundbuchblatts im Grundbuchblatt des Grundstücks zu vermerken, auf dem das Gebäude errichtet ist oder wird. Auch im übrigen wird an die am 2.10.1990 geltende Grundbuchregelung angeknüpft. Das Sachenrechtsänderungsgesetz vom 21.9.1994 bezweckt nunmehr die Bereinigung von Rechtsverhältnissen vor allem an Grundstücken, an denen nach dem ZGB Nutzungsrechte verliehen oder zugewiesen wurden oder auf denen vom Eigentum am Grundstück getrenntes selbständiges Eigentum an Gebäuden oder an baulichen Anlagen entstanden ist (§ 1). Grundstückseigentümer und Nutzer können hier Ansprüche auf Bestellung von Erbbaurechten oder auf Ankauf der Grundstücke oder Gebäude geltend machen (§§ 3 ff.). Insbes. im Falle von Verträgen zur kleingärtnerischen Nutzung, Erholung oder Freizeitgestaltung oder zur Errichtung von Garagen oder anderen persönlichen, jedoch nicht zu Wohnzwecken dienenden Bauwerken gelten hingegen die Vorschriften des Schuldrechtsänderungsgesetzes (ebenfalls vom 21.9.1994). Vor dem 3.10.1990 geschlossene Verträge unterliegen hiernach den Bestimmungen des BGB über → Miete oder → Pacht (§ 6 Abs. 1). Werden diese Verträge künftig (z. B. durch → Kündigung) beendet, geht das Eigentum an Baulichkeiten auf den Grundstückseigentümer über. Hierfür muß dem Nutzer jedoch Entschädigung oder Wertersatz geleistet werden (§ 12). Die Abgrenzung zwischen Sachenrechts- und Schuldrechtsänderungsgesetz ist allerdings gerade bei Wohnbebauung nicht völlig eindeutig.
Das Registerverfahrensbeschleunigungsgesetz vom 20.12.1993 stellt den öffentlichen Glauben des Grundbuchs wieder her, wenn bis Ende 1996 das Gebäudeeigentum oder das dingliche Nutzungsrecht nicht im Grundbuch des Grundstücks eingetragen (oder dem Erwerber bekannt) ist (Art. 231 § 5 EGBGB). Zum selben Zeitpunkt erlöschen nicht eingetragene Mitbenutzungsrechte. Über eine Grundbuchbereinigung können vor allem überholte, beschränkt dingliche Rechte erlöschen und bei unbekannten Rechtsinhabern → gesetzliche Vertreter bestellt oder auch Ausschlußverfahren durchgeführt werden. Mit dem Bodensonderungsgesetz wird ein Verfahren eingerichtet, in dem ungeklärte Grundstücksgrenzen (z. B. bei ungetrennten Hofräumen, aber auch bei willkürlicher Überbauung) durch einen Sonderungsbescheid festgestellt werden, ohne daß es vorläufig einer Vermessung bedürfte.

Grundbuchverfahren

Die in der → Grundbuchordnung niedergelegten Grundsätze, welche die Eintragungen in das → Grundbuch betreffen.

Neben der Eintragungsfähigkeit müssen folgende *Voraussetzungen* für eine Eintragung erfüllt sein:
(1) *Eintragungsantrag*: Zunächst hat ein Beteiligter, also jede → Person, deren Recht von der Eintragung betroffen wird (z. B. Grundeigentümer) oder zu deren Gunsten die Eintragung erfolgen soll (z. B. → Kreditinstitut als Grundpfandgläubiger) einen Eintragungsantrag an das → Grundbuchamt zu stellen (§ 13 GBO). Das kann auch ein Notar tun, der eine zu der Eintragung erforderliche Erklärung beurkundet oder beglaubigt hat (§ 15 GBO). Eine Eintragung von Amts wegen erfolgt nur bei einigen → Verfügungsbeschränkungen des Grundeigentümers (z. B. Nacherben- oder Testamentsvollstreckervermerk, §§ 51, 52 GBO; Konkursvermerk, § 113 KO). Der Antrag muß auf eine bestimmte Eintragung gerichtet sein, die Person des Antragstellers und das betreffende Recht erkennen lassen, wobei in der Praxis durchweg auf die Eintragungsbewilligung Bezug genommen wird. Ihm sind alle für die Eintragung erforderlichen Unterlagen beizufügen. Wirksam wird er mit dem Eingang beim Grundbuchamt (§ 13 Abs. 1 S. 3 GBO).
(2) *Eintragungsbewilligung*: Weiterhin ist die Bewilligung desjenigen notwendig, dessen Recht von ihr betroffen wird (§ 19 GBO). Sie ist in Form einer öffentlichen oder öffentlich beglaubigten → Urkunde vorzulegen (§ 29 GBO; → öffentliche Beglaubigung). Allein diese formelle Erfordernis bildet die Grundlage der Eintragung, lediglich im Falle der → Auflassung eines Grundstücks oder der Bestellung eines → Erbbaurechts ist die materiellrechtliche Einigung nachzuweisen (§ 20 GBO). Die Bewilligung ist entbehrlich bei Verfügungen über → Briefhypotheken bzw. → Briefgrundschulden, wenn die schriftliche Abtretungserklärung öffentlich beglaubigt worden ist (§ 26 GBO), und kann schließlich durch gerichtliche Urteile im Wege der

Grunddienstbarkeit

→Zwangsvollstreckung oder aufgrund →einstweiliger Verfügungen ersetzt werden.

(3) *Voreintragung des Betroffenen*: Die Person, deren Recht von der Eintragung betroffen wird, muß im Grundbuch als Berechtigter eingetragen sein (§ 39 Abs. 1 GBO). Der Eintragung steht es gleich, wenn der Inhaber einer Briefhypothek bzw. Briefgrundschuld sein Gläubigerrecht durch eine zusammenhängende auf einen eingetragenen →Gläubiger zurückführende Reihe von öffentlich beglaubigten Abtretungserklärungen i.S. von § 1155 BGB dartun kann (§ 39 Abs. 2 GBO). Ein noch nicht im Grundbuch eingetragener →Erbe des Berechtigten hat sein Recht durch einen →Erbschein nachzuweisen (§ 35 GBO).

(4) *Vorlage des Briefes*: Bei Briefgrundpfandrechten soll eine Eintragung nur bei Vorlage des Briefes vorgenommen werden (§§ 41, 42, 62, 70 GBO).

Entscheidung des Grundbuchamtes: Im Falle eines unüberwindbaren Hindernisses (z.B. nichteintragungsfähiges Recht oder Recht mit einem unzulässigen Inhalt) wird der Antrag vom Grundbuchamt sofort zurückgewiesen; bei behebbaren Mängeln räumt das Grundbuchamt dem Antragsteller durch eine Zwischenverfügung eine angemessene Frist zu deren Behebung ein (§ 18 Abs. 1 GBO), wobei gleichzeitig zur Rangwahrung zugunsten des Antragstellers eine →Vormerkung (§ 883 BGB) oder ein →Widerspruch (§ 899 BGB) eingetragen wird, falls während der Frist ein anderer Antrag eingeht und erledigt wird, der das gleiche Recht betrifft (§ 18 Abs. 2 GBO). Diese Zwischenverfügung ist selbständig gerichtlich anfechtbar.

Löschung: Bestehen ein →Grundstücksrecht oder sonstige eintragungsfähige Umstände nicht mehr, so wird die Eintragung im Grundbuch gelöscht. Dies geschieht durch Rötung (rote Unterstreichung) des betreffenden Textes (vgl. §§ 84ff. GBO).

Benachrichtigung der Beteiligten: Von den Eintragungen sind der Antragsteller und die sonstigen aus dem Grundbuch ersichtlichen Beteiligten, bei einem Eigentumswechsel zudem auch die Inhaber von →Grundpfandrechten zu unterrichten (§ 55 GBO). Diese Eintragungsbekanntmachung sollten die →Kreditinstitute sorgfältig auf ihre Richtigkeit hin überprüfen, um möglichst bald etwaige Gegenvorstellungen gegenüber dem Grundbuchamt erheben zu können. Im Wege der Beschwerde (zum Landgericht) kann dabei verlangt werden, daß das Grundbuchamt zur Korrektur angewiesen wird (§ 71 GBO).

Grunddienstbarkeit

Beschränkt →dingliches Recht an einem →Grundstück (→Grundstücksrechte), wonach der jeweilige Eigentümer eines Grundstücks (herrschendes Grundstück) das Recht erhält, das belastete Grundstück (dienendes Grundstück) in bestimmter Weise zu nutzen oder die Unterlassung bestimmter Handlungen auf diesem verlangen zu können (§§ 1018ff. BGB).

Inhalt einer G. können vor allem sein: Wegerechte, Überfahrtsrechte, Leitungsrechte, Bebauungsverbote oder -beschränkungen, Konkurrenzverbote oder Pflichten zur Duldung von Immissionen vom herrschenden Grundstück aus. Insoweit können sich insbes. Bebauungs- und Wettbewerbsverbote und die Duldung von Immissionen verkehrshindernd auswirken und sind daher für die Kreditpraxis bedeutsam, während Leitungs- und Fahrrechte den Wert eines Grundstücks als (→Kreditsicherheit (→Realkredit, →Grundpfandrechte) kaum herabsetzen dürften.

Gegensatz: →beschränkte persönliche Dienstbarkeit.

(→Grundbuch, →Grundstücksrechte)

Grunderwerbsteuer (GrESt)

Die GrESt ist eine Verkehrsteuer, eine indirekte Steuer, eine Ländersteuer (→Steuern). Rechtsgrundlage ist das Grunderwerbsteuergesetz (GrEStG).

Steuersubjekte (→Steuerschuldner) sind gem. § 13 GrEStG regelmäßig die an einem Grunderwerbsvorgang als Vertragsteile beteiligten →Personen als →Gesamtschuldner. Insoweit trifft Gerichte, Behörden und Notare eine Anzeigepflicht nach §§ 18, 20 GrEStG.

Steuergegenstand: Die GrEStG wird auf bestimmte Erwerbsvorgänge bei inländischen →Grundstücken (§ 2 Abs. 1 GrEStG) erhoben. Ihr unterliegen gem. § 1 Abs. 1, 2 GrEStG insbes. der Abschluß eines Kaufvertrags oder eines anderen →Rechtsgeschäfts, das den →Anspruch auf →Übereignung eines bebauten oder unbebauten Grundstücks begründet, aber auch →Auflassung und Übergang des →Eigentums ohne vorausgegangenes → Verpflichtungsgeschäft, ebenso das Meistgebot bei der → Zwangsversteigerung. Weitere Erwerbsvorgänge sind in § 1 GrEStG aufgezählt. Den Grundstücken stehen → Erbbaurechte und Gebäude auf fremdem Boden gleich (§ 2 Abs. 2 GrEStG). Steuerbefreiungen sind in den §§ 3 bis 7 GrEStG geregelt, u. a. Grundstückserwerb von Todes wegen und Grundstücksschenkungen unter Lebenden, um eine Doppelbelastung wegen GrESt und ErbSt (→ Erbschaft- und Schenkungsteuer) zu verhindern, Grundstückserwerb durch den Ehegatten des Veräußerers.

Bemessungsgrundlage der GrESt ist der Wert der Gegenleistung (§ 8 Abs. 1 GrEStG), ersatzweise der nach § 10 anzusetzende Wert des Grundstücks. Beim → Kauf ist die Gegenleistung der Kaufpreis einschl. der vom Käufer übernommenen sonstigen Leistungen und der dem Verkäufer vorbehaltenen Nutzungen.

Unbedenklichkeitsbescheinigung: Der Erwerber eines Grundstücks darf in das → Grundbuch erst eingetragen werden, wenn eine Bescheinigung des für die Besteuerung zuständigen Finanzamtes vorliegt, daß steuerliche Bedenken der Eintragung nicht entgegenstehen (§ 22 GrEStG).

Steuersatz: Die Steuer beträgt gem. § 11 GrEStG 2% (Abrundung auf volle DM).

Grundgeschäftserklärung

Hatten die → Kreditinstitute der LZB bzw. der → Deutschen Bundesbank bei der Rediskontierung von → Bankakzepten, → Debitorenziehungen und Exporttratten abzugeben. Sie beinhaltete, daß der → Wechsel ein → Handelswechsel sei und insbes. nicht der → Finanzierung von → Investitionen oder der Verflüssigung eingefrorener Kundenforderungen diente. Heute verzichten LZB und Bundesbank meistens auf den Nachweis des zu finanzierenden Geschäfts. Bei den zum Privatdiskontmarkt zugelassenen Export-, Import- und Transithandelsakzepten (→ Privatdiskonten) sind Angaben über das Grundgeschäft am oberen Rand der Vorderseite des Akzeptes anzubringen.

Grundhandelsgewerbe

Die in § 1 Abs. 2 HGB aufgezählten Tätigkeiten. Hierzu zählen u. a. auch die Geschäfte der → Kreditinstitute (→ Handelsgewerbe). Wer sie betreibt, ist regelmäßig → Kaufmann („Mußkaufmann").

Grundkapital

Nominalkapital einer → Aktiengesellschaft. Der Mindestnennbetrag des in → Aktien zerlegten G. beträgt 100.000 DM (§ 7 AktG). Die Höhe des G. muß in der → Satzung ziffernmäßig bestimmt werden (§ 23 Abs. 3 Nr. 3 AktG). Eine Veränderung des G. ist somit, abgesehen vom Fall des → genehmigten Kapitals, ohne eine Änderung der Satzung nicht möglich. Garantie des G. z. B. durch (1) Verbot der Unterpari-Emission (§ 9 Abs. 1 Satz 1 AktG); (2) → Kaduzierung (§ 64 AktG); (3) Verbot der Einlagenrückgewähr (§ 57 AktG); (4) Verbot des Erlasses der Einzahlungspflicht (§ 66 AktG).

Das bei Überpari-Ausgabe der → Aktien erzielte → Aufgeld muß in die → gesetzliche Rücklage eingestellt werden, abzüglich der durch die Aktienausgabe entstehenden → Kosten (§ 272 Abs. 2 Nr. 1 HGB). Im Bestand befindliche → eigene Aktien dürfen auf der Passivseite nicht abgesetzt werden, sondern sind unter dem Aktivposten „Eigene Aktien" unter Angabe ihres Nennbetrages auszuweisen. Die Gesamtnennbeträge der Aktien jeder Gattung, → Vorzugsaktien sowie ein → bedingtes Kapital sind in der → Bilanz gesondert anzugeben. Bestehen → Mehrstimmrechtsaktien, so sind beim G. die Gesamtstimmzahl der Mehrstimmrechtsaktien und die der übrigen Aktien zu vermerken (§ 152 Abs. 1 AktG).

Grundkosten

→ Kosten, die zugleich → Aufwand sind.
Gegensatz: Zusatzkosten (→ kalkulatorische Kosten).

Grundkreditanstalten, → Öffentlich-rechtliche Grundkreditanstalten.

Grundpfandrecht

Belastung von → Grundstücken in Form eines → Pfandrechtes, die zur Kategorie der beschränkt → dinglichen Rechte an einem Grundstück gehören (→ Grundstücksrechte). Der Grundpfandrechtsgläubiger kann zunächst eine bestimmte Geldleistung vom Eigentümer des belasteten Grundstücks verlangen. Bei Nichtleistung muß aber der betreffende Eigentümer die → Zwangsvollstreckung in sein belastetes Grundstück dulden (§ 1147 BGB). Bei → Konkurs des Eigentümers verfügt der Gläubiger über ein Absonderungsrecht (→ Absonderung) (§ 47 KO).

Grundpfandrecht

Belastetes Grundstück: I. d. R. ein einzelnes Grundstück; ein G. kann aber auch mehrere Grundstücke umfassen (sogenanntes → Gesamtgrundpfandrecht). Eine Begrenzung auf einen Grundstücksteil erfordert dessen Abschreibung und Eintragung als selbständiges Grundstück in das → Grundbuch (§ 7 GBO). Die nach § 1114 BGB mögliche getrennte Belastung des Anteils eines Miteigentümers (z. B. des Ehemanns an einem Grundstück, das beiden Ehegatten als Miteigentümer gehört; → Bruchteilsgemeinschaft) ist wegen der Schwierigkeiten bei der Verwertung wenig gebräuchlich. Große Bedeutung besitzt dagegen die Bestellung von G. an grundstücksgleichen Rechten (→ Erbbaurecht, → Wohnungseigentum/ → Teileigentum).

Rechtstypen: Das BGB unterscheidet zwischen drei Grundtypen: akzessorische, der Sicherung einer → Forderung dienende → Hypothek (§§ 1113 ff. BGB); nichtakzessorische, abstrakte → Grundschuld (§§ 1191 ff. BGB); nicht als Kreditsicherheit geeignete → Rentenschuld (§§ 1199 ff. BGB) als Sonderform der Grundschuld. Der gesetzliche Regeltypus ist die Hypothek; im Recht der Grundschuld werden die hypothekenrechtlichen Bestimmungen für entsprechend anwendbar erklärt, soweit diese nicht die Existenz einer Forderung voraussetzen, was der abstrakten Rechtsnatur der Grundschuld zuwiderliefe (§ 1192 Abs. 1 BGB). In gleicher Weise werden die gesetzlichen Regeln der Rentenschuld durch die Vorschriften über die Grundschuld ergänzt (§ 1199 BGB).

Angesichts ihrer gemeinsamen Beschaffenheit als Grundstücksrechte und Pfandrechte sind viele rechtliche Teilaspekte bei Hypothek und Grundschuld ähnlich ausgestaltet (→ Grundpfandrecht, → Bestellung, Geltendmachung, → Löschung, Schuldnerwechsel und → Übertragung). Divergenzen zeigen sich dagegen bei der Behandlung der gesicherten Forderung, dem gutgläubigen Erwerb und ihrer Eignung als Kreditsicherungsmittel (→ Sicherungsgrundschuld).

Wirtschaftliche Bedeutung: Hypothek und Grundschuld sind die bei weitem wichtigsten Sicherungsmittel im mittel- bis langfristigen Kredit, sowohl gegenüber der Privatals auch gegenüber der Firmenkundschaft (→ Realkredit). Die hohe Sicherungsqualität der G. hängt nicht nur mit den besonderen Werthaltigkeit des → Wirtschaftsguts Grundstück (→ Beleihung von Grundstücken), sondern auch mit ihrem weitreichenden Haftungsverband und der öffentlichen Glaubenswirkung des Grundbuchs zusammen. Das ermöglicht nicht nur einen weitgehenden → gutgläubigen Erwerb, sondern vermittelt im Falle der Eintragung in das Grundbuch bzw. der Innehabung des Briefes (→ Grundschuldbrief, → Hypothekenbrief) eine bestandsfeste Rechtsposition.

Arten: vgl. Abbildung S. 789.

Beeinträchtigung der Sicherheit: Bei Verschlechterung des Grundstücks und der mithaftenden Gegenstände (→ Grundpfandrecht, Haftungsverband) hat der Gläubiger gegenüber dem Grundeigentümer vor Fälligkeit (→ Grundpfandrecht, Geltendmachung) Beseitigungs- und Unterlassungsansprüche (§§ 1133 ff. BGB). Hat der Eigentümer die ihm vom Gläubiger gesetzte angemessene Frist zur Beseitigung der Gefährdung verstreichen lassen, kann der Gläubiger sofort Befriedigung aus dem Grundstück suchen. Diese Regelungen sind Schutzgesetze i. S. v. § 823 Abs. 2 BGB, so daß der Gläubiger von einem schuldhaft handelnden Störer (Eigentümer oder Dritter) → Schadensersatz, z. B. für einen Ausfall in der → Zwangsversteigerung, verlangen kann (→ unerlaubte Handlung).

Grundpfandrecht, Bestellung

Bei der Begründung von → Grundpfandrechten ist zwischen der Entstehung und dem Erwerb durch den → Gläubiger zu unterscheiden. Bei der Entstehung spielt der Rechtstyp – → Hypothek oder → Grundschuld – eine Rolle; für den Erwerb kommt es auf die gewählte Bestellungsform – Buchoder Briefrecht – an.

Einigung: Stets erforderlich ist (wie bei allen → Grundstücksrechten) die → Einigung zwischen Eigentümer und Gläubiger, daß diesem nunmehr auf dem betreffenden → Grundstück das Grundpfandrecht zustehen soll, und die Eintragung desselben in das → Grundbuch (Abteilung III). Mangels Vorhandenseins eines Gläubigers kann bei der ursprünglichen → Eigentümergrundschuld keine Einigung zustande kommen, so daß hierfür eine einseitige Erklärung des Eigentümers gegenüber dem → Grundbuchamt genügt (§ 1196 Abs. 2 BGB). Obwohl die Einigung über die Bestellung des Rechts zwischen Eigentümer und Gläubiger form-

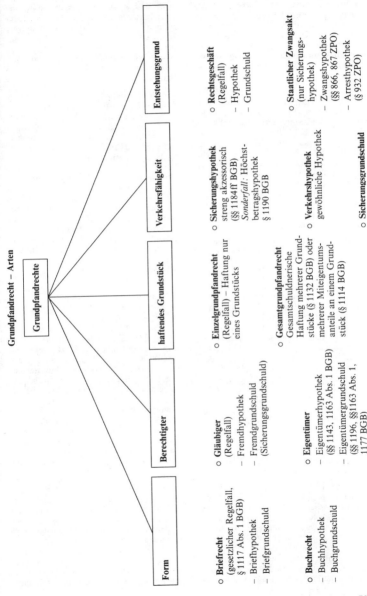

Grundpfandrecht

los gültig ist, wird in der Praxis ein Notar eingeschaltet, weil die verfahrensrechtlich notwendige Bewilligung des Grundeigentümers öffentlich zu beglaubigen ist (→ Grundbuchverfahren); sonst wird die ebenfalls erforderliche Eintragung vom zuständigen Grundbuchamt nicht vorgenommen.

Entstehung: Die akzessorische Hypothek entsteht erst, wenn eine zu sichernde → Forderung existiert, also die → Bank den → Kredit an den Kreditnehmer ausbezahlt hat (§ 113 Abs. 1 BGB). Die Einigung ist unwirksam, wenn eine → Verfügungsbeschränkung des Grundeigentümers besteht. Da diese im Grundbuch eingetragen sein kann, ist dies vor Valutierung des Kredits durch Einsichtnahme oder durch Vorlage eines Grundbuchauszugs neben der Belastung des Grundstücks mit vorrangigen anderen Grundstücksrechten zu prüfen (→ Rang von Grundstücksrechten).

Erwerb: Nach der gesetzlichen Regelung stellt das Briefrecht den Normalfall, das Buchrecht die Ausnahme dar (§ 1116 Abs. 1 BGB).

Briefrecht: Hierfür ist zunächst die Erteilung des Briefs vom Grundbuchamt erforderlich (§§ 56 ff. GBO). Erworben wird das Recht aber vom Gläubiger grundsätzlich erst mit → Übergabe des Briefes, die durch die bei → beweglichen Sachen anerkannten Übergabesurrogate ersetzt wird (§ 1117 Abs. 1 BGB; → Übereignung); zuvor steht es dem Eigentümer zu (§§ 1163 Abs. 2, 1177 BGB). Deshalb wird in der Praxis zwischen Eigentümer und Geschäftsbank bei der Bestellung vereinbart, daß dem → Kreditinstitut der Brief vom Grundbuchamt direkt ausgehändigt werden soll, weil dies den Rechtserwerb bereits mit der Eintragung herbeiführt (§ 1117 Abs. 2 BGB).
Zur Bedeutung und Rechtswirkungen des Briefes siehe → Hypothekenbrief, → Grundschuldbrief.

Buchrecht: Der Gläubiger erhält das Buchrecht erst mit Eintragung im Grundbuch, wobei zusätzlich der Ausschluß des Briefes ausdrücklich vereinbart und im Grundbuch eingetragen werden muß (§ 1116 Abs. 2 BGB). Mit Ausnahme der auf die Buchform festgelegten → Sicherungshypothek (§ 1185 Abs. 1 BGB) können die Beteiligten zwischen den beiden Bestellungsformen frei wählen. Die Praxis bevorzugt aber aus Kosten- und Risikoerwägungen heraus die Buchform, zumal das schwerfälligere Buchrecht jederzeit in das verkehrsfähigere Briefrecht, das auch außerhalb des Grundbuchs übertragen werden kann (§ 1154 BGB; → Grundpfandrecht, Übertragung), umgewandelt werden kann (§ 1116 Abs. 3 BGB).

Vorzeitige Valutierung: Bei Ausbezahlung des Kredits vor Eintragung muß sich die Bank zuvor durch eine → Vormerkung vor allem zur Rangwahrung ihres künftigen Grundpfandrechts sichern, da der → Sicherstellungsvertrag allein insoweit keine ausreichende Sicherheit bietet.

Grundpfandrecht, Geltendmachung

Den dinglichen → Anspruch aus dem → Grundpfandrecht (zu unterscheiden von dem schuldrechtlichen aus dem → Kreditvertrag) kann der → Gläubiger nach → Fälligkeit geltend machen, die entweder durch Zeitablauf oder durch → Kündigung eintritt. Die Fälligkeit einer → Hypothek deckt sich dabei i. d. R. mit der Fälligkeit der zugrundeliegenden → Forderung.

Sonderregelung: Sofern der Eigentümer nicht der persönliche → Schuldner ist, z. B. die Ehefrau bestellt zugunsten des kreditaufnehmenden Ehemanns an ihrem Grundstück eine → Grundschuld –, muß die Kündigung gegenüber dem Eigentümer ausgesprochen werden (§ 1141 BGB). Bei einem Briefrecht hat der Gläubiger zudem den Brief (→ Hypothekenbrief, → Grundschuldbrief) und, sofern er nicht im Grundbuch eingetragen ist, auch die nach § 1155 BGB legitimierenden schriftlichen, öffentlich beglaubigten Abtretungserklärungen vorzulegen (→ Grundpfandrecht, Übertragung), ansonsten kann der Eigentümer der Geltendmachung des Grundpfandrechts widersprechen, was zugleich auch den Eintritt des → Schuldnerverzugs hindert (§ 1160 BGB).

Zahlungsanspruch des Gläubigers: Zahlung aus dem Grundstück kann nicht nur wegen des Nominalbetrages des Grundpfandrechts, sondern auch für die im Grundbuch eingetragenen → Zinsen und sonstigen Nebenkosten, Strafzinsen, → Kosten der Geldbeschaffung des Gläubigers, Verwaltungskosten, Beiträge oder einmalige Nebenleistungen, sowie die Kosten der Kündigung und der Rechtsverfolgung aus dem Grundpfandrecht, insbes. für das Vollstreckungs-

Grundpfandrecht

verfahren, verlangt werden (§§ 1115, 1118 BGB). Zinsfuß und Höhe der Nebenkosten sind im Grundbuch einzutragen, lediglich bei der → Höchstbetragshypothek sind die Zinsen in den Höchstbetrag hineinzurechnen (§ 1190 Abs. 2 BGB). Der Zinssatz entspricht bei der Hypothek stets dem der gesicherten Forderung, während bei Grundschulden allgemein ein höherer Zinssatz vereinbart wird, um auch etwaige rückständige Zins- und Tilgungsleistungen aufzufangen (vgl. §§ 1118, 1119 BGB).

Befriedigung des Gläubigers: Im Falle der freiwilligen Befriedigung durch den persönlichen Schuldner oder den Eigentümer stellt sich die Rechtslage bei der Hypothek und Grundschuld unterschiedlich dar. Stets kann der Eigentümer nach § 1144 BGB die Aushändigung des Briefes und die zur Berichtigung des Grundbuchs (→ Grundbuchberichtigung) bzw. zur Löschung des Grundpfandrechts erforderlichen Unterlagen (→ Grundpfandrecht, Löschung) verlangen. Die zwangsweise Befriedigung des Gläubigers erfolgt durch → Zwangsvollstreckung in das belastete Grundstück.

Verwertungsfunktion: Inwieweit das betreffende Grundpfandrecht eine möglichst umfassende Befriedigung des Gläubigers zu realisieren vermag, hängt zunächst von der Werthaltigkeit des belasteten Grundstücks und der mithaftenden Gegenstände (→ Beleihung von Grundstücken; zum Haftungsumfang: → Grundpfandrecht, Haftungsverband) ab. Von besonderer Bedeutung sind die → Grundstücksbelastungen, insbes. mit anderen vorrangigen Grundstücksrechten (→ Rang der Grundstücksrechte), da die Gläubiger im Zwangsvollstreckungsverfahren entsprechend ihrem Rang zu befriedigen sind.

Grundpfandrecht, Haftungsverband

Neben dem belasteten → Grundstück (→ Grundpfandrecht) haften dem Grundpfandgläubiger auch eine Reihe anderer mit dem Grundstück rechtlich oder jedenfalls wirtschaftlich verbundener → beweglicher Sachen und sonstiger → Gegenstände.

Bestandteile, Erzeugnisse und Zubehör des Grundstücks: Es haften → Bestandteile sowie → Erzeugnisse, sofern sie vom Grundstück getrennt sind und nicht dem Aneignungsrecht einer anderen Person unterliegen (§ 1120 BGB). Beim Erwerb von → Zubehör unter → Eigentumsvorbehalt wird auch das → Anwartschaftsrecht erfaßt, so daß dessen spätere → Sicherungsübereignung an einen anderen bedenklich erscheint, soweit nicht eine Enthaftung herbeigeführt worden ist. Diese tritt ein, wenn die → Sachen entweder aufgrund einer Veräußerung oder sonst innerhalb der Grenzen einer ordnungsgemäßen unternehmerischen Tätigkeit (z. B. Aussonderung alter Maschinen von einem Fabrikgrundstück bei gleichzeitiger Neuanschaffung) auf Dauer vom belasteten Grundstück entfernt werden und sie bis dahin noch nicht zugunsten des → Gläubigers in Beschlag genommen worden sind (§§ 1121, 1122 BGB). Danach kann keine Enthaftung mehr im guten Glauben des Erwerbers (→ gutgläubiger Erwerb) herbeigeführt werden (vgl. §§ 135 Abs. 2, 932 BGB). Dafür kommt aber nur der Zeitraum zwischen Antrag auf → Zwangsversteigerung und deren Eintragung im → Grundbuch in Betracht, weil mit der Eintragung des Zwangsversteigerungsvermerks die Kenntnis des Erwerbers von der Beschlagnahme unterstellt wird (§ 23 Abs. 2 ZVG).

Miet- und Pachtzinsforderungen: Solche Rechte (→ Miete, → Pacht) fallen ebenfalls in den Haftungsverband (§§ 1123, 1124 BGB). Bis zu deren Beschlagnahme kann jedoch der Grundeigentümer als Vermieter die Miet- und Pachtzinsen selbst einziehen oder sonst über die → Forderungen (z. B. → Abtretung, → Verpfändung, → Pfändung) mit Wirkung gegenüber dem Grundpfandgläubiger verfügen. Die Beschlagnahme erfolgt erst durch die → Zwangsverwaltung (§ 148 Abs. 1 ZVG), weshalb in der Praxis bei der → Zwangsvollstreckung in ein vermietetes/verpachtetes Grundstück neben der Zwangsversteigerung die Zwangsverwaltung betrieben wird. Vorausverfügungen des Grundeigentümers sowie Vorauszahlungen des Mieters bzw. Pächters vor Anordnung der Zwangsverwaltung sind aber in ihrem Bestand auf den zur Zeit der Beschlagnahme laufenden oder spätestens den folgenden Kalendermonat beschränkt. Das gilt nicht für den sogenannten abwohnbaren Baukostenzuschuß des Mieters, sofern er bestimmungsgemäß zum Auf- oder Ausbau des Mietgrundstücks verwendet worden ist. Er bleibt sogar auch gegenüber dem Ersteher des Grundstücks im Zwangsversteigerungsverfahren wirksam (§ 57c ZVG), was die

Grundpfandrecht

Verkäuflichkeit des Grundstücks erheblich erschwert.

Wiederkehrende Leistungen: Ein eingetragenes Erbbauzinsrecht (→ Erbbaurecht), Überbau- und Notwegrenten (§§ 912, 917 BGB) sowie das Entgelt für ein → Dauerwohnrecht (§ 40 WEG) haften i.d.R. wie Miet- und Pachtzinsen.

Versicherungsforderungen: Bei Untergang oder Beschädigung des Gebäudes oder der mithaftenden beweglichen Sachen (insbes. Zubehör) erstreckt sich das Grundpfandrecht auch auf Forderungen aus zugunsten des Eigentümers oder Eigenbesitzers (vgl. § 872 BGB; → Besitz) abgeschlossenen Versicherungen (§§ 1127 ff. BGB).

Gebäudeversicherung: Der gesetzliche Schutz des Grundpfandgläubigers gemäß § 1128 BGB ist trotz der Verfügungsbeschränkung des Versicherungsnehmers auch ohne Beschlagnahme unzureichend, da die Versicherungsverträge i.d.R. eine Wiederherstellungsklausel aufweisen und die Bank daher eine entsprechende Zahlung des Versicherers an den Versicherten gelten lassen muß (§ 1130 BGB). Zeigt in einem solchen Fall das → Kreditinstitut dem Versicherer die Existenz des Grundpfandrechts an, so wird es ausreichend durch die nach §§ 97 ff. Versicherungsvertragsgesetz (VVG) vorgesehenen Informationspflichten (Versicherungsfall und Prämienverzug) und einen Zustimmungsvorbehalt (→ Kündigung der Versicherung) geschützt.

Mobiliarversicherung: Über derartige Ansprüche kann der Grundeigentümer bis zur Beschlagnahme jederzeit verfügen (§ 1129 BGB). Die demnach notwendige Verstärkung der Rechtsstellung des Grundpfandgläubigers erfolgt in der Praxis durch die → Verpfändung derartiger Ansprüche (§§ 1273, 1274, 1280 BGB; → Pfandrecht an Rechten) und die Erteilung eines Zubehör- und Grundpfandrechtssicherungsscheines durch den Versicherer, mit dessen Aushändigung der Grundpfandgläubiger eine ähnlich starke Rechtsstellung wie bei einer Gebäudeversicherung erhält.

Enthaftung: Nach ihrem Schutzweck erlischt die Haftung der Forderung gegen den Versicherer im Falle der Wiederherstellung des versicherten Gegenstandes oder der Ersatzbeschaffung (§ 1127 Abs. 2 BGB). Gleiches ergibt sich aus der Kompensationsfunktion, falls der versicherte Gegenstand aus dem Haftungsverband ausscheidet.

Grundpfandrecht, Löschung

Nach der Befriedigung des Grundpfandrechtsgläubigers (→ Grundpfandrecht, Geltendmachung) kann der Eigentümer von dem → Gläubiger eine löschungsfähige Quittung, Löschungsbewilligung oder Berichtigungsbewilligung (→ Grundbuchberichtigung) verlangen. Dabei rücken aber die nachrangigen Grundrechtspfandgläubiger kraft einer eingetragenen Löschungsvormerkung oder ihres gesetzlichen Löschungsanspruchs nach.

Löschungsfähige Quittung: → Urkunde, in der der Gläubiger anerkennt, wegen seiner hypothekarisch oder grundschuldmäßig gesicherten → Forderung befriedigt zu sein. Danach kann der Eigentümer das → Grundpfandrecht löschen oder bei nur einmaliger Belastung auf sich umschreiben lassen. Zum Nachweis gegenüber dem → Grundbuchamt ist gemäß § 41 GBO die Aushändigung des → Hypothekenbriefs oder → Grundschuldbriefs und sonstiger Urkunden erforderlich, worauf der Eigentümer einen Anspruch hat (§ 1144 BGB).

Löschungsbewilligung: Urkunde, mit der der Gläubiger die Löschung des Grundpfandrechts bewilligt.

Löschungsvormerkung, gesetzlicher Löschungsanspruch: Bei mehrfacher Belastung eines Grundstücks liegt es im Interesse der nachrangigen Grundpfandrechtsgläubiger, nach Befriedigung des vorrangigen Grundpfandrechtsgläubigers durch Nachrücken im → Rang den wirtschaftlichen Wert ihrer Rechte zu verbessern und damit gleichzeitig die Entstehung eines Eigentümergrundpfandrechts (→ Eigentümergrundschuld, → Eigentümerhypothek) zu verhindern.

Löschungsvormerkung: Für bis zum 31.12.1977 eingetragene Grundpfandrechte oder für Rechte, deren Eintragung vor diesem Zeitpunkt beantragt wurde, ließ sich dies nur durch die Eintragung der Löschungsvormerkung bei dem vor- oder gleichrangigen Grundpfandrecht erreichen (§ 1179 BGB in der Fassung vor dem 1.1.1978; → Vormerkung). Zugunsten der Inhaber anderer eingetragener → Grundstücksrechte oder zugunsten von → Personen, denen ein → Anspruch auf Einräumung eines solchen Rechts oder auf Übertragung des →Grundstücks zusteht, kann auch heute noch eine Löschungsvormerkung an vor- oder gleichrangigen Grundpfandrechten eingetragen werden (§ 1179 BGB, neue Fassung).

Löschungsanspruch: Für seit dem 1.1.1978 eingetragene Grundpfandrechte besitzt der Gläubiger kraft Gesetzes einen Löschungsanspruch, der mit den gleichen Rechtswirkungen wie die Löschungsvormerkung ausgestattet ist (§ 1179a BGB). Vereinbarungen zwischen nach- oder gleichrangigen Grundpfandrechtsgläubigern und dem Eigentümer, die den Löschungsanspruch ausschließen oder einschränken, sind möglich, entfalten aber Rechtswirkung gegenüber dem Rechtsnachfolger (z. B. im Falle der →Abtretung; →Grundpfandrecht, Übertragung) nur bei Eintragung der jeweiligen Ausübungsabrede im →Grundbuch (§ 1179a Abs. 5, 1157 BGB). Der Löschungsanspruch steht auch dem Inhaber einer →Zwangshypothek (§ 1167 ZPO), nicht jedoch dem einer →Arresthypothek (§ 932 Abs. 1 ZPO) zu. Zusätzlich besitzt sogar der Inhaber eines Grundpfandrechts, das sich mit dem Eigentum vereinigt, selbst einen Löschungsanspruch (§ 1179b BGB).

Sonderfälle: Löschungsvormerkung und Löschungsanspruch greifen auch bei der für die Praxis wichtigen Rangänderung (§§ 880 Abs. 2) sowie den weniger bedeutsamen Fällen der Forderungsauswechslung (§ 1180 BGB; →Hypothek) und Umwandlung (§§ 1186, 1198 BGB; bei Hypothek und →Grundschuld).

Ausnahmen: Im Falle der Eintragung einer Hypothek für eine künftige Forderung kann eine Löschung erst verlangt werden, wenn die zu sichernde Forderung nicht mehr entstehen kann.

Grundschuld: Bei einer Grundschuld entsteht diese Problematik nicht, denn die Löschung einer ursprünglichen Eigentümergrundschuld kann erst verlangt werden, wenn sie bereits einmal Fremdgrundschuld war und dann wieder an den Eigentümer zurückfällt. Sonderrisiken entstehen bei der Eigentümerbriefgrundschuld, die üblicherweise außerhalb des Grundbuchs abgetreten wird, so daß die verschiedenen Übertragungsakte nicht aus diesem Register ersichtlich sind (§§ 1154, 1192 Abs. 1 BGB).

Im Falle der mehrfachen Belastung eines Grundstücks läßt sich daher eine Eigentümerbriefgrundschuld nur als brauchbare Sicherheit ansehen, falls bei den anderen Grundpfandrechten der Löschungsanspruch nach § 1179a Abs. 5 BGB ausgeschlossen ist.

Erlöschen durch Befriedigung in der Zwangsvollstreckung: Wird der Gläubiger im Wege der →Zwangsvollstreckung (→Zwangsversteigerung, →Zwangsverwaltung) befriedigt, so erlischt das Grundpfandrecht kraft Gesetzes (§ 1181 BGB).

Grundpfandrecht, Schuldnerwechsel

Es ist zwischen Veränderungen der Eigentümer- und der Schuldnerposition zu unterscheiden.

Eigentümerwechsel: Trotz Belastung mit einem →Grundpfandrecht kann der Eigentümer das →Grundstück jederzeit veräußern, da die Vereinbarung eines Veräußerungsverbots wirkungslos ist (§ 1136 BGB). Falls die Veräußerung ohne Zustimmung des →Gläubigers erfolgt, kann aber das →Kapital des Grundpfandrechts sofort fällig gestellt werden. In der Bestellungsurkunde der →Kreditinstitute ist daher eine solche Klausel regelmäßig enthalten.

Schuldnerwechsel: Wegen dieser vorzeitigen Fälligkeitsstellung übernimmt bei einem Eigentumswechsel regelmäßig der neue Eigentümer die noch bestehenden Kreditverpflichtungen des früheren Eigentümers. Für diese befreiende →Schuldübernahme (§ 414ff. BGB) enthält das Gesetz einige die →Hypothek betreffende Sonderregelungen. Bei einem zwischen altem und neuem →Schuldner geschlossenen Übernahmevertrag hat der Altschuldner diesen Vorgang nach Eintragung des Erwerbers als Eigentümer in das →Grundbuch dem Gläubiger anzuzeigen. Ein Schweigen des Gläubigers wird nach Ablauf von sechs Monaten als Genehmigung angesehen (§ 416 BGB). Ist der Eigentümer nicht der persönliche Schuldner aus der Hypothek, muß darauf geachtet werden, daß er zuvor in die Schuldübernahme einwilligt (§ 183 BGB; →Einwilligung); ansonsten treten die gleichen Rechtsfolgen ein wie bei einem Verzicht des Gläubigers auf die Hypothek (§ 1168 BGB; →Eigentümerhypothek) (§ 418 BGB). *Bei einer durch Grundschuld gesicherten →Ver-*

Grundpfandrecht

bindlichkeit ist strittig, ob die Genehmigungsfiktion des § 416 BGB bei der →Sicherungsgrundschuld Anwendung findet, so daß der Grundschuldgläubiger in diesem Fall zur Vermeidung jeglichen Risikos die ihm nicht genehme Schuldübernahme ausdrücklich und schriftlich verweigern sollte. Die Verzichtswirkung des § 418 BGB tritt jedoch ein, so daß sich die Fremdgrundschuld automatisch in eine →Eigentümergrundschuld umwandelt.

Grundpfandrecht, Übertragung

Grundpfandrechte können vom Inhaber auf einen Dritten durch →Abtretung übertragen werden, soweit nicht Eigentümer und →Gläubiger ausnahmsweise die Nichtabtretbarkeit vereinbart haben; dies bedarf aber zur Wirksamkeit gegenüber dem Erwerber der Eintragung in das →Grundbuch. Die Durchführung hängt von der Bestellungsform und dem Rechtstyp ab.

Rechtstyp: Bei der Übertragung der →Hypothek muß die zugrundeliegende →Forderung zediert (→Abtretung) werden; die Hypothek als →akzessorische Sicherheit geht dann automatisch auf den Dritten mit über (§ 1153 Abs. 1 BGB).
Die →Grundschuld als abstrakte Sicherheit wird durch Abtretung der Grundschuld selbst übertragen (§§ 1192 Abs. 1, 1153 Abs. 1 BGB). Besteht daneben noch eine persönliche Forderung (→Sicherungsgrundschuld), so muß diese gesondert abgetreten werden, wozu der Zedent nach dem →Sicherungsvertrag grundsätzlich verpflichtet ist.

Bestellungsform: Bei Buchrechten ergeben sich keine Unterschiede zur Bestellung. Von den zwei zur Verfügung stehenden Übertragungsmodalitäten bei den Briefrechten ist die nach § 1154 Abs. 1 BGB gebräuchlicher, weil sich der Erwerb außerhalb des Grundbuchs und damit schneller vollzieht. Allerdings sollte die schriftliche Abtretungserklärung (→Schriftform) durch einen Notar öffentlich beglaubigt werden (→öffentliche Beglaubigung), wozu der frühere Gläubiger auf Verlangen des neuen Gläubigers verpflichtet ist (§ 1154 Abs. 1 S. 2 BGB). Nur dann führt die →Übergabe des Briefes eine ausreichende Legitimationswirkung herbei, die auch einen gutgläubigen Erwerb des Briefrechts ermöglicht (§ 1155 i. V. m. § 892 BGB; →Hypothek, gutgläubiger Erwerb).

Zudem bedarf der neue Gläubiger auch bei der Erstabtretung dieser Bekräftigung, um Maßnahmen der →Zwangsvollstreckung gegenüber dem Eigentümer einleiten zu können (→Vollstreckungsklausel). Anschließend sollte sich die erwerbende Bank noch als Gläubiger in das Grundbuch eintragen lassen, um sicherzustellen, daß sie von allen das belastende Grundstück betreffenden Eintragungen (z. B. Eigentumswechsel, →Zwangsversteigerung) bzw. das Briefrecht betreffenden Maßnahmen (z. B. Kraftloserklärung; →Hypothekenbrief, →Grundschuldbrief) unterrichtet wird. Die zedierte Grundpfandrecht muß in der schriftlichen Abtretungserklärung eindeutig bestimmt sein (sogenannter Bestimmtheitsgrundsatz). Das geschieht meistens durch Angabe der laufenden Nummer, unter der das Recht in Abteilung III des Grundbuchs eingetragen ist, oder aber der Rangstelle (→Rang der Grundstücksrechte).

Teilabtretung: Für die Teilzession, die namentlich für →Briefgrundschulden in Verbindung mit der Gewährung von →Zwischenkrediten Bedeutung hat, gelten grundsätzlich die gleichen Regeln wie für die Gesamtabtretung. Nach dem Gesetz wäre in Höhe des abgetretenen Teils ein Teilbrief zu bilden (§ 1152 BGB), der dem Zessionar übergeben werden müßte. In der Praxis wird aus wirtschaftlichen Erwägungen statt dessen dem Erwerber als Ersatz der mittelbare →Besitz am Stammgrundschuldbrief eingeräumt, während der unmittelbare beim Zedenten verbleibt (§§ 1154 Abs. 1 S. 1, 1117 Abs. 1 S. 2 BGB).

Grundsätze ordnungsgemäßer Buchführung (GoB)

Soweit nicht in §§ 238 ff. HGB ausdrücklich aufgeführt, als →Gewohnheitsrecht oder als Handelsbrauch geltende Regeln für die Handelsbücher jedes →Kaufmanns. Die GoB umfassen sowohl formelle (z. B. →Buchführungspflichten) als auch materielle Bestimmungen (→Bilanzierungsgrundsätze, →Bewertungsgrundsätze). Hierzu gehören Bilanzklarheit (§ 243 Abs. 2 HGB) und Bilanzwahrheit, Bilanzvollständigkeit (§ 246 Abs. 1 HGB) und Bilanzidentität (§ 252 Abs. 1 Nr. 1 HGB), Bilanzkontinuität (§ 252 Abs. 1 Nr. 6 HGB) und das Vorsichtsprinzip, welches →Realisationsprinzip und Imparitätsprinzip beinhaltet (§ 252 Abs. 1 Nr. 4 HGB).

Grundsätze über das Eigenkapital

Grundsätze ordnungsmäßiger Konzernrechnungslegung, → Konzernabschluß.

Grundsätze über das Eigenkapital und die Liquidität der Kreditinstitute

Vom → Bundesaufsichtsamt für das Kreditwesen (BAK) im Einvernehmen mit der → Deutschen Bundesbank aufgestellte und im → Bundesanzeiger bekanntgemachte Grundsätze, die dem Aufsichtsamt zur Beurteilung dienen, ob die in den §§ 10, 10a und 11 KWG enthaltenen Vorschriften erfüllt sind.

Zweck/Bedeutung: § 10 KWG fordert ein angemessenes → haftendes Eigenkapital der Kreditinstitute, § 10 a KWG ein angemessenes gesamtes Eigenkapital einer → Kreditinstitutsgruppe i. S. des KWG. Zur Beurteilung der Angemessenheit des → Eigenkapitals hat das BAK → Eigenkapitalgrundsätze (→ Grundsatz I und → Grundsatz I a) aufgestellt. § 11 KWG verlangt eine ausreichende → Liquidität eines Kreditinstituts. Zur Beurteilung einer ausreichenden Liquidität hat das BAK → Liquiditätsgrundsätze (→ Grundsatz II und → Grundsatz III) erlassen. Die Grundsätze sind keine Rechtsnormen. An ihre Nichtbeachtung sind daher keine unmittelbaren Rechtsfolgen geknüpft. Das BAK dokumentiert lediglich, wie es sein pflichtgemäßes Ermessen ausüben wird, wenn es beurteilt, ob die → Eigenkapitalausstattung von Kreditinstituten angemessen bzw. die Liquidität ausreichend ist. In der Präambel zu den Grundsätzen wird darauf hingewiesen, daß die nicht nur geringfügige oder wiederholte Überschreitung der festgelegten Obergrenzen i. d. R. die Vermutung begründet, daß kein ausreichendes Eigenkapital vorhanden ist oder daß die Liquidität zu wünschen übrig läßt. Wenn dies durch Sonderverhältnisse gerechtfertigt ist, können geringere oder höhere Anforderungen gestellt werden. Sieht das BAK das haftende Eigenkapital als nicht angemessen oder die Liquidität als nicht ausreichend an und behebt das Kreditinstitut diesen Mangel nicht innerhalb einer angemessenen Frist, so können → bankaufsichtliche Maßnahmen ergriffen werden. Im Gegensatz zu einer gesetzlichen Normierung der Anforderungen wird damit eine elastische Handhabung angesichts unterschiedlicher Geschäftsstrukturen und eine schnellere Anpassungsfähigkeit an Änderungen im Kreditgewerbe ermöglicht. Die Wirksamkeit der Grundsätze wird auch dadurch verstärkt, daß die Bundesbank ihre Refinanzierungshilfe von der Beachtung der Grundsätze abhängig machen kann (→ Rediskont-Kontingente). Die Bekanntmachung der Grundsätze enthebt die Kreditinstitute nicht von ihrer Verantwortung, selbst zu bestimmen, ob unter betriebswirtschaftlichen Gesichtspunkten höhere Eigenmittel zu halten sind, als nach Grundsatz I bzw. I a gefordert ist. Gleiches gilt entsprechend für die Liquidität.

Anwendung: Die Präambel der Grundsätze legt in den Absätzen 3 bis 5 fest, welche Kreditinstitute nicht allen vier Grundsätzen bzw. keinem der Grundsätze unterliegen. Nach Absatz 3 unterliegen nicht den Grundsätzen I und I a: (1) → private Hypothekenbanken, die nicht von dem Recht des erweiterten Geschäftsbetriebs nach § 46 Abs. 1 HypBankG Gebrauch machen, d. h. Hypothekenbanken, die von diesem Recht Gebrauch machen, unterliegen allen Grundsätzen, (2) → Schiffspfandbriefbanken, (3) → Bausparkassen einschl. der Bausparkassen, die als rechtlich unselbständige Einrichtungen betrieben werden, (4) → öffentlich-rechtliche Grundkreditanstalten, (5) Ratenkreditbanken (→ Teilzahlungskreditinstitute) und (6) Kreditinstitute, die ausschließlich → Bankgeschäfte im Sinne von § 1 Abs. 1 Satz 2 Nr. 7 und Nr. 8 KWG betreiben.

Nach Absatz 4 unterliegen nur dem Grundsatz I a die → Wertpapiersammelbanken. Eigenkapitalausstattung und Liquiditätsvorsorge dieser Kreditinstitute sind durch für sie geltende Spezialgesetze geregelt. Gehören sie aber einer Kreditinstitutsgruppe als übergeordnetes Kreditinstitut an (§ 10 a Abs. 2 KWG), sind sie in die Anwendung des Grundsatzes I auf die gesamte Gruppe einzubeziehen.

Nach Absatz 5 der Präambel unterliegen → Kapitalanlagegesellschaften keinem der Grundsätze. Die Grundsätze I und I a gelten seit 1. 1. 1993 nicht mehr für Zweigstellen aus anderen EG-Mitgliedstaaten, die den → Europäischen Paß besitzen, da die Eigenkapitalausstattung dieser Zweigstellen von der Aufsichtsbehörde des Sitzlandes überwacht wird. Sie gelten aber weiterhin für Zweigstellen gemäß § 53 KWG von Banken aus Drittstaaten. Die Änderung erfolgte, um die → Solvabilitätsrichtlinie umzusetzen und um sie an das vierte KWG-Änderungsgesetz anzupassen.

Grundsätze über das Eigenkapital

Grundsätze über das Eigenkapital und die Liquidität der Kreditinstitute, Anrechnung von Zinsinstrumenten

→ Kreditinstitute müssen gemäß § 10 Abs. 1 KWG über ein angemessenes haftendes → Eigenkapital verfügen. Das → Bundesaufsichtsamt für das Kreditwesen stellt im Einvernehmen mit der → Deutschen Bundesbank → Grundsätze über das Eigenkapital und die Liquidität der Kreditinstitute auf, nach denen es im Regelfall beurteilt, ob das → haftende Eigenkapital der Kreditinstitute angemessen ist.

Bedingt durch die große Anzahl von → Finanzinnovationen und → bilanzunwirksamen Geschäften seit Anfang der 70er Jahre sind die Grundsätze zum 1. Oktober 1990 völlig neu gefaßt worden, gegenwärtig gelten die Grundsätze in der Fassung vom 29. Dezember 1992. Der Grundsatz I ist zu einem allgemeinen Grundsatz für das → „Adressenausfallrisiko" ausgebaut worden, der nun neben dem „klassischen → Kreditrisiko" auch bilanzunwirksame Geschäfte, → Swaps, Financial Futures (→ Finanzterminkontrakt) und → Optionen umfaßt. In diesem Grundsatz steht das → Bonitätsrisiko im Vordergrund. Bonitätsrisiko ist eine Eigenschaft von → Finanztiteln und bezieht sich auf die dem Inhaber zustehenden Ansprüche. Man spricht von Bonitätsrisiko, wenn nicht auszuschließen ist, daß der Verpflichtete die an ihn gestellten Ansprüche in einer anderen – meist geringeren – als der vereinbarten oder zunächst erwarteten Höhe befriedigt. Im Grundsatz Ia sollen → Preisrisiken von offenen, risikoerhöhenden Positionen – insbesondere von bilanzunwirksamen Finanzinstrumenten – erfaßt werden. Solche Positionen werden als „Risikopositionen" bezeichnet. In diesem Grundsatz steht also das Preis- oder → Marktrisiko im Vordergrund. Unter Preisrisiko versteht man, daß sich der Marktwert einer → Finanzanlage ändert, ohne daß sich die Bonität des → Emittenten verändert hätte. Eine solche Marktwertänderung kann durch Zinsänderungen, Wechselkursänderungen o. ä. hervorgerufen werden.

Gemäß Grundsatz I darf das in Prozent ausgedrückte Verhältnis von haftendem Eigenkapital zu → Risikoaktiva 8% nicht unterschreiten. Oder anders ausgedrückt: Die Risikoaktiva eines Kreditinstitutes dürfen das 12,5fache des haftenden Eigenkapitals nicht übersteigen. Das bedeutet, daß je DM 100, die ein Kreditinstitut an Risikoaktiva herauslegen möchte, DM 8 haftendes Eigenkapital gebunden werden. Risikoaktiva sind Bilanzaktiva, bilanzunwirksame Geschäfte, Finanz-Swaps sowie → Finanztermingeschäfte und Optionsrechte.

In welcher Höhe die einzelnen Instrumente mit haftendem Eigenkapital zu unterlegen sind, ergibt sich aus der Bemessungsgrundlage, dem Umrechnungsfaktor, mit dessen Hilfe die Bemessungsgrundlage in den sogenannten „Kreditäquivalenzbetrag" (auch Basisanrechnungsbetrag) umgerechnet wird, und dem Bonitätsgewichtungsfaktor. Die Bemessungsgrundlage ist derjenige Betrag, mit dem ein → Zinsinstrument zunächst anzurechnen ist. Der Umrechnungsfaktor soll berücksichtigen, daß bei Ausfall eines Kontrahenten ein bestimmter Eindeckungsaufwand – sogenannte replacement costs – entsteht, dessen Höhe von der Risikoart (Zins- oder Preisänderungen) und der → Laufzeit abhängen. Der Bonitätsgewichtungsfaktor schließlich soll dem Standing desjenigen, der die Erfüllung eines Risikoaktivums schuldet oder ausdrücklich gewährleistet, Rechnung tragen. Je nach Bonität sind die Gewichtungsfaktoren 100%, 50%, 20% oder 0%.

Die Bemessungsgrundlage für → Anleihen ist der Buchwert. Bei → Zins-Swaps ist die Bemessungsgrundlage der Kapitalbetrag. Bei → Zins-Futures und → Zins-Optionen ist die Bemessungsgrundlage der Anspruch des Kreditinstitutes auf Lieferung oder Leistung des zugrundeliegenden Handelsobjektes, also der Marktwert des betreffenden → Kontraktes, und zwar unabhängig davon, ob effektive → Erfüllung oder ein Barausgleich (→ Cash-Settlement) vorgesehen ist. Es werden nur → Long-Positionen in Optionen im Grundsatz I erfaßt, weil bei → Short-Positionen nach Eingang der → Optionsprämie das Bonitätsrisiko ausgeschlossen ist.

Ein etwas differenzierteres Vorgehen ist bei der Ermittlung des Kreditäquivalenzbetrages über den Umrechnungsfaktor notwendig. Bei Anleihen entfällt die Umrechnung über einen Umrechnungsfaktor in den Kreditäquivalenzbetrag. Bei Zins-Swaps sowie Zins-Futures und Zins-Optionen wird darauf abgestellt, wie ein Kreditinstitut seine Position wieder herstellen kann, wenn z. B. der Swap-Partner oder der Kontrahent bei einer → OTC-Option ausfällt. D. h. es werden nur solche Kontrakte angerechnet, bei denen das Eindeckungsgeschäft, das nach dem hypothetisch unterstellten Ausfall eines

Grundsätze über das Eigenkapital

Kontrahenten zur Wiederherstellung der vorherigen Position erforderlich wäre, einen zusätzlichen Aufwand oder einen geringeren Erlös nach sich zöge. Dazu sind zwei Verfahren vorgesehen: die Laufzeitmethode und die Marktbewertungsmethode. Beide Methoden sind zulässig, es ist aber nur der Wechsel von der Laufzeit- zur Marktbewertungsmethode erlaubt. Bei Anwendung der Marktbewertungsmethode ist zu unterscheiden, ob bei Ausfall des Kontrahenten aufgrund eines möglicherweise veränderten Marktzinsniveaus die Begründung einer gleichwertigen Position mit einem Mehraufwand verbunden ist oder nicht. Im ersten Fall erhält man den Kreditäquivalenzbetrag aus dem zusätzlichen Mehraufwand (potentieller Eindeckungsaufwand) und einem Zuschlag von 0,5% auf die Bemessungsgrundlage. Im zweiten Fall entspricht der Kreditäquivalenzbetrag dem Zuschlag von 0,5% auf die Bemessungsgrundlage.

Abschließend ist der Bonitätsgewichtungsfaktor zu ermitteln. Der Bonitätsgewichtungsfaktor eines Risikoaktivums ist 0%, wenn dessen Erfüllung geschuldet oder ausdrücklich gewährleistet wird von
– dem Bund, dessen → Sondervermögen, einem Land oder einer Gemeinde im Geltungsbereich des KWG,
– einer ausländischen Zentralregierung oder einer → Zentralnotenbank der Präferenzzone. (Die Präferenzzone wird durch diejenigen Staaten gebildet, die Vollmitglied der → Organisation für wirtschaftliche Zusammenarbeit und Entwicklung (OECD) sind.),
– den → Europäischen Gemeinschaften,
– einer Börseneinrichtung.

Der Bonitätsgewichtungsfaktor eines Risikoaktivums ist 20% – sofern es keinen Grund für eine niedrigere Anrechnung gibt –, wenn dessen Erfüllung geschuldet oder ausdrücklich gewährleistet wird von
– einer → juristischen Person des → öffentlichen Rechts,
– einer ausländischen Regionalregierung oder einer örtlichen Gebietskörperschaft der Präferenzzone,
– der Europäischen Entwicklungsbank oder einer anderen multilateralen → Entwicklungsbank,
– einem → Kreditinstitut im Geltungsbereich des KWG oder einem Kreditinstitut der Präferenzzone.

Der Bonitätsgewichtungsfaktor eines Risikoaktivums ist 50% – sofern es keinen Grund für eine niedrigere Anrechnung gibt – wenn es sich dabei um Zins-Swaps, Zins-Futures oder Zins-Optionen handelt. Für alle anderen Zinsinstrumente – sofern es keinen Grund für eine niedrigere Anrechnung gibt –, beträgt der Bonitätsgewichtungsfaktor 100%.

Im Grundsatz I a sollen Positionen erfaßt werden, die mit Zins-, Preis- oder → Währungsrisiken behaftet sind. Anders als im Grundsatz I ist im Grundsatz I a keine Unterlegung mit Eigenkapital erforderlich, sondern es gilt das sogenannte „Limitsystem", d. h. bestimmte Positionen – „Risikopositionen" – sollen einen festgelegten Prozentsatz des Eigenkapitals nicht überschreiten. Risikopositionen sind „... bestimmte mit Preisrisiken behaftete Positionen...", die täglich bei Geschäftsschluß insgesamt 42% des haftenden Eigenkapitals nicht übersteigen sollen. Innerhalb der Risikopositionen wird nach Risikoarten unterschieden. Im einzelnen sollen Risikopositionen mit Fremdwährungs- und Edelmetallrisiken 21%, Risikopositionen mit Zinsrisiken 14% und Risikopositionen mit sonstigen Preisrisiken 7% des haftenden Eigenkapitals täglich bei Geschäftsschluß nicht übersteigen. Im Grundsatz I a wird nicht auf das einzelne Geschäft, sondern auf den Risikotyp abgestellt. Daher wird auch nicht jedes Geschäft für sich erfaßt, sondern zusammengefaßt in Gruppen mit gleichem Risiko, wobei die Kompensation zwischen einzelnen Geschäften innerhalb derselben Gruppe in gewissem Umfang zulässig ist.

Die Risikoposition aus Zinsrisiken ergibt sich als Summe von Risikomeßzahlen, die nach einem bestimmten Verfahren ermittelt werden. Die Grundlage hierfür bildet ein Risikoerfassungssystem auf Basis einer → Zinsbindungsbilanz. Mit Hilfe dieses Systems soll die Höhe des Risikos aus offenen Positionen sowohl für → Festzinspositionen als auch für Aktiv- und Passivkomponenten von Zinstermin- und → Zinsoptionsgeschäften ermittelt werden, die für den Grundsatz I a relevant sind.

Das Risikoerfassungssystem sieht vier Anrechnungsbereiche vor: kurzfristiger Anrechnungsbereich (max. acht Kalendervierteljahre), mittelfristiger Anrechnungsbereich (die dem kurzfristigen Bereich folgenden fünf Kalenderjahre), längerfristiger Anrechnungsbereich (die dem mittelfristigen Bereich folgenden fünf Kalenderjahre) und langfristiger Anrechnungsbereich (die dem

Grundsätze über das Eigenkapital

längerfristigen Bereich folgenden drei Kalenderjahre). Die Ermittlung des Risikogehalts von Zinstermin- und Zinsoptionsgeschäften – und damit die Anrechnung im Limitsystem des Grundsatz I a auf 14% – erfolgt in fünf Schritten.

Im ersten Schritt wird die sogenannte → „offene Festzinsposition" ermittelt. Dazu werden sämtliche aktivischen und passivischen Festzinsposten mit ihren Bemessungsgrundlagen – Bemessungsgrundlage ist wie im Grundsatz I der Nominalwert – und ihren jeweiligen Fälligkeiten in die Zinsbindungsbilanz eingestellt. Die fälligen Festzinsposten einer Periode werden als Bestände in alle ihrer Fälligkeit vorausgehenden Perioden eingestellt, so daß der aktivische oder passivische Festzinsüberhang jeder Periode bestimmt werden kann. Dieser Überhang in der jeweiligen Periode ist die offene Festzinsposition. Hinzuweisen ist an dieser Stelle, daß innerhalb des Risikoerfassungssystems des Grundsatzes I a nur auf Bestände und die Zinsbindungsdauer abgestellt wird. Fragen wie etwa nach der Sensitivität von →Zinsinstrumenten auf Marktzinsänderungen fließen nicht in die Risikobeurteilung ein.

Im zweiten Schritt wird die sogenannte „offene Zinsgeschäftsposition" bestimmt. In diesem Schritt werden Zinstermin- und Zinsoptionsgeschäfte erfaßt. Bei diesen Geschäften ist sowohl der Zeitpunkt der vertragsmäßigen Erfüllung des Geschäfts als auch der Zeitpunkt der →Fälligkeit des zugrundeliegenden Handelsobjektes in das Fälligkeitsraster des Risikoerfassungssystems einzustellen, und zwar wieder getrennt nach aktivischen und passivischen Positionen. Die offene Zinsgeschäftsposition wird in zwei Stufen berechnet: Zunächst werden nur Zinstermingeschäfte und Stillhalterpositionen in Zinsoptionsrechten zur offenen vorläufigen Zinsgeschäftsposition je Periode zusammengefaßt. Anschließend kann die jeweilige Position mit kompensatorisch wirkenden eigenen Zinsoptionsrechten – sofern vorhanden – saldiert werden. Daraus erhält man dann die offene Zinsgeschäftsposition für jede Periode.

Im dritten Schritt werden die sogenannten „risikoerhöhenden Beträge" ermittelt. Zu diesem Zweck werden zunächst die offene Festzinsposition je Periode aus Schritt eins und die offene Zinsgeschäftsposition je Periode aus Schritt zwei zur Gesamtzinsposition aggregiert. Dadurch werden offene Zinsgeschäftspositionen mit kompensatorisch wirkenden offenen Festzinspositionen verrechnet. Anschließend wird die Gesamtzinsposition periodenweise der offenen Festzinsposition gegenübergestellt, um daraus die Risikoerhöhung zu bestimmen. Die risikoerhöhenden Beträge errechnen sich aus der Höhe, um die der absolute Betrag der Gesamtzinsposition der jeweiligen Periode den absoluten Betrag der entsprechenden offenen Festzinsposition übersteigt.

Im vierten Schritt werden nun die sogenannten „Risiko- und Zuschlagswerte" bestimmt. In diesem Schritt wird das Risiko der zuvor ermittelten risikoerhöhenden Beträge quantifiziert. Aus Gründen der Vereinfachung wurde für alle Laufzeitbereiche (in Kalenderjahren) ein Umrechnungsfaktor von 2% gewählt. Die risikoerhöhenden Beträge jeder Periode werden mit dem Umrechnungsfaktor multipliziert und dann für jeden Anrechnungsbereich – kurz-, mittel-, länger- und langfristig – addiert. Da die ersten vier Kalenderviertel jahre als besonders risikoreich angesehen werden, werden hier je Periode noch Zuschlagswerte – über einen sogenannten „Malusfaktor" – bestimmt.

Im fünften und letzten Schritt wird der anrechnungspflichtige Betrag in Form der „Summe von Risikomeßzahlen" errechnet. Diese Summe ergibt sich aus den jeweiligen Summen der Risiko- und Zuschlagswerte je Anrechnungsbereich aus Schritt vier. Die Summe der Risikomeßzahlen soll das Limit im Grundsatz I a für risikoerhöhende Positionen aus Zinstermin- und Zinsoptionsgeschäften von 14% des haftenden Eigenkapitals täglich bei Geschäftsabschluß nicht übersteigen.

Das Preis- oder Marktrisiko im Grundsatz I a wird allein auf Basis von Beständen und Zinsbindungsfristen ermittelt. Die in der Praxis – vor allem im professionellen Bond-Management – zunehmend an Bedeutung gewinnenden Risikokennzahlen wie →Duration, →Modified Duration oder PVBP (→Price Value of a Basis Point) finden im System des Grundsatzes I a keinen Niederschlag, obwohl die genannten Kennzahlen vor allem deshalb von besonderem Interesse sind, weil sie Aussagen über Richtung und Umfang des Zinsrisikos von Zinsinstrumenten machen. Immerhin kann man feststellen, daß die genannten Kennzahlen zunehmend auch bei Aufsichtsbehörden Beachtung finden, denn sie sind z. T. in der →Kapitaladäquanz-Richtlinie aufgeführt

Grundsteuer

und werden in Zukunft auch Eingang in das deutsche Bankaufsichtsrecht finden.

Grundsatz I
Eigenkapitalgrundsatz des →Bundesaufsichtsamtes für das Kreditwesen (BAK), der die Unterlegung der →Risikoaktiva eines →Kreditinstituts mit haftendem Eigenkapital regelt. Er begrenzt die (gewichteten) Risikoaktiva (Bilanzaktiva, →bilanzunwirksame Geschäfte, →Financial Swaps, →Finanz-Termingeschäfte, →Optionen) auf das 12,5fache des →haftenden Eigenkapitals der Kreditinstitute.
(→Eigenkapitalgrundsätze, →Grundsätze über das Eigenkapital und die Liquidität der Kreditinstitute)

Grundsatz Ia
Eigenkapitalgrundsatz des →Bundesaufsichtsamtes für das Kreditwesen (BAK), der die Markt-/Preisrisiken eines Kreditinstituts (→bankbetriebliche Risiken) auf 42% des →haftenden Eigenkapitals der Kreditinstitute täglich begrenzt.
(→Eigenkapitalgrundsätze, →Grundsätze über das Eigenkapital und die Liquidität der Kreditinstitute)

Grundsatz II
→Liquiditätsgrundsatz des →Bundesaufsichtsamtes für das Kreditwesen (BAK), der Aussagen über die Anlage von langfristigen Finanzierungsmitteln in langfristigen Vermögenswerten macht.
(→Grundsätze über das Eigenkapital und die Liquidität der Kreditinstitute)

Grundsatz III
→Liquiditätsgrundsatz des →Bundesaufsichtsamtes für das Kreditwesen (BAK), der Aussagen über die Anlage von kurz- und mittelfristigen (und der gemäß Grundsatz II nicht beanspruchten langfristigen) Finanzierungsmittel in kurz- und mittelfristigen Vermögenswerten macht.
(→Grundsätze über das Eigenkapital und die Liquidität der Kreditinstitute)

Grundschuld
→Grundpfandrecht, wonach das belastete →Grundstück für die Zahlung einer bestimmten Geldsumme haftet (§§ 1191 ff. BGB). Anders als die →Hypothek wird die G. rechtlich nicht zur Sicherung einer →Forderung bestellt; sie ist also nicht akzessorisch, sondern abstrakt. Die G. kann von vornherein für den Eigentümer eingetragen werden (§ 1196 BGB; →Eigentümergrundschuld). In der Praxis ist sie zumeist Fremdgrundschuld, dient wie die Hypothek zur Sicherung einer Forderung des →Gläubigers und wird daher als →Sicherungsgrundschuld bezeichnet. Auf die G. finden die für die Hypothek geltenden Vorschriften entsprechende Anwendung, soweit diese nicht den Bestand einer Forderung voraussetzen (§ 1192 Abs. 1 BGB). Viele rechtliche Funktionen sind daher denen der Hypothek angeglichen, wie Beeinträchtigung der Sicherheit, Bestellung, Briefbildung, Geltendmachung und Verwertungsfunktion, Haftungsverband, Löschung und Übertragung.

Wirtschaftliche Bedeutung: Im Rahmen der banküblichen →Beleihungsgrenzen sind Grundschulden für die →Kreditinstitute eine bevorzugte, wenig arbeitsaufwendige Sicherheit. Bei erforderlichen Krediterhöhungen können sofort durch →Tilgungen freigewordene Grundschuldteile wieder als Sicherheit herangezogen werden.
Eigentümergrundschulden können von Kreditnehmern schnell an die Bank abgetreten und damit als Kreditsicherheit mobilisiert werden. Die Schwankungen in der Sicherheitenbewertung sind normalerweise erheblich geringer als bei variablen Sicherheiten (Forderungsabtretung, Warenübereignung).

Sonderform: →Rentenschuld.

Grundschuldbrief
Sachenrechtliches →Wertpapier mit den gleichen Voraussetzungen und Rechtswirkungen wie der →Hypothekenbrief (vgl. §§ 1192 Abs. 1 BGB, 70 GBO). Auch für die →Pfändung gelten die hypothekenrechtlichen Bestimmungen entsprechend (§ 857 Abs. 6 ZPO), wobei aber nicht die →Forderung, sondern die →Grundschuld direkt zu pfänden ist.
Die infolge der Abstraktheit der Grundschuld an sich mögliche Ausstellung des G. auf den Inhaber, d. h. als →Inhaberpapier, hatte in der Vergangenheit geringe praktische Bedeutung, weil er genau wie →Inhaberschuldverschreibungen bis 1990 nur mit staatlicher Genehmigung in Verkehr gebracht werden durfte (§§ 1195, 795 a.F. BGB).

Grundsteuer (GrSt)
Die G. ist eine direkte Steuer, eine Objektsteuer (Realsteuer), eine Besitzsteuer vom

Grundstück

Vermögen, eine Gemeindesteuer. Sie wird von den Gemeinden verwaltet (→ Steuern). Rechtsgrundlage ist das Grundsteuergesetz (GrStG).

Steuersubjekt: → Steuerschuldner ist derjenige, dem der → Steuergegenstand bei der Feststellung des → Einheitswerts zugerechnet wird, i. d. R. der Grundstückseigentümer. Sind dies mehrere → Personen, so haften sie als → Gesamtschuldner (§ 10 GrStG). Neben Steuerbefreiungen nach dem GrStG (§§ 3–8) ist die G. für Steuergegenstände in dem in Artikel 3 des Einigungsvertrags genannten Gebiet ab dem Kalenderjahr 1991 durch Vertrag vom 31. 8. 1990 speziell geregelt worden (§§ 40–46 GrStG). Die Grundsteuervergünstigung für Wohnungen nach dem II. WoBauG ist ab 1. 1. 1990 weggefallen.

Steuergegenstand ist der im Inland gelegene Grundbesitz im Sinne des Bewertungsgesetzes (§ 2 GrStG). Der G. A unterliegen die land- und forstwirtschaftlichen Betriebe, der G. B Wohnungsgrundstücke und Betriebsgrundstücke. Bemessungsgrundlage ist der Einheitswert. Einheitswert × Steuermeßzahl = Steuermeßbetrag. Steuermeßbetrag × Hebesatz (gem. § 25 Abs. 1 GrStG, von der Gemeinde bestimmt) = Jahressteuer.

Gesetzliche Grundlagen: GrStG, II. WoBauG, BewG.

Grundstück

Rechtlich ein räumlich abgegrenzter Teil der Erdoberfläche, für den ein Bestandsverzeichnis unter einem Blatt des → Grundbuchs unter einer besonderen Nummer angelegt ist. Ein solches G. kann mehrere Parzellen (vermessungstechnische Einheiten) umfassen; umgekehrt kann eine wirtschaftliche Einheit, z. B. ein Fabrikgelände, aus mehreren G. bestehen.

Rechtsgrundlagen: Das materielle Grundstücksrecht (die das → Eigentum und andere → dingliche Rechte betreffenden inhaltlichen Bestimmungen) ist in §§ 873 ff. BGB, das formelle Grundstücksrecht (verfahrensmäßige Behandlung) in der → Grundbuchordnung (GBO) geregelt. Außerdem gilt nach dem Zwangsversteigerungsgesetz (ZVG) eine besondere Form der → Zwangsvollstreckung (→ Zwangsversteigerung, → Zwangsverwaltung).

Veränderungen: Bei einer Vereinigung werden mehrere bis dahin selbständige G. eines Eigentümers zu einem neuen, einheitlichen G. zusammengefaßt (§ 890 Abs. 1 BGB, § 5 GBO). Die bestehenden Belastungen bleiben davon unberührt; sie erstrecken sich nunmehr auf den entsprechenden Teil des vereinigten G. Umgekehrt kann ein G. durch Teilung in mehrere selbständige G. zerlegt werden. Auch hier bleiben vorhandene Belastungen bestehen; ein → Grundpfandrecht etwa wandelt sich aber in ein → Gesamtgrundpfandrecht um. Durch Zuschreibung wird ein G. zum → Bestandteil eines anderen G. (§ 890 Abs. 2 BGB) und verliert so seine Selbständigkeit. Die das Hauptgrundstück betreffenden Grundpfandrechte erstrecken sich dabei auf das zugeschriebene G., nicht aber umgekehrt. Sie gehen jedoch im → Rang bereits zuvor an diesem G. bestellten Grundpfandrechten nach (§ 1131 BGB). Soll nur ein Grundstücksteil mit einem Recht belastet werden, so ist eine Abschreibung im Grundbuchblatt notwendig. Der abgeschriebene Teil ist als selbständiges G. einzutragen (§ 7 GBO); möglich ist sowohl die gesonderte Buchung der Teile auf dem bisherigen als auch die Übertragung eines Teils auf ein neues Grundbuchblatt. Auf vorhandene Belastungen hat der Vorgang Auswirkungen nur insoweit, als wieder (z. B.) ein Gesamtgrundpfandrecht entsteht.

(→ Sachen)

Grundstücke und Gebäude

G. u. G. werden auf der Aktivseite der → Bilanz unter den → Sachanlagen in der Position „1. Grundstücke, grundstücksgleiche Rechte und Bauten einschließlich der Bauten auf fremden Grundstücken" geführt. Zu- und Abgänge des Berichtsjahres, Zuschreibungen und → Abschreibungen werden im → Anlagespiegel dargestellt.

Grundstücksbelastungen

1. Zusammenfassende Bezeichnung für → Grundstücksrechte (beschränkt → dingliche Rechte), den Heimstättenvermerk (→ Heimstätte) und die nicht aus dem → Grundbuch erkennbaren → öffentlichen Lasten.

2. In Abteilung II des Grundbuchs einzutragende Belastungen in Form von → Dienstbarkeit, Reallast, dinglichem Vorkaufsrecht, → Altenteil.

(→ unsichtbare Grundstücksbelastungen)

Grundstücksfonds, → offener Immobilienfonds.

Grundstücksgleiches Recht, → Erbbaurecht (Wohnungserbbaurecht, Teilerbbaurecht), → Wohnungseigentum, → Teileigentum, → Dauerwohnrecht.

Grundstücksrechte
Die ein → Grundstück betreffenden → dinglichen Rechte (→ Sachenrecht). Dazu gehören neben dem Vollrecht → Eigentum und den grundstücksgleichen Rechten die beschränkten → dinglichen Rechte, die entweder einer → Person (Personalrecht, z. B. → Hypothek) oder dem jeweiligen Eigentümer eines Grundstücks (Realrechte, z. B. → Grunddienstbarkeit) zustehen (vgl. Übersicht S. 802).
Soweit beim einzelnen Recht nichts abweichendes geregelt ist, bedürfen die Übertragung, Belastung und inhaltliche Änderung eines G. der → Einigung und Eintragung in das → Grundbuch (§§ 873, 877 BGB).
Einigung: Die Einigung ist grundsätzlich formfrei (Ausnahme: → Auflassung) und bis zur Eintragung frei widerruflich. Vor der Eintragung bindet sie die Beteiligten nur nach Maßgabe von § 873 Abs. 2 BGB, wobei der wichtigste Fall für die Praxis die Aushändigung einer der → Grundbuchordnung entsprechenden Eintragsbewilligung darstellt (→ Grundbuchverfahren). Die Notwendigkeit dieser Einigung (sogenanntes materielles Konsensprinzip) betrifft nur → Rechtsgeschäfte, nicht den Erwerb durch Staatsakt (z. B. durch Zuschlag in der → Zwangsversteigerung) oder kraft Gesetzes (z. B. als → Erbe). Als dingliches Erfüllungsgeschäft darf sie auch nicht mit dem zugrundeliegenden schuldrechtlichen → Verpflichtungsgeschäft, z. B. Grundstückskauf, → Kreditvertrag, verwechselt werden. Erfolgt eine Eintragung ohne wirksame Einigung, so führt dies zur Unrichtigkeit des Grundbuchs (→ Grundbuchberichtigung). Für die Aufhebung eines G. genügt grundsätzlich die einseitige Aufgabeerklärung durch den Inhaber (§ 875 BGB).
Eintragung: Als wesentliches Erfordernis der Rechtsänderung hat sie insbes. Bedeutung für den Rang der Grundstücksrechte, deren → gutgläubiger Erwerb (→ Grundbuch, öffentlicher Glaube) und eintragungsfähige → Verfügungsbeschränkungen des Grundeigentümers (z. B. → Konkurs, → Testamentsvollstreckung). Verfügungsbeschränkungen, welche erst nach bindender Einigung und nach der Stellung des Eintragungsantrags beim → Grundbuchamt wirksam werden, sind ohne Einfluß auf die Einigung und hindern deshalb die entsprechende Eintragung nicht (§§ 878 BGB, 15 KO).
(→ Vormerkung, → Widerspruch, → Konsolidation)

Grundstücks-Sondervermögen, → offener Immobilienfonds.

Grundstückszubehör, → Zubehör.

Grüner Kurs
Gegenwert der zur Festlegung der Agrarpreise verwendeten → Europäischen Währungseinheiten (ECU). Die Kurse entsprechen nicht den → ECU-Leitkursen oder ECU-Tageskursen. Sie werden i. d. R. jährlich vom Ministerrat der → Europäischen Gemeinschaften als spezielle Agrarumrechnungskurse festgesetzt. Die Differenz zwischen den Leitkursen und den G. K. wird als → Agrargrenzausgleich bezeichnet.

Gruppenfloating
Währungssystem einer Gruppe von Ländern, die untereinander → feste Wechselkurse aufrechterhalten, aber gegenüber Drittländern freie Wechselkurse (→ flexible Wechselkurse) praktizieren. Dieses System wird von den Mitgliedstaaten des → Europäischen Währungssystems (EWS) angewandt. Mit Beschluß des Ministerrates der EG vom 11.3.1973 wurden die → Zentralbanken der Mitgliedstaaten von der Interventionspflicht gegenüber dem US-Dollar befreit. Damit erfolgte der Übergang zu floatenden Wechselkursen gegenüber Drittländern. Das Gruppenfloating der Teilnehmerstaaten der Währungsschlange (→ Europäischer Wechselkursverbund) wurde in das seit März 1979 geltende Europäische Währungssystem übernommen.

GTC
Abk. für → Good-till-cancelled.

GTD
Abk. für → Good-till-date.

Guarantee, → Bankgarantie.

Guaranteed Exchange Rate Option, → Quanto Optionsschein.

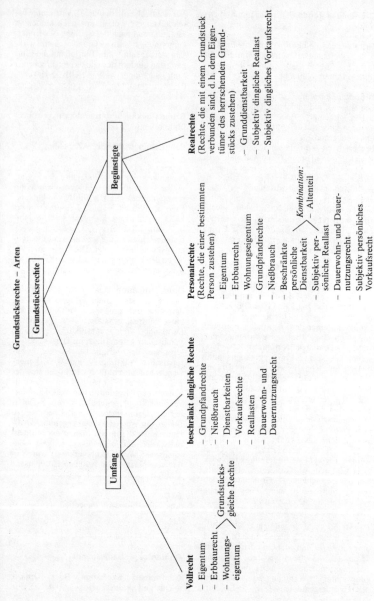

Gütergemeinschaft

Guaranteed Investment Return Option (GIRO), →GROI-Optionsschein.

Guarantee for Warranty Obligations, →Gewährleistungsgarantie.

Guillochen
Nicht nachahmbare Schutzlinien auf →Wertpapieren (→Effekten).

Günstigst zu liefernde Anleihe, →CTD-Anleihe.

Gütergemeinschaft
Besonderer, in der Praxis seltener ehelicher →Güterstand, der nur durch ausdrückliche Vereinbarung im →Ehevertrag begründet werden kann. Mit der Eheschließung werden grundsätzlich das →Vermögen des Mannes und der Frau in der Weise vereinigt, daß ein Gesamtgut als gemeinschaftliches Vermögen beider Ehepartner entsteht. Daneben können sowohl Mann wie Frau jeweils persönlich Vermögen als Sondergut oder als Vorbehaltsgut besitzen (§§ 1415 ff. BGB). Frei verfügen kann jeder Ehegatte grundsätzlich das über sein Sondergut (§ 1417 BGB), also Gegenstände, die ihrem Wesen nach nicht durch →Rechtsgeschäfte übertragen werden können (Beispiel: Rechte an einem →Nießbrauch oder an einer →beschränkten persönlichen Dienstbarkeit und Anteile an einer →Personengesellschaft) sowie sein Vorbehaltsgut. Zu letzterem gehören alle Vermögenswerte, die im Ehevertrag oder durch Dritte im Rahmen der →Schenkung oder →Verfügung von Todes wegen ausdrücklich vom Gesamtgut ausgeschlossen worden sind (§ 1418 BGB). Zuverlässige Informationen hierüber kann das →Kreditinstitut sich nicht allein durch eine Einsicht in das eheliche →Güterrechtsregister, sondern nur durch eine Prüfung des Ehevertrages schaffen. Läßt sich nach diesen Maßstäben eine Rechtshandlung weder dem Sonder- noch Vorbehaltsgut der einzelnen Ehegatten zuordnen, so fällt sie in den Bereich des Gesamtguts. Wirken bei dem betreffenden →Bankgeschäft nicht beide Ehegatten zusammen, so ist wegen der komplexen rechtlichen Struktur dieser Vermögensmasse große Sorgfalt geboten.

Das Gesamtgut und seine Besonderheit:
Normalerweise wird das Vermögen der Ehegatten, das sie bei Gründung ihrer G. besitzen oder während der Dauer dieses Güterstandes hinzuwerben, automatisch gemeinschaftliches Vermögen der Eheleute. Das dadurch entstehende Gesamtgut stellt eine untrennbare →Gesamthandsgemeinschaft dar (§ 1416 BGB). Kein Ehegatte kann über seinen Anteil am Gesamtgut oder an einzelnen Gegenständen verfügen (§ 1419 Abs. 1 BGB). Solche Anteile unterliegen auch nicht der →Pfändung (§ 860 ZPO). Das Gesamtgut wird im Zweifel von den Ehegatten gemeinschaftlich verwaltet. Die Eheleute können aber im Ehevertrag festlegen, daß nur einer von ihnen die alleinige Verwaltungsbefugnis innehaben soll (§ 1421 BGB). Dagegen hält die Rechtsprechung die Vereinbarung einer Einzelverwaltungsbefugnis jedes Ehegatten nach dem Vorbild des →Oder-Kontos mangels ausdrücklicher Erwähnung im Gesetzestext nicht für zulässig. Die Verwalterstellung vermittelt eine Vielzahl von Befugnissen: Inbesitznahme, Verfügung über die zum Gesamtgut gehörenden Vermögenswerte, Entgegennahme von Leistungen und Eingehen von Verpflichtungen für Rechnung des Gesamtgutes (§§ 1422, 1450 BGB). Im Falle der gemeinschaftlichen Verwaltungsbefugnis sind beide Eheleute nur zusammen handlungsberechtigt. →Konten, die zum Gesamtgut gehören, werden deshalb als →Gemeinschaftskonten regelmäßig in der Form des →Und-Kontos geführt. Dagegen genügt es aber, wenn einseitige empfangsbedürftige →Willenserklärungen des Kreditinstituts wie etwa die →Mahnung oder die →Kündigung eines →Kredites einem der Ehegatten zugehen (§ 1450 Abs. 2 BGB).
Im Falle der einseitigen Verwaltungsbefugnis eines Ehegatten mit gleichzeitigem Ausschluß des anderen werden die zum Gesamtgut gehörenden Konten auf den Namen des Verwalters mit einem entsprechenden Zusatzvermerk geführt. Das Kreditinstitut hat aber darauf zu achten, daß für bestimmte Geschäfte die Zustimmung des für die Verwaltung ausgeschlossenen Ehegatten erforderlich ist. Das betrifft zum einen den seltenen Fall der Veräußerung oder Belastung des Gesamtguts (§ 1423 BGB), wobei hier wie im Rahmen der →Zugewinngemeinschaft von einer wirtschaftlichen Betrachtungsweise ausgegangen werden muß. Zum anderen gilt dies für den in der Praxis wesentlich wichtigeren Grundstücksverkehr, namentlich die Veräußerung oder die Belastung mit einem →Grundpfandrecht, die Bewilligung einer →Vormerkung und die

Güterrechtsregister

→ Grundbuchberichtigung (§ 1424 BGB). Ohne Zustimmung des anderen Ehepartners sind solche Geschäfte gemäß §§ 1426–1428 BGB unwirksam.
Will der nicht verwaltungsberechtigte Ehegatte eine Rechtshandlung, die das Gesamtgut betrifft, durchführen, so benötigt er hierfür die Zustimmung des Verwalters. Der verwaltungsberechtigte Ehegatte kann ihm aber gestatten, aus den finanziellen Mitteln des Gesamtguts selbständig ein Erwerbsgeschäft zu betreiben (§ 1431 BGB). Dies deckt dann alle Rechtsgeschäfte innerhalb dieses Bereiches ab, also auch etwa die Errichtung eines Geschäftskontos. Die Bank hat sich aber von der Zustimmung des Verwalters im Einzelfall oder zur selbständigen Erwerbstätigkeit des Erwerbsgeschäfts zu überzeugen.

Haftung der Ehegatten: Bei → debitorischen Konten oder bei Kreditaufnahme stellt sich für das Kreditinstitut die Frage der → Haftung der Ehegatten. Die Rechtslage ist vergleichsweise kompliziert, sofern nicht beide Eheleute, sei es als Schuldmitübernehmer oder Bürge für den anderen, den → Kreditvertrag mitunterzeichnet haben (→ Schuldübernahme, → Bürgschaft). Ansonsten haftet jede Ehegatte aus allen Rechtsgeschäften persönlich, die seinem Sonder- bzw. Vorbehaltsgut zuzuordnen sind. Das Kreditinstitut kann sich insoweit nur am Sondervermögen des Schuldners schadlos halten. Gehört aber das Verpflichtungsgeschäft vermögensmäßig zum Gesamtgut, so haben die Eheleute auch gemeinsam für ihre Schulden im Hinblick auf ihren Anteil am Gesamtgut aufzukommen (Gesamtgutsverbindlichkeiten). Dazu zählen frühere, i. d. R. alle bereits vor der G. vorhandenen → Schulden beider Ehegatten. Für nachträgliche Verpflichtungen hat das Gesamtgut nur einzustehen, wenn sie rechtswirksam von dem verwaltungsberechtigten Ehegatten begründet worden sind oder wenn er den entsprechenden Verpflichtungserklärungen des Nichtverwaltungsberechtigten im Einzelfall bzw. im Rahmen eines Erwerbsgeschäfts zugestimmt hat (§§ 1437 Abs. 1, 1438 BGB). In diesen Fällen haftet daneben der verwaltungsberechtigte Ehegatte auch persönlich mit seinem Vorbehalts- und Sondergut gemäß § 1437 Abs. 2 BGB als Gesamtschuldner (→ Gesamtschuld). Bei einer gemeinschaftlichen Verwaltungsbefugnis gilt das deshalb für beide Ehegatten (§ 1459 BGB). Dagegen braucht der nichtverwaltungsberechtigte Ehegatte neben seinem Gesamtgutsanteil mit seinem sonstigen Privatvermögen nur für die in seiner Person unmittelbar entstandenen Gesamtgutsverbindlichkeiten einzustehen, also für frühere Schulden und solche, die er mit Zustimmung des Verwalters eingegangen ist (§§ 1438, 1440 BGB).

Beendigung der G.: Dieser Güterstand endet regelmäßig mit Auflösung der Ehe, insbes. durch Scheidung, Tod der Ehegatten, eine entsprechende Änderung des Ehevertrages oder durch gerichtliches Aufhebungsurteil.

Sonderfall fortgesetzter G.: Bei einer entsprechenden Fortsetzungsklausel im Ehevertrag kann aber nach dem Tode eines Ehegatten der überlebende Teil die G. mit den gemeinschaftlichen Abkömmlingen fortsetzen (§ 1483 BGB). Dann wird dieser vermögensmäßige Verbund trotz des Todes nicht aufgelöst, so daß zum → Nachlaß des Verstorbenen allein dessen Sonder- bzw. Vorbehaltsgut gehört. Der überlebende Ehegatte nimmt, unabhängig davon, wie die Verwaltungsbefugnis zu Lebzeiten geregelt war, nunmehr kraft Gesetzes die Stellung eines alleinigen Verwalters des Gesamtgutes ein (§ 1487 Abs. 1 BGB).

Güterrechtsregister

Von dem zuständigen Amtsgericht geführtes → öffentliches Register, in dem die vertraglichen → Güterstände, im → Ehevertrag enthaltene güterrechtlichen Vereinbarungen der Eheleute sowie Ausschluß bzw. Beschränkung der → Schlüsselgewalt eines Ehegatten eingetragen sind (§§ 1556 ff. BGB). Im Unterschied zum → Grundbuch oder → Handelsregister besitzen die Eintragungen keine rechtserzeugende (konstitutive) Wirkung; sie bekunden lediglich eine Rechtslage (deklaratorische Wirkung). Geschützt wird damit das Vertrauen auf das Schweigen des Registers (negative Publizitätswirkung).

Güterstand

Rechtliche Ordnung der Vermögensverhältnisse von Ehegatten. Nach dem BGB können nen Eheleute zwischen dem gesetzlichen G. der → Zugewinngemeinschaft (§§ 1363 ff. BGB) und den vertraglichen G. der → Gütertrennung (§ 1414 BGB) bzw. der → Gütergemeinschaft (§§ 1415 ff. BGB) wählen.

Haben Eheleute keine Regelung getroffen, so leben sie in einer Zugewinngemeinschaft. Die Gütergemeinschaft erfordert eine ausdrückliche Vereinbarung im → Ehevertrag. Gütertrennung tritt bereits ein, wenn der für den gesetzlichen G. charakteristische Zugewinnausgleich oder der Versorgungsausgleich ausgeschlossen ist. Gütergemeinschaft und Gütertrennung werden im → Güterrechtsregister eingetragen.

Gütertrennung
Besonderer → Güterstand, bei dem sich Eheleute in vermögensrechtlicher Hinsicht wie Unverheiratete gegenüberstehen (§ 1414 BGB). G. können die Eheleute durch → Ehevertrag begründen, indem sie entweder den gesetzlichen Güterstand der → Zugewinngemeinschaft ausschließen, später aufheben oder den Zugewinnausgleich bzw. den Versorgungsausgleich ausschließen oder die → Gütergemeinschaft aufheben (§ 1414 BGB). Vermögensmäßig sind beide Eheleute vollständig getrennt zu betrachten, so daß jeder Ehepartner das Alleineigentum an den ihm bei der Eheschließung gehörenden Vermögensgegenständen behält. Das gilt auch für das während der Ehe erworbene → Vermögen. Es ist insoweit keinerlei Beschränkung bei der Verwaltung und Verfügung unterworfen. Teilweise können die Eheleute von nachträglich erworbenem Vermögen durch Begründung gemeinschaftlicher Mitberechtigung abweichen (z. B. in Form von → Gemeinschaftskonten und → Miteigentum nach Bruchteilen, insbes. an Grundstücken).

Gutgläubiger Erwerb
Im Interesse des funktionierenden Rechtsverkehrs bestehende Regelung für den Erwerb von → Eigentum an → beweglichen Sachen und an → Grundstücken und anderen → dinglichen Rechten von einem Nichtberechtigten.

Voraussetzungen bei beweglichen Sachen: Der bisherige Eigentümer verliert sein Eigentum und der Erwerber erlangt es durch → Einigung zwischen ihm und dem Nichtberechtigten sowie → Übergabe der → Sache durch diesen. Zudem muß der Erwerber an das durch dessen → Besitz dokumentierte Eigentum des Veräußerers glauben (§ 932 Abs. 2 BGB). G. E. ist nicht möglich, sofern die Sache gestohlen, verloren oder sonst abhanden gekommen ist, es sei denn, es handele sich um Geld (→ Münzen, → Banknoten) oder → Inhaberpapiere oder im Wege öffentlicher Versteigerung erworbene Sachen (§ 935 BGB).

Voraussetzungen bei Grundstücken: Statt auf den Besitz bezieht sich der gute Glauben des Erwerbers hier auf die Eintragung im → Grundbuch. Dessen Inhalt gilt zugunsten der Person als richtig, die ein Recht an einem Grundstück oder ein Recht an einem solchen Recht (z. B. → Grundpfandrecht) durch → Rechtsgeschäft erwirbt, § 892 BGB. Nur wenn der Erwerber zum Zeitpunkt des Eintragungsantrags oder der Einigung die Unrichtigkeit kennt, wirkt kein „öffentlicher Glaube" des Grundbuchs.

Gutgläubiger Erwerb von Pfandrechten: Die für den g. E. des Eigentums an beweglichen Sachen geltenden Vorschriften gelten auch für den Erwerb eines → Pfandrechts von einem nichtberechtigten Verpfänder (§ 1207 BGB). Auch ein Vorrang (→ Rang) kann gutgläubig erworben werden, § 1208 BGB, wie veräußerte bewegliche Sachen überhaupt lastenfrei erworben werden, wenn der Erwerber im Hinblick auf die Belastung gutgläubig ist (§ 936 BGB).

Sonderregelung für Kaufleute: Wenn ein → Kaufmann im Betrieb seines → Handelsgewerbes eine Sache veräußert, erwirbt der Käufer und bei Verpfändung der Pfandgläubiger auch dann gutgläubig Eigentum oder ein Pfandrecht an der Sache, wenn er an die Verfügungsbefugnis des Veräußerers bzw. Verpfänders glaubt (§ 366 Abs. 1 HGB). Diese Vorschrift schützt den Erwerber beim Kauf von → Waren, die unter → Eigentumsvorbehalt eines Lieferanten stehen (→ Vorbehaltseigentum). Gutgläubig erworben werden können nach § 366 Abs. 3 HGB auch gesetzliche Pfandrechte bestimmter Kaufleute. § 367 HGB schränkt § 935 Abs. 2 BGB ein, indem bei abhanden gekommenen Inhaberpapieren regelmäßig vom Fehlen guten Glaubens auszugehen ist.

Gutgläubiger Erwerb von Wertpapieren
Eigentumserwerb an → Wertpapieren, insbes. an → Inhaberpapieren, im Schutz des guten Glaubens an das → Eigentum des Veräußerers (→ gutgläubiger Erwerb). Der Gutglaubensschutz gilt auch für → Wertrechte. Für → Kreditinstitute besteht kein Gutglau-

Gutschrift

bensschutz bei Verlust-Bekanntmachung im → Bundesanzeiger. Sie unterrichten sich daher durch die → „Sammelliste mit Opposition belegter Wertpapiere" der → Wertpapier-Mittelungen über Verlustmeldungen.

Gutschrift, → Überweisung.

GZS
Abk. für Gesellschaft für Zahlungssysteme mbH (→ GZS Gesellschaft für Zahlungssysteme).

GZS Gesellschaft für Zahlungssysteme
In der Rechtsform der GmbH betriebene Gesellschaft, die 1982 von den privaten Banken, den Genossenschaftsbanken und den → Sparkassen gegründet wurde (Sitz: Frankfurt a. M.) und in der die Eurocard Deutschland und die eurocheque-Zentrale aufgegangen sind. Die privaten Banken und die Sparkassen (über den → Deutschen Sparkassen- und Giroverband) sind zu je 40 Prozent, die → Kreditgenossenschaften mit 20 Prozent am → Stammkapital der GZS beteiligt.
Hauptaufgaben der GZS waren zunächst Ausgabe der → Eurocard sowie Abwicklung der Kartenumsätze. Nachdem die Kreditwirtschaft die Funktion als → Emittent teilweise übernommen hat, konzentriert sich die GZS heute auf die Abwicklung von Umsätzen, die per → Kreditkarte oder → eurocheque (ec) bezahlt wurden.

Habenzinsen
Bezeichnung für → Zinsen, die für Guthaben (Habensalden) vergütet werden.

Hafteinlagen nach § 10 Abs. 4 KWG,
→ stille Vermögenseinlagen, → stille Vermögenseinlagen bei Sparkassen.

Haftendes Eigenkapital der Kreditinstitute

1. *Allgemeines:* Das KWG schreibt vor, daß die → Kreditinstitute im Interesse der Erfüllung ihrer Verpflichtungen gegenüber ihren → Gläubigern, insbes. zur Sicherheit der ihnen anvertrauten Vermögenswerte, ein angemessenes h. E. haben müssen (§ 10 Abs. 1 Satz 1 KWG). Für gruppenangehörige Kreditinstitute (→ Kreditinstitutsgruppen i. S. des KWG) wird insgesamt ein angemessenes h. E. verlangt (§ 10a Abs. 1 KWG). Das h. E. beschränkt den Umfang der Geschäftstätigkeit eines Kreditinstituts (→ Eigenkapitalgrundsätze, → Großkredite, → Eigenkapitaldeckung des Anlagevermögens bei Kreditinstituten). Grundsätzlich wird davon ausgegangen, daß die Funktionen des h. E. im bankaufsichtlichen Sinne (Haftungs- und Finanzierungsfunktion) nur dann erfüllt sind, wenn die Mittel eingezahlt wurden, hinreichend dauerhaft zur Verfügung stehen, am laufenden Verlust teilnehmen und nachrangig sind.

Das h. E. d. K. als Maßstab für die Beurteilung der finanziellen Stabilität eines Kreditinstituts wird nach den Bestimmungen von § 10 Abs. 2 bis 7 KWG berechnet. Es besteht aus dem → Kernkapital (definiert in § 10 Abs. 4a Satz 2 KWG) und dem → Ergänzungskapital.

(1) *Erfordernisse für das Verhältnis Kernkapital zu Ergänzungskapital:* Das Ergänzungskapital insgesamt darf die Höhe des Kernkapitals nicht übersteigen. Das Ergänzungskapital zweiter Klasse darf 50% des Kernkapitals nicht übersteigen. Das → Bundesaufsichtsamt für das Kreditwesen (BAK) kann gestatten, daß die vorgenannten Grenzen unter außergewöhnlichen Umständen

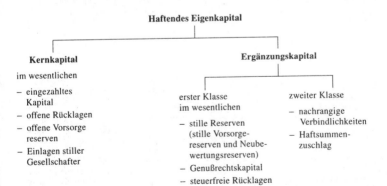

Haftkapital

zeitlich befristet überschritten werden (§ 10 Abs. 6 b KWG).

(2) *Erfordernis für die Anrechnung von Neubewertungsreserven als Ergänzungskapital/Höhe der Anrechenbarkeit:* Die Kernkapitalquote muß mindestens 4,4% der nach BAK-Grundsatz I risikogewichteten Aktiva betragen. → Neubewertungsreserven dürfen bis zur Höhe von 1,4% der nach BAK-Grundsatz I risikogewichteten Aktiva angerechnet werden (§ 10 Abs. 4 a Satz 2 KWG).

(3) *Höhe des haftenden Eigenkapitals und des Kernkapitals nach BAK-Grundsatz I:* Das haftende Eigenkapital muß mindestens 8% der risikogewichteten Aktiva, das Kernkapital mindestens 4%, betragen (→ Solvabilitätskoeffizient).

2. *Bestandteile des Kernkapitals:* vgl. Übersicht S. 809/810.

3. *Bestandteile des Ergänzungskapitals:* Zum Ergänzungskapital zählen Beträge, die unter bestimmten, gesetzlich geregelten Voraussetzungen und nur in bestimmten, gesetzlich festgelegten Grenzen als haftendes Eigenkapital anerkannt werden (vgl. Übersicht S. 811).

Vorhandene Altbestände an → stillen Reserven nach § 26 a KWG werden nicht als Ergänzungskapital anerkannt. Um die Anerkennung zu erreichen, müssen sie in stille Vorsorgereserven nach § 340 f HGB umgebucht werden.

4. *Abzugsbeträge nach § 10 Abs. 6 a KWG:* Das KWG verlangt, daß bestimmte Beträge bei Vorliegen bestimmter Voraussetzungen abzuziehen sind. Neben den bei der Berechnung des Kernkapitals abgezogenen Verlusten und → immateriellen Vermögenswerten (Abs. 6 a Nr. 1 und 2) handelt es sich dabei um bestimmte → Genußrechte, → Beteiligungen und → Forderungen aus → nachrangigen Verbindlichkeiten sowie bestimmte → Vorzugsaktien (Abs. 6 a Nr. 3 bis 5). Vgl. Übersicht S. 812.

5. *Berechnungsschema:*
Eingezahltes Kapital
+ → offene Rücklagen
+ Reingewinn
+ Vermögenseinlagen stiller Gesellschafter
+ offene Vorsorgereserven für → allgemeine Bankrisiken
+ anerkanntes freies Vermögen (von → Privatbankiers)
./. Entnahmen (von Privatbankiers)
./. → Eigene Aktien, eigene Geschäftsanteile
./. Kumulative Vorzugsaktien
./. Forderungen aus Krediten an Gesellschafter
./. ausgewiesene Verluste
./. immaterielle Vermögensgegenstände

= Kernkapital
+ Stille Vorsorgereserven
+ Kumulative Vorzugsaktien
+ Neubewertungsreserven in → Grundstücken und → Wertpapieren
+ → Genußrechtskapital }
  Ergänzungskapital   }
+ → Haftsummenzuschlag }
  2. Klasse   }

= Ergänzungskapital
./. Abzugsbeträge gemäß § 6 a Satz 1 Nr. 3 bis 5 = Abzüge

= H. E.

6. *Sonderregelung für → Zweigstellen ausländischer Banken:* Als h. E. gelten gemäß § 53 Abs. 2 Nr. 4 KWG das zur Verfügung gestellte Betriebskapital und die zur Verstärkung der Eigenmittel überlassenen Betriebsüberschüsse abzüglich eines etwaigen aktiven Verrechnungssaldos (Forderungsüberhang der deutschen Filiale im Verrechnungsverkehr mit den ausländischen Geschäftsstellen der Bank). Anzurechnen sind außerdem Genußrechtskapital gemäß § 10 Abs. 5 KWG und nachrangige Verbindlichkeiten gemäß § 10 Abs. 5 a KWG, sofern das Kapital von nicht gruppenangehörigen Dritten eingezahlt ist. Dieses Ergänzungskapital darf das Kernkapital nicht übersteigen. Das Ergänzungskapital aus nachrangigen Verbindlichkeiten darf höchstens 50% des Kernkapitals betragen. Maßgebend für die Bemessung des haftenden Eigenkapitals ist der jeweils letzte → Monatsausweis.

Haftkapital
Andere Bezeichnung für → Haftungskapital bzw. → haftendes Eigenkapital.

Haftmittel
Sind leicht ausgehend vom → substantiellen Eigenkapital zu berechnen. Jedoch werden bei der Haftmittelberechnung die steuerfreien → Rücklagen, die erhöhten Absetzungen für Abnutzung (→ AfA)/Sonderabschreibungen sowie die → stillen Reserven nur mit 50 Prozent angesetzt, während die verblei-

Haftmittel

Haftendes Eigenkapital der Kreditinstitute – Bestandteile des Kernkapitals

§ 10 KWG	Einzelkaufleute, Offene Handelsgesellschaften, Kommanditgesellschaften	Aktiengesellschaften, Gesellschaften mit beschränkter Haftung	Kommanditgesellschaften auf Aktien	Eingetragene Kreditgenossenschaften	Öffentl.-rechtl. Sparkassen, Sparkassen des privaten Rechts, die als öffentliche Sparkassen anerkannt sind	Andere Kreditinstitute des öffentlichen Rechts	Kreditinstitute in sonstigen Rechtsformen
Abs. 2	Eingezahltes Geschäftskapital + Rücklagen ./. Entnahmen des Inhabers/ der persönl. haftenden Gesellschafter ./. Forderungen aus Krediten der Inhaber/persönl. haftenden Gesellschafter	Eingezahltes Grund- oder Stammkapital + Rücklagen ./. eigene Aktien oder Geschäftsanteile ./. Kumulative Vorzugsaktien	Eingezahltes Grundkapital + Rücklagen ./. eigene Aktien ./. Kumulative Vorzugsaktien ./. Entnahmen der persönlich haftenden Gesellschafter ./. Forderungen aus Krediten an persönlich haftende Gesellschafter	Geschäftsguthaben der Mitglieder + Rücklagen	Rücklagen	Eingezahltes Dotationskapital + Rücklagen	Eingezahltes Kapital + Rücklagen
	./. Kredite an Kommanditisten, GmbH-Gesellschafter, Aktionäre, Kommanditaktionäre oder Anteilseigner an einem Kreditinstitut des öffentlichen Rechts mit einer Beteiligung von mehr als 25% oder mit Stimmrechten von mehr als 25%, wenn sie zu nicht marktmäßigen Bedingungen oder ohne ausreichende Besicherung gewährt sind						
Abs. 6	**Nachgewiesenes freies Vermögen** des Inhabers oder der persönlich haftenden Gesellschafter, das auf Antrag in einem vom BAK zu bestimmenden Umfang berücksichtigt werden kann.	–	+ **Nachgewiesenes freies Vermögen** der persönlich haftenden Gesellschafter, das auf Antrag in einem vom BAK zu bestimmenden Umfang berücksichtigt werden kann.	–			

Haftmittel

Haftendes Eigenkapital der Kreditinstitute – Bestandteile des Kernkapitals (Fortsetzung)

§ 10 KWG	Einzelkaufleute, Offene Handelsgesellschaften, Kommanditgesellschaften	Aktiengesellschaften, Gesellschaften mit beschränkter Haftung	Kommanditgesellschaften auf Aktien	Eingetragene Kreditgenossenschaften	Öffentl.-rechtl. Sparkassen des privaten Rechts, die als öffentliche Sparkassen anerkannt sind	Andere Kreditinstitute des öffentlichen Rechts	Kreditinstitute in sonstigen Rechtsformen
Abs. 3 Abs. 7	**Reingewinn**, soweit seine Zuweisung zum Geschäftskapital, zu den Rücklagen (ohne Passivposten, die aufgrund steuerlicher Vorschriften erst bei ihrer Auflösung zu versteuern sind [sog. steuerfreie Rücklagen]) oder den Geschäftsguthaben beschlossen ist. auch Hinzurechnung von **Zwischengewinnen**, die durch einen den Anforderungen des Jahresabschlusses (Prüfung, Vorlage der BAK und Bundesbank usw.) entsprechenden Abschluß ermittelt sind, soweit sie nicht für voraussichtliche Gewinnausschüttungen oder Steueraufwendungen gebunden sind.						
Abs. 4	**Vermögenseinlagen stiller Gesellschafter** Anrechnungsvoraussetzungen: 1. Volle Teilnahme am Verlust 2. Nachrangige Befriedigung bei Konkurs oder Liquidation 3. Zurverfügungstellung mindestens für die Dauer von fünf Jahren (Ausnahme unter bestimmten Voraussetzungen bei Genußscheinen) 4. Restlaufzeit von mindestens zwei Jahren						
Abs. 4a Satz 1 Nr. 2	**Offene Vorsorgereserven für allgemeine Bankrisiken** gemäß § 340g HGB (Sonderposten für allgemeine Bankrisiken)						
Abs. 6a/ Satz 1 Nr. 1 und 2	Abzugsbeträge: **Verluste** (bei Erstellung von Zwischenabschlüssen auch Abzug von Verlusten aus einem Zwischenabschluß [Abs. 7 Satz 6]) **Immaterielle Vermögensgegenstände**						

Haftmittel

Haftendes Eigenkapital der Kreditinstitute – Bestandteile des Ergänzungskapitals

§ 10 KWG Abs. 4e Satz 1	**Stille Vorsorgereserven für allgemeine Bankrisiken** nach § 340f HGB (versteuerte stille Reserven)
Nr. 3	**Kumulative Vorzugsaktien** (bei der Berechnung des Kernkapitals abgezogen)
Nr. 4	**Nicht realisierte Reserven** (Neubewertungsreserven in Grundstücken und Wertpapieren) – **in Höhe von 45% des Unterschiedsbetrags zwischen Buchwert und** (nach Hypothekenbankgesetz ermitteltem) **Beleihungswert von Grundstücken,** grundstücksgleichen Rechten und Gebäuden – **in Höhe von 35% des Unterschiedsbetrags zwischen Buchwert und** – Kurswert bei notierten Wertpapieren – Wert der unnotierten Anteile an dem Sparkassen- oder Genossenschaftsverbund angehörenden Kapitalgesellschaften mit einer Bilanzsumme von mindestens 20 Mio. DM – veröffentlichtem Rücknahmepreis von Investmentzertifikaten (Anteile an Wertpapier- oder Grundstückssondervermögen mit Ausnahme von Spezialfonds) Anrechnungsvoraussetzung: Die **Kernkapitalquote** muß mindestens **4,4%** der nach BAK-Grundsatz I (Fassung 1993) risikogewichteten Aktiva betragen. Anrechenbarkeit: **Nicht realisierte Reserven** dürfen **bis zur Höhe von 1,4%** der nach BAK-Grundsatz I **risikogewichteten Aktiva** angerechnet werden.
Nr. 5	**Steuerfreie Rücklagen nach § 6b Einkommensteuergesetz** in Höhe von 45%, soweit diese Rücklagen durch Einstellung von Veräußerungserlösen aus Grundstücken, grundstücksgleichen Rechten und Erbbaurechten entstanden sind
Abs. 5	**Genußrechtskapital** Anrechnungsvoraussetzungen: 1. volle Teilnahme am Verlust, Verpflichtung des Kreditinstituts zum Aufschub der Verzinsung im Falle von Verlusten 2. Nachrangige Befriedigung bei Konkurs oder Liquidation 3. Zurverfügungstellung mindestens für die Dauer von fünf Jahren (Ausnahme unter bestimmten Voraussetzungen bei Genußscheinen) 4. Restlaufzeit von mindestens zwei Jahren
Abs. 5a	**Nachrangige Verbindlichkeiten** Anrechnungsvoraussetzungen: 1. Nachrangige Befriedigung bei Konkurs oder Liquidation 2. Zurverfügungstellung mindestens für die Dauer von fünf Jahren (Ausnahme unter bestimmten Voraussetzungen bei Schuldverschreibungen) 3. Ausschluß der Aufrechnung des Rückerstattungsanspruchs und Verzicht auf Besicherung Anrechenbarkeit: voll; zu zwei Fünfteln bei Fälligkeit oder möglichem Fälligwerden in weniger als zwei Jahren
Abs. 2 Satz 1 Nr. 3	**Haftsummenzuschlag bei Kreditgenossenschaften** Der Haftsummenzuschlag der Kreditgenossenschaften konnte bis zum 31. Dezember 1985 bis zu 50% des ohne Zuschlag vorhandenen haftenden Eigenkapitals betragen. Er ist seitdem jährlich um 2,5% zu vermindern, bis er ab 1. Januar 1995 höchstens 25% des haftenden Eigenkapitals ausmacht.

Haftsummenzuschlag

Haftendes Eigenkapital der Kreditinstitute – Abzugsbeträge nach § 10 Abs. 6a Nr. 3 bis 5 KWG

Nr. 3	3 Prozent des Nennbetrags der Emission in notierten Wertpapieren verbriefter eigener Genußrechte und nachrangiger Verbindlichkeiten bei Absicht der Marktpflege
Nr. 4a) bis d)	Beteiligungen an nicht in das Konsolidierungsverfahren gemäß § 15a Abs. 3 KWG einbezogenen Kredit- und → Finanzinstitute (ausgenommen → Kapitalanlagegesellschaften) von mehr als 10 Prozent des Kapitals dieser Unternehmen, sowie Forderungen gegenüber diesen Instituten (ausgenommen Kapitalanlagegesellschaften) aus nachrangigen Verbindlichkeiten oder Genußrechten und Vorzugsaktien von diesen Instituten
Nr. 5a) bis b)	Beteiligungen, Forderungen aus nachrangigen Verbindlichkeiten und Genußrechten sowie Vorzugsaktien an Kredit- und Finanzinstituten, an denen das Kreditinstitut nicht oder nur in Höhe von unter 10% beteiligt ist, sofern der Gesamtbetrag 10% des Kern- und Ergänzungskapitals übersteigt. Nur der übersteigende Betrag ist anzusetzen. Beteiligungen von 10% sind nur zu berücksichtigen, wenn sie nicht in das Konsolidierungsverfahren einbezogen sind.

benden 50 Prozent als potentielle Steuerverbindlichkeiten auszuweisen sind. Die beim bilanziellen Eigenkapital herausgerechnete Position ausstehende Einlagen wird bei den H. allerdings wieder hinzugefügt.

Haftsummenzuschlag
Zuschlag bei der Berechnung des → haftenden Eigenkapitals der Kreditinstitute in der Rechtsform der eingetragenen → Genossenschaft gemäß § 10 Abs. 2 Satz 1 Nr. 3 KWG. Es handelt sich um einen Zuschlag zu den → Geschäftsguthaben und → Rücklagen, welcher der Haftsummenverpflichtung (Nachschußpflicht) Rechnung trägt und dessen Umfang durch die → Zuschlagsverordnung begrenzt ist. Da eine Einzahlung von Mitteln nicht erfolgt, erfüllt der H. nicht voll die an das haftende Eigenkapital zu stellenden Anforderungen. Historisch gesehen war er eine Starthilfe für eine förderungswürdige, unterentwickelte Institutsgruppe. Aus wettbewerbspolitischen Gründen sollte der H. jedoch keinen Dauercharakter haben. Der Gesetzgeber entschied sich 1984 für einen teilweisen Abbau des H. (von 50% [1985] auf 25% [1995]), um einerseits die Einführung neuer Eigenkapitalsurrogate zu verhindern und um andererseits nicht über Gebühr in die gewachsene Struktur der → Kreditgenossenschaften einzugreifen. Die öffentlich-rechtlichen → Sparkassen hatten sich auf den H. berufen und wegen der → Gewährträgerhaftung und der → Anstaltslast einen sog. Haftungszuschlag als Eigenkapitalergänzung verlangt. Dem folgte der Gesetzgeber nicht. Die Gewährträger können nicht zur Abdeckung laufender Verluste herangezogen werden; es fehlen ferner brauchbare Maßstäbe für eine Quantifizierung der Gewährträgerhaftung.

Haftung
1. *I. w. S.* Verpflichtung, für eine → Schuld aufgrund eines → Schuldverhältnisses einstehen zu müssen (z. B. Verpflichtung zum → Schadensersatz).

2. *I. e. S.* die vermögensrechtliche H. für die → Erfüllung einer Schuld, z. B. bei der unbeschränkten H. → persönlich haftender Gesellschafter in einer → Personengesellschaft oder der beschränkten H. der → Aktionäre in einer → Aktiengesellschaft (→ Kapitalgesellschaft, → juristische Person).
I. d. R. besteht die H. aufgrund einer vertraglichen Verpflichtung. In diesem Fall muß der Schuldner (z. B. die Bank) auch für ein → Verschulden seines → Erfüllungsgehilfen (Mitarbeiter) oder seines → gesetzlichen Vertreters einstehen (§ 278 BGB). Das Gesetz kennt sowohl eine verschärfte H. (z. B. § 287 BGB) als auch Haftungsminderungstatbestände (z. B. §§ 300, 599, 690 BGB). Mit → Freizeichnungsklauseln kann der Schuldner die H. für fahrlässiges Handeln → Verschulden seines einschränken oder ausschließen, jedoch nicht für vorsätzliches und nur beschränkt für grob fahrlässiges Verhalten (z. B. nach § 11 AGBG nicht durch → Allgemeine Geschäftsbedingungen). Die H. ist bei juristischen Personen (z. B. Aktiengesellschaften, GmbH) regelmäßig auf ihr → Vermögen beschränkt. Die H. kann auch beschränkt sein, wenn der Schuldner nur mit

Haftungsverhältnisse

Teilen seines Vermögens für die Schuld einzustehen hat (z. B. beschränkte → Erbenhaftung). In Ausnahmefällen ist auch eine H. ohne Verschulden möglich: Gefährdungshaftung, Billigkeitshaftung, → Gewährleistung. Haften mehrere Schuldner nebeneinander für eine Schuld, so haften sie als → Gesamtschuldner (z. B. H. der Inhaber eines → Gemeinschaftskontos). Hat bei der Entstehung des Schadens oder danach ein Verschulden des Geschädigten mitgewirkt, so hängt die Pflicht zum Schadensersatz und dessen Umfang vom Grad der Verursachung ab (Mitverschulden, § 254 BGB).

Haftung der Kreditinstitute

Mit dem Kunden sind Kreditinstitute innerhalb der → Geschäftsverbindung durch vielfältige vertragliche Beziehungen (→ allgemeiner Bankvertrag, → Ergänzungsverträge zwischen Kreditinstitut und dem Kunden) verbunden, aus denen jeweils Schadensersatzpflichten erwachsen können. Die → Bankgeschäfte hat ein Kreditinstitut mit der Sorgfalt eines ordentlichen → Kaufmanns durchzuführen; es haftet dem Kunden für jedes eigene Verschulden, für das seiner Organe und der von ihm eingesetzten Erfüllungsgehilfen (§ 278 BGB). Soweit sich das Kreditinstitut hierzu Dritter bedient, ist die H. durch die AGB nicht mehr auf grobes Verschulden beschränkt (Nr. 3 Abs. 2 AGB Banken, Nr. 19 Abs. 2 AGB Sparkassen); ihm obliegt lediglich die sorgfältige Auswahl und Unterweisung der Dritten (Substitut). Für das Verschulden seiner Beschäftigten steht ein Kreditinstitut dagegen in gleicher Weise ein wie für eigenes Verhalten bzw. das seiner → Organe. Es haftet daher insoweit grundsätzlich auch für leichte → Fahrlässigkeit seiner Mitarbeiter. Zusätzlich haben die Kreditinstitute in ihren → Allgemeinen Geschäftsbedingungen bestimmte, sie nach der Gesetzeslage treffende Risiken begrenzt und dazu ihren Kunden bestimmte Informationspflichten auferlegt. Der Kunde hat eine Veränderung der Rechts- und Vertretungsverhältnisse schriftlich unverzüglich anzuzeigen auch bei registerlicher Eintragung (→ Handelsregister, → Genossenschaftsregister) gegenüber dem Kreditinstitut (Nr. 11 Abs. 1 AGB Banken, Nr. 20 Abs. 1 a) AGB Sparkassen). Die weiterreichenden Bestimmungen der Sparkassen, daß eine Veränderung der Rechts- und Vertretungsverhältnisse bis zum Eingang einer schriftlichen Anzeige gegenüber dem Kreditinstitut unwirksam bleibt (Nr. 4 Abs. 1 AGB Sparkassen), hat der BGH wegen unangemessener Benachteiligung des Kunden (Verstoß gegen § 9 AGBG) für unwirksam erklärt. Bedenken begegnet deshalb auch die Klausel, daß der Kunde den Schaden tragen soll, der daraus entsteht, daß das Kreditinstitut von einem nach Aufnahme der Geschäftsbeziehung eintretenden Mangel in der → Geschäftsfähigkeit seines Vertreters unverschuldet keine Kenntnis erlangt (Nr. 4 Abs. 2 AGB Sparkassen).

Haftungsrechtlich ist von erheblicher Bedeutung, ob der eingeschaltete Dritte als → Erfüllungsgehilfe oder als Beauftragter (Substitut) anzusehen ist. Im Bereich des → Zahlungsverkehrs sind die Auftraggeber wegen ihrer wirtschaftlichen Gläubigerstellung – beteiligte → Geldinstitute tragen infolge ihrer Haftungsfreizeichnung kein Schadensrisiko – in den Schutzkreis der den Zahlungsverkehr betreffenden → Bankenabkommen einbezogen. Dadurch erhalten sie gegenüber den eingeschalteten Kreditinstituten direkt einen vertraglichen Schadensersatzanspruch unter dem rechtlichen Gesichtspunkt des Vertrages mit Schutzwirkung zugunsten Dritter.

H. der Kreditinstitute gegenüber der Nichtkundschaft: z. B. → Prospekthaftung der Kreditinstitute, H. bei → Bankauskunft.

Haftungsbeschränkung

Bei → Kreditkarten ist im Falle des Verlusts oder Diebstahls der Karte die → Haftung des → Karteninhabers auf 100 DM beschränkt. Meldet er den Verlust der Karte vor einer mißbräuchlichen Benutzung, entfällt dieser Haftungsanteil.

Haftungskapital

1. Bezeichnung für das → Eigenkapital eines Unternehmens unter besonderer Betonung der Haftungs- bzw. Garantiefunktion (Garantiekapital, → Risikokapital).

2. Bezeichnung auch für das → haftende Eigenkapital als Summe von → Kernkapital und → Ergänzungskapital.

3. Als Gesamteigenkapital die Summe aus Nominalkapital und → Rücklagen.

Haftungsverband, → Grundpfandrecht, Haftungsverband.

Haftungsverhältnisse

Das Bild einer → Bilanz kann sich erheblich ändern, wenn neben dem Reinvermögen auch

Haftungszuschlag

die → Eventualverbindlichkeiten und H. betrachtet werden. → Banken messen ihnen bei der Kreditgewährung erhebliche Bedeutung zu. Nach § 251 HGB sind in der Bilanz unter dem Strich Eventualverbindlichkeiten und H. in einer Summe anzugeben. Vermerkpflicht besteht für ausweispflichtige Eventualverbindlichkeiten und H. (a) aus der Begebung und Übertragung von → Wechseln, (b) aus → Bürgschaften, (c) aus → Wechselbürgschaft und → Scheckbürgschaften, (d) aus Gewährleistungsverträgen, (e) aus der Bestellung von Sicherheiten für fremde → Verbindlichkeiten. Sofern mit einer Inanspruchnahme zu rechnen ist, werden aus sogenannten Eventualverbindlichkeiten häufig → Rückstellungen. So ist z. B. bei einer drohenden Inanspruchnahme aus einer Bürgschaftsleistung eine dem Risikogehalt entsprechende Rückstellung zu bilden.

Haftungszuschlag, → Haftsummenzuschlag.

Halbbarer Zahlungsverkehr

Im Unterschied zum → bargeldlosen Zahlungsverkehr werden beim h.Z. sowohl Bargeld- wie Buchgeldzahlungen in bestimmten Zahlungsinstrumenten verknüpft, etwa beim Zahlschein, der → Postanweisung oder der → Zahlungsanweisung. H.B. spielt nurmehr für die → Personen eine Rolle, die kein → Bankkonto unterhalten, also keine regulären (Dauer-)→ Bankkunden sind.

Halbjahresbericht, → Rechenschaftsbericht einer Kapitalanlagegesellschaft.

Halbjahresberichte der Kreditinstitute, → Zwischenberichte der Kreditinstitute.

Halbjahresgeld

Form des → Termingeldes im → Geldhandel zwischen → Banken.

Halbjahreskupon

Halbjährliche Zinszahlung bei → festverzinslichen Wertpapieren (z. B. → Treasury Bonds), auch Bezeichnung für → Zinsschein selbst, der den → Anspruch auf halbjährliche Zinszahlung verbrieft.

Haltekostenbeitrag, → Carry Basis.

Haltestrategie, → Buy-and-Hold-Strategie.

Hamburger Abrechnung

Abrechnungsstelle, die nicht von der → Deutschen Bundesbank (→ Abrechnungsverkehr der Deutschen Bundesbank), sondern von einer Vereinigung Hamburger → Kreditinstitute getragen wird. Über die Aufnahme der Abrechnungsteilnehmer beschließt die Vollversammlung der Mitglieder. Die Abrechnungspapiere (neben → Schecks, → Wechseln, → Lastschriften und anderen Inkassopapieren nicht nur Platz-, sondern auch Fernüberweisungen) werden zwischen den Mitgliedern direkt ausgetauscht. Platzüberweisungen über kleine Beträge werden nicht über die Abrechnung, sondern direkt über die LZB geleitet. Die Landeszentralbank Hamburg ist Mitglied der H. A. Über die LZB Hamburg sind die Nichtabrechnungsbanken indirekt an der H. A. beteiligt.

Hamster-Optionsschein

→ Exotischer Optionsschein, der den Optionsscheininhaber berechtigt, jedesmal dann einen festen Betrag zu erhalten, wenn der → Basiswert an einem festgelegten Tag in der Woche innerhalb bestimmter Grenzen notiert. So erhält beispielsweise der Optionsscheininhaber eines US-$ H.-O. während der → Laufzeit der Optionsscheine für jeden Dienstag, an dem der an der Frankfurter → Wertpapierbörse festgestellte → amtliche Devisenkurs des US-Dollar zwischen 1,40 und 1,50 DM liegt, einen Betrag von 0,20 DM. Hamster ist die Abkürzung für Hoffnung auf Marktstabilität in einer Range. Im Gegensatz zu BOOST-Optionsscheinen (BOOST) erfolgt darüber hinaus auch keine automatische Ausübung, sobald der Basiswert die Grenzen verläßt.
(→ Accrual Warrant, → E.A.R.N.-Optionsschein, → Single Barrier Accrual, → Dual Barrier Accrual)

Handelsabkommen

Zweiseitiger völkerrechtlicher → Vertrag, der oft der Ausfüllung von Handelsverträgen dient und Vereinbarungen über einen zeitlich und mengenmäßig bestimmten Warenaustausch enthält.

Handelsbestand an Wertpapieren, → Wertpapiere des Handelsbestands, → Wertpapiere im Jahresabschluß der Kreditinstitute.

Handelsbilanz

1. *Teilbilanz der* → *Zahlungsbilanz* (und der → Leistungsbilanz) zur Erfassung der Warenexporte und -importe. Ein Handelsbilanzüberschuß (sog. aktive H.) liegt vor,

wenn die → Exporte die → Importe übersteigen; im umgekehrten Fall weist die H. ein Defizit auf (sog. passive H.). Die Erfassung der Handelsströme mit den Grenzübergangswerten des betrachteten Landes bedeutet eine Bewertung der Exporte einschl. der Transport- und Versicherungskosten bis zur Grenze des Ursprungslandes (→ FOB) und der Importe einschl. der Transport- und Versicherungskosten bis zur Grenze des Bestimmungslandes (→ CIF). Die Importe werden aus Gründen internationaler Vergleichbarkeit häufig ergänzend auch mit FOB-Werten berücksichtigt und die Differenz in die → Dienstleistungsbilanz umgebucht. Die Zusammenfassung des Saldos der H. mit dem Saldo der Dienstleistungsbilanz ergibt den → Außenbeitrag gemäß → Inländerkonzept.

2. *Zusammenstellung der Vermögens- und Schuldenwerte einer Unternehmung*: Nach § 242 HGB hat jeder → Kaufmann zunächst eine H. aufzustellen. Nach dem → Maßgeblichkeitsprinzip ist aus der H. die → Steuerbilanz abzuleiten. Die H. ist die kaufmännische → Bilanz des Unternehmens, die Eigentümern und Außenstehenden (→ Gläubiger, → Arbeitnehmer, Öffentlichkeit) Auskunft über die Entwicklung und Lage des Unternehmens geben soll. Sie dient der Darstellung der Vermögens-, Finanz- und Ertragslage des Unternehmens. Werden bei der Erstellung der H. nicht nur die handelsrechtlichen, sondern auch die steuerrechtlichen Vorschriften beachtet, so führt das zu einer → Einheitsbilanz.
(→ Bilanz, → Bewertung des Anlage- und Umlaufvermögens)

Handelsgeschäfte
Gemäß § 343 Abs. 1 HGB alle Geschäfte eines → Kaufmanns, die zum Betrieb seines → Handelsgewerbes gehören. Die von einem Kaufmann vorgenommenen → Rechtsgeschäfte gelten im Zweifel als zum Betrieb seines Handelsgewerbes gehörig (§ 344 Abs. 1 HGB). Bei einseitigen H. handelt es sich um → Rechtsgeschäfte, die nur für eine Vertragspartei (→ Vertrag) ein H. sind; bei zweiseitigen H. sind sie dies für beide Teile. Manche Vorschriften aus dem HGB finden nur auf beiderseitige H. Anwendung (z. B. § 352 HBG).

Handelsgesellschaft
Eine → Gesellschaft, die hauptsächlich → Handelsgeschäfte und damit ein → Handelsgewerbe betreibt. Hierzu gehören die → offene Handelsgesellschaft (OHG), → Kommanditgesellschaft (KG), → Aktiengesellschaft, → Kommanditgesellschaft auf Aktien, → Gesellschaft mit beschränkter Haftung sowie eingeschränkt auch die → Genossenschaft (§ 17 Abs. 2 GenG), nicht dagegen die → Stille Gesellschaft.

Handelsgesetzbuch
Gesetz, das am 1.1.1900 in Kraft getreten ist und die wichtigsten Gebiete des → Handelsrechts (als Teil des → Privatrechts) regelt. Das H. baut auf dem → Bürgerlichen Gesetzbuch auf und gliedert sich in fünf Bücher: Das 1. Buch (Handelsstand: §§ 1 bis 104) enthält Regelungen über Kaufleute (→ Kaufmann), → Handelsregister, → Firma, → Prokura und → Handlungsvollmacht, kaufmännische Angestellte (Handlungsgehilfen), → Handelsvertreter und → Handelsmakler). Das. 2. Buch (→ Handelsgesellschaft und → Stille Gesellschaft: §§ 105 bis 237) enthält Regelungen über die → Offene Handelsgesellschaft, die → Kommanditgesellschaft sowie die Stille Gesellschaft. Im 3. Buch, mit dem das Handelsgesetzbuch durch das zum 1.1.1986 in Kraft getretene → Bilanzrichtlinien-Gesetz grundlegend erweitert worden ist, sind die Rechnungslegungsvorschriften aller Kaufleute zusammengefaßt (→ Buchführungspflichten, → Inventar, → Ansatzvorschriften, → Bewertung usw.). Ergänzende Rechnungslegungsvorschriften der → Kapitalgesellschaften betreffen den → Jahresabschluß der Kapitalgesellschaften und den → Lagebericht, → Konzernabschluß und → Konzernlagebericht, Prüfung und Offenlegung. Seit 1.1.1991 enthalten §§ 340 ff. HGB spezielle Regelungen für → Kreditinstitute, in Umsetzung der → Bankbilanz-Richtlinie. Ergänzende Vorschriften bestehen auch für die Rechnungslegung der eingetragenen → Genossenschaften. Das 4. Buch (Handelsgeschäfte: §§ 343 bis 460) regelt insbes. Handelskauf (→ Kauf), → Kommissionsgeschäft, Speditionsgeschäft, Lagergeschäft, Frachtgeschäft. Das 5. Buch behandelt den Seehandel.

Handelsgewerbe
Betrieb, der eines oder mehrere der in § 1 Abs. 2 HGB aufgezählten → Grundhandelsgewerbe zum Gegenstand hat. Dazu zählen Handel mit und Herstellung von → Waren (bei industriell betriebener Be- oder Verarbeitung), Versicherungen, → Kreditinstitute

Handelskreditbrief

und Transportunternehmen. Ein H. betreiben ferner der → Kommissionär, → Spediteur, → Lagerhalter, → Handelsmakler und → Handelsvertreter, Verlags- und Buchhandelsgeschäfte sowie Druckereien. Jede → Person, die ein Grundhandelsgewerbe betreibt, ist → Kaufmann („Muß-Kaufmann"). Erfordert ein → Gewerbebetrieb nach Art oder Umfang nicht einen in kaufmännischer Weise eingerichteten Gewerbebetrieb, so gilt gemäß § 4 HGB für den → Minderkaufmann das → Handelsgesetzbuch nur zum Teil.

Handelskreditbrief, → Commercial Letter of Credit.

Handelsmakler

Gemäß § 93 Abs. 1 HGB derjenige → Makler, der gewerbsmäßig für andere → Personen Geschäfte vermittelt, die Gegenstand des Handelsverkehrs sind (z.B. Anschaffung oder Veräußerung von → Waren, → Wertpapieren oder → Devisen, Versicherungsgeschäfte, Güterbeförderungen etc.). Kein H., sondern → Handelsvertreter ist, wer von den Parteien aufgrund eines Vertragsverhältnisses ständig mit der Vermittlung solcher Geschäfte betraut ist. Auch wer Grundstücks-Geschäfte vermittelt, wird dadurch nicht zum H. (§ 93 Abs. 2 HGB), sondern bleibt → „Zivilmakler" (i.S.d. §§ 652 ff. BGB). Der H. ist → Kaufmann gemäß § 1 Abs. 2 Nr. 7 HGB. In der Regel vertritt er beide Vertragsparteien, haftet beiden (§ 98 HGB) und hat gegen beide einen Lohnanspruch (§ 99 HGB). Er ist daher zur Neutralität verpflichtet.

Handelsphase

Dritte Phase der Börsenzeit an einer → Terminbörse (z.B. → Deutsche Terminbörse [DTB]). In der H. findet der normale Handel mit Auftragseingaben (z.B. einfache Aufträge, → kombinierte Aufträge), Korrekturen, Abwicklungen, Ausübungen usw. statt.
(→ Pre-Trading-Phase, → Eröffnungsphase, → Post-Trading-Periode)

Handelsrechnung

Nachweis des Verkäufers über die Erfüllung des Kaufvertrages (→ Kauf) und im internationalen Warenverkehr Grundlage für die Ausstellung anderer Dokumente, wie → Konsulatsfaktura und → Zollfaktura. Sie dient als Grundlage für die Einfuhrprüfung und Verzollung im Empfängerland. Einzelne Länder verlangen die Beglaubigung der H. durch die Industrie- und Handelskammer oder durch ihr Konsulat („legalisierte H."). Zuweilen muß die H. von einer → Sichttratte (oder bei Zielgewährung von einer Ziel- oder Nachsichttratte) begleitet sein.

Eine H., die zur Ausnutzung eines → Akkreditivs vorgelegt wird, muß auf den Namen des Akkreditivauftraggebers ausgestellt sein, sofern im Akkreditiv nichts anderes vorgeschrieben ist. Die → Banken nehmen grundsätzlich von H. auf, deren Betrag die Akkreditivsumme nicht übersteigt (Art. 37 a und b ERA). Die Beschreibung der Waren in der H. muß mit der Beschreibung im Akkreditiv übereinstimmen (Art. 37 c ERA).

H. haben i. a. Gewichts- und Mengenangaben, Preis-, Gewichts- und Mengenspezifikationen, Abmessungen, Qualitätsbezeichnungen, eine Markierung der Packstücke sowie Vermerke über Lieferungs- und Zahlungsbedingung zu enthalten. Anhand des Akkreditivtextes ist zu prüfen, welche Angaben die H. auszuweisen hat. Hinsichtlich der Mengen- und Betragsangaben ist zu beachten: „Die Worte „etwa", „ungefähr", „circa" oder ähnliche Ausdrücke, die in Verbindung mit dem Akkreditivbetrag oder der im Akkreditiv angegebenen Menge oder dem angegebenen Preis pro Einheit verwendet werden, sind dahin auszulegen, daß eine Abweichung bis zu 10 Prozent nach oben oder bis zu 10 Prozent nach unten von dem Betrag oder der Menge oder dem Preis pro Einheit, auf die sie sich beziehen, statthaft ist" (Art. 39 a ERA). „Sofern ein Akkreditiv nicht vorschreibt, daß die angegebene Warenmenge nicht über- oder unterschritten werden darf, ist eine Abweichung bis zu 5 Prozent nach oben oder bis zu 5 Prozent nach unten statthaft, immer vorausgesetzt, daß der Betrag der Inanspruchnahme nicht den Akkreditivbetrag überschreitet. Diese Abweichung ist nicht zulässig, wenn im Akkreditiv die Menge in einer bestimmten Anzahl von Verpackungseinheiten oder Stücken angegeben ist" (Art. 39 b ERA).

Handelsrecht

Sonderrecht für Kaufleute, kaufmännische Geschäfte und Tätigkeiten.
Das H. ist ein Teil des → Privatrechts. Es baut auf dem → Bürgerlichen Recht auf. Zum H. i. e. S. gehören das → Handelsge-

Handelsregister

setzbuch (HGB) und ergänzende Gesetze (z. B. Gesetz zur Regelung des Rechts der → Allgemeinen Geschäftsbedingungen). Zum H. i. w. S. zählen das → Gesellschaftsrecht, das → Wertpapierrecht und Teile des Bank- und Börsenrechts (→ Bankrecht, → Börsenrecht).

Handelsrechtliches Wertpapier, → Warenwertpapier.

Handelsrechtliche Vollmachten

→ Vollmachten, die nach handelsrechtlichen Vorschriften (→ Handelsrecht) erteilt werden. Dazu zählen die → Prokura und die → Handlungsvollmacht. Bei diesen Vollmachten ist der Umfang der Vertretungsbefugnis im HGB geregelt (HGB-Vollmachten). → Prokuristen und Handlungsbevollmächtigte sind rechtsgeschäftliche Vertreter (Bevollmächtigte) des Inhabers (→ Einzelunternehmung) oder der Inhaber (→ Personengesellschaft). Prokuristen und Handlungsbevollmächtigte von → Kapitalgesellschaften und → Genossenschaften sind Bevollmächtigte der → juristischen Personen. Sie werden von deren → Organen (→ Vorstand, → Geschäftsführer) ernannt. Der Prokurist ist Stellvertreter eines → Vollkaufmanns mit umfassender, gesetzlich geregelter Vertretungsmacht. Er darf auch außergewöhnliche, also unternehmensuntypische Geschäfte abschließen. Der Umfang der Prokura kann mit Wirkung gegenüber Dritten (Außenverhältnis) nicht beschränkt werden. Der Handlungsbevollmächtigte ist der Stellvertreter eines → Kaufmanns (Vollkaufmann oder → Minderkaufmann) mit einer im Vergleich zu Prokura weniger umfassenden, gesetzlich festgelegten Vertretungsmacht. Im Gegensatz zum Prokuristen darf er das Unternehmen nur bei gewöhnlichen, also unternehmenstypischen Geschäften vertreten (vgl. Übersicht unten).
Gemäß § 56 HGB gelten ferner Angestellte in Läden oder Warenlagern als ermächtigt zu Verkäufen und Empfangnahmen, die dort gewöhnlicherweise stattfinden.

Handelsregister

Amtliches Verzeichnis der Vollkaufleute (→ Einzelunternehmung und → Handelsgesellschaften; nicht → Genossenschaften, sie werden im → Genossenschaftsregister erfaßt). Das H. gibt Auskunft über Tatsachen, die für den Handelsverkehr bedeutsam sind. Es wird beim Amtsgericht (Registergericht) geführt, ist öffentlich und kann von jedem eingesehen werden (§ 9 Abs. 1 HGB). Die Öffentlichkeit des H. zeigt sich auch in der Möglichkeit zur Einsichtnahme in die zum H. eingereichten Schriftstücke, auf Erhalt von Handelsregisterauszügen und bei der Veröffentlichung der Handelsregistereintragungen im → Bundesanzeiger und den Tageszeitungen.

Abteilungen: In der Abteilung A werden → Einzelunternehmungen, → Offene Handelsgesellschaften (OHG) und → Kommanditgesellschaften (KG) eingetragen, in Abteilung B erfolgt die Eintragung von → Aktiengesellschaften (AG), → Gesellschaften

Handelsrechtliche Vollmachten

	Prokura	Handlungsvollmacht
Gewöhnliche Geschäfte des betreffenden Handelsgewerbes	erlaubt	erlaubt
Außergewöhnliche Geschäfte	erlaubt	nicht erlaubt
Aufnahme von Darlehen	erlaubt	nur mit zusätzlicher besonderer Vollmacht erlaubt (§ 54 Abs. 2 HGB)
Eingehen von Wechselverbindlichkeiten	erlaubt	nur mit zusätzlicher besonderer Vollmacht erlaubt (§ 54 Abs. 2 HGB)
Veräußerung und Belastung von Grundstücken	nur mit zusätzlicher besonderer Vollmacht erlaubt (§ 49 Abs. 2 HGB)	nur mit zusätzlicher besonderer Vollmacht erlaubt (§ 54 Abs. 2 HGB)
Persönliche Handlungen des Inhabers	nicht erlaubt	nicht erlaubt

mit beschränkter Haftung (GmbH) und anderen → Kapitalgesellschaften.

Einzutragende Tatsachen sind u. a. → Firma, Sitz und Gegenstand des Unternehmens, sein(e) Inhaber, bei KG auch Einlage der → Kommanditisten, → Vorstand oder → Geschäftsführer, → Prokura, Eröffnung des → Konkurses. Eingetragen werden bei Kapitalgesellschaften außerdem → Aufsichtsrat, Höhe und Veränderungen des → Grundkapitals oder → Stammkapitals.

Zum H. einzureichende Schriftstücke sind → Gesellschaftsverträge, → Satzungen, → Jahresabschlüsse und → Lageberichte der Kapitalgesellschaften.

Wirkungen von Handelsregistereintragungen: Handelsregistereintragungen können rechtsbekundende oder rechtserzeugende Wirkung haben. Eine Eintragung wirkt rechtsbekundend (deklaratorisch), wenn sie nur einer öffentlichen Bekanntmachung gleichkommt. Der Vorgang ist auch ohne Eintragung rechtswirksam, z. B. die Gründung einer KG, der Eintritt eines Gesellschafters in eine OHG, die Erteilung oder der Widerruf einer Prokura (im Innenverhältnis).
Eine Eintragung wirkt rechtserzeugend (konstitutiv), wenn ein Rechtstatbestand erst durch die Handelsregistereintragung wirksam wird. Zum Beispiel wird die → Rechtsfähigkeit der Kapitalgesellschaften erst durch Eintragung begründet.
Handelsregistereintragungen haben für die Rechtssicherheit im Wirtschaftsleben erhebliche Bedeutung, da das H. öffentlichen Glauben genießt. Eingetragene und bekanntgemachte Tatsachen muß ein Dritter grundsätzlich gegen sich gelten lassen (§ 15 Abs. 2 HGB). Nicht eingetragene und bekanntgemachte eintragungspflichtige Tatsachen hingegen können einem gutgläubigen Dritten nicht entgegengehalten werden (§ 15 Abs. 1 HGB) (z. B. Erlöschen einer Prokura). Ist jedoch eine einzutragende Tatsache unrichtig bekanntgemacht, so kann sich ein Dritter dem Eintragungspflichtigen gegenüber auf die bekanntgemachte Tatsache berufen, es sei denn, daß er die Unrichtigkeit kannte (§ 15 Abs. 3 HGB).
Eintragungen von → Kreditinstituten dürfen nur erfolgen, wenn die → Erlaubniserteilung für Kreditinstitute des → Bundesaufsichtsamtes für das Kreditwesen gemäß § 32 KWG nachgewiesen ist.

Wer seiner Pflicht zur Anmeldung, zur Zeichnung der Unterschrift oder zur Einreichung von Schriftstücken zum H. nicht nachkommt, wird dazu vom Registergericht durch Festsetzung eines Zwangsgeldes (bis zu 10.000 DM) angehalten (§ 14 HGB).

Handelsvertreter

Nach § 84 Abs. 1 HGB der → Kaufmann (§ 1 Abs. 2 Nr. 7 HGB), der selbständig ein → Gewerbe betreibt und ständig damit betraut ist, für einen anderen Unternehmer Geschäfte zu vermitteln oder in dessen Namen abzuschließen. Die Selbständigkeit des H. setzt voraus, daß er im wesentlichen frei seine Tätigkeit gestalten und seine Arbeitszeit bestimmen kann. Der H. betreibt ein → Grundhandelsgewerbe und ist Vermittlungsvertreter oder Abschlußvertreter. Er wird für den Unternehmer (der nicht unbedingt Kaufmann sein muß) aufgrund eines → Geschäftsbesorgungsvertrages tätig und erhält eine Provision für alle vereinbarungsmäßig abgeschlossenen Geschäfte, die auf seine Tätigkeit zurückzuführen sind oder die mit Dritten abgeschlossen wurden, die er als seine Kunden für Geschäfte der gleichen Art geworben hat (§ 87ff. HGB).
Der H. kann eine → Delkrederehaftung übernehmen. Nach Beendigung seines Vertragsverhältnisses steht dem H. wegen der von ihm vermittelten Geschäftsbeziehungen, die allein der Unternehmer weiter nutzen kann, ein Ausgleichsanspruch gemäß § 89b HGB zu.

Handelswechsel

→ Wechsel, der zur Finanzierung von Waren- oder Dienstleistungsumsätzen ausgestellt wird. Nur sogenannte gute H. (mit i. d. R. drei als zahlungsfähig bekannten Verpflichteten) sind abgesehen von → Schatzwechseln gemäß § 19 Abs. 1 Nr. 1 BBankG bei der → Deutschen Bundesbank rediskontfähig (→ Rediskontierung). H. werden üblicherweise auf drei Monate ausgestellt. → Prolongationen können hereingenommen werden, soweit sie nicht auf Zahlungsschwierigkeiten der Wechselverpflichteten beruhen.
Sonderform: Umkehrwechsel (→ umgedrehter Wechsel).
Gegensatz: → Finanzwechsel.

Händlerzettel

Händlerslip; von einem Devisen-, Geld- oder Wertpapierhändler ausgeschriebene

Schlußnote über ein abgeschlossenes Geschäft.

Handlungsgehilfe
Bezeichnung des HGB für denjenigen, der in einem → Handelsgewerbe, also bei einem → Kaufmann, zur Leistung kaufmännischer Dienste gegen Entgelt angestellt ist (§§ 59 ff. HGB). Er ist → Arbeitnehmer (Angestellter). Die heute übliche Bezeichnung ist kaufmännischer Angestellter.

Handlungsvollmacht
→ Handelsrechtliche Vollmacht, die von Vollkaufleuten und von Minderkaufleuten erteilt werden kann. Die H. ist eine mit Wirkung nach außen beschränkbare Vertretungsbefugnis. Sie kann auch stillschweigend erteilt werden (§ 167 Abs. 2 BGB) und berechtigt zu allen gewöhnlichen Geschäften und Rechtshandlungen, die der Betrieb eines bestimmten → Handelsgewerbes oder einzelne in einem bestimmten Handelsgewerbe vorkommende Tätigkeiten mit sich bringen (§ 54 Abs. 1 HGB). Die H. ist mit Zustimmung des Geschäftsinhabers übertragbar (§ 58 HGB) und für → Handelsvertreter in § 55 HGB speziell geregelt.
Formen: Nach dem Umfang der H. lassen sich unterscheiden die Gesamtvollmacht, die zu allen gewöhnlichen → Rechtsgeschäften berechtigt, und als Formen der Spezialvollmacht die Artvollmacht, die zur Vornahme einer bestimmten Art von Rechtsgeschäften im Unternehmen berechtigt (z. B. Vollmacht des Kassierers) und die → Sondervollmacht.
→ Kreditinstitute unterscheiden darüber hinaus die H. ohne bzw. mit Befugnis (nach § 54 Abs. 2 HGB). H. ohne Befugnis berechtigt, alle gewöhnlichen Geschäfte und Rechtshandlungen im Geschäftsverkehr mit Kreditinstituten vorzunehmen. Dazu gehören z. B. Verfügung über Kontoguthaben und eingeräumte → Kredite, → Kauf und Verkauf von → Wertpapieren. Handlungsbevollmächtigte mit Befugnis nach § 54 Abs. 2 HGB sind auch berechtigt, im Namen des Vollmachtgebers Wechselverbindlichkeiten einzugehen (→ Wechsel), Kredite aufzunehmen, → Grundstücke zu belasten (→ Grundpfandrechte) oder zu veräußern und Prozesse zu führen. Im Innenverhältnis sind Einschränkungen der H. zulässig, im Außenverhältnis müssen Dritte Beschränkungen nur gegen sich gelten lassen, wenn sie sie kannten oder kennen mußten (§ 54 Abs. 3 HGB). Eine H. wird nicht in das → Handelsregister eingetragen.
Nicht-Kaufleute (z. B. Handwerker oder Angehörige Freier Berufe) können nur Vollmachten nach §§ 164 ff. BGB erteilen (→ BGB-Vollmacht).
(→ Stellvertretung)

Harmless Warrants
Sog. Callable Anleihe, die dem → Emittenten das Recht gewährt, die Anleihe vorzeitig ganz oder teilweise zu kündigen (→ Anleihe mit Schuldnerkündigungsrecht), wenn die → Optionsscheine vom Anleger ausgeübt werden. Die Callable Anleihe und der → Basiswert des Optionsscheines sind identisch, d. h., wird der Optionsschein vom Anleger ausgeübt, kündigt der Emittent die Anleihe und beliefert die Optionsscheininhaber mit dieser Anleihe (vgl. Abbildung unten).

Härteausgleich
Bei (überwiegendem) Bezug von → Einkünften aus nichtselbständiger Arbeit, von denen ein Steuerabzug vorgenommen worden ist (→ Lohnsteuer), wird eine Veranlagung nur bei einem Einkommen von mehr als 54.000 DM (bei Zusammenveranlagung von Ehegatten) bzw. von 27.000 DM oder

Harmless Warrants

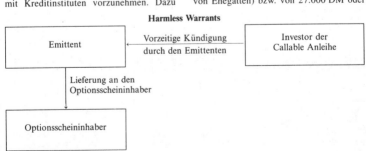

Hartwährung

auf Antrag des →Steuerpflichtigen durchgeführt (§ 46 Abs. 1, Abs. 2 Nr. 8 EStG). Belaufen sich in anderen Fällen (§ 46 Abs. 2 Nr. 1–7 EStG) die weiteren Einkünfte auf mehr als 800,- DM, ist ein Betrag vom Einkommen abzuziehen, um den diese Einkünfte niedriger als 1600,- DM sind (Härteausgleichsbetrag, § 70 EStDV). Zuvor ist der auf sie entfallende →Altersentlastungsbetrag abzuziehen. Der Härteausgleichsbetrag darf nicht höher sein als die hiernach ermittelten Einkünfte.

Hartwährung
→Währung eines Landes, die voll konvertibel ist (→ Konvertibilität) und als besonders wertbeständig gilt (→ Hartwährungsland).

Hartwährungsland
Land, dessen →Währung international besonders wertbeständig ist. Die Gründe dafür liegen vor allem in der wirtschaftlichen Stabilität, die durch die Orientierung der →Wirtschaftspolitik am Ziel der →Geldwertstabilität gefördert wird. Die volle →Konvertibilität der Währung kann zugesichert werden, da mit Verlusten an →Währungsreserven nicht zu rechnen ist. Die Währungen der H. (z. B. D-Mark, Schweizer Franken) sind i. d. R. international gesuchte Anlagewährungen. *Gegensatz:* →Weichwährungsland.

Hauptversammlung (HV)
→Organ der →Aktiengesellschaft und der →Kommanditgesellschaft auf Aktien (Versammlung der →Aktionäre, in der diese ihre Aktienrechte ausüben). Die Mitglieder des →Vorstandes und des →Aufsichtsrates sind nicht nur berechtigt, sondern auch verpflichtet, an der HV teilzunehmen (§ 118 AktG).

Aufgaben: Die HV beschließt in den in Gesetz und →Satzung bestimmten Fällen, nach § 119 AktG namentlich über (1) Bestellung der Mitglieder des Aufsichtsrates, soweit sie nicht als Vertreter der →Arbeitnehmer nach dem Mitbestimmungsgesetz 1976 oder dem BetrVG zu wählen sind, (2) Verwendung des →Bilanzgewinns, (3) Entlastung der Mitglieder des Vorstandes und Aufsichtsrates, (4) Bestellung der →Abschlußprüfer, (5) Satzungsänderungen, (6) Maßnahmen der →Kapitalbeschaffung (→Kapitalerhöhung) und →Kapitalherabsetzung, (7) Bestellung von Prüfern zur Sonderprüfung von Vorgängen bei Gründung oder der →Geschäftsführung, (8) Auflösung der Gesellschaft, (9) über Fragen der Geschäftsführung, sofern der Vorstand es verlangen sollte (selten). Die HV beschließt alljährlich in den ersten acht Monaten des →Geschäftsjahres über Entlastung des Vorstandes und Aufsichtsrates (ggf. auch über Entlastung der einzelnen Mitglieder) sowie i. d. R. gleichzeitig auch über die Gewinnverteilung.

Einberufung (§§ 121–128 AktG) erfolgt in den durch Gesetz oder Satzung bestimmten Fällen und ferner, wenn das Wohl der Gesellschaft es fordert. Einzuberufen hat der Vorstand, evtl. auf Verlangen einer Minderheit der Aktionäre (5% des →Grundkapitals). Die Einberufung nebst der Tagesordnung und den Vorschlägen der Verwaltung zur Tagesordnung sowie etwaigen Satzungsänderungen ist mindestens einen Monat vor dem Tag der HV in den →Gesellschaftsblättern bekanntzugeben (§ 123 AktG). Das AktG sucht auch die Bildung einer wirksamen Opposition zu stärken: Jeder Aktionär kann innerhalb von einer Woche nach Veröffentlichung der Einberufung Gegenanträge (mit Begründung) zu den Vorschlägen der Verwaltung stellen, die er in der HV vorbringen will und die den Aktionären mitgeteilt werden müssen.

Mitteilungen für Aktionäre: Der Vorstand hat binnen zwölf Tagen nach Bekanntmachung der Einberufung den →Kreditinstituten und Aktionärsvereinigungen (→Wertpapierschutzvereinigungen), die in der letzten HV →Stimmrechte für Aktionäre ausgeübt oder Mitteilung verlangt haben, die Einberufung der HV, die Tagesordnung, Vorschläge (auch Wahlvorschläge für Aufsichtsrat) des Vorstandes sowie die Gegenanträge von Aktionären mit Begründung (soweit diese unter 100 Wörtern) und eine etwaige Stellungnahme der Verwaltung mitzuteilen (§ 125 AktG). Er braucht Gegenanträge nicht mitzuteilen, wenn er sich dadurch strafbar machen würde, wenn der Gegenantrag zu gesetz- oder satzungswidrigen Beschlüssen führen würde, wenn er falsche oder irrtümliche Angaben oder Beleidigungen enthält, wenn ein ähnlicher Gegenantrag bereits früher von der HV abgelehnt wurde und wenn der Aktionär bzw. sein Vertreter nicht an der HV teilnehmen wird. Die Kreditinstitute und Aktionärsvereinigungen haben die Mitteilungen an ihre Kunden bzw. Mitglieder unverzüglich weiterzuleiten mit der Bitte um Vertretungsvollmacht und um Weisungen evtl. mit eigenen Vorschlägen (sog. Vollmachtsstimmrecht).

Ablauf: In der HV ist ein Teilnehmerverzeichnis, das vor der Abstimmung zur Einsicht den Aktionären offenliegen muß, aufzustellen (§ 129 AktG). Die Aktionäre können über Angelegenheiten der Gesellschaft Auskunft verlangen. Der Vorstand hat für bestimmte Auskunftsersuchen ein Recht zur Auskunftsverweigerung (→ Auskunftsrecht des Aktionärs). Der Aktionär übt gemäß der in der Satzung auf seine Aktien entfallenden Stimmenzahl bei der Abstimmung zu den Tagesordnungspunkten sein Stimmrecht aus.

Die Beschlüsse der HV bedürfen i. a. der einfachen Stimmenmehrheit (§ 133 AktG), seltener der → qualifizierten Mehrheit ($\frac{3}{4}$ der abgegebenen Stimmen oder $\frac{3}{4}$ des vertretenen Grundkapitals oder – wenn → Mehrstimmrechtsaktien vorhanden sind – die Hälfte der Stimmen, aber mindestens $\frac{3}{4}$ des vertretenen Grundkapitals). Qualifizierte Mehrheit ist insbes. erforderlich bei Satzungsänderugen, Abberufung von Aufsichtsratsmitgliedern, Kapitalherabsetzung, → Fusion, Auflösung u. a.

Die Beschlüsse bedürfen der → notariellen Beurkundung (§ 130 AktG).

Die Beschlüsse können angefochten werden (§ 243 AktG). Nichtigkeitsgründe sind in § 241 AktG geregelt.

Hauptverwaltungen der Deutschen Bundesbank, → Landeszentralbanken.

Hausbank
→ Kreditinstitut, bei dem eine Unternehmung den größten Teil ihrer → Bankgeschäfte abwickelt. Die darin zum Ausdruck kommende → Bankloyalität des Kunden wird umgekehrt von der H. gewöhnlich in der Weise honoriert, daß sie auch in Zeiten einer sich verschlechternden Bonität des Kunden ihr Kreditengagement beibehält bzw. ausweitet. In den letzten Jahren ist im Zuge des sich verschärfenden Wettbewerbs zwischen den Kreditinstituten und des gestiegenen Konditionenbewußtseins der Kunden eine Tendenz zur Abnahme von Hausbankverbindungen zu verzeichnen; an die Stelle der → Relationship Banking tritt mehr und mehr das → Transaction Banking.

Hausbankfunktion
Ein → Kreditinstitut hat die H., sofern es für ein Unternehmen oder einen → Privatkunden sämtliche → Bankgeschäfte erledigt. Der Kunde verzichtet oft auf die Aufnahme einer zweiten Bankverbindung, falls er sich von seiner → Hausbank zufriedenstellend bedient und betreut fühlt.

Haushaltsfreibetrag
Abzugsbetrag bei der Ermittlung des → zu versteuernden Einkommens, wenn bestimmte in § 32 Abs. 7 EStG geregelte Voraussetzungen erfüllt sind (→ Einkommensteuer, Ermittlung des zu versteuernden Einkommens).

Haushaltspolitik, → Finanzpolitik.

Haussammelverwahrung, → Sammelverwahrung.

Hausse
Bull Market; Marktsituation, die durch anhaltend steigende Kurse gekennzeichnet ist.
Gegensatz: → Baisse.

Haussier
Bull; Investor, der auf steigende Kurse setzt.
Gegensatz: → Baissier.

Heaven and Hell-Bond
→ Indexanleihe, deren Rückzahlungshöhe an die Kursentwicklung einer Fremdwährung gebunden ist. Die → Tilgung erfolgt zwar in der Nominalwährung der → Anleihe, wobei sich die Höhe der → Rückzahlung nach einer Formel errechnet, die individuell bei jeder Emission vom Emittenten festgelegt wird. Der → Rückzahlungskurs jedoch kann theoretisch zwischen unendlich und 0 schwanken. Eine Variante von H. a. H.-B. sind beispielsweise → Purgatory and Hell-Bonds.

Hebel
1. *H. bei Optionsscheinen:* Der H. (Gearing) eines → Optionsscheines gibt an, um wieviel mal mehr der Optionsschein bei gleichbleibendem → Aufgeld steigt oder fällt, wenn der → Basiswert (z. B. → Aktie) um ein Prozent steigt oder fällt. Steigt also beispielsweise die Aktie um 10%, so würde rein rechnerisch der Optionsschein bei einem H. von vier um 40% steigen. Diese Voraussetzung trifft allerdings in der Praxis nur in den seltensten Fällen zu. So kann es vor-

Hebeleffekt

kommen, daß die Aktie zwar sehr stark anzieht, der Optionsscheinkurs jedoch zurückbleibt. In diesem Fall wird lediglich das Aufgeld abgebaut. Der H. eines Optionsscheines beruht darauf, daß für den → Kauf eines Optionsscheines im Vergleich zum Basiswert ein relativ geringer Kapitaleinsatz notwendig ist, so daß der Optionsschein auf Kursveränderungen des Basiswertes überproportional reagiert. Der H. eines Optionsscheines wird mit folgender Formel ermittelt:

H. = Aktueller Kurs Basiswert
: aktueller Kurs Optionsschein
· Optionsverhältnis

Eine Verfeinerung des H. stellt das →Optionsschein-Omega dar. Beim Optionsschein-Omega wird zusätzlich das Delta des Optionsscheines (→ Delta-Faktor) berücksichtigt.
(→ Prämie, → Aufgeld, → Abgeld, → Options-Elastizität, → Hebeleffekt)

2. *H. bei Optionen*: Synonym für → Optionselastizität.

Hebeleffekt

→ Optionsscheine, → Optionen und optionsähnliche Finanzinstrumente (z. B. → Caps, → Floors) haben im Vergleich zum → Basiswert einen geringeren Kapitaleinsatz. Dieser geringere Kapitaleinsatz sorgt dafür, daß die prozentuale Kurssensitivität bei diesen Instrumenten größer ist als die prozentuale Kurssensititvität des Basiswertes. Der H. kann mit dem traditionellen Kennzahl → Hebel oder mit der aus → Optionspreisbewertungsmodellen abgeleiteten Sensitivitätskennzahl → Optionselastizität (→ Optionsschein-Omega) gemessen werden.

Hedge Fund

Highly Leveraged Fund; → Investmentfonds, bei dem nahezu keine Beschränkungen bezüglich der Anlageinstrumente und Anlagepolitik besteht (z. B. Quantum Fonds) und der somit ein Instrument hochspekulativer Anlagepolitik darstellt. Das Fondsvermögen wird sowohl an den → Kassamärkten in → Aktien, → Zinsinstrumente, → Währungen und Rohstoffe als auch an den → Terminmärkten in → derivative (Finanz-)Instrumente investiert. Beispielsweise können Gelder in bestimmte Hochzinswährungen investiert werden, die durch Kreditaufnahmen in anderen Niedrigzinswährungen finanziert werden. H. F. haben ihren Geschäftssitz i. d. R. in Offshore-Zentren und Steuerparadiesen (→ Off-Shore-Fund), in Deutschland sind sie nicht zulässig.

Hedge-Geschäft

→ Devisengeschäft zur Ausschaltung von Bewertungsverlusten auf Vermögenswerte infolge von Devisenkursänderungen. Durch das H.-G. wird eine Währungsposition (→ Devisenposition) aufgebaut (Plus- oder Minusposition), die entgegengesetzt zu dem bereits bestehenden → Währungsrisiko (Wechselkursrisiko) steht und dieses neutralisiert.

Hedge Periode, → abgesicherte Periode.

Hedger

Gruppe von Marktteilnehmern an → Terminmärkten, deren Zielsetzung die erfolgreiche Durchführung von Absicherungsgeschäften ist (→ Hedging). Sie bilden die Gegenseite zu den spekulativ ausgerichteten Marktteilnehmern (→ Trader), die sich an den Terminmärkten ausschließlich zur Erzielung von Differenzgewinnen engagieren.

Hedge Ratio

Das H. R. gibt an, wieviel Einheiten eines Instrumentes gekauft werden müssen, um ein anderes gegen Kursveränderungen zu neutralisieren.

Ermittlung bei Optionen: Das H. R. bei → Optionen wird über das Delta (→ Delta-Faktor) ermittelt. Das H. R. kann auch über folgende Formel ermittelt werden:

H. R. = Veränderung des Wertes der Option : Veränderung des Wertes des → Basiswertes

Das H. R. gibt an, wieviel Einheiten des → Basiswertes bei einer → Long Position in → Calls verkauft bzw. bei einer → Short Position in Calls gekauft werden müssen, um eine → delta-neutrale Position zu erhalten.

Ermittlung bei → Zinsfutures: Die einfachste Form zur Ermittlung des H.R. ist die → Nominalwertmethode. Die Berechnung des H.R. für die Cheapest-to-Deliver sollte nach der → Preisfaktorenmethode erfolgen. Die Ermittlung des H. R. für alle anderen Papiere, die nicht → CTD-Anleihe sind, sollte mit der Sensitivitätskennzahl PVBP (→ Price Value of a Basis Point) erfolgen, da nur diese Kennzahl absolute Kursveränderungen quantifiziert. Ziel einer Hedging-Strategie ist, absolute Kursverluste der Long

Position durch absolute Kursgewinne der Short Position im Future auszugleichen. Hierfür ist PVBP geeignet. Die → Modified Duration sollte nicht zur Ermittlung des H. R. verwendet werden, da diese Sensitivitätskennzahl prozentuale Kursveränderungen quantifiziert.
Die → Portfolio-Sensitivitätsanalyse zeigt den PVBP für jedes Laufzeitenband. In der Praxis sollte das H. R. für jedes Laufzeitenband separat ermittelt werde (punktuelles → Risikomanagement). Nur beim punktuellen Risikomanagement können Veränderungen in der Renditestrukturkurve (→ Yield Curve Risk) berücksichtigt werden. Würde man dagegen das gesamte Portfolio mit einer Short Position im Future absichern, würde man eine → Parallelverschiebung unterstellen, die in der Praxis nur relativ selten anzutreffen sind. Einen weiteren Vorteil bietet das punktuelle Risikomanagement dem Anleger. Um das Basisrisiko zu minimieren, sollten Kassainsinstrumente mit einer → Restlaufzeit zwischen zwei und sieben Jahren mit dem → Bobl-Future bzw. längerlaufende Papiere mit dem → Bund-Future oder → Buxl-Future abgesichert werden.
Das H.R. nach der PVBP-Methode wird wie folgt berechnet:

H. R. = (Nominal Kassa : Nominal Future) · (PVBP Kassa : PVBP Future).

Ermittlung bei → Aktienindex-Futures: Die Ermittlung des H. R. bei Aktienindex-Futures (z. B. → DAX-Future, Major Market Index-Future, CAC-40-Future) kann über ein Straight-Hedge-Ratio (→ Straight Hedge) und Beta-Hedge-Ratio (→ Beta Hedge) erfolgen.

Ermittlung beim → Cross Currency Spread Trading: Kennziffer, die bei Cross Currency Spread Trading das Verhältnis der Fremdwährungspositionen zueinander angibt. Das H.R. wird errechnet aus ($PVBP_1$ · Devisenkurs$_{1,2}$ · Nominalwert$_1$): $PVBP_2$, mit $PVBP_1$ = PVBP des Zinsinstrumentes in → Währung$_1$, $PVBP_2$ = PVBP des Zinsinstrumentes in Währung$_2$, Devisenkurs$_{1,2}$ = Kassadevisenkurs zwischen beiden Währungen, Nominalwert$_1$ = Nominalwert des Zinsinstrumentes in Währung$_1$. – Das H. R. zeigt an, wieviel des Zinsinstrumentes der Währung$_2$ nominal gekauft oder verkauft werden muß, damit der Price Value of a Basis Point (PVBP) beider Positionen umgerechnet in Währung$_1$ identisch ist. Bei Zinsfutures ist anstatt dem Nominalwert der Kontraktwert einzusetzen. Das H.R. unterstellt eine Parallelverschiebung zwischen den beiden Märkten. Wird der Nominalwert in dieser Gleichung weggelassen, ergibt sich die Formel wie folgt: ($PVBP_1$ · Devisenkurs$_{1,2}$): $PVBP_2$ = Nominalwert Währung$_2$: Nominalwert Währung$_1$. Diese Gleichung gibt das Verhältnis an, wie beide Zinsinstrumente zueinander zu gewichten sind. Ein Faktor von 0,23 bedeutet z. B. daß für nominal 10.000.000 der Währung$_1$ das 0,23fache an Nominalwert der Währung$_2$ benötigt wird, d. h. 2.300.000.

Hedge-Verhältnis, → Hedge Ratio.

Hedging
Absicherung von Vermögens-Positionen gegen Kursrisiken, → Zinsänderungsrisiken und → Währungsrisiken. Grundgedanke des H. ist die Erzielung einer kompensatorischen Wirkung durch die Einnahme einer entgegengesetzten → Position an den → Terminmärkten, d. h. Ausgleich der Wertminderung einer → Kassa-Position durch den entsprechenden Wertzuwachs einer → Terminposition. Unter Terminmärkten sind hier in erster Linie die → Futures- und Optionsmärkte zu verstehen (→ Future, → Option).
Zwischen dem Aufbau von Hedge-Positionen an den beiden Märkten bestehen grundlegende Unterschiede. Während die Absicherung über → Futures-Kontrakte aufgrund des in beide Richtungen wirkenden Kompensations-Effektes einen Verzicht auf die Teilnahme an weiteren Kurssteigerungen impliziert, bleibt bei einem H. mit Optionen das Gewinnpotential erhalten. Es reduziert sich lediglich um die gezahlte → Optionsprämie. Andererseits ist der Future die preiswertere Form der Absicherung. Da H.-Strategien mit Futures oder Optionen vielfältigen Imponderabilien unterliegen und es nicht zuletzt zu einer Fehleinschätzung des Marktes kommen kann, muß die Effizienz der Gesamtposition laufend überprüft werden, um mit geeigneten Mitteln, z. B. Zuoder Verkauf von → Kontrakten, gegensteuern zu können.
Neben den genannten Terminmärkten sind es v. a. die → Swap-Märkte, derer sich kommerzielle → Hedger zur Begrenzung ihrer Zins- und Währungsrisiken bedienen (→ Zins-Swap, → Währungs-Swap). Für die Absicherung von Zinspositionen haben die

→ Kreditinstitute in den letzten Jahren eine Vielzahl weiterer → Zinssicherungsinstrumente entwickelt (→ Cap, → Collar, → Floor, → Forward Rate Agreement).
Hedge-Transaktionen schließen nicht regelmäßig den Einsatz → derivativer (Finanz-) Instrumente ein. Fremdwährungs-Forderungen lassen sich beispielsweise dadurch absichern, daß der Forderungsinhaber einen betrags- und währungskongruenten → Kredit aufnimmt und den Kreditbetrag am → Kassamarkt verkauft. Den später eingehenden Valuta-Erlös wird er zur → Rückzahlung des Kredites verwenden. Die sich in diesem Fall auch anbietende traditionelle Kurssicherung, Verkauf der → Devisen per Termin, wird üblicherweise als Covering-(Deckungs-)Operation bezeichnet (→ Devisentermingeschäft).

Hedging einer geplanten Kapitalaufnahme

→ Asymmetrische Risikoinstrumente und → symmetrische Risikoinstrumente eignen sich im → Liability-Management zum → Hedging von geplanten Kreditaufnahmen. Durch entsprechende Hedging-Strategien können die → Zinsänderungsrisiken, die sich aus steigenden → Zinsen ergeben, verringert oder neutralisiert werden. Welches Hedging-Instrument im Einzelfall gewählt wird, hängt von einer Vielzahl von Einflußgrößen ab. Zu nennen sind beispielsweise Emissionsvolumen, Emissionszeitpunkt, Zinserwartung, Hedgingkosten und Risikofreudigkeit des Unternehmens. Man unterscheidet im allgemeinen drei Arten von Hedgingstrategien. → Hedgingstrategien mit Forward Rate Agreements (FRA) sehen vor, die → Forward Rates zum Zeitpunkt der → Emission zu sichern. Diese Strategie ist dann sinnvoll, wenn davon ausgegangen wird, daß die → Renditen bis zum Emissionszeitpunkt einer → Anleihe weiter steigen werden. Instrumente, die hierfür neben → Forward Rate Agreements in Frage kommen können, sind beispielsweise → Zinsfutures oder → Forward Swaps. Eine andere Möglichkeit sind Hedginginstrumente (z. B. → Caps, → Collars, Participating Cap), die einen bestimmten Maximalzinssatz bei → variabel verzinslichen Anleihen sichern, über den die Finanzierungskosten nicht steigen sollen. Die dritte Alternative besteht darin, überhaupt keine Hedginginstrumente einzusetzen. Diese Strategie ist dann sinnvoll, wenn ein Unternehmen davon ausgeht, daß das Zinsniveau konstant bleibt oder fallen wird.
(→ Hedgingstrategien mit Forward Rate Agreements, → Hedgingstrategien mit Zins-Futures, → Hedgingstrategien mit Zinsbegrenzungsverträgen, → Hedgingstrategien mit Zinsswaps)

Hedgingstrategien

Bei einem → Hedging sind verschiedene Strategien möglich, vor allem H. mit Forward Rate Agreements, mit Zinsbegrenzungsverträgen, mit Zins-Futures, mit Zinsswaps, mit Aktien-Index-Futures.

Hedgingstrategien mit Forward Rate Agreements

→ Forward Rate Agreements können im Rahmen des → Zinsmanagements zur Absicherung von bereits vorhandenen oder geplanten → Zinsinstrumenten des → Kassamarktes verwendet werden. Zinsmanagement mit Forward Rate Agreements kann sich sowohl auf bestimmte Zinsinstrumente (→ Micro-Hedge) als auch auf mehrere Zinsinstrumente (→ Macro-Hedge) beziehen. Mit dem Abschluß eines FRA können bestehende oder geplante Kapitalanlagen (Aktivseite) oder Kreditaufnahmen (Passivseite) gegen das → variable Zinsrisiko abgesichert werden. Mit dem Abschluß eines FRA's sichert sich der Käufer des FRA's einen → Festzinssatz für eine variable Finanzierung (z. B. Floater) bzw. der Verkäufer einen Festsatz für eine variable Geldanlage. Ziel der Hedgingstrategie ist, höhere Finanzierungskosten durch zwischenzeitliche Zinssteigerungen bzw. geringere Anlageerträge aus zwischenzeitlichen Zinssenkungen zu vermeiden.

Strategien auf der Aktivseite: FRA's sind auf der Aktivseite zur Absicherung von variabel verzinslichen Zinsinstrumenten geeignet. Erwartet beispielsweise ein Anleger fallende → Zinsen, so kann er mit dem Abschluß eines FRA das variable Zinsinstrument (z. B. Floater) gegen fallende Zinsen absichern. Hierbei spielt es keine Rolle, ob es sich um bereits bestehende oder geplante variable Zinsinstrumente handelt. Durch den Verkauf eines FRA's in Verbindung mit dem variablen Zinsinstrument kann der FRA-Satz als Festsatz für die variable Zinsanlage gesichert werden. Bei einer normalen → Zinsstrukturkurve liegt der FRA-Satz über den aktuellen Sätzen. Mit dem Verkauf von FRA's kann sich der Anleger einen höheren Zinssatz für das variable Zinsinstrument sichern, auch wenn er erwartet, daß keine Zinsbewegung stattfindet.

Strategien auf der Passivseite: Ähnlich wie auf der Aktivseite können FRA's auch auf der Passivseite zur Absicherung gegen Zinsänderungen dienen. Durch den Kauf eines FRA's kann eine bestehende oder geplante Kreditaufnahme gegen das Risiko steigender variabler Zinsen abgesichert werden. Ziel dieser Strategie ist, die Refinanzierungskosten über den FRA-Satz festzuschreiben und damit aus der variabel verzinslichen Verbindlichkeit eine synthetische Festsatzverbindlichkeit herzustellen.
(→ FIBOR-Future)

Hedgingstrategien mit Zinsbegrenzungsverträgen

→ Caps, → Floors und → Collars werden als Instrument des → Hedging variabel verzinslicher → Zinsinstrumente (z. B. → Plain Vanilla Floater) eingesetzt, um → Positionen auf der Aktivseite gegen fallende bzw. Positionen auf der Passivseite gegen steigende → Zinsen abzusichern. In Absicherungs- oder Hedgingstrategien werden Caps zur Begrenzung des → variablen Zinsrisikos von → Emittenten bzw. Floors zur Begrenzung des variablen Zinsrisikos von Investoren eingesetzt. Diese Hedginginstrumente können entweder bereits mit der → Floating Rate Note als Gesamtpaket emittiert werden (Cap Floater [→ Capped Floating Rate Note], Floor Floater [→ Floor Floating Rate Note], → Collared Floater, → Minimax Floater, → Fixed-Maxi-Floater), oder erst später, wenn der Floater bereits plaziert ist und sich die Zinsmeinung des Emittenten bzw. Anlegers geändert hat, eingesetzt werden. Die Wirkungsweise ist in beiden Fällen die gleiche.

Strategien auf der Aktivseite: Wurde bereits eine Anleihe vom Emittenten mit einem Floor ausgestattet, so werden die Zinsinstrumente üblicherweise als Floor Floater, (→ Floor Floating Rate Notes) oder Anleihen mit Mindestverzinsung bezeichnet. Floor Floating Rate Notes schützen den Anleger vor fallenden → Geldmarktzinsen. Aus Anlegersicht entsteht für den Käufer ein Risiko, wenn die kurzfristigen Geldmarkzinsen stark fallen. Deshalb wird bei Floor Floating Rate Notes ab einem festen Zinssatz unabhängig von einem weiteren Rückgang der → Zinsen ein fester Zinssatz gezahlt. Aus der → variabel verzinslichen Anleihe wird dann aus wirtschaftlicher Sicht eine Festsatzanleihe (→ Straight Bond). Sollte der → Referenzzinssatz dagegen wieder ansteigen, profitiert der Anleger wie bei einem normalen Floater voll an der Zinssteigerung.
Eine Anleihe mit einer Mindestverzinsung kann durch eine Kombination eines Plain Vanilla Floaters und einem Floor nachgebildet werden. Für die eingegangene Verpflichtung erhält der Verkäufer des Floors (Emittent) vom Käufer (Anleger) eine → Prämie. Die Prämie zahlt der Käufer einer Anleihe mit Mindestverzinsung indirekt in Form einer geringeren Verzinsung.

Strategien auf der Passivseite: Floater, die mit einem Cap ausgestattet sind, werden als Capped Floater (→ Capped Floating Rate Notes) oder Anleihen mit Höchstzinssatz bezeichnet. Das eingebaute → Cap (Deckel) soll den Emittenten vor zu hohen Zinssätzen schützen. Im Februar 1993 emittierte die BMW Finance N.V. eine 200 Mio variabel verzinsliche Anleihe, die sich am 6-Monats-LIBOR orientiert. Die Anleihe läuft bis 10. März 2003 und zahlt dem Anleger halbjährlich den 6-Monats-LIBOR plus einem → Aufschlag von 0,3125 Prozentpunkten. Ein Teil des Aufschlages stellt wirtschaftlich die → Optionsprämie dar, die dem Anleger dafür gezahlt wird, daß er bei einem Zinsanstieg über die Capgrenze maximal den Höchstsatz erhält. Mit einer Cap Floating Rate Note kann der Anleger somit eine höhere Verzinsung erzielen als mit einem vergleichbaren Floater ohne Cap. Der Kauf von Cap Floatern ist damit eine Möglichkeit, eine höhere Verzinsung zu erhalten, wenn das Geldmarktniveau relativ niedrig ist.

Hedgingstrategien mit Zins-Futures

→ Zins-Futures können sowohl auf der Aktivseite als auch Passivseite in Hedgingstrategien eingesetzt werden.

Strategien auf der Aktivseite: → Zins-Futures können auf der Aktivseite zur Absicherung eines → Rentenportfeuilles gegen → zinsinduzierte Kursrisiken eingesetzt werden. Ein → Short Hedge soll der Absicherung gegen steigende → Renditen dienen. Zusätzlich zu den bestehenden → Long-Positionen in Anleihen wird eine → Short Position im → Future (z. B. → Bund-Future) aufgebaut, die eventuelle Kursveränderun-

Hedgingstrategien mit Zinsswaps

gen in den Long-Positionen durch entgegengesetzte Wertveränderungen ausgleichen soll. → Hedging dient letztlich der Marktwertsicherung einer Long Position. Deshalb werden nicht nur Verluste, sondern auch → Gewinne ausgeglichen.

Eine → Cash & Carry Arbitrage besteht aus einer Long Position in der Kassaanleihe und einer Short Position im Future. Mit dieser → Arbitragestrategie kann ein → Geldmarktinstrument synthetisch nachgebildet wird. Der Ertrag dieses Geldmarktinstrumentes wird mit Hilfe der → Return-to-Rollover Formel ermittelt und wird im Futureshandel als → Implied Repo Rate bezeichnet. Das gleiche wirtschaftliche Ergebnis wird mit einer Hedgingstrategie erzielt, da der Short-Hedger zu seiner bestehenden Long Position in einem Papier temporär eine Short Position im Future eingeht. Deshalb ist beispielsweise ein Short Hedge einer → Bundesanleihe mit dem → Bund-Future im Grunde genommen nichts anderes als eine Cash & Carry Arbitrage. Der → Hedger sollte deshalb auch nur die Verzinsung eines Geldmarktinstruments erzielen und nicht die des → Kapitalmarktes, da er Kursrisiken ausgleicht. Bei einer normalen Renditestrukturkurve wird deshalb mit einem → Short-Hedge immer auch ein Renditenachteil verbunden sein, da am → Geldmarkt geringere Renditen im Vergleich zum Kapitalmarkt erzielt werden können. Bei einer inversen → Renditestrukturkurve kann eine höhere Verzinsung erzielt werden, da am Geldmarkt höhere Renditen erreicht werden können.

Eine Absicherung gegen Kursverluste von Long Positionen kann ebenfalls durch den Verkauf von Papieren erfolgen. Eine Short Hegde Strategie wird i.d.R. an Stelle des Verkaufs der Long Position durchgeführt. Deshalb sollten die wirtschaftlichen Konsequenzen identisch sein. Wird eine Anleihe am → Kassamarkt verkauft, werden die liquiden Mittel i.d.R. am Geldmarkt investiert, solange der Anleger keine attraktive Möglichkeit am Bondmarkt erwartet. Deshalb können die Mittel auch nur zur Geldmarktverzinsung in ein kurzfristiges Geldmarktinstrument angelegt werden. In einer normalen Renditestrukturkurve muß der Anleger auf einen Teil der Kapitalmarktverzinsung für die Ausschaltung von Kursrisiken verzichten.

Eine Short Hedging Strategie im Vergleich zum Verkauf am Kassamarkt kann immer dann sinnvoll sein, wenn die Papiere am Markt nicht oder nur sehr schwer verkauft werden können, weil etwa der Markt relativ illiquide ist. Für die Short Hedging Strategie spricht auch, daß die Papiere später nur relativ schwierig zurückgekauft werden können. Auch sind Transaktionskosten am → Futuresmarkt geringer als am Kassamarkt. Deshalb kann eine Hedging-Strategie mit Futures relativ schnell durchgeführt werden, während der Kassaverkauf mehrerer Anleihen zeitaufwendig ist. Eine Hedging-Strategie ist immer dann sinnvoll, wenn nur eine vorübergehende Absicherung gewünscht wird. Im anderen Fall ist der Verkauf der Long Position das erfolgreichere Mittel. Bei der Hedgingstrategie ist zu beachten, daß das → Hedge-Ratio mit der Sensitivitätskennzahl PVBP (→ Price Value of a Basis Point) ermittelt wird.

Strategien auf der Passivseite: Auf der Passivseite können Zinsfutures zur Absicherung geplanter → Emissionen (→ Hedging einer geplanten Kapitalaufnahme) gegen das Risiko steigender Zinsen eingesetzt werden. Mit einer Short Position im Bund-Future können zukünftige Emissionen abgesichert werden. Steigen die Renditen bis zum Emissionszeitpunkt, muß die Anleihe zwar mit einem höheren → Kupon ausgestattet werden, allerdings kann dieser Mehraufwand durch den Gewinn aus der Short Position im Future ausgeglichen werden.

Auch variabel verzinsliche Papiere (z.B. FRN) können gegen steigende kurzfristige LIBOR-Sätze durch eine Short Position im → Euro-DM-Future abgesichert werden (→ Hedgingstrategien mit Forward Rate Agreements).

Hedgingstrategien mit Zinsswaps

→ Kuponswaps können in Hedgingstrategien eingesetzt werden, um einzelne → Zinsinstrumente (→ Micro-Hedge) oder mehrere Zinsinstrumente (→ Macro-Hedge) abzusichern.

Strategien auf der Aktivseite: Da mit → Zinsswaps eine bestimmte Risikoposition eingenommen werden kann, können Kuponswaps auch in Hedgingstrategien verwendet werden, um ein anderes Zinsinstrument gegen das → Zinsänderungsrisiko abzusichern. Beispielsweise können Kuponswaps auf der Aktivseite der → Bilanz eingesetzt werden, um → Straight Bonds (z.B. → Bundesanleihen, → Pfandbriefe) gegen Kursverluste abzusichern (→ Asset Swaps).

Strategien auf der Passivseite: Die → Emission eines Floaters (→ Floating Rate Note) ist bei steigenden → Geldmarktzinsen mit steigenden Zinskosten verbunden. Durch einen → Liability-Swap, bei dem der → variable Zinssatz in einen → Festsatz getauscht wird, läßt sich das → variable Zinsrisiko ausschalten. Das Unternehmen stellt eine synthetische Festsatzverbindlichkeit her. Das Unternehmen zahlt in den Swap den Festsatz und erhält den variablen Satz. Mit dem erhaltenen variablen Satz kann das Unternehmen die Zinsverpflichtungen des Floaters bedienen. Die Refinanzierungskosten sind festgeschrieben und das variable Zinsrisiko ausgeschaltet.

Heimstätte
→ Grundstücke, die aus einem Einfamilienhaus mit Nutzgarten oder aus einem landwirtschaftlichen oder gärtnerischen Anwesen bestehen und durch die öffentlichen Gebietskörperschaften nach dem Reichsheimstättengesetz (RHG) zur H. erklärt worden sind (§ 1 RHG). Das RHG ist mit Wirkung vom 1.10.1993 aufgehoben worden.
Die Eigenschaft als H. wurde stets an erster Rangstelle in Abteilung II des → Grundbuchs eingetragen; über die dazu gehörenden Grundstücke wurde ein gesondertes Grundbuchblatt geführt (§§ 4, 5 RHG). Die zur Belastung einer H. mit einem → Grundpfandrecht erforderliche Zustimmung des Ausgebers (Bund, Land, Gemeinde) war stets zu erteilen, falls die Kreditaufnahme mit den Regeln einer ordnungsgemäßen Wirtschaft vereinbar war oder zur Abfindung von Miterben (→ Erbengemeinschaft) verwendet wurde. Die betreffende → Hypothek oder → Grundschuld war dann in der Form von unkündbaren Tilgungsschulden einzutragen (§ 17), soweit nicht die zuständigen Regierungspräsidenten die Eintragung normaler Hypotheken und Grundschulden genehmigt hatten.
Auf → Forderungen, die zum Zeitpunkt der Aufhebung des RHG bestanden, ist § 20 RHG, der eine Beschränkung der → Zwangsvollstreckung aus dinglich nicht gesicherten → Schulden zum Inhalt hat, für eine Übergangsfrist bis zum 31.12.1998 weiterhin anzuwenden. Danach wird der Heimstättenvermerk im Grundbuch von Amts wegen gelöscht. Die Löschung wird vom Amtsgericht bereits vor dem 1.1.1999 vorgenommen, wenn die Eigentümer gegenüber dem Grundbuchamt durch notariell beurkundete (→ notarielle Beurkundung) oder öffentlich beglaubigte (→ öffentliche Beglaubigung) Erklärung auf die Anwendung des § 20 RHG verzichtet haben.

Hermes-Deckung
Bezeichnung für staatliche Gewährleistungsmaßnahmen (→ Ausfuhrgewährleistungen des Bundes) zur Förderung der deutschen Exportwirtschaft durch → Garantien und → Bürgschaften (→ Hermes-Kreditversicherungs-AG).

Hermes Kreditversicherungs-AG
Privatwirtschaftliche Kreditversicherungsgesellschaft mit Sitz in Hamburg (→ Kreditversicherung) und zwei Geschäftsbereichen: (1) Privatwirtschaftliches Betreiben folgender Sparten: → Warenkreditversicherung, → Investitionsgüterkreditversicherung, → Kautionsversicherung und Vertrauensschadenversicherung. (2) Wahrnehmung der staatlichen Ausfuhrkreditversicherung (→ Exportkreditversicherung) als Mandatar des Bundes (→ Ausfuhrgewährleistungen des Bundes). Das Mandatsgeschäft ist ein organisatorisch getrennter, besonderer Aufgabenbereich des Unternehmens.

Herrschendes Unternehmen
Im → Konzernrecht des AktG verwendeter Begriff (→ abhängiges Unternehmen).

Hersteller-Leasing
Direktes Leasing; → Leasing, das von Herstellern oder rechtlich ausgegliederten, aber wirtschaftlich von den Herstellern abhängigen → Leasing-Gesellschaften betrieben wird. Das H.-L. stellt ein absatzpolitisches Instrument dar; dabei kann es sich sowohl um die Absatzförderung der Mietobjekte selbst als auch um die Absatzförderung von Betriebsstoffen und Hilfsmitteln handeln.
Gegensatz: herstellerunabhängiges Leasing (→ indirektes Leasing).

Herstellungskosten
Sind in der internen Erfolgsrechnung als Herstellkosten plus Verwaltungsgemeinkosten definiert. In der → Handelsbilanz sind die H. Bewertungsmaßstab für selbsterstellte → Wirtschaftsgüter, d. h. für unfertige

und fertige Erzeugnisse und für selbsterstellte Anlagen. H. umfassen nach § 255 Abs. 2 HGB die →Aufwendungen, die durch den Verbrauch von Gütern und die Inanspruchnahme von Diensten für die Herstellung eines Vermögensgegenstandes, seine Erweiterung oder für eine über seinen ursprünglichen Zustand hinausgehende wesentliche Verbesserung entstehen. Die in der internen Erfolgsrechnung ermittelten →Kosten für die selbsterstellten Vermögensgegenstände müssen um die Zusatz- und →Anderskosten, denen kein →Aufwand oder Aufwand in anderer Höhe gegenüberstehen, korrigiert werden. Daher wäre der Begriff „Herstellungsaufwand" zutreffender gewesen. Nicht zu den H. gehören die Vertriebskosten. Der handelsrechtliche Herstellungskostenbegriff läßt einen Spielraum in der Bewertung der selbsterstellten Vermögensgegenstände. Mindestens angesetzt werden müssen alle →Einzelkosten, d. h. die Materialeinzelkosten, Fertigungseinzelkosten und Sondereinzelkosten der Fertigung. Sie bilden damit die Wertuntergrenze. Zusätzlich können die →Gemeinkosten des Material-, Fertigungs- und Verwaltungsbereichs berücksichtigt werden, so daß die Wertobergrenze erreicht wird. Nach § 255 Abs. 2 HGB dürfen nur notwendige Gemeinkosten einbezogen werden, d. h. Gemeinkosten, die sich bei normaler Beschäftigung ergeben. Die Wertobergrenze ist in der Handels- und →*Steuerbilanz* identisch. Für die Ermittlung der Wertuntergrenze lassen die steuerrechtlichen Vorschriften (Abschnitt 33 Abs. 2 EStR) jedoch nur ein Wahlrecht bei den Verwaltungsgemeinkosten zu, so daß sämtliche Einzel- und Gemeinkosten des Material- und Fertigungsbereichs angesetzt werden müssen. Der Bewertungsspielraum ist damit in der Steuerbilanz erheblich geringer als in der Handelsbilanz.

High-Yield Bond, →Junk Bond.

Hinkende Goldwährung
→Goldwährung, bei der neben Goldmünzen auch Silbermünzen →gesetzliches Zahlungsmittel sind. Beispiel: →Mark nach 1871/1873.

Hinkendes Inhaberpapier, →Legitimationspapier, →Liberationspapier.

Hinterleger, →Hinterlegung, →Depotkunde.

Hinterlegung
Erfüllungsersatz, bei dem dem →Schuldner das Recht eingeräumt ist, sich vorläufig oder endgültig von seiner →Schuld zu befreien. H. ist gemäß § 372 BGB zulässig, wenn entweder der →Gläubiger in →Gläubigerverzug ist oder bei einem in dessen →Person liegenden Grund, der die ordnungsgemäße →Erfüllung ausschließt, oder wenn eine nicht auf →Fahrlässigkeit des Schuldners beruhende Ungewißheit über die Person des →Gläubigers besteht. Hinterlegt werden können nur Geld (→Banknoten, →Münzen), →Wertpapiere, →Urkunden und Kostbarkeiten (→Sachen von geringer Größe und relativ hohem Wert). Nicht hinterlegungsfähige Sachen können (in der Regel öffentlich) versteigert werden (§ 383 BGB); hinterlegt wird dann der Erlös aus diesem Selbsthilfeverkauf. Hinterlegungsstelle ist das Amtsgericht; zwischen ihm und dem Hinterleger kommt ein durch die Hinterlegungsordnung ausgestaltetes, öffentlich-rechtliches Verwahrungsverhältnis zustande. Die Herausgabe der hinterlegten Sache oder des Erlöses an den Gläubiger erfolgt erst aufgrund einer Verfügung (→Verwaltungsakt) der Hinterlegungsstelle. Der Schuldner muß dem Gläubiger die H. unverzüglich (§ 121 BGB) anzeigen, sofern dies möglich ist (§ 374 Abs. 2 BGB).

Historical Volatility, →historische Volatilität.

Historische Kursvolatilität, →Kursvolatilität.

Historisches Beta, →Betafaktor.

Historische Volatilität
Die H.V. gibt Auskunft für die Beweglichkeit (Schwankungsbreite) von Kursen (→Kursvolatilität) oder →Renditen (→Renditevolatilität) eines Finanzinstrumentes in der Vergangenheit. Die Volatilität wird durch die annualisierte (→Annualisierung) →Standardabweichung der Kurs- oder Renditeveränderungen gemessen. Die Standardabweichung mißt nur die Schwankungsbreite der Bewegungen, macht aber keine Aussagen über die Richtung der Bewegungen. Große Kursschwankungen fließen überproportional stark in die Berechnung der Volatilität ein. Je höher die Volatilität eines Finanzinstrumentes ist, desto höher ist das mit dem Papier verbundene Ri-

siko. Die Volatilität hat einen sehr großen Einfluß auf den → Zeitwert von → Optionen und → Optionsscheinen. Die H.V. wird auch zur Ermittlung des → Betafaktors von → Aktien und bei der → Asset Allocation benötigt. (→ Implizite Volatilität)

Historische Wertpapiere, → Nonvaleurs.

HITS
Abk. für → Hybrid Instrument Transaction Service.

Hochschulabsolventen,
→ Berufs-Einstiegs- und -Entwicklungsmöglichkeiten für Hochschulabsolventen.

Hochschule für Bankwirtschaft
Private Fachhochschule der Bankakademie.
Die 1990 gegründete Hochschule bietet die Möglichkeit, ein ausbildungs- oder berufsintegriertes Studium der Betriebswirtschaftslehre zu absolvieren. Die Studenten sind an drei Tagen auf der Grundlage eines Teilzeitarbeitsvertrages in einem → Kreditinstitut beschäftigt, an den anderen drei Tagen nehmen sie an den Lehrveranstaltungen der Hochschule teil. Ein Auslandssemester ist obligatorischer Bestandteil des Studiums.
Das *berufsintegrierte Studium* dauert acht Semester. Neben den traditionellen Inhalten eines betriebswirtschaftlichen Fachhochschulstudiums werden bankbetriebliche Theorie sowie andere fachliche Schwerpunkte (z. B. Internationales Finanzdienstleistungsgeschäft, Unternehmenskultur und Personalführung) vermittelt. Der erfolgreiche Absolvent erhält den staatlich anerkannten Titel Diplom-Betriebswirt/-in (FH).
Der *ausbildungsintegrierte Studiengang* dauert neun Semester. In dieser Zeit absolvieren die Studenten während des Grundstudiums ein Volontariat in einem Kreditinstitut. Der speziell für dieses Studium abgestimmte Volontariatsvertrag entspricht inhaltlich dem Ausbildungsvertrag, begründet aber keine Berufsschulpflicht. Der berufstheoretische Teil wird an der Hochschule vermittelt. Während des vierten Semesters können die Studenten als Externe die Abschlußprüfung zum Bankkaufmann vor der Industrie- und Handelskammer ablegen. Die erfolgreichen Absolventen dieses Studienganges sind nach neun Semestern sowohl Bankkaufmann/-frau sowie Diplom-Betriebswirt/-in (FH).

Höchstbetragsbürgschaft
→ Bürgschaft, durch die der Bürge von vornherein seine Verpflichtung auf einen ziffernmäßig bestimmten Teilbetrag (→ Teilbürgschaft) oder Höchstbetrag der Hauptschuld beschränkt. Der Bürge haftet bis zu einem bestimmten Kreditbetrag zuzüglich → Zinsen, → Provisionen und → Kosten, auch soweit diese durch Saldofeststellung im → Kontokorrentkonto Kapitalschuld geworden sind. Soweit dadurch der verbürgte Höchstbetrag überschritten wird, muß die → Haftung hierfür eindeutig vereinbart sein. → Kreditinstitute verlangen i. a. unbegrenzte Bürgschaften als → Kreditsicherheit. Im Rahmen von → Avalkrediten übernehmen sie nur limitierte Bürgschaften (→ Bankbürgschaft).
Gegensatz: → unbegrenzte Bürgschaft.

Höchstbetragshypothek
Sonderform der → Sicherungshypothek (§ 1190 Abs. 3 BGB), bei der nur der Höchstbetrag, bis zu dem das mit ihr belastete → Grundstück haften soll, bestimmt und im → Grundbuch eingetragen ist. Der Umfang der → Hypothek entspricht aber der jeweiligen Forderungshöhe (§ 1190 Abs. 1 BGB); im übrigen steht das → Grundpfandrecht dem Eigentümer als vorläufige → Eigentümergrundschuld zu. Ist die → Forderung verzinslich, so sind die → Zinsen in den Höchstbetrag mit einzurechnen (§ 1190 Abs. 2 BGB). Als nachteilig erweist sich für die Kreditpraxis nicht nur ihre Ausgestaltung als Sicherungshypothek, sondern vor allem, daß für die → Zwangsvollstreckung eine Unterwerfung des Eigentümers (→ vollstreckbare Urkunde) mangels hinreichender Fixiertheit der Höhe des Zahlungsanspruchs nicht in Betracht kommt (vgl. § 794 Abs. 1 Nr. 5 ZPO). Im Falle der → Zahlungsunfähigkeit des Kreditnehmers muß daher der → Gläubiger Klage auf Duldung der Zwangsvollstreckung nach § 1147 BGB erheben, weshalb in der Praxis die verkehrsfähige abstrakte → Sicherungsgrundschuld vorgezogen wird.

Höchststimmrecht
Ebenso wie eine → Aktiengesellschaft → Aktien ohne → Stimmrecht ausgeben kann, kann die → Satzung das Stimmrecht der mehrfachen Aktienbesitzer durch Festsetzung eines Höchstbetrages, z. B. durch höchstens 100 Stimmen, oder durch Abstufungen beschränken (§ 134 Abs. 1 Satz 2

AktG). Bei der Berechnung einer nach Gesetz oder Satzung erforderlichen Kapitalmehrheit bleiben die Beschränkungen aber außer Betracht (§ 134 Abs. 1 Satz 6 AktG). Ziel der Einführung eines H. ist die Vermeidung von „Überfremdung".

Hochzinsanleihe
→ Festverzinsliches (Wert-)Papier, das im Vergleich zu → Anleihen mit gleicher → Laufzeit einen höheren → Nominalzins (z. B. → Koppelanleihe) hat.

Hoffnungswerte
1. Gläubigeransprüche aus → festverzinslichen Wertpapieren aus → Emissionen vor 1945, die bisher nicht oder teilweise bedient wurden und für die jetzt „Hoffnung" auf Entschädigung besteht:
– → Schattenquoten-Bezugsscheine aus dem → Londoner Schuldenabkommen von 1953 (Titel zur Ablösung rückständiger Zinsansprüche aus fünf Fremdwährungs-Anleihen des ehemaligen Deutschen Reiches [für die Zeit von 1944 bis 1952] sowie des ehemaligen Freistaats Preußen [für die Zeit von 1937 bis 1953]);
– unbediente oder teilweise bediente Fremdwährungs-Anleihen mittel- und ostdeutscher → Emittenten in US-Dollar, in Pfund Sterling und in Holländischen Gulden (ebenfalls geregelt im Londoner Schuldenabkommen von 1953),
– unbediente Reichsmark-Vorkriegsanleihen des ehemaligen Deutschen Reichs sowie seiner → Sondervermögen, soweit eine Bedienung von → Gläubigern bis heute nicht möglich war,
– unbediente Anleihen und Ablösungsanleihen mittel- und ostdeutscher Länder, Provinzen und Städte, die 1945 notleidend wurden und bis heute unbedient sind,
– unbediente A- und C-Ansprüche aus Pfandbriefen und Kommunal-Schuldverschreibungen von Berliner Altbanken (ruhende Banken in West-Berlin) und verlagerten, mitteldeutschen Geldinstituten,
– unbediente Pfandbriefe und Kommunal-Schuldverschreibungen von mittel- und ostdeutschen Geldinstituten, die 1945 notleidend wurden und bis heute unbedient sind,
– unbediente oder teilweise bediente Goldmark- bzw. Reichsmark-Schuldverschreibungen mittel- und ostdeutscher privater Emittenten (einschließlich der nach 1945 ausgegebenen Besserungsscheine für Obligationäre).

2. Vermögensansprüche aus Reichsmark- → Aktien.

Holdinggesellschaft,
→ Dachgesellschaft in einem → Konzern.

Holländisches Verfahren
Zuteilungsverfahren bei der Ausgabe von → Schatzanweisungen im Wege der Ausschreibung (→ Tenderverfahren). Dieses Verfahren wird von der → Deutschen Bundesbank (neben dem → amerikanischen Verfahren) auch bei der Durchführung von → Wertpapierpensionsgeschäften angewandt.

Home Banking
Neben der Postbank bieten viele andere Banken die Möglichkeit an, über das → Bildschirmtext-System der Deutschen Telekom Bankgeschäfte von zu Hause aus abzuwickeln. Dazu gehören etwa die Abfrage des Kontostandes, Überweisungen sowie Erteilung und Änderung von Daueraufträgen.
Gegensatz: → Office Banking.

Horizon Duration
→ Duration nach Macaulay, die auf einen Zeitpunkt in der Zukunft (z. B. drei Monaten) ermittelt wird. Die H.D. wird in → Hedgingstrategien mit Zins-Futures ermittelt, wenn die → abgesicherte Periode relativ lang ist (z. B. drei Monate).
Gegensatz: → Current Duration.

Horizon Return,
→ (erwarteter) Total Return.

Horizontal Spread,
→ Time Spread.

Hot money
„Heißes Geld", schnell disponierte Gelder, die politische, insbes. währungspolitische Sicherheit, andererseits aber auch bestmögliche Verzinsung suchen. Auch aus steuerlichen Gründen disponiertes Geld (Fluchtgeld) zählt dazu.

HR
1. Abk. für → Hedge Ratio.
2. Abk. für → Handelsregister.

Hybrid Instrument Transaction Service (HIT)
→ Swap Clearing House der → CBOT.

Hybridkarte
Karte, die zusätzlich zum Magnetstreifen einen Chip enthält, so daß Off-line-Autorisierung möglich sind (→ Chipkarte, → POS-Banking, → Zahlungskarte).

HYPAX
Deutscher → Aktienindex, der von der Bayerischen Hypotheken- und Wechsel-Bank konzipiert wurde. Der H. stellt die Kursentwicklung aller in den Optionshandel an der → Deutschen Terminbörse (DTB) einbezogenen → Aktien dar. Der H. wurde als → Preisindex nach Laspeyres konzipiert (→ Laspeyres-Index). Die Gewichtung der Kurse erfolgt mit dem zugelassenen → Grundkapital (Kapitalisierungsgewichteter Index). Eine Anpassung der Gewichte wird im Regelfall zum Ende eines jeden Jahres vorgenommen. Als Basiszeitpunkt des H. wurde der 29.12.1989 gewählt. Der Basiskurs liegt bei 10.000. Im Februar 1995 bestand der H. aus 20 verschiedenen Aktien. Der H. ist → Basiswert für → Optionsscheine.
(→ DAX, → CDAX, → FAZ-Index)

Hypothek
→ Grundpfandrecht zur Sicherung der → Forderung eines → Gläubigers (§ 1113 Abs. 1 BGB); die H. gehört zu den → Sachsicherheiten und den → akzessorischen Sicherheiten.

Gesicherte Forderung: Die Verknüpfung mit einer zu sichernden Forderung unterscheidet die H. von der abstrakten → Grundschuld. Vor der Auszahlung des → Darlehens steht die eingetragene H. dem Eigentümer als (vorläufige) → Eigentümergrundschuld (§ 1163 Abs. 1, 1177 Abs. 1 BGB) zu. Nur der Forderungsgläubiger kann Hypothekengläubiger werden, während umgekehrt Forderungsschuldner und Grundstückseigentümer nicht identisch zu sein brauchen (→ Hypothek, Einreden; → Hypothek, Zahlungsauswirkungen). Eine H. dient (abgesehen von der → Höchstbetragshypothek) nur der Sicherung einer Forderung, die auf einen festgelegten DM-Betrag lautet. Pro Forderung kann lediglich eine H. bestellt werden (Verbot der Doppelsicherung). Demnach ist die hypothekarische Belastung mehrerer Grundstücke nur in Form der Gesamthypothek (→ Gesamtgrundpfandrecht) möglich (§ 1132 BGB). Die zu sichernde Forderung muß noch nicht bestehen; die Bestellung der H. kann auch für eine künftige oder bedingte Forderung erfolgen (nicht zu verwechseln mit der Bestellung einer bedingten H.; Ausfallhypothek). Für deren Rang ist der Zeitpunkt der Eintragung im → Grundbuch maßgebend (→ Rang der Grundstücksrechte).

Akzessorietät: Die Abhängigkeit der H. von der Forderung zeigt sich vor allem bei der Begründung, der Übertragung, den → Einreden gegenüber dem Gläubiger, dem → gutgläubigen Erwerb und den Zahlungsauswirkungen. Zur Aufrechterhaltung der Verkehrsfähigkeit wurde die Akzessorietät gegenüber dem gutgläubigen Erwerber bei der normalen H. gelockert (→ Verkehrshypothek).

Eignung als Kreditsicherungsmittel: Die akzessorische Rechtsnatur schränkt die Verwendungsmöglichkeit als → Kreditsicherheit ein. Jede zwischenzeitliche Verminderung des → Kredits führt zu einer Verringerung der Sicherung. Nimmt der Kreditnehmer im Rahmen eines → Kontokorrentkredits erneut Kredit in Anspruch, lebt die H. nicht wieder auf. Soll die H. zur Sicherung einer anderen Forderung herangezogen werden, bedarf es neben der → Einigung der Eintragung der neuen Forderung im Grundbuch (§ 1180 BGB). Gänzlich ungeeignet als Kreditsicherheit ist die streng akzessorische → Sicherungshypothek. Die Verkehrshypothek wird in der Praxis nur für Kredite in ganz bestimmter Höhe, die durch regelmäßige → Tilgungen zurückgezahlt werden, herangezogen. Demgegenüber ist die abstrakte Grundschuld wesentlich flexibler und stellt deshalb ein besonders vielseitig verwendbares Kreditsicherungsmittel dar (→ Sicherungsgrundschuld).

Sonderformen: → Abzahlungshypothek, → Tilgungshypothek, → Festhypothek, Ausfallhypothek, Sicherungshypothek, Höchstbetragshypothek.

Der Begriff *Hypothek* tritt weiter auf als Bezeichnung für → Hypothekendarlehen im Zusammenhang mit → Bürgschaften der öffentlichen Hand. Eine 1 a-Hypothek ist danach die erststellige, unverbürgte → Hypothek, 1 b-Hypothek die zweitstellige verbürgte Hypothek, die die Realkreditgrenze (→ Beleihungsgrenze von 60 Prozent des → Beleihungswertes) überschreitet.

Hypothekarkredit

Hypothekarkredit
Bodenkredit, Immobiliarkredit; → Darlehen, das durch → Grundpfandrechte (→ Hypotheken oder → Grundschulden) gesichert ist. Ein → Schiffshypothekarkredit ist ein Darlehen, das gegen → Schiffshypotheken gewährt wird.
Synonym wird häufig die Bezeichnung →Realkredit verwendet; zu beachten ist aber, daß nach § 20 Abs. 2 Nr. 1 (ab 1996: § 21 Abs. 3 Nr. 1) KWG ein Realkredit (im bankaufsichtlichen Sinne) den Erfordernissen der §§ 11 und 12 Abs. 1 und 2 HypbankG bzw. den Erfordernissen des § 10 Abs. 1 und 2 S. 1 Schiffsbankgesetz entsprechen muß.

Hypothekarkredit-Richtlinie
1984 von der EG-Kommission erstmals vorgeschlagener, 1987 geänderter Entwurf einer Richtlinie des Rates „über die Niederlassungsfreiheit und den freien Dienstleistungsverkehr auf dem Gebiet des Hypothekarkredits", deren weitere Beratung und Verabschiedung bislang aussteht. Sie soll für alle → Kreditinstitute gelten, deren Tätigkeit ausschließlich oder teilweise darin besteht, Mittel des Publikums in Form von → Einlagen, aus der → Emission von → Pfandbriefen oder sonstigen → Wertpapieren oder rückzahlbaren Anteilen entgegenzunehmen und an das Publikum durch Grundstückshypotheken gesicherte → Kredite für den Erwerb oder Erhalt von Baugrundstücken bzw. → Grundstücksrechten oder für die Renovierung zu vergeben. Ihr Anwendungsbereich bezieht sich nicht nur auf → Hypotheken, sondern auf den gesamten, durch → Grundpfandrechte gesicherten → Wohnungsbaukredit. Kernstück des Richtlinienentwurfs ist die gegenseitige Anerkennung der jeweiligen Finanzierungstechniken, deren Bestandteile in einem Anhang aufgelistet werden (z. B. Rückzahlungsvereinbarungen, Umfang des → Realkredits, → Laufzeit, Art und Höhe des → Zinses). Die Aufnahmemitgliedstaaten sollen ferner alle Vorschriften beseitigen, die Institute aus anderen Mitgliedsländern daran hindern, das Hypothekarkreditgeschäft nach den in ihrem Herkunftsland zulässigen Finanzierungstechniken in ihrem Hoheitsgebiet auszuüben. Diese Konzeption entspricht weithin den → Bankrechts-Koordinierungsrichtlinien, müßte aber hiermit noch näher abgestimmt werden (→ EG-Bankrecht).

Hypothek, Einreden
Ist der Grundeigentümer nicht der persönliche → Schuldner der → Forderung, ergeben sich für die Beteiligten daraus unterschiedliche Folgen.

Einreden gegenüber der Hypothek: Stets kann sich der Eigentümer gegenüber dem Gläubiger auf die sich unmittelbar aus der Hypothek ergebenden → Einreden (z. B. →Stundung der → Hypothek) und Einwendungen (z. B. unwirksame → Einigung) berufen. Sind diese Gegenrechte nicht aus dem → Grundbuch ersichtlich, werden sie im Falle der → Abtretung (→ Grundpfandrecht, Übertragung) gegenüber dem gutgläubigen Erwerber wegen der öffentlichen Glaubenswirkung des Grundbuchs (→ Grundbuch, öffentlicher Glaube) abgeschnitten (§§ 1157 S. 2, 892 BGB).

Einreden gegenüber der gesicherten Forderung: Genau wie dem Bürgen (→ Bürgschaft) stehen dem Eigentümer gegen die Hypothek auch die dem persönlichen Schuldner gegen die Forderung zukommenden Einreden (z. B. Stundung) und Einwendungen (z. B. Nichtvalutierung des →Darlehens) sowie die Einreden des Bürgen gemäß § 770 BGB zu (§ 1137 BGB). Ausgeschlossen sind aber die Einreden der beschränkten Haftung des → Erben des persönlichen Schuldners (§ 1137 Abs. 1 S. 2 BGB; → Erbenhaftung) sowie die Berufung auf Herabsetzung der Forderung im → Vergleich (§ 82 Abs. 2 VerglO) und einen rechtskräftig bestätigten → Zwangsvergleich im → Konkurs (§ 193 S. 2 KO), zusätzlich die Einrede der → Verjährung der gesicherten Forderung (§ 223 Abs. 1 BGB).

Hypothekenbanken, → Private Hypothekenbanken.

Hypothekenbankgesetz (HypBankG)
Gesetz, das die Errichtung, Tätigkeit und Beaufsichtigung von → privaten Hypothekenbanken sowie die Ausgabe von → Hypothekenpfandbriefen sowie von → Kommunalobligationen durch Hypothekenbanken regelt. Für die Ausgabe dieser → Schuldverschreibungen durch → öffentlich-rechtliche Kreditanstalten gilt das → Pfandbriefgesetz.

Hypothekenbrief
Sachenrechtliches → Wertpapier über eine → Hypothek, das vom → Grundbuchamt in

Form einer öffentlichen → Urkunde ausgestellt wird.

Inhalt: Notwendige Bestandteile sind nach § 56 GBO die Bezeichnung als H., die Angabe des Geldbetrages der Hypothek, des belasteten → Grundstücks sowie Unterschrift und Siegelung; wünschenswerte Angaben sind nach § 57 GBO die den Inhalt der Hypothek betreffenden Eintragungen, die Bezeichnung des Eigentümers, die Nummer des Grundbuchblattes und die Eintragung der Rechte, die im Range vorgehen oder gleichstehen (→ Rang von Grundstücksrechten).

Rechtswirkungen: Das → Eigentum an dem H. steht dem → Gläubiger der Hypothek zu (§ 952 Abs. 2 BGB); er ist also ein → Rektapapier. Der Brief ist maßgebend für die Übertragung und Geltendmachung des Rechts (→ Grundpfandrecht, Geltendmachung) sowie für dessen → Verpfändung und → Pfändung. Bei der Verpfändung einer → Briefhypothek kann die → Übergabe des Briefes nicht durch ein → Besitzkonstitut ersetzt werden (§ 1154 Abs. 1 S. 2 BGB). Zur Pfändung einer → Forderung, für die eine Briefhypothek besteht, ist neben dem Pfändungsbeschluß (→ Pfändung von Geldforderungen) die Übergabe des H. an den Gläubiger notwendig (§ 830 Abs. 1 ZPO). Gibt der → Schuldner die → Urkunde nicht freiwillig heraus, so gilt die Übergabe als erfolgt, wenn der Gerichtsvollzieher aufgrund des Pfändungsbeschlusses den Brief zum Zwecke der Ablieferung an den Gläubiger wegnimmt (§ 830 Abs. 1 S. 2 ZPO; sogenannte Hilfspfändung). Der Brief bildet ein zusätzliches Verlautbarungsmittel zum → Grundbuch, genießt aber keinen öffentlichen Glauben wie dieses (→ Grundbuch, öffentlicher Glaube). Er kann aber umgekehrt den öffentlichen Glauben des Grundbuchs zerstören, wenn in ihm die Rechtslage richtig wiedergegeben, dort aber falsch verlautbart wird, oder wenn auf ihm ein → Widerspruch gegen die Richtigkeit des Grundbuchs vermerkt wird (§ 1140 BGB). Der H. kann jedoch die Grundlage eines gutgläubigen Erwerbs der Hypothek im Zusammenwirken mit einer lückenlosen Kette öffentlich beglaubigter Abtretungserklärungen darstellen (§ 1155 BGB; → Hypothek, gutgläubiger Erwerb). Im Falle des Verlustes kann der bisherige Inhaber den Brief mittels eines gerichtlichen → Aufgebotsverfahrens für kraftlos erklären lassen (§ 1162 BGB).

Hypothekendarlehen
→ Darlehen, das durch → Grundpfandrechte (→ Hypotheken oder → Grundschulden) gesichert ist. Trotz der Bezeichnung „H." im Sprachgebrauch der Bankpraxis werden heute i. d. R. Grundschulden eingetragen. Die Begriffe „H." und → Realkredit werden synonym verwendet (→ Hypothekarkredit).

Hypothekenmarkt
Markt, auf dem langfristige, durch → Grundpfandrechte gesicherte Fremdfinanzierungsmittel (→ Hypothekarkredit, → Realkredit, oft in Kurzbezeichnung „Hypotheken" genannt) angeboten und nachgefragt werden.

Kreditgeber auf dem H. sind vor allem → Realkreditinstitute, → Sparkassen, → Bausparkassen, private und öffentlich-rechtliche Versicherungsunternehmen und die Sozialversicherungsträger. Diesen → Kapitalsammelstellen – auch als Institute des organisierten Realkredits bezeichnet – sind durch Gesetz oder → Satzung nur bestimmte Anlagen gestattet. Zunehmend gewähren auch → Kreditbanken und → Kreditgenossenschaften Hypothekar- und Realkredite.

Realkreditinstitute: → Private Hypothekenbanken und → öffentlich-rechtliche Grundkreditanstalten refinanzieren sich durch die Ausgabe von → Pfandbriefen, die mindestens durch → Hypotheken oder → Grundschulden in gleicher Höhe und mit gleichem Zinsertrag gedeckt sein müssen (→ Kongruenzprinzip, → Pfandbriefdeckung). Die Geschäftstätigkeit der privaten Hypothekenbanken wird durch das → Hypothekenbankgesetz bestimmt; für die öffentlich-rechtlichen Grundkreditanstalten gilt das → Pfandbriefgesetz, das im Interesse der Wettbewerbsgleichheit die gleichen geschäftlichen Möglichkeiten eröffnet. Nach § 1 HypbankG ist der Geschäftsbetrieb der privaten Hypothekenbanken darauf gerichtet, inländische Grundstücke zu beleihen und aufgrund der erworbenen Hypotheken (bzw. Grundschulden gemäß § 40 Abs. 1 HypbankG) → Schuldverschreibungen (→ Hypothekenpfandbriefe) auszugeben, → Darlehen an inländische → Körperschaften und → Anstalten des öffentlichen Rechts zu geben oder Darlehen gegen Übernahme der vollen Gewährleistung durch eine solche Körperschaft oder Anstalt zu gewähren (→ Kommunalkredit) und aufgrund der erworbenen Forderungen Schuldverschrei-

Hypothekenpfandbrief

bungen (→ Kommunalobligation) auszugeben.
Die Beleihung eines → Grundstücks darf die ersten drei Fünftel des Wertes des Grundstücks nicht übersteigen (→ Beleihungsgrenze). Der Gesamtbetrag der im Umlauf befindlichen Hypothekenpfandbriefe und Kommunalschuldverschreibungen darf das Sechzigfache des → haftenden Eigenkapitals der Kreditinstitute nicht übersteigen.

Sparkassen refinanzieren sich weitgehend aus → Spareinlagen, die in Anpassung an die jeweilige Kapitalmarktsituation unterschiedlich hoch zu verzinsen sind. Die Konditionengestaltung der Sparkassen für Hypothekar- und Realkredite ist darauf abgestellt. Zunehmend hat für Sparkassen die Refinanzierung über → Sparbriefe/Sparkassenbriefe, → Sparkassenobligationen und → Inhaberschuldverschreibungen an Bedeutung gewonnen. Im Realkreditgeschäft gilt der Grundsatz, daß Sparkassen Darlehen gegen Bestellung von Hypotheken oder Grundschulden nur auf solche Grundstücke gewähren dürfen bzw. sollen, die im Ausleihbezirk der Sparkassen liegen (→ Regionalprinzip).

Private und öffentlich-rechtliche Lebensversicherungsunternehmen unterliegen besonderen Anlagevorschriften, wonach auch die Anlage in Hypothekarkrediten erlaubt ist, die in Verbindung mit dem Abschluß einer Lebensversicherung steht. Der Schuldner hat i. d. R. keine laufende → Tilgung zu entrichten, da die Darlehensrückführung im Todes- oder Erlebensfall mit der fälligen Versicherungsleistung erfolgt.

Die *Träger der Sozialversicherung*, wie die Bundesversicherungsanstalt für Angestellte und die Landesversicherungsanstalten, gewähren i. a. nur Hypothekarkredite, wenn die Mittel direkt oder indirekt den Versicherten zufließen. Daneben finanzieren sich aber auch Realkreditinstitute über Globaldarlehen dieser Versicherungsträger.

Bausparkassen gewähren Darlehen gegen grundpfandrechtliche Absicherung über den Beleihungsraum der Hypothekenbanken und Versicherungen hinaus.

Hypothekenpfandbrief
→ Pfandbrief, der von → privaten Hypothekenbanken ausgegeben wird.

Hypothekenregister
Das gemäß § 22 Abs. 1 HypBankG von einer → privaten Hypothekenbank bzw. gemäß § 3 Pfandbriefgesetz von öffentlich-rechtlichen Pfandbriefinstituten (→ öffentlich-rechtliche Grundkreditanstalten, → Landesbanken/Girozentralen) zu führende Register, in das die zur Deckung der → Hypothekenpfandbriefe bzw. der → Pfandbriefe verwendeten → Hypotheken und → Grundschulden sowie die sonstigen als ordentliche Deckung verwendeten Werte einzutragen sind (→ Pfandbriefdeckung).

Hypothek, gutgläubiger Erwerb
Beim → gutgläubigen Erwerb einer → Hypothek ist zwischen der Bestellung (→ Grundpfandrecht, Bestellung) und der → Abtretung (→ Grundpfandrecht, Übertragung) zu unterscheiden.

Bestellung: Erfolgt die Bestellung der Hypothek durch einen im → Grundbuch eingetragenen Scheineigentümer, so wird der auf die Richtigkeit des Grundbuchs vertrauende → Gläubiger gemäß § 892 BGB Inhaber des Grundpfandrechts (→ Grundbuch, öffentlicher Glaube).

Bei der → *Übertragung* können Fehler sowohl beim dinglichen Erwerbsakt als auch bei der zugrunde liegenden → Forderung auftreten.
Der Verkehrsschutz wird bei Mängeln im Erwerbsakt über § 892 BGB erreicht, sei es, daß die → Einigung zwischen Eigentümer und Hypothekengläubiger unwirksam ist und die Hypothek an einen gutgläubigen Dritten (i. d. R. an das → Kreditinstitut) abgetreten wird, oder daß die → Abtretung an einen anderen Gläubiger unwirksam ist und die Hypothek vom Drittgläubiger gutgläubig erworben wird. Handelt es sich aber um ein Briefrecht, erfordert ein gutgläubiger Erwerb des Dritten nach § 1155 BGB, daß die vorhergehende Abtretungserklärung öffentlich beglaubigt (→ öffentliche Beglaubigung) worden ist. Nur dann steht der nicht im Grundbuch vermerkte Zedent einem im Grundbuch eingetragenen Gläubiger gleich. Dies ähnelt dem gutgläubigen Erwerb von → Orderpapieren, der ebenfalls auf der Legitimationswirkung der lückenlosen Indossamentenkette beruht (→ Indossament).
Der häufigste Fall von *Mängeln bei der gesicherten Forderung* ist die Übertragung der zwar eingetragenen, aber noch nicht valutierten Hypothek. Ein gutgläubiger Er-

werb der nicht existenten Forderung ist im Zessionsrecht nicht vorgesehen (→ Abtretung). Deshalb erklärt § 1138 BGB im Interesse eines ausreichenden Verkehrsschutzes für den Erwerb der Hypothek die öffentliche Glaubenswirkung des Grundbuchs auch in Ansehung der Forderung für anwendbar. Der gutgläubige Zessionar erhält dann das Grundpfandrecht ohne die Forderung, d. h. also die → Grundschuld. § 1138 BGB gilt nur für die → Verkehrshypothek, nicht aber für die streng akzessorische → Sicherungshypothek. Der Grundstückseigentümer kann aber die Konsequenzen des § 1138 BGB leicht vermeiden, indem er bei einer → Briefhypothek die → Urkunde Zug um Zug gegen Auszahlung des → Darlehens dem Kreditgeber aushändigt (→ Grundpfandrecht, Bestellung). Bei einer → Buchhypothek zur Sicherung eines Darlehens kann er innerhalb eines Monats seit der Eintragung der Hypothek die Eintragung eines → Widerspruchs erwirken, der dann rückwirkende Kraft besitzt (§ 1139 BGB), so daß ein inzwischen nach § 1138 BGB eingetretener gutgläubiger Erwerb zu einer Aufspaltung der Gläubigerposition führt, weil die gesicherte Forderung nicht dem Zedenten, sondern jene andern zusteht. Auch in diesem Fall zieht der Erwerb der Hypothek den der Forderung nach sich (§ 1153 Abs. 2 BGB), um die Einheit zwischen Forderung und Hypothek sicherzustellen.

Hypothek, Zahlungsauswirkungen

Jede → Tilgung führt zunächst zu einer Reduzierung der grundbuchmäßigen Sicherheit, indem in Höhe des zurückgeführten → Darlehens eine verdeckte → Eigentümergrundschuld entsteht (§§ 1163 Abs. 1, 1177 Abs. 1 BGB). Die Regelung der Modalitäten der Tilgung obliegt den Vertragsparteien (→ Abzahlungshypothek, → Tilgungshypothek, → Festhypothek). Eine Berichtigung des → Grundbuchs (→ Grundbuchberichtigung) oder eine Löschung der Hypothek (→ Grundpfandrecht, Löschung) kann der Eigentümer erst nach vollständiger Zurückzahlung des Darlehens verlangen.

Die Rechtswirkungen der freiwilligen Befriedigung der → Laufzeit hängen davon ab, wer die noch offenstehende → Forderung bezahlt. Leistet der persönliche → Schuldner, so erlischt die Forderung, und der Eigentümer erwirbt die Hypothek als Eigentümergrundschuld, falls nicht andere Grundpfandgläubiger nachrücken (→ Grundpfandrecht, Löschung). Bezahlt der Eigentümer als nicht persönlicher Schuldner bei Fälligkeit oder wenn der persönliche Schuldner sonst zur → Rückzahlung berechtigt ist (§ 1142 BGB), erlischt die Forderung nicht, sondern geht mit der Hypothek auf den Eigentümer über (§ 1143 BGB; → Eigentümerhypothek). Leistet schließlich ein sonst ablösungsberechtigter Dritter, wie vor allem der Inhaber eines nachrangigen → Grundstücksrechts (z. B. → Nießbrauch), wenn der Gläubiger nach → Fälligkeit Befriedigung aus dem Grundstück verlangt (§ 1150 BGB), erwirbt der zahlende Dritte die Forderung kraft Gesetzes (§ 268 Abs. 3 BGB) und damit auch die Hypothek (§§ 1153 Abs. 1, 412, 401 BGB).

I

IBF
Abk. für → International Banking Facility.

IBIS
Abk. für Integriertes Börsenhandel- und Informations-System. I. ist ein von → Banken geschaffenes elektronisches Wertpapierhandelssystem. In I. werden nur umsatzstarke Werte (z. B. DAX-Werte, einige → Bundesanleihen) gehandelt. Der I.-Handel ist kein Präsenzhandel, sondern ist organisiert als computerisierter außerbörslicher Bildschirmhandel (Computerhandel). Im Vergleich zum Präsenzhandel hat der I.-Handel den Vorteil, daß bereits vor Präsenzbörsenbeginn und auch nach Präsenzbörsenschluß gehandelt werden kann (8.30 Uhr bis 17.00; → Effektenbörse). Die Mindestabschlußgröße für → Aktien liegt bei 500 Aktien, so daß I. in erster Linie von institutionellen Anlegern genutzt wird.

IBIS-DAX
→ Deutscher Aktienindex (DAX), der auf Basis der Kurse in → IBIS ermittelt wird.
Gegensatz: → Parkett-DAX.

IBRD
Abk. für International Bank for Reconstruction and Development (→ Weltbank).

ICCH
Abk. für International Commodities Clearing House.

ICON
Abk. für → Indexed Currency Option Note.

ICSID
Abk. für International Centre for Settlement of Investment Disputes (Internationales Zentrum zur Beilegung von Investitionsstreitigkeiten), → Weltbankgruppe.

IDA
Abk. für International Development Association, → Internationale Enwicklungsorganisation.

IFC
Abk. für International Finance Corporation, → Internationale Finanz-Corporation.

IFEMA
Abk. für International Foreign Exchange Master Agreement Terms.

IHS
Abk. für → Inhaberschuldverschreibung.

IIS
Abk. für → Internationales Institut der Sparkassen.

IKB, → Industriekreditbank AG – Deutsche Industriekreditbank.

Illiquidität
Mangel an flüssigen Mitteln, der bei einem Wirtschaftssubjekt besteht. Dauerhafte I. wird auch als → Zahlungsunfähigkeit oder → Insolvenz bezeichnet; sie ist Grund für die Anmeldung des → Konkurses und auch für die Anmeldung des → Vergleichs.
Zur Verhinderung der I. eines → Kreditinstituts bestehen gesetzliche Vorschriften (→ bankaufsichtliche Maßnahmen, → Liquiditätsgrundsätze). Die Liquiditätspolitik des Bankbetriebs hat die Aufgabe, jede Form von I. zu vermeiden (→ Liquiditätsmanagement).
Gegensatz: → Liquidität.

IMF
Abk. für International Monetary Fund, → Internationaler Währungsfonds.

Im Geld

Im Geld, → In-the-Money.

IMM
Abk. für International Monetary Market.

Immaterielle Investition
Zur Gruppe der i. I. gehören → Aufwendungen für Forschung und Entwicklung, → Werbung, Ausbildung sowie für Sozialleistungen. Speziell die Bilanzierung berührende i. I. sind Ausgaben für → immaterielle Vermögenswerte: für Konzessionen, gewerbliche Schutzrechte und ähnliche Rechte und Werte sowie Lizenzen an solchen Rechten und Werten; für → Geschäfts- und Firmenwert; für geleistete Anzahlungen.

Immaterielle Vermögensgegenstände
1. Bestandteil der → Bilanz einer → Kapitalgesellschaft. Dort sind laut § 266 HGB folgende i. V. aktiviert: Konzessionen, gewerbliche Schutzrechte und ähnliche → Rechte und Werte sowie Lizenzen an solchen Rechten und Werten; → Geschäftswert oder Firmenwert; geleistete Anzahlungen.
2. → Immaterielle Vermögenswerte.

Immaterielle Vermögenswerte
Vermögensgegenstände, die nicht körperlich, d. h. nicht beweglich oder unbeweglich, sind. Das HGB unterteilt die i. V. in (1) Konzessionen, gewerbliche Schutzrechte und ähnliche Rechte und Werte sowie Lizenzen an solchen Rechten und Werten, (2) → Geschäftswert, (3) geleistete Anzahlungen.
I. V., die entgeltlich erworben werden, müssen in der → Handels- und → Steuerbilanz mit den → Anschaffungskosten bilanziert werden. Eine Ausnahme gilt für den entgeltlich erworbenen → Geschäftswert oder Firmenwert, der in der Handelsbilanz dem → Bilanzierungswahlrecht unterliegt. Für selbstgeschaffene i. V. gilt dagegen ein Bilanzierungsverbot, weil ein Bewertungsansatz objektiv kaum nachvollziehbar ist.
I. V. können in abnutzbare und nicht *abnutzbare Vermögenswerte* unterteilt werden. Sie unterliegen der Abnutzung, wenn sie zeitlich befristet sind. Das HGB enthält, außer für den Geschäftswert, keine besonderen Bestimmungen, innerhalb welcher Zeit i. V. abzuschreiben sind. Es gelten daher die allgemeinen → Bewertungsgrundsätze des → Handelsrechts. Nach § 253 Abs. 2 Satz 2 HGB sind ihre Anschaffungskosten auf die voraussichtliche Nutzungsdauer zu verteilen. Die Nutzungsdauer ist vorsichtig zu schätzen, da immaterielle Werte „unsichere Werte" sind. Als planmäßige Abschreibungsmethoden sind handelsrechtlich die lineare und degressive → Abschreibung zulässig, steuerrechtlich ist nur die lineare Abschreibung erlaubt. Daneben sind außerplanmäßige Abschreibungen und Abschreibungen, die auf einer „nur steuerrechtlich zulässigen Abschreibung" beruhen, erlaubt.

Immediate-or-cancel (IOC)
Ausführungsbeschränkung bei → kombinierten Aufträgen oder limitierten Aufträgen. Bei IOC wird der Auftrag sofort und soweit wie möglich ausgeführt. Der nicht ausgeführte Teil des Auftrages wird gelöscht.
Gegensatz: → Fill-or-kill (FOK).

Immobiliarkredit, → Hypothekarkredit.

Immobiliarsicherheit
→ Sachsicherheit (Realsicherheit), die sich auf unbewegliche → Sachen (→ Immobilien, → Grundstücke) bezieht. I. e. S. zählen dazu die → Grundpfandrechte, i. w. S. auch die → Vormerkung, soweit es bei vorzeitiger Valutierung des → Kredits um die Besicherung eines künftigen, erst noch im → Grundbuch einzutragenden Grundpfandrechts geht.
Gegensatz: → Mobiliarsicherheit.

Immobilie
Im engeren Sinne Synonym für eine unbewegliche → Sache, d. h. ein → Grundstück. Häufig aber im weiteren Sinne für Gebäude verwendet, als der wirtschaftlich wertvolle Grundstücks-Bestandteil (z. B. → Immobilienfonds, Immobilienfinanzierung, Immobilien-Leasing).

Immobilienfinanzierung, → Bau- und Immobilienfinanzierung in der Kreditwirtschaft.

Immobilienfonds
→ Investmentfonds, dessen → Vermögen aus → Grundstücken oder Grundstücken und grundstücksgleichen Rechten besteht. Die Grundstücke sind i. d. R. gewerblich oder gemischtwirtschaftlich genutzt und der Grundlage von Indexklauseln (→ Wertsicherungsklauseln) vermietet. I. bieten Anlegern die Möglichkeit, sich auch mit kleineren Beträgen an Immobilienvermögen zu beteiligen. Sie sollen eine sichere, inflationsge-

Immobilien-Leasing

Immobilienfonds

Vergleich:	Offener Immobilienfonds	Geschlossener Immobilienfonds
Rechtskonstruktion	Sondervermögen	Gesellschaft (GbR oder KG)
Gesetzliche Regelung	KAGG (Spezialgesetz)	Keine Regelung in einem Spezialgesetz
Rechtsnatur des Anteils	Wertpapier	Gesellschaftsanteil
Staatliche Aufsicht	Bundesaufsichtsamt für das Kreditwesen (KAG = Kreditinstitut)	keine
Kapitalhöhe	Variabel	Fest, da Finanzierung eines bestimmten Objekts
Ausgabe von Anteilscheinen	Laufend, nicht begrenzte Anzahl	Einmalig, begrenzte Anzahl
Rücknahme von Anteilscheinen	Jederzeitige Rücknahmepflicht	Grundsätzlich keine Rücknahmepflicht
Eigentum	KAG	Fondsgesellschaft (GbR oder KG)
Anlageprinzip	Risikomischung	Konzentration auf ein oder wenige Objekte
Versteuerung der Einkünfte bei den Anteilinhabern	Einkünfte aus Kapitalvermögen	Einkünfte aus Vermietung und Verpachtung (steuerliche Abschreibungsmöglichkeiten, Verlustzuweisungen)

schützte und ertragsorientierte Geldanlage ermöglichen.

Arten: (1) → Offene Immobilienfonds unterliegen dem → Gesetz über Kapitalanlagegesellschaften (KAGG). Die Fonds werden nach dem Prinzip der Risikomischung gebildet. Es werden unbeschränkt → Anteilscheine ausgegeben und der Erlös zum Erwerb weiterer Grundstücke und grundstücksgleicher Rechte verwendet. (2) → Geschlossene Immobilienfonds unterliegen nicht dem KAGG. Das Fondsvermögen besteht oft nur aus einer → Immobilie oder einigen wenigen Immobilien, und es wird nur eine begrenzte Anzahl von Anteilscheinen ausgegeben. Im Gegensatz zum offenen I. mit weitgehender Abstrahierung des Grundbesitzes sind Anteilseigner beim geschlossenen I. wirtschaftlich wie Grundbesitzer gestellt. – Vgl. Abbildung oben.

Rechtskonstruktionen: Bei offenen I. steht das Sondervermögen im Eigentum der → Kapitalanlagegesellschaft (Treuhandlösung im Gegensatz zu → Wertpapierfonds, bei denen die Miteigentumslösung der Re-

gelfall ist). In Deutschland aufgelegte geschlossene I. sind heute i.d.R. auf gesellschaftsrechtlicher Grundlage (als → Gesellschaft bürgerlichen Rechts [BGB-Gesellschaft, GbR] oder als → Kommanditgesellschaft [KG]) entwickelt worden. Frühere Fondskonstruktionen beruhten auch auf der Bruchteilseigentumslösung (→ Miteigentum nach Bruchteilen).

Immobilien-Leasing

Spezielles → Leasing, das sich auf → Grundstücke und Gebäude (z.B. Verwaltungsgebäude, Park-, Geschäfts- oder Warenhäuser, Lager- und Produktionshallen, Verbrauchermärkte, Einkaufszentren), → Schiffe und Betriebsanlagen (z.B. Fernheiz- oder Kraftwerke, Raffinerien, industrielle Fertigungsanlagen) erstreckt. Die Vermietung kompletter Betriebsanlagen, die an einen Standort gebunden sind, wird auch als Plant-Leasing bezeichnet.

Verfahren: Bei den Leasing-Objekten wird vorausgesetzt, daß sie selbständig nutzbar und verwertbar sind. Im Vordergrund des

Immobilienzertifikat

I.-L. steht die langfristige →Finanzierung des Objektes, das entweder vom Leasinggeber oder einem von ihm beauftragten Dritten nach den Wünschen und Anforderungen des Leasingnehmers oder vom Leasingnehmer selbst errichtet wird. Rechtlicher Eigentümer der Immobilie ist stets der Leasinggeber. Beim „Full-Service-Leasing" übernimmt der Leasinggeber die vollständige Herstellung des Objektes von der Planung bis zur schlüsselfertigen Übergabe an den Leasingnehmer.

Rechtliche Ausgestaltung: Das I.-L. wird von der Rechtsprechung als Form des Finanzierungsleasingvertrages angesehen, der als besonderer Mietvertrag (→Miete) mit typischen Abweichungen meist kaufrechtsähnlicher Art qualifiziert wird. Unterschieden werden: a) *Voll-Amortisationsleasing* (→Full-pay-off-Leasing). Der Leasingnehmer muß den Gesamtaufwand einschließlich Gewinnmarge des Leasinggebers im Laufe der grundsätzlich unkündbaren Grundmietzeit (zwischen acht und 20 Jahren) mit den Leasingraten in vollem Umfang amortisieren. b) *Teil-Amortisationsleasing* (→Non-full-pay-out-Leasing). Hier wird nur ein Teil des Gesamtaufwandes in der Grundmietzeit abgedeckt. Die Nachteile für die Vertragspartner in beiden Modellen werden durch →Verträge mit Teilamortisation und Mietdarlehenszahlungen vermieden. Dabei wird die Differenz zwischen Leasingrate und Kapitaldienst des Leasinggebers vom Leasingnehmer durch ein Mieterdarlehen an den Leasinggeber getragen. Nach Ablauf der Grundmietzeit entspricht dann die Summe des Mieterdarlehens dem steuerlichen Restbuchwert. Übt der Leasingnehmer nun die Kaufoption aus, dann entspricht der Optionspreis der →Valuta des Mieterdarlehens, das dem Leasinggeber gewährt wurde. Bilanzierungstechnisch schont I.-L. gegenüber der selbstfinanzierten Herstellung des Objektes (damit verbunden Aktivierung der →Immobilie, Passivierung der →Finanzierung und Aufblähung der Bilanzsumme) →Eigenkapital und →Liquidität. Zahlungen erfolgen in Erfüllung der Leistungsverpflichtungen aus dem laufenden Ertrag der →Investition (Pay-as-you-earn-Effekt).

Steuerlicher Rahmen: Beim Voll-Amortisationsleasingvertrag ist die steuerliche Zurechnung des Leasingobjektes zum Leasinggeber oder Leasingnehmer im Erlaß des Bundesfinanzministeriums vom 21.3.1972 (BStBl. I 188) geregelt. Für die ertragsteuerliche Behandlung des Teil-Amortisationsleasingvertrages über unbewegliche Wirtschaftsgüter ist der Erlaß des Bundesfinanzministeriums vom 23.12.1991 (BStBl. I 1992 S. 13) maßgebend.

Immobilienzertifikat

→Anteilschein, der →Miteigentum nach Bruchteilen (nennwertlos) an einem →Immobilienfonds (→Sondervermögen einer →Kapitalanlagegesellschaft bzw. Investmentgesellschaft) verbrieft.

Immunisierung,
→Immunisierungsstrategie.

Immunisierungsrisiko

Risiko bei einer Klassischen →Immunisierungsstrategie, die aktuelle Rendite nicht zu erzielen. Das Immunisierungsrisiko wird mit der statistischen Kennzahl →Varianz quantifiziert und wird auch als →Dispersion (M^2) bezeichnet. Je höher die Dispersion, desto höher das I.

Immunisierungsstrategie

Methode der Zusammenstellung von →Bond Portfolios, durch die eine annähernd feste →Rendite für einen gegebenen →Planungshorizont unabhängig von Zinsänderungen erreicht werden soll (Lock-in-Effekt). Bei dieser klassischen Immunisierung handelt es sich um eine →passive Anlagestrategie. Ziel dieser Strategie ist, das →Endvermögensrisiko zu minimieren. Die klassische Immunisierung wird mit Hilfe der →Duration (nach Macaulay) realisiert. Bei der Ermittlung eines zukünftigen Kapitals (Future Value) mit der → Yield-to-Maturity wird unterstellt wird, daß die Zinszahlungen mit der aktuellen Rendite bis zur →Fälligkeit des Papiers angelegt werden (→Wiederanlageprämisse). Bei fallenden Renditen können →Kupons aber nur noch zu geringeren Sätzen wiederangelegt werden (→Wiederanlagerisiko). Dieses Wiederanlagerisiko kann bei durationsgemanagten →Rentenportefeuilles durch Kursgewinne ausgeglichen werden. Bei durationsgemanagten Portfolios sind die →Laufzeiten der Papiere länger als der Planungshorizont, da als Voraussetzung für die Immunisierung die Portfolio-Duration dem Planungshorizont des Anlegers angepaßt werden muß. Damit ist es möglich, Kursgewinne zu realisieren,

wenn die → Zinsen langfristig fallen, da die Papiere vor Fälligkeit verkauft werden. Die Erzielung von Kursgewinnen ist bei einer klassischen → Buy-and-Hold-Strategie nicht möglich. Bei einer I. wird versucht, Wiederanlagerisiken durch Kursgewinne auszugleichen bzw. Kursverluste durch Wiederanlagechancen. Dieses relativ neue Konzept hat in Deutschland erst in den letzten Jahren verstärkte Aufmerksamkeit erfahren. Beispielsweise arbeiten einige → Laufzeitfonds nach dem Durationskonzept.
(→ Contingent Immunization)

Immunisierung von Bond Portfolios,
→ Immunisierungsstrategie.

Implied Forward Rate, → Forward Rate.

Implied REPO Rate (IRR)
Annualisierter (→ Annualisierung) prozentualer Ertrag einer → Cash & Carry Arbitrage bezogen auf das eingesetzte Kapital (→ Dirty Price bei → festverzinslichen [Wert-]Papieren). Die I.R.R. wird nach der Formel des → Return-to-Rollovers ermittelt. Liegt die I.R.R. höher als die → Zinsen für eine Anlage bis zur → Fälligkeit des → Futures-Kontraktes, lohnt sich eine Cash & Carry Arbitrage. Unter den → lieferbaren Anleihen bei mittel- und langfristigen → Zins-Futures mit → Basket-Delivery wird diejenige Cheapest-to-Deliver (→ CTD-Anleihe), die die höchste I.R.R. hat.

Implied Volatility, → implizite Volatilität.

Implied Yield
→ Rendite einer → lieferbaren Anleihe, die auf Basis des → adjustierten Futureskurses und dem Fälligkeitstag des → Futures-Kontraktes (z. B. → Bund-Future) ermittelt wird. Die I.Y. wird aus dem aktuellen Futureskurs abgeleitet.

Impliziter Pensionszinssatz, → Implied REPO Rate.

Impliziter Terminkurs
Kurs einer → lieferbaren Anleihe bei Fälligkeit des → Futures, der dem → adjustierten Futureskurs entspricht.

Implied REPO Rate (IRR)

Implied REPO Rate (IRR) als Maßzahl für die Über- bzw. Unterbewertung von mittel- und langfristigen Zinsfutures		
IRR > REPO Rate	IRR = REPO Rate	IRR < REPO Rate
Negative Value Basis	Value Basis = Null	Positive Value Basis
Future ist zu teuer Kurs > Fair Value	Future fair bewertet Kurs = Fair Value	Future ist zu billig Kurs < Fair Value
Cash & Carry-Arbitrage, d.h. + Anleihe − Future	Keine Arbitrage	Reverse Cash & Carry-Arbitrage, d.h. − Anleihe + Future
Synthetische Long Position im Geldmarkt		Synthetische Short Position im Geldmarkt
Anlage am Geldmarkt		Kreditaufnahme am Geldmarkt
Synthetisches Wertpapierpensionsgeschäft (REPO Out)		Synthetisches Wertpapierpensionsgeschäft (REPO In)
Prozentualer Arbitragegewinn: IRR − REPO Rate	Prozentualer Arbitragegewinn: 0 Prozent	Prozentualer Arbitragegewinn: REPO Rate − IRR
Absoluter Arbitragegewinn: Value Basis	Absoluter Arbitragegewinn: 0 DM	Absoluter Arbitragegewinn: Value Basis

\+ = Long Position
− = Short Position

Impliziter Zinsterminsatz

Impliziter Zinsterminsatz, → Forward Rates.

Implizite Volatilität
Option Volatility; → Volatilität, die sich ergibt, wenn man die am Markt gehandelte → Optionsprämie in ein Optionsbewertungsmodell (z. B. → Black & Scholes-Model, → Black-Modell) eingibt und dann die Volatilität ermittelt. Die I. V. basiert im Vergleich zur → historischen Volatilität auf den Markterwartungen der Teilnehmer am Optionshandel.

Import
1. I. S. des → Außenwirtschaftsrechts der Bezug von → Waren aus dem Ausland (→ Einfuhr).
2. I. S. der → Zahlungsbilanz wird I. als der Bezug von Waren, Dienstleistungen („unsichtbare Einfuhr"; → Dienstleistungsbilanz) und Kapital (Kapitalimport [ohne Devisentransaktionen der → Zentralbanken, die in der → Gold- und Devisenbilanz erfaßt werden]; → Kapitalbilanz) verstanden.
Gegensatz: → Export.

Importakkreditiv
→ Dokumentenakkreditiv zur Abwicklung eines Importgeschäftes (→ Importfinanzierung durch Kreditinstitute). Ein I. (in Form eines → Sicht-, → Deferred-Payment-, → Akzeptierungs- oder → Negozierungsakkreditivs) kann unter Anschaffung des Gegenwertes durch den Importeur eröffnet werden (Deckungsanschaffung). Erfolgt keine Deckungsanschaffung, liegt in der Akkreditiveröffnung eine Krediteinräumung (Akkreditivkredit). Ob und in welchem Umfange → Kreditsicherheiten gestellt werden müssen, hängt von der Bonität des Importeurs ab. Die eröffnende → Bank muß bis zur Einlösung der Dokumente keine Mittel zur Verfügung stellen. Die Akkreditivverpflichtungen sind → Eventualverbindlichkeiten. Sie werden unter dem Bilanzstrich ausgewiesen. Zur Einlösung der Akkreditivdokumente stellen → Kreditinstitute → Importvorschüsse zur Verfügung, mit denen der (Ziel-) Weiterverkauf der Importware finanziert wird (→ Anschlußfinanzierung). Im Gegensatz zum Akkreditivkredit wird mit der → Dokumentenbevorschussung ein → Barkredit gewährt.

Importerstfinanzierung
4-f-Kredit; → Euro-Kredit, der zur kurzfristigen → Importfinanzierung durch Kreditinstitute aufgenommen wird. Es ist ein im Auftrag eines deutschen Importeurs durch ein deutsches → Kreditinstitut bei einer → Bank im Ausland aufgenommener → Kredit, der unverzüglich und unmittelbar an einen gebietsfremden Exporteur über dessen Bank weitergeleitet wird. Voraussetzung ist hierbei, daß es sich bei dem zu finanzierenden Importgeschäft um ein grenzüberschreitendes Waren- oder damit im Zusammenhang stehendes Dienstleistungsgeschäft bzw. um die Erfüllung einer Zahlungsverpflichtung aus einem Transithandelsgeschäft handelt.
Die Bezeichnung 4 f-Kredit stellte einen Bezug zu der entsprechenden Vorschrift in der → Anweisung der Deutschen Bundesbank über Mindestreserven (AMR, § 2 Abs. 4 f) her. Nach dieser Regelung war bis März 1994 eine solche zweckgebundene Kreditaufnahme in Form eines → durchgeleiteten Kredits von der → Mindestreserve freigestellt und dadurch u. U. kostengünstiger.

Importfinanzierung durch Kreditinstitute
→ Finanzierung von Importgeschäften (→ Import), in erster Linie kurzfristige Importfinanzierung. Die Zurverfügungstellung und Abwicklung der Finanzierungen erfolgt grundsätzlich in den vom Inlandsgeschäft bekannten Kreditformen (→ Kontokorrentkredit, → Diskontkredit, → Darlehen, → Akzeptkredit einschl. Privatdiskontkredit). Importgeschäfte bedingen jedoch auch Finanzierungen, die speziell auf die Abwicklungsinstrumente des Imports (Dokumente bzw. → Dokumenteninkasso und → Dokumentenakkreditiv) abgestellt sind. So stellen → Kreditinstitute → Kredite zur Finanzierung der Eröffnung von → Importakkreditiven zur Verfügung. Solche Akkreditivkredite werden zur Eröffnung von → Sichtakkreditiven, → Deferred-Payment-Akkreditiven, → Akzeptierungsakkreditiven und → Negozierungsakkreditiven gewährt. Da die Bank ein selbständiges Leistungsversprechen abgibt (→ abstraktes Schuldversprechen), liegt schon in der Eröffnung eine Krediteinräumung, sofern nicht vom Auftraggeber Deckung geleistet wird. Gleiches gilt, wenn bei einem Akzeptierungsakkreditiv nicht die eröffnende Bank, sondern eine Auslandsbank das Akzept leistet (→ Rembourskredit). Für eine → Anschlußfinanzierung (bei Weiterverkauf von → Ware auf Ziel) kommt bei Abwicklung auf Akkreditiv- oder Inkassobasis eine

Importvorschuß

Dokumentenbevorschussung (→ Importvorschuß) in Frage. Importgeschäfte größeren Umfangs können über Akzeptkredite bzw. Privatdiskontkredite finanziert werden. → Euro-Kredite für eine Importfinanzierung (→ Importerstfinanzierung durch → Euro-Kredit, 4 f-Kredit) setzen zweckgebundene Verwendung voraus (Bezahlung des grenzüberschreitenden Liefer- oder Leistungsgeschäftes).

Importierte Inflation

Übertragung einer ausländischen → Inflation auf das Inland. Voraussetzungen dafür sind höhere Preissteigerungsraten im Ausland als im Inland und → feste Wechselkurse, aber auch freie Wechselkurse, wenn sie sich nicht, zu wenig oder verzögert an die Unterschiede in den → Kaufkraftparitäten anpassen. Die ausländische Inflation kann durch einen Überschuß der → Leistungsbilanz importiert werden. Der Überschuß entsteht dadurch, daß die → Exporte von Gütern und Dienstleistungen des preisstabileren Inlandes aufgrund ihrer höheren Wettbewerbsfähigkeit auf dem Weltmarkt steigen, während die → Importe aus dem weniger preisstabilen Ausland aufgrund ihrer geringeren Wettbewerbsfähigkeit auf dem Inlandsmarkt sinken. Der Überschuß der Leistungsbilanz stellt, sofern kein ausreichender → Kapitalexport stattfindet, eine Erhöhung der inländischen → Liquidität dar, die sich inflationsfördernd auswirken kann. Die ausländische Inflation kann (bei festen Wechselkursen) auch durch den internationalen Preiszusammenhang importiert werden. Ausländische Preissteigerungen werden unmittelbar auf die Inlandspreise der Importgüter übertragen und können bei Weiterverarbeitung auch die Preise von inländischen Erzeugnissen erhöhen. Die → Aufwertung der eigenen → Währung ist eine Möglichkeit zur Eindämmung der i. I. Dieser internationale Preiszusammenhang bietet einen Erklärungsansatz für die i. I. selbst bei ausgeglichener Leistungsbilanz. Flexible Wechselkurse verhindern zumindest tendenziell die internationale Anpassung der Inflationsraten (Preissteigerungsrate).

Importinkasso

→ Dokumenteninkasso zur Abwicklung eines Importgeschäftes (→ Inkasso nach ERI).

Importkredit, → Außenhandelsfinanzierung.

Importquote

Verhältnis zwischen dem Wert der Wareneinfuhr (→ Einfuhr, → Import) und dem → Nettosozialprodukt zu Marktpreisen eines Landes in einem bestimmten Zeitraum. *Gegensatz:* → Exportquote.

Importsicherungsvertrag, → Importvorschuß.

Importvorschuß

Kreditgewährung an Importeure in Form der → Dokumentenbevorschussung, die der → Finanzierung des Weiterverkaufs von Importware (vorrangig der Finanzierung der Zielgewährung an Abnehmer) dient. Eine → Anschlußfinanzierung kann bei Importgeschäften auf D/P-Basis (→ D/P-Inkasso [→ Dokumenteninkasso]) oder beim → Sichtakkreditiv notwendig sein (Finanzierungsalternative zu → D/A-Inkasso sowie zu → Deferred-Payment- und → Akzeptierungsakkreditiv). Die Höhe des Dokumentenvorschusses (Warenvorschuß) ist von der Bonität des Kreditnehmers sowie der Marktgängigkeit und Preisfestigkeit der Ware abhängig.

Absicherung: Nach der allgemeinen Pfandklausel der AGB (→ AGB-Pfandrecht der Kreditinstitute: Nr. 14 Abs. 1 Banken, Nr. 21 Abs. 1 Sparkassen) haben → Kreditinstitute ein → Pfandrecht an den durch (im → Besitz des Kreditinstituts befindliche) Dokumente (→ Traditionspapier) verkörperten → Waren. Die Importsicherungsverträge (Einzel- oder → Mantelverträge) sehen u. a. folgende Vereinbarungen vor: Einlagerung und (sofern keine Einlagerung auf den Namen des Kreditinstituts erfolgt) → Sicherungsübereignung der Ware (mittels → Orderlagerschein [direkter Eigentumserwerb vom ausländischen Lieferer möglich] oder als → Übereignung nach § 931 BGB) oder bei Lieferung der Ware → Abtretung der → Forderungen an die Abnehmer (Sicherungszession) und ggf. Abtretung der Herausgabeansprüche gegen → Spediteure bzw. → Frachtführer. Der Sicherungsvertrag kann auch eine Abtretung der → Ansprüche aus dem Kaufvertrag mit dem ausländischen Verkäufer, insbes. auf Übereignung vorse-

In Arrears

hen und so einen Schutz im Fall des → Konkurses des Importeurs bieten.

In Arrears, → LIBOR in Arrears-Swaps.

Inc.

Angloamerikanische Abk. für „Incorporated" (company), d. h. ein Unternehmen mit eigener → Rechtsfähigkeit.

Income Effekt

Teilertrag des → (erwarteten) Total Returns eines → Zinsinstrumentes, der sich aus dem → Nominalzins und der Wiederanlage der Zinserträge zu einem geplanten Satz ergibt.

Income Yield, → laufende Verzinsung.

Incoterms

International Commercial Terms; einheitliche Regeln für die Auslegung im internationalen Handel gebräuchlichen Lieferklauseln, die von der → Internationalen Handelskammer (ICC) Paris erstmals 1936 aufgestellt und mehrfach, zuletzt 1990, revidiert wurden. Sie bilden einen Auslegungsmaßstab für internationale Handelsverträge, um so Differenzen aus unterschiedlichen nationalen Handelsbräuchen auszuräumen. Bei der Vereinbarung von I. sind Modifikationen und Ergänzungen möglich.

Die seit 1990 gültige Fassung, eine vollkommene Überarbeitung der Fassung von 1980, berücksichtigt den steigenden Einsatz des elektronischen Datenaustauschs im Wirtschaftsverkehr und bezweckt eine Anpassung an veränderte Transporttechniken. Insgesamt 13 Klauseln lassen sich vier Gruppen zuordnen (E-, F-, C- und D-Klauseln), innerhalb deren die Pflichten des Verkäufers zu-, die des Käufers abnehmen. Alle Klauseln werden durch drei Buchstaben bezeichnet, die sich aus den Anfangsbuchstaben der englischen Originalfassung ableiten. Standardklauseln sind: → EXW (ex works/ab Werk); FCA (free carrier/frei Frachtführer), → FAS (free alongside ship/frei Längsseite Seeschiff), → FOB (free on board/frei an Bord); CFR (cost and freight/Kosten und Fracht; → C&F), → CIF (cost, insurance, freight/Kosten, Versicherung und Fracht), → CPT (carriage paid to/frachtfrei), → CIP (carriage and insurance paid to/frachtfrei versichert); → DAF (delivered at frontier/geliefert Grenze), → DES (delivered ex ship/geliefert ab Schiff), → DEQ (delivered ex quay [duty paid]/geliefert ab Kai [verzollt]), DDU (delivered duty unpaid/geliefert unverzollt), DDP (delivered duty paid/geliefert verzollt).

Index

Kennziffer zur Charakterisierung einer Vielzahl von einzelnen Preis- bzw. Mengenentwicklungen (Indexzahl). Sie wird als gewogenes → arithmetisches Mittel von Meßzahlen mit gleicher Basis- und Berichtsperiode ermittelt.

Z. B. wird ein → Preisindex $P_{0,1}$ mit der Basisperiode 0 und der Berichtsperiode 1 berechnet als mit den Gewichten g_i gewogener Durchschnitt aus den Preismeßzahlen P_i für n Güter mit i=1,...,n:

$$p_{0,1} = \sum \frac{p_{i,1}}{p_{i,0}} g_i \cdot 100$$

($g_i > 0$; $\sum g_i = 1$). Spezielle Gewichtungen ergeben spezielle Indexformeln, so den → Laspeyres-Index und den → Paasche-Index.

Amtliche Statistik: Es werden laufend verschiedene Preis-I. (z. B. der Lebenshaltung [Preisindex], der Löhne, der Aktienkurse [→ Aktienindex]) und Mengen-I., z. B. der industriellen Nettoproduktion, ermittelt.

Indexanleihe

Indexierte Anleihe, Indexed Issue, Commodity-Backed Bond; → Anleihe, deren Zinssatz und/oder → Rückzahlung an einen → Index (z. B. → Deutscher Aktienindex [DAX]) gebunden wird.

Wird als Bezugsbasis die jährliche Inflationsrate gewählt, so setzt sich die Nominalverzinsung aus einem Inflationsausgleich und dem → Realzins zusammen. Bei einem Realzins von 3% und Inflationsraten im ersten Jahr von 6% und im zweiten Jahr von 8% errechnen sich folgende Nominalzinszahlungen am Ende des jeweiligen Jahres:

1. Jahr: (3 · 1,06) +6
         3,18   +6 = 9,18%
2. Jahr: (3,18 · 1,08) +8
         3,43   +8 = 11,43%

Bei diesem Berechnungsmodus wird das → Kapital zu 100% zurückgezahlt, und der reale Wert von Anleihesumme und → Zinsen ist erhalten geblieben. Der Anleger ist gegen hohe Inflationsraten geschützt.

Anleihen werden auch auf bestimmte Güterpreise (z. B. Gold, Öl) indexiert. So kann die Ausstattung einer Anleihe auf Goldbasis sowohl die Zinsen als auch den Rück-

Indexierungsstrategie

zahlungsbetrag an den Goldpreis koppeln. Es wird bei Ermittlung des jeweiligen Indexierungsfaktors der durchschnittliche Preis innerhalb eines bestimmten Zeitraums für z. B. 1-Kilo-Barren Feingold mit dem Goldbarrenpreis in einem Basiszeitraum verglichen und für die Zinszahlung bzw. Kapitalrückzahlung zugrundegelegt.

Dem Anleger erbringt die Anleihe Zinsen (die zwar geringer als bei → Festzinsanleihen sein werden) und erlaubt eine Goldpreisspekulation, ohne daß → Prämien für die Verwahrung des Metalls anfallen. Wegen der Preisschwankungen sind die Erträge bzw. der Rückzahlungsbetrag jedoch mit Unsicherheit behaftet. Der → Schuldner kann u. U. die Zinskosten für die Refinanzierung gegenüber Festzinsanleihen erheblich reduzieren und ist gegen Zins- und Kurssteigerungen der Anleihe durch die zugrundeliegenden → Aktiva (Vorräte) abgesichert.

Von der → Deutschen Bundesbank werden Indexierungen im Bereich des → Geld- und → Kapitalmarktes nicht genehmigt (§ 3 WährG).

(→ Währungskorbanleihe, → Koppelanleihe, → Condoranleihe)

Index-Arbitrage

Gewinnbringende Nutzung von Kursungleichgewichten zwischen Aktienkassamarkt und → Futures-Markt durch den Aufbau gegenläufiger → Positionen. Ein Arbitrageur wird überbewertete → Index-Futures verkaufen und einen korrelierenden Aktienkorb (→ Basket) erwerben. Umgekehrt wird er bei einer Unterbewertung des Index-Future Kontrakte erwerben und → Aktien am → Kassamarkt verkaufen (→ Arbitrage an den Futures- und Optionsmärkten, Programmhandel).

Indexed Currency Option Note

→ Indexanleihe, deren Rückzahlungsbetrag von der Entwicklung einer → Devise (z. B. US-Dollar) abhängig ist.

(→ Heaven and Hell-Bond, → Purgatory Heaven and Hell-Bond)

Indexed Issue, → Indexanleihe.

Indexfonds

→ Investmentfonds, der einen → Index (→ Aktienindex, → Rentenindex) nachbildet. Die Anlagepolitik wird bei I. an einem Index (z. B. → Deutscher Aktienindex [DAX], → REX) ausgerichtet. Die Nachbildung eines Index wird als → Indexierungsstrategie bezeichnet und ist eine → passive Anlagestrategie. Die Gewichtung der einzelnen Branchen und → Aktien entspricht bei → Aktienfonds exakt dem Index. Ziel eines DAX-Werte Fonds ist es beispielsweise, den DAX möglichst exakt nachzubilden. Um den DAX nachzubilden, muß der Fonds jederzeit voll investiert sein. Im Idealfall würde die Gewichtung der 30 Werte im DAX mit der Gewichtung im Fonds übereinstimmen. Eine 100prozentige Abbildung des DAX läßt allerdings das deutsche → Gesetz über Kapitalanlagegesellschaften (KAGG) nicht zu. Aus Gründen der Risikostreuung ist die Gewichtung eines einzelnen Aktienwertes mit über fünf Prozent (Fünf-Prozent-Regel) i. d. R. verboten. In Ausnahmefällen sind auch zehn Prozent erlaubt (aktuell: Allianz, Daimler-Benz, Siemens, Deutsche Bank und Bayer). Um diese Schwachstelle zu umgehen, werden stark gewichtete Aktien durch Aktien anderer Unternehmen teilweise ersetzt, deren Kursverlauf in der Vergangenheit annähernd die gleiche Struktur hatte. Das ist unter anderem ein Grund, warum I. die Entwicklung des Index nicht 100%ig nachvollziehen können. In der Praxis sind die Abweichungen allerdings relativ gering.

(→ Tracking Error)

Index-Future

Indexterminkontrakt; → Future (→ Finanzterminkontrakt), der die Verpflichtung enthält, einen bestimmten Indexwert zu einem bestimmten Preis zu einem bestimmten Termin zu kaufen oder zu verkaufen. Beispiel: → DAX-Future an der → Deutschen Terminbörse (DTB). Geschäfte über I.-F. werden durch Zahlung eines Differenzbetrages (→ Cash Settlement) erfüllt. Eine → physische Erfüllung ist von vornherein ausgeschlossen.

(→ Derivative Finanzinstrumente)

Indexgebundene Finanzinnovationen

→ Finanzinnovationen, die als → Basiswert einen → Index (z. B. DAX, → REX) haben (vgl. Übersicht S. 846).

(→ Stripping)

Indexierte Anleihe, → Indexanleihe.

Indexierungsstrategie

→ Passive Anlagestrategie in Form der Nachbildung eines → Index (Indextracking, → Tracking Error).

Indexierungsstrategie

Indexgebundene Finanzinnovationen

Kennzeichen Finanzprodukte	Laufzeit	potentielle Anlegerschaft	Handel	Ausübung	Merkmale
Index-Optionsscheine	1–4 Jahre	Private & Institutionelle zur Spekulation oder Absicherung	Börsenhandel & Außerbörslich, hohe Standardisierung	Barausgleich oder Verkauf	große Anzahl von Index-Scheinen; Partizipieren überproportional durch Hebelwirkung (Quotient Indexstand/OS-Kurs) und geringen Kapitaleinsatz an der zugrundeliegenden Indexentwicklung.
Index-Fonds	unbefristet	(Private), Institutionelle	Börse Luxemburg	durch Verkauf	nur geringe Auswahl an Fonds; investiert Fondsvermögen in einem zugrundegelegten Aktienindex; Stock-Picking entfällt; Performance entspricht der Indexentwicklung.
Index-Portefeuille	unbefristet	Institutionelle	Handel via Bildschirm	durch Verkauf, Lieferung	hoher Kapitaleinsatz erforderlich; Kapital wird in den Index repräsentierendes Portefeuille investiert. Kein Stock-Picking.
Index-Participations	3–5 Jahre Verlängerung möglich	Private	Börsenhandel, Handel via Bildschirm	cash out, durch Verkauf	geringer Kapitaleinsatz: Emittent kauft zur Deckung ein dem Index entsprechendes Portefeuille und transformiert Portefeuille in viel kleinere Anteile (Parts); gut für Privatanleger.
Index-Anleihen	2–6 Jahre	Private, Institutionelle	Börsenhandel, Außerbörslich	Rückzahlung bei Fälligkeit	variable Rückzahlung; partizipiert unterproportional an Indexentwicklung; feste, regelmäßige Zinsen, aber unterhalb vergleichbarer Anleihen.
Index-Futures	1–9 Monate	Private, Institutionelle	Börsenhandel, Computerhandel, hohe Standardisierung	Barausgleich, Gegengeschäft	geringer Kapitaleinsatz: Anleger hat als Pflicht, nicht die Verpflichtung, das Geschäft einzulösen. Tägliche Marktbewertung durch Clearing-House; bei Verlust besteht Nachschußpflicht; Verlustmöglichkeit höher als 100 Prozent.
Index-Option	1–9 Monate	Private, Institutionelle	Börsenhandel, Computerhandel, hohe Standardisierung	Barausgleich, Gegengeschäft	geringer Kapitaleinsatz; Anleger hat das Recht, nicht die Verpflichtung, Index zu kaufen oder zu verkaufen; Verlust auf 100 Prozent der Optionsprämie begrenzt. Hohe Hebelwirkung.
Index-Options on Futures	1–9 Monate	Private, Institutionelle	Börsenhandel, Computerhandel	Barausgleich, Gegengeschäft	geringer Kapitaleinsatz; wie Index-Optionen, Anleger hat das Recht, als Basisobjekt einen Index-Terminkontrakt zu kaufen oder zu verkaufen; durch Basisobjekt sehr hohe Hebelwirkung.

Index-Modell

Weiterentwicklung des Modells von →Markowitz. Das I.-M. wurde von →Sharpe 1963 entwickelt. Bei der Depotzusammenstellung nach dem Modell von Markowitz müssen die erwarteten →Periodenrenditen (→Erwartungswert E[x]), die →Varianzen der Periodenrenditen sowie die →Kovarianzen bzw. →Korrelationen zwischen den einzelnen →Aktien ermittelt werden. Bei einer Analyse von nur 100 Aktien müssen z. B. 4.950 Kovarianzen (100 · 99/2) geschätzt werden. Der erhebliche Arbeitsaufwand, der hiermit verbunden ist, schränkt praktische Anwendungsmöglichkeiten stark ein. Ziel des I.-M. ist es, die Inputdaten, die zur Bestimmung der →Effizienzkurve notwendig sind, zu verringern. Markowitz zeigte, daß das gesamte Risiko eines Portefeuilles, gemessen durch die →Portefeuillevarianz, gänzlich eliminiert werden kann, wenn die Korrelationen der Aktien perfekt negativ sind. Allerdings existiert an den nationalen →Aktienmärkten eine positive Korrelation zwischen den einzelnen Aktien. Das I.-M. nutzt den teilweise engen Zusammenhang zwischen den Kursverläufen einzelner Aktien aus. Basis des I.-M. ist die Erkenntnis, daß sich fundamentale Ereignisse (z. B. Kriege, politische Ereignisse) auf alle Aktien eines Marktes (→systematisches Risiko) auswirken. Darüber hinaus wirken bestimmte Ereignisse nur auf den Kurs einer Aktie, wie z. B. ein Vorstandswechsel (→unsystematisches Risiko). Im I.-M. setzt sich die Periodenrendite einer Aktie somit aus der unternehmensindividuellen Rendite und der marktbezogenen Rendite zusammen. Sharpe entwickelte sein I.-M., in dem er die Kursentwicklung einzelner Aktien in Beziehung zu einem Index (z. B. →Aktienindex) setzte. Es wird ein linearer Zusammenhang zwischen dem Kurs einer Aktie und einem bestimmten Aktienindex (z. B. →Deutscher Aktienindex [DAX]) hergestellt. Ermittelt wird dieser Zusammenhang mit Hilfe einer linearen →Regressionsrechnung, deren Ergebnis eine Regressionsgleichung ist. Die Regressionsgleichung lautet:

$$K_{it} = (A_i + B_i) \cdot (L_t + u_i)$$

mit K_{it} = Kurs des Wertpapiers i zum Zeitpunkt t, A_i, B_i = Regressionsparameter der Regressionsgeraden, L_t = Kurs des Index zum Zeitpunkt t, u_i = →Zufallsfehler. Der Kursverlauf der Aktie i kann mit dieser Gleichung in Abhängigkeit vom Kurs des

Index-Modell

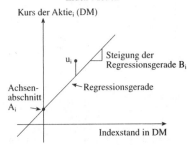

Index I beschrieben werden. Im Gegensatz zum →Marktmodell wird beim I.-M. mit absoluten Kursen und nicht mit Periodenrenditen gerechnet. B_i kann als Steigung der Regressionsgeraden interpretiert werden und wird im Marktmodell in modifizierter Form als →Betafaktor bezeichnet.

Damit kann das I.-M. als Vorgänger des Markt-Modells angesehen werden.
(→Moderne Portfolio-Theorie, →portfolioorientierte Aktienanalyse, →Asset Allocation)

Index-Option

→Option auf einen Indexwert (→Index) oder auf einen korrespondierenden →Index-Future.
(→DAX-Option, →DAX-Future-Option, →Aktienindex-Option)

Index-Optionsschein, →Index Warrant.

Index-Partizipationsschein

→Partizipationsschein, der an einen →Aktienindex (z. B.→Deutscher Aktienindex [DAX]) gekoppelt ist.

Index-Portfolio

Index-Portefeuille; →Kapital wird (primär) von institutionellen Anlegern in ein →Portfolio investiert, welches einen →Index repräsentiert.

Indexswaps, →Basisswaps.

Indexterminkontrakt, →Index-Future.

Indextracking, →Indexierungsstrategie.

Indexwährung

→Währungsordnung, bei der der Wert einer Geldeinheit an die jeweilige →Kaufkraft des → Geldes gebunden ist. Dabei kann es sich auch um eine Teilindexierung handeln, so z. B. wenn nur bestimmte → Geldschulden, wie Löhne und Gehälter, an einen Index gekoppelt sind. Eine Indexierung ist nach Wortlaut und Sinn des § 3 Satz 2 Währungsgesetz währungspolitisch unerwünscht (→ Nominalismus, → Wertsicherungsklauseln).

Index Warrant
→ Optionsschein, der als → Basiswert einen → Index (z. B. → Deutscher Aktienindex [DAX], → CDAX, → REX) hat.
(→ Aktienindex-Optionsschein, → Debt Warrant)

Index-Zertifikat, → Index-Partizipationsschein.

Indice borsa Milano, → MIB 30-Index.

Indikative Swapsätze
→ Swapsätze, die nicht gehandelt werden, sondern nur als Orientierungshilfe für das Renditeniveau bzw. den → Festsatz am → Swapmarkt anzusehen sind.

Indikatoren
Instrumente der → technischen Analyse, die eine bevorstehende Entwicklung von Kursen anzeigen sollen. Zur Errechnung von technischen I. greift man auf Börsendaten (z. B. Kurse, → Umsätze) zurück; sie sollen Kauf- und Verkaufsignale anzeigen. Um Wipsaws und damit Fehlsignale zu verhindern, die bei Anwendung eines I. auftreten können, empfiehlt es sich, mehrere I. gleichzeitig zu beobachten, um Kauf- und Verkaufsignale abzuleiten. Man spricht dann von Indikatorensystemen.
(→ Technische Studie)

Indikatorensystem, → Indikatoren.

Indirektes Leasing
Herstellerunabhängiges → Leasing durch → Leasing-Gesellschaften.
Gegensatz: direktes Leasing (→ Hersteller-Leasing).

Indirekte Steuer
→ Steuer, die bei der Gewinnermittlung (von den Erlösen) abzugsfähig ist. Sie wird bei den Unternehmen erhoben (Unternehmen sind → Steuerschuldner) und ist in den Preisen enthalten. Bei der Entstehungsrechnung des → Sozialprodukts in der → Volkswirtschaftlichen Gesamtrechnung werden I. S. von dem → Nettosozialprodukt zu Marktpreisen abgesetzt.

Individualkredit
→ Kredit, der von einem → Kreditinstitut nach Bedingungen gewährt und abgewickelt wird, die nur für den Einzelfall gelten (→ Financial Engineering).
Gegensatz: → standardisierter Kredit.

Indossament
Schriftlicher Übertragungsvermerk auf einem → Wertpapier, der bei → Orderpapieren erforderlich ist, um einem anderen die Rechte aus dem Papier zu verschaffen. Es besteht stets aus der Unterschrift des Inhabers/→ Schuldners (→ Indossant); die Bezeichnung des neuen → Gläubigers (→ Indossatar) ist nicht erforderlich.
Das I. ist regelmäßig auf die volle Verschaffung der Gläubigerposition gerichtet; es kann im Einzelfall die Rechtsstellung des Indossatars begrenzen. Das I. hat unbedingt zu sein; hinzugefügte Bedingungen gelten als nicht geschrieben (Art. 12 Abs. 1 WG; Art. 15 Abs. 1 ScheckG). Ein Teilindossament, das nur einen Teil des verbrieften → Anspruchs übertragen soll, ist nichtig, weil es die wertpapierrechtliche Einheit zerstört (Art. 12 Abs. 2 WG; Art. 15 Abs. 2 ScheckG).

Rechtswirkungen: Bei allen Papieren besitzt das I. sowohl Legitimationsfunktion als auch Transportfunktion, bei → Wechsel und → Orderscheck (Geldwertpapiere, Verbriefung eines Zahlungsanspruchs) zusätzlich auch Garantiefunktion; beim → Inhaberscheck hat das I. nur Haftungsfunktion (Art. 20 ScheckG).
(1) *Legitimationswirkung (Ausweisfunktion)*: Der Inhaber des Orderpapiers, der entweder in der → Urkunde als erster Berechtigter genannt ist oder sein Recht durch eine lückenlose Indossamentenkette nachweisen kann, gilt bis zum Beweis des Gegenteils als Eigentümer des Papiers und damit zugleich als Gläubiger der dort verbrieften Rechte (Art. 16 Abs. 1 WG, Art. 19 ScheckG). Entscheidend ist dabei die förmliche Identität zwischen dem Indossatar des vorangehenden und dem Indossanten des nachfolgenden I. Auf die Echtheit der Unterschriften bzw. die tatsächliche Existenz des dort Genannten kommt es nicht an. Aufgrund der

Beweiswirkung kann der ordnungsgemäß legitimierte Inhaber von dem Schuldner Leistung verlangen. Dieser leistet auch grundsätzlich ohne Rücksicht auf die tatsächliche Berechtigung des Inhabers an diesen mit schuldbefreiender Wirkung (Liberationswirkung), beim Wechsel jedoch erst nach Verfall (Art. 41 Abs. 2 WG).

(2) *Transportfunktion*: Das spezifische Merkmal der Orderpapiere liegt darin, daß das I. alle Rechte aus dem Papier vom Indossanten an den Indossatar überträgt, und zwar ohne Rücksicht auf die Rechtsstellung des Indossanten nach dem Inhalt des Urkundentextes (Art. 14 Abs. 1 WG, Art. 17 Abs. 1 ScheckG). Das ermöglicht im Interesse des Verkehrsschutzes einen → gutgläubigen Erwerb des → Eigentums an der Urkunde und der Gläubigerstellung im Hinblick auf die verbrieften Rechte, wenn das Orderpapier von einer ordnungsgemäß ausgewiesenen Person übertragen worden ist (Art. 16 Abs. 2 WG, Art. 21 ScheckG). Ferner verliert wegen der Abstraktheit der Wechselforderung der Wechselschuldner im Falle der Weiterübertragung alle seine Einwendungen gegen den persönlichen Gläubiger, insbes. die aus dem Grundgeschäft wie z. B. Gewährleistungsansprüche bei mangelhafter Lieferung (Art. 17 WG). Auch bei fehlendem Verpflichtungswillen haftet jeder Unterzeichner dem gutgläubigen Wechselinhaber wegen des dadurch genutzten zurechenbaren Rechtsscheins. Den praktisch wichtigsten Fall der abredewidrigen nachträglichen Ausfüllung eines unterschriebenen → Blankowechsels regelt das Wechselgesetz in Art. 10.

(3) *Garantiefunktion (Haftungswirkung)*: Mit ihrer Unterschrift haften die Indossanten beim Wechsel für die Annahme (→ Wechsel, Annahme) und Bezahlung, beim → Scheck nur für die Bezahlung gegenüber ihren Nachfolgern im Wege des Rückgriffs (→ Wechselrückgriff), sofern sie ihre → Haftung durch eine Angstklausel nicht völlig ausgeschlossen oder durch eine Rektaklausel (→ Rektaindossament) in gewissem Umfang begrenzt haben (Art. 15 WG, Art. 18 ScheckG). Die Garantiewirkung läßt sich umgehen, wenn das letzte I. ein → Blankoindossament ist, denn insoweit braucht der Inhaber den Wechsel oder Orderscheck nur einfach ohne I. zu übertragen oder bei Vervollständigung des I. (zu einem Namensindossament) nur den Namen des Erwerbers einzusetzen. Da er in beiden Fällen das Papier nicht unterschrieben hat, kann er daraus auch nicht in Anspruch genommen werden.

Arten: Je nachdem, ob das I. auf die volle Rechtsübertragung gerichtet ist oder dem Inhaber nur eingeschränkte Befugnisse vermitteln soll, ist zwischen Vollindossamenten und beschränkten I. zu unterscheiden.

(1) *Vollindossament*: I., das auf die volle Rechtsübertragung der verbrieften Rechte gerichtet ist und grundsätzlich alle das I. kennzeichnenden Rechtswirkungen besitzt. Daneben gibt es besondere Vollindossamente, die mit jeweils unterschiedlichen Rechtswirkungen ausgestattet sind (→ Angstindossament, → Nachindossament, → Rektaindossament, → Rückindossament).

(2) *Beschränkte I.*: I., die dem Indossatar nur bestimmte Befugnisse übertragen sollen, wobei von entscheidender Bedeutung ist, ob diese begrenzte Rechtsstellung nach außen sichtbar gemacht wird (offene Form) oder nicht (verdeckte Form). Offene Formen: Gesetzlich geregelt sind nur das nach außen erkennbare offene → Inkassoindossament sowie das ebenfalls ersichtliche offene → Pfandindossament. Verdeckte Formen: In der Praxis werden vielfach die verdeckten Formen bevorzugt, weil die begrenzte Rechtsstellung nach außen nicht erkennbar ist. Sie unterscheiden sich in ihrer äußeren Ausgestaltung nicht von einem Vollindossament und entfalten daher einem gutgläubigen Dritten gegenüber die gleichen Rechtswirkungen wie das Vollindossament. Das wichtigste ist das verdeckte Inkasso- bzw. Prokuraindossament, das nur zur Einziehung der Wechselforderung berechtigt. Von Bedeutung können das verdeckte Pfandindossament und das Sicherungsindossament (→ Depotwechsel oder → Kautionswechsel) sein, die dem Gläubiger Sicherungsrechte an dem Wechsel einräumen sollen. Allgemein üblich ist, daß die Kreditinstitute im Zusammenhang mit dem → Wechselinkasso sich die Papiere von ihren Kunden mittels Blankoindossament übertragen lassen. Auch die → Deutsche Bundesbank verfährt so bei ihrem Lombardgeschäft (→ Lombardpolitik der Deutschen Bundesbank).

Indossamentsverbindlichkeit

→ Eventualverbindlichkeit, die → Indossanten bei der Übertragung von → Wechseln

Indossant

durch Anbringung des →Indossaments übernehmen. In der →Bankbilanz werden sie „unter dem Strich" vermerkt.

Indossant
Girant; derjenige, der ein →Wertpapier durch →Indossament an einen anderen (→Indossatar) überträgt.

Indossatar
Derjenige, auf den das Recht an einem →Wertpapier durch→Indossament übertragen wird und der dadurch neuer →Gläubiger wird.

Indossieren
Anbringen eines →Indossaments auf einem →Wertpapier.

Industriebank, →Industriekreditbank AG – Deutsche Industriekreditbank.

Industriekreditbank AG – Deutsche Industriekreditbank (IKB)
Spezialkreditinstitut zur Förderung der gewerblichen Wirtschaft durch mittel- und langfristige Unternehmensfinanzierung. Es ist 1974 aus der Fusion der Deutschen Industriebank, Berlin, mit der Industriebank AG, Düsseldorf, hervorgegangen. Eigentümer sind die „Stiftung zur Förderung der Forschung für die gewerbliche Wirtschaft", über die sich die mittelständischen Unternehmen an dem Institut beteiligen, die drei →Großbanken, die ihre →Beteiligungen in der HOSTRA, einer gemeinsamen →Dachgesellschaft, zusammengefaßt haben, große Versicherungsgesellschaften und private →Aktionäre.
Die Kreditgewährung erfolgt zur Durchführung von →Investitionen, Rationalisierungen, →Konsolidierung kurzfristiger →Verbindlichkeiten und Exportfinanzierung, wobei den Kreditbedürfnissen kleinerer und mittlerer Unternehmen bevorzugt Rechnung getragen wird. Die →Refinanzierung erfolgt grundsätzlich laufzeitkongruent durch →Emission von →Inhaberschuldverschreibungen und →Kassenobligationen, durch Aufnahme von →Darlehen (z.B. →Schuldscheindarlehen) bei Banken und →Kapitalsammelstellen (vor allem Versicherungen). Ein wichtiger Tätigkeitsbereich liegt auch in der Weiterleitung öffentlicher Kredite (ERP-, KfW-, EGKS- und Länderprogramme). Die IKB betreibt keinen Spar- und Giroverkehr und vergibt keine →Kontokorrentkredite.

Industrieobligation
Industrieschuldverschreibung; →Schuldverschreibung, mit der sich ein namhaftes großes Unternehmen aus Industrie, Handel und Verkehr langfristiges →Fremdkapital für →Investitionen und Umschuldungen (→Konsolidierung) beschafft. I. haben ihre wirtschaftliche Sicherheit in der Substanz und Ertragskraft des jeweiligen Unternehmens.

Besondere Sicherheiten: Z.B. Bestellung eines →Gesamtgrundpfandrechts zugunsten der Emissionsbank, die als Treuhänderin die →Gläubiger vertritt. Gesamthaftungsverpflichtung, durch die der Anleiheschuldner sein gesamtes bewegliches und unbewegliches →Vermögen als Sicherheit zur Verfügung stellt, →Bürgschaften oder →Patronatserklärungen von anderen Unternehmen (Muttergesellschaften), →Bürgschaften der öffentlichen Hand, wenn sich z.B. die Unternehmen im öffentlichen Besitz befinden, →Negativklausel in Anleihebedingungen, die rechtlich aber keine selbständige Sicherheit darstellt.
Die ausgebenden Unternehmen besitzen i.d.R. die Rechtsform der →Aktiengesellschaft; vereinzelt haben auch →Kommanditgesellschaft auf Aktien und →Gesellschaft mit beschränkter Haftung I. ausgegeben. I. sind nicht mündelsicher (→Mündelsicherheit). Sie sind bisweilen, abhängig vom Standing des Unternehmens, mit einem höheren →Nominalzins ausgestellt, als es dem jeweiligen durchschnittlichen →Zins am →Kapitalmarkt entspricht. I. werden meistens durch Auflegung zur öffentlichen Zeichnung abgesetzt. Sie werden i.d.R. zum →amtlichen (Börsen-)Handel eingeführt. Die →Hausbanken der Unternehmen übernehmen oft die Funktion der Konsortialführerin, der Treuhänderin und der Vertreterin der jeweiligen Anleihegläubiger. Emissionsfähige Unternehmen haben anstelle von →Straight Bonds vielfach auf die flexiblere und kostengünstigere Aufnahme von →Schuldscheindarlehen zurückgegriffen. Auch →Optionsanleihen, →Floating Rate Notes und →DM-Auslandsanleihen sind bevorzugte Refinanzierungsalternativen. Zum Zwecke der Begebung von DM-Auslandsanleihen sind von deutschen Unternehmen eigens hierfür gegründete, rechtlich selb-

ständige ausländische Finanzierungsgesellschaften gegründet worden. Die → Garantie für die Erfüllung der Verpflichtungen aus diesen Anleihen übernimmt die deutsche Muttergesellschaft.
(→ Emittentengruppen am deutschen Rentenmarkt)

Industrie-Rating
→ Rating industrieller Unternehmen.

Industrieschuldverschreibung, → Industrieobligation.

Inflation
Begriff: Anhaltender Anstieg des Preisniveaus und damit Sinken der → Kaufkraft des → Geldes (→ Geldwertstabilität). Inflationäre Entwicklungen werden mit Hilfe von → Preisindizes gemessen. Die Preissteigerungsrate, ausgedrückt durch den Preisindex für die Lebenshaltung, wird häufig auch als Inflationsrate bezeichnet.

Arten: Nach dem Tempo der I. unterscheidet man schleichende, trabende und galoppierende I. Die letztere wird auch Hyperinflation genannt. Wird der Preisniveauanstieg durch staatliche Lohn- und Preisstopps verhindert, spricht man von einer zurückgestauten I.

Ursachen: I. kann auf nachfrageseitige Einflußfaktoren (Nachfrageinflation) und auf angebotsseitige Einflußfaktoren (angebotsbedingte I.) zurückgeführt werden. Nachfrageinflation entsteht, wenn die → gesamtwirtschaftliche Nachfrage die volkswirtschaftlichen Produktionsmöglichkeiten übersteigt. Eine solche Situation wird als → inflatorische Lücke bezeichnet. Stellt die Nachfrage des Auslands den Verursachungsfaktor dar (Überschuß der → Leistungsbilanz), spricht man von → importierter I. Angebotsbedingte Inflationsursachen können z. B. durch eine Verteuerung der → Produktionsfaktoren ausgelöst werden; so ergibt sich eine Preisniveausteigerung bei Vorliegen der Lohn-Preis-Spirale (Kosteninflation). Inflationsursache können auch aufgrund von → Marktmacht der Unternehmen am Markt durchgesetzte Gewinnvorstellungen sein (Gewinninflation). Verteuern sich aus dem Ausland importierte → Produktionsfaktoren (höhere Importpreise aufgrund ausländischer Preissteigerungen), so liegt eine Variante von Kosteninflation bzw. von importierter I. vor, die in den Industriestaaten insbes. bei den Ölpreiserhöhungen Mitte der siebziger Jahre zu beobachten war. Verteilungskonfliktinflation als Mischung angebotseitiger und nachfrageseitiger Einflußfaktoren ist die Folge des Versuchs gesellschaftlicher Gruppen, durch Ausübung von Macht auf den Arbeitsmärkten und den Gütermärkten (Konzentration) die eigene Position zu verbessern und Nachfrageansprüche durchzusetzen. Sie ist gekennzeichnet durch eine Lohn-Preis-Spirale bzw. Preis-Lohn-Spirale, bei der die Belastung durch gestiegene Löhne bzw. gestiegene Preise auf andere abgewälzt wird. Geldmengeninduzierte I. liegt vor, wenn über das Wachstum der → Geldmenge eine gesamtwirtschaftliche Nachfrage ermöglicht wird, die den kurz- als mittelfristig gegebenen Produktionsmöglichkeiten übersteigt. Während Monetaristen im Geldmengenwachstum den entscheidenden Verursachungsfaktor für I. sehen, ist für Keynesianer das Geldmengenwachstum eher eine Folge anderer Inflationsursachen.

Wirkungen: Eine inflationäre Entwicklung kann das Vertrauen in die → Währung erschüttern und die Geldfunktionen gefährden, wirtschaftliches Wachstum (→ Wirtschaftswachstum) und volkswirtschaftliche Effizienz behindern, weil Investoren infolge einer Flucht in weniger inflationsgefährdete Sachwerte Mittel in Bereichen binden, die in anderen Wirtschaftszweigen effizienter eingesetzt werden könnten, sowie über die Behinderung des Wachstums auch die Beschäftigung in der Volkswirtschaft gefährden. Sachwertbesitzer und → Schuldner, die mit entwertetem Geld zurückzahlen können, werden begünstigt, → Gläubiger und Geldvermögensbesitzer benachteiligt. Man spricht auch häufig von unsozialen Folgen der I., die nicht mit dem Konzept der → Sozialen Marktwirtschaft vereinbar sind, weil nach aller Erfahrung gerade die wirtschaftlich Schwachen durch inflationäre Entwicklungen besonders betroffen werden. Die Vermeidung von I. ist ein hochrangiges Ziel der → Wirtschaftspolitik, insbes. Primärziel der → Geldpolitik.

Inflationsrate
Preissteigerungsrate; → Preisindex.

Inflatorische Lücke
Angebotslücke; Defizit an gesamtwirtschaftlichem Güterangebot bzw. Überschuß an → gesamtwirtschaftlicher Nachfrage mit

dadurch bewirkten Preissteigerungen (→ Inflation). Besteht eine i. L., kann bei Vollbeschäftigung das → Sozialprodukt, das kurzfristig nicht mehr vergrößert werden kann, die geplante Güternachfrage nicht befriedigen. Es kommt zu einer Erhöhung des Preisniveaus.

Information-Banking

Dienstleistungs-Angebot der → Kreditinstitute an ausgewählte Kunden, Datenbanken oder Recherchedienste dieser Institute gegen Entgelt mit zu benutzen. Damit soll der steigende Bedarf an Markt- und Wettbewerber-Informationen gedeckt werden. Vorteile für → Bankkunden: Datenbanken bieten eine aktuelle, schnelle und preisgünstige Alternative, um entscheidungsrelevante Informationen zu erlangen. Der schnelle Zugriff auf diese Informationen erhöht die Wettbewerbsfähigkeit, aktuelle Fachinformationen können in einem Innovationsvorsprung umgesetzt werden. Auch die Vermittlung von Geschäftspartnern kann auf diesem Wege erfolgen.

Informationsrisiko

Gefahr, daß aufgrund falscher oder fehlender Information Entscheidungen getroffen werden, die zu ungewünschten Folgen führen.

Inhaberaktie

Bearer Share; → Aktie, die auf den Inhaber lautet (→ Inhaberpapier). Aufgrund ihrer formlosen Übertragbarkeit ist die I. in Deutschland die regelmäßig vorkommende Aktienform. Nach § 10 Abs. 1 AktG können Aktien I. oder → Namensaktien sein. Die → Satzung der AG muß gemäß § 23 Abs. 3 Nr. 5 AktG bestimmen, in welcher Art die Aktien ausgestellt werden.

Inhaberpapier

→ Wertpapier, bei dem der Berechtigte in der → Urkunde nicht namentlich genannt wird, weil der → Schuldner jedem Inhaber gegenüber die Leistung verspricht (§ 793 Abs. 1 Satz 1 BGB).

Rechtswirkung: Allein durch den Besitz der Urkunde wird der Inhaber als → Gläubiger ausgewiesen und legitimiert. Der Schuldner zahlt grundsätzlich mit schuldbefreiender Wirkung (Legitimationswirkung). Bei der Übertragung steht das Recht am Papier (→ Eigentum) im Vordergrund. Sie erfolgt wie bei einer → beweglichen Sache durch → Übereignung nach §§ 929 ff. BGB, wodurch der Erwerber zugleich auch Gläubiger des verbrieften → Anspruchs wird (das Recht aus dem Papier folgt dem Recht am Papier). Es gilt die Vermutung, daß der Besitzer einer beweglichen Sache, also auch eines I., zugleich ihr Eigentümer ist (§ 1006 Abs. 1 Satz 1 BGB). Zur Erhöhung der Verkehrsfähigkeit läßt das Gesetz sogar einen → gutgläubigen Erwerb vom Nichtberechtigten an verlorenen, gestohlenen oder sonst abhanden gekommenen I. zu (§ 935 Abs. 2 BGB). Im Falle der Veräußerung durch einen → Kaufmann wird auch der gute Glaube an dessen Verfügungsbefugnis gem. § 366 HGB im gleichen Umfang geschützt. → Kreditinstitute sind allerdings beim Erwerb solcher Papiere nicht gutgläubig, wenn zur Zeit der Veräußerung oder → Verpfändung (→ Pfandrecht an Rechten) der Verlust des Papiers im → Bundesanzeiger bekannt gemacht und seit dem Ablauf des Jahres, in dem die Veröffentlichung erfolgt ist, nicht mehr als ein Jahr verstrichen war (§ 367 Abs. 1 HGB).

Inhabersammelzertifikat

Auf den Inhaber lautendes → Sammelzertifikat.

Inhaberscheck

→ Scheck, der auf den Inhaber lautet (Art. 5 Abs. 1 SchG) oder bei dem ein Schecknehmer nicht genannt wird (Art. 5 Abs. 3 SchG; Scheck, Ausstellung). Als → Inhaberpapier gilt aber auch ein Scheck, bei dem zwar eine bestimmte → Person als Schecknehmer genannt ist, diese Angabe jedoch mit dem Überbringervermerk versehen ist (Art. 5 Abs. 2 SchG). Dieser → Überbringerscheck ist die übliche Form des Schecks im Inland, da die → Kreditinstitute ihre Scheckvordrucke mit einer für die Kunden nicht abänderbaren → Überbringerklausel (Nr. 8 Scheckbedingungen) im Interesse einer schnellen und zügigeren Zahlungsabwicklung zur Erleichterung der → Legitimationsprüfung versehen. Die Scheckrechte aus I. werden wie Inhaberpapiere durch → Übereignung des Papiers (→ Einigung und → Übergabe gemäß § 929 BGB) übertragen.

Inhaberschuldverschreibung

Inhaber-Teilschuldverschreibung; → Schuldverschreibung, die als → Inhaberpapier ausgestaltet ist, d. h. der Berechtigte ist in der → Urkunde nicht namentlich genannt, der → Schuldner verspricht die Leistung jedem Inhaber.

Somit kann jeder, der die I. in Händen hat, das verbriefte Recht geltend machen, ohne seine Berechtigung am Papier nachweisen zu müssen. Die Übertragung der I. erfolgt formlos wie bei →beweglichen Sachen durch →Einigung und →Übergabe der Urkunde (§ 929 BGB). Das Recht aus dem Papier (=Forderungsrecht) folgt dem Recht am Papier (=Eigentumsrecht an der Urkunde). Die Bankpraxis orientiert sich bezüglich der mit Opposition belegten Stücke an der in den →Wertpapier-Mitteilungen veröffentlichten „→Sammelliste mit Opposition belegter Wertpapiere".
Wegen der leichten Übertragbarkeit sind die I. für den Börsenhandel geeignet (→Effekten). I. können zinsvariabel (→Floating Rate Note) oder mit einem →Festzinssatz (→festverzinsliche [Wert-]Papiere, besondere Ausprägung: →Null-Kupon-Anleihe) oder mit zusätzlichen Rechten (→Optionsanleihe, →Wandelanleihe, →Gewinnschuldverschreibung) ausgestattet sein.
Gegensatz: →Orderschuldverschreibung, →Namensschuldverschreibung.

Inhaber-Teilschuldverschreibung, →Inhaberschuldverschreibung.

In-House Banking
Erbringen von →Bankleistungen für den Eigenbedarf durch Nichtbanken (→Non-Banks), insbes. im Finanzmanagement multinationaler →Konzerne. Da keine →Bankgeschäfte zur Fremdbedarfsdeckung ausgeführt werden, unterliegt das ausführende Unternehmen nicht dem →Kreditwesengesetz. I.-H. B. kann umfassen: →Cash Management-Systeme einschl. Devisenmanagement (→Kassageschäfte, →Termingeschäfte, →Swapgeschäfte und →Optionsgeschäfte), →Portfolio-Management einschl. des Managements von →Finanzanlagen sowie Management von Transaktionen am →Kapitalmarkt und →Geldmarkt, wobei vor allem die Entwicklung neuer Finanzierungsformen (→Finanzinnovationen), wie z. B. →Euronote-Fazilitäten und →Floating Rate Notes, die Bedeutung des I.-H. B. verstärkt haben. I. H. B. wird häufig über den Eigenbedarf hinaus zur Erzielung zusätzlicher Erträge betrieben. Bei institutioneller Verselbständigung entstehen →Corporate Banks.

Initial Margin
Einschuß (Sicherheitsleistung), den Käufer und Verkäufer beim Eingehen einer →Position im Handel mit →Futures zu leisten haben.
(→Margin, →Future)

Initial Rate
Synonym für →Initial Margin. Bei der →Deutschen Terminbörse (DTB) wird der Begriff R. nicht verwendet, da er auch synonym zur →Additional Margin verwendet werden kann (→DTB-Margin-Arten).

Inkasso
Einzug von →Forderungen, insbes. von →Schecks (→Scheckinkasso), →Lastschriften (→Lastschriftinkasso), →Wechseln (→Wechselinkasso), →Zins- und →Dividendenscheinen, fälligen →Schuldverschreibungen und Dokumenten (→Dokumenteninkasso). Das Inkassogeschäft von →Kreditinstituten zählt als Teil des →Girogeschäfts zu den →Bankgeschäften i. S. von § 1 KWG. Rechtsgrundlage sind die BGB-Vorschriften über den →Geschäftsbesorgungsvertrag (→Inkassovertrag), die AGB (Nr. 9 Banken, Nr. 9 Sparkassen) sowie die →Einheitlichen Richtlinien für Inkassi (ERI).

Inkassoindossament
Prokuraindossament, Vollmachtsindossament; →Indossament, das zum Einzug des Wechselgegenwertes berechtigt. Es kann ein offenes Einzugsindossament (Indossament mit Zusatz „Wert zum Einzug" o. ä., Art. 18 WG) oder ein verdecktes Einzugsindossament (Indossament ohne entsprechenden Zusatz) sein. Nach dem →Wechselabkommen muß der Einreicher eines →Inkassowechsels dem →Kreditinstitut, das er mit dem Einzug beauftragt, den →Wechsel durch Indossament ohne einschränkenden Zusatz (wie z. B. „Wert zum Einzug") übertragen. Überträgt bei einem verdeckten Einzugsindossament der Inkassoindossatar den Wechsel abredewidrig an einen Dritten, kann dieser den Wechsel gutgläubig nach Art. 16 Abs. 2 WG erwerben. Gleiches gilt gemäß Art. 24 ScheckG für den →Orderscheck.

Inkasso nach ERI
Bearbeitung von Dokumenten im Sinne der ERI (→Einheitliche Richtlinien für Inkasso) durch →Banken aufgrund (vom Auftraggeber) erhaltener Weisungen, um Zahlung zu erlangen oder Handelspapiere gegen Akzeptierung

Inkassoscheck

und/oder ggf. Zahlung auszuhändigen oder Dokumente unter anderen Bedingungen auszuhändigen (B 1 i ERI).
Die ERI unterscheiden zwischen dem einfachen Inkasso (Clean Collection) und dem dokumentären Inkasso (Documentary Collection). Das einfache Inkasso ist der Einzug nur von Zahlungspapieren (→ Wechsel, → Solawechsel, → Schecks, Zahlungsquittungen o. ä.). Das dokumentäre Inkasso (→ Dokumenteninkasso) besteht aus dem Einzug von Zahlungspapieren und Handelspapieren oder nur von Handelspapieren (Rechnungen, Verladedokumente, Dispositionspapiere oder andere ähnliche Dokumente sowie irgendwelche anderen Dokumente, die keine Zahlungspapiere darstellen).

Inkassoscheck, → Einzugsscheck.

Inkassovertrag
→ Geschäftsbesorgungsvertrag, der den Einzug von → Forderungen (→ Inkasso), insbes. von → Schecks (→ Scheckinkasso), → Lastschriften (→ Lastschriftinkasso), → Wechseln (→ Wechselinkasso), → Zins- und Dividendenscheinen, fälligen → Schuldverschreibungen und Dokumenten (→ Dokumenteninkasso) zum Gegenstand hat. Mit dem I. ermächtigt der Kunde das → Kreditinstitut, die Forderungen bzw. das Recht im eigenen Namen geltend zu machen (→ Einziehungsermächtigung).

Inkassowechsel
→ Wechsel, der von → Kreditinstituten zum Einzug des Gegenwertes hereingenommen werden. Die Gutschrift für die Einreicher erfolgt bei Kreditinstituten → Eingang vorbehalten (E. v.).

Inländerkonzept
Konzeption zur Abgrenzung der in einer Volkswirtschaft produzierten Gütermenge. Der nach dem I. berechnete Einkommenswert bezieht sich auf den Gesamtbetrag, der den Inländern zugeflossen ist, unabhängig davon, ob dieser aus inländischen oder ausländischen Produktionsaktivitäten entspringt (→ Volkswirtschaftliche Gesamtrechnung, → Bruttosozialprodukt).
Gegensatz: → Inlandskonzept.

Inlandsanleihe
→ Anleihe, die im Land des → Emittenten und in dessen → Währung emittiert wird. Es sind die jeweiligen nationalen Restriktionen der Behörden zu beachten. Begibt beispielsweise ein deutsches Unternehmen eine Anleihe nach deutschem Recht in DM, dann handelt es sich um eine I.
(→ DM-Auslandsanleihe, → Eurobond, → Emittentengruppen am deutschen Rentenmarkt)

Inlandskonzept
Konzeption zur Abgrenzung der Güterproduktion einer Volkswirtschaft gegenüber dem Ausland, nach der das Gesamteinkommen angegeben wird, das innerhalb der Grenzen einer Volkswirtschaft entsteht, unabhängig davon, ob die Einkommen inländischen oder ausländischen → Personen oder Unternehmen zugeflossen sind (→ Volkswirtschaftliche Gesamtrechnung, → Bruttoinlandsprodukt).
Gegensatz: → Inländerkonzept.

Inlandsprodukt
Produktionsergebnis einer Periode im Inland. Unterscheidet sich vom → Sozialprodukt durch die grenzüberschreitenden Erwerbs- und Vermögenseinkommen: Diejenigen → Einkommen, die von einer inländischen Produktionsstätte an Ausländer geleistet werden, sind im I. enthalten, im Sozialprodukt nicht (→ Inlandskonzept). Umgekehrt sind die aus ausländischer Produktion an Inländer geleisteten Einkommen im Sozialprodukt enthalten, im I. nicht. Das I. kann brutto (Brutto-I.) oder netto (Netto-I.) dargestellt werden: Bei der Bruttodarstellung sind die → Abschreibungen eingeschlossen, bei der Nettodarstellung nicht.

Innenfinanzierung
Form der → Finanzierung, bei der ein Unternehmen von innen, d.h. aus dem Umsatzprozeß selbst → Kapital bildet (→ Selbstfinanzierung). I. ist → Eigenfinanzierung, wenn → Eigenkapital durch Einbehaltung von Teilen des → Gewinns gebildet wird (Bildung von → offenen Rücklagen oder → stillen Reserven durch → Gewinnthesaurierung, auch als → Selbstfinanzierung i.e.S. bezeichnet). I. ist → Fremdfinanzierung, wenn → Fremdkapital (z.B. durch Einstellung in → Pensionsrückstellungen) gebildet wird.
Zur I. zählen auch die Finanzierung aus erwirtschafteten Abschreibungserlösen (Selbstfinanzierung i.w.S.) sowie die Fi-

nanzierung durch Vermögensumschichtung (→ Umfinanzierung).
(→ Finanzierung)

Innerer Wert
Im Unterschied zum → Nennwert nicht durch äußerliche Bezeichnung eines Betrages, sondern durch Substanz, Ertrag oder sonstige inhaltliche Kennzeichen zu ermittelnder Wert eines → Gegenstands (z. B. → innerer Wert einer Aktie, → innerer Wert eines Bezugsrechts).

Innerer Wert einer Aktie
Wert einer → Aktie, der als → Ertragswert oder Substanzwert (→ Sachwert) ermittelt wird. Als Ertragswert entspricht er dem kapitalisierten Wert zukünftiger Erträge der → Aktiengesellschaft. Der Substanzwert der Aktie entspricht dem Anteil einer Aktie am tatsächlich vorhandenen Vermögen der Gesellschaft (einschl. → stiller Reserven). Das Ertragswertverfahren steht bei der Ermittlung des i. W. im Vordergrund.
Gegensatz: → technische Analyse, → technische Studie.

Innerer Wert eines Bezugsrechts
Rechnerisch ermittelter Wert eines → Bezugsrechts. Er ist abhängig vom → Börsenkurs der → alten Aktien, dem → Bezugskurs der → jungen Aktien sowie dem → Bezugsverhältnis (→ Bezugsrechtswert).

Innovativer Investmentfonds
→ Investmentfonds mit neuen, bisher noch nicht bekannten Eigenschaften (z. B. → Laufzeitfonds, → Futures Funds).

Insider
Gemäß § 13 des zur Umsetzung der → Insider-Richtlinie ergangenen → Wertpapierhandelsgesetzes vom 26. 7. 1994 jede → Person, die (1) als Mitglied des Geschäftsführungs- oder Aufsichtsorgans oder als → persönlich haftender Gesellschafter des → Emittenten oder eines mit diesem → verbundenen Unternehmens oder (2) aufgrund ihrer → Beteiligung am → Kapital des Emittenten oder eines mit diesem verbundenen Unternehmens oder (3) aufgrund ihres Berufs oder ihrer Tätigkeit oder ihrer Aufgabe bestimmungsgemäß Kenntnis von einer „Insidertatsache" hat. Dies kann jede nicht öffentlich bekannte Tatsache sein, die sich auf einen oder mehrere Emittenten von → Insiderpapieren oder auf solche Papiere bezieht und die geeignet ist, im Falle ihres öffentlichen Bekanntwerdens den Kurs (→ Börsenkurs) der Insiderpapiere erheblich zu beeinflussen. Keine Insidertatsache ist eine Bewertung, die ausschließlich aufgrund öffentlich bekannter Tatsachen erstellt wird (§ 13 Abs. 2 WpHG). Die Insiderüberwachung ist dem Bundesaufsichtsamt für den Wertpapierhandel anvertraut (§ 16 WpHG), welches insbesondere gegen Verletzungen des Verbots von Insidergeschäften (§ 14 WpHG) einschreiten soll.

Insiderpapiere
Jeweils innerhalb der → Europäischen Gemeinschaften (EG) und des Gebietes des → Europäischen Wirtschaftsraums zum → amtlichen (Börsen-)Handel wie zum → geregelten Markt zugelassene oder in den → Freiverkehr einbezogene → Wertpapiere (i.S. des § 2 Abs. 1 WpHG), ferner → Bezugsrechte, → Finanzterminkontrakte und weitere in § 12 Abs. 2 WpHG aufgeführte Werte.

Insider-Richtlinie
Richtlinie des Rates (→ EG-Rechtsakte) der EG vom 13. 11. 1989 „zur Koordinierung der Vorschriften betr. Insidergeschäfte", die bis Ende 1992 in deutsches Recht umzusetzen war; dies erfolgte erst im Abschnitt über „Insiderüberwachung" des → Wertpapierhandelsgesetzes (→ Finanzmarktförderungsgesetze). Um das Vertrauen der Anleger in funktionsfähige → Finanzmärkte zu sichern, enthält sie das → Verbot, nicht öffentlich bekannte, genaue Informationen über den → Emittenten von beträchtlicher Bedeutung für den Kurs eines → Wertpapiers, insbes. einer → Aktie („Insider-Information") selbst auszunutzen, an Dritte weiterzugeben oder für Empfehlungen zu verwenden. Dem Verbot unterliegen sowohl „Primär-Insider" - deren Kenntnisse aus einer Leitungsfunktion, einer Kapitalbeteiligung oder sonstiger beruflicher Beziehung zum Emittenten herrühren - als auch „Sekundär-Insider", vor allem Mit- und Zuarbeiter der ersteren. Die EU-Mitgliedstaaten sind durch die Richtlinie gehalten, (präventive) Eingriffsmaßnahmen vorzusehen und Sanktionen (auch strafrechtlicher Art) gegen Verstöße festzulegen. Ein Beharren auf freiwilligen „Insider-Regeln", wie sie seit 1970 in der Bundesrepublik Deutschland galten, kam nach Erlaß der I.-R. nicht länger in Betracht.

Insolvenz

Insolvenz
Dauernde Unfähigkeit, fällige finanzielle Verpflichtungen zu erfüllen. Bei I. von Kunden der →Kreditinstitute sind Banken und Sparkassen als →Gläubiger aus Kreditgewährungen betroffen (Kreditausfälle mit Forderungsverlusten einschl. Zinsverluste). I. von Kreditinstituten (→Bankinsolvenzen) sind wegen ihrer negativen gesamtwirtschaftlichen Auswirkungen Gegenstand →bankaufsichtlicher Maßnahmen, wie sie im →Kreditwesengesetz vorgesehen sind. Der Vermeidung von Bankinsolvenzen, insbes. der Verhütung von Vermögensschäden bei Einlegern der Kreditinstitute, dienen die freiwillig geschaffenen Einlagensicherungssysteme der Kreditinstitute (→Einlagensicherung). Bonitätsmäßig einwandfreie Kreditinstitute, die unverschuldet in Liquiditätsschwierigkeiten geraten sind, können von der →Liquiditäts-Konsortialbank GmbH vorübergehend Liquiditätshilfen erhalten.

Insolvenzrecht: Zum Insolvenzrecht zählen die Rechtsnormen, die bei →Zahlungsunfähigkeit und →Überschuldung besondere Verfahren regeln, um die Gläubiger möglichst gleichmäßig und in möglichst hohem Umfange zu befriedigen. Im Mittelpunkt des Insolvenzrechts stehen bisher die →Konkursordnung und die →Vergleichsordnung. Die Auswirkungen einer I. auf besondere Bereiche in die Regelung von Einzelfragen finden ihren Niederschlag in zahlreichen Vorschriften anderer Gesetze, wie z. B. im →Handelsgesetzbuch, im Arbeitsförderungsgesetz, im Gesetz zur Verbesserung der betrieblichen Altersversorgung, im Gesetz über den Sozialplan in Konkurs- und Vergleichsverfahren.

Reform des Insolvenzrechts: Aufgrund von Mißständen der gegenwärtigen Praxis des Konkurs- und Vergleichsrechts soll das gesamte Insolvenzrecht reformiert werden. Das Konkursrecht ist weitgehend funktionsunfähig geworden (die meisten Konkursanträge werden mangels Masse abgewiesen.). Vergleichsverfahren sind nahezu bedeutungslos geworden, da kaum noch ein gerichtlicher Vergleich bestätigt wird. Die Folgen sind Mißstände: vermögenslose →Schuldner, vor allem insolvente →Gesellschaften mit beschränkter Haftung, können wegen des Versagens der Konkursordnung u. U. weiterhin am Rechtsverkehr teilnehmen und andere schädigen. Die Nichteröffnung eines Konkurses verhindert eine geordnete gleichmäßige Gläubigerbefriedigung. Das geltende Insolvenzrecht verweigert den Beteiligten einen funktionsfähigen rechtlichen Rahmen für die →Sanierung notleidender Unternehmen. Ziel der Reform des Insolvenzrechts ist die Einführung eines modernen, einheitlichen, Konkurs und Vergleich in sich verbindenden Insolvenzverfahrens, wofür ab 1999 an die Stelle von Konkursordnung und Vergleichsordnung eine neue →Insolvenzordnung treten wird. Die Verfahrenseröffnung wird erleichtert, die Abwicklung von I. weitgehend dereguliert. Für erhaltenswürdige Unternehmen sollen die Rahmenbedingungen zur Sanierung verbessert werden. Das neue Insolvenzrecht soll mehr Verteilungsgerechtigkeit schaffen, wobei insbes. nicht mehr gerechtfertigte Konkursvorrechte abgeschafft werden sollen.

Insolvenzordnung
1994 verabschiedetes, aber erst ab 1999 geltendes Bundesgesetz, das die →Konkursordnung und die →Vergleichsordnung ablösen wird. Damit sollen die weitgehende Funktionsunfähigkeit des geltenden Insolvenzrechts beseitigt und zudem wieder Rechtseinheit hergestellt werden, indem auch die in den neuen Bundesländern bestehende →Gesamtvollstreckungsordnung aufgehoben wird. An die Stelle der bisherigen Aufspaltung in verschiedene Verfahrensarten wird ein einheitliches Insolvenzverfahren treten. Außergerichtliche →Sanierungen werden gefördert. Neu eingeführt wird ein Verbraucher-Insolvenzverfahren; danach können private →Schuldner nach mehrjährigem „Wohlverhalten" eine Restschuldbefreiung erlangen.

Institute Cargo Clauses
Vom Institute of London Underwriters, einer von englischen Versicherungsgesellschaften getragenen Einrichtung, ausgearbeitete Klauseln für die Versicherung bestimmter Risiken im →Außenhandel, insbes. für den Seetransport. Bedeutung haben sie etwa, wenn einem →Vertrag →Incoterms zugrundegelegt werden. Die Bezugnahme auf →CIF verpflichtet den Verkäufer zum Abschluß einer Mindestdeckung nach der (schwächsten) Clause C der I. C. C. Den größten Versicherungsschutz für den Regelfall gewährt Klausel A der I. C. C. Sollen jedoch auch hiervon nicht gedeckte Risiken

(z. B. Krieg, Streik, Verzögerung) einbezogen werden, so macht dies Zusatzvereinbarungen erforderlich. Auch beim → Dokumentenakkreditiv enthält Art. 34 f ERA eine indirekte Bezugnahme auf Klausel C der Institute Cargo Clauses im Hinblick auf den Mindestbetrag, auf den die in einem Versicherungsdokument angegebene Versicherungsdeckung lauten muß.

Institutionelle Kunden

Gruppe von → Bankkunden, die sich im Hinblick auf die beanspruchten Bankleistungen teilweise von → Firmenkunden unterscheidet. I. K. sind insbesondere Versicherungsgesellschaften, betriebliche Unterstützungskassen und Versorgungsunternehmen (Pensionskassen), kirchliche Institutionen sowie berufständische Organisationen. I. K. treten schwerpunktmäßig als Institutionelle Anleger in Erscheinung indem sie Geldanlageleistungen nachfragen und weniger Finanzierungsleistungen in Anspruch nehmen. Organisatorisch in Kreditinstituten werden allerdings oft auch die Geschäftsverbindungen zu (Gebiets-)→ Körperschaften öffentlichen Rechts als I. K. betreut.

Integration

In Wirtschafts-, Rechts- und Politikwissenschaften gebräuchliche Bezeichnung für 1. Maßnahmen, die dem Abbau von Hindernissen für den Wirtschaftsverkehr zwischen verschiedenen Staaten oder Gebieten dienen, sowie 2. für das (angestrebte) Ergebnis, ein Wirtschaftsgebiet (Staat, Staatenzusammenschluß) ohne Beschränkungen des internen Wirtschaftsverkehrs.

Formen wirtschaftlicher I. sind (1) Präferenzzone (Beispiel: Abkommen der → Europäischen Wirtschaftsgemeinschaft mit → Entwicklungsländern betr. → Präferenzzölle), (2) → Freihandelszone (Beispiel: Europäische Freihandelsassoziation), (3) → Zollunion (z. B. EG), (4) → Gemeinsamer Markt, d. h. Verwirklichung binnenmarktähnlicher Verhältnisse durch Freizügigkeit der Produktionsfaktoren (Beispiel: → Europäische Gemeinschaften), (5) Abstimmung bzw. teilweise Vereinheitlichung der → Wirtschaftspolitik, (6) → Wirtschafts- und Währungsunion, welche eine Vereinheitlichung der Wirtschaftspolitiken, eine gemeinsame Währung und die Übertragung wirtschafts- und währungspolitischer Entscheidungen auf gemeinsame, supranationale Organe beinhaltet (Beispiel: → Europäische Wirtschafts- und Währungsunion).

Wirkungen: (1) Zunahme des Handels innerhalb des Integrationsraums: Die verstärkte Ausnutzung von Standortvorteilen führt zur Intensivierung der Arbeitsteilung und bewirkt Kostensenkungen bzw. reale Einkommenssteigerungen. (2) Abschließung gegenüber Drittstaaten: Die Verbilligung von Gütern im Integrationsraum auch aufgrund des Zollabbaus bewirkt, daß sich die Nachfrage auf Erzeugnisse der Mitgliedsstaaten der I. verlagert und → Importe aus Drittstaaten sinken. (3) Kostensenkungen durch Massenproduktion: Die Ausdehnung binnenmarktähnlicher Verhältnisse auf mehrere Staaten erweitert die Größe des Marktes und ermöglicht es, die Vorteile der Massenproduktion besser auszuschöpfen. (4) Wettbewerbsverschärfung: Die räumliche Erweiterung erhöht die Zahl der Konkurrenten auf dem Markt. (5) Steigerung des Wachstums: Durch das Zusammentreffen der genannten Wirkungen ergeben sich positive Effekte für das (Wirtschafts-)Wachstum im Integrationsraum.

Inter-American Development Bank (IADB), → Interamerikanische Entwicklungsbank.

Interamerikanische Entwicklungsbank (IDB oder IADB)

1959 von den USA und lateinamerikanischen Staaten gegründete internationale → Entwicklungsbank mit Sitz in Washington, D.C. (USA). Später sind weitere, auch nichtregionale Mitglieder aus Industriestaaten aufgenommen worden. Die Bank ist Finanzierungsinstitut ähnlich wie die → Weltbank, nur mit geographisch engerem Tätigkeitskreis (Lateinamerika und Karibik). Seit 1989 wird neben ihr in vergleichbarer Funktion wie die → Internationale Finanz-Corporation innerhalb der → Weltbankgruppe die Interamerikanische Investitionsgesellschaft (IIC) tätig (→ Internationale Entwicklungsbanken mit regionalem Tätigkeitsbereich).

Interbankengeldmarkt, → Bankengeldmarkt.

Interbankenhandel

Handel zwischen → Banken, z. B. mit → Geld (→ Geldhandel), mit → Devisen (→ Devisenhandel) oder mit → Wertpapieren (→ Effektenhandel).

Interbankenmarkt

Interbankenmarkt
Bezeichnung für alle Handelsbeziehungen zwischen →Banken, z. B. →Geldmarkt (→Geldhandel), →Devisenmarkt (→Devisenhandel).

Interbankforderungen
→Forderungen von →Kreditinstituten an Kreditinstitute.

Interbankgeschäfte
Geschäfte im Bereich der Zahlungsverkehrs-, Finanzierungs- und Anlageleistungen, bei denen beide Partner (im Gegensatz zu Kundengeschäften) →Banken sind. Ein wichtiger Teil der I. besteht im →Geldhandel, der dem →Liquiditätsausgleich zwischen →Kreditinstituten dient. Transaktionen über die →Wertpapiermärkte dienen zur Mittelbeschaffung und zur Mittelanlage. Hier haben zunehmend →Wertpapierpensionsgeschäfte an Bedeutung gewonnen. Darüber hinaus entstehen Interbankbeziehungen durch den →Devisenhandel.

Interbankguthaben
Guthaben von →Kreditinstituten bei Kreditinstituten.

Interbankkonto
→Konto, das für ein anderes →Kreditinstitut geführt oder bei einem anderen Kreditinstitut unterhalten wird (Konto für die Bankenkundschaft). I. sind →Kontokorrentkonten, →Termingeldkonten und →Depotkonten, auf denen →Forderungen und →Verbindlichkeiten aus Geschäften zwischen Kreditinstituten (Interbankleistungen) erfaßt werden. Durch die Bezeichnung „Loro" und „Nostro" kann klargestellt werden, wer das Konto führt und wer das Konto unterhält. Für das kontoführende Kreditinstitut ist das Konto ein →Lorokonto, für das kontounterhaltende Kreditinstitut ein →Nostrokonto.
(→Bankkonten)

Interbankverbindlichkeiten
→Verbindlichkeiten von →Kreditinstituten bei Kreditinstituten.

Intercept, →Alpha.

Inter-Contract-Spread, →Intermarket Spread.

Interessengemeinschaft
Zusammenschluß von mehreren →Personen, Unternehmen oder Institutionen zur Interessenwahrnehmung auf vertraglicher Basis. Als Unternehmenszusammenschluß ist sie ein Zusammenschluß rechtlich selbständig bleibender Unternehmen zur Wahrung und Förderung gemeinsamer Interessen, auf deren Gebieten die angeschlossenen Unternehmen ihre wirtschaftliche Selbständigkeit aufgeben, häufig →Gesellschaften bürgerlichen Rechts (BGB-Gesellschaft, GbR).

Interest Cap, →Cap.

Interest Future, →Zins-Future.

Interest Netting
Gegenseitige →Aufrechnung von Zinszahlungen beispielsweise bei →Zinsswaps und →Forward Rate Agreements. Die Aufrechnung hat den Vorteil, daß die Zinsdifferenz zwischen den Vertragsparteien gezahlt wird und das →Counterpart Risiko verringert werden kann.

Interest Rate Corridor
→Kombinierte Optionsstrategie mit →Caps. Bei einem Long (Short) Corridor wird eine →Long Position (→Short Position) in einem Cap mit niedrigem →Basispreis und gleichzeitig eine Short Position (Long Position) in einem Cap mit höherem Basispreis eingegangen. Long Corridors sind eine Möglichkeit, die gezahlte Optionsprämie zu reduzieren. Das →variable Zinsrisiko ist allerdings nur bis zum Basispreis der Short Position im zweiten Cap abgesichert, da die Long Position im Corridor an die Short Position eine Ausgleichszahlung (→Cash Settlement) leisten muß. Corridors sind eine Variante von →Bull-Spreads bzw. →Bear-Spreads.
(→Collar, →Low-Cost Option)

Interest Rate Future, →Zins-Future.

Interest Rate Modified Duration, →Modified Duration.

Interest Rate Swap, →Zins-Swap.

Interest Swap, →Zins-Swap.

Interest Yield, →laufende Verzinsung.

Interimsausschuß des IWF
Ausschuß und Beratungsgremium des Gouverneursrates des →Internationalen Währungsfonds (IWF) zur Überwachung des internationalen Währungssystems, 1974

aus dem →Zwanziger-Ausschuß entstanden.

Interimsdividende → Zwischendividende.

Interimsschein, → Zwischenschein.

Intermarket Spread
Strategie insbes. mit →Zinsfutures, bei der eine →Long Position in einem Zinsfuture und gleichzeitig eine →Short Position in einem Zinsfuture mit einem anderen →Basiswert eröffnet wird. So wird beispielsweise bei einem →Yield Curve Spread Trading eine flache →Renditestrukturkurve oder positive Renditestrukturkurve erwartet. Der Anleger geht hierbei eine Long Position im →Euro-DM-Future und gleichzeitig eine Short Position im →Bund Future ein. I.d.R. haben beide →Kontrakte die gleiche →Fälligkeit. Allerdings versuchen Spread Trader über unterschiedliche Fälligkeiten eine Über- bzw. Unterbewertung einzelner Kontraktmonate auszunutzen. Da die Kontraktgrößen der beiden Zinsfutures oftmals voneinander abweichen und auch der →Price Value of a Basis Point unterschiedlich sein wird, muß das →Hedge Ratio entsprechend angepaßt werden.
(→Cross Currency Spreads mit Zinsfutures, →Intramarket Spread)

Intermediary
(Finanz-)Intermediär; Kennzeichnung der klassischen Tätigkeit einer →Bank, die einerseits →Einlagen hereinnimmt (→Passivgeschäft) und andererseits →Kredite vergibt (→Aktivgeschäft), also beim Transfer von →Geld und →Kapital zwischen verschiedenen Nichtbanken vermittelt. Insoweit zeigen sich vermehrt Anzeichen einer →Disintermediation, z. B. bei der →Emission von →Commercial Paper. Eine spezifische Funktion als I. nehmen Banken bei →Swapgeschäften wahr.

Interministerieller Ausschuß für Ausfuhrgarantien und Ausfuhrbürgschaften
Aus Vertretern von Bundesministerien gebildeter Ausschuß zur Behandlung grundsätzlicher Fragen der Deckungspolitik, des Deckungssystems und der Deckungsformen der staatlichen →Exportkreditversicherung sowie zur Beratung und Entscheidung über Anträge auf Übernahme von → Ausfuhrgarantien, → Ausfuhrbürgschaften und anderen → Ausfuhrgewährleistungen des Bundes.

Internal Rate of Return
Alternative Bezeichnung für die →Rendite bis zur Endfälligkeit.

International Banking Facilities (IBF's)
Vom Gouverneursrat (→Federal Reserve Board) des →Federal Reserve System 1981 zugelassene, vom sonstigen Bankbetrieb zu trennende Einrichtungen von US-amerikanischen sowie von ausländischen, in den USA tätigen →Banken, die den dortigen Regeln der →Bankenaufsicht nicht unterliegen (→Bankwesen USA) und teils Steuervergünstigungen genießen. Motiv der Zulassung war, den Banken in den USA Aktivitäten auf dem →Euro-Markt zu ermöglichen. →Einlagen (über mind. 100.000 US-Dollar) dürfen nicht von US-Personen entgegengenommen werden, die hierdurch erlangten Mittel nur im Ausland verwendet werden.
Die IBF werden auch als Bezeichnung für US-Bankenfreizonen (hauptsächlich in New York, aber auch in Miami, San Franzisco, Los Angeles und Chicago) verwendet (→Offshore-Märkte). Die Einlagen sind von der Einlagenversicherung (FDIC) befreit. Die Gewinne der IBFs unterliegen in verschiedenen Staaten, so in New York, nicht der staatlichen oder örtlichen Einkommensteuer.

International Centre for Settlement of Investment Disputes, →Weltbankgruppe.

International Development Association, →Internationale Entwicklungsorganisation.

Internationale Aktienindices

Nordamerika/Lateinamerika

Kanada:
TSE-300-Index
Toronto-35-Index
Mexiko:
Mexico Stk Mkt, Bolsa

Vereinigte Staaten von Amerika:
→Baby-Bell-Aktienindex
→Big Cap Index
→BioTech Index (BGX)
→Dow Jones Industrial Average
Dow Jones Transportation Average
→Dow Jones Utilities Average
→Dow Jones Composite Average
→Major Market Index

Internationale Aktienindices

NASDAQ Composite Index
NASDAQ-100
NYSE Composite Index
NYSE Industrials Index
NYSE Transportation Index
NYSE Utilities Index
NYSE Financials Index
Phila Value Line Index
→ Russel 2000 Index
S & P 100 Index
S & P 500 Index
S & P MIDCAP 400 Index (Standard & Poor's Index)
Value Line Composite Index
Wilshire 5000

Europa

Belgien:
Aktienindex des → Statistischen Bundesamtes
Bel10 Index
Bel20 Index
Belgian Stock Market, Brüssel

Bundesrepublik Deutschland:
→ CDAX
→ Commerzbank-Index
→ DAX 100
DEGAB-Index
→ Deutscher Aktienindex (DAX)
FAZ-Index
FAZ-Performanceindex
→ HYPAX
→ IBIS-DAX
TUBOS-Index
VOBAX
WestLB-Aktienindex

Dänemark:
Denmark Stock Markt, Kopenhagen
KFX Copenhagen Share Index

Finnland:
HEX General Index

Frankreich:
→ CAC 40 Index
SBF 120 Index
SBF 240 Index

Griechenland:
Greek Stock Market General

Großbritannien:
FT-SE 100 Index
FT-SE Mid 250 Index
FT-SE Actuaries 350 Index
Eurotrack 100 (ISE)
Eurotrack 200 (FT-SE)
London Stock Mkt FT-All SHR
London Stock Mkt Smallcap

Irland:
Ireland Stock Market ISEQ OVRAL

Italien:
BCI-Index (→ BCI30-Index)
Milan MIB Telematico
Milan Index

Niederlande:
Amsterdam EOE-Index
CBS All Shares Index
CBS General Index (CBS Gesamt Index)
E 100 Eurotop Index
TOP Dutch Top 5 Index

Norwegen:
OBX Industrial Index
OBX Stock Index
OBX Total Index

Österreich:
ATX
Börsenkammer Index
Österreichischer Aktienindex Creditanstalt

Portugal:
Portugal Stock Market

Schweden:
OMX (Stockholm) Index
Sweden Stock Market

Schweiz:
SBV-Gesamt-Index
Swiss Market Index (SMI)
Swiss Performance Index (SPI)

Spanien:
IBEX-35-Index
Madrid Stock Exchange (MSE-Index)
Spain Stock Market Madrid

Türkei:
Turkey Stock Market Industrial

Afrika

Südafrika:
JSE-Goldindex
JSE-Industriewert-Index

Pazifischer Raum

Australien:
ASX All Ordinaries Index

Hongkong:
Hang Seng Stock Index

Japan:
→ Nikkei 225 Index
→ Nikkei 300 Index
→ TOPIX

Korea:
Kospi Index

Singapur:
Straits-Times-Industrie-Index

(→ Börsenplätze)

Internationale Devisenspekulation

Von Erwartungen über Änderungen der → Wechselkurse ausgelöste Angebots- und Nachfragereaktionen auf den internationalen → Devisenmärkten. → Währungen, bei denen mit einer → Aufwertung gerechnet wird, werden in verstärktem Maße nachgefragt. Abwertungsverdächtige Währungen werden dagegen in größeren Mengen angeboten. Sind Kapitalexport und -import (→ internationale Kapitalbewegungen) genügend groß, können die Devisenspekulanten die Aufwertung einer Währung erzwingen. Dadurch kann der Devisenzustrom in das aufwertungsverdächtige Land zum Stillstand gebracht werden. Da die i. D. zu Wechselkursänderungen durch Mobilisierung und Verlagerungen von internationalen Liquiditätsströmen führt, die nicht auf Marktgegebenheiten, z. B. internationalen Zinsunterschieden, beruhen, ist sie ein destabilisierender Faktor in der → internationalen Währungsordnung. Mit der Abschaffung des Systems → fester Wechselkurse Anfang der siebziger Jahre hat die i. D. Auftrieb erhalten. Insbes. die lange Zeit unterbewertete D-Mark wurde von den Devisenspekulanten nachgefragt. Bei → flexiblen Wechselkursen ist die Spekulation allerdings mit Risiken verbunden, die neben erheblichen Gewinn- auch große Verlustmöglichkeiten beinhalten.

Internationale Entwicklungsbanken mit regionalem Tätigkeitsbereich

Zur Unterstützung des wirtschaftlichen Fortschritts in Lateinamerika, Asien und Afrika gegründete → Entwicklungsbanken mit auf die betr. Weltregion beschränktem Tätigkeitsbereich: → Interamerikanische Entwicklungsbank, → Afrikanische Entwicklungsbank, → Asiatische Entwicklungsbank. Die Banken haben die Aufgabe, in Ergänzung zu und nach dem Vorbild der → Weltbank durch Finanzhilfe und beratende Tätigkeit zur Beschleunigung des wirtschaftlichen Wachstums ihrer Mitgliedsländer beizutragen und die wirtschaftliche → Integration innerhalb der Region zu fördern. Sie werden von regionalen und nichtregionalen Mitgliedstaaten (so z. B. BRD) getragen. Im organisatorischen Aufbau gleichen die regionalen Entwicklungsbanken weitgehend der Weltbank. Aus den „Ordinary Capital Resources" (im wesentlichen Subskriptionseinzahlungen der Mitgliedsländer und am → Kapitalmarkt aufgenommene Mittel) können die Banken → Darlehen zu marktmäßigen Bedingungen gewähren. Daneben können sie aus „Special Funds", die ihnen von Mitgliedsländern oder Dritten zur Verfügung gestellt werden, für besonders bedürftige Mitglieder → Kredite zu „weichen" Konditionen bereitstellen. Die Sonderfonds sind verwaltungs- und bilanzierungsmäßig streng von den ordentlichen Kapitalbeständen getrennt (z. B. Afrikanischer Entwicklungsfonds). Dahinter steht die Absicht, das Vertrauen der Kapitalmärkte in die → Kreditwürdigkeit der Institute nicht zu beeinträchtigen. Weitere (subregionale) Entwicklungsbanken sind z. B. die Zentralamerikanische Bank für wirtschaftliche Integration mit Sitz in Tegucigalpa (Honduras), die Karibische Entwicklungsbank mit Sitz in Bridgetown (Barbados) und die Islamische Entwicklungsbank mit Sitz in Jeddah (Saudi-Arabien).
(→ Internationale Organisationen und Abkommen im Bereich von Währung und Wirtschaft)

Internationale Entwicklungsorganisation

International Development Association (IDA); 1960 gegründete, rechtlich selbständige, aber in Personalunion mit der → Weltbank geführte → Internationale Organisation. Die Mitgliedschaft in der IDA setzt die Mitgliedschaft in der Weltbank voraus. Die Mitgliedstaaten der IDA (darunter auch die BRD seit der Gründung) sind proportional zu ihren Anteilen am → Grundkapital der Weltbank am Kapital der IDA beteiligt. Die IDA soll die Tätigkeit der Weltbank ergänzen, und zwar durch Bereitstellung von → Krediten für die ärmsten → Entwicklungsländer zu besonders günstigen Konditionen. Die Kredite werden nicht wie bei der Weltbank über → Anleihen auf dem internationalen → Kapitalmarkt finanziert, sondern ausschließlich über die eingezahlten Beiträge der Mitgliedsstaaten und über Gewinnüberweisungen der Weltbank (→ Weltbankgruppe).

Internationale Finanz-Corporation

International Finance Corporation (IFC); 1956 gegründete, rechtlich selbständige, bis auf den Vizepräsidenten und seinen Mitarbeiterstab in Personalunion mit der → Weltbank geführte → Internationale Organisation. Die Mitgliedschaft in der IFC setzt die Mitgliedschaft in der Weltbank voraus. Die Mitgliedstaaten (darunter auch die BRD) sind anteilmäßig am → Grundkapital der IFC beteiligt. Die IFC soll die Tätigkeit der Weltbank ergänzen, insbes. durch → Finanzie-

Internationale Finanzmärkte

rung von →Investitionen und →Beteiligung am →Kapital privater Industrieunternehmen in →Entwicklungsländern, um dadurch die private Unternehmerinitiative anzuregen. Dazu darf sie nicht nur Kapital vergeben, sondern auch (Minderheits-) Beteiligungen an Unternehmen erwerben und am →Underwriting von →Aktien und →Schuldverschreibungen mitwirken. Dabei wirkt sie häufig als Katalysator für →Joint Ventures in- und ausländischer Investoren. Sie führt in- und ausländisches Kapital zusammen und fördert so den Transfer von privatem Kapital, Technologie und Management-Wissen (→Weltbankgruppe).

Internationale Finanzmärkte

Märkte, die dadurch gekennzeichnet sind, daß die Marktteilnehmer aus verschiedenen Ländern stammen oder neben der Inlandswährung andere →Währungen gehandelt werden. Hierbei kann es sich um einen →Offshore-Markt oder um einen →Euro-Markt handeln, bei dem die Währung außerhalb des →Währungsgebietes gehandelt wird. Zu den Märkten mit internationalem Kreis von Teilnehmern und Währungen zählen neben den internationalen Geld-, Kredit- und Kapitalmärkten sowie den internationalen →Devisenmärkten die Märkte für Zins- und Währungssicherungsinstrumente.

Internationale Geldmärkte

→Geldmärkte im Ausland und der →Euro-Geldmarkt, wobei der →Banken-Geldmarkt (Interbanken-Geldmarkt) im Mittelpunkt steht. Der Nichtbanken-Geldmarkt umfaßt die Transaktionen zwischen großen, insbes. →multinationalen Unternehmen. Gegenstand der i. G. sind der →Geldhandel (Transaktionen in Bankenbuchgeld [→Buchgeld], im Gegensatz zum nationalen Geldmarkt nicht in →Zentralbankgeld) und der Handel mit →Geldmarktpapieren, wie →Certificates of Deposit, →Commercial Papers und →Banker's Acceptances.

Internationale Handelskammer

International Chamber of Commerce (ICC); 1919 gegründete privatrechtliche Institution mit Sitz in Paris. Ihre Mitglieder aus über 110 Staaten – Industrie- und Handelskammern, Wirtschaftsverbände, Unternehmen und Einzelpersonen – sind in Landesgruppen, Fachkommissionen, Ausschüssen und Arbeitsgruppen organisiert.

Ihre Hauptaufgaben sind: (1) Vertretung der Wirtschaft auf internationaler Ebene bei der UNO und ihren Sonderorganisationen sowie bei anderen →Internationalen Organisationen, etwa beim GATT und der →Europäischen Union (EU). (2) Unterstützung des Welthandels und der →Investitionen auf der Basis eines freien und ausgewogenen →Wettbewerbs. (3) Vereinheitlichung und Förderung der Handelspraxis und -begriffe. Ergebnisse dieser Tätigkeiten sind z. B. die →Incoterms, die →Einheitlichen Richtlinien und Gebräuche für Dokumenten-Akkreditive, die →Einheitlichen Richtlinien für Inkassi. (4) Organisation von Konferenzen und Kolloquien zu Fragen von Bedeutung für die internationale Wirtschaft, die häufig in internationale Abkommen und →Verträge einmünden (z. B. Vereinheitlichung des Scheck- und Wechselrechts, →Doppelbesteuerung, Wettbewerbsfragen, Auslandsinvestitionen). Große Bedeutung im Rahmen der I. H. hat das Schiedsgerichtbarkeit. Daneben werden „Büros" zur Bekämpfung der Markenpiraterie oder der internationalen Wirtschaftskriminalität tätig.

Internationale Kapitalbewegungen

Zwischenstaatliche Übertragungen von →Geldkapital, die in der →Kapitalbilanz aufgezeichnet werden. Das kapitalexportierende Land erhöht seine Nettoforderungen, das kapitalimportierende Land seine Nettoverbindlichkeiten gegenüber dem Ausland.

Unterscheidungskriterien zur Art i. K.: (1) *Fristigkeit:* Kurzfristige i. K. weisen eine →Laufzeit bis zu einem Jahr auf; langfristige i. K. werden in →Direktinvestitionen und →Portfolioinvestitionen (→Kapitalbilanz) unterteilt. (2) *Träger:* Private und öffentliche i. K. (3) *Gegenleistung:* Einseitige bzw. unentgeltliche i. K. (z. B. Zuschüsse im Rahmen der →Entwicklungshilfe) und zweiseitige bzw. entgeltliche i. K. (z. B. →Kredite).

Motive für i. K. können u. a. sein höhere Auslands- als Inlandserträge bei risikomäßig gleicher Anlage aufgrund von internationalen Zinsdifferenzen, erwarteten Wechselkursänderungen (→internationale Devisenspekulation), höheren Wachstumsraten, geringerer Steuerbelastung; Erschließung neuer Märkte; Umgehung von Handelsbeschränkungen; Gefährdung des Kapitalbestandes (→Kapitalflucht); wirtschaftliche

Internationale Organisationen

Hilfe für weniger entwickelte Länder (Entwicklungshilfe). Aus weltwirtschaftlicher Sicht können vor allem langfristige i. K. die Unterschiede in der Kapitalausstattung zwischen den Ländern ausgleichen. Fließt Kapital von kapitalreichen in kapitalarme Länder, kann dies mit weltwirtschaftlich positiven Wirkungen verbunden sein. Diese Funktion wird u. a. gefördert durch die → Konvertibilität der Währungen, die Gewährung von risikomindernden Garantien, den Abschluß von → Doppelbesteuerungsabkommen. Dagegen können kurzfristige, insbes. spekulative i. K. unerwünschte Störungen bewirken.

Internationale Kapitalmärkte
→ Kapitalmärkte im Ausland und der → Euro-Kapitalmarkt. Zu den i. K. zählen auch die nationalen Märkte für Ausländer. Gegenstand sind → Auslandsanleihen (Foreign Bonds) sowie Euro-Bonds (→ Euro-Anleihen) und → Euro-Equities (Euro-Aktien). Analog zum nationalen Kapitalmarkt wird zwischen → Primärmarkt und → Sekundärmarkt unterschieden.

Internationale Kreditmärkte
→ Kreditmärkte im Ausland und der → Euro-Kreditmarkt, auf dem spezielle → Euro-Kredite (Euro-Finanzierungen) angeboten und nachgefragt werden.

Internationale Liquidität
Finanzierungsmittel zur Abdeckung von Defiziten in der → Zahlungsbilanz. Die i. L. setzt sich zusammen aus (1) den → *Währungsreserven*, die den → Zentralbanken uneingeschränkt zur Verfügung stehen (tatsächliche Finanzierungsmittel), (2) den *internationalen* → *Kreditlinien*, so z. B. den → Ziehungsrechten im Rahmen des → Internationalen Währungsfonds (IWF) oder dem kurz- und mittelfristigen Währungsbeistand in den → Europäischen Gemeinschaften (→ Europäisches Währungssystem), die von den Ländern mit Zahlungsbilanzdefiziten automatisch, gebunden oder auflagenabhängig, in Anspruch genommen werden können (potentielle Finanzierungsmittel).
Im allgemeinen werden Währungsreserven mit i. L. gleichgesetzt (Währungsreserven i. w. S.). Bei jederzeit ausgeglichenen Zahlungsbilanzen (→ Zahlungsbilanzausgleich) ist i. L. im Grundsatz nicht notwendig, da sich → Forderungen und → Verbindlichkeiten zwischen den Ländern ausgleichen. Unausgeglichene Zahlungsbilanzen zwingen die Länder zu einer am → außenwirtschaftlichen Gleichgewicht orientierten → Wirtschaftspolitik, wenn lediglich die → Devisenreserven als i. L. existieren. Sollen die Länder zwar einerseits genügend Spielraum für eine autonome Wirtschaftspolitik besitzen, andererseits aber möglichst enge internationale außenwirtschaftliche Beziehungen aufrechterhalten bleiben (internationale Arbeitsteilung), muß für eine zusätzliche bzw. potentielle i. L. gesorgt werden. Dieser Grundgedanke wurde bei der nach dem Zweiten Weltkrieg geschaffenen → internationalen Währungsordnung berücksichtigt. Die Schwierigkeit der Bemessung der erforderlichen Höhe der i. L. hat zu einer eher großzügigen Handhabung der Kredithilfen geführt, die einigen Ländern die Finanzierung permanenter Zahlungsbilanzdefizite ermöglicht. Wegen der starken Gläubigerposition der USA bis Mitte der sechziger Jahre war der US-Dollar als Währungsreserve international knapp und damit die i. L. auch unzureichend (Dollarlücke). Mit den zunehmenden Zahlungsbilanzdefiziten der USA entstand ein Überschuß an i. L., der u. a. für die Beschleunigung der weltweiten → Inflation zu Beginn der siebziger Jahre mitverantwortlich gewesen ist.

Internationale Organisation
In der Regel durch völkerrechtlichen → Vertrag von zwei oder mehr Staaten gegründete Einrichtung mit je spezifischen Aufgaben, häufig im wirtschaftlich-finanziellen Bereich (→ Internationale Organisationen und Abkommen im Bereich von Währung und Wirtschaft). Im Hinblick auf ihre Organisationsstruktur wie ihre Instrumente (→ EG-Rechtsakte) besondere I. O. („supranationale Organisationen") sind die → Europäischen Gemeinschaften (EG).

Internationale Organisationen und Abkommen im Bereich von Währung und Wirtschaft
→ Internationale Organisationen werden als von mehreren Staaten durch völkerrechtlichen Vertrag errichtete → Rechtssubjekte innerhalb eines ihnen von den Gründern übertragenen, begrenzten Aufgabenbereichs tätig. Sie können auch selbst völkerrechtliche → Verträge mit Drittstaaten abschließen. Selten sind bisher supranationale Organisationen wie die → Europäischen

Gemeinschaften bzw. die →Europäische Union, deren →Organe ermächtigt sind, Rechtsakte mit Wirkung nicht nur für, sondern in den Mitgliedstaaten, d. h. mit unmittelbarer Verbindlichkeit auch für Einzelne und Unternehmen, zu treffen (→ EG-Rechtsakte).

Die an Umfang und Intensität zunehmende internationale Zusammenarbeit nach dem Zweiten Weltkrieg, vor allem im Rahmen der Wirtschafts- und Währungsbeziehungen, erfolgt nicht nur innerhalb besonderer Einrichtungen, sondern auch durch Abschluß zahlreicher (völkerrechtlicher) Abkommen. Ziel beider Verfahren ist es, die internationale Arbeitsteilung und die wirtschaftliche →Integration voranzutreiben, aber auch, Solidarität mit weniger entwickelten Staaten (→ Entwicklungsländer) zu üben.

Beispiele: → Allgemeines Zoll- und Handelsabkommen (GATT), → Welthandelsorganisation (WTO), → Internationaler Währungsfonds (IWF), → Weltbank, → Weltbankgruppe, → Bank für Internationalen Zahlungsausgleich (BIZ), → Organisation für wirtschaftliche Zusammenarbeit und Entwicklung (OECD), Europäische Gemeinschaften (EG), →Internationale Entwicklungsbanken mit regionalem Tätigkeitsbereich.

Internationale Projektfinanzierung

→ Banken übernehmen das unternehmerische Risiko im Rahmen eines internationalen Großprojektes (z. B. Brücken-, Staudamm- oder Flugplatzbauten), an dem als Auftraggeber und/oder Auftragnehmer Vertragspartner aus mindestens zwei Ländern beteiligt sind. I. P. erfolgt i. a. durch Bankenkonsortien, in denen eine Bank als → Lead Manager die Führung übernimmt. Folgende Risiken sind zu beachten: → Währungsrisiko, Fertigstellungsrisiko (Geologische Risiken, Zulieferrisiken), Absatz- und Preisrisiken, technische Risiken, insbes. bei innovativen Vorhaben, politische Risiken. Über den Abschluß von Versicherungen, Überwälzung durch → Garantien sowie Risikoverteilung können Risiken eingegrenzt werden. Bei der Projektfinanzierung in Entwicklungsländern spielen supranationale Banken und Einrichtungen wie → Entwicklungsbanken sowie die Deckung über Regierungsgarantien eine dominierende Rolle, da die Realisierung des Projektes häufig von den zur Verfügung stehenden Finanzierungsmöglichkeiten bzw. deren Deckung abhängig ist.

Internationale Regeln für die Auslegung der handelsüblichen Vertragsformeln, →Incoterms.

Internationaler Finanzplatz

Einige Großstädte in Industriestaaten, insbes. London, New York, Paris sowie Frankfurt/M., mit nationalen → Geldmärkten, an denen Transaktionen mit ausländischen Marktteilnehmern und am betr. Platz fremden → Währungen besonderes Gewicht aufweisen (→ Finanzplatz).

Internationaler Geldhandel
→ Geldhandel in → Währungen außerhalb der Heimatländer der Beteiligten (→ Euro-Geldmarkt).

Internationaler Währungsfonds (IWF)

International Monetary Fund, IMF; mit dem → Bretton-Woods-Abkommen 1944 beschlossene und am 27. 12. 1945 errichtete rechtlich selbständige Sonderorganisation der Vereinten Nationen (UN), die am 1. 3. 1947 ihre Tätigkeit begann (Sitz Washington).

Aufgaben und Organisation: Der IWF ist ein internationales Währungsforum mit dem Ziel der Förderung stabiler → Wechselkurse und geordneter Wechselkursregelungen unter seinen Mitgliedern. Er bemüht sich gemäß seinen Statuten (Articles of Agreement) u. a. um ein ausgewogenes Wachstum des Welthandels und stellt seinen Mitgliedern bei Zahlungsbilanzschwierigkeiten vorübergehend Kredite (Kreditfazilitäten) zur Verfügung. Ihm gehören fast alle Staaten der Welt an. Mit der Mitgliedschaft erwirbt ein Staat eine → Quote, die maßgeblich für die Subskriptionszahlungen (Zahlung von gezeichneten Kapitalanteilen) an den Fonds, die →Ziehungsrechte (Kredite), die Zuteilung von →Sonderziehungsrechten (SZR) und die Stimmrechte ist. Die Mitgliedschaft im IWF (Voraussetzung für die Mitgliedschaft in der → Weltbank) steht jedem Staat offen, der bereit und in der Lage ist, die sich aus den Statuten ergebenden Verpflichtungen, z. B. Offenlegung seiner makroökonomischen Grunddaten (Wachstum des Bruttosozialprodukts, Haushaltsdefizite, Geldumlauf und → Währungsreserven) und Vermeidung unfairer Wechselkurspraktiken, zu übernehmen. Der Fonds, der laufend die → Währungs- und → Wirt-

Internationaler Währungsfonds

schaftspolitik seiner Mitglieder beobachtet, verfaßt i. d. R. jährlich anhand der ihm zugehenden Daten makroökonomische Prüfungsberichte über jedes Mitgliedsland, die im 24-köpfigen Exekutivdirektorium, das für die laufende →Geschäftsführung des Fonds verantwortlich ist, diskutiert werden. Vorsitzender des Exekutivdirektoriums ist der Geschäftsführende Direktor, der gleichzeitig dem Personal (Stab) vorsteht. Höchstes Beschlußorgan des Fonds ist der Gouverneursrat, in dem die Mitgliedstaaten durch ihre Finanzminister oder Zentralbankpräsidenten vertreten sind. Er beschließt z. B. die Aufnahme neuer Mitglieder, Quotenerhöhungen und SZR-Zuteilungen. Der Fonds verfügt über die größte offizielle makroökonomische Datenbank der Welt. Auf dieser Grundlage verfaßt er zu den Tagungen des →Interimsausschusses des IWF (Beratungsgremium des Gouverneurrats, ebenfalls auf Minister- und Zentralbankpräsidentenebene, aber in einer zahlenmäßig beschränkten Zusammensetzung analog dem Exekutivdirektorium) im Frühjahr und Herbst einen Bericht über die Weltwirtschaftslage (World Economic Outlook). Für die Festsetzung der Quoten der Mitglieder werden bestimmte wirtschaftliche Kennziffern, wie →Volkseinkommen, →Währungsreserven, →Exporte, →Importe und Schwankungen der Exporte berücksichtigt. Bei der fünfjährlichen Überprüfung der Quoten, die das finanzielle Rückgrat des Fonds bilden, wird u. a. das voraussichtliche Wachstum der →Weltwirtschaft und der Bedarf an zusätzlicher internationaler Liquidität berücksichtigt. Die Quoten bestimmen grundsätzlich auf der einen Seite den Finanzierungsspielraum des Fonds, auf der anderen Seite den Ziehungsspielraum (Kreditinanspruchnahmemöglichkeit) der Mitglieder.

Kreditinstrumentarium: Allgemeine →Kreditfazilitäten und Sonderfazilitäten bilden das Kreditinstrumentarium des IWF. Im Rahmen der Kreditfazilitäten stehen den Mitgliedern, wenn ein Zahlungsbilanzdefizit vorliegt, insbes. die vier Kredittranchen zu jeweils 25 Prozent der Mitgliederquote für drei bis fünf Jahre zur Verfügung. Für höhere Kredittranchen (ab 25 Prozent und außerhalb der Reservetranche) muß i. d. R. im Rahmen der sog. →Konditionalität ein wirtschaftspolitisches Anpassungsprogramm vereinbart werden, das darauf abzielt, innerhalb eines angemessenen Zeitraums eine „tragfähige" Zahlungsbilanzposition, d. h. ein Zahlungsbilanzdefizit, das durch übliche Kapitalimporte finanziert werden kann, zu erreichen. Durch eine „Absichtserklärung" des Mitgliedslandes (Letter of Intent) werden die Bedingungen („Auflagen") festgelegt, unter denen die Ziehungen (Kreditabrufe) vorgenommen werden dürfen. Für die Überprüfbarkeit der vereinbarten Wirtschaftsprogramme werden zumeist makroökonomische Erfüllungskriterien, wie z. B. Verringerung der Kreditexpansion und der Staatsdefizite festgelegt. Mitgliedern, die insbes. unter strukturbedingten Zahlungsbilanzdefiziten leiden, bietet den Fonds im Rahmen der Erweiterten Fondsfazilität die Möglichkeit, im Rahmen eines auf maximal drei Jahre angelegten mittelfristigen Programms bis zu 140 Prozent der Quote zu ziehen und in Zeitraum von 4,5 bis 10 Jahren diese Kredite wieder zurückzuzahlen. Als ständige Sonderfazilitäten stehen für besondere Zwecke die „Fazilität zur Finanzierung von Kompensations- und Eventualfinanzierung" und die „Fazilität zur Finanzierung von Rohstoff-Ausgleichslagern" zur Verfügung. Größere Bedeutung, insbes. für →Entwicklungsländer mit Monokulturen, hat die „kompensierende Finanzierung" zur Abdeckung eines vorübergehenden Zahlungsbilanzdefizits aufgrund eines zeitweiligen Exporterlösausfalls. Infolge besonderer Strukturprobleme in der Weltwirtschaft aufgrund der Ölpreisschocks der siebziger Jahre und der Verschuldungsprobleme einer Reihe von Entwicklungsländern in den achtziger Jahren hat der Fonds zur Finanzierung dadurch ausgelöster umfangreicher und langwieriger Zahlungsbilanzprobleme temporäre Fazilitäten wie die Politik des Erweiterten Zugangs und die Strukturanpassungsfazilitäten (SAF/ESAF) geschaffen. Bei dem „Erweiterten Zugang" können Mitglieder erheblich über das normale Quotenlimit hinausgehende Ziehungen in Anspruch nehmen. Für die Finanzierung werden ordentliche Mittel des Fonds mit zusätzlichen, fremdfinanzierten gebündelt. Das Quotenlimit für die Inanspruchnahme wird von Zeit zu Zeit durch Richtlinien festgelegt. Im Rahmen der (Extended) Structural Adjustment Facility können Entwicklungsländer mit niedrigem Pro-Kopf-Einkommen zinssubventionierte Zahlungsbilanzdarlehen zu „weichen" Bedingungen zur Förderung von Anpassungsprogrammen erhalten (Kredite mit → Zinsen unter Marktniveau). Die Mittel dafür stammen aus speziellen Fondsmitteln (Rückflüsse in einen Treuhandfonds, der aus Goldverkäufen des Fonds gespeist wurde) und aus zinssubventionierten → Darlehen einiger Mitgliedsländer. In den neunziger Jahren sind weitere Fazilitäten, insbesondere die Systemtransformationsfazilität (SFF) zur Unterstützung der osteuropäischen Reformländer geschaffen worden.

Finanzierung: Die Basis der Fondsfinanzierung sind die Quoten-Subskriptionen insbes. der Mitglieder, die Zahlungsbilanzüberschüsse aufweisen und deren → Währungen voll konvertibel sind. Zur Ergänzung seiner Mittel hat der Fonds von Zeit zu Zeit mit einem oder mehreren Mitgliedsländern auf freiwilliger Grundlage Kreditaufnahmevereinbarungen abgeschlossen, um potentiellen Liquiditätsengpässen zu begegnen.

Sonderziehungsrechte: Der IWF schafft von Zeit zu Zeit – soweit ein weltweiter Bedarf nach Ergänzung der vorhandenen Währungsreserven besteht – durch einen Zuteilungsbeschluß für seine Mitglieder ein besonderes → Buchgeld, die Sonderziehungsrechte (SZR), die an die Mitglieder auf der Basis ihrer Quoten zugeteilt werden. Mit dieser internationalen Liquidität, die die traditionellen nationalen Währungsreserven wie → Devisen und Gold ergänzt, können die Mitglieder sich konvertible Währungen (über den Fonds) von anderen Mitgliedern im Rahmen eines „Designierungsverfahrens" besorgen, um Verpflichtungen gegenüber dem IWF erfüllen oder die SZR für bilaterale Zahlungen an andere Mitglieder oder „sonstige Halter" (wie die → Bank für internationalen Zahlungsausgleich) einsetzen. Das SZR ist auch die → Rechnungseinheit des IWF. Der Wert des SZR bemißt sich nach einem Korb aus fünf Währungen (US-Dollar, D-Mark, Französischer Franc, Japanischer Yen und Pfund Sterling).

Wechselkursregelung: Gemäß Artikel IV des IWF-Abkommens ist den Mitgliedern die Wahl der → Wechselkursregelung im IWF überlassen. So kann sich ein Mitglied entscheiden zwischen → Wechselkurssystemen, bei denen der Wechselkurs seiner Währung durch Angebot und Nachfrage auf den → Devisenmärkten bestimmt wird (→ flexible Wechselkurse oder floatende Wechselkurse), oder Systemen, die einen oder mehrere feste Bezugspunkte für die eigene Währung vorsehen, z. B. das SZR oder eine Währung (z. B. US-Dollar) oder mehrere Währungen (z. B. Gemeinschaftsregelung wie beim → Europäischen Währungssystem). Nicht mehr erlaubt ist eine Bindung der Wechselkurse an das Gold. Die Gründe für die Wahl des Wechselkurssystems durch ein Mitglied ergeben sich sowohl aus der speziellen Import- oder Exportstruktur eines Landes als auch aus bestimmten währungs- und wirtschaftspolitischen Leitvorstellungen, wie z. B. bei den Mitgliedern des EWS. Unbeschadet der freien Wahlmöglichkeiten hinsichtlich des Wechselkurssystems sind die Mitglieder verpflichtet, „geordnete Währungsverhältnisse" anzustreben, also u. a. eine solche Politik zu betreiben, daß keine „erratischen" Störungen ausgelöst oder „unfaire" Wettbewerbsvorteile gegenüber anderen Mitgliedern erlangt werden.

Internationaler Zahlungsverkehr

Gesamtheit aller Zahlungsvorgänge zwischen Inland und Ausland, die durch den → Außenhandel, durch den Dienstleistungsverkehr des Inlands mit dem Ausland (→ Dienstleistungsbilanz) sowie durch den Kapitalverkehr des Inlands mit dem Ausland (→ Kapitalbilanz) ausgelöst werden.

Der i. Z. wird von der → Deutschen Bundesbank (→ Auslandszahlungsverkehr der Deutschen Bundesbank) und von den → Kreditinstituten getragen. Die Bankleistungen im Zahlungsverkehr mit dem Ausland umfassen Zahlungen in D-Mark oder in fremder → Währung (→ Devisen, → Devisenhandel, → Sorten), sind Zahlungen zwischen → Gebietsansässigen und → Gebietsfremden und können in Form von nichtdokumentären Zahlungen (→ Clean Payment) und von → dokumentären Zahlungen abgewickelt werden. Die Bankleistungen im i. Z. schließen die Führung von → Konten in fremder Währung (→ Valutakonto, → Fremdwährungskonto) sowie die Führung von D-Mark-Konten für Gebietsfremde (→ Ausländer-DM-Konten) und die Zurverfügungstellung von Informatio-nen über devisenrechtliche und andere außenwirtschaftliche Regelungen ein (→ Konvertibilität, → Devisenbewirtschaftung, → Außenwirtschaftsrecht). Sie umfassen die Bereitstellung und Verfügbarmachung von Instrumenten zur Durchführung von bargeldlosen Zahlungen, die Entgegennahme und Gutschrift von eingehenden Zahlungen (→ Überweisung [→ Zahlungsauftrag im Außenwirtschaftsverkehr], → Scheck [→ Bank-Order-scheck, → Privatscheck], → eurocheque, → Kreditkarte, → Reisescheck) sowie das Angebot zum Verkauf und Ankauf von ausländischem → Bargeld (Sorten). Kreditinstitute stellen Instrumente der bargeldlosen Zahlungsabwicklung mit dem Ausland (Überweisungen und Scheckzahlungen) auch in Verbindung mit Instrumenten der Zahlungssicherung zur Verfügung (→ Dokumentenakkreditiv, → Dokumenteninkasso) und wickeln Akkreditive und → Inkassi ab. Voraussetzung für die Durchführung des i. Z. ist die internationale Zusammenarbeit von Kreditinstituten. Sie fußt auf im Ausland tätigen → Tochtergesellschaften und Zweigstellen ausländischer Kreditinstitute, auf Korrespondenzverbindungen zwischen inländischen und ausländischen Banken und Sparkassen (→ Agency Arrangement) und schließt in vielen Fällen Kontoverbindungen und Einräumung von → Kreditlinien (→ Fazilität) ein. Wesentliches Element der rationellen Abwicklung im i. Z. ist das → SWIFT-Verfahren.

Die Deutsche Bundesbank sorgt (→ Deutsche Bundesbank, Aufgabe nach § 3 BBankG) für die bankmäßige Abwicklung des → Zahlungsverkehrs nicht nur im Inland, sondern auch mit dem Ausland. Die Sorge für die Abwicklung des Zahlungsverkehrs umfaßt die Bereitstellung von Einrichtungen und Durchführung des → bargeldlosen Zahlungsverkehrs. In den → Allgemeinen Geschäftsbedingungen der Bundesbank über den Devisenverkehr sind z. B. Zahlungsaufträge nach dem Ausland, die Abgabe von Schecks auf das Ausland und der → Vereinfachte Einzug von Auslandsschecks für Kreditinstitute und öffentliche Verwaltungen geregelt.

Der Bundesbank sind auch wichtige Zahlungsvorgänge zwischen Inland und Ausland zu melden (→ Meldungen über den Außenwirtschaftsverkehr).

Internationales Finanzierungsgeschäft der Kreditinstitute

Im Sprachgebrauch der Bankpraxis Finanzierungsgeschäfte, für die von der Art der Geschäfte oder/und den Finanzierungsnehmern bzw. -gebern her eine Beziehung zum Ausland besteht (ausländische Geschäftspartner, ausländische → Währung); → Auslandskreditgeschäft.

Einteilungsmöglichkeiten: (1) *Form/Abwicklung*: Anleihefinanzierungen (→ Auslandsanleihen, → Euroanleihen, → Schuldscheindarlehen) und → Finanzierungen durch → Buchkredite und → Wechselkredite. (2) *Mittelherkunft/Finanzierungsgeber*: Inlandskredite (Mittel aus nationalen Finanzmärkten) und Auslandskredite (Mittel aus ausländischen Finanzmärkten, insbes. aus den → Euro-Märkten). (3) *Mittelverwendung/Finanzierungsnehmer*: → Kredite an inländische Kreditnehmer, z. B. Ex- und Importeure (→ Außenhandelsfinanzierung: → Import- und → Exportfinanzierung durch Kreditinstitute) und Kredite an ausländische Kreditnehmer. (4) → *Laufzeit*: kurzfristige Finanzierungen und mittel- bzw. langfristige Finanzierungen.

Internationales Institut der Sparkassen (IIS)

Verband der Sparkassenorganisationen auf internationaler Ebene mit Sitz in Genf (Verein nach schweizerischem Recht). Die Aufgaben bestehen in der Pflege der Sparkassenidee, dem Erfahrungsaustausch, der internationalen Interessenvertretung und der Koordination weltweiter → Entwicklungshilfe.

Internationale Spediteurübernahmebescheinigung, → Spediteurübernahmebescheinigung.

Internationales Privatrecht

Rechtsregeln in Art. 3–37 EGBGB, die festlegen, welche von mehreren möglichen nationalen Privatrechtsordnungen in einem Streitfall zur Anwendung kommen.

Das → Recht eines Staates gilt grundsätzlich nur für sein Gebiet. Rechtsbeziehungen können aber auch über die Staatsgrenzen hinaus bestehen (Sachverhalte mit Auslandsberührung, z. B. Außenhandelsgeschäfte). Es bedarf dabei einer Abgrenzung gegenüber anderen Rechtsordnungen, deren Bestimmungen von denen des deutschen Rechts regelmäßig erheblich abweichen. Das Problem der Abgrenzung des Anwendungsbereichs des eigenen Rechts gegenüber dem ausländischen stellt sich für die Rechtsordnung eines jeden Staates. Für die Rechtsordnungen der meisten Staaten sind Abgrenzungsregeln festgelegt, die als I. P. bezeichnet werden. Das I. P. ist kein internationales Recht, sondern nationales Recht, das Vorschriften über die Abgrenzung der Anwendbarkeit der eigenen Rechtsordnung enthält. Demzufolge gibt es englisches, französisches I. P. usw.

Internationales Schachtelprivileg
Körperschaftsteuerliches → Schachtelprivileg, das im Rahmen eines mit ausländischen Staaten abgeschlossenen → Doppelbesteuerungsabkommens gilt. In diesen Abkommen wird vielfach bestimmt, daß → Dividenden, die einer deutschen → Kapitalgesellschaft von einer ausländischen Kapitalgesellschaft gezahlt werden, von der inländischen Besteuerung freigestellt werden. Nach § 15 Nr. 2 KStG gelten Besonderheiten im Falle einer → Organschaft (→ Körperschaftsteuer).

Internationales Zentrum zur Beilegung von Investitionsstreitigkeiten, → Weltbankgruppe.

Internationale Valuta
Erfüllungsfrist im Eurohandel, z. B. mit → Anleihen und → Aktien bei → Kassageschäften. Die i. V. beträgt seit 1995 drei Kalendertage, im Gegensatz zur deutschen → Valuta, die zwei Handelstage beträgt. Die Erfüllungsfrist spielt insbes. beim → Back-to-Back-Trading eine große Rolle.

Internationale Volksbanken-Vereinigung
Confédération internationale du crédit populaire (C.I.C.P.); internationaler Zusammenschluß von zehn nationalen kreditgenossenschaftlichen Spitzenverbänden bzw. Bankenvereinigungen zum Zweck der Förderung des mittelständischen Wirtschaft mit Sitz in Paris. In Brüssel besteht ein EU-Vertretungsbüro.

Internationale Währungsordnung
System rechtlich abgesicherter und/oder allgemein anerkannter Regeln für die Gestaltung der internationalen währungspolitischen Zusammenarbeit mit dem Ziel, den reibungslosen Ablauf des → Außenwirtschaftsverkehrs zwischen einer Vielzahl von Ländern zu gewährleisten. Wesentliche Elemente der i. W. sind (1) das → Wechselkurssystem, (2) die Ordnung des → Internationalen Zahlungsverkehrs (→ Konvertibilität), (3) die Instrumente des Ausgleichs der → Zahlungsbilanz, vor allem die internationale Solidarität zur Überbrückung von Zahlungsbilanzdefiziten.

Entwicklung: Ende des 19. Jahrhunderts wurde die i. W. durch den → Goldstandard repräsentiert, dessen Funktionsfähigkeit in erster Linie auf seiner allgemeinen Anerkennung beruhte. Der nach dem Ersten Weltkrieg errichtete → Golddevisenstandard brach in der → Weltwirtschaftskrise mit dem Abwertungswettlauf und der sich daran anschließenden → Devisenbewirtschaftung zusammen. Mit dem → Bretton-Woods-Abkommen von 1944 sollte eine neue, institutionell abgesicherte i. W. geschaffen werden, die auf folgenden Elementen beruhte: (1) System → fester Wechselkurse, (2) Konvertibilität der → Währungen bei der Abwicklung laufender internationaler Zahlungen, (3) Gold und konvertible Währungen (zunächst vor allem der US-Dollar als → Leitwährung) als → Währungsreserven zum Ausgleich der Zahlungsbilanz, (4) System von internationalen Kreditmöglichkeiten zur Überbrückung kurzfristiger Zahlungsbilanzschwierigkeiten durch Errichtung des → Internationalen Währungsfonds (IWF).

Die hierauf aufgebaute i. W. zeigte sich zunächst durchaus funktionsfähig. 1958 erklärten die wichtigsten Mitgliedstaaten des IWF die Konvertibilität ihrer Währungen. Mit der Spaltung des Goldmarktes im Jahre 1968 (→ Goldpool), der Aufhebung der Goldeinlösepflicht des US-Dollars durch die amerikanische Regierung 1971 und dem → Realignment der Wechselkurse bei gleichzeitiger Erweiterung der → Bandbreite (→ Smithsonian Agreement) wurden wesentliche Elemente der i. W. verändert. Darüber hinaus bieten die 1967 geschaffenen → Sonderziehungsrechte (SZR) zusätzliche Möglichkeiten der Finanzierung von Zahlungsbilanzdefiziten, wodurch sich ein zahlungsbilanzkonformes Verhalten nahezu erübrigt. Die prinzipielle Freigabe der Wechselkurse im Jahre 1973 sorgte für die endgültige Auflösung der vom Bretton-Woods-Abkommen geprägten Leitideen einer i. W. und führte zu einem System → flexibler Wechselkurse. Das Abkommen über den IWF wurde 1978 offiziell an die veränderten Gegebenheiten angepaßt. Seit 1978 ist jedes Mitgliedsland in der Gestaltung seiner → Wechselkurspolitik frei, soweit es für geordnete Wirtschafts- und Währungsverhältnisse sorgt und den Wechselkurs nicht zum eigenen Vorteil manipuliert. Die Mitgliedstaaten haben dabei u. a. die Möglichkeit, (1) einen festen Wechselkurs zu einer anderen Währung (z. B. US-Dollar) zu fixieren oder (2) den Wechselkurs an die Son-

derziehungsrechte (SZR), also einen Währungskorb, zu binden oder (3) den Wechselkurs gegenüber einigen Währungen zu fixieren, gegenüber anderen jedoch schwanken zu lassen (→ Europäisches Währungssystem) oder (4) den Wechselkurs gegenüber allen anderen Währungen frei schwanken zu lassen.
Innerhalb der → Europäischen Wirtschaftsgemeinschaft wurden durch Schaffung des Europäischen Währungssystems die bereits mit der Währungsschlange (→ Europäischer Wechselkursverbund) begonnenen Bemühungen um feste Wechselkurse fortgesetzt.
Das heute praktizierte internationale Währungs- und Finanzsystem stützt sich auf international gehandelte Währungen (wie US-Dollar, Yen, D-Mark und Englisches Pfund), auf von den → Zentralbanken gehaltene Reservearten auf der Basis von „Währungskörben" (Sonderziehungsrechte, → Europäische Währungseinheit [ECU]), auf verschiedene → Wechselkursregelungen im IWF, auf nationale und internationale → Geldmärkte und → Kapitalmärkte (→ Euro-Markt) und diese beeinflussende nationale wie internationale Regelungen und Marktusancen sowie auf nationale und international abgestimmte → Währungspolitiken. Dieses „System", das auf einer Symbiose von Reglementierungen, Praktiken, Politiken und Märkten (Finanzmärkten) beruht und wofür als Vehikel Währungen bzw. Währungskörbe dienen, befindet sich in einem permanenten Veränderungsprozeß. Dieser ist u. a. gekennzeichnet durch Globalisierung und → Deregulierung der → Finanzmärkte, zunehmende Konvertibilität und unterschiedliche Ansätze, um zu „geordneten" Wechselkursverhältnissen zu kommen, sei es durch regionale (Festkurssysteme (Europäisches Währungssystem), sei es durch verstärkte wirtschafts- und währungspolitische → Kooperation und konzertierte Aktionen (z. B. abgestimmte Zinsveränderungen und Devisenmarktinterventionen) der großen Industrieländer (z. B. → Siebener-Gruppe oder → Zehner-Gruppe). Offizieller Wächter über ein „geordnetes" Weltwährungssystem ist der IWF.

Internationale Zentralbank

→ Zentralbank mit überstaatlichem Funktionsbereich, z. B. die angestrebte → Europäische Zentralbank (EG-Zentralbank). Bestimmte Zentralbankfunktionen (→ Zentralnotenbank) hat der → Internationale Währungsfonds (Funktion einer internationalen Reservebank). Als sog. Zentralbank der Zentralbanken fungiert auch die → Bank für Internationalen Zahlungsausgleich (BIZ).

International Finance Corporation (IFC),
→ Internationale Finanz-Corporation.

International Organization of Securities Commissions (IOSCO)
Internationaler Zusammenschluß von Wertpapier- und Börsenaufsichtsämtern.

International Primary Markets Association (IPMA)
Verband führender Emissionshäuser am → Euromarkt. Die 1985 gegründete IPMA überwacht den → Primärmarkt von → Euro-Anleihen (Selbstregulierung). Im Gegensatz zu IPMA reguliert → ISMA den → Sekundärmarkt am Euromarkt.

International Securities Market Association, → ISMA.

International Swap Dealers Association
1985 von Swap-Händlern gegründete, internationale Vereinigung mit über 100 Mitgliedern, deren Aufgaben insbes. darin bestehen, einheitliche Standardkontrakte für → Zins-Swaps und → Währungs-Swaps zu entwickeln (→ Swapgeschäft), die Markttransparenz durch Ausbildung und Information der Händler zu erhöhen sowie deren Positionen gegenüber den Aufsichtsbehörden, vor allem den → Zentralbanken und der → Bank für Internationalen Zahlungsausgleich gegenüber zu vertreten. Umbenannt in International Swaps and Derivatives Association (ISDA).

International Swaps and Derivatives Association (ISDA), → International Swap Dealers Association.

Interner Zinsfuß
Finanzmathematisch ermittelter Zinssatz (→ Rendite), mit dem alle → Cash-flows zu einem → Investment (Zinszahlungen, Tilgungszahlungen aus einer Geldanlage) abgezinst werden, damit die Summe der → Barwerte dem Kapitaleinsatz (→ Dirty Price) entspricht (→ Interne Zinsfußmethode, → Rendite, Interpretation).

Internes Rechnungswesen

Teil des → Rechnungswesens, dem die Aufgabe zukommt, kalkulatorische Rechnungen durchzuführen (→ Kosten- und Erlösrechnung im Bankbetrieb). Das i. R. ist unternehmens- und entscheidungsorientiert, es hat Steuerungs- und Lenkungsfunktion (→ Controlling).
Gegensatz: → Externes Rechnungswesen.

Interne Zinsfußmethode

Dynamische → Investitionsrechnung, bei der zwei Zinssätze (→ Kalkulationszinsfuß des Investors und → interner Zinsfuß der → Investition) miteinander verglichen werden. Der interne Zinsfuß (interner Zinssatz, → Effektivzins, → Rendite) ist der Zinssatz, bei dessen Anwendung der Kapitalwert (→ Kapitalwertmethode) einer Investition oder → Finanzierung gerade gleich Null wird bzw. bei dem Auszahlungs- und Einzahlungsbarwert einer Investition oder Finanzierung genau übereinstimmen.

Eine Investition gilt nach der i. Z. dann als lohnend, wenn sie bei gegebenem Kalkulationszinssatz i eine Rendite r erbringt, die mindestens so hoch ist wie der Kalkulationszinsfuß: $r \geq i$.

Problematisch ist, daß die Ermittlung des internen Zinsfußes auf Schätzungen der künftigen Ein- und Auszahlungen beruht, wie dies bei allen zukunftsorientierten Rechnungen der Fall ist. Die Auflösung der Kapitalwertgleichung nach dem gesuchten internen Zinssatz ist häufig nicht möglich. Man behilft sich dann mit einem Näherungsverfahren, der Regula falsi, die eine beliebig genaue Effektivzinsbestimmung mit Hilfe der linearen Interpolation ermöglicht.

Bedeutung: Die i. Z. ist heute weit verbreitet; sie wird von mehr als der Hälfte der deutschen Großunternehmen eingesetzt. Sie ist für → Kreditinstitute von zentraler Bedeutung und läßt sich bei allen vorkommenden Problemen der Effektivzinsbestimmung einsetzen, z. B. zur Errechnung der Rendite von Realinvestitionen (Maschinen, Grundstücke, Vorräte), zur Errechnung der Rendite von Finanzinvestitionen (→ Aktien, → festverzinsliche [Wert-]Papiere) zur Errechnung der Effektivzinsen, kurzfristiger → Fremdfinanzierungen (Kundenanzahlung, → Lieferantenkredit, Wechseldiskontkredit), zur Errechnung der Effektivbelastung langfristiger → Fremdfinanzierung (→ Schuldscheindarlehen, langfristige → Bankkredite, → Industrieobligationen) und zum Zinsvergleich zwischen Kreditkauf und → Leasing (→ Investitionsrechnung)

Intervention am Devisenmarkt

Geschäfte der → Zentralbanken zur Beeinflussung von → Devisenkursen.

Interventionen am Devisenkassamarkt (→ Devisenmarkt) erfolgen durch Kauf oder Verkauf von → Kassadevisen durch Zentralbanken zum Zwecke der Beeinflussung der → Devisenkassakurse. Je nach → Wechselkurssystem können die Interventionen erfolgen zur Aufrechterhaltung vereinbarter Kursrelationen zu anderen → Währungen (→ Paritäten im → Bretton-Woods-System, → Leitkurse im → Europäischen Währungssystem), zur Aufrechterhaltung eines bestimmten Indexstandes gegenüber einem Währungskorb oder zur Steuerung des Wertes einer floatenden Währung, z. B. des US-Dollar (→ Floating). Zur Beeinflussung des → Außenwertes der D-Mark (→ Außenwert der Währung) interveniert die → Deutsche Bundesbank zum einen am Markt für die Währungen des EWS und zum anderen am Markt für US-Dollar.

Die Interventionen am Markt für EWS-Währungen erfolgen grundsätzlich bei Erreichen der festgelegten → Interventionskurse (Interventionspunkte) (als Pflichtinterventionen, obligatorische Interventionen oder marginale Interventionen bezeichnet), aber auch freiwillig vor Erreichen der Interventionskurse (intramarginale Interventionen).

Bei Interventionen im EWS erfolgen Käufe/Verkäufe von Währungen der EWS-Mitglieder. Im EWS stoßen immer zwei Währungen gleichzeitig an ihre gegenseitigen Interventionspunkte. Die Zentralbank des → Weichwährungslandes interveniert dann zugunsten ihrer Währung am oberen Interventionspunkt (Höchstkurs der anderen Währung) durch Verkäufe der Partnerwährung gegen die eigene Währung. Gleichzeitig interveniert die Zentralbank des → Hartwährungslandes, da die fremde Währung in ihrem Land an den unteren Interventionspunkt anstößt, durch Kauf der schwachen gegen die starke Währung.

Die Interventionen am Markt für US-Dollar bezwecken die Beeinflussung des Wechselkurses der D-Mark zum Dollar und zu den anderen floatenden Währungen. Aufgrund der Interdependenz aller Wechselkurse kann mit Dollarinterventionen jedoch auch die Position gegenüber dem EWS-Währungen verändert werden. Gemäß Artikel IV des IWF-Abkommens i. d. F. vom 1.4.1978 soll ein Mitgliedsland „auf dem Devisenmarkt dann intervenieren, wenn dies nötig ist, um ungeordneten Verhältnissen entgegenzuwirken, die unter anderem durch störende kurzfristige Bewegungen des Außenwertes seiner Währung charakterisiert sein können".

„Sterilisierte Interventionen" liegen vor, wenn das durch Interventionen veränderte Volumen an →Zentralbankgeld durch Maßnahmen der Offenmarktpolitik wieder neutralisiert wird (Kompensation der Geldmengenexpansion bzw. -kontraktion).

Interventionen am → Devisenterminmarkt erfolgen entweder zur Beeinflussung des Kassakurses (1) oder des Geldmarktsatzes (2).
(1) Will eine Zentralbank zwar den Devisenkassakurs einer Währung beeinflussen, die damit verbundene Liquiditätswirkung am heimischen Markt aber zunächst vermeiden, kann sie dies über den Abschluß von →Devisentermingeschäften erreichen. Die Kurswirkung am Kassamarkt tritt über die von den →Geschäftsbanken vorgenommenen Anschlußgeschäfte ein. Kauft die Bundesbank z. B. US-Dollar für einen Monat, wird die hierzu angesprochene Bank zur →Glattstellung ihrer Position US-Dollar per Kasse kaufen und am →Euro-Markt für einen Monat anlegen. Bei →Fälligkeit der Anlage liefert sie die ihr zufließenden Dollar an die Bundesbank. Dann allerdings tritt die zunächst vermiedene Liquiditätswirkung am Inlandsmarkt ein.
(2) Über den Abschluß von →Swapgeschäften kann für die Laufzeit des Geschäftes dem Inlandsmarkt →Liquidität zugeführt oder entzogen und damit der Geldmarktsatz beeinflußt werden. Kauft die Bundesbank z. B. US-Dollar gegen D-Mark per 15.9. und verkauft sie sie per 20.9., wird dem Inlandsmarkt für diese Zeitspanne Zentralbankgeld zugeführt. Entsprechend kann durch einen Verkauf von Dollar per Kasse und Rückkauf per Termin dem Markt Zentralbankgeld entzogen werden. Hierzu bevorzugt die Bundesbank allerdings i. d. R. den Abschluß von →Devisenpensionsgeschäften. Zur →Feinsteuerung am Geldmarkt werden auch sehr kurzfristige →Schatzwechsel von ihr angeboten.

Interventionismus
Wirtschaftspolitische Konzeption, die konjunkturelle Probleme durch fallweise (diskretionäre) und vorwiegend prozeßpolitische Eingriffe des Staates in den Wirtschaftsablauf (Interventionen) lösen will.
→Geldpolitik und →Finanzpolitik können diskretionär angelegt sein. Die Konzeption läßt sich auf die →Keynes'sche Theorie zurückführen und ist ein Element der →nachfrageorientierten Wirtschaftspolitik. Kritiker sehen die Gefahr, daß ein Zuviel an Eingriffen die Wirtschaftssubjekte verunsichert, private Initiative hemmt und über eine Ausdehnung staatlicher Aktivitäten den Ordnungsrahmen beeinträchtigt (→Ordnungskonformität)
Gegensatz: →Liberalismus.

Interventionskurs
→Amtlicher Devisenkurs, der in einem →Festkurssystem mit →Bandbreiten (→Europäisches Währungssystem) Niedrigst- und Höchstkurs darstellt. Wird er erreicht, sind die →Zentralbanken zu →Interventionen am Devisenmarkt verpflichtet. Die Zentralbank des Landes mit der hochbewerteten →Währung (der Kurs der ausländischen Währung am heimischen →Devisenmarkt befindet sich am unteren Interventionspunkt, der Kurs der eigenen Währung am ausländischen am oberen Interventionspunkt) muß ausländische Währung kaufen und dadurch den Kurs der ausländischen Währung stützen bzw. den Kurs der eigenen Währung im Ausland „drücken" (Devisenzufluß). Die Zentralbank des Landes mit der niedrigbewerteten Währung muß sich entsprechend umgekehrt verhalten (Devisenabfluß).

Interventionspunkt, →Intervention am Devisenmarkt.

Interventionswährung, →Intervention am Devisenmarkt.

In-the-Money
Im Geld; Verhältnis zwischen dem →Basispreis (Ausübungspreis) einer →Option oder eines →Optionsscheins (Warrant) und dem Kassakurs des →Basiswertes. Bei In-the-Money →Calls liegt der Kassakurs des Basiswertes über und bei In-the-Money →Puts unter dem Basispreis.
(→At-the-Money, →Out-of-the-Money)

Intramarket Spread

Intramarket Spread

Im Gegensatz zum Handel mit → Optionen (→ Vertical Spread, → Time Spread, → Diagonal Spread) versteht man im Futures-Handel unter einem I.S. immer den simultanen Kauf und Verkauf eines → Futures-Kontraktes (z. B. → Bund-Future) mit verschiedenen → Delivery Months. Deshalb wird der I.S. auch als Time Spread oder Interdelivery Spread bezeichnet. Beispielsweise wird ein → Kontrakt mit kurzer → Fälligkeit gekauft und ein Kontrakt mit langer Fälligkeit verkauft. Ein I.S. kann u. a. durchgeführt werden, um Kursungleichgewichte zwischen verschiedenen Delivery Months auszunutzen oder wenn veränderte Geldmarktsätze (→ REPO Rate) erwartet werden.

Einflußfaktoren: Der Spread → Trader beobachtet am → Futuresmarkt eine Konstellation, bei der die Kontrakte – gemessen am → Fair Value – über- bzw. unterbewertet sind. Mit dem Kauf des unterbewerteten und Verkauf des überbewerteten Kontraktes versucht der Anleger, die temporären Kursungleichgewichte auszunutzen. Mit Time Spreads kann nicht nur auf die Ausnutzung von Kursungleichgewichten gesetzt werden, sondern auch auf die Veränderung der kurzfristigen → Geldmarktzinsen (REPO Rate). Der REPO Satz wird bei der Kalkulation des Fair Values von mittel- und langfristigen → Zinsfutures berücksichtigt. Folgende Einflußfaktoren sind bei Time Spreads zu beachten, wenn eine Veränderung der REPO Rates erwartet wird:
– Je länger die → Laufzeit eines Kontraktes bis zur Fälligkeit ist, desto stärker reagiert der Futureskurs auf Veränderungen der REPO Rate.
– Fällt die REPO Rate, fällt der Futureskurs.
– Steigt die REPO Rate, steigt der Futureskurs.

Strategie: Die genannten Effekte können mit folgender Spread Trading Strategie mit Zinsfutures umgesetzt werden:

Unter einem → Bull Spread versteht man den gleichzeitigen Kauf des kurzen Kontraktes und den Verkauf des langen Kontraktes. Da die Kursveränderung bei einer gleichen absoluten Veränderung der REPO Rate um so größer ist, je länger die Laufzeit des Futures ist, profitiert der Anleger von fallenden REPO Rates über die → Short Position des langen Kontraktes. Deshalb auch die Bezeichnung Bull Spread.
Je stärker die REPO Rate des längeren Kontraktes fällt, desto größer wird der Gewinn für den Anleger. Die Bull Spread Strategie zeigt, daß auch mit mittel- und langfristigen Zinsfutures auf eine Veränderung der kurzfristigen Zinssätze spekuliert werden kann.
Ein → Bear Spread ist der Verkauf eines Kontraktes mit kurzer Fälligkeit (z. B. September) und der Kauf eines Kontraktes mit langer Fälligkeit (z. B. Dezember). Der Trader erwartet, daß die kurzfristigen Zinsen steigen.
Der Spread Trader verkauft den langen Futurestermin und kauft den kurzen Futurestermin, wenn er erwartet, daß der → Spread größer wird. Letztlich bedeutet diese Strategie, daß erwartet wird, daß der kurze Kontrakt stärker steigt bzw. langsamer fällt als der lange Kontrakt. Wird dagegen der kurze Kontrakt verkauft und der lange gekauft, erwartet der Anleger, daß der Spread geringer wird. Vgl. auch Abbildung unten.

Inventar

Nach § 240 HGB und §§ 140 und 141 AO wird das Ergebnis der → Inventur im I. festgehalten. Das I. ist ein vollständiges, detailliertes Verzeichnis, in dem alle durch die Inventur festgestellten und tatsächlich vorhandenen Vermögensgegenstände und → Schulden einzeln nach Art, Menge und Wert bezogen auf den Bilanzstichtag erfaßt werden. Das I. wird in Staffelform unterschieden nach → Vermögen, Schulden und → Eigenkapital oder Reinvermögen. Das Eigenkapital ergibt sich rechnerisch als

Intramarket Spread

Time Spread mit Zinsfutures	
Bull Spread	**Bear Spread**
Spekulation auf fallende REPO Rate	Spekulation auf steigende REPO Rate
Kauf kurzer Kontrakte Verkauf langer Kontrakte	Kauf langer Kontrakte Verkauf kurzer Kontrakte

Differenz zwischen Vermögen und Schulden.

Inventur
Bestandsaufnahme aller Vermögensgegenstände und →Schulden bei Gründung eines Unternehmens und am Ende eines Wirtschaftsjahres nach § 240 HGB und §§ 140 ff. AO. *Ziel der I.* sind die vollständige und richtige Erfassung sowie die sachgerechte Bewertung der Vermögensgegenstände und Schulden zur Überprüfung der mengen- und wertmäßigen Bilanzansätze. Die I. ist Grundlage des →Jahresabschlusses. Die Bestandsaufnahme von körperlichen Gegenständen erfolgt durch Zählen, Messen oder Wiegen (körperliche I.), die von nichtkörperlichen Vermögensgegenständen anhand von Belegen (buchmäßige I.) oder mit Hilfe von →Urkunden (I. anhand von Urkunden).
Da die klassische Stichtagsinventur zu erheblichen Störungen des Produktionsablaufs führen kann, hat der Gesetzgeber für die Vermögensgegenstände, insbes. das Vorratsvermögen, *Inventurerleichterungen* geschaffen. So kann bei der *ausgeweiteten Stichtagsinventur* (§ 30 Abs. 1 EStR) die Bestandsaufnahme innerhalb von 10 Tagen vor oder nach dem Bilanzstichtag erfolgen. Bei der *vor- oder nachgelagerten Stichtagsinventur* (§ 241 Abs. 3 HGB) erfolgt die Bestandsaufnahme an einem Tag innerhalb der letzten drei Monate vor oder innerhalb der ersten zwei Monate nach dem Bilanzstichtag bei wertmäßiger Fortschreibung bzw. Rückrechnung auf den Bilanzstichtag. Die *permanente I.* (§ 241 Abs. 2 HGB) ist erlaubt, wenn alle Bestände, Zu- und Abgänge einzeln nach Tag, Art und Menge eingetragen und belegmäßig nachgewiesen werden, so daß die körperliche I. der Vermögensgegenstände auf das gesamte Wirtschaftsjahr verteilt werden kann. Neben der vollständigen I. (Regelfall nach § 240 Abs. 1 HGB) ist die *Stichprobeninventur* (§ 241 Abs. 1 HGB) erlaubt, sofern der Aussagewert der repräsentativen Teilinventur dem Aussagewert der Vollinventur gleichwertig ist. Bestimmte Vermögensgegenstände dürfen, sofern sie regelmäßig ersetzt werden und ihr Gesamtwert für das Unternehmen von nachrangiger Bedeutung ist, mit einer gleichbleibenden Menge und einem gleichbleibenden Wert (*Festbewertung* nach § 240 Abs. 3 HGB) angesetzt werden, wenn der Bestand in seiner Größe, seinem Wert und seiner Zusammensetzung nur geringen Veränderungen unterliegt; die körperliche Bestandsaufnahme ist nur an jedem dritten Bilanzstichtag erforderlich. Gleichartige Vermögensgegenstände dürfen nach § 240 Abs. 4 HGB zu einer Gruppe zusammengefaßt und mit dem gewogenen Durchschnittswert bewertet werden (*Gruppenbewertung* nach § 240 Abs. 4 HGB).

Inverse Floater, →Reverse Floater.

Inverse Zinsstruktur
Liegt vor, wenn die →Renditen von →Wertpapieren um so niedriger ausfallen, je länger deren →Restlaufzeit ist. In diesem Falle weist die Zinsertragskurve eine negative Steigung auf. Sie ergibt sich, wenn mit fallenden →Zinssätzen (steigenden Wertpapierkursen) gerechnet wird. Daraus ergibt sich für die →Wertpapiermärkte, daß die Nachfrage nach langfristigen Wertpapieren steigt, weil sich Kapitalanleger den vergleichsweise höheren Zinssatz für einen möglichst langen Zeitraum sichern wollen bzw. mit Kursgewinnen rechnen. Andererseits sinkt das Angebot an langfristigen →Titeln, weil die Kapitalnehmer sich nicht mehr zu den langfristig relativ höheren →Zinsen verschulden wollen und demnächst mit günstigeren Kapitalkosten rechnen. Steigende Nachfrage bei sinkendem Angebot von langfristigen Wertpapieren führen zu Kurssteigerungen und damit sinkendem langfristigen Zins. Andererseits sinkt die Nachfrage nach kurzfristigen Wertpapieren, da langfristige Engagements für Kapitalgeber interessanter werden. Dieses und das steigende Angebot von kurzfristigen Wertpapieren bewirken eine Steigerung des kurzfristigen Zinses.

„**Invest**", →Bezeichnungsschutz für Kreditinstitute.

Investition
Allgemeines (Kapitalbindung, Kapitalbildung): Der Begriff „Investition" ist in wirtschaftswissenschaftlicher Sicht sehr vielschichtig; er läßt sich zurückführen auf das lateinische „investitio" = „Einkleidung", „Bekleidung". I. kann danach gesehen werden als die Einkleidung von Geldmitteln in →Sachkapital (→Realkapital). Die heutige umgangssprachliche Benutzung des Investitionsbegriffs (I. = Anlage von Geldmitteln) liegt noch immer dicht bei der etymologischen Wurzel.

Investition

Definitionen: (1) *Volkswirtschaftlich:* Gütermengen, die von Investoren (Unternehmen, Staat) zur Erhaltung, Erweiterung oder Verbesserung des volkswirtschaftlichen Produktionsapparates (→ Kapitalstock) verwendet werden. Zu unterscheiden sind → Bruttoinvestitionen, → Ersatzinvestitionen (Reinvestitionen) und → Nettoinvestitionen sowie → Anlageinvestitionen und → Vorratsinvestitionen (Lagerinvestitionen).

Durch I. wird → Kapital gebildet, und zwar Realkapital (Sachkapital). Realkapitalbildung vollzieht sich in Unternehmungen. Jede I. in einer Volkswirtschaft bedeutet, daß ein Teil der Gesamtproduktion nicht verbraucht worden ist: I. setzt Konsumverzicht = → Sparen voraus. Die → Finanzierung der Kapitalbildung erfolgt durch Sparen der Haushalte, die als → Ersparnis → Geldkapital bilden (Geldkapital als Vorstufe zum Realkapital), bzw. durch → Selbstfinanzierung (→ Innenfinanzierung) der Unternehmungen, die z. B. erwirtschaftete Gewinne nicht ausschütten, sondern in → Rücklagen einstellen. Unverteilte (nicht ausgeschüttete) → Gewinne sind die Ersparnis der Unternehmungen: → Gewinnthesaurierung ist Sparen der Unternehmungen.

(2) Der *betriebswirtschaftliche* Investitionsbegriff schließt zusätzlich auch den Erwerb von Beteiligungs- und Forderungsrechten ein, sowie die Verwendung von finanziellen Mitteln zur Beschaffung von → Sachvermögen, immateriellem Vermögen oder Finanzvermögen (→ Vermögen).

Arten: (1) Nach dem Einteilungskriterium *Investitionsobjekt* unterscheidet man Sachinvestitionen (Realinvestitionen) und Finanzinvestitionen. Sachinvestitionen können materieller oder immaterieller Art sein. Finanzinvestitionen sind der Erwerb von Forderungsrechten (z. B. Erwerb → festverzinslicher [Wert-]Papiere) oder Beteiligungsrechten (z. B. Erwerb von → Aktien).

(2) Nach der dominierenden Zwecksetzung (*Investitionsanlaß*) werden Sachinvestitionen unterschieden in Ersatzinvestition (Ersatz einer technisch verbrauchten Anlage), Rationalisierungsinvestition (Ersatz einer technisch noch funktionsfähigen Altanlage durch eine kostengünstigere Neuanlage) und Erweiterungsinvestition (Vergrößerung des betrieblichen Produktionsapparates).

(3) I. können freiwillig oder zwangsweise durchgeführt werden. *Zwangsinvestitionen* liegen dann vor, wenn eine Unternehmung einer gesetzlichen Vorschrift genügt, aber auch, wenn sie eine Investitionsmaßnahme mit Rücksicht auf die öffentliche Meinung durchführt. Über *freiwillige I.* wird auf der Grundlage der → Investitionsrechnung entschieden. Wenn bei Zwangsinvestitionen keine technischen Alternativen existieren, ist eine Investitionsrechnung nicht erforderlich. (4) Nach der *Nutzungsdauer* der Investitionsobjekte lassen sich kurz-, mittel- und langfristige I. unterscheiden. Die Abgrenzung ist subjektiv und kann von Investor zu Investor verschieden vorgenommen werden. (5) Für die Klassifizierung kann auch die Einteilung in *betriebliche Funktionsbereiche* (Beschaffung, Produktion, Vertrieb, Forschung und Entwicklung usw.) herangezogen werden. Dabei sind bilanziell sichtbare I. (Sach-I., Finanz-I.) und bilanziell nichtsichtbare I. (Personal- und Sozial-I., Forschungs- und Entwicklungs-I. usw.) zu unterscheiden. (6) *Chronologisch* gesehen kann zwischen Gründungsinvestition und laufender Investition unterschieden werden. (7) Begrifflich wird zwischen *Bruttoinvestition* und *Nettoinvestition* unterschieden. Die Nettoinvestition ist die Differenz von Bruttoinvestition und Ersatzinvestition (Reinvestition), die durch → Abschreibungen repräsentiert wird. Ist die Nettoinvestition gleich Null, werden nur die Abschreibungsgegenwerte reinvestiert. Ist die Bruttoinvestition (alle I. einschl. der reinvestierten Abschreibungsgegenwerte) gleich Null, werden die Abschreibungsgegenwerte zu anderen als zu Investitionszwecken verwendet; es erfolgt eine Desinvestition in Höhe der Abschreibungsgegenwerte. Die Desinvestition ist die Umkehrung der I. Ihre maximale Höhe ist die Summe der vorgenommenen Abschreibungen. Wird in einem Betrieb oder in der Volkswirtschaft weniger investiert als abgeschrieben, schrumpft der Bestand an (dauerhaften oder/und nicht dauerhaften) Produktionsmitteln.

Die genannten Einteilungskriterien werden häufig nicht alternativ, sondern additiv angewendet.

Der *zahlungsorientierte Investitionsbegriff* ist auf alle Investitionsarten anwendbar und hat die rechnerische Durchdringung eines Investitionsvorhabens zum Ziel; er steht im Dienst des Investitionskalküls (Investitionsrechnung). Jede I. läßt sich durch die zugehörigen Ein- und Auszahlungen (zugehörige Zahlungsreihe) beschreiben. Die

Zahlungsreihe gibt an, in welcher Weise sich die Ein- und Auszahlungen eines Investitionsobjektes zeitlich verteilen. Mit ihrer Hilfe läßt sich ein Investitionsvorhaben quantitativ erfassen: Eine I. ist eine Zahlungsreihe, die mit einer oder mehreren Auszahlungen beginnt.

Investitionsfunktion

Abhängigkeit des gesamtwirtschaftlichen Investitionsvolumens (→ Investitionen) von bestimmten Wirtschaftsdaten (Bestimmungsfaktoren). Nach der → Keynes'schen Theorie konkurriert die Investitionsentscheidung als Geldanlagemöglichkeit in Produktionsmitteln aus der Sicht des Anlegers mit der Anlage von Geld auf dem → Kapitalmarkt. Je höher die Verzinsung des Geldes bei der Kapitalmarktanlage ist, desto weniger Produktionsmittel übertreffen bei gegebenem Stand der Technik in ihrer → Rentabilität die Kapitalmarktanlage. Mit steigendem → Kapitalmarktzins (i) geht deshalb die Investitionsgüternachfrage (I) als Bestandteil der → gesamtwirtschaftlichen Nachfrage zurück und umgekehrt: I=f (i). Ergänzend sind als weitere Bestimmungsfaktoren der gesamtwirtschaftlichen Investitionsgüternachfrage vor allem Erwartungen über den Konjunkturverlauf (→ Konjunktur), technische Veränderungen, Preisänderungen bei Investitionsgütern und wirtschaftspolitische Einflüsse (→ angebotsorientierte Wirtschaftspolitik, → nachfrageorientierte Wirtschaftspolitik) sowie die Akzeleratorbeziehung (→ Akzelerator) zu berücksichtigen.

Investitionsgut

Synonyme Bezeichnung für Produktionsmittel, oft für dauerhafte Produktionsmittel verwendet (→ Bruttoinvestition).

Investitionsgüterkreditversicherung

Sparte der → Kreditversicherung, die Hersteller (Versicherungsnehmer) vor dem Ausfall versicherter (längerfristiger) → Forderungen schützt. Auch das Fabrikationsrisiko ist versicherbar.

Investitionskredit

Anlagenkredit; langfristiger → Kredit zur → Finanzierung von → Anlagevermögen (Maschinen, maschinelle Einrichtungen, Produktionsstätten, Ausstattungen, Erwerb von → Beteiligungen, Errichtungen von → Tochtergesellschaften oder Niederlassungen usw.). Auch langfristig geplante Erhöhungen von Vorratsvermögen sind Gegenstand von I. Die Vorteilhaftigkeit von → Investitionen und damit Entscheidungen über deren Finanzierung wird durch → Investitionsrechnungen untersucht. I. aus zweckgebundenen fremden Mitteln werden aus der Sicht des zwischengeschalteten → Kreditinstituts (→ Hausbank) als → weitergeleitete Kredite bezeichnet.

Investitionsmultiplikator

Baustein der → Keynes'schen Theorie, bei dem auf den volkswirtschaftlichen Nachfrageeffekt zusätzlicher Investitionsgüternachfrage abgestellt wird; danach erhöht eine zusätzliche Investitionsgüternachfrage die → gesamtwirtschaftliche Nachfrage nicht nur um den Betrag der ursprünglichen zusätzlichen Investitionsgüternachfrage, sondern in einem vielstufigen Prozeß um ein Mehrfaches. Die zusätzliche Investitionsgüternachfrage (→ Nettoinvestition) führt in den Wirtschaftszweigen, die Investitionsgüter (dauerhafte Produktionsgüter) produzieren, zu zusätzlichem → Einkommen, das seinerseits nachfragewirksam werden kann (→ Investitionsfunktion, → Konsumfunktion) oder gespart wird (→ Sparfunktion). In dem Maße, in dem neue Nachfrage entsteht, pflanzt sich der Impuls in einer Reihe von Schritten fort. Je höher die Neigung zum Sparen ist (→ Sparquote), desto geringer ist die multiplikative Wirkung zusätzlicher Investitionsgüternachfrage auf die gesamtwirtschaftliche Nachfrage. Sparen ist in dieser Sichtweise zunächst einmal Nachfrageausfall. Im Zusammenwirken mit dem → Akzelerator können konjunkturelle Schwankungen (→ Konjunktur) erklärt werden. Multiplikatorwirkungen ergeben sich nicht nur bei Nachfrageerhöhungen; Nachfrageverringerungen wirken in einem Anpassungsprozeß um ein Mehrfaches kontraktiv (→ Deflation).

Investitionsobjekt, → Investition.

Investitionsplan

Teil des Wirtschaftsplanes einer Unternehmung, in dem die für einen bestimmten Zeitraum beabsichtigten → Investitionen der Unternehmung aufgrund von Anforderungen der verschiedenen Betriebsabteilungen aufgestellt werden. Die Investitionsplanung geht bei erhöhten Absatzerwartungen von der Absatzplanung aus oder bei Investitionen zur Verbesserung der Produktionsstruk-

Investitionsquote

tur durch Rationalisierung und Modernisierung der Anlagen unmittelbar von der Produktionsplanung. Der I. steht vor allem mit der Finanzplanung (→ Finanzierung) in enger Wechselwirkung, da diese ja die Finanzierungsmöglichkeiten der Investitionen untersucht und die günstigste Finanzierung festlegt. Die Investitionsplanung sollte stets von einer exakten →Investitionsrechnung ausgehen. Die Gewährung eines → Investitionskredits sollte möglichst nur nach Einsichtnahme in den I.- und →Finanzplan einer Unternehmung erfolgen.

Investitionsquote

1. Anteil der → Investitionen am → Sozialprodukt:

$$I. (in \%) = \frac{Investitionen \cdot 100}{Sozialprodukt}$$

Die Berechnung kann brutto (→ Bruttoinvestition) oder netto (→ Nettoinvestition) erfolgen.

2. Der Maßstab für den Umfang der Investitionstätigkeit eines Unternehmens. Die I. gehört zu den Kennzahlen und errechnet sich aus den → Nettoinvestitionen im Sachanlagevermögen dividiert durch den Buchwert der → Sachanlagen am Jahresanfang. Die I. ist eine Kennzahl der → Bilanzanalyse und wird als Kennzeichen für Wachstum angesehen. Echtes Wachstum ist dann gegeben, wenn über die → Abschreibungen hinaus investiert wird. Über letzteren Sachverhalt gibt die *Investitionsdeckungsquote* Auskunft, die die → Investitionen in Sachanlagen auf die Abschreibungen von Sachanlagen bezieht.

Investitionsrechnung

Rechnung über die betriebswirtschaftliche Vorteilhaftigkeit einer → Investition. Mit Hilfe der I. werden betriebliche Investitionsentscheidungen auf eine rationale Grundlage gestellt.

Betriebswirtschaftliche Zwecke: Neben die volkswirtschaftliche Begründung einer I. (möglichst hohe → Investitionsquote) tritt die betriebswirtschaftliche Begründung, die im Ziel einer optimalen Nutzung vorhandener finanzieller Mittel liegt. Neben dem Erkennen und Durchführen vorteilhafter Investitionen ist das Erkennen und Unterlassen unvorteilhafter Investitionen gleich wichtig.

Demnach hat die I. aus der Sicht des Investors drei Hauptfragen zu klären: 1. Ermittlung der absoluten Vorteilhaftigkeit einer Einzelinvestition i. S. einer Ja-/Nein-Entscheidung; 2. Prüfung der relativen Vorteilhaftigkeit durch Vergleich der Wirtschaftlichkeit mehrerer miteinander konkurrierender Investitionsmöglichkeiten, wobei die relative Vorteilhaftigkeit durch Erstellung einer Rangfolge bestimmt werden kann; 3. Ermittlung des optimalen Zeitpunkts bei → Ersatzinvestitionen.

Für die I. ist nicht primär die Investitionsart interessant, sondern die durch die jeweilige Investition ausgelöste Zahlungsreihe. Für die Vorteilhaftigkeit einer Investition ist einmal die Höhe der Aus- und Einzahlungen maßgebend. Dabei ist die subjektive Mindestverzinsungsanforderung des Investors mit einzubeziehen. Auf die Vorteilhaftigkeit einer Investition wirkt sich auch die zeitliche Verteilung der Ein- und Auszahlungen aus.

Verfahren der I.: Es werden zwei Gruppen von Verfahren unterschieden, die dynamischen und die statischen Verfahren. Bei den dynamischen Verfahren überwiegen die Zahlungen als Rechnungselemente, während bei den statischen Verfahren → Kosten und Leistungen bzw. → Aufwendungen und → Erträge als Rechnungselemente zum Ansatz kommen. Bei den statischen Verfahren wird darüber hinaus auf die Berücksichtigung der Unterschiede im zeitlichen Anfall der jeweiligen Rechnungsgrößen durch Auf- und Abzinsen verzichtet.

In der Praxis verwendet man heute zunehmend dynamische Verfahren, um die Grundsatzfehler der statischen zu vermeiden. Die dynamischen Verfahren erfassen Zeitunterschiede finanzmathematisch korrekt mit Hilfe der sechs finanzmathematischen Faktoren: → Aufzinsungsfaktor (AuF) und → Abzinsungsfaktor (AbF) → Diskontierungssummenfaktor (DSF) und → Kapitalwiedergewinnungsfaktor (KWF), → Endwertfaktor (EWF) und → Restwertverteilungsfaktor (RVF).

Dynamische Investitionsrechnungsverfahren sind die → Kapitalwertmethode, die → interne Zinsfußmethode und die → Annuitätenmethode. Statische Investitionsrechnungsverfahren sind die → Kostenvergleichsrechnung, die → Gewinnvergleichsrechnung, die → Amortisationsrechnung und die → Rentabilitätsrechnung.

Investitionszulagengesetz (InvZulG)
Gesetz zur Förderung bestimmter, in § 2 InvZulG genannter → Investitionen in den neuen Bundesländern („Fördergebiet", § 1 Abs. 2 InvZulG), die zwischen 1991 und 1996 erfolgen (§ 3 Satz 1 InvZulG). Für Investitionen in → Betriebsstätten von → Kreditinstituten endete der Förderzeitraum bereits am 31.12.1994. Eine Investitionszulage in Höhe von 12, 8 bzw. 5 v. H. der → Anschaffungskosten und → Herstellungskosten der begünstigten Investitionen (§ 5 Abs. 1 InvZulG) erhalten auf Antrag (§ 6 InvZulG) → Steuerpflichtige im Sinne des Einkommen- und des Körperschaftsteuergesetzes, soweit sie nicht nach § 5 KStG von der → Körperschaftsteuer befreit sind (§ 1 Abs. 1 InvZulG). Erhöhte Zulagen sieht § 5 Abs. 2 und 3 InvZulG für Steuerpflichtige aus den neuen Bundesländern sowie für kleinere Unternehmen vor.

Für die Anschaffung und Herstellung von abnutzbaren beweglichen → Wirtschaftsgütern (einschl. nachträglicher Herstellungsarbeiten) sowie für Baumaßnahmen kommen für dasselbe Gebiet und denselben Zeitraum nach dem Fördergebietsgesetz zudem Sonderabschreibungen (bis zu 50 v.H.) und gewinnmindernde steuerfreie → Rücklagen (bis höchstens 20 Mio. DM im Wirtschaftsjahr) in Betracht.

Investivlohn
Lohnteil, der nicht an die → Arbeitnehmer ausgezahlt, sondern vermögenswirksam angelegt wird (→ Vermögenswirksames Sparen).

Investment
1. Die aus dem angloamerikanischen Sprachraum stammende allgemeine Bezeichnung für Geld- oder Kapitalanlage. Hier liegt auch der Ursprung des Begriffs → Investment Banking.

2. Im speziellen Sinne Bezeichnung für Geldanlage in → Anteilsscheinen einer → Kapitalanlagegesellschaft (→ Investmentzertifikate, → Bezeichnungsschutz für Kreditinstitute).

Investmentanalyse, → Finanzanalyse.

Investmentanalyst, → Finanzanalyst.

Investmentanteil
Anteil eines Anlegers am → Sondervermögen einer Investmentgesellschaft (→ Kapitalanlagegesellschaft). Der Anteil beinhaltet ein Eigentumsrecht des Anteilinhabers.
(→ Ausländischer Investmentanteil, → Investmentzertifikat)

Investment-Anteilsschein, → Investmentzertifikat.

Investment Banking
1. *I. e. S.:* Bankaktivitäten, die sich auf die Unterbringung (→ Plazierung), den Handel (→ Wertpapierhandel), die → Verwahrung und Verwaltung sowie die Beratung über Anlagen in → Wertpapieren und wertpapierähnlichen Instrumenten erstrecken.

2. *I. w. S.* zählen zum I. B. auch die → Unternehmensberatung, die Anbahnung von → Fusionen sowie die Vermittlung von Unternehmenskäufen und -verkäufen sowie → Beteiligungen (→ Mergers & Acquisitions). Das I. B. hat insbes. durch die → Finanzinnovationen an Bedeutung gewonnen. Der Begriff ist auf das → Trennbankensystem in den USA (→ Geschäftsbankensystem) zurückzuführen, in dem → Investment Banks als → Spezialbanken das Wertpapieremissions- und das Anlagengeschäft (Kauf und Verkauf von → Effekten) betreiben, während den Commercial Banks (→ Commercial Banking) das → Einlagen- und → Kreditgeschäft vorbehalten bleibt (→ Bankwesen USA). I. B. umfaßt Kundengeschäfte und → Effekteneigengeschäfte. Vgl. auch Abbildung S. 878.

Investment Banks
→ Geschäftsbanken, die das → Effektengeschäft als → Broker (Makler), Dealer (Eigenhändler) bzw. als → Underwriter (Emissionsbank, die die Unterbringung einer → Emission garantiert) betreiben. Die Unterscheidung zwischen I. B. (→ Wertpapierhäusern) und → Commercial Banks ist in dem amerikanischen → Trennbankensystem entstanden.
I. B. gibt es heute auch in anderen Ländern, so z. B. in England und Japan.
(→ Investment Banking)

Investmentclub
Vereinigung von → natürlichen Personen, die eine gemeinsame Anlage von Sparbeträgen der Mitglieder und deren Unterrichtung über die Vorgänge und Anlagemöglichkeiten an den Märkten über → Wertpapiere bezweckt, z. T. beraten und unterstützt durch → Kreditinstitute.

Investmentclub

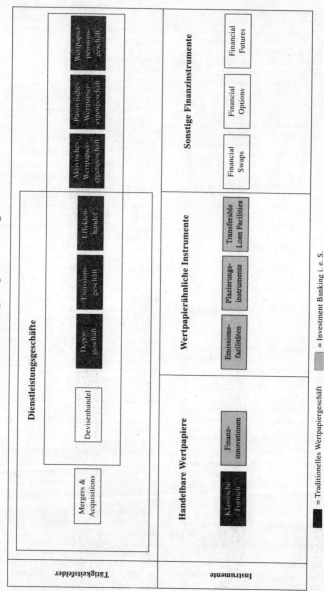

Quelle: Schierenbeck/Hölscher, Bank Assurance. Institutionelle Grundlagen der Bank- und Versicherungsbetriebslehre, Stuttgart 1992, S. 396

Investmentfonds

Die → Deutsche Schutzvereinigung für Wertpapierbesitz e. V. hat die Interessenvertretung der I. übernommen.

Investmenterträge, → Ertragsausschüttung, → Erträge aus Investmentanteilen, steuerliche Behandlung, → Zinsabschlag bei Erträgen aus Investmentanteilen.

Investmentfonds
Unit trust; → Sondervermögen, das bei einer → Kapitalanlagegesellschaft (KAG) gebildet wird, indem gegen Ausgabe von → Anteilscheinen (→ Investmentzertifikat) Geld im eigenen Namen der KAG und für gemeinschaftliche Rechnung der Anleger (Anteilscheininhaber) eingelegt wird und damit bestimmte Vermögensgegenstände (z. B. → Wertpapiere [→ Wertpapierfonds], Grundstücke [→ Immobilienfonds], stille Beteiligungen [→ Beteiligungsfonds]) nach dem Grundsatz der Risikomischung angeschafft werden. Die Anteilscheininhaber haben einen Anspruch auf jederzeitige Rücknahme der Zertifikate durch die KAG (→ offene Fonds).

Rechtsgrundlage für offene Fonds ist das → Gesetz über Kapitalanlagegesellschaften (KAGG) (Investmentgesetz). Das Investmentgesetz ist 1990 zur Umsetzung der EG-Richtlinie 85/611/EWG durch das → Finanzmarktförderungsgesetz novelliert worden und erlaubt seitdem den deutschen Fonds die Nutzung von → Finanzterminkontrakten und → Optionen. Der Vertrieb → ausländischer Investmentanteile unterliegt dem → Auslandinvestment-Gesetz.

Rechtsverhältnisse: Das Rechtsverhältnis zwischen KAG und Anteilscheininhabern wird durch Vertragsbedingungen bestimmt, die dem Erwerb von Anteilscheinen zugrunde gelegt werden und vom → Bundesaufsichtsamt für das Kreditwesen (BAK) genehmigt sein müssen (Inhalt: Benennung der → Depotbank, Anlagegrundsätze, Haltung von liquiden Mitteln und → Geldmarktpapieren, Ausgabe und Rücknahme von Anteilscheinen, Festsetzung des Ausgabepreises, Rücknahmepreis, Kostenregelung, Rechnungslegung usw.). Das Rechtsverhältnis zwischen KAG und Depotbank wird in einem Depotbankvertrag geregelt. Eine KAG kann mehrere Fonds (→ Sondervermögen) betreiben, die getrennt zu halten sind und sich durch ihre Bezeichnung unterscheiden müssen (§ 6 Abs. 3 KAGG). Das Sondervermögen ist vom eigenen Vermögen der KAG getrennt zu halten. Es haftet nicht für → Verbindlichkeiten der KAG, auch nicht für solche, die für gemeinschaftliche Rechnung der Anteilscheininhaber eingegangen wurden. Die KAG ist berechtigt, im eigenen Namen über die Gegenstände des Sondervermögens zu verfügen. Sie kauft und verkauft die Vermögensgegenstände. Die → Verwahrung des Sondervermögens sowie die Ausgabe und Rücknahme der Investmentzertifikate erfolgt durch die Depotbank, die auch wichtige Kontrollfunktionen wahrnimmt. Die Depotbank hat Wertpapiere und Einlagenzertifikate (→ Certificate of Deposit) (bei Wertpapierfonds) in ein Sperrdepot zu legen. Bei → offenen Immobilienfonds ist sie mit der Überwachung des Bestandes an → Grundstücken, bei Beteiligungsfonds mit der Überwachung der stillen Beteiligungen beauftragt.

Eigentum am Sondervermögen: In den Vertragsbedingungen ist festzulegen, ob das Sondervermögen im Miteigentum der Anteilseigner (Miteigentumslösung: → Miteigentum nach Bruchteilen) oder im alleinigen treuhänderischen Eigentum der Kapitalanlagegesellschaft (Treuhandlösung: → Treuhandeigentum) steht. Bei fast allen Wertpapierfonds ist die Miteigentumslösung verwirklicht worden. Bei Immobilienfonds und Beteiligungsfonds ist die Treuhandlösung gesetzlich vorgeschrieben. Formalrechtlich ist dann die KAG Eigentümerin des Fondsvermögens. Die Anteilseigner haben keine dinglichen, sondern nur schuldrechtliche → Ansprüche; sie sind → wirtschaftliche Eigentümer. In den praktischen Auswirkungen gibt es keine Unterschiede.

Arten: I. können nach mehreren Kriterien eingeteilt werden.
(1) Nach der *Art der im Sondervermögen befindlichen Vermögensgegenstände* werden im wesentlichen Wertpapierfonds, Beteiligungsfonds und Immobilienfonds unterschieden. Diese Fonds unterliegen (mit Ausnahme der → geschlossenen Immobilienfonds) dem Investmentgesetz (§ 1 Abs. 2 KAGG). Wertpapierfonds können → Aktienfonds, → Rentenfonds, → Geldmarktfonds oder → gemischte Fonds sein. Aktienfonds können ihren Anlageschwerpunkt in Deutschland oder im Ausland haben. Sie können eine breite Streuung der anzulegenden Mittel bevorzugen, können sich aber auch auf bestimmte Regionen oder Länder

879

Investmentgeschäft

(Länderfonds) oder Branchen (Branchenfonds) oder auf bestimmte Werte (z. B. auf Energie- und Rohstoffwerte, internationale Technologiewerte) konzentrieren (→ Spezialitätenfonds). Auch Rentenfonds können ihren Anlageschwerpunkt in Deutschland oder im Ausland haben. Rentenfonds können nach § 15 Abs. 3 Buchstabe k KAGG eine begrenzte Laufzeit haben (→ Laufzeitfonds). Immobilienfonds können offene Immobilienfonds oder geschlossene Immobilienfonds sein.

(2) Nach dem *Kreis der Erwerber* sind Publikumsfonds, die sich prinzipiell an jeden Anleger wenden, zu unterscheiden von den → Spezialfonds, die bestimmten institutionellen Anlegern oder nur einem bestimmten Anleger vorbehalten bleiben (Adressaten sind insbesondere Versicherungsgesellschaften, aber auch betriebliche Unterstützungskassen, kirchliche Institutionen und berufsständische Organisationen). Spezialfonds werden in § 1 Abs. 2 KAGG definiert. Publikumsfonds und Spezialfonds können Wertpapier-, Beteiligungs- oder Immobilienfonds sein. Publikumsfonds und Spezialfonds können sowohl klassische (traditionelle) Investmentfonds als auch Spezialitätenfonds sein, die trotz Beachtung des Grundsatzes der Risikomischung ein höheres Risikopotential haben.

(3) Nach der *Art der Verwendung der Erträge bzw.* → *Gewinne* sind Wertpapierfonds mit Ertragsausschüttung und Wertpapierfonds ohne Ertragsausschüttung zu unterscheiden. Bei letzteren werden sämtliche Erträge einbehalten und reinvestiert (→ Thesaurierungsfonds). Bei den Fonds mit Ertragsausschüttung (→ Ausschüttungsfonds) werden akkumulierende Fonds (sie schütten lediglich → Zinsen und → Dividenden aus, investieren jedoch realisierte Kursgewinne und Bezugsrechtserlöse) und distributive Fonds (sie schütten neben Zins- und Dividendenerträgen auch die Kursgewinne und Bezugsrechtserlöse aus) unterschieden.

Rechenschafts- und Publizitätspflicht: Strenge Bestimmungen regeln Inhalt und Prüfung des jährlichen → Rechenschaftsberichts einer Kapitalanlagegesellschaft, den Inhalt des Halbjahresberichts (→ Zwischenbericht einer Kapitalanlagegesellschaft) sowie die Pflicht zur Bekanntmachung der Berichte im → Bundesanzeiger. Der Rechenschaftsbericht muß von der Kapitalanlagegesellschaft für jedes Sondervermögen für den Schluß eines jeden → Geschäftsjahres erstattet und spätestens drei Monate nach Ablauf des Geschäftsjahres im Bundesanzeiger bekanntgemacht werden. Er muß einen Bericht über die Tätigkeit der Gesellschaft im abgelaufenen Geschäftsjahr und alle wesentlichen Angaben enthalten, die es den Anteilsinhabern ermöglichen, sich ein Urteil über die Tätigkeit der Kapitalanlagegesellschaft und die Ergebnisse des Sondervermögens zu bilden.

Steuerliche Behandlung: In deutschen I. vorhandenes → Vermögen ist steuerfreies Zweckvermögen. Die von dem I. bezogenen Einkünfte aus Dividenden, aus inländischen und ausländischen → Aktien, die Zinseinkünfte aus in- und ausländischen → Anleihen und die Mieteinkünfte aus inländischen Grundstücken (bzw. auch in geringem Umfang aus ausländischen Grundstücken) unterliegen keiner eigenen → Steuer des Sondervermögens. Seit 1977 wird das Sondervermögen eines I. aus technischen Gründen mit einer → Körperschaftsteuer in Höhe von jetzt 30%, bezogen auf die um Kosten des Fonds gekürzten inländischen Dividenden, die dem Fonds bei Zufluß (zuzüglich Körperschaftsteuer) gutgeschrieben werden, belastet. Diese Körperschaftsteuer wird dem Anleger (Anteilscheininhaber) auf seine Einkommensteuerschuld angerechnet bzw. bei Vorliegen bestimmter Voraussetzungen vergütet (→ Erträge aus Investmentanteilen, steuerliche Behandlung).

Investmentgeschäft

→ Bankgeschäft i. S. des KWG, das die in § 1 des Gesetzes über Kapitalanlagegesellschaften (KAGG) bezeichneten Geschäfte umfaßt (§ 1 Abs. 1 Satz 2 Nr. 6 KWG). Danach sind → Kapitalanlagegesellschaften „Unternehmen, deren Geschäftsbereich darauf gerichtet ist, bei ihnen eingelegtes Geld im eigenen Namen für gemeinschaftliche Rechnung der Einleger (Anteilscheininhaber) nach dem Grundsatz der Risikomischung in nach dem KAGG zugelassenen Vermögensgegenständen gesondert vom eigenen Vermögen in Form von Geldmarkt-, Wertpapier-, Beteiligungs- oder Grundstücks-Sondervermögen anzulegen und über die hieraus sich ergebenden Rechte der Einleger Urkunden (→ Anteilscheine) auszustellen". Das I. darf nicht in Kombination mit anderen Bankgeschäften betrieben werden. Mit der → Verwahrung von → Sondervermögen sowie mit der Ausgabe und Rücknahme von Anteilsscheinen hat die Kapitalanlagegesellschaft ein anderes → Kreditinstitut (→ Depotbank) zu beauftragen.

Investmentgesellschaft, → Kapitalanlagegesellschaft, → Bezeichnungsschutz für Kreditinstitute.

Investmentgesetz
Kurzbezeichnung für das → Gesetz über Kapitalanlagegesellschaften (KAGG).

Investment Grade
→ Rating nach → Standard & Poor's oder → Moody's von mindestens BBB- bzw. Baa3. Je schlechter das Rating ist, desto höher ist der → Yield Spread gegenüber → Staatsanleihen.
Gegensatz: → Speculative Grade.

Investment Horizon, → Planungshorizont.

Investmentkonto
→ Depotkonto bei einem → Kreditinstitut oder einer → Kapitalanlagegesellschaft zum Zwecke des Ansparens und Ansammelns eines Investmentvermögens.
(→ Anlagemöglichkeiten für Investmentsparer)

Investmentsparen
Bezeichnung für Geldanlagen in → Anteilsscheinen (→ Investmentzertifikate) an → Sondervermögen (→ Investmentfonds), die von → Kapitalanlagegesellschaften (Investmentgesellschaften) nach dem Grundsatz der Risikomischung als Wertpapier-Sondervermögen (→ Wertpapierfonds) oder als Beteiligungs-Sondervermögen (→ offene Immobilienfonds) aufgelegt werden. Die Kapitalanlagegesellschaft (KAG) handelt im eigenen Namen für gemeinschaftliche Rechnung der Anleger (Anteilsscheininhaber).
Bedeutung: Das I. ist eine Form des indirekten → Wertpapiersparens. Im Gegensatz zur Direktanlage ermöglicht I., sich auch mit kleineren Beträgen an einem breit gestreuten, von Fachleuten verwalteten Wertpapier- oder Immobilienvermögen zu beteiligen. Bei Erfüllung der im → Gesetz über Kapitalanlagegesellschaften (KAGG) aufgeführten Voraussetzungen (Anlage von Geldern nach dem Prinzip der Risikomischung in bestimmten Vermögensgegenständen [→ Wertpapiere, → Bezugsrechte, → Schuldscheindarlehen, → Optionen, → Finanzter-

minkontrakte, → Grundstücke, → Erbbaurechte, Stille Beteiligungen usw.]) und Zusammenfassung zu getrennt gehaltenen Wertpapier-Sondervermögen oder Beteiligungs-Sondervermögen oder Grundstücks-Sondervermögen haben die Investmentsparer einen gesetzlichen Anlegerschutz. Investmentsparer sind dann auch steuerlich nicht schlechter gestellt als bei direktem Wertpapiersparen (→ Erträge aus Investmentanteilen, steuerliche Behandlung). Eine Direktanlage in Wertpapieren oder → Immobilien nach dem Prinzip der Risikomischung erfordert höhere Anlagemittel, bessere Marktkenntnisse sowie einen größeren Zeitaufwand. Den Vorteilen des I. (Risikomischung, Möglichkeit zur Anlage kleiner Beträge, Nutzung von Expertenwissen, → Liquidität der Anlage aufgrund der Möglichkeit zur jederzeitigen Rückgabe der Anteile) steht der Nachteil der (im Vergleich zur Direktanlage) höheren Kosten gegenüber. Weitere Nachteile sind die durch die breite Streuung bedingte durchschnittliche Preisentwicklung (es sei denn, es handelt sich um → Spezialitätenfonds) sowie die Unbeweglichkeit großer Fondsvermögen (bei einer schnellen Umschichtung des Wertpapierportefeuilles können die Transaktionen stark kursbeeinflussend wirken). Je nach Fondskonstruktion kann die Ausschüttung auch zu Lasten der Substanz des → Sondervermögens gehen (realisierte Kursgewinne, Bezugsrechtserlöse). I. wird zunehmend auch von „wertpapierreifen" Anlegern mit entsprechender Einkommens- und Vermögenssituation genutzt. Über → Rendite, Sicherheit, Verfügbarkeit und Bequemlichkeit hinaus ist es vor allem die Dienstleistungsfunktion des Depotmanagements, die beim Anleger in den Vordergrund des Interesses rückt.
(→ Anlagemöglichkeiten für Investmentsparer)

Investment Trust Companies
→ Kapitalanlagegesellschaften in Großbritannien, die → Aktien und → Schuldverschreibungen ausgeben und die Mittel in → Effekten anlegen (→ Bankwesen Großbritannien).

Investmentzertifikat
Anteilsschein (i. e. S.), Investment-Anteilsschein, Investment Fund Certificate; → Wertpapier, das Anteile (Investmentanteile) an einem Wertpapier-Sondervermö-

Investmentzertifikat

gen (→ Wertpapierfonds) oder an einem Grundstücks-Sondervermögen (→ offener Immobilienfonds) oder an einem Beteiligungs-Sondervermögen (→ Beteiligungsfonds) einer Investmentgesellschaft (→ Kapitalanlagegesellschaft) verbrieft. Investmentanteile inländischer Kapitalanlagegesellschaften unterliegen dem → Gesetz über Kapitalanlagegesellschaften (KAGG), auch Investmentgesetz genannt. Investmentanteile ausländischer Investmentgesellschaften unterliegen dem dafür jeweils maßgebenden ausländischen Recht. Jedoch wird der Vertrieb solcher Zertifikate im Inland zum Schutze des deutschen Anlegers den Bestimmungen des → Auslandinvestmentgesetzes unterworfen.

Rechtliche Ausgestaltung: Inländische I. können als → Inhaberpapiere oder, wenn sie auf den Namen lauten, als → Orderpapiere ausgestellt werden. Im letzteren Fall stehen sie → Namensaktien gleich (§ 18 KAGG). Sie sind vertretbare → Kapitalwertpapiere und gehören damit zu der Gruppe der → Effekten. Ein I. verbrieft die Ansprüche des Anteilsscheininhabers gegenüber der Kapitalanlagegesellschaft (z. B. bei einem Wertpapierfonds das Recht auf → Miteigentum nach Bruchteilen am Fondsvermögen) den Anspruch auf ordnungsgemäße Verwaltung des Fondsvermögens (§ 10 KAGG) und den Anspruch auf Rücknahme des I. zu Lasten des Fondsvermögens (§ 11 Abs. 2 KAGG). Im Unterschied zum Aktionär besitzt der Inhaber keine Mitspracherechte. Der → Anteilsschein ist ein Quotenpapier (nennwertloses Wertpapier). Er lautet auf einen oder mehrere Anteile und → Mantel und → Bogen. Der Bogen enthält numerierte → Ertragsscheine und einen → Talon. Anteilsscheine dürfen nur gegen volle Leistung des Ausgabepreises ausgegeben werden. Der Gegenwert abzüglich des Aufschlags, der der Kapitalanlagegesellschaft für die Abgeltung der Ausgabekosten zusteht, ist unverzüglich dem → Sondervermögen zuzuführen.

Ausgabepreis/Anteilswert/Rücknahmepreis: Der Ausgabepreis für einen Anteilsschein muß dem Wert des Anteils am Sondervermögen zuzüglich eines in den Vertragsbedingungen festzusetzenden Aufschlags entsprechen. Der Wert des Anteils ergibt sich aus der Teilung des Wertes des Sondervermögens durch die Zahl der in den Verkehr gelangten Anteile. Dabei wird vom Tageswert der Vermögensgegenstände ausgegangen. Die zum Fonds gehörenden Barvermögen und → Forderungen werden hinzugerechnet, die zum Fonds gehörenden → Verbindlichkeiten abgezogen. Die Höhe des Ausgabeaufschlags ist von der Art des Fonds, seinem Anlageschwerpunkt und dem Vertriebsweg (Vertriebskosten) der Kapitalanlagegesellschaft abhängig.

Bei Ausgabe der ersten Anteilsscheins muß das Sondervermögen, sofern es sich um einen Publikumsfonds handelt, in so viele Teile zerlegt werden, daß der Wert jedes Anteils im Ausgabezeitpunkt nicht mehr als 100 DM beträgt (§ 21 Abs. 7 KAGG). Der Rücknahmepreis eines Anteilsscheins entspricht dem ermittelten Anteilswert (§ 21 Abs. 5 KAGG). Ausgabepreis und Rücknahmepreis werden börsentäglich ermittelt und veröffentlicht. Jeder Anteilsscheininhaber hat das Recht, von der Kapitalanlagegesellschaft börsentäglich gegen Rückgabe seines Anteilsscheins seinen Anteil am Sondervermögen ausgezahlt zu bekommen. Für Anteilsscheine an Grundstücks-Sondervermögen sind ergänzend die Vorschriften des § 34 KAGG zu beachten. Nach Abs. 2 ist mindestens einmal jährlich unter Berücksichtigung der Bewertung nach Abs. 1 der Wert des Anteils sowie der Ausgabe- und Rücknahmepreis eines Anteilsscheins nach Maßgabe des § 21 Abs. 2 zu ermitteln. Für Anteilsscheine an Beteiligungs-Sondervermögen sind ergänzend die Vorschriften des § 25d KAGG zu beachten.

Verkaufsprospekt: Vor Abschluß des → Vertrages über den Erwerb eines Anteilsscheins ist dem Erwerber ein datierter → Verkaufsprospekt der Kapitalanlagegesellschaft kostenlos zur Verfügung zu stellen. Diesem Prospekt sind die Vertragsbedingungen, der zuletzt veröffentlichte → Rechenschaftsbericht der Kapitalanlagegesellschaft und der anschließende veröffentlichte Halbjahresbericht beizufügen. Der Verkaufsprospekt muß über alle Punkte informieren, die im Zeitpunkt des Erwerbs für die Beurteilung der Anteilsscheine von wesentlicher Bedeutung sind. Er muß also genaue Angaben über die Kapitalanlagegesellschaft, die → Depotbank, die Anlageziele und die Anlagepolitik des Sondervermögens, die Bedingungen für die Ausgabe und Rücknahme der Anteilsscheine sowie die Berechnung der Ausgabe- und Rücknahmepreise enthalten. Der Prospekt muß den Käufer über sein Recht zum Widerruf nach § 23 KAGG belehren (§ 19 KAGG). Die Kapitalanlagegesellschaft trifft nach § 20 KAGG bei unrichtigen Angaben im Verkaufsprospekt eine → Prospekthaftung.

Erträge für die Anteilsscheininhaber: Diese ergeben sich bei Wertpapierfonds aus den dem Fonds zugeflossenen → Zinsen und → Dividenden (ordentliche Erträge) sowie aus Verkaufserlösen bei Wertpapier- oder Bezugsrechtsverkäufen (→ außerordentliche Erträge). Bei → offenen Immobilienfonds bilden die Mieterträge und die Zinseinnahmen die ordentlichen Erträge; die außerordentlichen Erträge sind → Veräußerungsgewinne aus → Grundstücken und → Wertpapieren. Da die Fonds nach dem KAGG von der → Körperschaftsteuer, der → Gewerbesteuer und der → Vermögensteuer befreit sind, wird gewährleistet, daß die Anteilsscheininhaber trotz Zwischenschaltung des Sondervermögens in steuerlicher Hinsicht mit den Direktanlegern weitgehend gleichbehandelt werden (→ Erträge aus Investmentanteilen, steuerliche Behandlung).

„**Investor**", → Bezeichnungsschutz für Kreditinstitute.

Investor Asset Swap
Variante eines → Asset Swap bei dem alle Aktivitäten zur Erzielung eines → synthetischen Assets vom Investor durchgeführt werden. I.d.R. hält der Anleger bereits beispielsweise einen → Straight Bond (→ Floating Rate Note (Straight Bond)), und möchte dieses Papier in ein → synthetisches Papier, d. h. einen synthetischen Floater, mit Hilfe eines Asset Swaps transferieren. Um das synthetische Asset herstellen zu können, tritt er in einen → Kuponswap ein, in dem er den → Festsatz (variablen Satz) zahlt bzw. den → variablen Zinssatz (Festsatz) erhält. Der Anleger geht eine → Long Position (→ Short Position) in einem Kuponswap ein.

Nachteile für den Anleger:
- Umfangreiche → Cash-flows aus dem → Asset und dem → Swap sind zu managen.
- Umfangreiche buchhalterische und bilanzielle Tätigkeiten, da sowohl das Asset als auch die Swapposition behandelt werden müssen.
- Der Anleger hat sowohl ein → Emittentenrisiko als auch ein → Counterpart Risiko.

- Soll der I.A.S. liquidiert werden, müssen sowohl das Asset als auch die Swapposition aufgelöst werden (→ Unwinding von Swaps).

Diese Nachteile führten zur Konstruktion von → Packaged Asset Swaps.

Investors' Relations, → Aktionärspflege.

IOC
Abk. für → Immediate-or-cancel.

IOSCO
Abk. für → International Organization of Securities Commissions.

IPE
Abk. für International Petroleum Exchange; → Options- und Terminbörsen an den internationalen Börsenplätzen.

IPMA
Abk. für → International Primary Markets Association.

IPS
Abk. für Indexed-Principal Swap (→ Swap).

IRC
Abk. für Interest Rate Cap (→ Cap).

IRG
Abk. für Interest Rate Guarantee.

IRR
Abk. für → Implied Repo Rate oder → Internal Rate of Return.

Irredeemable Bond
Synonym für → ewige Anleihe.

Irrevocable Credit
Unwiderrufliches → Dokumentenakkreditiv.

IRS
Abk. für Interest Rate Swap (→ Zins-Swap).

ISDA, → International Swap Dealers Association bzw. heute International Swaps and Derivatives Association.

ISDN
Abk. für Integrated Services Digital Network bzw. Integriertes Service- und Datennetz. Öffentliches Wählnetz, das als Teilkomponenten Telex-, Teletex-, Datex-L-, Datex-P-, Datex-J und Direktrufnetze um-

faßt. Das Datex-L-Netz (L für leitungsvermittelt) dient der leitungsvermittelten → Datenfernübertragung über das Datex-Netz. Es eignet sich besonders für den Dialogverkehr, z. B. für den Buchungsverkehr der → Kreditinstitute. Das Datex-P-Netz (P für paketvermittelt) ist v. a. für die Übertragung großer Datenmengen konzipiert. Relativ neu ist Datex-J, Nachfolger des Btx-Systems (→ Bildschirmtext).

ISIN
Abk. für International Standard Identification Number.

ISMA
Abk. für International Securities Market Association. Im Januar 1992 wurde AIBD in International Securities Market Association (ISMA) umbenannt. ISMA gilt als die größte und einflußreichste Organisation im internationalen Wertpapierhandel. Ihr gehören insgesamt 867 Mitgliedsunternehmen an. Während ISMA früher, als sie noch unter AIBD firmierte, als eine Vereinigung des Rentenhandels angesehen wurde, strebt sie heute mehr danach, die → Wertpapiermärkte in ihrer gesamten Vielfalt zu vertreten.
(→ ISMA-Rendite, → Moosmüller-Rendite, → ISMA-Kursberechnung, → Moosmüller-Kursberechnung)

ISMA-Kursberechnung
Die Formel zur Ermittlung des Kurses nach → ISMA bei → Straight Bonds mit → Jahreskupons lautet:

$$P_d = \frac{1}{(1+i)^t} \cdot \left[R + \frac{R \cdot \frac{r^{n-1}-1}{i} + 100}{r^{n-1}} \right]$$

wobei:
Pd = → Dirty Price
n = Anzahl ganzer Perioden
t = Teilperiode
r = Aufzinsungsfaktor
i = → Rendite nach → ISMA, d. h. r/100
R = Rentenrate, v. → Nominalzins.

Für eine → Anleihe mit einem Nominalzins von 5,5% und dem Fälligkeitstermin 2. 11. 1999 beträgt der → Clean Price bei einer → ISMA-Rendite von 5,5% am 30. 10. 1994 100%. Die → Restlaufzeit der Anleihe beträgt 5 Jahre und 2 Tage. Die Teilperiode liegt bei 0,00556 (2/360). Der Clean Price wird über den Dirty Price ermittelt:

$$105,47 = \frac{1}{(1+0,055)^{0,00556}} \cdot \left[5,5 + \frac{5,5 \cdot \frac{1,055^4 - 1}{0,055} + 100}{1,055^4} \right]$$

Der Dirty Price beträgt im Gegensatz zur → Moosmüller-Kursberechnung 105,4686 DM. Um den Clean Price (= 100,00) der Anleihe zu errechnen, werden die positiven → Stückzinsen in Höhe von 5,47 (= 5,5 · 358/360) vom Dirty Price (= 105,47) abgezogen.

ISMA-Rendite
Variante der → Yield-to-Maturity, die von der International Securities Market Association (→ ISMA) in den ISMA-Rules definiert wurde. Die I.-R. wurde bis Dezember 1991 als AIBD-Rendite bezeichnet, als ISMA noch unter AIBD firmierte. Bei der I.-R. werden die Teilperioden exponentiell diskontiert. Im Gegensatz zur I.-R. wird bei der → Moosmüller-Rendite die Teilperiode linear diskontiert. Bei vollen Jahren (z. B. drei, vier oder fünf Jahren) sind I.-R. und Moosmüller-Rendite immer identisch; bei Teilperioden ist die I.-R. höher als die Moosmüller-Rendite. I.-R. wird an allen → internationalen Finanzplätzen errechnet.
(→ Renditeberechnungsmethoden für Geld- und Kapitalmarktpapiere, → ISMA-Kursberechnung, → Moosmüller-Kursberechnung)

ISO-Währungscode
Von der International Standardization Organization (ISO) entwickelter EDV-schreibbarer Alpha-Code für Währungsbezeichnungen (ISO-Norm 4217). Er soll es ermöglichen, im internationalen Geldverkehr einheitlich abgekürzte Bezeichnungen für währungsbezogene Wertangaben zu verwenden. Das gilt z. B. für den gesamten Auslandszahlungsverkehr im → SWIFT-System. Die Abkürzungen ersetzen nicht die offiziellen nationalen Kurzbezeichnungen der → Währungen. Beim ISO-Währungscode bezeichnen die ersten beiden Buchstaben das Land (z. B. US), der dritte Buchstabe die Währung (z. B. D). Vgl. Übersicht S. 885–888.

ISO-Währungscode

ISO-Währungscodes

ISO-Code	Währung	Land bzw. Gebiet	ISO-Code	Währung	Land bzw. Gebiet	ISO-Code	Währung	Land bzw. Gebiet
AED	Dirham	Vereinigte Arabische Emirate	BIF	Burundi-Franc	Burundi	DEM	Deutsche Mark	Deutschland
AFA	Afghani	Afghanistan	BMD	Bermuda-Dollar	Bermuda	DJF	Dschibuti-Franc	Dschibuti
ALL	Lek	Albanien	BND	Brunei-Dollar	Brunei Darussalam	DKK	Dänische Krone	Dänemark Färöer Grönland
ANG	Niederl.-Antillen-Gulden	Niederländische Antillen	BOB	Boliviano	Bolivien	DOP	Dominikanischer Peso	Dominikanische Republik
AON	Neuer Kwanza	Angola	BRR	Cruzeiro real	Brasilien	DZD	Algerischer Dinar	Algerien
ARS	Argentinischer Peso	Argentinien	BSD	Bahama-Dollar	Bahamas			
			BTN	Ngultrum	Bhutan	ECS	Sucre	Ecuador
ATS	Schilling	Österreich	BWP	Pula	Botsuana	EEK	Estnische Krone	Estland
AUD	Australischer Dollar	Australien Heard und McDonald-Inseln Kiribati Kokosinseln Nauru Norfolkinsel Tuvalu Weihnachtsinsel	BZD	Belize-Dollar	Belize	EGP	Ägyptisches Pfund	Ägypten
			CAD	Kanadischer Dollar	Kanada	ESP	Peseta	Andorra Spanien
			CHF	Schweizer Franken	Liechtenstein Schweiz	ETB	Birr	Äthiopien
			CLP	Chilenischer Peso	Chile			
			CNY	Renminbi Yuan	China	FIM	Finnmark	Finnland
			COP	Kolumbianischer Peso	Kolumbien	FJD	Fidschi-Dollar	Fidschi
AWG	Aruba-Florin	Aruba	CRC	Costa-Rica-Colón	Costa Rica	FKP	Falkland-Pfund	Falklandinseln
BBD	Barbados-Dollar	Barbados	CUP	Kubanischer Peso	Kuba	FRF	Französischer Franc	Andorra Frankreich Französisch-Guayana Guadeloupe Martinique
BDT	Taka	Bangladesch	CVE	Kap-Verde-Escudo	Kap Verde			
BEF	Belgischer Franc	Belgien	CYP	Zypern-Pfund	Zypern			
BGL	Lew	Bulgarien	CZK	Tschechische Krone	Tschechische Republik			
BHD	Bahrain-Dinar	Bahrain						

ISO-Währungscode

ISO-Währungscodes (Fortsetzung)

ISO-Code	Währung	Land bzw. Gebiet	ISO-Code	Währung	Land bzw. Gebiet	ISO-Code	Währung	Land bzw. Gebiet
FRF	Französischer Franc	Monaco Réunion St. Pierre und Miquelon	ILS	Neuer Schekel	Israel	LAK	Kip	Laos
			INR	Indische Rupie	Bhutan Indien	LBP	Libanesisches Pfund	Libanon
			IQD	Irak-Dinar	Irak			
			IRR	Rial	Iran, Islamische Republik	LKR	Sri-Lanka-Rupie	Sri Lanka
GBP	Pfund Sterling	Großbritannien und Nordirland	ISK	Isländische Krone	Island	LRD	Liberianischer Dollar	Liberia
GHC	Cedi	Ghana	ITL	Italienische Lira	Italien San Marino Vatikanstadt	LSL	Loti (Plural: Maloti)	Lesotho
GIP	Gibraltar-Pfund	Gibraltar				LTL	Litas	Litauen
GMD	Dalasi	Gambia				LUF	Luxemburgischer Franc	Luxemburg
GNF	Guinea-Franc	Guinea	JMD	Jamaika-Dollar	Jamaika	LVL	Lats	Lettland
GRD	Drachme	Griechenland	JOD	Jordan-Dinar	Jordanien	LYD	Libyscher Dinar	Libysch-Arabische Dschamahirija
GTQ	Quetzal	Guatemala	JPY	Yen	Japan			
GWP	Guinea-Peso	Guinea-Bissau						
GYD	Guyana-Dollar	Guyana	KES	Kenia-Schilling	Kenia	MAD	Dirham	Marokko
			KGS	Kirgisistan-Som	Kirgisistan	MDL	Moldau-Leu	Moldau, Republik
HKD	Hongkong-Dollar	Hongkong	KHR	Riel	Kambodscha	MGF	Madagaskar-Franc	Madagaskar
HNL	Lempira	Honduras	KMF	Komoren-Franc	Komoren			
HRD	Kroatischer Dinar	Kroatien	KPW	Won	Korea, Demokratische Volksrepublik	MKD	Denar	Mazedonien
HTG	Gourde	Haiti				MMK	Kyat	Myanmar
HUF	Forint	Ungarn				MNT	Tugrik	Mongolei
			KRW	Won	Korea, Republik	MOP	Pataca	Macau
IDR	Rupiah	Indonesien	KWD	Kuwait-Dinar	Kuwait			
IEP	Irisches Pfund	Irland	KYD	Kaiman-Dollar	Kaimaninseln	MRO	Ouguiya	Mauretanien

ISO-Währungscode

ISO-Währungscodes (Fortsetzung)

ISO-Code	Währung	Land bzw. Gebiet	ISO-Code	Währung	Land bzw. Gebiet	ISO-Code	Währung	Land bzw. Gebiet
MTL	Maltesische Lira	Malta	PAB	Balboa	Panama	SCR	Seychellen-Rupie	Seychellen
MUR	Mauritius-Rupie	Mauritius	PEN	Neuer Sol	Peru	SDD	Sudanesischer Dinar	Sudan
MVR	Rufiyaa	Malediven	PGK	Kina	Papua-Neuguinea	SDP	Sudanesisches Pfund	Sudan
MWK	Malawi-Kwacha	Malawi	PHP	Philippinischer Peso	Philippinen	SEK	Schwedische Krone	Schweden
MXN	Mexikanischer Neuer Peso	Mexiko	PKR	Pakistanische Rupie	Pakistan	SGD	Singapur-Dollar	Singapur
MYR	Malaysischer Ringgit	Malaysia	PLZ	Zloty	Polen	SHP	St. Helena-Pfund	St. Helena
MZM	Metical	Mosambik	PTE	Escudo	Portugal	SIT	Tolar	Slowenien
			PYG	Guarani	Paraguay	SKK	Slowakische Krone	Slowakei
NAD	Namibia-Dollar	Namibia	QAR	Katar-Riyal	Katar	SLL	Leone	Sierra Leone
NGN	Naira	Nigeria				SOS	Somalia-Schilling	Somalia
NIO	Gold-Córdoba	Nicaragua	ROL	Leu	Rumänien	SRG	Suriname-Gulden	Suriname
NLG	Holländischer Gulden	Niederlande	RUR	Rubel	Aserbaidschan Belarus Georgien Russische Föderation Tadschikistan Usbekistan	STD	Dobra	São Tomé und Príncipe
NOK	Norwegische Krone	Norwegen				SVC	El-Salvador-Dolón	El Salvador
NPR	Nepalesische Rupie	Nepal	RWF	Ruanda-Franc	Ruanda	SYP	Syrisches Pfund	Syrien
NZD	Neuseeland-Dollar	Cookinseln Neuseeland Niue Pitcairninseln Tokelau	SAR	Saudi Riyal	Saudi-Arabien	SZL	Lilangeni (Plural: Emalangeni)	Swasiland
			SBD	Salomonen-Dollar	Salomonen	THB	Baht	Thailand
OMR	Rial Omani	Oman				TMM	Turkmenistan-Manat	Turkmenistan

ISO-Währungscode

ISO-Währungscodes (Fortsetzung)

ISO-Code	Währung	Land bzw. Gebiet	ISO-Code	Währung	Land bzw. Gebiet	ISO-Code	Währung	Land bzw. Gebiet
TND	Tunesischer Dinar	Tunesien	USD	US-Dollar	Vereinigte Staaten	XOF	CFA-Franc	Niger
TOP	Pa'anga	Tonga	UYU	Uruguayischer Peso	Uruguay			Senegal
TRL	Türkisches Pfund/ Türkische Lira	Türkei	VEB	Bolivar	Venezuela			Togo
TTD	Trinidad-und-Tobago-Dollar	Trinidad und Tobago	VND	Dong	Vietnam	XPF	CFP-Franc	Französisch Polynesien
TWD	Neuer Taiwan-Dollar	China (Taiwan)	VUV	Vatu	Vanuatu			Neukaledonien
TZS	Tansania-Schilling	Tansania	WST	Tala	Samoa			Wallis und Futuna
UAK	Karbowanez	Ukraine	XAF	CFA-Franc	Äquatorialguinea	YER	Jemen-Rial	Jemen
UGX	Uganda-Schilling	Uganda			Gabun	YUN	Jugoslawischer Dinar	Jugoslawien, Bundesrepublik
USD	US-Dollar	Amerikanisch-Samoa			Kamerun			
		Guam			Kongo	ZAL	Rand (Financial Rand)	Lesotho
		Haiti			Tschad			Südafrika
		Jungferninseln, Amerikanische			Zentralafrikanische Republik	ZAR	Rand (Commercial Rand)	Lesotho
		Jungferninseln, Britische	XCD	Ostkaribischer Dollar	Anguilla			Namibia
		Nördliche Marianen			Antigua und Barbuda			Südafrika
		Föderierte Staaten von Palau			Dominica	ZMK	Kwacha	Sambia
					Grenada	ZRN	Neuer Zaire	Zaire
		Panama			Montserrat	ZWD	Simbabwe-Dollar	Simbabwe
		Puerto Rico			St. Kitts und Nevis		Nachrichtlich:	
		Turks- u. Caicosinseln			St. Lucia und die Grenadinen	XAG	Silber	
			XOF	CFA-Franc	Benin	XAU	Gold	
					Burkina Faso	XDR	Sonderziehungsrecht	
					Côte d'Ivoire	XEU	Europäische Währungseinheit	
					Mali	XPD	Palladium	
						XPT	Platin	

Issue Date
Tag, an dem der →Emittent den Gegenwert der Neuemission erhält.

Issue linked Warrant
→Optionsschein, der aus der →Emission von →Optionsanleihen oder →Genußscheinen mit Optionsrechten (→Optionsgenußscheine) stammt. I. l. W. haben im Gegensatz zu →nackten Optionsscheinen längere →Laufzeiten von bis zu zehn Jahren. I. l. W. werden emittiert, um zum Emissionszeitpunkt die Optionsanleihe oder den Genußschein über einen zusätzlichen Investitionsanreiz für den Anleger interessanter zu gestalten. Die →Erfüllung bei I. l. W. erfolgt i. d. R. physisch, d. h. der →Emittent liefert den →Basiswert bei →Fälligkeit an den Anleger.

Issuing Houses
→Bankengruppe in Großbritannien, die zur Gruppe der →Merchant Banks gehört. Als Emissionsbanken übernehmen diese Institute die Garantie für die Unterbringung von →Wertpapieren (→Bankwesen Großbritannien).

Istkosten
Alle während einer bestimmten Abrechnungsperiode tatsächlich angefallenen →Kosten (→Kosten im Bankbetrieb). Bei →Kostenarten mit eindeutigem Mengen- oder Zeitgerüst Berechnung als Produkt aus Istverbrauch und Istpreis, sonst gemäß den Belegen. Abweichend von der üblichen Terminologie versteht man bei der Abweichungsanalyse in der Plankostenrechnung (→Plankosten) unter I. die zu Planpreisen bewertete Istverbrauchsmenge.
Gegensatz: →Normalkosten.

IWF, →Internationaler Währungsfonds.

J

JAGSV
→ Rechtsverordnung über die Anlage zum →Jahresabschluß von →Kreditinstituten, die eingetragene →Genossenschaften oder →Sparkassen sind.

Jahresabschluß
Der J. umfaßt in der →Einzelunternehmung und in →Personengesellschaften →Bilanz und →Gewinn- und Verlustrechnung (GuV), in der →Kapitalgesellschaft zusätzlich →Anhang und →Lagebericht. Der J. hat ein den tatsächlichen Verhältnissen entsprechendes Bild der Vermögens-, Finanz- und Ertragslage zu vermitteln. Für den J. gelten folgende allgemeine Grundsätze: (a) Grundsätze ordnungsmäßiger Buchführung (§ 243 Abs. 1 HGB), (b) Klarheit und Übersichtlichkeit (§ 243 Abs. 2 HGB), (c) fristgerechte Aufstellung (§ 243 Abs. 3 HGB), (d) Vollständigkeit (§ 246 Abs. 1 HGB), (e) Saldierungsverbot (§ 246 Abs. 2 HGB), (f) Bilanzidentität (§ 252 Abs. 1 Nr. 1 HGB), die Wertansätze in der Eröffnungsbilanz des →Geschäftsjahres müssen mit denen der Schlußbilanz des vorhergehenden Geschäftsjahres übereinstimmen, (g) Unternehmensfortführung (§ 252 Abs. 1 Nr. 2 HGB); bei der →Bewertung ist von der Fortführung der Unternehmenstätigkeit auszugehen, sofern dem nicht tatsächliche oder rechtliche Gegebenheiten entgegenstehen, (h) Stichtagsbezogenheit (§ 252 Abs. 1 Nr. 3 HGB); die Vermögensgegenstände und →Schulden sind zum Abschlußstichtag zu bewerten, (i) Einzelbewertung (§ 252 Abs. 1 Nr. 3 HGB); die Vermögensgegenstände und Schulden sind einzeln zu bewerten, (j) Vorsicht (§ 252 Abs. 1 Nr. 4 HGB); nach dem Imparitätsprinzip sind namentlich alle vorhersehbaren Risiken und Verluste, die bis zum Abschlußstichtag entstanden sind, zu berücksichtigen, selbst wenn diese erst zwischen dem Abschlußstichtag und dem Tag der Aufstellung des J. bekanntgeworden sind; nach dem →Realisationsprinzip sind →Gewinne nur zu berücksichtigen, wenn sie am Bilanzstichtag realisiert sind, (k) Periodenabgrenzung (§ 252 Abs. 1 Nr. 5 HGB); →Aufwendungen und →Erträge des Geschäftsjahres sind unabhängig von den Zeitpunkten der entsprechenden Zahlungen im J. zu berücksichtigen, (l) Bewertungsstetigkeit (§ 252 Abs. 1 Nr. 6 HGB); die auf den vorhergehenden J. angewandten Bewertungsmethoden sollen beibehalten werden, (m) →Anschaffungskosten bzw. Herstellungskostenprinzip (§ 253 HGB).

Der J. muß bei mittelgroßen und großen *Kapitalgesellschaften* und den unter das →Publizitätsgesetz fallenden Unternehmen in den ersten drei Monaten des folgenden Geschäftsjahres, bei kleinen Kapitalgesellschaften in den ersten sechs Monaten, bei →Genossenschaften in den ersten fünf Monaten aufgestellt werden. Bei Einzelunternehmen und *Personengesellschaften* muß der J. innerhalb einer einem ordnungsmäßigen Geschäftsgang entsprechenden Zeit, d. h. i. d. R. innerhalb eines Jahres, erstellt werden. Im Hinblick auf § 18 KWG wird oft eine Verkürzung dieser Fristen seitens des kreditgewährenden Instituts herbeigeführt.

Jahresabschlußanalyse, →Bilanzanalyse.

Jahresabschluß der Deutschen Bundesbank, →Deutsche Bundesbank, Jahresabschluß.

Jahresabschluß der Kreditgenossenschaften
Rechnungsabschluß eines →Geschäftsjahres, der – wie der →Jahresabschluß der Kreditinstitute – aus →Bilanz, →Gewinn- und Verlustrechnung und →Anhang besteht, die offenlegungspflichtig sind. Daneben ist ein →Lagebericht zu erstellen. Auch für →Kreditgenossenschaften gelten die durch das

Jahresabschluß der Kreditinstitute

→Bankbilanzrichtlinie-Gesetz eingefügten Vorschriften des 4. Abschnitts des 3. Buches im HGB sowie die Bestimmungen der →Rechnungslegungsverordnung (→Rechnungslegungsrecht der Kreditinstitute), ferner die →Verordnung über die Anlage zum Jahresabschluß von Kreditinstituten, die eingetragene Genossenschaften oder Sparkassen sind (JAGSV).
Als →Eigenkapital werden die →Geschäftsguthaben sowie →Rücklagen (i.S. von § 10 Abs. 2 Nr. 3 KWG) ausgewiesen, bei denen die →Ergebnisrücklagen an die Stelle der →Gewinnrücklagen treten. Als weitere Eigenkapitalposten kommen ggf. in Betracht: Hafteinlagen i. S. von § 10 Abs. 4 KWG (→stille Vermögenseinlagen) und →Genußrechtskapital (§ 10 Abs. 5 KWG).
Der Jahresabschluß wird von dem zuständigen →genossenschaftlichen Prüfungsverband geprüft. Die Feststellung des Jahresabschlusses erfolgt durch die →Generalversammlung oder durch die →Vertreterversammlung.

Jahresabschluß der Kreditinstitute

Rechnungsabschluß eines →Geschäftsjahres, der offenlegungspflichtig ist (→Publizitätspflicht der Kreditinstitute). Der Jahresabschluß besteht aus →Bilanz, →Gewinn- und Verlustrechnung und →Anhang (→Bankbilanz, →Gewinn- und Verlustrechnung der Kreditinstitute, →Formblätter, →Anhang zum Jahresabschluß der Kreditinstitute). Daneben ist ein →Lagebericht zu erstellen (→Lagebericht der Kreditinstitute).

Aufgabe und Bedeutung: Der J. d. K. hat unter Beachtung der Grundsätze ordnungsmäßiger Buchführung ein den tatsächlichen Verhältnissen entsprechendes Bild der Vermögens-, Finanz- und Ertragslage des →Kreditinstituts zu vermitteln (§ 340a Abs. 1 HGB i. V. mit § 264 Abs. 1 HGB). Der Jahresabschluß hat für→ Gläubiger, Anteilseigner, Staat (einschl. →Bankenaufsicht) und für die Öffentlichkeit eine besondere Informations- und Schutzfunktion. Mit dem Jahresabschluß wird eine hinsichtlich der Wertansätze durchgehend überprüfte Gegenüberstellung der Vermögenswerte und der →Schulden sowie der →Aufwendungen und →Erträge des abgelaufenen Geschäftsjahres vorgelegt.

Aufstellung und Vorlage: Kreditinstitute haben ihren Jahresabschluß in den ersten drei Monaten nach Ablauf des Geschäftsjahres aufzustellen. Jahresabschluß und Lagebericht sind unverzüglich dem →Bundesaufsichtsamt für das Kreditwesen und der →Deutschen Bundesbank einzureichen. Der Jahresabschluß ist in einer →Anlage zu erläutern (gem. § 26 Abs. 1 KWG). Er muß mit dem →Bestätigungsvermerk oder einem Vermerk über die Versagung der Bestätigung versehen sein. Auch der Prüfungsbericht ist grundsätzlich einzureichen (§ 26 Abs. 1 KWG).

Prüfung: Kreditinstitute müssen ihren Jahresabschluß und ihren Lagebericht durch einen →Abschlußprüfer prüfen lassen (§ 340k Abs. 1 HGB i. V. mit § 316 Abs. 1 HGB) Die Prüfung muß spätestens fünf Monate nach Ablauf des Geschäftsjahres vorgenommen werden. Abschlußprüfer können Wirtschaftsprüfer und Wirtschaftsprüfungsgesellschaften sein (§ 319 Abs. 1 HGB). Jahresabschluß und Lagebericht von→ Kreditgenossenschaften werden von dem zuständigen →genossenschaftlichen Prüfungsverband, Jahresabschluß und Lagebericht von →Sparkassen von der Prüfungsstelle eines →regionalen Sparkassen- und Giroverbandes durchgeführt (§ 340k Abs. 2 bzw. Abs. 3 HGB) (→Prüfungsverbände). Nur ein geprüfter Jahresabschluß kann festgestellt (gebilligt) werden (§ 316 Abs. 1 Satz 2 HGB). Auch der festgestellte Jahresabschluß ist dem BAK und der Bundesbank unverzüglich einzureichen (§ 26 Abs. 1 KWG) Vgl. im einzelnen →Jahresabschluß der Kreditinstitute, Prüfung.

Offenlegung: Kreditinstitute müssen den Jahresabschluß und den Lagebericht sowie den Bericht des →Aufsichtsrats bzw. des →Verwaltungsrats, den Ergebnisverwendungsvorschlag bzw. den Ergebnisverwendungsbeschluß in den ersten neun Monaten nach Ablauf des Geschäftsjahres offenlegen (§ 340l Abs. 1 Satz 1 HGB). Für Kreditinstitute gilt Bundesanzeigerpublizität. Das bedeutet, daß die offenzulegenden Unterlagen zunächst im →Bundesanzeiger bekannt zu machen sind und im zweiten Schritt die Bekanntmachung im Bundesanzeiger unter Beifügung der Unterlagen zum →Handelsregister des Sitzes des Kreditinstituts einzureichen ist (§ 325 Abs. 2 HGB). Für Kreditgenossenschaften tritt an die Stelle des Handelsregisters das →Genossenschaftsregister (§ 340 Abs. 3 HGB). Kreditinstitute, deren Bilanzsumme am Bilanzstichtag 300 Mio. DM nicht übersteigt,

Jahresabschluß der Kreditinstitute – Übersicht

	Aktien-gesellschaft	Einzelfirma, OHG, KG (Privat-bankiers)	GmbH	Sparkassen	Kredit-genossen-schaften
Aufstellung	Vorstand	Inhaber bzw. vertretungs-berechtigte Gesellschafter	Geschäfts-führer	Vorstand	Vorstand
Prüfung	Wirtschaftsprüfer, Wirtschaftsprüfungs-gesellschaft			Prüfungsstelle des zuständi-gen Sparkas-sen- und Giro-verbandes	Zuständiger genossen-schaftlicher Prüfungs-verband
Feststellung	grundsätzlich Billigung durch Auf-sichtsrat (mögliche Ausnahmen: §§ 172, 173 AktG)	Billigung durch In-haber bzw. Gesellschafter	Billigung durch Gesell-schafterver-sammlung	Billigung durch Verwal-tungsrat	Billigung durch General-versammlung
Offenlegung	Grundsätzlich sind alle Kreditinstitute zur Offenlegung ihres Jahresabschlusses im Bundesanzeiger verpflichtet.				

dürfen auf eine Veröffentlichung im Bundesanzeiger verzichten. Sie müssen die offenzulegenden Unterlagen nur beim Handelsregister hinterlegen und eine entsprechende Hinweisbekanntmachung im Bundesanzeiger vornehmen. Für die Publizitätspflicht von → Zweigstellen ausländischer Banken (→ Auslandsbanken) besteht eine Sonderregelung. Zweigniederlassungen aus EG-Mitgliedstaaten müssen die von der Hauptniederlassung aufzustellenden Rechnungslegungsunterlagen offenlegen. Zweigniederlassungen von Kreditinstituten mit Sitz in einem Nichtmitgliedstaat der EG müssen auf ihre eigene Tätigkeit bezogene Rechnungslegungsunterlagen offenlegen.

Jahresabschluß der Kreditinstitute, Feststellung, → Feststellung des Jahresabschlusses bei Kreditinstituten.

Jahresabschluß der Kreditinstitute, Offenlegung, → Publizitätspflicht der Kreditinstitute.

Jahresabschluß der Kreditinstitute, Prüfung
Rechtsgrundlagen für die Prüfung der → Kreditinstitute sind § 340k HGB, §§ 316–324 HGB, 27–30 KWG und die Prüfungsrichtlinien des → Bundesaufsichtsamts für das Kreditwesen. Für die Prüfung des Jahresabschlusses von → Kreditgenossenschaften sind §§ 53ff. GenG maßgebend.

Prüfungspflicht: Kreditinstitute müssen unabhängig von ihrer Größe ihren → Jahresabschluß und ihren → Lagebericht sowie ihren Konzernabschluß und ihren Konzernlagebericht nach den Vorschriften der §§ 28–30 KWG sowie der §§ 316 bis 324 HGB prüfen lassen (§ 340k HGB i. V. mit § 316 Abs. 1 HGB). Die Prüfung muß spätestens fünf Monate nach Ablauf des → Geschäftsjahres vorgenommen werden (§ 340k Abs. 1 Satz 2 HGB). Über die Prüfung des Jahresabschlusses ist ein Prüfungsbericht zu erstellen. Nur ein geprüfter Jahresabschluß kann festgestellt (gebilligt) werden (§ 316 Abs. 1 Satz 2 HGB). Der Jahresabschluß ist unverzüglich nach der Prüfung festzustellen (§ 340k Abs. 1 Satz 3 HGB).

Abschlußprüfer: § 340k HGB legt fest, werden Jahresabschluß von Kreditinstituten prüft. Kreditinstitute in der Rechtsform der AG, GmbH, OHG, KG und der Einzelfirma werden von einem → Abschlußprüfer

Jahresabschluß der Kreditinstitute

(Wirtschaftsprüfer oder Wirtschaftsprüfungsgesellschaft) geprüft, der von den Gesellschaftern gewählt worden ist. Kreditgenossenschaften werden grundsätzlich von dem Prüfungsverband geprüft, bei dem die Genossenschaft Mitglied ist. →Sparkassen werden von der Prüfungsstelle eines Sparkassen- und Giroverbandes geprüft.

Gegenstand: Jahresabschluß unter Einbeziehung der Buchführung (→Jahresabschluß der Kreditinstitute), Lagebericht (→Lagebericht der Kreditinstitute) sowie Konzernabschluß (→Konzernabschluß von Kreditinstituten) und Konzernlagebericht (→Konzernlagebericht von Kreditinstituten). Nach § 317 HGB hat sich die Prüfung des Jahresabschlusses und des Konzernabschlusses darauf zu erstrecken, ob die gesetzlichen Vorschriften und sie ergänzende Bestimmungen des →Gesellschaftsvertrags oder der →Satzung beachtet sind. Der Lagebericht und der Konzernlagebericht sind darauf zu prüfen, ob der Lagebericht mit dem Jahresabschluß und der Konzernlagebericht mit dem Konzernabschluß in Einklang stehen und ob die sonstigen Angaben im Lagebericht nicht eine falsche Vorstellung von der Lage des Unternehmens und im Konzernlagebericht von der Lage des →Konzerns erwecken (§ 317 Abs. 1 HGB). Der Abschlußprüfer des Konzernabschlusses hat auch die im Konzernabschluß zusammengefaßten Jahresabschlüsse darauf zu prüfen, ob sie den Grundsätzen ordnungsmäßiger Buchführung entsprechen und ob die für die Übernahme in den Konzernabschluß maßgeblichen Vorschriften beachtet sind (§ 317 Abs. 2 HGB).

Prüfungsbericht: Für Berichte über die Prüfung von Jahresabschlüssen, die für nach dem 30. 9. 1993 beginnende Geschäftsjahre erstellt werden, gilt anstelle der Prüfungsrichtlinien des Bundesaufsichtsamtes für das Kreditwesen die von diesem erlassene Verordnung über den Inhalt der Prüfungsberichte zu den Jahresabschlüssen und Zwischenabschlüssen der Kreditinstitute vom 21.7.1994 (BGBl. I S. 1803). Gemäß § 2 Abs. 1 PrüfungsberichtsVO muß der Prüfungsbericht so übersichtlich und vollständig sein, daß aus ihm die wirtschaftliche Lage des Kreditinstituts mit hinreichender Klarheit ersichtlich ist. Darzulegen sind jedoch auch solche für die Beurteilung der wirtschaftlichen Lage besonders bedeutsamen Vorgänge, die nach dem Bilanzstichtag eingetreten sind (§ 3 Abs. 3).

A. *Allgemeiner Teil*

I. *Darstellung der rechtlichen, wirtschaftlichen und organisatorischen Grundlagen (§§ 5–11) und der geschäftlichen Entwicklung im Berichtszeitraum*
Hier ist die geschäftliche Entwicklung des Instituts unter Gegenüberstellung der für sie kennzeichnenden Zahlen des Geschäftsjahres und des Vorjahres zu erläutern (§ 12).

II. *Darstellung der Vermögenslage*
Hier ist u. a. die Vermögenslage am Bilanzstichtag unter Angabe der angewandten Bewertungsgrundsätze darzustellen und zu beurteilen. Dabei ist über Art und Umfang →stiller Reserven zu berichten (§ 14).
Das →haftende Eigenkapital der Kreditinstitute nach § 10 und § 13 KWG ist zum Bilanzstichtag darzustellen (§ 15). Der →Grundsatz I gemäß § 10 KWG ist zu errechnen und in Vergleich zum Vorjahr zu setzen (§ 16).
Vorgeschrieben ist ferner der Bericht über Währungsgeschäfte (§ 17), Derivate (§ 18) und zur Risikovorsorge (§ 19).

III. *Darstellung der Liquiditätslage*
Die Liquiditätslage am Bilanzstichtag ist darzustellen und zu beurteilen. Die Grundsätze II und III gemäß § 11 KWG sind nach den Werten der Jahresbilanz zu errechnen und in Vergleich zum Vorjahr zu setzen (§ 20).

IV. *Darstellung der Ertragslage*
Hierbei sind ordentliche und außerordentliche →Aufwendungen und →Erträge im Vergleich zum Vorjahr aufzugliedern und gegenüberzustellen. Besonderheiten (z. B. bei Personalkosten, Sachkosten, →Abschreibungen, den Wertberichtigungsbedarf, den bankfremden Aufwendungen und Erträgen) sind zu erläutern. Aufgelöste und angelegte Reserven gemäß § 340f HGB sind anzugeben (§ 24).

V. *Kreditgeschäft*
Darzustellen sind die wesentlichen strukturellen Merkmale.
Die Organisation des Kreditgeschäfts (Kreditbearbeitung, Kreditunterlagen, → Kreditüberwachung, Beachtung satzungsmäßiger und gesetzlicher Begrenzungen, Befolgung von Arbeitsanweisungen durch die Kreditsachbearbeiter, Mahnwesen) ist zu beurteilen. Ferner ist zusammenfassend die Handhabung des Instituts bei der Verwaltung und Überwachung der → Kreditsicherheiten darzustellen (§ 27 Abs. 1, 2).
Das Kreditgeschäft ist allgemein in wirtschaftlicher Hinsicht zu beurteilen (Bonität der Kreditnehmer, Sicherheiten, Rückstände, besondere Risiken). Der Prüfer hat darzulegen, welche Risiken am Bilanzstichtag erkennbar sind, ob und inwieweit → Wertberichtigungen, insbesondere → Einzelwertberichtigungen bzw. → Rückstellungen, zu ihrer Deckung gebildet worden sind und ob er diese für ausreichend hält (§ 27 Abs. 3).
Die Relationen der → Großkredite gemäß § 13 Abs. 3 KWG sind zum Bilanzstichtag zu errechnen.
Der Prüfer hat festzustellen, ob das Kreditinstitut im Berichtszeitraum die Vorschrift des § 18 KWG (Offenlegung der wirtschaftlichen Verhältnisse) beachtet hat.
VI. *Darstellung des Anzeigenwesens*
VII. *Pflichten aus dem Geldwäschegesetz*, einschließlich aus der gebotenen internen Sicherungsmaßnahmen (§ 39)
VIII. *Sonstige Zusatzvorschriften für Bausparkassen* (§ 40)
IX. *Zusammenfassende Zusatzbemerkung* (§ 41)
In den einzelnen Unterabschnitten des Allgemeinen Teils der PrüfungsberichtsVO finden sich jeweils ergänzende Vorschriften zu einzelnen Bankengruppen.

B. *Besonderer Teil*

I. *Erläuterungen zu den einzelnen Bilanzposten, Bilanzvermerken und Posten der Gewinn- und Verlustrechnung (§§ 42–44)*

II. *Darstellung der bemerkenswerten Kredite (§§ 46–48)*
Alle bemerkenswerten Kredite sind einzeln zu besprechen. Als bemerkenswert sind auch Engagements zu besprechen, die etwa im Rahmen des gesamten Kreditgeschäfts von relativ großer Bedeutung sind oder auf die im erheblichen Umfange Wertberichtigungen zu bilden waren oder bei denen die begründete Gefahr besteht, daß sie mit größeren Teilen notleidend werden (§ 46 Abs. 5). Die Bonität der besprochenen Kredite ist aufgrund der gesamten Unterlagen des Kreditinstituts eingehend zu beurteilen. Die Sicherheiten sind nach ihrem Wert (z. B. rechtlicher Bestand, Leistungsfähigkeit eines Bürgen, offene oder stille Zessionen) darzustellen.
§§ 49, 50 PrüfungsberichtsVO enthalten die dem Prüfungsbericht beizufügenden Anlagen. Gemäß § 51 finden die Vorschriften im wesentlichen auch auf den Konzernprüfungsbericht Anwendung (→ Konzernrechnungslegung der Kreditinstitute).

Der Abschlußprüfer hat den Prüfungsbericht unverzüglich nach Beendigung der Prüfung dem Bundesaufsichtsamt und der Bundesbank einzureichen; bei Kreditinstituten, die einem → genossenschaftlichen Prüfungsverband angehören oder durch die Prüfungsstelle eines → regionalen Sparkassen- und Giroverbandes geprüft werden, ist der Prüfungsbericht nur auf Anforderung einzureichen (§ 26 Abs. 1 KWG).

Jahresabschluß der Kreditinstitute, Rechtsgrundlagen

Für den → Jahresabschluß der Kreditinstitute gelten die *Vorschriften des HGB* (Rechnungslegungsvorschriften). → Kreditinstitute sind Kaufleute nach § 1 HGB, daher gelten die Vorschriften des 1. Abschnittes des 3. Buches des HGB. Kreditinstitute sind Unternehmen eines bestimmten Geschäftszweigs, auf den grundsätzlich die HGB-Vorschriften für große Kapitalgesellschaften anzuwenden sind (2. Abschnitt des 3. Buches des HGB). Kreditinstitute haben die branchenspezifischen Vorschriften des 4. Abschnitts des 3. Buches des HGB

895

(eingefügt durch das →Bankbilanzrichtlinie-Gesetz) und die Bestimmungen der →Rechnungslegungsverordnung anzuwenden.
Die *Rechnungslegungsverordnung* ersetzt ab Jahresabschluß 1993 die →Formblattverordnung des Bundesjustizministers und die →Bilanzierungsrichtlinien des →Bundesaufsichtsamtes für das Kreditwesen sowie für →Sparkassen die Runderlasse der Länder mit Formblättern und Bilanzierungsrichtlinien, die jeweils bis einschließlich Jahresabschluß 1992 anzuwenden waren.
Das →*Kreditwesengesetz* enthält solche Rechnungslegungsvorschriften, die in unmittelbarem Zusammenhang mit der →Bankenaufsicht stehen, nämlich über die Vorlegung von Rechnungslegungsunterlagen, die Prüferbestellung und Prüfung.
Aktiengesetz, GmbH-Gesetz und Genossenschaftsgesetz sowie die Sparkassengesetze der Länder enthalten rechtsformbezogene Regelungen für Sonderprobleme der Rechnungslegung dieser Unternehmen, wie z.B. für die Bildung von →Rücklagen, Ergebnisverwendung.

Bestimmte Institutsgruppen haben für die Rechnungslegung ergänzend *Spezialgesetze* zu beachten.
Steuerrechtliche Vorschriften enthalten vor allem die →Abgabenordnung (AO), das Einkommensteuergesetz (EStG) mit Einkommensteuer-Durchführungsverordnung (EStDV) und Einkommensteuer-Richtlinien (EStR) und das Körperschaftsteuergesetz (KStG) mit Körperschaftsteuer-Durchführungsverordnung (KStDV) und Körperschaftsteuer-Richtlinien (KStR).

Jahresabschluß der Sparkassen

Rechnungsabschluß eines →Geschäftsjahres, der – wie der →Jahresabschluß der Kreditinstitute – aus →Bilanz, →Gewinn- und Verlustrechnung und →Anhang besteht, die offenlegungspflichtig sind. Daneben ist ein →Lagebericht zu erstellen.

Rechtslage für Geschäftsjahre, die vor dem 1.1.1993 begannen: Der J. d. S. war in Verordnungen bzw. Runderlassen der Obersten →Sparkassenaufsichtsbehörden der Länder (z.B. Verordnung über die Aufstellung des Jahresabschlusses und den Geschäftsbericht der →Sparkassen im Lande Nordrhein-

Jahresabschluß der Kreditinstitute – Rechtsgrundlagen

Rechnungslegungsrecht der Kreditinstitute

Branchenunspezifische Vorschriften
– HGB 3. Buch: Handelsbücher
1. Abschnitt: Vorschriften für alle Kaufleute (§§ 238–263)
2. Abschnitt: Ergänzende Vorschriften für Kapitalgesellschaften (§§ 264–335)

Rechtsformbezogene Vorschriften

– **Aktiengesetz**
5. Teil: Rechnungslegung – Gewinnverwendung (§§ 148–178)
– **GmbH-Gesetz** (§§ 29, 33, 41–42a)
– **Genossenschaftsgesetz** (§§ 33, 48, 53 ff.)
– **Sparkassengesetze**

Branchenspezifische Vorschriften

Normen für alle Kreditinstitute
– HGB
  3. Buch: Handelsbücher
  4. Abschnitt: Ergänzende Vorschriften für Kreditinstitute (§§ 340–340o)
– **Kreditwesengesetz**
Abschnitt 5a: Vorlage von Rechnungslegungsunterlagen (§ 26)
Abschnitt 6: Prüfer und Prüferbestellung (§§ 27–30)
– **Rechnungslegungsverordnung**

Normen für Spezialbanken
– **Hypothekenbankgesetz** (§ 28)
– **Schiffsbankgesetz** (§ 26)
– **Bausparkassengesetz** (§ 13)

Westfalen vom 14.1.1971; Runderlaß des Innenministers des Landes Schleswig-Holstein vom 24.11.1987) geregelt. Diese schrieben in Anlehnung an die →Formblattverordnung des Bundesministers der Justiz und die →Bilanzierungsrichtlinien des BAK die von den Sparkassen anzuwendenden besonderen Formblattmuster vor und erläuterten deren Inhalt.

Rechtslage für Geschäftsjahre, die nach dem 31.12.1992 beginnen: Auch für Sparkassen gelten die durch das → Bankbilanzrichtlinie-Gesetz eingefügten Vorschriften des 4. Abschnitts des 3. Buches im HGB sowie die Bestimmungen der → Rechnungslegungsverordnung (→ Rechnungslegungsrecht der Kreditinstitute), ferner die → Verordnung über die Anlage zum Jahresabschluß von Kreditinstituten, die eingetragene Genossenschaften oder Sparkassen sind (JAGSV). Als → *Eigenkapital* werden i.d.R. nur → Rücklagen (i.S. von § 10 Abs. 2 Nr. 4 KWG) ausgewiesen, die in → Sicherheitsrücklagen und „andere Rücklagen" untergliedert sind. Als weitere Eigenkapitalposten kommen ggf. in Betracht: Hafteinlagen i.S. von § 10 Abs. 4 KWG (→ stille Vermögenseinlagen bei Sparkassen) und → Genußrechtskapital (§ 10 (Abs. 5 KWG)).
(→ Jahresabschluß der Kreditinstitute)

Jahresabschlußprüfung

1. Für große und mittelgroße Kapitalgesellschaften (§ 316 Abs. 1 HGB) und Unternehmen, die unter das PublG (§ 6 Abs. 1) fallen, besteht Prüfungspflicht. Der → Jahresabschluß kann erst nach Durchführung der J. festgestellt werden (§ 316 Abs. 1 Satz 2 HGB). Gegenstand der J. sind der Jahresabschluß (→ Bilanz, GuV und → Anhang), die zugrundeliegende Buchführung und der → Lagebericht. Die J. hat die Aufgabe, festzustellen, ob die auf die Rechnungslegung sich beziehenden gesetzlichen Vorschriften und die sie ergänzenden Bestimmungen der → Satzung oder des → Gesellschaftsvertrages beachtet sind (§ 317 Abs. 1 HGB). Das Ergebnis der Prüfung wird im → Bestätigungsvermerk (Testat) zusammengefaßt (§ 322 HGB). Die J. darf nur von Wirtschaftsprüfern und Wirtschaftsprüfungsgesellschaften vorgenommen werden (§ 319 Abs. 1 Satz 1 HGB); eine mittelgroße GmbH darf auch von einem vereidigten Buchprüfer oder einer Buchprüfungsgesellschaft geprüft werden.

2. → Jahresabschluß der Kreditinstitute, Prüfung.

Jahresergebnis
→ Jahresüberschuß bzw. → Jahresfehlbetrag (→ Bilanz, → Gewinn- und Verlustrechnung (GuV).

Jahresfehlbetrag
Überschuß der → Aufwendungen über die → Erträge.
(→ Gewinn- und Verlustrechnung (GuV))

Jahresgeld
Form des → Termingeldes im → Geldhandel zwischen → Banken.

Jahreskupon
Nachträgliche jährliche Zinszahlung bei → festverzinslichen (Wert-)Papieren, auch Bezeichnung für den → Zinsschein selbst, der den → Anspruch auf jährliche Zinszahlung verbrieft.

Jahresüberschuß
Als Ergebnis in der → Gewinn- und Verlustrechnung der Kreditinstitute ausgewiesene Differenz von → Erträgen und → Aufwendungen. In seiner Höhe ist der J. von den bilanzpolitischen Maßnahmen abhängig, die im Rahmen der → Bilanzierungswahlrechte und → Bewertungswahlrechte vorgenommen worden sind. Der J. ist Grundlage zur Berechnung der Gewinnbeteiligung der Vorstandsmitglieder nach § 86 Abs. 2 AktG. Aus dem J. wird unter Verrechnung eines evtl. → Gewinnvortrages bzw. → Verlustvortrages aus dem Vorjahr und der Zuweisungen zu den → Rücklagen bzw. Entnahmen aus den Rücklagen der → Bilanzgewinn ermittelt (Ergebnisverwendung und Eigenkapitalausweis bei → Kapitalgesellschaften). Bei der Dotierung der Rücklagen sind die Vorschriften des § 150 AktG zur Bildung der → gesetzlichen Rücklage und des § 58 AktG zur Einstellung in andere → Gewinnrücklagen zu beachten. Über die Verwendung des Bilanzgewinns, der sich aufgrund der → Feststellung des Jahresabschlusses, also nach der Rücklagendotierung ergibt, beschließt die → Hauptversammlung gem. § 174 AktG. Sie bestimmt den an die → Aktionäre auszuschüttenden Betrag, (u.U. noch in Gewinnrücklagen einzustellende Beträge) sowie einen Gewinnvortrag für das folgende Geschäftsjahr.

Jahresüberschuß
+ Gewinnvortrag (./. Verlustvortrag)
./. Zuweisung zu den Rücklagen (+ Entnahmen aus den Rücklagen)

= Bilanzgewinn
./. Ausschüttung an die Aktionäre

= Gewinnvortrag für das folgende Geschäftsjahr

Jahreswirtschaftsbericht
Gemäß → Stabilitätsgesetz im Januar eines jeden Jahres von der Bundesregierung zum Jahresgutachten des → Sachverständigenrates zur Begutachtung der gesamtwirtschaftlichen Entwicklung abzugebende Stellungnahme, verbunden mit einer volkswirtschaftlichen Jahresprojektion und mit einer Darlegung der geplanten → Wirtschaftspolitik und → Finanzpolitik.

Jährliches Aufgeld
→ Aufgeld bei → Optionsscheinen, das die → Restlaufzeit des Optionsscheines berücksichtigt.
J.A. = Aufgeld : Restlaufzeit.
Durch die → Annualisierung des Aufgeldes können Optionsscheine mit unterschiedlicher Restlaufzeit verglichen werden.

James Bond
Scherzhaft für im Jahr 2007 fällige → Emission.

J/D
Abk. für Zinstermine „Juni/Dezember" bei → Schuldverschreibungen, d.h. Zinszahlung am 1. Juni und 1. Dezember.

JGB
Abk. für Japanese Government Bond.

JGB-Future
Kurzbezeichnung für den langfristigen → Zinsfuture auf japanische → Staatsanleihen (JGB). JGB-F. werden u.a. an der → LIFFE, SIMEX und TSE gehandelt.

J/J
Abk. für Zinstermine „Januar/Juli" bei → Schuldverschreibungen, d.h. Zinszahlung am 2. Januar und 1. Juli.

Joint Venture
Gemischtes Unternehmen; Form der → Kooperation zwischen privaten und/oder staatlichen Unternehmen, häufig aus verschiedenen Ländern. Im Falle von → Direktinvestitionen in manchen → Entwicklungsländern war und ist ein J.V. für den ausländischen Investor oft der erste Schritt – oder bei entsprechender Gesetzgebung des Gastlandes die einzige Möglichkeit – zur Betätigung auf dem dortigen Inlandsmarkt. Die → Gesellschaftsverträge solcher J.V. sind äußerst vielgestaltig, sehen aber in der Regel eine (Minderheits-)Kapitalbeteiligung des ausländischen Unternehmens vor.

Journal, → Grundbuch.

Jugend- und Auszubildendenvertretung
Im Rahmen der Betriebsverfassung die Vertretung der jugendlichen → Arbeitnehmer (Arbeitnehmer, die das 18. Lebensjahr noch nicht vollendet haben) und der → Auszubildenden (soweit sie das 25. Lebensjahr noch nicht vollendet haben) (§ 60 BetrVG). Die J.- u. A. soll die besonderen Interessen der jugendlichen Arbeitnehmer und der Auszubildenden als Arbeitnehmer gegenüber dem → Betriebsrat zum Ausdruck bringen. Die Wahrnehmung der Interessen gegenüber dem → Arbeitgeber obliegt allein dem Betriebsrat.

Junge Aktien
→ Aktien aus einer effektiven → Kapitalerhöhung (→ Aktienemission), wobei die j. A. (im Aktiengesetz als *neue Aktien* bezeichnet) für das laufende → Geschäftsjahr noch nicht oder noch nicht voll dividendenberechtigt sind (→ Dividende), jedoch im folgenden Geschäftsjahr den alten Aktien gleichgestellt werden. Mit der Ausgabe der j. A. erhöht sich das → Grundkapital der → Aktiengesellschaft (Gegensatz: nominelle Kapitalerhöhung durch Ausgabe von → Berichtigungsaktien). J. A. werden zu den von der Gesellschaft festgesetzten Bezugsbedingungen den alten Aktionären über ein → Emissionskonsortium angeboten, wobei das gesetzliche → Bezugsrecht i.d.R. ausgeschlossen ist und durch ein mittelbares Bezugsrecht (→ Vertrag zu Gunsten Dritter zwischen der Aktiengesellschaft und dem Emissionskonsortium) ersetzt wird (Kapitalerhöhung gegen → Einlagen). Nach Ablauf der Aktienemission werden die j. A. an der → Börse eingeführt.

Junk Bond
Risiko-Anleihe; → Schuldverschreibung mit niedrigem oder fehlendem „Rating"; Bonitätsklassifizierung BBB und weniger (→ Rating). Eine hochspekulative Anlageform: hochverzinslich bei entsprechend hohem Ausfallrisiko. In den USA häufig als Finanzierungsinstrument für „Mantelgesellschaften" zur Übernahme von Unternehmen genutzt; werden oft durch die → Aktiva der zu übernehmenden Gesellschaft abgesichert.

Juristische Person
→ Personenvereinigung oder Vermögensmasse, die selbst Träger von Rechten und Pflichten ist (→ Rechtsfähigkeit).

Arten: Zu unterscheiden sind j. P. des → Privatrechts (z. B. rechtsfähige → Vereine, → Kapitalgesellschaften, eingetragene → Genossenschaften, → Stiftungen) und j. P. des → öffentlichen Rechts (→ Körperschaften des öffentlichen Rechts [etwa Bund, Länder, Gemeinden, Industrie- und Handelskammern], → Anstalten des öffentlichen Rechts [z. B. → kommunale Sparkassen, → Kreditanstalt für Wiederaufbau] und → Stiftungen [z. B. Stiftung Preußischer Kulturbesitz]).

Rechtsfähigkeit: J. P. kommt als → Rechtssubjekten eigene Rechtsfähigkeit unabhängig von ihren Mitgliedern, Trägern oder Gründern zu; sie können auch klagen oder verklagt werden (→ Parteifähigkeit). Gerichtlich wie außergerichtlich werden sie durch → Organe (z. B. → Vorstand) vertreten. Bei privatrechtlichem Handeln haften j. P. für einen durch ihre Organe einem Dritten in Ausführung ihrer Tätigkeit verursachten Schaden (für Vereine: § 31 BGB); dies gilt gemäß § 89 BGB auch für j. P. des öffentlichen Rechts.